U0467535

刑事法律适用与案例指导丛书
总主编　胡云腾

侵犯公民人身权利、民主权利罪案件法律适用与案例指导

本册
主　编　卢祖新　胡红军
副主编　曾　海

人民法院出版社

图书在版编目（CIP）数据

侵犯公民人身权利、民主权利罪案件法律适用与案例指导 / 卢祖新，胡红军主编 ； 曾海副主编. -- 北京 ： 人民法院出版社，2023.11
（刑事法律适用与案例指导丛书 / 胡云腾总主编）
ISBN 978-7-5109-3821-4

Ⅰ. ①侵… Ⅱ. ①卢… ②胡… ③曾… Ⅲ. ①侵犯人身权利罪－审判－案例－中国②侵犯民主权利罪－审判－案例－中国 Ⅳ. ①D924.345

中国国家版本馆CIP数据核字(2023)第117585号

侵犯公民人身权利、民主权利罪案件法律适用与案例指导
卢祖新　胡红军　主编　　曾　海　副主编

策划编辑　韦钦平　郭继良
责任编辑　巩　雪　刘晓宁
封面设计　尹苗苗
出版发行　人民法院出版社
地　　址　北京市东城区东交民巷 27 号（100745）
电　　话　（010）67550658（责任编辑）　67550558（发行部查询）
65223677（读者服务部）
客 服 QQ　2092078039
网　　址　http://www.courtbook.com.cn
E - mail　courtpress@sohu.com
印　　刷　三河市国英印务有限公司
经　　销　新华书店

开　　本　787 毫米×1092 毫米　1/16
字　　数　1130 千字
印　　张　45.25
版　　次　2023 年 11 月第 1 版　2023 年 11 月第 1 次印刷
书　　号　ISBN 978 - 7 - 5109 - 3821 - 4
定　　价　158.00 元

刑事法律适用与案例指导丛书
编辑委员会

编辑部

侵犯公民人身权利、民主权利罪案件
法律适用与案例指导
编辑委员会

出版说明

人民法院的刑事审判工作是党领导人民规制犯罪和治理社会的重要渠道和有效手段，发挥着保障人权，惩罚犯罪，维护社会公平正义，保障社会安定团结的重要职能。在全面建设社会主义现代化国家的新征程上，刑事审判要深入贯彻落实习近平法治思想，全面贯彻党的二十大精神，落实总体国家安全观，紧紧围绕“公正与效率”主题着力提升刑事案件审判水平，充分发挥审判职能作用，更好服务推进中国式现代化，助推以新安全格局保障新发展格局。

司法实践的复杂性与不断发展变化性导致实务中出现的大量问题总是超越立法时的设计。面对层出不穷的各类实务问题，唯有不断加强法律适用研究才能妥当处置。而法律适用研究不单单是法教义学的使命和主题，通过刑事政策的居高引领，强调政治效果、法律效果和社会效果的高度统一也是应有之义。因此，本丛书的出发点和目的地就是试图从妥当处置实务问题的角度出发，通过法律适用问题的研究，回应法律实务之需，为法律实务工作者提供必备的工具助手和法律智囊。

本套丛书以习近平法治思想为指导，其内容涵盖刑法总则，危害公共安全，破坏社会主义市场经济秩序，金融犯罪，侵犯公民人身权利、民主权利，侵犯财产，妨害社会管理秩序，毒品犯罪，贪污贿赂、渎职，刑事诉讼十个专题。在最高人民法院有关领导和专家的指导帮助下，丛书编写汇聚了北京市高级人民法院、黑龙江省高级人民法院、上海市高级人民法院、江苏省高级人民法院、浙江省高级人民法院、山东省高级人民法院、云南省高级人民法院、天津市第一中级人民法院、上海市第一中级人民法院、重庆市第五中级人民法院刑事审判庭的集体智慧。丛书立足刑事审判业务前沿，从司法实务中具体的疑难问题出发，结合刑事法理论认真进行法律适用研究，提炼问题、分析问题并最终解决问题，以期在刑事案件的侦查、公诉、辩护和审判中对读者能有所裨益。质言之，丛书具有如下三大特点：

（一）全面性、系统性

本套丛书定位为全面系统梳理整个刑事法律实务内容的大型实务工具书，其全面性系统性表现在：一是从各类犯罪构成要件、审判态势、审判原则、审判理念到审判所涉及的法律法规、司法解释、刑事审判政策等审判依据的全面系统梳理阐述；二是从最高人民法院、最高人民检察院指导性案例、公报案例，到近10年来刑事审判参考案例、最高人民法院公布的典型案例、人民法院案例选案例、地方法院新型疑难典型案例的全面归纳整理；三是对审判实践中的重点、疑难新型问题全面系统梳理提炼。以上三点亦是本丛书中各类犯罪各章、节的组成部分，内容由总到分，由点及面，层层递进，步步深入，观照每一节内容的系统性和完整性，从而保障了丛书的全面性系统性。

（二）针对性、实用性

本套丛书着眼于刑事审判实践中的重点、疑难新型问题，具有极强的针对性。实务中问题的筛选范围时间跨度长达10年，不仅收录了审判实践前沿问题，亦收录了司法解释明确，但实践中存在理解不一致、不准确的问题，采用一问一案或多案解读的模式，详细阐明事理法理情理，鲜活生动，深入透彻。同时，对于类案审判实务中较难把握的审判价值取向、刑事政策等类案裁判规则集中进行了阐释分析。丛书收录近2000个问题，多达1800余个案例，涉及约300个罪名，力求在目录和案例标题中呈现每一个细致的问题，以便检索，增强实用性和便捷性。

（三）权威性、准确性

本套丛书以最高人民法院司法裁判资源为基础，精选案例、提炼观点，由审判实践一线的专家型、学者型法官及审判业务骨干参与编写，并由最高人民法院专家型法官把关，观点来源权威。选取地方法院案例时要求在裁判观点上与最高人民法院的案例观点保持一致，而且各观点之间要在法律适用上保持统一性，避免前后矛盾、裁判依据不统一等问题。准确性主要体现在两方面：一是法律法规、司法解释等审判依据的有效性、规范性，确保适用的是最新的立法和司法解释；二是案例和问题提炼精准。

需要说明的是各类案例在内容编写时，考虑篇幅的问题，对部分内容进行了适当删减和修改。

囿于编写者和编辑水平能力有限，丛书在内容上难免挂一漏万，不当与错误之处，敬请读者批评指正。

编者

2023年10月

前 言

由人民法院出版社组织出版的《刑事法律适用与案例指导丛书》，旨在为刑事司法工作者提供一套体系完备、资料详实、观点权威的业务指导用书。重庆市第五中级人民法院受邀承担本套丛书第五卷《侵犯公民人身权利、民主权利罪案件法律适用与案例指导》的编写任务，既感到十分荣幸，又深知责任重大。为此，重庆市第五中级人民法院从刑事审判第一庭、刑事审判第二庭、立案庭、审判监督庭、未成年人案件审判庭、环境资源审判庭等6个部门精心选择了27位理论功底扎实、审判实践经验丰富、调研写作能力强的同志组成本卷的编写小组，旨在帮助法官正确理解、适用《刑法》，为司法人员办理侵犯公民人身权利、民主权利罪刑事案件提供一定的参考。

《刑法修正案（十一）》施行后，根据《刑法》分则第四章第232条至第362条之二及相关司法解释的规定，侵犯公民人身权利、民主权利罪一章共有43个具体罪名。本卷除将强制猥亵、侮辱罪和猥亵儿童罪两罪合并为一章进行编写之外，其他罪名均为独立的一章。全书共计42章，每章均以罪名作为章名。

本卷每章均分为三节。第一节为每章罪名的概述，主要内容包括该罪的概念及构成要件，案件审理情况，案件审理热点、难点问题，案件审理思路及原则等四个方面。第二节为每章罪名的相关审判依据，不仅对该章罪名的立法沿革进行了概括梳理，而且详细列明了相关法律、法规、司法解释、刑事政策文件等。第三节为每章罪名审判实践中的疑难新型问题，是本书的主要部分。该节以审判实践中的典型、疑难、新型问题为纲，每个问题下按照实务专论、案例、规范的顺序进行编纂。首先，对该疑难问题进行归纳，再以丰富的案例来说明应当如何处理该疑难问题。该节的案例主要为“两高”指导性案例、刑事审判参考案例、“两高”公报案例、典型案例、人民法院案例选案例、人民司法案例、地方参考案例等。每一个案例包含基本案情、裁判结果、典型意义等内容。其次，收录了司法解释、纪要、答复等文件中关于该问题的规定，并附录了该问题的实务专论。另外，部分案例的原刊载稿件之中有公诉机关信息、被告人身份信息、案件由来及审理经过、公诉机关指控等内容，因篇幅有限，编纂中作了必要的删改。本卷针对43个罪名提炼出了180余个典型疑难问题，其中故意杀人罪的审判疑难问题有30余个，故意伤害罪、强奸罪、绑架罪、侵犯公民个人信息罪有10余个。但负有照护职责人员性侵罪，聚众阻碍解救被收买的妇女、儿童罪，煽动民族仇恨、民族歧视罪，出版歧视、侮辱少数民族作品罪，非法剥夺公民宗教信仰自由罪，侵犯少数民族风俗习惯罪，私自开拆、隐匿、毁弃邮件、电报罪等因实践案例少、审判争议较少，故本卷在提炼审判疑难问题时，仅编纂其实务专论或者相关规范部分。本卷对于刑事司法工作具有如下意义：

首先，有助于方便规范查找。对于绝大多数常见犯罪而言，除了《刑法》条文的规定之外，还存在大量的司法解释、刑事政策文件等规定。本卷将现行有效、具有指导意义的相关规范进行了全面细致梳理，并按照效力等级进行整理。此外，为方便读者准确快速查找相应规范，我们在相关罪名章节之下，只节录与该罪相关的法条内容，以期为准确查找规范提供方便。

其次，有助于总体上把握各罪。本卷通过归纳各罪的构成要件、概括各罪的全国审理情况、提炼各罪在认定时应当注意的问题、总结各罪的审理思路及原则，让读者能够在总体上把握各罪的基本情况。

再次，有助于准确司法。本卷提炼的众多疑难新型问题，多来自最高人民法院等权威机构通过官方渠道发布的案例，具有较强的典型性，都是解决相关案件的核心。不仅展示了相关案例的基本情况，明确了该案的裁判结果，提炼了处理案件应当解决的疑难新型问题，对该问题进行了较为详细的说理，而且对该案的指导意义进行了概括。这对于正确适用法律，依法办理相关刑事案件具有指导作用。

最后，有助于了解审判趋势，统一司法。虽然本卷中各罪多为自然犯，其因地区、时间不同而差异较小，但由于我国各地经济、文化发展不均衡，对刑法规范、具体案件的认识可能存在差异，因而仍然可能出现类案不同判的现象。本卷中通过典型案例的形式，将个罪中不会因地而异、因时而异的共性、疑难、新型问题提炼出来，通过实务专家的说理在一定程度上统一认识，为正确适用《刑法》提供帮助。

全书内容丰富，实用性和指导性较强，适合办案参考使用。同时，对相关理论研究有较强的参考价值，不失为法官、检察官、公安人员、律师等法律工作者必备的工作手册与教学、研究的重要参考书。因编者的学识、经验、视野、能力等有限，本卷难免存在疏漏和不足，恳请读者朋友给予批评、指正和建议，以便我们日后予以更正、修改和完善。

本卷编者

2023 年 10 月

第一章　故意杀人罪

第二章　过失致人死亡罪

第三章 故意伤害罪

第四章 组织出卖人体器官罪

第五章 过失致人重伤罪

第六章 强奸罪

第七章 负有照护职责人员性侵罪

第八章 强制猥亵、侮辱罪和猥亵儿童罪

第九章 非法拘禁罪

第十章 绑架罪

第十一章 拐卖妇女、儿童罪

第十二章 收买被拐卖的妇女、儿童罪

第十三章　聚众阻碍解救被收买的妇女、儿童罪

第十四章　诬告陷害罪

第十五章 强迫劳动罪

第十六章 雇用童工从事危重劳动罪

第十七章 非法搜查罪

第十八章 非法侵入住宅罪

第十九章 侮辱罪

第二十章 诽谤罪

第二十一章 刑讯逼供罪

第二十二章 暴力取证罪

第二十三章 虐待被监管人罪

第二十四章 煽动民族仇恨、民族歧视罪

第二十五章 出版歧视、侮辱少数民族作品罪

第二十六章　非法剥夺公民宗教信仰自由罪

第二十七章　侵犯少数民族风俗习惯罪

第二十八章　侵犯通信自由罪

第二十九章 私自开拆、隐匿、毁弃邮件、电报罪

第三十章 侵犯公民个人信息罪

第三十一章 报复陷害罪

第三十二章 打击报复会计、统计人员罪

第三十三章 破坏选举罪

第三十四章 暴力干涉婚姻自由罪

第三十五章 重婚罪

第三十六章　破坏军婚罪

第三十七章　虐待罪

第三十八章　虐待被监护、看护人罪

第三十九章　遗弃罪

第四十章　拐骗儿童罪

第四十一章　组织残疾人、儿童乞讨罪

第四十二章　组织未成年人进行违反治安管理活动罪

第一章
故意杀人罪

第一节　故意杀人罪概述

一、故意杀人罪概念及构成要件

故意杀人罪，是指故意非法剥夺他人生命的行为。生命是行使其他一切权利的基础和前提，任何公民的生命都受到法律保护，不允许非法侵犯。本罪是侵犯公民人身权利罪中最严重的犯罪，1979 年《刑法》（现已失效）第 132 条即对本条作出规定，其内容被 1997 年《刑法》第 232 条吸纳，为依法惩治故意杀人罪提供了法律依据。

故意杀人罪的构成要件如下：（1）本罪侵害的客体是他人的生命权利。本罪的行为对象为“他人”，自杀行为不成立本罪。犯罪对象是人的生命。人的生命，自胎儿从母体分离出来能够独立进行呼吸开始，这是生命起始的标志。关于死亡判断标准，有观点认为全脑（包括大脑、小脑、脑干）的全部功能不可恢复地完全丧失，即丧失意识和活动能力，对外界刺激无反应，才是死亡的标志；也有观点将自发呼吸停止、心脏跳动停止、瞳孔反射机能停止作为综合判断标准，大多数国家包括我国在内，即采纳该标准。(2）本罪在客观方面表现为非法剥夺他人生命的行为。这种行为既可以是作为，也可以是不作为。不作为犯罪只有那些对防止他人死亡结果的发生负有特定义务的人（如医生，婴儿、幼儿的父母），不履行自己的义务才能构成犯罪。剥夺他人生命的方法、手段多种多样，如刀砍、棒打、手掐、绳勒、枪杀、投毒、爆炸、火焚、触电等，也可以是利用化学药品、放射性物质等方法杀人，或利用心理方法杀人，如以精神冲击方法致心脏病患者死亡。方法、手段均不影响本罪的成立。本罪中剥夺他人生命的行为必须具有非法性，即违反了国家的法律。司法工作人员依法执行死刑命令的行为、符合法定条件的正当防卫杀人的行为，法律赋予这些行为具有合法性、阻却违法性，不构成本罪。（3）本罪的犯罪主体为一般主体。故意杀人罪是严重侵犯人身权利和破坏社会秩序的犯罪，达到刑事责任年龄并具有刑事责任能力的自然人，都可以成为故意杀人罪的主体。依照《刑法修正案（十一）》修正的《刑法》第 17 条第 2 款、第 3 款规定，已满 14 周岁并具

有刑事责任能力的自然人，可以成为故意杀人罪的主体；已满 12 周岁不满 14 周岁的人，犯故意杀人罪，致人死亡或者以特别残忍手段致人重伤造成严重残疾，情节恶劣，经最高人民检察院核准追诉的，也可以成为故意杀人罪的主体。（4）本罪在主观方面必须具有杀人的故意，包括直接故意和间接故意。杀人的动机多种多样，如基于报复、贪财、奸情、情感纠纷等。动机不影响故意杀人罪的成立，量刑时可根据案件具体情况予以考虑。

二、故意杀人罪案件审理情况

经中国裁判文书网查询，2017 年至 2021 年，全国法院审结一审故意伤害刑事案件共计319 880件，其中，2017 年有88 601件，2018 年有81 986件，2019 年有 75 292 件，2020 年有 52 981 件，2021 年有21 020件。故意伤害案件数量总体占比较低，并且呈逐年降低的趋势，特别是 2020 年、2021 年下降明显。

三、故意杀人罪案件审理热点、难点问题

一是罪与非罪的把握、此罪与彼罪的区分以及转化犯罪的认定问题。故意杀人罪，剥夺他人生命的方法手段多种多样。实践中，对一些具体行为如何定性，仍存在分歧和把握上的困难。例如，如何准确判断行为人的主观方面，进而区分行为是构成故意杀人罪，还是过失致人死亡罪或是意外事件等；对于先行行为引起他人自杀、相约自杀、“安乐死”等帮助他人自杀或者教唆、逼迫、诱骗他人自杀等行为，如何准确定性和处罚；不作为犯罪中，行为人是否具有救助义务，直接决定了行为人是否构成犯罪，如何判定行为人是否具有救助义务；实施非法拘禁、刑讯逼供、暴力取证、虐待被监管人、聚众“打砸抢”、聚众斗殴等行为，致人重伤、死亡的转化问题，刑法分则相应条款是注意规定还是拟制规定，重伤、死亡结果与故意伤害罪、故意杀人罪是否存在一一对应关系。实践中仍存在分歧。

二是特殊刑事责任年龄负刑事责任的理解与把握。2021 年 3 月 1 日起施行的《刑法修正案（十一）》对刑事责任年龄作了修改，已满 12 周岁不满 14 周岁的未成年人犯故意杀人罪，在某些情形下应负刑事责任。该款规定的“犯故意杀人罪”是指具体罪名还是故意杀人的行为，实践中存在不同意见，包括最高人民检察院与最高人民法院的相关规定、司法解释都持不同观点，导致在具体案件处理上不好把握；该条款中规定的“故意杀人、故意伤害致人死亡或者以特别残忍手段致人重伤造成严重残疾”，行为与结果是否存在一一对应的关系，即故意杀人致人死亡，故意伤害以特别残忍手段致人重伤造成严重残疾，或是不存在这种对应关系，在实践中理解还存在分歧；“以特别残忍手段”“造成严重残疾”标准如何把握，“情节恶劣”如何理解，是否行为人实施“故意杀人、故意伤害致人死亡或者以特别残忍手段致人重伤造成严重残疾”，就属于情节恶劣，需要统一认识。

三是案件事实认定与证据标准把握。实践中，有的故意杀人案件证据呈现“四无”特点：没有现场目击证人，也没有其他共同作案人，现场还没有监控或者监控内容模糊不清；案发现场无关键物证，如案发现场没有遗留作案工具、被告人血迹、毛发、指纹、鞋印等，有的虽然提取到一些痕迹证据但未检出被告人的 DNA、指纹等；抛尸、抛物地点无指向被告人的关联物证；没有将被告人、被害人联系起来的痕迹证据。为锁定案件

作案人和案件事实认定，尤其是涉及死刑的故意杀人案件的事实认定，带来困难。婚姻家庭纠纷、情感纠纷引发的“情杀”案件中，案发起因、作案动机、作案过程往往只有被告人供述，甚至存在被告人翻供或者“零口供”的情形，如何利用证据准确认定作案动机、被害人是否存在过错或在案件引发上是否有责任等，准确实现对被告人定罪和量刑，证据把握难度较大。此外，对于我国审理的发生在境外的跨国犯罪案件，境外执法主体已提取、收集的证据如何运用；对涉家庭暴力犯罪案件，家庭暴力专家证人就家庭暴力的认定与判断标准等提出的专家意见如何运用等问题，需要进一步研究。

四是“情感纠纷”“民间矛盾”“被害人过错”的理解与认定。针对故意杀人罪的一些量刑情节，实践中理解和认定并不统一。例如，《刑法》第232条规定，故意杀人“情节较轻”的，处三年以上十年以下有期徒刑。但哪些情形属于“情节较轻”，理解与把握标准不统一。又如，对于因婚姻家庭纠纷、邻里纠纷等民间矛盾激化引发的故意杀人案件，特别慎重适用死刑已成普遍共识。但哪些情形属于民间矛盾纠纷，难以准确把握。如夫妻双方离婚后，一方持续纠缠另一方意欲复婚未果后故意杀害另一方的，或者因恋爱、同居等情感纠纷，杀害对方亲人、朋友的，是否属于民间矛盾纠纷，认识存在分歧。实践中，存在将民间矛盾纠纷范围过于扩大化理解的情形，导致应当从严惩处的行为得到轻判，未能充分体现罪责刑相适应的原则。此外，被害人过错的认定、被害人在纠纷引发上的责任，二者是否有所区分，应当如何区分界定，亦存在把握认定不统一的情况。

五是故意杀人罪的死刑政策把握。故意杀人案件在死刑案件中所占比重较高。近年来，最高人民法院收回死刑复核权后，就故意杀人案件的死刑适用问题相继出台了指导意见、发布了指导案例，全国法院关于严格控制和慎重适用死刑认识日趋统一，把握能力不断提高。但实践中，由于故意杀人案件千差万别，具体到个案的死刑适用，各地法院认识不尽统一，掌握的标准和尺度也不完全一致。有的犯罪动机特别卑劣、犯罪情节特别恶劣、犯罪后果特别严重的故意杀人案，被告人既有累犯等从重处罚情节，同时又有自首、立功、坦白、从犯等从轻、减轻处罚情节，有赔偿情节，或者被害人有过错的案件，如何综合考虑各种量刑情节予以准确量刑难以把握。此外，对于民间矛盾激化引发的故意杀人案件，要特别慎重适用死刑，但并不意味着此类案件一律不判处死刑，理解和把握难度较大。

四、故意杀人罪案件审理思路及原则

（一）坚持主客观一致的原则，准确认定案件性质

认定故意杀人罪要坚持主客观相一致的原则，不能只看行为后果，要注重对主观方面的审查判断，根据行为人主观上是否具有杀人的故意来认定。注意区分行为人是故意还是过失，即使行为人具有故意的情形下，对死亡结果是希望、放任、还是过失或者意外事件，准确区分故意杀人罪、故意伤害罪、过失致人死亡罪、意外事件等的区分与界限，做到定罪准确，避免客观归罪。对行为人的主观内容的判断，不能单凭被告人的供述，要结合具体案件情况，包括案件起因、被告人与被害人平时的关系、有无犯罪预谋、作案工具选择、作案时间、地点、环境的选择、打击部位、打击力度、打击次数、打击时间、被告人犯罪后对出现被害人死亡结果的态度等，在重调查研究的基础上，综合分析认定。

1. 自杀有关行为的认定和处罚。

(1)“教唆、逼迫、诱骗他人自杀”行为的定性。要注意区分行为人主观上是否具有杀人的故意。如果行为人没有杀人的主观故意，只是在客观上实施了刑法分则规定的犯罪行为，如暴力干涉婚姻自由、强奸、虐待等，引起被害人自杀的，不应认定为故意杀人罪，可以根据刑法分则的有关规定，以该犯罪行为认定，将致人死亡这一后果作为量刑情节依法处罚。如果行为人主观上具有杀人的故意，并凭借权势或者采取暴力、威胁等卑劣手段逼人自杀，利用封建迷信手段诱骗他人自杀的，或者组织、利用邪教组织，制造、散布迷信邪说，组织、策划、煽动、胁迫、教唆、帮助其成员或者他人实施自杀的，则应认定为故意杀人罪。

(2)“致人自杀”行为的认定和处罚。由于行为人先前实施的行为，引起他人自杀的结果发生。对此，应区分行为人先行行为是否具有违法性以及违法性的不同程度，分别处理：行为人先行行为是正当的，或者只是一般错误、一般违法行为，他人自杀的主要原因是由于自杀者自身心胸过于狭窄，不存在犯罪问题；行为人先行行为属于严重违法行为，结果致被害人自杀身亡的，可以把致人自杀的结果作为一个严重情节考虑，将先前严重违法行为上升为犯罪处理。如当众辱骂他人，致其当即立即自杀的，可以对辱骂者以侮辱罪论处；行为人先行行为系犯罪行为，引起被害人自杀的，只要行为人对这种自杀结果没有故意，应按其先前实施的犯罪行为定罪，而将自杀结果作为量刑时考虑的一个从重或加重处罚情节。

(3)“帮助他人自杀”行为的认定和处罚。经他人主动要求或者征得他人同意而剥夺他人生命或者帮助他人自杀的，也构成故意杀人罪。对于其中的“安乐死”行为，即为免除患有不治之症、濒临死亡的病人的痛苦，受患者之托，提前结束其生命的行为，是否构成犯罪及应否承担刑事责任，刑法学界和司法实践中存在不同认识。有个别国家法律或部分学者主张“安乐死”不构成犯罪，不应追究行为人的刑事责任。但在我国，救死扶伤是每个公民的道义责任，更是医务人员的神圣职责，允许“安乐死”有违人伦传统道德。所谓绝症缺乏明确判断标准，在医学科技迅速发展的今天，有些所谓绝症并不必然失去生命的希望，对患者应尽量予以精神上的安慰和鼓励。故在我国立法尚未对此加以明确以前，这种行为在性质上属于剥夺他人生命权利的行为，符合故意杀人罪的构成要件，原则上应当以故意杀人罪追究刑事责任，量刑时可从轻、减轻或者免除处罚。

(4)“相约自杀”行为的认定和处罚。“相约自杀”的，如果相约双方均自杀身亡，则不存在追究刑事责任的问题，或者双方各自实施自杀行为，一方死亡，另一方基于意志以外的原因未得逞的，未得逞的一方也不构成犯罪；如果由一方实施帮助他人自杀行为，或者一方实施共同自杀行为致另一方死亡的，该行为属于刑法意义上非法剥夺他人生命的行为，行为人应当构成故意杀人罪，但在量刑时应结合行为人的犯罪动机、手段等予以综合考虑，符合条件的，可以认定为“情节较轻”。

2. 故意杀人罪与其他罪名的区分。

(1)故意杀人罪与故意伤害罪的区分。故意杀人罪和故意伤害罪都是故意犯罪，且都侵害了他人的生命权或身体权。实践中，致人死亡的故意伤害罪与故意杀人罪（既遂）之间，未致人死亡的故意伤害罪与故意杀人罪（未遂）之间，有时难以区分。区分二者的关键，在于二者犯罪故意的内容不同。故意杀人罪的故意内容为剥夺他人生命，对他人死亡结果的发生持希望或放任态度。故意伤害罪的故意内容为损害他人的身体，并非剥夺他人生命，在造成被害人死亡的情形下，行为人对死亡结果既无希望，也无放任，而是完全出于过失，往往是由于出现未曾预见的原因致打击方向出现偏差，或因伤势过重等情况引起。故不应将故意伤害致人死亡与故意杀人罪（既遂）等同。同样，对于故意杀人罪（未遂），没有将人杀死是由于行为人意志以外的原因所致，未出现死亡结果违背行为人的主观意愿；而故意伤害罪中，未出现死亡结果则在行为人预料之中，并不违背其主观意愿。实践中一些民间纠纷引发的案件，如果难以区分是故意杀人还是故意伤害时，一般可以考虑定故意伤害罪。

（2）故意杀人罪与过失致人死亡罪的区分。过失致人死亡罪与故意杀人罪均在客观上造成了被害人死亡的结果，但二者主观上内容完全不同。故意杀人，是行为人明知自己的行为会发生非法剥夺他人生命的结果，并且希望或者放任这种结果的发生；而过失致人死亡，行为人则对造成他人死亡的结果既不希望其发生，也不采取听之任之的态度。这是二者最根本的区别。实践中，间接故意杀人与过于自信的过失致人死亡往往难以区分。二者都预见到自己的行为可能发生被害人死亡的结果，并且都不希望这种结果的发生。区分两者的关键，在于查明行为人对死亡结果的发生是轻信可以避免，还是抱着放任的态度。首先，过于自信的过失致人死亡的行为人并不希望死亡结果的发生，死亡结果与其主观意愿相背离，而间接故意杀人的行为人对死亡结果持放任态度，死亡结果的发生不违背行为人的意志。其次，过于自信的过失致人死亡的行为人在预见到死亡结果可能发生的情况下，仍然实施其行为，是因为他认为凭借一定的主客观条件可以避免死亡结果的发生，而间接故意杀人的行为人在明知死亡结果可能发生的情况下，仍然实施其行为，是为了实施其他目的，行为人没有考虑凭借一定的主客观条件避免死亡结果的发生。

（3）故意杀人罪与抢劫罪的区分。故意杀人罪是抢劫罪的手段行为时，以抢劫罪定罪处罚。故意杀人与抢劫是两个故意支配下实施的两个独立行为时，以故意杀人罪和抢劫罪数罪并罚。《最高人民法院关于抢劫过程中故意杀人案件如何定罪问题的批复》明确规定：行为人为窃取财物而预谋故意杀人，或者在劫取财物过程中，为制服被害人反抗而故意杀人的，以抢劫罪定罪处罚。行为人实施抢劫后，为灭口而故意杀人的，以抢劫罪和故意杀人罪定罪，实行数罪并罚。

（4）故意杀人罪与放火罪、爆炸罪等危害公共安全犯罪的区分。放火罪、爆炸罪、投放危险物质罪等罪行的基本特征是危害公共安全，即不特定多数人的生命、健康和财产安全。如果实施上述危害公共安全的行为针对的是特定人的生命，没有危及公共安全的，应当以故意杀人罪定罪处罚。

3. 转化故意杀人罪的认定。实施《刑法》分则规定的其他犯罪行为，致人伤残、死亡的，《刑法》分则条文另有规定的，应当依照分则条文规定执行。《刑法》第 238 条、第 247 条、第 248 条、第 289 条、第 292 条等，均规定了相应情形下，致人伤残、死亡的，依照《刑法》第 234 条、第 232 条的规定，以故意伤害罪、故意杀人罪定罪处罚。具体情形包括：犯非法拘禁罪，使用暴力致人伤残、死亡的；司法工作人员对犯罪嫌疑人、被告人实行刑讯逼供或者适用暴力逼取证人证言，致人伤残、死亡的；监狱、拘留所、看守所等监管机构的监管人员对被监管人进行殴打或者体罚虐待，致人伤残、死亡的；聚众“打砸抢”，致人伤残、死亡的；聚众斗殴，致人重伤、死亡的。此外，根据《最高人民法院、最高人民检察院关于办理妨害预防、控制突发传染病疫情等灾害的刑事

案件具体应用法律若干问题的解释》规定，在预防、控制突发性传染病疫情等灾害期间，聚众“打砸抢”，致人伤残、死亡的，应当以故意伤害罪、故意杀人罪定罪，从重处罚。

实践中，上述规定属于拟制规定还是注意规定，出现致人伤残、死亡结果时，如何确定具体罪名，存在认识上的分歧。有观点认为，伤残、死亡结果与罪名选择存在一一对应关系，即“致人伤残的”，认定为故意伤害罪；“致人死亡的”，认定为故意杀人罪。本书认为，对于上述条文的理解和适用，不能简单地唯结果论，要结合故意伤害罪、故意杀人罪的犯罪构成，综合行为人主观方面内容、对死亡结果所持态度等，具体情况具体分析。需要注意的是，根据《刑法》分则条文规定，只要刑讯逼供、暴力取证、虐待被监管人、聚众“打砸抢”行为造成了“致人伤残、死亡”，聚众斗殴行为造成了“致人重伤、死亡”的结果，就应当按照前述规则，区分不同情形以故意伤害罪、故意杀人罪定罪处罚。对于非法拘禁致人重伤、死亡的，则要区分致人重伤、伤残、死亡的结果是拘禁行为本身所致，还是超越拘禁行为本身的必要限度或超出非法拘禁目的实施的暴力行为所致，是故意还是过失等，分别处理。对于非法拘禁中下列“致人重伤、死亡”的情形，应按照非法拘禁罪定罪处罚：在非法拘禁过程中，由于捆绑过紧、长期囚禁、进行虐待等致使被害人身体健康受到重大伤害的；被害人在被非法拘禁期间不堪忍受，自伤自残，身体健康受到重大伤害的；或者在非法拘禁过程中，由于捆绑过紧、用东西堵嘴导致窒息等，致使被害人死亡的；以及被害人在被非法拘禁期间自杀身亡的。以上“致人重伤、死亡”，仅仅指过失造成被害人重伤、死亡，且不包括以轻伤为故意而过失地造成重伤的情形。对于非法拘禁中“使用暴力致人伤残、死亡”，即故意使用超出控制、拘禁被害人必要限度之外或超出非法拘禁目的的暴力致被害人伤残、死亡的，则应按照故意伤害罪、故意杀人罪定罪处罚。详见本书非法拘禁罪章节有关论述。

（二）特殊刑事责任年龄负刑事责任的理解与把握

关于已满12周岁不满14周岁的未成年人犯故意杀人罪，负刑事责任的问题，《刑法》第17条第3款规定的“犯故意杀人罪”，应当理解为故意杀害人的具体犯罪行为，而非特定、具体的罪名。例如：对已满12周岁不满14周岁的未成年人以杀人的方式实施抢劫、强奸的，致人死亡或者在绑架过程中杀害人质的，如何认定罪名。有观点认为这种情形应当根据《刑法》分则规定的具体罪名认为抢劫罪、强奸罪或绑架罪。但我们认为，这种情形应当认定为故意杀人罪。《刑法》规定的已满12周岁不满14周岁的未成年人承担刑事责任的范围仅限于故意杀人和故意杀害这两类行为，对这两类行为之外的要件、要素不应评价。对于强奸、抢劫、绑架过程中故意杀人的行为，《刑法》仅应评价其故意杀人行为的刑事责任，而符合故意杀人罪以外的构成要件要素，属于过剩的构成要件要素，不应不予评价，这是罪刑法定原则的当然之理。反之，如果认定行为人承担强奸罪、抢劫罪、绑架罪的刑事责任，则有违罪刑法定原则。对其中“以特别残忍手段”“严重残疾”“情节恶劣”的理解与把握，《刑法修正案（十一）》相关条文的理解与适用，已有相关说明和论述，在此不再赘述。

（三）坚持证据裁判理念，确保故意杀人案件审判质量

证据问题是刑事诉讼的基础和核心，证据裁判原则是刑事审判必须坚持的基本理念。我国是具有五千年历史的国家，受传统法律文化的影响，故意杀人案件往往因被告人犯

罪手段残忍、情节恶劣、损害后果严重，极易成为社会关注的焦点。但我们在审理案件中，也要充分认识到，故意杀人罪作为对被告人最严重的犯罪指控，可能处以最严厉的刑罚甚至死刑，一旦因证据审查标准掌握不严造成误判，对被告人的人生、家庭造成的伤害也是无法弥补的。因此，在依法从严打击，回应人民群众普遍合理关切的同时，对证据的审查判断和证明标准的准确把握，责任和意义重大。近年来纠正的故意杀人冤错案件中，无论是“真凶出现”“亡者归来”，还是存疑无罪被改判的案件，都充分体现出坚持证据裁判规则在故意杀人案件审理的重要性。

刑事诉讼法规定了“事实清楚，证据确实、充分”这一法定证明标准，但在实践中具体理解起来比较原则和抽象，不容易把握。在审查证据时，要综合全案证据分析，证据间是否能够相互印证形成证据链，是否排除了相关合理怀疑。证据确实、充分的，即使没有被告人供述，也可以认定被告人有罪和处以刑罚。例如：有现场目击证人、监控视频、现场遗留痕迹物证等能够直接证实被告人作案的，在重点审查上述直接证据真实性、取证合法性的基础上，结合其他证据综合分析认定。有的故意杀人案件客观证据较少的，要根据具体案件情况，结合被告人的有罪供述内容认真审查，综合分析判断。要注意审查以下内容：案发经过、被告人到案过程是否完整、自然；被告人有罪供述在何种情形下作出，有罪供述内容是否全程同步录音录像，笔录记载内容是否一致，能否排除非法取证情形；要区别先证后供、先供后证等不同情形，先证后供的，要注意加强对口供自愿性和真实性的审查；先供后证的，是否基于被告人供述查证了非亲历无法知晓的细节事实，是否根据口供查到了作案工具、找到较为隐蔽的作案现场、提取到关键物证等；被告人供述不稳定，逐步作完整认罪供述的，要注意审查被告人认罪态度变化的原因；被告人翻供的，要对被告人翻供原因和辩解内容的合理性进行审查，要审查案发现场是否有第三人痕迹，审查犯罪是否可由在案被告人独自实施完成，以排除第三人作案、第三人共同作案或冒名顶替等情形；要将被告人供述与查获的手机电子数据、监控视频、现场勘验笔录、提取痕迹物证及尸检报告、鉴定意见等进行比对，在确认单项证据合法、真实、有效的基础上，注重审查被告人供述与其他证据之间是否存在矛盾，相关矛盾能否进行合理解释或排除合理怀疑，被告人供述出现部分虚假或失真的，要审查分析原因，是由于被告人避重就轻趋利避害心理的影响，还是时间久远对非关键事实记忆模糊所致，是否符合一般记忆规律等；要审查被告人供述与关联证据的印证性、逻辑性、全面性，确保各个证据证实的事实相互之间不存在矛盾，且各个证据证实的事实串联之后指向的结论事实具有唯一性，同时要排除嫌疑人通过其他途径获知相关作案细节后予以供述的可能。切实做到重证据和重调查研究，不轻信口供。只有被告人供述，没有其他证据的，不能认定被告人有罪。

（四）准确把握民间矛盾、恋爱纠纷的认定

民间矛盾激化引发的案件在故意杀人罪中占比较大。在量刑尤其是涉及死刑适用时，要充分考虑这一诱发因素，实践中要注意把握民间矛盾的范围，统一认识。民间矛盾，一般是指公民个人之间，在日常生产、生活中，因不能正确处理生活琐事、债权债务、相邻关系等民事关系或民事交往中发生的矛盾纠纷。主要包括：邻里之间因宅基地、相邻权、财物归属及其他家长里短的生活琐事引发的矛盾纠纷；家庭成员之间因情感、财产、赡养、抚养、日常琐事等产生的矛盾，以夫妻名义共同生活、离婚后因子女抚养等

问题产生的矛盾，也可视为婚姻家庭矛盾；亲友、同事之间因财物、情感、日常琐事等问题产生的矛盾；因土地、山林、水利、草场、果园等权属或承包等引起的纠纷；自由恋爱中，因情感、经济、生活琐事、家庭干预等引发的矛盾纠纷，对于单方面爱慕，对方从未同意甚至不知情的，或者已经明确提出分手，一方出于纠缠、报复等杀害另一方或其亲友的，不能简单以恋爱纠纷对待；雇主、雇员之间因劳动分工、收入报酬、工资结算等问题引发的劳务劳资纠纷等。对民间矛盾纠纷的范围不应控制太严，只要是发生于人们日常生产、生活、学习等正常交往中的矛盾纠纷，都可以认定，在量刑时予以综合考虑。

（五）准确把握被害人过错的认定

1999 年《全国法院维护农村稳定刑事审判工作座谈会纪要》中明确，“对故意杀人犯罪……对于被害人一方有明显过错或对矛盾激化负有直接责任，或者被告人有法定从轻处罚情节的，一般不应判处死刑立即执行”。实践中，如何准确认定被害人是否具有过错，或被害人对矛盾激化是否负有直接责任，把握较为困难。被害人过错一般是指被害人实施了背离法律规范、伦理道德、善良风俗等错误或不当行为，导致或激起被告人实施故意杀人犯罪。在把握上，它要求被告人的杀人行为是因被害人的错误行为直接引起，两者紧密相连，且时间上具有相近性。如果杀人行为是因其他原因引起，或者有些过错行为距案发时间久远的，则不能认定被害人有过错。对被害人过错程度对评价，是属于明显过错还是一般过错，要综合考虑被害人行为背离法律规范、伦理道德、善良风俗的程度，促使被告人实施加害行为的关联度等，结合具体案情进行分析。被害人对矛盾激化负有直接责任，一般是指被害人在矛盾产生之初并无过错，但在矛盾处理过程中，采取了不恰当的方式方法，直接激化、加剧了矛盾，刺激被告人犯罪冲动的行为。如婚姻家庭、邻里之间，双方因生活琐事积怨已久，很难分清谁对谁错，由于被害人对矛盾处理方式不当而激怒被告人杀人，一般可以被害人对矛盾激化负有直接责任。对案件起因、被害人是否存在过错的审查，要结合客观证据进行综合分析判断，注意审查被告人关于犯罪起因、作案动机等方面的供述是否合理，不能轻信口供，要审查被告人供述的案发起因、案发过程等是否与客观证据相符，是否与常理相符，是否与作案工具选择、犯罪暴力程度、具体作案方式等匹配，全面综合审查判断被害人有无过错及过错程度，对案件矛盾激化是否负有责任及责任大小等，准确定罪量刑。

（六）区分案件性质情节，切实做到宽严相济

故意杀人是非法剥夺他人生命的严重犯罪。在法定刑顺序上，应当由重到轻排列，而不是由轻到重排列。审理故意杀人案件，要注意区分犯罪性质和情节，对于情节恶劣，罪行极其严重的故意杀人罪，在量刑上要体现依法从严打击从严惩处的政策要求，同时针对那些“情节较轻”的，或者被告人有法定或酌定从轻、从宽处罚情节的，又要结合案件事实，充分考虑被告人的主观恶性和人身危险性，做到当严则严，该宽则宽，宽严相济。本条中的“情节较轻”，可以从犯罪的背景、动机、原因、手段、后果、被害人家属及周边群众的反应等方面加以考虑。实践中一般是指防卫过当致人死亡的；出于义愤杀人的；对于因遭受严重家庭暴力，身体、精神受到重大损害而故意杀害施暴人的，或者因不堪忍受长期家庭暴力而故意杀害施暴人，犯罪情节不是特别恶劣，手段不是特别残忍的等情形。

（七）加强对故意杀人罪死刑政策的理解和把握

要加强对《最高人民法院关于审理故意杀人、故意伤害案件正确适用死刑问题的指导意见》《最高人民法院刑事审判第三庭在审理故意杀人、伤害及黑社会性质组织犯罪案件中切实贯彻宽严相济刑事政策》《最高人民法院、最高人民检察院、公安部、司法部关于依法办理家庭暴力犯罪案件的意见》等内容的学习，加强对最高人民法院发布的故意杀人罪指导性案例的学习研究，加强对未核准死刑案件、死刑改判案件的分析研究，深刻领会故意杀人罪的死刑政策要求，不断总结提炼裁判思路和裁判规则，更好地贯彻落实“保留死刑，严格控制和慎重适用死刑”的刑事政策。在故意杀人犯罪案件是否适用死刑时，要注意区分案件性质，是属于严重危害社会治安和严重影响人民群众安全感的故意杀人，还是因民间矛盾激化引发的故意杀人；要注意区分犯罪情节和犯罪后果；注意区分被告人的主观恶性和人身危险性；涉及共同犯罪的案件，要充分考虑各被告人在共同犯罪中的地位和作用，正确认定各被告人的罪责，一案中有多名主犯的，要在主犯中尽量区分出罪责最为严重者和较为严重者；对于既有自首、立功情节，同时又有累犯、前科等法定、酌定从重处罚情节等，要综合分析从重因素和从轻因素哪方面更为突出，依法体现宽严相济的基本刑事政策；要正确把握民事赔偿与死刑适用的关系，正确对待和慎重处理被害方反映强烈的案件。在综合考虑以上各种情节基础上，区别对待，依法慎重决定，始终以最严格的标准和最审慎的态度，确保死刑只适用于极少数罪行极其严重的犯罪分子，保证更有利、更准确地依法惩治严重刑事犯罪。

（八）依法延伸审判职能，积极推进诉源治理

故意杀人罪作为最严重的暴力犯罪，严重危害社会治安和人民群众的安全感。法院应当把能动司法贯穿刑事审判工作始终，在个案审理中抓实抓好公正与效率，认真贯彻宽严相济的刑事司法政策，依法惩治犯罪，注重抓末端、治已病的同时，还要注重抓前端、治未病，积极推进诉源治理。要加强对同类案件审理情况进行认真调查研究，对案件特点、规律、成因进行系统分析和全面总结，及时发现引发犯罪的深层次、源头性问题和社会治理中存在的普遍性、趋势性问题，充分利用人民调解、司法建议等举措优势，对症下药，推动社会治理由事后惩治向事前预防转型。例如，对于婚姻家庭、情感纠纷引发的故意杀人案件，切实加强与公安、妇联、司法行政部门及村社基层组织等部门的工作交流和协作配合，深入拓展反家庭暴力协作平台，推进反家庭暴力联动机制建设，同时加强人身安全保护裁定的适用和执行力度，提高对妇女儿童权益的救助保护力度，有效惩治和预防家庭暴力发生。对于大量民间矛盾纠纷激化引发的案件，应切实履行好法院指导人民调解的法定职责，创新多元化纠纷调解机制，力争把矛盾化解在基层，解决在萌芽状态，避免矛盾纠纷激化升级转为故意杀人等刑事案件。

第二节 故意杀人罪审判依据

1979年《刑法》明确了故意杀人的罪刑幅度，此后该法的多次修订与修正，并没有调整故意杀人罪的量刑阶梯设置，完全承袭了1979年《刑法》的规定，即“处死刑、无期徒刑或者十年以上有期徒刑；情节较轻的，处三年以上十年以下有期徒刑”。但关于故意杀人的罪名规定，随着立法日臻成熟，在刑法多次修订与修正中逐步扩大，最终在故意杀人的罪名规制数量上趋于稳定。至此，故意杀人罪除被明确规定在《刑法》第232条外，还散见于第234条之一、第238条、第247条、第248条、第289条、第292条第2款共计6处以故意杀人定罪的罪名拟制中。

关于应负故意杀人罪的刑事责任方面，2020年12月26日《刑法修正案（十一）》对法定最低刑事责任年龄作个别下调，即满12周岁未满14周岁犯故意杀人罪等情节恶劣入刑。同时，统筹考虑刑法修改和预防未成年人犯罪法修改相关问题，将收容教养修改为专门矫治教育。

关于故意杀人犯罪适用死刑的标准，《全国法院维护农村稳定刑事审判工作座谈会纪要》规定了故意杀人、故意伤害案件应当准确把握故意杀人犯罪适用死刑的标准，是否判处死刑不能仅看是否造成了被害人死亡结果，应当综合考虑案件的全部情况。

一、法律

《中华人民共和国刑法》（2020年12月26日修正）

第二百三十二条 故意杀人的，处死刑、无期徒刑或者十年以上有期徒刑；情节较轻的，处三年以上十年以下有期徒刑。

第二百三十四条之一 组织他人出卖人体器官的，处五年以下有期徒刑，并处罚金；情节严重的，处五年以上有期徒刑，并处罚金或者没收财产。

未经本人同意摘取其器官，或者摘取不满十八周岁的人的器官，或者强迫、欺骗他人捐献器官的，依照本法第二百三十四条、第二百三十二条的规定定罪处罚。

违背本人生前意愿摘取其尸体器官，或者本人生前未表示同意，违反国家规定，违背其近亲属意愿摘取其尸体器官的，依照本法第三百零二条的规定定罪处罚。

第二百三十八条 非法拘禁他人或者以其他方法非法剥夺他人人身自由的，处三年以下有期徒刑、拘役、管制或者剥夺政治权利。具有殴打、侮辱情节的，从重处罚。

犯前款罪，致人重伤的，处三年以上十年以下有期徒刑；致人死亡的，处十年以上有期徒刑。使用暴力致人伤残、死亡的，依照本法第二百三十四条、第二百三十二条的规定定罪处罚。

为索取债务非法扣押、拘禁他人的，依照前两款的规定处罚。

国家机关工作人员利用职权犯前三款罪的，依照前三款的规定从重处罚。

第二百四十七条 司法工作人员对犯罪嫌疑人、被告人实行刑讯逼供或者使用暴力逼取证人证言的，处三年以下有期徒刑或者拘役。致人伤残、死亡的，依照本法第二百三十四条、第二百三十二条的规定定罪从重处罚。

第二百四十八条 监狱、拘留所、看守所等监管机构的监管人员对被监管人进行殴打或者体罚虐待，情节严重的，处三年以下有期徒刑或者拘役；情节特别严重的，处三年以上十年以下有期徒刑。致人伤残、死亡的，依照本法第二百三十四条、第二百三十二条的规定定罪从重处罚。

监管人员指使被监管人殴打或者体罚虐待其他被监管人的，依照前款的规定处罚。

第二百八十九条 聚众"打砸抢"，致人伤残、死亡的，依照本法第二百三十四条、第二百三十二条的规定定罪处罚。毁坏或者抢走公私财物的，除判令退赔外，对首要分子，依照本法第二百六十三条的规定定罪处罚。

第二百九十二条第二款 聚众斗殴，致人重伤、死亡的，依照本法第二百三十四条、第二百三十二条的规定定罪处罚。

二、司法解释

（一）《最高人民法院、最高人民检察院关于办理组织、利用邪教组织破坏法律实施等刑事案件适用法律若干问题的解释》（2017 年 1 月 25 日　法释〔2017〕3 号）

第十一条 组织、利用邪教组织，制造、散布迷信邪说，组织、策划、煽动、胁迫、教唆、帮助其成员或者他人实施自杀、自伤的，依照刑法第二百三十二条、第二百三十四条的规定，以故意杀人罪或者故意伤害罪定罪处罚。

（二）《最高人民法院、最高人民检察院关于办理危害生产安全刑事案件适用法律若干问题的解释》（2015 年 12 月 14 日　法释〔2015〕22 号）

第十条 在安全事故发生后，直接负责的主管人员和其他直接责任人员故意阻挠开展抢救，导致人员死亡或者重伤，或者为了逃避法律追究，对被害人进行隐藏、遗弃，致使被害人因无法得到救助而死亡或者重度残疾的，分别依照刑法第二百三十二条、第二百三十四条的规定，以故意杀人罪或者故意伤害罪定罪处罚。

（三）《最高人民检察院关于强制隔离戒毒所工作人员能否成为虐待被监管人罪主体问题的批复》（2015 年 2 月 15 日　高检发释字〔2015〕2 号）

河北省人民检察院：

你院冀检呈字〔2014〕46 号《关于强制隔离戒毒所工作人员能否成为刑法第二百四十八条虐待被监管人罪主体的请示》收悉。经研究，批复如下：

根据有关法律规定，强制隔离戒毒所是对符合特定条件的吸毒成瘾人员限制人身自由，进行强制隔离戒毒的监管机构，其履行监管职责的工作人员属于刑法第二百四十八条规定的监管人员。

对于强制隔离戒毒所监管人员殴打或者体罚虐待戒毒人员，或者指使戒毒人员殴打、体罚虐待其他戒毒人员，情节严重的，应当适用刑法第二百四十八条的规定，以虐待被监管人罪追究刑事责任；造成戒毒人员伤残、死亡后果的，应当依照刑法第二百三十四

条、第二百三十二条的规定，以故意伤害罪、故意杀人罪从重处罚。

此复。

最高人民检察院

2015 年 2 月 15 日

（四）《最高人民法院、最高人民检察院关于办理寻衅滋事刑事案件适用法律若干问题的解释》（2013 年 7 月 15 日　法释〔2013〕18 号）

第七条　实施寻衅滋事行为，同时符合寻衅滋事罪和故意杀人罪、故意伤害罪、故意毁坏财物罪、敲诈勒索罪、抢夺罪、抢劫罪等罪的构成要件的，依照处罚较重的犯罪定罪处罚。

（五）《最高人民法院关于审理未成年人刑事案件具体应用法律若干问题的解释》（2006 年 1 月 11 日　法释〔2006〕1 号）

第十条　已满十四周岁不满十六周岁的人盗窃、诈骗、抢夺他人财物，为窝藏赃物、抗拒抓捕或者毁灭罪证，当场使用暴力，故意伤害致人重伤或者死亡，或者故意杀人的，应当分别以故意伤害罪或者故意杀人罪定罪处罚。

已满十六周岁不满十八周岁的人犯盗窃、诈骗、抢夺罪，为窝藏赃物、抗拒抓捕或者毁灭罪证而当场使用暴力或者以暴力相威胁的，应当依照刑法第二百六十九条的规定定罪处罚；情节轻微的，可不以抢劫罪定罪处罚。

（六）《最高人民法院、最高人民检察院关于办理妨害预防、控制突发传染病疫情等灾害的刑事案件具体应用法律若干问题的解释》（2003 年 5 月 14 日　法释〔2003〕8 号）

第九条　在预防、控制突发传染病疫情等灾害期间，聚众“打砸抢”，致人伤残、死亡的，依照刑法第二百八十九条、第二百三十四条、第二百三十二条的规定，以故意伤害罪或者故意杀人罪定罪，依法从重处罚。对毁坏或者抢走公私财物的首要分子，依照刑法第二百八十九条、第二百六十三条的规定，以抢劫罪定罪，依法从重处罚。

（七）《最高人民法院关于审理偷税抗税刑事案件具体应用法律若干问题的解释》（2002 年 11 月 5 日　法释〔2002〕33 号）

第六条　实施抗税行为致人重伤、死亡，构成故意伤害罪、故意杀人罪的，分别依照刑法第二百三十四条第二款、第二百三十二条的规定定罪处罚。

与纳税人或者扣缴义务人共同实施抗税行为的，以抗税罪的共犯依法处罚。

（八）《最高人民法院关于审理交通肇事刑事案件具体应用法律若干问题的解释》（2000 年 11 月 15 日　法释〔2000〕33 号）

第六条　行为人在交通肇事后为逃避法律追究，将被害人带离事故现场后隐藏或者遗弃，致使被害人无法得到救助而死亡或者严重残疾的，应当分别依照刑法第二百三十二条、第二百三十四条第二款的规定，以故意杀人罪或者故意伤害罪定罪处罚。

（九）《最高人民法院关于对设置圈套诱骗他人参赌又向索还钱财的受骗者施以暴力或暴力威胁的行为应如何定罪问题的批复》（1995 年 11 月 6 日　法复〔1995〕8 号）

贵州省高级人民法院：

你院《关于设置圈套诱骗他人参赌，当参赌者要求退还所输钱财时，设赌者以暴力相威胁，甚至将参赌者打伤、杀伤并将钱财带走的行为如何定性》的请示收悉。经研究，答复如下：

行为人设置圈套诱骗他人参赌获取钱财，属赌博行为，构成犯罪的，应当以赌博罪定罪处罚。参赌者识破骗局要求退还所输钱财，设赌者又使用暴力或者以暴力相威胁，拒绝退还的，应以赌博罪从重处罚；致参赌者伤害或者死亡的，应以赌博罪和故意伤害罪或者故意杀人罪，依法实行数罪并罚。

此复。

三、刑事政策文件

（一）《最高人民法院、最高人民检察院、公安部等关于依法惩治涉枪支、弹药、爆炸物、易燃易爆危险物品犯罪的意见》（2021 年 12 月 28 日　法发〔2021〕35 号）

二、正确认定犯罪

4. 非法制造、买卖、运输、邮寄、储存、盗窃、抢夺、抢劫、持有、私藏、走私枪支、弹药、爆炸物，并利用该枪支、弹药、爆炸物实施故意杀人、故意伤害、抢劫、绑架等犯罪的，依照数罪并罚的规定处罚。

（二）《最高人民法院、最高人民检察院、公安部关于依法办理“碰瓷”违法犯罪案件的指导意见》（2020 年 9 月 22 日　公通字〔2020〕12 号）

七、为实施“碰瓷”而故意杀害、伤害他人或者过失致人重伤、死亡，符合刑法第二百三十二条、第二百三十四条、第二百三十三条、第二百三十五条规定的，分别以故意杀人罪、故意伤害罪、过失致人死亡罪、过失致人重伤罪定罪处罚。

（三）《最高人民法院、最高人民检察院、公安部关于印发〈关于办理涉窨井盖相关刑事案件的指导意见〉的通知》（2020 年 3 月 16 日　高检发〔2020〕3 号）

三、对于本意见第一条、第二条规定以外的其他场所的窨井盖，明知会造成人员伤亡后果而实施盗窃、破坏行为，致人受伤或者死亡的，依照刑法第二百三十四条、第二百三十二条的规定，分别以故意伤害罪、故意杀人罪定罪处罚。

过失致人重伤或者死亡的，依照刑法第二百三十五条、第二百三十三条的规定，分别以过失致人重伤罪、过失致人死亡罪定罪处罚。

十二、本意见所称的“窨井盖”，包括城市、城乡结合部和乡村等地的窨井盖以及其他井盖。

（四）《最高人民法院、最高人民检察院、公安部、司法部印发〈关于办理非法放贷刑事案件若干问题的意见〉的通知》（2019 年 7 月 23 日　法发〔2019〕24 号）

六、为从事非法放贷活动，实施擅自设立金融机构、套取金融机构资金高利转贷、骗取贷款、非法吸收公众存款等行为，构成犯罪的，应当择一重罪处罚。

为强行索要因非法放贷而产生的债务，实施故意杀人、故意伤害、非法拘禁、故意毁坏财物、寻衅滋事等行为，构成犯罪的，应当数罪并罚。

纠集、指使、雇佣他人采用滋扰、纠缠、哄闹、聚众造势等手段强行索要债务，尚不单独构成犯罪，但实施非法放贷行为已构成非法经营罪的，应当按照非法经营罪的规定酌情从重处罚。

以上规定的情形，刑法、司法解释另有规定的除外。

（五）《最高人民法院、最高人民检察院、公安部、司法部印发〈关于办理黑恶势力犯罪案件若干问题的指导意见〉的通知》（2018 年 1 月 16 日　法发〔2018〕1 号）

19. 在民间借贷活动中，如有擅自设立金融机构、非法吸收公众存款、骗取贷款、套取金融机构资金发放高利贷以及为强索债务而实施故意杀人、故意伤害、非法拘禁、故意毁坏财物等行为的，应当按照具体犯罪侦查、起诉、审判。依法符合数罪并罚条件的，应当并罚。

（六）《最高人民法院关于印发〈关于审理抢劫刑事案件适用法律若干问题的指导意见〉的通知》（2016 年 1 月 6 日　法发〔2016〕2 号）

3. 为劫取财物而预谋故意杀人，或者在劫取财物过程中为制服被害人反抗、抗拒抓捕而杀害被害人，且被告人无法定从宽处罚情节的，可依法判处死刑立即执行。对具有自首、立功等法定从轻处罚情节的，判处死刑立即执行应当慎重。对于采取故意杀人以外的其他手段实施抢劫并致人死亡的案件，要从犯罪的动机、预谋、实行行为等方面分析被告人主观恶性的大小，并从有无前科及平时表现、认罪悔罪情况等方面判断被告人的人身危险程度，不能不加区别，仅以出现被害人死亡的后果，一律判处死刑立即执行。

4. 抢劫致人重伤案件适用死刑，应当更加慎重、更加严格，除非具有采取极其残忍的手段造成被害人严重残疾等特别恶劣的情节或者造成特别严重后果的，一般不判处死刑立即执行。

5. 具有刑法第二百六十三条规定的“抢劫致人重伤、死亡”以外其他七种加重处罚情节，且犯罪情节特别恶劣、危害后果特别严重的，可依法判处死刑立即执行。认定“情节特别恶劣、危害后果特别严重”，应当从严掌握，适用死刑必须非常慎重、非常严格。

（七）《最高人民法院关于充分发挥审判职能作用切实维护公共安全的若干意见》（2015 年 9 月 16 日　法发〔2015〕12 号）

4. 依法严惩严重危害社会治安犯罪。依法严惩故意杀人、故意伤害、抢劫、绑架、爆炸等严重暴力犯罪，严惩盗窃、抢夺、诈骗等多发侵财性犯罪，切实增强人民群众安全感。依法严惩黑恶势力犯罪，坚决打掉其赖以生存、坐大的保护伞和经济基础，有效维护社会秩序。依法惩治组织、利用邪教破坏国家法律实施，进行杀人、强奸、诈骗的犯罪，努力消除邪教危害。依法严惩拐卖妇女、儿童和性侵儿童犯罪，加大对收买被拐卖的妇女、儿童犯罪的惩治力度，强化对妇女、儿童的司法保护。依法严惩毒品犯罪以及因吸毒诱发的故意杀人、故意伤害、抢劫、盗窃、以危险方法危害公共安全等次生犯罪，坚决遏制毒品蔓延势头。

（八）《最高人民法院印发〈关于贯彻宽严相济刑事政策的若干意见〉的通知》（2010 年 2 月 8 日　法发〔2010〕9 号）

二、准确把握和正确适用依法从“严”的政策要求

7. 贯彻宽严相济刑事政策，必须毫不动摇地坚持依法严惩严重刑事犯罪的方针。对于危害国家安全犯罪、恐怖组织犯罪、邪教组织犯罪、黑社会性质组织犯罪、恶势力犯罪、故意危害公共安全犯罪等严重危害国家政权稳固和社会治安的犯罪，故意杀人、故意伤害致人死亡、强奸、绑架、拐卖妇女儿童、抢劫、重大抢夺、重大盗窃等严重暴力犯罪和严重影响人民群众安全感的犯罪，走私、贩卖、运输、制造毒品等毒害人民健康的犯罪，要作为严惩的重点，依法从重处罚。尤其对于极端仇视国家和社会，以不特定人为侵害对象，所犯罪行特别严重的犯罪分子，该重判的要坚决依法重判，该判处死刑的要坚决依法判处死刑。

三、准确把握和正确适用依法从“宽”的政策要求

17. 对于自首的被告人，除了罪行极其严重、主观恶性极深、人身危险性极大，或者恶意地利用自首规避法律制裁者以外，一般均应当依法从宽处罚。

对于亲属以不同形式送被告人归案或协助司法机关抓获被告人而认定为自首的，原则上都应当依法从宽处罚；有的虽然不能认定为自首，但考虑到被告人亲属支持司法机关工作，促使被告人到案、认罪、悔罪，在决定对被告人具体处罚时，也应当予以充分考虑。

23. 被告人案发后对被害人积极进行赔偿，并认罪、悔罪的，依法可以作为酌定量刑情节予以考虑。因婚姻家庭等民间纠纷激化引发的犯罪，被害人及其家属对被告人表示谅解的，应当作为酌定量刑情节予以考虑。犯罪情节轻微，取得被害人谅解的，可以依法从宽处理，不需判处刑罚的，可以免予刑事处罚。

四、准确把握和正确适用宽严“相济”的政策要求

34. 对于危害国家安全犯罪、故意危害公共安全犯罪、严重暴力犯罪、涉众型经济犯罪等严重犯罪；恐怖组织犯罪、邪教组织犯罪、黑恶势力犯罪等有组织犯罪的领导者、组织者和骨干分子；毒品犯罪再犯的严重犯罪者；确有执行能力而拒不依法积极主动缴付财产执行财产刑或确有履行能力而不积极主动履行附带民事赔偿责任的，在依法减刑、假释时，应当从严掌握。对累犯减刑时，应当从严掌握。拒不交代真实身份或对减刑、假释材料弄虚作假，不符合减刑、假释条件的，不得减刑、假释。

对于因犯故意杀人、爆炸、抢劫、强奸、绑架等暴力犯罪，致人死亡或严重残疾而被判处死刑缓期二年执行或无期徒刑的罪犯，要严格控制减刑的频度和每次减刑的幅度，要保证其相对较长的实际服刑期限，维护公平正义，确保改造效果。

对于未成年犯、老年犯、残疾罪犯、过失犯、中止犯、胁从犯、积极主动缴付财产执行财产刑或履行民事赔偿责任的罪犯、因防卫过当或避险过当而判处徒刑的罪犯以及其他主观恶性不深、人身危险性不大的罪犯，在依法减刑、假释时，应当根据悔改表现予以从宽掌握。对认罪服法，遵守监规，积极参加学习、劳动，确有悔改表现的，依法予以减刑，减刑的幅度可以适当放宽，间隔的时间可以相应缩短。符合刑法第八十一条第一款规定的假释条件的，应当依法多适用假释。

43. 对减刑、假释案件，要采取开庭审理与书面审理相结合的方式。对于职务犯罪案件，尤其是原为县处级以上领导干部罪犯的减刑、假释案件，要一律开庭审理。对于故意杀人、抢劫、故意伤害等严重危害社会治安的暴力犯罪分子，有组织犯罪案件中的首要分子和其他主犯以及其他重大、有影响案件罪犯的减刑、假释，原则上也要开庭审理。书面审理的案件，拟裁定减刑、假释的，要在羁押场所公示拟减刑、假释人员名单，接受其他在押罪犯的广泛监督。

（九）《最高人民法院关于抢劫过程中故意杀人案件如何定罪问题的批复》（2001年5月23日　法释〔2001〕16号）

上海市高级人民法院：

你院沪高法〔2000〕117号《关于抢劫过程中故意杀人案件定性问题的请示》收悉。经研究，答复如下：

行为人为劫取财物而预谋故意杀人，或者在劫取财物过程中，为制服被害人反抗而故意杀人的，以抢劫罪定罪处罚。

行为人实施抢劫后，为灭口而故意杀人的，以抢劫罪和故意杀人罪定罪，实行数罪并罚。

此复。

第三节　故意杀人罪审判实践中的疑难新型问题

问题1. “见死不救”能否构成故意杀人罪

【刑事审判参考案例】颜某某等故意杀人案①

一、基本案情

浙江省湖州市南浔区人民法院认为：被告人颜某某、廖某某、韩某某因周某某“偷窃”自行车而殴打、追赶周某某，从而迫使周某某逃上货船并跳入河中，三被告人目睹周某某在水中挣扎，明知此时周某某有生命危险，却不采取救助措施，最终发生了周某某溺水死亡的结果，其行为均已构成故意杀人罪，公诉机关指控的罪名成立，依法应予惩处。鉴于三被告人对周某某死亡结果的发生持放任态度，而非积极追求该结果的发生，且周某某系自己跳入河中，又会游泳，结合本案犯罪起因，三被告人犯罪的主观恶性较小，属情节较轻。被告人颜某某、廖某某、韩某某归案后能如实交代自己的犯罪事实，庭审中自愿认罪，分别予以酌情从轻处罚。被告人韩某某又能赔偿周某某家属的经济损失，取得周某某家属的谅解，对被告人韩某某可适用缓刑。依照《刑法》第232条，第25条第1款，第72条第1款、第73条第2款、第3款的规定，判决如下：

1. 被告人颜某某犯故意杀人罪，判处有期徒刑三年九个月。

---

① 陈克娥撰稿，耿景仪审编：《颜某某等故意杀人案——“见死不救”能否构成犯罪（第475号）》，载最高人民法院刑事审判第一、二、三、四、五庭主办：《刑事审判参考》（总第60集），法律出版社2008年版，第34～40页。

2. 被告人廖某某犯故意杀人罪，判处有期徒刑三年三个月。

3. 被告人韩某某犯故意杀人罪，判处有期徒刑三年，缓刑四年。

一审宣判后，三被告人在法定期限内没有上诉，检察机关亦未抗诉，判决发生法律效力。

二、主要问题

被告人颜某某等人因怀疑周某某偷窃自行车而殴打、追赶周某某，周某某自己跳入河中溺水死亡，三被告人未采取救助措施即“见死不救”，是否构成不作为犯罪？对此，在审理过程中存在不同意见：

第一种意见认为，被告人颜某某等人因发现被害人周某某偷窃自行车而殴打、追赶周某某，属“见义勇为”行为，值得提倡；周某某系自己跳入水中，颜某某等人对周某某溺水死亡并无过错，既没有实施加害行为，也没有必须对周某某救助的义务，其行为不构成犯罪；其“见死不救”属于道德谴责范畴。

第二种意见认为，虽然周某某偷窃自行车有过错，但颜某某等人对周某某实施的殴打、追赶行为不属正当、合法行为，由此行为而致周某某处于危险境地，负有法律上的救助义务；

颜某某等人目睹周某某挣扎，并沉入水中，却不实施任何救助行为，其对周某某的死亡具有放任故意，构成不作为的故意杀人罪。

三、裁判理由

我们同意上述第二种意见，本案颜某某等被告人的“见死不救”属于不作为犯罪，构成故意杀人罪。

（一）颜某某等被告人先前殴打、追赶周某某的行为在法律上产生其对周某某处于危险状态时的救助义务

在一般情况下，“见死不救”只是道德谴责的对象，不属于刑法评价的范畴；但在特殊情况下，“见死不救”也会成为刑法评价的对象，“见死不救”者亦要承担刑事责任。特殊情况指的是，当“见死”者负有法律上防止他人死亡的义务时，有能力防止他人死亡结果的发生，却不采取措施防止他人死亡结果的发生，以至于他人死亡的，应当承担刑事责任，其实质就是刑法理论上的不作为犯罪。

本案的关键在于确认颜某某等被告人对跳水而面临死亡危险的周某某是否具有法律上的救助义务。一般认为，不作为犯罪的义务来源包括法律明文规定的义务、职务或业务要求的义务、法律行为引起的义务、先行行为产生的义务。先行行为产生的义务，是指由于行为人先前实施的行为致使法律所保护的某种权利处于危险状态而产生的防止危害结果发生的义务。考察颜某某等被告人先前殴打、追赶周某某的行为，应当属于来源于先行行为产生的救助义务。先行行为必须符合一定的条件才负有作为义务。

1. 先行行为必须是行为人本人所实施的行为。先行行为应是行为人亲自实施的行为，而不能是行为人以外的第三者。只有因自己行为导致发生（或引起）一定之危险者，始负有防止危险结果发生之义务。本案中，颜某某等被告人对周某某的殴打、追赶行为导致周某某跳入河中，在水中挣扎，周某某的生命已经处于危险状态，而殴打、追赶的先行行为系颜某某等人亲自实施，故对周某某的危险具有救助义务。

船上的其他目击者，即使不救助也不构成不作为犯罪，因未实施先行行为之缘由，不具备防止周某某死亡的义务。

2. 先行行为必须实际造成他人的危险状态存在。危险是指足以使合法权益遭受严重损害的一种事实状态。只有当该危险是由于行为人所实施的先行行为所直接造成时，行为人才负有防止危险结果发生的作为义务。危险具有以下特征：（1）危险是法律所禁止的，法律允许的危险不是先行行为所导致的危险。（2）危险是现实的，这种危险状态是客观、真实的存在，而不是假想和推测的。（3）危险是紧迫的，由于先行行为的发生，合法权益直接面临迫在眉睫的危险，因而有及时救助的必要。（4）危险与先行行为之间具有因果关系。本案中，由于被告人的殴打、追赶，造成周某某跳入水中，后因体力不支，渐渐沉入水中，其生命安全处于极度危险状态，如果没有他人的救助，溺水死亡是必然的。

（二）颜某某等被告人的不作为与周某某死亡结果之间具有刑法上的因果关系

在“见死不救”的不作为犯罪中，死亡结果必须是行为人的先行行为引起的，并且该死亡结果与先行行为之间具有刑法上的因果关系。这是追究“见死不救”者刑事责任的客观基础。

就本案来说，颜某某等被告人的不履行先行行为产生的救助义务与周某某死亡结果之间具有刑法意义上的因果关系。虽然周某某死亡的直接原因是溺水死亡，但周某某的死亡是一果多因的。没有颜某某等人的殴打、追赶行为，周某某不会跳水。跳水后，如果颜某某等人履行了救助义务，周某某就不会溺水死亡。也就是说，在周某某跳水之后至溺水死亡之前，颜某某等人不实施救助行为即没有阻止周某某由跳水向溺水死亡的方向发展，是引起周某某溺水死亡结果的客观原因之一，殴打、追赶—跳水—不救助—溺水—死亡，是周某某死亡的因果锁链。周某某的死亡，其直接原因固然是溺水，然而却是颜某某等人没有实施救助义务，从而引起了周某某死亡结果的发生。

据此，颜某某等被告人具备对周某某死亡承担刑事责任的客观基础。

（三）颜某某等被告人对周某某的死亡后果持放任态度

“见死不救”者对死亡结果的发生，在过错形式上应该是故意的，即明知其不履行救助义务可能发生他人死亡结果，且有能力履行救助义务而不履行，致使危害结果发生。对此应该没有争议。问题是，颜某某等被告人是直接故意还是间接故意？

我们认为，在不作为犯罪中，不作为者对危害结果的过错形式只能是间接故意。如果过错形式是直接故意的，就不存在不作为的问题，而是一种作为犯罪了，即行为人明知自己的不履行特定义务可能或必然发生危害社会的结果，并且希望该结果的发生，而利用客观上存在的自然力或其他人为因素，实现危害结果发生的目的。就本案来说，如果颜某某等被告人主观上的直接目的就是非法剥夺周某某的生命，在周某某跳水后，颜某某等人利用周某某溺水这一机会，实现了其杀人的目的，就属于直接故意状态下的杀人犯罪。

间接故意不作为犯罪是行为人明知自己的不作为可能会发生危害社会的结果，并且放任该结果发生的犯罪形态。本案中，颜某某等人明知周某某跳河后，因体力不支而在河中挣扎，并渐渐沉入水中，可能会发生周某某溺水死亡的后果，却没有采取任何救助措施，既没有跳河救人或扔橡皮圈、绳子等物给周某某自救，也没有打电话报警寻求帮助，而是目睹周某某沉入水中后，才离开现场。但是，颜某某等被告人并没有利用溺水这一客观条件而要致周某某死亡的直接故意，其对周某某的死亡，仅仅是持放任态度。通常所说的“见死不救”，指的就是对可能死亡之人不实施救助，而不是指利用危险状态的客观条件致他人于死地。如果周某某跳水后，要往岸上爬，颜某某等人却实施了阻拦周某某上岸的行为，迫使周某某溺水死亡，那么，此时就不是“见死不救”的问题了，而是直接利用溺水这一客观条件致周某某死亡，属于直接故意杀人的范畴。

（四）颜某某等被告人的“见死不救”，应评价为故意杀人情节较轻

《刑法》第232条规定，故意杀人的，处死刑、无期徒刑或者十年以上有期徒刑；情节较轻的，处三年以上十年以下有期徒刑。实践中，对如何认定故意杀人情节较轻的，并没有统一的标准。我们认为，判断故意杀人是否属于情节较轻，可以从行为人主观过错、案发原因、犯罪手段、因果关系、危害结果等主客观方面综合分析判定。颜某某等被告人的“见死不救”行为虽然造成了被害人的死亡后果，但综合全案情节应评价为故意杀人情节较轻。主要理由：（1）周某某有实施盗窃自行车的嫌疑，在案件起因上存在一定过错。（2）颜某某等人主观上没有故意杀人的犯罪目的，其对周某某的死亡后果只是持放任态度而不是积极追求。（3）颜某某等人没有直接实施剥夺他人生命的行为，只是在客观上实施了不正当殴打、追赶周某某的行为，周某某基于会游泳而跳入河中，生命处于危险境地后，颜某某等人能够履行救助义务而未履行。（4）本案的因果关系有其特殊性，周某某的死亡系一果多因，且溺水死亡是直接原因，颜某某等人的不作为只是间接原因。因此，法院认定颜某某等人故意杀人犯罪属情节较轻是正确的。其中，被告人韩某某积极赔偿，并取得被害人家属谅解，对其适用缓刑，也符合宽严相济的刑事政策精神。

问题2. 具有抚养义务的人，因防止婴幼儿外出将婴幼儿留置在与外界完全隔绝的房间，为了满足其他欲求而放任婴幼儿死亡危险的，如何定罪处罚

【刑事审判参考案例】乐某故意杀人案[①]

一、基本案情

江苏省南京市中级人民法院经审理查明：被告人乐某系非婚生子女，自幼由其祖父母抚养，16岁左右离家独自生活，有多年吸毒史，曾因吸毒被行政处罚。2011年1月乐某生育一女李某1（殁年2岁，生父不详）后，与李某2同居。2012年3月乐某再生育一女李某3（殁年1岁）。在李某2于2013年2月27日因犯罪被羁押后，乐某依靠社区发放的救助和亲友、邻居的帮扶，抚养两个女儿。乐某因沉溺于毒品，疏于照料女儿。2013年4月17日，乐某离家数日，李某1由于饥饿独自跑出家门，社区干部及邻居发现后将两幼女送往医院救治，后乐某于当日将两女儿接回。2013年4月月底的一天下午，乐某将两幼女置于其住所的主卧室内，留下少量食物、饮水，用布条反复缠裹窗户锁扣并用尿不湿夹紧主卧室房门以防止小孩跑出，之后即离家不归。乐某离家后曾多次向当地有关部门索要救助金，领取后即用于在外吸食毒品、玩乐，直至案发仍未曾回家。2013年6月21日，社区民警至乐某家探望时，通过锁匠打开房门后发现李某1、李某3已死于主卧室内。经法医鉴定，两被害人无机械性损伤和常见毒物中毒致死的依据，不

---

① 周侃、徐松松撰稿，冉容审编：《乐某故意杀人案——具有抚养义务的人，因防止婴幼儿外出将婴幼儿留置在与外界完全隔绝的房间，为了满足其他欲求而放任婴幼儿死亡危险的，如何定罪处罚（第992号）》，载最高人民法院刑事审判第一、二、三、四、五庭主办：《刑事审判参考》（总第98集），法律出版社2014年版，第85~91页。

排除其因脱水、饥饿、疾病等因素衰竭死亡。当日 14 时许，公安机关将乐某抓获归案。经司法鉴定，乐某系精神活性物质（毒品）所致精神障碍，作案时有完全刑事责任能力。

江苏省南京市中级人民法院认为，被告人乐某身为被害人李某 1、李某 3 的生母，对被害人负有法定的抚养义务。乐某明知将两名年幼的孩子留置在封闭房间内，在缺乏食物和饮水且无外援的情况下会饿死，仍离家一个多月，不回家照料女儿，其主观上具有放任两女儿死亡的故意，客观上也实施了不抚养、不照料并断绝二被害人获取外援的可能性，最终致使二人死亡，其行为构成故意杀人罪。乐某多次放弃抚养义务，多次置被害人于危险境地，并屡教不改，其犯罪情节特别恶劣，犯罪后果特别严重。鉴于乐某审判时已怀孕，归案后认罪态度较好，依照《刑法》第 232 条，第 14 条第 1 款、第 2 款，第 49 条第 1 款，第 57 条第 1 款之规定，江苏省南京市中级人民法院以被告人乐某犯故意杀人罪，判处无期徒刑，剥夺政治权利终身。

一审宣判后，被告人乐某未提起上诉，检察机关亦未抗诉，该判决已发生法律效力。

二、主要问题

具有抚养义务的人，因防止婴幼儿外出将婴幼儿留置在与外界完全隔绝的房间，为了满足其他欲求而放任婴幼儿死亡危险的，如何定罪处罚？

三、裁判理由

（一）具有抚养义务的人，因防止婴幼儿外出将婴幼儿留置在与外界完全隔绝的房间，为了满足其他欲求而放任婴幼儿死亡危险的，应当以故意杀人罪定性

在本案审理过程中，对被告人乐某的不作为行为构成何罪，存在四种不同意见：第一种意见认为，乐某具有杀人的主观故意，其通过不作为放任危害结果的发生，构成故意杀人罪；第二种意见认为，乐某的行为属于遗弃家庭成员，并造成严重后果，应认定为遗弃罪；第三种意见认为，被害人系被告人的亲生女儿，被告人并无杀人故意，其少给被害人食物、饮水，造成严重后果，系虐待行为，应构成虐待罪；第四种意见认为，乐某作为两被害人的生母，虽有抚养义务，但主观上并无杀害被害人的故意，其行为属于过失犯罪，应认定为过失致人死亡罪。

我们赞同第一种意见，具体理由如下：

1. 应当准确区分不作为故意杀人与虐待、遗弃这几类“形同实异”的犯罪行为。遗弃罪是指对于年老、年幼、患病或者其他没有独立生活能力的人，负有抚养义务而拒绝抚养，情节恶劣的行为；而故意杀人是非法剥夺他人生命的行为。遗弃罪侵犯的是没有独立生活能力的被害人依法受扶助、照顾的权利，故意杀人侵犯的是被害人的生命权；在被告人与被害人具有特定抚养、照顾义务的情况下，应当作为而不作为，情节恶劣的，属于遗弃，但不会使被害人陷入生命危险境地，而应当作为而不作为，可能使被害人生命被剥夺的，属于不作为型的故意杀人罪；实施遗弃行为的行为人主观上并无追求或放任被害人死亡的故意。正是因为两种行为的客观危害不同、侵害的法益不同、行为人主观故意内容不同，刑法为遗弃罪和故意杀人罪配置了轻重差别十分明显的刑罚种类。在“遗弃”没有独立生活能力婴幼儿的情形下，遗弃罪与故意杀人罪的区别主要在于：在特定的时空条件下，被害人之生命安危是否依赖于对其负有特定抚养义务的行为人，如果存在这种支配依赖关系，而行为人不仅自己不履行抚养义务，还切断、排除了其他人对被害人进行救助的可能，主观上对被害人的死亡结果持放任态度，那么行为人就构成故意杀人罪；相反，抚养义务的不履行如果不会给被害人生命带来必然的、紧迫的现实危

险，客观上仍存在其他人介入履行抚养义务的可能，行为人主观上既不希望也不放任死亡结果的发生，那么行为人就属于遗弃罪。例如，将婴儿扔在有人经常路过的地方，婴儿有可能被人施救，生命面临的危险尚不紧迫，行为人有合理依据相信婴儿无生命危险的，就属于遗弃行为；反之，如果将婴儿扔在偏僻处所，婴儿难以被人施救，生命面临必然、紧迫的现实危险的，那么行为人对可能造成的婴儿死亡后果持无所谓的放任态度，就应当认定属故意杀人。本案被告人乐某将两名年幼子女放在家里后独自离家，仅留下少量食物和饮水，外出一个多月不归，必然使两名年幼子女面临紧迫的生命危险，并且将门、窗封死，也排除了孩子外出获得他人实施救助的可能，所以，乐某的行为不属于遗弃罪。

虐待罪是指对共同生活的家庭成员，经常以打骂、冻饿、禁闭、有病不给治疗或者强迫从事过度劳动等各种手段，从肉体上和精神上进行摧残迫害，情节恶劣的行为。虐待罪既可能以积极行为实施，如经常肉体折磨、精神摧残，也可能以不作为方式实施，如有病不给医治。根据《刑法》第 260 条的规定，虐待家庭成员情节恶劣的，处二年以下有期徒刑、拘役或者管制，可见，虐待罪是一种相对较轻的罪行，不会侵犯被害人的生命权利，一般表现为经常或者连续折磨、摧残家庭成员身心的行为。在本案中，被告人乐某曾经离家数日，致两名幼女因饥饿被送往医院治疗，并于最后一次离家外出达一个多月，致使独自在家的两名幼女被活活饿死，其行为已非折磨、摧残幼女身心，而是使幼女生命面临被剥夺的严重危险，已超出虐待罪所能调整的范畴。

2. 被告人乐某的行为属于不作为故意杀人。任何犯罪的成立，均需符合犯罪构成要件。本案中，被告人乐某因未尽照料义务，致两年幼被害人死亡，属不作为犯罪。所谓不作为，是指行为人有法定义务实施并且能够实施某种积极的行为而未实施。不作为犯罪应当具备三个条件：（1）行为人负有某种特定的义务。特定义务一般有三个来源：一是法律明文规定的特定义务；二是职务上或者业务上要求履行的义务；三是由行为人先行的行为使法律所保护的某种利益处于危险状态所产生的义务。（2）行为人有履行特定义务的实际可能性而未履行。（3）因行为人不履行该项义务，造成严重后果。乐某的不作为行为包括以下四方面：

一是乐某有抚养义务。乐某作为被害人李某 1 和李某 3 的生母，对两幼女有抚养义务，自 2013 年 2 月 27 日起，其男友李某 2 因容留他人吸毒服刑，乐某独自承担对李某 1、李某 3 的抚养义务。乐某在李某 2 被羁押后独自承担抚养义务期间，怠于履行抚养义务，曾致两幼女处于饥饿和不健康状态。

二是乐某有抚养能力。乐某案发前虽无固定工作，但每月有村委会的救济以及亲戚朋友的扶助，有八九百元的收入，具有抚养被害人的经济能力。

三是乐某最后一次离家后一直未履行抚养义务。乐某最后一次离家时仅为孩子预留了三四天的饮水和食物，为防止孩子独自跑出家门，用布条将卧室内窗户锁死，并用尿不湿将卧室房门夹紧，使孩子处于封闭的房间内无法外出。乐某离家后主要在某街道附近吸毒、上网、玩游戏机，并在足疗店、网吧、旅馆等处留宿，直至 6 月 21 日案发，长达一个多月没有回家。乐某于 5 月月初把家门钥匙丢在朋友孟某家，案发前一直没有取回钥匙，且没有通过找锁匠、报警等其他方式开门回家，离家后也未曾到之前常去的社区小卖部买过食物。需要指出的是，通过法庭调查，虽然认定乐某未曾回家照料幼女的证据均为间接证据，但乐某的活动轨迹、通话记录、此间交往的证人的证言等证据相印证，

能够证明其在离家后未曾回家。同时，现场勘验、检查笔录证实，该房屋的大门没有被撬动的痕迹，主卧室的门窗状况与乐某离家前的一致，且乐某离家三天即将钥匙遗落在朋友家，常联系的两位锁匠在此期间也均未帮其开锁，亦可证实乐某未曾回家。故法院认定现有证据足以证实乐某未履行对两名幼女的抚养照料义务。

四是由于乐某故意不履行抚养义务，客观上导致两被害人死亡。乐某的不作为，是一个多月的持续过程。据乐某本人供述，其知道在这么长的时间内两幼女缺少食物、饮水，必然导致死亡结果的发生，这种不作为的行为，与作为形式的故意杀人，行为后果具有负面的等价值性。经法医鉴定，两被害人无机械性损伤和常见毒物中毒致死的依据，不排除其因脱水、饥饿、疾病等因素衰竭死亡，即乐某的行为与危害后果的发生存在直接因果关系。

综上，客观上，被告人乐某既有抚养义务，也有抚养能力，将两名幼儿置于封闭房间内，仅预留少量饮食，且排除了幼女得到其他救助而生存下去的可能，对两幼女生命安危处于具有支配关系的保证人地位；主观上，乐某为了外出吸毒、玩耍娱乐而离家长期不归，完全置子女生命安危于不顾，最终导致两名子女因缺少食物和饮水而死亡，即对死亡结果的发生持放任态度，故乐某的行为并非过失致人死亡，完全符合故意杀人罪的构成要件。需要强调的是，不作为犯罪是应作为而不作为，主要是从违反作为义务的角度对犯罪类型进行的区分，不排除行为人会实施一些积极的举动。本案中，虽然被告人乐某实施了封堵窗户、锁闭卧室门等积极行为，但主要是为了防止其外出期间亲生女儿跑出，并非要置女儿于死地，其行为之所以构成故意杀人罪，主要是因为其不仅实施了上述积极行为，还外出长期不归，致使家中所留少量食物、饮水不足以支撑年幼子女生存需要，以致子女饥渴而死，其不作为行为对本案性质起决定作用，故认定其系不作为故意杀人。

（二）对不作为方式故意杀人的量刑把握

对不作为犯罪案件中被告人的量刑，应当结合被告人的动机、手段、侵害的对象、危害后果、被告人一贯表现及犯罪后的态度等因素综合考量。被告人乐某自幼未受到父母的关爱，未接受良好的教育，归案后认罪态度较好，在庭审时已经怀孕。对于乐某的量刑，有两种意见：一种意见认为应当从轻处罚，理由：乐某系非婚生子女，自幼主要由其祖父母抚养，未接受应有的学校教育，16 岁左右即离家独自生活，其本人的成长经历值得同情，同时其又为怀孕的妇女，对其判处有期徒刑较为合适。另一种意见认为，乐某作为心智正常的成年人，为吸毒和游玩而置一个母亲的责任于不顾，多次将本应用于孩子基本生活的救济金，用于自己吸毒和消费；其外出期间的基本活动领域经查都离家很近，但仍长期不回家照料孩子，同时在民警、社区干部和亲友询问孩子情况时，其也以谎言敷衍以对，乐某的不作为情节是十分恶劣的，应当从严处罚，鉴于其系怀孕妇女，可判处无期徒刑。

对此，我们赞同后一种意见。抚育未成年子女不但是人类社会得以繁衍发展所必须遵循的最基本的人伦准则，更是每一位父母应尽的法定义务与责任，个人的文化、受教育程度、经济条件乃至境遇的不同，均不能成为逃避义务的理由。刑事法律的价值不仅在于惩治犯罪，修复被破坏的社会关系，补偿被侵害的法益客体，同时，维护人类的基本道德底线，也是刑事法律不言而喻的基本价值功能。在当前各国均不遗余力地全面保护未成年人权益的潮流下，严厉打击违反基本伦理准则、严重摧残未成年人生命的行为，符合人类普遍的价值标准。本案受害对象是不满3岁的儿童，两被害人均系幼年，在独立的封闭空间内，因缺少食物和饮水饥渴致死，其尸体被发现时已呈干尸状态，死状惨烈。虽然本案系不作为犯罪，被告人主观恶性程度相对直接故意剥夺他人生命的犯罪稍轻，但毕竟造成了两名幼童死亡结果的发生，其行为不仅违背了人类社会的基本伦理道德，同时也造成了极其严重的犯罪后果。因此，虽然乐某认罪态度较好，但无任何法定从轻情节，总体上情节特别恶劣，后果特别严重，社会影响也十分恶劣，论罪应当严惩。鉴于乐某系审判时怀孕的妇女，依照刑法规定，人民法院依法以故意杀人罪判处被告人乐某无期徒刑，剥夺政治权利终身是适当的。

【刑事政策文件】

《最高人民法院、最高人民检察院、公安部、司法部印发〈关于依法办理家庭暴力犯罪案件的意见〉的通知》（2015年3月2日　法发〔2015〕4号）

17. 依法惩处虐待犯罪。采取殴打、冻饿、强迫过度劳动、限制人身自由、恐吓、侮辱、谩骂等手段，对家庭成员的身体和精神进行摧残、折磨，是实践中较为多发的虐待性质的家庭暴力。根据司法实践，具有虐待持续时间较长、次数较多；虐待手段残忍；虐待造成被害人轻微伤或者患较严重疾病；对未成年人、老年人、残疾人、孕妇、哺乳期妇女、重病患者实施较为严重的虐待行为等情形，属于刑法第二百六十条第一款规定的虐待“情节恶劣”，应当依法以虐待罪定罪处罚。

准确区分虐待犯罪致人重伤、死亡与故意伤害、故意杀人犯罪致人重伤、死亡的界限，要根据被告人的主观故意、所实施的暴力手段与方式、是否立即或者直接造成被害人伤亡后果等进行综合判断。对于被告人主观上不具有侵害被害人健康或者剥夺被害人生命的故意，而是出于追求被害人肉体和精神上的痛苦，长期或者多次实施虐待行为，逐渐造成被害人身体损害，过失导致被害人重伤或者死亡的；或者因虐待致使被害人不堪忍受而自残、自杀，导致重伤或者死亡的，属于刑法第二百六十条第二款规定的虐待“致使被害人重伤、死亡”，应当以虐待罪定罪处罚。对于被告人虽然实施家庭暴力呈现出经常性、持续性、反复性的特点，但其主观上具有希望或者放任被害人重伤或者死亡的故意，持凶器实施暴力，暴力手段残忍，暴力程度较强，直接或者立即造成被害人重伤或者死亡的，应当以故意伤害罪或者故意杀人罪定罪处罚。

依法惩处遗弃犯罪。负有扶养义务且有扶养能力的人，拒绝扶养年幼、年老、患病或者其他没有独立生活能力的家庭成员，是危害严重的遗弃性质的家庭暴力。根据司法实践，具有对被害人长期不予照顾、不提供生活来源；驱赶、逼迫被害人离家，致使被害人流离失所或者生存困难；遗弃患严重疾病或者生活不能自理的被害人；遗弃致使被害人身体严重损害或者造成其他严重后果等情形，属于刑法第二百六十一条规定的遗弃“情节恶劣”，应当依法以遗弃罪定罪处罚。

准确区分遗弃罪与故意杀人罪的界限，要根据被告人的主观故意、所实施行为的时间与地点、是否立即造成被害人死亡，以及被害人对被告人的依赖程度等进行综合判断。对于只是为了逃避扶养义务，并不希望或者放任被害人死亡，将生活不能自理的被害人弃置在福利院、医院、派出所等单位或者广场、车站等行人较多的场所，希望被害人得到他人救助的，一般以遗弃罪定罪处罚。对于希望或者放任被害人死亡，不履行必要的

扶养义务，致使被害人因缺乏生活照料而死亡，或者将生活不能自理的被害人带至荒山野岭等人迹罕至的场所扔弃，使被害人难以得到他人救助的，应当以故意杀人罪定罪处罚。

问题3. 对直系亲属间帮助自杀的行为如何定性处罚

【刑事审判参考案例】邓某某故意杀人案①

一、基本案情

广东省广州市番禺区人民检察院以被告人邓某某犯故意杀人罪，向广东省广州市番禺区人民法院提起公诉。

被告人邓某某对指控的犯罪事实无异议。邓某某的辩护人基于以下理由建议法庭对邓某某从宽处罚：邓某某的犯罪动机具有一定特殊性；邓某某犯罪情节较轻，归案后具有认罪、悔罪情节，且系初犯，犯罪前一贯表现良好。

广东省广州市番禺区人民法院经审理查明：被告人邓某某是被害人李某某之子。李某某于1991年前后身患脑中风致右半身不遂，后经治疗病情有所缓解，但1996年前后病情再次复发，并伴有类风湿等疾病导致手脚疼痛、抽筋。除了邓某某外，李某某还生有3名子女，但一直是由邓某某照料李某某的生活起居，并负责李某某的求医诊疗。李某某不堪忍受长期病痛折磨，曾产生轻生念头。2010年4月，邓某某父亲病故后，邓某某因家庭经济拮据需要依靠打工维持生计，遂将李某某从四川老家带到广东省广州市番禺区租住处加以照顾。其间，李某某因病情拖累多次产生轻生的念头。2011年5月16日9时许，李某某请求邓某某为其购买农药。邓某某顺从李某某的请求，去农药店购得两瓶农药，并将农药勾兑后拧开瓶盖递给李某某服食，李某某喝下农药即中毒身亡。后公安机关接到举报后，赴现场查验尸体时发现死因可疑，经初步尸检后认为死者死于有机磷中毒，遂将邓某某带回派出所调查，邓某某如实交代了以上犯罪事实。

广东省广州市番禺区人民法院认为，被告人邓某某无视国家法律，明知农药能毒害生命，出于为母亲李某某解除病痛，在李某某的请求之下，帮助李某某服用农药结束生命，其行为构成故意杀人罪。鉴于邓某某上述犯罪行为发生于家庭直系亲属之间，且系在被害人产生轻生念头后积极请求情况下所为，故其犯罪行为应当与普通严重危害社会的故意杀人行为相区别。邓某某主观恶性相对较小，社会危害亦相对较轻，属于故意杀人罪中“情节较轻”情形，可以在“三年以上十年以下有期徒刑”法定刑幅度内量刑。同时，邓某某归案后能够如实供述自己的罪行，依法可以从轻处罚。根据前述法定刑幅度和具体量刑情节，并综合考虑邓某某犯罪的具体事实、认罪悔罪态度以及众多亲友联名求情等因素，决定对邓某某从轻处罚并适用缓刑。依照《刑法》第232条、第67条第3款、第72条、第73条之规定，广东省广州市番禺区人民法院以被告人邓某某犯故意杀人罪，判处有期徒刑三年，缓刑四年。

一审宣判后，被告人邓某某未提出上诉，公诉机关亦未提出抗诉，判决已发生法律

---

① 黎晓婷撰稿，马岩审编：《邓某某故意杀人案——对直系亲属间帮助自杀的行为如何定性处罚（第810号）》，载最高人民法院刑事审判第一、二、三、四、五庭主办：《刑事审判参考》（总第89集），法律出版社2013年版，第19～23页。

效力。

二、主要问题

1. 帮助自杀的行为是否构成故意杀人罪?

2. 为解脱直系亲属病痛而帮助自杀的行为能否认定为故意杀人罪中的“情节较轻”?

三、裁判理由

本案案发后，引起社会各界高度关注，新闻媒体更是将本案称为“孝子弑母”案。本案社会影响之所以如此之大，主要是重现了前些年几近白热化的“安乐死”定性之争，深刻反映了情与法的关系，触及了道德与法律的边界。在具体审理过程中，主要有以下两个争议问题。

(一) 帮助他人自杀的行为是否构成故意杀人罪

通常认为，帮助自杀，是指他人已有自杀意图，行为人对其给予精神鼓励，使其坚定自杀意图，或者提供物质、条件上的帮助，使其实现自杀意图的行为。基于上述概念分析，帮助自杀与直接动手杀人不同。对于直接动手杀人，即便是应他人请求而为之，理论界和实务界普遍认为不应认定为帮助自杀，构成故意杀人罪；但对于仅提供帮助，而未直接动手实施杀人的行为，是否应当认定为故意杀人罪，存在较大争议。有观点认为，帮助自杀行为不能等同于故意杀人行为，在刑法没有明文规定的情况下，认定帮助自杀行为构成故意杀人罪要特别慎重。但也有观点认为，帮助自杀行为原则上构成故意杀人罪。具体理由：帮助自杀行为符合间接故意杀人罪的特征，对死亡结果具有较大的原因力。目前，主流观点是帮助自杀行为构成故意杀人罪。主要理由：帮助自杀行为与死亡结果之间存在因果关系，侵犯了死者的生命权。

本案中，被告人邓某某明知农药有剧毒性，仍将勾兑好的农药递给李某某，邓某某主观上对李某某的死亡持放任态度，符合故意杀人罪的主观条件。同时，邓某某客观上也实施了非法剥夺他人生命的行为，符合故意杀人罪的客观条件。对此客观条件可从以下三个方面加以分析：

其一，邓某某实施了非法剥夺他人生命的行为。邓某某对李某某负有赡养义务。在李某某请求帮助自杀的情况下，邓某某不但没有劝阻，反而为其购买农药，并在勾兑后拧开瓶盖把农药递给李某某，为李某某自杀提供了条件。在李某某服下农药后，邓某某没有积极实施救助，而是看着李某某中毒身亡。邓某某虽然没有实施灌药行为，但从性质上分析，其行为属于非法剥夺他人生命的行为。值得注意的是，邓某某是否实施强行灌药行为，是法院判断其犯罪动机和其是帮助自杀还是直接动手杀人的重要依据。关于该问题，在直接证据方面仅有被告人供述，而在间接证据方面，现场勘验检查笔录、法医学尸体检验鉴定书等均证实被害人在死亡前没有进行激烈的反抗或者挣扎。因此，综合本案在案证据，法院认定邓某某没有实施强行灌药行为。

其二，邓某某的行为与李某某的死亡结果之间存在刑法意义上的因果关系。案发前，李某某因不堪病痛折磨而产生了轻生念头，只是由于卧病在床，无法自行实施自杀行为。在李某某的请求下，邓某某明知农药有剧毒性，仍向李某某提供农药。虽然其只是将农药递给李某某，但其明知李某某得到农药服下后，必然导致死亡结果的发生。因此，邓某某提供农药的行为与李某某的死亡结果之间具有刑法意义上的因果关系。

其三，邓某某的行为具有刑事违法性，且不存在违法性阻却事由。帮助自杀行为涉及刑法理论中的被害人承诺问题。被害人承诺，是指经权利人允许实施损害其权益的行

为。法谚云："对意欲者不产生侵害。"这表明在传统观念中被害人承诺对违法性的认定存在一定影响。然而，在当代刑事理论体系中，被害人承诺作为违法性阻却事由，存在一定的限制。一般认为，除国家利益、社会公共利益外，即使是纯属于公民个体的私权，也并非完全由权利主体自由处分。如生命权就不可自由处分，经被害人承诺而杀人的，仍然构成故意杀人罪。我国刑法没有专门就被害人承诺问题进行规定，司法实践中对有被害人承诺情形的故意杀人，原则上都不将被害人承诺作为杀人犯罪的阻却事由，但可以作为减轻刑事责任的理由。本案中，邓某某帮助自杀的行为虽然系在李某某的请求下实施，但由于其侵害的生命权超过了被害人承诺可处分的范围，故不能排除其行为的刑事违法性，仍然构成犯罪。

（二）邓某某的行为是否可以认定为故意杀人罪中的"情节较轻"

《刑法》第232条规定，故意杀人情节较轻的，处三年以上十年以下有期徒刑。对于何谓"情节较轻"，尚无司法解释明确规定。司法实践中，一般将义愤杀人、防卫过当杀人、帮助自杀、生母因无力抚养亲生婴儿而溺婴等行为认定为故意杀人罪的"情节较轻"。我们认为，具体案件中，可以从行为的客观危害、行为人的主观恶性和人身危险性等方面对故意杀人罪中的"情节较轻"予以认定。

首先，本案的社会危害相对较小。严重危害社会治安的故意杀人犯罪社会危害大，处理上要体现依法从严的政策精神，而民间矛盾激化引发的故意杀人犯罪社会危害相对要小，处理上要体现依法从宽的政策精神。特别是发生在亲属间且得到被害人承诺的故意杀人犯罪，其社会危害性更小，处理上理应体现从宽的政策精神。本案中，邓某某完全是根据李某某的意愿前往购买农药并向其提供农药，作案时邓某某仅是将农药递给李某某，由李某某决定是否喝下，而没有采取强行灌药的方式。其行为虽然造成了李某某死亡的结果，但也帮助李某某实现了解除病痛折磨的愿望，该故该杀人行为的社会危害较小。

其次，邓某某的主观恶性和人身危险性较小。行为人的主观恶性和人身危险性主要通过犯罪动机、犯罪手段、犯罪情节、是否有前科劣迹等方面来体现。动机卑劣、手段残忍、情节恶劣、有前科劣迹的，主观恶性和人身危险性往往大。对于犯罪动机可宽恕性强，民众普遍在道义上给予同情理解的，犯罪人的主观恶性和人身危险性通常较小。本案中，李某某长期遭受病痛折磨，多次产生轻生念头并请求邓某某帮助其自杀。李某某共生有四名子女，但其一直是与邓某某共同生活，并仅由邓某某照料和负责医治。特别是李某某患有脑中风等疾病导致生活基本不能自理二十多年来，邓某某始终悉心照料，其是在李某某多次请求下，出于为李某某解除疾病痛苦，才顺从了李某某的请求，其情可悯。在众亲友和邻居眼中，邓某某是一名"孝子"。邓某某归案后如实供述了自己的罪行，认罪态度好。综合评价，邓某某主观恶性和人身危险性不大，可以认定邓某某的行为属于故意杀人罪中的"情节较轻"。

综上，法院对邓某某故意杀人案作出的判决公正、合理。同时，本案的情况也深刻反映出，要避免此类人伦悲剧的发生，除依法平衡好刑罚的惩罚与教育功能外，更为重要的是进一步完善社会保障制度。

问题4. 协助近亲属“安乐死”的行为是否应当认定为故意杀人罪

【人民法院案例选案例】张某某、樊某某、凡某某故意杀人案①

［裁判要旨］

协助近亲属“安乐死”的行为符合我国《刑法》故意杀人罪的犯罪构成，且该行为不具有阻却违法性。在量刑时，应综合考虑行为的社会危害性、行为人的主观恶性和人身危险性等因素。根据我国宽严相济的刑事政策，结合案件的量刑情节，依法从宽处理，以达到法律效果和社会效果的统一。

［基本案情］

法院经审理查明：被告人樊某某、张某某、凡某某分别系被害人冷某某的丈夫、女婿、女儿。被害人冷某某生前患有系统性红斑狼疮等多种疾病，案发前与被告人张某某、凡某某一同暂住。2017 年 8 月 28 日上午，被告人樊某某到该暂住处探望被害人冷某某，在被害人冷某某的要求下，被告人樊某某尽管明知服用老鼠药会致人死亡，仍将被告人张某某购买的老鼠药递给被害人冷某某，被害人冷某某当着被告人樊某某、张某某、凡某某的面将老鼠药服下。被害人冷某某服用老鼠药后，被告人樊某某、张某某、凡某某未及时采取送医救治等有效救治措施，最终导致被害人冷某某溴敌隆中毒，并于数小时后身亡。其间，被告人张某某驾驶号牌为浙 JC××××小型车辆和被告人樊某某、被害人冷某某一同离开暂住处，被告人凡某某留在暂住处内。在将被告人樊某某送回其位于某街道的住处后，被告人张某某载被害人冷某某在道路上漫无目的地行驶长达数小时，直至被害人冷某某死亡。

被害人冷某某死亡后，被告人张某某前往公安机关开具死亡证明，公安机关在调查过程中发现重大嫌疑，于 2017 年 8 月 28 日依法传唤被告人张某某、樊某某接受调查。在公安机关尚未掌握被告人凡某某涉案情况下，被告人凡某某于 2017 年 8 月 29 日凌晨主动向公安机关如实供述自己罪行。

在法庭审理过程中，证人凡某出庭作证，证明被告人张某某在被害人冷某某患病期间给予充分照顾，工资收入大部分用于被害人冷某某就医。凡某对被告人张某某的行为表示谅解，请求对被告人张某某予以从轻处罚；证人张某出庭作证，证明被告人张某某曾为给被害人冷某某看病，向其借款 1 万元。

［裁判结果］

浙江省台州市路桥区人民法院于 2018 年 6 月 1 日作出（2018）浙 1004 刑初 254 号刑事判决：一、被告人张某某犯故意杀人罪，判处有期徒刑三年，缓刑五年。二、被告人樊某某犯故意杀人罪，判处有期徒刑三年，缓刑五年。三、被告人凡某某犯故意杀人罪，判处有期徒刑二年，缓刑三年。

宣判后，被告人樊某某、张某某、凡某某未提出上诉，公诉机关未提出抗诉，判决已发生法律效力。

［裁判理由］

法院生效裁判认为：被告人张某某、樊某某、凡某某作为被害人冷某某的亲属，对

---

① 王永兴、夏俏骅编写，李玉萍审稿：《张某某、樊某某、凡某某故意杀人案——协助近亲属“安乐死”行为的认定与量刑》，载《人民法院案例选》（2020 年第 4 辑·总第 146 辑），人民法院出版社 2020 年版，第 80～86 页。

被害人冷某某具有扶助的义务，但被告人张某某、樊某某在冷某某提出自杀请求后却为其提供帮助，被害人冷某某服毒后被告人张某某、樊某某、凡某某亦未尽救助义务，放任被害人冷某某死亡结果的发生，其行为均已构成故意杀人罪。被告人张某某、樊某某、凡某某作为被害人的亲属，没有实施积极的杀害行为，其主观也非追求被害人死亡的结果，属于犯罪情节较轻。被告人张某某、樊某某归案后如实供述自己的罪行，依法予以从轻处罚。被告人凡某某案发后能自首，依法予以减轻处罚。被告人张某某、樊某某、凡某某当庭认罪态度好，具有悔罪表现，被害人的其他亲属对被告人的行为表示谅解，对被告人酌情予以从轻处罚。综合考虑被告人张某某、樊某某、凡某某的犯罪情节和性质，对被告人张某某、樊某某、凡某某均适用缓刑。

[案例注解]

本案是典型的协助近亲属“安乐死”的行为。世界上只有个别国家对积极“安乐死”实行了非犯罪化，但在我国，人为地提前结束患者生命的行为，还难以得到一般国民的普遍认可。即使患者同意，该行为仍是对生命权的侵害。

一、被告人的行为构成故意杀人罪

本案在定罪方面存在争议：一种意见认为，被告人没有实施积极的杀人行为，且刑法没有明确将协助自杀行为规定为犯罪，基于罪刑法定原则，被告人的行为不构成犯罪。另一种意见认为，被告人虽然没有实施积极杀害他人的行为，但两被告人在他人提出“安乐死”请求后积极提供帮助，并在他人实施自杀行为后未进行救助，一被告人作为女儿，当母亲自杀时未进行阻止，并在母亲服毒后未进行救助，因此，三被告人的行为均构成故意杀人罪。笔者同意第二种意见，理由如下。

（一）三被告人的行为符合故意杀人罪的犯罪构成

1. 客观上实施了故意杀人的行为。有学者认为，单纯的帮助自杀行为不具有刑事违法性，不应认定为犯罪。[①] 笔者不能认同。虽然刑法没有规定自杀是犯罪行为，但对于与自杀关联的部分行为，特别是帮助自杀行为，与自杀者死亡后果之间存在紧密的联系，间接侵犯了刑法所保护的公民生命权。就本案而言，三被告人实施的行为分为两个阶段。

（1）被告人张某某、樊某某的帮助自杀行为。张某某购买了自杀所用的老鼠药，樊某某将老鼠药递给死者，二被告人的行为均系积极的帮助死者自杀的行为。如果张某某不在死者的要求下购买足以致人死亡的老鼠药，如果樊某某不将老鼠药递给死者，根据死者当时的活动能力情况，其不可能完成自杀行为。因此，二被告人的积极帮助行为对死亡后果的发生具有重要的作用，应负刑事责任。

（2）三被告人的不予救助行为。在死者服药之后，三被告人均未采取有效的救护措施，直至死者死亡。张某某、樊某某因为先前的帮助自杀行为，使死者陷入具有死亡危险的境地，需承担实施救助的义务。同时，三被告人均系死者亲属，根据我国《婚姻法》等相关规定，亲属之间有互相扶助的义务，这种扶助义务当然及于一方发生生命危险的时刻。因此，张某某、樊某某根据先行为义务对死者有救助的义务。三被告人基于法律规定对死者有救助的义务，而三被告人却不履行救助义务，间接导致死者的死亡，均应承担相应的刑事责任。

2. 三被告人主观上有故意杀人的间接故意。有一种意见认为，被告人在实施上述行

---

① 冯凡英：《教唆、帮助自杀行为刍议》，载《人民检察》2004 年第 2 期。

为时，可能主观上也存在追求死者死亡，以使自己解脱的思想状态，因此其行为也符合直接故意杀人的特征。对此，笔者亦不认同，因为人的主观意识更多的是通过客观行为来表现。被告人实施了帮助自杀和怠于救助行为，死者死亡后果发生与否都不违背三被告人的主观意志，三被告人实施的行为也并不必然导致死亡后果的发生，其行为在死者死亡结果发生中占据着重要作用，但绝不是起决定性的作用。如果没有死者自己的服毒行为，便不会必然造成死亡结果的发生。从意志因素来看，三被告人是放任危害结果的发生。虽说三被告人在整个过程中不存在逼迫、欺骗等手段促成死者的自杀，也没有实施将毒药喂入死者口中等杀人实行行为，但是，在明知其行为可能发生危害社会的结果时，三被告人既没有阻止行为的继续发生，也没有对死者进行救助，听任死亡结果发生。换言之，三被告人主观上虽然没有追求死者死亡的直接故意，但在明知自己的行为可能会产生死者死亡的后果，仍放任这种后果的发生，主观上有故意杀人的间接故意。

（二）三被告人的行为不具有阻却违法性

刑法理论认为，符合一定条件的被害人承诺，可以排除损害被害人法益的行为的违法性。被害人请求或者许可行为人侵害其法益，表明了其放弃了该法益，放弃了对该法益的保护。因此，法律就没有必要予以保护，损害被放弃的法益的行为就没有侵害法益，没有违法性。因此，有人认为“安乐死”并不具有实质违法性：行为人的直接目的虽然是剥夺被害人的生命，但其根本目的却是减少病人临死前不堪忍受的痛苦……“安乐死”造成的后果虽然是提前结束了病人的生命，但对病人而言，免受痛苦地死实在比痛苦不堪地生更有价值，“安乐死”没有造成危害社会的结果。可见，“安乐死”符合法秩序的整体精神，是违法阻却事由的一种。①

笔者不赞同上述观点，主要有以下两点理由：

1. 行为人得到被害人同意的杀人行为是对他人生命权的侵害。生命权是保障人在生理上不受侵害的权利，生命权包括个人积极生存的权利，也包括不受他人侵犯的权利。生命权作为一个人最重要、最根本的权利，虽然可以通过个人自杀方式进行自我放弃，但绝不允许采取让人代劳或者帮助的放弃方式，应要求而杀死或者帮助杀害被害人的行为不能排除行为的社会危害性和违法性，生命权不在个人可自由处分的法益之内。

2. 近亲属之间救死扶伤既是道义要求，也是法律责任。在我国传统家庭伦理道德中，孝道一直占据首要位置，我国现行法律亦吸收了孝之道德观念，如我国《宪法》第 49 条第 9 款、《刑法》第 261 条、《婚姻法》第 21 条第 1 款和第 3 款、《老年人权益保障法》的第二章“家庭赡养与扶养”等都体现了对孝道观念的吸收。因此，近亲属之间不救死扶伤，反而协助近亲属自杀，应当受到道德和法律的谴责，不为法秩序所容。

因此，对生命垂危、痛苦不堪的患者，应当尽量给予医务上的治疗和精神上的安慰，人为地提前结束患者生命权的行为，不仅破坏了社会对生命权的尊重，而且也难以得到一般国民的认同。三被告人的行为不具有阻却违法性。

二、被告人的行为系犯罪情节较轻，可依法适用缓刑

（一）三被告人的行为符合故意杀人罪中的情节较轻

犯罪情节是体现行为的客观危害性、行为人的主观恶性和人身危险性的一系列主客观事实。客观危害性包括行为方式、危害结果、社会评价等，行为人的主观恶性包括行

① 陈兴良主编：《刑法总论精释》，人民法院出版社 2016 年版，第 307 页。

为人的犯罪动机、目的等，行为人的人身危险性包括行为人在实施犯罪行为之前的一贯表现和行为之后认罪、悔罪态度等。

笔者认为，本案三被告人的行为符合我国《刑法》故意杀人罪中情节较轻的情形，主要有以下几点理由：一是从行为的客观危害性来看，实施杀人的方式不是很恶劣。被告人张某某购买了自杀所用的老鼠药，被告人樊某某明知服用老鼠药会致人死亡，仍将老鼠药递给死者，后三被告人在明知服用老鼠药后可能会死亡的结果仍不予救助，上述行为的杀人方式并不是很恶劣。二是从行为人的主观恶性来看，具有可宽恕的犯罪动机。三被告人基于帮助他人结束痛苦的状态和怜悯的心理，实行了协助他人自杀的行为，其犯罪动机并不卑劣，从社会普通民众朴素的认知来看，其杀人动机也是情有可原。三是从行为人的人身危险性来看，人身危险性很小。三被告人的一贯表现良好，均无前科劣迹，实行犯罪行为之后认罪、悔罪态度较好，被告人或如实供述犯罪事实，或投案自首，表明其再次实施犯罪的可能性很小。

（二）三被告人的行为符合缓刑的适用条件

在确定三被告人的罪名和量刑档次后，如何对其准确量刑也有不同意见：第一种意见认为，基于被告人与死者的特殊关系，并考虑被告人对死者生前的充分照顾，死者系身患多种疾病选择自杀等情节，可以对被告人免于刑事处罚。第二种意见认为，虽然被告人本次犯罪可认定为情节较轻，可以在三年以上十年以下有期徒刑的幅度内量刑，但不应适用缓刑，这种做法与故意杀人罪的重罪定位以及大部分帮助“安乐死”案件的判决结果相符。第三种意见认为，虽然被告人的犯罪情节较轻，但本案也未达到可免于刑事处罚的程度，同时考虑被告人在犯罪中的情节，基于我国宽严相济的刑事政策，可对被告人适用缓刑。笔者赞同第三种意见，理由如下：

1. 三被告人尚未达到可免予刑事处罚的程度。我国《刑法》第37条规定，对于犯罪情节轻微不需要判处刑罚的，可以免于刑事处罚。前文在阐述“故意杀人罪中的情节较轻”中已述及犯罪情节认定的问题，与判断行为人的犯罪行为情节轻微标准基本一致，也是根据犯罪情节存在的不同场合和时间，综合考虑行为人的罪前、罪中及罪后的各种情况进行综合认定。只有综合案件的各种情节才能准确认定犯罪是否属于情节轻微。本案中侵害的法益是人的生命权，触犯的罪名是故意杀人罪，三被告人的行为间接导致死者的死亡结果，系犯罪既遂，张某某、樊某某有坦白情节，凡某某有自首情节。三被告人虽符合故意杀人罪犯罪情节较轻，但根据现有的犯罪情节远未达到轻微的程度。因此，从教育与预防的角度出发，三被告人虽然其情可悯，但其罪不可恕，应该判处刑罚。

2. 三被告人的行为宜适用缓刑。从法律效果来看，本案的发生具有特殊性，死者身患多种目前医疗条件无法治愈的疾病，已无生活质量可言，其积极追求死亡结果，是一种“安乐死”的乞求。被告人通过帮助死者实施“安乐死”行为，其主观动机情有可原，主观恶性不大，属于犯罪情节较轻。通过案发后和庭审中的表现，可以明显看出被告人的认罪、悔罪表现。根据被告人的一贯表现，三人均没有再犯罪的危险，对其宣告缓刑也不会对居住的社区有重大不良影响。从社会效果来看，死者因身患重病，痛苦不堪，选择自杀的方式结束生命，对家庭而言是一个悲剧。倘若采用收监执行的方式，对死者小女儿而言，不但要面对母亲的逝去，还要面对亲人被关押的局面，无疑放大了痛苦。对张某某、凡某某的儿子而言，在父母被关押服刑的情况下，生活失去了寄托，难以健康成长。若造成如此局面，是对此家庭悲剧的延续而不是终止。对被告人适用缓刑，让他们在监狱之外用实际行动去弥补给家庭带来的创伤，才能让这个家庭悲剧真正画上句号，才能带来最好的社会效果。

问题5. 提供农药由丈夫自行服下后未采取任何救助措施，导致丈夫中毒身亡的，如何定罪处罚

【刑事审判参考案例】刘某某故意杀人案①

一、基本案情

北京市第二中级人民法院经审理查明：被告人刘某某系被害人秦某1（男，殁年49岁）之妻。秦某1因患重病长年卧床，一直由刘某某扶养和照料。2010年11月8日3时许，刘某某在其出租房内，不满秦某1病痛叫喊，影响他人休息，与秦发生争吵。后刘某某将存放在出租房的敌敌畏倒入杯中提供给秦某1，由秦某1自行服下，造成秦某1服毒死亡。

北京市第二中级人民法院认为，被告人刘某某与患重病长年卧床的丈夫秦某1因故发生争吵后，不能正确处理，明知敌敌畏系毒药，仍向秦某1提供，导致秦某1服毒死亡，其行为构成故意杀人罪，应依法惩处。鉴于本案系家庭纠纷引发，刘某某长年坚持扶养、照料患重病卧床的秦某1，秦某1因不堪忍受病痛折磨，曾多次有轻生念头，且刘某某将敌敌畏倒入杯中提供给秦某1，由秦某1自行服下，是在双方发生争吵时冲动所为，故刘某某故意杀人的主观恶性与人身危险性与普通故意杀人存在一定区别。同时，刘某某归案后如实供述自己的罪行，且能够认罪、悔罪，秦某1的亲属亦对刘某某表示谅解，请求法院对其从宽处理，故本院对刘某某予以从轻处罚。关于刘某某所提不是故意杀害秦某1的辩解及其辩护人所提刘某某没有杀人的犯罪故意，秦某1系自杀，刘某某的行为不构成犯罪的辩护意见，经查，刘某某在与秦某1发生言语冲突后，明知将敌敌畏提供给长年患病卧床并有轻生念头的秦某1，会导致秦某1服毒身亡的后果发生，仍不计后果而为之，事发后又不采取任何积极的措施送秦某1到医院救治，放任危害后果的发生，导致秦某1死亡；秦某1虽是自行服下刘某某提供的敌敌畏，但刘某某的行为与死亡结果之间存在因果关系，故刘某某的行为构成故意杀人罪，应依法惩处。故本院对该辩解及辩护意见不予采纳。对辩护人所提刘某某具有法定、酌定从轻处罚情节的辩护意见，经查属实，本院予以采纳。依照《刑法》第232条、第55条第1款、第56条第1款、第67条第3款、第61条之规定，判决如下：

被告人刘某某犯故意杀人罪，判处有期徒刑七年，剥夺政治权利一年。

一审宣判后，被告人刘某某未提出上诉，检察机关亦未提出抗诉，判决已发生法律效力。

二、主要问题

1. 提供农药由丈夫自行服下后未采取任何救助措施导致丈夫中毒身亡的，是否构成故意杀人罪？

---

① 罗灿、徐辉撰稿，马岩审编：《刘某某故意杀人案——提供农药由丈夫自行服下后未采取任何救助措施，导致丈夫中毒身亡的，如何定罪处罚（第746号）》，载最高人民法院刑事审判第一、二、三、四、五庭主办：《刑事审判参考》（总第84集），法律出版社2012年版，第11～16页。

2. 对被告人刘某某的行为能否认定为故意杀人“情节较轻”？

三、裁判理由

本案是一起发生在家庭内部的故意杀人案件，审判期间曾受到媒体的高度关注和报道。由于被告人刘某某提供农药后，是由被害人秦某1本人自行服下，故对刘某某的行为是否构成故意杀人罪，以及在肯定构成故意杀人罪的前提下如何处罚，均存在一定争议。

（一）提供农药由丈夫自行服下后未采取任何救助措施，导致丈夫中毒身亡的，构成故意杀人罪

刘某某的行为主要包括两个阶段：一是将农药提供给秦某1，并对其进行了言语刺激；二是在秦某1喝下农药后未采取任何救助措施。

关于第一阶段的行为。刘某某向秦某1提供农药，并对秦进行言语刺激，导致秦某1喝下农药中毒身亡。有观点认为，案发前秦某1多次有过自杀的念头，刘某某只是为秦某1的自杀创造条件，其行为不必然导致秦某1服毒死亡的结果发生，该结果在刘某某的意料之外，故刘某某的行为不构成犯罪。我们认为，对帮助自杀的行为是否追究刑事责任要根据帮助者的主观和客观两个方面的情况而定。如果帮助者没有意识到他人有强烈的自杀倾向，且所提供的帮助行为与自杀后果之间不具有刑法上的因果关系，对帮助者不追究刑事责任。如果帮助者主观上明知他人有强烈的自杀倾向，客观上仍通过言行进一步强化他人自杀的决意，并提供自杀工具或者帮助他人完成自杀行为的，应当认定帮助行为与他人死亡后果之间具有刑法上的因果关系，对帮助者应当以故意杀人罪追究刑事责任。本案属于后一种情形。被害人秦某1多年患有遗传性小脑萎缩症，近年来病情恶化，因不堪病痛折磨，常在夜间叫喊，并多次产生自杀念头。案发当日，秦某1因病痛再次在深夜叫喊，引发女儿秦某2和刘某某的不满。秦某1赌气说想死，刘某某一气之下将家中的农药敌敌畏倒入杯子，并提供给秦某1，同时说了一些对秦某1有精神刺激的话语，导致秦某1服下杯中的敌敌畏。可见，刘某某主观上明知秦某1有强烈的自杀倾向，并意识到将敌敌畏提供给秦某1会发生秦某1服毒身亡的后果，客观上仍向秦某1提供农药，并通过言语刺激进一步增强秦某1的自杀决意，最终导致秦某1服毒身亡。刘某某所实施的行为与秦某1的死亡后果之间具有刑法上的因果关系，应当认定其行为构成故意杀人罪。

关于第二阶段的行为。刘某某在秦某1喝下农药毒性发作后未采取任何救助措施，导致秦某1中毒身亡后果的行为，符合不作为故意杀人罪的特征。不作为犯罪是指行为人负有实施某种积极行为的特定法律义务，且能够履行而不履行，从而导致危害后果发生的情形。不作为犯罪的成立需要具备以下条件：（1）行为人负有特定的作为义务；（2）行为人能够履行而不履行；（3）不履行作为义务与危害结果之间具有因果关系。作为义务的来源主要有四种，即法律明文规定的作为义务、职务或者业务要求的作为义务、法律行为引起的作为义务、先行行为引起的作为义务。

本案中，刘某某具有救助秦某1的义务，且当时能够履行而不履行，故其第二阶段的行为属于不作为的故意杀人。第一，刘某某有救助的义务。该义务来源包括先行行为产生的义务、法律明文规定的义务和基于社会公共伦理而产生的道德义务。首先，刘某某具有先行行为产生的义务。先行行为产生的义务，是指由于行为人先前实施的行为致使法律保护的某种法益处于危险状态，从而产生的防止危害结果发生的义务。刘某某向秦某1提供农药，并通过言语刺激进一步强化他人自杀的决意，刘某某的这一先行行为导致

其负有防止秦某1死亡结果发生的义务。其次，刘某某具有法律规定的义务。婚姻法规定夫妻有互相扶养的义务，这种扶养包括夫妻在日常生活中的互相照料、互相供养和互相救助。刘某某是秦某1之妻，刘某某看到秦某1喝下农药毒性发作而不将其送往医院救治，违反了夫妻间互相救助的法律义务。此外，刘某某具有由社会道德伦理衍生的救助义务。如果秦某1的服毒地点是在人口较为密集的广场等公共场所，如果刘某某不实施救助，他人还可以实施救助。然而，本案发生在较为封闭的私人住所，不可能期待他人实施救助行为，因此刘某某具有由社会道德伦理衍生的救助义务。第二，刘某某有能力救助而未实施救助。秦某1喝药的时间是在凌晨3时许，之后就开始吐白沫，并出现呼吸困难。在场的女儿秦某2问刘某某怎么办，刘某某回答不知道。当秦某2给其他亲戚打电话说秦某1"快不行了"时，刘某某不让说是其给秦某1提供了农药。后当秦某2提出要打"120"急救电话将秦某1送去医院，刘某某又说秦某1快不行了就不用送了。从凌晨3时许秦某1喝药到凌晨4时许死亡，在长达一个多小时的时间内，刘某某一直待在家里，没有采取任何有效的救助措施，且阻止女儿秦某2采取救助措施，故属于有能力救助而不予救助。综合上述两点，刘某某对秦某1有义务、有能力救助而不予救助，放任秦某1中毒身亡的结果发生，符合不作为故意杀人罪的特征。

（二）对刘某某的行为可以认定为故意杀人"情节较轻"

根据《刑法》第232条的规定，故意杀人情节较轻的，处三年以上十年以下有期徒刑。对这里的"情节较轻"如何理解和把握，目前尚无相关司法解释进行明确。实践中一般综合考虑案件的性质，犯罪的起因、动机、目的、手段等情节，犯罪的后果，被告人的主观恶性和人身危险性等因素予以认定。把握的一般尺度是，对社会危害性较小，主观恶性和人身危险性也较小的，可以认定为故意杀人情节较轻。例如，青年男女因婚前性行为致女方怀孕产子后，因无抚养能力而杀死婴儿的；近亲属对一贯为非作恶者"大义灭亲"的；长期受被害人迫害者因不堪忍受折磨而将被害人杀死的；等等。

对于本案被告人刘某某的行为能否认定为故意杀人"情节较轻"，审理过程中存在一定争议。有观点认为，刘某某在秦某1喝下农药后，自己不予救助，还阻止女儿打急救电话抢救，犯罪情节较为恶劣，不应认定"情节较轻"。我们认为，综合本案案情，应当认定刘某某的行为"情节较轻"。具体理由如下：第一，秦某1多年身患重病，其因不堪病痛折磨曾多次产生轻生念头，刘某某能够长年坚持扶养和照料，不离不弃，已尽到夫妻之间的扶养义务。第二，近年来秦某1因病痛折磨，经常在晚上叫喊，影响其暂住地周围邻居休息，房东对此不满，要求刘某某尽快搬走，刘不想搬家，为此与秦某1争吵过。案发当天深夜，秦某1又在叫喊，招致秦某1和刘某某的强烈不满，引发了刘某某与秦某1进行争吵。刘当时处于激情状态，容易作出过激反应。第三，刘某某向秦某1提供农药并进行言语刺激的行为，虽然与秦某1服毒身亡的结果之间存在刑法上的因果关系，但毕竟秦某1先具有自杀念头，且系本人服毒自杀，这与直接将农药灌入被害人口中的行为大相径庭，行为人的主观恶性和行为的社会危害性也不可同日而语。第四，案发后刘某某原籍所在地数十名村民联名出具担保书，证实刘某某数十年如一日地精心照顾秦某1患病的奶奶、母亲及秦某1本人，表现一贯良好；秦某1的四个兄弟姐妹也出具证明，证实秦某1现有亲属均对刘某某的行为表示谅解，放弃对刘某某提起附带民事赔偿诉讼。可见，刘某某具有良好的人缘关系，对其适用情节较轻进行从轻处罚不会激化社会矛盾。

此外，值得一提的是，根据最高人民法院出台的《关于〈中华人民共和国刑法修正

案（八）〉时间效力问题的解释》第4条的规定，本案属于2011年4月30日以前犯罪，应当适用修正后《刑法》第67条第3款的情形。修正后《刑法》第67条第3款规定："犯罪嫌疑人虽不具有前两款规定的自首情节，但是如实供述自己罪行的，可以从轻处罚。"被告人刘某某因事后没有委托他人报警，不属于主动投案，不构成自首。但刘某某在被公安机关传唤后如实交代犯罪事实，具有坦白情节，依法可以从轻处罚。

综上，法院认定被告人刘某某的行为构成情节较轻的故意杀人罪，依法对刘某某判处有期徒刑七年，定罪准确，量刑适当。

问题6. "相约自杀"案件的认定

【人民法院案例选案例】洪某故意杀人案①

［裁判要旨］

在"相约自杀"案件中，幸存的行为人因教唆或帮助他人自杀而构成故意杀人罪。如果行为人既没有卑劣的犯罪动机，也没有对被害人进行强制、教唆或者诱骗，人身危险性较小，而且被害人对因果关系也有一定作用，可以认定为"情节较轻"。

［基本案情］

法院经审理查明：2012年，被告人洪某与被害人庄某（女，殁年40岁）认识后发展为同居关系。后二人因欠下巨额赌债无力偿还，萌生一起密闭烧炭自杀的念头。2014年10月6日至7日期间，二人在暂住处厦门市思明区某小区×号×××室商定一起自杀后，共同准备了盆具、木炭、沙子、胶带等物品，洪某用胶带将住处次卧的窗缝封住。10月7日20时许，二人在住处一起吃饭、喝酒，并服用洪某提供的用于催眠的药品三唑仑。次日凌晨，二人分别写下遗书，洪某将三只盛有燃着木炭的不锈钢盆放置于次卧内，待庄某进入该卧室后，用胶带将卧室的门缝封住，二人一起躺于床上。6时许，洪某醒来，发现庄某已经死亡。中午，洪某出门购买了木炭、安眠药、胶带，返回住处继续烧炭，准备再次用同样的方法自杀，并服下安眠药佐匹克隆。15时许，庄某的母亲许某到达该暂住处，发现洪某躺在客厅沙发上呈睡眠状态，庄某躺在次卧床上已经死亡。小区物业保安打电话报案后，公安人员到达现场将洪某抓获。经法医鉴定，庄某系饮酒及服入三唑仑后因一氧化碳中毒而死亡。到案后，洪某如实供述了基本犯罪事实。

［裁判结果］

福建省厦门市中级人民法院于2015年9月18日作出（2015）厦刑初字第85号刑事判决：被告人洪某犯故意杀人罪，判处有期徒刑五年。宣判后，洪某未提起上诉，检察机关未提起抗诉，判决已生效。

［裁判理由］

一、关于洪某的行为是否构成犯罪的问题

在案证据证实，本案中被告人洪某与被害人庄某相约自杀，洪某明知一氧化碳中毒可能导致被害人死亡的后果，仍主动实施了密闭烧炭的行为，其主观上具有以自己的行为剥夺被害人生命的故意，符合故意杀人罪的主观要件；同时，其客观上也实施了非法

① 王敏重编写，沈亮审稿：《洪某故意杀人案——"相约自杀"案件的刑事责任》，载最高人民法院中国应用法学研究所编：《人民法院案例选分类重排本（2016—2020）·刑事卷》，人民法院出版社2022年版，第676～682页。

剥夺他人生命的行为，符合故意杀人罪的客观要件。首先，洪某实施了《刑法》所规制的非法剥夺他人生命的行为。洪某与被害人共同准备好自杀工具、物品之后，提供三唑仑给被害人服用作为催眠，用胶带纸将卧室门窗的缝隙封死，点燃炭盆并放置于卧室内产生一氧化碳，其行为不仅为被害人自杀提供了条件、实施了帮助，而且已经形成明确、具体、直接的杀害行为。因此，虽无证据证实洪某具有强制、教唆或者诱骗被害人的情节，但其行为性质在刑法意义上已构成非法剥夺他人生命的行为。其次，洪某的行为与被害人的死亡结果之间具有因果关系。在案的法医学尸体检验鉴定书证实，被害人系饮酒及服入三唑仑后因一氧化碳中毒死亡，该鉴定意见得到在案其他证据的充分印证，被害人的致死原因直接指向洪某实施的密闭烧炭产生一氧化碳的行为。因此，洪某的杀害行为直接导致了被害人死亡结果的发生，二者之间成立刑法意义上的因果关系。再次，洪某的行为具有刑事违法性，且不存在违法性阻却事由。我国宪法、法律明确尊重和保障人权，生命权作为公民个体至高无上的基本人权，任何个体不得自由处分与让渡。生命权并非被害人有处分权限的个人法益，被害人承诺不能成为故意杀人犯罪的违法性阻却事由。本案中，现有证据虽体现出被害人系在自愿情形下由洪某实施杀害行为，但洪某所侵害的生命权已经超出被害人承诺可处分的范围，不能以此排除其行为的刑事违法性，仍然具有社会危害性和可责难性，应当以犯罪论处。综上，被告人洪某的行为符合《刑法》规定的故意杀人罪的构成要件，应当以指控的故意杀人罪定罪处罚。被告人相关辩护意见与法不符，不予采纳。

二、关于洪某是否系自首的问题

被告人洪某的到案情况，有公安机关接报警单、到案经过、出警经过等证据证实。案发当日 15 时 52 分，公安机关接到小区物业保安的报警后，及时到达现场，经初查发现被害人庄某已经死亡，在场的洪某具有重大犯罪嫌疑，遂当即将其控制。因此，洪某在其罪行已被公安机关发觉的情况下，并未主动投案，而是被公安人员当场抓获归案。此外，保安简某及被害人母亲许某的证言证实，简某打电话报案的地点并非案发现场室内，而在相距数十米外的保安值班室内。在此期间洪某一直身处案发现场室内，神志尚不清晰，不可能对简某报案具有明知，其辩称知道“应该有人报警”系个人经验推测，且其在认知上不认为自身行为性质涉嫌犯罪，故其主观上并无“明知他人报案”一说，客观上亦对他人报案确不知情。因此，本案不属于“明知他人报案而在现场等待”的情形。综上，被告人洪某到案后虽如实供述案件事实，但不属于自动投案，依法不能认定为自首。辩护人的该节辩护意见与查明事实不符，不予采信。

三、关于本案是否应认定情节较轻的问题

首先，从客观方面来看，洪某的犯罪行为社会危害性相对较小。本案由二人相约自杀而引发，洪某和被害人对生命权的漠视与放弃，应当为现代公民社会人伦道德所否定。在此过程中，洪某实施的杀害行为非法剥夺被害人生命，构成故意杀人罪，但其社会危害性相对较小，与其他严重危害社会治安的故意杀人犯罪存在显著区别。其次，从主观方面来看，洪某的主观恶性和人身危险性相对较小。案发前，洪某和被害人陷入严重债务危机，多次产生自杀念头，欲在互相帮助下一起自杀避世，故本案犯罪动机不属于卑劣情形，洪某的主观恶性较小。洪某采用密闭烧炭产生一氧化碳的手段，致被害人一氧化碳中毒死亡，其犯罪手段并无暴力，相对平和轻缓，人身危险性较小。现有证据并未体现洪某在行为过程中对被害人有强制、教唆或者诱骗情节，且其以可能放弃自己的生命为代价实施了本案。因此，综合本案犯罪行为的社会危害性、主观恶性和人身危险性等主客观情节，可以认定为故意杀人罪中的情节较轻。辩护人相关辩护意见有理，予以采信。

［案例注解］

本案系因相约自杀引发的案件，首先需要厘定的是，"相约自杀"并非我国立法语境下的专门术语，而是出于表述便利形成的一个俗语，故仅应在非法律术语的层面使用该词。自杀行为本身不构成犯罪，已是当今世界各国刑法的通例，而参与自杀行为（指教唆或者帮助他人自杀的行为），大多数国家或地区则作为与普通杀人罪相区别的独立犯罪类型处理，我国现行立法在《刑法》第232条故意杀人罪之外，对此并无特别规定。

一、相约自杀行为的种类与刑法评价

由于立法上的空白，对于参与自杀行为是否构成故意杀人罪，我国理论界和司法实务界均存在一定争议。主流的"可罚说"认为，"教唆、帮助自杀的，并非属于共同犯罪中的教唆犯或者帮助犯，但由于行为人的教唆行为、帮助行为对自杀者的死亡结果提供了原因力，即具有因果关系，所以一般应按故意杀人罪定罪处罚"。① "相约自杀其中一方杀死对方，继而自杀未逞的，应以故意杀人罪论处，但量刑时可以从轻处罚。"② 行为人实施的帮助他人自杀的行为，属"形式上的教唆、帮助行为，具有杀人的间接正犯性质时，应当认定为故意杀人罪"。③ "帮助他人自杀系剥夺他人生命权利的行为，符合故意杀人罪的特征，应认定构成故意杀人罪，原则上应追究行为人的刑事责任。"④ "不可罚说"则观点相反，但分析进路不同，有的基于罪刑法定原则，主张教唆或者帮助自杀的行为属于法无明文规定不为罪；有的基于自我答责的原理，主张生命处分权是人的权利和自由，参与自杀和受嘱托杀人均不成立犯罪。⑤ 还有的学者提出介于二者之间的"法外空间说"⑥。

所谓"相约自杀"，指二人以上自愿约定共同自杀的行为。实践中的相约自杀有多种具体表现形式，从时空和手段、后果的不同进行区分，至少有以下几类（仅以二人为例）：一是相约双方均自杀身亡，显然无须进行刑法评价；二是相约双方在同一时间地点分别各自实施自杀，一方死亡而另一方未逞，双方仅有时空的关联并无行为的关联，未逞者不存在教唆或者帮助，其行为与对方的死亡结果之间不具有因果关系，故也不构成犯罪；三是相约一方先杀死对方后，再实施自杀行为未逞，在此情形下，未逞者并非教唆或者帮助行为，而是基于被害人承诺的受嘱托杀人行为；四是相约双方同时相互实施自杀行为，一方未逞，由于二人行为存在互相帮助与交叉融合，属于参与自杀行为，在此情形下未逞者是否构成故意杀人罪，将面临刑法的综合评价。

二、相约自杀是否构成犯罪应围绕刑法因果关系进行具体分析

本案中的相约自杀即属于上述分类中的最后一种情形，自杀未逞者洪某构成参与自杀行为，需要从刑法上评价其是否构成故意杀人罪。如果仅从理论层面探讨不同争议观

---

① 高铭暄、马克昌主编：《刑法学》（第5版），北京大学出版社、高等教育出版社2011年版，第462页。
② 张明楷：《刑法学》（第4版），法律出版社2011年版，第759～760页。
③ 张明楷：《刑法学》（第4版），法律出版社2011年版，第760页。
④ 周道鸾、张军主编：《刑法罪名精释》（第4版），人民法院出版社2013年版，第506页。
⑤ 参见钱叶六：《参与自杀的可罚性研究》，载《中国法学》2012年第4期。
⑥ 参见周光权：《教唆、帮助自杀行为的定性——"法外空间说"的展开》，载《中外法学》2014年第5期。

点的合理性，对个案的处理显然并无助益。在对个案审查时，应当抛开理论上的分歧，从全案证据证实的事实出发，坚持主客观相一致原则，围绕未逞者行为与对方死亡结果之间是否具有刑法因果关系进行分析判定。

首先，从本案事实来看，洪某实施了刑法所规制的剥夺他人生命的行为。洪某与被害人相约自杀之后，二人共同提前准备了自杀用的炭盆、木炭、沙子等工具；在具体实施自杀行为时，洪某提供其早已获取的违禁药品三唑仑，让被害人用酒服下作为催眠，用胶带纸将卧室门窗的缝隙封死，并点燃木炭放在盛有隔热沙子的炭盆中，端进卧室，关上房门。经对二人的行为进行对比可见，在均具有意思能力和行为能力的情况下，被害人仅在相约自杀的预备阶段实施了陪同准备工具的行为；在实施阶段，所有构成自杀手段的具体行为均系洪某实施。因此，被害人的行为属于为自杀死亡后果提供条件和辅助，洪某针对被害人的行为虽基于帮助自杀，但已经形成明确、具体、直接的杀害行为，应当评价为非法剥夺他人生命。

其次，洪某的杀害行为符合主客观相一致原则。从主观上看，洪某事先在网上查询了“烧炭自杀”的相关信息，其对于该行为手段可能致人一氧化碳中毒死亡具有高于一般经验法则的知识背景。在此明知之下，洪某仍积极实施了密闭烧炭的行为，显见其对于被害人（和自己）的可能死亡持放任态度，主观上具有以自己的行为剥夺被害人生命的故意，符合故意杀人罪的主观要件。从客观上看，洪某具体实施了非法剥夺他人生命的行为，并实际发生了被害人死亡的结果，符合故意杀人罪的客观要件。因此，洪某的行为在主观故意和行为后果上形成了相互统一。

再次，从因果关系的角度来分析，洪某的行为与被害人的死亡结果之间具有刑法因果关系。判断行为人的行为与危害结果之间是否存在刑法因果关系，核心在于判断该行为是否提供了原因力。“原因力强调的是行为的指向、力度和对结果的驱动，加之因果场、因果链和着力点三者的框定，其一条线的运行轨迹符合‘孤立简化’的因果分析法则。对原因力的判断不仅有助于确认刑法因果关系的有无，同时还可以成为刑法因果关系强弱的测试仪。”① 本案的法医学尸体检验鉴定书证实，被害人系饮酒及服入三唑仑后因一氧化碳中毒死亡，从洪某密闭烧炭行为的指向、力度和对结果的驱动来看，该行为对被害人的死亡结果提供了原因力，而被害人自身实施的陪同准备自杀工具的行为尚不足以构成原因力。反之，假设本案中死亡的是洪某而庄某未逞，则很难认定庄某的行为对洪某的死亡提供了原因力。因此，本案中洪某的杀害行为与被害人的死亡结果之间成立刑法意义上的因果关系。

最后，从违法性阻却理论分析，洪某的行为具有刑事违法性，且不存在违法性阻却事由。根据自我答责原理推断出个人对生命的处分权是一种绝对自由的观点，与我国现行宪法、法律的规定及社会主义法理均是不相符的。我国宪法和法律明确尊重和保障人权，生命权作为最基本的人权体现出至高无上性，但其绝非一种单纯的人身法益，而是个体与社会相互影响作用的综合体。任何权利和自由都不可能是无限制的，在重视个体权利价值的当代社会，仍有必要在生命的保护上坚持一种消极的、极为例外的“家长主义”制约，即在刑法的视角下，生命权不在个人自由处分的法益范围之内，被害人承诺

---

① 参见张训：《论刑法因果关系之原因力》，载《政治与法律》2010 年第 4 期。

不能成为杀人犯罪的违法性阻却事由。[①] 实际上，刑事司法实务中也多持同样观点。[②] 最高人民法院、最高人民检察院联合颁布的1999年10月20日《关于办理组织和利用邪教组织犯罪案件具体应用法律若干问题的解释》和2001年6月4日《关于办理组织和利用邪教组织犯罪案件具体应用法律若干问题的解释（二）》的规定也体现出积极保护生命权的精神。[③] 从本案来看，并无证据证实洪某具有胁迫、教唆或者诱骗被害人的情节，被害人系在自愿承诺情形下由洪某实施杀害行为，但被害人对自身生命权的让渡不构成违法性阻却，洪某的行为仍然具有社会危害性和可责难性，应当以犯罪论处。

需要注意的是，"相约自杀"作为引发案件的缘由，是一种非法律术语的便利表述，在个案分析中一旦揭开表象探讨行为本质，往往不能认定被害人实施了严格意义上的自杀行为，也就不能从被告人实施参与自杀行为（教唆或者帮助）的角度对犯罪进行证成。

三、认定故意杀人罪中的"情节较轻"应兼顾主客观因素

我国刑法对故意杀人罪规定了两个量刑档次，其中"情节较轻"的，处三年以上十年以下有期徒刑，但目前尚无任何司法解释对何为"情节较轻"作出明确规定。在审判实践中，常见的有将义愤杀人、防卫过当杀人、帮助"安乐死"等情形认定为"情节较轻"。理论通说认为，应当"结合行为的客观危害、行为人的主观过错、案发原因、犯罪手段、因果关系、危害结果等主客观方面综合分析判定"。[④]

在立法空白的情况下判断何时构成"情节较轻"，要尤其慎重，应当兼顾个案中被告人的多方面主客观因素。从本案客观方面的情节考察，案发的缘由具有特殊性，系因洪某与被害人相约自杀而引发；犯罪手段上，系采用密闭方式烧炭，这与常见的持刀砍、绳勒、水溺等行为手段存在明显差别，被害人一氧化碳中毒死亡的过程也相对平和轻缓；危害后果上，行为过程发生在私人房屋内，并非公共场所，具有相对私密性。从主观方面的情节考察，犯罪动机上，洪某并非常见的报复、泄愤等卑劣动机，而是打算和被害人互相帮助共同自杀；主观恶性上，并未存在对被害人进行强制、教唆或者诱骗的情节；因果关系上，虽然洪某的行为系被害人死亡的唯一原因力，但被害人自身也有一定辅助行为；洪某以可能同时放弃自己的生命为代价实施本案，人身危险性较小。综上，可以认定本案为故意杀人罪中的情节较轻。

本案开庭前，被害人家属书面声明放弃提起附带民事诉讼，不接受洪某的经济赔偿，对其无法谅解，请求依法判决。开庭时，洪某作无罪辩护，认为其行为不构成犯罪。宣判后，洪某对判决书的论证说理和定罪量刑表示认可，服判未上诉。同时，公诉机关未对认定情节较轻提出抗诉，被害人家属一方亦平和地接受了判决结果，未提出任何异议或信访。本案的审理，充分体现了惩罚犯罪和保障人权的有机统一、案件法律效果和社会效果的有机统一。

---

① 参见［日］曾根威彦：《刑法学基础》，黎宏译，法律出版社2005年版，第32～34页。

② 例如，最高人民法院中国应用法学研究所编的《人民法院案例选》（2006年第1辑·总第55辑）案例"夏某某故意杀人案"，最高人民法院刑事审判第一、二、三、四、五庭主办的《刑事审判参考》（总第60集）指导案例"颜某某故意杀人案"、《刑事审判参考》（总第89集）指导案例"邓某某故意杀人案"等。

③ 前者第4条和后者第9条分别规定，指使、胁迫或者教唆、帮助邪教组织成员实施自杀的行为，应以故意杀人罪定罪处罚。

④ 参见周道鸾、张军主编：《刑法罪名精释》（第4版），人民法院出版社2013年版，第507页。

问题7. 利用邪教组织破坏法律实施、利用邪教组织致人死亡与故意杀人行为的区别认定问题

【刑事审判参考案例】被告人张某1、张某2、吕某等故意杀人、利用邪教组织破坏法律实施案①

一、基本案情

（一）故意杀人犯罪事实

被告人张某1、张某2、吕某、张某3、张某4及张某（张某1之弟，12周岁）均系“全能神”邪教组织成员。2014年5月28日15时许，六人在山东省招远市某广场餐厅就餐。其间，张某2、张某4到某购物中心购买了两支拖把、手机等物品。21时许，张某1、吕某授意张某3、张某4、张某向餐厅内其他顾客索要联系方式，为发展“全能神”组织成员做准备。当张某3两次向被害人吴某索要手机号码遭到拒绝后，张某1、吕某指认吴某为“恶灵”，张某1开始咒骂“恶灵”“魔鬼”，上前抢夺吴某手机并让其离开餐厅。再次遭到拒绝后，张某1遂持餐厅内座椅砸击吴某。吴某反抗，在场的张某2、吕某、张某3上前与张某1共同将吴某打倒在地，张某1多次叫嚣“杀了她，她是恶魔”，并用手撑着餐桌反复跳起用力踩踏吴某头面部。后张某1将张某2购买的拖把分别递给张某2和张某，指使张某2、张某3、张某4、张某上前“诅咒”、殴打吴某。张某2抡起拖把连续猛击吴某头面部，直至将拖把打断，又在吕某指使下将吴某从桌椅之间拖出，并上前用脚猛力踢、踩、跺吴某头面部。张某3也使用椅子、笤帚殴打吴某背、腿部，吕某踢踹吴某腰、臀部，并唆使张某4、张某殴打吴某。其间，吕某用拳头击打餐厅工作人员并扬言“谁管谁死”，阻止餐厅工作人员和其他顾客解救吴某，还与张某1一起将餐厅柜台上的头盔砸向工作人员阻止报警。公安人员接警到达现场后，张某2、张某仍殴打吴某，公安人员上前制止、抓捕张某2、张某时，张某1、吕某、张某3、张某4极力阻挠，后公安人员在周围群众的帮助下，将6人制服并抓获。“120”急救医生到场后确认吴某已死亡。经鉴定，被害人吴某系生前头面部遭受有较大面积质地坚硬钝物打击并遭受有一定面积质地较硬钝物多次作用致颅脑损伤死亡。

（二）利用邪教组织破坏法律实施犯罪事实

被告人吕某于1998年加入“全能神”邪教组织。2008年始，吕某作为“长子”（“全能神”邪教组织头目）纠合在招远的“全能神”教徒进行聚会，宣扬“全能神”教义。

被告人张某1从2007年开始接触并信奉“全能神”，2008年与吕某通过互联网结识并频繁联系，多次跟随吕某到招远参加“全能神”教徒聚会。2008年年底，张某1先后将张某2、陈某（张某1之母）、张某3、张某等家人发展为“全能神”教徒。2009年，张某1与家人自河北省无极县移居山东省招远市，张某1被“二见证人”（“全能神”邪教组织头目）范某、李某（均另案处理）确认为“长子”。此后，张某1与吕某在招远市城区及下辖的多个乡镇，秘密纠合“全能神”教徒40余名聚会百余次。张某2积极参加

---

① 张运通撰稿，王晓东审编：《被告人张某1、张某2、吕某等故意杀人、利用邪教组织破坏法律实施案》，载最高人民法院刑事审判第一、二、三、四、五庭主办：《刑事审判参考》（总第119集），法律出版社2019年版，第185~192页。

聚会活动。其间，吕某、张某1印制、散发了《话在肉身显现》《七雷发声》等“全能神”宣传资料数十册，并利用互联网，先后在境内外网络空间内，制作、传播有关“全能神”的文章97篇，空间访问量总计17万余次。

被告人张某2还积极出资，在招远市租赁或者购买多处房屋及店面，作为“全能神”教徒住所和活动场所，并出资购买交通工具、电脑、手机，安装宽带，供传播“全能神”使用。此外，张某2听从被告人吕某、张某1指使，将家庭财产1000余万元以“奉献”给“教会”的名义，存于吕某、张某1名下。

山东省烟台市中级人民法院经审理认为，被告人张某1、张某2、吕某、张某3、张某4因被害人吴某拒绝提供自己的电话号码，即视之为“恶灵”，采取持椅子、拖把打砸、用力踹踏等手段，共同将吴某残忍杀害，其行为均构成故意杀人罪。吕某、张某1、张某2明知“全能神”系已经被国家取缔的邪教组织，仍然纠合教徒秘密聚会，制作、传播邪教组织信息，发展邪教组织成员，或者为上述行为提供便利条件，破坏国家法律、行政法规实施，其行为又构成利用邪教组织破坏法律实施罪，应当数罪并罚。在故意杀人共同犯罪中，张某1、张某2、吕某系主犯，应当依法严惩。张某3、张某4系从犯，且能够当庭认罪悔罪，依法对张某3从轻处罚，对张某4减轻处罚。

2014年10月11日，烟台市中级人民法院作出（2014）烟刑一初字第48号刑事判决，以故意杀人罪判处被告人张某1死刑，剥夺政治权利终身；以利用邪教组织破坏法律实施罪判处有期徒刑七年；决定执行死刑，剥夺政治权利终身。以故意杀人罪判处被告人张某2死刑，剥夺政治权利终身；以利用邪教组织破坏法律实施罪判处有期徒刑五年；决定执行死刑，剥夺政治权利终身。以故意杀人罪判处被告人吕某无期徒刑，剥夺政治权利终身；以利用邪教组织破坏法律实施罪判处有期徒刑七年；决定执行无期徒刑，剥夺政治权利终身。以故意杀人罪判处被告人张某3有期徒刑十年。以故意杀人罪判处被告人张某4有期徒刑七年。

一审宣判后，五名被告人均不服，提出上诉。被告人张某3、张某4表示认罪、悔罪，请求从宽处罚，其余被告人上诉理由与一审辩解相同。被告人张某1的辩护人提出，尸体检验鉴定不明确，原审未查明被害人致死原因，提请法庭关注张某1的刑事责任能力；被告人张某2的辩护人提出，尸体检验鉴定书结论不明确，无法确定被害人的死因与各被告人行为的因果关系，张某2的刑事责任能力值得怀疑；被告人吕某的辩护人提出，吕某精神状态不正常，质疑其刑事责任能力值得怀疑；被告人张某3的辩护人提出，张某3所起的作用较小，且认罪悔罪，应减轻处罚。

山东省高级人民法院经开庭审理，于2014年11月27日作出终审裁定，驳回上诉，维持原判，并报请最高人民法院核准张某1、张某2死刑。

最高人民法院复核认为，第一审判决、第二审裁定认定的事实清楚，证据确实、充分，定罪准确，量刑适当，审判程序合法。2015年1月26日，最高人民法院以（2015）刑二复02209851号刑事裁定，依法核准被告人张某1、张某2死刑。

二、裁判理由

（一）邪教组织的认定

邪教组织是指冒用宗教、气功或者其他名义建立，神化首要分子，利用制造、散布迷信邪说等手段蛊惑、欺骗他人，发展、控制成员，危害社会的非法组织。早在1999年、2001年和2002年，最高人民法院和最高人民检察院就先后颁布《关于办理组织和利用邪教组织犯罪案件具体应用法律若干问题的解释》（已失效）、《关于办理组织和利用邪教组织犯罪案件具体应用法律若干问题的解释（二）》（已失效）和《关于办理组织和利用邪教组织犯罪案件具体应用法律若干问题的解答》（已失效），明确了邪教组织的特征，对组织和利用邪教组织犯罪案件的定罪量刑标准作出了具体规定，为打击邪教犯罪提供了充分的法律依据。近年来，人民法院依法审理了一批组织和利用邪教组织犯罪案件，打击了邪教组织的嚣张气焰，但是依然有不法分子躲在阴暗角落里，打着宗教信仰自由、气功强身健体等旗号，将基督教、佛教、道教的一些言论胡乱捆绑上他们的歪理邪说，制造“行善积德”的假象、散布迷信邪说，蛊惑、蒙骗世人，甚至使用恐吓、非法拘禁、绑架乃至杀人等手段发展组织、控制组织成员，严重扰乱正常的社会秩序。

2017 年 2 月 1 日起施行的《最高人民法院、最高人民检察院关于办理组织、利用邪教组织破坏法律实施等刑事案件适用法律若干问题的解释》（法释〔2017〕3 号），上述三个司法解释同时废止。本案审判时适用文中涉及的三个司法解释，且文中所涉及观点与新司法解释一致。

本案中，被告人张某 1、吕某辩称“全能神”不是邪教。“全能神”邪教组织的头目是赵某，自称“能力主”“大祭司”“圣灵使用的人”，将自己妻子杨某包装为东方道成肉身的“女基督”，其骗取公务护照携杨某潜逃日本，后又到美国，遥控指挥国内信徒的活动，宣扬“世界末日论”，严重破坏社会稳定，严重危害人民群众生命财产安全。本案中，吕某、张某 1 信奉“全能神”，冒用基督教名义，编造歪理邪说，将自己神化为“全能神”的“长子”“神自己”，多次纠合教徒秘密聚会，利用各种方式制作、传播邪教组织信息，蛊惑蒙骗他人，发展控制成员，进行非法活动。“全能神”教完全符合相关司法解释关于邪教组织特征的定义。因此，人民法院依法认定吕某、张某 1 所信奉的“全能神”系邪教组织，定性准确。

人民法院审理邪教组织犯罪案件，应坚持区别对待：一方面，要严厉打击各种组织和利用邪教组织犯罪，维护社会稳定。另一方面，要坚持教育与惩罚相结合原则，依法严惩极少数犯罪分子，重点打击组织者、策划者、指挥者和屡教不改的积极参加者，同时团结、教育被蒙骗的群众远离邪教，珍爱生命。

（二）故意杀人罪的认定

依照 2017 年最高人民法院、最高人民检察院颁布施行的《关于办理组织、利用邪教组织破坏法律实施等刑事案件适用法律若干问题的解释》第 7 条，《刑法》第 300 条第 2 款规定的组织、利用邪教组织“蒙骗他人，致人重伤、死亡”是指组织、利用邪教组织制造、散布迷信邪说，蒙骗成员或者他人绝食、自虐等，或者蒙骗病人不接受正常治疗，致人重伤、死亡的情形。

本案中，被告人张某 1、张某 2、吕某等“全能神”邪教组织成员，因意图发展组织成员而向被害人吴某索要电话号码遭到拒绝，便在光天化日之下，当着众多就餐人员的面将吴某殴打致死。事后被告人还口口声声说，“那名女子是恶魔、邪灵，就是要打死她”“不害怕法律，我们相信神”。在“全能神”邪教歪理邪说的蛊惑下，张某 1、张某 2 等人认为，凡是违背其意志的人都是“恶灵”“魔鬼”，必欲除之而后快，故而发生仅因被害人吴某不愿提供电话号码，就被张某 1、张某 2 等人活活打死在餐厅的惨案。被告人的上述行为不属于《刑法》第 300 条第 2 款规定的情形，不构成认定利用邪教组织致人死亡罪，而应适用《刑法》第 300 条第 3 款的规定，构成故意杀人罪和利用邪教组织破坏法律实施罪，以两罪并罚追究两被告人的刑事责任。

（三）刑事责任能力的确定

我国《刑法》第18条规定，精神病人在不能辨认或者不能控制自己行为的时候造成危害结果，经法定程序鉴定确认的，不负刑事责任。精神病鉴定问题是刑事审判中经常遇到的问题，被告人及其近亲属、辩护人经常以被告人不具备刑事责任能力为由，申请对被告人进行精神病鉴定。对于这种申请，人民法院应当根据案件具体情况审查被告人有无精神病的可能，对于根据正常人的常识即可判断出明显不属于精神病范畴的，可以不予鉴定。

本案中，张某1、张某2、吕某等人案发前无精神异常史和精神病家族史，日常行为举止和参与社会活动正常，作案时逻辑思维清晰、目的明确，对各自实施行为的性质和危害结果具有完全的辨认和控制能力；归案后及一审、二审庭审中三被告人接受讯问时应答切题，供述符合逻辑，具备自我保护能力。据此，人民法院认定三被告人具有完全刑事责任能力。

（四）共同犯罪中各被告人的罪责认定

正确区分共同犯罪中多名被告人的地位作用，对于准确量刑，正确适用法律具有重要意义。在共同犯罪案件中，各被告人的地位和作用不可能完全相同，即使是主犯之间也有区别，不可能累黍不差，为确保罪责刑相适应，应当对犯罪人的地位、作用进行准确区分。审判实践中，通常可以从犯罪的起因，犯意的提起，犯罪工具的准备、使用，具体加害的手段、部位，犯意的坚决程度以及对其他同案被告人的影响等多个方面综合加以评判。

本案是典型的多人共同施暴致人死亡案件，如何区分各被告人的地位作用，准确定罪量刑是本案的重点。在共同故意杀人犯罪中，张某1授意张某3等向他人索要电话号码，又与吕某共同指认被害人是“恶灵”，挑起事端后，率先持椅子击打被害人头部，后竭力踩踏被害人头面部，并以言语指使、提供工具、阻止他人解救等方式明确要求张某2等将被害人杀死，系本案的发起者、主要实施者和组织指挥者，应当认定为主犯。张某2积极响应张某1的指使，持拖把猛击被害人头部直至拖把断裂，又将被害人从桌椅间拖出，猛力踹踏被害人头面部，系犯罪行为的主要实施者，应当认定为主犯。吕某出于发展“全能神”邪教组织成员的动机，与张某1共同授意张某3等向他人索要电话号码，继而与张某1共同指认被害人是“恶灵”，挑起事端，引发本案，又后上前踢踹被害人腰臀部，多次指使张某2、张某4、张某等人殴打被害人，并暴力阻止他人解救，系共同犯罪的组织指挥者和直接实施者，亦应认定为主犯，予以严惩。张某3、张某4在共同犯罪中均系从犯，且能够当庭认罪悔罪，应从轻或减轻处罚。

我国坚持“保留死刑，严格控制和慎重适用死刑”的刑事政策。人民法院坚决依法从严惩治各类危害国家安全犯罪、恐怖犯罪和黑社会性质组织犯罪以及爆炸、杀人、抢劫、绑架、强奸等严重暴力犯罪。本案发生在人员流动量非常大的公共场所——商场的麦当劳餐厅内，且犯罪手段极其残忍、血腥，造成了恶劣的社会影响，甚至给当地群众造成了一定程度的恐慌。从维护社会大局稳定，保障人民群众生命安全的角度考量，对此类犯罪必须坚决从严惩处，以震慑犯罪，彰显社会正义。实践中对多人致一人死亡的案件中两名以上被告人同时判处死刑的，法院一直极为慎重。但综观本案，整个故意杀人犯罪过程，张某1、张某2在公共场所故意杀人，两人打击、踩踏被害人头面部的行为是造成被害人死亡的直接原因。张某1系故意杀人犯罪的发起者、组织指挥者及主要实施者，张某2系犯罪的主要实施者，均为主犯。二被告人杀人意志坚决，犯罪手段极其残忍，后果极其严重，社会影响极其恶劣，人身危险性极大，应当依法严惩。人民法院依据“宽严相济”刑事政策，根据本案各被告人犯罪的事实、性质和对社会的危害程度以及各种情节，对张某1、张某2判处死刑，对其他被告人分别判处无期徒刑、有期徒刑（张某因未满14周岁被公安机关处以收容教育），体现了“教育与惩罚相结合，团结、教育绝大多数被蒙骗的群众，依法严惩极少数犯罪分子”的司法理念。

问题8. 驾车致人死亡的行为如何定罪

【刑事审判参考案例】王某某故意杀人案①

一、基本案情

上海市第二中级人民法院经公开审理查明：1996年6月17日晚，上海市崇明县公安局组织部分干警及联防队员沿县内交通干道陈海公路设若干关卡检查过往车辆。18日零时50分许，被告人王某某驾驶桑塔纳轿车沿陈海公路自东向西高速驶向某路段。站在该路段机动车道的执勤民警示意王某某停车接受检查，王某某为急于赶路没有停车，以每小时100公里左右的速度继续向前行驶。由于二位民警躲闪，未造成人员伤亡。此后，王某某又以同样的速度连续闯过两个关卡，继续向西行驶。在路口执行公务的公安干警得知此情况后，即用摩托车、长凳、椅子等物设置路障准备拦截王的车辆，执行公务的人员分别站在路障之间的空档处。其中，民警陆某某站在该路段北侧非机动车道接近人行道处。执勤民警让一辆接受检查的出租车驾驶员打开车前大灯，照亮设置的路障和站在路障中间的执行公务人员。王某某驶近并看到这一情况后，仍拒不接受公安人员的停车指令，驾车冲向路障，致使汽车撞到陆某某并将其铲上车盖，汽车左侧挡风玻璃被撞碎。王某某撞人后先踩一脚急刹车，但未停车救人，反而立即加速逃离现场。

陆某某被撞翻滚过车顶坠落于距撞击点20米处，致颅脑损伤抢救无效死亡。王某某逃到一码头时，被公安人员抓获。

上海市第二中级人民法院认为：被告人王某某拒不服从公安人员的停车检查指令，强行闯过公安机关设置的四个车辆检查关卡，并在路口将正在执行公务的民警陆某某撞击致死。其撞人后，继续驾车高速闯过另外两个关卡后逃逸。王某某的行为构成以驾车冲闯的危险方法危害公共安全罪。上海市人民检察院第二分院指控被告人王某某的犯罪事实清楚，证据确凿，但指控的罪名不当。

上海市第二中级人民法院根据1979年《刑法》第106条第1款、第53条第1款的规定，于1997年1月31日判决如下：

被告人王某某犯以驾车冲闯的危险方法危害公共安全罪，判处死刑，剥夺政治权利终身。

一审宣判后，被告人王某某不服，以没有驾车撞人及危害公共安全的故意，驾车撞死民警是过失所致，其行为构成交通肇事罪为由上诉于上海市高级人民法院。

上海市高级人民法院经审理认为：一审判决认定的犯罪事实清楚，证据确实、充分，

---

① 裴显鼎审编：《王某某故意杀人案——驾车致人死亡的行为如何定罪（第9号）》，载最高人民法院刑事审判第一、二、三、四、五庭主办：《刑事审判参考》（总第2集），法律出版社1999年版，第10～13页。

审判程序合法，但对王某某的定罪不当。王某某为逃避公安机关车辆检查，驾车连续高速冲闯公安机关设置的数处关卡，在路口驾车冲向执行公务的公安人员，置他人生命于不顾，将公安人员陆某某冲撞翻过车顶，仍继续高速驾车强行闯过关卡，致使陆被撞击坠地后造成颅脑损伤死亡。对这种结果的发生，王某某持放任态度，其行为已构成故意杀人罪。依法应予严惩。

上海市高级人民法院依照《刑法》（1997 年）第 12 条、《刑法》（1979 年）第 132 条、第 53 条第 1 款和《刑事诉讼法》第 189 条第 1～2 项的规定，于 1998 年 8 月 24 日判决如下：

1. 驳回王某某的上诉；
2. 撤销上海市第二中级人民法院一审刑事判决对被告人王某某的定罪部分；
3. 上诉人（原审被告人:）王某某犯故意杀人罪，判处死刑，剥夺政治权利终身。

二、主要问题

驾车致人死亡的行为应如何确定罪名?

三、裁判理由

上海市高级人民法院对被告人王某某以故意杀人罪定罪，是正确的。

以危险方法危害公共安全罪，1979 年刑法的相应罪名是不确定的，“以危险方法危害公共安全罪”，是指使用除放火、决水、爆炸、投毒以外的其他危险方法，造成或者足以造成不特定多数人的伤亡或者公私财产重大损失，危害公共安全的行为。区分本罪与故意杀人罪，主要应从犯罪侵犯的客体及犯罪的主观方面来把握。前者侵犯的客体是不特定多数人的生命、健康或者公私财产的安全。且在主观上出于故意。而后者侵犯的客体是特定人员的生命权利。本案被告人王某某高速驾车冲闯关卡的目的是逃避公安人员的检查，而不是为危害不特定多数人的人身、健康或公私财产的安全。王某某驾车冲撞执行公务的人员，针对的对象是特定的个人，并非不特定多数人。王某某明知路口机动车道设有路障及站在路障中间的许多执行公务人员在拦截自己，却没有直接冲向机动车道的路障，而是转向北侧非机动车道。说明他不希望也未放任发生危害多数人人身安全的后果。可见，其主观上不具有危害公共安全的故意，故不应以危害公共安全罪定罪。

但是，王某某明知公安人员陆某某站在北侧非机动车道拦截自己，如果继续驾车冲闯可能会造成陆伤亡结果的发生，仍为逃避检查，拒不停车，放任可能发生的后果，强行向陆所站的位置冲闯，致陆被撞击后死亡。对这种结果的发生，王某某持放任态度。王某某主观上具有间接杀人的故意，客观上造成陆死亡的结果，其行为符合间接故意杀人罪的特征，故应对其以故意杀人罪定罪。

王某某及其辩护人提出王的行为构成交通肇事罪的理由是不能成立的。交通肇事罪是过失犯罪，即行为人违反交通运输法规，应当预见到自己的行为可能发生危害社会的结果，因疏忽大意而没有预见或者轻信能够避免。本案被告人王某某明明看到民警陆某某及设置的路障，却对放任驾车向陆某某站立的位置冲闯而可能造成陆某某的伤亡后果，未采取任何阻止可能造成陆死亡后果发生的措施，其行为不符合交通肇事罪的特征。

本案二审期间，1997 年《刑法》已经公布施行，由于新旧刑法关于故意杀人罪的法定刑相同，二审法院仍适用 1979 年《刑法》对王某某定罪处刑，是符合 1997 年《刑法》第 12 条第 1 款的规定的。

问题9. 实施抢劫及杀人灭口行为的应如何定性

【刑事审判参考案例】赵某1、赵某2故意杀人、抢劫案①

一、基本案情

天津市第一中级人民法院经审理查明：2006年8月8日晚，被告人赵某1、赵某2预谋抢劫电动三轮车，并商定将司机杀死灭口。当晚11时许，赵某1携带木棍伙同赵某2在天津市蓟县城关镇某网吧门口，租乘被害人高某驾驶的电动三轮出租车。当车行驶至蓟县泗溜镇郑各庄村北公路时，赵某1持木棍猛击高某头部，高某弃车沿公路逃跑。赵某1、赵某2二人追上高某将其打倒在路边的渠沟内，赵某2捡来石头砸高某。赵某1、赵某2逼高某交出数10元现金后，脱下高某的上衣将其捆绑在树上。

高某挣脱后又逃跑，赵某1追上后将高某摔倒在地，赵某1、赵某2二人分别猛掐高某颈部，赵某2捡来一块混凝土块，与赵某1轮番猛砸高某的头、胸、腹等部位，致高某死亡。赵某1、赵某2二人驾驶劫取的电动三轮车（价值人民币3000元）逃离现场。

经鉴定，高某系被他人用钝性物体多次打击身体致多脏器损伤，后合并扼颈致机械性窒息死亡。

天津市第一中级人民法院认为：被告人赵某1、赵某2共同预谋抢劫、杀人犯罪，以暴力手段劫取被害人财物后，又将被害人杀害灭口，其行为均已构成抢劫罪和故意杀人罪，应依法数罪并罚。被告人赵某1犯罪时未满18周岁，依法可以从轻处罚。依照《刑法》第263条，第232条，第57条第1款，第25条第1款，第26条第1款、第4款，第69条的规定，判决如下：

1. 被告人赵某1犯抢劫罪，判处有期徒刑八年，并处罚金人民币5000元；犯故意杀人罪，判处无期徒刑，剥夺政治权利终身，决定执行无期徒刑，剥夺政治权利终身，并处罚金人民币5000元；

2. 被告人赵某2犯抢劫罪，判处有期徒刑十年，并处罚金人民币5000元；犯故意杀人罪，判处死刑，剥夺政治权利终身，决定执行死刑，剥夺政治权利终身，并处罚金人民币5000元。

一审宣判后，被告人赵某2不服，提出上诉。赵某2上诉提出，原判量刑过重。其辩护人认为，赵某2在本案中所起的作用明显小于赵某1，赵某2刚成年且认罪悔罪，请求二审综合考虑，从轻处罚。

天津市高级人民法院经审理认为，原判认定的事实清楚，证据确实充分，定罪准确，量刑适当，审判程序合法。被告人赵某2在与赵某1共同预谋后，积极实施犯罪，首先用石头砸被害人，在被害人逃跑时又首先用足以致命的大石头砸被害人要害部位，然后掐住被害人颈部，为赵某1砸被害人提供便利，犯罪态度坚决，所起作用与赵某1相当，虽然犯罪后认罪悔罪，但罪行极其严重，不足以从轻处罚。依照《刑事诉讼法》第189条第1项的规定，裁定驳回上诉，维持原判。并依法报送最高人民法院复核。

最高人民法院经依法复核，裁定核准天津市高级人民法院维持第一审以故意杀人罪

---

① 戴忠华撰稿，罗国良审编：《赵某1、赵某2故意杀人、抢劫案——预谋并实施抢劫及杀人灭口行为的应如何定性（第506号）》，载最高人民法院刑事审判第一、二、三、四、五庭主办：《刑事审判参考》（总第64集），法律出版社2009年版，第24～28页。

判处被告人赵某2死刑，剥夺政治权利终身，与其所犯抢劫罪判处的刑罚并罚，决定执行死刑，剥夺政治权利终身，并处罚金人民币5000元的刑事裁定。

二、主要问题

预谋并实施抢劫和杀人灭口行为的应如何定罪？

三、裁判理由

预谋并实施抢劫及杀人灭口行为的，应以抢劫罪和故意杀人罪实行并罚。在本案审理过程中，对被告人赵某1、赵某2共同预谋实施抢劫杀人犯罪的行为应如何定性，有两种意见：一种意见认为，被告人有两个犯意，在抢劫财物后再杀人灭口，分别符合抢劫罪和故意杀人罪的犯罪构成，应以抢劫罪和故意杀人罪两罪并罚；另一种意见认为，被告人的预谋内容是抢劫杀人，是一种概括的犯意，主要目的是劫财，并没有明确预谋是先抢劫后杀人，且在实行犯罪过程中，杀人和劫财两个行为也没有明显的先后之别，故应以抢劫罪一罪认定。

关于在抢劫过程中实施杀人行为如何定性的问题。2001年《最高人民法院关于抢劫过程中故意杀人案件如何定罪问题的批复》（以下简称《批复》）规定："行为人为劫取财物而预谋故意杀人，或者在劫取财物过程中，为制服被害人反抗而故意杀人的，以抢劫罪定罪处罚。行为人实施抢劫后，为灭口而故意杀人的，以抢劫罪和故意杀人罪定罪，实行数罪并罚。"《批复》规定的情形可以归纳为三种：一是行为人为劫取财物而预谋故意杀人的，以抢劫罪定罪处罚；二是行为人在劫取财物过程中，为制服被害人反抗而故意杀人的，以抢劫罪定罪处罚；三是行为人实施抢劫后，为灭口而故意杀人的，以抢劫罪和故意杀人罪实行数罪并罚。从形式上看，《批复》似乎是以杀人故意产生的阶段来确定罪名的，对事前（即第一种情形）、事中（即第二种情形）产生杀人故意的，以一罪认定；对事后（即第三种情形）产生杀人故意的，以两罪认定。据此，实践中有观点认为，预谋抢劫并杀人灭口的，因杀人故意产生在实施犯罪之前，故应以抢劫罪一罪认定。

我们认为，上述关于《批复》的理解并不准确，对行为人预谋抢劫并杀人灭口，且之后按预谋内容实施抢劫完毕后，又杀人灭口的，应以抢劫罪与故意杀人罪两罪并罚。具体理由如下：

1. 从《批复》"行为人实施抢劫后，为灭口而故意杀人的，以抢劫罪和故意杀人罪定罪，实行数罪并罚"的表述中，我们可以直接得出对实施抢劫犯罪中故意杀人的实行数罪并罚的条件有两个：一是故意杀人的行为发生在实施抢劫之后；二是故意杀人的目的是灭口。也就是说，据此《批复》的表述不能当然推定，只有杀人灭口的故意产生在实施抢劫之后才可实行两罪并罚。

因此，杀人灭口的故意既可产生在实施抢劫之后，也可产生在预谋阶段，只要在抢劫行为完成后又灭口而实施杀人行为的，就应当数罪并罚。

2. 根据我国刑法理论，罪名的确定，必须是主观要件和客观要件的有机统一。对于确有证据证明行为人预谋劫取财物并杀人灭口，之后按预谋内容在抢劫行为实施完毕后，又杀人灭口的情形，从主观要件来看，行为人在预谋时具有两个明确的犯罪故意，一是以暴力、胁迫手段实施劫取财物的故意；二是为灭口而杀人的故意。从客观要件来看，行为人也具有两个客观行为：一是以非杀人行为的暴力、胁迫手段劫取财物，这里必须强调劫取财物的手段是非直接剥夺他人生命的行为，否则便无"灭口"之说；二是以"灭口"为目的实施的直接剥夺他人生命的行为。该行为只能发生在抢劫行为实施完毕之后，否则应视为为制服被害人反抗而实施的杀人行为。因此，根据主客观相统一的定罪原则，此种情形中，行为人前后实施的两个行为分别符合抢劫罪和故意杀人罪的犯罪构成，应以抢劫罪和故意杀人罪两罪认定。

3. 本案二被告人具有两个犯意，并先后实施了抢劫和杀人灭口两个行为。首先，二被告人预谋抢劫并杀人灭口，虽然没有明确预谋是先抢劫还是先杀人，但杀人的目的是灭口却是明确的，因此，可以认定被告人具有劫取财物和杀人灭口两个犯意。

其次，本案属于抢劫完毕后又杀人灭口的情形。本案抢劫过程实际上可区分为两个阶段，第一阶段：被告人赵某1持木棍猛击被害人高某头部后，高某即弃车沿公路逃跑，如果二被告人只为了劫财，将车骑走就实现了主要的劫财目的；第二阶段：赵某1、赵某2二人追上高某将其打倒在地，逼高某交出数十元现金后，脱下高某的上衣将其捆绑在树上，但高某挣脱后又逃跑。此阶段，如果二被告人没有杀人灭口的目的，完全可以任由被害人逃跑，自己也可以携赃而逃。但是，二被告人却再一次追上被害人，实施暴力将被害人砸死，而后才驾驶劫取的电动三轮车逃离现场，可见其主观上故意杀人灭口的故意是十分明显的。

综上，法院认定被告人的行为构成抢劫罪和故意杀人罪两罪，对其实行两罪并罚是正确的。

问题10. 聚众斗殴既致人死亡又致人轻伤的，如何定罪处罚

【刑事审判参考案例】王某某故意杀人案①

一、基本案情

安徽省蚌埠市中级人民法院经公开审理查明：2006年1月26日晚8时许，葛某与曾有恋爱关系的女青年刘某通电话，引起刘某男友高某不满，并与刘某争吵。刘某打电话叫其朋友杨某过来劝说高某，杨某叫一起吃饭的张某某、黄某前往。其间，葛某再次打电话给刘某，高某与葛某在电话中争吵，并相约在蚌埠市某玻璃厂门口见面。葛某随即给被告人王某某打电话告知此事，并乘坐出租车去接王某某，王某某从网吧叫上陈某、丁某某等人，同车来到玻璃厂门口。此时，杨某等3人与高某、刘某已在玻璃厂大门南侧。葛某见状打电话给王某某，表示自己与高某单打，其他人交给王某某等人，王某某表示同意。葛某见高某向玻璃厂大门口走来，上前拳击高某面部，两人打在一起。杨某往高某跟前走去，被王某某拦住并打在一起，丁某某、陈某与张某某打在一起。厮打中，王某某持刀朝杨某的腹、腰、腿、臀部等处连刺16刀，杨某受伤倒地。随后，王某某向正与陈某、丁某某厮打的张某某胸背部、臀部刺5刀，向正与葛某厮打的高某左上腹、臀部、腿部连刺9刀。作案后，葛某、王某某等人逃离现场。

杨某经抢救无效死亡。经鉴定：杨某系被他人用单刃刺器刺伤胸腹部致肝肺破裂引起急性大出血死亡。张某某、高某的损伤程度为轻伤。被告人葛某、王某某先后于2006年1月28日、2月4日向蚌埠市公安局禹会分局投案自首。

---

① 蔡军撰稿，梁国海审编：《王某某故意杀人案——聚众斗殴既致人死亡又致人轻伤的，如何定罪处罚（第521号）》，载最高人民法院刑事审判第一、二、三、四、五庭主办：《刑事审判参考》（总第66集），法律出版社2009年版，第14～21页。

安徽省蚌埠市中级人民法院审理认为：被告人王某某、葛某因琐事聚众斗殴，在聚众斗殴过程中被告人王某某持刀连刺三人，造成一人死亡、二人轻伤的严重后果，其行为构成故意杀人罪。葛某的行为构成聚众斗殴罪。王某某、葛某均系聚众斗殴的积极参加者，王某某在同伙不知情的情况下持刀刺被害人的行为属“实行过限”，从其持刀刺杨某的刀数及部位，可见其主观上显有非法剥夺他人生命的故意，故应由其独自承担故意杀人的刑事责任。

王某某在聚众斗殴过程中致两名被害人轻伤的行为，属于聚众斗殴行为。故公诉机关指控被告人王某某构成故意杀人罪的同时又构成故意伤害罪，以及王某某的辩护人提出应当以故意伤害罪对其进行处罚的辩护意见均没有法律依据，不予采信。王某某、葛某都有自首情节，但其犯罪情节严重，均不予从轻处罚。依照《刑法》第232条、第292条、第25条第1款、第57条第1款、第54条、第26条第1款之规定，于2006年11月9日判决如下：

1. 被告人王某某犯故意杀人罪，判处死刑，剥夺政治权利终身。

2. 被告人葛某犯聚众斗殴罪，判处有期徒刑三年。

一审宣判后，被告人王某某不服，提出上诉，称其行为构成故意伤害罪，原判定性错误；被害人对本案的发生有重大过错；其犯罪后自首，又系偶犯、认罪态度好，原判量刑偏重，请求二审法院予以从轻处罚。

安徽省高级人民法院经审理后认为：上诉人王某某、原审被告人葛某因琐事聚众斗殴，在聚众斗殴过程中，王某某持刀连刺三人，造成一人死亡、二人轻伤的严重后果，上诉人王某某的行为构成故意杀人罪，依法应予以严惩。原审被告人葛某的行为构成聚众斗殴罪，依法应予以严惩。上诉人王某某、原审被告人葛某在共同犯罪中均起主要作用，王某某、葛某虽有投案自首情节，但其犯罪行为造成严重后果，均可不予从轻处罚。本案被害人杨某等人为劝解刘某和高某之间的矛盾到现场，无证据证实被害方存在重大过错，故对王某某及其辩护人要求从轻处罚的上诉理由和辩护意见不予采纳。原审判决认定事实和适用法律正确，量刑适当，审判程序合法。依照《刑事诉讼法》第189条第1项、第199条之规定，裁定驳回上诉，维持原判，并依法报请最高人民法院核准。

最高人民法院经复核后认为：被告人王某某受他人邀约参与聚众斗殴，持刀连续捅刺他人身体，致一人死亡、二人轻伤，依法应当以故意杀人罪定罪处罚。第一审判决和第二审裁定认定的犯罪事实清楚，证据确实、充分，定罪准确，审判程序合法。鉴于被告人王某某作案后自动投案并如实供述犯罪事实，具有自首情节，可依法从轻处罚，对王某某判处死刑不当。依照《刑事诉讼法》第199条和《最高人民法院关于复核死刑案件若干问题的规定》第4条、第8条的规定，裁定如下：

1. 不核准安徽省高级人民法院（2007）皖刑终字第0020号维持第一审以故意杀人罪判处被告人王某某死刑的刑事裁定；

2. 撤销安徽省高级人民法院（2007）皖刑终字第0020号维持第一审以故意杀人罪判处被告人王某某死刑的刑事裁定；

3. 发回安徽省高级人民法院重新审判。

二、主要问题

1. 如何正确理解和掌握聚众斗殴的转化条件？

2. 聚众斗殴过程中同时致人轻伤和致人死亡的，如何定罪处罚？

3. 如何把握聚众斗殴转化的主体范围?

三、裁判理由

（一）聚众斗殴转化定罪的前提是主客观条件都发生转化

所谓转化犯，是指行为人在实施某一较轻的犯罪时，由于具备了某种情形，刑法明文规定不再以本罪论处，而是按照刑法另一条文规定的较重的犯罪论处的情况。聚众斗殴转化以故意杀人、故意伤害定罪，就是转化定罪的典型立法例。我国《刑法》第292条第2款规定："聚众斗殴，致人重伤、死亡的，依照本法第二百三十四条、第二百三十二条的规定定罪处罚。"这是聚众斗殴行为转化定罪的法律依据。即对于在聚众斗殴行为中，致人重伤、死亡的，不再以聚众斗殴罪论处，而以故意伤害罪、故意杀人罪定罪处罚。

关于聚众斗殴行为转化定罪的条件，在理论界和司法中，一直存在着不同的观点：一是"客观条件说"。该说认为，聚众斗殴行为转化定罪在于增加了新的犯罪情节，即行为人在实施了聚众斗殴行为时又实施了其他危害行为，产生了不能被聚众斗殴罪包容的特定犯罪结果。该种观点的本质是将转化定罪的原因绝对归于客观条件的变化，否定故意内容的转化。二是"主观条件说"。该说认为，聚众斗殴罪转化定罪的关键在于行为人主观故意的内容发生了变化，由聚众斗殴的故意转化为伤害、杀人的故意，并造成他人重伤、死亡的，即应当转化定罪。三是"主客观条件说"。该说认为，聚众斗殴行为转化定罪在于主客观要件的诸项事实的转化，即行为人主观故意内容和客观行为方式的转化。我们认为，转化犯是从此罪向彼罪、轻罪向重罪的转化，即犯罪构成的转化。

犯罪构成是主观要件和客观要件的统一体，应当按照主客观相一致的原则，全面考察犯罪构成要件的转化，片面强调犯罪构成的某些要件，而忽视其他方面都有悖于主客观相统一的犯罪构成理论。因此，"主客观条件说"是妥当的。成立聚众斗殴行为中的转化犯不仅要考察行为人的主观故意是否由一般斗殴转化为故意伤害、杀人的故意，还要考虑行为人是否超出了聚众斗殴行为的界限，造成了致人重伤、死亡的后果。具体地说，聚众斗殴转化以故意杀人罪、故意伤害罪定罪处罚的，必须同时具备下列条件：

1. 客观条件。一是必须存在聚众斗殴的事实。二是必须实施了聚众斗殴性质所要求的致人重伤或者死亡的行为，该行为超出了一般聚众斗殴行为界限，具有可以致人重伤或者死亡的行为特质。三是必须造成了被害人重伤或者死亡的结果。四是超出斗殴性质所要求的行为和致人重伤、死亡的危害结果必须是在聚众斗殴过程中发生，也就是说发生在聚众斗殴的当场或者是没有时间间隔和中断的延续现场。这是转化定罪行为和结果的时空条件要求。否则，在聚众斗殴结束后，因聚众一方发现己方吃亏而实施的对对方部分个体进行的殴打，因时空中断而不再适用转化定罪的规定，应根据其行为的性质直接定罪处罚。

2. 主观条件。一是必须具备基本的聚众斗殴的犯罪故意。二是发生了故意内容的转化，即斗殴中首要分子或者积极参加者的主观故意内容由先前的斗殴故意转化为致对方某一个或者某一些人重伤或者死亡的故意。三是行为人犯罪故意内容的转化以发生在斗殴的过程中为必要，这是转化定罪主观条件转化的时空要求。

本案中，被告人葛某、王某某等人因为琐事纠集他人与高某一方进行殴斗，争强斗狠。在斯打中，王某某持刀朝杨某的胸、腹、腰等处连刺16刀，朝张某某的胸、背部、臀部刺5刀，朝高某的左上腹、臀部、腿部连刺9刀，造成一人死亡、二人轻伤的严重后

果。王某某作为年满18岁的成年人，应当知道持刀捅刺他人的胸、腹、腰等要害部位会造成他人死亡的结果，仍然不计后果，连续捅刺他人，放任死亡结果的发生，其主观故意已从互相斗殴转化为间接故意杀人，其客观行为也从一般的相互殴斗行为“升级”为持刀捅刺他人行为，并造成了一人死亡的已不能被聚众斗殴罪所包容的严重后果，因此，对于王某某的行为不应再以聚众斗殴罪论处，而应适用《刑法》第292条第2款之规定，以故意杀人罪定罪处罚。

（二）聚众斗殴既致人死亡，又致人轻伤的，以故意杀人一罪定罪处罚，而不以故意杀人、故意伤害两罪定罪处罚

对于被告人王某某的行为应认定为故意杀人一罪还是以故意伤害罪、故意杀人罪两罪并罚，在审理中有不同的认识。一种观点认为，王某某的行为虽然造成了一人死亡、二人轻伤的不同后果，但致人轻伤行为被聚众斗殴行为吸收，其聚众犯罪已全罪转化为故意杀人罪，因此，应定故意杀人一罪。另一种观点认为，王某某在不确定故意下实施故意杀人及故意伤害行为，应以故意杀人罪和故意伤害罪两罪并罚。

我们认为，从对法条的理解上看，《刑法》第292条第2款规定了聚众斗殴，致人重伤、死亡的，依照故意伤害罪、故意杀人罪定罪处罚。也就是说，对于聚众斗殴致人轻伤、轻微伤的，仍认定为聚众斗殴罪，排除了转化为故意伤害罪的可能。这是因为，从社会危害性上看，聚众斗殴罪是从1979年《刑法》中流氓罪分离出来的，是一种扰乱社会公共秩序的犯罪。聚众斗殴一般都是为私仇、争霸一方或者其他不正当的目的，纠集多人，成帮结伙地互相进行斗殴的行为。这种大规模或者持械进行的殴斗极易造成他人轻伤结果的发生，《刑法》第292条在设定法定刑时考虑到了这种情况，因而一般聚众斗殴罪的法定刑与没有造成重伤的故意伤害罪的法定刑幅度完全相同。从聚众斗殴罪的犯罪构成上看，聚众斗殴行为人主观上具有不确定的概然性故意，聚众斗殴致人轻伤的行为并没有超出聚众斗殴罪的犯罪构成要件之外。因此，致人轻伤的结果完全可以包容在聚众斗殴罪评价之中。因此，本案被告人王某某持刀捅刺二人轻伤的行为，没有超出聚众斗殴罪客观要件的范围，因此，应认定为聚众斗殴罪；由于其同时故意杀人造成一人死亡的结果，应按照《刑法》第292条第2款的规定转化定罪，所以对其以故意杀人罪一罪定罪处罚即可。

（三）聚众斗殴转化定罪的主体范围应当根据主客观相一致的原则予以确定

在聚众斗殴中转化犯的认定中，如何确定具体的主体适用范围，理论界和司法实践中不无争议，有“全案转化”和“部分转化”两种不同观点。“全案转化说”认为，凡积极参加聚众斗殴的人员，不论其是否直接造成了重伤、死亡的后果，均应对聚众斗殴造成的重伤、死亡后果承担刑事责任，应全案转化为故意伤害罪或故意杀人罪。如果仅将直接实施伤害、杀害行为的犯罪成员以转化犯对待，而对其他共同犯罪人仍然以聚众斗殴罪处罚，无异于承认行为人具有不同的犯罪故意，进而否认了聚众斗殴的共同犯罪性质，所以，应当将全体共同犯罪人均以转化犯对待。“部分转化说”认为，在聚众斗殴中，部分成员实施了超出全体成员故意的犯罪行为，致人重伤或死亡的，应坚持罪责自负原则，由具体行为人承担故意杀人或故意伤害的刑事责任，仅将直接行为人转化定罪。我们认为，两种观点均有所片面。“全案转化说”片面强调了行为的社会危害性，而忽视了罪刑法定的要求。至于“无异于承认行为人具有不同犯罪故意”的观点，不仅违背共同犯罪的基本原理，同时也忽略了转化犯转化定罪的内在根据。“部分转化说”忽视了转

化的聚众斗殴罪的转化性本质，忽视了对转化犯本质内容的考查。在司法实践中，应结合案情根据主客观相一致的原则，综合考虑行为人在聚众斗殴中的作用、地位，结合共同犯罪构成的要求，来具体确定转化的主体范围。

本案中，被告人葛某因为电话中的口角，为争强好胜而邀王某某参加殴斗，其事前未让王某某等人携带棍棒、刀具等，说明葛某在共同犯意上只是想邀王某某与他人进行一般的拳脚殴斗，并且当葛某发现致人伤亡后便埋怨王某某不该持刀捅人也说明葛某主观上并不想追求他人重伤、死亡的结果。因此，按照共同犯罪的理论，王某某单独持刀捅刺他人的行为已经超出了共同犯罪的故意范围，属于“实行过限”，根据罪责自负的原则，应仅由王某某一人对致人死亡行为承担刑事责任，而葛某对王某某的过限行为并不构成共犯，不应对致人死亡承担刑事责任，葛某的行为应认定聚众斗殴罪。因此，本案中转化故意杀人罪的主体只应是王某某一人，对此，一、二审法院的认定是准确的。

问题 11. 故意杀人后又取走被害人财物的如何定性

【刑事审判参考案例】李某某故意杀人案[①]

一、基本案情

北京市第二中级人民法院经公开审理查明：2000 年 9 月，被告人李某某到被害人刘某某承包经营的速递公司打工，并与刘某某共同租住在北京市东城区。同年 11 月，刘某某以人民币 2 万元将速递公司的经营权转包给李某某。因刘某某多次向李某某催要转包费，李某某无钱支付，遂起意杀死刘某某。2001 年 1 月 21 日 6 时许，被告人李某某趁刘某某熟睡之机，持斧头猛砍刘某某的头部和颈部，将刘某某的颈右侧动脉及静脉切断，致刘某某因失血性休克合并颅脑损伤而死亡。后又将死者身上的 1800 元人民币和旅行包内一工商银行活期存折连同灵通卡（存有人民币 1 万元）及其密码纸、西门子移动电话、充电器等款物拿走。李某某用灵通卡分 3 次从自动取款机上将存折内 1 万元人民币取出后，购买了电视机、移动电话、毛毯等物。2001 年 2 月 3 日，公安机关在被告人李某某家中将其抓获。

北京市第二中级人民法院认为：被告人李某某为图私利竟故意非法剥夺他人生命，致人死亡，并窃取他人财物，数额巨大，其行为已分别构成故意杀人罪和盗窃罪。所犯故意杀人罪，性质恶劣，情节、后果特别严重，社会危害性极大，应依法惩处；所犯盗窃罪，情节严重，亦应依法惩处。北京市人民检察院第二分院指控被告人李某某犯有故意杀人罪、盗窃罪的事实清楚，证据确凿。被告人李某某认罪态度好，但不足以对其从轻处罚，故其辩护人要求从轻处罚的辩护意见不予采纳。依照《刑法》第 232 条、第 264 条、第 57 条第 1 款、第 65 条第 1 款、第 69 条、第 64 条的规定，于 2001 年 8 月 6 日判决如下：

被告人李某某犯故意杀人罪，判处死刑，剥夺政治权利终身；犯盗窃罪，判处有期徒刑六年，并处罚金人民币 6000 元。决定执行死刑，剥夺政治权利终身，并处罚金人民币 6000 元。

---

① 清国撰稿，任卫华审编：《李某某故意杀人案——为逃避债务故意杀人后又拿走被害人财物的行为如何定性（第 171 号）》，载最高人民法院刑事审判第一庭、第二庭主办：《刑事审判参考》（总第 25 集），法律出版社 2002 年版，第 45 ~ 49 页。

一审判决宣判后，在法定上诉、抗诉期限内，被告人李某某没有上诉，检察机关没有抗诉。北京市第二中级人民法院依法将本案报送北京市高级人民法院核准。

北京市高级人民法院经复核认为：被告人李某某为图私利故意非法剥夺他人生命，并窃取他人财物，数额巨大，其行为已分别构成故意杀人罪和盗窃罪。所犯故意杀人罪，杀死1人，罪行极其严重；所犯盗窃罪，盗窃数额巨大，依法应对李某某所犯故意杀人罪、盗窃罪实行数罪并罚。李某某系刑满释放后5年内又犯罪的累犯，依法应从重处罚。北京市第二中级人民法院根据李某某犯罪的事实、犯罪的性质、情节和对于社会的危害程度所作的判决，定罪及适用法律正确，量刑适当，审判程序合法，应予核准。根据《最高人民法院关于授权高级人民法院和解放军军事法院核准部分死刑案件的通知》的规定，依照《刑事诉讼法》第200条第1款的规定，于2001年10月30日裁定如下：

核准北京市第二中级人民法院以被告人李某某犯故意杀人罪，判处死刑，剥夺政治权利终身；犯盗窃罪，判处有期徒刑六年，并处罚金人民币6000元，决定执行死刑，剥夺政治权利终身，并处罚金人民币6000元的刑事判决。

二、主要问题

为逃避债务故意杀人后又拿走被害人财物的行为如何定性？

第一种意见认为：被告人李某某为图私利，故意非法剥夺他人生命，其行为已构成故意杀人罪；尔后，李某某又当场拿走被害人财物，其行为符合抢劫罪的构成要件，应当以抢劫罪定罪处罚。考虑其故意杀人的动机是为牟取非法利益，在整个犯罪过程中，包含着两种不同的犯罪故意与犯罪行为，应当以故意杀人罪和抢劫罪并罚。

第二种意见认为：被告人李某某故意非法剥夺他人生命，其行为已构成故意杀人罪；将被害人杀死后，又以非法占有为目的，乘机窃取被害人的遗物，数额巨大，其行为又构成盗窃罪，应以故意杀人罪和盗窃罪并罚。

第三种意见认为：被告人李某某为逃避债务，故意非法剥夺他人生命，其行为已构成故意杀人罪；李某某杀人后，掠走被害人的钱财，该行为依附于故意杀人的行为而产生，属于刑法理论上的吸收犯，应按照主行为吸收从行为的吸收犯的处罚原则，以故意杀人罪定罪处罚。

第四种意见认为：被告人李某某为逃避债务故意杀人，杀人后当场劫取被害人财物，其行为虽然可分为不同阶段，但实质都是以非法占有为目的而故意杀人，符合抢劫罪的构成要件，应以抢劫罪一罪定罪处罚。

三、裁判理由

（一）被告人李某某为逃避债务故意杀害刘某某的行为，构成故意杀人罪，不能以抢劫罪定罪处罚。其理由是：

第一，在抢劫过程中故意杀人以抢劫罪定罪处罚的行为必须是当场使用暴力故意杀人并当场劫取被害人财物的行为。其中，故意杀人是劫取财物的手段行为，劫取财物是行为人杀人的目的，符合刑法理论上的牵连犯，因此，《最高人民法院关于抢劫过程中故意杀人案件如何定罪问题的批复》明确规定：“行为人为劫取财物而预谋故意杀人，或者在劫取财物过程中，为制服被害人反抗而故意杀人的，以抢劫罪定罪处罚。”而在本案中，被害人刘某某转让的是速递公司的承包经营权，即使李某某将刘某某杀害，也不能当场占有该公司。至于速递公司的承包经营权，由于李某某已通过合法方式取得，显然无须杀害刘某某。只是由于李某某仍欠刘某某2万元的转包费，李某某为逃避支付而将刘某某杀害，其故意杀人的动机是为了逃避债务。虽然李某某将债权人杀害是为了逃避债务，目的是非法占有债权人的2万元转包费，但这种占有方式并不是刑法意义上的当场劫取财物。因此，不符合构成抢劫罪只能是当场劫取财物的客观特征。

第二，《刑法》第263条明确规定抢劫罪的犯罪对象是“公私财物”。从当场劫取财物这一抢劫犯罪的客观特征来看，这里的“财物”须具有即时取得、可转移的特点，当场不能取得、不能转移的财物一般不能成为抢劫罪的犯罪对象。以逃避债务为目的故意杀人，仅可以使原有的债权债务关系归于消灭，本案被告人并没有“当场”取得实际已由被告人行使的承包经营权，即缺少抢劫罪的犯罪对象。

第三，从犯罪的主观故意来看，在抢劫罪中，应是先产生非法占有的目的，后发生非法占有的行为，即行为人非法占有目的应产生于行为人实际占有他人财物之前。而在以逃避债务为目的的故意杀人行为中，行为人在产生非法占有他人财物的主观犯意之前，已实际占有了债权项下的财物，不需要通过故意杀人去劫取。

（二）故意杀人后临时起意非法占有被害人财物的，应以盗窃罪定罪处罚

被告人李某某杀害刘某某后，又将死者身上的1800元人民币和旅行包内一工商银行活期存折连同灵通卡（存有人民币1万元）及其密码纸、西门子移动电话、充电器等款物拿走，并用灵通卡分3次从自动取款机上将存折内1万元人民币取出。由于李某某的这一非法占有目的产生于故意杀害刘某某之后，其非法占有行为与故意杀人行为之间不存在事实上的牵连或者吸收关系，既不能将故意杀人认定为非法占有财物的手段，也不能将非法占有认定为故意杀人的从行为，而是独立于故意杀人之外的行为。在这里，由于财物所有人已死亡，不复存在对所有人使用暴力、胁迫等手段抢劫的问题。李某某取得财物的手段如同从无人在场的他人处拿走财物一样，实际上是一种秘密窃取他人财物的行为。因此，对于这种故意杀人后见财起意，乘机非法占有被害人财物的行为，构成犯罪的，应以盗窃罪定罪处罚。

综上所述，被告人李某某为逃避债务故意非法剥夺他人生命，已构成故意杀人罪；李某某故意杀人后又窃取他人财物，数额巨大，其行为已构成盗窃罪。所犯故意杀人罪，杀死1人，罪行极其严重；所犯盗窃罪，盗窃数额巨大，依法应对李某某所犯故意杀人罪、盗窃罪实行数罪并罚。李某某系刑满释放后5年内又犯罪的累犯，依法应从重处罚。北京市第二中级人民法院根据李某某犯罪的事实、犯罪的性质、情节和对于社会的危害程度，以故意杀人罪，判处其死刑，剥夺政治权利终身；以盗窃罪，判处其有期徒刑六年，并处罚金人民币6000元。决定执行死刑，剥夺政治权利终身，并处罚金人民币6000元。北京市高级人民法院依法予以核准。所作的裁判，定罪及适用法律正确，量刑适当。

【刑事政策文件】

《最高人民法院印发〈关于审理抢劫、抢夺刑事案件适用法律若干问题的意见〉的通知》（2005年6月8日　法发〔2005〕8号）

八、关于抢劫罪数的认定

行为人实施伤害、强奸等犯罪行为，在被害人未失去知觉，利用被害人不能反抗、不敢反抗的处境，临时起意劫取他人财物的，应以此前所实施的具体犯罪与抢劫罪实行数罪并罚；在被害人失去知觉或者没有发觉的情形下，以及实施故意杀人犯罪行为之后，

临时起意拿走他人财物的，应以此前所实施的具体犯罪与盗窃罪实行数罪并罚。

问题12. 如何判定故意杀人案件中行为人的犯罪故意及被害人的过错

【刑事审判参考案例】官某故意杀人案①

一、基本案情

广东省东莞市中级人民法院经公开审理查明：被告人官某与东莞市丰润酒店服务员张某于2003年5月份确立恋爱关系。后张某多次向被告人官某提出分手，官均不同意。

2003年11月15日下午3时许，官某到东莞市华翠旅店，以其身份证登记入住。16日凌晨2时30分许，官某到东方娱乐城路口接张某下班，后两人一起回到华翠旅店。张某再次提出分手，官某不同意，两人因此发生争吵。官某一时气愤，使用捂口鼻和双手掐脖子的方法，致张某窒息死亡（经法医鉴定，张某是被他人捂口鼻及压迫颈部致机械性窒息死亡）。随后，官某将张某的尸体塞到床底下，于早上7时许退房逃离现场。同月28日，被告人官某因形迹可疑被江西省上饶市公安局信州分局东市派出所巡防民警盘查，被告人即交代了故意杀人的事实。

广东省东莞市中级人民法院认为：被告人官某目无国家法律，因恋爱之中女方提出与其分手而心怀愤恨，采用捂口鼻和掐脖子的方法，非法剥夺被害人生命，致一人死亡，情节后果严重，其行为已构成故意杀人罪。公诉机关指控被告人官某所犯罪名成立。但被告人官某具有自首情节，可以从轻处罚。

被告人官某提出捂被害人的口鼻是为了阻止被害人吵闹，并非有意杀害被害人，其辩护人所提被告人官某的行为不构成故意杀人罪，而构成过失致人死亡罪，经查，被告人用手捂被害人口鼻被被害人推开后，又将被害人翻倒在床上，并坐在被害人肚子上，用双手猛掐被害人的脖子，直至被害人死亡。被告人是具有完全刑事责任能力的成年人，知道捂口鼻、掐脖子必然会导致被害人死亡，却仍然实施该行为，积极追求被害人死亡结果的发生，反映出被告人主观上具有非法剥夺被害人生命的故意，其行为完全符合故意杀人罪的法定特征，依法构成故意杀人罪。被告人及其辩护人的此辩护意见据理不足，不予采纳。

辩护人提出被告人官某具有自首情节，且认罪悔罪态度好，无前科，系初犯、偶犯，经查，被告人官某在江西省上饶市的一间二手手机店出售手机时，因形迹可疑被上饶市东市派出所民警带回派出所审查，审查中被告人主动如实交代了当地公安机关尚未掌握的其杀害被害人张某的罪行，依法应当视为自首；被告人认罪悔罪态度好，无前科，系初犯、偶犯经查亦属实，辩护人的上述辩护意见予以采纳。

辩护人提出本案因恋爱纠纷引发，被害人对本案的发生存在一定的过错，经查，本案确属恋爱纠纷引发，但恋爱自由是法律赋予每一位公民的合法权利，被害人既享有与被告人恋爱的权利，也享有与被告人分手的自由，被害人欲与被告人终止恋爱关系而提出分手，并无明显的过错，辩护人的此辩护意见不予采纳。

依照《刑法》第232条、第48条第1款、第57条第1款、第67条第1款、第64条

---

① 杨才清撰稿：《官某故意杀人案——如何判定行为人的犯罪故意（第344号）》，载最高人民法院刑事审判第一庭、第二庭主办：《刑事审判参考》（总第44集），法律出版社2005年版，第33～41页。

和《最高人民法院关于处理自首和立功具体应用法律若干问题的解释》第1条第1项之规定，判决如下：

被告人官某犯故意杀人罪，判处死刑，缓期二年执行，剥夺政治权利终身（死刑缓期执行的期间，从判决确定之日起计算）。

一审宣判后，被告人官某不服，提出上诉。

广东省高级人民法院经审理认为：上诉人官某无视国法，在谈恋爱的过程中，因被害人提出与其分手而心怀愤恨，采取捂口鼻和掐脖子的方法，非法剥夺被害人的生命，其行为已构成故意杀人罪。且致一人死亡，情节、后果严重，论罪应当判处死刑，立即执行，但鉴于官某有投案自首及认罪态度较好，是初犯、偶犯等情节，判处死刑可不必立即执行。原判认定基本事实清楚，基本证据确实、充分，定罪准确，量刑恰当，审判程序合法。官某上诉及其辩护律师辩护所提请求对官某再次从轻处罚的辩解、辩护意见，经查均不能成立，不予采纳。根据《刑事诉讼法》第189条第1项之规定，裁定如下：

驳回上诉，维持原判。

根据《刑事诉讼法》第201条、《最高人民法院关于执行〈中华人民共和国刑事诉讼法〉若干问题的解释》第278条第1项的规定，本裁定即为核准以故意杀人罪判处上诉人官某死刑，缓期二年执行，剥夺政治权利终身的刑事裁定。

二、主要问题

1. 如何判定行为人的主观故意？

2. 如何认定刑事被害人的过错？

三、裁判理由

（一）行为人主观故意的认定

行为人的主观故意是行为人实施犯罪行为时的一种主观心理状态，它包括认识因素和意志因素两个层面。要准确认定行为人的主观故意，首先必须查明行为人的认识状态，即行为人是否对相应犯罪构成要件中的客观方面也就是事实有着明确的认识，以此为基础，再考察行为人的意志态度，从而判断行为人是否存在犯罪故意以及何种故意（直接故意还是间接故意）。所以，行为人的认识是刑法归责的要素之一，也是判定行为人主观状态的基础。如果行为人存在已然性认识，即已经对事实有认识，仍决意实施相应行为，行为人属于明知故犯，具有犯罪的故意；行为人虽然没有认识到事实的存在或者发生，但行为人主观上使自己处于谨慎的注意状态就能够认识事实存在或发生的可能性的，而为之相应行为，则行为人属于不知误犯，具有犯罪的过失；如果行为人使自己处于充分的谨慎注意状态仍然无法认识事实存在或发生的可能性的，就不能对行为人的主观进行非难。行为人的认识是否还包括违法性认识理论界有不同的意见，但按照现行《刑法》第14条第1款关于“明知自己的行为会发生危害社会的结果，并且希望或者放任这种结果的发生，因而构成犯罪的，是故意犯罪”的规定，对于我国刑法中犯罪故意的主观认识为事实性认识并无争议。一般认为，事实性认识的内容包括以下几个方面：（1）对行为客观方面的认识，即知道自己在干什么。如在走私普通货物案件中，需要行为人认识到自己是在逃避海关监管，携带货物进出国（边）境，如果行为人误认为是在境内而未进出国（边）境，行为人就缺乏对走私普通货物客观方面的认识。（2）对法律所规定的危险或结果的认识，在危险犯或结果犯中，行为人应认识到其行为会产生法律所设定的危险或结果。如行为人因琐事与他人斗嘴并互相推搡，他人因气愤导致心脏病发作经抢

救无效死亡，行为人显然无法认识到自己的行为会产生他人死亡的结果，缺乏法律对故意杀人罪所设定的致人死亡的结果的认识，不能成立杀人的故意。（3）对行为对象的认识。当行为的对象成为犯罪的构成要件时，行为人对行为所指向的对象必须有明确的认识，否则，行为人就会因为对其行为指向的对象无认识而不知晓行为所影响的社会关系。比如运输毒品案件中行为人必须认识到其运输的是毒品而非一般药品。（4）对行为的时间、地点、方法、手段的认识。对于某些以一定的时间、地点和方法、手段作为特殊构成要件的个罪来说，行为人必须对行为的时间、地点和方法、手段有明确的认识。如非法捕捞水产品罪，规定了禁渔期、禁渔区、禁止使用的工具、方法等特殊要件，行为人必须对上述事实有明确的认识才能成立该罪的故意。

在故意杀人案件中，对行为人主观故意中认识的界定，无疑也应从上述几个方面进行衡量。首先，行为人应认识到自己是在实施剥夺他人生命的行为；其次，行为人认识到其行为将会产生致他人死亡的结果；再次，行为人认识到其行为指向的对象是人而非人的尸体或动物。如果行为人认识到上述三方面的内容，就可以判定行为人主观上具有事实性认识，以此为基础，再结合行为人的意志因素，确认行为人主观上是否存在杀人的故意。

由于认识属于人的主观范畴，因而对行为人事实性认识的判断较难把握。刑法理论关于事实性认识的判断标准主要有以下几种观点：一是纯粹的客观说，认为应根据事实的客观存在来判断行为人的事实性认识，没有必要考虑行为人的主观状况。二是纯粹的主观说，坚持以行为人的主张作为认定行为人事实性认识存在与否的唯一依据。三是合理的客观说，强调如果合理的人能预见产生的结果是其行为的自然的、盖然的结果时，就应该认定被告人也能够预见。四是合理的主观说，认为事实性认识的判断以行为人自身的认识为基础，同时参考一般人的认识。在我们看来，前三种标准或轻视甚至完全排除行为人的主观实际，或过分依赖行为人的主观实际而忽略一般人的情况，追求事物的两个极端，因而欠妥。相比之下，合理的主观说是可取的，因为事实性认识是认定行为人主观故意的基础，当然不能脱离行为人的主观认识，否则就有可能与行为人的实际情况不符，但是，行为人的主观故意最终是由法官来认定的，法官必然要考虑一般人（合理的人）的情况，以一般人（合理的人）能否认识为标准作出基础性的判断，然后根据行为人的具体情况进行修正。

本案中，被告人官某用手捂被害人口鼻和掐被害人的脖子的行为，必然会使被害人窒息并导致被害人死亡，这是生活的常识，社会的一般人都能预见。被告人官某作为心智健全、具有完全刑事责任能力的成年人，与常人无异，也必然能预见到该结果，被告人仍不顾被害人的反抗而决意实施该行为，主观上具有故意杀人的事实性认识，积极追求被害人死亡结果的发生，反映出被告人主观上具有非法剥夺被害人生命的故意，其行为完全符合故意杀人法定构成特征。

（二）刑事被害人过错的认定

刑事案件中被害人的过错，即为被害人作出的，与被告人所实施的犯罪行为的发生有着直接或间接关系的应受非难的行为。它具有以下特征：（1）被害人过错首先是被害人的一种主观心理状态，包括故意和过失。被害人的过错及过错程度是由被害人的主观心理状态所决定，其心理状态不同，过错程度及其引起的被告人应受谴责的程度也各异。（2）被害人过错表现为被害人主观意志支配下的客观外在行为。被害人内在的想法如果没有外化为行为，就不可能对被告人产生影响，所以，被害人的意志只有转化为外在的行为时才具有法律上的意义。（3）被害人过错是法律和道德对被害人行为的否定评价。按照《现代汉语词典》的解释，过错即为过失、错误。由此可见，过错这一概念本身就体现了社会的否定性评价。如果当被害人实施某种行为时侵犯了社会或其他个体的利益，违反了法定义务、公共行为准则或道德标准，被害人就具有过错。（4）被害人的过错与被告人实施相应的犯罪行为具有密切的联系。实践中一般表现为被害人的过错诱发被告人的犯罪意图，加剧被告人的侵害程度等，是被告人实施犯罪的原因。

根据不同的角度，对被害人的过错可以有不同的分类。按被害人过错的程度或在诱发犯罪中的作用大小可分为重大过错和一般过错。重大过错指被害人故意严重违反法律和公共道德，挑起、制造或激发冲突，其行为与被告人实施的犯罪行为之间具有直接的因果关系。具有重大过错的被害人实施的行为既可能是违法行为，也可能是犯罪行为。如被害人实施故意伤害行为，被告人进行防卫，但防卫过当致被害人重伤或死亡。一般过错指被害人基于一般的故意或过失所实施的行为与被告人实施的犯罪行为具有直接或间接的因果关系。从过错的内容可将过错分为故意过错和过失过错。前者指被害人故意违反法律或公共道德的行为而导致被告人实施犯罪行为，后者则指被害人基于疏忽大意或过于自信的过失而引起被告人实施犯罪行为。

对刑事被害人过错的判断，我们认为应采取主客观相一致的标准。具体来说，就是围绕被害人过错的四个基本特征来考察。第一，被害人主观上存在故意或过失。这包括两方面的含义：一方面，被害人应具有意志能力和责任能力，有充分的意志自由，可以不受限制地作出任何行为。另一方面，故意还表现为被害人对自己行为的性质及后果有一定的认识，通常表现为明知，自己的行为违反法律或社会道德，且实施该行为必将损害被告人的合法权益，或实施该行为必将或可能导致被告人实施相应的犯罪行为，仍积极实施该行为；过失则表现为被害人对自己行为的性质及后果应当有一定的认识而没有认识或发生错误认识。正是被害人主观上的故意或过失，为对其进行责难提供了依据。第二，被害人实施了相应的行为。这里的行为应作广义的理解，包括语言和动作。被害人内心世界的想法只有通过行为表现出来，才能对被告人产生影响，也才能为司法机关判断被害人是否存在过错提供判断的依据。从司法实践中的一些实例来看，通常表现为被害人用言语刺激被告人，使被告人产生犯罪意图；辱骂、殴打被告人，激化与被告人之间的矛盾；以非正当手段要挟被告人，达到某种非法目的等。第三，被告人实施的是一种违反法律或道德的行为。只有被害人实施的是违反法律或道德的行为，才能体现法律或道德对该行为的否定评价，故能称之为过错。然而，并非被害人实施的一切违反法律或道德的行为都构成被害人过错范畴内的过错行为，被害人过错范畴内的过错行为应是一种具有积极进攻性的，性质严重、程度激烈、危害较大、违反法律或道德的侵害行为，或以某种非正当手段要挟被告人，严重威胁被告人的人身、财产权利，以达到非法目的的行为。第四，被害人的过错是被告人实施相应犯罪的原因。凡被害人的过错行为，如果诱发被告人产生犯罪意图，或促使被告人加剧犯罪侵犯程度的，则被害人的行为与被告人的犯罪行为存在因果关系，是被告人实施相应犯罪的原因。当具备以上四个条件时，即可认定被害人存在过错。

本案中，认定被害人是否存在过错，取决于对被害人提出与被告人分手这一行为性质的判断。婚姻是男女双方恋爱的结果，婚姻自由必然以恋爱自由为基础。相比于封建社会的“父母之命、媒妁之言”“指腹为婚”等做法，恋爱自由体现了社会的进步，既合

乎法律规定又合乎社会的道德规范。本案被害人提出与被告人分手，正是基于恋爱自由而作出的决定，被告人及其辩护律师据此认为被害人存在过错是不能成立的。

问题13. 如何认定交通肇事转化为故意杀人的主观故意

【实务专论】①

五、关于逃逸致人死亡的认定

实践中，交通肇事逃逸后，发生被害人死亡结果的情形有多种，应当区分不同情况予以定性：

《最高人民法院关于审理交通肇事刑事案件具体应用法律若干问题的解释》第5条第1款规定，"因逃逸致人死亡"，是指行为人在交通肇事后为逃避法律追究而逃跑，致使被害人因得不到救助而死亡的情形。这一规定强调的是"被害人因得不到救助而死亡"，主要是指行为人主观上并不希望发生被害人死亡的后果，但是没有救助被害人或者未采取得力的救助措施，导致发生被害人死亡结果的情形。

此外，针对实践中较为多见的，司机在交通肇事后，单位主管人员、机动车辆所有人、承包人或者乘车人指使肇事人逃逸的行为，《最高人民法院关于审理交通肇事刑事案件具体应用法律若干问题的解释》第5条第2款规定，"交通肇事后，单位主管人员、机动车辆所有人、承包人或者乘车人指使肇事人逃逸，致使被害人因得不到救助而死亡的，以交通肇事罪的共犯论处"。在论证过程中，有种意见认为，交通肇事罪是过失犯罪，以共犯来处理指使逃逸的人显然有违共犯理论。不可否认，司法肇事引发交通事故是过失的，对肇事行为不存在按照共犯处罚的问题。但是，鉴于《刑法》第133条将这种故意实施的行为规定为交通肇事罪加重处罚的情节，而且在肇事后逃逸的问题上，肇事人主观上是故意的，其他人指使其逃逸，具有共同的故意，而且逃逸行为与被害人死亡具有因果关系，符合共犯的构成条件。因此，《最高人民法院关于审理交通肇事刑事案件具体应用法律若干问题的解释》第5条的规定是符合立法本意的。

《最高人民法院关于审理交通肇事刑事案件具体应用法律若干问题的解释》第6条规定，行为人在交通肇事后为逃避法律追究，将被害人带离事故现场后隐藏或者遗弃，致使被害人无法得到救助而死亡或者严重残疾的，以故意杀人罪或者故意伤害罪定罪处罚。即行为人在肇事后，为了掩盖罪行、毁灭证据，逃避法律追究，将被害人带离事故现场后隐藏或者遗弃，如隐藏在杂草丛中，使被害人处于无法获得救助的境遇，主观上是希望或者放任被害人死亡结果的发生。对这种情形，根据被害人伤亡的结果对行为人定罪处罚是适宜的。

【刑事审判参考案例】赵某1故意杀人、赵某2交通肇事案②

一、基本案情

河北省保定市中级人民法院经审理查明：2013年10月29日22时30分许，被告人赵

---

① 孙军工：《正确适用法律 严惩交通肇事罪——〈关于审理交通肇事刑事案件具体应用法律若干问题的解释〉的理解与适用》，载《人民司法》2000年第12期。

② 陆建红、郭宏伟、詹勇撰稿，周峰审编：《赵某1故意杀人、赵某2交通肇事案——车辆所有人在交通肇事后将被害人隐藏致使被害人无法得到救助而死亡的，如何定性（第1169号）》，载最高人民法院刑事审判第一、二、三、四、五庭主办：《刑事审判参考》（总第108集），法律出版社2017年版，第32~38页。

某2驾驶被告人赵某1所购二手摩托车并搭载赵某1沿公路由南向北行驶，车行驶到河北省某网通营业厅门口处时，撞倒行人徐某，摩托车倒地，赵某2亦当场昏迷。赵某1拨打120急救电话后，将徐某拽入路边沟中，后驾驶该摩托车载着赵某2逃离现场。后抢救人员到达现场，因未发现被害人而拨打赵某1报警时所用手机号码，赵某1明知可能是医生所打电话而不接听。经鉴定，徐某因交通事故所致颅脑损伤死亡。案发后，被告人赵某1亲属、赵某2亲属分别与被害人亲属达成调解协议，被害人亲属对二被告人的犯罪行为予以谅解。

河北省保定市中级人民法院认为，被告人赵某1作为肇事车辆所有者，明知被撞倒在地的徐某伤势严重，仍将徐某拽入沟中，使徐某得不到救治而死亡，其行为已构成故意杀人罪；被告人赵某2违反交通运输管理法规，造成徐某死亡的重大交通事故，且负事故全部责任，其行为构成交通肇事罪。公诉机关指控二被告人的罪名成立。赵某2被公安机关抓获前，能报警而未报警，其行为构成肇事后逃逸。事故发生后，赵某1曾拨打120急救电话，但因赵某1的行为，使急救人员到达现场后，未能找到被害人，从而无法对被害人进行救治。本案中，赵某1归案后如实供述赵某2的藏匿地点从而使公安机关及时抓获在医院治疗的赵某2，属于如实供述同案被告人的基本情况，不构成立功。辩护人所提赵某1具有立功情节的意见，不予采纳。案发后，被告人赵某1亲属、赵某2亲属分别与被害人亲属达成调解协议，被害人亲属对二被告人的犯罪行为予以谅解。据此，依照《刑法》第232条、第133条、第56条第1款、第55条第1款之规定，判决如下：

1. 被告人赵某1犯故意杀人罪，判处有期徒刑十年，剥夺政治权利一年。

2. 被告人赵某2犯交通肇事罪，判处有期徒刑三年。

宣判后，赵某1提出上诉称，其具有立功情节，且犯罪情节较轻，应在三至十年有期徒刑的幅度内量刑。赵某2提出上诉称，其不构成逃逸，其对被害人进行了民事赔偿，应适用缓刑。

河北省高级人民法院经审理查明的事实与一审相同。

河北省高级人民法院认为，上诉人赵某1作为肇事车辆的所有者，在明知被害人徐某有呼吸的情况下，仍将徐某拽入沟中，使徐某得不到及时救治而死亡，其行为已构成故意杀人罪。上诉人赵某2违反交通运输管理法规，无证驾驶摩托车造成徐某死亡的重大交通事故，负事故全部责任，其行为构成交通肇事罪。赵某2被公安机关抓获前，能报警而未报警，其行为构成肇事后逃逸。本案中，公安机关根据赵某1供述将赵某2抓获，赵某2的藏匿地点属于赵某1在犯罪中掌握的同案犯藏匿地址，不能认定为协助司法机关抓捕同案犯，赵某1依法不构成立功。案发后，赵某1、赵某2有悔罪表现，被害人亲属对二上诉人的犯罪行为予以谅解，对此情节原判决在量刑时已予考虑。上诉人赵某1、赵某2上诉请求从轻处罚的理由，不予采纳。原判决认定事实清楚，证据确实、充分，定罪准确，量刑适当，审判程序合法。依照《刑事诉讼法》第225条第1款第1项、第233条之规定，于2015年6月15日裁定如下：

驳回赵某1、赵某2的上诉，维持原判。

二、主要问题

1. 如何理解和适用“交通运输肇事后逃逸”中“为逃避法律追究而逃跑”的要件？

2. 车辆所有人在交通肇事后将被害人隐藏致使被害人无法得到救助而死亡的，如何定性？

三、裁判理由

（一）认定“交通运输肇事后逃逸”，应当定位于为“逃避法律追究而逃跑”，且“逃跑”并不限于“当即从现场逃跑”

“交通运输肇事后逃逸”是1997年《刑法》修订时增加规定的加重处罚情节。实践中，交通肇事后逃逸的行为具有较大的危害性，往往导致被害人无法得到救助、损失无法得到赔偿、案件查处难度增大等。

《刑法》第133条规定了构成交通肇事罪的一般情形、“交通运输肇事后逃逸或者有其他特别恶劣情节”和“因逃逸致人死亡”两种特殊情形。根据《最高人民法院关于审理交通肇事刑事案件具体应用法律若干问题的解释》（以下简称《解释》）第3条的规定，“交通运输肇事后逃逸”，是指行为人具有该解释第2条第1款规定和第2款第1～5项规定的情形之一，在发生交通事故后，为逃避法律追究而逃跑的行为。

据此，构成交通肇事后逃逸的条件包括以下几方面：一是有交通肇事行为的发生，且符合《解释》第2条第1款规定和第2款第1～5项规定的情形之一。二是为逃避法律追究而逃逸。这里的法律追究包括刑事追究、民事追究、行政追究。实践中，肇事人逃跑的目的大多是想逃避法律追究，但也有少数肇事人逃跑的目的是怕受害方或者其他围观群众因激愤而对其进行报复、殴打等。如果是后者，在逃离现场后，通常能够通过报告单位领导或者报警等方式，自愿接受法律处理。因此，不能推定所有逃离现场的行为都是为逃避法律追究。对逃跑行为作出上述必要的限制，是为了保证准确适用法律，不枉不纵。三是《解释》规定的“逃跑”，并没有固定时间和场所的限定。有意见认为，交通肇事后逃逸，应当理解为“逃离事故现场”的行为，实践中大多也属于这种情况。但是，有的肇事人并未在肇事后立即逃离现场（有的是不可能逃跑），而是在将伤者送到医院后或者在等待交通管理部门处理的时候逃跑，类似的情形有很多。如果仅将逃逸界定为当即逃离现场，那么性质同样恶劣的逃避法律追究的行为就得不到相应的追责，可能会影响对这类犯罪行为的惩处。因此，只要是在肇事后为逃避法律追究而逃跑的行为，都应视为“交通肇事后逃逸”。

从刑法和《解释》的意图来看，立足点在于鼓励行为人在发生交通事故后，采取积极措施对被害人进行救助。如果没有逃逸，因被害人救治及时，行为人则存在不构成犯罪的可能性。但如果行为人在交通事故后逃逸，致被害人因得不到救助而死亡，则行为人构成交通肇事罪（特殊情形的重罪）。简言之，如果交通事故发生后，被害人已经死亡，行为人逃逸的，则只构成《解释》第3条规定的法定加重情节，对行为人应当在三年以上七年以下有期徒刑的法定刑范围内处罚；如果被害人没有死亡，但由于行为人的逃逸而致使被害人因得不到救助而死亡的，则行为人的行为构成交通肇事罪的重罪情形，应在七年以上有期徒刑的法定刑范围内处罚。

就本案而言，被告人赵某2无证驾驶摩托车并载人，发生交通事故，致行人徐某被撞倒而造成颅脑损伤死亡，应负事故的全部责任，其行为构成交通肇事罪。存在争议的问题是，赵某2在肇事后，是否属于为逃避法律责任而逃跑？按照赵某2自己的供述，其“在去××村的公路上发生了交通事故，当时不知道撞的什么，在医院醒来才知道撞了人。当时撞了人之后，就没意识了”。也就是说，其离开现场不具有主动性，而是被动的。但是，同案被告人赵某1供述，事故发生后，“赵某2脸部受伤了，也流了很多血。我叫了几次才把赵某2叫醒，赵某2问怎么回事，我告诉赵某2撞了一个人”；“我提议把被撞的人弄到公路旁边，赵某2同意，由于赵某2受伤动不了，我把被撞的人拽到公路西侧坑边的坡上”；“我和赵某2商量后，就骑摩托车载着赵某2逃跑了”。如果按照赵某1的供述认定，那么赵某2的行为是典型的肇事后逃逸行为。但是由于赵某2不承认此节，而现场又没有其他证人，因此，就证据的充分性层面而言，无法认定赵某2在肇事后与赵某1共同商量逃逸。但是，如前所述，“交通运输肇事后逃逸”中的“逃逸”没有严格的时间和场所的限制。即使如赵某2言，其肇事后在医院醒来才知道撞了人，也应当在知情后立即报警，但其醒来后有条件报警却未选择报警，而是选择继续在医院接受治疗，其治疗所在的医院系同案被告人赵某1供述后公安机关才掌握。因此，应当认定赵某2在肇事后实施了“为逃避法律追究而逃逸”的行为。

此外，被害人的死亡原因系“因交通事故致颅脑损伤死亡”。被害人的死亡是否系“因逃逸致人死亡”？按照《解释》第5条第1款的规定，“因逃逸致人死亡”，是指行为人在交通肇事后为逃避法律追究而逃逸，致使被害人因得不到救助而死亡的情形。本案中，被害人徐某即使得到及时救治，被救活的可能性也很小，其死亡原因主要是交通肇事所致。特别是就被告人赵某2而言，其逃逸行为在前期不具有主动性，而是被赵某1搭载离开现场。其在医院醒来后，即使报了警，也已经无法救活被害人。据此，我们认为，对赵某2而言，其逃逸行为与被害人的死亡结果之间没有因果关系，因而对赵某2不能认定“因逃逸致人死亡”，而只能就低认定为“交通运输肇事后逃逸”。也就是说，认定赵某2构成“交通肇事逃逸”是因为其在醒来后有条件报警而不报警，但其醒来后的报警对已经死亡的被害人徐某而言没有“救助”的意义，不属于“因逃逸致人死亡”的情形。

（二）车辆所有人在交通肇事后将被害人隐藏致使被害人无法得到救助而死亡的，应当以故意杀人罪论处

本案在审理过程中，对被告人赵某1的行为如何定罪，有两种意见：

第一种意见认为，被害人徐某的死亡原因是交通事故所致颅脑损伤，而不是赵某1将徐某拖拽到沟里而使其得不到救治而死亡，因此，赵某1的行为不构成犯罪。理由：（1）赵某1将徐某拖拽到沟里的行为与徐某的死亡结果之间没有必然因果关系。（2）赵某1藏匿被害人的行为不属于交通肇事逃逸致人死亡而转化为故意杀人罪的情形。《解释》第5条规定，“因逃逸致人死亡”，是指行为人在交通肇事后为逃避法律追究而逃逸，致使被害人因得不到救助而死亡的情形。交通肇事后，单位主管人员、机动车所有人、承包人或者乘车人指使肇事人逃逸，致使被害人因得不到救助而死亡的，以交通肇事罪的共犯论处。赵某1没有指使赵某2逃逸的行为，因而不构成交通肇事罪的共犯。既然赵某1不构成交通肇事罪，也就不能适用《解释》第6条规定的交通肇事逃逸转化为故意杀人罪的规定。

第二种意见认为，赵某1的行为构成故意杀人罪。理由：（1）赵某1作为肇事车辆所有者，虽然没有指使肇事人逃逸，但其搭载交通肇事直接行为人赵某2逃逸，应当以交通肇事罪的共犯论处。（2）由于被害人徐某的死亡主要是由于交通肇事所致，徐某即使得到及时救助，也基本没有被救活的可能性，因此，赵某1藏匿被害人的行为并不必然造成被害人死亡结果的发生。赵某1只是实施了法律拟制的“故意杀人”行为，但依法仍应构成故意杀人罪。鉴于被害人死亡主要是交通事故所致，可对赵某1在量刑上酌予考虑。

我们同意第二种意见。

首先，赵某1的行为应当认定为交通肇事罪的共犯。《解释》第5条对单位主管人

员、机动车辆所有人、承包人或者乘车人（以下简称主管人员等）设置了一个特别义务，即不得指使肇事人逃逸，否则，致使被害人因得不到救助而死亡的，以交通肇事论。这里，对主管人员等构成交通肇事罪规定了两个前因条件：（1）指使肇事人逃逸。本案中，赵某1自己供述和赵某2商量过将被害人拽到公路边，但没有得到赵某2供述的印证。但是，赵某1实施了主动搭载赵某2逃离现场的行为。举轻以明重，既然指使逃逸的行为都可认定为共犯，那么，比指使逃逸性质更严重的搭载肇事人逃逸的行为，更应以交通肇事的共犯论处。（2）致使被害人因得不到救助而死亡。如前所述，虽然本案中，被害人死亡的原因主要是交通事故，被害人即使得到救助也可能死亡，但是被害人得不到救助是肯定存在的，而且，即使徐某因得到救助而没有死亡的概率极低，也不等于绝对没有。赵某1与发生交通事故后已经昏迷的赵某2不同，其是在明知徐某还有呼吸的情况下，将徐某拽入沟中从而使其完全失去了被抢救的可能。因此，对赵某1而言，可以认定为“致使被害人因得不到救助而死亡”。

其次，对赵某1可以适用《解释》第6条的规定，以“交通肇事”转化为“故意杀人”论，主要原因就是其在构成交通肇事罪的共犯后，必然随之产生行政法上对交通肇事行为人规定的一些附随义务，主要是抢救的义务。《解释》第6条也是针对这一附随义务而作出禁止性规定的，即行为人不得将被害人带离事故现场隐藏或者遗弃，否则，就要转化为故意杀人罪或者故意伤害罪（转化为何罪以结果论）。但赵某1正是实施了《解释》第6条规定的禁止性行为，将徐某拽入沟中，致救护人员到事故现场后找不到被害人。更为恶劣的是，在救护人员因找不到被害人而打赵某1电话时，赵某1明知可能是救护人员的电话，却不接听。

综上，法院认定赵某2的行为构成交通肇事逃逸，并考虑到其逃离肇事现场是被赵某1搭载离开，具有一定的被动性，其逃逸行为与被害人徐某的死亡结果之间没有必然因果关系，因而不认定其具有“逃逸致人死亡”情节；认定赵某1的行为构成交通肇事共犯，并且因为其实施了将被害人拽入路边沟中，致被害人得不到救助，因而依法转化为故意杀人罪，在定性上是正确的。在量刑上，考虑到被害人的死亡原因主要不是两被告人的逃逸行为所致，而是交通事故所致，且被害人亲属分别与赵某1亲属、赵某2亲属达成调解协议，被害人亲属对二被告人的犯罪行为予以谅解；赵某1在交通肇事后曾打过120急救电话，客观上有利于案件的侦破，因而均予以从轻处罚，是适当的。

问题14. 如何通过主观认识要素区分故意伤害罪与故意杀人罪

【刑事审判参考案例】李某故意伤害案①

一、基本案情

北京市第二中级人民法院经审理查明：被告人李某在孙某1（已判刑）经营的足疗店务工。2009年7月16日23时许，李某受孙某1指使，在北京市平谷区某小区的房间内，协助孙某1之妹孙某2（已判刑），使用注射器将甲苄噻嗪注射液（又名赛拉嗪，系鹿用

① 唐季怡、刘立杰撰稿，马岩审编：《李某故意伤害案——如何通过主观认识要素区分故意伤害罪与故意杀人罪（第832号）》，载最高人民法院刑事审判第一、二、三、四、五庭主办：《刑事审判参考》（总第90集），法律出版社2013年版，第52～56页。

麻醉药物）多次注入张某体内，致张某甲苄噻嗪中毒死亡。

北京市第二中级人民法院认为，被告人李某伙同他人故意伤害被害人身体，致人死亡，其行为构成故意伤害罪，且犯罪情节、后果严重，依法应予惩处。公诉机关指控李某所犯罪名成立。关于李某被胁迫参与犯罪，情节显著轻微，请求对李某免予刑事处罚的辩护意见，不予采纳；辩护人所提李某犯罪时系未成年人，在犯罪中起协助作用的意见成立，予以采纳。鉴于李某犯罪时尚未成年，在共同犯罪中起次要作用，系从犯，且积极赔偿被害人亲属经济损失，取得被害人亲属的谅解，依法可以对其减轻处罚，并适用缓刑。据此，北京市第二中级人民法院依照《刑法》第234条第2款，第25条第1款，第27条，第17条第1款、第3款，第61条，第72条，第72条第3款之规定，以被告人李某犯故意伤害罪，判处有期徒刑三年，缓刑五年。

宣判后，被告人李某未提出上诉，检察机关未抗诉，判决已发生法律效力。

二、主要问题

1. 李某的行为构成故意伤害罪还是故意杀人罪？

2. 李某与另案被告人孙某1、孙某2是否构成共同犯罪？

三、裁判理由

本案系一起成年人与未成年人共同犯罪但分案审理的案件。2010年12月，北京市第二中级人民法院以被告人孙某1犯故意杀人罪，判处死刑，缓期二年执行；孙某2犯故意伤害罪，判处有期徒刑十年。上述判决现已生效。由于本案被告人李某系未成年人，根据审判地工作机制，法院对李某进行另案审理。关于李某行为的定性是本案争议的焦点，审理过程中存在以下四种意见：第一种意见认为，李某不知道注射药物的具体性状和功效，作为未成年人，其主观上既无伤害他人的故意，更无杀人的故意，不可能认识到自己的行为会造成他人死亡的结果，故不构成犯罪；第二种意见认为，李某虽无杀人的动机和目的，但其应当知道注射药物可能会造成被害人死亡，仍协助他人对被害人注射药物，表明其对被害人的死亡持放任态度，构成（间接）故意杀人罪；第三种意见认为，李某应当认识到注射药物会对他人身体造成伤害，但仍协助他人对被害人注射药物，虽然死亡结果不是其主观追求的，但与其实施的伤害行为存在因果关系，故构成故意伤害（致人死亡）罪；第四种意见认为，李某应当预见到注射药物可能会致被害人死亡，因疏忽大意未能预见，构成过失致人死亡罪。我们认为，本案定性的关键在于李某对危害结果的主观心态，同意第三种意见。

（一）李某能够认识到其行为会危害他人健康，但对死亡结果缺乏认识李某协助他人向被害人注射麻醉药物的行为直接导致了被害人的死亡，其实施的行为与死亡结果间无疑具有因果关系，认定李某构成犯罪的客观要件均已齐备，关键是要正确认识和评价李某实施行为时的主观心态，即罪过的有无和罪过的性质，具体可从意识要素和意志要素两方面分析

意识要素，即对犯罪事实的认识，包括对实行行为、对象、结果、因果关系等的认识。根据具体犯罪构成的事实不同，所要认识的对象也有所不同。如对故意杀人罪，行为人必须认识到其实施的行为是致他人死亡的行为。意识要素中还要求对危害结果发生的可能性具有一定的认识，即行为人对此种可能性的有无及大小要有所认识。意志要素，即对犯罪结构的主观态度，是持希望还是无所谓抑或否定之态度。《刑法》第14条第1款规定："明知自己的行为会发生危害社会的结果，并且希望或者放任这种结果发生，因

而构成犯罪的，是故意犯罪。”这里的“明知自己的行为会发生危害社会的结果”即是意识要素的内容，而“希望或者放任”即为意志要素的内容。根据上述规定，如果行为人不仅对犯罪事实具有一定的认识，而且希望或者放任犯罪结果发生的意志，则应当认定其具有犯罪故意的罪过。而犯罪过失则是指行为人在意识要素或者意志要素方面存在欠缺，具体可分为疏忽大意的过失（欠缺意识要素）和过于自信的过失（欠缺意志要素）。

首先，从意识要素分析。本案被告人李某作案时不满 18 周岁，虽然认识事物的能力不及成年人，但根据其认知的实际情况，其应当知道注射特定药物应当由专业医务人员实施，不能由非医务人员实施。虽然李某并不知道所注射药物的性状和功效，但其老板孙某 1 明确告诉其该药物是“管睡觉”的，目的是让被害人在头脑不清醒时在离婚协议书上签字。据此，可以认定李某作案时已对所注射的物品是具有麻醉作用的药物具有一定认识。在作案过程中，李某帮助孙某 2 至少两次将针剂注入被害人体内，应当认定其明知自己的行为可能会对被害人造成伤害。这一结论符合社会一般人对私自注射麻醉药物可能导致的后果的认识，也与李某认识能力的实际情况相符。关于李某是否明知其行为会导致被害人死亡的问题更为复杂。我们认为，在认定被告人这一意识要素时应当结合具体案情予以分析。作案所用药物由孙某 1 提供，其对药品的性状、功效、适用对象有明确的认识，而李某作案前未接触过此类药物，仅听孙某 1 说是“管睡觉的”，故李某能认识到该药物具有麻醉作用，但对该药的具体功效、适用对象的认知有限。孙某 1 为达到离婚目的，指使孙某 2 与李某参与作案，李某本人与被害人并无利害冲突，如明知该药可能致人死亡，未必会参与作案。根据现有在案证据，难以认定李某对注射药物导致被害人死亡的结果知道或者应当知道。

其次，从意志要素分析。李某系受人指使协助作案，其对可能发生的伤害结果持放任态度，属间接故意。但对被害人死亡的结果，明显持反对的态度，属于应当预见而未预见情形，因此，不构成故意杀人罪，而仅构成故意伤害罪。致使被害人死亡的结果仅能作为加重结果情节予以评价，不能作为李某实施行为时希望或者放任的结果内容。

综上，李某认识到其实施的是会伤害他人身体健康的行为，本应预见到其行为可能会导致被害人死亡，但因疏忽大意而未预见，从而导致被害人死亡结果的出现，故李某的行为构成故意伤害罪的结果加重犯。

（二）本案各共同犯罪人对犯罪事实的认识有程度、范围上的差异，但在重合的范围内成立共同犯罪

本案为三人共同犯罪，法院认定另案处理的被告人孙某 1 构成故意杀人罪，另案处理的被告人孙某 2 以及本案被告人李某构成故意伤害罪。这与常见的通常情况下对共同犯罪人判处相同罪名的模式有所不同。共同犯罪中的各行为人原则上应当构成同一犯罪，但在一定条件下也可有例外，本案就属于例外情况。根据共同犯罪理论，当各共同犯罪人对犯罪事实的认识存在程度、范围等方面的不同时，如所认识的基本事实为同质并且重合的，在重合的范围内各共同犯罪人仍可成立共同犯罪。

本案中，李某、孙某 2 对注射药物行为性质、危害的认识明显不及孙某 1 全面、准确。孙某 1 不但明知该药是鹿用麻醉药，而且对药品的名称、包装、说明、功效等都比较了解，故其明知多次或者过量注射该药会导致被害人死亡，但为实现个人离婚目的，仍指使孙某 2 和李某注射药物，对危害结果的发生持放任态度，构成故意杀人罪。而李某和孙某 2 一样，仅知道该药是“管睡觉”的，对其二人的注射行为会导致被害人死亡结果

的发生缺乏认知，故其二人只构成故意伤害罪，致人死亡只能作为加重情节。故意伤害罪和故意杀人罪都属于直接侵犯他人生命健康权利的犯罪，性质相同，并存在重合关系，故孙某1、孙某2、李某三人在故意伤害罪的范围内成立共同犯罪，其中，孙某1因有杀人犯意及杀人行为，应当认定为故意杀人罪。

综上，北京市第二中级人民法院认定李某构成故意伤害（致人死亡）罪，鉴于李某犯罪时尚未成年，在共同犯罪中系从犯，积极赔偿被害人亲属经济损失且取得谅解，符合判处缓刑的条件，依法对其减轻处罚，并适用缓刑。

问题15. 如何认定故意杀人未遂情形下行为人的主观心态

【刑事审判参考案例】郭某故意杀人案①

一、基本案情

上海市虹口区人民法院经公开审理查明：2012年12月19日23时许，被告人郭某酒后在上海市××路××弄××号底楼处（系与其朋友法某共同承租），因琐事与女朋友姚某发生争执后，郭某强行将姚某从床上拖拉到地上，并从厨房取出两把菜刀，先用刀背敲击姚某头部及肩部两下，致姚某头部流血后，继而用刀刃朝姚某头部、面部猛砍数刀。后见姚某头、面部大量流血，倒地后不再挣扎，即弃刀逃离现场。次日凌晨，郭某在朋友吴某的陪同下主动至上海市公安局虹口分局提篮桥派出所投案，并如实供述了上述犯罪事实。案发后，经司法鉴定科学技术研究所司法鉴定中心鉴定：被鉴定人姚某被他人砍伤，致颅面部多处软组织创，致容貌毁损及7枚以上牙齿脱落或者折断，构成重伤。

上海市虹口区人民法院认为，被害人姚某的陈述，以及证人法某、张某、吴某的证言证实，当被告人郭某持刀对姚某行凶，证人法某进行劝阻时，郭某称别管，否则连其一起杀；当郭某持刀猛砍姚某头面部数刀后逃离现场至表妹张某处时，又对张某称其用刀杀了姚某；《验伤通知书》《鉴定意见书》等证据证实，姚某的受伤部位均在头、面部等人体的要害部位，且从姚某的伤势程度来看，也足以证实郭某行凶时用力之猛，欲置姚某于死地的心态。故郭某的客观行为反映出其主观上具有非法剥夺他人生命的故意，而非故意伤害他人身体的故意。郭某主动投案后曾多次交代，由于其患有癌症，案发时姚某与其发生争吵后提出分手并要离开他，其受不了折磨，认为自己活不长了，也不想让她活了，因此持刀砍杀姚某。郭某的上述犯罪动机的供述与其客观行为相吻合，系其真实意思的流露，且与证人证言及书证等证据相互印证，充分证实了郭某故意杀人的犯罪主观故意。因此，郭某的犯罪行为符合故意杀人罪的主、客观构成要件，关于其不想杀人的辩解及辩护人相关辩护意见，与事实、法律不符，不予采纳。郭某持刀砍杀姚某的行为一气呵成，直至姚某倒在血泊中不再挣扎后扬长而去，郭某行凶后逃至其表妹张某住处时也称自己杀了姚某。可见，郭某故意杀人的犯罪行为已实施完毕，其误以为已杀害姚某，而逃离现场。由于他人报警，姚某及时被送往医院抢救，才未造成死亡结果的发生，并非郭某自动放弃犯罪，也非其自动有效地防止犯罪结果的发生。质言之，姚

---

① 杨凤英、葛立刚撰稿，陆建红审编：《郭某故意杀人案——如何认定故意杀人未遂情形下行为人的主观心态（第964号）》，载最高人民法院刑事审判第一、二、三、四、五庭主办：《刑事审判参考》（总第97集），法律出版社2014年版，第47~51页。

某未被杀死的结果系郭某意志以外的原因，即违背郭某砍死姚某本意的客观障碍因素造成，郭某的行为符合故意杀人犯罪实行终了的未遂的构成特征，应当以犯罪未遂论处。故辩护人关于郭某的行为系犯罪中止的辩护意见，与事实、法律不符，不予采纳。被告人郭某犯罪后主动至公安机关投案自首，如实供述了犯罪事实，庭审中，其对自己的客观行为予以了供认，仅对本案的定性提出了辩解，不影响对其自首的认定，可以从轻处罚。据此，依照《刑法》第232条、第23条、第67条第1款、第55条第1款、第56条第1款及第64条之规定，虹口区人民法院以被告人郭某犯故意杀人罪，判处有期徒刑十二年，剥夺政治权利三年。缴获的犯罪工具菜刀二把予以没收。

一审判决后，被告人郭某没有提起上诉，检察院亦未抗诉，该判决已发生法律效力。

二、主要问题

如何认定故意杀人未遂情形下行为人的主观心态？

三、裁判理由

本案在审理过程中，存在两个方面的争议：一是被告人郭某主观上是否具有剥夺被害人姚某生命的故意，这直接关系到其用菜刀砍被害人的行为是构成故意杀人罪还是故意伤害罪；二是如果认定郭某构成故意杀人罪，那么杀人结果未发生系违背其本意的客观障碍因素引起还是因其主动放弃继续加害行为而导致，关系到其故意杀人犯罪成立未遂还是中止。具体分析如下。

（一）郭某是否以剥夺他人生命为故意内容

根据刑法的规定，故意伤害罪是指故意非法损害他人身体健康的行为，故意杀人罪是指故意非法剥夺他人生命的行为。故意伤害罪与故意杀人罪（未遂或中止）的相同之处表现为故意实施了侵害他人身体的行为，区别在于两者故意的内容不同。故意伤害罪的行为人主观上仅追求损害他人身体健康的结果发生，而并不希望甚至排斥死亡结果发生；故意杀人罪的行为人实施侵害行为时则积极追求或者放任死亡结果发生。本案被告人郭某刀砍被害人姚某的行为系杀人还是伤害，关键在于对其主观内容的认定。

郭某与姚某系男女朋友关系，且有足够证据证实郭某对姚某具有较深的感情基础。从常理分析，说被害人的死亡结果违背被告人意志，有较强的可信度，也正是从这个角度，本案辩护人认为被告人仅具有伤害而不具有杀人的故意。我们认为，仅以此认定被告人不具有杀人故意，理由并不充分，也于法无据。关于行为人的主观故意内容，必须将行为人置于行为实施时的特定情境中，综合各种情节要素进行认定。

主观内容包含认识因素和意志因素两个方面。前者体现行为人对行为结果的预见情况，后者体现行为人对该结果所持的态度。在主客观相统一的刑事司法原则的要求之下，主观故意的内容只有外化为行为人具体的外在行动才具有刑法评价的意义，而这也恰为刑事司法实践中认定行为人的主观故意内容提供了可能。具体到本案中，被告人郭某所持的工具系足以剥夺他人生命的菜刀，伤害的部位为头面部等人体要害部位，行为方式为连续多次砍击。如果被告人仅是使用菜刀刀背敲击被害人，那么推定杀人故意尚存合理怀疑之处，但是被告人后来连续多次使用菜刀刀刃砍杀被害人的行为，足以使该怀疑得以排除。从被害人的伤势情况来看，相关证据足以证实郭某行凶时用力之猛，具有欲置被害人于死地的主观心态。综合以上客观事实，足以认定被告人砍人时具有剥夺他人生命的故意。且从作案动机分析，正是因为被告人对被害人具有较深的感情基础，被害人提出分手，被告人又身患绝症，故被告人自己活不了、“也不想让她活”的供述符合常理，足以使法官形成其具有剥夺他人生命故意的内心确信。即使由于被害人得到及时救治，故意杀人的结果并未发生，但这仅影响故意杀人罪犯罪停止形态的判断，而不影响对被告人实施砍人行为时主观心态的认定。

（二）死亡结果未发生是否在被告人意志之外

本案被告人郭某的杀人行为并未最终引起被害人姚某死亡结果的发生，判断被告人系犯罪中止还是未遂，关键在于判断阻却被害人死亡结果发生的因素是被告人的主观意志还是其意志以外的因素。

根据刑法理论，犯罪中止包括自动放弃犯罪和自动有效防止犯罪结果的发生两种情形。前者是在犯罪行为实施终了前，行为人主动停止本可继续实施的加害行为；后者是在犯罪行为实施完毕后、犯罪结果尚未发生时，行为人自动有效地防止了犯罪结果的发生。而本案该两种情形均不具备。被告人在其追求的杀人结果发生之前并未自动停止实施侵害行为，直到被害人头面部大量出血，倒地后不再挣扎，其误认为被害人已经死亡才停止侵害行为，也即被告人停止本可继续实施的加害行为并非出于其对犯罪故意的自动放弃。在行为实施完毕后，被告人迅速逃离现场，对其行为所导致的后果即被害人的死亡置之不顾，没有采取任何的救助措施避免死亡结果发生，因而亦不能认定其自动有效地防止了犯罪结果的发生。被害人之所以未死亡，是因为他人报警，及时被送往医院抢救。基于上述分析，我们认为，被害人未死亡的结果系被告人意志以外的原因造成，被告人的行为符合故意杀人犯罪实行终了的未遂的构成特征。理由如下：

第一，被害人死亡结果未发生这一客观事实存在于被告人意志以外，且不以其意志为转移。从性质上看，犯罪未遂中“意志以外的原因”应当与行为人完成犯罪的愿望相矛盾，本案被告人在其认定被害人已死亡、不可能再被“救活”的情况下，才停止其加害行为并逃离现场，这一点在其行凶后逃至其表妹张某住处时称自己杀了姚某等相关供述中可以得到印证。

第二，对被害人被“有效施救”这一客观事实，被告人没有预见，也不可能预见。本案属于典型的事实认识错误，具体而言，属于对因果关系的认识错误，即特定的犯罪结果未发生而行为人误以为已经发生，从而停止犯罪活动。根据刑法理论，判断“意志以外的原因”不要求其客观上足以阻止犯罪结果发生，而应当以行为人主观感受为标准。在被告人拒不认罪的案件中，还要适度参考一般人的主观认知标准。尽管本案被告人客观上本可继续实施导致死亡结果发生的杀人行为，但其因认识错误而“放弃”犯罪，符合未遂犯的本质特征。

第三，被害人被“有效施救”这一介入因素一经成为现实，被告人故意杀人的行为就无法达到既遂，这正是犯罪未遂成立的应有之义。从作用上看，“意志以外的原因”应当与犯罪行为的发展和完成的进程相冲突。本案中，对被害人的相关施救行为无疑切断了被告人的客观杀人行为与死亡结果之间的自然发展进程，使行为人在该次杀人意志支配下的犯罪行为所指向的逻辑结果最终无法实现。

综上，本案被告人郭某具有剥夺他人生命的故意，但由于意志以外的原因而使其犯罪行为未能得逞，应当按照故意杀人罪（未遂）的罪责定罪量刑。

问题16. 玩“危险游戏”致人死亡案件中行为人主观心态的认定

【刑事审判参考案例】张某1故意杀人案①

一、基本案情

浙江省宁波市中级人民法院经公开审理查明：被告人张某1与被害人张某2均在浙江省慈溪市务工，二人共同租住于慈溪市。2012年8月13日1时许，张某1用手机上网时发现一条“用绳子勒脖子会让人产生快感”的信息，决定与张某2尝试一下，并准备了裙带作为勒颈工具。随后，张某1与张某2面对面躺在床上，张某1将裙带缠系在张某2的颈部，用双手牵拉裙带的两端勒颈。其间，张某2挣扎、呼救。两人的亲友、邻居等人闻声而至，在外敲窗询问，张某1答称张某2在说梦话。后张某1发现张某2已窒息死亡，遂割腕自杀，未果。当日8时许，张某1苏醒后报警求救，经民警询问，其交代了自己的犯罪事实。案发后双方家属达成赔偿和解协议。

浙江省宁波市中级人民法院认为，被告人张某1与被害人张某2相约做“用绳子勒脖子产生快感”的游戏，张某1用裙带勒张某2颈部，且在张某2呼救时依然勒颈，放任张某2死亡结果的发生，其行为构成故意杀人罪。公诉机关指控的罪名成立。张某1作为成年人，理应对勒颈可以致人死亡的常识有所认识，且当被害人被勒颈产生激烈反应，伴有脚踢床板、喊叫救命等行为时，张某1更应明知其行为可能会产生致人死亡的结果，但仍放任被害人死亡结果的发生，其行为符合故意杀人罪的特征。鉴于张某1案发后主动报警，如实供认自己的犯罪事实，构成自首，并积极向被害人的亲属赔偿经济损失且获得谅解，依法可以减轻处罚。据此，依照《刑法》第232条、第67条第1款之规定，浙江省宁波市中级人民法院以被告人张某1犯故意杀人罪，判处有期徒刑七年。

一审宣判后，被告人张某1以定性不当为由，向浙江省高级人民法院提起上诉。

浙江省高级人民法院经公开审理认为，原判认定的事实清楚，证据确实、充分，定罪和适用法律正确，量刑适当，审判程序合法，遂裁定驳回上诉，维持原判。

二、主要问题

如何认定玩“危险游戏”致人死亡案件中行为人的主观心态？

三、裁判理由

当前，随着网络信息的高速发展，在一些不健康、不理性信息的暗示和刺激下，一些人为追求刺激，利用网络获得的信息尝试所谓“危险游戏”，如勒颈、上吊之类，试图让参与者通过窒息造成的死亡临界状态而体验某种快感。但此类“游戏”实际上已脱离了游戏本身娱乐、放松的属性，具有相当的危险性，对参与者的生命安全构成了现实威胁。更有甚者，利用参与者的游戏心态非法剥夺他人生命，看似游戏，实则暗藏“杀机”。因“危险游戏”当事人多为自愿参与，在危险后果发生后对被告人主观心态的认定存在一定困难和争议。

本案就是一起因玩“危险游戏”致人死亡的案件，对于被告人张某1的主观心态和行为性质的认定，存在两种不同意见。

---

① 万仁赞、孔飞撰稿，马岩审编：《张某1故意杀人案——玩“危险游戏”致人死亡案件中行为人主观心态的认定（第1045号）》，载最高人民法院刑事审判第一、二、三、四、五庭主办：《刑事审判参考》（总第101集），法律出版社2015年版，第80~83页。

一种意见认为，张某 1 的行为仅构成过失致人死亡罪。理由主要有三点：(1) 从张某 1 犯罪的动机、目的角度分析，可以完全排除其杀人的直接故意，其动机是为了帮助被害人追求快感，该行为本身不具有违法性，且对死亡的结果没有追求，故可以排除直接故意的犯罪心态。(2) 张某 1 也没有杀人的间接故意，张某 1 在被害人挣扎、呼救时以为被害人得到了快感，其为了让被害人体验快感的时间更久些，没有即时停止游戏。当其发现被害人死亡后一直处于恐惧、后悔之中，甚至选择自杀，由此可见，被害人的死亡超出了张某 1 的预判，是违背其意愿的。(3) 张某 1 在进行危险游戏前，预见到自己的行为可能会造成被害人受伤或者发生其他结果，但其轻信能够避免。在此心态下，张某 1 的行为客观上造成了死亡的后果，故其行为更符合过失致人死亡罪的特征。

另一种意见认为，张某 1 作为成年人，理应对勒颈可致人死亡的常识有所认识，且当被害人被勒颈时反应激烈，伴有脚踢床板、喊叫救命等行为时，其更应明知其行为可能会产生致人死亡的结果，但其仍放任被害人死亡结果的发生，其行为符合故意杀人罪的特征，应当以（间接）故意杀人罪对其定罪处罚。

我们赞同后一种意见。本案中对于被告人张某 1 主观心态的认定，应结合在案证据、游戏本身的危险程度、日常生活经验等综合分析判断。

其一，游戏进行前，被告人张某 1 对其行为所面临的高度危险是明知的。张某 1 和被害人相约进行勒颈游戏，虽出于追求刺激、快感的本意，但用绳索、衣带勒颈具有高度的危险性，可致人死亡，是人所共知的常识。张某 1 作为一个正常的成年人，不存在对此种情况认识上的障碍，而理应对此有充分认识。从在案证据看，对绳勒脖颈会致人死亡这一常识的明知，亦有张某 1 的供述予以印证。张某 1 供述称“用裙带勒颈会把人勒死我是知道的”，故在游戏进行前，张某 1 对其所进行的勒颈游戏可能会造成他人死亡的后果是明知的。这是认定其对被害人死亡后果所持主观心态的基础。

其二，游戏进行时，张某 1 对其行为的现实危险性是明知的。张某 1 供述，在勒之前被害人与其约定，如果受不了的话就喊一下“救命”，被害人如果喊“救命”，张某 1 就不再用力了。当游戏进行了一分钟左右，被害人就有反抗和挣扎行为，且被害人喊了张某 1 的名字，还叫了一声“救命”，双手也在乱抓张某 1。根据二人事先的约定，此时张某 1 应当明知自己的勒颈行为已经给被害人带来了无法承受的痛苦和生命危险。况且，被害人当时的痛苦反应是异常激烈的，在隔壁居住的证人都听到了被害人的呼救声以及脚踢床板的声音，如此强烈的挣扎，如此大力度的反抗是完全可以为张某 1 所感知的，也足以促使张某 1 作出理性的判断。因此，在游戏进行中，张某 1 对勒颈行为已现实威胁到被害人的生命安全应当是明知的。

其三，被告人张某 1 放任了危害结果的发生。根据上述分析，张某 1 无论是游戏前对勒颈行为可能面临的危险，还是游戏中对勒颈的现实危险性，都是明知的。在此情况下，张某 1 是否放弃继续勒颈，表明了其对危害结果发生的主观心态。而在被害人已经出现挣扎、呼救等激烈的异常反应的情况下，张某 1 以所谓使被害人体验快感的时间更久些为由，不但没有松手解开缠在被害人颈部的裙带，而且持续用力使被害人较长时间处于呼吸不畅的状态，最终导致被害人机械性窒息死亡。由此可见，张某 1 在追求让被害人产生“快感”的同时，放任了被害人死亡结果的发生，其主观上更符合间接故意犯罪的特征。

此外，当被告人张某 1 发现被害人死亡后，确实存在恐惧、后悔、愧疚等复杂心理，并自杀未果，这种犯罪后的心理变化与行为表现，对于认定其作案时放任被害人死亡结

果发生的主观心态和行为性质也有一定作用。

综上，本案被告人张某1原本出于玩乐、追求刺激的心态与被害人相约进行具有一定人身危险性的游戏，但在游戏过程中不顾被害人激烈挣扎、呼救等异常反应，仍继续进行游戏，放任被害人死亡结果的发生，其行为构成（间接）故意杀人罪。鉴于本案的杀人情节与一般的严重暴力犯罪相比具有一定的特殊性，同时，被告人具有自首情节，并积极向被害人的亲属赔偿经济损失且获得谅解，法院依法对其减轻处罚是适当的。

问题17. 间接故意杀人犯罪是否存在未遂形态

【刑事审判参考案例】曹某故意杀人案①

一、基本案情

安徽省铜陵市铜官山区人民法院经公开审理查明：被告人曹某与熊某原有恋爱关系。2000年4月，两人在广州分手后，曹某两次来铜陵市找熊某，要求其回江西，熊某不愿意。2000年11月12日下午1时许，曹某携带被其锯短枪管、子弹已上膛的单管猎枪及四发子弹再次来到铜陵市，要求熊某跟其回家，熊某不肯。后熊某约其朋友郑某、高某、王某等人一起在铜陵体育馆二楼台球室与曹某见面，熊某仍表示不愿随曹某回江西。当日傍晚，熊某与郑某等人离开体育馆，曹某跟随其后，在淮河中路人寿保险公司门前路段，熊某与郑某等人拦乘出租车欲离去时，曹某阻拦不成，遂掏出猎枪威逼熊某、郑某下车。郑某下车后乘曹某不备，扑上抢夺曹某的猎枪。曹某急忙中对着郑某小腿内侧的地面扣动扳机，子弹打破了郑某的长裤，并在郑某的左膝内侧留下3mm×5mm表皮擦伤。后公安人员赶到将已被郑某等人制服的曹某抓获。

安徽省铜陵市铜官山区人民法院根据查证属实的证据所认定的事实，认为被告人曹某的行为构成非法持有枪支、弹药罪，且情节严重。依照《刑法》第128条第1款、第61条、第64条的规定，于2001年3月5日判决如下：

1. 被告人曹某犯非法持有枪支、弹药罪，判处有期徒刑五年；

2. 没收猎枪一把，子弹四发。一审判决宣判后，曹某不服，对犯非法持有枪支、弹药罪不持异议，但以犯罪不属情节严重为由，向安徽省铜陵市中级人民法院提出上诉。

安徽省铜陵市中级人民法院经审理认为：上诉人曹某违反枪支管理规定，无证持有枪支、弹药，其行为已构成非法持有枪支、弹药罪。

上诉人曹某在处理与他人的事务时，因不能如愿而持枪进行威胁，并对阻止其非法行为的他人进行射击，造成他人轻微伤的后果，应认定其非法持有枪支、弹药犯罪情节严重。上诉人曹某关于犯非法持有枪支、弹药罪不属情节严重，并要求宽大处理的辩解和辩护意见，不予采纳。依照《刑事诉讼法》第189条第1项的规定，于2001年4月4日裁定驳回上诉，维持原判。

二、主要问题

1. 间接故意犯罪是否存在未遂形态？

2. 非法持枪在公众场所开枪未造成死、伤后果的，如何定罪处罚？

---

① 贾剑敏撰稿，白富忠审编：《曹某故意杀人案——间接故意犯罪是否存在未遂形态（第132号）》，载最高人民法院刑事审判第一庭、第二庭主办：《刑事审判参考》（总第21集），法律出版社2001年版，第28～34页。

三、裁判理由

（一）间接故意犯罪不存在未遂形态，被告人曹某的行为不构成故意杀人罪（未遂）或者故意伤害罪（未遂）

《刑法》第 23 条第 1 款规定："已经着手实行犯罪，由于犯罪分子意志以外的原因而未得逞的，是犯罪未遂"。犯罪未遂的成立一般应具备以下三个特征：第一，行为人已经着手实施犯罪。即行为人开始实施刑法分则规定的犯罪构成要件中具体的犯罪行为。至于行为是否实行完毕，不影响犯罪未遂的成立。第二，没有发生犯罪分子所追求的危害结果。这是区别犯罪未遂与既遂的主要标志。第三，没有发生危害结果是犯罪分子意志以外的原因所致。这一特征将犯罪未遂与犯罪中止区别开来。

由于本案被告人曹某的行为没有发生死亡或者伤害的严重后果，其行为是否构成故意杀人罪（未遂）或者故意伤害罪（未遂），应取决于这种结果是否由于其意志以外的原因所致。从案件起因上看，被告人曹某与郑某等人没有利害关系，事先不存在非法剥夺郑某等人生命或者伤害郑某等人的直接故意；在其到铜陵市劝说熊某随其回江西被拒绝后，掏出非法携带的枪支，现有证据只能证实是为了吓唬郑某等人，不能证实是为了实施故意杀人或者伤害行为；在争夺枪支的过程中，曹某突然对郑某开枪，此行为具有突发性，是一种不计后果的行为，在主观上应认定为是一种间接故意，即对其行为可能造成他人死亡、受伤或者无任何物质损害结果，都是行为人放任心理所包含的内容，并非单纯地希望发生危害结果。正因为在间接故意中，行为人对危害结果的发生与否是持一种放任态度，当法律上的危害结果发生时，则已成立犯罪既遂，如造成被害人死亡的，应以故意杀人罪定罪处罚；造成被害人受伤（轻伤以上）的，应以故意伤害罪定罪处罚；而没有造成人员伤亡，也是行为人这种放任心理所包含的，而不是什么意志以外的原因所致，无所谓"得逞"与否，犯罪未遂也就无从谈起了。因此，对本案被告人曹某的行为，不能以故意杀人罪（未遂）或者故意伤害罪（未遂）追究刑事责任。公诉机关指控的罪名不准确，辩护人的辩护意见也不能采纳。

（二）被告人曹某的行为应认定为非法持有枪支、弹药罪

被告人曹某的行为依法不构成故意杀人罪（未遂）或者故意伤害罪（未遂），但并非无罪。《刑法》第 128 条第 1 款规定，违反枪支管理规定．非法持有枪支、弹药的，处三年以下有期徒刑、拘役或者管制；情节严重的，处三年以上七年以下有期徒刑。被告人曹某是不符合配备、配置枪支、弹药条件的人员，其违反枪支管理规定，擅自持有枪支、弹药，其行为已构成非法持有枪支、弹药罪；曹某非法携带枪支、弹药进入公共场所，且不计后果，非法开枪，虽未造成他人死、伤的严重后果，亦应认定为"情节严重"。安徽省铜陵市铜官山区人民法院改变起诉指控罪名，以非法持有枪支、弹药罪，判处被告人曹某五年有期徒刑，铜陵市中级人民法院的裁定维持原判，均是正确的。

另外需要说明的是，2001 年 5 月 15 日最高人民法院发布了《关于审理非法制造、买卖、运输枪支、弹药、爆炸物等刑事案件具体应用法律若干问题的解释》。该司法解释第 5 条第 2 款明确了认定非法持有枪支、弹药"情节严重"的五种具体情形，即"（一）非法持有、私藏军用枪支二支以上的；（二）非法持有、私藏以火药为动力发射枪弹的非军用枪支二支以上或者以压缩气体等为动力的其他非军用枪支五支以上的；（三）非法持有、私藏军用子弹一百发以上，气枪铅弹五千发以上或者其他非军用子弹一千发以上的；（四）非法持有、私藏手榴弹三枚以上的；（五）达到本条第一款规定的最低数量标准，

并具有造成严重后果等其他恶劣情节的”。虽然该司法解释没有明确将“在公共场所非法开枪”作为认定非法持有枪支、弹药“情节严重”的标准之一，但上述解释第五条第二款第（五）项规定的“……等其他恶劣情节”，表明除了这五种具体情形外，其他情形可有人民法院根据案件具体情况，依法认定非法持有枪支、弹药情节严重。

问题18. 在故意杀人案中，中止犯罪中的“损害”认定

【刑事审判参考案例】朱某强奸、故意杀人案①

一、基本案情

安徽省合肥市中级人民法院经不公开审理查明：被告人朱某与被害人陈某（女，20岁）系租房邻居。2005年8月2日23时许，朱某路过陈某住处，见陈某独自在房内睡觉，遂产生强奸念头，并准备了老虎钳及袜子各一只。次日凌晨1时许，朱某用老虎钳将陈某住处防盗窗螺丝拧下，从窗户进入室内，把袜子塞入陈某嘴内，又从室内拿了一根绳子将陈捆绑，并将陈某拖至隔壁自己住处内实施了奸淫。后朱某又将陈某捆绑，因害怕陈某报警，便用手掐、毛巾勒其颈部，意图灭口，因发现陈某面部恐怖，心生恐惧，不忍心下手遂解开被害人手脚上的绳子，逃离现场。

安徽省合肥市中级人民法院认为，被告人朱某夜间闯入他人住处，以堵嘴、捆绑等暴力手段强行与被害人发生性关系，已构成强奸罪。朱某实施强奸后，恐罪行暴露，用手掐、勒被害人颈部，又构成故意杀人罪。朱某在故意杀人犯罪中，已着手实施，自动放弃犯罪，属犯罪中止，结合朱某的犯罪情节及危害程度，应当减轻处罚。朱某一人犯数罪，依法应当数罪并罚。依照《刑法》第236条第1款、第232条、第24条、第69条之规定，判决如下：

被告人朱某犯强奸罪，判处有期徒刑六年；犯故意杀人罪，判处有期徒刑三年，决定执行有期徒刑八年。

一审宣判后，被告人朱某提出上诉，理由是其在强奸过程中虽实施了故意杀人行为，但由于其系自动中止犯罪，故意杀人行为并没有给被害人造成损害，故依法应当对其故意杀人罪免除处罚。

安徽省高级人民法院经二审审理认为，朱某在着手实施故意杀人犯罪过程中，自动放弃犯罪构成犯罪中止，其故意杀人行为没有给被害人造成实际损害，故对其故意杀人犯罪应当免除处罚。原判认定事实清楚，定罪准确，审判程序合法；但对于朱某犯故意杀人罪判处有期徒刑三年属适用法律错误。据此，依法改判上诉人朱某犯强奸罪，判处有期徒刑六年；犯故意杀人罪，免予刑事处罚，决定执行有期徒刑六年。

二、主要问题

1997年修订《刑法》时完善了1979年《刑法》关于中止犯的处罚原则，将“损害”概念引入，明确规定“对于中止犯，没有造成损害的，应当免除处罚；造成损害的，应当减轻处罚”。因此，确定损害的内涵对于正确处理中止犯具有重要意义。本案审理中，

① 杜军燕、吴政、宋兴林撰稿，陆建红审编：《朱某强奸、故意杀人案——中止犯罪中的“损害”认定（第601号）》，载最高人民法院刑事审判第一、二、三、四、五庭主办：《刑事审判参考》（总第72集），法律出版社2010年版，第32~37页。

对于被告人朱某自动中止了故意杀人行为，属于犯罪中止没有争议，但其对被害人是否造成了刑法意义上的损害，则存在两种不同意见：

一种意见认为，被告人朱某的行为对被害人造成了损害。《刑法》第 24 条规定的损害是指任何危害后果，不仅包括物质损害，也包括精神损害。朱某虽然放弃了犯罪，但是其对被害人掐脖、勒颈的行为既造成了被害人的颈部勒痕等伤，同时还给被害人的精神造成了极大恐慌，属于中止犯的损害，因此依法应对朱某的故意杀人行为减轻处罚。

另一种意见认为，被告人朱某的行为虽然对被害人造成了一定损伤，但尚未达到刑法意义上的损害。刑法意义上的损害是指具有严重社会危害性的危害后果，必须达到刑法评价的严重程度。朱某对被害人掐脖、勒颈的行为虽然造成了被害人颈部勒痕等轻微伤，但法律规定情节显著轻微危害不大的，不作为犯罪处理。因此，朱某的中止行为没有造成刑法意义上的损害，故应依照法律规定对其免除处罚。

三、裁判理由

我们同意第二种意见，被告人朱某故意杀人的中止行为没有对被害人造成刑法意义上的损害，依法应当免予刑事处罚。

犯罪中止是指在犯罪过程中，自动放弃犯罪或者自动有效地防止犯罪结果发生的情形。对于中止犯，由于犯罪人在能够完成犯罪的情况下主动放弃犯罪或者积极有效地防止犯罪结果的发生，其主观恶性相对较轻，且没有造成客观危害结果，因此刑法对于中止犯采取了应当减轻处罚或者免除处罚的谦抑态度。根据刑法规定，认定犯罪中止应当满足三个条件：（1）中止的时间性。犯罪中止只能发生在犯罪过程中，既可以发生在犯罪预备阶段，也可以发生在犯罪实行阶段，但在犯罪既遂以后则不存在成立犯罪中止的可能。（2）中止的主动性。犯罪中止必须是基于行为人的主观意愿，这是刑法对于中止犯从轻处罚的重要出发点，也是区分犯罪中止与犯罪未遂的标准，即犯罪中止是能犯而未犯，犯罪未遂却是想犯而不能犯。判断犯罪中止的主动性，主要是看犯罪当时行为人的主观认识，即行为人认识到可以继续实施犯罪但自愿放弃犯罪，如果犯罪客观上已无法完成，行为人认为可以完成但还是放弃犯罪的，同样可以认定为犯罪中止。对于行为人放弃犯罪意图和停止犯罪的动机，不论是基于真诚悔罪，还是惧怕惩罚，抑或认为罪行已经暴露而“被迫放弃”，均不影响犯罪中止主动性的成立。（3）中止的有效性。成立犯罪中止必须放弃犯罪或者有效防止犯罪结果的发生，由于犯罪行为中止没有发生行为人预期追求的犯罪结果，减轻了社会危害，这是刑法对于中止犯从轻处罚的客观根据。

根据以上所论，可以确定中止犯首先要构成犯罪，必须满足《刑法》第 13 条关于犯罪概念的规定，即中止犯应当是具有严重社会危害性的行为，是能够为刑法所评价的行为，对于那些情节显著轻微、危害不大的行为，不能认定为犯罪，自然也就谈不上成立中止犯的可能。这是确立中止犯惩罚标准“损害”的基本点。因此，中止犯造成的“损害”是建立在犯罪成立评价前提下的，不能等同于一般意义上的损伤。作为刑法规定的中止犯中的“损害”概念：从质的方面来说，损害是指犯罪行为对犯罪对象造成的破坏，根据犯罪对象不同可以分为物质性损害和非物质性损害。物质性损害，如人体机能损伤、物体毁损等，是由以物质为对象的犯罪行为造成的；非物质性损害，如名誉的毁损、人格的损害等，是由以非物质为对象的犯罪行为造成的。从量的方面来说，损害是为刑法所评价的达到一定严重社会危害程度的后果，而不是一般意义上的损伤，否则就存在刑法对中止犯的评价比既遂犯还要严苛的可能，违背刑法设置中止犯的初衷。例如，在不

考虑行为人主观方面的情况下，如果一个行为造成被害人轻微伤，如果考虑定故意伤害罪，因该损伤尚未达到刑法评价的严重程度，不能以犯罪追究；但如果认定为故意杀人罪中止犯的损害，则根据刑法规定，应当在三年至十年有期徒刑之间量刑。如此认定中止犯的“损害”，中止犯反而成为法律从严惩处的情节，有违立法初衷。

本案中，被告人朱某在对被害人实施强奸后为掩盖罪行，意图杀人灭口而实施掐脖、勒颈等行为显然已构成故意杀人罪。朱某在用手掐、用毛巾勒被害人颈部意图杀人过程中，因发现被害人的脸涨得通红，头不停地摇，面部恐怖，感到害怕，不忍心下手遂解开被害人手脚上的绳子而放弃犯罪，对此被害人陈某也陈述，因其向朱某求饶，朱某将其松开，让其回家，可见，朱某在能够继续实施杀人行为的情况下主动放弃了犯罪，符合刑法规定的犯罪中止成立条件，应当构成故意杀人罪的中止犯。朱某的杀人行为从给被害人造成的危害，从物质性损害角度看造成了被害人颈部勒痕等轻微伤，从非物质性损害角度看对被害人的精神造成了极大恐慌，那么这些是否属于刑法意义上的故意杀人犯罪中止造成的损害呢？我们认为，首先，故意杀人罪的行为人实施故意杀人行为追求的犯罪目的是造成他人的死亡，故意杀人罪作为一种重刑处罚的犯罪，刑法评价其社会危害性主要是基于给被害人造成的物质性损害而言的，即对于被害人的身体造成的伤害，而并非从精神损害上进行评价，因而故意杀人罪犯罪中止所造成损害应指的是对被害人的身体伤害，对于本案中因朱某的故意杀人行为给被害人造成的精神上极大恐慌，不能成为认定故意杀人罪犯罪中止所造成损害的根据。其次，虽然朱某的故意杀人行为客观上给被害人造成颈部勒痕等轻微伤结果，但刑法对于侵犯公民人身权利犯罪追究刑事责任的损害结果要求至少达到轻伤标准，典型的如故意伤害罪，举轻以明重，故意杀人罪作为比故意伤害罪更重的犯罪，亦应对故意杀人犯罪中止的损害进行相应的要求，否则就会出现中止犯反而成为法律从严惩处情节的结果，有违罪刑均衡，也不符合刑法设置中止犯的初衷。因此，对于本案中的轻微伤结果，不能认定为故意杀人罪犯罪中止所造成损害。

综上，由于本案被告人朱某的故意杀人行为仅给被害人造成轻微伤，其危害尚未达到刑法惩处的严重程度，故不能认定其犯罪中止造成了损害，依照法律规定，对于朱某的故意杀人行为应当免除处罚，据此，二审法院对朱某所犯故意杀人罪免予刑事处罚是正确的。

问题 19. 故意杀人罪中犯罪中止与犯罪未遂的区别

【刑事审判参考案例】王某、邵某抢劫、故意杀人案[①]

一、基本案情

北京市第二中级人民法院经公开审理查明：2002 年 6 月 6 日，被告人王某主谋并纠集被告人邵某预谋实施抢劫。当日 10 时许，二人携带事先准备好的橡胶锤、绳子等作案工具，在北京市密云县骗租杨某（女，29 岁）驾驶的松花江牌小型客车。当车行至北京

① 北京市高级人民法院刑事审判第一庭撰稿，南英审编：《王某、邵某抢劫、故意杀人案——犯罪中止与犯罪未遂的区别（第 242 号）》，载最高人民法院刑事审判第一庭、第二庭主办：《刑事审判参考》（总第 32 集），法律出版社 2003 年版，第 24～28 页。

市怀柔区某村路段时，经王某示意，邵某用橡胶锤猛击杨某头部数下，王某用手猛掐杨的颈部，致杨昏迷。二人抢得杨某驾驶的汽车及诺基亚牌 8210 型移动电话机 1 部、寻呼机 1 个等物品，共计价值人民币42 000元。

王某与邵某见被害人杨某昏迷不醒，遂谋划用挖坑掩埋的方法将杨某杀死灭口。杨某佯装昏迷，趁王某寻找作案工具，不在现场之机，哀求邵某放其逃走。邵某同意掩埋杨某时挖浅坑、少埋土，并告知掩埋时将杨某的脸朝下。王某返回后，邵某未将杨某已清醒的情况告诉王某。当日 23 时许，二人将杨某运至北京市密云县某地的土水渠处。邵某挖了一个浅坑，并向王某称其一人埋即可，便按与杨某的事先约定将杨某掩埋。

王某、邵某离开后，杨某爬出土坑获救。经鉴定，杨某所受损伤为轻伤（上限）。

北京市第二中级人民法院认为：被告人王某、邵某以非法占有为目的，使用暴力抢劫他人财物，均已构成抢劫罪；二人在结伙抢劫致被害人受伤后，为了灭口共同实施了将被害人掩埋的行为，均已构成故意杀人罪。二人虽然杀人未遂，但王某所犯罪行情节严重，社会危害性极大，不足以从轻处罚。考虑到邵某在故意杀人过程中的具体作用等情节，对其所犯故意杀人罪酌予从轻处罚。二人均系累犯，应当从重处罚。故判决：被告人王某犯故意杀人罪，判处死刑，剥夺政治权利终身；犯抢劫罪，判处无期徒刑，剥夺政治权利终身，并处没收个人全部财产；决定执行死刑，剥夺政治权利终身，并处没收个人全部财产。被告人邵某犯故意杀人罪，判处无期徒刑，剥夺政治权利终身；犯抢劫罪，判处有期徒刑十五年，剥夺政治权利三年，并处罚金人民币 3 万元；决定执行无期徒刑，剥夺政治权利终身，并处罚金人民币 3 万元。

一审宣判后，王某不服，提出上诉。

北京市高级人民法院经二审审理认为：原审被告人邵某的行为构成故意杀人罪的犯罪中止，应对其减轻处罚，故改判邵某犯故意杀人罪，判处有期徒刑七年，剥夺政治权利一年，犯抢劫罪，判处有期徒刑十五年，剥夺政治权利三年，并处罚金人民币 3 万元；决定执行有期徒刑二十年，剥夺政治权利四年，并处罚金人民币 3 万元；驳回王某的上诉，维持原判。

二、主要问题

本案的争议焦点是邵某的行为构成犯罪中止还是犯罪未遂。

三、裁判理由

《刑法》第 23 条规定："已经着手实施犯罪，由于犯罪分子意志以外的原因而未得逞的，是犯罪未遂。"《刑法》第 24 条规定："在犯罪过程中，自动放弃犯罪或者自动有效地防止犯罪结果发生的，是犯罪中止。"犯罪中止是一种比较特殊的犯罪形态，有两种类型，即自动放弃犯罪的犯罪中止和自动有效地防止犯罪结果发生的犯罪中止。

犯罪未遂和犯罪中止都是没有完成犯罪的行为状态，二者在以下几个方面均有所不同：

1. 发生的时间不同。犯罪未遂发生在已经着手实施犯罪以后，犯罪预备阶段不存在犯罪未遂。犯罪中止则要求必须在犯罪过程中放弃犯罪，即在实施犯罪预备或者在着手实施犯罪以后，达到即遂以前放弃犯罪，均能构成犯罪中止。

2. 未能完成犯罪的原因不同。在犯罪未遂中，犯罪未能得逞是由于行为人意志以外的原因，犯罪的实际结果违背行为人的本意，即欲为而不能为。在犯罪中止中，行为人出于自己的意志而主动放弃当时可以继续实施和完成的犯罪，即能为而不为。这是犯罪

中止与犯罪未遂的根本区别。

3. 行为结果不同。犯罪未遂的结果是犯罪未逞，是指行为人没有完成某一犯罪的全部构成要件，并不等于不发生任何损害结果。犯罪中止要求行为人必须彻底地放弃犯罪。自动有效地防止犯罪结果发生的犯罪中止还要求行为人必须有效地防止他已经实施的犯罪行为之法定犯罪结果的发生。

4. 刑事责任不同。根据我国刑法的规定，对于未遂犯，可以比照既遂犯从轻或者减轻处罚。对于中止犯，没有造成损害的，应当免除处罚；造成损害的，应当减轻处罚。对中止犯的处罚轻于未遂犯，其目的是鼓励犯罪分子不要把犯罪行为进行下去，从而有效地保护国家和人民的利益免遭犯罪的侵害。

本案被告人王某与邵某预谋抢劫后杀人灭口，在犯罪过程中，二人将被害人打昏并决定采用挖坑掩埋的方法杀人灭口。被害人苏醒后，乘王某不在现场之机，哀求邵某留其性命，并要求邵某挖浅坑、少埋土。邵某同意，因害怕王某，邵某要求被害人与其配合。为了掩埋时不堵住被害人的口鼻，让被害人能够呼吸，以便事后逃走，邵某又告诉被害人掩埋时会将其身体翻转为面朝下的姿势。王某回到现场后，被害人继续佯装昏迷，邵某未将被害人已经苏醒的情况告诉王某，并挖了一个深30厘米的浅坑，并向王某提出自己埋人即可，后一人将被害人脸朝下、手垫在脸部埋进坑里。被害人在二人离开后，爬出土坑获救。

根据以上情节可以看出，在当时的环境、条件下，邵某能够完成犯罪，但其从主观上自动、彻底地打消了原有的杀人灭口的犯罪意图。因惧怕王某，邵某未敢当场放被害人逃跑，而是采取浅埋等方法给被害人制造逃脱的机会，其从客观上也未行使致被害人死亡的行为。邵某主观意志的变化及所采取的措施与被害人未死而得以逃脱有直接的因果关系，邵某有效地防止了犯罪结果的发生，其行为属于自动有效防止犯罪结果发生的犯罪中止。邵某在犯罪开始时曾用橡胶锤将被害人打昏，给被害人的身体已经造成损害，根据我国刑法的规定，对于中止犯，造成损害的，应当减轻处罚，故对邵某减轻处罚是正确的。

相形之下，王某所犯故意杀人罪的犯罪形态显然有所不同。王某杀人灭口意志坚定，其主观故意自始至终未发生变化，被害人未死、逃脱完全是其意志以外的原因造成的，王某构成故意杀人罪犯罪行为实施终了的未遂。

需要说明的是，构成共同犯罪，各行为人在主观方面必须具有共同的犯罪故意，在客观方面实施了共同的犯罪行为。但这并不等于说各行为人在共同犯罪中的犯罪形态就必然是一致的。正如共同犯罪中各行为人的地位、作用会有所不同一样，共同犯罪中各行为人对犯罪后果的心态也可能有所不同。这种差异既可能发生在犯意形成的初始阶段，也可能发生在犯罪实施过程中。例如本案，王某与邵某在共同抢劫行为实施终了后，又预谋共同杀人灭口。但在实施共同杀人行为过程中，因被害人的哀求，邵某的主观心态发生了变化，决定放弃杀死被害人，并采取了相应的措施，有效地避免了犯罪结果的发生。而王某仍继续实施杀人行为，并最终误以为犯罪目的已经实现。因此，王某和邵某在共同故意杀人犯罪中各自表现为不同的犯罪形态。一审法院未能准确区分共同犯罪中不同的犯罪形态，其错误的成因值得汲取。

由于犯罪形态的不同，就共同故意杀人罪而言，王某和邵某所应承担的刑事责任依法亦应有所不同。《刑法》第23条规定了“对于未遂犯，可以比照既遂犯从轻或者减轻处罚”；《刑法》第 24 条规定了“对于中止犯，没有造成损害的，应当免除处罚，造成损害的，应当减轻处罚”。法律对未遂犯和中止犯分别规定了不同的处罚原则，对前者是“得减原则”，对后者则是“必减原则”。所谓“必减原则”，就是无论何种情由，都必须依法给予从宽处罚，不允许有例外。就本案而言，二审对邵某的处罚，就准确体现了《刑法》第 24 条的规定。所谓“得减原则”，不是说任意地可以从宽，也可以不从宽。根据立法精神、刑事政策和司法实践，应当是指除个别特殊情形外，原则上应予以从宽处罚。与“必减原则”相比较，审判实践中，较难把握的是“得减原则”，尤其是何为可以不予从宽处罚的个别“特殊情形”。由于犯罪情形的多样性和复杂性，要给出一个普遍适用的标准显然不大可能，只能就个罪或个犯的具体情况而论。就本案故意杀人这样的结果犯而言，判断的标准除主观恶性程度外，犯罪所造成的实际后果大小，与法定后果的程度差异以及原因等，也是必须要予以考虑的。例如，虽杀人未遂，但手段残忍致人重伤或者严重残疾的，就可以成为不予从宽处罚的理由。总之，对法律规定可以从轻或减轻处罚而决定不予从轻或减轻处罚的，一定要审慎把握，应当贯彻罪责刑相适应原则。

问题 20. 在故意杀人案中，对既具有自动性又具有被迫性的放弃重复侵害行为，能否认定犯罪中止

【刑事审判参考案例】李某抢劫、故意杀人案①

一、基本案情

福建省龙岩市上杭县人民法院经公开审理查明：2008 年 6 月上旬，被告人李某因急需用钱而预谋对其认识的被害人潘某（女，时年 20 岁）实施抢劫后杀人灭口。2008 年 6 月 19 日 20 时许，李某在县城租用小轿车，携带作案工具绳子、锄头等，以一同到龙岩玩为由将潘某骗上车。李某驾车在杭永公路、上杭县城区至某村的公路行驶，伺机寻找抢劫地点。20 日凌晨，在上杭县某大桥附近，李某停车，用绳子将潘某绑在座位上，抢走潘某提包内的现金人民币（以下均为人民币）130 余元及白色奥克斯 859 型手机一部（价值 990 元）、农业银行金穗卡一张，并逼迫潘某说出金穗卡密码。20 日 4 时许，李某用绳子猛勒潘某的脖子致其昏迷，并用绳子将潘某的手脚捆绑后扔到汽车后备箱。李某在回上杭县城途中发觉潘某未死遂打开后备箱，先用石头砸潘某的头部，后用随身携带的小剪刀刺潘某的喉部和手臂，致潘某再次昏迷。20 日 6 时许，李某恐潘某未死，在上杭县某村购买一把水果刀，并将车开到杭永公路某牛场旁的汽车训练场准备杀害潘某。苏醒后的潘某挣脱绳索，乘李某上厕所之机，打开汽车后备箱逃至公路上向过路行人曾某呼救，曾某用手机报警。李某见状即追赶潘某，并用水果刀捅刺潘某的腹部，因潘某抵挡且衣服较厚致刀柄折断而未能得逞。李某遂以“你的命真大，这样做都弄不死你，我送你去医院”为由劝潘某上车。潘某上车后李某又殴打潘某。当车行驶到上杭县某公园门口时，李某开车往老公路方向行驶，潘某在一加油站旁从车上跳下向路人呼救。李某大声说“孩子没了不要紧，我们还年轻，我带你去医院”以搪塞路人，并再次将潘某劝上

① 郭盛元、林新英撰稿，罗国良审编：《李某抢劫、故意杀人案——对既具有自动性又具有被迫性的放弃重复侵害行为，能否认定犯罪中止（第 611 号）》，载最高人民法院刑事审判第一、二、三、四、五庭主办：《刑事审判参考》（总第 73 集），法律出版社 2010 年版，第 17 ~ 24 页。

车。李某威胁潘某不能报警否则继续杀她，潘某答应后，李某遂送潘某去医院。途中，潘某要回了被抢的手机、银行卡等物，并打电话叫朋友赶到医院。20日8时许，李某将潘某送入上杭县医院治疗，并借钱支付了4000元医疗费。经鉴定，潘某的伤情程度为轻伤。

福建省龙岩市上杭县人民法院经审理认为：被告人李某以非法占有为目的，以暴力手段强行劫取他人财物，且实施抢劫后为了灭口，故意非法剥夺他人生命，其行为已构成抢劫罪和故意杀人罪，应依法数罪并罚。李某在实施故意杀人犯罪的过程中由于意志以外的原因而未得逞，是犯罪未遂，可以比照既遂犯从轻或者减轻处罚。对于被告人的辩解及其辩护人的辩护意见，经查：（1）李某在主观上并没有自动放弃杀人的故意，而是在客观上已是白天，路上行人多，潘某有反抗能力，李某担心路人已报警、罪行已败露的情况下，被迫停止犯罪，属于犯罪未遂。（2）李某因急需钱用预谋对潘某实施抢劫并杀人灭口。李某在劫取潘某的财物后，怕罪行败露而实施了一系列的杀人灭口行为，虽因其意志以外的原因而未得逞，但已致潘某轻伤，犯罪情节极为恶劣，社会危害极大，因此，不宜减轻或免除处罚。鉴于李某故意杀人未遂，能送潘某到医院治疗，并交纳了4000元医疗费，可以对李某从轻处罚。（3）李某系初犯，缴纳了罚金，认罪态度较好，且将被抢赃物归还被害人，对其所犯抢劫罪亦可酌情从轻处罚。据此，福建省龙岩市上杭县人民法院依照《刑法》第263条、第232条、第23条、第69条、第61条、第62条、第45条、第47条、第55条、第56条、第52条、第64条和《最高人民法院关于抢劫过程中故意杀人案件如何定罪问题的批复》的规定，于2008年12月12日判决如下：

1. 被告人李某犯抢劫罪，判处有期徒刑六年，并处罚金人民币2000元；犯故意杀人罪（未遂），判处有期徒刑十年，剥夺政治权利二年，决定执行有期徒刑十四年，剥夺政治权利二年，并处罚金人民币2000元。

2. 随案移交的作案工具予以没收，备案存查；随案移交的物证拍照随案存查。

宣判后，在法定期间内，被告人李某没有上诉，检察机关也没有抗诉。

二、主要问题

对既具有自动性又具有被迫性的放弃重复侵害行为，能否认定为犯罪中止？

三、裁判理由

本案在审理过程中，对如何认定被告人故意杀人犯罪行为的停止形态存在两种意见：

第一种意见认为是犯罪未遂。理由：被告人在主观上并没有自动放弃杀人的故意，而是在客观上已是白天，路上行人多，被害人有反抗能力，被告人是在担心路人已报警、罪行已败露的心态下，被迫停止犯罪的。因此，被告人是因为意志以外的原因而未达到杀人灭口的目的，应认定为犯罪未遂。

第二种意见认为是犯罪中止。理由：被告人在实施故意杀人犯罪的过程中虽然已是白天，过往行人较多，且被告人以不能报警相威胁，但被害人仍在被告人的掌控中，被告人完全可以继续实施和完成故意杀人的犯罪，而被告人却将被害人送到医院治疗，途中还将所抢手机、身份证、农行卡归还被害人，到医院后又借钱为被害人存入了4000元医疗费。被告人是在实施故意杀人的犯罪过程中自动放弃犯罪的，应认定为犯罪中止。

犯罪中止和犯罪未遂，一般比较容易区分。犯罪中止是指在犯罪过程中，行为人自动放弃犯罪或者有效地防止犯罪结果的发生，属于未完成犯罪中的一种犯罪停止形态。犯罪未遂是指行为人已经着手实行犯罪，由于意志以外的原因而未得逞的一种犯罪停止形态。区分犯罪中止和犯罪未遂的界限关键要看阻止犯罪达成既遂状态的是“犯罪分子意志以内的原因”还是“犯罪分子意志以外的原因”，也就是犯罪分子未完成犯罪是具有“自动性”还是“被迫性”。犯罪中止体现为“自动性”，是行为人能为而不愿为，即理论界所谓的“能而不欲”；犯罪未遂体现为“被迫性”，是行为人愿为而不能为，即理论界所谓的“欲而不能”。但是，在疑难案件中，究竟是“能而不欲”还是“欲而不能”，不是那么容易区分。本案就可以算是一个疑难案件，主要体现如下：

一是侵害行为的重复性。被告人非法控制被害人时间长达10余个小时，其中抢劫完成后开始着手实施杀人灭口行为直至最终放弃杀人行为并将被害人送入医院，时间就长达8个小时。其间，被告人多次实施了以直接追求被害人死亡为目的的侵害行为，并先后两次致被害人昏迷，被告人也曾误以为被害人已经死亡，但被害人均在封闭的汽车后备箱中苏醒并幸运地存活下来。

二是主观故意的反复性。被告人为了杀人灭口，先后用了绳索勒颈、石块砸头、剪刀刺喉等手段，但最终均未导致被害人死亡。之所以如此，除了可能有工具不当、条件所限、被害人身体强健等客观因素外，也应当还有被告人面对熟人不够心狠手辣或者胆小、经验不足、有所顾虑等因素。而且，被害人两次下车逃跑并向路人求救，被告人都予以追回并向被害人承诺将其送到医院救治，但在被害人上车后，被告人不是迅速送医，而是威胁甚至继续殴打被害人。由此不难看出，被告人内心是在作斗争的，杀人犯意并不是始终都那么坚决，而是出现过动摇和反复。

三是放弃原因的复杂性。客观地说，被告人最终放弃杀人的原因，既有被迫性，也有自动性。被迫性体现在：当时已是早晨，路上人多，被害人已经呼救并请求路人报警，且过路男子拿出了手机，看了车牌，被告人担心路人已经报警，若不放弃，罪行将会败露；被害人还具有一定的反抗能力，并随时可能下车呼救，客观上不容易继续杀死她，特别是在条件更有利时几次动手均无法杀死她的情况下，被告人更加没有信心了。综上，被告人在一定程度上是被迫放弃犯罪的。自动性体现在：被害人上车后，车上仍然只是一对一，被告人如果一意孤行，就可以设法阻止被害人下车呼救，不计后果地强行开车，冲出闹市区，到偏僻地点后与被害人搏斗，并极有可能最终杀死被害人。但被告人知难而退，以求自保，在一定程度上也是自动放弃犯罪。至于是自动性多一点，还是被迫性多一点，可谓是仁者见仁、智者见智。

正是由于案件本身的疑难，特别是被告人主观故意的反复性和放弃原因的复杂性，才导致两种观点针锋相对：犯罪未遂观点侧重于被迫性方面，得出被告人被迫放弃犯罪的结论；而犯罪中止观点侧重于自动性方面，得出被告人自动放弃犯罪的结论。

我们认为，法官面对现实中千差万别的刑事案件，要解决的根本问题其实只有两个——依法和适当的定罪、量刑。但很多疑难案件往往不是对错分明，难以立辨是非，即使是基于同一事实和证据，从不同的角度和切入点进行分析，也有可能得出完全不同却又都有充分法律依据和理论依据的结论，对这些结论，往往无法直接作出非此即彼的抉择。因此，处理疑难案件不能过于拘泥于以往的经验和现有的理论，不能过于死板地“一刀切”，在面对两难选择时，在不违背法律本意的前提下，以最大限度地在各个方面均达到更好的裁判效果为目的，用更加开阔的思路，更加充分地发挥法官的自由裁量权，把原则性与灵活性、法律效果与社会效果更好地结合起来，依法作出适当的定罪、量刑。

就本案而言，原审法院侧重考虑被告人放弃犯罪的不完全自动性，以及已实施侵害

行为的严重社会危害，认定被告人的故意杀人行为构成犯罪未遂，是适当的。具体分析如下。

（一）放弃重复侵害行为并不必然属于犯罪中止

“放弃重复实施的侵害行为”的特征主要有主客观两方面的条件：一是客观上，已经实施的侵害行为未能发生预期的危害结果，而且，同时存在着继续实施犯罪行为的可能性；二是主观上，认识到可以重复继续实施自己的犯罪行为而放弃重复实施，并且行为人预期的法定结果始终没有发生。一般而言，自动放弃重复侵害行为可以认定为犯罪中止。因为行为人在客观上具备可以继续实施犯罪的条件，主观上对继续实施犯罪的可能性亦有清醒的认识，放弃本来可以继续实施的犯罪行为，表现出放弃犯罪的自觉性。

然而，现实情况非常复杂，必须具体情况具体分析。如果停止犯罪完全是出于被告人的本意，放弃本来可以继续实施的犯罪行为，自然应当认定为犯罪中止。但是，如果不是完全自动地放弃重复侵害行为，而是既有自动性，也有被迫性，就应当实事求是，客观分析判断究竟是自动性为主，还是被迫性为主，如果有足够依据判定行为人停止犯罪是以被迫性为主，则可以认定犯罪停止形态为未遂。

（二）被告人放弃犯罪及救治被害人的被迫性大于自动性

虽然被告人最后放弃犯罪并送被害人到医院治疗，但认真分析原因，不难发现被告人的被迫性大于自动性。（1）放弃杀人犯罪的被迫性大于自动性。被害人从汽车后备箱逃出到公路上向路人求救后，被告人驾车追赶被害人，并持水果刀捅刺被害人的腹部，因刀柄折断而未得逞后，被告人才提出送被害人到医院治疗。而被告人在将被害人劝说上车后，又殴打被害人，当车行驶到某公园门口时，被告人不是往上杭医院方向行驶，而是往老公路方向行驶，被害人见状后在加油站旁从车上跳下，再次向路人求救。此时已是早晨，路上人多，被害人具有一定的反抗能力，被告人在客观上无法继续实施杀人灭口行为，只好再次劝说被害人上车并送她到医院。且在被害人上车后，被告人又以不能报警，如果报警会弄死被害人相威胁。可见，被告人主要是基于在当时的时间、地点等客观环境下无法继续实施杀人行为的考虑才被迫无奈停止了犯罪，相比较而言，被告人主观上自动放弃的特征不明显。（2）救治被害人的被迫性大于自动性。被告人将被害人送医救治虽然有一定的自动性，但更多的是被迫性。被告人供称，被害人从后备箱跑到公路上呼救时，已经是白天了，路上也有很多人，当时有三四辆摩托车及一辆中巴车经过，被害人每辆车都拦，其怕有人报警，这时没有办法了，所以送被害人去医院，然后和她协商私了此事，叫她不要报警。到医院后，被告人也是在被害人朋友林某某的要求和监督下筹集并支付医疗费的。可见，被害人是智斗歹徒，先承诺私了，待其朋友到达确保其人身安全后再报警将被告人抓获归案。被告人之所以将被害人送医救治，不仅客观上不得已，主观上也存在误解，被迫性大于自动性。

（三）本案以犯罪未遂处理能够取得较好的社会效果

本案的公检法三机关考虑到被告人已实施侵害行为的严重社会危害，以及放弃犯罪的不完全自动性，均认定被告人的故意杀人行为构成犯罪未遂，原审法院据此对被告人李某以故意杀人罪（未遂）判处有期徒刑十年。被告人及其辩护人虽然辩称是犯罪中止，但被告人在宣判后却没有上诉，说明其也是服判的。被害人对判决结果也是满意的。可以说，本案认定犯罪未遂，符合罪刑相当原则的要求，取得了较好的社会效果，实现了法律效果和社会效果的有机统一。

问题21. 在故意杀人案中，对明显超出共同犯罪故意内容的过限行为应如何确定罪责

【刑事审判参考案例】陈某某、余某某故意杀人案[①]

一、基本案情

浙江省温州市中级人民法院经公开审理查明：被告人余某某案发前在浙江省温州市瓯海区某鞋业有限公司务工。2005年9月29日晚，余某某因怀疑同宿舍工友王某某窃取其洗涤用品而与王某某发生纠纷，遂打电话给亦在温州市务工的被告人陈某某，要陈某某前来“教训”王某某。次日晚上8时许，陈某某携带尖刀伙同同乡吕某某（另案处理）来到某鞋业有限公司门口与余某某会合，此时王某某与被害人胡某某及武某某正从门口经过，经余某某指认，陈某某即上前责问并殴打胡某某，余某某、吕某某也上前分别与武某某、王某某对打。其间，陈某某持尖刀朝胡某某的胸部、大腿等处连刺三刀，致被害人胡某某左肺破裂、左股动静脉离断，急性失血性休克死亡。

浙江省温州市中级人民法院认为：被告人陈某某、余某某因琐事纠纷而共同故意报复杀人，其行为均已构成故意杀人罪。犯罪情节特别严重，社会危害极大，应予依法惩处。依照《刑法》第232条、第215条第1款、第56条第1款、第57条第1款的规定，于2006年3月17日判决如下：

1. 被告人陈某某犯故意杀人罪，判处死刑，剥夺政治权利终身；
2. 被告人余某某犯故意杀人罪，判处有期徒刑十五年，剥夺政治权利五年。

宣判后陈某某、余某某均以没有杀人的故意、定性不准，量刑过重为由提出上诉。

浙江省高级人民法院经审理认为：上诉人陈某某事先携带尖刀，在与被害人争吵中，连刺被害人三刀，其中左胸部、左大腿的两处创伤均为致命伤，足以证明陈某某对被害人的死亡后果持放任心态，原审据此对陈某某定故意杀人罪并无不当。上诉人余某某、陈某某均供述余某某仅要求陈某某前去“教训”被害人，没有要求陈某某携带凶器；在现场斗殴时，余某某没有与陈某某作商谋，且没有证据证明其知道陈某某带着凶器前往；余某某也没有直接协助陈某某殴打被害人。原判认定余某某有杀人故意的依据不足，应对其以故意伤害罪判处。陈某某犯罪情节特别严重，社会危害极大，应予依法惩处。审判对陈某某的定罪和适用法律正确，量刑适当，审判程序合法。对余某某的定罪不当，应予改判。依照《刑事诉讼法》第189条第1项、第2项，《刑法》第232条、第234条、第56条第1款、第57条第1款的规定，于2006年8月1日判决如下：

1. 驳回上诉人陈某某的上诉；
2. 撤销原审判决中对上诉人余某某的定罪量刑部分；
3. 上诉人余某某犯故意伤害罪，判处有期徒刑十五年，剥夺政治权利五年。

二、主要问题

1. 如何认定共同犯罪中的过限行为？
2. 对过限行为造成的后果如何确定刑事责任？

---

① 于金耀撰稿，耿景仪审编：《陈某某、余某某故意杀人案——对明显超出共同犯罪故意内容的过限行为应如何确定罪责（第408号）》，载最高人民法院刑事审判第一、二、三、四、五庭主办：《刑事审判参考》（总第52集），法律出版社2006年版，第1~4页。

三、裁判理由

（一）被告人陈某某的行为已构成故意杀人罪

被告人陈某某事先携带尖刀，在与被害人争吵过程中，连刺被害人三刀，其中左胸部、左大腿的两处创伤均为致命伤。由此可以认定：（1）陈某某所带的工具为尖刀，极易置人于死地；（2）陈某某刺击被害人的部位选择在左胸部、左大腿等要害部位，尤其是左胸部，常人都知道心肺位于此处，是人体的要害部位；（3）从行为的方式看，陈某某朝被害人的要害部位连刺三刀，足以说明陈某某对行为后果的放任心态。因此，陈某某的行为符合间接故意杀人罪的要件。

（二）被告人余某某既没有故意杀人的共同故意，也没有共同实施故意杀人的行为，不属于故意杀人犯罪的共犯

首先，从案件的起因来看，余某某仅要求陈某某前去“教训”与其有纠纷的王某某，而不是被害人胡某某。虽然“教训”的具体含义有多种，但在没有证据证实余某某有要求陈某某杀害他人的主观故意的情况下，不能认定包括杀人。

其次，从案发当时的情况看，陈某某到达案发现场时，余某某还未到。余某某与被害人同时到达案发现场，向陈某某指认出王某某一行后，陈某某即上前责问个子最高的被害人胡某某，并用刀捅刺被害人。可以认定，余某某与陈某某事先达成的共同故意内容——“教训”，并没有在具体实施时有所改变。

再次，余某某没有让陈某某带凶器，更没有让陈某某带尖刀这种容易致人伤亡的凶器，也没有证据证明余某某在实施犯罪行为时知道陈某某带着尖刀。

综上，虽然余某某与陈某某等人的共同犯罪故意是概括的故意，但这一概括的故意却是有限度的，至少不包括杀人的故意。这一故意内容在犯罪行为实施阶段也没有明显转化，仍停留在对被害人“教训”的认识内容上。余某某对陈某某实施的持刀杀人行为既缺乏刑法意义上的认识，也没有事中的共同故意杀人行为，不构成故意杀人犯罪的共犯。

（三）被告人余某某的行为已构成故意伤害罪，并应对被害人的死亡后果承担刑事责任

根据我国刑法主客观相统一的原则和共同犯罪的有关理论，每个共同犯罪人承担刑事责任都必须以他对所实施的犯罪行为具备犯罪故意为前提，也必须以其实施的犯罪行为对危害结果具有因果联系为前提。本案中，陈某某当然应当对其杀人行为承担刑事责任，而对于余某某来说，由于其共同犯罪故意并不包括杀害被害人这一由陈某某实施的过限行为的内容，且余某某对杀害被害人既无事先的故意，也无事中的明知，其所实施的对打行为与陈某某杀害被害人的行为没有刑法意义上的必然因果关系，因而不能令余某某对陈某某所实施的杀人行为承担刑事责任。但是，余某某所实施的行为客观上与被害人死亡仍有一定关联。对余某某量刑时应酌情考虑造成被害人死亡后果的情节。

问题22. 行为人在短时间内实施故意杀人等一系列具有关联性犯罪行为的如何认定

【刑事审判参考案例】秦某某故意杀人、故意伤害、放火、抢劫、盗窃案①

一、基本案情

天津市第一中级人民法院经审理查明：2015年1月28日7时许，被告人秦某某携带尖刀至天津市武清区王庆坨镇寻找盗窃目标未果。当日17时许，秦某某途经王庆坨镇某村被害人李某经营的体育彩票店，进入该店购买“十一选五”体育彩票，至当日23时许，秦某某累计赊欠约人民币1万元。后秦某某提出将其身份证、银行卡抵押在李某处，次日偿还欠款，被李某及其丈夫王某某拒绝，并要求秦某某到银行取款。秦某某假意应承，骗得王某某驾驶吉利牌汽车载其到王庆坨镇。当车行至王庆坨镇中国邮政储蓄银行附近时，秦某某掏出随身携带的尖刀朝王某某面部、颈部捅刺数刀，劫得人民币200余元。秦某某逼迫王某某脱光上衣，用放在车内的两根手机数据线将王某某双手手腕并拢捆绑。其间，李某见王某某不归，致电王某某询问情况，秦某某逼迫王某某撒谎搪塞，为防止王某某报警，将王某某的手机拿走。随后，秦某某用王某某脱下的秋衣、工作服，将王某某上身捆绑于驾驶座椅靠背上，用王某某的防寒服蒙住王某某面部，为泄愤，又持刀朝王某某腹部捅刺一刀。唯恐李某察觉报警，秦某某将王某某挪至副驾驶座椅予以捆绑，后自己驾车返回体育彩票店。行驶至一高速桥涵洞旁无名路上时，秦某某误认为王某某欲抢刀反抗，再次持刀朝王某某胸部捅刺数刀，致王某某昏厥。秦某某驾车拉载王某某到体育彩票店附近后，将王某某留在车内，携带尖刀返回体育彩票店，将王某某的手机交予李某，并告知李某其已将王某某捅伤。李某掏出手机准备报警，秦某某恐罪行败露上前阻止，厮打过程中李某倒地，秦某某遂掏出随身携带的尖刀，朝李某头、颈、胸、腹部及背部猛捅数十刀，致李某受伤倒于室内东侧床与冰柜夹角处。其间，王某某恢复意识，驾车逃离，秦某某发现后持刀追截未果，再次返回体育彩票店。为毁灭罪证，秦某某将所购体育彩票堆放于室内单人床上，用打火机引燃彩票及床单，秦某某发现放在床上一黑色女士书包内装有大量现金，遂将该包盗走，窃得人民币4000余元。后秦某某为防止火情被人发现，将室外卷帘门关闭并逃离作案现场，造成体育彩票店内空调、液晶电视、冰箱、冰柜、彩票机、电脑等物品损毁。因民警及时发现火情，组织群众迅速扑救，未造成周围居民伤亡和重大财产损失。作案后，秦某某逃匿并于同年1月29日21时许被抓获归案。经鉴定，李某系被他人用单刃刺器刺破心脏、双肺致失血性休克死亡。王某某胸部、腹部的损伤程度分别构成重伤二级；面部的损伤程度构成轻伤一级；颈部的损伤程度构成轻微伤。

天津市第一中级人民法院认为，被告人秦某某赊账购买体育彩票后，因被追要欠款而不满，为报复泄愤，编造谎言，欺哄被害人王某某一同离开体育彩票店到银行取款，并在途中持刀行凶抢劫王某某财物，后为泄愤及唯恐王某某反抗两次持刀行凶，致被害人王某某重伤；唯恐罪行败露，返回体育彩票店将被害人李某杀害，还临时起意窃取李

---

① 张立新、梁勤、王少兵撰稿，陆建红审编：《秦某某故意杀人、故意伤害、放火、抢劫、盗窃案——行为人短时间内实施一系列具有关联性犯罪行为的如何认定（第1222号）》，载最高人民法院刑事审判第一、二、三、四、五庭主办：《刑事审判参考》（总第112集），法律出版社2018年版，第16～24页。

某数额较大的财物；后为毁灭罪证，又纵火，危害公共安全。依照法律规定，公诉机关指控被告人秦某某故意杀人、放火犯罪及部分抢劫犯罪的事实清楚，证据确实、充分，罪名成立，法院予以确认。被告人秦某某出于报复的目的，持刀行凶致被害人王某某轻伤，并临时起意当场劫取被害人王某某财物后，其抢劫实行行为已经结束，为泄愤又持刀朝王某某腹部捅刺一刀，后误认为王某某欲抢刀反抗，再次持刀朝王某某胸部捅刺数刀，致被害人王某某重伤，并不是为了再次获取被害人王某某钱财，而是出于伤害的犯罪故意，实施了故意伤害的犯罪行为，应当以故意伤害罪追究其刑事责任。被告人秦某某持刀连续捅刺被害人李某数十刀后，李某的心脏、双肺、肝脏均被刺破，李某在遭受如此重创的情况下，出现呻吟或抖动，只是一种在不自主状态下的生理反应，并不意味着此时李某还存在清醒意识，现有证据亦不能证明李某在被告人秦某某拿走其财物时仍有清醒意识，被告人秦某某在被害人李某不知晓的情况下，临时起意拿走李某财物的行为系盗窃行为，应当以盗窃罪追究其刑事责任。综上，被告人秦某某的行为已分别构成故意杀人罪、故意伤害罪、放火罪、抢劫罪、盗窃罪，且故意杀人犯罪手段特别残忍，情节特别恶劣，后果特别严重，属罪行极其严重，应依法予以处罚。其犯数罪，应依法实行数罪并罚。被告人秦某某刑满释放后五年以内再犯应当判处有期徒刑以上刑罚之罪，系累犯，依法应从重处罚。依照《刑法》第232条、第234条第2款、第114条、第263条、第264条、第57条第1款、第65条第1款、第69条，《最高人民法院关于适用〈中华人民共和国刑事诉讼法〉的解释》第241条第1款第2项之规定，判决被告人秦某某犯故意杀人罪，判处死刑，剥夺政治权利终身；犯故意伤害罪，判处有期徒刑九年；犯放火罪，判处有期徒刑五年；犯抢劫罪，判处有期徒刑五年，并处罚金人民币1000元；犯盗窃罪，判处有期徒刑二年，并处罚金人民币1000元；决定执行死刑，剥夺政治权利终身，并处罚金人民币6000元。

宣判后，被告人秦某某以原判量刑过重为由提出上诉，其辩护人提出，被害人在案件起因上存在过错；秦某某事先无预谋，属于激情犯罪，希望对其从轻处罚。

天津市高级人民法院经审理认为，被告人秦某某因被害人王某某、李某夫妇向其追要彩票欠款而心生怨恨，为报复泄愤，编造谎言欺骗王某某到银行取款，驾车途中持刀对王某某行凶抢劫；为泄愤及误认为王某某反抗两次捅刺王某某，致王某某重伤；唯恐罪行败露，返回彩票店内持刀捅刺李某数十刀，将李某当场杀害；还临时起意窃取李某数额较大财物；为毁灭罪证，又纵火危害公共安全，其行为已分别构成抢劫罪、故意伤害罪、故意杀人罪、盗窃罪、放火罪。原审判决认定事实清楚，证据确实、充分，定罪准确，量刑适当，审判程序合法。依照《刑事诉讼法》第225条第1款第1项、第235条之规定，裁定驳回上诉，维持原判，并依法报最高人民法院核准。

最高人民法院经复核后认为，第一审判决、第二审裁定认定的事实清楚，证据确实、充分，定罪准确，量刑适当，审判程序合法。据此裁定核准天津市高级人民法院上述裁定。

二、主要问题

1. 行为人实施一系列具有关联性犯罪行为的，如何定罪？

2. 人民法院认定事实与公诉机关指控事实一致的，能否改变罪名？

三、裁判理由

（一）行为人实施一系列具有关联性犯罪行为的，应当遵循主客观一致的原则，依法、科学地确定罪名

行为人实施一系列具有关联性的犯罪行为，往往是在多个犯罪目的、动机临时产生的情况下实施的，甚至其中的一些行为，表面上看并无明确的犯罪目的。但是，由于人的客观行为都是具有主观内容的行为，哪怕一些看似无意识的行为，其实也是有潜意识内容的，因此，只要认真研究案情，仔细区分，就能够甄别出一系列犯罪行为中每个犯罪行为的具体犯罪目的。当然，有的犯罪目的，是在系列关联犯罪行为实施之前就已经存在于行为人主观意识中，而有的犯罪目的则临时产生于系列犯罪行为过程中，即通常所说的“临时起意”。能否正确区分存在于系列犯罪行为中的不同犯罪目的，关系到能否对行为人的犯罪行为正确定罪以及准确确定罪数的问题，也关系到最终能否对行为人的犯罪行为准确科学地量刑，从而实现罪责刑相一致的问题。在司法实务中，我们既不能机械地套用标准犯罪构成要件认定罪数，亦不能不顾行为人的具体犯罪目的和动机想当然地确定罪数，而应当严格遵循主客观相一致的原则，根据刑法学定罪理论，依据刑法的具体规定，结合系列犯罪行为人的主观心理状态，确定每个行为的性质及行为实施时的客观环境等，认真分析，准确定罪并科学确定罪数。

在本案中，被告人秦某某所实施的一系列犯罪行为，可以分为两类：一类是针对被害人王某某所实施的系列犯罪行为；另一类则是针对被害人李某所实施的系列犯罪行为。并且，两类犯罪行为之间不是完全孤立、分离的，而是相互间存在关联性的，即实施两类系列犯罪行为的前因是秦某某购买李某经营的体育彩票店中的体育彩票，累计共赊欠1万元后，秦某某提出将身份证、银行卡抵押在李某处，但遭王某某、李某拒绝。在明确本案基本背景和系列犯罪行为的分类后，我们再对两类犯罪的罪名、罪数问题进行如下分析：

1. 关于秦某某针对王某某所实施的系列犯罪行为的定罪问题。秦某某针对王某某实施的先持刀捅刺，后劫取财物，又再次实施暴力，持刀捅刺，致王某某重伤等系列犯罪行为，应定抢劫罪一罪还是以抢劫罪、故意伤害罪实施并罚，在审理中存在两种不同意见：

第一种意见认为应定抢劫罪一罪。理由：秦某某基于报复的意图，先对王某某施暴，后劫取财物，而后持续控制王某某并再次捅刺的行为，应作为一个整体的抢劫行为评价。

第二种意见认为应以抢劫罪、故意伤害罪实行并罚。理由：在劫取财物行为完成后，其抢劫犯罪已经完成。之后实施的暴力并致王某某重伤的行为，于抢劫而言已无必要，该暴力行为本身有自己独立的犯罪构成，即基于对被害人的怨恨及误认为被害人欲反抗而产生的报复心理驱使下实施的故意伤害行为。

我们同意第二种意见。理由如下：

（1）在施暴过程中临时起意劫取财物的，该暴力行为应评价为抢劫罪的胁迫行为。在本案中，被告人秦某某对王某某的暴力行为可以分为报复施暴、劫取财物、劫财后的施暴三个阶段。秦某某最初对王某某施暴时并无劫财目的，并不是为了非法占有财物，而仅仅是为了报复。因此，如何对第一阶段即初始的暴力行为定性就成为关键。我们认为，第一阶段的暴力并非与秦某某的劫财行为毫无关系。秦某某劫财的故意内容产生于其第一阶段的暴力实施过程中，而基于第一阶段的暴力所形成的对被害人精神上的胁迫，

足以满足抢劫罪的“胁迫”这一手段要件。“胁迫”作用与取得财物之间存在因果关系，因此，秦某某的劫财行为构成抢劫罪。不能因为秦某某实施第一阶段的暴力行为时仅有报复故意没有劫财故意而无视其犯意的发展变化。犯意由报复变化为劫财，是其主观故意的完整内容。定罪的主客观一致原则，应当包括主客观内容发展变化后，以变化后的主观、客观内容作为定罪的事实基础的内容。

（2）抢劫既遂后，又实施的故意伤害行为，应另行定故意伤害罪。秦某某第三阶段的暴力行为如何定性，是将其作为抢劫犯罪的后续行为还是作为单独的犯罪行为？我们认为，应当区分“犯罪的后续行为”与“罪后的独立犯罪行为”。前者，如犯罪人本身所实施的掩饰、隐瞒犯罪所得行为，毁灭罪证行为，由于该后续行为没有侵犯新的法益，缺乏期待可能性，因而是不可罚的行为。后者，则是侵犯了新的法益并且独立于前罪的犯罪行为，虽然与前罪具有时间上的连续性甚至内容上的关联性，但行为人的主观内容、客观行为都是独立的，由于行为人的前罪行为与罪后的独立犯罪行为都有各自独立的犯罪故意和客观行为，因而符合数罪的构成条件。

就本案而言，秦某某从王某某处劫得200余元后，其抢劫犯罪就属于既遂状态，也就是说，秦某某的抢劫行为已经实行终了，且在客观上已经完全排除了被害人夺回财物的可能性，其对财物的控制具有不可逆性。首先，被害人被捅刺后，向被告人求饶，慑于被告人的暴力行为，已放弃取回财物的意愿；其次，被害人受伤后被捆绑双手，并被捆绑于驾驶座椅靠背上，客观上已丧失反抗能力。按照《最高人民法院关于审理抢劫、抢夺刑事案件适用法律若干问题的意见》的规定，抢劫罪具备劫取财物或者造成他人轻伤以上后果两者之一的，属于抢劫既遂。按照我国刑法理论通说观点，行为人控制被害人财物为既遂标准，秦某某的行为符合上述标准，抢劫已既遂。此后，秦某某在抢劫现场即被害人的汽车内持续控制被害人，实际于抢劫罪而言已经是没有意义的行为。在抢劫行为已经完成且既遂的前提下，该客观状态的持续不构成抢劫行为的延续和抢劫现场的延伸。其再次实施的暴力行为与已经完成的劫取财物状态之间不存在关联，亦非为了再次劫取被害人的财物，而是基于对被害人的怨恨及误认为被害人反抗而产生的报复泄愤心理，在该心理驱使下两次对被害人实施了捅刺行为，属于另起犯意，且造成了被害人重伤的后果，侵犯的法益具有独立性，应当单独评价为故意伤害罪。在这方面，最高人民法院的有关司法解释是有先例的。《最高人民法院关于抢劫过程中故意杀人案件如何定罪问题的批复》规定：“行为人实施抢劫后，为灭口而故意杀人的，以抢劫罪和故意杀人罪定罪，实行数罪并罚。”

2. 关于秦某某针对李某所实施的系列犯罪行为的定罪问题。秦某某对王某某实施抢劫、故意伤害犯罪行为后，唯恐罪行败露，遂持刀捅刺王某某的妻子李某要害部位数十刀致李某倒地，后又纵火焚烧现场，在焚烧时发现现场床上装有现金的女士包，又实施了将现金占为己有的行为。秦某某实施的上述行为中，危害李某的行为构成故意杀人罪，纵火焚烧现场的行为构成放火罪没有争议。但其占有被害人李某钱款的行为应认定为抢劫罪还是盗窃罪，存在不同的观点。

我们认为，秦某某从现场取款的行为应当认定为盗窃罪。认定取款行为是抢劫罪还是盗窃罪，关键在于秦某某的取款行为属于秘密窃取还是暴力劫取，是在被害人不敢反抗、不能反抗的情况下劫取财物，还是在被害人已经失去知觉甚至已经死亡的情况下获取财物。被害人在现场，并不能当然地成为认定被告人行为属于暴力劫取的理由。因为此时的被害人不是一般意义上的被害人，而是头、颈、胸、腹及背部被捅刺了数十刀的人，且倒于现场室内东侧床与冰柜夹角处。结合本案证据，可以认定秦某某实施取款的行为系“秘密窃取”。

首先，被告人秦某某系出于担心罪行败露的故意为灭口而持刀连续捅刺被害人李某数十刀，李某心脏、双肺、肝脏均被刺破，遭受重创后奄奄一息。尸体检验报告显示被害人李某系死后被焚尸，即被害人死于被捅刺倒地至被告人放火焚烧现场后的较短时间内。据被告人供述，在其点火焚烧现场并取得财物时，李某尚未死亡，仍有呻吟或抖动。被告人在全案中的供述自然稳定，供述的犯罪事实与其他证据相互印证，可信度较高。然而，此时被害人的呻吟或抖动，不是一个有正常反抗能力但不敢反抗、无法反抗的被害人的反应，而是濒死时无意识的生理反应，这一生理反应不属于对被告人取走现金的反抗行为。因此，可以认定被告人取走现金时，被害人已处于濒死状态，已丧失反抗意识，被告人的行为符合盗窃罪秘密窃取的行为特征。

其次，认定被告人构成盗窃罪，符合有利于被告人的原则。在本案中，被告人基于杀人故意捅刺被害人李某，后又非法占有被害人的财物，依照法律规定，只能得出故意杀人罪与抢劫罪数罪并罚或故意杀人罪与盗窃罪数罪并罚的结论。根据刑法规定，盗窃罪相较于抢劫罪，系轻罪。退一步讲，如果现有证据不能证明被告人取财时是秘密窃取，还是利用先前暴力行为导致被害人不敢反抗或不能反抗的状态而劫取，那么，应按照有利于被告人的原则，认定被告人构成盗窃罪，与故意杀人罪数罪并罚。

最后，认定秦某某取款行为构成盗窃罪，符合司法解释的规定。《最高人民法院关于审理抢劫、抢夺刑事案件适用法律若干问题的意见》第 8 条规定：“行为人实施伤害、强奸等犯罪行为，在被害人未失去知觉，利用被害人不能反抗、不敢反抗的处境，临时起意劫取他人财物的，应以此前所实施的具体犯罪与抢劫罪实行数罪并罚；在被害人失去知觉或者没有发觉的情形下，以及实施故意杀人犯罪行为之后，临时起意拿走他人财物的，应以此前所实施的具体犯罪与盗窃罪实行数罪并罚。”

（二）人民法院认定事实与公诉机关指控事实一致的，人民法院可以改变罪名

根据《刑事诉讼法》第 195 条第 1 项的规定，对于案件事实清楚，证据确实、充分，依据法律认定被告人有罪的，人民法院应当作出有罪判决。根据《最高人民法院关于适用〈中华人民共和国刑事诉讼法〉的解释》第 241 条第 1 款第 2 项规定，起诉指控的事实清楚，证据确实、充分，指控的罪名与审理认定的罪名不一致的，应当按照审理认定的罪名作出有罪判决。我们认为，公诉机关指控罪名与人民法院认定罪名不一致时如何判决的问题，实际上就是审判权由何种机关行使的问题。判决是人民法院依据审理查明的案件事实，依法对案件作出的实体认定，认定的主体是人民法院。因此，判决认定的罪名不受起诉指控罪名的限制，包括两种情形：（1）指控甲罪名，判决认定为乙罪名的；（2）判决认定罪名数少于指控罪名数的。

需要注意的是，由于法庭审理是围绕指控的犯罪进行，特别是控辩双方主要围绕指控的罪名能否成立开展辩论，因此，人民法院作出与指控的罪名不一致的有罪判决，应当设法保障被告方的辩护权。基于这一考虑，《最高人民法院关于适用〈中华人民共和国刑事诉讼法〉的解释》第 241 条第 2 款规定：“具有前款第二项规定情形的，人民法院应当在判决前听取控辩双方的意见，保障被告人、辩护人充分行使辩护权。必要时，可以重新开庭，组织控辩双方围绕被告人的行为构成何罪进行辩论。”在审判实践中，人民法

院拟根据审判认定的罪名作出有罪判决前，应当采取多种方式就变更罪名问题听取控辩双方的意见，既可以召集控辩双方在庭外共同听取意见，也可以在庭外分别听取控辩双方的意见。对于那些社会影响大或拟认定的罪名重于指控的罪名等案件，必要时，可以重新开庭，组织控辩双方围绕罪名确定问题进行辩论。

综上所述，公诉机关指控被告人秦某某犯故意杀人罪、抢劫罪、放火罪，而人民法院经开庭审理后，认定秦某某的行为构成故意杀人罪、故意伤害罪、放火罪、抢劫罪、盗窃罪，既符合案件的客观事实和被告人的主观故意内容，在程序上也是符合刑事诉讼法规定的。

问题23. 故意杀人案件中，概括故意下实施的连续行为能否认定为一罪

【刑事审判参考案例】张某1故意杀人案①

一、基本案情

北京市第三中级人民法院经审理查明：2013年7月25日2时许，被告人张某1酒后在北京市朝阳区西大望路与光华路交叉路口附近，因琐事与被害人赵某（男，殁年27岁）、董某某二人发生争执。其间，张某1用尖刀向董某某左面部猛砍一刀，又在路口东侧辅路上用尖刀向赵某的颈、左肩、胸及左臂等部位猛刺数刀，赵某因左腋动脉离断及右肺破裂致失血性休克死亡，董某某面部所受损伤经鉴定为轻伤（一级）。当日，张某1被公安机关查获归案。

北京市第三中级人民法院认为，被告人张某1故意非法剥夺他人生命，致一人死亡、一人轻伤，其行为已构成故意杀人罪。根据张某1犯罪的事实、性质、情节和对于社会的危害程度，依照《刑法》第232条、第48条、第51条、第57条第1款、第61条之规定，以被告人张某1犯故意杀人罪，判处死刑，缓期二年执行，剥夺政治权利终身。

宣判后，被告人张某1对刑事部分判决不服，提出上诉。

北京市高级人民法院经二审审理，裁定驳回张某1的上诉，维持原审刑事部分判决，并核准北京市第三中级人民法院对被告人张某1以故意杀人罪判处死刑，缓期二年执行，剥夺政治权利终身的刑事判决。

二、主要问题

被告人持刀连续捅刺他人，致一死一伤的行为，成立故意杀人一罪还是故意杀人和故意伤害两罪？

三、裁判理由

本案审理中的焦点是被告人张某1行为的定性问题。基于张某1在短时间内持刀连续刺、扎两名被害人，致一人死亡、一人轻伤的犯罪事实，公诉机关指控张某1犯故意杀人罪，张某1及其辩护人均否认张某1具有杀人的主观故意。合议庭对张某1的行为性质有两种意见：一种意见认为，公诉机关指控张某1实施的是故意杀人行为，该行为虽导致两种危害后果，但宜认定为故意杀人罪一罪，轻伤结果可作为量刑情节考虑。另一种意见

---

① 余净撰稿，方文军审编：《张某某故意杀人案——概括故意下实施的连续行为可认定为一罪（第1243号）》，载最高人民法院刑事审判第一、二、三、四、五庭主办：《刑事审判参考》（总第113集），法律出版社2019年版，第47~51页。

认为，张某1针对不同的犯罪对象实施了两种不同的行为，应分别定故意杀人罪和故意伤害罪，实行数罪并罚。我们同意第一种意见，即以故意杀人罪一罪追究张某1的刑事责任。

（一）一罪与数罪的认定并非以单纯的行为个数为标准，而是行为人外在的客观行为与内在的主观犯意的结合

区分一罪与数罪的标准，刑法理论上存在各种学说，其中的犯罪构成标准说系通说，亦为司法实践所认可。依据犯罪构成标准说，确定犯罪的单复，即一罪还是数罪，应以犯罪构成的个数为标准：具备一个犯罪构成的，构成一罪；具备数个犯罪构成的，构数罪。犯罪构成的标准强调的是主观要件和客观要件的统一，故该标准又称为主客观相统一的标准。其中，作为犯罪的主观要件的犯罪心态（故意和过失）以及在该犯罪心态支配下的犯罪的客观要件（行为和结果）在犯罪构成中居于主导地位。在一定意义上可以说，犯罪构成的标准就是行为人在主观心态支配下实施客观行为的认定标准，不同主观心态与不同客观行为的结合决定了某一犯罪行为究竟是一罪还是数罪。其中尤其是客观行为，在区分一罪与数罪中具有举足轻重的意义，它在很大程度上决定着犯罪的个数。但刑法意义上的一罪与数罪并非以单纯的行为个数为标准，客观行为必须与主观犯意相结合，即刑法意义上的行为必须是行为人在主观犯意支配下的身体举止。

主观犯意是行为人实施特定行为时的主观心理状态。就故意犯罪而言，在行为人实施单一的自然行为（物理意义上的行为）的情形下，支配他的是单一的主观心理状态。而在行为人实施多个连续的、近似的自然行为时，其主观心理有两种表现形式：同一的犯罪故意或概括的犯罪故意。同一的犯罪故意是指行为人具有数次实施同一犯罪的故意，刑法理论上所称的连续犯多是基于同一的犯罪故意（少部分是概括的犯罪故意），即犯罪心态同一，在该犯罪心态支配下的犯罪行为所触犯的罪名亦同一（其实是犯罪行为同一）。概括的犯罪故意则是指行为人对于认识的具体内容并不明确，但明知自己的行为会发生危害社会的结果，而希望或者放任该结果发生的心理态度。根据行为人认识的具体内容的不同，概括故意可以分为对行为性质认识不明确的概括故意、对行为对象认识不明确的概括故意以及对危害结果认识不明确的概括故意三种。对行为性质和对行为对象认识不明确一般不影响犯罪的成立，此种犯罪心态支配下的行为仍可构成数罪，这便是我们通常所称的概括的犯罪故意作用下的连续犯。

对危害结果认识不明确的概括故意，具体是指行为人故意实施危害行为，明知自己的行为会导致某种危害结果的发生，但对于自己的行为会造成多大的危害结果，波及多少犯罪对象，其认识处于不确定状态，即属于对危害结果范围认识不明确的概括故意。如果行为人实施犯罪行为时对其行为造成多大的危害结果以及波及的犯罪对象并无明确认识，这种概括故意作用下的行为人实施行为时的客观表现以及危害后果可用一罪进行综合评判。换言之，在一定的概括故意下实施的连续行为，如果行为人对行为性质和行为对象均有明确认识，仅对危害结果存在不明确认识的情形下，可认定为系在一个主观犯意下实施的整体行为，构成处断的一罪。

（二）本案是在概括故意支配下的同一行为，行为人对危害结果范围认识不明确不影响定罪

本案被告人张某1与两名被害人素昧平生，酒后因琐事发生争执，进而引发命案。从本案证据来看，案发现场尽管没有监控录像、有关证人亦未对被告人进行指认或辨认，

但综合现有证据足以认定张某某的犯罪事实。其中，证人郑某、范某某、张某2从各自的视角对案发经过作了描述，综合三人的描述基本能还原案发的大致经过，更为关键的是据此锁定了作案人的突出特征（如作案人系光头、操北京口音等），这些证人证言与被害人董某某的陈述在案发经过及作案人特征上相互印证，证明了案发当时董某某、赵某二人与作案人酒后因琐事发生争执，进而被该人持刀砍刺的事实经过。张某1遗留在作案现场的本人身份证作为案发现场提取的重要物证，与张某1的供述及其母亲的证言相互印证。张某1虽否认持刀扎死、扎伤二被害人，但一直承认其到过案发现场，与他人发生冲突，以及持刀伤人的事实，从而再次证明了案发经过及其作案人的身份。至于张某1的精神状态，在案证据证明被告人虽是酒后作案，但案发后回家洗手、换衣服、扔衣服、给女儿打电话嘱咐等一系列行为足以证明其思路清晰，在案发时应具有完全的刑事责任能力。

从两名被害人的死因及伤情鉴定意见来看，死者赵某受伤部位集中在颈项部、胸部等致命部位，其死因符合被单刃锐器刺击造成左腋动脉离断及右肺破裂致失血性休克死亡；伤者董某某受伤部位头面部亦为要害部位，损伤程度构成轻伤一级。被告人张某1酒后与被害人董某某、赵某发生争执，即持刀砍刺被害人，虽没有预谋杀人，但其是将两名被害人作为一个整体予以攻击的。从其攻击被害人的部位来看，张某1先是砍击董某某，且砍击的是要害部位脸部。在董逃离现场后，其随即将攻击的目标转向赵某，对赵的要害部位连续猛刺七刀。由此可以看出，张某1对其行为的性质及行为对象均有明确的认识，故支配张某1行为的主观心态不属于对行为性质认识不明确的概括故意，亦不属于对行为对象认识不明确的概括故意。

从概括故意的角度来看，被告人张某1在作案过程中系对危害结果的认识不明确，即其对于自己的行为会造成多大的危害结果在当时特定环境下处于不确定状态，属于对危害结果范围认识不明确的概括故意。对这种概括故意作用下的行为人行为的定性，应结合其实施行为时的客观表现以及危害后果进行综合评判。如前所述，在案证据证明，张某1作案时是将两名被害人作为一个整体，对其要害部位实施不间断的攻击，在被害人董某某被攻击逃离现场后，张某1将其攻击行为在被害人赵某身上实施完毕，故在张某1对危害结果认识不明确的情形下，应以其行为最终实施完毕的结果作为其应当承担刑事责任的结果。换言之，在一定的概括故意下实施的连续行为，如行为人对行为性质和行为对象均有明确认识，仅对危害结果不明确的情形下，可认定为系在一个主观犯意下实施的整体行为，构成处断的一罪。因此，从张某1客观行为和主观故意结合的角度来看，对其以故意杀人罪定罪处罚具有法理上的依据。

值得注意的是，被告人张某1虽有连续的行为，但与通常所称的连续犯不同。连续犯是处断的一罪，连续犯的行为虽具有连续性，但数次行为必须触犯同一具体罪名，如果不是触犯同一具体罪名，则不成立连续犯。连续犯事实上已经具备了数个犯罪构成，是不典型的数罪，实践中一般按一罪定罪，在量刑时再对犯罪人已构成数罪的情形予以考虑。与连续犯异曲同工之处在于，本案以故意杀人罪定性，一方面与公诉机关对本案指控的罪名相一致，另一方面能够涵盖整个犯罪过程。反之，如果将被告人的行为分开定性，有伤害结果的定故意伤害罪，有死亡结果的定故意杀人罪，仅仅着眼于被告人独立的两个自然行为及其结果，不但与本案实际发生和发展的过程不符，也很难证明被告人作案过程中存在两个不同的主观心理过程。

综上，法院对被告人张某1以故意杀人罪定罪处罚，是适当的。

问题24. 故意杀人罪中“情节较轻”的认定

【人民法院案例选案例】彭某某、周某某故意杀人案①

［裁判要旨］

行为人基于减少家庭负累等动机而故意杀害家庭中具有缺陷的新生婴儿的行为，以及医护人员受其请求后利用职业身份与专业知识为其提供帮助的行为均不能认定为故意杀人罪中的“情节较轻”。

［基本案情］

2015年2月起，被告人彭某某的儿媳张某某在上海市第十人民医院崇明分院的多次例行产前检查中均未检出所怀胎儿可能存有先天缺陷。直至临产前约二周，才陆续在该院及他院的超声检查中查出胎儿可能存在唇裂等问题。被告人彭某某等人就此于同年7月6日与该院妇产科进行交涉，经时任该院妇产科副主任的被告人周某某等人劝说，彭某某等人同意待婴儿出生后再论。同年7月15日，张某某在该院顺利产下一男婴，目测有唇裂等问题。彭某某遂数次至周某某办公室讨要说法，并称其家庭经济困难，无力承担该婴儿的治疗费用，要求周某某帮助处理该名男婴。次日下午，在彭某某再次要求之下，二被告人决定采取推注氯化钾注射液的方式杀害该男婴。尔后，周某某从妇产科护士治疗间取出一支塑料管装的10ml氯化钾注射液和一支一次性塑料注射器交给彭某某，并告知彭需采用推注的方式将该氯化钾注射液注入男婴体内方能致其死亡。同年7月17日14时许，彭某某在该院妇产科病房，使用上述注射器及氯化钾注射液，将氯化钾注射液推注入男婴头顶部，致男婴死亡。随后，彭某某将注射器等物丢弃。同年7月19日，彭某某主动至公安机关投案；次日，周某某在该医院内被公安人员抓获。二被告人到案后均如实供述了上述犯罪事实。经鉴定，被害男婴符合生前头部被他人注射氯化钾而死亡。此外，被害男婴出生后直至被杀害前，其身体的具体缺陷情况未得到确诊。

［裁判结果］

上海市崇明县人民法院于2016年6月3日作出（2016）沪0230刑初30号刑事判决，认定被告人彭某某犯故意杀人罪，判处有期徒刑七年；被告人周某某犯故意杀人罪，判处有期徒刑五年。宣判后，两名被告人未上诉，检察机关未抗诉，判决已发生法律效力。

［裁判理由］

法院生效裁判认为：关于公诉机关与辩护人对本案中两名被告人故意杀人行为应定性为“情节较轻”的指控及辩护意见，经查，彭某某在被害男婴出生以后，尚未对男婴除唇裂外是否存在四肢偏短、骶骨发育不良的先天缺陷等问题进行确诊，亦未对相关治疗费用、疗程、效果进行调查、核实，更未对治疗、修复被害男婴的身体缺陷进行努力和尝试的情况下，就以家庭经济困难、无力负担治疗费用为由，起意杀害该男婴，并数次要求周某某提供帮助。其对被害男婴生命权利极为漠视，犯意形成较为草率，但杀人

① 金立寅编写，李云萍审稿：《彭某某、周某某故意杀人案——故意杀人罪中“情节较轻”的认定》，载最高人民法院中国应用法学研究所编：《人民法院案例选分类重排本（2016—2020）·刑事卷》，人民法院出版社2022年版，第689～693页。

意志坚决，主观恶性较深。被告人周某某从医二十余年且长期在妇产科领域从事医疗诊治和医务管理工作，其不但应对被害男婴的缺陷情况比彭某某具有更深的主观认知，还应当对医院未能筛查出被害男婴的相关缺陷是否构成医疗事故，以及如何合理应对医患纠纷有着较为明确的认识。面对彭某某不合理的要求和屡次纠缠，周某某在数次拒绝无果的情况下，应当选择合法、合理的方式予以应对。但其却在履职期间，应彭某某之请，凭借自己作为妇产科医生所掌握的药物知识，并利用能够取得氯化钾注射液、注射器的便利，向彭某某提供作案工具、教授使用方式，帮助彭某某杀害被害男婴。作为一名从医多年的执业医师，周某某理应以救死扶伤、治病救人为己任，其却罔顾医生职业道德和操守，参与杀害新生婴儿。其行径严重破坏了医生职业的整体形象，极大程度地伤害了社会公众对于医生职业的良好情感，社会影响恶劣。生命是人的最高人格利益，受到法律严格、平等的保护，人的生命权不因个体社会地位的高低、社会价值的大小而有所区别，也与个体的健康状况无关，任何人都不得非法剥夺他人的生命。作为新生婴儿，其自出生就拥有完全人格，是独立的个体，其生命权应当受到同等的尊重和保护。更兼之残疾人的权益历来受到社会民众的高度重视和热切关心，即使本案被害男婴经确诊后确有残疾，也不应当成为其被杀害的理由。不仅如此，其人身权利更应受到法律的特殊保护，其身心健康理应得到家庭成员的悉心呵护，其成长发展还应得到社会各界的关心爱护。而本案中，被害男婴出生后生命体征正常、平稳，其本身并无致命的先天性疾病，仅因具有唇裂及其他尚不确定是否存在的缺陷就在出生后第三天即被两名被告人共谋杀害，二人的行径严重背离了关爱和保护未成年人、残疾人等弱势群体的社会普遍价值。综上，两名被告人的故意杀人行为不能被评价为“情节较轻”，公诉机关及两名被告人的辩护人的相关指控和辩护意见不当，不应支持和采纳。

被告人彭某某、周某某共同故意非法剥夺他人生命，致一人死亡，其行为均已构成故意杀人罪。被告人彭某某在共同犯罪中起主要作用，系主犯，应当按照其所参与的全部犯罪处罚；被告人周某某起次要作用，系从犯，依法应当从轻、减轻或者免除处罚。被告人彭某某在犯罪后能自动投案，并如实供述自己的罪行，系自首，依法可以从轻或者减轻处罚。被告人周某某到案后能如实供述自己的罪行，依法可以从轻处罚。鉴于被告人彭某某与被害男婴系嫡亲祖孙关系、其杀人手段尚不属极其残暴，周某某系受彭某某屡次纠缠后才产生犯意且未参与犯罪的实行阶段，两名被告人已获被害男婴父母谅解等因素，故决定对两名被告人减轻处罚。综合两名被告人的犯罪事实、性质、情节及在共同犯罪中的作用、地位，及两名被告人的犯罪动机、人身危险性，依法作出了如上裁判。

［案例注解］

《刑法》第232条规定：“故意杀人的，处死刑、无期徒刑或者十年以上有期徒刑；情节较轻的，处三年以上十年以下有期徒刑。”该罪是我国刑法中较为特殊的将刑罚从重至轻排列的罪名，反映了刑法对故意杀人这一严重暴力犯罪从严惩处的立法考量。在刑罚设置上优先选择重刑之余，考虑到现实中故意杀人案件情状各异，立法者还设置了“情节较轻”的刑档。而在实践中，司法机关对于“情节较轻”的评判和适用不但对被告人的刑罚影响重大，还历来受到社会各方的广泛关注，甚至还关乎生命平等、伦理道德等社会价值，具有较强的价值宣扬和导向作用。

一、故意杀人罪中“情节较轻”的评价要素

现行法律及司法解释均未对故意杀人罪中“情节较轻”的适用标准作出具体规定，仅在最高人民法院、最高人民检察院、公安部、司法部于2015年印发的《关于依法办理家庭暴力犯罪的意见》（以下简称《家暴意见》）中明确“对于因遭受严重家庭暴力，身体、精神受到重大损害而故意杀害施暴人；或者因不堪忍受长期家庭暴力而故意杀害施暴人，犯罪情节不是特别恶劣，手段不是特别残忍的，可以认定为刑法第二百三十二条规定的故意杀人‘情节较轻’”。司法实务中“情节较轻”的适用多见于义愤杀人、防卫过当杀人、因受被害人长期迫害而杀人、帮助自杀、受嘱托杀人、大义灭亲、生母杀害亲生婴儿等情形。

结合《家暴意见》及司法实践中的案例来看，对于能否被评价为“情节较轻”，我们认为，应当审查以下要素：

首先，应当着重考察行为人主观恶性是否较深，是否具有可宽恕的犯罪动机。从社会公众的价值观念和道德准则来看，他人如果处于行为人的境地，选择其他合法行为的可能性同样较低。正是因为行为人具有可宽恕的动机，所以民众对其谴责程度也很低，甚至给予一定程度的同情和怜悯。那么，在该种特定环境下，行为人实施犯罪的主观恶性是相对较低的。

其次，应当评估行为人是否具有较强的人身危险性，即考察行为人的一贯社会表现，前科、劣迹情况，到案后的认罪、悔罪态度，以及再次实施暴力犯罪的可能性。

再者，应当分析行为人作案方式和手段是否残暴。对行为人事前的预谋情况、使用犯罪工具的种类、采用何种杀人方式、杀人后对尸体的处理，以及被害人遭受痛苦的程度、时间长短等因素予以综合分析。

最后，要从民众所认同的道理和情理来看，能否认同案件适用“情节较轻”所依据的价值观念。司法裁判尽管具有专业性、封闭性的特征，但法官作出每一份裁判的价值基础均源于社会伦理道德和基本秩序规范，而社会民众依据自有的朴素的正义观、道德观，以其所认同的道理和分享的情感出发，会对司法裁判中所作的情节评价作出认可与否的价值评判。那么，当司法裁判中所体现的价值与大多社会民众的价值同一时，该裁判才会得到民众的认可和接受。从另一个层面上来说，只有当司法裁判得到民众的价值认可，才能对民众起到教育、规范、指引的积极作用，最大程度地发挥司法的社会功能。

综上所述，故意杀人罪中情节较轻的认定，要考虑以下几个方面：一是行为人作案方式和手段不是很残暴；二是行为人具有可宽恕的杀人动机；三是从行为人的一贯表现和认罪、悔罪态度来看，行为人再次实施犯罪的可能性较小；四是从社会普遍价值的角度来看，要能够得到民众的认同和接受。只有这上述情形同时具备，才能认定为故意杀人罪“情节较轻”。如果具备其中几种情节，但是另一种情节很严重或者很恶劣，那么就不应该适用“情节较轻”。

二、本案的情节评价要素分析

本案中，控辩双方均认为，彭某某的杀人动机系为家庭“解决困难”，为孩子“寻求解脱”，其主观动机并非极其卑劣，其罪当罚，但其情可悯。被告人周某某出于对彭某某家庭困境的同情和怜悯，为了使彭某某不再找医院的麻烦，同时，也为了帮助彭某某家庭解决今后治疗患儿产生的巨大经济负担，在帮助患者解决问题的方式上是非不分，虽有违医生职业道德，但究其主观动机尚不属极其卑劣。故二人的犯罪动机均系事出有因，值得宽宥。另结合二人的犯罪手段、人身危险性等因素，应对二人的故意杀人行为评价为“情节较轻”。

我们认为，从本案中彭某某、周某某二人所采用的杀人手段来看，二人并不希望婴儿忍受较长时间或较为剧烈的痛苦后死去，而是选择了药物注射这一痛苦相对较小、过程较为短暂的方式来结束婴儿的生命，以避免婴儿受到长时间、较剧烈的痛苦，并在婴儿死亡后直接将尸体推入太平间予以冷冻保存，故二人在行凶方式和对被害男婴尸体的后续处理上并未显现出极为残暴的手段特征。再从人身危险性来看，彭某某长期在上海市区以开出租车为生，拥有正当职业作为谋生方式。其居住地的村民委员会亦对彭某某的一贯表现予以认可，并印证了彭某某家庭条件确实较为困难。周某某所在单位为其出具了《工作表现说明》，辩护人提供了其立功受奖的证书及人民群众的联名信，证实了周某某在工作和社会活动中的良好表现。可见，二人本身并无严重的暴力倾向，再次实施严重暴力犯罪的可能性较小。但通过对二被告人杀人动机形成的原因、过程进行认真分析、研判后，不难发现，二被告人并不符合故意杀人罪中“情节较轻”的主观方面特征。

本案中，彭某某原本悉心期盼得到一名健康的孙子，直至其儿媳临产前约两周，医院才查出胎儿的相关缺陷，实质上已使得婴儿父母失去了选择的机会，只能接受缺陷婴儿的出生，也给彭某某一家带来了巨大的心理落差。一方面，彭某某难以接受其孙子具有先天缺陷的现实并将之归责于医院；另一方面，其又担心后续治疗、修复婴儿的缺陷会给家庭带来巨大的经济负担，使原已负债累累的家庭不堪重负。由此，其在未对被害男婴具体缺陷情况进行确诊、尝试治疗或修复的情况下就决意将其杀害，并数次要求周某某提供帮助。可见其杀人犯意形成较为草率，但杀人意志较为坚决。周某某则是希望彭某某不再因医院的产检问题而对其纠缠不休，并希望能为医院化解医患矛盾，故在帮助病患家属的方式上是非不分，违背了基本的人伦道德，突破了法律的底线，并利用自己的医学知识和能够接触到氯化钾注射液、注射器的便利向彭某某教授杀人方式、提供作案工具。二被告人各怀私心，对生命价值的认识极为浅薄，尽管明知被害男婴能正常存活，却丝毫未曾考虑到新生婴儿生命权利的独立性、自主性、平等性、不可侵犯性，将婴儿的鲜活生命视作家庭关系的附属品，以一己之私随意剥夺其生命，凸显出二人较为卑劣的犯罪动机和较深的主观恶性。兼之二人的行为严重背离了关爱和保护未成年人、残疾人等弱势群体的社会普遍价值和基本道德准则，肆意剥夺缺陷新生婴儿生存于世以及获得治疗、修复的权利，其行为难以获得社会民众的高度同情和宽恕。此外，周某某作为一名从医多年的执业医师，罔顾医生职业道德和操守，参与杀害新生婴儿，其行径严重破坏了医生职业的整体形象，极大程度地伤害了社会公众对于医生职业的良好情感，亦产生了十分恶劣的社会影响。综上，二被告人主观恶性较深，且其犯罪动机显然并不具有较强的可宽恕性，故不宜被评价为故意杀人罪“情节较轻”，合议庭最终未支持、采纳控辩双方的相关意见，并将本案基准刑确定在有期徒刑十年以上一档刑罚。

三、司法裁判应当起到指引社会价值的良性作用

打击犯罪、惩治罪犯，维护社会的长治久安和百姓的安居乐业固然是刑事审判的工作重心，但不可忽视的是，引导社会价值取向是同样也是审判工作的一个重要职能。倘若在对被告人处刑之余，法官作出的判词多能透射出引人向善的力量，则必会带给社会民众更多的感化和教育，甚至带动社会整体的进步与革新；若法官作出的判决内容与社会民众的预期大相径庭，甚至有违社会的“良心”，那么，判决的社会效果是极其恶劣

的，一定程度上会损害民众对于司法的信任和尊重程度，带来的恶果便是社会整体的反思与停顿。再观本案的判决，法院正是通过司法裁判的形式，向社会民众突出强调了缺陷新生婴儿与常人一样具有平等的生命权，并表明了司法机关对于保护未成年人、残疾人等弱势群体人身权利的坚定立场和坚强决心。通过本案的判决，亦对农村地区、偏远落后地区意图杀害家庭中具有缺陷的新生婴儿的潜在犯罪行为起到了警示、震慑作用，还对广大医务工作者积极培育和践行医护人员职业道德的紧迫性和必要性鸣响警钟，较好地发挥了司法裁判的教化功能和指引作用，具有十分深远的社会意义。

问题25. 因长期遭受虐待和家庭暴力而杀夫能否认定为故意杀人罪中的“情节较轻”

【实务专论】①

5. 切实贯彻宽严相济刑事政策。《最高人民法院、最高人民检察院、公安部、司法部关于依法办理家庭暴力犯罪案件的意见》第18条、第20条全面规定了对家庭暴力犯罪案件，以及由家庭暴力引发的杀害、伤害施暴人案件的处罚，明确了从严、从宽处罚两方面的要求以及具体把握的情形。

第一，宽严相济是我国基本刑事政策，办理家庭暴力犯罪案件也要切实贯彻这一政策，既不能为了惩处家庭暴力犯罪而一律从严，也不能以这类案件属于婚姻、家庭、恋爱纠纷引发而一律从宽，应当宽严并重、宽严并用、区别对待、平衡处罚。《最高人民法院、最高人民检察院、公安部、司法部关于依法办理家庭暴力犯罪案件的意见》第18条要求，对于下列情形应当从严把握：（1）实施家庭暴力手段残忍或者造成严重后果的，如持锐器捅刺被害人数十刀，或者采取泼硫酸的手段将被害人毁容的。（2）出于恶意侵占财产等卑劣动机实施家庭暴力的，如为了霸占父母财产而实施家庭暴力，逼迫父母交出财产的。（3）因酗酒、吸毒、赌博等恶习而实施家庭暴力的，多数具有长期性、反复性，对被害人及家庭造成的伤害往往更大，危害后果也更加严重。（4）曾因实施家庭暴力受到刑事处罚、行政处罚或者具有其他恶劣情形的。其中，“其他恶劣情形”一般指对多名家庭成员实施家庭暴力、实施家庭暴力引起较大民愤或者造成较大社会影响等。这类情形所指的施暴人主观恶性深，人身危险性大，应当从严惩处。对于属于上述四种情形之一的案件，可以酌情从重处罚，该重判的要依法重判，该判处死刑的要依法判处死刑，以达到从严惩处和震慑犯罪分子，有效遏制家庭暴力犯罪的目的。对于下列情形则应当从宽把握：（1）实施家庭暴力犯罪情节较轻，或者被告人真诚悔罪，获得被害人谅解，从轻处罚有利于被扶养人的，可以酌情从轻处罚；（2）犯罪情节轻微不需要判处刑罚的，可以不起诉或者免予刑事处罚；（3）情节显著轻微危害不大不构成犯罪的，应当不追究刑事责任。对于上述“犯罪情节较轻”“犯罪情节轻微”“情节显著轻微危害不大不构成犯罪”的具体认定，应当根据所涉罪名的入罪标准，综合犯罪的事实，犯罪的性质、动机、目的、情节、手段、后果，以及被害人的主观恶性、人身危险性大小、有无悔改表现等方面进行把握。

---

① 杨万明、薛淑兰、唐俊杰：《〈关于依法办理家庭暴力犯罪案件的意见〉的理解与适用》，载《人民司法·应用》2015年第9期。

第二，为了加强对施暴人的教育与惩戒，做到惩处与教育相结合，《最高人民法院、最高人民检察院、公安部、司法部关于依法办理家庭暴力犯罪案件的意见》第 18 条进一步提出，除了运用刑罚这一最严厉的惩罚措施外，司法机关还应当充分运用非刑罚处罚措施，如训诫，责令施暴人保证不再实施家庭暴力，或者向被害人赔礼道歉、赔偿损失等，督促其悔过自新。

第三，实践中因家庭暴力引发的杀害、伤害施暴人构成犯罪的案件还比较常见，人民群众对这类案件的被告人普遍抱有同情心理，希望司法机关从宽处理。调研发现，虽然这类案件判刑时大部分都有从宽，但在从宽情节的具体认定以及从宽的幅度方面，各地判罚还不一致。《最高人民法院、最高人民检察院、公安部、司法部关于依法办理家庭暴力犯罪案件的意见》第 20 条对这类案件的处罚提出了指导性意见。

一是应当充分考虑案件中的防卫因素和施暴人的过错责任。只要符合正当防卫条件的，就应当认定为正当防卫，依法不负刑事责任；属于防卫过当的，应当依法减轻或者免除处罚。对于长期遭受家庭暴力后，在激愤、恐惧状态下为了防止再次遭受家庭暴力，或者为了摆脱家庭暴力而故意杀害、伤害施暴人的，虽然不能认定为正当防卫，但是被告人从长期遭受家庭暴力的痛苦经历中，知道自己将来仍然面临着难以避免的家庭暴力，遂对施暴人实施杀害、伤害行为，施暴人在案件起因上具有明显过错或者直接责任，故对这类案件可以酌情从宽处罚。这一量刑政策，与《最高人民法院关于贯彻宽严相济刑事政策的若干意见》第 22 条的规定是一致的。

【刑事审判参考案例】姚某某故意杀人案①

一、基本案情

浙江省衢州市衢江区人民法院经公开审理查明：被告人姚某某与被害人徐某某系夫妻关系，结婚十余年间徐某某经常无故打骂、虐待姚某某。2010 年以来，徐某某殴打姚某某更为频繁和严重。2010 年 5 月 10 日晚，徐某某又寻机对姚某某进行长时间打骂；次日凌晨 5 时许，姚某某因长期遭受徐某某的殴打和虐待，心怀怨恨，遂起杀死徐某某之念。姚某某趁徐某某熟睡之际，从家中楼梯处拿出一把铁榔头，朝徐某某的头部、面部等处猛击数下，后用衣服堵住其口、鼻部，致徐某某当场死亡。当日 8 时 30 分许，姚某某到衢州市公安局衢江分局上方派出所投案。

浙江省衢州市衢江区人民法院认为，被告人姚某某持械故意杀害其丈夫徐某某，其行为构成故意杀人罪。但姚某某的杀人故意系因不堪忍受被害人徐某某的长期虐待和家庭暴力而引发，因此，其杀人行为可认定为故意杀人罪中的情节较轻。案发后，姚某某主动到公安机关投案，如实供述自己的罪行，是自首，依法可从轻处罚。鉴于被告人长期遭受虐待和家庭暴力而杀夫的行为受到民众高度同情，社会危害性相对较小，且被告人具有自首情节，认罪态度较好，家中又尚有未成年的女儿需要抚养，根据其犯罪情节和悔罪表现，对其适用缓刑不致再危害社会，可依法宣告缓刑。依照《刑法》第 232 条、第 67 条第 1 款、第 72 条第 1 款、第 64 条之规定判决：

---

① 金玉棠、汪琳撰稿，陆建红审编：《姚某某故意杀人案——因长期遭受虐待和家庭暴力而杀夫能否认定为故意杀人罪中的"情节较轻"？对此类故意杀人犯能否适用缓刑（第 647 号）》，载最高人民法院刑事审判第一、二、三、四、五庭主办：《刑事审判参考》（总第 76 集），法律出版社 2011 年版，第 30 ~ 36 页。

被告人姚某某犯故意杀人罪，判处有期徒刑三年，缓刑五年。

一审宣判后，被告人姚某某未提出上诉，公诉机关亦未提出抗诉，判决已发生法律效力。

二、主要问题

1. 因长期遭受虐待和家庭暴力而杀夫能否认定为《刑法》第232条规定的“情节较轻”?

2. 本案被告人姚某某是否符合缓刑的适用条件?

三、裁判理由

（一）因长期遭受虐待和家庭暴力而杀夫应认定为刑法第232条规定的“情节较轻”

《刑法》第232条规定：“故意杀人的，处死刑、无期徒刑或者十年以上有期徒刑；情节较轻的，处三年以上十年以下有期徒刑。”对该条中的“情节较轻”如何理解和认定，法律和司法解释尚无具体、明确的规定。理论界和实务界通常将以下情形视为“情节较轻”：（1）防卫过当的故意杀人，指正当防卫超过必要限度而故意将不法侵害者杀死的情形。（2）义愤杀人，指行为人或者其近亲属受被害人的虐待、侮辱或迫害，因不能忍受，为摆脱所受的虐待、侮辱、迫害而实施故意杀人的行为。（3）激情杀人，即本无杀人故意，因被害人的严重过错，在被害人的刺激、挑逗下而失去理智，当场实施故意杀人的行为。（4）受嘱托帮助他人自杀，即基于被害人的请求、自愿而帮助其自杀的行为。（5）生父母溺婴，即父母出于无力抚养、怜悯等不太恶劣的主观动机而将亲生婴儿杀死的行为。上述五种情形又以前三种较为常见和值得探讨，这三类情形有一个共通点，即被害人在案发起因上有严重过错。具体而言，是指被害人出于主观上的故意或过失，侵犯他人合法权益，对诱发被告人的犯意、激发被告人实施犯罪具有直接或间接作用。

将“被害人严重过错”作为故意杀人罪的“情节较轻”情形的法理依据在于：刑事法律负有平衡被告人和被害人之间利益的任务。这种利益上的平衡，在西方国家的刑法理论中表现为“责任分担说”和“谴责性降低说”。“责任分担说”认为，在“一些犯罪中被害人的过错行为使犯罪的发生或者犯罪危害后果的产生不能完全归咎于被告人，此时犯罪行为的责任也要部分地归咎于被害人”。“谴责性降低说”认为，在一些犯罪中“被害人在犯罪发生之前的行为，不论是否应该谴责，只要该行为推动了被告人的暴力反应，那么被告人的受谴责性都应该适当降低”。在我国，有学者提出了“过错相抵”理论，即被告人的过错与被害人的过错能够进行相互抵消或抵减，通过对被告人与被害人相互利益损害计算的方式平衡双方的权益救济途径和方式，从而达到公平保护各方权益的目的。生命权是公民的最高权益，无疑是受到法律严格保护的，但是法律在保护被害人权益的前提下，也不应忽略对被告人权益的保护。当被害人的行为违背公序良俗，违反有关法律、法规、其他规章制度，在道义上或法律上具有可谴责性或可归责性，且该行为是诱发被告人产生犯罪动机或者使犯罪动机外化最主要的因素时，就应当认定被害人具有重大过错，在该情形下，对被告人就应考虑是否按照“情节较轻”处理。

在相关司法解释性文件中，被害人过错已被明确作为量刑的一个重要考虑因素，特别是在故意杀人罪中，被害人过错被列为与法定从轻处罚情节同等位置的量刑情节。如1999年10月27日最高人民法院印发的《全国法院维护农村稳定刑事审判工作座谈会纪要》规定：“对故意杀人犯罪是否判处死刑，不仅要看是否造成了被害人死亡结果，还要综合考虑案件的全部情况。对于因婚姻家庭、邻里纠纷等民间矛盾激化引发的故意杀人

犯罪，适用死刑一定要十分慎重，应当与发生在社会上的严重危害社会治安的其他故意杀人犯罪案件有所区别。对于被害人一方有明显过错或对矛盾激化负有直接责任，或者被告人有法定从轻处罚情节的，一般不应判处死刑立即执行。”2007 年 1 月 15 日《最高人民法院关于为构建社会主义和谐社会提供司法保障的若干意见》第 18 条明确规定了“……因被害方的过错行为引发的案件应慎用死刑立即执行”。

结合本案，我们认为，受虐杀夫的犯罪行为，从杀人原因和审判效果两方面分析，应当认定被害人存在严重过错，该类杀人行为属于故意杀人罪中的“情节较轻”情形。具体理由如下：

1. 从杀人原因分析。尽管受虐杀夫的手段通常比较残忍，且往往伴有死亡结果的发生，但这是由于妇女长期受丈夫或男友暴力虐待所致。有学者引入“受虐妇女综合征”的概念来解释这种故意杀人行为。“受虐妇女综合征”是一种特殊的行为模式，该心理症状由暴力周期和后天无助感两个概念组成。暴力的周期性循环使妇女能够预见下一轮暴力事件发生的时间及其严重程度，而一直处于恐慌的状态。长期遭受暴力以及处于恐慌，使得女性在心理上会逐渐处于瘫痪状态，变得越来越被动，越来越顺从，也越来越无助。这种精神上的钳制积压到一定程度，一旦爆发就容易走极端，丧失理智而失控。由于受虐妇女自身反抗能力的限制和出于对施暴丈夫的恐惧，失控杀夫的时间点往往不是不法侵害正在进行时，所以无法以正当防卫事由获得减轻或者免于处罚。鉴于该类情形被害人即家庭暴力的施暴者在案发起因上具有重大过错，司法实践中一般将因长期受虐而杀夫的行为认定为故意杀人罪中情节较轻的情形。

2. 从刑罚的社会效果分析。对因长期遭受虐待和家庭暴力而杀夫的妇女进行量刑时，按照“情节较轻”处理，对于遏制家庭暴力的滋生蔓延有积极的意义，能获得较好的社会效果。我国现行适用于家庭暴力方面的法律、法规可操作性不强，虽然婚姻法有禁止家庭暴力的规定，但处罚的尺度和依据难以把握。规章制度上的不健全，使受虐妇女在寻求合法的救济途径时困难重重，相关机构在对受虐妇女进行保护时也显得比较无力。上述因素加之家庭暴力的隐蔽性，使得家庭暴力的施暴者更肆无忌惮，暴力行为愈演愈烈。将受虐杀夫的行为认定为犯罪情节较轻，必然会使家庭暴力的施暴者有所收敛，更加理智地权衡自己行为后果的利弊，起到良好的社会导向作用，实现社会自我防卫、主动预防犯罪的目的。同时，受虐杀夫是一种针对性很强的杀人，行为人再次犯同种罪行的可能性甚微，加之行为人主观恶性较小，在道义上得到大家的同情，严惩像她们这样几乎没有人身危险性的受虐妇女，对国家、社会及其子女都是弊大于利，还可能带来更严重的社会家庭问题，不利于社会的和谐发展。因此，将因长期遭受虐待和家庭暴力而杀夫认定为《刑法》第 232 条规定的“情节较轻”，符合宽严相济的刑事政策，顺应刑罚“轻缓化”和“人道化”的发展趋势。

本案中，被告人姚某某与被害人徐某某结婚十多年，被害人经常无故打骂、虐待被告人，被告人也多次尝试向公安机关、村委会、妇联求助，也提出过离婚，但问题难以得到彻底解决。在一次长时间打骂后，被告人长期的积怨爆发，将丈夫杀死，随后到公安机关自首。案发后，当地妇联递交了要求对被告人姚某某轻判的申请报告，当地政府出具了有 600 多位群众签名要求对被告人姚某某从轻处罚的请愿书。

综上，本案是一起非常典型的因长期受虐待和家庭暴力引发的杀夫案件，被害人在案发起因上有重大过错，被告人受到民众的同情，被告人姚某某的杀夫行为应认定为

《刑法》第232条规定的“情节较轻”。

（二）被告人姚某某符合适用缓刑的条件

如前所述，根据本案案情，被告人姚某某的故意杀人犯罪应认定为“情节较轻”，在三年以上十年以下有期徒刑的幅度内量刑。如果对姚某某判处三年有期徒刑，还能否再对其适用缓刑呢？根据《刑法》第72条第1款的规定，“对于被判处拘役、三年以下有期徒刑的犯罪分子，根据犯罪分子的犯罪情节和悔罪表现，适用缓刑确实不致再危害社会的，可以宣告缓刑”。

首先，从本案被告人姚某某犯罪的主观恶性分析，其故意杀人的原因是无法忍受被害人长期以来的虐待和家庭暴力，出于长期的积怨和对未来可能再次遭受虐待与暴力的恐惧，其主观恶性较一般的杀人行为要小得多，被害人的重大过错也很大程度上降低了被告人主观上的可谴责性。

其次，被告人姚某某具有自首情节。自首本身是法定的从轻、减轻处罚情节，能够反映其有较好的认罪态度。本案受虐杀人的对象仅限于家庭暴力的施暴者，一旦施暴者不存在，对其他人和社会也就很难再构成威胁。由此而论，被告人姚某某的社会危害性和人身危险性较小，对其使用缓刑不致再危害社会。

此外，姚某某的行为已经得到社会原谅，并受到社会舆论的同情。当地的政府、妇联以及600多位群众纷纷要求对姚某某从轻处罚，参与庭审旁听的人大代表和政协委员也纷纷表示可以对姚某某适用缓刑。虽然民意不是法定从轻处罚的情节，但是在量刑时应考虑对被告人有利的民意并综合其他因素对被告人从轻或减轻处罚。

最后，本案中还有一个对被告人适用缓刑的考虑因素，即被告人姚某某有一个未成年的女儿需要照料，且其女儿患有先天性甲状腺肿大，需要终生服药。

综上，衢江区人民法院以故意杀人罪对被告人姚某某判处三年有期徒刑并适用缓刑的判决，符合法律规定，符合罪责刑相一致的刑法原则，符合刑罚价值论上的人道性、公正性，有利于社会和谐。

【刑事政策文件】

《最高人民法院、最高人民检察院、公安部、司法部印发〈关于依法办理家庭暴力犯罪案件的意见〉的通知》（2015年3月2日　法发〔2015〕4号）

20. 充分考虑案件中的防卫因素和过错责任。对于长期遭受家庭暴力后，在激愤、恐惧状态下为了防止再次遭受家庭暴力，或者为了摆脱家庭暴力而故意杀害、伤害施暴人，被告人的行为具有防卫因素，施暴人在案件起因上具有明显过错或者直接责任的，可以酌情从宽处罚。对于因遭受严重家庭暴力，身体、精神受到重大损害而故意杀害施暴人；或者因不堪忍受长期家庭暴力而故意杀害施暴人，犯罪情节不是特别恶劣，手段不是特别残忍的，可以认定为刑法第二百三十二条规定的故意杀人“情节较轻”。在服刑期间确有悔改表现的，可以根据其家庭情况，依法放宽减刑的幅度，缩短减刑的起始时间与间隔时间；符合假释条件的，应当假释。被杀害施暴人的近亲属表示谅解的，在量刑、减刑、假释时应当予以充分考虑。

问题26. 对被监护人实施家庭暴力致死行为的定性

【实务专论】①

二、对《最高人民法院、最高人民检察院、公安部、司法部〈关于依法办理家庭暴力犯罪案件的意见〉》主要内容的说明

（三）准确适用法律，依法惩处家暴犯罪

……

实践中，虐待犯罪致人重伤、死亡与故意伤害、故意杀人犯罪致人重伤、死亡容易产生混淆。为了实现准确定罪、罪刑相适应，《最高人民法院、最高人民检察院、公安部、司法部关于依法办理家庭暴力犯罪案件的意见》第17条还对相关犯罪的主、客观方面进行了细致辨析，明确对于主观上追求被害人肉体和精神上的痛苦，长期、多次实施虐待逐渐造成被害人身体损害导致重伤、死亡，或者致使被害人因不堪忍受虐待而自残、自杀导致重伤、死亡的，应当以虐待罪定罪处罚；对于希望或者放任被害人重伤、死亡，持凶器实施暴力，暴力手段残忍，暴力程度较强，直接或者立即造成被害人重伤或者死亡的，应当以故意伤害罪或者故意杀人罪定罪处罚。

【刑事政策文件】

《最高人民法院、最高人民检察院、公安部、司法部印发〈关于依法办理家庭暴力犯罪案件的意见〉的通知》（2015年3月2日 法发〔2015〕4号）

17. ……

准确区分虐待犯罪致人重伤、死亡与故意伤害、故意杀人犯罪致人重伤、死亡的界限，要根据被告人的主观故意、所实施的暴力手段与方式、是否立即或者直接造成被害人伤亡后果等进行综合判断。对于被告人主观上不具有侵害被害人健康或者剥夺被害人生命的故意，而是出于追求被害人肉体和精神上的痛苦，长期或者多次实施虐待行为，逐渐造成被害人身体损害，过失导致被害人重伤或者死亡的；或者因虐待致使被害人不堪忍受而自残、自杀，导致重伤或者死亡的，属于刑法第二百六十条第二款规定的虐待“致使被害人重伤、死亡”，应当以虐待罪定罪处罚。对于被告人虽然实施家庭暴力呈现出经常性、持续性、反复性的特点，但其主观上具有希望或者放任被害人重伤或者死亡的故意，持凶器实施暴力，暴力手段残忍，暴力程度较强，直接或者立即造成被害人重伤或者死亡的，应当以故意伤害罪或者故意杀人罪定罪处罚。

---

① 杨万明、薛淑兰、唐俊杰：《〈关于依法办理家庭暴力犯罪案件的意见〉的理解与适用》，载《人民司法·应用》2015年第9期。

问题27. 如何理解《刑法》第49条“以特别残忍手段致人死亡”

【刑事审判参考案例】胡某某故意杀人案①

一、基本案情

浙江省金华市中级人民法院经公开审理查明：被告人胡某某认为村干部黄某某等三人分地时对其不公，一直欺压自己，遂对黄某某等怀恨在心，预谋将黄某某杀害，并为此准备了杀人工具尖刀一把。2011年11月7日19时30分许，胡某某得知黄某某与其他工作人员来村里做群众工作，即一边尾随其后，一边用脏话挑衅黄某某，途中趁黄某某不备之机，用事先准备的尖刀朝黄某某左侧后背猛刺一刀。黄某某因左肺下叶破裂、心脏破裂致心肺功能衰竭、失血性休克而死亡。当晚，胡某某主动拦下警车向公安机关投案。

浙江省金华市中级人民法院认为，被告人胡某某携尖刀故意杀人，并致被害人死亡，其行为构成故意杀人罪。胡某某犯罪时已满75周岁，且具有自首情节，依法本可以从轻处罚，但鉴于胡某某主观上具有事先准备尖刀的故意，且预谋杀害三人，客观上又尾随、辱骂黄某某并公然持刀猛刺黄某某的背部，致黄某某心、肺破裂后死亡，应当认定“以特别残忍手段致人死亡”，依法应当严惩。依照《刑法》第232条、第67条第1款、第49条第2款、第57条第1款之规定，浙江省金华市中级人民法院以被告人胡某某犯故意杀人罪，判处死刑，剥夺政治权利终身。

一审宣判后，被告人胡某某提出上诉，理由是：一审认定其“以特别残忍手段致人死亡”属于认定错误；胡某某主动投案自首，犯罪时已年满75周岁，原判量刑不当，请求依法改判。

浙江省高级人民法院经审理认为，被告人胡某某为泄私愤，预谋故意非法剥夺他人生命，其行为构成故意杀人罪。胡某某实施犯罪时已年满75周岁，其作案手段不属于特别残忍，依法对其可不适用死刑。胡某某犯罪时虽已年满75周岁并具有自首情节，但其所犯罪行极其严重，不足以对其从轻或者减轻处罚。依照《刑法》第232条、第17条第1款、第49条第2款、第57条第1款、第67条第1款以及《刑事诉讼法》第189条第2项之规定，判决如下：

1. 撤销浙江省金华市中级人民法院（2012）浙金刑一初字第1号刑事附带民事判决中对被告人胡某某的量刑部分，维持判决的其他部分。

2. 被告人胡某某犯故意杀人罪，判处无期徒刑，剥夺政治权利终身。

二、主要问题

1. 如何理解《刑法》第49条第2款中“以特别残忍手段致人死亡”的规定？

2. 对审判时已满75周岁的老年人犯罪能否适用无期徒刑？在判决时当如何引用《刑法》第17条之一与第49条第2款的规定？

三、裁判理由

（一）如何理解和认定“以特别残忍手段致人死亡”

随着生活质量、医疗水平的不断提高，我国的人均寿命正在不断延长，老年人口的

---

① 聂昭伟撰稿，薛淑兰审编：《胡某某故意杀人案——如何理解刑法第四十九条“以特别残忍手段致人死亡”（第830号）》，载最高人民法院刑事审判第一、二、三、四、五庭主办：《刑事审判参考》（总第90集），法律出版社2013年版，第40～45页。

绝对数量及其所占人口总数的相对比例也随之不断提高。针对老年人这一特殊群体的犯罪，世界上许多国家都规定了从宽处罚的制度。2011 年颁布的《刑法修正案（八）》第 1 条新增一条作为《法》刑第 17 条之一，规定："已满七十五周岁的人故意犯罪的，可以从轻或者减轻处罚；过失犯罪的，应当从轻或者减轻处罚。"第 3 条增加一款作为《刑法》第 49 条第 2 款，规定："审判的时候已满七十五周岁的人，不适用死刑，但以特别残忍手段致人死亡的除外。"

由上述规定可知，在我国，对年满 75 周岁的老年人犯罪并非一概不适用死刑，如果年满 75 周岁的老年人犯故意杀人罪且属于"以特别残忍手段致人死亡"的，可以判处死刑。从逻辑结构分析，"以特别残忍手段致人死亡"可以分解为"以特别残忍手段"与"致人死亡"两部分，且这两部分之间存在刑法上的因果关系。其中，"致人死亡"比较容易理解，实践中引发争议的往往是对"特别残忍手段"的理解和认定。

1. 如何理解和认定"特别残忍手段"。众所周知，任何一个犯罪目的的实现都必须借助一定的犯罪手段。犯罪手段不仅可以反映犯罪行为的客观损害程度，还可以反映行为主体的主观恶性和人身危险性大小。因此，犯罪手段在我国司法实践中往往是一个重要的酌定量刑情节。司法实践中，在死刑判决、裁定书中的"裁判理由"部分，"犯罪手段残忍""犯罪手段特别残忍""犯罪手段极其恶劣"等表述充分表明"犯罪手段残忍"或者"犯罪手段特别残忍"已经成为适用死刑立即执行的一个重要依据，特别是在年满 75 周岁的老年人故意杀人案件中，"特别残忍手段"更是适用死刑的唯一法定依据。由此可见，对"手段特别残忍"的理解足以影响死刑在实践中的具体适用。

关于"特别残忍手段"的含义，当前立法、司法机关均未作出具体解释，司法实践中，往往只能由法官自由裁量。如此一来，在具体案件中适用不一以及量刑偏差自然是难以避免的问题。我们认为，对于故意杀人罪中的"特别残忍手段"可以参照故意伤害罪中的"特别残忍手段"进行认定。关于《刑法》第 234 条第 2 款中"致人死亡或者以特别残忍手段致人重伤造成严重残疾"中"特别残忍手段"的理解，全国人大常委会法工委刑法室编著的《中华人民共和国刑法释义》一书认为，该条中的"特别残忍手段"，是指故意造成他人严重残疾而采用毁容、挖人眼睛、砍掉人双脚等特别残忍的手段伤害他人的行为。这一解释依然是粗线条式的，同时亦存在循环定义的逻辑问题，对于具体司法适用问题的解决难以起到实质效果。

一般手段杀人与以特别残忍手段杀人，两者的相同之处在于侵害了被害人的生命权，两者的区别在于对善良风俗、伦理底线、人类恻隐心的侵犯程度不同。因此，对故意杀人罪中"特别残忍手段"的理解和认定，应当符合社会民众一般的观念。我们认为，在具体案件中，对"特别残忍手段"可以综合从以下几个方面理解和认定：（1）杀人手段：使用焚烧、冷冻、油煎、毒蛇猛兽撕咬、分解肢体、剥皮等凶残狠毒方法杀死被害人的。（2）行为过程：犯罪行为持续时间长、次数频繁、折磨被害人的主观故意强。如用凶器数十次捅刺被害人的；长时间暴力折磨被害人，故意加重其痛苦程度的；在被害人失去反抗能力后求饶、逃跑、呼救的过程中，仍然执意追杀被害人的。（3）以其他让社会民众普遍难以接受的手段和方式杀害被害人的。

本案中，胡某某在作案手段上选择的是持刀杀人，而并非其他非常见的凶残狠毒方法；在行为次数上仅仅捅刺了一刀，并非连续捅刺；在被害人失去反抗能力之后也并没有再次捅刺。综上，胡某某的犯罪手段一般，一审法院认定其作案以"特别残忍手段"不当，二审法院认定其作案手段不属于“以特别残忍手段致人死亡”，依法不适用死刑是正确的。

2. 对“特别残忍手段”与“情节特别恶劣”应当区别认定。有观点认为，《刑法》第49条第2款关于“以特别残忍手段致人死亡”的除外规定范围太小，应当扩大为“情节特别恶劣”。即对老年人犯罪是否适用死刑，除了要考虑犯罪行为是否特别残忍之外，还应当综合考虑主观恶性和人身危险性等因素，而不应仅凭手段残忍致人死亡这一情节作出判决。我们认为，“以特别残忍手段致人死亡”仅仅是“情节特别恶劣”的情形之一，“情节特别恶劣”涵盖的范围更广。如果将“以特别残忍手段致人死亡”替换为“情节特别恶劣”，无疑扩大了已满75周岁的老年人适用死刑的限制范围，有违刑法第49条第2款的立法初衷。

本案中，一审法院在认定“以特别残忍手段致人死亡”时，将胡某某有预谋、事先准备凶器以及在公开场合行凶等事实情状作为认定“特别残忍手段”的依据，实际混淆了“特别残忍手段”与“情节特别恶劣”的认定，不当扩大了对老年人犯罪死刑适用的范围，与“有关老年人免除死刑”的立法精神相背离。二审法院认定胡某某的故意杀人行为不属于“特别残忍手段”是正确的。

（二）对已满75周岁的老年人犯罪是否适用无期徒刑以及能否同时适用《刑法》第17条之一的规定

由于对《刑法》第49条第2款和《刑法》第17条之一有不同的理解，对年满75周岁的老年人犯罪是否适用无期徒刑的问题，理论界存在“肯定说”和“否定说”之争。

“否定说”认为，《刑法》第49条第2款规定“审判的时候已满七十五周岁的人，不适用死刑”，这是禁止性规范；《刑法》第17条之一规定“对老年罪犯适用刑罚，可以从轻或者减轻处罚”这是命令性规范。上述两条规定并行不悖，在具体案件中，一般都同时适用。由于《刑法》第49条第2款明确排除了对老年罪犯适用死刑，因而其法定最高刑只能是无期徒刑，同时根据《刑法》第17条的规定，对老年罪犯一般应予以从轻或者减轻处罚，而该条关于“从轻处罚”的规定无法在无期徒刑的范围内得以体现，所以，对老年人在适用从轻处罚的规定时不能适用无期徒刑。“肯定说”则认为，对老年人不适用死刑而判处无期徒刑，已经体现了从宽处罚，可以不再适用《刑法》第17条之一的规定，因此，可以对老年人罪犯适用无期徒刑。

我们认为，从法律规定分析，是否同时适用《刑法》第17条之一和第49条第2款的规定，要视具体情形而定：如果年满75周岁的老年人犯罪属于可以从轻或者减轻处罚但最终未适用从轻或者减轻处罚的，无须同时适用；如果年满75周岁的老年人犯罪属于可以从轻或者减轻处罚且最终适用从轻或者减轻处罚的，或者属于应当从轻或者减轻处罚的，应当同时适用。在认定不属于“以特别残忍手段致人死亡”的前提下：对于年满75周岁的老年人故意犯罪无须同时适用《刑法》第17条之一和第49条第2款规定的情形，可以对年满75周岁的老年人判处无期徒刑；对于年满75周岁的老年人故意犯罪同时适用《刑法》第17条之一和第49条第2款规定的情形，对年满75周岁的老年人不应判处无期徒刑。基于上述分析，对年满75岁的老年人罪犯，是否可以判处无期徒刑，取决于对年满75周岁的老年人故意犯罪是否适用从轻或者减轻处罚，而是否适用从轻或者减轻处罚，应当根据具体犯罪事实和犯罪情节予以综合认定。

本案中，二审法院在认定被告人胡某某犯罪手段不属于“以特别残忍手段致人死亡”的同时，综合本案具体犯罪事实和各种犯罪情节，认为胡某某所犯罪行严重，对其不适

用从轻或者减轻处罚，从而对其判处无期徒刑是正确的。由于《刑法》第17条之一的规定可以延伸出适用从轻或者减轻处罚和不适用从轻或者减轻处罚的可能，故二审判决同时引用《刑法》第17条之一和第49条第2款的规定，是规范、妥当的。

问题28. 手段极为残忍、危害后果极其严重的暴力伤医行为的认定

【刑事审判参考案例】王某某故意杀人案①

一、基本案情

天津市第一中级人民法院公开审理查明：被告人王某某因患脑血栓病曾到天津市多家医院治疗。2012年10月14日，王某某到天津中医药大学第一附属医院找医生康某某（被害人，女，殁年46岁）为其针灸治疗。接受治疗后，王某某自感病痛无缓解，反而有所加重，认为康某某对其治疗不当，并多次向其亲属表示对康某某的不满。此后，王某某又至其他医院及诊所接受治疗，仍感到身体不适，即认为自身病情加重系康某某针灸治疗所致，遂产生杀害康进行报复之念。为实施报复杀人行为，王某某事先了解康某某的出诊时间并预谋作案。2012年11月29日11时许，王某某携带其家中的斧子至天津中医药大学第一附属医院，在康某某工作的诊室外伺机作案。当日13时许，王某某见康某某回到诊室，以要求康为其治疗为由随同进入诊室并将房门关闭。趁康某某不备，王某某双手持斧朝康头部猛砍，康受伤后逃向房门，因伤势过重而倒地。王某某唯恐康某某不死，又持斧子朝康头部猛砍数下，致康重度颅脑损伤经抢救无效死亡。作案后，王某某从该诊室的窗户跳下受伤，后被民警抓获。

2013年2月4日，天津市第一中级人民法院以（2013）一中刑初字第18号刑事附带民事判决，认定被告人王某某犯故意杀人罪，判处死刑，剥夺政治权利终身。

一审宣判后，被告人王某某以量刑过重为由提出上诉。其辩护人提出王某某具有以下可以从轻处罚的量刑情节：（1）王某某在案发前处于严重精神障碍边缘，行为和控制能力有所限制；（2）王某某归案后认罪悔罪，有坦白情节且系初犯；（3）王某某愿意积极赔偿被害人亲属的经济损失。

天津市高级人民法院经依法开庭审理，于2013年4月24日以（2013）津高刑一终字第74号刑事附带民事裁定，驳回上诉、维持原判，并依法报请最高人民法院核准死刑。

最高人民法院经复核认为，被告人王某某故意非法剥夺他人生命，其行为已构成故意杀人罪。王某某不能正确对待医患关系，无端怀疑其病症未得到缓解系被害人康某某实施针灸治疗所致，蓄意行凶报复，持斧子闯入医院杀死医生康某某，犯罪手段残忍，情节恶劣，罪行极其严重，应依法惩处。第一审判决、第二审裁定认定的事实清楚，证据确实、充分，定罪准确，量刑适当。审判程序合法。2014年4月9日，最高人民法院核准王某某死刑。

二、裁判理由

（一）暴力伤医的含义及构成

世界卫生组织（WHO）于2002年5月10日在公报《新的研究表明工作场所暴力威

---

① 于耀辉、冯天撰稿，叶邵生审编：《王某某故意杀人案》，载最高人民法院刑事审判第一、二、三、四、五庭主办：《刑事审判参考》（总第119集），法律出版社2019年版，第136～140页。

胁卫生服务》中对“医院工作场所暴力”给出过界定。根据该公报，暴力伤医行为，是指医疗卫生人员在医院工作场所或因医疗关系而遭受到患者、患者家属亲友、第三方的言语侮辱、暴力威胁和攻击，且已经对医护工作人员的身体或精神造成了伤害或威胁。这里的暴力伤医是一个广义上的概念，它包括对医务工作者的暴力威胁和非暴力威胁。

暴力伤医并非一个单独的刑法罪名，在法律语境下的暴力伤医行为通常具有以下特征：第一，暴力伤医的行为主体为不特定的人，可能是接受医疗的患者或者其亲友，也可能是医患关系之外的其他人。第二，暴力伤医行为人的主观方面为故意，即暴力行为的实施者主观上希望、追求或放任特定医护人员的身体健康遭受伤害甚至出现死亡的后果出现。第三，暴力伤医行为侵犯的客体为复合客体，其中既包括被伤害的医护人员的生命安全、身体健康权利，也包括医疗机构的正常医疗秩序甚至是其他患者的正当权益。第四，暴力伤医的客观方面体现为行为人实施了暴力行为，并导致了医护人员的人身安全遭受侵害或者医疗秩序遭到破坏的严重后果。

结合本案，被告人王某某使用暴力手段，故意杀害曾经的主治医师康某某，侵犯了康某某的生命健康权，并导致康某某死亡，符合暴力伤医行为的四个构成要素，是典型的暴力伤医案件。

（二）暴力伤医行为的危害后果分析

暴力伤医案件除了对被害人，即医生的身体健康和生命安全造成直接的危害外，还对医患关系、医疗制度乃至社会的医疗秩序造成了严重的损害，这也是社会一旦发生暴力伤医案件便引起公众普遍关注的原因所在。

1. 对医生的伤害。暴力伤医不同于通常的医患矛盾，从伦理的角度分析，该类行为实质上属于“以怨报德”的行为。暴力伤医行为在对医生的身体健康造成伤害的同时，还严重恶化了执业环境，对医生的职业认同感造成巨大冲击，导致医务人员产生职业倦怠和不安心理，严重影响医生专业水平的发挥，从而又进一步加剧了医患矛盾。

2. 对医院的危害。暴力伤医事件在对医生本身造成伤害的同时，还严重干扰医院正常的医疗秩序，影响其服务供给能力，给医院带来重大损失。医院是事关患者生命安全的公共场所，暴力伤医事件恶化了医疗执业环境，严重干扰了医院的正常诊疗秩序，并且会最终影响医疗质量和医疗安全。

3. 对社会的危害。暴力伤医行为首当其冲的受害者虽然是医务工作者，但如果该类违法犯罪得不到有效遏制，造成医疗卫生人才流失，最终受害者就是全社会。应当形成共识的是，医疗秩序直接关系人们的生命健康权益，良好的医患关系有助于和谐社会的发展，而频发的暴力伤医事件则将医患之间的矛盾进一步尖锐化、白热化，直接影响社会的稳定。

（三）本案的定罪、量刑分析

从在案的证据来看，王某某行凶杀人过程有现场目击证人，其本人在现场被抓获，在其身上检出被害人血斑，现场留有其足迹，在案其他证据与其口供相互吻合，其本人对持斧头多次砍击康某某头部并致康某某死亡的事实亦供认不讳。现有证据能够充分证明王某某所犯的故意杀人犯罪事实，其作案手段之残忍也体现出王某某的主观恶性之深。对于辩护人提出王某某具有精神疾病的辩护意见，司法精神病鉴定专业权威机构对案发前后王某某身体、心理所出现的各种状况进行了翔实的分析和充分论证，在此基础上对王某某精神状况及责任能力作出最终认定，出具了司法精神病鉴定意见，认为能够排除王某某患有精神疾病的可能，王某某在作案时具有完全刑事责任能力。

关于定罪。本案作为一起手段极为残忍、危害后果极其严重的暴力杀医事件，在社会造成了极其恶劣的负面影响，于情于理于法，被告人王某某都应当受到严厉惩处。综观全案，王某某将自身疾病无法治愈的原因，无端归责于作为医生的康某某，故意持斧砍击被害人致死，其行为无疑已构成故意杀人罪。

关于量刑。被告人王某某在报复动机的驱使下，在医院正常的诊疗时间段内，在康某某的诊室持斧子多次砍击康某某的头部，造成康某某死亡的严重后果。王某某系在医院这个特定的场合，假装作为患者进入诊室，在医生毫无防备的情况下对其实施了残忍的杀害行为，不但严重侵犯了被害人的生命健康权，还严重破坏了涉事医院的正常诊疗秩序，伤害了广大医护人员的职业感情和执业信心。案发后，相关媒体，包括天津当地媒体及新华社等均对案件进行了大幅度报道，引发了广泛的社会讨论，在天津地区乃至全国范围内造成了非常恶劣的社会影响。综合全案情节，被告人王某某的犯罪手段极其残忍，情节极其恶劣，罪行极其严重，人民法院依法判处其死刑立即执行是合适的。

【刑事政策文件】

《最高人民法院、最高人民检察院、公安部等印发〈关于依法惩处涉医违法犯罪维护正常医疗秩序的意见〉的通知》（2014 年 4 月 22 日　法发〔2014〕5 号）

二、严格依法惩处涉医违法犯罪

（一）在医疗机构内殴打医务人员或者故意伤害医务人员身体、故意损毁公私财物，尚未造成严重后果的，分别依照治安管理处罚法第四十三条、第四十九条的规定处罚；故意杀害医务人员，或者故意伤害医务人员造成轻伤以上严重后果，或者随意殴打医务人员情节恶劣、任意损毁公私财物情节严重，构成故意杀人罪、故意伤害罪、故意毁坏财物罪、寻衅滋事罪的，依照刑法的有关规定定罪处罚。

问题 29. 罪行极其严重的故意杀人案件中死刑的适用问题

【实务专论】①

《刑法》第 232 条规定："故意杀人的，处死刑、无期徒刑或者十年以上有期徒刑；情节较轻的，处三年以上十年以下有期徒刑。"可见，故意杀人案件的法定刑幅度甚大，并非造成死亡结果就得判处死刑。《刑法》第 48 条规定："死刑只适用于罪行极其严重的犯罪分子。"也就是说，在故意杀人案件中，只有对于罪行极其严重的被告人才适用死刑。如何判断故意杀人案件的被告人罪行极其严重？笔者认为，应包括四个方面：犯罪性质特别严重；犯罪情节极其严重；犯罪后果极其严重；被告人的主观恶性和人身危险性极大。在此基础上，还要综合考虑被告人是否具有其他法定从轻或酌定从轻处罚情节，以正确适用死刑。

犯罪性质极其严重。笔者将故意杀人案件分为两类：一是严重危害社会治安、严重影响人民群众安全感的故意杀人案件；二是因婚姻家庭、邻里纠纷等民间矛盾激化引发的故意杀人案件。这是两种不同性质的故意杀人案件。前者如暴力恐怖犯罪、黑社会性

① 高憬宏、姜永义、王尚明：《故意杀人、故意伤害案件的死刑适用》，载《人民司法·应用》2010 年第 3 期。

质组织犯罪、恶势力犯罪以及其他严重危害社会治安的；雇凶杀人的；冒充军警、执法人员杀人的等案件。对于这类犯罪，应当体现从严惩处的原则，依法判处被告人重刑直至判处死刑立即执行。需要明确的是，即使是这类犯罪，也有一些属于从宽的对象，比如具有法定从轻、减轻处罚情节的，也要注意依法从宽处罚。而后者往往是因民间矛盾激化引发，有些纠纷从产生到激化有较长时间的积累演变过程。这类案件一般犯罪对象特定，对周围群众的安全感影响较小，又多发生在特定情境之中，具有一定的偶然性。2006 年 11 月，最高人民法院第五次刑事审判工作会议明确要求："对于因婚姻家庭、邻里纠纷等民间矛盾激化引发的案件，因被害方的过错行为引起的案件，案发后真诚悔罪并积极赔偿被害人损失的案件，应慎用死刑立即执行。"因此，我们认为，对于严重危害社会治安的故意杀人案件，依法可以判处死刑立即执行的，应坚决判处，决不手软。对于因婚姻家庭、邻里纠纷以及山林、水流、田地等民间矛盾激化引发的故意杀人案件，在适用死刑时应特别慎重，如果被害人一方有明显过错或者对矛盾激化负有直接责任的；被告人有法定从轻情节的；被告人积极赔偿被害人经济损失、真诚悔罪的；被害方谅解的，除犯罪情节特别恶劣、犯罪后果特别严重、人身危险性极大的被告人外，一般可考虑不判处死刑立即执行。

犯罪情节极其严重。故意杀人犯罪情节极其严重的有：杀人对象特殊，如暴力抗法而杀害执法人员的，杀害孕妇、儿童的；滥杀无辜的。杀人场所特殊，如在公共场所行凶杀人的。杀人手段特别残忍，如采用挖眼、掏心等使被害人承受极端痛苦的手段杀人的。实施其他犯罪后杀人灭口的；杀人后为掩盖罪行或者出于其他卑劣动机分尸、碎尸、焚尸灭迹的。持枪杀人的，等等。对于犯罪情节极其严重，又无其他法定或酌定从轻情节的，可以依法判处死刑立即执行。如果犯罪情节一般，被告人真诚悔罪取得被害方谅解的，或有立功、自首等法定从轻情节的，可不判处死刑立即执行。

犯罪后果极其严重。故意杀人犯罪的直接后果主要是致人死亡，但也要考虑对社会治安的影响等其他后果。一般来说，造成 1 人死亡，如果被告人有法定、酌定从轻情节的，一般不判处死刑立即执行；造成 2 人以上死亡或多人伤亡的，一般可判处死刑立即执行。在故意杀人案件中，如果故意杀人未遂，未造成死亡后果的，一般应按刑法关于未遂的规定从轻处罚；对于具有防卫性质的，被害人有明显过错或对矛盾激化负有直接责任，也不适用死刑立即执行。比如，被告人在正当经营中受到黑恶势力滋扰、索要"保护费"，被告人在反抗过程中即使致黑恶势力人员多名伤亡的，也应从轻处罚。

主观恶性、人身危险性极大。犯罪性质、犯罪情节体现了被告人主观恶性、人身危险性的不同。除此之外，主观恶性还表现在犯罪动机、犯罪预谋、故意内容及结合被害人有无过错等方面综合判断。审判实践中，主观恶性较深的情节有：出于恶意竞争杀害竞争对手的；预谋杀人或杀人决意明显的；性情残暴动辄肆意杀人的，等等。相对而言，下列情形主观恶性较小：激情杀人的；被害人有过错的；间接故意杀人的，等等。对于主观恶性较小的，可不判处死刑立即执行。

人身危险性是指再犯可能性，一般是从被告人有无前科及平时表现、悔罪情况等方面综合判断。对于累犯中前罪系暴力犯罪，或者曾因暴力犯罪被判重刑后又犯故意杀人罪的；平时横行乡里，寻衅滋事杀人的；前科累累，不堪改造的等，人身危险性较大，可从重处罚。被告人虽有前科，或虽系累犯，但前罪系盗窃等非暴力性犯罪，且处刑较轻的，一般不宜作为死刑量刑的从重情节。被告人杀人后积极抢救被害人、减轻危害后

果或者防止危害后果扩大的；被告人平时表现较好，激情犯罪的，表明人身危险较小，可以酌情从轻处罚。在综合上述4个方面判断被告人罪行是否极其严重的基础上，还要注意考虑被告人的刑事责任能力。刑事责任能力是指行为人的辨认能力和控制能力，与行为人的年龄、精神状态有关。如我国刑法虽然规定年满18周岁，精神正常的人应负完全刑事责任，可依法适用死刑。但是刚满18周岁的人与年长的成年人相比，毕竟社会经历有限，适用死刑立即执行要特别慎重。年满70周岁的人，由于生理原因，控制能力也有减弱，也应从宽处罚。这不仅是现代文明社会对特殊犯罪人群的宽容，体现了我国的文化传统，也有利于促进和谐社会。

审判实践中，醉酒杀人案件也不少见。醉酒的人应负刑事责任，这是法律明文规定的，但负刑事责任不一定必须都负死罪的责任。应该承认，醉酒（不包括病理性醉酒）状态下，行为人的辨认能力与正常状态有所不同，控制能力与正常状态相比有所减弱，容易出现过激行为，乃至发生杀人案件。鉴于醉酒状态下行为人的辨认能力、控制能力与正常状态下有所不同，其刑事责任能力有所减弱，如果没有从重情节，可予以从轻处罚。但对于那些经常酗酒、借酒闹事，行凶杀人的，则不予从轻处罚。

【最高人民检察院指导性案例】郭某某参加黑社会性质组织、故意杀人、故意伤害案①

［基本案情］

被告人郭某某，男，四川省人，1972年生，无业。1997年9月因犯盗窃罪被判有期徒刑五年六个月，2001年12月刑满释放。

2003年5月7日，李某1（另案处理，已判刑）等人在四川省三台县某歌城唱歌结账时与该歌城老板何某发生纠纷，被告人郭某某受李某2一方纠集，伙同李某2、王某1、王某2（另案处理，均已判刑）打砸该歌城，郭某某持刀砍人，致何某重伤、顾客吴某某轻伤。

2008年1月1日，闵某1（另案处理，已判刑）与王某3在四川省三台县里程乡岩崖坪发生交通事故，双方因闵某某摩托车受损赔偿问题发生争执。王某3电话通知被害人兰某、李某2等人，闵某1电话召集郭某某及闵某2、陈某（另案处理，均已判刑）等人。闵某2与其朋友代某某、兰某1先到现场，因代某某、兰某1与争执双方均认识，即进行劝解，事情已基本平息。后郭某某、陈某等人亦分别骑摩托车赶至现场。闵某1向郭某某指认兰某2后，郭某某持菜刀欲砍兰某2，被路过并劝架的被害人蓝某某（殁年26岁）阻拦，郭某某遂持菜刀猛砍蓝某某头部，致蓝某某严重颅脑损伤死亡。兰某2、李某2等见状，持木棒击打郭某某，郭某某持菜刀乱砍，致兰某2重伤，致李某2轻伤。后郭某某搭乘闵某2所驾摩托车逃跑。

2008年5月，郭某某负案潜逃期间，应同案被告人李某3（犯组织、领导黑社会性质组织罪、故意伤害罪等，被判处有期徒刑十四年）的邀约，到四川省绵阳市安县参加了同案被告人王某4（犯组织、领导黑社会性质组织罪、故意伤害罪等罪名，被判处有期徒刑二十年）组织、领导的黑社会性质组织，充当打手。因王某4对胡某不满，让李某3安排人教训胡某及其手下。2009年5月17日，李某3见胡某两名手下范某1、张某4在安县花荄镇姜记烧烤店吃烧烤，便打电话叫来郭某某。经指认，郭某某蒙面持菜刀砍击范某、张某4，致该二人轻伤。

---

① 最高人民检察院2014年9月10日发布的第五批指导性案例（检例第18号）。

［诉讼过程］

2010 年 12 月 17 日，绵阳市中级人民法院一审认为，被告人郭某某 1997 年因犯盗窃罪被判处有期徒刑，2001 年 12 月 26 日刑满释放后，又于 2003 年故意伤害他人，2008 年故意杀人、参加黑社会性质组织，均应判处有期徒刑以上刑罚，系累犯，应当从重处罚。依法判决：被告人郭某某犯参加黑社会性质组织罪，处有期徒刑两年；犯故意杀人罪，处死刑，缓期二年执行，剥夺政治权利终身；犯故意伤害罪，处有期徒刑五年；数罪并罚，决定执行死刑，缓期二年执行，剥夺政治权利终身。

2010 年 12 月 30 日，四川省绵阳市人民检察院认为一审判决对被告人郭某某量刑畸轻，依法向四川省高级人民法院提出抗诉。2012 年 4 月 16 日，四川省高级人民法院二审判决采纳抗诉意见，改判郭某某死刑立即执行。2012 年 10 月 26 日，最高人民法院裁定核准四川省高级人民法院对被告人郭某某的死刑判决。2012 年 11 月 22 日，被告人郭某某被执行死刑。

［抗诉理由］

一审宣判后，四川省绵阳市人民检察院经审查认为原审判决对被告人郭某某量刑畸轻，依法向四川省高级人民法院提出抗诉；四川省人民检察院支持抗诉。抗诉和支持抗诉理由：一审判处被告人郭某某死刑，缓期二年执行，量刑畸轻。郭某某 1997 年因犯盗窃罪被判有期徒刑五年六个月，2001 年 12 月刑满释放后，不思悔改，继续犯罪。于 2003 年 5 月 7 日，伙同他人打砸三台县“经典歌城”，并持刀行凶致一人重伤，一人轻伤，其行为构成故意伤害罪。负案潜逃期间，于 2008 年 1 月 1 日在三台县里程乡岩崖坪持刀行凶，致一人死亡，一人重伤，一人轻伤，其行为构成故意杀人罪和故意伤害罪。此后，又积极参加黑社会性质组织，充当他人打手，并于 2009 年 5 月 17 日受该组织安排，蒙面持刀行凶，致两人轻伤，其行为构成参加黑社会性质组织罪和故意伤害罪。根据本案事实和证据，被告人郭某某的罪行极其严重、犯罪手段残忍、犯罪后果严重，主观恶性极大，根据罪责刑相适应原则，应当依法判处其死刑立即执行。

［终审结果］

四川省高级人民法院二审认为，本案事实清楚，证据确实、充分，原审被告人郭某某犯参加黑社会性质组织罪、故意杀人罪、故意伤害罪，系累犯，主观恶性极深，依法应当从重处罚。检察机关认为“原判对郭某某量刑畸轻”的抗诉理由成立。据此，依法撤销一审判决关于原审被告人郭某某量刑部分，改判郭某某犯参加黑社会性质组织罪，处有期徒刑两年；犯故意杀人罪，处死刑；犯故意伤害罪，处有期徒刑五年；数罪并罚，决定执行死刑，并剥夺政治权利终身。经报最高人民法院核准，已被执行死刑。

［要旨］

死刑依法只适用于罪行极其严重的犯罪分子。对故意杀人、故意伤害、绑架、爆炸等涉黑、涉恐、涉暴刑事案件中罪行极其严重，严重危害国家安全和公共安全、严重危害公民生命权，或者严重危害社会秩序的被告人，依法应当判处死刑，人民法院未判处死刑的，人民检察院应当依法提出抗诉。

［相关法律规定］

《刑法》第 232 条、第 234 条、第 294 条；《刑事诉讼法》第 217 条、第 225 条第 1 款第 2 项。

【刑事政策文件】

《最高人民法院关于印发〈全国法院维护农村稳定刑事审判工作座谈会纪要〉的通知》(1999 年 10 月 27 日　法〔1999〕217 号)

要准确把握故意杀人犯罪适用死刑的标准。对故意杀人犯罪是否判处死刑，不仅要看是否造成了被害人死亡结果，还要综合考虑案件的全部情况。对于因婚姻家庭、邻里纠纷等民间矛盾激化引发的故意杀人犯罪，适用死刑一定要十分慎重，应当与发生在社会上的严重危害社会治安的其他故意杀人犯罪案件有所区别。对于被害人一方有明显过错或对矛盾激化负有直接责任，或者被告人有法定从轻处罚情节的，一般不应判处死刑立即执行。

要注意严格区分故意杀人罪与故意伤害罪的界限。在直接故意杀人与间接故意杀人案件中，犯罪人的主观恶性程度是不同的，在处刑上也应有所区别。间接故意杀人与故意伤害致人死亡，虽然都造成了死亡后果，但行为人故意的性质和内容是截然不同的。不注意区分犯罪的性质和故意的内容，只要有死亡后果就判处死刑的做法是错误的，这在今后的工作中，应当予以纠正。对于故意伤害致人死亡，手段特别残忍，情节特别恶劣的，才可以判处死刑。

问题 30. 因民间矛盾激化引发且被害人有一定过错的故意杀人案件如何适用死刑

【公报案例】路某 1 故意杀人案①

被告人路某 1，男，河北省沙河市人。2000 年 4 月 17 日被逮捕。现在押。

河北省邢台市中级人民法院审理邢台市人民检察院指控被告人路某 1 犯故意杀人罪一案，于 2002 年 6 月 22 日以（2002）邢刑初字第 54 号刑事附带民事判决，认定被告人路某 1 犯故意杀人罪，判处死刑，缓期二年执行，剥夺政治权利终身，与路某 2（同案被告人，已判刑）共同赔偿附带民事诉讼原告人经济损失人民币 8000 元。宣判后，附带民事诉讼原告人提出上诉，河北省邢台市人民检察院提出抗诉。河北省高级人民法院于 2002 年 12 月 11 日以（2002）冀刑一终字第 766 号刑事附带民事判决，撤销一审刑事附带民事判决中对被告人路某 1 的量刑部分，认定路某 1 犯故意杀人罪，判处死刑，剥夺政治权利终身，并依法报请本院核准。本院于 2003 年 5 月 13 日以（2003）刑复字第 19 号刑事裁定，撤销河北省高级人民法院（2002）冀刑一终字第 766 号刑事附带民事判决，发回河北省高级人民法院重新审判。河北省高级人民法院经重新审判，于 2004 年 3 月 24 日以（2003）冀刑一终字第 704 号刑事附带民事判决，撤销河北省邢台市中级人民法院（2002）邢刑初字第 54 号刑事附带民事判决，认定被告人路某 1 犯故意杀人罪，判处死刑，剥夺政治权利终身，并再次依法报请本院核准。本院依法组成合议庭，对本案进行了复核。现已复核终结。

经复核确认：2000 年 3 月 18 日晚 8 时许，被告人路某 1 酒后驾驶摩托车带路某 2（同案被告人，已判刑）返家，行至沙河市高店村西时，遇被害人崔某某驾驶摩托车酒后倒地挡在路中，影响车辆通行。路某 1 叫崔某某让路，崔某某未动，双方发生口角并殴

---

① 载《最高人民法院公报》2005 年第 6 期。

斗。路某1、路某2将崔某某打倒在地，在路某2按住崔某某殴打时，路某1用石头砸在崔的头部。后路某1、路某2逃离现场。崔某某因头部受钝性外力作用致硬膜下血肿当场死亡。

上述事实，有现场勘查笔录、提取的作案石头及法医鉴定结论、证人证言证实。被告人亦供认，足以认定。

本院认为，被告人路某1的行为已构成故意杀人罪，后果严重，应依法惩处。一、二审判决定罪准确。但一、二审判决认定被告人路某1驾驶摩托车轧在被害人崔某某的腿部，并引发双方发生口角并殴斗的事实，仅有证人席某某一人证言，无其他证人证言及被告人供述印证，且与公安机关的尸检报告不符，证据不确实、充分，本院不予认定。鉴于本案系因民事纠纷引发，双方在案件起因上均有一定过错，且被告人路某1在羁押期间有制止他人自杀的表现等具体情节，对被告人路某1判处死刑，可不立即执行。依照《刑事诉讼法》第199条和《最高人民法院关于执行〈中华人民共和国刑事诉讼法〉若干问题的解释》第285条第3项、《刑法》第232条、第57条第1款的规定，判决如下：

一、撤销河北省高级人民法院（2003）冀刑一终字第704号刑事附带民事判决中对被告人路某1的量刑部分；

二、被告人路某1犯故意杀人罪，判处死刑，缓期二年执行，剥夺政治权利终身。

本判决送达后即发生法律效力。

问题31. 对罪行极其严重的故意杀人未遂犯，能否适用死刑立即执行

【刑事审判参考案例】覃某某强奸、故意杀人案[①]

一、基本案情

四川省凉山彝族自治州中级人民法院经不公开审理查明：2007年9月23日15时许，被告人覃某某在四川省会理县太平镇小村村1组大火房山（地名）山坡上找蝉壳，遇见在此放羊的被害人代某（女，时年18岁）。覃某某见四周无人，产生强奸代某的念头。覃某某趁代某不备，从后面将代某抱住，遭代某反抗，覃某某便用随身携带的尖刀将代某胸部刺伤，强行将代某奸淫。事后代某指责覃某某，覃某某又用刀捅刺代某腹部，并将代某推下山坡，捡一石头砸向代某，但未砸中。代某受伤昏迷。覃某某以为代某已死亡，便逃至黄泥包包（地名）附近坐下抽烟。代某醒来后，捡起一根木棒拄着，走到黄泥包包处呼救。覃某某听到代某的呼救声，再次跑到代某面前，将其用于支撑的木棒抢下丢弃，并用尖刀捅刺代某的腰部。代某反抗时将覃某某的刀抢落，覃某某用手将代某露出的肠子扯断，又捡起地上的刀，向代某的腹部、腿部连刺数刀，后因见村民赶来，才逃离现场。代某经抢救脱离生命危险，损伤程度为重伤。

四川省凉山彝族自治州中级人民法院认为，被告人覃某某违背妇女意愿，使用暴力手段奸淫妇女，其行为构成强奸罪；覃某某因遭被害人指责，又用刀捅刺被害人，并扯断被害人漏出的肠子，致人重伤，其行为又构成故意杀人罪。覃某某故意杀人虽属未遂，

---

① 李晓光、赵娟撰稿，韩维中审编：《覃某某强奸、故意杀人案——对罪行极其严重的故意杀人未遂犯，能否适用死刑立即执行（第657号）》，载最高人民法院刑事审判第一、二、三、四、五庭主办：《刑事审判参考》（总第77集），法律出版社2011年版，第35～41页。

但其犯罪手段特别残忍，情节特别恶劣，社会影响极坏，不足以从轻处罚。对覃某某及其辩护人所提辩解和辩护意见不予采纳。依照《刑法》第236条第1款、第232条、第23条、第69条、第57条第1款之规定，判决如下：

被告人覃某某犯故意杀人罪，判处死刑，剥夺政治权利终身；犯强奸罪，判处有期徒刑十年；决定执行死刑，剥夺政治权利终身。

一审宣判后，被告人覃某某提出上诉。覃某某辩称，其未强奸代某，也未想杀死代某；一审认定其构成故意杀人未遂，但未比照既遂犯从轻或者减轻处罚，量刑过重。其辩护人提出，覃某某只想阻止代某呼救，并非想将其杀死，本案应定性为故意伤害罪；一审认定覃某某构成故意杀人未遂，但未比照既遂犯从轻或者减轻处罚，量刑偏重；覃某某认罪、悔罪态度较好，请求对覃某某从轻或者减轻处罚。

四川省高级人民法院经二审审理认为，原判认定事实和适用法律正确，量刑适当，审判程序合法。依照《刑事诉讼法》第189条第1项、第199条之规定，裁定驳回上诉，维持原判，并依法报请最高人民法院核准。

最高人民法院经复核认为，被告人覃某某违背妇女意志，采用暴力手段奸淫妇女的行为构成强奸罪；覃某某强奸被害人后为防止罪行败露而故意非法剥夺被害人生命的行为又构成故意杀人罪。覃某某持刀捅刺被害人代某胸部后将代某奸淫，为掩盖罪行而持刀捅刺代某的腹部致代某小肠外露并滚下山坡，在发现代某未死后再次持刀捅刺并扯断代某小肠，犯罪动机卑劣，手段特别残忍，情节特别恶劣，罪行极其严重，应依法严惩并数罪并罚。虽然覃某某故意杀人系未遂，但根据本案的事实、性质、情节和对社会的危害程度，依法可不从轻处罚。第一审判决、第二审裁定认定覃某某强奸并杀害代某致重伤的事实清楚，证据确实、充分，定罪准确，量刑适当，审判程序合法。依照《刑事诉讼法》第199条和《最高人民法院关于复核死刑案件若干问题的规定》第2条第1款之规定，裁定如下：

核准四川省高级人民法院（2008）川刑终字第773号维持第一审对被告人覃某某以故意杀人罪判处死刑，剥夺政治权利终身；以强奸罪判处有期徒刑十年，决定执行死刑，剥夺政治权利终身的刑事裁定。

二、主要问题

1. 对罪行极其严重的故意杀人未遂犯，能否适用死刑立即执行？

2. 二审期间是否可以以强奸致人重伤为由，对被告人以强奸罪判处死刑？

三、裁判理由

本案是一起性质极为恶劣、后果十分严重的强奸杀人案件。在审理过程中，对被告人覃某某是否适用死刑以及以何罪名适用死刑，存在不同的意见。第一种意见认为，犯罪未遂只是“可以”并非“应当”比照既遂犯从轻或者减轻处罚，覃某某虽然故意杀人未遂，但其作案动机卑劣，犯罪手段极其残忍，情节极其恶劣，对被害人代某的身心造成了极大伤害，当地群众强烈要求严惩，应以故意杀人罪判处死刑。第二种意见认为，覃某某杀害代某未遂，属于法定从宽情节，对其可判处死刑，缓期二年执行。第三种意见认为，覃某某杀害代某未遂，不宜以故意杀人罪判处死刑，但二审期间可以强奸致人重伤为由，认定覃某某犯强奸罪并判处死刑。

我们认为，第一种意见是正确的。具体分析如下。

（一）对罪行极其严重的故意杀人未遂犯，可以依法判处死刑立即执行

《刑法》第61条规定："人民法院在对犯罪分子决定刑罚的时候，应当根据犯罪的事实、性质、情节和对于社会的危害程度，依照刑法的有关规定判处。"这是对量刑原则的基本规定，是罪刑相适应原则的具体化。量刑情节是反映罪行轻重以及行为人的人身危险程度，从而影响刑罚轻重的各种情况。量刑情节有法定情节和酌定情节之分。法定情节是刑法明文规定在量刑时应当予以考虑的情节，以刑法是否就法定情节的功能作出绝对性规定为标准，又可将法定情节分为应当型情节和可以型情节。前者是刑法明文规定的，对量刑应当产生从宽或从严影响的情节，如中止犯与累犯；后者是刑法明文规定的，对量刑可能产生从宽影响的情节，如未遂犯。酌定情节是刑法未作明文规定，根据刑事立法精神与刑事政策，由法院从审判经验中总结出来的，在量刑时需要酌情考虑的情节。

犯罪未遂是司法实践中一种常见的法定从宽处罚情节。《刑法》第23条规定："已经着手实行犯罪，由于犯罪分子意志以外的原因而未得逞的，是犯罪未遂。对于未遂犯，可以比照既遂犯从轻或者减轻处罚。"这种规定的根据在于，以犯罪未遂论处的行为完全符合犯罪构成要件，其社会危害性达到了应受刑罚处罚的程度，故应当负刑事责任。同时，以犯罪未遂论处的行为的社会危害性通常小于犯罪既遂的情形，故对于未遂犯原则上可以比照既遂犯从轻或者减轻处罚。"可以"而非"应当"从宽处罚，意味着刑法对未遂犯采取的从宽原则是得减主义而非必减主义，即通常给予从宽处罚，但法官根据案件的具体情况，也可以不予从宽处罚。这一原则也适用于处理犯罪未遂与死刑适用的关系。刑法规定，死刑只适用于罪行极其严重的犯罪分子。一般认为，没有造成被害人死亡的故意杀人未遂情形，因社会危害性小于故意杀人既遂，因此一般不判处被告人死刑立即执行。但有原则就有例外，对于犯罪动机极其卑劣、情节特别恶劣、手段特别残忍，致被害人严重伤害、社会影响极坏的案件，也可考虑判处死刑立即执行。

本案就是这种情况。被告人覃某某强奸被害人代某后欲杀人灭口，在持刀捅刺时因发现村民赶来而被迫放弃继续实施杀人行为，被害人经及时抢救亦未发生被告人所追求的死亡结果，故被告人的行为属于故意杀人未遂。但是，从覃某某犯罪的具体情况看，存在诸多应予以从严惩处的情节。具体包括：（1）覃某某为掩盖其强奸罪行而持刀捅刺被害人，发现被害人未死后又多次持刀捅刺并扯断被害人漏出的小肠，表明其杀人犯意十分坚决，情节十分恶劣，手段十分残忍。（2）尽管被害人幸免于死，伤势却十分严重，被送至医院4天后才完全苏醒，医院曾对被害人家属下达病危通知书。而且，被害人案发时年仅18岁，正值花季之时却遭受奸淫，身心受到极大摧残，留下难以抚平的极大创伤。（3）被告人的犯罪行为在当地亦造成了恶劣的社会影响，引起一定程度的恐慌，被害人亲属、当地基层组织和干部群众均强烈要求判处被告人死刑。（4）被告人认罪、悔罪态度不好，对强奸被害人并扯断被害人小肠的情节予以否认、回避。此外，被告人的同村村民反映被告人平时称王称霸。村民庹某案发后还向公安机关报案，称被告人曾于2006年、2007年先后两次对其实施强奸，并在第二次强奸后逼其喝农药未果。该犯罪行为虽因证据不足而未认定，但存在的可能性较大。另据反映，被告人还在家中藏匿危险物品雷管、土炸弹和火药，表明被告人潜在的危险性较大。综合这些主客观情节，被告人覃某某故意杀人虽系未遂，但其行为已造成极其严重的后果，且主观恶性极深、人身危险性极大，其未遂情节不足以对其从轻处罚，应依法判处死刑。

（二）二审期间不能对被告人以强奸罪判处死刑

首先，被告人覃某某的行为完全符合强奸罪和故意杀人罪的构成条件，应当认定为两个罪名。《刑法》第236条规定，强奸“致使被害人重伤、死亡或者造成其他严重后果的”，以强奸罪处十年以上有期徒刑、无期徒刑或者死刑。这里的“重伤、死亡”是指强奸行为导致被害人性器官严重损伤，或者系在强奸过程中为制服被害人反抗而施加暴力，导致被害人重伤、死亡，不包括强奸行为完成后出于报复、灭口等动机而故意伤害、杀害被害人的情形。对于后一种情形，应当分别认定为强奸罪、故意杀人罪或者故意伤害罪，实行数罪并罚。本案中，虽然被告人覃某某先持刀捅刺被害人胸部，再强奸被害人，但此处的损伤并未构成重伤，此时对其行为可认定为强奸罪一罪。强奸完毕后，被告人为掩盖罪行而另起杀人犯意，持刀捅刺被害人，并扯断其小肠，致被害人重伤，完全符合故意杀人罪的构成条件。故对覃某某的行为应当认定为强奸罪和故意杀人罪，数罪并罚。如单认定为强奸罪，则不能完全反映被告人试图杀害被害人的主观故意，不符合主客观相统一的定罪原则。

其次，二审期间如对被告人覃某某以强奸罪判处死刑，则违反上诉不加刑原则。《刑事诉讼法》第190条第1款规定：“第二审人民法院审判被告人或者他的法定代理人、辩护人、近亲属上诉的案件，不得加重被告人的刑罚。”《最高人民法院关于执行〈中华人民共和国刑事诉讼法〉若干问题的解释》第257条第3项规定：“对被告人实行数罪并罚的，不得加重决定执行的刑罚，也不能在维持原判决决定执行的刑罚不变的情况下，加重数罪中某罪的刑罚。”本案中，一审法院作出判决，对被告人覃某某以故意杀人罪判处死刑，剥夺政治权利终身；以强奸罪判处有期徒刑十年，决定执行死刑，剥夺政治权利终身。宣判后，被告人提出上诉，但检察院未提出抗诉，故二审法院应当对被告人适用上诉不加刑原则。即便有意见认为被告人的行为属于故意杀人未遂，不宜以故意杀人罪判处死刑，但也不能转而加重强奸罪的刑罚，以强奸罪判处被告人死刑。如果这样做，则显然违反上诉不加刑原则。据此，二审法院最后维持一审判决，是正确的。

问题32. 未成年人实施校园暴力行为致人死亡案件的量刑

【典型案例】张某某故意杀人案①

一、基本案情

被告人张某某与被害人王某某均系北京市某职业学校实习基地学生。2013年4月15日，被告人张某某与被害人王某某在乘坐公交车上学时因琐事发生口角并互殴。当日，张某某购买了一把弹簧刀准备报复王某某。后经双方家长及学校老师介入，调解解决了此事。4月22日，张某某得知学校为此事要对其处分，担心处分会影响其今后参军，同时怀疑处分是因王某某四处扩散此事所致，遂对王某某怀恨在心，再次起意持刀报复王某某。次日9时许，张某某携带弹簧刀在该校实习基地操场找到王某某，二人再次发生冲突。其间，张某某持弹簧刀划刺王某某的脖子、右腹部等处数刀，刺破王某某的肝门静脉及肝固有动脉致其失血性休克死亡。张某某作案后，明知他人报案而在现场等待，于案发当日被抓获归案。后该职业学校向被害人家属给付了一定数额的抚慰款。

---

① 最高人民法院2015年9月18日发布的8起发生在校园内的刑事犯罪典型案例。

在一审法院审理期间，被告人张某某及其法定代理人与附带民事诉讼原告人就附带民事部分自愿达成调解协议，由张某某及其法定代理人一次性赔偿被害人父母各项经济损失 23 万元，被害人父母对被告人张某某予以谅解，并撤回对张某某及其法定代理人的附带民事部分起诉。

在法院审理过程中，首都师范大学少年司法社会工作研究与服务中心向法庭提交了被告人张某某的情况调查报告：张某某情绪控制能力较差，容易冲动，且其法律意识淡薄，家庭教育存在一定不足。

二、裁判结果

北京市第二中级人民法院经审理认为，张某某无视国家法律，故意非法剥夺他人生命，并致人死亡，其行为已构成故意杀人罪。鉴于张某某犯罪时不满 18 周岁；明知他人报案而在现场等待，被抓捕时无拒捕行为，且如实供述犯罪事实，构成自首；积极赔偿被害人亲属经济损失并获得谅解，故依法对张某某从轻处罚。依照刑法有关规定，以故意杀人罪判处被告人张某某有期徒刑十二年。宣判后，张某某提出上诉。北京市高级人民法院经依法审理，裁定驳回上诉，维持原判。

三、典型意义

校园暴力案件中，被告人和被害人往往均为未成年人，此类案件在定罪量刑时，应坚持宽严相济的刑事政策和双向保护的司法原则：一方面，要坚决维护校园秩序，打击校园暴力，维护被害人及其家属的合法权益；另一方面，要严格依照《刑事诉讼法》有关未成年人刑事案件的特别程序，以及《刑法》关于未成年人犯罪的特殊规定，准确定罪量刑。本案中，虽然被告人犯罪时不满 18 周岁，具有自首情节，积极赔偿被害人亲属经济损失并获得谅解，但法院综合考虑本案的被害人也是一名未成年人，且被告人系持刀作案，实施犯罪的地点系有众多学生的学校操场等具体情节，并参考司法社工出具的被告人张某某的情况调查报告，依法对其从轻处罚而非减轻处罚，较好地贯彻了宽严相济的刑事政策和对未成年人的双向保护。

本案也是一起典型的未成年人因琐事发生口角，进而矛盾升级引发的校园暴力案件。未成年人的身心发育处于由不成熟向成熟的过渡时期，自尊心、好胜心明显增强，成长中常会遇到同学矛盾、学业受阻等各种压力和挫折，且难以对客观信息作出正确的选择和评价，如果得不到及时有效的引导和教育，心理上难免产生许多矛盾和冲突，甚至引发暴力倾向，直至发生违法犯罪行为。本案中，被告人张某某在案发前一周曾与被害人王某某因琐事发生争执，当时经家长及学校老师介入，已调解解决了此事。后张某某因得知学校要对其处分，遂对被害人产生嫉恨，故意持刀报复并致被害人死亡。本案反映出当前一些未成年人在面临人际冲突或挫折事件后，不能理性控制情绪，不能通过合理方式反映情况，加之法律意识淡薄，反而习惯性地用暴力方式解决问题。本案也暴露出当前一些家长、学校忽视对未成年学生人格和心理的积极干预和有效引导等问题。本案中，不论是被告人张某某因琐事与被害人王某某发生争执后，还是在张某某得知学校将对其进行处分后，学校和家庭均未对两名未成年学生及时进行专业的心理健康辅导，未能有效避免双方矛盾不断升级，这也是本案值得警示的一个教训。为更加有针对性地教育和矫治犯罪未成年人，二审法院在宣判后专门为张某某聘请了心理专家，对其开展心理疏导，帮助其矫正思想偏差，取得了一定效果。

问题33. 在未成年人故意杀人案件中如何贯彻宽严相济政策，量刑时如何体现以宽缓为基调，但同时注意严厉措施

【典型案例】李某某、程某某故意杀人案①

一、基本案情

2011年12月20日凌晨3时许，被告人李某某、程某某遇到被害人杨某某，便预谋殴打杨某某。二人以偷商店为名，约杨某某一起进入一个偏僻巷子内，对其拳打脚踢，并用水泥块猛砸其身体。在杨某某哭喊求饶中，李某某又掏出随身携带的尖刀朝其腹部横切两刀，背部猛刺一刀，后二人逃离现场。杨某某经抢救无效死亡。2012年4月6日，李某某的父母向被害人之父赔偿了部分医疗费用。在审理过程中，河南省三门峡市中级人民法院根据《最高人民法院关于审理未成年人刑事案件的若干规定》的要求，对被告人李某某、程某某进行了社会调查，了解到二被告人过早辍学，混迹社会，整日沉溺于网络暴力影视、游戏，崇尚暴力，是非不分，追求刺激，最终走上犯罪道路。

二、裁判结果

三门峡市中级人民法院作出刑事判决，认定被告人李某某犯故意杀人罪，判处无期徒刑，剥夺政治权利终身；被告人程某某犯故意伤害罪，判处有期徒刑十年。宣判后，二被告人及其法定代理人均未提出上诉，公诉机关未提出抗诉，判决已经生效。

三、案例评析

本案被告人程某某与被告人李某某预谋的内容是伤害被害人。但在实施过程中，李某某在被害人杨某某求饶时仍采取足以致人死亡的杀人行为，主观上有杀人的故意，行为上有杀人的举动，后果上致人死亡，法院认定李某某构成杀人罪。而程某某在行为中仍以教训被害人为目的，有殴打杨某某的故意，犯罪手段也以伤害为主，法院认定其构成故意伤害罪。

对于未成年人犯罪应当贯彻宽严相济政策，量刑时注意以宽缓为基调，但也要注意严厉措施的合理运用。对于少数主观恶性较深、社会危害性很大、人身危险性极强的实施严重暴力犯罪的未成年人，应当依法予以惩处，体现罚当其罪。

问题34. 故意杀人案件中，被告人同时具备多种法定从轻、减轻、免除处罚情节和其他酌定情节的如何具体量刑

【刑事审判参考案例】阎某1、黄某故意杀人案②

一、基本案情

河南省濮阳市中级人民法院经公开审理查明：1983年被告人黄某被人贩子拐骗到河南省南乐县与被告人阎某1结婚。1989年5月2日晚10时许，被告人黄某被本村村民阎某2强奸，阎某1发觉后与阎某2厮打，被阎某2用匕首刺伤。阎某2作案后潜逃。为给

---

① 最高人民法院2014年11月24日发布的98例未成年人审判工作典型案例。

② 黄尔梅审编：《阎某某、黄某故意杀人案——被告人同时具备多种法定从轻、减轻、免除处罚情节和其他酌定情节的如何具体量刑（第58号）》，载最高人民法院刑事审判第一庭主办：《刑事审判参考》（总第8集），法律出版社2000年版，第13～17页。

阎某1治伤，阎某1的家人牵走阎某2家的耕牛，卖得900元钱以充抵医疗费。阎某2被抓获归案后，南乐县人民法院以强奸罪、故意伤害罪数罪并罚，判处阎某2有期徒刑十年。阎某2为此怀恨在心。

1997年11月阎某2出狱后，以讨要耕牛为名，多次向阎某1及其兄弟勒索钱财，还多次拦截、威胁被告人黄某。1999年2月，经人调解，阎某1之兄阎某3给付阎某2现金1900元，但阎某2不肯罢休，以其母牛每年可生一头牛犊为借口，另索要现金8000元，阎某1下跪求饶亦无济于事，阎某2扬言如不给钱就要杀阎某1全家。为此阎某1一家终日提心吊胆，不敢在家居住，将子女寄住于他人家中，二被告人则躲藏在阎某1母亲家中。

2000年1月12日凌晨6时许，阎某2来到阎某1夫妇临时住所威胁、索要钱财，阎某1用事先准备好的粪叉将阎某2打倒在地后并将阎某2按住，黄某则持菜刀朝阎某2身上砍，刀被阎某2夺走后，黄某又拿起粪叉把打了阎某2数下。阎某1让黄某拿来其事先准备好的杀猪刀，阎某1朝阎某2背部、胸部、头、面部猛刺十余刀，阎某2被刺破心脏，因失血性休克而死亡。二被告人作案后即向公安机关投案自首。

河南省濮阳市中级人民法院认为：被告人阎某1、黄某非法剥夺他人生命，其行为已构成故意杀人罪。在共同犯罪中，阎某1起主要作用，系主犯，黄某起次要作用，系从犯。被害人阎某2因犯强奸罪、故意伤害罪被判处有期徒刑十年，出狱后不思悔改，向被告人阎某1及其亲属无理勒索钱财，多次拦截被告人黄某。在被告人阎某1的亲属被迫交出1900元钱之后，继续向被告人阎某1勒索钱财8000元，并扬言不给钱就杀其全家，致使被告人阎某1、黄某一家终日为此提心吊胆，不敢在家居住。在被告人一家被迫躲避时，阎某2闯入二被告人的临时住所，威胁二被告人的人身安全。被害人阎某2实属有极大过错，二被告人之行为属激愤杀人，又具有防卫性质，且在作案后能主动投案自首，应予从轻、减轻处罚。依照《刑法》第232条，第67条第1款，第25条第1款，第26条第1款、第4款，第27条，第72条第1款，第73条第2款的规定，于2000年4月3日判决如下：

1. 被告人阎某1犯故意杀人罪，判处有期徒刑六年。
2. 被告人黄某犯故意杀人罪，判处有期徒刑二年，缓刑三年。

一审宣判后，二被告人未上诉，河南省濮阳市人民检察院未抗诉。

二、主要问题

被害人有严重过错，被告人同时具有法定从轻、减轻处罚情节和其他酌定情节的，如何确定刑罚？

三、裁判理由

根据《刑法》第61条的规定，人民法院在对犯罪分子决定刑罚的时候，应当根据犯罪的事实、犯罪的性质、情节和对于社会的危害程度，依照刑法的有关规定判处。其中，犯罪情节是指犯罪构成必要要件以外的其他能够影响社会危害程度的各种具体事实情况。同一性质的行为，由于情节不同，其社会危害性也有差异，因而是否构成犯罪、构成犯罪的如何判处刑罚也就有所不同。从犯罪情节对量刑的影响来说，有些犯罪情节也是量刑情节，法院对犯罪分子裁量刑罚时，对于决定刑罚轻重或者免除处罚的各种事实情况，都应当综合加以考虑。

量刑情节分为法定情节和酌定情节两种。法定情节是指刑法明文规定的，在量刑时

必须予以考虑的情况，既包括刑法总则规定的对各种犯罪共同适用的情节，也包括刑法分则规定的对特定犯罪适用的情节。我国刑法规定的法定情节包括从重、从轻、减轻和免除处罚情节；刑法分则规定的法定情节包括情节严重、情节特别严重、数额较大、数额巨大等诸多情节。酌定情节是指刑法虽然没有明文规定，但根据立法精神、司法解释规定和审判实践经验，在量刑时也应当考虑或者酌情考虑的情况。

在审判实践中，对于被告人只具有一个量刑情节的，决定刑罚时，一般不会产生分歧，但对于被告人同时具备两个以上的量刑情节，如被告人同时具备一个法定可以从轻处罚情节、一个法定应当从轻处罚情节和一个法定应当减轻处罚情节，或者还有酌定从轻情节时，如何具体决定刑罚，比较难以准确裁量，没有也不可能有一个具体把握的原则，只能综合案件的具体情况，综合考虑案件的各种因素，慎重作出决定。

本案被告人阎某1、黄某犯故意杀人罪，造成一人死亡的后果，依照《刑法》第232条的规定，有两个量刑档次，即死刑、无期徒刑、十年以上有期徒刑和三年以上十年以下有期徒刑。具体确定哪一个量刑档次，是本案首先应当解决的问题。被告人阎某1、黄某是出于激愤杀人，又具有防卫性质，且被害人有严重过错，故其杀人犯罪应与严重危害社会治安的故意杀人案件有所区别。这一点，最高人民法院在《全国法院维护农村稳定刑事审判工作座谈会纪要》中已作了明确的阐述。因此，应当认定被告人阎某1、黄某犯罪的情节较轻，应当在三年以上十年以下有期徒刑的幅度内量刑。

被告人阎某1作案后投案自首，依照《刑法》第67条第1款的规定，可以从轻、减轻处罚或者免除处罚；被害人阎某2在案件的起因上有严重过错，是量刑的酌定情节，对被告人可酌情考虑从轻处罚。故对被告人阎某1不应顶格判处十年有期徒刑，但被告人阎某1持刀刺死被害人阎某2，系主犯，也不应对被告人阎某1免除或者减轻处罚。综合全案的具体情况，河南省濮阳市中级人民法院对被告人阎某1以故意杀人罪，判处有期徒刑六年，是适宜的。

被告人黄某系从犯，依照《刑法》第27条的规定，应当从轻、减轻处罚或者免除处罚；作案后即投案自首，依照《刑法》第67条第1款的规定，可以从轻、减轻处罚或者免除处罚；再考虑被害人阎某2的行为对本案的发生具有严重过错这一酌定情节，在量刑时应考虑对被告人黄某减轻处罚或者免除处罚。鉴于被告人黄某伙同阎某1非法剥夺他人生命，其所犯故意杀人罪历来是我国刑法打击的重点，为了保护公民的人身安全，维护社会稳定，也不应对被告人黄某免除处罚。河南省濮阳市中级人民法院根据本案的具体情况，对被告人黄某减轻处罚，在法定最低刑三年有期徒刑以下量刑，以故意杀人罪判处被告人黄某有期徒刑二年，缓刑三年，完全符合法律规定，也符合本案实际。

问题35. 故意杀人案中自首不予从宽处罚的标准问题

【人民法院案例选案例】牛某某故意杀人案①

［裁判要旨］

在故意杀人案中，被告人虽然自首，但没有认罪悔罪，人身危险性没有降低、主观

① 曹向博、聂晓昕编写，李玉萍审稿：《牛某某故意杀人案——故意杀人案中自首不予从宽处罚的标准》，载《人民法院案例选》（2018年第4辑·总第122辑），人民法院出版社2017年版，第59～69页。

恶性没有减小，而且罪行极其严重，若从宽处罚会造成罪刑失衡的，应当不予从宽处罚。

［基本案情］

法院经审理查明：2011 年，被告人牛某某经他人介绍与李某某相识后，共同居住在牛某某暂住处天津市西青区张家窝镇某村，被害人杨某（殁年 29 岁）系李某某与前夫所生之子。2014 年年底，被害人杨某从单位宿舍搬出与牛某某、李某某共同生活，其间，因生活事务分担等琐事，杨某与牛某某渐生矛盾，继而反对其母李某某与牛某某交往。2015 年年初，在被告人牛某某独自返回原籍过春节期间，李某某决定与被害人杨某搬离牛某某暂住处，租住于天津市西青区，并断绝与牛某某的联系。2015 年 2 月末，被告人牛某某在天津市西青区张家窝镇偶遇李某某，二人恢复联系，并利用杨某上班不在家的时间继续交往，被杨某发现后，牛某某找同事王某某一同至李某某暂住处劝说杨某，但杨某仍然持反对态度，牛某某遂对此怀恨在心，预谋杀害杨某。

2015 年 4 月 19 日，被告人牛某某再次找同事王某某去李某某暂住处调解此事，并将住所内一把匕首绑于右小腿裤子内藏匿。当日 19 时许，牛某某、王某某到达李某某暂住处，看到杨某独自在家后，二人在屋内等候李某某。当晚 20 时许，李某某返回暂住处，被告人牛某某以下楼锁自行车为由，骗得李某某房门钥匙将该单元防盗门反锁，意图在其行凶时，防止被害人杨某逃脱。当晚 21 时许，在王某某、李某某劝说杨某未果的情况下，牛某某与杨某言语不和，遂拔出尖刀，朝躺在双人床上的杨某的胸腹部等处猛捅数刀，李某某、王某某上前阻拦，并试图抢夺牛某某手中凶器，遭牛某某拒绝和反抗。在阻拦过程中，李某某持空酒瓶砸向牛某某，并在争抢凶器过程中被牛某某划伤头部、手部。之后，李某某检查杨某伤情，发现其将要死亡，李某某、王某某均提出报警救治，牛某某予以吓止，并表示等杨某彻底死亡后再行报警。之后，在确认杨某死亡后，牛某某拨打电话报警，并在现场等候公安民警到来。经鉴定，杨某系被他人用单刃刺器刺破左肺、肝脏等脏器致失血性休克死亡；李某某左颞部创口、左手拇指创口的损伤程度均为轻微伤。

另查明，被告人牛某某的行为确给附带民事诉讼原告人李某某造成经济损失，并应承担赔偿责任，依法应赔偿丧葬费人民币元38 459.5元。

［裁判结果］

天津市第一中级人民法院于 2015 年 11 月 3 日作出（2015）一中刑初字第 68 号刑事附带民事判决：认定被告人牛某某犯故意杀人罪，判处死刑，剥夺政治权利终身；犯罪工具匕首一把依法予以没收；被告人牛某某赔偿附带民事诉讼原告人经济损失人民币38 459.5元；驳回附带民事诉讼原告人的其他诉讼请求。宣判后，被告人牛某某认为量刑过重，对刑事部分判决不服，提出上诉。天津市高级人民法院于 2016 年 6 月 2 日作出（2016）津刑终 29 号刑事裁定：驳回上诉，维持原判。日前，最高人民法院已核准被告人牛某某死刑。

［裁判理由］

法院生效裁判认为：被告人牛某某蓄意行凶报复杨某，致被害人死亡，其行为构成故意杀人罪。被告人牛某某在案发后，主动报警并在现场等候民警，到案后，如实供述自己的罪行，系自首，且本案案发确属事出有因，但不足以从轻处罚。其在死亡结果发生前已预谋自首，虽符合自首所要求的主动性、自愿性，却未能体现出其犯罪主观恶性的减小。被害人杨某仅是拒绝被告人牛某某与其母李某某交往，并无过激言行，在案件

起因上亦不存在过错。因此，被告人牛某某故意杀害被害人的手段残忍，主观恶性、社会危害性极大，应依法予以严惩，依法认定被告人牛某某犯故意杀人罪，判处死刑，剥夺政治权利终身。

二审法院天津市高级人民法院认为：纵观牛某某实施的杀人行为及造成的严重后果，其主观恶性较深，虽有自首情节，但并非真诚悔罪。本案被害人只是反对母亲与牛某某共同生活，并无过激行为，在案件起因上不存在过错。故裁定驳回上诉，维持原判。

最高人民法院亦同意一、二审法院之意见，认为：被告人牛某某因生活琐事，故意非法剥夺他人生命，其行为已构成故意杀人罪。其犯罪手段残忍，情节、后果严重，社会危害性大，应依法惩处。牛某某犯罪后主动向公安机关投案，具有自首情节，但其罪行极其严重，依法不足以从轻处罚。故裁定核准被告人牛某某死刑。

［案例注解］

本案的争议焦点在于：该自首情节能否成为对被告人牛某某从宽处罚的事由？是否应判处被告人牛某某死刑？下面分四部分展开讨论：（1）依据现行法律和司法解释，如何理解自首制度关于量刑的规范体系与适用方法？（2）能否因被告人牛某某的自首情节而对其从宽处罚？（3）如何正确看待死刑案件中的自首情节，易言之，自首情节能否成为免死情节？（4）以本案为例总结判断某一自首情节是否可以从宽处罚的基本思路。

一、自首量刑的规范体系与适用方法

自首制度一直是我国刑法中重要的量刑制度，《刑法》与司法解释、司法解释性文件共同设定了自首制度如何量刑的规范体系。《刑法》第 67 条第 1 款规定："犯罪以后自动投案，如实供述自己的罪行的，是自首。对于自首的犯罪分子，可以从轻或者减轻处罚。其中，犯罪较轻的，可以免除处罚。"这是自首制度的原则性规定，明确了"自动投案 + 如实供述自己的罪行"的构成要件以及分类别从宽处罚的基本量刑原则。此外，另有三项司法解释、司法解释性文件对自首应如何量刑作出重要规定。

第一项规范是 1998 年 4 月《最高人民法院关于处理自首和立功具体应用法律若干问题的解释》（法释〔1998〕8 号），其中第 3 条规定了"具体确定从轻、减轻还是免除处罚，应当根据犯罪轻重，并考虑自首的具体情节"，明确了适用《刑法》第 67 条第 1 款选择量刑幅度的依据。第二项规范是 2010 年 12 月《最高人民法院关于处理自首和立功若干具体问题的意见》（法发〔2010〕60 号，以下简称《自首立功意见》）。《自首立功意见》第 8 项"关于对自首、立功的被告人的处罚"的规定进一步细化了上述依据："对具有自首、立功情节的被告人是否从宽处罚、从宽处罚的幅度，应当考虑其犯罪事实、犯罪性质、犯罪情节、危害后果、社会影响、被告人的主观恶性和人身危险性等。自首的还应考虑投案的主动性、供述的及时性和稳定性等……虽然具有自首或者立功情节，但犯罪情节特别恶劣、犯罪后果特别严重、被告人主观恶性深、人身危险性大，或者在犯罪前即为规避法律、逃避处罚而准备自首、立功的，可以不从宽处罚。"2010 年 2 月《最高人民法院关于贯彻宽严相济刑事政策的若干意见》（法发〔2010〕9 号）确认并重申了这一规定。[①] 第三项规范是 2017 年 3 月《最高人民法院关于常见犯罪的量刑指导意见》

① 2010 年 2 月《最高人民法院关于贯彻宽严相济刑事政策的若干意见》（法发〔2010〕9 号）规定："17. 对于自首的被告人，除了罪行极其严重、主观恶性极深、人身危险性极大，或者恶意地利用自首规避法律制裁者以外，一般均应当依法从宽处罚。"

(法发〔2017〕7号)[①]，其中明确了“自首的具体情节”的各类要素及从宽幅度：“对于自首情节，综合考虑自首的动机、时间、方式、罪行轻重、如实供述罪行的程度以及悔罪表现等情况，可以减少基准刑的40%以下；犯罪较轻的，可以减少基准刑的40%以上或者依法免除处罚。恶意利用自首规避法律制裁等不足以从宽处罚的除外。”

以上规范共同确立了自首制度在量刑时的基本原则与常用规律：

原则：我国自首的量刑原则采“得减主义”[②]，即“可以从宽模式”，且以从宽为原则，以不从宽为例外；

规律1：确定对自首是否从宽以及从宽处罚的幅度（从轻、减轻、免除）应考虑三类因素：（1）被告人罪行的严重程度，包括犯罪事实、犯罪性质、犯罪情节、危害后果、社会影响等；（2）被告人的主观恶性与人身危险性；（3）自首的具体情节，包括投案的情节（自首动机、时间、方式、投案的主动性）、供述的情节（及时性和稳定性）以及悔罪的表现；

规律2：自首不从宽的两种情形：（1）犯罪情节特别恶劣、犯罪后果特别严重、被告人主观恶性深、人身危险性大；（2）在犯罪前即为规避法律、逃避处罚而准备自首的恶意自首。[③]

二、本案中自首不构成对被告人牛某某从宽处罚的事由

本案中，被告人牛某某在案发后主动报警并在现场等候民警，到案后如实供述自己的罪行，符合自首主动投案与如实供述罪行的构成要件，其行为成立自首当无疑问。但该自首情节不能成为对被告人牛某某从宽处罚的事由，理由有二。

（一）牛某某罪行极其严重，对于罪行极其严重的犯罪分子，自首亦不足以从宽处罚

本案中，被害人杨某仅是反对牛某某与李某某交往，直至案发当日未有过激言行，在案件起因上没有过错；牛某某预谋杀人，事先准备凶器、借故反锁房门为其行凶做准备；着手后不顾李某某与同事王某某劝阻，捅刺杨某胸腹部等要害部位数刀致杨某左肺、肝脏等脏器被刺破，并致李某某轻微伤；又阻拦他人报警，最终导致杨某失血性休克而亡；可谓手段残忍，情节恶劣，后果严重。被告人牛某某的行为已构成故意杀人罪，应考虑判处死刑立即执行。若仅因其具有自首情节便从宽处罚，改变死刑的结果，很难说是罚当其罪的，有违罪刑相适应的基本原则。

（二）牛某某的自首情节并非出于真诚认罪悔罪，未能体现其人身危险性的降低与主观恶性的减小，不具有从宽处罚的理论基础

牛某某捅刺被害人杨某后，李某某即提出报警救治，但遭到牛某某的阻止，并声称“等死透了再报警”，后确于确认被害人死亡后报警自首。牛某某的行为在客观上耽误了警察和医护人员对被害人实施救助的可能性和最佳时机，也充分体现出其对于杨某死亡结果的积极而坚决的追求。此自首情节的特殊性在于投案与悔罪无关，牛某某在犯罪既

① 2017年修订后的《最高人民法院关于常见犯罪的量刑指导意见》中关于自首情节的规定与法发〔2013〕14号中内容一致。

② 从各国立法来看，自首制度的量刑原则有必减主义（绝对从宽模式）和得减主义（相对从宽模式）。必减主义指具有自首情节时，应当从宽处罚，如越南、巴西、法国、俄罗斯等国刑法的规定；得减主义指具有自首情节不必然从宽，而是可以从宽，我国刑法规定即为此例。从世界范围来看，得减主义已成为主流。

③ 近年来，有学者提出恶意自首的概念，指恶意利用自首制度的从宽处罚功能，在犯罪前已经为了规避法律、逃避或减轻处罚而准备自首，将自首作为其行动计划一部分的情形。

遂之前便已经做好了自首的打算，且以被害人杨某的死亡结果为前提。其自首的主观动因虽未达到恶意利用自首规避法律制裁的程度，也绝非出于真诚认罪悔罪，更无法体现出人身危险性的降低与主观恶性的减小。

笔者认为，上述司法解释与司法解释性文件之所以罗列出判断对自首情节量刑时应考虑的诸多因素，正是在提示我们要通过这些要素对某一自首情节应否从宽处罚进行实质判断。通常认为，主动投案与如实供述体现出了犯罪人认罪悔罪的态度与诚意，也体现出犯罪人人身危险性降低、主观恶性减小、更利于接受教育和改造的特性，从而更利于实现特殊预防的刑罚目的，因此，可对犯罪人从宽处罚。[①] 也就是说，真正值得从宽处罚的，是通过自首体现出的人身危险性的降低与认罪悔罪的情节。然而本案中被告人牛某某的自首并非出于真诚认罪悔罪，不仅不能体现其人身危险性的降低与再犯可能性的减小，亦无法体现其更利于接受教育和改造的特性，与刑罚特殊预防之目的无涉，不具有从宽处罚的基础。因而，不能基于此自首情节而对被告人牛某某从宽处罚。

三、正确理解“宽严相济”：自首不是免死金牌

在情节比较轻微的犯罪中，自首制度适用与否可能仅影响刑期长短，但在涉及可能判处死刑的案件时，自首有时便会成为“最后一棵救命的稻草”，成为从死刑立即执行从轻为死刑缓期二年执行的直接依据。于是，自首在量刑上的从宽作用在死刑的关键点上被最大化了，本案即是如此。

在对牛某某如何量刑进行讨论时，曾有观点主张：被告人牛某某除自首外没有其他从宽情节，极有可能被判处死刑。虽然牛某某的自首情节没有体现出其人身危险性的降低和主观恶性的减小，但基于“少杀”“慎杀”的刑事政策，是否可以考虑自首在节约司法资源、提升诉讼效益方面的积极作用而对其从宽处罚。我们最终否定了上述主张。一方面，诉讼效益的提升固然是自首制度的内在价值，但若仅基于效益本身便径直得出从宽处罚的结论，便是通过司法程序的便捷性抵消了犯罪人罪行的社会危害性和对犯罪人进行特殊预防的必要性，不仅在理论上无法立足，亦不被现有规范和司法实践所支持。另一方面，若基于控制死刑的政策需求而借助自首的名义得出从宽处罚的结论，无疑是以政策性判断取代了法律判断，将自首是否成立的定性问题与自首能否从宽处罚的量刑问题混为一谈，无视并消解了自首制度本身的价值与自首可从宽处罚的理论根基。更重要的是，将“少杀”“慎杀”的刑事政策直接适用于本案这个前提本身就是错误的。

严格和慎重适用死刑是宽严相济刑事政策的内在要求，但是，一概认为自首必须从宽处罚或自首必然不能判处死刑立即执行的观点，均是忽视自首从宽的基本原理、肆意拓宽自首功能边界的错误观点，不仅使得自首成为减轻罪责的“挡箭牌”与保命的“免死金牌”，亦非宽严相济刑事政策的题中之义。在死刑案件中着重发挥自首从宽处罚的量刑功能，实现宽严相济，应做到该宽则宽、当严则严。

所谓该宽则宽，是指在可能判处死刑的案件中，应当格外重视对自首情节的分析，将真诚认罪悔罪、人身危险性降低等因素纳入考量范围，慎重适用死刑。自首情节是从宽情节中较为常见、影响力较为明显的量刑情节，其从宽量刑功能的广泛适用是贯彻

① 此观点可参见陈兴良：《刑法适用总论》，法律出版社1999年版，第500页；刘四新、郭自力：《刑法内在逻辑结构与功能的规范解析——兼论数罪并罚的刑法缩减机理》，载《政法论坛》2008年第5期；卢永刚：《对自首犯的处罚研究》，载《法制与经济》2010年3月。

“少杀”“慎杀”刑事政策的重要路径。实证研究的数据亦表明，司法实践中自首情节确对控制死刑起到了积极有效的作用，以自首对故意杀人罪的影响为例，存在自首情节的死刑立即执行判决率及死刑缓期二年判决率比无自首情节的分别低 5.1% 和 3.8%，自首在故意杀人罪裁量的过程中发挥着较为明显的影响。①

所谓当严则严，则是指对自首情节进行严格的实质审查，排除不应当、不足以从宽处罚的情形，防止自首从宽功能被滥用、被利用。事实上，故意杀人等严重暴力犯罪一直是“当严则严”的重点适用对象。2010 年 4 月，最高人民法院刑事审判第三庭《在审理故意杀人、伤害及黑社会性质组织犯罪案件中切实贯彻宽严相济刑事政策》的文件中明确对故意杀人案件“总体上应坚持从严惩处的方针”，并针对自首情节作出特别规定：“对于自首的故意杀人、故意伤害致人死亡的被告人，除犯罪情节特别恶劣，犯罪后果特别严重的，一般不应考虑判处死刑立即执行。”2017 年 3 月，《最高人民法院关于常见犯罪的量刑指导意见》（法发〔2017〕7 号）规定：“对严重暴力犯罪、毒品犯罪等严重危害社会治安犯罪，在确定从宽的幅度时，应当从严掌握。”

本案中，被告人牛某某犯罪情节特别恶劣、犯罪后果特别严重，属于罪行极其严重的犯罪分子，且其自首情节不属于可从宽处罚的情形，亦没有其他从宽情节。综合全案犯罪事实与情节，依法判处牛某某死刑，是罪刑相适应原则的具体适用，亦与故意杀人案件总体上所坚持的“从严惩处”的方针相一致。与本案相类似，之前的药某某案②等生效裁判均验证了这一立场。毕竟，对严重罪行过分强调从宽处罚，不仅会放纵犯罪人，贬损司法权威，还会给被害人与一般公众造成刑罚不公的错觉，不利于实现一般预防的刑罚目的。

四、自首可否从宽处罚的判断思路

自首制度也是一种量刑制度。作为量刑活动的重要环节，自首的功能定位在于准确量刑而非简单的从宽处罚，因而其作用的发挥受到量刑原则的制约与量刑目的的指引。量刑活动以刑罚正义和刑罚目的为双重指导，既是对犯罪行为的评价，也是对犯罪人的评价，应当首先以犯罪事实和情节为根据，同时参考犯罪人的个人情况，从而确立公正且有效的刑罚。基于此立场，便不难理解司法解释等规范在此问题上明确列明诸多判断

---

① 王唯宁：《自首对故意杀人罪死刑适用的影响研究》，北京大学 2015 年博士学位论文，第 20 页。作者选取了 11 250 个故意杀人罪的生效判决进行分析发现：“样本中有 3010 个故意杀人罪存在自首情节，占总数的 26.8%。在没有自首情节的故意杀人罪样本中，13% 的样本的判决结果为死刑立即执行，14.4% 的样本的判决结果为死刑缓期二年执行，72.6% 的样本的判决结果为非死刑；而在存在自首情节的故意杀人罪样本中，7.9% 的样本的判决结果为死刑立即执行，10.6% 的样本的判决结果为死刑缓期二年执行，81.5% 的样本的判决结果为非死刑。我们发现，存在自首情节的死刑立即执行判决率要比无自首的低 5.1%；存在自首情节的死刑缓期二年判决率要比无自首的低 3.8%；而如果从死刑适用的角度来看（即包括死刑立即执行和死刑缓期二年执行），存在自首的死刑适用率要比无自首的低 8.9%。显然，自首在故意杀人罪裁量的过程中发挥着较为明显的影响。”〔Pearson Chi - Square（皮尔逊卡方）的 Asymp. Sig.（显著值）为 0.00，小于 0.05，应承认自首情节对故意杀人罪死刑适用具有显著影响。〕

② 药某某案中，辩护人提出药某某有自首情节，建议对其从轻处罚。一审法院陕西省西安市中级人民法院认为：“被告人药某某作案后虽有自首情节并当庭认罪，但纵观本案，药某某在开车将被害人张某撞伤后，不但不施救，反而因怕被害人看见其车牌号而杀人灭口，犯罪动机极其卑劣，主观恶性极深；被告人药某某持尖刀在被害人前胸、后背等部位连捅数刀，致被害人当场死亡，犯罪手段特别残忍，情节特别恶劣，罪行极其严重；被告人药某某仅因一般的交通事故就杀人灭口，丧失人性，人身危险性极大，依法仍应严惩，故药某某的辩护律师所提对药某某从轻处罚的辩护意见不予采纳。”药某某提出上诉后，二审法院陕西省高级人民法院认为药某某“犯罪动机极其卑劣，手段特别残忍，情节特别恶劣，属罪行极其严重，虽系初犯、偶犯，并有自首情节，亦不足以对其从轻处罚”，裁定驳回上诉，维持原判。

要素和除外情形的用意。

在确定对具有自首情节的被告人是否可以从宽处罚以及从宽处罚的幅度时，应遵循以下步骤：

第一步，评估被告人罪行的严重程度。通过对行为性质、情节、后果、影响等客观事实的考察，评估被告人罪行的严重程度，确立与其罪行相适应的刑罚幅度。这是后续判断的基准与前提。

第二步，判断被告人的自首情节是否符合从宽处罚的条件。我们无法从自动投案与如实供述的客观行为直接推导被告人的主观心理。自首与人身危险性减小、认罪悔罪之间只是一种高概率的推论，而非必然结论。既是推论，便是需要验证，也是可以被反证的。因此，被告人的主观恶性、人身危险性及能够体现上述“两性”的自首的具体情节、悔罪表现等均成为判断自首能否、如何从宽处罚的要素。若无法通过这些要素的检验，便从根本上失去了从宽处罚的依据，不能带来从宽处罚的效果。

第三步，依据上述两步结论，综合全案事实情节，确定合理量刑。责任主义始终是量刑的基本原则，刑罚目的仅作为辅助性手段发挥作用，因而，通过第二步检验的自首情节不必然会带来从宽处罚的后果。在对罪行极其严重的犯罪分子从宽处罚会造成罪刑失衡时，不能对其从宽处罚。当然，“罪行极其严重”及“罪刑失衡”的判断是难以量化的，需要在个案中具体审查。对于可以从宽处罚的犯罪分子，则还需进一步确定从宽处罚的幅度。

综上，实践中应排除两类不应当、不足以从宽处罚的自首情形：一是被告人实质上没有认罪悔罪，不能体现被告人人身危险性的降低与主观恶性的减小，从而不具有从宽处罚基础的自首（没有通过第二步检验的自首），如没有悔罪动机的走投无路的自首，在犯罪前即为逃避法律、逃避或减轻处罚而将自首纳入行动计划之内的恶意自首等；二是罪行极其严重，虽然自首符合从宽处罚的条件，但若予以从宽会造成罪刑失衡的自首（没有通过第三步考察的自首）。

五、结语

本案是自首不从宽处罚的典型案例，对于准确理解、运用死刑政策具有借鉴意义。《刑法修正案（八）》实施后，刑罚结构的调整客观上拓宽了自首从宽的适用空间，同时，宽严相济的刑事政策也要求扩大对自首的适用，但是，扩大适用不是无限制地滥用。排除不应当、不足以从宽处罚的情形，不仅是认真对待自首制度、准确发挥自首情节量刑功能的体现，也是实现刑罚报应与预防之目的的重要路径。

问题36. 在安全事故发生后，直接负责的主管人员和其他直接责任人员故意阻挠开展抢救，导致人员死亡或者重伤，或者为了逃避法律追究，对被害人进行隐藏、遗弃，致使被害人因无法得到救助而死亡或者重度残疾的，应当如何定性

【实务专论】①

实践中，某些黑煤窑、矿山个体业主在安全事故发生后，为掩盖事故事实、逃避法

① 沈亮、汪斌、李加玺：《〈关于办理危害生产安全刑事案件适用法律若干问题的解释〉的理解与适用》，载《人民司法·应用》2016年第4期。

律追究，不仅不组织实施抢救和向相关政府部门报告，反而故意隐匿、遗弃事故受伤人员，甚至作出堵塞出事矿井、掩盖事故发生的恶劣行为，导致被困人员因无法脱离险境而死亡或重伤，或者导致被隐匿、遗弃受伤人员因无法得到及时救治而死亡或者重度残疾。依照刑法规定，上述情况理应按照故意杀人罪或者故意伤害罪论处，但因相关司法解释无明确规定，导致某些司法机关心存顾虑，不敢或不愿认定为故意犯罪，一定程度上助长了犯罪分子的侥幸心理。为解决上述问题，《最高人民法院、最高人民检察院关于办理危害生产安全刑事案件适用法律若干问题的解释》第 10 条明确，对类似行为应认定为故意杀人罪或者故意伤害罪。

问题 37. 实施抗税行为致人死亡的，应当如何定性

【实务专论】①

对于公然以暴力、威胁方法拒不缴纳税款的抗税行为，《刑法》第 202 条明确规定了抗税罪，构成犯罪不以实际欠税数额和欠税比例为条件。《最高人民法院关于审理偷税抗税刑事案件具体应用法律若干问题的解释》第 5 条重点规定了抗税行为情节严重的 5 种情形，即：（1）聚众抗税的首要分子；（2）抗税数额在 10 万元以上；（3）多次抗税；（4）故意伤害致人轻伤；（5）具有其他严重情节。同时在第 6 条明确规定，对于“与纳税人或者扣缴义务人共同实施抗税行为的，以抗税罪的共犯依法处罚”，“实施抗税行为致人重伤、死亡，构成故意伤害罪、故意杀人罪的，分别依照刑法第二百三十四条第二款、第二百三十二条的规定定罪处罚”。这些规定，将对依法制裁暴力抗税行为，整顿和规范税收征管秩序发挥重要的作用。

问题 38. 为杀害特定人员实施高空抛物的行为如何定性

【实务专论】②

三、《最高人民法院关于依法妥善审理高空抛物、坠物案件的意见》的主要内容

……

（二）法律适用上要明确区分抛物和坠物的不同规则

高空抛物和坠物行为在主观恶性、社会危害性方面有很大不同，不可一概而论，但目前法律对此规定得并不十分清晰，有必要予以厘清。这一点在刑事制裁方面尤为突出。通常而言，高空抛物行为的社会危害性更为严重，行为人主观方面通常是故意；而高空坠物的行为人主观方面通常为过失，通常以造成相应结果作为入罪要件。因此，要区分两种情形，妥当选择适用罪名。比如，《最高人民法院关于依法妥善审理高空抛物、坠物案件的意见》明确，对于故意从高空抛弃物品，尚未造成严重后果，但足以危害公共安全的，依照《刑法》第 114 条规定的以危险方法危害公共安全罪定罪处罚；为伤害、杀

---

① 孙军工：《〈关于审理偷税抗税刑事案件具体应用法律若干问题的解释〉的理解与适用》，载《人民司法》2003 年第 1 期。

② 姜启波、郭锋、陈龙业：《〈关于依法妥善审理高空抛物、坠物案件的意见〉的理解与适用》，载《人民司法·应用》2020 年第 16 期。

害特定人员实施上述行为的，依照故意伤害罪、故意杀人罪定罪处罚。但对于高空坠物行为，《最高人民法院关于依法妥善审理高空抛物、坠物案件的意见》则明确，过失导致物品从高空坠落，致人死亡、重伤，符合《刑法》第233条、第235条规定的，依照过失致人死亡罪、过失致人重伤罪定罪处罚。

（三）充分发挥刑罚的威慑、教育功能，有效预防和惩治高空抛物、坠物行为

……

其二，关于高空抛物行为的刑事责任认定。故意从高空抛弃物品，尚未造成严重后果，但足以危害公共安全的，依照《刑法》第114条规定的以危险方法危害公共安全罪定罪处罚；致人重伤、死亡或者使公私财产遭受重大损失的，依照《刑法》第115条第1款的规定处罚。为伤害、杀害特定人员实施上述行为的，依照故意伤害罪、故意杀人罪定罪处罚。

……

其四，准确认定高空坠物犯罪。过失导致物品从高空坠落，致人死亡、重伤，符合《刑法》第233条、第235条规定的，依照过失致人死亡罪、过失致人重伤罪定罪处罚。在生产、作业中违反有关安全管理规定，从高空坠落物品，发生重大伤亡事故或者造成其他严重后果的，依照《刑法》第124条第1款的规定，以重大责任事故罪定罪处罚。

【刑事政策文件】

《最高人民法院关于依法妥善审理高空抛物、坠物案件的意见》（2019年10月21日 法发〔2019〕25号）

5. 准确认定高空抛物犯罪。对于高空抛物行为，应当根据行为人的动机、抛物场所、抛掷物的情况以及造成的后果等因素，全面考量行为的社会危害程度，准确判断行为性质，正确适用罪名，准确裁量刑罚。

故意从高空抛弃物品，尚未造成严重后果，但足以危害公共安全的，依照刑法第一百一十四条规定的以危险方法危害公共安全罪定罪处罚；致人重伤、死亡或者使公私财产遭受重大损失的，依照刑法第一百一十五条第一款的规定处罚。为伤害、杀害特定人员实施上述行为的，依照故意伤害罪、故意杀人罪定罪处罚。

第二章
过失致人死亡罪

第一节　过失致人死亡罪概述

一、过失致人死亡罪概念及构成要件

过失致人死亡罪，是指行为人主观上缺乏故意，因为过失的行为而造成他人死亡结果，且刑法没有其他另外规定的行为。本罪在1979年《刑法》第133条作了规定，但罪名为“过失杀人罪”。1997年《刑法》第233条将该罪名修改为“过失致人死亡罪”。

过失致人死亡罪的构成要件如下：

1. 主体要件：本案的犯罪主体为一般主体，即凡年满16周岁并具有刑事责任能力的自然人，都可以构成过失致人死亡罪的主体。

2. 客体要件：本罪侵犯的客体是公民的生命权利。过失致人死亡罪是由于过失行为造成他人非正常死亡，也就是因为过失非法剥夺了他人的生命。因此侵犯的客体为他人的生命权利。

3. 主观要件：本罪主观要件只能为过失，包括疏忽大意的过失和过于自信的过失。前者是指应当预见自己的行为可能发生被害人死亡的结果，由于疏忽大意而没有预见；后者是指已经预见但轻信能够避免，以致发生被害人死亡的结果。过失致人死亡的本质特征在于：行为人既没有伤害的故意，也没有杀人的故意，只是由于疏忽大意或在过于自信，才造成被害人死亡结果的发生。

4. 客观要件：本罪的客观方面表现为实施了致他人死亡的行为，且这种行为刑法上没有作出其他规定。过失致人死亡的行为，主要表现在日常生活中，缺乏必要的谨慎或未尽到注意义务，不注意他人人身安全，以致造成他人死亡。这就要求查明过失行为与死亡结果之间是否存在着刑法上的因果关系，这是确定过失犯罪承担刑事责任的客观基础。过失致人死亡罪只有造成他人死亡结果发生的，才构成犯罪。所以，过失致人死亡罪不存在犯罪未遂。

二、过失致人死亡罪案件审理情况

通过中国裁判文书网统计，2017 年至 2021 年间，全国法院审结一审过失致人死亡刑事案件共计14 088件，其中，2017 年有 2933 件，2018 年有 2860 件，2019 年有 2948 件，2020 年有 2606 件，2021 年有 2741 件。相较于其他常见犯罪如故意杀人罪、故意伤害罪等而言，过失致人死亡罪刑事案件整体数量不多。但在我国侵犯公民人身权利、民主权利等整体犯罪数量而言，仍属于相对多发的案件。

目前的司法实践中，过失致人死亡案件主要呈现出以下特点及趋势：一是发案具有偶然性。导致被害人死亡结果的发生有的是轻微伤害行为或一般殴打行为，但被害人系特殊体质或有其他疾病发作而死亡；有的是家长或亲戚对闯祸的子女、晚辈进行体罚，结果导致被害人死亡。故死亡结果的发生往往出乎人的意料，具有很大程度的偶然因素。二是部分案件因过失致人死亡结果出现，导致行为人为掩盖罪行，故意实施杀人灭口行为，构成故意杀人罪或其他罪，容易导致数罪并罚的结果。三是过失致人死亡罪以交通事故产生居多。四是从致人死亡的因果关系上来看，主要包含四类情形：其一，轻微暴力行为直接致人死亡；其二，轻微暴力行为与偶然的外在介入因素结合导致被害人死亡；其三，轻微暴力行为诱发严重疾病导致被害人死亡；其四，非攻击性行为与被害人自身失误结合导致被害人死亡。五是此类案件仍然有高发的趋势。

三、过失致人死亡罪案件审理热点、难点问题

一是罪与非罪的认定上，过失致人死亡罪与意外事件区分的难度大。司法实践中，存在过失致人死亡与意外事件的区分，刑法上的意外事件是指《刑法》第 16 条规定的“行为在客观上虽然造成损害结果，但是不是出于故意或过失，而是由于不能抗拒或不能预见的原因所引起的，不是犯罪”的情形，“不能抗拒”是指不以行为人的意志为转移，行为人无法阻挡或控制损害结果的发生。如由于某种外在力量的冲击、自然灾害的阻挡、突发疾病的影响、案外人的正常行为等行为人意志意外的原因，导致行为人无法采取措施避免损害结果的发生。“不能预见”是指根据行为人的主观情况和发生损害结果当时的客观情况，行为人不具有能够预见的能力和条件，损害结果的发生完全出乎行为人的意料。[①] 过失致人死亡罪与意外事件之间存在诸多相似之处，如何进行区分，必须充分结合行为人的认知水平、行为本身的危险程度以及客观环境，判断行为人对死亡结果能否预见，从而得出正确结论。

二是此罪与彼罪的认定上，过失致人死亡罪应与《刑法》分则规定的其他过失行为导致死亡的情形明确区分。《刑法》分则罪其他条款规定的有如失火罪、过失爆炸罪、交通肇事罪等，上述行为往往也造成过失致人死亡的结果。《刑法》第 233 条规定了“本法另有规定的，依照规定”，即除本条的一般性规定外，对于刑法规定的其他犯罪中过失致人死亡的情况，按照特别规定优于一般规定的原则，应当一律适用特殊规定。例如，《刑法》第 115 条第 2 款规定的失火、过失决水、过失投放危险物质、过失爆炸等致人死亡的，第 133 条规定的交通肇事致人死亡的，第 134 条第 1 款规定的重大责任事故致人死亡的，第 135 条规定的重大劳动安全事故致人死亡的，第 138 条规定的教育设施重大安全事

---

① 参见何帆编著：《刑法注释书》（第 2 版），中国民主法制出版社 2019 年版，第 573 ~ 574 条。

故致人死亡的，都不能按照《刑法》第233条的一般规定以过失致人死亡罪处罚，而应当按照上述各条的专门规定定罪处罚。

三是应正确区分过失致人死亡与故意杀人。过失致人死亡罪与故意杀人罪均在客观上造成了被害人死亡的结果，但二者主观上内容完全不同：故意杀人，是行为人明知自己的行为会发生非法剥夺他人生命的结果，并且希望或者放任这种结果的发生；而过失致人死亡，行为人则对造成他人死亡的结果既不希望其发生，也不采取听之任之的态度。这是二者最根本的区别。

四是应正确区分过失致人死亡与故意伤害致人死亡。过失致人死亡与故意伤害致人死亡罪均在客观上造成被害人死亡的结果，但二者主观上的区分较为困难，故意伤害致人死亡的行为人主观上是伤害的故意，对被害人被伤害的结果持希望或放任的态度，出现死亡的结果往往是超出其伤害行为本身的预见性，存在一定的意外情况，但过失致人死亡主观上对伤害的主观故意都不存在，这是二者的主要区别。

四、过失致人死亡罪案件审理思路及原则

审理过失致人死亡罪，应重点审查四个要素：

一是行为人必须实施了过失致人死亡的行为。在这里，行为人的行为本身可能是有意识的，或者说是有故意的，但对于致使他人死亡的结果的发生是没有预见或者轻信能够避免的，即因为过失而造成。过失致人死亡的行为既可以以作为的形式实施，也可以以不作为的形式实施。

二是必须发生了致他人死亡的实际结果，这是本罪成立的前提。至于是致他人当场死亡还是经抢救无效死亡，对定罪没有影响。行为人即便实施了可能致他人死亡的行为，但被害人的死亡并非行为人的行为造成的，不能构成过失致人死亡罪。

三是行为人的行为与死亡结果之间具有刑法上的因果关系，才能构成过失致人死亡罪。如果行为人虽然在客观上实施了某种过失行为，但被害人的死亡并非行为人的行为造成的，就不能构成过失致人死亡罪。

四是致使他人死亡的行为，必须是刑法中没有另外规定的。如果致他人死亡的行为在刑法中另有规定，应按有关法条处理，不再构成过失致人死亡罪。例如，因交通肇事致人死亡的，定交通肇事罪，而不定过失致人死亡罪；过失爆炸、失火等致人死亡的，构成过失爆炸、失火罪等，不再构成过失致人死亡罪。

审理过失致人死亡，应坚持如下审理原则：

一是应重点审查主观方面的内容，坚持从客观到主观的判断逻辑。以社会一般成员的认知能力和认知水平作为判断刑法上注意义务和预测可能性的标准和依据，尤其是对死亡结果的出现，作为一般成员，根据案发时的特定条件，是否具备一定的预见性，以及是否能够据此采取措施对死亡结果进行避免，从而避免客观归罪。审查主观方面时，要重点注意以下几个方面：

（1）事件起因。过失致人死亡罪与故意杀人、故意伤害致人死亡等是认定主观故意的重要内容。过失致人死亡一般在起因上具有偶然性的特点，行为人对被害人为何实施侵害行为，究竟是突发纠纷临时起意，还是积怨深久蓄意报复，抑或发泄不满，可以作为判断行为人的侵害行为是基于杀人还是伤害故意的考虑因素。

（2）有无凭借一定的工具以及有无不合理的介入因素。过失致人死亡罪中，行为人

一般情况下不会使用或提前准备犯罪工具，基于案件突发，此类案件中的犯罪工具的出现，有时候甚至伴随其他介入因素，应当综合考虑这些客观方面的可能性，作为分析判断行为人主观的一个依据。

（3）侵害行为的暴力严重程度。一般而言，过失致人死亡案件中行为人实施的侵害行为是有所克制的，既然是出于过失，侵害行为与故意杀人、故意伤害等严重暴力手段致人死亡的行为存在较为明显的差异，一般以轻微伤害行为为主。

（4）致死原因分析。从致死部位看，头、胸、腹部等属于要害部位，对这些部位所实施的侵害行为更易导致被害人死亡的结果，如果行为人直接使用器械对致命部位进行侵害，这也能从侧面反映出行为人高度可能致死被害人，这种情况下就是故意杀人罪，反之，行为人的侵害行为不属于要害部位，也能从侧面反映出行为人的主观心态。

二是重点审查行为人与危害后果之间的因果关系。过失致人死亡的案件中，被害人死亡的结果才是认定行为人构成犯罪的关键因素，而被害人死亡的结果的出现，可能是由于多个行为人的侵害行为抑或介入了其他因素、有可能是被害人本身具有特殊体质或基础性疾病或者非攻击性的行为与被害人本身的行为相结合而导致的。故在审理此类案件中，要做到准确区分责任，显然最关键的是把握准过失致人死亡的因果关系。首先，应当审查清楚，被害人遭受到了那些侵害行为，这里的侵害行为是否包括行为人施暴以外的其他特殊情况。其次，要结合被害人死亡的鉴定结果，详细分析上述的行为是否会导致死亡结果的出现。最后，根据判断查明的事实，依据《刑法》的有关规定，确定罪责。

三是带有防卫性质的行为导致被害人死亡是否可以认定为过失致人死亡的审查应慎重。在实践过程中，正当防卫造成侵害人一方死亡与故意伤害之间的界限比较模糊，这便使得司法机关在进行裁判、量刑时，将正当防卫定性为故意伤害。而“刘某某被反杀一案”发生后，沉睡多年的正当防卫的条款被大量运用，最高人民法院和最高人民检察院均出台一系列指导案例、会议纪要，对正当防卫的各种情形予以明确。《刑法》第20第2款规定“正当防卫明显超过必要限度造成重大损害的，应当负刑事责任，但是应当减轻或免除处罚”。正当防卫是为制止不法侵害人的侵害行为而采取的反抗或抵制措施，防卫行为的实施需要有限度约束，明显超过一定限度并因此造成重大损害结果的，属于防卫过当。因此结合到过失致人死亡案件中去，认定过失致人死亡案件中行为人是否存在防卫行为，需要注意以下问题：首先要准确把握正在进行的不法侵害何时停止。在司法实践中这样的案例还时常出现，被不法行为侵害的人在遭受不法行为的侵害，而行为实施人已经不在现场时，被害人仍继续对行为实施人实施暴力，并对行为实施人造成了一定的伤害，这种行为反而会被司法机关定性为故意伤害。因此针对此类情形，应当注重考虑被不法行为侵害的人的主观意志，结合当时现场的具体情形，据此判断不法侵害是否停止，而不能简单地以行为实施人离开现场抑或暂时停止了不法侵害，而作出不法侵害已经停止，被不法侵害人继续对实施人实施暴力就可能构成故意伤害罪的判断。其次还应该充分考量防卫行为的限度问题。正当防卫是以保护为核心内容，并非以伤害为主体。所以，在防卫过程中，一般以侵害人失去威胁作为标准，也就是确保受害者安全。如果在受害者确保安全之后，继续防卫反击，那么就属于防卫过当了。

四是遵循先特殊、再一般的规则，对《刑法》分则另有规定，以过失致人死亡罪定罪进行审查。根据《刑法》规定，某些犯罪在出现死亡结果时不再依据该条罪名定罪，而定为过失致人死亡罪。在处理这类案件时，一是坚持主客观一致，二是把握量刑关系的制约。坚持主客观一致原则，意味着虽然在此类案件中出现了被害人死亡的结果，但不可机械适用相关条文的规定，而以结果定罪。从实质方面我们可以看出，此类罪行较轻的行为之所以转化为罪行较重的行为，一个重要的原因就是在于在实施此类较轻的行为时出现了被害人死亡的严重后果，使得该较轻的行为的罪责已经等同于死亡的罪责。从罪刑关系上可以看出，罪有轻重之分，法定刑亦有高低之分。《刑法》分则另有规定，以过失致人死亡定罪的情形中，多表述为致人死亡后果时，才可转化，显然这也是为了实现罪刑均衡的惩罚，但是如果按照本罪处罚可以实现罪刑均衡就没有转化的必要。

五是量刑时注意与故意杀人罪、故意伤害（致人死亡）罪的量刑区分。过失致人死亡虽然主观上是出于过失，但是有死亡结果的存在，极易导致司法实践中以故意杀人、故意伤害（致人死亡）的量刑为参照，《刑法》第 233 条对过失致人死亡罪的量刑规定了两个幅度：一个是三年以下七年以上有期徒刑；另一个是情节较轻的，则规定处三年以下有期徒刑，并背书了刑法另有规定的，依照规定。说明过失致人死亡的量刑明显不能以故意杀人和故意伤害（致人死亡）为参照，而是应该只综合考虑该案件的具体情况来确定刑罚。

第二节　过失致人死亡罪审判依据

过失致人死亡罪在刑法历次修改中经历了一次行为评价变迁与量刑变迁。在 1979 年《刑法》中，以过失致人死亡罪科以处刑的罪状描述是“过失杀人的”，系以行为出现为依据；且在刑罚评价上，系以轻刑到重刑的序位排次，“处五年以下有期徒刑；情节特别恶劣的，处五年以上有期徒刑”。此后的刑法修正案中都沿袭了 1997 年 3 月 14 日关于过失致人死亡罪的修订规定，即“过失致人死亡的，处三年以上七年以下有期徒刑；情节较轻的，处三年以下有期徒刑。本法另有规定的，依照规定”。在过失致人死亡罪的定性上，以“致人死亡的”的结果出现为依据；在量刑阶梯上，改由重刑评价向轻刑评价，法定最高刑由原来的十五年有期徒刑降为了七年有期徒刑，量刑幅度与其他过失犯罪致人死亡的情形在量刑上保持了一致与平衡。

过失致人死亡罪与其他过失犯罪中致人死亡的罪数评价关系在《刑法》第 233 条中“本法另有规定的，依照规定”有所体现，如失火罪、过失爆炸罪、交通肇事罪等罪中包含致人死亡的规定就属于特别规定，在罪名适用上，应当优先于《刑法》第 233 条的一般规定。

《最高人民法院、最高人民检察院、公安部关于办理涉窨井盖相关刑事案件的指导意见》（高检发〔2020〕3 号）、《最高人民法院关于依法妥善审理高空抛物、坠物案件的意见》（法发〔2019〕25 号）分别对过失致人死亡的盗窃、破坏窨井盖行为、过失导致物品从高空坠落致人死亡的行为予以本章罪名论处，维护人民群众“脚底下的安全”与“头顶上的安全”。《最高人民法院、最高人民检察院关于办理危害生产安全刑事案件适用法律若干问题的解释》（法释〔2015〕22 号）对安全事故领域主管责任人员应负过失致人死亡罪的情形作了解释规定；《最高人民法院、最高人民检察院、公安部、司法部印发

〈关于依法办理家庭暴力犯罪案件的意见〉的通知》（法发〔2015〕4号）区分了虐待犯罪致人重伤、死亡与故意伤害、故意杀人犯罪致人重伤、死亡的界限，应当根据被告人的主观故意、所实施的暴力手段与方式、是否立即或者直接造成被害人伤亡后果等进行综合判断；在公共交通事故方面，《最高人民法院关于审理交通肇事刑事案件具体应用法律若干问题的解释》（法释〔2000〕33号）亦列举了以本章罪名论处的情形。

一、法律

《中华人民共和国刑法》（2020年12月26日修正）

第二百三十三条 过失致人死亡的，处三年以上七年以下有期徒刑；情节较轻的，处三年以下有期徒刑。本法另有规定的，依照规定。

二、司法解释

（一）《最高人民法院、最高人民检察院关于办理危害生产安全刑事案件适用法律若干问题的解释》（2015年12月14日 法释〔2015〕22号）

第十条 在安全事故发生后，直接负责的主管人员和其他直接责任人员故意阻挠开展抢救，导致人员死亡或者重伤，或者为了逃避法律追究，对被害人进行隐藏、遗弃，致使被害人因无法得到救助而死亡或者重度残疾的，分别依照刑法第二百三十二条、第二百三十四条的规定，以故意杀人罪或者故意伤害罪定罪处罚。

（二）《最高人民法院关于审理交通肇事刑事案件具体应用法律若干问题的解释》（2000年11月15日 法释〔2000〕33号）

第八条 在实行公共交通管理的范围内发生重大交通事故的，依照刑法第一百三十三条和本解释的有关规定办理。

在公共交通管理的范围外，驾驶机动车辆或者使用其他交通工具致人伤亡或者致使公共财产或者他人财产遭受重大损失，构成犯罪的，分别依照刑法第一百三十四条、第一百三十五条、第二百三十三条等规定定罪处罚。

三、刑事政策文件

（一）《最高人民法院、最高人民检察院、公安部关于依法办理“碰瓷”违法犯罪案件的指导意见》（2020年9月22日 公通字〔2020〕12号）

七、为实施“碰瓷”而故意杀害、伤害他人或者过失致人重伤、死亡，符合刑法第二百三十二条、第二百三十四条、第二百三十三条、第二百三十五条规定的，分别以故意杀人罪、故意伤害罪、过失致人死亡罪、过失致人重伤罪定罪处罚。

（二）《最高人民法院、最高人民检察院、公安部关于印发〈关于办理涉窨井盖相关刑事案件的指导意见〉的通知》（2020年3月16日 高检发〔2020〕3号）

三、对于本意见第一条、第二条规定以外的其他场所的窨井盖，明知会造成人员伤亡后果而实施盗窃、破坏行为，致人受伤或者死亡的，依照刑法第二百三十四条、第二百三十二条的规定，分别以故意伤害罪、故意杀人罪定罪处罚。

过失致人重伤或者死亡的，依照刑法第二百三十五条、第二百三十三条的规定，分别以过失致人重伤罪、过失致人死亡罪定罪处罚。

十、对窨井盖负有管理职责的其他公司、企业、事业单位的工作人员，严重不负责任，导致人员坠井等事故，致人重伤或者死亡，符合刑法第二百三十五条、第二百三十三条规定的，分别以过失致人重伤罪、过失致人死亡罪定罪处罚。

第三节　过失致人死亡罪审判实践中的疑难新型问题

问题 1. 实施轻微暴力或一般殴打行为致人摔倒后死亡如何定性

【刑事审判参考案例】张某过失致人死亡案[①]

一、基本案情

北京市第二中级人民法院经公开审理查明：2013 年 5 月 13 日 14 时许，被告人张某在北京市西城区某十字路口东北角，因骑电动自行车自南向北险些与自西向东骑自行车的被害人甘某（男，殁年 53 岁）相撞，两人为此发生口角。其间，甘某先动手击打张某，张某使用拳头还击，打到甘某面部致其倒地摔伤头部。甘某于同月 27 日在医院经抢救无效死亡。经鉴定，甘某系重度颅脑损伤死亡。

在一审期间，经法院主持调解，张某的近亲属自愿代为一次性赔偿被害人家属各项经济损失人民币 50 万元。被害人家属对张某的行为表示谅解，同意对张某从宽处罚，并撤回附带民事诉讼。

北京市第二中级人民法院认为，被告人张某在因琐事与被害人发生争执并相互殴打时，应当预见自己的行为可能造成被害人伤亡的后果，由于疏忽大意未能预见，致被害人倒地后因颅脑损伤死亡，其行为已构成过失致人死亡罪。鉴于张某具有到案后如实供述犯罪事实，且积极赔偿被害方经济损失，取得被害方谅解等情节，对其从轻处罚。公诉机关指控张某犯罪的事实清楚，证据确实、充分，但指控其犯故意伤害罪的证据不足，应根据在案证据依法认定张某犯罪行为的性质。据此，以过失致人死亡罪判处被告人张某有期徒刑六年。

宣判后，被告人张某未上诉，原公诉机关提出抗诉，北京市人民检察院支持抗诉。

检察机关抗诉认为：原判认定事实清楚，证据确实、充分，程序合法，量刑适当，但定性错误，应认定为故意伤害罪。主要理由：一是被告人张某具有预见自身行为可能造成他人身体受到伤害的认识因素，且具有预见的能力；二是张某基于该认识因素实施了击打被害人头面部的行为，体现了故意伤害他人身体的意志因素，其对伤害行为造成的后果持放任心态；三是张某的行为客观上造成被害人受到伤害的后果，被害人被打后头部触地，其死亡的后果系被告人拳打后触地直接造成，故被害人的死亡结果与张某的

---

① 于同志撰稿，康瑛审编：《张某过失致人死亡案——轻微暴力致人死亡案件如何定性（第 1080 号）》，载最高人民法院刑事审判第一、二、三、四、五庭主办：《刑事审判参考》（总第 103 集），法律出版社 2016 年版，第 48 ~ 53 页。

拳击行为存在因果关系；四是在案证据能够充分证明被告人的故意伤害行为，被告人亦有伤害他人的故意，不符合过失致人死亡罪的构成要件，依法应认定为故意伤害罪。

原审被告人张某及其辩护人在二审中辩称，原判认定事实清楚，定罪准确，量刑适当，建议维持原判。主要理由：一是被告人在行为发生时其客观表现反映主观上不具有主动攻击、伤害他人身体的故意；二是被告人在受到对方殴打，为防止有病身体遭受撞击而推挡对方，亦不符合故意犯罪的要件；三是将双方临时因为口角而发生的撕扯认定为互殴，进而认为被告人具有伤害他人的故意不准确；四是被告人的行为在客观上并未直接造成被害人身体的伤害，被告人打到被害人脸颊仅是被害人摔倒的部分原因，还受到被害人案发前饮酒、争吵情绪激动、患有糖尿病等因素影响；五是因摔伤而导致的重度颅脑损伤及脑疝不是被害人的全部死因，死因还包括肺部感染等并发症。

北京市高级人民法院经审理认为，被告人张某在因琐事与被害人发生争执中，使用拳头击打被害人面部时，应当预见其行为可能发生被害人伤亡的后果，由于疏忽大意未能预见，造成被害人倒地致颅脑损伤死亡，其行为符合过失致人死亡罪的构成要件，原判依法认定过失致人死亡罪并无不当。北京市人民检察院第二分院以及北京市人民检察院关于本案构成故意伤害罪的抗诉意见和支持抗诉、出庭意见，不予采纳。张某关于其没有伤害被害人故意的辩解以及辩护人所提本案成立过失致人死亡罪的辩护意见，酌予采纳。鉴于张某到案后能如实供述犯罪事实，积极赔偿被害方经济损失，取得被害方谅解等情节，对其可酌予从轻处罚。原审人民法院根据张某犯罪的事实，犯罪的性质、情节和对于社会的危害程度所作的判决，定罪和适用法律正确，量刑适当，审判程序合法，应予维持。据此，依法裁定驳回北京市人民检察院第二分院的抗诉，维持原判。

二、主要问题

对轻微殴打行为导致被害人倒地磕碰死亡的情形，应认定为故意伤害（致死）罪还是过失致人死亡罪?

三、裁判理由

实施拳打脚踢等轻微殴打行为导致被害人摔倒磕碰死亡或者原有病症发作而死亡的案件，在现实生活中时有发生。对此如何定性，具体案件处理上有差异。有的认定故意伤害（致人死亡）罪，有的认定过失致人死亡罪，还有个别案件未作刑事处理。这种情况比较复杂，如何准确定性，需结合个案事实具体分析。

我们认为，正确认定此类案件，首先要从事实层面入手，分析、判断涉案行为与死亡结果之间是否存在因果关系。如果因果关系得以确认，则要从规范层面入手结合行为人的主观罪过来确定其是否应当对死亡结果承担刑事责任，以及承担何种刑事责任。

在刑法理论中，因果关系是指危害行为与危害结果之间是否有“引起与被引起”的关系。一般来说，只要涉案行为对危害结果的发生具有原因作用力，就可以认定二者存在刑法上的因果关系。就本案而言，被告人张某在与被害人发生争执中击打被害人致其倒地，造成被害人重度颅脑损伤，就诊治疗两周后死亡。从在案证据来看，被害人在案发后的入院治疗过程正常，也不存在其他明显的介入因素（辩护人所提死因中的肺部感染等并发症，亦主要由颅脑损伤所致），所以，应当认定被告人的行为与被害人的死亡结果之间存在“引起与被引起”的关系。

综合全案来看，被告人虽然并不希望被害人死亡的结果发生，主观上缺乏致死的直接故意，但其明显具有实施击打行为对被害人造成轻微痛苦的意图。并且，其行为受制于愤怒情绪，具有攻击性且力度容易失控，所以，其应当承担避免对方因攻击行为而摔倒磕碰致死的注意义务。一旦危害结果发生，则依法要承担相应的刑事责任。这里的主要问题是，对被告人认定放任的故意犯罪还是疏忽大意的过失犯罪。我们认为，宜认定过失致人死亡罪，主要理由如下：

第一，故意犯罪的成立不仅要求有故意行为存在，行为人还要对行为的危害后果有认知或预见（结果加重犯则要对加重结果有所认知或预见），并且希望或者放任该结果发生。该主观故意往往通过客观行为体现出来。对此，可以结合案发起因、被告人与被害人的关系、打击工具、打击部位、打击力度、双方力量对比和介入因素等综合分析判断。从实践来看，故意伤害行为往往表现为行为人积极主动实施伤害行为，为追求伤害后果的发生，通常会持续或连续实施攻击行为（甚至不惜使用杀伤性工具），并且直接造成轻伤以上后果，行为表现出一定的严重伤害性。就本案而言，被告人确实是故意实施打击行为，但是对被害人死亡的危害后果是否预见并放任该后果发生呢？从事实和证据来看，本案属于典型的激情犯罪，双方均为年过五旬的人，无冤无仇，虽因琐事引发矛盾，但双方之间没有激烈的矛盾或利益冲突。在起因上，因缺乏监控录像无法确定两者谁违规行车，但可以确定的是被害人先停车骂人并动手，对被告人来说，事发突然，本身又患有肝脏血管瘤，在遭受对方推打时实施回击行为，实施行为时没有使用任何工具，且打中被害人一下，见被害人倒地后即停止侵害，行为较为克制，没有进一步伤害行为，这与一般的积极追求、连续攻击、直接造成危害后果的具有一定严重伤害性的故意伤害行为明显不同。目击证人均证实被告人走时并不慌张，归案后一直供称其对死亡后果“根本没有想到”，连证人也以为被害人倒地不起“是装的”。所以，认定本案被告人对被害人死亡后果有明知或预见，进而认为被告人故意放任危害后果发生，过于勉强；认定其犯罪属于过失致人死亡，更符合实际。

第二，构成故意伤害（致人死亡）罪的行为，应当在客观上具有高度的致害危险性。从法理上讲，故意伤害致人死亡是故意伤害罪的结果加重犯。结果加重犯是刑法规定的一种特殊犯罪类型，一般以行为人对加重结果的发生“有客观的预见可能性”而“主观上却没有预见”作为构成要件。既然加重结果发生有着“客观的预见可能性”，则意味着基本行为应当具有引发严重伤害甚至可能导致死亡结果发生的高度危险性。从立法上看，刑法对故意伤害致死行为规定了“有期徒刑十年以上、无期徒刑或者死刑”这样严厉的法定刑，其处罚的对象也理应是在客观上具有高度危险性的暴力行为，而不可能是轻微的暴力行为。就本案而言，被告人确实用拳头打到了被害人，也应有一定力度，但是没有证据显示直接打击部位有伤害后果。特别是被告人打击的是被害人的眼睑部，此部位较为脆弱，从以往的案件来看，稍微严重的击打就可能造成骨折等伤害后果。但从本案的尸检鉴定来看，不仅此处没有任何受伤骨折的情况，连面部皮肤亦未发现损伤痕迹，由此可见，被告人实施的拳打行为，应不具有高度致害（即致人死亡）的危险性，有别于刑法上较为严重的“故意伤害（致人死亡）行为”。并且，尸检鉴定也显示死因系摔倒造成，而非被告人直接打击形成。打击是摔倒的主要原因，但也不能排除被害人饮酒影响身体平衡、情绪激动等方面的因素影响。

第三，对轻微暴力致人死亡行为以过失致人死亡罪定罪处罚，有助于贯彻罪刑相当原则。罪刑相当原则是刑法的基本原则，司法层面解释刑法时亦应当遵循。如前所述，刑法对故意伤害（致人死亡）行为配置了十年有期徒刑以上的重刑，在解释故意伤害

（致人死亡）罪条款时应当坚持从严掌握，尽可能排除从主客观两方面衡量均属轻微，只是由于其他原因或介入其他因素才导致死亡结果发生的行为。所以，在认定轻微暴力致人死亡案件时，应当注意区分生活中的一般的殴打故意及行为与刑法上的伤害故意及行为。日常的攻击、打人行为基于罪刑相当原则和结果加重犯理论，在一般人看来具有高度致害危险性的，才可以认定故意伤害（致人死亡）罪；否则，宜认定过失致人死亡罪。就本案而言，被告人在受到对方攻击的情况下出拳击打被害人，打中被害人一下，被害人倒地后即停止侵害，其直接打击部位也未见任何伤害后果，故其行为仍应属于“日常的攻击”的范畴，不宜等同于刑法上的“故意伤害（致人死亡）行为”。

第四，对轻微暴力致人死亡行为以过失致人死亡罪定罪处罚，更符合公众的一般判断。运用刑法裁判案件要考虑社会公众的接受程度。对于介于罪与非罪、重罪与轻罪之间的行为，应当立足于社会一般认知心理作出合理判断。从实践来看，多数拳打脚踢等轻微殴打行为致人死亡的案件中，被告人的行为并未直接造成被害人轻伤以上的后果，而是多因被害人倒地磕碰或者原有病症发作等复杂原因导致死亡，类似于民间的“失手打死人”情形，将此认定过失致人死亡罪，更易为社会公众接受。就本案而言，被害人在起因上有一定责任，被告人在对方先辱骂、动手的情况下出手打中被害人一下，行为比较克制，到案后即交代犯罪事实并一直如实供述，认罪、悔罪态度好，双方就民事赔偿问题已达成协议，并取得被害人亲属的谅解，对此案以过失致人死亡罪认定，不仅能够做到罚当其罪，社会上也易于接受。

值得注意的是，轻微暴力致人死亡的案件较为复杂，除了类似本案的行为人意图对被害人造成轻微痛苦而实施攻击行为的情况外，还有行为人意图摆脱被害人控制或拉扯而实施的强力甩手、转身等防御行为造成他人倒地磕碰或引起原有病症发作死亡的情况。一般而言，后者的危险性较小，有的属于本能之举，亦可能不以犯罪论处，除非争执发生在马路边、行进的公共交通工具中等极易摔倒磕碰的场合或者对年老体弱者及幼童等特殊对象实施。此外，虽然是采用拳打脚踢掌推等徒手方式殴打被害人，但打击没有节制或者当时场所特殊而具有高度危险性的，如长时间殴打，或者在楼梯口、车辆穿行的马路边猛推、追赶被害人的，在一定情况下也可以认定行为人具有伤害故意。

问题2. 实施一般殴打导致特异体质被害人死亡的行为如何定性

【刑事审判参考案例】都某过失致人死亡案①

一、基本案情

某市某区人民法院经公开审理查明：2011 年 9 月 30 日 19 时许，被告人都某及其子都某乙在某市一高校宿舍区亲属家中吃过晚饭后，都某准备驾驶轿车回家。其间，适逢住在该宿舍区另一幢楼房的该高校教授陈某（被害人，殁年 48 岁）驾车回家取物。陈某将其驾驶的车辆停在宿舍区两幢楼房前方路口，堵住了车辆行进通道，致都某所驾车辆无法驶出。双方遂发生口角，继而打斗在一起。在打斗过程中，都某拳击、脚踹陈某头

---

① 叶巍、陈亚鸣撰稿，罗国良审编：《都某过失致人死亡案——实施一般殴打导致特异体质被害人死亡的行为如何定性（第 1079 号）》，载最高人民法院刑事审判第一、二、三、四、五庭主办：《刑事审判参考》（总第 103 集），法律出版社 2016 年版，第 43 ~ 47 页。

部、腹部，致其鼻腔出血。后陈某报警。在此过程中，都某乙与陈某的妻子邵某发生拉扯，并将邵某推倒在地。民警赶到现场后将都某父子带上警车，由陈某驾车与其妻跟随警车一起到派出所接受处理。双方在派出所大厅等候处理期间，陈某突然倒地，后经送医院抢救无效于当日死亡。经鉴定，陈某有高血压并冠状动脉粥样硬化性心脏病，因纠纷后情绪激动、头面部（鼻根部）受外力作用等导致机体应激反应，促发有病变的心脏骤停而死亡。

某市某区人民法院认为，被告人都某过失致人死亡，其行为构成过失致人死亡罪，同时，都某依法应当承担民事赔偿责任。因被害人在案发起因上有一定责任，故都某仅应当承担主要民事赔偿责任。据此，依照《刑法》第233条、《刑事诉讼法》第99条第1款以及《最高人民法院关于适用〈中华人民共和国刑事诉讼法〉的解释》第155条第1款、第2款之规定，以过失致人死亡罪判处被告人都某有期徒刑三年，并判处都某赔偿附带民事诉讼原告人医药费、丧葬费、交通费、住宿费等各项经济损失共计人民币23 425.19元。

一审宣判后，被告人都某不服，向某市中级人民法院提起上诉。都某及其辩护人的主要上诉理由和辩护意见是：原审法院适用法律不当，应当依法改判都某无罪，并依照双方责任大小重新确定民事赔偿数额。

某市中级人民法院经审理认为，被告人都某应当预见击打他人头部、腹部可能导致他人死亡的危害后果，因为疏忽大意而没有预见，仍拳击、脚踹被害人头部、腹部，以致发生被害人死亡的危害后果，行为和结果之间存在因果关系，其行为符合过失致人死亡罪的构成要件。相关上诉理由和辩护意见不能成立。原审判决认定的事实清楚，证据确实、充分，定罪准确，量刑适当，审判程序合法，裁定驳回上诉，维持原判。

二、主要问题

行为人因民间纠纷与被害人互相厮打，对被害人实施轻微暴力，导致有特异体质的被害人发病死亡，对该行为应当如何定性?

三、裁判理由

在本案诉讼过程中，针对被告人都某的行为如何定性，主要存在以下三种意见：

第一种意见认为，被害人死亡的直接原因是有高血压并冠状动脉粥样硬化性心脏病，被告人的行为与被害人的死亡结果之间不存在刑法上的因果关系，被告人也不可能预见到被害人的特异体质进而预见到危害结果的发生，因此，本案属于意外事件，被告人的行为不构成犯罪，不应当负刑事责任。

第二种意见认为，被告人对被害人实施了故意伤害的行为，并产生了致人死亡的后果，行为与后果之间存在刑法上的因果关系，其行为符合故意伤害罪的结果加重构成要件，因此，应当以故意伤害罪定罪处罚。

第三种意见认为，被告人作为一名具备相当社会生活经验的成年人，应当能够预见拳击他人头部可能导致他人死亡的危害后果，但因为疏忽大意而没有预见到，导致发生了被害人死亡的危害后果，故应当以过失致人死亡罪定罪处罚。

我们同意第三种意见，对被告人都某应当以过失致人死亡罪定罪处罚。具体理由如下。

（一）被告人都某的行为与被害人的死亡结果之间具有刑法上的因果关系

本案的尸体鉴定意见表明，被害人陈某死亡的原因是有高血压性并冠状动脉粥样硬

化性心脏病，因纠纷后情绪激动、头面部（鼻根部）受外力作用等导致机体应激反应，促发有病变的心脏骤停而死亡。由该鉴定意见可知，本案被害人的死亡属于多因一果情形。死亡的直接原因是心脏病，而引发心脏病的原因是纠纷后情绪激动，以及头面部（鼻根部）受外力作用等导致机体应激反应。因此，虽然被害人的特异体质是其死亡的内在原因，但不可否认的是，正是因为被告人的暴力行为导致被害人的身体产生应急反应，促发病变心脏骤停而死亡，并非被害人自身原因促发死亡。因此，被告人的行为是被害人死亡结果发生的必要条件，两者具有刑法上的因果关系。

（二）被告人都某没有造成他人身体器官损伤的主观故意

司法实践中，常见的攻击、打斗行为表现为两种不同的情形：一种是一般争执过程中旨在造成他人身体一时疼痛的一般殴打行为；另一种是意图造成他人身体器官损伤的故意伤害行为。实践中，不能将所有的"故意"殴打致人死亡的案件，都认定为故意伤害致死。如有学者所言："一般生活意义上的'故意'不等同于刑法上的故意。行为人只具有一般殴打的意图，并无伤害的故意，由于某种原因或者条件引起了被害人死亡的，不能认定为故意伤害致死；如果行为人对死亡结果有过失，就应认定为过失致人死亡罪。"①

综合本案主客观方面的情况来看，被告人的行为属于一般殴打行为，并不属于意图造成他人身体器官损伤的故意伤害行为，因此，不宜认定被告人存在造成他人身体器官损伤的主观故意。具体理由是，从被告人的行为及其造成的后果来看，被告人在与被害人发生争执后互相殴打，被告人拳击、脚踹被害人头部、腹部，其中用拳头殴打被害人鼻根部的行为导致被害人鼻根部及右眼下方见软组织出血，上述身体损伤只是一般的损伤，后果并不严重，鉴定意见也显示，被告人的行为并未造成严重的伤害结果。打斗结束后，被害人抓住被告人衣领不放，不让被告人离开，被告人也并未继续实施殴打行为，可见，从被告人打击被害人的部位、力度和造成的后果来看，被告人实施的尚属一般殴打行为，这表明被告人并没有积极追求造成被害人身体器官损伤的主观故意。综上，可以认定被告人只有殴打他人的故意，但不能认定被告人存在意图造成被害人身体器官损伤的刑法上的伤害故意，故不能认定被告人的行为构成故意伤害罪。如果行为人对被害人故意施暴，力度失控进而导致被害人死亡，就要结合案件情况承担故意伤害（致死）罪相应的刑事责任。本案不属于此种情形。

（三）被告人都某对其行为导致被害人死亡的结果存在疏忽大意的过失

被告人对其行为导致被害人死亡的结果存在疏忽大意的过失。具体理由如下：

在一般争执过程中，行为人实施的暴力行为属于带有加害风险的行为，行为人通过殴打他人发泄愤怒情绪的同时，伴有导致他人受伤或死亡的可能。由于此类殴打行为源于愤怒情绪，不仅具有攻击性且力度容易失控，故致人受伤或者死亡的风险具有客观性，加之行为人通过殴打他人发泄情绪的行为应受谴责，不具有合法性，因此必然要求行为人承担避免因殴打行为力度较大而导致对方处于危险状态的注意义务，一旦发生危害结果，行为人就可能因未履行注意义务而构成过失犯罪。从本案情况来看，人的头部是敏感且较为脆弱的区域，被告人作为一个精神健全、身体健硕的成年人，应当预见到用拳头击打他人头部可能造成他人受伤或者死亡的风险，但其由于疏忽大意没有预见，最终

① 张明楷：《刑法学》（第4版），法律出版社2011年版，第771页。

导致被害人因纠纷后情绪激动、头面部（鼻根部）受外力作用等导致机体应激反应，促发有病变的心脏骤停而死亡，故被告人应当承担过失致人死亡的责任。也正是基于此，被告人都某提出的无罪主张不能成立。当然，如果行为人只有一般的殴打行为，并未殴打被害人重要部位且殴打力度轻微，并未导致被害人产生机体应激反应并促发特殊疾病等原因死亡的，结合案件具体情况，行为人对被害人死亡结果没有过失的，则应当认定被告人无罪。

（四）认定被告人的行为构成过失致人死亡罪更符合公众的一般心理预期

为了合理明确刑法处罚范围，对于处在罪与非罪、重罪与轻罪边缘的行为，应适当结合一般人的生活和社会常理作出判断。在一般争执和殴打致人死亡案件中，被告人的行为并未直接造成被害人轻伤以上的后果，而是因被害人原有病症发作等复杂因素导致死亡，因果关系方面具有“多因一果”的特征，死亡结果具有某种程度的偶发性，对此种情形以过失致人死亡罪定罪处罚更能获得社会认同。

问题3. 在未领取《医疗机构执业许可证》的乡村卫生室工作的乡村医生行医致人死亡的应如何定性

【刑事审判参考案例】王某过失致人死亡案[①]

一、基本案情

江苏省扬州市邗江区人民法院经公开开庭审理查明：邗江区杭集村卫生室成立于20世纪70年代，王某自1973年起即在村卫生室工作，曾取得卫生行政部门所发的《乡村保健医生证书》。2000年，邗江区卫生局开始开展对乡村卫生室发放《医疗机构执业许可证》工作。2001年8月，杭集村委会向邗江区卫生局提出设置杭集村卫生室为医疗机构的申请，经主管部门验收，因故未合格，至本案案发时尚未领取到《医疗机构执业许可证》。

2001年11月22日下午3时许，被害人林某（男，16岁）因上呼吸道感染到邗江区杭集镇卫生院就诊，该院开出青霉素皮试单及青霉素注射处方。林某在该卫生院做了青霉素皮试，其结果为阴性；但未在该院输液。随后林某来到王某所在的杭集村卫生室，王某看过林某在杭集镇卫生院的病历、处方和皮试单后，要林某做皮试，林某称刚做过，王某即未坚持，遂对林某进行青霉素输液。林某输液后不久即感不适，自行拔出针头后出门，随即倒地，经抢救无效死亡。经区、市两级医疗事故鉴定委员会鉴定，王某在未对林某重新做青霉素皮试的情况下给林某注射了与杭集镇卫生院皮试试液不同生产厂家的青霉素，以致林某发生青霉素过敏性休克而死亡，属一级医疗事故（含责任和技术因素）。

另查明，邗江区卫生局于1998年2月曾就青霉素使用专门作出规定，要求实施青霉素注射前，一定要验核注射卡，做到人、卡、皮试结果、药物批号四符合后方能进行注射。王某亦供述“青霉素更换生产厂家后，应当重新做皮试，这是其行医30多年的常

---

① 张澎撰稿，沈亮审编：《王某过失致人死亡案——在未领取〈医疗机构执业许可证〉的乡村卫生室工作的乡村医生行医致人死亡的应如何定性（第262号）》，载最高人民法院刑事审判第一庭、第二庭主办：《刑事审判参考》（总第34集），法律出版社2004年版，第20～23页。

识”。

江苏省扬州市邗江区人民法院认为：被告人王某已经预见到自己的行为可能造成他人死亡的后果而轻信可以避免，以致发生他人死亡的严重后果，其行为已构成过失致人死亡罪，依法应予惩处。案发后，被告人王某积极赔偿被害方的经济损失并取得被害方的谅解，被害方亦请求法院对被告人王某从轻处罚，结合本案的具体犯罪情节，故依法可以对被告人王某免予刑事处罚。依照《刑法》第233条、第37条之规定，于2003年4月11日，判决如下：

被告人王某犯过失致人死亡罪，免予刑事处罚。

一审宣判后，在法定期间内被告人王某不上诉，公诉机关亦未抗诉。

二、主要问题

在未领取《医疗机构执业许可证》的乡村卫生室工作的乡村医生行医致人死亡的应如何定性？

本案在审理过程中，对定性存在三种不同意见：

第一种意见认为，被告人王某本人无执业医师资格；其所在的本村卫生室亦无《医疗机构执业许可证》，其行医致人死亡应定非法行医罪。

第二种意见认为，被告人王某曾取得《乡村保健医生资格证书》，具有在乡村行医的资格，其所在的村卫生室长期从事诊疗活动，未领取《医疗机构执业许可证》的主要原因是主管部门管理不到位，故对王某应视为医务人员，其在工作中严重不负责任，违反青霉素注射的规定，造成就诊人死亡的后果，应定医疗事故罪。

第三种意见认为，王某的行为应定过失致人死亡罪。

三、裁判理由

原审判决采纳了第三种意见，即被告人王某的行为构成过失致人死亡罪。理由如下：

1. 被告人王某主观上不具有非法行医的故意。非法行医罪是指未取得医生执业资格的人非法行医，情节严重的行为。行为人对非法行医行为的心理态度是直接故意，即明知自己未取得医生执业资格，而仍实施非法行医行为。被告人王某所在的杭集村卫生室成立于20世纪70年代，王某本人也在村卫生室工作了近30年，并一直从事医疗、保健、预防等工作。被告人王某曾取得《乡村保健医生资格证书》，一直作为乡村医生行医。1999年5月1日实施的《执业医师法》第14条规定：“未经医师注册取得执业证书，不得从事医师执业活动。”但《执业医师法》第45条规定：“不具备本法规定的执业医师资格或者执业助理医师资格的乡村医生，由国务院另行制定管理办法。”可至本案案发时，国务院尚未制定相关管理办法以规范乡村医生的行医资格。综上，考虑到乡村卫生室从事诊疗服务的历史延续性以及乡村医生行医资格无法律明文规定的特殊性，可以认定被告人王某主观上不具备非法行医的故意，对其行为以不定非法行医罪为宜。

2. 被告人王某不符合医疗事故罪的主体身份。医疗事故罪的主体是特殊主体，即医务人员。所谓医务人员是指有合法执业资格的医疗工作者，即其行医具有合法性。医务工作，是一项专业性、技术性极强的工作。为确保人民的生命、健康安全，国家对医务人员的任职资格作了严格规定。根据1999年5月1日实施的《执业医师法》的规定，在我国从事医师执业工作，必须具备两个基本条件：一是取得医师资格；二是进行注册，领取医师执业证书。未经医师注册取得执业证书，不得从事医师执业活动。被告人王某未取得医师资格，亦未进行注册，取得医师执业证书，其虽取得《乡村保健医生资格证书》，但该证书载明“本证书是医疗技术水平的证明，不得凭此证流动行医和个体开业”。因此，王某行医不具有合法性，不符合医疗事故罪的主体特征，不应以医疗事故罪追究其刑事责任。

3. 被告人王某的行为符合过失致人死亡罪的主、客观构成要件，应定过失致人死亡罪。过失致人死亡罪，是指行为人由于过失而致人死亡的行为。其主观方面只能由过失构成，包括疏忽大意的过失和过于自信的过失。前者是指应当预见自己的行为可能发生被害人死亡的结果，由于疏忽大意而没有预见；后者是指已经预见而轻信能够避免，以致发生被害人死亡的结果。被告人王某作为行医近三十年的乡村医生，已经预见到不对林某重复做皮试可能发生死亡的后果，却轻信林某刚在镇卫生院做过皮试能够避免，以致发生了林某青霉素过敏性休克死亡的后果，符合过失致人死亡罪的主观特征；过失致人死亡罪的客观方面是行为人的过失行为与死亡结果存在着刑法上的因果关系。本案中，医疗鉴定报告表明：王某在未对林某重新做青霉素皮试的情况下注射了与杭集镇卫生院皮试试液不同生产厂家的青霉素，造成林某青霉素过敏性休克死亡，其行为与林某的死亡具有刑法上的因果关系。

问题 4. 驾驶交通工具在非公共交通范围内撞人死亡的应如何定罪

【实务专论】[①]

七、关于在公共交通管理的范围外，因使用交通工具致人伤亡行为的定性

实践中，在机关、厂矿、学校、封闭的住宅小区等没有实行公共交通管理的范围内，因使用交通工具致人伤亡或者造成财产损失的情形也较多，如何定性处理，是困扰司法实践的一个重要问题。依照道路交通管理法规的规定，交管部门只对在实行公共交通管理的范围内，如道路上发生的交通事故进行处理。同样是使用交通工具肇事，但由于不是在交通管理的范围内，交管部门无法进行处理。而其他职能部门也多以这种行为属于交通肇事为由而推诿管辖，致使一些被害人告状无门，犯罪行为得不到及时惩处。为此，参考最高人民检察院于 1992 年 3 月 23 日发布的《关于在厂（矿）区内机动车造成伤亡事故的犯罪案件如何定性处理问题的批复》的有关内容，《最高人民法院关于审理交通肇事刑事案件具体应用法律若干问题的解释》第 8 条第 2 款规定，“在公共交通管理的范围外，驾驶机动车辆或者使用其他交通工具致人伤亡或者致使公共财产或者他人财产遭受重大损失，构成犯罪的，分别依照刑法第一百三十四条、第一百三十五条、第二百三十三条等规定定罪处罚”。

【刑事审判参考案例】李某过失致人死亡案[②]

一、基本案情

天津市西青区人民法院依法适用简易程序，经公开开庭审理查明：2001 年 11 月 9 日

---

① 孙军工：《正确适用法律 严惩交通肇事罪——〈关于审理交通肇事刑事案件具体应用法律若干问题的解释〉的理解与适用》，载《人民司法》2000 年第 12 期。

② 天津高级人民法院撰稿，李武清审编：《李某过失致人死亡案——驾驶交通工具在非公共交通范围内撞人死亡的应如何定罪（第 243 号）》，载最高人民法院刑事审判第一庭、第二庭主办：《刑事审判参考》（总第 32 集），法律出版社 2003 年版，第 29 ~ 33 页。

18 时许，被告人李某无证驾驶一辆无牌号摩托车，在某物资转运站大院内行驶时，将正在散步的张某撞倒。李某随即同他人将张某送到医院，经抢救无效死亡。李某在医院内被接到报警后前来的公安人员抓获。

天津市西青区人民法院认为：被告人李某无证驾驶无牌号摩托车，在非公共交通范围内，撞倒他人，致人死亡，且负全部责任，其行为已构成过失致人死亡罪。公诉机关指控的罪名成立，应予支持。李某在事故发生后，为抢救被害人而未能自动投案，到案后能够如实供述本人罪行，虽不能认定为自首，但应当作为酌定从宽量刑情节予以考虑，且李某能够积极赔偿被害人损失。鉴于此，依照《刑法》第 233 条、第 67 条第 1 款和第 72 条第 1 款的规定判决：被告人李某犯过失致人死亡罪，判处有期徒刑二年，缓刑二年。

一审宣判后，被告人未上诉，公诉机关也未提出抗诉，判决已发生法律效力。

二、主要问题

1. 驾驶交通工具在非公共交通范围内撞人死亡的应如何定罪？

2. 因抢救被害人未来得及自动投案即被抓获，到案后主动如实供述犯罪事实的，能否认定为自首？

三、裁判理由

（一）驾驶交通工具在非公共交通范围内撞人死亡，构成过失犯罪的，一般应以过失致人死亡罪定罪处罚，除非该行为还触犯其他罪名

《最高人民法院关于审理交通肇事刑事案件具体应用法律若干问题的解释》第 8 条规定，在实行公共交通管理范围内发生的重大交通事故的，以交通肇事罪论处；在公共交通管理范围外，驾驶机动车辆或者使用其他交通工具致人伤亡或者致使公共财产或者他人财产遭受重大损失，构成犯罪的，分别依照《刑法》第 134 条重大责任事故罪、第 135 条重大劳动安全事故罪和《刑法》第 233 条过失致人死亡罪的规定定罪处罚。适用这一解释规定，涉及两个问题：一是如何区分公共交通管理范围内和外？二是在公共交通管理范围外，驾驶机动车辆或者使用其他交通工具致人伤亡的，如何准确适用罪名？

所谓公共交通管理范围内，应当是指纳入公安交通管理机关管理范围内的道路。一般而言，机关、企事业单位、厂矿、学校、封闭的住宅小区等内部道路均不属于公共交通管理范围。在上述区域道路上因使用交通工具致人伤亡，在排除行为人出于主观故意以及不能构成过失以危险方法危害公共安全罪的情况下，如构成过失犯罪，需要定罪处罚的，不能按交通肇事罪处理。原则上讲，一般应首先考虑以过失致人死亡罪追究刑事责任，如该行为同时又符合重大责任事故罪或重大劳动安全事故罪的构成要件，则应按特别法条优于普通法条的适用原则，以重大责任事故罪或重大劳动安全事故罪等罪名追究刑事责任。具体地说：其一，在工厂、矿山、林场、建筑企业或者其他企业、事业单位内部交通范围内，该单位职工使用交通工具违章生产作业，因而发生重大伤亡事故或者造成其他严重后果的，应以重大责任事故罪追究刑事责任；如该职工使用交通工具但并非从事单位的生产作业，虽造成重大伤亡事故或者造成其他严重后果的，仍应以过失致人死亡罪追究刑事责任。其二，在工厂、矿山、林场、建筑企业或者其他企业、事业单位内部交通范围内，该单位用于生产、运输的交通工具不符合国家劳动安全规定，经有关部门或人员提出后，仍不采取措施，因而发生重大伤亡事故或者造成其他严重后果的，应以重大劳动安全事故罪追究相关责任人的刑事责任；如不符合上述情况，虽因使用交通工具造成重大伤亡事故或者造成其他严重后果的，仍应以过失致人死亡罪追究行

为人的刑事责任。本案被告人李某无证驾驶一辆无牌号摩托车，在某物资转运站大院内这一非公共交通管理范围内行驶时，将正在散步的张某撞死，其性质不属于交通肇事罪，但符合过失致人死亡罪的构成要件，以过失致人死亡罪追究其刑事责任是正确的。

（二）行为人因抢救被害人未来得及自动投案即被抓获，到案后主动如实供述犯罪事实的，能否认定为自首，关键看行为人是否有投案的准备行为或是否具有准备投案的意思表示。

根据《刑法》第 67 条第 1 款的规定，构成自首应当同时具备两个基本条件：一是自动投案；二是如实供述自己的罪行。根据该条第 2 款以及《最高人民法院关于处理自首和立功具体应用法律若干问题的解释》第 4 条的规定，未能自动投案而被采取强制措施的犯罪嫌疑人、被告人和已宣判的罪犯，只有如实供述司法机关尚未掌握的本人的其他不同种罪行的，才能视为自首。所谓自动投案，是指犯罪事实或者犯罪嫌疑人未被司法机关发觉，或者虽被发觉，但犯罪嫌疑人尚未受到讯问，未被采取强制措施时，主动、直接向公安机关、人民检察院或者人民法院投案。这一定义强调了自动投案的三项特征即时限性、主动性和直接性。时限性要求行为人的投案行为必须完成在犯罪事实或者犯罪嫌疑人未被司法机关发觉，或者虽被发觉，但犯罪嫌疑人尚未受到讯问，未被采取强制措施前；主动性要求行为人的投案行为是出于本人自觉自愿；直接性要求行为人应该是本人亲自完成投案行为且投案对象是司法机关。司法实践中，自动投案现象十分复杂，为鼓励自动投案，节约司法成本，根据《最高人民法院关于处理自首和立功具体应用法律若干问题的解释》第 1 条的有关规定，对不具有上述自动投案三项特征的一些行为，也可视为自动投案。如不具有时限性特征，但经查实确实已准备去投案，或者正在投案途中，就被公安机关捕获的；不具有主动性特征如亲友送去投案的；不具有直接性特征如犯罪嫌疑人因病、伤或为减轻犯罪后果，委托他人代为投案或先以信电投案；或是向所在单位、城乡基层组织或其他有关负责人投案的等等。本案被告人是在医院被公安人员抓获的，显然不属于自动投案。但被告人辩称其本有准备投案的意愿，只不过因忙于抢救被害人而没来得及投案即被公安人员在医院抓获。对此能否视为准备投案呢？我们认为，认定准备投案，应当具有可供查实的投案的准备行为，或者具有准备投案的意思表示。本案被告人在送被害人到医院抢救后，应该说是有时间和条件先行电话投案或委托他人投案的，但其没有实施任何投案的准备行为，也没有向任何人表示过准备投案。因此，仅凭其辩称有准备投案的内心意愿，尚不足以认定其准备投案。故本案不能认定被告人有自首情节。由于本案被告人具有为减轻犯罪后果，积极抢救受害人以及到案后如实供述的行为，故在量刑时应当酌情予以考虑。

本案是一起交通事故，只不过在罪名上应认定为过失致人死亡罪。

此案还引发出交通事故案件中存不存在自首问题的争论。有种观点认为，《公路交通规则》第 53 条规定："驾驶人员驾驶车辆肇事时，必须立即停车设法抢救被伤害的人，并迅速报告当地交通管理机关或者地方人民政府听候处理。对肇事后畏罪潜逃的人，应当加重处罚。"也就是说，无论罪名如何确定，肇事者在肇事后主动投案、抢救伤员是其法定义务，因而在这类案件中不存在自首问题，并以此作为本案不能认定自首的理由之一。我们认为这种观点是错误的。本案之所以不能认定为自首，理由已如上述，但绝不是因为交通肇事案件中不存在自首问题的缘故。事实上，刑法并没有明文规定交通肇事案件排除自首的适用，刑法总则中关于自首的规定当然适用于刑法分则的所有罪名包括

交通肇事罪。交通肇事案件中不仅存在自首，且自首的认定条件是同一的。只不过根据现行刑法规定，交通肇事后自首、交通肇事逃逸后自首、交通逃逸致人死亡后自首，适用的法定刑幅度有所区别而已。至于在非公共交通管理范围内发生的车辆肇事案件，无论确定适用何种罪名，同样也存在自首问题。

问题5. 特殊环境下被告人致人死亡，如何评价被告人的主观罪过

【刑事审判参考案例】季某过失致人死亡案①

一、基本案情

上海市宝山区人民法院经公开审理查明：2007 年 6 月 30 日 17 时 20 分许，被告人季某在某公司锅炉房，因打开水与被害人汪某发生争执，继而相互推搡扭打。在推搡扭打过程中，季某用放于锅炉房边上的桶（内有香蕉水）泼洒汪某，香蕉水瞬间起火燃烧，致使汪某因高温热作用致休克而死亡。

上海市宝山区人民法院认为，被告人季某间接故意伤害他人，并致一人死亡，其行为构成故意伤害罪；鉴于季某系初犯，且能赔偿被害人的经济损失，可酌情从轻处罚。根据《刑法》第 234 条第 2 款之规定，以犯故意伤害罪判处被告人季某有期徒刑十年。

一审宣判后，被告人季某不服，提出上诉，提出其不明知桶内装有香蕉水，没有故意泼洒被害人，桶是在其与被害人扭打过程中被打翻的，其行为属于过失犯罪而非故意犯罪。

上海市第二中级人民法院经公开审理查明：2007 年 6 月 30 日 17 时 20 分许，被告人季某到某公司锅炉房门口打开水，因故与被害人汪某发生争执，继而相互推搡扭打。其间，季某拎起放于锅炉房边上的一个油漆桶甩向汪某，致盛放桶内的香蕉水泼洒在汪某身上，香蕉水随即起火燃烧，汪某和季某均被烧着。嗣后，两人被送往医院救治，汪某因高温热作用致休克而死亡。

上海市第二中级人民法院认为，被告人季某因过失致一人死亡，其行为已构成过失致人死亡罪。原审判决定性不当，应予以纠正。鉴于季某已赔偿被害人家属的部分经济损失，可酌情从轻处罚。据此，依照《刑事诉讼法》第 189 条第 2 项及《刑法》第 233 条之规定，判决如下：

1. 撤销上海市宝山区人民法院（2008）某刑初字第 36 号刑事判决。
2. 被告人季某犯过失致人死亡罪，判处有期徒刑四年。

二、主要问题

特殊环境下，被告人行为致人死亡，如何评价被告人的主观罪过，即被告人季某的行为究竟是故意伤害还是过失致人死亡抑或意外事件？

三、裁判理由

本案的关键是如何评价被告人季某的主观罪过，继而对其行为定罪量刑。对此，主要有三种不同意见：第一种意见认为，被告人季某的行为属间接故意的伤害行为，应承

---

① 姜琳炜撰稿，陆建红审编：《季某过失致人死亡案——特殊环境下被告人致人死亡，如何评价被告人的主观罪过（第812号）》，载最高人民法院刑事审判第一、二、三、四、五庭主办：《刑事审判参考》（总第89集），法律出版社 2013 年版，第 29～33 页。

担故意伤害致人死亡的法律责任；第二种意见认为，季某的行为性质属于疏忽大意的过失，构成过失致人死亡罪；第三种意见认为，该案属于意外事件，被告人不构成犯罪，无须承担刑事责任。我们同意第二种意见，理由如下。

（一）被告人季某在主观上具有疏忽大意的过失

理论上，过于自信的过失与间接故意之间比较容易区分：前者为行为人已经预见到自己的行为后果，轻信能够避免；后者行为人也已经明知自己行为的结果，但放任该结果发生。两者同时都预见了危害后果，只不过行为人对于伴随结果的发生在意志上有所不同，在间接故意中是放任，在过于自信的过失中是轻信能够避免。根据刑法的规定，在对危害结果的认知因素上，间接故意行为人是认识到危害结果必然或可能发生，过于自信行为人则只是认识到危害结果可能发生。因此，二者在认知因素和意志因素上都有所区别，但关键还是行为人意志上的区别。这种理论上的区分，要落实到司法实践当中往往非常难，因为“无法从其他感性或知性的心理过程中探索出来，因而只能描述它，无法定义它”，需要结合每个案件的具体情况予以认定。

在该案中，被告人季某主观上系疏忽大意的过失。被告人作为一名油漆工，应该明知香蕉水是易燃物品，极易挥发，泼洒后将会造成大量的油气挥发，一旦遇到高温或者火种，即可着火燃烧。根据证人证言，被告人季某事先已经知道该锅炉房为烧锅炉点火方便，用香蕉水引火，且季某本人在案发前不久也曾给锅炉房提供过香蕉水。因此，足以认定季某对该桶内盛有香蕉水是明知的。季某在持桶殴打汪某时，该桶盖密封，只是因其用力将桶扔向被害人才致桶内香蕉水溢出。季某明知桶内有香蕉水，虽然见桶盖密封，但应当预见到用该桶殴打他人，可能导致桶内香蕉水溢出，而在锅炉房这一特定的高温环境下会发生燃烧的后果，因其没有预见，在主观上应属于疏忽大意的过失。

（二）被告人的行为不构成故意伤害（致人死亡）罪

故意伤害（致人死亡）罪与过失致人死亡罪最大的区别在于行为人是否存在伤害的故意。明知自己的行为会发生危害社会的结果，并且希望或放任这种结果发生的，是故意。故意包括认识因素上的明知与意志因素上的希望或者放任两个方面。所以，即使是间接故意的行为人，其主观上也必须对行为的危害结果存在明知程度的认知，如果不明知其行为会发生该危害结果，就不能构成故意犯罪。就意志因素方面来说，故意犯罪中，无论是直接故意还是间接故意，危害后果的发生都不违背行为人的意志。而疏忽大意的过失犯罪中不要求行为人明知后果的发生，且危害后果的发生与行为人的意志相违背。

本案中，被害人最终由于香蕉水燃烧导致死亡，结合在案证据，对该结果不能认定为系季某故意所为。香蕉水是一种化学混合性溶液，又称稀料，工业用途非常广，主要用作喷漆的溶剂或稀释，常温下为无色透明，具有较强的挥发性，易燃，带有浓烈的刺鼻气味，类似香蕉味，故称香蕉水，主要由二甲苯、工业乙醇、醋酸乙酯、丙酮等配合而成，不溶于水。① 本案中，香蕉水从桶中溢出，系季某用桶扔向被害人时发生的结果，而季某在扔出该桶时，桶的盖子是密封的；季某明知该桶内有香蕉水，也并没有将桶盖掀开，直接用香蕉水泼洒被害人，因此，对香蕉水烧伤被害人的后果应该没有持希望的态度。季某对烧伤的后果也不能认定为放任。季某虽明知桶内是香蕉水，但当时桶盖密封，扔出去未必就能导致桶内液体流出，季某抄起该桶即向被害人扔去，认定其具有用

---

① 曹际玉：《醉酒后误服香蕉水中毒死亡1例》，载《刑事技术》2004年第6期。

该桶本身伤害被害人的故意更符合其主观心态。对此，根据主客观相统一的原则，也只能要求季某对其用油漆桶攻击被害人所造成的直接后果承担责任。即如果油漆桶的撞击导致被害人构成轻伤以上结果，被告人对此承担故意责任，如果超出该范围，被告人不具有故意犯罪的主观罪过，否则将违背刑法罪责相适应的原则。

（三）该案不是意外事件

所谓意外事件，是指行为人不是出于故意或者过失，而是由于不能预见或者不能抗拒的原因，导致行为在客观上造成了危害社会的结果。意外事件具有以下三个特征：一是行为人的行为在客观上造成了损害结果；二是行为人对自己的行为所造成的损害结果，主观上既无故意也无过失；三是损害结果的发生是由于不能预见或者不能抗拒的原因所引起的。因此，在意外事件情况下，行为人主观上没有罪过，不负刑事责任，其行为不能认为是犯罪。

意外事件与疏忽大意的过失之间比较容易混淆，关键在于行为人是否有应当预见危害结果发生的义务。疏忽大意过失的行为人对危害结果应当预见而没有预见，即行为人负有预见危害结果的义务，并且也能够预见。而意外事件的行为人则对行为后果不具有预见的义务。判断是否具有预见义务要坚持主客观相统一的原则，综合考虑案发时行为人的心态、年龄、心智、工作经验以及案发时的环境等多种因素。对被告人认知因素的考量，不能仅凭被告人一人的供述，既要考虑到被告人的个体因素，也要考虑社会一般人的认知因素。本案中的被告人季某，是职业装饰工程公司的油漆工，熟知香蕉水遇高温易燃的特性，至少可以推知其明知这一特性。季某在锅炉房内持装有香蕉水的桶殴打他人，即负有防止香蕉水燃烧的义务，客观上对可能导致的危害后果也是能够预见的。所以，本案不属于意外事件。

综上所述，被告人季某的行为属于疏忽大意的过失致人死亡的行为，二审裁判符合法理，定性准确。

问题6. 假想防卫致人死亡如何认定及处理

【刑事审判参考案例】王某过失致人死亡案①

一、基本案情

内蒙古自治区通辽市中级人民法院经公开审理查明：1999年4月16日晚，被告人王某一家三口入睡后，忽听见有人在其家屋外喊叫王某与其妻佟某的名字。王某便到外屋查看，见一人已将外屋窗户的塑料布扯掉一角，正从玻璃缺口处伸进手开门闩。王某即用拳头打那人的手一下，该人急抽回手并跑走。王某出屋追赶未及，亦未认出是何人，即回屋带上一把自制的木柄尖刀，与其妻一道，锁上门后（此时其10岁的儿子仍在屋里睡觉），同去村书记吴某家告知此事，随后又到村委会向大林镇派出所电话报警。当王某与其妻报警后急忙返回自家院内时，发现自家窗前处有俩人影，此二人系本村村民何某、齐某来王家串门，见房门上锁正欲离去。王某未能认出何、齐二人，而误以为是刚才欲非法侵入其住宅之人，又见二人向其走来，疑为要袭击他，随即用手中的尖刀刺向走在

① 于奎金、包树海撰稿，梁国裕审编：《王某过失致人死亡案——假想防卫如何认定及处理（第124号）》，载最高人民法院刑事审判第一、二庭主办：《刑事审判参考》（总第20集），法律出版社2001年版，第9~13页。

前面的齐某的胸部，致齐因气血胸，失血性休克当场死亡。何某见状上前抱住王某，并说：“我是何某!”王某闻声停住，方知出错。

内蒙古自治区通辽市中级人民法院认为：被告人王某因夜晚发现有人欲非法侵入其住宅即向当地村干部和公安机关报警，当其返回自家院内时，看见齐某等人在窗前，即误认为系不法侵害者，又见二人向其走来，疑为要袭击他，疑惧中即实施了“防卫”行为，致他人死亡。属于在对事实认识错误的情况下实施的假想防卫，其行为有一定社会危害性，因此，应对其假想防卫所造成的危害结果依法承担过失犯罪的刑事责任，其行为已构成过失致人死亡罪。内蒙古自治区通辽市人民检察院指控被告人王某犯罪的事实清楚，证据确实、充分，但指控的罪名不当，应予纠正。依照《刑法》第233条、第64条的规定，于1999年11月15日判决如下：

被告人王某犯过失致人死亡罪，判处有期徒刑七年，没收其作案工具尖刀一把。

一审宣判后，被告人王某未上诉。内蒙古自治区通辽市人民检察院以“被告人的行为是故意伤害犯罪，原判定罪量刑不当”为由，向内蒙古自治区高级人民法院提出抗诉。

内蒙古自治区高级人民法院经审理认为：被告人王某因夜晚发现他人欲非法侵入其住宅之事，即向村干部和当地公安派出所报警，在返回住宅时发现两个人影在其家窗户附近，错误地认为是侵害者，由于其主观想象，将齐某事实上并不存在的不法侵害，误认为是已经存在，进而实施了假想的防卫，并致齐某死亡，应依法承担过失犯罪的刑事责任。通辽市中级人民法院认定被告人王某由于对不法侵害的认识错误而导致的假想防卫，造成他人死亡后果发生的事实清楚，证据确实、充分，定罪和适用法律正确。审判程序合法。通辽市人民检察院提出的抗诉理由不予采纳。依照《刑事诉讼法》第189条第1项，于2000年1月23日裁定如下：

驳回抗诉，维持原判。

二、主要问题

假想防卫致人死亡的行为应如何认定及处理?

三、裁判理由

（一）本案被告人王某的行为属假想防卫根据《刑法》第20条的规定，只有对正在进行的不法侵害行为才能实施正当防卫

所谓“正在进行的不法侵害”，实际上包括二层意思：一是客观实际存在着真实的侵害，而不是行为人主观想象或者推测的侵害；二是已经着手实施或直接面临的侵害，而不是尚未开始或已经结束了的侵害。如果不法侵害并不真实存在，只是行为人主观上想象或推测认为发生了某种不法侵害，进而对误认的“侵害人”实行了“防卫”行为，这种情形，刑法理论上称之为“假想防卫”。假想防卫不是正当防卫，且多发生在以下两种场合：一是发生在根本不存在不法侵害的场合，如夜间误认为来访的客人为强盗而实行的“防卫”；二是在对不法侵害实行正当防卫的过程中，对在场的与不法侵害无关的人实行“防卫”，如某人正反击他人对其的不法侵害时，对突然介入的与不法侵害无关的人，疑为帮凶而实行的“防卫”。由此，假想防卫有四个基本特征：一是行为人主观上存在着正当防卫意图，以为自己是对不法侵害人实施的正当防卫；二是防卫对象的“不法侵害”在实际上并不存在；三是防卫行为人的“防卫”行为在客观上侵害了未实施不法侵害人的人身或其他权利，具有社会危害性；四是行为人的防卫错误，产生了危害社会的结果。

需要指出的是，假想防卫对并不存在的“不法侵害”或“不法侵害人”，是基于行为

人主观想象或推测，但这种主观想象或推测，绝不是脱离实际情形的任意想象，而是需要一定的客观前提，也就是说，假想防卫人在实行假想防卫时，主观上误认为发生了某种实际并不存在的不法侵害，是要有一定合理的根据的。本案中，被告人王某家住位置较偏僻，由于夜间确有人欲非法侵入其住宅的前因发生，被告人是在极其恐惧的心态下携刀在身，以防不测的。因此，当被告人返家时，看见齐某等人又在自家院内窗前，基于前因的惊恐，对室内孩子安危的担心，加之案发当晚夜色浓、风沙大，无法认人，即误认为系不法侵害者，又见二人向其走来，疑为要袭击他，被告人的“假想”当然有其合乎情理的一面。疑惧中被告人实施的“防卫”行为，完全符合假想防卫的特征，应认定为假想防卫行为。

（二）被告人王某的假想防卫是过失犯罪，不能以故意犯罪论处假想防卫是过失犯罪还是故意犯罪，是司法实践中必须要搞清楚的一个问题

首先，我们应该对“故意犯罪”有个正确的理解，不能把刑法理论上讲的故意与心理学理论上所讲的故意等同、混淆起来。根据《刑法》第 14 条的规定，故意犯罪是指行为人明知自己的行为会发生危害社会的结果，并且希望或放任这种结果发生，而假想防卫则是建立在行为人对其行为性质即其行为不具有社会危害性的错误认识的基础上发生的。假想防卫虽然是故意的行为，但这种故意是建立在对客观事实错误认识基础上的，自以为是在对不法侵害实行正当防卫。行为人不仅没有认识到其行为会发生危害社会的后果，而且认为自己的行为是合法正当的，而犯罪故意则是以行为人明知自己的行为会发生危害社会的后果为前提的。因此，假想防卫的故意只有心理学上的意义，而不是刑法上的犯罪故意。这也就是说，假想防卫的行为人，在主观上是为了保护自己的合法权益免遭侵害，其行为在客观上造成的危害是由于认识错误所致，其主观上没有犯罪故意，因此，假想防卫中是不可能存在故意犯罪的。

本案被告人王某正是在这种错误认识的基础上，自以为是为了保护本人人身或财产的合法权益而实施的所谓的正当防卫，因此，他主观上根本不存在明知其行为会造成危害社会结果的问题，被告人王某主观上既不存在直接故意，也不存在间接故意。被告人王某假想防卫行为造成他人无辜死亡的结果，在客观上虽有一定的社会危害性，但不成立故意杀人或伤害罪，而仅成立“应当预见自己的行为可能发生危害社会的后果，因为疏忽大意而没有预见，以致发生这种结果的”过失致人死亡罪。因此，一、二审法院变更指控罪名，以过失致人死亡罪对被告人王某定罪量刑，是正确的。

问题 7. 如何区分过失致人死亡罪与故意伤害罪（致死）

【刑事审判参考案例】杨某过失致人死亡案①

一、基本案情

江苏省无锡市滨湖区人民法院经公开审理查明：2008 年 12 月 4 日 14 时许，被告人杨某驾驶一辆轻型货车至无锡市滨湖区景丽东苑某车库吴某经营的杂货店送桶装净水，

① 徐振华、徐竹芃撰稿，宋莹审编：《杨某过失致人死亡案——如何区分过失致人死亡罪与故意伤害罪（致死）（第 635 号）》，载最高人民法院刑事审判第一、二、三、四、五庭主办：《刑事审判参考》（总第 75 集），法律出版社 2011 年版，第 31 ~ 36 页。

杨某将水卸在吴某店门口，吴要求杨将桶装水搬入店内，遭杨拒绝。随后杨某驾驶车辆欲离开，吴某遂用右手抓住汽车的副驾驶室车门、左手抓住车厢挡板，阻止杨离开。杨某见状仍驾车向前低速行驶数米并右转弯，致吴跌地后遭汽车右后轮碾轧，吴因腹部遭重力碾轧造成左肾破裂、多发骨折致失血性休克，经送医院抢救无效于当日死亡。

江苏省无锡市滨湖区人民法院认为，被告人杨某因琐事与被害人吴某争吵后，为摆脱吴的纠缠，欲驾车离开现场。在低速行驶中，杨某从驾驶室窗口处看到吴抓在车上，已经预见到自己继续驾驶的行为可能发生危害社会的结果，但因过于自信认为吴会自动撒手，不会发生危害结果，最终导致汽车缓行转弯时，被害人吴某掉地，并遭汽车后轮碾轧致死，其行为构成过失致人死亡罪。依照《刑法》第 233 条之规定，以被告人杨某犯过失致人死亡罪，判处有期徒刑四年。

一审宣判后，被告人杨某未提出上诉。

江苏省无锡市滨湖区人民检察院抗诉称，被告人杨某的行为构成故意伤害罪，理由如下：杨某主观上具有伤害的间接故意；杨某客观上实施了伤害他人身体的行为，最终产生致人死亡的结果；一审判决认定杨某过于自信的过失没有事实依据。

江苏省无锡市中级人民法院经审理认为，被告人杨某明知被害人吴某悬吊在其右侧车窗外，已经预见到其低速行驶可能致使吴某掉地受伤，但轻信吴某会自动放手而避免严重后果的发生，最终造成吴某死亡的严重后果，其行为构成过失致人死亡罪。杨某与吴某虽因琐事发生口角，但无明显的争执与怨恨；杨某关于案发当时急于脱身，且驾车低速行驶，认为吴某会自己松手，不可能造成严重后果以及未能及时意识到吴某倒地后可能会被右转过程中的车后轮碾轧的辩解符合情理；综合法医鉴定以及杨某在事发后能积极协助抢救被害人等行为，应当认定被害人吴某的死亡并非杨某的主观意愿，杨某主观上不具有伤害的故意，因此抗诉机关的抗诉理由和意见不予采纳。根据《刑事诉讼法》第 189 条第 1 项之规定，裁定驳回抗诉，维持原判。

二、主要问题

如何区分过失致人死亡罪与故意伤害罪（致死）?

三、裁判理由

本案在审理中形成两种不同意见：

一种意见认为，杨某的行为构成故意伤害罪（致死）。杨某明知被害人悬吊在其车窗外，驾车行驶可能造成被害人的身体伤害，但仍放任危害后果的发生，最终导致被害人死亡的结果发生。杨某主观上具有伤害的间接故意，客观上造成被害人死亡的后果，应认定为故意伤害罪（致死）。

另一种意见认为，杨某的行为构成过失致人死亡罪。杨某在看到被害人悬吊在其车门上时应该预见到驾车行驶可能致使被害人掉地受伤，但轻信被害人在车开动后会自动放手而避免危害后果的发生，最终导致被告人死亡结果的发生，应认定构成过失致人死亡罪。

我们同意第二种意见。过失致人死亡罪与故意伤害罪（致死）的区分是司法实践中经常遇到但在具体案件中比较难以解决的问题。二罪在客观上均造成了被害人死亡的结果，但在量刑上差距很大，审判实践中针对个案的定罪争论时有发生。二罪难以区分的主要原因在于行为人对被害人死亡的结果均出于过失，被害人死亡结果的发生均是违背行为人意志的，行为人并不希望发生这样的危害后果。在过失致人死亡与间接故意伤害

中，行为人的认识因素也大致相同，即均预见到可能发生危害后果，这就使区分更加困难。

那么二罪的本质区别在哪里？我们认为，故意伤害罪（致死）是故意伤害罪的结果加重犯，以成立故意伤害罪为前提，因此，行为人虽然对被害人死亡的加重结果系过失，但对造成被害人身体伤害系故意，也就是说行为人明知自己的行为可能会伤害被害人身体健康，希望或者放任这种危害后果的发生。而过失致人死亡罪，行为人既无伤害的故意，更无杀人的故意，行为人对危害后果持否定的态度，既不希望发生被害人身体受伤的危害后果，更不希望发生被害人死亡的危害后果。因此，本案中判断被告人杨某是过于自信的过失还是伤害的故意（间接故意），关键在于判断行为人是不希望发生危害后果，还是根本不在乎危害后果是否发生，危害后果发生与不发生均不违背其意志。

行为人的罪过不像客观行为那样容易证明，由于种种原因，行为人可能不会如实供述其实际想法，仅仅依靠口供进行判断，难保不偏离事实。不过，罪过毕竟不是单纯的思想，其必然支配一定的危害社会行为，并且反映在这一危害行为上，这就为我们认识行为人的主观思想提供了一条途径，即通过对客观事实和外在行为的综合分析推断行为人的主观罪过。具体到本案中，被告人杨某始终辩称自己没有伤害被害人的故意，经过对案件的起因、行为的对象和条件、行为的方式、行为的结果以及行为人对结果的事后态度进行全面考察，我们认为杨某的辩解符合法理与情理，其主观上不具有伤害的间接故意，而是一种过于自信的过失。

（一）从案件的起因考察，被告人杨某没有放任伤害后果发生的现实动因

判断行为人对危害后果持怎样的态度，首先应当考察案件的起因，从被告人与被害人的关系，双方之间冲突的程度，是否存在足以使被告人放任危害后果发生的心理因素等方面进行判断。对于本案，可以从以下一些情况进行分析：被告人杨某与被害人吴某初次相识，二人不存在积怨；吴某要求杨某将卸在店门口的桶装水搬入店内，杨某明确表示拒绝，为此吴某产生不满，但二人之间并没有发生明显的争执，双方不曾恶言相向或实施过激行为；杨某为避免被害人纠缠，卸完水后随即离开，二人接触的时间很短，从见面到案发的时间间隔也较短，彼此不至于产生过大的仇恨。综合上述情况，被告人杨某驾车离开应该是急于脱身，试图逃避被害人要求的加重的劳动负担，没有放任被害人身体造成伤害的现实动因。

（二）从行为条件和行为方式考察，被告人杨某具有“轻信”危害后果不会发生的现实条件

间接故意不反对、不排斥危害结果的发生，是因为如果阻止其发生，将直接影响行为人所追求的目的结果的实现，所以，间接故意行为人不仅没有防止危害结果发生的打算，对有利于避免危害结果发生的因素也不予理睬。过于自信过失的行为人已经预见到危害结果发生的可能性，还要坚持实施既定行为，是因为行为人根据一定条件相信自己可以避免危害结果的发生。行为人的这种自信不是毫无根据的，而是具有一定现实有利条件的，如果行为当时根本就不具备避免危害结果的客观条件，或者行为人没有认识到这些条件，或者行为人不想利用这些条件避免危害结果，则说明行为人对危害结果的发生持放任的态度，即间接故意。为此，我们需要通过对行为当时的条件和特点判断行为人是否认识到那些能够避免危害结果发生的客观条件，这些条件是否确实客观存在从而足以使行为人产生“轻信”。本案案发时，被告人杨某刚刚发车，车速较慢，加上车身不

高，被害人完全能够双脚着地，这些情况充分表明杨某是在试图摆脱被害人的纠缠，希望自己稳速慢行的过程中被害人能自动放手。基于社会一般人的认识标准，被害人应当知道行驶中的车辆严禁攀爬、悬吊及此行为可能导致的后果，杨某据此认为，被害人会主动放弃这种违反交通法规、妨碍交通安全的行为，采取适当措施避免自己遭受伤害，并估计汽车在缓慢行驶过程中被害人放手着地不会造成什么伤害后果。综合这些情况，应当认为，杨某认识到了行为时能够避免危害结果发生的一些条件，这些条件也确实客观存在，因此杨某在主观上不具备间接故意的特征，其主观罪过应是过于自信的过失。

（三）从对行为结果的事后态度考察，被告人杨某具有避免危害结果发生的意愿

间接故意不反对、不排斥危害结果的发生，不会凭借条件或采取措施避免危害结果的发生，而过于自信过失的核心在于避免危害结果的发生，行为人综合考虑到了能够避免危害结果发生的有利因素，甚至往往能采取一定措施，或调整自己的行为方式或采取一定的预防措施，设法避免危害结果发生。在危害结果发生后，行为人事后的态度也在一定程度上反映出行为时的心理态度，过于自信过失的行为人不希望危害结果发生，所以，一旦发生危害结果，行为人非常懊悔，往往采取各种补救措施，如防止危害的扩大、尽量减少损害等，而间接故意的行为人对危害结果的发生往往无动于衷，一般不采取任何补救措施。具体联系本案，杨某驾驶汽车时车速较慢，且没有实施加速行为，说明其采取了自认为能够避免危害结果发生的措施，相信自己稳速慢行，被害人会自动放手，不致对被害人造成什么伤害。被害人被碾轧时汽车仅驶出数米，杨某发现后车轮有不正常跳动后随即下车查看，事发后留在现场积极协助抢救被害人直至被抓获，并支付了即时发生的抢救费用，其采取的上述补救措施表明其内心懊悔，被害人死亡的结果完全违背其主观愿望，而非放任危害后果的发生。

综上，第一、二审法院以过失致人死亡罪追究被告人杨某的刑事责任，而不认定杨某构成故意伤害罪（致死）是符合本案事实的，适用法律是正确的。

问题 8. 如何区分疏忽大意的过失与意外事件

【刑事审判参考案例】朱某过失致人死亡案①

一、基本案情

江苏省淮安市淮阴区人民法院经公开审理查明：被告人朱某为了拆迁，从拆迁市场购买回来旧砖头、旧钢筋、旧楼板交给无建筑资质的于某建两层楼房，并吩咐于某为其节省资金。2004 年 5 月中旬的一天，于某带领王某 1、王某 2、王某 3、王某 4 等人进行施工，在施工过程中，未采取安全防范措施。2004 年 5 月 28 日下午 2 时许，当被告人朱某经于某同意将两桶烂泥浆调到二楼廊檐顶部不久，在楼板自重和施工操作等负荷作用下，导致挑梁断落，致使王某 1 被砸当场死亡；王某 2 被砸伤后抢救无效死亡；王某 5、王某 4 被砸成轻微伤。经鉴定，该房建造标准很低，泥浆强度为 0，主要承重构件构造连接和整体性很差，挑梁不符合现行建筑结构设计规范的有关要求。

江苏省淮安市淮阴区人民法院认为：被告人朱某建设两层楼房，购买的是旧材料，

① 扬述撰稿：《朱某过失致人死亡案——如何区分疏忽大意的过失与意外事件（第 346 号）》，载最高人民法院刑事审判第一庭、第二庭主办：《刑事审判参考》（总第 44 集），法律出版社 2006 年版，第 49～52 页。

为了拆迁，吩咐于某尽量节省，其由于疏忽大意没有预见到后果发生的可能性，并且亲自用吊车将两大桶烂泥浆吊到二楼，最终导致楼房崩塌，进而致两死两伤的后果，被告人主观上具有疏忽大意的过失，客观上其行为与两死两伤的后果有因果关系，其行为符合过失致人死亡罪的法律特征。考虑到被告人朱某在整个事故中起次要作用，其犯罪情节轻微，不需要判处刑罚，可以免除刑事处罚。依照《刑法》第233条、第37条之规定，判决如下：

被告人朱某犯过失致人死亡罪，免于刑事处罚。

一审宣判后，被告人朱某未上诉，检察机关也未抗诉，判决发生法律效力。

二、主要问题

如何区分疏忽大意的过失和意外事件？

三、裁判理由

在案件审理之中，被告人朱某及其辩护人均提出，朱某主观上无过失、无法预见到死伤后果，系意外事件。但法院经审理认为，被告人朱某应当预见到自己的行为可能造成他人死亡，而没有预见，导致两人死亡、两人轻微伤的结果发生，其行为构成过失致人死亡罪。我们认为，本案的判决是正确的。

意外事件与疏忽大意的过失有相似之处，表现在行为人事实上都没有预见到自己行为的危害结果，客观上又都发生了危害结果。

但是，在意外事件中，行为人是不应当预见、不能够预见危害结果的发生，而疏忽大意的过失的行为人是应当预见、能够预见危害结果的发生，只是由于疏忽大意才没有预见。因此，二者区分的关键是判断行为人是否应当预见、能够预见。

疏忽大意的过失通常被称为无认识的过失，行为人没有预见到自己的行为可能发生危害社会的结果，没有预见并非行为人不能预见危害结果，而是在应当预见的前提下由于疏忽大意才没有预见，如果行为人小心谨慎、认真负责，那么就会预见到危害结果的发生。因此，有注意能力未尽注意业务是疏忽大意过失的行为人承担刑事责任的根据。在司法实践中，判断疏忽大意的过失，不是判断行为人是否疏忽大意，而是判断行为人是否应当预见、能够预见，如果应当预见、能够预见而没有预见就表明行为人疏忽大意了。

疏忽大意过失中的注意义务是为一般人所设定的，不需要考虑具体情况。注意义务不仅来源于法律、法令、职务和业务方面的规章制度所确定的义务，而且包括日常生活准则所提出的义务，即“社会生活上必要的注意”。在本案中，朱某为了拆迁而建房，购买的是旧的建筑材料，委托的是无建房资质的人员，明显违反了房屋建设一般活动所应遵循的义务，“百年大计、安全第一”，朱某建房的材料及人员均不符合安全性的要求。

预见能力因人而异，有高低大小之分，需要进行具体的判断：（1）判断的基础，应当把行为人的智能水平、行为本身的危险性和行为时的客观环境结合起来。（2）判断的方法，要坚持从客观到主观，把对一般人的注意义务与具体行为人的智能水平结合起来。（3）判断的标准，应当在考察一般人的预见能力基础上充分考虑行为人的具体智能情况。详言之，首先，考察行为人所属的一般人能否预见结果的发生，其次，再考虑行为人的智能水平是高于一般人还是低于一般人。如果一般人能够预见，但行为人智能水平低，则不宜认定过失；如果行为人的智能水平不低于一般人，则可以认定过失；如果一般人不能预见，而行为人的智能水平明显高于一般人，则可以认定为过失。

在本案中，被告人朱某购买旧建筑材料，委托无建筑资质的于某，还嘱咐于某尽量少用水泥以节省资金，同时，在施工过程中没有采取任何安全防范措施，因此朱某的建房行为是一种容易导致施工人员伤亡的危险行为。对此，普通人都能够加以认识，至于朱某，一方面，具有完全刑事责任能力，其智能水平不低于普通人；另一方面，由于他平时用自家的吊车帮别人上下楼板，朱某对建房安全性的认知应高于普通人，所以对自己行为可能导致施工人员伤亡的危险是完全能够认识的。

在客观归责方面，尽管是由于楼板自重和施工操作等荷载作用直接导致挑梁断落，进而发生4人伤亡的危害后果，但是朱某在建房时违反房屋建设所必需的安全要求，使得房屋安全性极差，是导致挑梁断落的根本原因。因此，案件中两人死亡、两人轻微伤的后果与朱某的建房行为存在因果关系。

综上，朱某主观上有注意义务、预见能力，客观上伤亡后果与其建房行为有因果关系，因此认定朱某构成过失致人死亡罪是正确的。

第三章
故意伤害罪

第一节　故意伤害罪概述

一、故意伤害罪概念及构成要件

故意伤害罪，是指故意非法损害他人身体健康的行为。

故意伤害罪的构成要件如下：（1）本罪侵犯的客体是他人的身体健康。所谓损害他人的身体健康，主要是指损害人体组织的完整或者破坏人体器官的正常功能。（2）本罪的客观方面表现为非法损害他人身体健康的行为。故意伤害的手段多种多样，伤害的结果可能是轻伤、重伤，也可能是致人死亡。（3）本罪主体为一般主体，即凡年满 16 周岁并具有刑事责任能力的自然人，都可以成为故意伤害罪的主体。需要特别指出的是，十三届全国人民代表大会常务委员会第二十四次会议于 2020 年 2 月 26 日通过《刑法修正案（十一）》，自 2021 年 3 月 1 日起实施，规定已满 14 周岁不满 16 周岁的人，犯故意伤害致人重伤或者死亡的，应当负刑事责任；已满 12 周岁不满 14 周岁的人，犯故意伤害罪，致人死亡或者以特别残忍手段致人重伤造成严重残疾，情节恶劣，经最高人民检察院核准追诉的，应当负刑事责任。（4）本罪主观方面由故意构成，包括直接故意和间接故意。应当指出，在故意伤害致人死亡的情况下，行为人对伤害的主观要件是故意，但对于死亡结果的主观要件却是过失。根据《刑法》第 234 条规定故意伤害他人身体的，处三年以下有期徒刑、拘役或者管制。犯前款罪，致人重伤的，处三年以上十年以下有期徒刑；致人死亡或者特别残忍手段致人重伤造成严重残疾的，处十年以上有期徒刑、无期徒刑或者死刑。本法另有规定的，依照规定。

二、故意伤害罪案件审理情况

经中国裁判文书网查询，2017 年至 2021 年，全国法院审结一审故意伤害刑事案件共计319 880件，其中，2017 年有88 601件，2018 年有81 986件，2019 年有75 292件，2020 年有52 981件，2021 年有21 020件。故意伤害案件数量总体占比较低，并且呈逐年降低的趋势，特别是2020年、2021年下降明显。

司法实践中，故意伤害罪主要呈现出以下特点：一是初犯、偶犯居多。被告人往往没有犯罪前科，犯罪前通常也没有预谋，多出现当场实施犯罪行为，激情犯罪的占比较大。二是案发起因多因琐事。特别是家庭成员之间、邻里之间因经济纠纷、相邻关系纠纷产生矛盾，旧积不化而产生伤害行为。甚至还有素不相识的陌生人，因发生口角，而大打出手造成伤害。三是伤害后果不可控。被告人在实施故意伤害行为时，往往难以控制自身情绪，随意使用周围所能取到的工具，诸如菜刀、石块、木棒等实施暴力侵害，极易造成较为严重的后果。

三、故意伤害罪案件审理热点、难点问题

1. 罪与非罪的认定，主要是划清故意伤害与一般打架斗殴造成轻微伤害的界限。伤害，是指造成人身器质性的或者功能性的损害。打架斗殴，只是造成人体的痛苦，并不损伤人身健康或者伤害情节显著轻微，属于侵犯人身权利的一般违法行为，适用《治安管理处罚法》即可。

2. 此罪与彼罪的认定。故意重伤与故意杀人未遂的区分，区分两者的关键在于查明主观故意的内容；故意伤害致死与故意杀人、过失致人死亡的区分，区分两者的关键在于查明主观构成要件的内容；刑法另有规定的，应当依照规定执行，具体有《刑法》第234条之一第2款、第238条、第247条、第248条、第289条、第292条、第333条的规定，根据《最高人民法院、最高人民检察院关于办理妨害预防、控制突发传染病疫情等灾害的刑事案件具体应用法律若干问题的解释》规定，在预防、控制突发性传染病疫情等灾害期间，聚众“打砸抢”，致人伤残的，应当以故意伤害罪定罪从重处罚。

3. 故意伤害致人死亡案件，死刑适用标准。相对于故意杀人犯罪而言，故意伤害犯罪的社会危害性和被告人的主观恶性程度不同，适用死刑应当比故意杀人犯罪更加慎重，标准更加严格。只有对于犯罪后果特别严重、手段特别残忍、情节特别恶劣的被告人，才可以适用死刑立即执行。

4. 故意伤害案件中防卫行为的认定，特别是准确区分正当防卫、防卫过当、紧急避险，对于行为人是否承担刑事责任，承担多少责任有重大影响。

5. 故意伤害案件中对于纠纷起因过错的认定。一是何种情形可以认定被害人存在过错，量刑时应该坚持怎样的从轻幅度；二是针对邻里纠纷具有长期性持久性，矛盾久积不化导致行为升级，如何准确区分罪责，有效化解社会矛盾，修复社会关系。

6. 故意伤害案件中，多因致人死亡的定罪量刑。特别是多人的暴力行为或者行为人的暴力行为以及外界环境等多种原因导致被害人死亡，如何准确认定各行为人的责任，据此作出准确的判罚。

四、故意伤害罪案件审理思路及原则

（一）故意伤害罪案中主观故意的认定

在区分故意致人重伤或者死亡与故意杀人、过失致人死亡罪时，关键在于审查行为人实施伤害行为时的主观故意，由于人的行为是受主观意识的支配，而意识又受行为人自身的经历、所处的环境等因素影响，继而反映在行为人的行动上，故在认定故意的内

容时须综合全案的事实进行分析判断。切忌避免出现简单地以结果定罪，即行为人只要使用足以致死的工具或者手段打击被害人致死部位就以故意杀人定罪处罚。那么审查确定行为人主观故意的内容时，要注意审查以下几个方面。

1. 事件起因。这是认定主观故意的重要内容。行为人对被害人为何实施侵害行为，究竟是突发纠纷临时起意，还是积怨深久蓄意报复，抑或发泄不满，可以作为判断行为人的侵害行为是基于杀人还是伤害故意的考虑因素。

2. 犯罪工具。虽然在判断行为人主观故意内容时，我们反对唯工具论，但是通过行为人所使用的工具，确实能够部分反映出行为人实施侵害行为时的主观心态。

3. 侵害行为。一般而言，故意伤害案件中行为人实施的侵害行为是有所克制的，在达到一定行为目的后并不会持续不断地继续实施侵害行为。而针对故意杀人，行为人的目的本身是剥夺被害人的生命，在侵害行为的表现上较伤害而言更为放纵。

4. 致伤（死）结果。从致伤（死）部位看，头、胸、腹部等属于要害部位，对这些部位所实施的侵害行为更易导致被害人死亡的结果，如果行为人直接使用器械对致命部位进行侵害，这也能从侧面反映出行为人高度可能致死被害人；从致伤（死）鉴定的结论看，被害人系机械性窒息死亡或者多器官衰竭死亡也能从侧面反映出行为人的主观心态。

（二）故意伤害罪案中损害结果的归责

在故意伤害案件中导致被害人损伤特别是死亡的案件中，可能是由于多个行为人的侵害行为抑或介入了其他因素而导致的。归结起来主要有几种表现形式，即共同犯罪、同时犯罪以及介入因素，如何准确区分各种行为对被害人致伤（死亡）责任，对于定罪量刑有重大影响。针对上述三种情况，要做到准确区分责任，显然最关键的是把握准故意伤害中的因果关系。首先应当审查清楚，被害人遭受到了哪些侵害行为，这里的侵害行为还包括侵害人施暴意外的其他特殊情况。其次，要结合被害人致伤（死亡）的鉴定结果，详细分析上述侵害行为是否会导致结果的出现。最后根据判断查明的事实，依据《刑法》总则关于共同犯罪的有关规定，确定罪责。

（三）故意伤害罪案中防卫行为的审查

在实践过程中，正当防卫与故意伤害之间的界限比较模糊，这便使得司法机关在进行裁判、量刑时，将正当防卫定性为故意伤害。《刑法》规定了“正当防卫明显超过必要限度造成重大损害的，应当负刑事责任，但是应当减轻或免除处罚”。正当防卫是为制止不法侵害人的侵害行为而采取的反抗或抵制措施，防卫行为的实施需要有限度约束，明显超过一定限度并因此造成重大损害结果的，属于防卫过当。因此结合到故意伤害案件中去，认定故意伤害案件中行为人是否存在防卫行为，需要注意以下问题。首先要准确把握正在进行的不法侵害何时停止。在司法实践中这样的案例还时常出现，被不法行为侵害的人在遭受不法行为侵害，而行为实施人已经不在现场时，被害人仍继续对行为实施人实施暴力，并对行为实施人造成了一定的伤害，这种行为反而会被司法机关定性为故意伤害。因此针对此类情形，应当注重考虑被不法行为侵害的人的主观意志，结合当时现场的具体情形，据此判断不法侵害是否停止，而不能简单地以行为实施人离开现场抑或暂时停止了不法侵害，而作出不法侵害已经停止，被不法侵害人继续对实施人实施暴力就可能构成故意伤害罪的判断。其次还应该充分考量防卫行为的限度问题。正当防卫是以保护为核心内容，并非以伤害为主体。所以，在防卫过程中，一般以侵害人失去威胁作为标准，也就是确保受害者安全。如果在受害者确保安全之后，继续防卫反击，那么就属于防卫过当了。

（四）故意伤害罪案中对于纠纷起因的审查

因为故意伤害案件的情况复杂，导致纠纷矛盾发生的，涉及的各种个人和社会因素较多，因此在办理时应当充分贯彻宽严相济的刑事政策，根据案件的事实和情节区别对待，妥善处理，努力做到“政治效果、法律效果、社会效果”的统一。

普通民事纠纷、邻里纠纷、家庭纠纷要注重社会关系的修复。由于此类案件的发生多是由于经年累月所积累的矛盾，导致事发双方或一方作出伤害行为导致了被害人一方轻伤以上的损害结果，符合故意伤害罪的构成要件。但针对此类案件，应当综合考虑行为人的目的、动机、手段、伤害后果、社会影响等因素，综合考察行为人的社会危害性、刑事违法行为以及应受惩处性，确定是否应当对其定罪处刑。审理此类案件，如果行为人真诚悔罪，取得被害人一方谅解，双方之间的矛盾有效的化解，以不定罪或不处罚的方式处理，从而修复破裂的社会关系，充分体现了宽严相济的刑事政策，也能够取得较好的“政治效果、法律效果、社会效果”。

对于公众场合发生的打架斗殴事件，要根据案件的事实和情节，准确认定该行为是否属于流氓滋事、有组织实施行凶，同时还应查清行为人以及参与人是否在平时就目无法纪、前科累累，针对该类案件，应该从严把握，从严惩处，彰显社会正义，维护社会秩序，修复被破坏的稳定的治安环境。

（五）《刑法》分则另有规定，以故意伤害定罪的审查

根据《刑法》规定，某些犯罪在出现重伤或死亡结果时不再依据该条罪名定罪，而定为故意伤害罪。在处理这类案件时，要注意把握两个原则：一是坚持主客观一致；二是把握量刑关系的制约。坚持主客观一致原则，意味着虽然在此类案件中出现了被害人重伤或死亡的结果，但不可机械适用相关条文的规定，而以结果定罪。从实质方面我们可以看出，此类罪行较轻的行为之所以转化为罪行较重的行为，一个重要的原因就是在于在实施此类较轻的行为时出现了被害人重伤或者死亡的严重后果，使得该较轻的行为的罪责已经等同于故意伤害罪致人重伤或者死亡的罪责。从罪刑关系上可以看出，罪有轻重之分，法定刑亦有高低之分。《刑法》分则另有规定，以故意伤害定罪的情形中，多表述为致人伤残、死亡等后果时，才可转化为故意伤害罪，显然这也是为了实现罪刑均衡的惩罚，但是如果按照本罪处罚可以实现罪刑均衡就没有转化的必要。具体而言，比如非法拘禁罪。《刑法》第 238 条第 2 款规定，犯本罪致人重伤的，处三年以上十年以下有期徒刑，致人死亡的，处十年以上有期徒刑。这里的法定刑与第 234 条第 2 款的规定大体相当，因而不需按故意伤害罪定罪。只有当行为人“使用暴力”致人伤残或死亡时才应按故意伤害罪或者故意杀人罪定罪处刑。

第二节 故意伤害罪审判依据

我国1979年《刑法》就把故意伤害行为单列出来独立成罪，并规定了致人轻伤、重伤和死亡三种量刑阶梯设置。1979年《刑法》第134条规定："故意伤害他人身体的，处三年以下有期徒刑或者拘役。犯前款罪，致人重伤的，处三年以上七年以下有期徒刑；致人死亡的，处七年以上有期徒刑或者无期徒刑。本法另有规定的，依照规定。"经过1983年的修改，最高法定刑改为可以判处死刑。我国1997年《刑法》对该罪名的内容作了进一步的修改，主要包括两方面：第一，刑罚种类和法定刑幅度增加。致人轻伤的，增加了判处管制这一刑罚种类；致人重伤的，由判处三年以上七年以下有期徒刑的幅度增加到判处三年以上十年以下有期徒刑；致人死亡的，起刑点由七年有期徒刑增加到十年有期徒刑。第二，增加了一个量刑情节。在最高量刑档次内增加"以特别残忍手段致人重伤造成严重残疾"的量刑情节。该法条的进一步修改说明了两个问题：第一，国家对于公民生命健康权利的保护力度是在不断加强的，第二，说明1979年《刑法》关于故意伤害罪的规定在实践中遇到了一些复杂的情况难以实现罪责相当。1997年该法条的修改，体现了立法者充分考虑保护人权的需要，使我国的立法能够进一步与世界人权运动接轨，同时也在一定程度上适应了实践的需要。

关于故意伤害的罪名规定，随着社会实践发展和立法技术提升，在刑法多次修正中逐步扩大，最终在故意伤害的罪名规制数量上趋于稳定。至此，故意伤害罪除被明确规定在《刑法》第234条外，还散见于第234条之一、第238条、第247条、第248条、第289条、第292条第2款、第333条第2款共计7处以故意伤害定罪的罪名拟制中。

关于应负故意伤害罪的刑事责任方面，2020年12月26日《刑法修正案（十一）》对法定最低刑事责任年龄作个别下调，第17条第3款规定："已满十二周岁不满十四周岁的人，犯故意杀人、故意伤害罪，致人死亡或者以特别残忍手段致人重伤造成严重残疾，情节恶劣，经最高人民检察院核准追诉的，应当负刑事责任。"

关于故意伤害罪适用死刑的标准，《全国法院维护农村稳定刑事审判工作座谈会纪要》（法〔1999〕217号）规定了故意杀人、故意伤害案件应当准确把握故意杀人犯罪适用死刑的标准，是否判处死刑不能仅看是否造成了被害人死亡结果，应当综合考虑案件的全部情况。

一、法律

《中华人民共和国刑法》（2020年12月26日修正）

第二百三十四条 故意伤害他人身体的，处三年以下有期徒刑、拘役或者管制。

犯前款罪，致人重伤的，处三年以上十年以下有期徒刑；致人死亡或者以特别残忍手段致人重伤造成严重残疾的，处十年以上有期徒刑、无期徒刑或者死刑。本法另有规定的，依照规定。

第二百三十四条之一 组织他人出卖人体器官的，处五年以下有期徒刑，并处罚金；情节严重的，处五年以上有期徒刑，并处罚金或者没收财产。

未经本人同意摘取其器官，或者摘取不满十八周岁的人的器官，或者强迫、欺骗他人捐献器官的，依照本法第二百三十四条、第二百三十二条的规定定罪处罚。

违背本人生前意愿摘取其尸体器官，或者本人生前未表示同意，违反国家规定，违背其近亲属意愿摘取其尸体器官的，依照本法第三百零二条的规定定罪处罚。

第二百三十八条 非法拘禁他人或者以其他方法非法剥夺他人人身自由的，处三年以下有期徒刑、拘役、管制或者剥夺政治权利。具有殴打、侮辱情节的，从重处罚。

犯前款罪，致人重伤的，处三年以上十年以下有期徒刑；致人死亡的，处十年以上有期徒刑。使用暴力致人伤残、死亡的，依照本法第二百三十四条、第二百三十二条的规定定罪处罚。

为索取债务非法扣押、拘禁他人的，依照前两款的规定处罚。

国家机关工作人员利用职权犯前三款罪的，依照前三款的规定从重处罚。

第二百四十七条 司法工作人员对犯罪嫌疑人、被告人实行刑讯逼供或者使用暴力逼取证人证言的，处三年以下有期徒刑或者拘役。致人伤残、死亡的，依照本法第二百三十四条、第二百三十二条的规定定罪从重处罚。

第二百四十八条 监狱、拘留所、看守所等监管机构的监管人员对被监管人进行殴打或者体罚虐待，情节严重的，处三年以下有期徒刑或者拘役；情节特别严重的，处三年以上十年以下有期徒刑。致人伤残、死亡的，依照本法第二百三十四条、第二百三十二条的规定定罪从重处罚。

监管人员指使被监管人殴打或者体罚虐待其他被监管人的，依照前款的规定处罚。

第二百八十九条 聚众“打砸抢”，致人伤残、死亡的，依照本法第二百三十四条、第二百三十二条的规定定罪处罚。毁坏或者抢走公私财物的，除判令退赔外，对首要分子，依照本法第二百六十三条的规定定罪处罚。

第二百九十二条第二款 聚众斗殴，致人重伤、死亡的，依照本法第二百三十四条、第二百三十二条的规定定罪处罚。

第三百三十三条 非法组织他人出卖血液的，处五年以下有期徒刑，并处罚金；以暴力、威胁方法强迫他人出卖血液的，处五年以上十年以下有期徒刑，并处罚金。

有前款行为，对他人造成伤害的，依照本法第二百三十四条的规定定罪处罚。

二、司法解释

（一）《最高人民法院、最高人民检察院关于办理组织、强迫、引诱、容留、介绍卖淫刑事案件适用法律若干问题的解释》（2017 年 7 月 21 日　法释〔2017〕13 号）

第十二条 明知自己患有艾滋病或者感染艾滋病病毒而卖淫、嫖娼的，依照刑法第三百六十条的规定，以传播性病罪定罪，从重处罚

具有下列情形之一，致使他人感染艾滋病病毒的，认定为刑法第九十五条第三项“其他对于人身健康有重大伤害”所指的“重伤”，依照刑法第二百三十四条第二款的规定，以故意伤害罪定罪处罚：

（一）明知自己感染艾滋病病毒而卖淫、嫖娼的；

（二）明知自己感染艾滋病病毒，故意不采取防范措施而与他人发生性关系的。

（二）《最高人民法院、最高人民检察院关于办理组织、利用邪教组织破坏法律实施等刑事案件适用法律若干问题的解释》（2017 年 1 月 25 日　法释〔2017〕3 号）

第十一条　组织、利用邪教组织，制造、散布迷信邪说，组织、策划、煽动、胁迫、教唆、帮助其成员或者他人实施自杀、自伤的，依照刑法第二百三十二条、第二百三十四条的规定，以故意杀人罪或者故意伤害罪定罪处罚。

（三）最高人民法院、最高人民检察院关于办理危害生产安全刑事案件适用法律若干问题的解释（2015 年 12 月 24 日　法释〔2015〕22 号）

第十条　在安全事故发生后，直接负责的主管人员和其他直接责任人员故意阻挠开展抢救，导致人员死亡或者重伤，或者为了逃避法律追究，对被害人进行隐藏、遗弃，致使被害人因无法得到救助而死亡或者重度残疾的，分别依照刑法第二百三十二条、第二百三十四条的规定，以故意杀人罪或者故意伤害罪定罪处罚。

（四）《最高人民法院关于审理未成年人刑事案件具体应用法律若干问题的解释》（2006 年 1 月 11 日　法释〔2006〕1 号）

第十条　已满十四周岁不满十六周岁的人盗窃、诈骗、抢夺他人财物，为窝藏赃物、抗拒抓捕或者毁灭罪证，当场使用暴力，故意伤害致人重伤或者死亡，或者故意杀人的，应当分别以故意伤害罪或者故意杀人罪定罪处罚。

已满十六周岁不满十八周岁的人犯盗窃、诈骗、抢夺罪，为窝藏赃物、抗拒抓捕或者毁灭罪证而当场使用暴力或者以暴力相威胁的，应当依照刑法第二百六十九条的规定定罪处罚；情节轻微的，可不以抢劫罪定罪处罚。

（五）《最高人民法院、最高人民检察院关于办理妨害预防、控制突发传染病疫情等灾害的刑事案件具体应用法律若干问题的解释》（2003 年 5 月 14 日　法释〔2003〕8 号）

第九条　在预防、控制突发传染病疫情等灾害期间，聚众“打砸抢”，致人伤残、死亡的，依照刑法第二百八十九条、第二百三十四条、第二百三十二条的规定，以故意伤害罪或者故意杀人罪定罪，依法从重处罚。对毁坏或者抢走公私财物的首要分子，依照刑法第二百八十九条、第二百六十三条的规定，以抢劫罪定罪，依法从重处罚。

（六）《最高人民法院关于审理偷税抗税刑事案件具体应用法律若干问题的解释》（2002 年 11 月 5 日　法释〔2002〕33 号）

第六条　实施抗税行为致人重伤、死亡，构成故意伤害罪、故意杀人罪的，分别依照刑法第二百三十四条第二款、第二百三十二条的规定定罪处罚。

与纳税人或者扣缴义务人共同实施抗税行为的，以抗税罪的共犯依法处罚。

（七）《最高人民法院关于审理交通肇事刑事案件具体应用法律若干问题的解释》（2000 年 11 月 15 日　法释〔2000〕33 号）

第六条　行为人在交通肇事后为逃避法律追究，将被害人带离事故现场后隐藏或者遗弃，致使被害人无法得到救助而死亡或者严重残疾的，应当分别依照刑法第二百三十二条、第二百三十四条第二款的规定，以故意杀人罪或者故意伤害罪定罪处罚。

三、刑事政策文件

（一）《最高人民法院、最高人民检察院关于常见犯罪的量刑指导意见（试行）》（2021 年 6 月 16 日　法发〔2021〕21 号）

（七）故意伤害罪

1. 构成故意伤害罪的，根据下列情形在相应的幅度内确定量刑起点：

（1）故意伤害致一人轻伤的，在二年以下有期徒刑、拘役幅度内确定量刑起点。

（2）故意伤害致一人重伤的，在三年至五年有期徒刑幅度内确定量刑起点。

（3）以特别残忍手段故意伤害致一人重伤，造成六级严重残疾的，在十年至十三年有期徒刑幅度内确定量刑起点。依法应当判处无期徒刑以上刑罚的除外。

2. 在量刑起点的基础上，根据伤害后果、伤残等级、手段残忍程度等其他影响犯罪构成的犯罪事实增加刑罚量，确定基准刑。

故意伤害致人轻伤的，伤残程度可以在确定量刑起点时考虑，或者作为调节基准刑的量刑情节。

3. 构成故意伤害罪的，综合考虑故意伤害的起因、手段、危害后果、赔偿谅解等犯罪事实、量刑情节，以及被告人的主观恶性、人身危险性、认罪悔罪表现等因素，决定缓刑的适用。

（二）《最高人民法院、最高人民检察院、公安部关于依法办理“碰瓷”违法犯罪案件的指导意见》（2020 年 9 月 22 日　公通字〔2020〕12 号）

七、为实施“碰瓷”而故意杀害、伤害他人或者过失致人重伤、死亡，符合刑法第二百三十二条、第二百三十四条、第二百三十三条、第二百三十五条规定的，分别以故意杀人罪、故意伤害罪、过失致人死亡罪、过失致人重伤罪定罪处罚。

（三）《最高人民法院、最高人民检察院、公安部关于印发〈关于办理涉窨井盖相关刑事案件的指导意见〉的通知》（2020 年 3 月 16 日　高检发〔2020〕3 号）

三、对于本意见第一条、第二条规定以外的其他场所的窨井盖，明知会造成人员伤亡后果而实施盗窃、破坏行为，致人受伤或者死亡的，依照刑法第二百三十四条、第二百三十二条的规定，分别以故意伤害罪、故意杀人罪定罪处罚。

过失致人重伤或者死亡的，依照刑法第二百三十五条、第二百三十三条的规定，分别以过失致人重伤罪、过失致人死亡罪定罪处罚。

（四）《最高人民法院、最高人民检察院、公安部、司法部印发〈关于依法惩治妨害新型冠状病毒感染肺炎疫情防控违法犯罪的意见〉的通知》（2020 年 2 月 6 日　法发〔2020〕7 号）

（二）依法严惩暴力伤医犯罪。在疫情防控期间，故意伤害医务人员造成轻伤以上的严重后果，或者对医务人员实施撕扯防护装备、吐口水等行为，致使医务人员感染新型冠状病毒的，依照刑法第二百三十四条的规定，以故意伤害罪定罪处罚。

随意殴打医务人员，情节恶劣的，依照刑法第二百九十三条的规定，以寻衅滋事罪定罪处罚。

采取暴力或者其他方法公然侮辱、恐吓医务人员，符合刑法第二百四十六条、第二百九十三条规定的，以侮辱罪或者寻衅滋事罪定罪处罚。

以不准离开工作场所等方式非法限制医务人员人身自由，符合刑法第二百三十八条规定的，以非法拘禁罪定罪处罚。

（五）《最高人民法院关于依法妥善审理高空抛物、坠物案件的意见》（2019 年 10 月 21 日　法发〔2019〕25 号）

5. 准确认定高空抛物犯罪。对于高空抛物行为，应当根据行为人的动机、抛物场所、抛掷物的情况以及造成的后果等因素，全面考量行为的社会危害程度，准确判断行为性质，正确适用罪名，准确裁量刑罚。

故意从高空抛弃物品，尚未造成严重后果，但足以危害公共安全的，依照刑法第一百一十四条规定的以危险方法危害公共安全罪定罪处罚；致人重伤、死亡或者使公私财产遭受重大损失的，依照刑法第一百一十五条第一款的规定处罚。为伤害、杀害特定人员实施上述行为的，依照故意伤害罪、故意杀人罪定罪处罚。

（六）《最高人民法院印发〈关于贯彻宽严相济刑事政策的若干意见〉的通知》（2010 年 2 月 8 日　法发〔2010〕9 号）

二、准确把握和正确适用依法从"严"的政策要求

7. 贯彻宽严相济刑事政策，必须毫不动摇地坚持依法严惩严重刑事犯罪的方针。对于危害国家安全犯罪、恐怖组织犯罪、邪教组织犯罪、黑社会性质组织犯罪、恶势力犯罪、故意危害公共安全犯罪等严重危害国家政权稳固和社会治安的犯罪，故意杀人、故意伤害致人死亡、强奸、绑架、拐卖妇女儿童、抢劫、重大抢夺、重大盗窃等严重暴力犯罪和严重影响人民群众安全感的犯罪，走私、贩卖、运输、制造毒品等毒害人民健康的犯罪，要作为严惩的重点，依法从重处罚。尤其对于极端仇视国家和社会，以不特定人为侵害对象，所犯罪行特别严重的犯罪分子，该重判的要坚决依法重判，该判处死刑的要坚决依法判处死刑。

第三节　故意伤害罪审判实践中的疑难新型问题

问题 1. 使用暴力手段向债务人的亲属索要债务致人伤害应如何定性

【刑事审判参考案例】蒋某故意伤害案①

一、基本案情

吉安市人民法院经公开审理查明：在传销活动中，被告人蒋某成为附带民事诉讼原告人罗某 1、刘某之子罗某 2 的下线传销人。1998 年 4 月，国家明令取缔传销活动后，蒋

---

① 汪鸿滨撰稿，周峰审编：《蒋某故意伤害案——使用暴力手段向债务人的亲属索要欠债致人伤害应如何定性（第 90 号）》，载最高人民法院刑事审判第一、二、三、四、五庭主办：《刑事审判参考》（总第 14 集），法律出版社 2012 年版，第 287～290 页。

某多次找其上线罗某2等人退还传销款未果。

1998年6月30日晚8时许，被告人蒋某又来到罗某1家找其子要求罗某2退还欠款，恰巧罗某2不在家。蒋某便质问罗某1退钱一事怎么办，并要求罗某1帮其子偿还“欠款”。罗某1以传销退款一事与自己无关为由拒绝付款。蒋某即从罗家房内拿出一把菜刀，持刀向罗某1要钱，又遭到罗某1的拒绝，蒋某便朝罗某1身上连砍数刀。罗某1之妻刘某见状呼喊求救，蒋某在逃跑时又将刘某推倒在地致其跌伤。经法医鉴定，罗某1右手前臂尺骨开放性骨折，全身多处皮肤裂伤，属轻伤，为九级伤残；刘某左桡骨远端骨折，第一腰椎压缩性骨折，属轻伤，为十级伤残。罗某1住院15天，共花费医疗费5931.79元，其中其单位已为其报销了2890.01元。刘某花费医疗费349.22元，后医院出具了其需卧床休息3个月的证明。伤残鉴定费共200元。被告人蒋某在侦查期间已垫付部分医疗费2000元。

吉安市人民法院认为，被告人蒋某与罗某1之间并无任何法律意义上的债权债务关系，因向罗某1家要钱财的行为即属非法，在索要不成后又持刀架在罗某1的脖子上实施暴力威胁，继而又当场实施暴力砍伤被害人罗某1，其行为已构成抢劫罪，吉安市人民检察院以故意伤害罪罪名起诉，定性不准，不予以支持；被告人蒋某在实施抢劫过程中使用暴力手段砍伤被害人罗某1，推倒刘某跌伤并致残，应予赔偿由此造成的被害人的经济损失。罗某1被砍伤后，致右手终身残疾，精神上受到的损害也应予以赔偿；被害人罗某1花费的5931.79元，因其单位已为其报销2890.01元，故对于已报销的部分，在赔偿时应予核减。其伤残补助费依照有关司法解释规定应按城镇住户居民的平均生活标准予以偿付。被害人刘某虽无固定职业，但其受伤后误工属实应赔偿其误工费用。依照《刑法》第263条、第36条第1款及《民法通则》第119条、《最高人民法院关于贯彻执行〈中华人民共和国民法通则〉若干问题的意见（试行）》第143条第1款、第144条和第146条的规定，于1999年7月30日判决如下：

1. 被告人蒋某犯抢劫罪，判处有期徒刑五年，并处罚金人民币1000元；

2. 被告人蒋某赔偿附带民事诉讼原告人罗某1医疗费3041.78元、伤残鉴定费200元、理费150元、营养费75元、伙食补助费120元、交通费100元、伤残补助费16 272元、精神损害赔偿费2000元；赔偿附带民事诉讼原告人刘某医疗费349.22元、护理费920元、营养费460元、伤残补助费8136元、误工费1017元，以上各项共计人民币32 811元（已付2000元）。

一审判决后，被告人蒋某不服，向吉安地区中级人民法院提出上诉。其上诉称，原判定性不当，其行为应构成故意伤害罪，原判其赔偿罗某1、刘某伤残补助费24 408元是错误的，应该是12 204元；原判其赔偿罗某1精神损害费2000元没有法律依据。

附带民事诉讼原告人罗某1、刘某对一审判决中的附带民事诉讼部分不服，亦向吉安地区中级人民法院提出上诉，要求增加赔偿数额，并称原判将罗某1所在单位为其报销的2890.01元医疗费从被告人应赔偿的数额中扣除是错误的。

吉安地区中级人民法院经审理认为，上诉人蒋某虽与附带民事诉讼上诉人罗某1无债权债务关系，与其子罗某2也无法律意义上的债权债务关系，但鉴于本案发生属事出有因，上诉人因传销纠纷，而持刀威胁并伤害他人，造成二人轻伤并致残的后果，其行为已构成故意伤害罪，并应赔偿由此造成的二被害人的经济损失。原判认定的事实清楚，证据确实、充分，但将上诉人蒋某自行处理传销纠纷过程中伤害他人的行为认定为抢劫

罪，属定性不当；将附带民事诉讼原告人罗某1单位已报销的医疗费2890.01元从上诉人应予以赔偿的数额中予以扣除不妥；判处上诉人赔偿罗某1精神损害费2000元于法无据。上诉人蒋某提出的原判其赔偿罗某1精神损害费2000元于法无据的上诉意见是正确的，应予支持，但其提出的罗某1、刘某的伤残补助费应是12 204元是对法律的误解不予支持；附带民事诉讼上诉人罗某1、刘某提出的罗某1所在单位报销的2890.01元不应扣除是正确的，应予以支持，但其提出的增加赔偿数额的要求，因理由不充分，证据不足不予支持。依照《刑事诉讼法》第189条第2项和《刑法》第234条第1款、第36条第1款及《民法通则》第119条和《最高人民法院关于贯彻执行〈中华人民共和国民法通则〉若干问题的意见（试行）》第143条第1款、第144条和第146条的规定，判决如下：

1. 撤销吉安市人民法院（1999）吉刑初字第72号刑事判决；

2. 上诉人蒋某犯故意伤害罪，判处有期徒刑三年；

3. 上诉人蒋某赔偿上诉人罗某1医疗费5931.73元，伤残鉴定费200元，护理费150元，营养费75元，伙食补助费120元，交通费100元，伤残补助费16 272元；赔偿上诉人刘某医疗费349.22元，护理费920元，营养费460元，伤残补助费8136元，误工费1017元。以上各项共计人民币33 731.01元（已付10 000元）。

二、主要问题

1. 向与债务人共同生活的亲属暴力索取欠债造成伤害后果的应如何定性？

2. 精神损失能否成为刑事附带民事诉讼的赔偿范围？

三、裁判理由

1. 本案审理中，对被告人蒋某的行为是构成故意伤害罪，还是抢劫罪，二审法院见解不一。依照《刑法》第263条的规定，根据主客观相统一的犯罪构成理论，构成抢劫罪必须同时具备以下两方面的条件：一是行为人在客观上必须实施了抢劫行为，即当场实施暴力、以当场实施暴力相威胁或以其他侵犯人身的方法，当场迫使被害人交出其财物或当场夺走其财物：二是行为人在主观上必须具有抢劫的直接故意，且有非法强行占有他人财物的目的。一般而言，司法实践中认定抢劫罪是不难的，但在某些特殊情况下，行为人客观上虽然实施了暴力、胁迫等行为，而其主观上却不具备典型的，甚至根本就不具有抢劫他人财物的犯罪故意时，如为讨回合法债务，债权人当场使用暴力当场夺走债务人的钱物等，该如何定性呢？对这一问题，在司法实践中，有部分人的认识上还是比较模糊，有必要加以澄清。以债权人当场使用暴力夺走债务人钱财的行为为例，债权人在客观上虽然针对债务人当场实施了暴力行为并夺走债务人的财物，但其主观上只是想收回自己的合法债权，债权人的私力救济行为虽不合法但又明显不具有强行非法占有他人财物的抢劫故意和目的，因此，对该债权人的行为显然不能以抢劫罪论处，否则，必将冤及无辜。进一步地说，如果债权人为抢走债务人的钱财而当场实施的暴力行为，只实际造成债务人轻伤以上后果的，应当以故意伤害罪论处，反之，则属无罪。《刑法》第238条第3款规定，债权人当场使用暴力夺取债务人钱财的行为，不构成抢劫罪。如造成债务人轻伤以上后果，以故意伤害罪论处。为索取债务非法扣押、拘禁他人的，应当以非法拘禁罪论处，而不能以绑架罪论处，正是这种原因。

本案的特殊之处在于：一是被告人蒋某与被害人罗某1的儿子罗某2之间在非法传销活动中，客观上虽确实存在传销款项返还的债务纠纷，但该债务纠纷因传销活动的非法性，而不受法律保护。易言之，双方并不存在合法的债权债务关系而是仅存在不受法律保护的债权债务关系。二是被告人蒋某不是向债务人罗某2暴力索要钱财，而是向与罗某2共同生活的父亲罗某1暴力索要钱财。在这种情况下，能否认定被告人蒋某具有犯抢劫罪的主观故意和目的呢？答案同样是否定的。

本案被告人蒋某虽与被害人罗某1无任何债权债务关系，但其与被害人之子罗某2之间却客观存在就传销款项返还的经济纠纷，尽管该纠纷所产生的债权债务并不受法律保护，但却是本案发生的直接前因；被告人蒋某在多次向罗某2索还传销款未果的情况下，遂向与其共同生活的尊亲属即被害人罗某1追索，也合乎当地社会习俗。当然，被害人拒绝被告人的追索要求也是正当合法的。被告人在遭被害人拒绝后，采用暴力手段加害被害人，并造成二人轻伤的后果，其行为虽已构成故意伤害罪，但自始至终并不具有抢劫的犯意。因为被告人的本意只是想要回原本属于自己的“欠款”，而无意占有被害人的财产。如将该行为认定为抢劫罪，势必有违主客观相一致的定罪原则。因此，对于债务纠纷当事人间所发生的暴力或以暴力相威胁的索债行为，行为人尽管在客观上采取了暴力、胁迫的手段，但主观上毕竟只是想收回本人的债权或者以货抵债，而不具有“非法占有的目的”，不能认定为抢劫罪。可见，二审法院以故意伤害罪改判，在适用法律上是正确的。

一审法院以抢劫罪判处被告人蒋某有期徒刑五年，定性有误。需要说明的是，一审法院不仅定性有误，即便被告人构成抢劫罪，按本案的情况，也应当属于“入户抢劫”。而“入户抢劫”的法定起刑点即为十年以上，在无法定减轻处罚条件下，判处有期徒刑五年在法定刑幅度的选择上也是不妥的。

2.《刑事诉讼法》第77条规定：“被害人由于被告人的犯罪行为而遭受物质损失的，在刑事诉讼过程中，有权提起附带民事诉讼。”据此，刑事附带民事诉讼的受案范围只能界定在被害人的“物质损失”内，而不包括被害人的“精神损害或精神损失”。最高人民法院1999年10月27日下发的《全国法院维护农村稳定刑事审判工作座谈会纪要》中明确指出，附带民事诉讼的赔偿范围“只限于犯罪行为直接造成的物质损失，不包括精神损失和间接造成的物质损失”。最高人民法院于2000年12月4日通过的《关于刑事附带民事诉讼范围问题的规定》第1条也明确规定，“因人身权利受到犯罪侵犯而遭受物质损失或者财物被犯罪分子毁坏而遭受物质损失的，可以提起附带民事诉讼。对于被害人因犯罪行为遭受精神损失而提起附带民事的，人民法院不予受理”。可见，不管是依照立法规定，还是司法解释，精神损失是不能成为附带民事诉讼的赔偿范围的。因此二审法院认定一审法院判处本案被告人赔偿被害人精神损失2000元于法无据并予以撤销，是正确的。

【刑事政策文件】

《最高人民法院印发〈关于审理抢劫、抢夺刑事案件适用法律若干问题的意见〉的通知》（2005年6月8日　法发〔2005〕8号）

九、关于抢劫罪与相似犯罪的界限

……

5. 抢劫罪与故意伤害罪的界限

行为人为索取债务，使用暴力、暴力威胁等手段的，一般不以抢劫罪定罪处罚。构成故意伤害等其他犯罪的，依照刑法第二百三十四条等规定处罚。

问题2. 一掌推他人致其头部碰撞造成死亡应如何定罪量刑

【刑事审判参考案例】罗某故意伤害案①

一、基本案情

恩平市人民法院经公开审理查明：2002年2月12日（正月初一）下午7时许，被告人罗某与他人在恩平市圣堂镇马山果场同乡莫某家聚会饮酒。晚9时许，罗某又与他人一同到果场办公楼顶层客厅内打麻将，莫某站在旁边观看。由于罗某在打麻将过程中讲粗话，莫某对罗某进行劝止，二人为此发生争吵。争吵过程中莫某推了一下罗某，罗某即用右手朝莫某的左面部打了一拳，接着又用左手掌推莫某右肩，致使莫某在踉跄后退中后脑部碰撞到门框。在场的他人见状，分别将莫某和罗某抱住。莫某被抱住后挣脱出来，前行两步后突然向前跌倒，约两三分钟后即死亡。

经法医鉴定，莫某后枕部头皮下血肿属钝器伤，系后枕部与钝性物体碰撞所致，血肿位置为受力部位。莫某的死因是生前后枕部与钝性物体碰撞及撞后倒地导致脑挫伤、蛛网膜下腔出血所致，其口唇、下颌部及额下损伤系伤后倒地形成。案发后被告人罗某自动投案并如实交代自己的犯罪事实经过。随后其家属与被害人家属达成赔偿协议。

被告人罗某辩称自己的掌推行为只是争吵中的一种本能反应。不是想故意伤害被害人，自己的行为不应构成故意伤害罪。

恩平市人民法院经审理后认为：被告人罗某故意掌推被害人莫某致其后脑部碰撞木门边后倒地形成脑挫伤、蛛网膜下腔出血死亡，其行为已构成故意伤害罪。被告人在对被害人作出拳击掌推的行为之前虽确实没有预见到其行为会导致被害人碰撞门边倒地死亡的严重后果，但被告人的掌推行为仍是在其意志支配下所故意实施，是故意伤害他人身体的行为，且被害人死亡的后果与被告人的行为之间具有刑法上的因果关系。被告人主观上有伤害他人身体的故意以及致人死亡的过失，符合故意伤害（致死）罪的构成要件，应以故意伤害（致死）罪追究其刑事责任。被告人辩称其掌推被害人并非出于故意，其行为不构成故意伤害罪的理由不充分，不予采纳。鉴于被告人犯罪后自首并积极赔偿死者家属的部分经济损失，可对其减轻处罚。依照《刑法》第234条第2款、第67条第1款之规定，于2002年5月17日判决：被告人罗某犯故意伤害罪，判处有期徒刑六年。

一审宣判后，在法定期间内，被告人罗某未提出上诉，人民检察院也未提出抗诉，判决已发生法律效力。

二、主要问题

1. 本案被告人的掌推行为与被害人的死亡结果之间是否具有刑法上的因果关系？

2. 如何分析故意伤害（致死）罪的犯罪构成中的主观罪过形式？

本案在审理过程中，对于被告人罗某的行为如何定性，有三种不同意见：

第一种意见认为，罗某的行为构成故意伤害（致死）罪。理由：故意伤害致人死亡可以表现为复杂的罪过形式，即伤害他人的故意和致人死亡的过失两种罪过形式的叠加。本案被告人罗某在对被害人掌推时，其主观上完全能够认识到其行为可能会伤害被害人

---

① 谢建华撰稿，杜伟夫审编：《罗某故意伤害案——一掌推他人致其头部碰撞造成死亡应如何定罪量刑（第226号）》，载最高人民法院刑事审判第一庭、第二庭主办：《刑事审判参考》（总第30集），法律出版社2003年版，第49～55页。

的身体健康，但仍故意实施了掌推的伤害行为。被告人实施了故意伤害行为在先，并由此直接导致被害人头后枕部与门边碰撞，进而倒地形成脑挫伤、蛛网膜下腔出血，发生死亡。被告人的故意伤害行为与被害人的死亡结果之间具有刑法上的间接因果关系。被告人在实施故意伤害行为时，主观上虽不希望或者放任被害人死亡结果的发生，但对被害人的死亡却具备应当预见而没有预见的过失心理态度。被告人的行为符合故意伤害（致死）罪的构成要件，应以故意伤害（致死）罪追究其刑事责任。

第二种意见认为，罗某的行为不构成故意伤害（致死）罪，而应构成过失致人死亡罪。理由：《刑法》第234条第2款的规定表明，依据该款以故意伤害致人死亡追究刑事责任的前提条件必须首先是“犯前款罪”，即具有故意伤害行为且使被害人的损伤达到轻伤以下——构成故意伤害罪。本案中被告人的掌推行为并不能直接使被害人的损伤达到轻伤以上，不符合《刑法》第234条第2款规定的“犯前款罪”的要求，不能以故意伤害致死追究其刑事责任。

本案被告人罗某与被害人系同乡，平时关系很好，又是在过年一起聚会饮酒、打麻将过程中发生争吵推打，被告人对被害人掌推时不可能希望或者放任被害人死亡结果的发生，其主观上对被害人的死亡结果的发生表现为过失的心理态度，即应当预见到其行为可能会造成被害人死亡，但因疏忽大意没有预见，且客观上被告人的掌推行为造成了被害人死亡的结果，符合过失致人死亡罪的构成要件，所以应按过失致人死亡罪定罪量刑。

第三种意见认为，罗某的行为不构成犯罪。理由：本案不能确认被告人的掌推行为与被害人的死亡结果之间具有刑法上的因果关系。从本案的实际情况看，导致被害人死亡的原因是多方面的，包括被害人大量饮酒，被告人对被害人的掌推行为，被害人被被告人推打后碰撞门边以及跌倒等都是被害人死亡的原因，以上几个因素相结合共同导致被害人死亡结果的发生。法医鉴定书认定被害人的死因是生前后枕部与钝性物体碰撞及撞后倒地所导致的脑挫伤及蛛网膜下腔出血所致，即不能排除大量饮酒、倒地碰撞等与被告人的行为无直接关联的因素是被害人死亡的原因，也不能认定被告人的推打行为及所导致的碰撞门边是被害人死亡的主要原因，无法认定被告人的行为与被害人的死亡结果之间具有刑法上的因果关系，要求被告人对被害人的死亡结果负刑事责任没有客观依据，其行为应不构成犯罪。

三、裁判理由

原审判决最终采纳了第一种意见，即被告人罗某的行为构成故意伤害罪，应以故意伤害致人死亡的情节追究其刑事责任。理由如下。

（一）本案被告人的掌推行为属于故意伤害行为

按照我国刑法的规定，对没有产生轻伤以上后果的一般殴打行为，是不能以故意伤害罪论处的。这就产生一个问题，即能否以行为人的殴打手段是否足以使被害人受到轻伤以上的后果来作为判断行为人的行为是不是故意伤害罪所要求的故意伤害行为。我们的看法是否定的。故意伤害罪是结果犯，只有产生轻伤以上的后果才负刑事责任，且伤害后果越重，承担的刑事责任就越大。拳打脚踢掌推是一般殴打最常见的手段，如打击力量不大、打击的不是要害部位，不是连续性打击且打击相当有节制，通常情况下，一般都不足以直接导致被害人产生轻伤以上的后果，依法不需负刑事责任，但这并不说明一般的殴打行为的性质就不是故意伤害行为。事实上，一般的殴打行为仍然是故意伤害的行为，只不过伤害的结果未达到法定的程度而无须负刑事责任。虽然只是一拳一脚一

掌的轻微殴打行为，打击力量不大，打击部位并非要害，但如果该行为在当时特定的条件下能够造成被害人轻伤以上的后果，对此，行为人仍应承担故意伤害罪的刑事责任，如殴打他人致人跌倒磕在石头上引发重伤、死亡后果，殴打特异体质的人引发重伤、死亡后果等。除非被害人轻伤以上后果纯属意外事件所引起或者可以明显排除殴打行为与被害人轻伤以上后果具有刑法上的因果关系。司法实践中，一般的推搡行为由于不具有明显的伤害故意不能被视为刑法中的殴打行为或伤害行为，即使该行为意外致人重伤、死亡，也不能以故意伤害罪追究刑事责任。

就本案而言，被告人罗某的掌推行为已非一般的推搡行为所能包容。首先，其掌推行为系发生在与被害人的争执对打当中；其次，其掌推行为是其拳打之后的连续行为，伤害的故意连贯于其中，且力度很大，否则不足以导致被害人身体失控，头部发生碰撞；最后，在一定的情形下，即便一拳一脚一掌，同样可以致人伤害甚至死亡。

本案被告人罗某的掌推行为，打击部位虽非要害，但力度之大，已客观地造成被害人身体失控而后退，造成头后枕部与门边碰撞，进而倒地形成脑挫伤、蛛网膜下腔出血，发生死亡。因此，该行为属于故意伤害行为。值得指出的是，对《刑法》第 234 条第 2 款规定的“犯前款罪”，应理解为有伤害的故意和行为即可，不能机械地要求故意伤害行为直接造成的损伤程度必须达到轻伤以上。因为通常情况下，故意伤害直接致人重伤或死亡的，往往并不存在先有一个轻伤害的犯罪前提。同时，在故意伤害致人死亡的案件中，对已经死亡的被害人一般是无法也不可能再去评定最初（死亡前）的伤害程度是否达到轻伤以上。

（二）被告人的掌推行为与被害人的死亡结果之间具有刑法上的因果关系

罪责自负是我国刑法的基本原则之一。它的基本含义：一个人只能对自己的危害行为及其造成的结果承担刑事责任。因此，当危害结果发生时，要使某人对该结果承担责任，就必须查明他所实施的危害行为与该结果之间具有因果关系。这种因果关系，是在危害结果发生时使行为人负刑事责任的必要条件。我国刑法虽没有直接规定危害行为与危害结果的因果关系，但刑法因果关系理论在刑法理论与实务中仍占有重要地位。虽然对刑法因果关系中的不少问题，理论界、司法界均存在不少分歧意见，但主张以辩证唯物主义因果关系理论来指导与解决刑法因果关系问题，则是普遍的共识。

刑法因果关系具有客观性、相对性与绝对性、条件性和具体性等特点。因果关系一般表现为危害行为与危害结果之间内在的、必然的、合乎规律的联系，即必然因果关系。有时虽然行为本身不包含产生某种危害结果的必然性（内在根据），但是在其发展过程中，偶然又有其他原因介入其中，由后来介入的这一原因合乎规律地引起了这种危害结果。这种情况下，先行行为与最终危害结果之间即表现为偶然因果关系。任何刑事案件的因果关系都是具体的、有条件的，因此，在审查危害行为与危害结果之间的因果关系时，一定要从危害行为实施时的时间、地点、条件等具体情况出发来考虑。本案中被告人对被害人的掌推行为本来不会产生被害人死亡的结果，但先前的危害行为直接导致了被害人头部与门边碰撞及撞后倒地，这两个原因的介入又引起了被害人死亡的结果，被告人的推打行为与被害人的死亡结果之间即表现为偶然因果关系。把被告人的推打行为与其所直接导致的碰撞门边及撞后倒地死亡这些存在客观联系的前因后果简单割裂开来的看法是一种机械的观点，是对刑法因果关系的曲解，不是我们所倡导的辩证唯物主义的观点。某人故意实施某种危害行为，在其发展过程中，偶然与其他原因相交错，由后者直接引起危害结果的，对行为人应当按照其所故意实施的行为性质定罪，把偶然结果作为量刑情节予以适当考虑。如本案中被告人的推打行为因偶然原因的介入导致了被害人死亡，死亡结果只能作为追究被告人的故意伤害罪的量刑情节来考虑。这一点在我国《刑法》第 234 条第 2 款中已有明确规定。

（三）故意伤害致死可以表现为复杂罪过形式，即行为人具有伤害的故意和致人死亡的过失两种

罪过形式复杂的犯罪构成又称混合的犯罪构成，指刑法条文规定的犯罪构成诸要件有复合情况的犯罪构成。其特点在于构成要件是重叠的，有两个客体、两个行为、两种罪过形式，且这些犯罪构成并非可供选择，而是缺一不可、均须具备。复杂的犯罪构成包括行为复杂的犯罪构成、罪过复杂的犯罪构成和客体复杂的犯罪构成。罪过复杂的犯罪构成，也即包括两个罪过形式的犯罪构成。其特点是，具备两个罪过形式才能构成该种罪，同时，虽然具有两个罪过形式却又不是两个犯罪。如本案中的故意伤害（致死）罪，即可包含伤害他人的故意和造成他人死亡的过失这两种罪过形式。虽然《刑法》第 234 条中并没有明确规定故意伤害（致死）罪中的致人死亡可以是过失的，但从故意伤害（致死）罪与故意杀人罪在犯罪构成上的区别是很容易得出这一结论的。两者区别的关键是故意杀人罪希望或者放任死亡结果发生；故意伤害（致死）罪只希望或放任伤害他人身体健康的结果发生。因此，如果故意伤害（致死）罪中的致人死亡是故意的（不论是直接故意还是间接故意），那么它将转化为故意杀人罪，而不能以故意伤害罪定性。

本案中被告人罗某在实施掌推行为时，其对危害结果的故意范围是什么呢？这就要从被告人和被害人的平日关系、犯罪的起因、打击的手段与部位等因素人手进行分析和判断。本案被告人和被害人平时关系非常好，又是在过年同乡欢聚一起饮酒打麻将的时候，因酒后小事争吵才打了被害人左面部一拳，又推了被害人的右肩部一掌。因此，被告人在实施拳打掌推行为时是不可能希望或放任被害人死亡的结果发生的。但在当时的特定条件下，其应当预见这种结果可能发生而没有预见，因此其对被害人的死亡结果的发生是有过失的。被告人在推打被害人时具有伤害的故意，但对因此导致被害人头撞门框，进而跌倒死亡却是过失的。在这种复杂罪过形式中，虽然故意罪过所引起的危害结果轻于过失罪过引起的危害结果，但综合整个犯罪构成来看，故意罪过是主要的，过失罪过是次要的，因此，只能根据故意罪过确定其为故意犯罪。因此，对本案被告人应以故意伤害（致死）罪定罪量刑。

问题 3. 如何区分故意伤害罪与寻衅滋事罪、聚众斗殴罪

【刑事审判参考案例】王某 1 等故意伤害案①

一、基本案情

北京市第二中级人民法院经公开审理查明：被告人王某 1、王某 2 二人在北京市丰台区开业经营东北饺子王饭馆，饭馆的员工都是东北老乡，有何某、马某等人。

---

① 张素莲、史磊撰稿，王勇审编：《王某 1 等故意伤害案——如何区分故意伤害罪与寻衅滋事罪、聚众斗殴罪（第 507 号）》载最高人民法院刑事审判第一、二、三、四、五庭主办：《刑事审判参考》（总第 64 集），法律出版社 2008 年版，第 29 ~ 35 页。

2006年10月6日中秋节晚上，在饭馆门前王某1组织员工一起吃饭喝酒。同时，在东北饺子王饭馆斜对面经营休闲足疗中心的朱某也在同老乡胡某、李某、郭某、邱某、周某等人一起吃饭、喝酒。10月7日2时许，王某1因被害人胡某用脚猛踢路边停车位的牌子声响很大而与胡某发生口角。胡某感觉自己吃亏了，对王某1等人大喊“你们等着”，就跑回足疗中心。王某1见胡某跑回去，怕一会儿他们来打架吃亏，就到饭馆厨房拿了一把剔骨尖刀，何某从厨房拿了两把菜刀，马某拿了一把菜刀。

在准备好后，王某2对员工讲“咱们是做生意的，人家不来打架，咱们也别惹事，他们要是来打，咱们就和他们打”。胡某回到足疗中心对朱某等人说外面有人打他，去厨房拿了一把菜刀出去和王某1等人打架，朱某等人也分别拿炒菜铁铲、饭勺等一同出去打架。王某1等人见对方六七个人手持武器过来了，也就携刀迎上去。王某2先进行劝阻、说和，被对方围起来打，后双方打在一起。王某1被胡某用菜刀砍伤左小臂（轻微伤），王某1持剔骨尖刀砍伤胡某左臂（轻微伤）、李某左臂及左前胸（轻伤），胡某、李某受伤后跑回足疗店。王某1又和朱某对打，朱某持炒菜铲子砍伤王某1左前额，王某1持剔骨尖刀扎入朱某右胸背部，朱某受伤后也跑回足疗店。胡某等人跑回足疗店后，看朱某后背流血很多，遂从足疗店出来去医院。此时，站在饭馆门口的王某1等人看到后，马某说“他们出来了，去砍他们去”，马某持菜刀砍伤周某腰部，王某1持刀砍伤郭某的头部二处，致其轻微伤。后民警接报警赶至现场及时制止了王某1一方的追打行为。朱某因被尖刀扎伤右胸背部，深达胸腔，造成右肺破裂，致急性失血性休克，经抢救无效死亡。

北京市第二中级人民法院认为：被告人王某1、马某、王某2、何某与他人发生矛盾后未能正确处理，持械进行互殴，致一人死亡、一人轻伤、三人轻微伤，其行为均已构成故意伤害罪，依法均应予惩处。王某1在共同犯罪中起主要作用，系主犯。

马某、王某2、何某在共同犯罪中起次要作用，系从犯；且何某犯罪时未成年，依法对三被告人减轻处罚。鉴于被害人一方在起因上有一定过错，依法对各被告人酌予从轻处罚。依照《刑法》第234条、第25条第1款、第26条第1款、第27条、第17条第1款和第3款、第57条第1款、第64条之规定，判决如下：

1. 被告人王某1犯故意伤害罪，判处无期徒刑，剥夺政治权利终身；
2. 被告人马某犯故意伤害罪，判处有期徒刑三年六个月；
3. 被告人王某2犯故意伤害罪，判处有期徒刑三年；
4. 被告人何某犯故意伤害罪，判处有期徒刑二年；
5. 扣押在案的物品予以没收。

一审宣判后，各被告人在法定期间内均未上诉，检察机关亦未抗诉，判决发生法律效力。

二、主要问题

对被告人王某1等人的行为，是认定为故意伤害罪，还是聚众斗殴罪或者寻衅滋事罪？

三、裁判理由

本案审理过程中，对被告人犯罪行为的定性问题存在较大分歧，曾有三种意见：第一种意见认为直接致朱某死亡的王某1的行为构成故意伤害罪，其他三被告人的行为构成寻衅滋事罪；第二种意见认为四被告人构成故意伤害罪，且系共同犯罪，应共同对伤害后果承担责任；第三种意见认为本案四被告人的行为构成聚众斗殴罪。法院经论证最终认定为故意伤害罪，具体理由分析如下。

（一）被告人的行为不宜认定为寻衅滋事罪

寻衅滋事罪是从1979年刑法规定的流氓罪中分解出来的，实践中认定该罪时常常与情节轻微的抢劫罪、故意伤害罪等发生混淆。准确认定该罪要从其实质特征进行把握，从该罪的概念及客观方面看，无论“寻衅”还是“滋事”，都是单方的积极行为，如“随意殴打他人”，可能是因为生活琐事，也可能是无缘由地肆意挑衅，无事生非。《刑法》第293条所列举规定的四种情形均体现了这一点。寻衅滋事的单方积极性，是相对于受害对象的被动性而言的，双方所处的状态是一方积极主动，另一方消极被动。如果行为人与受害人之间的关系不符合这种特征，则不宜认定为寻衅滋事罪。

本案案发源自被害人胡某的挑衅行为。当天凌晨，胡某酒后无聊地猛踢路边停车位的牌子，影响了在马路对面吃饭的王某2等人，王某2让他别吵了，胡某就走到马路中间骂王某2，王某1则拿起一啤酒瓶冲过去，被王某2拉了回来。胡某感觉吃亏，跑回去叫人。虽然被告人一方怕胡某等人找他们打架，准备了尖刀、菜刀，但王某2仍然对王某1等人说“做生意要紧，如果人家不来打架，咱们也别惹事”。可见，被告人一方最初并没有主动挑衅的故意和行为。不能仅因被害方在互殴中严重受伤就对被告人认定为寻衅滋事罪。事实上，从胡某一连串的行为及被害方多人到被告人所经营的饺子馆叫阵打架看，被害方的行为反倒更具有寻衅滋事的特点。

（二）被告人的行为不宜认定为聚众斗殴罪

聚众斗殴罪也是从1979年刑法规定的流氓罪中分解出来的一个罪名，其最典型的客观方面特征是双方各自纠集多人进行互殴对打，严重影响社会公共秩序。实践中，聚众斗殴大多表现为不法团伙之间出于报复、争霸等动机，成帮结伙地打群架、互相斗殴，不仅参加人数多，而且双方事先通常都有一定准备，互相侵犯对方的意图和动机较为明显。虽然聚众斗殴必然表现为双方互殴对打，但双方对打并不必然就应定性为聚众斗殴。聚众斗殴罪的认定，除要求客观上双方或多方以暴力互相攻击外，还要求双方都有非法侵犯对方的意图，均是积极参与斗殴。如果行为人并没有争霸、报复等动机，则不宜认定为聚众斗殴罪。

本案中，双方参与互殴的人数均超过了三人，形式上符合聚众斗殴罪的客观特征。但从主观上看，以胡某为首的一方持械主动进行挑衅，被告方的被动性较为明显，最初并没有非法侵犯胡某一方的意图。王某2作为老板不仅没有对在场的人提出参与斗殴的积极要求，反而前后两次对王某1等人进行劝阻，并表示如果胡某不来挑衅，不能主动去惹事，还是做生意要紧。在胡某一方过来挑衅时，王某2仍进行说和。可见，被告方缺少报复、争霸等流氓动机和目的，如认定为聚众斗殴罪，则是片面重视了被告人的客观表现，忽略了被告人的主观心态，不符合主客观相统一的定罪原则。

（三）被告人的行为宜认定为故意伤害罪

首先，被告人一方具有明显的伤害故意，并实施了伤害行为。在胡某主动挑衅下，王某1一方虽然有一定的防卫因素，但不是通过正当途径（如报警）避免己方受伤害，而是准备尖刀、菜刀等工具等待对方，王某2还将拖鞋换成了旅游鞋以便参与斗殴。并且，被告方准备的工具在杀伤力上明显高于对方。除王某1持剔骨尖刀外，王某2、马某、何某分别持菜刀。而对方只有胡某拿一把菜刀，其他人则分别持炒菜铁铲、饭勺等。当王某1一方拿着尖刀和菜刀冲出去时，王某2在劝和未果后，也拿出菜刀乱抡，最终造成对方一人死亡、一人轻伤的后果。从第二阶段看，被告方在没有继续受到伤害危险的情况下，看到郭某等人步行准备离开，仍持刀冲上去追打，王某1持刀砍郭某头部，马某持刀砍周某腰部。虽然这一阶段没有造成严重的伤害后果，但他们的伤害故意非常明显。在此情况下，如将被告人的行为认定为寻衅滋事罪，则不能完整评价行为性质。虽然寻衅滋事罪中的"随意殴打他人"包括赤手空拳殴打他人，也包括用棍棒、砖块等工具殴打他人，但如果行为人使用攻击性较强、极易致人伤亡的凶器攻击他人，则表明主观上具有伤害、杀死他人的故意，已经超出寻衅滋事罪的主观故意和评价范畴。

其次，被告人一方的行为符合共同犯罪的构成条件。各被告人均出于共同故意，并共同实施了伤害行为。在胡某回去叫人时，王某2虽然劝阻王某1等人，并强调不主动去打架，但王某2也说了"如果对方来打，就和他们打"，并且被告人一方共同准备了菜刀、尖刀等工具。这说明被告人一方已经形成伤害的共同故意。

在前一阶段实施故意伤害行为过程中，王某1、王某2等人通过攻击对方，相互鼓励、助威，给予支持，强化了共同伤害的合意，并造成一人死亡、一人轻伤、一人轻微伤的后果。在后一阶段，当王某1等人看到郭某等四人在路上行走，马某说"他们出来了，去砍他们去"，王某1、王某2、何某等人便持刀一起奔向郭某等人，如不是被害方的周某报警，很可能发生更为严重的伤害后果。可见，在整个犯罪过程中，各被告人相互配合、相互支持，共同对被害方实施伤害行为，故应共同对所造成的伤亡后果负责。如果对直接致死被害人的王某1定性为故意伤害罪，对其他被告人不认定故意伤害罪，实际上是将他们实施的整个伤害行为人为地割裂开来，依结果定罪，而不是一种整体评价，不能充分反映犯罪行为的社会危害性。将被告人的行为认定为共同犯罪，并不会导致对各被告人不当量刑，法院根据各被告人在共同犯罪中的地位、作用和具体实施的行为，分清罪责，区分主从，恰恰可以做到罪刑均衡，罚当其罪。

综上，法院根据本案的具体情形，认定四被告人的行为构成故意伤害罪并认定为共同犯罪是正确的。

问题4. 故意伤害案件中被害人过错的认定标准

【刑事审判参考案例】余某故意伤害案[①]

一、基本案情

潮州市潮安区人民法院经审理查明：2016年7月15日晚，被告人余某与被害人王某（时年47岁）因琐事在潮州市潮安区古巷镇古巷三村发生口角，后被在场群众劝阻。后余某为泄愤，持一把菜刀返回现场与王某打架。过程中，余某持刀砍打王某，致王某的身体多处受伤，余某也被王某打伤，后余某逃离现场。案发后，余某的家属已代其向王某先行支付赔偿款12 550元。

经法医鉴定：王某的身体损伤程度评定为轻伤二级，余某的身体损伤程度评定为轻微伤。

另查明，附带民事诉讼原告人王某共用去医疗费21 903.32元。

---

① 江瑾撰稿，叶邵生审编：《余某故意伤害案——被害人过错的认定标准（第1368号）》，载最高人民法院刑事审判第一、二、三、四、五庭主办：《刑事审判参考》（总第124集），法律出版社2020年版，第34～37页。

潮州市潮安区人民法院经审理认为，被告人余某持械故意伤害他人身体，致一人轻伤，其行为已构成故意伤害罪，依法应予以惩处，并应赔偿被害人王某因本案而遭受的物质损失。鉴于余某归案后如实供述自己的罪行，且案发后能积极赔偿被害人的部分经济损失，依法予以从轻处罚。王某在本案中有一定过错，依法可以减轻余某20%的民事赔偿责任，即余某应赔偿王某经济损失共计43 530.53元。抵除余某一方前已支付的12 550元，余某还应当赔偿王某30 980.53元。依照《刑法》第234条第1款、第67条第3款、第36条第1款，《民法通则》第121条，《最高人民法院关于审理人身损害赔偿案件适用法律若干问题的解释》第19条、第20条、第21条、第22条、第23条、第24条、第35条之规定，判决如下：

1. 被告人余某犯故意伤害罪，判处有期徒刑一年二个月。

2. 被告人余某应赔偿附带民事诉讼原告人王某的医疗费、后续治疗费、住院伙食补助费、误工费、护理费、营养费、鉴定费、交通费共计43 530.53元，抵除余某一方前已支付的款项12 550元，余款30 980.53元应于本判决发生法律效力之日起十日内付还。

3. 驳回附带民事诉讼原告人王某的其他诉讼请求。

宣判后，附带民事诉讼原告人王某对该案附带民事部分判决不服，上诉称整个案件都是余某故意挑起事端，其在本案中没有任何过错，原审判决认定其在本案中有一定过错不当。

潮州市中级人民法院认为，被告人余某故意伤害他人身体，致一人轻伤，其行为已构成故意伤害罪，应依法予以惩处。余某故意伤害致王某轻伤，应对王某因此而遭受的物质损失承担相应的民事赔偿责任。原审判决审判程序合法，但认定王某在本案中有一定过错并据此减轻余某应当承担的民事赔偿责任不当，应予纠正，判决如下：

1. 维持潮州市潮安区人民法院（2016）粤5103刑初524号刑事附带民事判决的第三项；

2. 撤销潮州市潮安区人民法院（2016）粤5103刑初524号刑事附带民事判决的第二项；

3. 原审被告人余某应赔偿上诉人王某因本案而遭受的物质损失共计54 413.16元，抵除余某一方前已支付的款项12 550元，余款41 863.16元应于本判决发生法律效力之日起十日内付还。

二、主要问题

司法实践中如何认定被害人过错？

三、裁判理由

本案中，关于被害人王某是否存在过错的问题，有两种意见：第一种意见认为，虽然被告人余某持刀砍打王某，但因王某在现场未能冷静处理双方纠纷，且王某在打架过程中也将余某打致轻微伤，故应认定王某在本案中存在过错；第二种意见认为，在案证据不足以认定王某存在过错。

我们同意第二种意见，理由如下：

被害人过错是司法案件中常见的情形。如《民法通则》第131条规定，受害人对损害的发生有过错的，可以减轻侵害人的民事责任。在刑事案件中，被害人是否有过错也影响被告人的量刑。但是，刑事案件中的被害人过错不同于一般话语环境中的过错，具有其自身特定的含义。刑法意义上的被害人过错，是指被害人出于主观上的过错实施了

错误或不当的行为，且该行为违背了法律或者社会公序良俗、伦理规范等，侵犯了被告人的合法权益或其他正当利益，客观上激发了犯罪行为的发生。

实践中，认定被害人具有刑法意义上的过错，应具备以下条件：

第一，过错行为的实施者是被害人。如果过错行为是第三人所实施的，而被告人却针对被害人实施了犯罪行为，那么不能认定被害人有过错。

第二，被害人实施的行为违反了法律规定，或者违背社会公序良俗、伦理规范，应当受到社会的否定性评价。同时，这种应受谴责性应当达到一定的程度，即并非所有的过错都属于刑法意义上的过错，轻微的过错，不属于刑法意义上的被害人过错。在司法实践中，通常认为，只有被害人的言语或行为对被告人的合法权益或者社会公共利益造成比较恶劣的影响或比较严重的损害，为常人所不能容忍时，才属于刑法评判的范畴。比如，因夫妻矛盾引发的杀妻案件中，如果是因为妻子有婚外性关系，违背夫妻忠诚义务的，通常认为属于被害人过错；如果仅仅因为夫妻双方日常争执引发案件，通常不认为被害人有过错。

第三，被害人主观上具有过错。即被害人主观上是故意或过失的心态，应当受到法律或道德上的谴责。至于不可归咎于被害人的其他行为，则不能认定为被害人过错。

第四，过错行为与犯罪行为的发生之间具有关联性。这表现在以下几个方面：一是时间上的相近性，必须是过错行为在前，犯罪行为在后。同时，如果过错行为已经发生很久，被告人在多年之后实施犯罪行为的，通常情况下不再认定是被害人的过错激发了犯罪的发生。二是利益上的关联性，利益关联性是被害人行为构成过错的事实条件。比如，甲住在乙家与乙同居数年，后二人在生活中发生矛盾，乙欲结束这种同居关系而不让甲在其家继续居住，甲搬出后恼怒，于某夜潜入乙家将乙杀死。本案的诱因是乙不让甲在乙家居住，但乙的行为并未侵犯甲的正当利益因而不构成过错。两人同居关系与案件的发生并没有利益关联性，故而本案中乙与甲同居之后又将甲从其家中赶出，都不属于被害人过错。三是作用上的因果性，即被害人的过错行为与犯罪行为的发生之间具有引起与被引起的因果关系，被害人的行为直接激化或加剧了被告人的犯罪。

本案中，首先，王某的陈述和证人杨某的证言均证实被告人余某与王某第一次、第二次发生争吵均是由余某先挑起事端。其次，王某和证人周某、杨某均证实案发时是余某先持刀砍人，之后王某才拿起凳子抵挡并打余某，而不是王某先拿凳子打余某。王某在拿起凳子抵挡的过程中虽然致余某轻微伤，但这是由于余某的先行侵犯行为所引起的。王某的行为与余某的犯罪行为之间不具有因果性，故王某的行为不属于刑法意义上的过错行为。

综上，二审法院依法认定王某在本案中不存在过错，并据此对附带民事诉讼部分进行改判是正确的。

问题5. 因不满医院治疗效果而持刀伤害医护人员的，如何定性

【实务专论】①

1. 关于《最高人民法院、最高人民检察院、公安部、司法部、国家卫生和计划生育委员会关于依法惩处涉医违法犯罪维护正常医疗秩序的意见》第二部分第（一）项。该项规定，在医疗机构内殴打医务人员或者故意伤害医务人员身体、故意损毁公私财物，尚未造成严重后果的，分别依照《治安管理处罚法》第43条、第49条的规定处罚；故意杀害医务人员，或者故意伤害医务人员造成轻伤以上严重后果，或者随意殴打医务人员情节恶劣、任意损毁公私财物情节严重，构成故意杀人罪、故意伤害罪、故意毁坏财物罪、寻衅滋事罪的，依照刑法的有关规定定罪处罚。理解该项规定，主要注意以下四点：

第一，实施上述行为（故意杀人除外），构成一般违法行为还是犯罪行为，区分的关键在于是否造成严重后果，情节是否恶劣、严重。根据《治安管理处罚法》第43条、第49条的规定，殴打他人、故意伤害他人身体或者故意损毁公私财物的，只要实施该行为即构成行政违法，情节的轻重仅影响行政处罚的种类和严厉程度。但该行为达到后果严重或者情节恶劣、严重的程度，则构成犯罪。具体而言：一是故意伤害医务人员，造成轻伤以上后果的，属于后果严重，应当作为犯罪处理。二是根据2013年制定的《最高人民法院、最高人民检察院关于办理寻衅滋事刑事案件适用法律若干问题的解释》第2条、第4条的规定，具有下列情形之一，属于寻衅滋事情节恶劣或者严重：（1）致一人以上轻伤或者二人以上轻微伤，或者任意损毁、占用公私财物价值二千元以上的；（2）多次或者持凶器随意殴打他人，或者多次损毁公私财物造成恶劣社会影响的；（3）在公共场所随意殴打他人，造成公共场所秩序严重混乱的；（4）引起他人精神失常、自杀等严重后果的；（5）严重影响他人的工作、生活的。三是根据《最高人民检察院、公安部关于公安机关管辖的刑事案件立案追诉标准的规定（一）》第33条的规定，具有下列情形之一的，属于故意毁坏公私财物数额巨大或者情节严重：（1）造成公私财物损失五千元以上的；（2）毁坏公私财物三次以上的；（3）纠集三人以上公然毁坏公私财物的。

第二，殴打医务人员致一人以上轻伤的，构成故意伤害罪还是寻衅滋事罪，应当结合案发起因、犯罪对象、侵犯客体等因素进行判断。根据《最高人民法院、最高人民检察院关于办理寻衅滋事刑事案件适用法律若干问题的解释》第1条的有关规定，对于在医疗机构就诊过程中因言语不和、肢体碰撞等偶发矛盾纠纷，而借故生非殴打医务人员的，应当认定为寻衅滋事，但矛盾系由被害人故意引发或者被害人对矛盾激化负有主要责任的除外；因对治疗方案、诊治效果等不满产生医疗纠纷后蓄意报复，殴打相对特定的医务人员的，一般不认定为寻衅滋事，但经有关部门批评制止或者处理处罚后，继续实施上述行为，破坏社会秩序的除外。

第三，实施寻衅滋事行为，同时符合寻衅滋事罪、故意杀人罪、故意伤害罪、故意毁坏财物罪构成要件的，依照处罚较重的规定定罪处罚。

第四，该项规定在医疗机构内实施上述行为，只是对行为场所进行强调，并不意味

① 高贵君、马岩、方文军、曾琳：《〈关于依法惩处涉医违法犯罪维护正常医疗秩序的意见〉的理解与适用》，载《人民司法·应用》2014年第21期。

着在别的场所实施上述行为的，不构成违法犯罪行为。

【刑事审判参考案例】肖某故意伤害案①

一、基本案情

湖南省长沙市岳麓区人民法院经公开审理查明：2013 年 9 月 23 日 9 时许，被告人肖某对其在湖南省中医研究院附属医院美容科所做的胡须移植手术效果不满意，携带一把菜刀来到该院美容科导诊台，持菜刀朝参与过其手术的护士彭某以及站在彭某附近的冯某、李某身上砍击，致 3 名被害人先后倒地。冯某起身逃跑，肖某追上冯某，又持菜刀朝冯某头部、手部砍击数刀。经鉴定，彭某、冯某、李某均受轻伤。

湖南省长沙市岳麓区人民法院认为，被告人肖某因对美容手术效果及医生、护士的解释不满意，感觉受到欺骗，遂产生报复动机，持刀对参与手术的护士及另外两名护士行凶，致三人轻伤，犯罪动机和目的明确，犯罪对象具有针对性，并非随意殴打，故其行为构成故意伤害罪。公诉机关指控的事实成立，但指控的罪名不当，应予变更。据此，依照《刑法》第 234 条第 1 款之规定，以被告人肖某犯故意伤害罪，判处有期徒刑三年。

宣判后，被告人肖某未提起上诉，公诉机关亦未抗诉，该判决已发生法律效力。

二、主要问题

因不满医院治疗效果而持刀伤害医护人员的，如何定性?

三、裁判理由

近年来，因医疗纠纷引发的刑事案件不断发生，其中部分案件涉及如何准确定性问题。本案在定性上主要涉及如何区别寻衅滋事罪与故意伤害罪问题。寻衅滋事罪在行为方式上与故意伤害罪、故意毁坏财物罪、抢劫罪等存在重合与交叉，实践中对如何区分是构成寻衅滋事罪还是构成其他犯罪有不同认识。

在本案审理过程中，对被告人肖某行为的定性存在不同意见：一种意见认为，肖某因对医院为其所做的美容手术效果不满，预谋报复，持刀到医院对参与手术的护士行凶，并对制止其行为的另外两名护士行凶，主观上伤害故意明确，客观上伤害对象特定，其行为符合故意伤害罪的构成要件；另一种意见认为，肖某为发泄不满情绪，在公共场所（医疗机构候诊室）持械行凶，其伤害的三名护士中只有一名参与治疗，故其伤害行为具有随意性，且造成医疗机构诊疗秩序严重混乱，其行为符合寻衅滋事罪的构成要件。我们同意前一种意见。对于此类犯罪，应当结合案发起因、犯罪对象、侵犯客体等因素进行判断。具体可以从以下几个方面进行分析：

第一，对于事出有因的殴打他人行为，案发起因影响对该行为是否属于“寻衅滋事”的认定。2013 年发布的《寻衅滋事解释》第 1 条第 2 款、第 3 款规定：“行为人因日常生活中的偶发矛盾纠纷，借故生非，实施刑法第二百九十三条规定的行为的，应当认定为‘寻衅滋事’，但矛盾系由被害人故意引发或者被害人对矛盾激化负有主要责任的除外。行为人因婚恋、家庭、邻里、债务等纠纷，实施殴打、辱骂、恐吓他人或者损毁、占用他人财物等行为的，一般不认定为‘寻衅滋事’，但经有关部门批评制止或者处理处罚

---

① 曾琳撰稿，马岩审编：《肖某故意伤害案——因不满医院治疗效果而持刀伤害医护人员的，如何定性（第 1026 号）》，载最高人民法院刑事审判第一、二、三、四、五庭主办：《刑事审判参考》（总第 100 集），法律出版社 2015 年版，第 48～51 页。

后，继续实施前列行为，破坏社会秩序的除外。”根据该规定，对于事出有因的殴打他人行为，如果起因是与他人肢体碰撞、言语不和等日常生活中的偶发矛盾，属于小题大做、借题发挥的寻衅滋事，除非该矛盾是被害人故意引发或者被害人对矛盾激化负有主要责任，即以认定寻衅滋事为原则，不认定为例外。如果起因是婚恋、家庭、邻里、债务等纠纷，行为人并非“寻衅”而是基于积怨殴打他人的，一般不认定为“寻衅滋事”，但行为人经有关部门批评制止或者处理处罚后拒不改正，继续殴打他人，破坏社会秩序的，可认定为“寻衅滋事”，即以不认定寻衅滋事为原则，认定为例外。

本案中，被告人肖某在湖南中医研究院附属医院美容科做了胡须移植手术后，手术部位皮肤发炎、长痘，其对术后效果不满，两次到该医院美容科向医务人员“要说法”，对医务人员称发炎是正常现象、涂点消炎药可好的解释也不满意，属于典型的医疗纠纷，与《寻衅滋事解释》规定的婚恋、家庭、邻里、债务等纠纷的性质类似，而非在就诊过程中因言语不和等日常琐事与医务人员偶发矛盾。肖某出于积怨报复行凶，属于有预谋的故意伤害，而非借故生事的寻衅滋事。

第二，作案对象是否特定并非判断该行为是否构成“寻衅滋事”的标准，但对分析行为性质有重要价值。典型的寻衅滋事行为，是指行为人为寻求刺激、发泄情绪、逞强耍横等，无事生非，实施《刑法》第 293 条规定的随意殴打他人等行为。此类“无事生非”型寻衅滋事，作案对象往往具有不特定性。但事出有因的“借故生非”型寻衅滋事行为，以及因婚恋、家庭、邻里、债务等纠纷而引发的寻衅滋事行为，作案对象一般相对特定。故作案对象是否特定，并非判断此类行为是否构成“寻衅滋事”的标准。作案对象不特定的，一般构成寻衅滋事；作案对象特定的，既可能构成寻衅滋事，也可能构成其他犯罪，需要具体情况具体分析。以医疗纠纷引发的殴打他人案件为例，如果行为人殴打对象是为其治疗的医务人员，或者是其误认为参与治疗的医务人员，作案对象相对特定，一般不认定为“寻衅滋事”，若经有关部门批评制止或者处理处罚后，继续殴打医务人员，破坏公共场所秩序的，才可构成“寻衅滋事”。如果行为人进入医疗机构后不加区分，见医务人员就动手殴打，作案对象具有随意性，“滋事”的故意十分明显，则应认定为“寻衅滋事”。

本案中，被告人肖某预谋泄愤报复的对象是为其做手术的医生，其来到该院美容科后，首先持刀砍击的对象是参与手术的护士彭某，之后又持刀砍击站在彭某身边的两名导诊台护士冯某、李某。上述作案经过表明，肖某实施犯罪行为的对象相对特定。虽然冯某、李某并未参与对其的手术治疗，但也是该医院美容科护士，且案发时恰好站在彭某身边，故肖某出于伤害该科室医务人员的概括故意，持刀砍击冯、李二人，其并非不加选择地随意伤害他人。

第三，殴打他人造成公共场所秩序严重混乱，其行为同时符合寻衅滋事罪、故意伤害罪构成要件的，依照处罚较重的犯罪定罪处罚；虽在公共场所殴打他人，但未破坏社会秩序的，不构成寻衅滋事罪。寻衅滋事罪和故意伤害罪侵犯的客体不同，前者是社会秩序，后者是人身权利。对于发生在公共场所的殴打他人行为，如果造成公共场所秩序严重混乱，同时符合寻衅滋事罪和故意杀人罪、故意伤害罪等罪的构成要件的，根据《寻衅滋事解释》第 7 条的规定，依照处罚较重的犯罪定罪处罚。

本案案发地为医院美容科导诊台至诊室外的走廊，走廊放有患者等候就诊的椅子，属候诊区域。根据《公共场所卫生管理条例》（国发〔1987〕24 号）第 2 条的规定，医

疗机构候诊室属于公共场所。如果被告人肖某持刀行凶的行为造成医院秩序严重混乱，符合寻衅滋事罪的客体要件。但从相关证人证言看，肖某持刀追砍护士时，附近排队等候做B超的数名患者立即逃离现场，肖某作案后，医院立即组织抢救受伤的三名护士，肖某的行为对医院工作秩序虽造成一定影响，但没有达到影响该医院或者该院美容科正常运营的严重程度。故肖某持刀行凶的行为侵犯的客体主要是他人的身体健康权，而非社会秩序，其行为更符合故意伤害罪的客体要件。

综上，本案被告人肖某因不满医治效果而蓄意报复，持刀捅伤医院三名护士，其行为认定为故意伤害罪更为准确。一审法院将公诉机关指控的寻衅滋事罪变更为故意伤害罪是正确的。

问题6. 明知自己感染艾滋病病毒，故意不采取保护措施与他人发生性关系，致使他人感染艾滋病病毒的，如何定罪处罚

【刑事审判参考案例】周某故意伤害案①

一、基本案情

四川省攀枝花市东区人民法院经审理查明：2013年1月16日，被告人周某因母亲住院去献血，被攀枝花市疾病预防控制中心检测出是艾滋病患者。2013年7月，周某与吴某在四川省会东县相识并确立了恋爱关系。2013年8月至2014年6月间，周某在攀枝花市东区五十四、盐边县新九乡等地与吴某以男女朋友关系同居。其间，周某为达到与吴某长期交往的目的，不但没有告诉吴某自己患有艾滋病，还在明知自己系艾滋病患者以及该病的传播途径的情况下，故意不采取任何保护措施与吴某发生性关系，致吴某于2014年6月20日被确诊为艾滋病患者。案发后，被告人周某能如实供述上述事实。

四川省攀枝花市东区人民法院认为，被告人周某故意伤害他人身体，致一人感染艾滋病，其行为已构成故意伤害罪，依法应当处罚。公诉机关指控被告人周某犯罪的事实清楚，证据确实、充分，予以确认。但本案中，被告人周某主观上没有剥夺他人生命的故意，只有伤害他人身体的主观故意，因此公诉机关指控的罪名不当。对被告人周某提出其行为不构成故意杀人罪，而构成故意伤害罪的辩解予以采纳。鉴于被告人周某归案后能如实供述自己的罪行，依法对其从轻处罚。据此，依照《刑法》第234条、第64条第3款、第61条之规定，判决如下：被告人周某犯故意伤害罪，判处有期徒刑五年。

一审宣判后，被告人周某未上诉，检察机关亦未抗诉，判决已发生法律效力。

二、主要问题

1. 明知自己感染艾滋病病毒，故意不采取保护措施与他人发生性关系，致使他人感染艾滋病病毒的，应定何罪？

2. 将故意传播艾滋病病毒的行为定性为故意伤害罪的，如何确定伤情等级？如何量刑？

---

① 杨华撰稿，陆建红审编：《周某故意伤害案——明知自己感染艾滋病病毒，故意不采取保护措施与他人发生性关系，致使他人感染艾滋病病毒的，如何定罪处罚（第1274号）》，载最高人民法院刑事审判第一、二、三、四、五庭主办：《刑事审判参考》（总第115集），法律出版社2019年版，第49～54页。

三、裁判理由

（一）明知自己感染艾滋病病毒，故意不采取保护措施与他人发生性关系，致使他人感染艾滋病病毒的，应定故意伤害罪

艾滋病，即获得性免疫缺陷综合征，又称后天性免疫缺陷症候群（Acquired Immune Deficiency Syndrome，AIDS），是因人体感染艾滋病病毒所导致的传染病。艾滋病是一种目前既无有效疫苗预防，又无特效药物治愈的疾病。近年来，司法实践中出现了明知自己感染艾滋病病毒，故意不采取保护措施与他人发生性关系，致使他人感染艾滋病病毒的案件。对于此类案件如何定罪，在刑法理论界和司法实务界存在争议，归纳起来有两种不同观点：

第一种观点认为，应认定为故意杀人罪。理由有三：一是艾滋病是不治之症，一旦被传染则无疑被剥夺了继续生存的权利，因此，将艾滋病传染给他人，就侵犯了他人的生命权，这与故意杀人罪的客体特征完全相符。二是实践中，剥夺他人生命的方式有多种多样，只要足以造成死亡结果的都是杀人行为，故意将艾滋病病毒传染给特定他人的行为，是剥夺他人生命的一种特殊方式，这与故意杀人罪的客观方面也是相同的。三是艾滋病会致人死亡的事实是人人皆知的，因此故意传播艾滋病病毒的行为人杀人的目的是很明显的。即使不是出于直接故意，放任他人因传染上艾滋病病毒而死亡的心态也是很显然的，这样也就具有了间接的杀人故意。

第二种观点认为，应认定为故意伤害罪。理由是，人体感染上艾滋病病毒后，肌体免疫系统被破坏，容易患上正常人能够轻松克服的各种疾病，但并不会立即导致死亡，在艾滋病漫长的发病过程中可能因为其他原因导致死亡，而在死亡之前被害者的身体健康却必然遭受严重摧残。因此，感染艾滋病病毒意味着身体健康遭受严重威胁，此种行为属于一种故意伤害他人身体健康的行为，应以故意伤害罪定罪。

由于故意传播艾滋病病毒的行为严重侵害了他人的生命与健康，受害人一旦感染就处于长期的恐惧和痛苦之中，且极易造成死亡，具有极为严重的社会危害性。2017 年 7 月 25 日起施行的《最高人民法院、最高人民检察院关于办理组织、强迫、引诱、容留、介绍卖淫刑事案件适用法律若干问题的解释》（以下简称《涉卖淫刑案解释》）第 12 条第 2 款规定：“具有下列情形之一，致使他人感染艾滋病病毒的，认定为刑法第九十五条第三项‘其他对于人身健康有重大伤害’所指的‘重伤’，依照刑法第二百三十四条第二款的规定，以故意伤害罪定罪处罚：（一）明知自己感染艾滋病病毒而卖淫、嫖娼的；（二）明知自己感染艾滋病病毒，故意不采取防范措施而与他人发生性关系的。”

由上述规定可以看出，《涉卖淫刑案解释》采纳了前述第二种观点。主要理由如下：首先，艾滋病和艾滋病病毒是不同的概念。艾滋病病毒代表的是人类免疫缺陷病毒（HIV），它在侵入人体后即开始攻击人体免疫系统。经过数年，当人体免疫系统被削弱后，人体就会感染上机会性感染病。一旦机会性感染发生，就可以认为患了艾滋病（AIDS）。艾滋病代表的是获得性免疫缺陷综合征，它是导致人体无法抵御其他疾病的状态或综合征。人不会死于艾滋病，而是死于与艾滋病相关的疾病。我们通常所说的感染艾滋病大多是指感染上艾滋病病毒。艾滋病病毒有三种传播途径，即性传播、血液传播和母婴传播，本案即是通过性传播方式致使他人感染艾滋病病毒。

其次，此类情况不宜认定为故意杀人罪。虽然至今全世界范围内尚未研制出根治艾滋病的特效药物，也还没有可用于预防的有效疫苗，但是在我国已经广泛采用了“鸡尾

酒”疗法，这种治疗方法能够压制艾滋病病毒、不断清除艾滋病病毒。早期艾滋病病毒感染者用药后病毒可以被清除到几乎检测不到，普通的艾滋病病毒感染者终身服药能存活到正常人的平均寿命。因此，从医学的角度来看，感染上艾滋病病毒并不必然导致死亡，事实上，由于我国实施的免费检测、免费治疗政策，大部分艾滋病病毒感染者能够获得及时治疗而不会危及生命，以故意杀人罪来认定类似本案的行为，与故意杀人罪的构成要件不相符。此外，故意杀人罪是结果犯，而从感染艾滋病病毒到发病一般为8～10年，在审理期限内很难认定故意杀人的危害结果是否发生。如果审判案件时被害人仍然存活，判处故意杀人罪未遂，则有可能纵容了部分犯罪人，因为少数艾滋病病毒的感染者可能因得不到及时治疗等原因而发病，发病后最长一年内肯定死亡；如果判处故意杀人罪既遂，那么这与被害人在审判时仍然存活的事实又不相符。

最后，以故意伤害罪定罪更合理。如前所述，艾滋病病毒对人体免疫系统的损害十分致命，但艾滋病病毒又不具有直接致命性，它是通过损害人体免疫系统，降低人体的免疫力，进而构成对人体的危害。艾滋病病人死亡的直接原因通常都是其他的疾病或损伤。对类似本案的行为认定为故意伤害罪将使定罪量刑的标准很统一。行为人一旦把艾滋病病毒传染给他人，那就肯定对他人的身体造成了伤害，从被害人感染艾滋病病毒的那一刻起，故意伤害罪就已经既遂，而不会像认定为故意杀人罪那样出现未遂与既遂不确定的问题。

本案中，被告人周某因去医院献血而被确诊感染艾滋病病毒，其明知自己感染艾滋病病毒，而故意不采取任何防护措施与被害人多次发生性关系，主观上具有通过让被害人感染艾滋病病毒的方式伤害其身体健康的故意，客观上所实施的不采取任何防护措施而与被害人多次发生性行为的行为，已经造成被害人感染上艾滋病病毒的危害后果，给被害人的人身健康造成重大伤害，完全符合故意伤害罪的构成要件。本案虽然发生在《涉卖淫刑案解释》实施之前，但是原审法院认定被告人周某构成故意伤害罪是与《涉卖淫刑案解释》的规定一致的。

（二）本案认定为故意伤害罪后，应按照致人重伤的标准量刑

本案的情形被认定为故意伤害罪之后，必然面临量刑的问题。根据《刑法》第234条的规定，故意伤害他人身体，致人轻伤的，处三年以下有期徒刑、拘役或者管制；致人重伤的，处三年以上十年以下有期徒刑；致人死亡或者以特别残忍手段致人重伤造成严重残疾的，处十年以上有期徒刑、无期徒刑或者死刑。那么，致使他人感染艾滋病病毒的应如何认定伤情等级呢？对此，《涉卖淫刑案解释》也作出了明确规定，即此种情形下一般认定为“重伤”，在“三年到十年有期徒刑”幅度内量刑。其理由在于：首先，与艾滋病病毒的损伤特点相符。如前所述，艾滋病病毒以对人体免疫系统的损害构成对人体健康的严重危害，但艾滋病病毒的这种损害是一个渐进的过程，并不具有直接致命性。在现代医疗条件下，艾滋病病毒虽不能根除但在终身服药的情况下可以控制病毒的发展，因此，感染艾滋病病毒的患者不是必然死亡，但身体健康会受到极大的伤害，这种伤害既包括艾滋病病毒本身对身体的损害，也包括长期服药导致的大量副作用，而患者为了维持生命必须终身忍受这种痛苦，因此，感染艾滋病病毒对被害人身体健康的损伤程度与重伤的损伤程度是相当的。其次，与相关司法解释的规定一致。《刑法》第95条对重伤的定义是“使人肢体残废或者毁人容貌的；使人丧失听觉、视觉或者其他器官机能的；以及其他对于人身健康有重大伤害的”，根据最高人民法院、最高人民检察院、公安部、

国家安全部、司法部2013年8月30日发布的《人体损伤程度鉴定标准》第3条的规定，重伤是指“使人肢体残废、毁人容貌、丧失听觉、丧失视觉、丧失其他器官功能或者其他对于人身健康有重大伤害的损伤，包括重伤一级和重伤二级”。其第6条规定：“未列入本标准中的物理性、化学性和生物性等致伤因素造成的人体损伤，比照本标准中的相应条款综合鉴定。”根据上述规定，感染艾滋病病毒可视为因“生物性因素”导致的“其他对于人体健康有重大伤害”的情形。因此，在目前的立法和司法解释框架内，对于明知自己感染艾滋病病毒，故意不采取保护措施与他人发生性关系，致使他人感染艾滋病病毒的行为，认定为故意伤害罪并按照“重伤”的量刑档次量刑是最为合适的。当然，如果确实致人死亡的，可在“十年以上有期徒刑、无期徒刑或者死刑”的幅度内量刑，但适用死刑应当格外慎重。

综上，原审法院认定被告人周某构成故意伤害罪，并在重伤的量刑档次内判处其五年有期徒刑是符合刑法规定的。

问题7. 抢回赌资致人轻伤的行为如何定性

【刑事审判参考案例】赖某、苏某、李某等故意伤害案[①]

一、基本案情

江西省赣州市章贡区人民法院经公开审理查明：2002年2月20日中午，被告人赖某携带人民币1万元，伙同孙某到赣州市章贡区沙河镇东坑村一荒山上与被害人谢某及夏某等人赌博。被告人赖某及孙某在赌博中输给谢某人民币9500元。被告人赖某怀疑谢某在赌博中作弊，即回到城区内，邀集被告人李某、苏某、徐某等人，携带砍刀等凶器乘坐出租车返回沙河镇东坑村，欲强行索回输掉的9500元。下午3时许，赖某、李某、苏某、徐某等人乘坐的出租车在沙河镇公路上与谢某、夏某等人相遇。赖某要求谢某退回输掉的9500元，遭到谢某的拒绝。赖某遂持刀朝谢某头部砍击，李某、苏某、徐某等人也持刀砍谢某肩部和腿部，并将谢某砍倒在地。夏某等人见状，遂凑足9500元交与赖某一伙，赖某等人收钱后，即逃离现场。经鉴定，被害人谢某的损伤程度为轻伤甲级，伤残八级。2002年3月，徐某、赖某主动到公安机关投案。

江西省赣州市章贡区人民法院认为：被告人赖某、李某、苏某、徐某索回的财物仅是自己输掉的赌资，主观上不具有非法占有的目的，不符合抢劫罪的构成要件，不构成抢劫罪。被告人赖某、李某、苏某、徐某为索回输掉的赌资，共同伤害他人身体，致人轻伤甲级，均已构成故意伤害罪，应依法惩处。被告人赖某、徐某具有自首情节，可以从轻处罚。被告人李某曾因故意犯罪被判处有期徒刑，在假释期满之日起五年内又犯应当判处有期徒刑以上刑罚之罪，系累犯，应当从重处罚。据此，依照《刑法》第234条第1款、第25条第1款、第67条第1款、第65条的规定，判决如下：

1. 被告人赖某犯故意伤害罪，判处有期徒刑三年。

2. 被告人李某犯故意伤害罪，判处有期徒刑三年。

---

① 李平撰稿，党建军审编：《赖某、苏某、李某等故意伤害案——抢回赌资致人轻伤的行为如何定性（第298号）》，载最高人民法院刑事审判第一庭、第二庭主办：《刑事审判参考》（总第38集），法律出版社2004年版，第106~110页。

3. 被告人苏某犯故意伤害罪，判处有期徒刑二年六个月。

4. 被告人徐某犯故意伤害罪，判处有期徒刑二年。

江西省赣州市章贡区人民检察院不服，抗诉称被告人赖某等人的行为均已构成抢劫罪。在二审审理过程中，江西省赣州市人民检察院认为抗诉不当，申请撤回抗诉。

江西省赣州市中级人民法院认为：原审被告人赖某、李某、徐某、上诉人苏某为索回输掉的赌资，共同故意伤害他人身体，致一人轻伤甲级，其行为均已构成故意伤害罪。江西省赣州市人民检察院撤回抗诉的要求，符合法律规定。依照《刑事诉讼法》第185条第2款、《最高人民法院关于执行〈中华人民共和国刑事诉讼法〉若干问题的解释》第241条之规定，裁定如下：准许江西省赣州市人民检察院撤回抗诉。

二、主要问题

使用暴力手段抢回所输掉的赌资，该定何罪？

在本案审理中，对被告人赖某等人的行为该如何定罪，有两种不同意见：

一种意见认为被告人赖某等人的行为构成抢劫罪，理由：（1）从犯罪客体看，赌资是赃款，依法应予没收，上缴国库，归国家所有。被告人赖某抢回赌资，侵犯了国家财产所有权。（2）从客观方面看，被告人赖某等人使用暴力手段抢回所输掉的赌资，并致人轻伤。（3）从主观方面看，被告人赖某应当知道自己已丧失了对赌资的所有权。该赌资不是属于被害人的，就是属于国家的。

另一种意见认为被告人赖某等人的行为构成故意伤害罪。

三、裁判理由

（一）从犯罪客体看

法律规定财产所有权的转让、取得必须通过合法的手段，赌博是违法行为，赌博不能改变财产的所有权，通过赌博赢得的钱不受法律保护，被害人赢得的钱即便为被害人占有，也不表明其当然享有合法的所有权。因此，被告人赖某等人未侵害被害人的财产所有权。赌博是违法行为，赌资是赃款，依法应予没收，上缴国库，归国家所有。但是，在赌博行为尚未被公安机关发觉、查处之前，赌资或赌博所得赃款尚未被有权机关依法扣押、占有、保管、控制，还不能视为就是国家财产。因此，被告人赖某等人从被害人手中抢回赌资的行为未侵害国家的财产所有权。审判实践中，抢劫国家财产通常是通过对国家财产的合法占有、保管、控制人的人身实施侵害来实现的；在本案中，受到侵害的只是临时占有赌资的被害人，被告人赖某等人并未对国家财产的合法占有、保管、控制人的人身实施侵害。

（二）从主观方面看

抢劫罪的主观方面是，明知是他人、法人、国家合法所有的财产，对财产合法持有人、保管人使用暴力、胁迫手段将之占为己有。在本案中，被告人赖某等人主观认为，被害人采用作弊手段进行赌博，故其赢得的赌资的所有权不属于被害人，仍应属于自己，因此，才使用暴力手段索回自己所输掉的赌资。在本案中，由于赌资未被公安机关扣押，被告人赖某等人不可能认为赌资应为国家所有。因此，被告人赖某不属于明知赌资是他人、国家合法所有，而欲非法占为己有。

（三）从主观恶性、社会危害性看

抢劫罪侵犯公民的人身权、财产权，严重地危害社会治安，有较大的社会危害性，是刑法打击的一种严重刑事犯罪，并规定了严厉的刑罚。在本案中，被告人赖某在赌博中与被害人发生纠纷，协商不成时，采用暴力手段强行索回赌资，致被害人轻伤甲级，该行为的主观恶性、社会危害性与典型的抢劫犯罪相比，差异明显。罪刑相适应是刑法的基本原则，其义是应根据被告人犯罪的主观恶性、犯罪情节、社会危害性，而确定与之相当的罪名和刑罚。如对被告人赖某等人的行为定抢劫罪，不仅与其行为性质不符，且所处的刑罚与其所犯罪行亦会明显不相适应。例如本案，被告人抢回的赌资是9500元，属数额巨大，应处十年以上有期徒刑，量刑明显畸重。如定故意伤害罪，根据其犯罪事实和情节，应处三年以下有期徒刑，则属罪刑相当。

（四）从社会效果看

如对被告人赖某等人的行为定抢劫罪，容易使人误解，以为赌博赢的钱，同样会受到法律的保护，与我国法律规定赌博违法相悖（当然如果不是赌博行为当事人抢回自己输掉的赌资，而是其他的人抢劫即所谓的“黑吃黑”，则是另一回事）。此外，刑罚的根本目的是教育改造罪犯，对被告人赖某等人的行为以故意伤害罪处三年以下有期徒刑足以实现教育改造罪犯的目的；如以抢劫罪处三年至十年以下有期徒刑，不仅处罚过重，还使罪犯长期投入劳改，浪费国家的监狱资源，使罪犯产生对政府、社会的对抗情绪，不利于罪犯的改造和社会的长治久安。

综合以上各方面的理由，应对被告人赖某等人的行为定故意伤害罪。

问题8. 行为人放任他人将自己预备的硫酸当作清水倾倒而致残的行为，是否构成不作为的故意伤害罪

【刑事审判参考案例】杨某故意伤害案①

一、基本案情

河南省洛阳市涧西区人民法院经不公开审理查明：被告人杨某因与被害人张某谈恋爱而产生矛盾，杨某即购买两瓶硫酸倒入喝水的杯中，随身携带至其就读的洛阳市第一中学。2004年10月23日21时40分许，杨某在该校操场遇到张某，两人因恋爱之事再次发生激烈争执，杨某手拿装有硫酸的水杯对张某说：“真想泼到你脸上”，并欲拧开水杯盖子，但未能打开。张某认为水杯中系清水，为稳定自己情绪，接过水杯，打开杯盖，将水杯中的硫酸倒在自己的头上，致使其头、面、颈、躯干及四肢等部位被硫酸烧伤。经法医鉴定其伤情为重伤，伤残程度为一级。经鉴定，张某先期手术治疗费用50 000元左右，后续费用目前尚无法评估。其受伤后，花去医疗费43 756.48元、鉴定费1270元、交通费863.5元、住宿费80元、营养费1420元、住院伙食补助费1420元、后期治疗费50 000元、残疾赔偿金57 411.6元、护理费103 250元，共计259 471.58元。案发后，杨某的亲属已先行支付给张某医疗费16 650元。审理过程中，附带民事诉讼原告人与洛阳市第一中学自行达成协议，由洛阳市第一中学一次性付给张某人民币35 000元（已执行），张某及其法定代理人撤回对洛阳市第一中学的附带民事诉讼。

河南省洛阳市涧西区人民法院认为：被告人杨某明知自己的行为会造成他人身体伤

① 刘京川撰稿，周峰审编：《杨某某故意伤害案——明知先行行为会引发危害后果而不予以防止的行为构成故意犯罪（第432号）》，载最高人民法院刑事审判第一、二、三、四、五庭主办：《刑事审判参考》（总第55集），法律出版社2007年版，第6～12页。

害，仍放任伤害结果的发生，致他人严重残疾，其行为已构成故意伤害罪。其辩护人提出杨某犯罪时未满18岁，犯罪后其亲属能赔偿被害人的部分经济损失的辩护理由成立，依法应当从轻处罚。其辩护人提出被害人张某在案件起因上有重大过错的辩护理由不能成立。由于本案伤害后果极其严重，社会危害性极大，辩护人提出要对杨某减轻处罚的辩护意见不予采纳。杨某因其犯罪行为给附带民事诉讼原告人造成的经济损失，应由其法定代理人代为赔偿。洛阳市第一中学在本案中有一定过错，应承担相应的赔偿责任，鉴于双方已达成和解协议，附带民事诉讼原告人申请撤回对该校的附带民事诉讼，予以准许。附带民事诉讼原告人的合法诉讼请求，应予支持。依照《刑法》第234条第2款、第17条第3款、第36条第1款及《民法通则》第119条、第131条、第133条的规定，判决如下：

1. 被告人杨某犯故意伤害罪判处有期徒刑十年。

2. 被告人杨某给附带民事诉讼原告人张某造成经济损失259 471.58元，扣除其已支付的16 650元和洛阳市第一中学支付的35 000元，余款207 821.58元由杨某于十日内付清。

一审宣判后，杨某不服，提起上诉。其上诉理由：（1）其主观上只想拿硫酸吓唬被害人，无伤害故意；（2）被害人受伤后，其还追着让他赶紧去医院；（3）本案起因是违反中学生早恋规定引发，被害人在案件起因上有过错；（4）其系未成年人，原判对其量刑过重。请求二审减轻处罚。

河南省洛阳市中级人民法院经审理认为：上诉人杨某在谈恋爱的过程中，因被害人提出分手而心怀恼恨，即购买危险品硫酸随身携带。当二人为恋爱发生争执，被害人误将上诉人预备的硫酸倒向本人身上时，上诉人明知该行为会造成被害人的人身伤害，仍放任伤害结果的发生，致被害人重伤并造成严重残疾，其行为已构成故意伤害罪，且后果严重。原审法院鉴于上诉人犯罪时未满18周岁，其行为系间接故意犯罪，主观恶性相对较小，又系初犯、偶犯，其亲属能赔偿附带民事诉讼原告人的部分经济损失等情节，对其从轻判处有期徒刑十年并无不当。原判认定事实和适用法律正确，量刑适当，审判程序合法。上诉人杨某提出减轻处罚的上诉意见，不予采纳。依照《刑事诉讼法》第189条第1项之规定，裁定驳回上诉，维持原判。

二、主要问题

行为人放任他人将自己预备的硫酸当作清水倾倒而致残的行为，是否构成不作为犯罪？

对此有两种意见：一种意见认为，被害人从被告人手中拿过装有硫酸的杯子，打开杯盖将硫酸往自己身上倾倒的行为系自残行为，被告人没有实施危害行为，其行为不构成犯罪；另一种意见认为，被告人为报复被害人，购买硫酸后带至案发现场，当被害人从其手中拿走装有硫酸的杯子，打开杯盖，把硫酸当作清水倾倒在本人身上时，被告人既不告诉被害人实情，也不采取措施予以阻止，而是放任被害人向自己泼倒硫酸的行为，造成被害人严重伤残的结果，其主观上对被害人伤害后果持放任态度，系间接伤害故意；客观上未履行其因先行行为而产生的避免或排除危害结果发生的特定义务，其行为属于不作为犯罪，构成故意伤害罪。

三、裁判理由

（一）明知其先行行为可能引发严重危害后果，能采取而不采取积极有效措施予以防止，其行为系不作为犯罪

犯罪行为是指违反刑法规定，其社会危害性达到刑法规定的严重程度的危害行为。根据表现形式的不同，危害行为可以分为作为和不作为两种基本形式。作为是危害行为中最为基本和常见的一种形式，指实施刑法禁止实施的危害行为，即“不应为而为”。不作为是指行为人负有刑法要求必须履行的某种特定义务，能够履行而没有履行的行为，即“应为而不为”。本案被告人杨某在案件过程中并没有积极主动地去实施刑法禁止实施的危害行为，因此其行为显然不属于作为犯罪。那么，行为人在案件发生过程中，采取的不予告知、不阻止等消极行为是否属于不作为犯罪？对此，我们需要结合不作为犯罪的构成要件进行分析。

1. 不作为犯罪须以行为人负有某种特定义务为前提。这种特定义务通常来源于以下四个方面：法律明文规定的义务、职务上和业务要求的义务、法律行为引起的义务、行为人的先行行为引起的义务。其中先行行为引起的义务是指，由于行为人先前实施的行为，而使刑法所保护的某种法益处于危险状态时，行为人负有采取积极有效措施来排除危险或防止危害结果发生的特定义务。行为人如果不履行这种义务，情节严重或造成严重后果的，就是以“不作为”形式实施的犯罪行为。先行行为的义务是由行为人先前实施的行为派生出来的，至于先前实施的行为是否违法，并不要求。本案被告人杨某购买硫酸带至学校，执盛有高度危险品硫酸的杯子与被害人发生争执，争执中有“真想泼到你脸上”的语言表露，被害人接过盛有硫酸的杯子、打开杯盖，杨某上述一系列行为使被害人的人身安全处于一种极度危险的状态，此时，杨某负有因其先行行为而产生的告诉被害人真相、防止危险发生的义务。

2. 不作为犯罪须是行为人有能力履行特定义务，而没有履行。这种没有履行的方式既可以表现为逃避履行义务的行为，也可以表现为抗拒履行义务的行为。本案被告人杨某虽然没有直接实施积极伤害被害人身体健康的行为，但在被害人接过盛有硫酸的杯子、拧开硫酸杯盖、将硫酸向自己泼倒的过程中，杨某对其持硫酸与被害人争执的先行行为，负有告知被害人真实情况、阻止被害人泼倒硫酸以及在泼倒后采取积极有效抢救措施的义务。在此三个阶段中，杨某完全有时间、有能力履行上述义务，但杨某采取消极态度不予履行，任由危害后果发生，其行为符合不作为犯罪的第二项构成条件。

3. 被告人的不作为与危害后果间有因果关系。不作为犯罪与危害后果的因果联系在于不作为人的作为能否防止结果的发生。因此，要判断不作为与危害后果间是否有因果关系，只能从当危害后果即将发生时，如果行为人实施一定的“作为”，即可以防止危害后果发生；而其不实施“作为”来防止此后果的发生，那么该“不作为”就与危害后果的发生有了必然的因果联系。本案被害人就是在被告人杨某不告诉其真相的情况下，误将硫酸当作清水向自己泼倒，造成了严重的伤害后果。因此，应当认定杨某的“不作为”是导致本案危害后果的必然原因，其“不作为”与危害后果间有刑法意义上的必然因果关系。

（二）被告人杨某对被害人的伤害后果持放任态度，系间接故意犯罪

犯罪故意是行为人对其所实施的危害社会的行为及其危害结果所持的一种主观心理态度，包括认识因素和意志因素两个方面的内容。犯罪故意的认识因素，是指行为人明

知自己的行为会发生危害社会的结果的心理态度，即行为人对自己的行为及结果具有社会危害性是有认识的。行为人的认识因素是认定行为人犯罪故意的前提和基本条件。犯罪故意的意志因素是认定犯罪故意的决定性因素。

依意志因素形式的不同，犯罪故意分为直接故意和间接故意。直接故意，是指行为人明知自己的行为会发生危害社会的结果，并且希望这种结果发生的心理态度。间接故意是指行为人明知自己的行为可能发生危害社会的结果，并且有意放任，以致发生这种结果的心理态度。间接故意的认识因素，是指行为人认识到自己的行为可能发生危害社会的结果，而不包括认识到自己的行为必然发生危害社会的结果。如果行为人已认识到自己的行为必然发生危害结果而又决意实施的，则不存在放任的可能，当属直接故意。对于案件行为人的主观故意，应当从这两方面来分析，才能正确判断行为人主观上是否存在犯罪故意，以及是直接故意还是间接故意。

本案被告人杨某多次供述，其因被害人提出断绝恋爱关系而心生怨恨，购买了硫酸随身携带，以此吓唬被害人，其在校学过化学知识，清楚地知道硫酸会对人体造成严重伤害。所以，从认识因素上分析，杨某对硫酸可能造成严重的人身伤害后果是明知的。当被害人拿过水杯打开杯盖的时候，杨某明知杯中盛有硫酸，有可能会发生伤人的危害后果，却故意不告知被害人，将被害人置于危险境地；杨某购买硫酸同时又购买碳酸钠，其在准备犯罪工具时，知道如何防止或减小硫酸对人体伤害的程度，但在被害人倾倒硫酸后，行为人并未用预先准备的碳酸钠对其施救，也未采取其他措施以防止或减小危害后果。所以，从意志因素上分析，杨某对危害结果的发生持放任态度。因此可以判断，被告人杨某在认识因素和意志因素上均符合间接故意犯罪的主观特征。

综上所述，本案被告人杨某主观上具有间接伤害他人的犯罪故意，客观上不履行采取积极有效措施以防止危害后果发生的义务，给他人造成了严重的伤害后果，其行为符合故意伤害罪的犯罪构成特征，构成（间接）故意伤害罪。一、二审法院考虑到本案案发起因是中学生因恋爱问题引发，且犯罪时被告人未满 18 周岁，对其从轻判处有期徒刑十年是适当的。

需要指出的是，本案一审判决虽然认定附带民事被告人杨某和洛阳市第一中学均有过错，应当赔偿附带民事原告人的经济损失，但对二被告人之间的过错责任大小未予划分。以后，对于类似案件，在审理和判决时应当依照民事法律的有关规定，明确区分各附带民事被告人的民事赔偿责任，以便准确确定民事赔偿的数额。

问题 9. 如何认定故意伤害罪教唆犯的犯罪中止

【刑事审判参考案例】黄某等故意伤害案①

一、基本案情

广东省珠海市香洲区人民法院经公开审理查明：2000 年 6 月初，刘某（另案处理）被免去珠海市建安集团总经理职务及法人代表资格后，由珠海市兴城控股有限公司董事长朱某兼任珠海市建安集团公司总经理。同年6月上旬，被告人黄某找到刘某商量，提出

① 杨振庆、洪冰撰稿，高憬宏审编：《黄某等故意伤害案——如何认定教唆犯的犯罪中止（第 199 号）》，载最高人民法院刑事审判第一庭、第二庭主办：《刑事审判参考》（总第 28 集），法律出版社 2002 年版，第 16 ~ 24 页。

找人，利用女色教训朱某。随后，黄某找到被告人洪某，商定由洪某负责具体实施。洪某提出要人民币4万元的报酬，先付人民币2万元，事成后再付人民币2万元。黄某与刘某商量后，决定由刘某利用其任建源公司董事长的职务便利，先从公司挪用这笔钱。同年6月8日，刘某写了一张人民币2万元的借据。次日由黄某凭该借据到建源公司财务开具了现金支票，并到深圳发展银行珠海支行康宁分理处支取了人民币2万元，分两次支付给了洪某。洪某收钱后，即着手寻觅机会利用女色来引诱朱某，但未能成功。于是，洪某打电话给黄某，提出不如改为找人打朱某一顿，黄某表示同意。之后，洪某以人民币1万元的价值雇佣被告人林某1去砍伤朱某。后黄某因害怕打伤朱某可能会造成的法律后果，又于7月初，两次打电话给洪某，明确要求洪某取消殴打朱某的计划，同时商定先期支付的2万元冲抵黄某欠洪某所开饭店的餐费。但洪某应承后却并未及时通知林某1停止伤人计划。林某1在找来被告人谢某、庞某、林某2后，准备了两把菜刀，于7月24日晚，一起潜入朱某住处楼下，等候朱某开车回家。晚上9点50分左右，朱某驾车回来，谢某趁朱某在住宅楼下开信箱之机，持菜刀朝朱某的背部连砍2刀、臀部砍了1刀，庞某则用菜刀往朱某的前额面部砍了1刀，将朱某砍致重伤。事后，洪某向黄某索要未付的人民币2万元。7月25日，黄某通过刘某从建源公司再次借出人民币2万元交给洪某。洪某将其中的1万元交给林某1作报酬，林某1分给谢某、庞某、林某2共4500元，余款自己占有。

被告人黄某辩称，自己没有参与打人，不构成故意伤害罪。

其辩护人辩称，黄某在犯罪预备阶段已自动放弃犯罪，是犯罪中止，应当免予刑事处罚。

被告人洪某及其辩护人辩称，黄某交给洪某的钱，其中有2万元是抵消黄某在餐厅的签单。洪某在本案中仅起联络作用，对本案不应承担主要刑事责任。

被告人林某1、谢某、庞某、林某2对起诉书指控的犯罪事实供认不讳。

广东省珠海市香洲区人民法院经审理后认为：被告人黄某、洪某、林某1、谢某、庞某、林某2共同故意伤害他人身体，致人重伤，其行为均已构成故意伤害罪。公诉机关指控被告人黄某、洪某、林某1、谢某、庞某、林某2犯故意伤害罪，事实清楚，证据确实充分，应予支持。被告人黄某为帮人泄私愤，雇佣被告人洪某组织实施伤害犯罪，虽然其最终已打消犯意，但未能采取有效手段阻止其他被告人实施犯罪，导致犯罪结果发生。考虑到其在共同犯罪中的教唆地位和作用，因此，其单个人放弃犯意的行为不能认定为犯罪中止。故对其辩解及其辩护人的辩护意见不予采纳。被告人洪某在共同故意犯罪中掌握着佣金的收取和分配，负责组织他人实施犯罪，起承上启下的纽带作用，并非一般的联系环节。因此，对其辩解及其辩护人的辩护意见亦不予采纳。

附带民事诉讼原告人朱某由于被告人黄某、洪某、林某1、谢某、庞某、林某2的共同故意伤害行为而造成的物质损失，应当由上列被告人承担赔偿责任。附带民事诉讼原告人朱某所提出的赔偿其医疗费人民币87 502.76元、护理费11 600元、营养费9000元、误工费29 400元的诉讼请求，合法有理，应予支持。后续治疗费的诉讼请求，因缺乏医院的诊断证明，证据不足，不予支持。精神损害赔偿请求，没有法律依据，不予支持。

被告人黄某、洪某、林某1、谢某、庞某、林某2承担民事赔偿责任的大小，应根据其在本案的作用及其履行能力确定，并共同承担连带赔偿责任。被告人黄某在庭审期间表示愿意承担赔偿费90 000元，应予准许。被告人黄某在犯罪预备阶段，主观上自动放弃

犯罪故意，并以积极的态度对待附带民事赔偿，有悔罪表现。故对其可以酌情从轻处罚。被告人洪某刑满释放后五年内再犯罪，是累犯，依法应当从重处罚。被告人林某1准备犯罪工具，制定犯罪计划，直接组织实施伤害犯罪；被告人谢某、庞某，直接实施伤害被害人，均应酌情从重处罚。被告人林某2在共同犯罪中，负责接应，作用较轻，可以酌情从轻处罚。根据各被告人的犯罪事实及其情节，依照《刑法》第234条、第272条第1款、第65条、第69条、第36条，《民法通则》第119条的规定，判决如下：

1. 被告人黄某犯故意伤害罪，判处有期徒刑三年。
2. 被告人洪某犯故意伤害罪，判处有期徒刑五年。
3. 被告人林某1犯故意伤害罪，判处有期徒刑四年。
4. 被告人谢某犯故意伤害罪，判处有期徒刑四年。
5. 被告人庞某犯故意伤害罪，判处有期徒刑四年。
6. 被告人林某2犯故意伤害罪，判处有期徒刑三年。
7. 被告人黄某、洪某、林某1、谢某、庞某、林某2应赔偿附带民事诉讼原告人朱某医疗费人民币87 502.76元、护理费11 600元、营养费9000元、误工费29 400元、残疾者生活补助费45 106.56元，共人民币182 609.32元。被告人黄某承担90 000元、被告人洪某承担22 609.32元；被告人林某1、谢某、庞某各自承担20 000元；被告人林某2承担10 000元。上述各被告人对上述债务承担连带赔偿责任。

一审宣判后，上述各被告人均未提出上诉，公诉机关亦未抗诉。判决刑事部分已发生法律效力。附带民事诉讼原告人就民事部分提出上诉，二审法院已裁定维持原判。

二、主要问题

如何认定教唆犯的犯罪中止？

本案中对被告人黄某的行为是否认定为犯罪中止存在两种意见：

一种意见认为，被告人黄某符合刑法有关犯罪中止的规定，主观上已自动放弃了犯罪故意，客观上已两次通知洪某取消实施伤害计划，并已就先期支付的费用作出了处分。被告人洪某在接到黄某取消伤害计划通知后，未能按黄某的意思采取有效措施，阻止他人继续实施犯罪，致伤害结果发生。该行为后果不应由被告人黄某承担。

另一种意见认为，评价被告人黄某上述主观故意的变化及其两次通知洪某取消实施伤害计划的行为，构不构成犯罪中止，应从本案的全过程及被告人黄某在本案中的作用来看。教唆犯的犯罪中止与单个人的犯罪中止有所不同。雇佣犯罪人（教唆犯）黄某虽然本人确已放弃犯罪意图，并在被雇佣人实施犯罪之前，已明确通知自己的“下家”停止伤害活动，但其上述行为未能有效地阻止其他被告人继续实施犯罪，以致其教唆的犯罪结果发生。因此，不能仅从其单个人的行为就认定其是犯罪中止，应考虑到其作为教唆犯的身份及其在案件发生、发展中的地位和作用。

三、裁判理由

所谓犯罪中止，根据《刑法》第24条的规定，是指“在犯罪过程中，自动放弃犯罪或者自动有效地防止犯罪结果发生”。犯罪中止发生在犯罪过程中，而犯罪过程又可包括犯罪预备与犯罪实行两个阶段。因此，犯罪中止可以包括预备阶段的中止和实行阶段的中止两种情况。预备阶段的犯罪中止，就是指条文中“自动放弃犯罪”的情形。也就是说行为人在犯罪预备阶段，只要主观上放弃了犯罪意图，客观上自动停止了犯罪的继续实施，就可以成立犯罪中止。实行阶段的中止，是指行为人已经着手实施犯罪行为以后的中止。实行阶段的中止，如不足以产生危害结果，只要自动停止实行行为即可；如足以产生危害结果的，就必须以“自动有效地防止犯罪结果发生”为必要。对行为人来说，“自动放弃犯罪”或“自动有效地防止犯罪结果的发生”，只要满足其中一项即构成犯罪中止。但是我们也应意识到，上述关于犯罪中止的规定，主要是针对单独犯罪这种情形作出的。在单独犯罪中，按照上述规定认定犯罪中止是相对比较容易把握的。但是共同犯罪中也同样存在着犯罪中止的情形。由于共同犯罪是由各共犯基于主观上的共同犯罪故意而实施的共同犯罪行为，并形成一个相互联系、相互作用、相互制约的整体，成为犯罪结果发生的共同原因，这就决定了共同犯罪中止有区别于单独犯罪中止的复杂性。比如，教唆犯在实施完其教唆行为后，在其他被教唆人为犯罪进行预备活动时，仅是其个人表示放弃犯罪意图，或仅仅通知其中一个或几个被教唆人，停止实施其教唆的犯罪行为，也不能认为该教唆犯是“自动放弃犯罪”，从而成立犯罪中止。又比如，教唆犯在实施完其教唆行为后，在其他被教唆人已经着手实施犯罪以后，虽其个人意图中止犯罪，但未能积极参与有效阻止犯罪结果发生，也不能认为该教唆犯成立犯罪中止。

本案中，被告人黄某不是自己亲自去实行犯罪，而是以金钱作交换雇佣、利诱、唆使被告人洪某去组织实施伤害他人的犯罪，以实现自己的犯罪目的，因此是共同犯罪中的教唆犯。教唆犯一般具有本人不亲自实行犯罪，而是通过把犯罪意图灌输给他人，使他人决意为自己实行某种犯罪的特点，因此，教唆犯要成立犯罪中止，单其本人主观上消极地放弃犯罪意图，客观上消极地不参与实行犯罪或不予提供事前所承诺的帮助、佣金等还不够，其必须还要对被教唆人实施积极的补救行为，如在被教唆人尚未实行犯罪或者在犯罪结果发生之前，及时有效地通知、说服、制止被教唆人停止犯罪预备或实施犯罪行为，彻底放弃犯罪意图，使之没有发生犯罪结果，方能成立犯罪中止。但实践中，也不排除极端的例外，如被教唆人拒不放弃或阳奉阴违，仍然继续实施了该种犯罪。对此，应视为被教唆人已是单独决意犯罪，教唆人得成立犯罪中止。

综上，我们认为，教唆犯要构成犯罪中止，其在教唆的预备阶段，只要放弃教唆意图即可；而在其已将犯意灌输给他人以后，则需要对被教唆人采取积极的补救措施从而有效地防止犯罪或犯罪结果的发生。具体地说，在被教唆人实施犯罪预备以前，教唆犯只有在劝说被教唆的人放弃犯罪意图的情况下，才能成立中止；在被教唆的人实施犯罪预备时，教唆犯只有在制止被教唆人的犯罪预备的情况下，才能成立中止；在被教唆的人实行犯罪后而犯罪结果尚未发生时，教唆犯只有在制止被教唆的人继续实行犯罪并有效防止犯罪结果发生时，才能成立中止。上述只是认定教唆犯犯罪中止的一个总的指导原则，由于实践中，雇佣、教唆犯罪的千差万别，因此，在具体认定教唆犯的犯罪中止时，还要根据具体案情具体对待。

在单层次的雇佣、教唆关系中，如 A 雇佣、教唆了 B 实施犯罪，A 要成立犯罪中止，只需对 B 实施积极的补救措施即可，如通知 B 取消犯罪意图或计划，停止犯罪预备行为，制止 B 的犯罪实行行为等。在两个以上的多层次的雇佣、教唆关系中，如 A 雇佣、教唆了 B，B 为实施被雇佣、教唆的犯罪又雇佣、教唆了 C，这时认定第一雇佣、教唆人的 A 需要对谁采取积极的补救措施才能成立犯罪中止，就更复杂些。我们认为在这种情况下，还要考虑 A 对其“下家”B 的再雇佣、教唆情况是否明知。如果 A 对其“下家”B 的再雇佣、教唆情况明知，A 要成立犯罪中止，按照犯罪中止彻底性的要求，A 对被 B 雇佣、教唆的 C，同样必须积极采取相应补救措施，至少其要确保 B 能及时有效地通知、说服、制止C停止犯罪预备或制止c实施犯罪并产生犯罪结果。否则，因此而导致犯罪行为和结果实际发生的，A对其应承担相应的刑事责任，不能成立犯罪中止。只有这样才能体现此类犯罪的特点，并与犯罪中止的立法意旨相吻合。

本案中，被告人黄某同意洪某负责组织对被害人实施伤害犯罪，应视为教唆行为已实行完毕。其后，洪某为实施黄某所雇佣的犯罪，又雇佣了林某1，林某1又进而雇佣了其他被告人，并进行了犯罪预备。这显然是一个多层次的雇佣、教唆关系，对此黄某应当是知情的。这一点可以从洪某对黄某提议“找人打被害人一顿”反映出来。此后，被告人黄某主观上因害怕打人的后果而决定放弃伤害计划，客观上也两次电话通知洪某放弃伤人行动，并已就先期支付的“犯罪佣金”作出了“清欠债务”的处分。从表面上看，黄某对其直接雇佣、教唆的人，已实施了积极的补救措施，似可成立犯罪中止。伤害行为和结果最终的实际发生，似乎只是由于洪某的怠于通知所造成。但如上所述，本案黄某是第一雇佣、教唆人，对其洪某的再雇佣情况也是知情的，因此，其对其他被雇佣、教唆人亦负有积极采取相应补救措施的责任，至少其要确保中间人洪某能及时有效地通知、说服、制止其他被雇佣、教唆人彻底放弃犯罪意图，停止犯罪并有效地防止犯罪结果的发生。显然，黄某未能做到这一点，因此而导致犯罪行为和结果的实际发生。对此黄某有相应的责任，故不能认定其构成犯罪中止。

本案还有值得注意的一点是，在林某1等人实施完伤害犯罪后，应洪某的要求，黄某仍支付了当初答应支付的剩余“犯罪佣金”2万元，供各被雇佣、教唆人分享。这一事后情节对被告人的先前行为的性质判定具有重要的参考意义。

综上，本案被告人黄某的行为不属于犯罪中止。香洲区人民法院的判决是妥当的。尽管对黄某的行为不认定为犯罪中止，但考虑到其在被教唆人实施犯罪预备阶段，主观上能主动放弃犯罪故意，客观上能积极实施一定的补救措施，据此，香洲区人民法院决定对其在量刑上予以酌情从轻处罚，也是适宜的。

问题10. 在共同强迫交易过程中，一人突发持刀重伤他人，对其他参与共同强迫交易的被告人应如何定罪处罚

【刑事审判参考案例】宋某、陈某强迫交易、故意伤害案①

一、基本案情

上海市普陀区人民法院经公开审理查明：2003年4月5日晚，被告人宋某在上海市武宁路×号某停车场内，让人将12箱蔬菜西兰花放在停放于停车场内的彭某的汽车上，欲以每箱60元的价格强行卖给开车到曹安市场购买蔬菜的彭某。在遭到彭某的拒绝后，宋某即打电话给被告人陈某，陈某随即到达上述地点。当彭某走来时，陈某首先上前朝彭某的胸部猛踢一脚，随后宋某、陈某和“二旦”（在逃）三人用拳殴打彭某。当彭某逃到自己的货车旁准备装货离开时，陈某、宋某、“二旦”再次来到彭某处，宋某上前用手抓住彭某并将其拖至两车过道中，继续向其索要以上货物的货款。彭某再次拒绝后，陈

① 黄国民、谢燕撰稿，南英审编：《宋某、陈某强迫交易、故意伤害案——在共同强迫交易过程中，一人突发持刀重伤他人，对其他参与共同强迫交易的被告人应如何定罪处罚（第278号）》，载最高人民法院刑事审判第一庭、第二庭主办：《刑事审判参考》（总第36集），法律出版社2004年版，第17~21页。

某又拳打彭某，彭用拳还击，陈某随即掏出水果刀朝彭的腹部、左肩背部、左臀部连刺四刀。之后，三人逃离现场。经司法鉴定，彭某降结肠破裂、腹壁下动脉破裂、腹腔积血，构成重伤。

被告人宋某及其辩护人辩称：宋某将彭某拖至两车过道后，未再对彭进行殴打，也没有其他伤害行为，彭的重伤不是宋某所造成。陈某持刀伤害彭某的行为系其个人行为，完全出乎宋某意料，宋某的行为不构成故意伤害罪，且其认罪态度较好，要求对其从轻、减轻处罚。

上海市普陀区人民法院审理后认为：被告人宋某采用暴力、威胁的方法强迫他人购买其商品，情节严重，其行为已构成强迫交易罪，依法应予处罚。被告人陈某在参与强迫交易活动的过程中用刀刺伤彭某，并造成彭重伤的后果，其行为已构成故意伤害罪。依照《刑法》第 234 条第 2 款、第 226 条、第 25 条第 1 款之规定，判决如下：

1. 被告人宋某犯强迫交易罪，判处有期徒刑一年六个月，并处罚金人民币 1000 元。

2. 被告人陈某犯故意伤害罪，判处有期徒刑四年。

一审宣判后，被告人宋某、陈某没有上诉。判决已发生法律效力。

二、主要问题

在共同强迫交易过程中，一人突发持刀重伤他人，对其他参与共同强迫交易的被告人应如何定罪处罚？

三、裁判理由

《刑法》第 226 条规定，以暴力、威胁手段强买强卖商品、强迫他人提供服务或者强迫他人接受服务，情节严重的，处三年以下有期徒刑或者拘役，并处或者单处罚金。强迫交易罪侵犯的客体主要是社会主义市场管理秩序，强迫交易行为直接破坏了市场经济条件下的买卖双方公平、自由、平等的交易原则，违背了等价有偿的商品经济交易规则。强迫交易罪的犯罪主体为一般主体，单位也可以构成强迫交易罪。强迫交易罪在主观方面只能由故意构成，即行为人明知自己是在以非法手段强迫交易对方购买商品或出卖商品或接受服务或提供服务而故意实施强迫行为。从司法实践看，强迫交易罪的行为人一般均有贪图利益的动机。

强迫交易罪在客观方面的表现形式主要是以暴力或者威胁手段强买强卖商品、以暴力、威胁手段强迫他人提供服务、以暴力、威胁手段强迫他人接受服务等；强迫交易罪是情节犯，只要行为人以暴力或威胁手段强迫他人交易，情节严重，就可构成本罪。所谓情节严重主要是指：强迫交易时实施暴力，如殴打他人，手段恶劣的；以当场使用暴力相威胁的；多次强迫交易屡教不改的；强迫交易牟利数额巨大的；强迫交易扰乱生产、交易秩序造成严重后果的等。本罪成立既遂亦无须强迫交易的行为全部实施完成。

本案被告人宋某、陈某等欲以每箱 60 元的价格将 12 箱蔬菜西兰花强行卖给开车到市场购买蔬菜的彭某，在遭到彭某的拒绝后，宋某、陈某等即用拳对被害人彭某进行殴打，并造成了被害人彭某重伤的后果，两名被告人的强迫交易行为的情节严重，已经构成强迫交易罪，应当依法予以处罚。

强迫交易罪是以暴力或者威胁为主要手段，在犯罪过程中如果使用了暴力，就有可能造成被害人的死亡或伤害的后果；在实施强迫交易行为的过程中，行为人也可能对被害人实施侮辱、诽谤等行为。因此，行为人在构成强迫交易罪的同时有可能相应地触犯刑法规定的其他罪名而构成其他的犯罪。也就是说，行为人在实施强迫交易犯罪行为的

过程中，其手段或方法又可能触犯其他罪名，构成其他的犯罪。对于这种情况，应当按照有关牵连犯的刑法处罚原则来处理，即按照“从一重处”的原则对被告人以处刑较重的罪名定罪处罚，而不对其实行数罪并罚。本案中，在实施强迫交易罪的过程中，两名被告人用拳殴打被害人，其间被告人陈某还用水果刀刺伤被害人，造成被害人重伤的后果，显然，本案被告人同时又构成了故意伤害罪。我国《刑法》规定，故意伤害他人身体，致人重伤的，处三年以上十年以下有期徒刑；而强迫交易罪的法定刑为三年以下有期徒刑，相比较，法律规定对故意伤害（致人重伤）的处刑比对强迫交易的处刑为重，则对本案应当以故意伤害罪定罪处刑。

那么是否对本案的两名被告人均以故意伤害罪论处呢？这是法官审判本案时，需运用有关共同犯罪的刑法规定及刑法理论所要解决的问题。构成共同犯罪要求各犯罪人在主观方面必须具有共同犯罪的故意，各犯罪人之间的犯意互相沟通，彼此协调和默契；各共同犯罪人都应当知道自己不是在孤立地实施某一种犯罪，而是在同其他犯罪人一起互相配合，共同实施某一种犯罪，他们都明知自己的行为性质和将引起的危害社会的结果，而且对这种结果均持希望或放任的故意态度，这种共同故意把每个共同犯罪的个人认识和意志连接成他们共同的认识与犯罪意识，从而使他们的行为互相配合，成为目标一致的共同犯罪活动。本案被告人宋某、陈某为牟取非法利益，共同实施强迫交易的行为，用拳殴打被害人，其已经构成强迫交易的共同犯罪行为。在实施强迫交易的犯罪过程中，被告人宋某仅限于拳打被害人彭某，被告人陈某在被告人宋某不知情的情况下，用水果刀刺伤被害人彭某，致被害人重伤。被告人宋某事先既不知陈某携带刀具参加强迫交易行为，也不能预见陈某在实施强迫交易的行为的过程中，会突然拿出随身携带的水果刀刺被害人，且宋某在陈某持刀刺被害人的时候，站在一旁没有同时加害被害人。陈某持刀重伤被害人的后果，超出了与宋某在实施强迫交易犯罪活动中所形成的共同犯罪故意，被害人被刺而受重伤的后果只能由实施重伤行为的被告人陈某承担。故一审法院仅对本案被告人陈某以故意伤害罪定罪处罚，而对被告人宋某则改以强迫交易罪定罪处罚，是正确的。

问题11. 共同故意伤害犯罪中如何判定实行过限行为

【刑事审判参考案例】王某1、韩某、王某2故意伤害案[①]

一、基本案情

山东省青岛市中级人民法院经审理查明：2003年，被告人王某1与被害人逄某各自承包了本村沙地售沙。被告人王某1因逄某卖沙价格较低影响自己沙地的经营，即预谋找人教训逄某。2003年10月8日16时许，被告人王某1得知逄某与妻子在地里干活，即纠集了被告人韩某、王某2及崔某、肖某、冯某等人。在地头树林内，被告人王某1将准备好的4根铁管分给被告人王某2等人，并指认了被害人逄某。

被告人韩某、王某2与崔某、肖某、冯某等人即冲入田地殴打被害人逄某。其间，被

① 牛传勇撰稿，高憬宏审编：《王某1、韩某、王某2故意伤害案——共同故意伤害犯罪中如何判定实行过限行为（第409号）》，载最高人民法院刑事审判第一、二、三、四、五庭主办：《刑事审判参考》（总第52集），法律出版社2006年版，第5～10页。

告人韩某掏出随身携带的尖刀捅刺被害人逄某腿部数刀，致其双下肢多处锐器创伤致失血性休克死亡。被告人王某2看到韩某捅刺被害人并未制止，后与韩某等人一起逃离现场。2003年10月15日，被告人王某1被抓获归案。2004年1月16日，被告人韩某投案自首。2004年4月1日，被告人王某2被抓获归案。崔、肖、冯等人仍在逃。被告人王某1在被羁押期间，检举他人犯罪，并经公安机关查证属实。

审理期间，在法院主持下，附带民事诉讼原告人与被告人双方就附带民事诉讼问题达成了调解：被告人王某1、韩某及其法定代理人、被告人王某2等共同赔偿附带民事诉讼原告人经济损失人民币297 000元。

被告人韩某对指控事实无异议。被告人王某1及其辩护人辩称，被告人王某1只是想教训逄某，没有对被害人造成重伤、致残或者剥夺生命的故意。被告人韩某持刀捅伤被害人致其死亡，完全超出了被告人王某1的故意范围，属于实行过限，应由韩某个人负责。被告人王某2亦辩称致人死亡的后果应由被告人韩某一人承担。

山东省青岛市中级人民法院认为：被告人王某1因行业竞争，雇佣纠集人员伤害他人；被告人韩某、王某2积极实施伤害行为，致被害人死亡，其行为均构成故意伤害罪。虽有证据证实，被告人韩某持刀捅刺的行为是导致被害人逄某死亡的主要原因，但证据同时证实，被告人王某1事先未向参与实施伤害者明示不得使用尖刀等锐器，被告人王某2实施伤害行为时，发现被告人韩某持刀捅刺被害人也未予以制止，故被告人韩某的持刀捅刺行为并非实行过限的个人行为，被告人王某1、韩某、王某2应共同对被害人逄某的死亡后果负责。被告人王某1、韩某在犯罪中起主要作用，系主犯。被告人王某2在犯罪中起次要作用，系从犯，依法予以减轻处罚。被告人王某1有立功表现且积极赔偿被害人的经济损失，依法予以从轻处罚；被告人韩某犯罪时不满18周岁且有自首情节，依法予以从轻处罚；依照《刑法》第234条、第56条第1款、第25条第1款、第26条第1款和第4款、第27条、第17条第3款、第67条第1款、第68条第1款、第72条第1款、第73条第2款和第3款，《最高人民法院关于对故意伤害、盗窃等严重破坏社会秩序的犯罪分子能否附加剥夺政治权利问题的批复》及《最高人民法院关于刑事附带民事诉讼范围问题的规定》第4条之规定，判决如下：

1. 被告人王某1犯故意伤害罪，判处有期徒刑十年，剥夺政治权利三年。
2. 被告人韩某犯故意伤害罪，判处有期徒刑十二年。
3. 被告人王某2犯故意伤害罪，判处有期徒刑三年，缓刑四年。

一审宣判后，公诉机关未抗诉，各被告人亦未上诉，判决已发生法律效力。

二、主要问题

共同故意伤害犯罪案件中，个别犯罪人的行为对伤害后果起主要作用的情况下，如何判定其是否属于实行过限行为？

三、裁判理由

本案是一起故意伤害的共同犯罪案件，个别犯罪人的实行行为造成了被害人的死亡后果，其他共同犯罪人是否对这一死亡结果共同承担责任，判定这一问题的关键是看个别犯罪人的实行行为是否属于实行过限。

实行过限是指共同犯罪人实施了超出共同犯罪故意的行为。如果某一行为属于实行过限行为，实行过限犯罪人应当对其犯罪行为引起的后果承担刑事责任，而其他共同犯罪人则一般不对过限行为引起的后果承担责任。如果不属于行为过限，则各共同犯罪人须对该危害结果共同承担责任。所以，判定行为是否实行过限，直接影响共同犯罪人的定罪与量刑，属于共同犯罪案件审理中的重要审查判断内容。

共同犯罪中有共同实行犯罪、教唆犯罪、帮助犯罪等几种情形，每种情形的实行过限都有不同的判定原则。就本案而言，被告人王某1与被告人韩某、王某2之间是一种雇佣犯罪关系，属于教唆犯罪的一种。被告人王某1为雇佣者，系教唆犯，实施伤害行为者韩某、王某2及其他在逃犯属于被雇佣者，系实行犯。被告人韩某与王某2间又形成共同实行犯罪关系。所以本案涉及教唆犯罪和共同实行犯罪两种情形下实行过限的判定。

1. 教唆犯中的实行过限认定教唆犯是犯意的发起者，没有教唆犯的教唆，就不会有该犯罪行为的发生，特别是使用威胁、强迫、命令等方法的教唆犯，因此教唆犯在共同犯罪中往往起主要作用。在教唆犯罪的情形下，判定实行行为过限的基本原则是看被教唆人的行为是否超出了教唆的范围。在教唆内容较为确定的情况下，认定被教唆人的行为是否属于实行过限较为容易，但如果教唆犯的教唆内容较为概括，由于教唆内容不太明确，确定被教唆人的行为是否实行过限就较为困难。

尤其是在一些教唆伤害的案件中，教唆者出于教唆伤害他人的故意往往使用诸如“收拾一顿”“整他一顿”“弄他”“摆平他”“教训”等内涵外延较为模糊的言语，在不同的语言环境中，不同阅历背景的人理解的含义往往是有分歧的。对于这种盖然性教唆，实际的危害结果取决于实行行为的具体实施状况，轻伤、重伤甚至死亡的危害结果都可能发生，但无论哪一种结果的出现都是由教唆犯的授意所引起，均可涵盖在教唆犯的犯意中。因此，在这种情况下，由于教唆犯的盖然性教唆而使被教唆人产生了犯意，实施了教唆故意涵括内的犯罪行为，只要没有明显超出教唆范围的，都不应视为实行过限。

司法实践中，对于教唆故意范围的认定，主要看教唆者的教唆内容是否明确，即教唆犯对被教唆人的实行行为有无明确要求：或正面明确要求用什么犯罪手段达到什么犯罪后果，如明确要求用棍棒打断被害人的一条腿；或从反面明确禁止实行犯采用什么手段，不得达到什么犯罪结果等，如在伤害中不得使用刀具、不得击打被害人头部，不得将被害人打死等。如果教唆内容明确，则以教唆内容为标准判断实行者行为是否过限。如果教唆内容不明确，则属于一种盖然的内容，一般情况下不应认定实行行为过限，除非实行行为显而易见地超出教唆内容。

2. 实行犯中的实行过限认定在共同实行犯罪的情形下，判定实行行为过限的基本原则是看其他实行犯对个别实行犯所谓的“过限行为”是否知情。如果共同实行犯罪人中有人实施了原来共同预谋以外的犯罪，其他共同实行犯根本不知情，则判定预谋外的犯罪行为系实行过限行为，由实行者本人对其过限行为和后果承担责任；如果其他实行犯知情，除非其有明确、有效的制止行为，则一般认为实行犯之间在实施犯罪当场临时达成了犯意沟通，其他人对实行者的行为予以了默认或支持，个别犯罪人的行为不属于实行过限，其行为造成的危害结果由各实行犯共同承担责任。

具体到本案而言，王某1预谋找人教训一下被害人，至于怎么教训，教训到什么程度，并没有特别明确的正面要求，同时，王某1事前也没有明确禁止韩某、王某2等人用什么手段、禁止他们教训被害人达到什么程度的反面要求。所以，从被告人王某1的教唆内容看属于盖然性教唆。在这种情形下，虽然王某1仅向实行犯韩某、王某2等提供了铁管，韩某系用自己所持的尖刀捅刺的被害人，且被害人的死亡在一定程度上也确实超乎王某1等人意料，但因其对韩某的这种行为事前没有明确禁止，所以仍不能判定韩某这种行为属于过限行为，教唆者王某1仍应对被害人的死亡承担刑事责任。对于共同实行犯王某2而言，虽然被告人韩某持刀捅刺被害人系犯罪中韩某个人的临时起意，但被告人王某2看到了韩某的这一行为并未予以及时和有效的制止，所以，对于王某2而言，也不能判定韩某的行为属于实行过限，王某2也应对被害人的死亡结果负责。

问题12. 故意伤害行为导致被害人心脏病发作猝死的如何量刑

【刑事审判参考案例】洪某故意伤害案①

一、基本案情

福建省厦门市中级人民法院经公开审理查明：被告人洪某与曾某均在福建省厦门市轮渡海滨公园内经营茶摊，二人因争地界曾发生过矛盾。2004年7月18日17时许，与洪某同居的女友刘某酒后故意将曾某茶摊上的茶壶摔破，并为此与曾某同居女友方某发生争执。正在曾某茶摊上喝茶的陈某（男，48岁）上前劝阻，刘某认为陈某有意偏袒方某，遂辱骂陈某，并与陈某扭打起来。洪某闻讯赶到现场，挥拳连击陈某的胸部和头部，陈某被打后追撵洪某，追出二三步后倒地死亡。洪某逃离现场，后到水上派出所轮渡执勤点打探消息时，被公安人员抓获。

经鉴定，陈某系在原有冠心病的基础上因吵架时情绪激动、胸部被打、剧烈运动及饮酒等多种因素影响，诱发冠心病发作，管状动脉痉挛致心跳骤停而猝死。

福建省厦门市中级人民法院认为：被告人洪某故意伤害他人身体，致被害人死亡，其行为已构成故意伤害罪。被告人洪某在刑满释放后五年内再犯应当判处有期徒刑以上刑罚之罪，系累犯，应从重处罚。鉴于被告人洪某归案后能坦白认罪，且考虑被害人原先患有冠心病及心肌梗死的病史，其死亡原因属多因一果等情节，可以从轻处罚。依照《刑法》第234条第2款、第65条第1款的规定，判决如下：

被告人洪某犯故意伤害罪，判处有期徒刑十年零六个月。

宣判后，被告人洪某不服，上诉提出，其只是一般的殴打行为，原判定罪不准；被害人死亡与其只打二三拳没有关系，不应负刑事责任，请求二审给予公正裁判。

福建省高级人民法院经审理认为：被告人洪某故意伤害他人身体致人死亡的行为，已构成故意伤害罪。洪某关于原判对其定罪量刑错误的上诉理由，经查，首先，被告人拳击行为发生在被害人与其女友刘某争执扭打中，洪某对被害人头部、胸部分别连击数拳，其主观上能够认识到其行为可能会伤害被害人的身体健康，客观上连击数拳，是被害人死亡的因素之一，因此，对被告人应当按照其所实施的行为性质以故意伤害定罪。虽然死亡后果超出其本人主观意愿，但这恰好符合故意伤害致人死亡的构成要件。故原判定罪准确，洪某关于定罪不准确的上诉理由不能成立。其次，被告人拳击行为与被害人死亡结果之间具有刑法上的因果关系。被告人对被害人胸部拳击数下的行为一般情况下不会产生被害人死亡的结果，但其拳击的危害性为，与被害人情绪激动、剧烈运动及饮酒等多种因素介入“诱发冠心病发作”导致了死亡结果的发生。

---

① 张思敏撰稿，沈亮审编：《洪某故意伤害案——故意伤害行为导致被害人心脏病发作猝死的如何量刑（第389号）》，载最高人民法院刑事审判第一、二、三、四、五庭主办：《刑事审判参考》（总第49集），法律出版社2006年版，第26～31页。

被害人身患冠心病被告人事先并不知情，是一偶然因素，其先前拳击行为与被害人死亡结果之间属偶然因果关系，这是被告人应负刑事责任的必要条件。因此，被告人的行为与被害人死亡的结果具有刑法上的因果关系，洪某关于对被害人死亡不负刑事责任的上诉理由不能成立。原判认定事实清楚，证据确实、充分，定罪准确。审判程序合法。被告人洪某系累犯，依法应从重处罚。鉴于本案的特殊情况，原判对洪某的量刑过重，与其罪责明显不相适应，可在法定刑以下予以减轻处罚。据此，撤销厦门市中级人民法院刑事判决中对被告人洪某的量刑部分，以洪某犯故意伤害罪，在法定刑以下判处有期徒刑五年，并依法报送最高人民法院核准。

最高人民法院经复核后认为：被告人洪某殴打他人并致人死亡的行为，已构成故意伤害罪。洪某曾因犯罪被判刑，刑满释放后五年内又犯罪，应依法从重处罚。但被害人患有严重心脏疾病，洪某的伤害行为只是导致被害人心脏病发作的诱因之一。根据本案的特殊情况，对被告人洪某可以在法定刑以下判处刑罚。一、二审判决认定的事实清楚，证据确实、充分，定罪准确。审判程序合法。二审判决量刑适当。依照《刑法》第 63 条第 2 款和《最高人民法院关于执行〈中华人民共和国刑事诉讼法〉若干问题的解释》第 270 条的规定，裁定核准福建省高级人民法院以故意伤害罪，在法定刑以下判处被告人洪某有期徒刑五年的刑事判决。

二、主要问题

故意伤害行为导致被害人心脏病发作猝死的，被告人是否应对被害人的死亡后果承担刑事责任？

第一种意见认为，被告人洪某的行为不构成犯罪。理由：本案中，导致被害人死亡的原因是多方面的，法医鉴定认为，胸部二拳是被害人死亡的诱因之一，诱因与直接原因不同；被害人自身的冠心病、情绪激动、饮酒等因素被告人不可能预见到，死亡结果与这些自身因素都分不开。由于不能确认被告人的拳击行为与被害人死亡结果之间具有刑法上的因果关系，故应宣告被告人洪某无罪。

第二种意见认为，被告人洪某的行为构成过失致人死亡罪。理由：被告人洪某既没有伤害的故意，也没有杀人的故意，只是由于应该预见而没有预见，才造成被害人死亡结果的发生。因此，应定过失杀人罪。

第三种意见认为，被告人洪某的行为构成故意伤害罪。理由：被告人洪某对被害人头部、胸部分别连击数拳的行为，其主观上能够认识到可能会伤害被害人的身体健康，虽然死亡后果超出其本人主观意愿，但符合故意伤害致人死亡的构成要件。

三、裁判理由

（一）被告人洪某的伤害行为与被害人陈某的死亡之间具有刑法上的因果关系，被告人应当对被害人死亡的后果承担刑事责任

故意伤害罪，是指故意伤害他人身体健康的行为。被告人洪某发现其女友刘某与他人发生争执扭打后，即对上前劝阻的被害人陈某的头部、胸部连击数拳，其主观上应当认识到对被害人要害部位猛击的行为，可能会造成伤害被害人身体健康的后果，却连续击打。此时，被告人的伤害故意、伤害行为均已经成立。但刑法上的故意伤害罪是以被害人的身体实际受到伤害，造成轻伤、重伤甚至死亡的后果为犯罪条件的。只有伤害的故意和行为，没有伤害的结果，在一般情况下，并不必然构成故意伤害罪。本案中，出现了被害人死亡的后果，因而符合故意伤害致人死亡的构成要件。

认定被告人洪某的行为是否构成犯罪的关键，在于能否确认其拳击行为与被害人死亡结果之间具有刑法上的因果关系。没有因果关系，行为人就没有承担刑事责任的客观根据，当然其行为就不构成犯罪。由于被告人的加害行为等原因，共同诱发被害人冠心病发作，管状动脉痉挛致心跳骤停而猝死。因此，被告人的伤害行为与被害人的死亡有一定的因果关系。虽然，在一般情况下，被告人对被害人胸部拳击数下的行为不会产生被害人死亡的结果，被告人的拳击行为对致人死亡这一结果来说，是一个偶然现象。但被害人身患冠心病，在情绪激动、剧烈运动及饮酒等多种因素下，对其胸、头部击打就有可能致其死亡。被害人身患冠心病，被告人事先并不知情。但这仅是一种表面的、偶然的现象。表面、偶然的背后，蕴含着本质、必然。被告人的拳击行为，其本质是一种故意伤害的行为，其必然后果是对被害人造成一定的伤害，至于是死亡、重伤、轻伤或是轻微伤，则是偶然的。总之，如果被告人不对被害人进行击打，就可能不会诱发被害人冠心病发作，猝死的结果也就可能不会发生。因此，认为被告人的行为不构成犯罪，既没有法理依据，也没有法律依据。

在司法实践中，故意伤害致人死亡与过失致人死亡往往容易混淆，也多有争议。因为它们在客观方面都造成了被害人死亡的结果，在主观方面都没有杀人的动机和目的，也不希望或者放任死亡结果的发生，在致人死亡这个后果上均属过失。但它们之间的根本区别在于，故意伤害致死虽然无杀人的故意，但有伤害的故意，而过失杀人既无杀人的故意，也无伤害的故意。从本案来看，被告人主观上具有伤害他人身体的故意，客观上实施了伤害他人的行为，虽然致人死亡的后果超出其本人主观意愿，但符合故意伤害致人死亡的构成要件。

（二）对被告人洪某可经法定程序报最高人民法院核准在法定最低刑以下判处刑罚

根据《刑法》第 234 条第 2 款的规定，故意伤害他人致人死亡的，应在十年以上有期徒刑、无期徒刑或者死刑的法定幅度内量刑。本案被告人洪某故意伤害致他人死亡，虽然不具有法定减轻处罚的情节，而且还具有累犯这一法定从重处罚情节，但是，被害人的死亡，系一果多因，其死亡的直接原因是冠心病发作，管状动脉痉挛致心跳骤停而猝死，被告人的伤害行为只是导致被害人心脏病发作的诱因之一。根据刑法的一般原理，被告人只对自己的行为负责，当其行为与其他人的行为或一定自然现象竞合时，由他人或自然现象造成的结果就不能归责于被告人。如前所述，被害人心脏病发作的诱因众多，将这些诱因共同产生的被害人心脏病发作而死亡这一后果之责任，全部由被告人承担，显然与其罪责不相适应。但是，刑法对故意伤害他人致人死亡的法定刑，是以故意伤害行为系被害人死亡的直接原因甚至唯一原因作为标准配置的。一审对被告人洪某判处十年零六个月的量刑明显过重，与其罪责不相适应。二审考虑即使在法定最低刑量刑仍属过重，遂依据《刑法》第 63 条第 2 款规定，在法定刑以下对被告人洪某判处五年有期徒刑，并报最高人民法院核准，这是符合罪刑相适应原则及特别减轻处罚法定核准程序的。

问题13. 故意伤害尊亲属致死的如何量刑

【刑事审判参考案例】索某1故意伤害案①

一、基本案情

山西省忻州市中级人民法院经公开审理查明：被告人索某1从小脾气不好，稍不顺心，便打骂父母及妹妹。索某1的母亲病逝，妹妹出嫁后，其对父亲索某2的打骂逐步升级，索某2不堪忍受，外出打工不归。2006年，索某2因工伤左手食、中指被切断，手背皮骨被切碎，回到家中。为此，索某1嫌索某2不能干活了，非打即骂，甚至有时不给饭吃。对此，村民敢怒而不敢言。

2007年5月31日早上，被告人索某1嫌索某2摇晃家中大门，便朝其背部踹了十余脚，并追打至村民索某3的小卖部附近，被邻居劝阻后方才停手。随即，索某1回家取来凉馒头给索某2吃，因索某2将嚼碎的馒头吐出来，索某1再次发火，又朝索某2身上踹了几脚，致其当场死亡。之后，索某1用三轮车将索某2的尸体拉到村外坟地，准备掩埋。经村民报案，公安人员将正在挖坑的索某1当场抓获。经鉴定，索某2系钝性物致伤，腹部闭合性损伤致脾脏破裂引起失血性疼痛休克死亡。

山西省忻州市中级人民法院认为：检察机关指控被告人索某1的犯罪事实清楚，证据确实、充分，但定性故意杀人罪不准。被告人索某1无端滋事，对父亲多次拳打脚踢，致其当场死亡，其行为构成故意伤害罪，且犯罪手段残忍，情节恶劣，后果特别严重，依法应予严惩。故依法以故意伤害罪判处被告人索某1死刑，剥夺政治权利终身。

一审宣判后，索某1不服，提出上诉。其上诉理由及其辩护人的辩护意见：本案系因家庭矛盾引发，其主观上没有伤害故意，且认罪态度较好，请求从轻处罚。

山西省高级人民法院经审理认为：被告人索某1目无国法，仅因琐事将其父拳打脚踢致死，构成故意伤害罪。被告人及其辩护人所提其主观上没有伤害故意的上诉理由和辩护意见与客观事实及当庭查明的事实、证据不符，不予采纳。被告人及其辩护人所提“本案系因家庭矛盾引发，其认罪态度较好”的上诉理由和辩护意见属实，但被告人违背人伦，长期虐待老人，仅因琐事即对父亲多次拳打脚踢，致其当场死亡。其犯罪手段特别残忍，情节特别恶劣，后果特别严重，依法不应从轻处罚。故依照《刑事诉讼法》第189条第1项的规定，裁定驳回上诉，维持原判，并依法报请最高人民法院核准。

最高人民法院经复核认为：被告人索某1长期虐待父亲索某2，因生活琐事对其拳打脚踢致死，已构成故意伤害罪。索某1在其父亲出现死亡征兆后，未进行任何救治，而是私自决定掩埋，主观恶性极深，社会影响极其恶劣，依法应予惩处。依照《刑事诉讼法》第199条和《最高人民法院关于复核死刑案件若干问题的规定》第2条第1款的规定，裁定核准山西省高级人民法院维持第一审以故意伤害罪判处被告人索某1死刑，剥夺政治权利终身的刑事裁定。

二、主要问题

对故意伤害尊亲属致其死亡的案件如何量刑？

---

① 杨永波、李娜撰稿，朱和庆审编：《索某1故意伤害案——故意伤害致死尊亲属的如何量刑（第524号）》，载最高人民法院刑事审判第一、二、三、四、五庭主办：《刑事审判参考》（总第66集），法律出版社2009年版，第36~41页。

本案在审理过程中，对于被告人索某1长期打骂父亲并将其伤害致死的犯罪行为如何量刑，存在不同意见：

第一种意见认为，因被告人故意伤害致死的是其父亲，考虑其他具体情节，可不适用死刑。本案发生在家庭内部，被告人索某1虐待父亲时日已久，动辄拳打脚踢。案发当时其像平日一样踢踹父亲背部，可以说具有明显的伤害故意，但当其父亲躺倒在地不动后，其本人十分惊讶，说明并无意致其父于死地。索某1犯罪时仅是用脚踹其父背部，考虑二人之间的父子关系，这首先是一种虐待行为，虐待致人死亡与故意杀人、故意伤害有质的区别。单纯从犯罪手段分析，他的踢踹行为尚未达到十分残忍、可以适用死刑的程度。加之，本案发生在家庭内部，被告人在外并无为非作歹行为，其社会危害性仅限于家庭内，应区别于发生在社会上的严重危害社会治安的犯罪，故可不判处其死刑立即执行。

第二种意见认为，被告人索某1长期虐待父亲索某2，此次又因琐事踢踹父亲并致其死亡。之后，索某1未采取任何救治手段，而是将索某2拉上三轮车出村掩埋。由此看出其主观恶性极深；索某1将父亲连续踢踹致脾破裂而死，手段十分残忍；杀父案件严重违背我国传统伦理道德观念，在群众中产生很大影响，唯有严厉惩治才有利于遏制此类案件的再发。所以，应当判处索某1死刑立即执行。

三、裁判理由

最高人民法院的复核裁定最终采纳了上述第二种意见，综合考虑本案情节、被告人的主观恶性与造成的社会危害，裁定核准被告人索某1死刑。具体理由如下：

（一）对发生在家庭内部的案件应根据具体情形区别对待

一般而言，对于因婚姻家庭、邻里纠纷等民间矛盾激化引发的故意杀人犯罪，适用死刑应十分慎重，与发生在社会上的严重危害社会治安的其他故意杀人犯罪案件应有所区别。但这并不意味着对所有因婚姻家庭、邻里纠纷等民间矛盾激化引发的案件，都要不分情况一律从宽处罚。在本案中，被告人索某1虐待毒打致死自己父亲的行为虽在一定程度上属“家事”，发生在亲属之间，但殴打长辈严重悖反人伦情理，已造成恶劣社会影响，加之其犯罪情节恶劣、后果严重，又无法定从轻或减轻处罚情节，并不同于一般的因家庭纠纷引发、案件双方均有一定过错、案发后双方均有悔错的暴力案件，不具备可以从宽处罚的条件。

（二）被告人故意伤害致死其父的手段特别残忍，情节特别恶劣

本案争议焦点之一是被告人索某1用脚连续踢踹其父亲背部，造成六旬老人脾破裂而死，是否属于故意伤害手段特别残忍，情节特别恶劣？对此，回答是肯定的。

首先，被告人索某1明知其父年事已高且体弱多病，平时仍然动辄打骂，甚至不给饭吃，在主观恶性上，符合虐待行为的特征。案发当天被告人在父亲背部连续踢了十几脚，造成背部大面积淤血，且致内脏失血，此时其犯罪故意的内容已经变成故意伤害，因此，法院认定其行为构成故意伤害罪是正确的。

其次，故意伤害致死案件中，只有对手段特别残忍，情节特别恶劣的才考虑适用死刑。本案中，被告人的手段虽然只是用脚踢踹，并没使用其他工具，但其多次连续踢踹并追打，且踢踹的力度极大，才导致被害人背部大面积皮下淤血，脾破裂，致使被害人死前经受了剧烈疼痛，最终因失血性疼痛休克死亡。因此，可以认定被告人的犯罪手段特别残忍，情节特别恶劣。

最后，本案虽系故意伤害致死，但现有证据能够证实被告人长期虐待、随意打骂自己的父亲，说明其不仅一贯对自己的父亲不敬不孝，未能尽到赡养义务，且毫不尊重自己父亲的人格尊严、健康甚至生命，可以说其随意侮辱、伤害自己父亲的主观故意由来已久，主观恶性极深，其最终直接将自己的父亲毒打致死不是偶然的。且被害人被打倒后，被告人不仅不及时救助，反而径自将尸体拉到村外匆匆掩埋，说明其能认识到自己行为的性质，但毫无悔意，对自己亲生父亲的安危漠不关心，反而企图尽快毁灭罪证，具有极深的主观恶性。

（三）被告人故意伤害致死生父的行为严重违背伦理道德，在量刑时应充分考虑处罚的法律效果与社会效果

第一，被告人的行为已经严重违背了社会伦理道德，在当地造成了恶劣影响。我国自古便有“百善孝为先”的传统美德，殴打、谋杀尊亲属即“忤逆”，在古代属于十恶不赦的重罪。即使在当今社会，杀害父母等直系血亲的行为仍然是广大群众难以接受的严重犯罪行为，背离社会主流伦理道德。此案属较为罕见的忤逆犯上、杀死尊亲的有悖人伦案件，与传统伦理道德观念和社会价值观严重相悖。被告人索某1从少年时期开始打骂家人，父母的一再容忍反助长了他的暴虐。虽然在母亲去世、妹妹嫁人后，索某1一直与父亲共同生活，也尽到了一些赡养义务，但他常因琐事对父亲非打即骂。虽然其父有可能存在一定程度的老年痴呆症，生活自理能力较差，有些行为甚至可能不可理喻，迫使其监护人不得不采取一些强制性的措施，但此类“措施”与本案中被告人的毒打行为显然不可同日而语，不能以此为由对其从轻处罚。被告人案发前一天甚至用竹棍抽打年逾六旬的老父。常年的虐待加上案发当天的连续踢踹，最终使身体消瘦、多病的父亲死亡。其行为已经在社会上造成了极恶劣的影响。如果不加以严惩，难以令群众理解、接受，更不利于遏制此类犯罪的再发。

第二，适用死刑要从社会效果与法律效果相统一的角度考虑，重视人民群众的感受，必要时可以进行调查。在索某1对父亲施暴时，有多名村民在场并劝阻，对于其平日的虐待行为也有村民的证言证实。在本案审理过程中，法院进行了走访调查，分别征询了村干部、普通村民及亲属的意见。其中，多数村民对被告人的行为持否定的态度。要求判处被告人死刑。说明其这种行为在社会上为人所不齿。此类民意调查意见在处理此类杀亲案件时具有重要的参考作用，是量刑时可以考虑的重要因素。

第三，伤害致死生父的行为不但与伦理道德不符，也与构建和谐社会的基本要求相违背。家庭是社会的基本组成部分，家庭和谐是社会和谐的前提。因此，严厉打击此类恶性案件，充分发挥刑法的教育、预防犯罪的作用，有利于正确引导公众行为，树立敬老尊贤的良好社会风气和伦理道德规范，维护社会的稳定、和谐。

综上所述，对待故意伤害致死尊亲属的案件，在把握死刑适用标准上一定要慎重，既要准确理解法律规定和刑事政策，也要充分考虑个案的情节和各方面的因素，力求判决结果达到法律效果与社会效果的有机统一。

问题14. 故意伤害致人死亡且被告人有多次前科的，如何正确适用死刑

【实务专论】①

刑法规定对故意伤害案件可以适用死刑的，只有两种情形：一是故意伤害致人死亡的；二是以特别残忍手段致人重伤造成严重残疾的。

故意伤害致人死亡案件适用死刑的问题。一般来说，故意伤害致人死亡案件与故意杀人案件相比，社会危害、被告人主观恶性程度均有所不同，所以适用死刑时，应当比故意杀人犯罪更加慎重，标准更加严格。一般情况下，对于暴力恐怖犯罪、黑社会性质组织犯罪、恶势力犯罪以及其他严重暴力犯罪中故意伤害他人的首要分子，起组织、策划作用或者为主实施伤害行为的罪行最严重的主犯，聚众打砸抢犯罪中发生的故意伤害致人死亡的首要分子，动机卑劣而预谋伤害致人死亡的，如果被告人没有从轻处罚情节，依法可以判处死刑立即执行。

以特别残忍手段致人重伤造成严重残疾案件的死刑适用问题。此类案件毕竟没有造成死亡后果，适用死刑应比造成死亡后果的故意伤害案件更加严格。笔者认为，应把握以下两个标准：一是手段特别残忍，即被告人采用使被害人承受极度肉体疼痛或精神痛苦的手段。如采用硫酸等化学物质严重毁容的，砍掉手脚的等等。二是造成被害人重伤致严重残疾。严重残疾的标准，在有关司法解释出台前，可参照1996年国家技术监督局发布的《职工工伤与职业病致残程度鉴定标准》确定残疾等级，即严重残疾是指下列情形之一：被害人身体器官大部缺损、器官明显畸形、身体器官有中等功能障碍、造成严重并发症等。残疾程度可以分为一般残疾（10至7级）、严重残疾（6至3级）、特别严重残疾（2至1级），6级以上为严重残疾。对于以特别残忍手段实施的伤害案件适用死刑立即执行的，一般以造成特别严重残疾为标准，即2级以上严重残疾。特殊情况下，如果被告人手段特别残忍，犯罪情节特别恶劣，比如以硫酸等化学物质毁人容貌的，虽造成4级以上严重残疾程度，也可适用死刑立即执行。

对于故意伤害案件适用死刑与否，要在标准上严于故意杀人案件。一般来说，对于具有下列情形的，可不判处死刑立即执行：因婚姻家庭、邻里纠纷以及山林、水流、田地纠纷等民间矛盾激化引发的；被害人有过错，或者对引发案件负有直接责任的；犯罪手段、情节一般的；被告人犯罪后积极救治被害人的，或者积极赔偿被害方经济损失并真诚悔罪的；被告人作案时刚满18周岁或已年满70周岁以上，且情节不是特别恶劣的；其他经综合考虑所有量刑情节可不判处死刑立即执行的，等等。

【刑事审判参考案例】刘某1故意伤害案②

一、基本案情

河南省郑州市中级人民法院经公开审理查明：2013年10月22日14时许，被害人刘某2（男，殁年48岁）约被告人刘某1一起到郑州市中原区国棉四厂杨某家中喝酒。刘

---

① 高憬宏、姜永义、王尚明：《故意杀人、故意伤害案件的死刑适用》，载《人民司法》2010年第3期。

② 张建英撰稿，欧阳南平审编：《刘某1故意伤害案——故意伤害致人死亡且被告人有多次前科的，如何正确适用死刑（第1273号）》，载最高人民法院刑事审判第一、二、三、四、五庭主办：《刑事审判参考》（总第115集），法律出版社2019年版，第44～48页。

某1在杨家楼下的地摊上随手购买了一把水果刀，并携带此刀进入杨家。其间，刘某1和刘某2酒后发生言语冲突，后刘某1拿起其刚刚购买的水果刀捅向刘某2胸部，致刘某2肺脏被刺破造成失血性休克死亡。

郑州市中级人民法院认为，被告人刘某1故意伤害他人身体，致一人死亡，其行为已构成故意伤害罪。刘某1随身携带刀具，动辄行凶，不计后果，致一人死亡，罪行极其严重，应依法严惩。刘某1曾因犯罪被多次判刑，人身危险性极大。刘某1虽愿意赔偿，但并无赔偿能力，也未实际赔付。依照《刑法》第234条第2款、第57条第1款之规定，判决被告人刘某1犯故意伤害罪，判处死刑，剥夺政治权利终身。

被告人刘某1上诉称，其事后让人帮忙拨打“120”，积极抢救被害人，原判量刑过重。

河南省高级人民法院经二审审理认为，被告人刘某1故意伤害罪行极其严重，且其曾三次被判刑，应依法严惩。虽然刘某1事后让他人拨打“120”，但其在救护车到来前即逃离现场。刘某1的人身危险性和社会危害性大，原审对其量刑并无不当。裁定驳回上诉，维持原判，并依法报请最高人民法院核准。

最高人民法院经复核认为，被告人刘某1故意伤害他人身体，其行为已构成故意伤害罪。刘某1酒后因言语不和而持刀捅刺被害人一刀，致其死亡，犯罪情节恶劣，罪行严重，应依法惩处。鉴于本案系琐事纠纷引发，刘某1作案后让他人打电话救治被害人，归案后认罪、悔罪，综合考虑其犯罪的事实、性质、情节和对社会的危害程度，对其可不判处死刑立即执行。第一审判决、第二审裁定认定的事实清楚，证据确实、充分，定罪准确，审判程序合法。依法裁定如下：

1. 不核准并撤销河南省高级人民法院维持第一审以故意伤害罪判处被告人刘某1死刑，剥夺政治权利终身的刑事裁定；

2. 发回河南省高级人民法院重新审判。

河南省高级人民法院经重新审判于2015年12月12日判处被告人刘某1死刑，缓期二年执行。

二、主要问题

故意伤害致人死亡，且被告人有多次前科的，如何准确适用死刑？

三、裁判理由

故意伤害犯罪侵犯公民的身体健康，社会危害性较大，而故意伤害致人重伤、死亡属于严重危害社会治安的暴力犯罪，一直是人民法院依法严惩的犯罪类型。但是，在造成被害人死亡的情况下，故意伤害致人死亡与故意杀人相比，被告人的主观恶性及人身危险性都有所不同，量刑时也需要予以区别对待，特别是对故意伤害致人死亡的被告人考虑适用死刑时，应格外慎重。从立法来看，故意伤害致人死亡犯罪和故意杀人犯罪，对应的法定刑都是十年以上有期徒刑、无期徒刑和死刑；从危害后果来看，二者均造成被害人死亡，判处死刑都符合“杀人偿命”的传统报应观念。因此，在司法实践中，如何正确区分二者的犯罪性质，对故意伤害致人死亡案件准确适用死刑，有一定难度。

本案是一起比较典型的因琐事纠纷引发的故意伤害致人死亡案件。在审理过程中对被告人刘某1是否应判处死刑存在两种意见：一种意见认为，刘某1随身携带刀具，动辄行凶，致一人死亡，且其曾因多次犯罪被判刑，人身危险性极大，应当判处其死刑。另一种意见认为，刘某1因琐事纠纷持随身携带的刀具行凶，致一人死亡，其虽有多次前科，但均属非暴力且被判处轻刑的犯罪，综合考虑其系酒后行为失控下作案、作案后对被害人有救助举动等因素，对其可不判处死刑立即执行。我们认为第二种意见更符合当前执行的死刑政策，具体分析如下：

（一）对故意伤害致人死亡的案件，犯罪手段特别残忍，情节特别恶劣的，才可以考虑判处被告人死刑

《刑法》第 234 条第 2 款规定，故意伤害致人死亡的，处十年以上有期徒刑、无期徒刑或者死刑。该条对三种不同刑罚由轻到重进行排列，从中可以看出，对于故意伤害致人死亡的，立法上要求首先考虑适用十年以上有期徒刑、无期徒刑，死刑是排在最后的，故只有在极个别情况下才可以考虑适用死刑。这与《刑法》第 232 条对故意杀人罪规定的刑罚由重到轻进行排列的情况正好相反，即故意杀人的，处死刑、无期徒刑或者十年以上有期徒刑，两个条款所反映出的立法意图存在明显区别。1999 年印发的《全国法院维护农村稳定刑事审判工作座谈会纪要》规定，故意伤害致人死亡，手段特别残忍，情节特别恶劣的，才可以判处死刑。这说明，在司法实践中，对故意伤害致人死亡案件要更加严格执行死刑政策，在把握是否适用死刑时也要更加严格。最高人民法院 2007 年统一行使死刑核准权后，严格控制故意伤害罪的死刑适用，一般仅对犯罪情节特别恶劣、手段特别残忍、造成特别严重后果的情形适用死刑，如以特别残忍的手段进行伤害并致被害人死亡或者严重残疾，为报复社会而伤害不特定人员致人死亡等情形。在个案中决定能否适用死刑，应对被告人的全部犯罪情节进行综合分析判断，以确定是否具备适用死刑的基础。

对于本案的犯罪情节，可以从以下几个角度进行分析：首先，从案发起因来看，被告人刘某 1 与被害人刘某 2 系朋友关系，当日刘某 1 应刘某 2 之约共同到另一朋友家喝酒，刘某 1 酒后因琐事与刘某 2 发生口角，引发本案。本案属于典型的因琐事纠纷引发的案件，刘某 1 系酒后一时冲动作案。虽然刘某 1 在前往喝酒途中购买了水果刀并带至现场，但买刀时其与刘某 2 并未发生矛盾，也没有证据证实其买刀时有犯罪的预谋，其主观恶性与预谋犯罪相比，相对较小。其次，从作案手段来看，刘某 1 仅捅刺被害人一刀，不属于作案手段特别残忍。刘某 1 发现刘某 2 受伤后，并未继续捅刺，作案手段有所节制。再次，从作案对象来看，刘某 1 与被害人刘某 2 系朋友关系，平时并无矛盾，刘某 1 因酒后偶发口角而持刀作案，作案对象特定，这与故意伤害不特定人员意图报复社会的犯罪相比，主观恶性和社会危害性都相对较小。最后，从刘某 1 作案后的表现来看，其在逃离现场前让朋友打“120”救治被害人，逃离后又通过他人打电话询问被害人伤情，这都反映出刘某 1 并不希望发生被害人死亡的结果，主观恶性相对较小。综合考虑上述情节以及本案致一人死亡的犯罪后果，可以认定本案属于情节一般的故意伤害致人死亡案件，不属于必须判处死刑立即执行的情形。

（二）对于被告人具有前科的，要根据前科的具体情形客观评估其人身危险性，不能一概而论

被告人的前科反映出的人身危险性，是量刑时需要予以考虑的情节。被告人构成累犯，应当依法从重处罚，尤其构成累犯的前罪是暴力性犯罪或者严重的非暴力性犯罪的，说明其人身危险性较大，对死刑适用的影响更大。如果被告人的前科不构成累犯，其前科情况也反映出其既往表现不佳，再犯可能性较大，可酌情从重处罚，但在决定是否适用死刑时应对前科作客观分析，综合前罪和后罪的具体情况评估被告人的人身危险性，

特别是再次实施严重暴力犯罪的可能性。也就是说，有前科不能当然成为适用死刑的理由，不能简单因被告人有前科就对原本可以不适用死刑的犯罪“升格”适用死刑。本案被告人刘某1有三次前科，但均系判处刑罚不超过三年有期徒刑的盗窃罪、诈骗罪等非暴力性犯罪，与其本次实施的故意伤害犯罪在性质和严重程度上都有明显不同，不能据此认定被告人再次实施严重暴力犯罪的可能性明显大于没有前科的被告人。即刘某1的三次较轻前科尚不足以导致对其“从重”至判处死刑立即执行。

综合上述理由，最高人民法院复核后依法裁定不核准被告人刘某1死刑，发回二审法院重新审判。

【刑事政策文件】

《最高人民法院关于印发〈全国法院维护农村稳定刑事审判工作座谈会纪要〉的通知》（1999年10月27日 法〔1999〕217号）

要注意严格区分故意杀人罪与故意伤害罪的界限。在直接故意杀人与间接故意杀人案件中，犯罪人的主观恶性程度是不同的，在处刑上也应有所区别。间接故意杀人与故意伤害致人死亡，虽然都造成了死亡后果，但行为人故意的性质和内容是截然不同的。不注意区分犯罪的性质和故意的内容，只要有死亡后果就判处死刑的做法是错误的，这在今后的工作中，应当予以纠正。对于故意伤害致人死亡，手段特别残忍，情节特别恶劣的，才可以判处死刑。

问题15. 将正在实施盗窃的犯罪分子追打致死的行为如何量刑

【刑事审判参考案例】闫某故意伤害案①

一、基本案情

河南省驻马店市新蔡县人民法院经公开审理查明：2008年1月7日夜23时许，安徽省临泉县陶老乡枣里店村村民钟某（被害人）伙同他人在临近的新蔡县杨庄户乡钟庄村腰东村民组偷盗耕牛时被腰东村村民发现。被告人闫某在追撵、堵截钟某时，持柴麦刀夯击钟某右侧肋部，致使钟某跌入水沟内。闫某又与同村村民持砖块砸击钟某，致使钟某死于沟内。经鉴定，钟某系因钝性外力作用致重型闭合性颅脑损伤、失血性休克致溺水窒息而死亡。

河南省驻马店市新蔡县人民法院认为，被告人闫某故意伤害他人身体，致人死亡的事实清楚，其行为已构成故意伤害罪。被告人闫某认罪态度较好，有悔罪表现，可酌情从轻处罚。被告人闫某虽然不具有法定减轻处罚情节，但被害人是盗窃他人财物时被发现、并在逃跑过程中被闫某打伤的，其本人具有重大过错，其死亡也是多种原因造成的，如果对被告人闫某在法定刑幅度内处以最轻的刑罚仍然过重，达不到法律效果与社会效果的统一。依照《刑法》第234条第1款、第2款，第63条第2款，第64条之规定，判决如下：

① 尚学文、王永贞撰稿，罗国良审编：《闫某故意伤害案——将正在实施盗窃的犯罪分子追打致死的行为如何量刑（第600号）》，载最高人民法院刑事审判第一、二、三、四、五庭主办：《刑事审判参考》（总第72集），法律出版社2010年版，第27～31页。

被告人闫某犯故意伤害罪，减轻判处有期徒刑五年。

一审宣判后，被告人闫某未提出上诉，检察机关未提起抗诉。

河南省驻马店市新蔡县人民法院依法逐级上报核准。

河南省驻马店市中级人民法院和河南省高级人民法院复核认定的事实和证据与原审判决认定的事实和证据相同，并同意原审对被告人闫某以故意伤害罪判处有期徒刑五年的刑事判决。

最高人民法院经复核后认为，被告人闫某持刀把击打他人身体并用砖块砸击他人的行为已构成故意伤害罪，且造成了被害人死亡的后果，依法应当在十年以上有期徒刑判处刑罚。但鉴于本案是由被害人盗窃公民财物的违法行为引发；被害人的死亡结果是多种原因、多人行为所致，不应由被告人一人承担全部责任；被告人认罪态度好等情节，对其可在法定刑以下判处刑罚。依照《刑法》第63条第2款、《最高人民法院关于执行〈中华人民共和国刑事诉讼法〉若干问题的解释》第270条的规定，裁定核准河南省新蔡县人民法院［2008］新刑少初字033号以故意伤害罪判处被告人闫某有期徒刑五年的刑事判决。

二、主要问题

将正在实施盗窃的犯罪分子追打致死的行为如何量刑?

三、裁判理由

《刑法》第20条规定：“为了使国家、公共利益、本人或者他人的人身、财产和其他权利免受正在进行的不法侵害，而采取的制止不法侵害的行为，对不法侵害人造成损害的，属于正当防卫，不负刑事责任。”同时规定：“正当防卫明显超过必要限度造成重大损害的，应当负刑事责任，但是应当减轻或者免除处罚。”本案被告人闫某是在被害人钟某盗窃被发现后的逃跑途中，对其进行“追撵、堵截”时，持柴麦刀夯击钟某右侧肋部，致使钟跌入水沟内，此后，又与同村村民持砖块砸击钟某，致使钟某死于沟内。此时被害人已停止盗窃，如果因对其进行抓捕，为有效阻止其逃跑，而实施了适当、必要且有限的轻微伤害行为是法律允许的，但被告人闫某不仅用刀将被害人打入水沟，还与他人共同用砖块将被害人砸死，其行为显然已不属于为使他人的财产权利“免受正在进行的不法侵害，而采取的制止不法侵害的行为”，故不能适用刑法关于“防卫过当”的规定对其减轻或者免除处罚。

《刑法》第61条规定，对于犯罪分子决定刑罚的时候，应当根据犯罪的事实、犯罪的性质、情节和对于社会的危害程度，进行判处。这是总的量刑原则，即对犯罪分子量刑时要充分考虑与犯罪有关的各种情节，从而正确确定刑罚。但对于没有法定减轻处罚情节的案件，要超出刑法规定的法定刑幅度进行减轻处罚，只能通过刑法规定的法定刑以下减轻处罚的特殊程序来处理。《刑法》第63条第2款规定，犯罪分子虽然不具有本法规定的减轻处罚情节，但是根据案件的特殊情况，经最高人民法院核准，也可以在法定刑以下判处刑罚。

如何正确理解本款的规定，对于实践中正确贯彻减轻处罚制度具有现实意义。根据该款规定，减轻处罚的根据是“案件的特殊情况”，对于“案件的特殊情况”，一般是指涉及政治、外交、国防、宗教、民族、统战等国家利益的情况。但是，随着社会的发展，国家除在对涉及整体社会利益的领域进行维护外，也更多地开始关注公民个人各项权利的充分实现和保护。对于刑事案件，由于个案情况有别，实践中常常出现一些对犯罪分

子判处最低刑罚仍显过重的情况，因此，《刑法》第63条第2款中的“特殊情况”，除了涉及国家利益的情况外，还应包括一些个案的情节特殊的情况，主要是反映被告人主观恶性、人身危害性、社会效果等方面的因素。

根据《刑法》第234条第2款的规定，故意伤害他人致人重伤的，处三年以上十年以下有期徒刑；致人死亡或者以特别残忍手段致人重伤造成严重残疾的，处十年以上有期徒刑、无期徒刑或者死刑。本案中，在对被告人闫某量刑时，除了考虑其故意伤害致一人死亡的基本事实外，还有以下情节需要考虑：（1）被害人有严重过错。根据查明的事实，被害人钟某当天夜晚是与他人进入被告人闫某所在村意图偷窃，并已经进入村民熊某家中。（2）本案发生的社会背景及在当地影响。案发前，当地发生多起村民被盗事件，当地群众对偷盗行为极为愤恨。案发时该县正在开展平安建设，鼓励群众自觉参加巡逻打更，积极同违法犯罪行为作斗争。案发后，该村村民对被告人很是同情，多次上访请愿，要求对闫某从轻处罚。（3）被害人死亡是村民多人致伤、多种原因造成的。被告人闫某发现被害人钟某后用柴麦刀的刀把朝钟右侧肋部夯了一下，致使其倒在水沟里，随后赶来的二三十名群众都拿砖头、土块砸水沟里的钟某。根据尸体检验报告显示，死者头面部、躯干部、四肢部有多处创伤，气管、支气管及食管内有大量污泥，经检验认为死者系重型颅脑损伤合并失血性休克、溺水窒息而死亡。由此可见，致使被害人死亡并非仅闫某一人所为。（4）被告人闫某认罪态度较好，且系初犯、偶犯，其人身危险性较小。

由上可见，被告人闫某故意伤害致死一人，依法本应在十年以上量刑，但本案在当前的社会治安形势下具有一定普遍意义，对被告人如何量刑直接关系到公民与违法犯罪行为作斗争的积极性，关系到法律在群众心目中的形象，也直接关系到法律效果与社会效果能在多大程度上做到有机统一。综合全案各种情节，即使在法定刑幅度内对其判处十年有期徒刑的最低刑，仍显过重。在考虑本案案发前因、被告人的伤害手段、犯罪时的主观故意、危害结果的成因及社会效果等因素的基础上，一审法院对被告人闫某在法定刑幅度下减轻判处有期徒刑五年，最高人民法院予以核准是正确的，很好地实现了法律效果与社会效果的有机统一，应予肯定。

问题16. 对采用灌、泼硫酸方式故意伤害他人的，如何把握死刑适用标准

【刑事审判参考案例】刘某1故意伤害案①

一、基本案情

湖南省郴州市中级人民法院经公开审理查明：被告人刘某1与刘某2、刘某2的侄子刘某3均系湖南省永兴县油麻乡高城村老高城组村民。2015年5月，刘某1与刘某2因琐事在刘某3家发生打斗，刘某1受伤。后刘某1要求刘某3赔偿医疗费，经村干部及当地派出所调解未果，遂起意用硫酸泼洒刘某3的孩子。刘某1从他人处骗得硫酸后，将硫酸倒入平时用来喝茶的塑料水壶中，准备作案。同年8月17日11时许，刘某1见刘某3

① 王秋玲、李彤撰稿，欧阳南平审编：《刘某1故意伤害——对采用灌、泼硫酸方式故意伤害他人的，如何把握死刑适用标准（第1287号）》，载最高人民法院刑事审判第一、二、三、四、五庭主办：《刑事审判参考》（总第117集），法律出版社2017年版，第31～34页。

的儿子刘某4（被害人，时年8岁）、女儿刘某5（被害人，殁年5岁）与其孙子在一起玩耍，便赶回家中拿出装有硫酸的塑料水壶，将刘某4、刘某5骗至村后山树林中偏僻处，强行给刘某4灌食硫酸，刘某4反抗，刘某1将刘某4按倒在地，将硫酸泼洒在刘某4的脸上、身上。刘某4挣脱后跑回村中求救。刘某1又强行将硫酸灌入刘某5口中，并朝刘某5的脸上、身上泼洒。作案后，刘某1主动向公安机关投案。刘某4、刘某5相继被送往医院抢救，刘某4经抢救脱险，刘某5经抢救无效于同月19日死亡。经鉴定，刘某5系被他人用强腐蚀性物质作用于体表和上消化道，致极重度烧伤，因呼吸、循环衰竭死亡；刘某4头面部、胸部、双眼球被硫酸烧伤，现双眼无光感，容貌重度毁损，评定为重伤一级、一级伤残。

湖南省郴州市中级人民法院认为，被告人刘某1采取强行灌食和泼洒硫酸的方式故意伤害他人，致一人死亡，一人重伤，其行为已构成故意伤害罪。刘某1因刘某3没有及时劝阻其与他人的厮打而迁怒于刘某3，继而用硫酸报复无辜的被害人，作案动机卑劣，犯罪手段特别残忍，后果特别严重，社会危害性极大，且不悔罪，虽有自首情节，但不足以从轻处罚。据此，依照《刑法》第234条第2款、第67条第1款、第57条第1款之规定，以被告人刘某1犯故意伤害罪，判处死刑，剥夺政治权利终身。

一审宣判后，被告人刘某1未提出上诉，检察机关未抗诉。湖南省高级人民法院经复核，裁定同意原判，并依法报请最高人民法院核准。最高人民法院于2017年4月24日核准了被告人刘某1死刑。

二、主要问题

对采用灌、泼硫酸方式进行故意伤害的案件，如何把握死刑的适用标准？

三、裁判理由

故意伤害罪和故意杀人罪都是侵犯公民人身权利的犯罪，但与故意杀人罪相比，故意伤害罪的社会危害性和被告人的主观恶性有所不同，适用死刑应当比故意杀人罪更加慎重，标准更加严格。从刑法对法定刑的配置看，故意杀人罪是“处死刑、无期徒刑或者十年以上有期徒刑”，而对故意伤害犯罪，是在“致人死亡或者以特别残忍的手段致人重伤造成严重残疾的”条件下，“处十年以上有期徒刑、无期徒刑或者死刑”。这种条件配置和轻重不同的法定刑排序，体现了立法对故意杀人罪和故意伤害罪适用死刑的不同态度。

从近年的司法实践来看，对故意伤害案件适用死刑，要综合考虑犯罪的起因、动机、目的、手段等情节，犯罪的后果，被告人的主观恶性和人身危害性等因素，全面分析影响量刑的轻重情节，根据被告人的罪责，并考虑涉案当地的社会治安状况和犯罪行为对人民群众安全感的影响，区分案件的不同情况对待，以确保死刑的慎重适用。其中，对于故意伤害致人死亡的被告人决定是否适用死刑时，要将严重危害社会治安的案件与民间纠纷引发的案件进行区分，将手段特别残忍、情节特别恶劣的与手段、情节一般的进行区分，将预谋犯罪与激情犯罪进行区分，等等。对于以特别残忍手段致人重伤造成严重残疾的故意伤害案件，适用死刑时应当更加严格把握，并不是只要达到“严重残疾”的程度就必须判处被告人死刑，而是要根据致人“严重残疾”的具体情况，综合考虑犯罪情节和“严重残疾”的程度等情况，慎重决定。对于以特别残忍手段造成被害人重伤致特别严重残疾的被告人，可以适用死刑立即执行。

本案是一起采用灌食、泼洒硫酸方式实施的恶性故意伤害犯罪案件。从起因来看，本案属于民间矛盾激化引发，与针对不特定对象实施的严重危害社会治安的故意伤害犯

罪有所不同，且被告人作案后投案自首，但是，本案从犯罪性质到犯罪情节、犯罪后果，都需要体现从严惩处：

其一，犯罪手段特别残忍，犯罪情节恶劣，后果极其严重。刘某1利用被害人刘某4、刘某5对长辈的信任，将二被害人骗至村外，当着自己孙子（时年5岁）的面，强行向刘某4灌食硫酸，遭到反抗后又朝刘某4身上泼洒，致刘某4面目全非。其孙子吓得大哭后，刘某1仍不罢手，又朝刘某5强行灌食和泼洒硫酸，致刘某5的体表和上消化道极重度烧伤死亡。刘某4消化道烧伤，双眼睑外翻、双眼球烧毁，鼻部大部分缺失变平畸形，口唇严重外翻，张口度仅能容二指，颏颈前部瘢痕严重连痂挛缩，左耳廓完全缺失，构成一级重伤、一级伤残。

其二，被害方对引发案件没有过错。根据查明的事实，刘某3既未唆使其叔叔刘某2殴打刘某1，也未参与刘某2和刘某1的打斗，对刘某1的损伤无法定赔偿义务。虽然刘某3未主动阻止刘某2与刘某1的打斗，但事发后已因此向刘某1道歉，并被刘某1的亲戚殴打，在情理上也不亏欠刘某1。在此情况下，刘某1仍起意报复刘某3，明知硫酸具有强腐蚀性，能严重毁容或致人死亡，预谋向刘某3的两个年幼的孩子灌食、泼洒硫酸，可谓犯罪动机十分卑劣。

其三，刘某1虽投案自首，但认罪态度一般，无明显悔罪表现。刘某1作案后向亲属表示感觉出了气，为家族争了光，归案后也仅承认向二被害人泼洒硫酸，二被害人的损伤是其所致，始终否认向二人强行灌食硫酸的犯罪情节，供述避重就轻，开庭时明确表示无法赔偿。经法院工作，刘某1的亲属仍拒绝代为赔偿，被害方对刘某1也不予谅解。此外，本案性质恶劣、后果极其严重，在当地引起极为恶劣的影响。综合上述理由，最高人民法院认为，本案是以特别残忍手段造成被害人死亡和特别严重残疾的案件，刘某1属罪行极其严重，故依法核准刘某1死刑。

需要指出的是，虽然本案被告人刘某1被核准死刑，但对故意伤害犯罪适用死刑整体上应十分慎重。泼硫酸通常被认为属于特别残忍的犯罪手段，但如在后果不属于极其严重，而只是致一人重伤，残疾等级也不是很高的情况下，则一般不判处死刑立即执行。此外，对于因民间矛盾激化引发的、犯罪情节和后果一般的伤害案件，被害人有过错或者对引发案件负有直接责任的伤害案件，被告人犯罪后对被害人积极施救或者积极赔偿、取得被害方谅解的伤害案件，一般不适用死刑。对于伤害案件，即使犯罪后果严重，只要犯罪手段不是特别残忍、情节不是特别恶劣的，也应本着化解社会矛盾、修复被破坏的社会关系的目的，尽量开展附带民事调解等矛盾化解工作，以确保死刑的慎重适用。

问题17. 多因一果故意伤害致死应如何处罚

【人民法院案例选案例】孙某、吕某故意伤害案①

［裁判要旨］

故意伤害案件中，若行为人的殴打行为与被害人自身疾病共同起大致相当的作用致

---

① 李奇才撰稿，李玉萍审稿：《孙某、吕某故意伤害案——多因一果故意伤害致死和法定刑以下量刑》，载最高人民法院中国应用法学研究所编：《人民法院案例选》（2016年第9辑·总第103辑），法律出版社2015年版，第85～93页。

使被害人死亡的，应当在法定刑以内根据殴打行为的作用大小予以处罚。

［基本案情］

法院经审理查明：被告人孙某、吕某与被害人吴某系偶然相遇的陌生路人。2015 年 1 月 30 日，上诉人孙某、吕某在无锡市崇安区汉昌东街乐家时尚酒店门口，因琐事与被害人吴某（醉酒状态）发生口角并引起争执后，采用拳打脚踢的方式对吴某进行殴打，致使其头部等多处受伤。后吴某被送至无锡市第三人民医院抢救时已死亡。经法医鉴定，吴某系因酒后头面部遭外伤作用引起弥漫性蛛网膜下腔出血致急性中枢神经功能障碍死亡。本案被害人吴某在案发时自身存在脑部疾病、心血管疾病、急性乙醇中毒等情况。案发后，孙某、吕某在公安机关如实供述了其犯罪事实。

［裁判结果］

江苏省无锡市崇安区人民法院经审理认为：被告人孙某、吕某故意伤害他人身体，致 1 人死亡，其行为均已构成故意伤害罪，且系共同犯罪。公诉机关指控被告人孙某、吕某犯故意伤害罪的事实清楚，证据确实充分，指控罪名成立。在共同犯罪中，被告人孙某、吕某作用相当，不区分主从犯。

关于被告人吕某及两辩护人提出的辩解辩护意见，综合评判如下：

1. 无锡市公安局物证鉴定所综合评析尸体检验，对提取检材的毒化检验、法医物证检验、法医病理学检验的检验结果出具法医学尸体检验鉴定意见：吴某符合因酒后头面部遭外伤作用引起弥漫性蛛网膜下腔出血致急性中枢神经功能障碍死亡。该鉴定意见已明确导致吴某死亡的直接原因就是弥漫性蛛网膜下腔出血致急性中枢神经功能障碍死亡。法医学尸体检验鉴定意见是由无锡市公安局物证鉴定所具有合法有效鉴定资质的鉴定人员依法作出的鉴定，鉴定过程客观、程序合法，鉴定方法科学，鉴定意见明确、合理，可以作为定案依据。

2. 吕某伙同孙某共同殴打吴某的事实，有吕某本人的供述及同案被告人孙某的供述、相关证人证言及现场监控视频加以证实并相互印证。被害人吴某身上的伤系被告人吕某、孙某共同伤害所致。吕某辩护人提出的现有证据无法证明死者的受伤部位是吕某击打所致的观点不能成立。作为共同犯罪人，被告人吕某应对其共同犯罪行为所造成的危害后果承担刑事责任。

3. 根据法医学尸体检验鉴定意见书，两被告人的殴打行为致使被害人头面部外伤，是引发被害人出现弥漫性蛛网膜下腔出血继而致急性中枢神经功能障碍死亡的直接原因，两被告人的故意伤害行为与被害人死亡的结果之间有直接因果关系，应对被害人死亡的结果承担刑事责任。但鉴于被害人生前急性乙醇中毒在其死亡结果中亦属参与因素，且两被告人在各自家属帮助下，与被害人家属达成赔偿协议，积极赔偿，取得谅解，对两被告人可酌情从轻处罚。

4. 本案因琐事引发，现有证据不足以证明被害人对引发犯罪存在法律意义上的过错。

5. 案发后，被告人孙某、吕某乘车逃离现场，在途经通江派出所站前商贸街警务室附近时，被接到报警的民警拦下后查获，故两被告人不属于自动投案。虽抓获吕某时，其正在打电话，但根据吕某本人交代，其是给一警察朋友打电话，想咨询一下此事会如何处理，电话刚打通还未说即被抓住。据此，并无证据表明吕某有自动投案的意愿，被告人吕某不构成自首。但两被告人归案后均能如实供述自己的罪行，均可依法从轻处罚。

江苏省无锡市崇安区人民法院于 2015 年 11 月 2 日作出（2015）崇刑初字第 110 号刑

事判决：

1. 被告人孙某犯故意伤害罪，判处有期徒刑十年，剥夺政治权利一年；

2. 被告人吕某犯故意伤害罪，判处有期徒刑十年，剥夺政治权利一年。

宣判后，原审被告人孙某、吕某均不服，向江苏省无锡市中级人民法院提出上诉称：法医学尸体检验鉴定意见书对吴某自身脑部疾病、心血管疾病、急性乙醇中毒等与其死亡结果之间是否有因果关系及对其死亡的影响程度未作明确分析论证，不能全面客观反映上诉人的行为与吴某死亡结果间的因果关系；认为吴某的死因除了殴打外，还有其脑部疾病、醉酒等其他重要原因。两辩护人提交了有专门知识的人胡某某、庄某某（现供职于北京华夏物证鉴定中心）以北京某科鉴咨询服务中心的名义出具的法医学书证审查意见书。其中提出的审查意见为，被害人吴某的死亡直接原因符合心源性猝死；他人殴打、醉酒状态、争吵、情绪激动等情况属于诱发因素。

出庭履行职务的检察员提出的意见是：原审判决认定事实正确，证据确实充分，定罪准确，审判程序合法，但考虑到被害人的死亡结果的多因性，一审对被告人均判处十年有期徒刑的量刑存在罪责明显不相适应的情况。建议二审法院依据《刑法》第63条第2款之特殊情况在法定刑以下量刑之规定改判。

江苏省无锡市中级人民法院于2016年1月21日作出（2015）锡刑终字第00165号刑事裁定：驳回上诉，维持原判。

［裁判理由］

法院生效裁判认为：上诉人孙某、吕某采用拳打脚踢的方式故意伤害他人身体，致一人死亡，其行为均已构成故意伤害罪，系共同犯罪。

关于上诉人孙某及两辩护人提出的被害人吴某死亡的直接原因符合心源性意外猝死，上诉人的殴打行为只是诱因之一的上诉理由和辩护意见，上诉人吕某和出庭履行职务的检察员提出的两上诉人殴打行为是导致被害人吴某死亡结果的原因之一的上诉理由和出庭意见，二审法院依据事实和证据综合评判如下：被害人吴某的死因符合酒后头面部遭外伤作用引起弥漫性蛛网膜下腔出血致急性中枢神经功能障碍死亡。理由：

1. 从形式要件看：无锡市公安局物证鉴定所出具的法医学尸体检验鉴定意见是由具有合法有效鉴定资质的鉴定人员依法做出的鉴定，鉴定过程客观、程序合法，鉴定方法科学，鉴定意见明确、合理，可以作为定案依据。

2. 从实质要件看：首先，上诉人孙某、吕某共同对被害人吴某头部实施了暴力击打行为的事实清楚，证据确实充分；其次，被害人吴某脑底血管虽有的见管壁厚薄不均，有的见玻璃体样变性，但肉眼观脑基底动脉环未见畸形、动脉瘤及破裂；最后，两上诉人的共同伤害行为与被害人吴某的死亡在因果联系上更为直接和密切。故法医学尸体检验对被害人吴某死亡原因的鉴定意见符合客观实际，应予采纳。两上诉人均应对其共同犯罪行为所造成的危害后果承担刑事责任。

关于上诉人吕某及其辩护人提出的吕某构成自首的上诉理由和辩护意见，二审法院认为，吕某在案发后离开现场途中被民警抓获，而吕某供述其被抓获时正在打电话给其警察朋友想咨询此事会如何处理，没有证据能够证实吕某有自动投案的行为和意思表示，故依法不构成自首。

关于上诉人吕某及两辩护人提出的被害人吴某对于本案的发生存在过错的上诉理由和辩护意见，二审法院认为，被害人吴某与上诉人发生争执，并不足以认定其对引发犯罪存在法律意义上的过错。

关于上诉人孙某、吕某及其辩护人、出庭检察员就本案量刑提出的上诉理由、辩护意见和出庭意见，二审法院认为，依据法律规定，故意伤害他人身体致人死亡，应处十年以上有期徒刑、无期徒刑或者死刑。原审法院在量刑时根据上诉人孙某、吕某的犯罪事实，结合被害人生前急性乙醇中毒在其死亡结果中亦属参与因素、两上诉人积极赔偿并取得谅解、归案后均能如实供述自己的罪行等量刑情节，对其予以最大幅度的从轻处罚后在法定量刑幅度内判处起点刑，所处量刑并无不当，符合罪责刑相适应的刑法原则。

因此，二审法院认为原审判决认定事实正确，证据确实充分，定罪准确，审判程序合法，依法驳回上诉，维持原判。

[案例注解]

本案的关键问题在于故意伤害案中由多种原因导致被害人死亡结果时，该如何依照《刑法》的规定对造成死亡的多种因素作出合理评价，被告人的伤害行为是否具有绝对的原因力，其他具有一定原因力的因素，如被害人自身疾病和醉酒状态等是否对最终的死亡结果起到了主导作用以至于可以减轻被告人的罪责和量刑。

一、类似案件在法定刑以下量刑的法律依据

《刑法》规定了罪责相适应的基本原则，同时在第63条第2款中规定："犯罪分子虽然不具有本法规定的减轻处罚情节，但是根据案件的特殊情况，经最高人民法院核准，也可以在法定刑以下判处刑罚。"对于"特殊情况"的理解，最高人民法院曾征求了全国人大常委会法工委的意见，得到的解释是：该条中的"特殊情况"主要是针对涉及国防、外交、民族、宗教等极个别特殊案件的需要，不是针对一般案件的规定。① 随着社会政治经济的发展变化，这一立法解释的严苛性使得量刑的一般公正与个别公正的矛盾十分突出。此时司法实践则根据个案实际发挥了积极的能动作用，逐渐放宽了"特殊情况"的标准，从近几年最高人民法院核准的法定刑以下量刑的案例看，"特殊情况"还包括民用涉枪涉爆、被害人有重大过错或伤害致死案件中被害人身体条件有特殊情况、经济犯罪中认罪态度好并积极退赃且非索贿性质的犯罪、家庭成员间基于被殴打、侵害而发生的伤害、杀人案件以及其他社会危害性不大、取得被害人谅解的案件。②

例如，在洪某故意伤害案③中，福建省高级人民法院经审理认为，被告人对被害人胸部拳击数下的行为一般情况下不会产生被害人死亡的结果，但其拳击的危害行为，与被害人情绪激动、剧烈运动及饮酒等多种因素介入"诱发冠心病发作"导致了死亡结果的发生。被害人身患冠心病，被告人事先并不知情，是一偶然因素。其先前拳击行为与被

---

① 参见全国人大常委会法制工作委员会编：《法律询问答复（2000—2005）》，中国民主法制出版社2006年版，第123～124页。

② 参见李剑弢、唐建秋：《法定刑以下判处刑罚的特殊情况和量刑》，载《人民司法》2015年第14期。

③ 该案已形成名为《洪某故意伤害案——故意伤害行为导致被害人心脏病发作猝死的如何量刑》案例研究文章，载最高人民法院刑事审判第一、二、三、四、五庭主办的《刑事审判参考》（总第49集）。具体案情：被告人洪某与曾某均在该市轮渡海滨公园内运营茶摊，二人因争地界曾发生过矛盾。2004年7月18日17时许，与洪某同居的女友刘某酒后故意将曾某同居女友方某发生争执。正好曾银好茶摊上喝茶的陈某（男，48岁）上前劝阻，刘某认为陈某有意偏袒方某，遂辱骂陈某，并与陈扭打起来。洪某闻讯赶到现场，挥拳连击陈某的胸部和头部，陈某被打后追撵洪某，追出二三米后倒地死亡。洪某逃离现场，后到水上派出所轮渡执勤点打探消息时，被抓获。经鉴定，被害人陈某系在原有冠心病的基础上因吵架时情绪激动、胸部被打、剧烈运动及饮酒等多种因素影响，诱发冠心病发作，管状动脑痉挛致心跳骤停而猝死。

害人死亡结果之间属偶然因果关系，被告人的行为与被害人死亡的结果具有刑法上的因果关系。被告人洪某系累犯，依法应从重处罚。以故意伤害罪，在法定刑以下判处有期徒刑五年，并依法报送最高人民法院核准。最高人民法院经复核后认为，被害人患有严重心脏疾病，洪某的伤害行为只是导致被害人心脏病发作的诱因之一，裁定核准福建省高级人民法院的刑事判决。同类案例还有最高人民法院以（2013）刑核字第16号刑事裁定书核准的刘某某等人故意伤害案、以（2006）刑复字第121号刑事裁定书核准的杨某某故意伤害案。这些都为该类案件在法定刑以下量刑提供了直接的法源依据。

根据类型化法律思维方法，该类案件在法定刑以下量刑所需的基本条件可以归纳为以下两个方面：第一，被害人存在身患特种严重疾病的事实，被告人事先并不知情，是一偶然因素。第二，被告人的伤害行为与被害人死亡结果之间纯属偶然间接事实因果关系，被害人自身疾病等因素对死亡结果具有一触即发的直接绝对原因力。不能满足全部条件的均不得适用法定刑以下量刑的规则。

二、法定刑以下量刑规则在本案中不适用

（一）本案中殴打行为仍然是最主要的致死原因

从司法鉴定意见看，法医学尸体检验鉴定意见书和法医病理学检验报告书均显示被害人吴某系因酒后头面部遭外伤作用引起弥漫性蛛网膜下腔出血致急性中枢神经功能障碍死亡，且病理学专业的人士分析认为，从现有材料综合来看外力作用对吴某的死亡是主要的。醉酒和脑底血管存在病理性改变也是导致死亡的因素，但作用没有外伤大。

上诉人提供的证据不足以推翻法医学尸体检验鉴定意见。从形式上讲，根据《刑事诉讼法》有关证据的规定，法医学尸体检验鉴定意见必须是由具有相关资质的人员作出，检测过程必须客观，程序合法，鉴定方法科学，才算是符合证明标准而被采用。本案中，一审法院判决所依据的由无锡市公安局物证鉴定所出具的法医学尸体检验鉴定意见完全符合这些形式要件，可以作为定案依据。而上诉人的辩护人所提供的北京某科鉴咨询服务中心出具的法医学书证审查意见书，以证明吴某死亡的直接原因符合心源性意外猝死，但并未提供该中心的相关资质证明。还申请有专门知识的人胡某某出庭证明，但胡某某并未提供其所述的有效依据。从实质上讲，首先，根据病理学检验报告书，吴某小脑延髓交界处蛛网膜下腔出血，小脑及脑干水肿，此两种情况可能导致吴某死亡时间较快。法医认为，如果在出血点见畸形、动脉瘤，则考虑吴某自身的脑血管病变的因素更大一些。但现有材料中未找到出血点，且肉眼观脑基底动脉环未见畸形、动脉瘤及破裂等情况，则考虑外伤的因素更大一些。其次，吴某脑底血管有的见管壁厚薄不均，有的见玻璃体样变性，说明吴某在生前原有脑血管病理性改变（高血压病人会有这种病理性改变），再加上案发时其系醉酒的状态，可导致血管更易扩张，更易破裂。总之，根据相关医学理论，猝死应当排除暴力因素，但吴某生前遭受孙某、吕某的拳打脚踢，无法排除暴力因素，故可以认定吴某并非猝死，亦非心源性意外猝死。

将这些医学检验状况纳入《刑法》的分析框架就是，被害人自身的病变和醉酒状态等情况从医学上考量，对被害人最终的死亡结果虽占有一定的原因力，即具有可大致量化的比例性质，但法律实践中对致死因素作用力的思维考量尚不足深入到按比例大小来进行精确微观量化对比分析从而定性伤害行为的性质。所以从法律的抽象性出发，只能在法律适用时对各种原因力因素作出较为宏观的定性分析。然而被害人的醉酒状态和自身个别身体部位的轻微病变等因素是案件发生前都已经长期存在的既有事实，其只能作为背景性原因力而存在。从相关医学分析和正常人的认知来看，这种背景性原因力的致死能力很弱，远远达不到一触即发而造成被害人死亡的程度。显然上诉人殴打行为的暴力程度足够强，且确实起到了极大并且主导性的作用，才造成了一般情况下可以正常存活的被害人死亡的严重后果。

（二）被害人的基础性病变一直存在并非偶发

根据《刑法》的一般原理，被告人只对自己的行为负责，当其行为与其他人的行为或一定自然现象竞合时，由他人或自然现象造成的结果就不能归咎于被告人。如先前案例，被害人心脏病发作的诱因众多，将这些诱因共同产生的被害人心脏病发作而死亡这一后果之责任全部由被告人承担显然与其罪责不相适应。①

从《刑法》条文看，对故意伤害他人致人死亡的法定刑是以故意伤害行为系被告人死亡的直接原因甚至唯一原因作为标准配置的。从语义解释的角度去理解，该法定刑的适用条件从《刑法》的严格性角度讲应该尽量趋向于伤害行为是造成死亡的唯一原因的程度，但是并不绝对，这只是《刑法》适用严肃性的需要，即其仍然适用于伤害行为与其他因素并行导致死亡但是伤害行为占直接主导作用的情形。本案中被告人的伤害行为与被害人死亡结果之间显然具有《刑法》上抽象直接的因果关系，该种因果关系在延续的过程中虽然有其他背景性因素的介入，但是尚不足以达到阻断原有因果关系运行从而致使伤害行为和被害人死亡结果之间呈现间接关联的状态。介入因素只是与殴打行为并行共同促成了被害人最终的死亡结果，所以，上诉人的伤害行为对造成死亡结果的直接性是不可否认的。

本案中的基础性病变是从法医学尸体检验鉴定和法医病理学检验中才得知的，并非外部直接诊断确诊的致死性病变，即该病变属于被害人随着年龄的增长而身体机能自然衰变而产生的结果，且在一段时间内是一直存在的。根据检验报告显示吴某原有心脏病变的基础，但不很严重，其乳头肌纤维断裂系镜下不是大面积，也不是肉眼所见，且急死会导致乳头肌纤维断裂。同时该病变不具有偶然爆发性，即不会像心脏病、冠心病等病变一样因特殊环境下的精神刺激和轻微外力即可触发死亡结果的偶发性。所以，本案中被害人自身存在的基础性病变与殴打行为一起并行对死亡结果所起的大致比例性作用不足以减轻被告人的罪责和量刑。当然，在对该类偶发性病变进行认定时要排除行为人明知的情况，即如果行为人明知被害人自身有某些一触即发并足以致死的疾病等因素存在的情况下，仍然借助偶然纠纷等外围环境因素实施了暗藏致死念头的故意伤害行为，最终导致被害人死亡的，应当作故意杀人罪处理。此时，其主观上可以是故意，也可是侥幸或者疏忽大意的过失。

（三）对错误诱因、打击部位等其他外围因素的考量

《刑法》中故意伤害罪针对的是行为人的作为和不作为的伤害行为，但是除开伤害行为之外的其他关键因素均属于外围因素。也正是对这些外围因素的考量在一定程度上决定着该类特殊案件的定性及在法定刑以下量刑的可能。从本案的起因看，当事人双方系偶然相遇的陌生路人，纠纷因行车琐事而起，即使认定被害人当时因为醉酒而存在非完

---

① 参见张思敏撰稿，沈亮审编：《洪某故意伤害案——故意伤害行为导致被害人心脏病发作猝死的如何量刑》（第389号），载最高人民法院刑事审判第一、二、三、四、五庭主办：《刑事审判参考》（总第49集），法律出版社2006年版，第26～31页。

全清醒意识下的辱骂或者出言不逊的行为，从现代社会相对于传统熟人社会的人与人之间交往的陌生性来讲是应当以谦容礼让或置之不理等更为文明合法的方式进行处理以减少矛盾纠纷的发生，而不是依仗人多势众随意将言语冲突上升为肢体冲突以宣泄私愤。即没有动手打人的现实紧迫性和普通公众习俗中人之常情上的事在人为性，完全是一方的强势逞能行凶的行为。从打击部位看，打击的是头面部等关键身体部位，而不是抗打击能力强、致死性较弱的其他身体部位。这表明行为人出手时的主观上恶性较大，完全忽视了作为社会成员对他人生命健康在法律上所负担的积极尊重和消极避让义务。这些关键外围因素的考量决定了《刑法》严格适用的必要性。

综上，本案中上诉人的故意伤害致死行为，无论是在法理上还是情理上都不具有作为特例予以在法定刑以下量刑的条件。《刑法》第 63 条第 2 款规定的特殊情况在法定刑以下量刑的规则主要是为了调和《刑法》严苛性一般公正与极端个案公正之间的矛盾，防止极端不公正个案的出现，而不是具有普遍适用意义的规则。因此，该规则在故意伤害致死这种严重暴力案件中，适用条件应当从严把握，这不仅有利于体现《刑法》对严重暴力致死犯罪的严厉打击以形成威慑，还有利于防止该条款成为某些人逃避法律责任的手段以维护司法公正和权威。

第四章
组织出卖人体器官罪

第一节　组织出卖人体器官罪概述

一、组织出卖人体器官罪概念及构成要件

组织出卖人体器官罪，是指行为人实施领导、策划、控制他人出卖人体器官的行为。本罪是2011年《刑法修正案（八）》第37条第1款增设罪名。

组织出卖人体器官罪的构成要件如下：（1）本罪侵害的客体是公民的生命、健康权利及社会秩序。犯罪对象一般是活体器官，也包括尸体的器官。（2）本罪在客观上表现为领导、策划、控制他人出卖人体器官的行为。（3）本罪的犯罪主体为一般主体，凡年满16周岁并具有刑事责任能力的自然人，均可构成组织出卖人体器官罪的主体。（4）本罪在主观方面只能由直接故意构成。司法实践中多以营利为目的，但不以营利为目的组织出卖人体器官的行为也可构成本罪。根据《刑法》第234条之一第1款之规定，犯组织出卖人体器官罪的，处5年以下有期徒刑，并处罚金；情节严重的，处5年以上有期徒刑，并处罚金或者没收财产。

二、组织出卖人体器官罪案件审理情况

通过中国裁判文书网统计，自2011年至2022年4月全国法院共审结一审组织出卖人体器官案件共计22件，二审共2件。相较于其他常见犯罪，组织出卖人体器官刑事案件整体数量不多。

司法实践中，组织出卖人体器官犯罪案件主要呈现出以下特点及趋势：一是网络化、信息化、链条化特征明显。行为人利用互联网找寻器官移植的“供体”“受体”及合作方，从而整合资源、提高效率，有专人负责招揽器官供需双方、体检配型、租赁场地用于器官移植、安排供需器官双方食宿、实施手术和协助手术、术后护理、运送人员等，各负其责，各管一环，分段分酬。二是团伙化、职业化、专业化明显。因涉及联络、供养、配型及安排手术等众多环节，需要多人参与才能完成，犯罪团伙内部具有较高的组

织性，多人分工，互相配合。三是犯罪主体年轻，由受害者转变成非法中介现象突出。四是因器官移植刚需一直存在和非法暴利的诱惑，完全肃清难度大。五是一些医务工作者、医院经不住利益诱惑，参与其中。

三、组织出卖人体器官罪案件审理热点、难点问题

一是对“人体器官”范围的理解认定。作为组织出卖人体器官犯罪对象的“人体器官”不同于我们日常生活中理解的“人体器官”，对“人体器官”范围的准确把握是认定组织出卖器官罪的前提。

二是对组织出卖人体器官罪中“组织”行为的理解认定。本罪中对组织行为的理解不能完全局限于“组织”的字面含义，否则难以适应司法实践打击犯罪的需要，将存在打击范围过窄的问题。

三是对情节严重的认定。目前尚无司法解释对本罪情节严重的情形予以明确规定，理论上观点不一，造成实践中裁判标准不统一。

四是对犯罪既遂的认定。因理论上本罪是行为犯还是结果犯存在争议，对犯罪客体的理解也有不同理解，进而在犯罪既遂的认定标准上也存在争议。

五是对本罪与相关犯罪的区分把握。本罪与故意伤害罪、故意杀人罪和盗窃、侮辱、故意毁坏尸体罪有一定交叉，在实践中需要厘清这几个相关犯罪的构成界限，准确定罪。

四、组织出卖人体器官罪案件审理思路及原则

一是严格依照《人体器官移植条例》对“人体器官”的规定把握本罪中犯罪对象“人体器官”的范围。《辞海》解释“器官”为：“多细胞生物体内由多种不同组织构成的结构单位，具有一定的形态特征，能行使一定生理功能。”《人体器官移植条例》第2条规定了人体器官移植的含义，“本条例所称人体器官移植，是指摘取人体器官捐献人具有特定功能的心脏、肺脏、肝脏、肾脏或者胰腺等器官的全部或者部分，将其植入接受人身体以代替其病损器官的过程。”随着人体器官移植技术的不断发展，可供移植的人体器官类型必将越来越多。人体器官一般不包括对人体正常机能影响不大的、没有医学移植价值的器官，如阑尾、智齿、扁桃体、男性包皮等。

二是对“组织行为”的界定。“组织行为”是指领导、策划、指挥、招募、雇佣、控制他人出卖人体器官的行为。组织出卖人体器官并非只有严密的组织协调才能实施，实践中通过网络、黑中介多人分段参与不同环节，各行为人之间前后衔接、结构松散、行为独立。如果仅处理起协调指挥作用的组织者，就无法打击其他环节上的参与人，因此实践中应对“组织行为”作扩大解释。对在共同犯罪中实施组织行为以外的其他帮助行为者，依共同犯罪从犯论处。

三是对“情节严重”的认定。所谓“情节严重”，在司法实践中主要是指组织多人出卖人体器官；多次组织他人出卖人体器官；组织他人出卖人体器官牟利数额较大；组织他人出卖人体器官造成严重后果；造成恶劣社会影响；跨境组织出卖人体器官等。

四是对犯罪既遂的认定。买卖活体器官，不仅危害到器官供体的生命权和健康权，其中涉及的一系列造假手续也对社会秩序产生很大的危害。虽然理论上存在争议，但最高人民法院认为本罪是行为犯，而非结果犯。行为人只要实施了组织他人出卖人体器官的行为，即可构成犯罪既遂，并不要求行为人的组织行为造成特定结果。牟利与否或者

器官是否成功摘取不影响本罪既遂。①

五是与相关犯罪的区别认定。在组织出卖人体器官案件中，被组织者即器官提供者对摘取其器官是事前自愿的，摘取器官之后得到同意的行为不能成为正当化的行为；违背器官提供者、死者及近亲属的意愿，摘取他人及尸体器官的不定本罪。根据《刑法》第234条之一第2～3款之规定，未经本人同意摘取其器官，或者摘取不满18周岁的人的器官，或者强迫、欺骗他人捐献器官的，依照故意伤害罪、故意杀人罪的规定定罪处罚。违背本人生前意愿摘取其尸体器官，或者本人生前未表示同意，违反国家规定，违背其近亲属意愿摘取其尸体器官的，依照盗窃、侮辱、故意毁坏尸体罪定罪处罚。这里应注意以下几点：（1）违背他人意愿摘取他人器官是构成故意杀人罪还是故意伤害罪，关键是看行为人是否具有剥夺他人生命的故意。如果行为人为非法摘取人体器官而故意杀害被害人，然后再摘取被害人的人体器官，或者以故意杀人为目的摘取被害人的重要器官致其死亡的，应以故意杀人罪从严惩处。器官摘移限非生命必须器官，倘若明知是生命必须器官或非生命必须器官超过必要限度，危及生命而摘取，不论承诺如何，不论是否强摘骗摘，任何摘取行为都该当杀人罪之构成，这是“生命不得承诺”的当然结论；倘若未得承诺摘取可摘移的器官，即便摘取行为致供者死亡，也至多系故意伤害致人死亡，而非故意杀人。（2）对于摘取不满18周岁的人的器官的行为，无论当事人是否同意，也无论是否取得其父母的同意，都依照故意伤害罪定罪处罚。（3）“强迫”应作广义理解。对于各种形式的强制、胁迫手段，只要导致他人无法反抗或者不敢抗拒，并非基于真实的意思表示而捐献人体器官，就构成“强迫”。（4）“欺骗他人捐献器官”，应判断欺骗下的被害人承诺是动机错误还是法益处置错误，若是前者（如隐瞒出卖意图劝捐的），不影响承诺效力，阻却伤害罪成立；若是后者（如摘取部位的欺骗、术后状况的隐瞒），则承诺无效，构成伤害罪。（5）《人体器官移植条例》第8条第2款规定：“公民生前表示不同意捐献其人体器官的，任何组织或者个人不得捐献、摘取该公民的人体器官；公民生前未表示不同意捐献其人体器官的，该公民死亡后，其配偶、成年子女、父母可以以书面形式共同表示同意捐献该公民身体器官的意愿。”公民生前未表示不同意捐献其人体器官的，该公民死亡后，仅有死者某个近亲属的同意，并不能成立推定同意。（6）盗窃尸体罪是妨害社会风化犯罪，客体是社会风尚和公共秩序。善良风尚包涵对逝者残存人格权益的尊重、亲属的情感寄托和社会善良风俗的维护，与盗窃罪可自由处分之财产权益截然不同。无论尸体在何处存放，均不影响尸体承载的善良风俗，社会法益不会因占有转移而变化。盗窃尸体之盗窃就是未得本人生前或近亲属同意取走尸体或者尸体器官的行为，尸体实际占有状态不影响盗窃尸体罪成立。

六是本罪的社会防控。本罪现在多数通过网络进行串联和组织团伙成员和器官供需买卖双方，因此公安机关网信部门应加强对网络信息和群组的筛查和梳理，及时发现犯罪线索。本罪中涉及的器官移植离不开医务工作者的参与，从过往的司法案例来看，也确有医院的医生经不住高额报酬诱惑参与犯罪，因此，有必要加强对医院医生的教育管理和规制惩戒制度的制定落实。

---

① 参见张思敏撰稿，沈亮审编：《洪某故意伤害案——故意伤害行为导致被害人心脏病发作猝死的如何量刑》（第389号），载最高人民法院刑事审判第一、二、三、四、五庭主办：《刑事审判参考》（总第49集），法律出版社2006年版，第26～31页。

第二节 组织出卖人体器官罪审判依据

我国对于器官移植的立法肇始于1984年，1984年出台的是《最高人民法院、最高人民检察院、公安部、民政部、卫生部关于利用死刑罪犯尸体或尸体器官的暂行规定》，但是，一般认为我国真正意义上的器官移植犯罪立法始于2001年上海市出台的《上海市遗体捐献条例》和2003年深圳出台的《深圳经济特区人体器官捐献移植条例》。我国器官移植的中央立法始于2006年3月国务院卫生部颁布的《人体器官移植技术临床应用管理暂行规定》，在此基础之上，国务院又于2007年出台《人体器官移植条例》。但是前述规定，仅是在行政法规和地方性法规层级的规制，没有上升到法律的层面。一直到2011年《刑法修正案（八）》我国才首次对器官移植犯罪作出规定，我国《刑法修正案（八）》在第37条第1款新增了“组织出卖人体器官罪”的有关规定，在《刑法》第234条后增加一条，作为234条之一，除此之外该条第2～3款还对未获同意摘取器官、违背他人意愿摘取器官、摘取未成年人以及尸体器官的行为规定以故意杀人罪或故意伤害罪定罪处罚。此后组织出卖人体器官的立法趋于稳定，再无变动。

法律、法规

（一）《中华人民共和国刑法》（2020年12月26日修正）

第二百三十四条之一 组织他人出卖人体器官的，处五年以下有期徒刑，并处罚金；情节严重的，处五年以上有期徒刑，并处罚金或者没收财产。

未经本人同意摘取其器官，或者摘取不满十八周岁的人的器官，或者强迫、欺骗他人捐献器官的，依照本法第二百三十四条、第二百三十二条的规定定罪处罚。

违背本人生前意愿摘取其尸体器官，或者本人生前未表示同意，违反国家规定，违背其近亲属意愿摘取其尸体器官的，依照本法第三百零二条的规定定罪处罚。

（二）《人体器官移植条例》（2007年3月31日）

第三条 任何组织或者个人不得以任何形式买卖人体器官，不得从事与买卖人体器官有关的活动。

第三节　组织出卖人体器官罪审判实践中的疑难新型问题

问题1. 发生在“组织出卖人体器官罪”出台之前的组织出卖行为应如何定罪处罚

【人民法院案例选案例】郑某等组织出卖人体器官案①

［裁判要点］

在组织出卖人体器官案件的审判实践中，对“组织”一词应作广义理解，凡实施领导、策划、控制他人进行所指定的行为活动都可以纳入此罪的适用范畴；对主观上明知而参与人体器官买卖活动的医务人员应以共犯论处。自愿出卖人体器官的供体提起的附带民事诉讼不应得到支持。

［基本案情］

法院经审理查明：2009年年底至2010年年初，被告人郑某在了解到北京市各大医院有大量肾病患者急需实施肾脏移植手术的信息后，经与北京某医院泌尿外科主任叶某接洽，以能够帮助该医院提供进行肾脏移植手术的患者以及尸体肾源为由，取得对方同意，确定由北京某医院作为其所提供他人已摘除肾脏的移植手术实施地点。同年3月，被告人郑某通过他人结识被告人周某1，并向周某1提出通过有偿收购肾脏的方式招募肾脏供体，非法实施人体肾脏摘除手术，由其组织人员将上述肾脏转售给肾病患者，进而谋取经济利益的方案。被告人周某1对郑某的上述提议予以应允，随后根据郑某的要求在徐州寻找实施人体肾脏手术的医疗机构和手术医师。同年4月至8月，被告人周某1承租了江苏省徐州市泉山区火花社区卫生服务中心，在此非法实施人体肾脏摘除手术数十例，由被告人郑某将摘除后的肾脏送往北京某医院，经郑某组织人员向29名患者收取肾源费用后，联系安排该29名患者在某医院实施了肾脏移植手术。在此期间，被告人郑某、周某1招募被告人赵某1作为肾脏摘除手术的主刀医师，被告人赵某1邀约被告人杨某参与实施肾脏摘除手术，被告人杨某召集单位同事赵某2（江苏籍，另案处理）作为麻醉师，协助完成手术；被告人郑某招募被告人支某负责供体的术后护理工作。

2010年9月至12月，被告人郑某承租北京市海淀区颐和山庄玉华园××号，将此处作为非法实施人体肾脏摘除手术的地点，实施人体肾脏拆除手术22例，由被告人郑某将摘除后的肾脏送往北京某医院，经郑某组织人员向29名患者收取肾源费用后，联系安排该29名患者在北京某医院实施了肾脏移植手术。被告人周某1、赵某1、杨某以及另案处理人员赵某2（江苏籍）在此期间继续参与手术实施相关工作，被告人支某不仅参与供体术后护理工作，亦与被告人樊某协助赵某1、杨某、赵某2（江苏籍）实施肾脏摘除手术；被告人郑某招募被告人王某1、王某2，在此从事供体手术前后的护理工作。

---

① 温小洁撰稿，李玉萍审编：《郑某等组织出卖人体器官案——组织出卖人体器官案件的法律适用》，载最高人民法院中国应用法学研究所编：《人民法院案例选》（2015年第2辑·总第92辑），人民法院出版社2017年版，第38~43页。

被告人郑某通过下列人员具体从事招募、管理供体以及联系介绍肾病患者的工作：被告人李某1自2010年5月、被告人赵某2（黑龙江籍）及周某2自2010年7月开始主要负责介绍肾病患者向被告人郑某购买肾脏；被告人翟某、刘某自2010年7月开始主要负责寻找肾脏供体，并在北京市海淀区西北旺镇六里屯村××号租住房屋，用以安置、管理肾脏供体，被告人翟某还参与介绍肾病患者李某2向被告人郑某购买肾脏；被告人王某3自2010年9月开始，积极协助被告人郑某，从事接送手术医生与肾脏供体、与受体商谈价格、向供体支付卖肾款、向翟某、李某1、赵某2、王某1、王某2等人支付报酬等工作；被告人苏某自2010年11月开始，在本市海淀区树村后营××号租住房屋，对供体进行管理。后被告人郑某等15人先后被抓获。

经核实，被告人郑某等人共非法买卖人体肾脏51个，涉案金额达人民币1034万余元。案发后，公安机关冻结涉案账户资金人民币160余万元，扣押现金人民币21 149.5元，扣押汽车1辆以及大量涉案物品。

［裁判结果］

北京市海淀区人民法院于2014年3月5日作出（2012）海刑初字第3637号刑事判决：被告人郑某犯组织出卖人体器官罪，判处有期徒刑十二年，罚金人民币200万元，剥夺政治权利三年。被告人周某1犯组织出卖人体器官罪，判处有期徒刑九年，罚金人民币50万元，剥夺政治权利二年。被告人赵某1犯组织出卖人体器官罪，判处有期徒刑七年六个月，罚金人民币15万元，剥夺政治权利一年。被告人李某1犯组织出卖人体器官罪，判处有期徒刑七年六个月，罚金人民币15万元，剥夺政治权利一年。被告人翟某犯组织出卖人体器官罪，判处有期徒刑七年六个月，罚金人民币15万元，剥夺政治权利一年。被告人赵某2犯组织出卖人体器官罪，判处有期徒刑六年六个月，罚金人民币10万元。被告人杨某犯组织出卖人体器官罪，判处有期徒刑六年六个月，罚金人民币10万元。被告人支某犯组织出卖人体器官罪，判处有期徒刑五年六个月，罚金人民币6万元。被告人周某2犯组织出卖人体器官罪，判处有期徒刑五年六个月，罚金人民币6万元。被告人王某3犯组织出卖人体器官罪，判处有期徒刑五年，罚金人民币5万元。被告人樊某犯组织出卖人体器官罪，判处有期徒刑四年，罚金人民币2万元。被告人刘某犯组织出卖人体器官罪，判处有期徒刑四年，罚金人民币2万元。撤销被告人苏某犯赌博罪，判处有期徒刑一年，缓刑一年，罚金人民币5000元之缓刑部分；被告人苏某犯组织出卖人体器官罪，判处有期徒刑三年，罚金人民币1万元，与前罪判处的刑罚并罚，决定执行有期徒刑三年八个月，罚金人民币15 000元。被告人王某1犯组织出卖人体器官罪，判处有期徒刑三年六个月，罚金人民币1万元。被告人王某2犯组织出卖人体器官罪，判处有期徒刑三年六个月，罚金人民币1万元。在案冻结的人民币1 658 191.32元及孳息、在案扣押的人民币21 149.5元以及其他相关物品，均依法处置。

宣判后，郑某、周某1、赵某2、周某2、樊某、王某1、王某2对判决不服，均提出上诉。北京市第一中级人民法院于2014年8月20日作出（2014）一中刑终字第2489号刑事裁定：驳回上诉人的上诉，维持原判。

［裁判理由］

法院生效判决认为：被告人郑某、周某1、李某1、翟某、赵某2、周某2、王某3、赵某1、杨某、支某、刘某、苏某、樊某、王某1、王某2为谋取经济利益，组织他人出卖人体器官，情节严重，其行为均已构成组织出卖人体器官罪，应予惩处。关于多名辩护人所提对本案被告人的行为定罪处罚缺乏法律依据，即使定罪，也应定非法经营罪的辩护意见。法院认为，对上述意见，应分为两个层次予以回应：首先，郑某等15名被告人的行为是否应当定罪处罚？按照理论通说，人体器官在我国属于禁止交易的物品，2007年5月1日起在我国施行的《人体器官移植条例》明确规定任何组织或者个人不得以任何形式买卖人体器官，不得从事与买卖人体器官有关的活动，这一规定将理论通说上升至国家法律层面。将人体器官作为商品买卖，不仅有违伦理道德，而且严重破坏了我国对于人体器官移植行为的管理秩序，给器官提供者与接受者的身体健康乃至生命安全带来巨大风险；同时，从事人体器官买卖活动的人员在高额利润的驱使下，还可能滋生其他违法犯罪活动。因此，基于上述法律规定以及郑某等人组织出卖人体器官活动的现实危害性，对其行为确有定罪处罚的必要。其次，对郑某等15名被告人行为的定性问题，即适用何种罪名予以处罚？被告人郑某等人非法买卖人体器官的行为确实发生在“组织出卖人体器官罪”这一罪名出台之前，但法庭注意到，对非法买卖人体器官的行为之前已有定罪处罚的先例，是以非法经营罪定罪处罚；那么在本案中，被告人郑某等人行为的基本模式就是通过压低供体出卖人体器官的价格，抬高受体购买人体器官的价格，从而赚取高额利润，郑某雇用、招募人员的所有活动都是围绕人体器官买卖这一核心环节进行；由此可以看出，被告人郑某等人的行为与之前因从事人体器官买卖活动依照非法经营罪定罪处罚的人员的行为在实质上并无差异。对于同种行为，由于《刑法》的修正，就产生了适用何种罪名的问题。我国《刑法》在这一问题上采用的是“从旧兼从轻”的立场，即在《刑法》修正前后，对同种行为均认为是犯罪的，则适用处罚较轻的法律规定。就被告人郑某等人的具体犯罪行为所应适用的法定刑幅度而言，在非法经营罪和组织出卖人体器官罪中，法定最高刑均为可判处十五年有期徒刑，并处没收财产；但在法定最低刑方面，非法经营罪是判处五年有期徒刑，并处违法所得一倍以上罚金，而组织出卖人体器官罪则是判处五年有期徒刑，并处罚金。根据相关司法解释，对成年被告人判处的罚金最低数额为人民币1000元，而本案各被告人的违法所得均远超1000元，那么在依照组织出卖人体器官罪定罪处罚时，判处的罚金数额会低于依照非法经营罪判处的数额。两相比较，在本案中，组织出卖人体器官罪的规定属于处罚较轻的法律规定。因此，对郑某等15名被告人的行为应依照组织出卖人体器官罪定罪处罚。

[案例注解]

组织出卖人体器官罪是《刑法修正案（八）》增设的罪名，在此之前，根据非法交易牟利的行为性质，司法实践中将出卖人体器官的行为纳入非法经营罪的范畴。但组织出卖人体器官罪在入罪后引发了一系列的新问题，在司法实践中，对此类案件的审理主要反映出如下突出法律适用问题：

一、“组织”的认定问题

对“组织”一词的理解，直接关系到该罪的具体认定。从审判实践来看，此类案件涉及的环节比较多，在郑某等15人组织出卖人体器官案中，该案从在网络上发布消息、联络供体、在供养地看管供体、带领供体体检、寻找及联系受体以及医务人员在供养地摘取肾脏，已经形成“一条龙”的买卖链条。在15名被告人中，有些行为人只涉及其中一个环节，有些人则涉及多个环节，对仅负责供体看护的行为人是否应当以组织人体器官买卖罪论处，就存在比较大的争议。我们认为，对“组织”应作广义理解，是指行为人实施领导、策划、控制他人进行其所指定的行为活动，就该案来说，在案证据证明涉

案15名被告人是以郑某为组织核心而形成的一个分工负责、且相互配合、使得各个犯罪环节能紧密衔接的犯罪团伙，在该团伙中，每名被告人都知晓其所从事活动的非法性，且所获报酬也均来自团伙转售他人器官的违法所得，所有成员既有共同犯意，亦有共同分赃之行为，符合共同犯罪的构成，均应以组织出卖人体器官罪定罪。当然，各行为人参与此团伙的时间、实际参加的程度、在共同犯罪中的地位、所起的作用各不相同，应根据具体的犯罪手段、后果及涉案金额等情节，区分主从犯依法判处适当的刑罚。

二、对参与人体器官买卖活动的医务人员法律责任追究问题

在此类案件中，从对供体的检查到器官的配型以及活体器官摘除到器官移植手术，所有的人体器官买卖中的重要环节没有医生的参与就没有办法进行，因此，严惩参与人体器官买卖的医疗机构或医生是减少人体器官买卖的关键环节。对于医务人员主观上明知为非法摘取行为，为了谋取不正当利益，而实施手术行为的，应与组织行为人构成共犯。在郑某案中，赵某1、杨某行医多年，且作为各自所在医院的业务骨干。对于如何合法合规开展医疗行为。二被告人有着清醒的认识，这是不可回避的常识性问题，而对于实施将肾脏摘除、移植手术的禁止性规定亦是心知肚明。虽有被告人郑某提供的一纸聘书作为掩护，但根据私自接诊、在无资质医疗机构实施手术，手术过程不进行记录种种有违常规的迹象，赵某1、杨某显然具备足够的鉴别能力，认识到相关肾脏摘除手术的非法性。因此，对此两名医务人员同样应以组织出卖人体器官罪定罪处刑。

三、出卖人体器官者是否有权提起附带民事诉讼的问题

审判实践中，此类案件中的出卖人体器官者在案发时有可能尚未得到“报酬”，在案件审理过程中，他们就会要求提起附带民事诉讼，法院是否应当受理，在实践中存在不同认识。在审理郑某等15人组织出卖人体器官案中，上述拿到卖肾费用的供体申请提起刑事附带民事诉讼，一审法院驳回了供体的申请。一审法院的处理是准确的。从法理上说，出卖人体器官者不论是出于何种原因，对行为的后果即身体上的伤害都应当是明知且自愿的，理应自行承担，对其提起的附带民事诉讼不应予以支持，也与《最高人民法院研究室关于对参加聚众斗殴受重伤或者死亡的人及其家属提出的民事赔偿请求能否予以支持问题的答复》（法研〔2004〕179号）的立法精神相符，“聚众斗殴的参加者，无论是否首要分子，均明知自己的行为有可能产生伤害他人以及自己被他人的行为伤害的后果，其仍然参加聚众斗殴的，应当自行承担相应的刑事和民事责任”。从社会效果来看，如果准许供体提出刑事附带民事诉讼或支持其诉讼请求，无疑会使社会公众产生人体器官买卖合法化的错误认识，违反严令禁止人体器官买卖的立法精神。

问题2. 组织出卖人体器官罪既、未遂以及情节严重如何认定

【刑事审判参考案例】王某等组织出卖人体器官案①

一、基本案情

江苏省泰兴市人民法院经审理查明：2011年9月至2012年2月期间，被告人王某纠

---

① 陈亚鸣、周军生、周军撰稿，李勇审编：《王某等组织出卖人体器官案——组织出卖人体器官罪既、未遂以及情节严重如何认定（第931号）》，载最高人民法院刑事审判第一、二、三、四、五庭主办：《刑事审判参考》（总第95集），法律出版社2013年版，第80～85页。

集被告人刘某、孙某、李某至泰兴市黄桥镇等地，组织他人出卖活体肾脏。刘某、孙某主要利用互联网发布收购肾源广告以招揽“供体”（指自愿出卖自己器官的人）；李某主要负责收取供体的手机和身份证、管理供体、为供体提供食宿、安排供体体检及抽取配型血样等；王某主要负责联系将肾脏卖出。四名被告人先后组织朱某、徐某、钟某、杨某等多名供体出卖活体肾脏，其中朱某由刘某招揽至泰兴市黄桥镇，后朱某离开，王某又向朱某提供了介绍去医院做肾脏移植手术人员的联系电话，朱某于2011年12月在河北省石家庄市一家医院实施了肾脏移植手术，得款人民币（以下币种同）3.5万元，经鉴定其左侧肾脏缺失，构成重伤；徐某在孙某招揽及王某安排下，于2011年12月在印度尼西亚雅加达市一家医院实施了肾脏移植手术，得款3.8万元，后因无法联系其损伤程度未能鉴定；王某从中得款3.8万元，并将此款用于钟某、杨某等供体的食宿支出。案发时，钟某、杨某尚未实施肾脏移植手术。泰兴市人民法院经审理认为，被告人王某、刘某、孙某、李某组织多人出卖人体器官，情节严重，其行为均构成组织出卖人体器官罪，且系共同犯罪，依法应当予以惩处。王某在共同犯罪中起主要作用，系主犯，依法应当按照其所参与的全部犯罪处罚；刘某、孙某、李某在共同犯罪中起次要作用，系从犯，依法应当减轻处罚；四被告人归案后均能如实供述自己的罪行，依法均可以从轻处罚；其中李某主动缴纳财产刑保证金，依法可以酌情从轻处罚。据此，依照《刑法》第234条之一第1款，第25条第1款，第26条第1款、第4款，第27条，第67条第3款，第64条之规定，江苏省泰兴市人民法院判决如下：

1. 被告人王某犯组织出卖人体器官罪，判处有期徒刑五年，并处罚金人民币4万元。

……（其他判罚情况略）

宣判后，被告人王某、刘某、孙某、李某未提出上诉，检察机关未抗诉，该判决已发生法律效力。

二、主要问题

1. 组织出卖人体器官罪是否以人体器官的实际摘取作为既、未遂的认定标准？

2. 本案是否属于组织出卖人体器官情节严重的情形？

三、裁判理由

（一）组织出卖人体器官罪不以人体器官的实际摘取作为认定既、未遂的标准

本案审理过程中，对四被告人构成组织出卖人体器官罪形成一致意见，但对具体犯罪停止形态存在不同认识。

一种观点认为，本罪应当以损害结果的发生，即以实际摘除出卖者的身体器官作为认定既遂的标准。具体理由：组织出卖人体器官罪侵害的主要客体是公民的人身权和健康权。只有当器官出卖者的身体器官被实际摘除，其人身健康权利受到具体侵害时，才能成立犯罪既遂。本案四名被告人先后组织多名供体出卖活体肾脏，其中部分供体被实际摘除肾脏，并进行了器官移植手术，应当认定为犯罪既遂，另有部分供体尚在血型配对中，或者因配对不成功而离开，对此部分犯罪应当认定为犯罪未遂，并在具体量刑中予以体现。

另一种观点认为，组织出卖人体器官罪是行为犯，行为人只要实施了组织他人出卖人体器官的行为，即可构成本罪，不应以损害结果的发生作为认定既遂的标准。本案四被告人组织出卖人体器官罪均应认定为既遂。

我们同意后一种观点，主要理由如下：近年来，随着器官移植技术在临床医学中的

广泛应用和发展，器官移植的供需矛盾突出，人体器官移植类违法犯罪行为时有发生。依法打击组织买卖或者变相买卖人体器官的违法犯罪行为，越来越受到理论界和实务界的关注。2011年2月25日颁布的《刑法修正案（八）》第37条第1款（作为《刑法》第234条第1款之一）规定："组织他人出卖人体器官的，处五年以下有期徒刑，并处罚金；情节严重的，处五年以上有期徒刑，并处罚金或者没收财产。"然而，由于上述对组织出卖人体器官罪的规定采用了简单罪状的表述方式，导致审判实践中对该罪的理解和适用存在种种争议。我们认为，对该罪的既、未遂形态的认定可以从以下几个方面进行分析：

1. 组织出卖人体器官罪属于典型的行为犯，行为犯不以犯罪结果发生作为既遂认定的要件。我国《刑法》分则规定了不少"组织型"犯罪，如第224条之一规定的组织领导传销活动罪、第333条规定的非法组织卖血罪、第358条规定的组织卖淫罪等。根据刑法理论通说的观点，组织型犯罪是行为犯，而行为犯一般不要求危害结果必然实现，只要危害行为实施完毕即构成犯罪既遂。"组织型"犯罪作为行为犯中的一种独特类型，其既、未遂的认定是以行为人的组织、策划或指挥行为是否实施完成来作为界定标准。具体到本罪，只要行为人基于出卖人体器官的目的，实施了指挥、策划、招揽、控制自愿出卖自身器官的人的行为，即构成本罪的既遂，而不需要出现器官被实际摘取等特定的后果。

2. 组织出卖人体器官罪所侵犯的客体是复杂客体，只要侵犯其一即可认定既遂。本罪既侵犯了公民的人身权利，也侵犯了国家医疗秩序。组织出卖人体器官行为，一方面容易诱使、鼓励处于经济困境的人为摆脱困境而出卖器官，严重损害出卖人的身体健康和生命安全；另一方面这种非法人体器官交易因缺乏监管，无法保证所出卖器官的安全性，这也可能危及器官受移植者的身体健康和生命安全。《人体器官移植条例》第3条明确了"任何组织或者个人不得以任何形式买卖人体器官"的刚性原则，并对人体器官的捐献、移植、法律责任，以及医疗机构从事器官移植应当具备的条件和承担的义务等都进行了具体的规定，目的就是规范人体器官移植活动，保证器官移植医疗行为能够有序开展。组织出卖人体器官行为使原本分散的、零星的出卖人体器官行为，由于组织行为的存在变得更具群体性、规模化，导致器官移植活动脱离国家监管，严重破坏国家器官移植医疗管理秩序。因此，即使出卖者未被实际摘取器官，但只要组织者的组织出卖人体器官行为实施完毕，国家器官移植医疗管理秩序受到严重侵害，即组织行为即构成既遂。

3. 以实际摘取器官与否作为本罪的既、未遂认定标准，与预防和惩治犯罪的立法意图相悖。组织出卖人体器官的行为客观上为人体器官的非法买卖推波助澜，只有斩断组织出卖行为这个非法买卖人体器官犯罪利益链条的关键节点，才能切断人体器官的非法来源，维护规范有序的器官移植医疗秩序。司法实践中，由于非法买卖人体器官犯罪一般具有被害人自愿有偿出卖器官（非自愿的情况下，应当以故意杀人罪、故意伤害罪等其他犯罪论处）、犯罪分子组织分工细化和作案隐蔽等特点，案件侦破、证据收集和认定往往会面临较大的困难。如果坚持以器官是否被摘取作为既、未遂的认定标准，显然不利于有效打击此类犯罪，与组织出卖人体器官罪的社会危害性以及当前打击此类犯罪的严峻形势不相适应。本案中，王某等四被告人实际供述的组织出卖器官人数远多于检察机关的指控，但由于部分出卖器官者下落不明，实际认定的摘取器官的数量并不多。但不管实际认定摘取的数量有多少，也不管被组织者是否实际被摘取器官，都不影响组织出卖人体器官罪既遂的认定。

（二）本案是否属于组织出卖人体器官情节严重的情形。

《刑法》第234条之一仅规定："情节严重的，处五年以上有期徒刑，并处罚金或者没收财产"。由于相关司法解释未对"情节严重"的具体认定进行解释或者明确标准，故本案审理过程中，对王某等四被告人的行为是否属于情节严重，存在不同认识。我们认为，判断本案四被告人的行为是否属于"情节严重"，不仅要综合犯罪动机、目的、行为、手段、客观损害等进行判断，而且要根据本罪侵害复杂客体的实际，结合针对侵犯公民人身权利罪、危害公共卫生罪等犯罪的法律以及相关司法解释的规定和精神进行判断。如危害公共卫生罪中的非法行医罪，《最高人民法院关于审理非法行医刑事案件具体应用法律若干问题的解释》第2条规定的情节严重的认定标准：（1）造成就诊人轻度残疾、器官组织损伤导致一般功能障碍的；（2）造成甲类传染病传播、流行或者有传播、流行危险的；（3）使用假药、劣药或不符合国家规定标准的卫生材料、医疗器械，足以严重危害人体健康的；（4）非法行医被卫生行政部门行政处罚两次以后，再次非法行医的；（5）其他情节严重的情形。

参照上述类似罪名的规定，我们认为，具有以下情形之一的，可以认定为组织出卖人体器官罪的情节严重：在医疗机构中执业的医务人员组织出卖的；组织多人（指三人以上，含三人）或者多次（指三次以上，含三次）出卖人体器官的；通过网络发布信息招揽、组织出卖的；组织未成年人出卖人体器官的；造成出卖人或者受移植人重伤、死亡等严重后果的；组织他人出卖人体器官非法获利数额巨大的；组织他人出卖人体器官造成恶劣的社会影响的，等等。

具体到本案，王某等四被告人在长达半年多的时间内，通过网络先后招揽、组织多人出卖人体器官，形成了分工明确的犯罪团伙；其中有两名出卖者实际实施了器官移植手术，一人经鉴定为重伤；该犯罪组织甚至组织向境外出卖人体器官，造成了恶劣的影响。综合这些情节，认定四被告人的行为构成组织出卖人体器官罪的情节严重，是适当的。

（三）被害人朱某出卖器官是否应当认定为被告人王某组织控制下的出卖行为

本案被害人朱某（器官出卖人之一）在等候王某安排器官移植期间因故离开，后王某向朱某提供了介绍去异地医院做肾脏移植手术人员的联系电话，朱某自行联系对方并接受了器官移植手术，王某等人未从该次移植手术中获取中介款。由此，王某辩称该起犯罪事实不应认定为其组织的犯罪。我们认为，朱某器官被摘除的后果是否应当纳入王某等人组织行为的范围，可以从以下两个方面进行分析：

其一，朱某为出卖自身器官而接受王某等人招揽来到江苏省泰兴市，王某等人为朱某提供食宿、安排验血配型并发布供体信息，此时王某等人对朱某出卖人体器官的组织行为即已实施完成，即便朱某最终未能移植器官，也不影响对王某等人组织其出卖人体器官行为的认定。

其二，朱某虽然在等候安排移植器官期间因故离开，但在离开时刘某曾明确要求朱某随时等候指令接受配型移植，后朱某也是按照王某等人的指令及提供的联系渠道，在异地成功实施了器官移植手术，其出卖器官的全过程均系通过王某等人的指示、安排最终得以完成。因此，朱某器官被摘除的后果应当纳入王某等人组织行为的范围。当然在具体量刑时，又有必要与其他组织摘除器官以及收取中介费的行为予以区别。

第五章
过失致人重伤罪

第一节 过失致人重伤罪概述

一、过失致人重伤罪概念及构成要件

过失致人重伤罪，是指过失伤害他人身体，致人重伤的行为。本罪原名为“过失重伤罪”，规定于1979年《刑法》第135条，1997年《刑法》第235条对该罪进行了规定，未对罪状进行修改，而将罪名改为“过失致人重伤罪”。

过失致人重伤罪的构成要件如下：（1）本罪侵害的客体是公民的健康权利，也即人的身体权，是自然人以保持其肢体、器官和其他组织的完整性为内容的人格权。其客体为身体即自然人的躯体，包括四肢、五官及毛发、指甲等。假肢、假牙等已构成肢体不可分离的一部分，亦应属于身体，但可以自由装卸的则不属于身体。（2）本罪在客观上表现为给他人身体造成重伤的行为。因此，应当在专业鉴定的基础上，参照《人体损伤程度鉴定标准》，正确认定伤害的结果是否符合《刑法》第95条规定的重伤标准。只有因过失行为造成重伤结果的，才构成犯罪；如果没有达到重伤的程度，则不构成犯罪。此外，行为人的行为与结果之间有直接因果关系。即行为人的行为直接地、必然地造成了这种重伤结果，行为人的行为是造成这一重伤结果的决定性的、根本的原因。如果重伤结果的产生并不是由该行为人的行为所直接决定的，或者受害人对于损害结果具有主要责任，侵权人仅负次要责任，也就不能追究行为人过失重伤罪的刑事责任。（3）本罪的犯罪主体为一般主体，即凡是年满16周岁并具有刑事责任能力的自然人，均能构成本罪。单位不能构成本罪的犯罪主体。（4）本罪在主观方面只能由过失构成，包括过于疏忽大意的过失与过于自信的过失。前者是指应当预见自己的行为可能发生被害人重伤的结果，由于疏忽大意而没有预见；后者是指已经预见到会发生损害结果而轻信能够避免，以致发生被害人重伤的结果。故意伤害的主观故意则是行为人明知自己的行为可能会造成他人身体健康受到伤害的结果，并且希望或者放任这种结果发生的心理态度。只有认定了行为人具有刑法意义上的伤害故意，才能最终认定行为人可能构成故意伤害罪，否

则就不能认定为故意，只能认定为过失。根据《刑法》第235条的规定，过失伤害他人致人重伤的，处三年以下有期徒刑或者拘役。本法另有规定的，依照规定。

二、过失致人重伤罪案件审理情况

因本罪要求行为人主观上为过失，致害结果为重伤，实践中易被过失致人死亡罪、交通肇事罪等罪名吸收，故该罪在司法实践中案件数量较少。

三、过失致人重伤罪案件审理热点、难点问题

1. 罪与非罪的认定。主要是对过失致人重伤与意外事件致人重伤的区别。

2. 此罪与彼罪的区别。一是过失致人重伤罪与故意伤害罪的认定；二是过失致人重伤罪与过失致人死亡罪的认定；三是过失致人重伤罪与交通肇事罪等其他罪名的认定。

3. 罪责刑相适应的问题。因本罪系过失型犯罪，特别是在本罪但书条款指向的其他罪名中不构成犯罪，而以本罪定罪处罚时如何做到罪责刑相适应是审理中的一大难点问题。

四、过失致人重伤罪案件审理思路及原则

1. 对正确区分过失致人重伤与意外事件致人重伤。对过失致人重伤与意外事件致人重伤的审理的重点应立足于以下两个方面：一是行为人对其过失行为致他人重伤的结果是否能够预见、应否预见；二是如果行为人尽到注意义务能否避免重伤结果的发生。第一点需要根据行为人的实际认识能力和行为当时的情况来考察。如果能证明行为人能够预见，则是过失致人重伤；如果现有证据不能认定行为人能够预见，则属于意外事件。第二点则需要根据案发时的情况具体分析，若行为人尽到充分注意义务仍不能避免危害结果的发生，则可能不构成过失，而属于意外事件。

2. 正确区分过失致人重伤与故意伤害。过失与故意的区分，不仅需要从被告人的供述方面着手，更重要的是综合案发时的具体情形，立足于双方前期有无矛盾、案发时的言行、被告人的行为方式等等综合判断。分析所得出的结论不能脱离一般民众的基本常识，严格依照法律规定来理解法律，使案件的处理结果符合常识、常情、常理，符合普通老百姓对公平正义的认知。在本罪的审理中，最难区分的是如何区分被告人轻微暴力致人重伤是过失致人重伤还是故意伤害。对此要同步审查行为致害危险程度和行为人主观罪过，以区分故意伤害罪和过失致人重伤罪。一是对轻微暴力行为进行攻击性行为和非攻击性行为的区分。非攻击性行为一般表现为猛然转身、甩手挣脱等，行为人没有加害被害人的故意，可以直接排除故意伤害罪。攻击性行为有些表现为推搡、掌掴、拍打等致害危险程度较低的行为，有些则表现为拳击头部、扼压颈部等致害危险程度较高的行为，但是被直接打击部位却没有明显伤势，对该类行为的认定就存在一般殴打行为与严重加害行为的分歧，继而影响行为人主观伤害故意与殴打故意的区分判断。行为的致害危险性可以通过打击工具、打击部位、打击力度、打击频次等行为构成要素综合判断，以此区分严重加害行为与一般殴打行为。严重加害行为应认定为故意伤害罪。而对于一般殴打行为，需要结合第一点的相关原则来判断是过失致人重伤还是意外事件致人重伤。

3. 正确区分过失致人重伤与过失致人死亡。对于因过失当场致人重伤，但由于伤势过重经抢救无效而死亡的案件，应认定为过失致人死亡罪而非过失致人重伤罪。因为在

两罪中，行为人对他人重伤、死亡的结果都存在过失。过失致人重伤与过失致人死亡的区别在于，过失行为最终引起的结果是重伤还是死亡。是重伤的定过失致人重伤，是死亡的定过失致人死亡。

4. 正确处理过失致人重伤与交通肇事等的竞合关系。当过失致人重伤构成犯罪的同时触犯其他《刑法》规定时，也就是出现竞合的情况，则适用特别法优于一般法的原则，适用特别法的规定予以处罚，不再适用过失致人重伤罪。如因为交通肇事等造成受害人重伤害的，那么将按照其具体罪名确定最终的处罚。

5. 坚持罪责刑相统一原则。本罪名的审理大都涉及民间矛盾纠纷，因此在审理过程中要坚持罪责刑相统一，充分利用刑事和解、调解、认罪认罚等刑事司法政策，依法灵活处理，做到政治效果、法律效果、社会效果三效合一。当被告人的犯罪行为特征符合其他《刑法》条文规定，但根据该条又不构成犯罪时，要根据宽严相济的刑事政策以及罪责刑相适应的原则灵活适用法律，在具体个案中判断行为人的主观恶性和社会危害性，对于仅造成一人重伤，而同样的犯罪情节在其他犯罪中不入罪的情况下，对其是否构成过失致人重伤罪应十分审慎，防止将过失致人重伤罪泛化为兜底型罪名。

第二节　过失致人重伤罪审判依据

我国 1979 年《刑法》把过失伤害他人致人重伤的行为单列出来独立成罪，罪名为“过失重伤罪”，并设置了两个量刑阶梯：基本犯判处二年以下有期徒刑或者拘役；情节特别恶劣的，判处二年以上七年以下有期徒刑。1997 年《刑法》对该罪进行了修改并规定于第 235 条之中，未对罪状进行修改，但将罪名改为“过失致人重伤罪”，并且取消了两个量刑阶梯的设置，仅规定了“处三年以下有期徒刑或者拘役”一个量刑档次。刑罚在整体上趋于缓和。此后历次刑法修订均未对该罪名进行变动。

关于过失致人重伤的罪名规定，随着司法实践的深入，除了规定在《刑法》第 235 条之外，还散见于诸如《最高人民法院、最高人民检察院、公安部关于依法办理“碰瓷”违法犯罪案件的指导意见》《最高人民法院关于办理涉窨井盖相关刑事案件的指导意见》《最高人民法院关于依法妥善审理高空抛物、坠物案件的意见》等司法解释中。

一、法律

《中华人民共和国刑法》（2020 年 12 月 26 日修正）

第二百三十五条　过失伤害他人致人重伤的，处三年以下有期徒刑或者拘役。本法另有规定的，依照规定。

二、刑事政策文件

（一）《最高人民法院、最高人民检察院、公安部关于依法办理“碰瓷”违法犯罪案件的指导意见》（2020 年 9 月 22 日　公通字〔2020〕12 号）

七、为实施“碰瓷”而故意杀害、伤害他人或者过失致人重伤、死亡，符合刑法第二百三十二条、第二百三十四条、第二百三十三条、第二百三十五条规定的，分别以故意杀人罪、故意伤害罪、过失致人死亡罪、过失致人重伤罪定罪处罚。

（二）《最高人民法院、最高人民检察院、公安部关于印发〈关于办理涉窨井盖相关刑事案件的指导意见〉的通知》（2020 年 3 月 16 日　高检发〔2020〕3 号）

三、对于本意见第一条、第二条规定以外的其他场所的窨井盖，明知会造成人员伤亡后果而实施盗窃、破坏行为，致人受伤或者死亡的，依照刑法第二百三十四条、第二百三十二条的规定，分别以故意伤害罪、故意杀人罪定罪处罚。

过失致人重伤或者死亡的，依照刑法第二百三十五条、第二百三十三条的规定，分别以过失致人重伤罪、过失致人死亡罪定罪处罚。

十、对窨井盖负有管理职责的其他公司、企业、事业单位的工作人员，严重不负责任，导致人员坠井等事故，致人重伤或者死亡，符合刑法第二百三十五条、第二百三十三条规定的，分别以过失致人重伤罪、过失致人死亡罪定罪处罚。

（三）《最高人民法院关于依法妥善审理高空抛物、坠物案件的意见》（2019 年 10 月 21 日　法发〔2019〕25 号）

7. 准确认定高空坠物犯罪。过失导致物品从高空坠落，致人死亡、重伤，符合刑法第二百三十三条、第二百三十五条规定的，依照过失致人死亡罪、过失致人重伤罪定罪处罚。在生产、作业中违反有关安全管理规定，从高空坠落物品，发生重大伤亡事故或者造成其他严重后果的，依照刑法第一百三十四条第一款的规定，以重大责任事故罪定罪处罚。

第三节　过失致人重伤罪审判实践中的疑难新型问题

问题 1. 电动三轮车是否为机动车？电动三轮车肇事致人重伤构成交通肇事罪还是过失致人重伤罪

【人民司法案例】徐某过失致人重伤案①

［裁判要旨］

行为人驾驶电动三轮车发生交通事故致人重伤，且负事故全部或主要责任的，应以过失致人重伤罪定罪处罚。

［案情］

法院审理查明：2016 年 10 月 31 日 18 时许，被告人徐某驾驶电动三轮车沿南京市六合区葛塘街道浦六南路由北向南行驶至桥北组 × 号附近时，因疏于观察，撞上前方同方向行走的余某，致其受伤。事故发生后，被告人徐某委托他人拨打 120 救助电话，救护车到现场后，余某拒绝到医院治疗并自行回到住处。当日 22 时 35 分，余某因头痛、腹痛入

① 吴世平、李永超：《电动三轮车肇事致人重伤构成过失致人重伤罪》，载《人民司法·案例》2019 年第 29 期。

院治疗，后其亲属报案。经鉴定，余某的损伤程度为重伤二级。经南京市公安局交通管理局第十大队认定，被告人徐某负此次事故的全部责任。经检验鉴定，涉案车辆最高车速22.6km/h，整车重量260kg，属正三轮轻便摩托车。

[审判]

公诉机关认为，被告人徐某过失伤害他人，致一人重伤，其行为构成过失致人重伤罪。

南京市六合区人民法院认为，被告人徐某违反交通运输管理法规，因而发生重大事故，致一人重伤，其行为构成交通肇事罪。其归案后如实供述罪行，系坦白，依法予以从轻处罚。公诉机关指控被告人徐某犯过失致人重伤罪，事实清楚，证据确实、充分，但指控罪名有误，依法予以变更。遂依照《刑法》第133条，第67条第3款，《最高人民法院关于审理交通肇事刑事案件具体应用法律若干问题的解释》（以下简称《解释》）第2条第2款第2项、第4项之规定，以被告人徐某犯交通肇事罪，判处有期徒刑一年六个月。

一审宣判后，被告人徐某不服，以一审法院量刑过重为由，提出上诉。被告人徐某的辩护人提出，涉案电动三轮车不属于机动车；事故责任认定书认定徐某承担全部责任有误，本案事实不清，证据不足，请求二审法院判决徐某无罪。

二审期间，公诉机关当庭出示了江苏省公安厅交通巡逻警察总队《关于车辆类型鉴定有关问题的答复》，该答复认为涉案电动三轮车应当认定为机动车。

二审法院认为，上诉人徐某驾驶电动三轮车，疏于观察撞伤他人，致人重伤，其行为构成过失致人重伤罪。原审法院认定事实清楚，但定性不当，二审法院予以纠正。关于辩护人提出涉案电动三轮车不属于机动车的辩护意见。经查，国家相关行政法规对机动车的牌照登记、行驶道路、驾驶人申领准驾车型的驾驶证以及交强险等均有明确规定，而本案中所涉电动三轮车显然不符合行政法规对机动车条件的规定，故不应当认定为机动车。该辩护意见成立，二审法院予以采纳。辩护人的其他辩护意见，二审法院不予采纳。二审法院撤销一审法院对被告人徐某的定罪部分，以徐某犯过失致人重伤罪，判处有期徒刑一年六个月。

[评析]

本案的争议焦点：涉案电动三轮车是否为机动车？被告人徐某的行为是构成交通肇事罪还是过失致人重伤罪？

本案涉案电动三轮车能否认定为机动车直接影响到案件的定罪。如认定为机动车，则按照交通肇事罪定罪处罚；如不能认定为机动车，则按照过失致人重伤罪定罪处罚。认为本案应以交通肇事罪定罪处罚的理由：电动三轮车是否认定为机动车应该根据其时速、整车质量、输出功率等技术属性来认定；本案公安交通部门的鉴定意见已经明确将电动三轮车认定为机动车，承办法官应依据该鉴定意见来认定涉案车辆的性质；涉案电动三轮车在道路上行驶时的危险性明显高于非机动车辆，驾驶该类车辆发生交通事故的危险性与驾驶机动车辆相当，出于对道路行驶安全性的考虑，理应认定为机动车。我们认为，应认定为过失致人重伤罪，具体理由如下：

《解释》第2条第2款规定："交通肇事致一人以上重伤，负事故全部或者主要责任，并具有下列情形之一的，以交通肇事罪定罪处罚：（一）酒后、吸食毒品后驾驶机动车辆的；（二）无驾驶资格驾驶机动车辆的；（三）明知是安全装置不全或者安全机件失灵的机动车辆而驾驶的；（四）明知是无牌证或者已报废的机动车辆而驾驶的……” 从上述司法解释的规定可以看出，交通肇事在致一人以上重伤且负事故全部或者主要责任的情况下，明确要求肇事车辆为机动车，只有认定肇事车辆属于机动车的，才能依法以交通肇事罪定罪处罚。

笔者认为，真正法律意义上的机动车具有两方面的属性，即技术标准属性和行政管理属性，相关车辆只有同时具备这两方面的属性，才能被认定为法律意义上的机动车。机动车的技术属性，是指相关车辆符合机动车的安全技术条件要求，具备相应的设备构成。机动车作为一种车辆，它具有驱动装置、转动和制动装置等技术条件和设备构成，不同性质的车辆具有不同的技术条件和设备构成。例如，小型轿车和自行车都是车辆，但二者在技术条件和设备构成上有实质性的差别，由于自行车不具备机动车所要求的技术条件，自行车也就理所当然地不属于机动车。因此相关车辆要认定为机动车，首先要符合机动车的技术标准属性。机动车的行政管理属性，也就是行政法规对机动车的管理作出了明确规定，相关车辆只有符合这些管理性规定，才可以认定为法律意义上的机动车，如果相关车辆不符合行政法规对机动车的管理规定，则不宜认定为法律意义上的机动车。和机动车这一概念性法律术语相类似的是药品，药品也具有技术标准和行政管理双重属性，作为某种药物，其物理、化学、安全性、有效性、稳定性等质量指标必须符合国家规定的标准，使其具有疗效，同时不存在《药品管理法》第 48 条规定的以假药论处的情形。如果某种药物具有医学上的疗效，但是尚未依法获得批准取得批准文号，则属于假药，不是法律意义上的药品。

《道路交通安全法》第 8 条、第 11 条、第 19 条分别对机动车的登记制度、行驶道路、申领准驾车型的驾驶证作出了行政管理方面的强制性规定，相关车辆只有在符合该规定的情况下才可以作为法律意义上的机动车进行管理。同时《刑法》第 133 条规定，构成交通肇事罪的前提是违反交通运输管理法规，该刑法条文对相关涉案车辆作出了行政管理范围上的限制。《道路交通安全法》第 119 条对机动车和非机动车的概念作出规定，该概念的界定实际上是按照相关车辆的技术标准和技术属性作出的。综观《道路交通安全法》可以看出，法律实际上已承认机动车要具备双重属性，即法律意义上的机动车要同时具备技术标准属性和行政管理属性。

一、机动车的技术标准属性

机动车的技术标准属性，是从客观要件的技术标准上认定相关车辆为机动车，如从车辆的时速、整车质量、动力装置等技术要素进行的认定。《道路交通安全法》第 119 条规定，机动车是指以动力装置驱动或者牵引，上道路行驶的供人员乘用或者用于运送物品以及进行工程专项作业的轮式车辆；非机动车，是指以人力或者畜力驱动，上道路行驶的交通工具，以及虽有动力装置驱动但设计最高时速、空车质量、外形尺寸符合有关国家标准的残疾人机动轮椅车、电动自行车等交通工具。该法律条文对机动车和非机动车作出了概念上的界定，这种界定是根据相关车辆的客观属性和技术标准进行的划分，符合机动车相关技术标准的车辆认定为机动车，反之认定为非机动车。在机动车的技术标准上，我国有明确的相关规定。根据《机动车运行安全技术条件（GB 7258—2012）》的规定，轻便摩托车，是指无论采用何种驱动方式，其最大设计车速不大于 50km/h 的摩托车。轻便摩托车包括两轮轻便摩托车和正三轮轻便摩托车，正三轮轻便摩托车是装有与前轮对称分布的两个后轮的轻便摩托车。根据《电动摩托车和电动轻便摩托车通用技

术条件（GB 24155—2009）》，该标准将 40kg 以上 400kg 以下、时速 20km/h 以上 50km/h 以下由电驱动的两轮或三轮车称为轻便电动摩托车或电动摩托车，并且划入机动车范畴。本案涉案电动三轮车经检验鉴定，其最高车速为 22.6km/h，整车重量 260kg，属正三轮轻便摩托车。根据上述两项国家标准的规定，我们认为，将案涉电动三轮车认定为机动车是技术标准属性上的认定，相关车辆的技术标准符合国家标准的规定，即认定为机动车。本案一审和二审阶段均有公安交通部门的鉴定意见或答复，均认定为机动车。虽然该认定结果具有合法性，但仅依据该鉴定意见或答复并不能认定涉案车辆为真正法律意义上的机动车。

二、机动车的行政管理属性

认定相关车辆属于真正法律意义上的机动车，不仅要求符合机动车的技术标准，还需要符合相关行政管理的法律规定，即属于行政管理上的机动车。我国行政法规对机动车的牌照登记、行驶道路以及交强险等管理都有强制性的要求。《道路交通安全法》第 8 条规定，国家对机动车实行登记制度。机动车经交管部门登记后，方可上道路行驶。尚未登记的机动车，需要临时上道路行驶的，应当取得临时通行牌证。第 11 条规定，驾驶机动车上道路行驶，应当悬挂机动车牌号，放置检验合格标志并随时携带机动车行驶证。第 19 条规定：驾驶机动车，应当依法取得机动车驾驶证。《机动车交通事故责任强制保险条例》第 2 条规定，中华人民共和国境内道路上行驶的机动车的所有人或者管理人，应当依照《道路交通安全法》的规定投保机动车交通事故责任强制险。通过上述四条规定可以看出，国家对机动车上道路行驶有较为严格的强制性规定，机动车必须挂牌登记、购买交强险、驾驶人申领准驾车型的驾驶证、按照规定的道路行驶。在实践中，电动三轮车上道路行驶是缺少法律依据的，我们国家没有对电动三轮车实行类似于机动车的严格管理，电动三轮车是不被允许挂牌登记、驾驶人也不申领驾驶证、不允许购买交强险的，且禁止在机动车道上行驶，所以电动三轮车在日常管理中是作为非机动车管理的。尽管其在技术标准上属于机动车，但不是《道路交通安全法》所规定的可以上道路行驶的合法机动车，不属于行政管理意义上的机动车。具体到本案电动三轮车的认定，笔者认同二审法院的观点，即国家相关行政法规对机动车的牌照登记、行驶道路、驾驶人申领准驾车型的驾驶证以及交强险等均有明确规定，而本案中所涉电动三轮车显然不符合行政法规的规定，故不应当认定为机动车。

交通肇事罪属于行政犯，行政犯是指违反行政法规，严重危害正常的行政管理活动而必须承担刑事责任的行为。其基本特点是违反了作为前置条件的相关行政法，并且危害严重，超出了行政法的规制范围，须承担刑事责任。[①]《刑法》第 133 条规定，违反交通运输管理法规，因而发生重大事故，致人重伤、死亡或者使公私财产遭受重大损失的，处三年以下有期徒刑或者拘役……从该条罪状的描述可以看出，驾驶车辆发生交通事故，构成交通肇事罪的前提是驾驶车辆的行为违反交通运输管理法规。《解释》第 2 条第 2 款规定了 6 种情形，该 6 种情形构成交通肇事罪的前提也是该行为违反交通运输管理法规。如驾驶车辆发生交通事故并没有违反交通运输管理法规，比如是在封闭的道路上或封闭的区域内发生交通事故致人重伤或死亡，则不宜以交通肇事罪定罪处罚，而应以过失致人重伤罪或过失致人死亡罪定罪。同理，电动三轮车并没有被纳入机动车范围进行管理，

---

① 张明楷：《行政刑法辨析》，载《中国社会科学》1995 年第 3 期。

也不属于行政管理上的机动车，不受相关机动车交通运输管理法规的约束，驾驶电动三轮车上路行驶不宜认定违反交通运输管理法规，那么驾驶电动三轮车发生交通事故致人重伤或死亡，就不宜按照交通肇事罪定罪处罚。

综上，法律意义上的机动车须同时具备技术标准和行政管理两方面属性，只有同时具备这两方面要求的车辆才能认定为法律意义上的机动车。具体到本案，一审和二审阶段均有公安交通部门出具的鉴定意见书或答复，认为涉案电动三轮车属于机动车，这并不意味着该车就毫无争议地应被认定为机动车。笔者认为，该认定结果是依照涉案车辆的最高时速、整车重量等技术标准作出的，并没有考虑到在实际管理中，此类电动三轮车不按照机动车进行管理。故本案中的鉴定意见或答复不宜作为认定案件事实的依据，徐某驾驶的电动三轮车不宜认定为机动车。因此，本案中，徐某驾驶电动三轮车发生交通事故，致人重伤，应以过失致人重伤罪定罪处罚。

问题2. 争抢买单致人重伤的刑事责任认定

【人民司法案例】刘某过失致人重伤案①

［裁判要旨］

通过对该案审判认定的事实及判决结果的分析，进一步明晰故意、过失以及意外事件的界分问题，特别需要注意犯罪的故意不同于日常生活中的故意；我国采用结果标准说来判断罪过；应当预见的判断标准是以主观为根据、客观为参考。

［案情］

2008 年 10 月 18 日 19 时许，刘某及牢友秦某等人至武汉市黄陂区祁家湾街康源农庄喝酒，5 人共喝了近 3 斤白酒和很多啤酒。酒后刘某与秦某为买单发生争执，在相互推拉的过程中，刘某多次将秦某推倒在地，致秦某小肠系膜破裂。经湖北中真法医鉴定所法医鉴定：秦某两处小肠系膜破裂，腹腔内积血，其损伤程度属重伤。案发后，刘某的近亲属赔偿秦某各项经济损失共计人民币36 000元。该案经武汉市公安局黄陂分局侦查终结，以刘某涉嫌故意伤害罪，于 2009 年 7 月 28 日向武汉市黄陂区人民检察院移送审查起诉。武汉市黄陂区人民检察院审查后，于 2009 年 8 月 27 日以刘某涉嫌故意伤害罪向武汉市黄陂区人民法院提起公诉。

［审判］

湖北省武汉市黄陂区人民法院审理后认为，根据被害人陈述、证人证言、法医鉴定、病历、被告人供述，足以认定被告人刘某属故意伤害他人身体致人重伤，其行为构成故意伤害罪。公诉机关指控的事实及罪名成立，对被告人刘某依法应予以刑事处罚。被告人刘某系刑罚执行完毕后 5 年内再犯应当判处有期徒刑以上刑罚，是累犯，依法应当从重处罚。案发后，被告人刘某的近亲属能积极赔偿被害人的损失并取得被害人的谅解，依法可以酌情从轻处罚。且被告人刘某能当庭认罪，依法亦可以酌情从轻处罚。依照《刑法》第 234 条第 2 款，第 65 条第 1 款和《最高人民法院、最高人民检察院、司法部关于适用普通程序审理“被告人认罪案件”的若干意见（试行）》第 9 条之规定，判决被告人刘某犯故意伤害罪，判处有期徒刑三年。

---

① 覃剑峰、安军：《争抢买单致人重伤的刑事责任》，载《人民司法·案例》2010 年第 10 期。

刘某不服上述判决，提出上诉。认为其没有伤害秦某的主观故意，也没有实施伤害秦某的行为，秦某受的伤是刘某和秦某酒喝多了，抢着买单拉扯中摔倒在地上造成的，秦某受伤只是一个意外事件。即使秦某受伤与刘某有关，也是秦某和刘某在喝多酒的情况下互相推拉，抢着买单，刘某失手造成的，而非刘某故意伤害行为造成的。一审法院认定事实不清，对上诉人以故意伤害罪（重伤）定罪量刑，属适用法律错误。

湖北省武汉市中级人民法院审理后认为，上诉人刘某与被害人系好友，为争抢买单而相互推拉致被害人倒地，主观上没有伤害的故意，属过失伤害他人身体，致人重伤，其行为已构成过失致人重伤罪。原审认定的事实清楚，证据确实、充分，审判程序合法。但原审定性不准，上诉人刘某及其辩护人关于上诉人刘某没有伤害被害人的故意，原审定性不准的上诉理由和辩护意见，二审法院予以采纳。案发后，刘某的近亲属能积极赔偿被害人的损失并取得被害人的谅解，依法可以酌情从轻处罚。刘某能当庭认罪，亦可依法酌情从轻处罚。据此，依照《刑事诉讼法》第189条第1项、第2项，《刑法》第235条和《最高人民法院、最高人民检察院、司法部关于适用普通程序审理“被告人认罪案件”的若干意见（试行）》第9条之规定，判决：（1）撤销武汉市黄陂区人民法院（2009）陂刑初字第264号刑事判决；（2）上诉人刘某犯过失致人重伤罪，判处有期徒刑一年。

［评析］

本案的关键在于被告人对自己为争抢买单而多次推倒被害人致其重伤的结果，是出于故意还是过失。

一、关于推拉行为的认定

本案争议的焦点之一是推拉行为的认定问题。按照我们一般的理解，被告人刘某为争抢买单而推拉被害人，显然是故意的。因为被害人与其争抢买单，被告人为了面子（因事发当天是被告人请客），必须得有意识地和被害人争抢，自然也会发生一些推拉行为。但是需要注意的是，这里所说的只是一般意义的故意，即日常生活中的故意，而日常生活中的故意严格区别于犯罪的故意。即日常生活中的故意只是表明行为人有意识地实施某种行为，并不具有犯罪的故意所要求的特定内容：对自己实施的危害社会行为及其结果的认识与希望或放任态度。换句话说，犯罪故意不仅是对行为事实的主观反映，而且要对事实的性质予以评价，也就是要明知结果的危害社会性质。所以仅凭单纯的推拉行为，无法认定被告人系出于犯罪故意的心态，而必须综合考察被告人在行为当时是否具备了犯罪故意所要求的特定内容。

二、被告人的主观罪过分析

根据我国《刑法》第14条、第15条的规定，行为人明知、预见的是对危害社会的结果的认识；希望、放任、轻信能够避免的是对危害社会的结果的态度。可见我国刑法中罪过的核心在于对危害结果的心理态度，也即结果标准说。正如有些学者所指出的，尽管危害社会的结果是由危害社会的行为造成的，但唯有危害社会的结果才能最终决定行为的危害社会的性质。对社会来说，危害社会结果在行为诸要素中居于主要地位，刑事责任的产生也缘于此。因此，结果标准说符合我国刑法的立法精神，揭示了罪过的核心所在，是我们应予坚持的鉴别罪过的可行标准。①

---

① 高铭暄主编：《刑法学原理》（第2卷），中国人民大学出版社2005年版，第4页。

本案中，即使认为被告人认识到被害人受重伤的危害结果会发生，也不能认定被告人为明知，因为明知意味着被告人认识到自己以多次推拉的行为方式对被害人造成重伤的结果。也就是说犯罪故意要求明知自己行为的内容、社会意义与危害结果。再者，被告人对自己的多次推拉而导致被害人倒地受重伤的结果不是积极追求的，只是为了争抢买单而已。换言之，如果被告人出于直接故意的心态，其就会想方设法，积极地实现犯罪目的，以便造成被害人重伤的结果。而所有的这些假设显然是与案情相违背的，更是不符合常理的。

值得注意的是，本案中被告人是多次将受害人推倒在地致其重伤，能否认为被告人主观上具有间接故意呢？即是否存在这样一种可能：被告人明知推拉对方可能会导致重伤的结果，但是为了面子而放任这种结果的发生。也就是说，被告人为了实现某种非犯罪意图而放任危害结果的发生。笔者认为被告人也不存在间接故意。

首先，虽然受害人小肠系膜破裂与被告人的推倒行为之间存在因果关系，但是法医鉴定并没有指出伤害是哪一次推倒在地所致。如果伤害是第一次被推倒所致，则被告人当时根本不能够预见这种推拉会将受害人推倒在地（因为如果不是在酒后，受害人不会那么容易被推倒在地），也不应当预见一般的一次推拉行为怎么可能导致被害人小肠系膜破裂？除非被害人是特殊体质，那么被告人就更不应当预见了，更谈不上放任伤害结果发生。

其次，如果伤害是后面几次推倒所致，被告人在实施后几次推拉行为时，确实应当预见到被害人可能会被推倒在地而仍然对其实施推拉，结果导致其重伤。而间接故意的意志因素——放任是对结果的一种听之任之、满不在乎、无所谓的态度。也就是说行为人既不是希望结果发生，也不是希望结果不发生，但仍然实施该行为，也不采取措施防止结果发生，而是听任结果发生，结果发生与否都不违背行为人的意志。而本案中考虑到被害人是被告人的牢友，并且事发当天是被告人请客等因素，被告人显然是反对危害结果发生的，结果的发生违背了被告人的主观意志。

一审期间，辩护人提出被告人的行为不是故意伤害，被害人受重伤只是一个意外事件。应当说其辩护意见有一定的合理性。如果伤害是由第一次推倒行为所致，则被告人当时根本不能够预见这种推拉行为会将受害人推倒在地并受重伤，因为在一般情况下相互推拉的行为不至于导致他人发生重伤的结果。从这点看，被害人受重伤是意外事件。但法医鉴定并没有指出伤害是哪一次推倒所致；且多次推拉是刑法中的一个行为，应当整体评价。所以本案不能定性为意外事件。

本案中，虽然一般情况下相互推拉的行为不至于导致他人发生重伤的结果，但当时的情况是被告人喝了酒，辨认和控制能力显然有所减弱，还能够抢着去买单，说明被告人并未完全丧失辨认和控制能力，应当是能够预见自己的行为可能发生危害社会的结果；并且被害人也喝了酒，醉酒的人自我防护能力比较低，因而在多次推拉中很容易摔倒，这是被告人应当预见到的。我们所说的应当预见的危害结果，是构成要件的结果，是刑法分则对过失犯罪所规定的作为构成要件要素的具体结果。这种具体结果不是绝对的，而是相对的，不要求行为人明确无误地预见会发生哪一种结果。本案中的被告人能够预见、应当预见到自己的多次推拉行为会导致被害人伤害的结果，但至于说该伤害的结果是被害人腿摔伤还是小肠系膜破裂伤等，则是不要求的。

总之，根据当时行为本身的危险程度——多次推拉致被害人倒地；行为的客观环

境——被害人喝了酒；以及行为人的认知能力——虽然喝了酒，但还抢着去买单，笔者判断被告人在当时的情况下是能够预见、应当预见危害结果的发生的。这显然不是意外事件。

既然本案中的被告人应当预见也能够预见，那么被告人到底是出于过于自信过失还是疏忽大意过失呢？在过于自信过失中，行为人之所以没有履行结果回避义务是因为其轻信能够避免，对危害社会的结果采取了消极不保护的态度。当然，其轻信应该是凭借了一定的主客观条件的，行为人往往会采取结果防止措施。而本案中的被告人不仅没有采取任何防范措施，而且为了争抢买单而多次推拉被害人致使其倒地受重伤。并且后来的证人证实即使被告人不推被害人也要倒，更是说明被告人不可能采取任何防范措施。也就是说在当时的情况下，被告人应当预见、能够预见自己的行为可能造成危害结果，为了争抢买单而没有履行结果预见义务，如果被告人在实施行为时，具有高度的责任心和足够慎重的态度，就不至于在行为时认识不到可能发生的危害社会的后果。

因此，根据以主观说为根据、以客观说为参考的标准，可以判定被告人主观上存在疏忽大意的过失，构成过失致人重伤罪。二审法院的判决是正确的。

第六章 强奸罪

第一节 强奸罪概述

一、强奸罪概念及构成要件

强奸罪，是指违背妇女意志，使用暴力、胁迫或者其他手段，强行与妇女发生性交，或者同不满 14 周岁的幼女发生性关系的行为。

强奸罪的构成要件如下：（1）本罪侵犯的客体是妇女性不可侵犯的权利或者幼女的身心健康。“妇女”，是指能够正常表达自己意志、年满 18 周岁的成年妇女和 14 周岁以上不满 18 周岁的少女；还包括不满 14 周岁的幼女，这是一种特殊形式的强奸犯罪。（2）本罪在客观上表现为以暴力、胁迫或者其他使妇女不能抗拒、不敢抗拒、不知抗拒的手段，违背妇女意志，强行与妇女发生性交的行为。其中，奸淫幼女的，只要与幼女发生了性行为，就构成犯罪，且只要行为人的生殖器官与幼女的生殖器官接触，即为强奸既遂。（3）本罪的犯罪主体为年满 14 周岁的男子。妇女教唆或者帮助男子强奸其他妇女的，可以构成强奸罪的共犯。（4）本罪主观方面由直接故意构成，并且具有强行奸淫的目的。间接故意和过失不构成本罪。

二、强奸罪案件审理情况

通过中国裁判文书网统计，2017 年至 2021 年间，全国法院审结一审强奸案件共计 117 662件，其中，2017 年有18 819件，2018 年有19 735件，2019 年有24 265件，2020 年有25 814件，2021 年有29 029件。强奸案件各年案件数量仅次于故意伤害罪，属于多发高发的案件。

司法实践中，强奸案件主要呈现出以下特点及趋势：一是犯罪者和被害人的范围均有扩大化趋势。从犯罪人员的情况来看，其年龄、身份、职业、生活和教育背景等跨度较大；而被害人年龄段也出现向低龄化和高龄化两级发展的现象。二是新类型强奸手段增多。社会性观念的解放、网络和社交平台的发达进一步打破了男性与女性接触屏障，

不同背景和条件的异性间接触更加便利。与采取暴力手段实施强奸的传统型犯罪相比较，已经出现了针对幼女施加小恩小惠进行“引诱型”强奸、针对女性采取下迷药、灌醉等方式的“迷幻型”强奸、虚构各类事实欺骗女性发生性关系的“欺骗型”强奸等新的作案形式，实施强奸的方式发生了较大变化。三是“熟人作案”特征仍然明显。一些统计数据显示，发生在纯粹陌生人之间的强奸案件并不常见，强奸行为往往发生在相识的人们之间，这种相识关系包括前夫前妻、男女朋友、邻里关系、朋友、同事、同学、同村落、同宗族、同圈子、同爱好等各类关系，或者在过去因为某些事情而打过交道的人。四是存在“反复作案”现象。部分案件中，加害人实施了一次强奸行为后并未停止对被害人的侵害，而是后续连续实施多次强奸行为。五是“报案不及时”情形较多。发生强奸行为后，被害人出于多种因素考虑，不及时向公安机关报案告发案件，存在“私了”“和解”等现象，加害人的行为得不到及时追究，公安机关取证也存在一定的困难。

三、强奸罪案件审理热点、难点问题

一是强奸与通奸的区分。通奸，是指有配偶的男女双方之间或者已有配偶的一方与他人之间，自愿发生不正当两性关系的行为。通奸没有违背妇女的意志，但在司法实践中，有的妇女与人通奸后却谎称是“强奸”，或者半推半就情况下发生的两性关系、事后意志发生变化的两性关系、虽有通奸关系，但是女方坚决拒绝继续保持关系等情形，对于司法认定强奸行为提出了难题。

二是区分利用特定关系和职权强奸妇女和基于互相利用发生性行为。对利用教养关系、从属关系，或者利用职权与妇女发生性行为的，妇女出于种种利益需要接受与其发生性关系的行为，是否认定为强奸，还存在不同意见，要立足案件本身查明的事实进行具体分析。

三是与特殊群体发生性交行为的认定。本罪保护对象是妇女，但具体到司法实践中，已经出现了行为人出于故意或者错误认知，与不同类型的女性精神病患者、不同程度的女性痴呆患者等特殊群体发生性行为的情况，此种行为需结合具体案件事实进行具体认定。

四是奸淫幼女案件中的特殊问题。当奸淫对象是幼女时，需要在区分不同情形下进行处理，如与不满14周岁的幼女因交往而自愿发生性行为的、与染有淫乱习性的幼女发生性行为、与发育成熟无法辨认年龄的幼女自愿发生性行为等情形，因具体案情的不同而导致司法处理结果不同。

五是新类型性交方法问题。强奸罪中性交的定义是较为传统的，发生性交的双方限定于男女之间，性交的方式限定于由男性生殖器官进入妇女生殖器官。但是随着当代人性观念的不断改变，实际生活中的性交方式已经发生了较大的变化，能够带来性满足的方式已经更加多元化，性交方式也逐步广义化。特殊的性交方式对被害人的伤害与传统的奸入伤害相当，除生殖器插入的强奸方式外，对于通过特殊方式进行性侵行为的是否纳入强奸罪予以打击也应当进行充分论证。

六是特殊职业中的违背妇女意志问题。当受害人是夜店、足浴店等地从事性交易的人员，遭到所谓“顾客”强奸时如何认定的问题。由于被害人所在行业的特殊性，被害人的真实意愿不易探知，对于被害人是否不自愿的情形，难以直接予以判断，需要在进一步查明事实的基础上予以认定。

七是“违背妇女意志”的界定问题。“违背妇女意志”属于强奸罪的犯罪客观方面要素，是判断是否构成强奸罪的核心要素。司法实践中，一般会通过查清被害人是否反抗以判明“违背妇女意志”。但各地司法机关对于被害人是否反抗、反抗的激烈程度与受害妇女个人意志之间关系的理解存在不同，导致裁判结果不一。

八是关于妇女强奸男性的问题。强奸罪中的直接正犯仅为男性，女性可以成为强奸罪的间接正犯或帮助犯，但是对于女性是否可以成为强奸罪直接正犯尚没有较为统一的共识。传统观点认为，女性不是强奸罪的直接正犯，不能直接强奸男性。但随着女性思想观念更新和生理特征的再认识，女性对待性的思想也产生了较大变化，开始日益重视性生活的质量以及对自己的实际价值，国内国外的司法实践中均已经发生了女性违背男性意志，利用影响力或者通过下药、逼迫、要挟等手段，强行和男性发生性交的案例。

九是同性间强奸问题。现行强奸罪的规定仍然主要针对男性强奸女性的犯罪行为，对于同性“强奸”特别是男性之间的“强奸”行为如何认定，尚未达成一致意见，司法实践中存在以猥亵、故意伤害等定罪量刑等处理方式。

十是婚内“强奸”问题。刑法中并没有明确规定丈夫能否作为强奸罪的主体。婚姻存续期间丈夫强迫妻子进行性行为，在理论上存在认识不一致的问题，主要存在肯定说、否定说和折中说三种观点，一般观点认为该种情形不构成犯罪。

四、强奸罪案件审理思路及原则

一是与时俱进正确理解立法精神及价值取向。要充分理解强奸罪的立法精神和立法本意，充分保障妇女性的不可侵犯的基本人权，对强奸行为依法予以打击。又要充分理解全社会对于性观念的变迁，充分、审慎对待每一个案件，坚持以事实为依据、以法律为准绳，严格依法惩处犯罪的同时，坚持保障人权，对于存在疑点的案件，积极查明案件真相，让司法机关的每一个决定经得起法律和事实的检验。

二是持续关注社会发展趋势。当前社会生活方式处于重大变化之中，强奸案件的发生背景、行为方式也日益多样化，在承办相应案件时，法官必须具备相关的社会知识。要注意保持与时俱进的心态，强化对于社会总体发展前进的基本敏锐度，对人心思潮和社会脉动有一个清醒认识，确保让判决与天理、民意和社会主流价值相契合。

三是始终坚持证据裁判。强奸案件存在一定的特殊性，往往存在言词证据多、实物证据少的情况，法官必须认真审查全案证据，尤其是对其中的言词证据要反复推敲，充分判断其真实性。要加强证据梳理，围绕本罪构成核心要素构建证据体系，保证犯罪各部分事实均有证据支撑。

四是准确适用法律规定和刑事政策。要充分掌握涉及强奸罪的法律规定、司法解释、相关指导性案例、参考性案例以及本罪背后的法理，融会贯通理解和运用。掌握刑事案件办理思路和方法，充分查清具体的犯罪事实，根据具体的犯罪情况，分清打击的重点，做到宽严相济。对所办理的案件要加强纵向的分析总结和横向的对比学习，持之以恒积累经验。

第二节 强奸罪审判依据

强奸罪是一项性质恶劣的刑事犯罪，严重侵犯妇女人身权利及性自由权，使妇女的身心健康遭受严重摧残，有的甚至造成被害妇女死亡、伤残的后果，因此，强奸罪也是刑法重点惩治的犯罪之一。我国1979年《刑法》第139条规定："以暴力、胁迫或者其他手段强奸妇女的，处三年以上十年以下有期徒刑。奸淫不满十四岁幼女的，以强奸论，从重处罚。犯前两款罪，情节特别严重的或者致人重伤、死亡的，处十年以上有期徒刑、无期徒刑或者死刑。二人以上犯强奸罪而共同轮奸的，从重处罚。"1997年修订《刑法》时对本条作了修改，删去第3款中"犯前两款罪，情节特别严重的"的表述对应处十年以上有期徒刑、无期徒刑或者死刑的情形作了具体列举，同时作了文字修改。

《刑法修正案（八）》中对于强奸罪的执行进行修改，第50条修改后规定：因强奸被判处死刑缓期执行的犯罪分子，人民法院根据犯罪情节等情况可以同时对其限制减刑；第81条修改后规定：因强奸被判处十年以上有期徒刑、无期徒刑的犯罪分子，不得假释。在《刑法修正案（九）》中删去了嫖宿幼女罪，意味着此后只要明知对方是未满14岁的幼女，仍与对方发生性关系的即成立强奸罪。

2020年颁布的《刑法修正案（十一）》对强奸罪进行了最新一次的修改，将过去第3款"在公共场所当众强奸妇女的"，修改为"在公共场所当众强奸妇女、奸淫幼女的"，同时新增了一款加重情节，即"奸淫不满十周岁的幼女或者造成幼女伤害的"，进一步加强了对幼女的保护。此外，强奸罪的一些其他相关规定还散见于拐卖妇女、儿童罪、负有照护职责人员性侵罪等罪中。

一、法律

《中华人民共和国刑法》（2020年12月26日修正）

第二百三十六条 以暴力、胁迫或者其他手段强奸妇女的，处三年以上十年以下有期徒刑。

奸淫不满十四周岁的幼女的，以强奸论，从重处罚。

强奸妇女、奸淫幼女，有下列情形之一的，处十年以上有期徒刑、无期徒刑或者死刑：

（一）强奸妇女、奸淫幼女情节恶劣的；

（二）强奸妇女、奸淫幼女多人的；

（三）在公共场所当众强奸妇女的；

（四）二人以上轮奸的；

（五）奸淫不满十周岁的幼女或者造成幼女伤害的；

（六）致使被害人重伤、死亡或者造成其他严重后果的。

第二百三十六条之一 负有照护职责人员性侵罪，对已满十四周岁不满十六周岁的未成年女性负有监护、收养、看护、教育、医疗等特殊职责的人员，与该未成年女性发生性关系的，处三年以下有期徒刑；情节恶劣的，处三年以上十年以下有期徒刑。

有前款行为，同时又构成本法第二百三十六条规定之罪的，依照处罚较重的规定定罪处罚。

第二百四十一条第一款、第二款 收买被拐卖的妇女、儿童罪，收买被拐卖的妇女、儿童的，处三年以下有期徒刑、拘役或者管制。

收买被拐卖的妇女，强行与其发生性关系的，依照本法第二百三十六条的规定定罪处罚。

二、司法解释

《最高人民法院、最高人民检察院关于办理强奸、猥亵未成年人刑事案件适用法律若干问题的解释》（2023 年 5 月 24 日　法释〔2023〕3 号）

第一条 奸淫幼女的，依照刑法第二百三十六条第二款的规定从重处罚。具有下列情形之一的，应当适用较重的从重处罚幅度：

（一）负有特殊职责的人员实施奸淫的；

（二）采用暴力、胁迫等手段实施奸淫的；

（三）侵入住宅或者学生集体宿舍实施奸淫的；

（四）对农村留守女童、严重残疾或者精神发育迟滞的被害人实施奸淫的；

（五）利用其他未成年人诱骗、介绍、胁迫被害人的；

（六）曾因强奸、猥亵犯罪被判处刑罚的。

强奸已满十四周岁的未成年女性，具有前款第一项、第三项至第六项规定的情形之一，或者致使被害人轻伤、患梅毒、淋病等严重性病的，依照刑法第二百三十六条第一款的规定定罪，从重处罚。

第二条 强奸已满十四周岁的未成年女性或者奸淫幼女，具有下列情形之一的，应当认定为刑法第二百三十六条第三款第一项规定的“强奸妇女、奸淫幼女情节恶劣”：

（一）负有特殊职责的人员多次实施强奸、奸淫的；

（二）有严重摧残、凌辱行为的；

（三）非法拘禁或者利用毒品诱骗、控制被害人的；

（四）多次利用其他未成年人诱骗、介绍、胁迫被害人的；

（五）长期实施强奸、奸淫的；

（六）奸淫精神发育迟滞的被害人致使怀孕的；

（七）对强奸、奸淫过程或者被害人身体隐私部位制作视频、照片等影像资料，以此胁迫对被害人实施强奸、奸淫，或者致使影像资料向多人传播，暴露被害人身份的；

（八）其他情节恶劣的情形。

第三条 奸淫幼女，具有下列情形之一的，应当认定为刑法第二百三十六条第三款第五项规定的“造成幼女伤害”：

（一）致使幼女轻伤的；

（二）致使幼女患梅毒、淋病等严重性病的；

（三）对幼女身心健康造成其他伤害的情形。

第四条 强奸已满十四周岁的未成年女性或者奸淫幼女，致使其感染艾滋病病毒的，应当认定为刑法第二百三十六第三款第六项规定的“致使被害人重伤”。

第五条 对已满十四周岁不满十六周岁的未成年女性负有特殊职责的人员，与该未成年女性发生性关系，具有下列情形之一的，应当认定为刑法第二百三十六条之一规定的“情节恶劣”：

（一）长期发生性关系的；

（二）与多名被害人发生性关系的；

（三）致使被害人感染艾滋病病毒或者患梅毒、淋病等严重性病的；

（四）对发生性关系的过程或者被害人身体隐私部位制作视频、照片等影像资料，致使影像资料向多人传播，暴露被害人身份的；

（五）其他情节恶劣的情形。

第六条 对已满十四周岁的未成年女性负有特殊职责的人员，利用优势地位或者被害人孤立无援的境地，迫使被害人与其发生性关系的，依照刑法第二百三十六条的规定，以强奸罪定罪处罚。

第十一条 强奸、猥亵未成年人的成年被告人认罪认罚的，是否从宽处罚及从宽幅度应当从严把握。

第十二条 对强奸未成年人的成年被告人判处刑罚时，一般不适用缓刑。

对于判处刑罚同时宣告缓刑的，可以根据犯罪情况，同时宣告禁止令，禁止犯罪分子在缓刑考验期限内从事与未成年人有关的工作、活动，禁止其进入中小学校、幼儿园及其他未成年人集中的场所。确因本人就学、居住等原因，经执行机关批准的除外。

三、刑事政策文件

（一）《最高人民法院、最高人民检察院、公安部、司法部关于印发〈关于办理性侵害未成年人刑事案件的意见〉的通知》（2023年5月24日 高检发〔2023〕4号）

第一条 本意见所称性侵害未成年人犯罪，包括《中华人民共和国刑法》第二百三十六条、第二百三十六条之一、第二百三十七条、第三百五十八条、第三百五十九条规定的针对未成年人实施的强奸罪，负有照护职责人员性侵罪，强制猥亵、侮辱罪，猥亵儿童罪，组织卖淫罪，强迫卖淫罪，协助组织卖淫罪，引诱、容留、介绍卖淫罪，引诱幼女卖淫罪等。

第十七条 知道或者应当知道对方是不满十四周岁的幼女，而实施奸淫等性侵害行为的，应当认定行为人“明知”对方是幼女。

对不满十二周岁的被害人实施奸淫等性侵害行为的，应当认定行为人“明知”对方是幼女。

对已满十二周岁不满十四周岁的被害人，从其身体发育状况、言谈举止、衣着特征、生活作息规律等观察可能是幼女，而实施奸淫等性侵害行为的，应当认定行为人“明知”对方是幼女。

第十八条 在校园、游泳馆、儿童游乐场、学生集体宿舍等公共场所对未成年人实施强奸、猥亵犯罪，只要有其他多人在场，不论在场人员是否实际看到，均可以依照刑法第二百三十六条第三款、第二百三十七条的规定，认定为在公共场所“当众”强奸、猥亵。

第三十一条 对十四周岁以上未成年被害人真实意志的判断，不以其明确表示反对或者同意为唯一证据，应当结合未成年被害人的年龄、身体状况、被侵害前后表现以及双方关系、案发环境、案发过程等进行综合判断。

（二）《最高人民法院、最高人民检察院、公安部、司法部印发〈关于依法办理家庭暴力犯罪案件的意见〉的通知》（2015年3月2日 法发〔2015〕4号）

三、定罪处罚

16. 依法准确定罪处罚。对故意杀人、故意伤害、强奸、猥亵儿童、非法拘禁、侮辱、暴力干涉婚姻自由、虐待、遗弃等侵害公民人身权利的家庭暴力犯罪，应当根据犯罪的事实、犯罪的性质、情节和对社会的危害程度，严格依照刑法的有关规定判处。对于同一行为同时触犯多个罪名的，依照处罚较重的规定定罪处罚。

（三）《最高人民法院、最高人民检察院、公安部、司法部印发〈关于依法惩治拐卖妇女儿童犯罪的意见〉的通知》（2010年3月15日 法发〔2010〕7号）

五、定性

20. 明知是被拐卖的妇女、儿童而收买，具有下列情形之一的，以收买被拐卖的妇女、儿童罪论处；同时构成其他犯罪的，依照数罪并罚的规定处罚：

（1）收买被拐卖的妇女后，违背被收买妇女的意愿，阻碍其返回原居住地的；

（2）阻碍对被收买妇女、儿童进行解救的；

（3）非法剥夺、限制被收买妇女、儿童的人身自由，情节严重，或者对被收买妇女、儿童有强奸、伤害、侮辱、虐待等行为的；

（4）所收买的妇女、儿童被解救后又再次收买，或者收买多名被拐卖的妇女、儿童的；

（5）组织、诱骗、强迫被收买的妇女、儿童从事乞讨、苦役，或者盗窃、传销、卖淫等违法犯罪活动的；

（6）造成被收买妇女、儿童或者其亲属重伤、死亡以及其他严重后果的；

（7）具有其他严重情节的。

被追诉前主动向公安机关报案或者向有关单位反映，愿意让被收买妇女返回原居住地，或者将被收买儿童送回其家庭，或者将被收买妇女、儿童交给公安、民政、妇联等机关、组织，没有其他严重情节的，可以不追究刑事责任。

（四）《最高人民法院印发〈关于贯彻宽严相济刑事政策的若干意见〉的通知》（2010年2月8日 法发〔2010〕9号）

二、准确把握和正确适用依法从“严”的政策要求

7. 贯彻宽严相济刑事政策，必须毫不动摇地坚持依法严惩严重刑事犯罪的方针。对于危害国家安全犯罪、恐怖组织犯罪、邪教组织犯罪、黑社会性质组织犯罪、恶势力犯罪、故意危害公共安全犯罪等严重危害国家政权稳固和社会治安的犯罪，故意杀人、故意伤害致人死亡、强奸、绑架、拐卖妇女儿童、抢劫、重大抢夺、重大盗窃等严重暴力犯罪和严重影响人民群众安全感的犯罪，走私、贩卖、运输、制造毒品等毒害人民健康的犯罪，要作为严惩的重点，依法从重处罚。尤其对于极端仇视国家和社会，以不特定

人为侵害对象，所犯罪行特别严重的犯罪分子，该重判的要坚决依法重判，该判处死刑的要坚决依法判处死刑。

22. 对于因恋爱、婚姻、家庭、邻里纠纷等民间矛盾激化引发的犯罪，因劳动纠纷、管理失当等原因引发、犯罪动机不属恶劣的犯罪，因被害方过错或者基于义愤引发的或者具有防卫因素的突发性犯罪，应酌情从宽处罚。

34. 对于因犯故意杀人、爆炸、抢劫、强奸、绑架等暴力犯罪，致人死亡或严重残疾而被判处死刑缓期二年执行或无期徒刑的罪犯，要严格控制减刑的频度和每次减刑的幅度，要保证其相对较长的实际服刑期限，维护公平正义，确保改造效果。

对于因犯故意杀人、爆炸、抢劫、强奸、绑架等暴力犯罪，致人死亡或严重残疾而被判处死刑缓期二年执行或无期徒刑的罪犯，要严格控制减刑的频度和每次减刑的幅度，要保证其相对较长的实际服刑期限，维护公平正义，确保改造效果。

对于未成年犯、老年犯、残疾罪犯、过失犯、中止犯、胁从犯、积极主动缴付财产执行财产刑或履行民事赔偿责任的罪犯、因防卫过当或避险过当而判处徒刑的罪犯以及其他主观恶性不深、人身危险性不大的罪犯，在依法减刑、假释时，应当根据悔改表现予以从宽掌握。对认罪服法，遵守监规，积极参加学习、劳动，确有悔改表现的，依法予以减刑，减刑的幅度可以适当放宽，间隔的时间可以相应缩短。符合刑法第八十一条第一款规定的假释条件的，应当依法多适用假释。

第三节　强奸罪审判实践中的疑难新型问题

问题 1. 如何认定强奸致被害人重伤、死亡或者造成其他严重后果

【刑事审判参考案例】陆某强奸案[①]

一、基本案情

广东省肇庆市中级人民法院经审理查明：被告人陆某要求林某 2（同案被告人，已判刑）介绍女子与其发生性关系。2005 年 3 月 19 日晚，林某 1（同案被告人，已判刑）、林某 2 以吃烧烤为由将林某 2 同学袁某某（女，殁年 16 岁）骗至林某 1 家中，并用玩“扑克牌”赌喝酒的方法，意图灌醉袁后与其发生性关系。至晚上 11 时许，二人意图不能得逞，又以送袁某某回市区为由，驾驶摩托车将袁某某骗至四会市大沙镇大旺桥底。途中，林某 1 用电话通知了陆某。陆某驾驶摩托车来到桥底后，即上前搂抱袁某某并将其按倒在地，袁某某不从、反抗并喊“救命”，陆某即对袁某某进行殴打，林某 1 亦上前帮忙按住袁某某的双手，让陆某脱去袁某某的裤子，强行将袁某某奸污。事后陆某因手指被袁某某咬伤很恼火，将爬到河边的袁某某一脚踢落水中。经尸体检验鉴定：被害人袁

① 杨志华、冉容撰稿，薛淑兰审编：《陆某强奸案——如何认定强奸致被害人重伤、死亡或者造成其他严重后果（第 514 号）》，载最高人民法院刑事审判第一、二、三、四、五庭主办：《刑事审判参考》（总第 65 辑），法律出版社 2014 年版，第 24 ~ 31 页。

某某因溺水死亡。

广东省肇庆市中级人民法院认为：被告人陆某违背妇女意志，以暴力手段强行与妇女发生性行为，其行为已构成强奸罪；陆某为发泄在强奸过程中造成的伤痛，故意将被害人踢落河水中，致被害人溺水死亡，其行为又构成故意杀人罪，依法应数罪并罚；在强奸共同犯罪中，陆某直接实施暴力强奸，起主要作用，是主犯，依照《刑法》第232条、第236条、第26条、第57条第1款、第64条、第69条的规定，判决如下：被告人陆某犯故意杀人罪，判处死刑，剥夺政治权利终身；犯强奸罪，判处有期徒刑十年；数罪并罚，决定执行死刑，剥夺政治权利终身。

一审宣判后，被告人陆某提出上诉，理由如下：其因被害人反抗，强奸没有完成，属于强奸未遂；其没有将被害人踢下水，被害人之死存在自杀、醉酒的可能，原判认定其犯故意杀人罪的事实不清，证据不足，请求发回重新审理。

广东省高级人民法院经审理认为：被告人陆某违背妇女意志，以暴力手段强行与妇女发生性行为的行为已构成强奸罪；其为泄愤故意将被害人踢入河中，致被害人溺水死亡的行为又构成故意杀人罪，依法应数罪并罚。原判认定事实和适用法律正确、量刑适当、审判程序合法。依照《刑事诉讼法》第189条第1项的规定，裁定驳回上诉，维持原判，并依法报送最高人民法院核准。

最高人民法院经复核确认：被告人陆某要求林某2（同案被告人，已判刑）介绍女子跟他发生性关系。2005年3月19日晚，林某1（同案被告人，已判刑）和林某2经密谋将袁某某（被害人，16岁，初三学生）骗至四会市大沙镇林某1家中，用玩“扑克牌”赌喝酒，企图将袁某某灌醉后让陆某与其发生性关系。至晚上11时许，二人见不能得逞，又以送袁某某回市区为由，驾驶摩托车将袁某某骗至大沙镇大旺桥底。途中，林某1用电话通知了陆某。陆某驾驶摩托车到达大旺桥底后，上前搂抱袁某某，将袁某某按倒在地，袁某某反抗并呼救，陆某即对袁某某进行殴打，林某1帮忙按住袁某某的双手，陆某某脱去袁某某的裤子，强行将袁某某奸污。其间，袁某某挣扎反抗，将陆某某的面部抓伤、手指咬伤。后三被告人驾驶摩托车逃离现场，袁某某被强奸后溺水死亡。当晚，陆某某还返回现场进行了清理，并拿走被害人手机一部。后陆某到陆某勇（同案被告人，已判刑）家中躲藏，并在陆某勇的帮助下逃往外地。同年3月25日，公安人员在惠州市惠城区将陆某抓获归案。

最高人民法院认为：被告人陆某不顾未成年女学生袁某某的反抗，采用暴力手段，强行与其发生性关系的行为已构成强奸罪。且造成被害人溺水死亡的严重后果，情节极其恶劣，应依法惩处。第一审判决、第二审裁定认定的事实清楚，证据确实、充分，审判程序合法。但定罪不准，以故意杀人罪判处被告人陆某死刑，剥夺政治权利终身；以强奸罪判处有期徒刑十年，量刑不当，应予纠正。依照《刑事诉讼法》第199条和《最高人民法院关于复核死刑案件若干问题的规定》第2条第2款的规定，判决如下：（1）撤销广东省高级人民法院（2006）粤高法刑一终字第145号刑事裁定和广东省肇庆市中级人民法院（2005）肇刑初字第44号刑事附带民事判决中对被告人陆某关于故意杀人罪的定罪量刑和强奸罪的量刑部分。（2）被告人陆某犯强奸罪，判处死刑，剥夺政治权利终身。

二、主要问题

本案中，被告人陆某实施强奸行为后，被害人溺水死亡，如何对被害人死亡的情节在刑法上进行评价？也即被告人的行为是否成立故意杀人罪，还是作为强奸罪的加重处罚情节予以认定？

三、裁判理由

（一）认定本案被告人陆某故意杀人的证据不足，其行为不构成故意杀人罪。

在实施强奸的过程中，出于报复、灭口等动机，杀死被害人的，同时构成强奸罪和故意杀人罪。因为被告人产生两个不同的犯意，实施了强奸和杀人两种行为，符合两个罪的构成要件，应以强奸罪和故意杀人罪并罚。本案中，从证据角度看，认定被告人陆某在强奸后为报复，又将被害人踢入水中导致被害人溺亡的证据不足。本案认定被告人陆某将被害人踢下水的证据，只有陆某在公安侦查阶段的3次供述，及同案人林某1的指认。

但陆某在第四次讯问时对此翻供否认，林某1对此的供述也前后不一致，另一名同案人林某2则始终否认看到陆某将被害人踢下水，而现场勘查也未对被害人落水处的具体情况进行调查核实。因此，尽管陆某为报复具有将被害人踢下水的较大可能，但是要认定该事实的相关证据却未达到确实充分，现有证据难以形成一个完整的证据链条，不能排除被害人在被强奸后自杀或因醉酒失足入水的可能，达到刑事案件“排除其他可能性，得出唯一结论”的证明标准，故相应地亦不能认定陆某主观上有杀害被害人的故意，客观上实施了杀害被害人的行为。因此，现有证据只能证明陆某的行为构成强奸罪，尚不能充足构成故意杀人罪的要件。

（二）本案被害人是在被强奸后溺水而亡，其死亡与强奸行为间不具有直接的因果关系，不属于《刑法》规定的“强奸致被害人重伤、死亡”的情形

《刑法》第236条第3款对于强奸罪加重处罚的规定分为情节加重和结果加重两种情形。在该款的第1~4项，《刑法》采取了列举方式规定了四种情节加重情形，即“强奸妇女、奸淫幼女情节恶劣的”“强奸妇女、奸淫幼女多人的”“在公共场所当众强奸妇女的”“二人以上轮奸的”；同时，在该款第5项将强奸“致使被害人重伤、死亡”和“造成其他严重后果”作为强奸罪的结果加重情形予以规定。但如何准确理解和认定上述规定，实践中却时有争议。本案就是一例。

“强奸致被害人重伤、死亡”中的“致”，在汉语词典中，解释为“由于某种原因而使得”，由于刑法规定的严密性，其含义在此则应表述为“由于某种原因而直接导致”的意思，即某种原因是某种特定后果发生的直接原因。一般说来，强奸行为包含两个行为要素：一是强奸中的方法行为，即行为人为强奸而实施的暴力、胁迫或者其他使妇女不能抗拒的行为；二是违背妇女意志与妇女性交的行为，即强奸中的目的行为。因此，这里的“强奸致被害人重伤、死亡”只包含两种情形：一种是指行为人采取的暴力、胁迫等方法行为，直接导致了被害人重伤或死亡，如通过勒脖子的方法强奸，致使被害人因窒息而死亡，或者以殴打的方法强奸，致使被害人身体严重受损而死亡等；另一种是指行为人的性交行为即目的行为直接导致被害人重伤或死亡，如强奸直接导致被害人性器官受损、死亡等。也就是说，被害人的伤亡结果必须是行为人在强奸过程中使用的方法行为或目的行为直接造成。如果被害人的重伤、死亡结果系强奸行为间接导致或者有其他因素的介入，一般不能认定为“强奸致被害人重伤、死亡”，如被害人被强奸后因无法释怀而精神失常或不能承受他人误解、嘲笑等原因而自残、自杀，与行为人的强奸行为间不具有直接因果关系，故不能认定为强奸致被害人重伤、死亡。对此，1984年《最高

人民法院、最高人民检察院、公安部关于当前办理强奸案件中具体应用法律的若干问题的解答》第4条指出，强奸“致人重伤、死亡”，是指因强奸妇女、奸淫幼女导致被害人性器官严重损伤，或者造成其他严重伤害，甚至当场死亡或者经治疗无效死亡。本案现有证据只能证明，被害人是在被陆某强奸结束后，落入水中溺水而死，至于其是在被强奸后由被告人故意踢入河中杀死还是在强奸行为中直接因被告人的方法行为或目的行为直接导致，缺乏足够证据，因此，不能认定为属于“强奸致被害人重伤、死亡”的情形。

（三）本案被告人的强奸行为是导致被害人溺水死亡的原因之一，属于《刑法》规定的“强奸造成其他严重后果的”的情形

既然本案被害人的死亡既不能认定为被告人陆某故意杀害所致，又不能认定为系陆某的强奸行为直接所致，是否意味着陆对被害人的死亡就不承担刑事责任了呢？答案是否定的。因为《刑法》第236条第3款第5项后半部分规定，只要因强奸“造成其他严重后果”的，也属于强奸罪加重处罚的情形之一。

因而，我们还需根据结果加重犯的原理进一步审查本案是否属于此种情形。

首先，从客观上审查强奸案件中的其他严重危害后果与其基本犯罪行为间是否存在刑法上的因果关系，这里的因果关系不仅包含直接的因果关系，也包含其他因素介入后的间接因果关系，即强奸行为是这种危害后果发生的原因之一即可认定二者之间有刑法上的因果关系。如被害人被强奸后精神失常，虽然其精神失常可能由诸多原因造成，但只要强奸行为也是其中原因之一的话，即应认定系强奸造成的其他严重后果（需要注意的是，凡是由于强奸的方法行为或目的行为直接引发被害人重伤、死亡的，已被《刑法》明确列举，故不应作为本情形审查范围内）。

其次，要从罪刑相当的原则出发，审查这种危害后果的严重程度，是否与《刑法》第236条第3款第5项前半部分规定的“重伤、死亡”的危害程度相当，一般情况下，这种危害后果的客体应该限制在对人的生命权和健康权造成的重大侵害，如强奸造成被害人自杀、自残。

最后，这种危害后果不仅在被害人本人身上发生，也可能对案发现场的目击人或者与被害人相关的亲友等人身上发生。如行为人采取极端残暴的方式强奸被害人，致使现场其他受害人、目击人高度恐惧坠楼身亡或者案发后被害人亲属因知道被害人被强奸而诱发心脏病等死亡、重伤等情况。

就本案而言，无论被害人溺水死亡的原因为何，但不可否认的是，被害人的死亡结果与被告人的强奸行为间存在着刑法上的因果关系，因此，本案符合《刑法》第236条第3款第5项后半部分规定的“强奸造成其他严重后果的”情形，应认定为强奸罪的加重处罚情节。

虽然本案原判在认定陆某杀害被害人的这一部分事实上不完全准确，定罪不准，适用法条不准确，但其认定的基本事实清楚，量刑适当，判处被告人陆某死刑并无不当，审判程序合法。

依照《最高人民法院关于复核死刑案件若干问题的规定》第2条第2款规定：“原判判处被告人死刑并无不当，但具体认定的某一事实或者引用的法律条款等不完全准确、规范的，可以在纠正后作出核准死刑的判决或者裁定。”据此，最高人民法院复核作出对被告人陆某犯强奸罪，判处死刑，剥夺政治权利终身的判决是正确的。

问题2. 被害人因躲避强奸在逃离过程中失足落水，行为人未实施救助，导致被害人溺水死亡的事实是认定为强奸罪的加重情节还是单独认定为故意杀人罪

【刑事审判参考案例】韦某强奸、故意杀人案①

一、基本案情

无锡市中级人民法院经审理查明：2011年6月26日晚，被告人韦某驾驶摩托车外出。当晚10时40分许，在无锡市崇安区广勤中学附近看到被害人李某（女，殁年17岁）独行，即上前搭讪，后将李某强行带至无锡市通江大道安福桥南岸桥洞下斜坡处，并采用语言威胁、拳打、卡喉咙等暴力手段欲对李某实施强奸，因遭到李某反抗而未果。李某在逃离过程中滑落河中。韦某看到李某在水中挣扎，明知李某处于危险状态而不履行救助义务，并逃离现场。后李某溺水死亡。

无锡市中级人民法院认为，被告人韦某采用暴力手段强奸妇女，构成强奸罪，系未遂。韦某因实施强奸行为置被害人李某于危险境地，李某落水后，其负有救助义务，在有能力救助的情况下不予救助，最终导致李某溺水死亡，该行为符合间接故意杀人的法律特征，不属于《刑法》规定的强奸“造成其他严重后果”的情形。韦某故意杀人，致一人死亡，后果极其严重，应当对其判处死刑，但鉴于其系间接故意杀人，且有坦白情节，对其判处死刑，可不立即执行。韦某两次曾因犯罪被判过刑，人身危险性较大，又未能赔偿被害人近亲属的经济损失，亦未取得被害人近亲属的谅解，据此决定对其依法适用限制减刑。依照《刑法》第232条、第236条第1款、第48条第1款、第23条、第67条第3款、第69条、第57条第1款、第50条第2款之规定，无锡市中级人民法院判决如下：（1）被告人韦某犯故意杀人罪，判处死刑，缓期二年执行，剥夺政治权利终身；犯强奸罪，判处有期徒刑三年；决定执行死刑，缓期二年执行，剥夺政治权利终身。（2）对被告人韦某限制减刑。一审宣判后，被告人韦某未上诉，检察机关也未提出抗诉。无锡市中级人民法院将此案依法报送江苏省高级人民法院核准。江苏省高级人民法院经复核认为，原审判决对被告人韦某定罪准确，量刑恰当，审判程序合法，遂裁定核准无锡市中级人民法院对被告人韦某的定罪量刑。现判决已发生法律效力。

二、主要问题

被害人因躲避强奸在逃离过程中失足落水，行为人未实施救助，导致被害人溺水死亡的事实是认定为强奸罪的加重情节还是单独认定为故意杀人罪？

三、裁判理由

本案在审理过程中，对被告人韦某的行为定性形成两种意见：一种意见认为，应当定强奸罪一罪，因为被害人死亡的结果应当作为强奸罪中“造成其他严重后果”的量刑情节，且行为人没有杀害被害人的故意，不符合故意杀人罪的构成要件，不应再单独认定为故意杀人罪；另一种意见认为，被告人韦某在已经构成强奸罪（未遂）的情形下，还存在不作为的故意杀人行为，应当以强奸罪（未遂）和故意杀人罪两罪并罚。

---

① 王星光、庄绪龙撰稿，陆建红审编：《韦某强奸、故意杀人案——被害人因躲避强奸在逃离过程中失足落水，行为人未实施救助，导致被害人溺水死亡的事实是认定为强奸罪的加重情节还是单独认定为故意杀人罪（第834号）》，载最高人民法院刑事审判第一、二、三、四、五庭主办：《刑事审判参考》（总第90集），法律出版社2013年版，第63～67页。

我们赞同后一种意见，具体理由：以犯罪构成标准来认定罪数形态是我国刑法理论界的通说观点，也是实务界的通行做法。行为符合一个犯罪构成的，成立一罪；行为符合数个犯罪构成的，成立数罪。基于这一原则，结合本案事实，我们认为，本案被告人韦某的行为具备强奸罪和故意杀人罪两个罪的构成要件，应当实行数罪并罚。

（一）韦某的行为符合强奸罪的构成特征

被告人韦某乘夜深人静之机将被害人李某强行带至无锡市通江大道安福桥南岸桥洞下斜坡处，采用语言威胁、拳打、卡喉咙等暴力手段欲对李某实施强奸，因遭到李某反抗而未果。该行为违背了李某意志，完全符合强奸罪的构成特征，只是因被害人强烈反抗而最终没有得逞，故应当认定为强奸罪未遂。

（二）韦某的行为符合不作为型故意杀人罪的构成特征

对于被害人李某逃离过程中落水身亡这一事实，应该结合不作为犯罪理论进行评价。根据不作为犯罪理论，先行行为造成法益侵害现实危险的，行为人均应当承担避免危险实际发生的法定义务，如果行为人不积极履行救助义务，就构成刑法中的不作为犯罪。本案中，韦某因为先前置李某于危险境地的行为，使其负有刑法意义上的“保证人”义务，即在李某落入水中时，韦某负有采取有效措施救助李某的特定义务。韦某不履行这一特定的“保证人”义务，未采取任何措施救助被害人，最终导致李某溺水身亡，其行为违反了刑法的命令性规范，应当受到刑法的否定性评价，构成不作为的故意杀人罪。

审理过程中有观点认为，本案被告人韦某没有杀人的故意，不符合故意杀人的构成要件。我们认为，刑法上的故意，是指行为人明知自己的行为会发生危害社会的结果，并且希望或者放任这种危害结果发生的一种主观罪过。就故意杀人罪的故意而言，是指行为人明知自己的行为会导致被害人死亡的结果，还希望或者放任该种结果的发生。本案发生在偏僻的河边，且系夜间，韦某应当知道在当时特定的环境下，如果其不及时救助被害人李某，就会发生李某溺水身亡的结果，但其在客观上并未对李某实施任何救助，而是完全放任李某死亡结果的发生，因此，符合故意杀人罪的构成要件。

（三）李某在逃离过程中失足落水身亡这一事实应当作为故意杀人罪的构成要素来评价

一般情况下，一个行为原则上只能存在一种犯罪停止形态，即一个行为一旦停止于某一犯罪形态，其就不可能同时停止于另一犯罪形态。如果犯罪行为已经处在停止状态，之后发生的事实就不应再纳入已经停止的犯罪予以评价。但是对于部分犯罪，由于刑法明文将某些后果的发生作为基本犯的加重情节，而这部分后果往往是在犯罪行为实施完毕后发生的。如暴力干涉婚姻自由罪中，“致使被害人死亡的，处二年以上七年以下有期徒刑”，这里的“致使被害人死亡”是加重情节，并不必然是暴力直接致使被害人死亡，而极有可能是因为其他与婚姻紧密相关的因素所导致。从这一角度分析，作为加重情节的后果并不要求具有直接因果关系。因此，如果被害人因被强奸而投河自尽的行为，应当属于强奸罪的加重情节。那种以具有直接因果关系为由，主张被害人李某逃离过程中失足落水身亡的事实不应纳入强奸罪评价，难以经得住推敲。

我们认为，在刑法明确将某些后果规定为加重情节的犯罪中，要具有刑法上的因果关系，不区分直接和间接，都应当纳入该罪评价，但具有其他行为介入因果关系的除外。如果具有其他行为介入，则发生因果关系的断绝。本案中，李某失足落水身亡的事实是否纳入强奸罪评价，关键在于发生李某失足落水身亡的结果之前是否具有其他行为等因

素的介入。很显然，韦某因为先行行为导致其具有救助的作为义务，其不采取任何救助措施就离开现场，实质上是一种不作为。按照通说观点，不作为也是一种行为，即韦某实施了一种行为，只不过这种行为是以不作为方式实施的。这种不作为行为的介入，使原有的因果关系发生断绝，断绝后发生的行为与后果应当单独作为一个罪质来评价因果关系。而恰恰是这点，在实践中往往被忽略。本案中，那种主张将韦某失足落水身亡的事实纳入强奸罪评价的观点，忽视了不作为也是一种行为，忽视了这种行为给因果关系所带来的影响。

综上，对被告人韦某应当以强奸罪（未遂）和不作为的（间接）故意杀人罪数罪并罚，无锡市中级人民法院的判决是正确的。

问题3. 通过网络威胁，强奸多名妇女、奸淫多名幼女案件的处理

【典型案例】霍某强奸案①

一、基本案情

2006年7月至2011年4月，被告人霍某以虚假身份通过网络聊天、手机短信息聊天等方式，获取未成年在校女学生或者其他女网友的真实身份资料后，以公开经其引诱进行的有淫秽内容聊天的记录、利用被害人头像合成的裸体照片等方式相威胁，或者以帮助安排工作、教绘画为由，逼迫、诱骗被害人见面，先后在上海市，江苏省南京市，安徽省合肥市、滁州市、天长市、明光市、全椒县、肥西县、定远县、来安县等地的宾馆、旅店房间或者霍某经营的儒林画院，共对25名被害人实施了强奸犯罪，强奸既遂16人，其中聋哑残疾人3人、幼女5人；强奸未遂3人；犯罪预备6人，其中幼女2人。

二、裁判结果

安徽省滁州市中级人民法院经审理认为，被告人霍某采用暴力、胁迫手段强奸妇女、奸淫幼女的行为已构成强奸罪。霍某通过网上聊天等方式获取被害人真实身份资料，以公开聊天内容、合成的被害人裸体照片等方式胁迫被害人与其见面后，强奸妇女、奸淫幼女多人，并采用拍摄强奸过程等方式继续胁迫部分被害人，还采用其他方式实施强奸犯罪，且主要针对未成年在校学生实施犯罪，情节极其恶劣，后果严重，社会危害性极大，应依法惩处。虽然霍某部分犯罪系未遂，部分犯罪处于预备阶段，亦不足以对其从轻处罚。依照《刑法》有关规定，认定被告人霍某犯强奸罪，判处死刑，剥夺政治权利终身。宣判后，霍某不服，提出上诉。安徽省高级人民法院于2013年6月13日作出裁定：驳回上诉、维持原判。最高人民法院于2014年7月16日作出判决核准安徽省高级人民法院以强奸罪判处被告人霍某死刑，剥夺政治权利终身的刑事裁定。滁州市中级人民法院依法对霍某执行了死刑。

三、典型意义

随着网络技术的迅速发展，各种利用网络实施犯罪的行为也随之而生。本案就是一起利用网络强奸多名妇女、奸淫多名幼女的恶性案件，社会危害性极大，应当引起我们足够的重视。

本案被告人霍某利用网络虚拟的世界，以及未成年女学生、女青年往往涉世不深的

---

① 最高人民法院2015年8月31日发布的八起侵害未成年人合法权益典型案例。

弱点，引诱其陷入早已设下的圈套；又利用被害女学生、女青年害怕聊天记录、裸体照片被公开的心理，胁迫提出各种要求，令被害人言听计从，不敢反抗、不能反抗。本案中，霍某对25名被害人实施强奸犯罪，仅有2名被害人报警，这也给公安机关及时、有效地打击此类犯罪带来了困难，客观上也使得更多的被害人遭受性侵害。

虽然霍某被绳之以法，但其行为给25名被害人，特别是给多名未成年少女和幼女造成了无法弥补的心理和身体双重伤害，给她们的家庭也带来了无尽的痛苦。她们的遭遇令人同情，也发人深思。通过本案警示公众，特别是身心尚未成熟的未成年女学生：网络交友定谨慎，虚拟世界伪或真。遇到胁迫莫要慌，家人朋友来帮忙。擦亮双眼来辨分，豺狼虎豹立遁形。

问题4. 与未满刑事责任年龄的人轮流奸淫同一幼女的是否成立轮奸

【刑事审判参考案例】李某强奸案①

一、基本案情

黑龙江省哈尔滨市香坊区人民法院依法经不公开开庭审理查明：2000年7月某日中午，被告人李某伙同未成年人申某某（1986年生，时龄13周岁）将幼女王某（1992年生）领到香坊区幸福乡东柞村村民张松岭家的玉米地里，先后对王某实施轮流奸淫。2000年11月2日，因被害人亲属报案，李某被抓获。

黑龙江省哈尔滨市香坊区人民法院审理后认为，被告人李某伙同他人轮奸幼女，其行为已构成奸淫幼女罪，且系轮奸。公诉机关指控的罪名成立，应予支持。李某犯罪时不满16周岁，依法可予减轻处罚。依照《刑法》第236条第3款第4项、第17条第2款、第25条第1款的规定，于2001年5月8日判决：被告人李某犯奸淫幼女罪，判处有期徒刑八年。

一审宣判后，被告人李某的法定代理人黄某不服，以原判量刑畸重为由，提出上诉。

黑龙江省哈尔滨市中级人民法院审理后认为，根据最高人民法院2000年2月13日通过的《关于审理强奸案件有关问题的解释》中“对于已满14周岁不满16周岁的人与幼女发生性关系构成犯罪的，依照刑法第十七条、第二百三十六条第二款的规定，以强奸罪定罪处罚”的规定，原审认定被告人李某犯奸淫幼女罪，适用罪名不当，应予改判；原判对被告人李某虽已依法予以减轻处罚，但根据本案情况，量刑仍然偏重。依照《刑事诉讼法》第189条第2项和《刑法》第236条第3款第4项、第17条第2款和《最高人民法院关于审理强奸案件中有关问题的解释》中的有关规定，于2001年7月27日判决如下：（1）撤销黑龙江省哈尔滨市香坊区人民法院（2001）香刑初字第98号刑事判决书对被告人李某犯奸淫幼女罪，判处有期徒刑八年的定罪量刑部分；（2）原审被告人李某犯强奸罪，判处有期徒刑六年。

二、主要问题

1. 与不满14周岁的人轮流奸淫同一幼女的是否应认定为轮奸？

---

① 张杰撰稿，南英审编：《李某强奸案——与未满刑事责任年龄的人轮流奸淫同一幼女的是否成立强奸（第280号）》，载最高人民法院刑事审判第一、二、三、四、五庭主办：《刑事审判参考》（总第36辑），法律出版社2014年版，第27～32页。

2. 对奸淫幼女的行为应如何适用罪名？

对于上述第一个问题，本案二审中，有两种不同意见：

一种意见认为，李某的行为不属于“轮奸”，不能适用《刑法》第236条第3款第4项的规定进行处罚。理由是“轮奸”属于共同犯罪中共同实行犯。既然是共同犯罪，那么，就必须具有两个以上犯罪主体基于共同犯罪故意实施了共同犯罪行为这一要件。由于本案的另一行为人不满14周岁被排除在犯罪主体之外，也不存在犯罪故意，故不能将本案认定为共同犯罪，因而也就不能认定为轮奸（简称轮奸共同犯罪说）。

另一种意见认为，李某的行为属于“轮奸”。理由是《刑法》规定的“轮奸”只是强奸罪的一个具体的量刑情节。认定轮奸，只要看行为人具有伙同他人在同一段时间内，对同一妇女或幼女，先后连续、轮流地实施了奸淫行为即可，并不要求各行为人之间必须构成强奸共同犯罪。换言之，认定是否属于“轮奸”，不应以二人以上的行为是否构成共同强奸犯罪为必要，而是看是否具有共同的奸淫行为（简称轮奸共同行为说）。

三、裁判理由

（一）与不满14周岁的人轮流奸淫同一幼女的是否应认定为轮奸

根据《刑法》第236条第3款第4项的规定，二人以上轮奸的，作为强奸罪情节严重的情形之一，可以处十年以上有期徒刑、无期徒刑或者死刑。轮奸，是指两个以上的行为人基于共同认识，在一段时间内，先后连续、轮流地对同一名妇女（或幼女）实施奸淫的行为。轮奸作为强奸罪中的一种情形，其认定关键，首先是看两个以上的行为人是否具有在同一段时间内，对同一妇女（或幼女），先后连续、轮流地实施了奸淫行为，并不要求实施轮奸的人之间必须构成强奸共同犯罪。换言之，轮奸仅是一项共同的事实行为，只要行为人具有奸淫的共同认识，并在共同认识的支配下实施了轮流奸淫行为即可，而与是否符合共同犯罪并无必然关系。实践中，轮奸人之间通常构成强奸共同犯罪，但也不排除不构成强奸共同犯罪的特殊情形，例如本案即是。本案中，虽然另一参与轮奸人，因不满14周岁，被排除在犯罪主体之外，二人之间不构成强奸共同犯罪（共同实行犯）。但对本案被告人而言，其具有伙同他人在同一段时间内，对同一幼女，先后连续、轮流地实施奸淫行为的认识和共同行为，因此，仍应认定其具备了轮奸这一事实情节。换一角度说，申某某对王某实施奸淫行为时虽不满14周岁，依法不负刑事责任，但不能因此否认其奸淫行为的存在。相反，被告人李某与申某某对同一幼女轮流实施了奸淫行为，却是客观存在的事实。因此，即使申某某不负刑事责任，亦应认定李某的行为构成强奸罪，且属于“轮奸”。

立法规定了轮奸这一量刑情节，表明立法者认为轮奸比单独实施的强奸犯罪更为严重，对被害人的危害更大。若坚持“轮奸”的行为人必须构成强奸共同犯罪（共同实行犯），参与轮奸的人都必须具备犯罪主体的一般要件，否则就不认定为轮奸，显然既不利于打击犯罪分子，也不能有力地保护被害人的合法权益，有违立法本意。

（二）对奸淫幼女的行为应如何适用罪名

对奸淫幼女的行为应如何适用罪名问题，刑法实施以后，有关司法解释有过不同的规定。1997年《最高人民法院关于执行〈中华人民共和国刑法〉确定罪名的规定》，将《刑法》第236条第1~2款分别确定为强奸罪和奸淫幼女罪两个罪名。2000年2月最高人民法院制定了《关于审理强奸案件有关问题的解释》（以下简称《解释》），其中规定“对于已满14周岁不满16周岁的人，与幼女发生性关系构成犯罪的，依照刑法第十七条、

第二百三十六条第二款的规定，以强奸罪定罪处罚”。可见，该解释实质上已将《刑法》第236条第2款的罪名又修改回为强奸罪，只不过适用的前提仅是“对于已满14周岁不满16周岁的人，与幼女发生性关系构成犯罪的”（对16周岁以上的人与幼女发生性关系构成犯罪的，无法适用该解释）。其后，2002年最高人民法院、最高人民检察院联合颁布的《关于执行〈中华人民共和国刑法〉确定罪名的补充规定》（以下简称《补充规定》），又进一步明确地表明，取消奸淫幼女罪的罪名，将《刑法》第236条第2款的行为亦定名为强奸罪。《解释》中因犯罪主体年龄不同适用不同罪名的情形得以解决。本案中，被告人李某对幼女实施奸淫行为发生在2000年7月，犯罪时已满14周岁不满16周岁，一审审判时《解释》已经颁布实施。司法解释相冲突的情况下，根据新的司法解释优于旧的司法解释的一般适用原则，本案一审就应该适用《解释》的规定，以强奸罪罪名定罪。而一审法院于2001年审理本案时，对李某仍以奸淫幼女罪定罪显然不当，二审改定为强奸罪是正确的。需要说明的是，目前，《补充规定》已经颁布实施，因此，今后审判奸淫幼女构成犯罪的案件，都应当无一例外地按《补充规定》适用罪名，即以强奸罪定罪处罚。

问题5. 行为人明知他人采取暴力、胁迫手段迫使被害人表面“同意”与其发生性关系的如何定性？指使他人物色幼女供其奸淫后给付金钱财物的行为如何定性

【刑事审判参考案例】卓某等强奸案[①]

一、基本案情

建阳市人民法院经审理查明：2009年4月初的一天中午，因被告人卓某要找女孩陪睡，被告人周某联系范某（未满14岁，未追究刑事责任）帮助物色。在建阳市某中学门口，范某将初二女学生被害人黄某（时年13岁）强行带走。被告人周某、钱某、范某将黄某带到建阳花园酒店内，在房间门口威胁黄某陪卓某睡觉。黄某不从，范某遂殴打黄某，与周某一起强行将黄某拉进房间。因黄某不配合，卓某走出房间责备周某等人。范某又进入房内卫生间威胁、殴打黄某，黄某被迫与卓某发生了性关系。事后卓某付给周某现金700元。

数日后，卓某又要周某等人帮其找女孩陪睡。2009年4月的一天下午，在建阳市华荣金座公交站，钱某、周某与范某强行将女学生被害人陈某（时年16岁）带到建阳花园酒店内，威胁陈某，要陈某陪卓某睡觉。陈某不从，范某、钱某、周某便殴打、威胁陈某，陈某只好同意。范某将陈某带入卓某的房间后与周某等人守在门口，陈某被迫与卓某发生了性关系。

事后，卓某付给周某现金600元。十几天后，钱某应卓某要求，再次要陈某陪卓某睡觉。陈某不从，钱某遂言语威胁，迫使陈某到建阳花园酒店房内与卓某发生了性关系。

---

① 高黎、黄佶喆撰稿，冉容审编：《卓某等强奸案——行为人明知他人系采取暴力、胁迫手段迫使被害人表面“同意”与其发生性关系的，如何定性，以及指使他人物色幼女供其奸淫后给付金钱财物的行为如何定性（第979号）》，载最高人民法院刑事审判第一、二、三、四、五庭主办：《刑事审判参考》（总第98集），法律出版社2014年版，第7~13页。

事后卓某付给钱某现金300元。

2010年1月7日下午，卓某又要周某找女孩与其发生性关系。周某便与陈某玲（未满14岁，未追究刑事责任）到建阳某中学初二年级，将站在教室门口的女学生被害人刘某（时年13岁）强行带到建阳花园酒店进行恐吓，又按卓某要求把刘某带到建阳华荣金座大厅，卓某看后表示满意。周某遂威胁刘某与卓某发生性关系。回到花园酒店后，刘某被迫到卓某开的815房，卓某亲吻、抚摸刘某，且双方性器官有接触。事后卓某付给周某现金700元，周某分给陈某玲100元。之后，周某、陈某玲又将刘某带至建阳朝晖宾馆，周某强行与刘某发生了性关系。

建阳市人民法院认为，被告人卓某为满足个人淫欲，多次要求被告人周某、钱某寻找女孩与其发生性关系，周某、钱某等人为获取卓某给予的好处费，违背他人意志，先后以暴力、胁迫手段迫使被害人黄某、陈某、刘某与卓某发生性关系，周某强行与刘某发生性关系，三被告人的行为均构成强奸罪。公诉机关指控的罪名成立。卓某、周某强奸妇女、奸淫幼女三人四次，均属强奸妇女、奸淫幼女多人，钱某强奸妇女、奸淫幼女二人三次。卓某、周某、钱某在共同犯罪中均系主犯，均应按照其所实施的全部犯罪处罚。卓某系累犯，依法应当从重处罚。周某曾因犯寻衅滋事罪被判刑，释放后仍不思悔改，依法可以酌情从重处罚；周某在强迫黄某、陈某与卓某发生性关系时未满18周岁，依法应当从轻或者减轻处罚；周某归案后如实供述罪行，且自愿认罪，依法可以从轻处罚。钱某归案后如实供述罪行，自愿认罪，且在共同犯罪中的作用相对较小，依法可以从轻处罚。据此，依照《刑法》第236条第1款、第2款、第3款第2项，第25条第1款，第17条第1款、第3款，第65条第1款，第67条第3款之规定，建阳市人民法院判决如下：（1）被告人卓某犯强奸罪，判处有期徒刑十三年。（2）被告人周某犯强奸罪，判处有期徒刑十年。（3）被告人钱某犯强奸罪，判处有期徒刑五年。

一审宣判后，被告人卓某、周某、钱某均不服，均向南平市中级人民法院提起上诉。卓某的上诉理由是未与被害人黄某、陈某发生过性关系，不知被害人刘某是幼女，也无法知道刘某是非自愿的。周某的上诉理由是其没有实施暴力、威胁被害人的行为，是在刘某同意的情况下与刘某发生性关系的。钱某的上诉理由是没有殴打、威胁黄某，也没有威胁陈某。

南平市中级人民法院认为，被告人卓某、周某、钱某基于共同的犯罪认识，违背妇女意志，迫使本案三名未成年被害人与卓某发生性关系，周某亦强行与其中一名被害人发生性关系，其行为均构成强奸罪。原判认定的事实清楚，证据确实、充分，定罪准确，量刑适当，审判程序合法。据此，依照1996年《刑事诉讼法》第189条第1项之规定，南平市中级人民法院裁定驳回上诉，维持原判。

二、主要问题

1. 行为人明知他人系采取暴力、胁迫手段迫使被害人表面“同意”与其发生性关系的，如何定性？

2. 与已满12周岁不满14周岁的幼女发生性关系，若非采取强制手段，是否要求行为人主观明知？

3. 指使他人物色幼女供其奸淫后给付金钱财物的行为如何定性？

三、裁判理由

（一）行为人明知他人系采取暴力、胁迫手段迫使被害人表面“同意”与其发生性关系的，视为行为人违背被害人意志发生性关系

奸淫不满14周岁的幼女构成强奸罪，不要求采取强制手段实施，而对于使用暴力、胁迫或者其他强制手段与不满14周岁的幼女发生性关系的，无论是否“明知”被害人为幼女，都应当以强奸罪论处。只有在采取非强制手段与幼女发生性关系的案件中，才需考虑行为人是否明知被害人为幼女。

本案第一起事实中，被告人卓某强制与被害人黄某发生性关系的事实清楚，证据确实，分析如下：被害人黄某的陈述和被告人周某、钱某的供述以及证人范某的证言均证实：黄某在房间门口受到范某、周某等人威胁、殴打后被拉进房间。当时，卓某已在房内，因黄某在房间内不配合，卓某又走出房间责备周某等人不会办事。范某遂进入房内卫生间再次威胁、殴打黄某，并拿走黄某的衣物。从上述情况来看，系周某等人使用了暴力、威胁手段强迫黄某与卓某发生性关系。卓某虽然未直接指使周某等人殴打、威胁黄某，但对周某等人采取何种方法让黄某与其发生性关系持放任态度。根据当时的特殊场合和空间情况，卓某对周某、范某等人对黄某实施的一系列暴力、胁迫行为应当是明知的，且其特意责备周某等人不会办事，说明其有纵容甚至暗示周某进一步实施强制行为之意。因此，卓某明知他人系采取暴力、胁迫手段而迫使被害人表面“同意”与其发生性关系，应视为卓某违背被害人意志发生性关系，构成强奸罪。《刑法》第236条第2款规定：“奸淫不满十四周岁的幼女的，以强奸论，从重处罚。”本起案件中，因存在暴力、胁迫手段，卓某是否“明知”黄某系幼女，均不影响强奸罪的认定，且依法应当从重处罚。

（二）与已满12周岁不满14周岁的幼女发生性关系，若非采取强制手段，要求行为人对幼女未满14周岁的情况应当明知

对于本案中被告人卓某奸淫被害人刘某的事实，在案证据显示卓某没有对刘某实施强制行为，且对之前被告人周某、陈某玲威胁刘某的行为亦不知情。对此，认定卓某与刘某发生性关系的行为性质，首先就要审查判断卓某是否明知刘某系幼女。案发后拍摄的照片、疾病证明书及女性生殖系统生理知识材料证实：刘某的外貌符合幼女、青春期前期的特征。建阳市某中学出具的证明证实：刘某系初二学生。刘某的陈述、证人陈某玲的证言证实：刘某告诉周某自己14岁。周某的供述证实：卓某要找年纪小点的女孩陪睡觉；听刘某讲是14岁，应当是虚岁，其明知刘某具有的幼女特征。被告人钱某的供述证实：卓某说过一定要处女。可见，卓某具有明确的要与年幼女性发生性关系的特殊要求，且指明要求是处女，即具有专门“买处”的故意，至于对方是不是幼女则在所不问，即对此持无所谓的放任态度。虽然卓某没有亲自询问过刘某的年龄，但卓某时年32岁，作为心智正常的成年人，根据已有的信息应当能够判断出刘某可能是幼女，且不存在根本不可能知道刘某是幼女的特殊情形，但其为满足淫欲，不考虑刘某是否为幼女，而甘冒风险对刘某进行奸淫。因此，卓某应当知道刘某可能是幼女仍予以奸淫，符合奸淫幼女罪中“明知”的认定条件。

值得注意的是，在个别情况下，对于行为人“明知”的认定区别于一般情形。根据最高人民法院、最高人民检察院、公安部、司法部联合下发《关于依法惩治性侵害未成年人犯罪的意见》（以下简称《惩治性侵犯罪意见》）第19条第3款的规定，对实际年龄已满12周岁不满14周岁的被害人，如果从其身体发育状况、言谈举止、衣着特征、生活

作息规律等观察，该被害人可能是幼女，而实施奸淫等性侵害行为的，也应当认定行为人“明知”对方是幼女。当然，与已满12周岁不满14周岁的被害人发生性关系的案件中，对行为人辩解“不明知”被害人是幼女的例外情况应当从严把握。

（三）指使他人物色幼女供其奸淫，事后给付中间人金钱财物的行为构成强奸罪，中间人构成强奸罪的共犯

本案中，公诉机关最初以周某犯强迫卖淫罪、强奸罪，钱某犯强迫卖淫罪，被告人卓某犯嫖宿幼女罪提起公诉，第一次庭审后又变更起诉，指控三人均犯强奸罪。可见，准确区分强奸罪（特指奸淫幼女型强奸罪）与嫖宿幼女罪，强奸罪（共犯）与强迫卖淫罪，系对本案正确定性的关键前提。与不满14周岁的幼女发生性关系并存在一定金钱财物的给付行为，在现行法律框架下，存在既可定强奸罪也可定嫖宿幼女罪的问题。根据《惩治性侵犯罪意见》第20条的规定，以金钱财物等方式引诱幼女与自己发生性关系的，以强奸罪论处。由此可见，不能以是否给付金钱财物作为区分嫖宿幼女罪与强奸罪的界限，区分两罪的标准仍是幼女是否已实际从事卖淫活动。如果幼女此前并未从事卖淫活动，而行为人以给付金钱财物为手段，引诱幼女与自己发生性关系的，不论其采取什么手段，也不论是事前给付幼女钱财还是事后给予物质补偿，只是外表上具有“钱色交易”的特征，其实质仍是一种奸淫行为，对行为人应当以强奸罪论处。

司法实践中，行为人为达到奸淫幼女的欲望，以提供金钱、玩乐等为诱饵，唆使中间人包括一些十四五岁的中学生帮助物色幼女甚至是女同学，由中间人逼迫或者引诱、说服幼女同意与其发生性关系，尔后向中间人或者幼女给付金钱财物的现象，时有发生。根据《惩治性侵犯罪意见》关于“以金钱财物等方式引诱幼女与自己发生性关系的以强奸罪论处”的规定，此种情形下，对与幼女发生性关系的行为人既然以强奸罪论处，意味着《惩治性侵犯罪意见》明确不认同此类行为属于嫖宿，从而对中间人就应当以强奸罪的共犯论处。《惩治性侵犯罪意见》第24条亦明确规定，介绍、帮助他人奸淫幼女的，以强奸罪的共犯论处。

强迫卖淫罪与强奸罪共犯（即帮助犯）易发生混淆。强迫卖淫罪是迫使他人向不特定人员提供性服务以牟利的行为，行为对象不限于妇女（幼女），还包括男子；强奸罪的帮助犯是帮助实行犯排除妨碍或者不利条件，便于实行犯完成奸淫妇女（幼女）行为。两者的主要区别在于：

在强迫妇女卖淫的情况下，嫖客与强迫妇女卖淫者之间没有犯意联络，嫖客主观上是通过支付金钱财物换取性服务，没有强行与他人发生性关系的犯罪意图，客观上没有强行实施性行为；而强迫者一般具有通过被控制妇女的卖淫行为营利的目的，客观上对妇女实施暴力、胁迫是为了迫使妇女答应从事卖淫活动，嫖客与强迫者的主观故意内容和实施的行为相对独立，不构成共同犯罪。多数情况下，被迫卖淫的妇女与他人发生性行为时具有表面“同意”的特征，且被迫卖淫的对象具有人数多、不特定的特征，卖淫行为具有持续性。

在帮助实行犯强奸的情况下，实行犯主观上具有强行与妇女发生性关系，或者明知被害人是幼女而与其发生性关系的犯罪意图，帮助犯对此情况亦知晓，但仍对被害妇女施以强制，或者对被害幼女施以介绍、引诱、欺骗等行为，目的在于为实行犯实现奸淫行为扫除障碍或者提供便利，帮助犯与实行犯之间有犯意联络，客观上促成了奸淫行为的实施，故属于共同强奸犯罪。在帮助实行犯强奸的场合，帮助犯的帮助对象是特定的，一般是威逼利诱妇女、幼女与特定对象发生性关系，即使实行犯给予帮助犯一定金钱财

物作为“酬劳”，但收取金钱财物并非必要条件，有别于强迫卖淫中迫使被害人与不特定人员发生性关系必然存在金钱财物对价，且强迫卖淫者通常以此作为相对稳定的牟利手段。

本案中，被告人卓某为满足淫欲，以提供金钱财物为诱饵指使被告人周某、钱某等人为其物色未成年少女特别是处女，其中，明知周某等人殴打、威胁被害人黄某、陈某与其发生性关系，明知被害人刘某系幼女，仍先后对三被害人实施奸淫，其行为构成强奸罪。黄某、陈某、刘某均为在校女中学生，与卓某发生性关系系被迫，并不是为了以此换取金钱财物，卓某主观上也并非出于“嫖宿”目的，故虽然其事后给予周某、钱某等人一定钱款，但不能认定为“嫖资”，其行为也不属于“嫖宿”。

被告人周某、钱某为牟取物质利益，根据被告人卓某的授意和要求，积极为卓某物色在校少女供卓某奸淫，并在三被害人不同意的情况下，以言语威胁、实施暴力等强制手段为卓某的奸淫行为扫清障碍，使得强奸行为最终都得以顺利进行。故周某、钱某的行为完全符合强奸共犯的特征，均构成强奸罪。周某、钱某并非强迫三被害人与不特定的人发生性关系以牟取利益，故不构成强迫卖淫罪。周某另有一起单独强奸刘某的事实。因此，法院依法以强奸罪追究三被告人的刑事责任，定性是准确的。

问题6. 被害人无明显反抗行为或意思表示时，如何认定强奸罪中的“违背妇女意志”

【刑事审判参考案例】孟某等强奸案[①]

一、基本案情

湖北省武汉市中级人民法院经审理查明：2014 年 3 月 16 日凌晨 3 时许，被告人孟某在武汉市洪山区鲁磨路的 VOX 酒吧内与被害人朗某（美国籍）跳舞相识，后孟某趁朗某醉酒不省人事之际，骗取酒吧管理人员和服务员的信任，将朗某带出酒吧。随后，孟某伙同被告人次某、索某、多某、拉某将朗某带至武汉东湖新技术开发区政苑小区“星光大道 KTV”的 202 包房。接着，多某购买避孕套，并向次某、索某和拉某分发。次某、索某和拉某趁朗某神志不清，先后在包房内与其发生性关系。孟某和多某欲与朗某发生性关系，但因故未得逞。当日，朗某回到任教学校后，即向公安机关报警。经鉴定，被害人朗某双上臂及臀部多处软组织挫伤。

同年 3 月 18 日，被告人孟某、次某、索某、多某、拉某分别在其学生公寓内被公安机关抓获。

湖北省武汉市中级人民法院一审认为，被告人孟某等五人在被害人处于醉酒无意识状态下，骗取酒吧工作人员的信任，谎称系被害人的朋友，从酒吧带走被害人，预谋实施性侵害，并利用被害人不知反抗、不能反抗的状态和不敢反抗的心理，违背被害人意志，共同对被害人实施了性侵行为，其行为均已构成强奸罪。公诉机关指控的罪名成立。被告人孟某、次某、索某、拉某在共同犯罪中起主要作用，系主犯。被告人多某在共同犯罪中起次要作用，系从犯，依法应当对其从轻处罚。依据《刑法》第 236 条第 3 款第 1

---

① 郑娟、李济森撰稿：《孟某等强奸案——被害人无明显反抗行为或意思表示时，如何认定强奸罪中的“违背妇女意志”（第 1061 号）》，载最高人民法院刑事审判第一、二、三、四、五庭主办：《刑事审判参考》（总第 102 集）法律出版社 2016 年版，第 46 ~ 50 页。

项及第4项、第25条第1款、第26条第1款、第27条第1款、第55条、第56条、第67条第3款的规定，判决如下：(1) 被告人孟某犯强奸罪，判处有期徒刑十五年，剥夺政治权利三年。(2) 被告人次某犯强奸罪，判处有期徒刑十三年，剥夺政治权利二年。(3) 被告人索某犯强奸罪，判处有期徒刑十三年，剥夺政治权利二年。(4) 被告人拉某犯强奸罪，判处有期徒刑十二年，剥夺政治权利一年。(5) 被告人多某犯强奸罪，判处有期徒刑十年，剥夺政治权利一年。

一审宣判后，五被告人均不服，以被害人无明显反抗行为，系自愿与其发生性关系为由，向湖北省高级人民法院提出上诉。

湖北省高级人民法院二审认为，一审认定的事实清楚，证据确实充分，定罪准确，审判程序合法。裁定驳回上诉，维持原判。

二、主要问题

被害人无明显反抗行为或意思表示时，如何认定强奸罪中的"违背妇女意志"？

三、裁判理由

强奸罪，是指违背妇女意志，使用暴力、胁迫或者其他手段，强行与妇女发生性交的行为。强奸罪侵犯的是妇女性的不可侵犯的权利，即妇女按照自己的意志决定自己性行为的权利。因此，是否违背妇女意志是强奸罪犯罪构成的关键要素，也是司法实务中较难判断和把握的情节。

违背妇女意志，是指未经妇女同意而强行与之发生性交的行为。判断是否违背妇女意志，关键要看妇女对发生性行为是否同意，至于妇女表示同意是发生性交之前还是性交过程中，均不影响同意的成立。但女方无明显反抗行为或反抗意思表示时，不得据此推定为默示状态下的不违背妇女意志。我们认为，对妇女是否同意不能以其有无反抗为标准。由于犯罪分子在实施强奸时的客观条件和采用的手段不同，对被害妇女的强制程度也相应地有所不同，因而被害妇女对犯罪行为的反抗形式和其他表现形式也会各有所异，有的因害怕或精神受到强制而不能反抗、不敢反抗或不知反抗。因此，不能简单地以被害妇女当时有无反抗意思表示，作为认定其是否同意的唯一条件。对妇女未作反抗或者反抗表示不明显的，要通观全案，具体分析，综合认定。一般而言，可以从以下三个方面来分析判断被告人的行为是否"违背妇女意志"。

（一）案发时被害妇女的认知能力

被害人的认知能力是被害人意思表示的前提。在强奸犯罪中，被害人的意思表示直接影响犯罪的成立与否，但在判断其意思表示之前，首先需要对被害人的认知能力进行判断和识别。我国刑法学界的通说认为，不满14周岁的幼女和精神障碍者对性权利无承诺能力，即使存在承诺也不能阻却行为人构成强奸罪。这主要是由于幼女和精神障碍者存在心智方面的不足，不能正确理解对性权利承诺的内容和意义。同样，对于年龄、智力和精神状况足以作出本人真实意思表示的被害人，也要考虑其案发当时的神志状况能否正确表达其内心真实意愿。

本案中，从被害人自身年龄和正常状态下的智力、精神状况来看，并不存在心智认知能力方面的不足。但是，案发当晚，多名证人证实被害人在酒吧中由于饮酒过量而呕吐不止，这说明其已明显处于醉酒状态；被告人孟某寻找各种理由，欺骗酒吧管理、服务人员，伙同其他被告人将被害人带出酒吧。被害人被五名被告人带到案发现场时，需要由两名被告人搀扶才能行走。此时，被害人因为醉酒已失去了正常的分辨能力和认知能力，不能正确认知自身处境，不能正确表达内心真实意愿，其间可能对被告人的一些言行产生错误的理解和反应，但不应据此认定被害人对被告人要求发生性行为默示同意。

（二）案发时被害妇女的反抗能力

强奸罪客观上通常表现为，行为人使用暴力、胁迫或者其他手段，使妇女处于不能反抗、不敢反抗、不知反抗状态或者利用妇女处于不知、无法反抗的状态而乘机实行奸淫。司法实践中，不同的被害妇女由于各自的生理、心理、性格等个人特征的不同，对暴力、胁迫或者其他手段的反应及其程度也不相同。妇女能否抗拒，或是否敢于抗拒不可能有一个统一的认定标准：妇女有无反抗能力，不能单纯地从行为人使用暴力、胁迫手段的程度来评价，还要结合妇女自身对所处环境的认知和可能遭遇更大伤害的风险预估心理，以及妇女自身身体状况等因素综合考虑。

本案被害人系外籍妇女，即便在受到性侵的后阶段可能慢慢恢复意识，但其酒醒后身体控制能力弱，面对多名陌生异性青年，极易产生不敢反抗的心理，进而导致反抗不能。且根据各被告人供述，被害人在受到性侵的过程中神情呆滞，一直在哭泣，在事后乘坐出租车返校途中仍在哭泣，这些情况足以印证其不敢反抗的心理状态。综合全案情况判断，被害人陈述所言“我当时很害怕，而且很醉，感觉没有力气……我怕反抗了之后他们会伤害我，我只希望这个过程快结束”等，反映了被害人当时的真实心理状况。

（三）被害人未作明确意思表示的客观原因

在被害人未作明确意思表示的情形下，应当对其客观原因进行具体分析。由于实践中存在未作意思表示情形下的“半推半就”、默示同意和不敢反抗、不能反抗下的未作意思表示两种性质不同的现象，我们认为，应当结合案件具体事实和相关证据，对其客观原因予以分析，进而对行为人的行为作出准确评价。应当从案发当时的环境、双方是否为熟人关系、被害人的身体状况、行为人的人数等因素，综合判定被害妇女是否具有选择表达不同意的意思自由。例如，行为人利用职权引诱女方，女方受到了一定程度的要挟，后在未作明确意思表示的情形下，基于互相利用之动机与行为人发生性行为。在此情形下，女方并未完全丧失意思自由，结合其“利用”之动机，即使发生女方被欺骗的情况，行为人也不构成强奸罪。也就是说，在有证据证明女方对发生性行为存有心理上的自愿认可时，可以阻却行为人构成强奸罪。本案中，被害人在到达案发现场前后，因醉酒对自身所处的环境、状况以及可能遭遇的危险并不能正确认知；在案发过程中神情呆滞伴有哭泣；在案发清醒后立即报案。这些情况可以证实被害人在心理上对性行为的发生并非持有自愿认可的态度。被害人之所以未作明确意思表示，是因为客观上不具备明确表达不同意的条件。

综上，本案被害人无明示反抗行为和反抗意思表示的情形不能推定为默示的同意。五被告人明知被害人处于认知能力减弱的醉酒状态，利用被害人不知反抗、不能亦不敢反抗的状态，与被害人发生性关系，其行为已违背被害妇女意志。法院依法以强奸罪追究五被告人的刑事责任，定性是准确的。

问题7. 强奸罪中对“明知幼女”的认定及未成年人强奸幼女的量刑

【人民法院案例选案例】刘某某强奸案①

［裁判要旨］

1. 在性侵幼女案件中，在认定行为人是否明知对方年龄的问题上，应贯彻对幼女的“最高限度保护”和对性侵幼女的“最低限度容忍”原则。除非辩方有证据证明行为人不明知，否则即可推定行为人明知对方系幼女。

2. 对具有恋爱关系的未成年人之间的性侵行为，应该贯彻宽严相济刑事政策中“宽”的一面，对被告人量刑时要与成年人性侵幼女相区别。

［基本案情］

2013年8月上旬，被告人刘某某多次到本市静海县子牙商业街的川香食府吃饭，与女服务员姜某某（2000年3月29日出生）相识。同年8月中旬一天，被告人刘某某带姜某某至本市静海县子牙镇天元旅馆客房内，强行与姜某某发生性关系。此后，至同年10月17日间，被告人刘某某与姜某某又先后在静海县子牙镇天元旅馆、子牙镇红绿灯路口北东侧旅馆、子牙镇小邀铺村刘某某家中和子牙镇东兴泰洗浴住宿等处所多次发生性关系，并致姜某某怀孕后堕胎。同年10月24日，被害人姜某某报案。同年10月28日，公安机关将刘某某抓获归案。

在一审审理期间，被害人姜某某提起了附带民事诉讼。经调解，双方达成协议，被告人刘某某及其家属一次性赔偿被害人经济损失人民币15 000元，被害人对其表示谅解。

［裁判结果］

天津市静海县人民法院于2014年4月10日作出（2014）静刑少初字第8号刑事判决：被告人刘某某犯强奸罪，判处有期徒刑六年。宣判后，被告人刘某某提起上诉，天津市第一中级人民法院于2014年7月28日作出（2014）一中刑少终字第26号刑事判决：（1）维持天津市静海县人民法院（2014）静刑少初字第8号刑事判决定罪部分，即上诉人刘某某犯强奸罪；（2）撤销天津市静海县人民法院（2014）静刑少初字第8号刑事判决量刑部分，即对上诉人刘某某判处有期徒刑六年；（3）上诉人刘某某犯强奸罪，判处有期徒刑四年。

［裁判理由］

法院生效判决认为，上诉人刘某某为满足个人私欲，奸淫不满十四周岁幼女，其行为已构成强奸罪，应依法予以处罚。鉴于上诉人刘某某犯罪时不满18周岁，依法应从轻处罚。对于上诉人提出的其不构成犯罪以及不明知被害人系幼女的上诉理由与事实相悖；上诉人的辩护人提出的刘某某不明知对方系幼女以及无罪的辩护意见，根据不足，不予采纳。上诉人刘某某提出的一审法院对其量刑过重的上诉理由，予以采纳。一审认定的犯罪事实清楚，定罪准确，审判程序合法，但量刑不当，应予纠正。二审法院判决上诉人刘某某犯强奸罪，判处有期徒刑四年。

［案例注解］

一、姜某某受到性侵害时的实际年龄是否系幼女

刘某某的辩护人认为，被害人亲属的证言证实被害人实际年龄和户口本上登记的年

---

① 路诚撰写，蒋惠岭审稿：《刘某某强奸案——强奸罪中对“明知幼女”的认定及未成年人强奸幼女的量刑》，载最高人民法院中国应用法学研究所编：《人民法院案例选分类重排本（2016—2020）·刑事卷》，第777～783页。

龄不一致，所以不能认定被害人是否系幼女。在这种情况下，应该本着有利于被告人的原则不能认定被害人姜某某为幼女。

本文认为，综合全案证据，可以认定姜某某系幼女。理由如下：根据《最高人民法院关于适用〈中华人民共和国刑事诉讼法〉的解释》第104条的规定，对证据的真实性，应当综合全案证据进行审查。对证据的证明力，应当根据具体情况，从证据与待证事实的关联程度、证据之间的联系等方面进行审查判断。证据之间具有内在联系，共同指向同一待证事实，不存在无法排除的矛盾和无法解释的疑问的，才能作为定案的根据。本案中，据被害人姜某某的户籍信息记载，其出生于2000年3月29日；其父亲姜某喜的证言证明，其实际出生日期是2000年农历三月二十五，属大龙；其母亲刘某清的证言证明，其是2000年3月29日出生，农历生日是三月二十五，属大龙；其祖母姜某花的证言证明，姜某某今年14虚岁，属大龙，公历生日是4月23日，农历是三月。由于被害人姜某某出生在农村的卫生所，当时我国农村户籍登记制度相对来说不够完善，可能存在按农历出生日期登记、报户口时报错、户籍登记人员工作失误、家长虚报年龄等问题，[①] 所以户籍登记的信息跟被害人亲属陈述的出生日期并不能完全吻合情有可原。上述证人证言一致证明姜某某于2000年农历三月出生，结合姜某某受到上诉人刘某某性侵害的时间是在2013年8月中旬至同年10月17日之间的事实，应认定刘某某犯罪时被害人姜某某实际年龄未满14周岁。据此，可以认定被害人姜某某受到性侵时系幼女。

二、刘某某在犯罪过程中是否明知被害人系幼女

关于在奸淫幼女的案件中是否需要行为人明知对方系幼女的问题，理论上一直有争议。一种观点认为，奸淫幼女的案件中不需要行为人认识到对方系幼女，主要理由是《刑法》第236条第2款并没有规定行为人主观上的“明知”要件。[②] 另一种观点认为，奸淫幼女的案件也不能突破责任原则，行为人构成犯罪的要件之一就是主观上具备明知对方系幼女。《刑法》第236条第2款的规定并没有否定“明知”要件，其目的是特殊保护幼女。行为人的主观方面的应理解为“只要行为人认识到女方一定或者可能是幼女，或者不管女方是否幼女，而决意实施奸淫行为，被奸淫的女方又确实是幼女的，就成立奸淫幼女类型的强奸罪。”[③]

本案中，关于刘某某是否明知姜某某未满14周岁的问题，存在两种不同意见。一种意见认为，上诉人刘某某明知姜某某系幼女的证据不足。理由如下：首先，被害人姜某某2013年8月5日至同年9月先后在川香食府当服务员，9月份又到子牙镇王二庄村红绿灯北边瑞余烤鱼堂当过一个多月的服务员，期间与上诉人刘某某相识，故从被害人在饭店做服务员的职业所决定的生活作息规律来看，上诉人刘某某仅凭在饭店与姜某某的接触是不能推断出被害人姜某某系幼女的。其次，根据证人张某、陈某某、东某某的证人证言，姜某某一直向他们说自己已年满14周岁，姜某某本人也曾述称其打工都向别人说是十六岁。由此可以推断姜某某一直向周围的人宣称自己已满14周岁，这进一步加大了上诉人刘某某认识到被害人可能系幼女的困难。最后，被害人姜某某两次在公安机关

---

① 参见黄尔梅主编：《最高人民法院、最高人民检察院、公安部、司法部性侵害未成年人犯罪司法政策案例指导与理解适用》，人民法院出版社2014年版，第9～15页。

② 参见何秉松主编：《刑法教科书》，中国法制出版社2000年版，第312页。

③ 张明楷：《刑法学》（第3版），法律出版社2007年版，第654～655页。

所做陈述表明，其向刘某某说过自己已经16周岁，并且还向刘某某表示户口本上登记的出生日期是错误的。这一细节与上诉人刘某某的供述一致。

另一种意见认为，综合本案的证据，可以认定刘某某性侵姜某某时明知对方系幼女。本文认同第二种意见。理由如下：

其一，有证据证明刘某某在性侵姜某某前看过姜某某的户籍信息。被害人姜某某于2013年8月5日至同年9月先后在川香食府、子牙镇王二庄村瑞余烤鱼堂做服务员期间与上诉人刘某某相识，上诉人刘某某仅凭在饭店与姜某某的接触虽不能了解姜某某的实际年龄，但结合被害人姜某某陈述的刘某某看到过其户口本复印件上是13周岁，以及刘某某供述的姜某某说过她16周岁，也说过她户口本上是13周岁，她还说户口本上的年龄是错误的等情节，内容能够相互印证。总之，被告人供述和被害人陈述在这个细节上基本一致，可以证明刘某某确实看过姜某某的户籍信息。

本案跟其他一般案件相比，特殊之处在于被害人姜某某一直在饭店打工，而不是在学校学习。如果被害人系小学生或者初中生，并且被告人明知这一点，基本上就可以判断被告人明知对方可能系幼女。[1] 本案中，姜某某恰恰不是学生。从一般人的经验推断来看，不会相信一个不满14周岁的孩子没有接受义务教育，而是在饭店从事服务员工作，同时也不会相信有哪家的老板会冒着违法风险，雇佣一个幼女作为服务员。所以，上诉人刘某某辩称自己不明知对方系幼女似乎有一定道理。但是，本案的关键事实就是刘某某事前已经看过姜某某的身份证复印件，所以就刘某某的主观心态来看，其肯定知道刘某某可能不满14周岁。

其二，证人马某某、马某的辨认笔录中姜某某的照片证明，其身体发育并非较为成熟。本案中，需要寻找双方发生性关系时姜某某的身体发育状况。案发后，侦查机关没有及时固定姜某某身体发育情况的证据。但是，侦查机关在组织刘某某和姜某某开房的老板马某某和马某对两人进行辨认时，对姜某某进行了照相，姜某某当时的身体发育情况可以作为认定其年龄的参考。在证人马某某、马某的辨认笔录中存在姜某某的照片，从其中的照片中来看，姜某某身体发育一般，并非较为成熟，一般人通过社会经验会意识到其可能系幼女。

需要说明的是，姜某某那时的照片只是一项参考资料，法官可以据此进行刘某某是否明知姜某某系幼女的内心确认。但是，姜某某的照片只是辨认笔录证据的一部分，不能单独作为认定刘某某明知姜某某系幼女的证据。

其三，为贯彻特殊保护幼女的刑事政策，司法机关在对被告人是否“明知”女方系幼女认定上应该宽松掌握。一方面，《惩治性侵犯罪意见》并没有借鉴英美刑法中的严格责任，而还是恪守大陆刑法中的责任主义原则，要求行为人对幼女主观上需要“明知对方系幼女”。[2] 另一方面，幼女身心、智力发育都不成熟，性防卫能力较低，《惩治性侵犯罪意见》贯彻的指导思想就是对幼女的“最高限度保护”和对性侵幼女的“最低限度容忍”。为了平衡责任主义和对幼女的特殊保护，针对性侵未满12周岁的幼女，《惩治性侵犯罪意见》第19条实际上是采取了对行为人明知幼女的推定原则；针对已满12周岁未满

① 参见黄尔梅主编：《最高人民法院、最高人民检察院、公安部、司法部性侵害未成年人犯罪司法政策案例指导与理解适用》，人民法院出版社2014年版，第26～30页。

② 参见刘宪权：《性侵幼女构成强奸仍应以“明知”为前提》，载《青少年犯罪问题》2014年第1期。

14 周岁的幼女，司法机关在认定被告人是否“明知”女方系幼女认定上应该宽松掌握。即控方只要能证明被告人可能知道对方系幼女，即可认定被告人主观上“明知对方系幼女”。对辩方提出的“不明知对方系幼女”的辩解理由，必须有确切的证据证明行为人确实不知道对方系幼女，才可以采纳，其余情况对辩方的辩护理由一般应从严掌握。例如，在被告人李某某强奸一案中，被害人李某持捡得的身份证声称自己已满 16 周岁，刻意隐瞒自己未满 14 周岁的事实，与一家电子公司签订劳务合同。被告人李某某在这家电子公司与李某相识，对其真实年龄无从知晓。[①] 只有像这样的特殊情况，才可以认定被告人不明知对方系幼女。

三、一审法院对被告人刘某某的量刑是否过重

本案中上诉人刘某某实施性侵行为时不满 18 周岁，如何在未成年人性侵幼女的案件中平衡对未成年被告人“教育、感化、挽救”方针和对幼女特殊保护原则是一个难题。

《惩治性侵犯罪意见》第 27 条规定：“已满十四周岁不满十六周岁的人偶尔与幼女发生性关系，情节轻微，未造成严重后果的，不认为是犯罪。”该条规定虽然明确限定为已满 14 周岁不满 16 周岁的犯罪人，但是实际上确立的是对未成年人与幼女交往过程中发生性行为的处理原则，即对性侵幼女的案件应该贯彻宽严相济的刑事政策，对具有恋爱关系的未成年人之间的性侵行为应该从宽掌握。

上诉人刘某某奸淫不满 14 周岁的幼女，依法应判处三年以上十年以下有期徒刑。根据《天津市高级人民法院关于常见犯罪的量刑指导意见实施细则》（以下简称《实施细则》）的规定，奸淫幼女一人的，在四年至七年有期徒刑幅度内确定量刑起点。本案系未成年人之间的性侵行为，双方年龄差距不大，可以将量刑起点确定为四年有期徒刑。本案中，上诉人刘某某的从重量刑因素包括性侵幼女、多次性侵、导致被害人怀孕。根据《实施细则》的规定，对同一幼女实施奸淫多次的，增加基准刑的 30% 以下。本案中，刘某某奸淫姜某某六次之多，增加基准刑的 30%。另外考虑到刘某某奸淫姜某某致其怀孕，可以认定为《实施细则》中规定的“其他可以从重处罚的情形”，本案增加基准刑的 20%。对刘某某从轻量刑的因素包括未成年犯罪、双方一直在交往、除第一次以外姜某某同意与刘某某发生性关系、刘某某家属已经对被害人进行了赔偿、得到了被害人的谅解情节。由于未成年人之间性侵行为中的双方一直在交往、除第一次以外姜某某同意与刘某某发生性关系两个情节，在确定量刑起点时已经作为了考量因素，因此在确定被告人宣告刑时不再考虑。根据《实施细则》的规定，刘某某未成年犯罪、赔偿对方并得到对方谅解的情节可以分别减少基准刑的 30%、20%。所以，刘某某从重增加基准刑为 50%，从轻减少基准刑也是 50%，对被告人刘某某的宣告刑应为四年有期徒刑左右。

综上，一审法院在对上诉人刘某某量刑时考虑了多次奸淫幼女、造成被害人怀孕等情节，但未充分考虑上诉人刘某某实施犯罪行为时已满 16 周岁未满 18 周岁，系未成年人犯罪。上诉人刘某某及其家属对被害人进行了赔偿，被害人姜某某除第一次以外与刘某某发生性关系均系自愿等法定、酌定量刑情节。一审法院判决上诉人刘某某犯强奸罪，判处有期徒刑六年量刑过重，应依法改判。二审法院依法改判上诉人刘某某犯强奸罪有期徒刑四年是适当的。

---

① 参见黄尔梅主编：《最高人民法院、最高人民检察院、公安部、司法部性侵害未成年人犯罪司法政策案例指导与理解适用》，人民法院出版社 2014 年版，第 141 ~ 144 页。

问题8. 通奸后帮助他人强奸是否构成共犯

【刑事审判参考案例】滕某、董某强奸案①

一、基本案情

江苏省淮安市楚州区人民法院经审理查明：被告人滕某与被害人王某系公媳关系。2001年8月18日，被告人滕某、董某晚饭后乘凉时，滕某告诉董某，儿媳王某同他人有不正当两性关系，而自己多次想与她发生性关系均遭拒绝，但是“只要是外人，都肯发生性关系”，并唆使董某与王某发生性关系。董某遂答应去试试看。滕某又讲自己到时去“捉奸”，迫使王某同意与自己发生性关系。当日晚9时许，董某在王某房间内与其发生性关系后，滕某随即持充电灯赶至现场“捉奸”，以发现王某与他人有奸情为由，以将王某拖回娘家相威胁，并采用殴打等手段，强行对被害人实施奸淫。因生理原因，滕某的强奸行为未能得逞。

江苏省淮安市楚州区人民法院认为，被告人滕某、董某以奸淫为目的，采取暴力、胁迫手段，强行与被害人发生性关系，其行为均构成强奸罪。公诉机关指控罪名成立。二被告人系共同犯罪，其中，被告人滕某提出预谋、策划，并采用暴力、威胁手段，积极实施对被害人王某的奸淫行为，在共同犯罪中起主要作用，系主犯，应依法惩处；被告人董某参与预谋、策划，其与被害人发生性关系，虽系被害人自愿，但其行为客观上为被告人滕某奸淫王某提供了便利条件，且其行为均在二被告人预谋范围内，在共同犯罪中起辅助作用，系从犯，依法应当从轻处罚。被告人滕某因意志以外的原因而奸淫未成，系犯罪未遂，依法可以比照既遂犯从轻处罚。被告人董某提出其未参与预谋、不构成强奸罪的辩护意见，无事实和法律依据，不予采纳。依照《刑法》第236条第1款、第4款，第27条第1~2款，第25条第1款，第26条第1款、第4款，第27条第1~2款，第55条第1款，第56条第1款之规定，于2001年11月21日判决如下：（1）被告人滕某犯强奸罪，判处有期徒刑五年，剥夺政治权利一年。（2）被告人董某犯强奸罪，判处有期徒刑三年。

宣判后，二被告人均未上诉，检察机关也未抗诉，判决发生法律效力。

二、主要问题

1. 被告人董某与被告人滕某是否构成共同犯罪？

2. 二被告人的行为是否属于轮奸？

三、裁判理由

（一）被告人董某与滕某的行为构成共同强奸犯罪

根据我国《刑法》规定，共同犯罪是指二人以上共同故意犯罪。构成共同犯罪，要求同时具备以下三个方面条件：（1）犯罪主体必须是两个以上依法应当承担刑事责任的人。（2）主观方面必须有共同的犯罪故意，即各共同犯罪人通过意思联络，认识到他们的共同行为会发生危害社会的结果，并决意参加共同犯罪，希望或放任这种结果发生的

---

① 贺同新撰稿，王勇审编：《滕某、董某强奸案——通奸后帮助他人强奸是否构成共犯（第395号）》，载最高人民法院刑事审判第一、二、三、四、五庭主办：《刑事审判参考》（总第50辑），法律出版社2014年版，第14~19页。

心理态度。它包括各犯罪人不但认识到自己在实施犯罪行为，而且知道自己不是单独、孤立地实施犯罪，而是在与其他人共同实施犯罪行为；各犯罪人对于共同犯罪所引起的后果都抱着希望或放任的态度。如果实行犯实施了某种超出共同谋议的犯罪范围的行为（即实行过限），因其他共犯对这种行为在主观上没有罪过，过限行为的刑事责任只能由该实行犯承担。（3）客观方面必须有共同的犯罪行为，即各犯罪人都实施了同一犯罪构成的行为，而且其行为在共同故意的支配下，相互联系、相互配合、相互协调补充，形成一个统一的犯罪活动的整体。共同行为可以表现为各共犯人都直接实施实行行为，也可以表现为各共犯人存在一定分工，有的实施实行行为，有的实施组织、帮助或者教唆行为。

就本案而言，首先，被告人董某与被告人滕某事前有关于滕某强奸王某的共同预谋，且其行为均在预谋范围之内。董某与滕某晚饭后乘凉时到厕所处，滕某告诉董某，儿媳王某同他人有不正当两性关系，而自己多次想与她发生性关系均遭拒绝，但是“只要是外人，都肯发生性关系”，并唆使董某与王某发生性关系。董某遂答应去试试看。这时滕某又讲自己到时去“捉奸”，意思是董某与王某发生性关系后，滕某立即现场捉奸，然后迫使王某同意与其发生性关系。对于滕某的这一意图，董某是明知的，二人事前就具有让滕某强奸王某的共同意思联络。同时，被告人董某、滕某先后与王某发生性关系行为，均在二被告人事前预谋的范围之内。被告人董某得到被告人滕某的唆使后，即到王某房间与王某发生了性关系。此时，被告人滕某一直在外等待时机，待董某“得手”后，滕某随即持充电灯进入王某房间，待董某离开后，滕某以此事和将王某带回娘家相威胁，并殴打王某，迫使被害人与其发生性关系。对此，正如被告人董某供述，他们二人“心中都有数”，自己做了滕某的“炮灰”（意思是指做了滕某的帮手）。可见，董某的先期通奸行为与滕某的后期强迫王某就范发生性关系，均在二被告人的事前共同预谋范围之内，滕某的强奸行为并没有超出二人事前的共同预谋。

其次，董某与王某的通奸行为，是被告人滕某强奸王某行为的重要组成部分，是强奸罪的帮助行为。被告人滕某知道王某平常愿意与外人发生性关系，就唆使董某先与王某通奸，并告知他到时候去“捉奸”。滕某这样安排，是要把抓到王某与他人通奸作为把柄，以此来迫使王某同意与其发生性关系。同样，董某也知道自己与王某发生性关系，可以使滕某现场捉奸，可以为滕某强奸王某提供便利条件。尽管董某与王某发生性关系，没有违背王某的意志，但是其通奸行为是后来强奸行为的铺垫，为滕某随后的强奸行为创造了方便条件，成了滕某强奸被害人王某的借口。从整体来看，董某先期通奸行为为滕某后期强奸行为提供了帮助，董某与滕某在共同预谋的支配下，相互配合、相互联系，形成一个统一的犯罪活动整体。其中，滕某迫使王某与自己发生性关系，是强奸罪的实行犯，而董某是强奸犯罪的帮助犯。二人的行为都是共同强奸犯罪的组成部分，只是存在共同犯罪分工的不同，不影响强奸共同犯罪的成立。

（二）董某与滕某的行为不属轮奸

轮奸是指两个以上有合意的男人先后共同强行对同一妇女进行奸淫的行为。由于轮奸给被害妇女的身心健康造成很大危害，我国《刑法》规定具有轮奸这一情节时，将在强奸罪基本刑的基础上加重刑罚。轮奸必须同时具备以下条件：一是各行为人具有共同强奸的意思联络，不仅自己具有强奸被害人的故意，而且明知其他行为人也具有对被害人强行奸淫的故意；二是必须对同一被害人先后实施奸淫行为；三是各行为人与被害人

发生性关系，均违背被害人意愿。

本案中，二被告人都没有让董某强行与王某发生性关系的主观意图，客观上董某与王某发生性关系时，因为董某是外人，王某也确是同意和自愿的。虽然二被告人都对同一被害人王某先后实施了奸淫行为，但是只有滕某与王某发生性关系时，违背了女方意愿，而董某与女方发生性关系没有违背女方意愿，并不具备轮奸中每个行为人与被害人发生性关系均违背女方意愿的条件。此外，由于轮奸是强奸罪基础上的加重处罚情节，如果把没有违背女方意愿的奸淫行为与他人的强奸行为，作为轮奸处罚，就会明显违背轮奸的立法本意和罪责刑相适应原则。因此，董某的通奸和滕某的强奸行为，不能认定为轮奸。

问题9. 行为人实施强奸行为完毕离开现场后，其他帮助犯起意并对同一被害人实施强奸行为的，能否认定该行为人构成轮奸

【刑事审判参考案例】苑某、李某等绑架、强奸案①

一、基本案情

河南省信阳市中级人民法院经审理查明：2009年8月5日，被告人苑某、王某、唐某伙同赵某（另案处理）预谋去信阳市绑架“小姐”勒索财物。次日凌晨，苑某等租车来到信阳市新马路大众保健城，以“包夜”为名，将女服务员葛某、许某、小芝（真实姓名不详）诱骗出大众保健城后，强行带至驻马店市正阳县慎水乡三黄鸡场唐某家中。被告人李某得知唐某绑架并将人质带至家中后，驾车赶至唐某家中，并应苑某的要求，驾车带上唐某去正阳县城购买饮料、面包等食品供人质与苑某等人食用。其间，李某提出对被害人许某实施强奸，得到苑某等人的同意和协助。李某对许某实施强奸行为完毕后离开现场。之后，苑某、王某又分别对许某实施了强奸。8月6日上午9时，苑某以将人质贩卖相威胁，向大众保健城老板李某1打电话并勒索现金人民币（以下币种同）40 000元。得款后，赃款被苑某、王某、唐某等挥霍。

2009年8月至9月，公安机关在正阳县内分别将唐某、苑某、李某、王某抓获。

河南省信阳市中级人民法院认为，被告人苑某、王某、唐某以勒索财物为目的，绑架他人，被告人李某提供帮助行为，四人的行为均构成绑架罪，且系共同犯罪；李某在绑架期间强奸他人，其行为构成强奸罪，苑某、王某在绑架期间强奸他人，构成强奸罪，且系轮奸。信阳市人民检察院指控的事实及罪名成立。苑某、王某、李某一人犯数罪，应当数罪并罚。苑某、王某提起犯意，纠集成员，积极实行绑架行为，在绑架犯罪中起主要作用，系主犯；李某在绑架犯罪中起辅助作用，系从犯。苑某、王某因故意犯罪被判处有期徒刑并在刑罚执行完毕后五年内又犯，应当判处有期徒刑以上刑罚的犯罪，是累犯，依法应当从重处罚。李某、唐某犯罪时未满18周岁，依法应当从轻或者减轻处罚。据此，依照《刑法》第239条第1款，第236条第1款、第236条第3款第4项，第25条第1款，第26条第1款，第59条，第57条第1款，第61条、第65条第1款，第69

① 郑鹏飞、吴孔玉撰稿，刘为波审编：《苑某、李某等绑架、强奸案——行为人实施强奸行为完毕离开现场后，其他帮助犯起意并对同一被害人实施轮奸行为的，能否认定该行为人构成轮奸（第792号）》，载最高人民法院刑事审判第一、二、三、四、五庭主办：《刑事审判参考》（总第87集），法律出版社2013年版，第27～31页。

条，第 17 条第 3 款，第 52 条，第 27 条之规定，河南省信阳市中级人民法院判决如下：（1）被告人苑某犯绑架罪，判处无期徒刑，附加剥夺政治权利终身，并处没收个人全部财产；犯强奸罪，判处有期徒刑十二年；数罪并罚，决定执行无期徒刑，附加剥夺政治权利终身，并处没收个人全部财产。（2）被告人王某犯绑架罪，判处无期徒刑，附加剥夺政治权利终身，并处没收个人全部财产；犯强奸罪，判处有期徒刑十二年；数罪并罚，决定执行无期徒刑，附加剥夺政治权利终身，并处没收个人全部财产。（3）被告人唐某犯绑架罪，判处有期徒刑十年，并处罚金 5000 元。（4）被告人李某犯绑架罪，判处有期徒刑三年，并处罚金 5000 元；犯强奸罪，判处有期徒刑五年；数罪并罚，决定执行有期徒刑七年，并处罚金 5000 元。

一审宣判后，被告人王某不服，基于以下理由提出上诉：其事先不知其行为是绑架；其没有与人质发生性关系；侦查人员具有刑讯逼供行为；其在南阳市曾以赵某强之名向公安机关揭发苑某等人绑架的犯罪事实。被告人唐某以其系从犯、一审判决量刑过重为由，提出上诉。

河南省高级人民法院经审理查明的犯罪事实与一审相同。河南省高级人民法院认为，上诉人王某、唐某、原审被告人苑某、李某以勒索财物为目的，绑架他人，构成绑架罪，且系共同犯罪；苑某、王某、李某在绑架期间强奸他人，构成强奸罪；苑某、王某系轮奸，李某在绑架期间与苑某、王某之间没有强奸犯意联络和协同行为，故其不构成轮奸；苑某、王某、唐某在绑架犯罪中起主要作用，系主犯。苑某、王某系累犯，应当从重处罚。李某、唐某犯罪时未满 18 周岁，李某在绑架犯罪中起次要作用，系从犯，依法均应当从轻或者减轻处罚。苑某、王某、李某一人犯数罪，依法应当数罪并罚。关于上诉人王某所提其事先不知其行为是绑架的上诉理由，经查，苑某、唐某均供述与王某三人事先预谋去信阳市绑架“小姐”，故该理由不成立；关于王某所提其没有与人质发生性关系的上诉理由，经查，其本人曾供述与一名“小姐”发生性关系，该供述与被害人许某、葛某的陈述能够相互印证，故该上诉理由不成立；关于王某所提侦查人员具有刑讯逼供行为以及是其揭发苑某等人绑架犯罪事实的上诉理由，经查无证据予以证实，故不予采纳；关于唐某所提其是从犯，一审量刑过重的上诉理由，经查，唐某事先参与预谋，积极找车，提供自家房屋供犯罪使用，并至信阳市绑架人质，且到南阳市取钱分赃，体现出其在共同犯罪中积极主动，起主要作用，系主犯，一审量刑适当，故其上诉理由不成立。原审判决定罪准确，量刑适当，审判程序合法。依照 1996 年《刑事诉讼法》第 189 条第 1 项之规定，河南省高级人民法院裁定驳回上诉，维持原判。

二、主要问题

行为人实施强奸行为完毕离开现场后，其他帮助犯起意并对同一被害人实施轮奸行为的，能否认定该行为人构成轮奸？

三、裁判理由

本案在审理过程中，对被告人苑某、王某、唐某的定罪量刑没有意见分歧，但对被告人李某的强奸行为是否构成轮奸形成两种不同意见。一种意见认为，李某与苑某、王某在绑架期间先后对同一被害人许某实施强奸，系轮奸，应当在十年有期徒刑以上量刑；另一种意见认为，李某是第一个强奸许某的人，其在强奸行为实施完毕后即离开现场，此后苑某、王某分别对被害人许某实施强奸，李某对此并不知情，由此表明李某与其他同案犯不具有犯意联络和协同行为，即不具有轮奸被害人的共同故意，不宜认定李某具

有二人以上轮奸的加重情节，应当在三年以上十年以下有期徒刑这一法定刑幅度量刑。

我们赞同后一种意见。轮奸是指两名以上男子基于共同强奸犯罪的故意，对同一妇女分别实施强奸行为。轮奸是法律明确规定的一种强奸罪的加重情节，而非独立的一种犯罪。轮奸必须同时具备以下条件：一是各行为人具有共同强奸的犯意联络，即不仅自己具有实施强奸的故意，而且明知其他行为人也具有实施强奸的故意；二是必须是对同一被害人先后实施强奸行为。本案中，被告人李某对被害人许某强奸行为实施完毕后即离开现场，不应认定其具有二人以上轮奸的加重情节。具体理由如下：

对共同犯罪故意的认定需要关注以下两个方面的内容：一是共同犯罪故意的认识因素和意志因素；二是共同犯罪行为人之间的犯意联络：具体而言，共同犯罪故意的认识因素是指各行为人对本人和他人共同实施的犯罪行为所具有的社会危害性的认识；共同犯罪故意的意志因素是指各行为人在认识到共同犯罪社会危害性的基础上决意共同实施犯罪行为，希望或者放任共同犯罪危害结果发生的心理态度；而共同犯罪行为人之间的犯意联络则是指各行为人关于相互协同实施特定犯罪行为的意思沟通，这种意思沟通可以采用明示或者默示的方式进行。共同犯罪行为人必须对共同犯罪具有故意，如果各犯罪行为人并无共同犯罪故意的认识因素和意志因素，也缺少相互协同实施特定犯罪行为的意思沟通，则不构成共同犯罪，行为人仅对自己实施的犯罪行为承担刑事责任。

本案中，李某提出其意欲对被害人许某实施强奸时，苑某等人表示同意，并把其他两位被害人叫离，为李某强奸许某提供方便。从这个角度而言，苑某等人对李某实施强奸行为在主观上明知且达成合意。然而，李某此时并不知道苑某、王某之后会对许某实施强奸，其在强奸行为实施完毕后即离开现场，其间没有与苑某、王某就分别实施强奸许某的行为进行意思沟通。苑某、王某的强奸故意是李某离开现场后形成的，其对同一被害人许某实施的强奸行为，李某并不知情。因此，李某没有与他人实施轮奸的共同故意，仅需对自己实施的强奸行为负责。

需要指出的是，本案被告人李某不构成轮奸，但不影响对被告人苑某、王某构成轮奸的认定。即便在李某离开现场后，只有苑某一人对被害人许某实施强奸，也同样应当认定苑某构成轮奸。因为苑某为李某实施强奸提供帮助的行为，已经构成强奸罪的共犯，之后又单独实施强奸行为，完全符合轮奸的认定条件。

问题 10. 采取足以致人伤亡的暴力手段实施强奸并最终导致被害人死亡的，是以强奸罪一罪论处还是以强奸罪、故意杀人罪数罪并罚

【刑事审判参考案例】李某强奸案①

一、基本案情

山东省日照市中级人民法院经审理查明：被告人李某系日照市岚山区中楼镇月庄村村民。1998 年 1 月 5 日下午，李某得知同村女青年李某 1 独自在家，遂产生强奸念头。当日 19 时许，李某打开李某 1 家的大门后进入，李某 1 发现李某后喊叫。李某将李某 1

① 辛丽英撰稿，马岩审编：《李某强奸案——采取足以致人伤亡的暴力手段实施强奸，并最终导致被害人死亡的，是以强奸罪一罪论处还是以强奸罪、故意杀人罪数罪并罚（第 946 号）》，载最高人民法院刑事审判第一、二、三、四、五庭主办：《刑事审判参考》（总第 96 集），法律出版社 2014 年版，第 51 ~ 55 页。

摔倒，并用石块、手电筒、拳头击打其头部，后掐其颈部，致李某1昏迷。随即，李某将李某1抱至堂屋床上强奸。后李某发现李某1已死亡，遂将其尸体藏于现场地窖内。经鉴定，李某1系被他人用质地较硬的钝器打击头部致严重颅脑损伤而死亡。

山东省日照市中级人民法院认为，被告人李某为实施强奸进入被害人家中，采用暴力手段强奸妇女，其行为构成强奸罪。公诉机关指控李某构成强奸罪的罪名成立，予以支持；李某强奸妇女并致被害人死亡，属于强奸罪的结果加重情形，公诉机关指控其构成故意杀人罪的罪名不成立，不予支持。鉴于李某归案后能够如实供述犯罪事实，认罪态度较好，并积极赔偿被害人亲属部分经济损失，对李某可以酌情从轻处罚。据此，依照《刑法》第236条、第50条第2款、第57条第1款之规定，山东省日照市中级人民法院判决如下：（1）被告人李某犯强奸罪，判处死刑，缓期二年执行，剥夺政治权利终身。（2）对被告人李某限制减刑。

一审宣判后，被告人李某在法定期限内没有上诉，检察机关亦未抗诉。日照市中级人民法院依法将本案报请山东省高级人民法院复核。

山东省高级人民法院经复核认为，被告人李某以暴力手段强奸妇女，其行为构成强奸罪。鉴于其认罪态度较好，并赔偿被害人亲属部分经济损失，故对其判处死刑，可不立即执行。但李某在强奸犯罪中使用暴力致被害人死亡，情节极其恶劣、后果极其严重，应当限制减刑。原审判决认定的事实清楚，证据确实、充分，定罪准确，量刑适当，审判程序合法。据此，依照《刑法》第236条、第50条第2款、第57条第1款和《刑事诉讼法》第237条之规定，山东省高级人民法院裁定核准原则。

二、主要问题

采取足以致人伤亡的暴力手段实施强奸，并最终导致被害人死亡的，是以强奸罪一罪论处还是以强奸罪故意杀人罪数罪并罚？

三、裁判理由

在本案审理过程中，对被告人李某实施的犯罪行为构成强奸罪一罪还是强奸罪、故意杀人罪两罪，大致形成两种意见。一种意见认为，李某出于灭口动机，在实施强奸过程中杀死被害人，其行为分别构成故意杀人罪和强奸罪。另一种意见认为，李某为达到奸淫被害人的目的采取足以致死被害人的暴力手段，其实施的暴力行为系强奸罪的手段行为，故其行为构成强奸（致人死亡）罪一罪。我们赞同后一种意见。

（一）采取足以致人伤亡的暴力手段实施强奸，暴力手段行为造成的伤亡后果属于强奸罪的加重构成要件要素

行为人采取足以致人伤亡的暴力手段意图实现奸淫目的的，该暴力手段与奸淫目的并不矛盾，仍属于强奸罪范畴内的暴力手段，不另外构成故意杀人罪。该暴力手段导致被害人伤亡的，构成强奸罪的加重犯。首先，强奸行为人使用暴力或者其他手段对被害人进行加害，其目的是压制被害人的反抗，使其奸淫得逞。因此，通常情况下，行为人不会采用足以致死的暴力或者其他手段，先杀死被害人与后实施奸淫行为在逻辑上存在一定矛盾。但是，如果行为人使用的暴力或者其他手段并未立刻导致被害人死亡，则行为人完全可以在被害人丧失反抗能力但未死亡时实施奸淫行为，此时先实施的手段行为与后实施的目的行为并不矛盾。其次，刑法将强奸“致使被害人重伤、死亡”的情形规定为强奸罪的加重犯，意味着立法上已将足以致使他人伤亡的暴力或者其他手段纳入强奸罪的范畴。与抢劫、绑架等犯罪一样，强奸罪也是典型的复合行为犯，即由数个相对

独立的行为复合而成的犯罪形态。强奸罪包括手段行为和目的行为。手段行为即使用暴力、胁迫或者其他手段压制被害人反抗的行为；目的行为即行为人对反抗能力被抑制的被害人实施奸淫的行为，二者共同构成了完整意义上的强奸行为。《刑法》规定的强奸“致使被害人重伤、死亡”，既包括目的（奸淫）行为导致被害人重伤、死亡的情形，也包括手段行为导致被害人重伤、死亡的情形。前者主要指因强奸妇女、奸淫幼女导致被害人性器官严重损伤，或者造成其他严重伤害，甚至当场死亡或者因治疗无效死亡等情形；后者主要指因对被害人实施殴打、勒颈、麻醉等行为致被害人重伤、死亡。从行为人的主观心态分析，其对致被害人重伤、死亡的结果可能出于过失，也可能出于间接故意，个别情况下不排除行为人具有直接故意。如行为人明知注射过量麻醉药会致人死亡，为奸淫被害人而对其进行过量注射，并在其死亡前实施奸淫，此时行为人采取的麻醉手段兼具压制反抗和灭口的性质，对死亡结果持直接故意的心态。值得注意的是，一般情况下手段行为实施在前，目的行为实施在后，但在强奸行为达到既遂后实施完毕前行为人仍有可能使用暴力或者其他手段持续压制被害人的反抗，使其强奸行为得以完成。此时行为人使用的暴力或者其他手段与目的行为并存，并且服务于目的行为，故仍属强奸罪的手段行为，由此造成被害人伤亡的，属于强奸罪的加重犯。例如，行为人在奸淫被害人时为阻止其呼救，持续捂压其口鼻致被害人死亡，构成强奸罪的加重犯。

本案中，被告人李某预谋入室强奸，被被害人李某发现后将李某打昏，而后实施奸淫行为。鉴定意见证实李某系被质地较硬的钝器打击头部致严重颅脑损伤死亡，李某死亡的结果系强奸罪的手段行为导致，行为人对被害人死亡的结果持间接故意心态，属于《刑法》规定的强奸致人死亡的情形，不应再认定为故意杀人罪。

（二）在强奸案件中认定行为人是否构成数罪，需结合是否有报复、灭口的动机及暴力、其他手段的具体实施情况综合判断

首先，关于强奸犯罪的罪数认定，司法实践中长期以来遵循的标准是，对于强奸犯出于报复、灭口等动机，在实施强奸的过程中杀死或者伤害被害妇女、幼女的，应当分别认定为强奸罪、故意杀人罪或者故意伤害罪，数罪并罚。此处的强奸过程，既包括实施强奸罪的手段行为的过程，如行为人因被害人反抗激烈，在实施奸淫前即将被害人杀害，也包括实施目的行为的过程，如奸淫过程中为灭口将被害人杀害，此种情形在实践中更为多见。也就是说，因实施强奸犯罪构成数罪的，一般均具有报复、灭口的动机，该动机是认定数罪的必要条件。其次，行为人具有报复、灭口动机的，并非一律构成数罪，需结合其采取的暴力、其他手段的具体实施情况综合判断构成一罪还是数罪。认定强奸行为构成数罪，原则上要求行为人实施了数个暴力或者其他行为，分别服务于奸淫目的和灭口动机，如果行为人仅实施了一个手段行为，且使该行为同时服务于奸淫目的和灭口动机，也只构成强奸罪一罪，否则便是对该行为的重复评价。例如，行为人将被害人捆绑至偏僻山区的树上，实施奸淫后故意不放开被害人而自行离去，被害人因得不到救助而死亡，其行为仅构成强奸罪一罪。

本案中，被告人李某潜入被害人李某1家中意图强奸，其与李某1素无仇怨，也没有证据显示其有报复动机。李某被李某1发现后立即将李某1打昏，进而对其实施奸淫，奸淫后并未对李某1实施进一步的加害，对李某1的死亡持放任心态。其实施的暴力行为仅服务于奸淫目的，无论从报复、灭口动机的有无，还是从实施的暴力行为的个数分析，均达不到构成数罪的要求，故仅构成强奸罪一罪。

综上，在强奸犯罪案件中采取暴力手段造成被害人死亡是认定一罪还是数罪，应当根据暴力行为实施的具体情况，结合是否具有报复、灭口等动机综合判定。日照市中级人民法院原审、山东省高级人民法院复核认定被告人李某构成强奸罪一罪，是正确的。李某采取暴力手段强奸被害人致人死亡，罪行十分严重。鉴于在其作案后潜逃十余年期间未发现有新的违法犯罪行为，到案后认罪、悔罪，且取得了被害人亲属一定程度的谅解，根据《最高人民法院关于贯彻宽严相济刑事政策的若干意见》的有关规定，对其判处死刑，可不立即执行。但是，根据其犯罪的具体情节，对其限制减刑有利于体现罪刑均衡原则，也有利于案件的处理效果。

问题 11. 强奸、猥亵行为的罪数认定

【人民法院案例选案例】曾某强奸、猥亵儿童案①

［裁判要旨］

短时间内在不同地点针对同一被害人实施的强奸、猥亵行为应认定为数罪。

［基本案情］

厦门市集美区人民检察院以被告人曾某犯强奸罪与猥亵儿童罪，向厦门市集美区人民法院提起公诉。

法院审理查明：2015 年 9 月 15 日 21 时许，被告人曾某在集美区岑尾路“平安住宿”旅社 302 房间内，明知被害人吴某娥（时年 12 周岁）未年满 14 周岁，仍与被害人吴某娥发生性关系。同日 23 时许，被告人曾某将被害人吴某娥带回其位于集美区岑尾路一出租房 301 室的暂住处，趁被害人吴某娥与其同床睡觉之机，用手摸被害人吴某娥的胸部。2015 年 10 月 15 日，被告人曾某被公安机关抓获。归案后，被告人曾某在侦查阶段如实供述了上述犯罪事实。

［裁判结果］

福建省厦门市集美区人民法院于 2016 年 3 月 10 日作出（2016）闽 0211 刑初 63 号刑事判决：被告人曾某犯强奸罪，判处有期徒刑三年一个月；犯猥亵儿童罪，判处有期徒刑六个月。数罪并罚，决定执行有期徒刑三年二个月。判决作出后，公诉机关未抗诉，被告人曾某未上诉，判决已发生法律效力。

［裁判理由］

法院生效裁判认为：被告人曾某与不满 14 周岁的幼女发生性关系，其行为已构成强奸罪，依法应从重处罚；其还猥亵不满 14 周岁的儿童，其行为又已构成猥亵儿童罪，依法应从重处罚。公诉机关指控的罪名成立。被告人曾某犯数罪，依法应数罪并罚。被告人曾某归案后如实供述自己的罪行，依法可以从轻处罚；其有劣迹，应酌情从重处罚。

［案例注解］

本案争议的焦点在于被告人曾某实施的强奸行为和猥亵行为能否评价为一罪，以及先前的强奸行为能否吸收之后的猥亵行为或者是否应认定为连续犯。本案经审理认为，两罪应实施数罪并罚，理由如下：被告人曾某的第一个行为强奸已经实施完毕，构成犯

---

① 涂学斌编写，李玉萍审稿：《曾某强奸、猥亵儿童案——强奸、猥亵行为的罪数认定》，载最高人民法院中国应用法学研究所编：《人民法院案例选分类重排本（2016—2020）· 刑事卷》，人民法院出版社 2022 年版，第 787 ~ 789 页。

罪既遂。间隔两个小时之后，在另一地点，又基于另一犯罪故意——猥亵，实施了犯罪行为，两个行为是相互独立的，触犯了两个不同的罪名。

1. 是否构成连续犯。连续犯是指基于同一的或概括的犯意，连续实施数个相对独立的犯罪行为，触犯同一个罪名的犯罪形态。连续犯的特点是行为人主观上基于同一的或者概括的犯罪故意，客观上实施了性质相同的数个行为，时间上数行为具有连续性，法律上数行为触犯了同一个罪名。在本案中，被告人曾某主观上分别出于强奸和猥亵的故意，客观上实施了性质不同的强奸和猥亵行为，时间上有一定的间隔性，法律上两个行为触犯了两个不同的罪名，所以也不构成连续犯。

2. 是否构成吸收犯。吸收犯指一个犯罪行为因为是另一个犯罪行为的必经阶段，组成部分或当然结果，而被另一个犯罪行为吸收的情况。首先，吸收犯所具备的数个犯罪行为，均发生在一个犯罪过程中。这是吸收犯的本质特征。主观上需基于一个确定的犯罪故意。本案中被告人曾某实施的两个犯罪行为分别是出于强奸和猥亵的故意。其次，吸收犯中数行为具有吸收关系，前行为是后行为的必经阶段，后行为是前行为的发展结果。在本案中被告人的强奸行为并不是猥亵行为的必经阶段，猥亵行为也不是强奸行为的发展结果，所以不构成吸收犯。

综上，被告人曾某实施了第一个强奸行为后，又另起犯意实施了猥亵行为，两个行为互相独立，触犯了两个不同的罪名，既不是连续犯也不是吸收犯，所以，应分别认定为强奸罪和猥亵儿童罪，数罪并罚。

问题 12. 轮奸幼女的，是否同时适用轮奸加重处罚和奸淫幼女从重处罚情节

【刑事审判参考案例】王某等强奸、寻衅滋事、故意伤害、抢劫案①

一、基本案情

吉林省德惠市人民法院审理查明：2010 年 3 月 1 日晚，被告人王某、刘某、任某、马某、曾某将被害人曲某（时年 13 周岁）带至吉林省德惠市二道街百姓招待所，不顾曲某的反抗，轮流对其进行奸淫。

另查明，王某、刘某等人还单独或结伙实施故意伤害他人、寻衅滋事、抢劫他人财物等犯罪行为。吉林省德惠市人民法院认为，被告人王某、刘某、马某、曾某、任某采用暴力手段强行轮流与幼女发生性关系，其行为均构成强奸罪。鉴于马某、任某犯罪时未成年，依法应当减轻处罚；王某到案后揭发他人犯罪，经查证属实，有立功表现，依法可以从轻处罚；曾某犯罪时未成年，并协助公安机关抓获同案犯，有立功表现，依法应当减轻处罚。据此，依照《刑法》第 236 条第 3 款第 4 项、第 25 条第 1 款、第 17 条第 3 款、第 68 条等相关规定，吉林省德惠市人民法院判决如下：（1）被告人王某犯强奸罪，判处有期徒刑十年……（其他罪名判罚略）；决定执行有期徒刑十五年，并处罚金人民币 1000 元。（2）被告人刘某犯强奸罪，判处有期徒刑十年四个月……（其他罪名判罚略）；

---

① 邵坤、刘山娟撰稿，管应时审编：《王某等强奸、寻衅滋事、故意伤害、抢劫案——轮奸幼女的，是否同时适用轮奸加重处罚和奸淫幼女从重处罚情节；对具有多种量刑情节的被告人应当如何规范量刑；若无抗诉，因程序违法被发回重审的，能否加重对被告人的处罚（第 843 号）》，载最高人民法院刑事审判第一、二、三、四、五庭主办：《刑事审判参考》（总第 91 集），法律出版社 2014 年版，第 18 ~ 24 页。

决定执行有期徒刑十一年，并处罚金人民币1000元。（3）被告人曾某犯强奸罪，判处有期徒刑三年三个月；犯抢劫罪，判处有期徒刑一年，并处罚金人民币500元，决定执行有期徒刑三年六个月，并处罚金人民币500元。

（其他被告人判罚情况略。）

一审宣判后，吉林省德惠市人民检察院基于以下理由提出抗诉：（1）被害人曲某系幼女，依据《刑法》第236条第2款之规定，奸淫不满14周岁幼女的，以强奸论，从重处罚，原审判决未引用该条款，属适用法律错误；被告人王某、刘某、曾某、任某、马某轮奸情节恶劣，原审判决对上述各被告人量刑畸轻。（2）原审判决认定王某具有立功表现，但对王某的立功材料未经庭审举证、质证即予以采信，审判程序违法。

吉林省长春市中级人民法院经审理认为，公诉机关的抗诉理由成立，此外，王某涉嫌故意伤害马某1的事实不清。故以原审判决认定事实不清为由，撤销德惠市人民法院（2010）德刑初字第292号刑事附带民事判决，将本案发回吉林省德惠市人民法院重新审判。

吉林省德惠市人民法院经重新审理后认为，五名被告人轮流奸淫不满14周岁幼女，依法应当从重处罚。王某到案后揭发他人犯罪，经查证属实，有立功表现，依法可以从轻处罚；其他各被告人具有与原审相同的各种量刑情节，依法对各被告人从轻或者减轻处罚。依照《刑法》第236条第2款、第3款第4项，第25条第1款，第17条第3款，第68条之规定，对各被告人改判如下：（1）被告人王某犯强奸罪，判处有期徒刑十一年六个月（其他罪名判罚和执行刑略）。（2）被告人刘某犯强奸罪，判处有期徒刑十二年八个月（其他罪名判罚和执行刑略）。（3）被告人曾某犯强奸罪，判处有期徒刑三年八个月；犯抢劫罪，判处有期徒刑一年，并处罚金人民币500元，决定执行有期徒刑四年，并处罚金人民币500元。（其他改判情况略。）

宣判后，被告人李某的法定代理人以第一审判决认定事实不清、李某不构成抢劫罪为由提出上诉。

吉林省长春市中级人民法院认为，原审判决认定事实清楚，证据确实、充分，定罪准确，量刑适当，审判程序合法，遂裁定驳回上诉，维持原判。

二、主要问题

1. 对轮奸幼女的行为能否同时适用对轮奸加重处罚和奸淫幼女从重处罚情节？

2. 对具有多种量刑情节的被告人应当如何规范量刑？

3. 一审判决因程序违法等原因被撤销，发回重审时能否加重对被告人的处罚？

三、裁判理由

（一）轮奸幼女的行为应同时适用轮奸加重处罚和奸淫幼女从重处罚情节。

在本案审理过程中，对五被告人如何量刑存在以下两种不同意见：

第一种意见认为，五被告人轮奸幼女的行为，只适用《刑法》第236条第3款第4项关于加重处罚的规定，而不再适用《刑法》第236条第2款关于从重处罚的规定，适用轮奸条款已对各被告人加重处罚；再次适用从重条款属于重复评价，理应为刑法所禁止。

第二种意见认为，五被告人轮奸幼女的行为，应同时适用《刑法》第236条第3款第4项和该条第2款的规定，在加重处罚的同时要求从重处罚，上述两款同时适用不存在重复评价的问题。

我们同意第二种意见，具体理由如下：

1. 轮奸是强奸罪的情节加重犯。情节加重犯，是指某种基本犯罪因具有某种严重情节或者特别严重的情节而被加重法定刑的犯罪形态。情节加重犯由两部分组成：一是基本犯罪行为；二是加重情节。我国刑法中的强奸罪有基本构成和加重构成之分。犯罪分子的犯罪行为在符合强奸罪的基本犯罪构成的情况下，如具备轮奸情节，就符合法定刑升格条件，应当在十年有期徒刑以上量刑，故轮奸情节是根据犯罪分子犯罪行为本身的严重社会危害性而使其承担相对较重的刑事责任。

2. 奸淫对象为幼女是强奸罪的法定从重处罚情节。所谓从重处罚情节，是指犯罪构成之外的能够导致犯罪的社会危害性加重，并进而加大犯罪人刑事责任的各种与犯罪事实或犯罪人相关的事实的总和。具备从重处罚情节的，应在法定刑罚范围内，对犯罪人适用较重的刑种或较长的刑期。因强奸幼女比强奸妇女有着更大的社会危害性，强奸幼女除了侵犯幼女不可侵犯的性权利以外，还严重侵犯了幼女的身心健康，使幼女的身心受到严重的摧残，在一段时间内难以消除其对性的恐惧、憎恶心理，具有更大的社会危害性，故为了体现刑法对幼女的特殊保护，应当对这种行为从重处罚。

经由上述分析可知，《刑法》第 236 条第 3 款规定的加重情节，系从犯罪情节、犯罪后果角度，基于罪刑相适应原则所作的一种规定。而该条第 2 款规定的从重处罚情节，系从犯罪对象角度，为了体现对幼女的特殊保护所作的一种规定。上述两款规定并行不悖，同时适用并非对犯罪分子所犯罪行的重复评价，而是罪刑均衡原则的本质要求。如对轮奸幼女的犯罪分子只适用加重构成条款，而不适用从重处罚条款，势必造成轮奸幼女和轮奸妇女承担同等刑罚的后果。这样的处罚后果既违反罪刑相适应原则，也未体现刑法对幼女的特殊保护。

（二）对具有多种量刑情节的被告人的规范量刑

需要指出的是，本案中王某、曾某等人除犯强奸罪外，还犯抢劫罪等其他罪行，那么，在对强奸罪部分量刑时，有观点提出，应当考虑他们的人身危险性，酌情从重处罚。我们认为《刑法》第 69 条规定的刑期相加规则实质上已包含了对犯数罪被告人的否定性评价，因此，在对其中一罪量刑时不再将犯数罪这一情节作为酌情从重处罚的情节，故在对上述被告人强奸罪量刑时无须考虑其还犯有其他罪行的情节。

（三）因程序违法发回重审的案件可否在原审基础上加重对被告人的处罚

本案审理期间，1996 年《刑事诉讼法》尚未被修改，因此，仍然应当适用 1996 年《刑事诉讼法》。1996 年《刑事诉讼法》第 190 条规定："第二审人民法院审判被告人或者他的法定代理人、辩护人、近亲属上诉的案件，不得加重被告人的刑罚。人民检察院提出抗诉或者自诉人提出上诉的，不受前款规定的限制。"最高人民法院 1998 年印发的《关于执行〈中华人民共和国刑事诉讼法〉若干问题的解释》第 257 条第 5 项对上述规定作了进一步解释，即"对事实清楚、证据充分，但判处的刑罚畸轻，或者应当适用附加刑而没有适用的案件，不得撤销第一审判决，直接加重被告人的刑罚或者适用附加刑，也不得以事实不清或者证据不足发回第一审法院重新审理。必须依法改判的，应当在第二审判决、裁定生效后，按照审判监督程序重新审判"。由上述规定可知，对于检察机关未抗诉，第二审人民法院以违反法定程序为由发回重审的案件，不可在原审基础上加重被告人的刑罚。原审判决确因法律适用错误而量刑畸轻的，应当在判决、裁定生效后，按照审判监督程序重新审判。

2012 年修正后的《刑事诉讼法》第 226 条对发回重审案件是否可以加重对被告人的刑罚作了明确规定。该条规定："第二审人民法院审理被告人或者他的法定代理人、辩护人、近亲属上诉的案件，不得加重被告人的刑罚。第二审人民法院发回原审人民法院重新审判的案件，除有新的犯罪事实，人民检察院补充起诉的以外，原审人民法院也不得加重被告人的刑罚。人民检察院提出抗诉或者自诉人提出上诉的，不受前款规定的限制。"根据该条规定，对于检察机关没有抗诉，第二审人民法院发回重审的案件，只有在同时具备"新的犯罪事实"和"人民检察院补充起诉"两个条件时，才能加重被告人的刑罚。因此，如果人民检察院没有补充起诉新的犯罪事实，或者在补充起诉中所提交的新证据仅证实原审认定的犯罪事实的，不得在原审基础上加重对被告人的处罚。本案中，检察机关针对第一审判决提起了抗诉，第二审人民法院认为第一审对被告人的量刑适当，因此，不存在能否在原审基础上加重对被告人的处罚问题。

问题 13. 对未成年人与幼女正常交往过程中自愿发生性关系案件的政策把握及奸淫幼女案件的缓刑适用问题

【刑事审判参考案例】刘某强奸案[①]

一、基本案情

S 县人民法院经审理查明：被告人刘某与被害人赖某某（1997 年 5 月 10 日出生）系 S 县某中学初三年级同学，自 2010 年上半年认识后成为男女朋友。2011 年 2 月至 4 月 4 日期间，刘某在明知赖某某不满 14 周岁的情况下，仍多次与其发生性关系，之后被赖某某的父母发现报案而案发。

S 县人民法院认为，被告人刘某明知被害人赖某某不满 14 周岁仍与其发生性关系，其行为已构成强奸罪，公诉机关指控的犯罪事实清楚，证据确实、充分，指控的罪名成立。刘某在犯罪时不满 18 周岁，系未成年人，依法应当从轻或者减轻处罚。且刘某在归案后如实供述罪行，认罪态度好，可以从轻处罚。刘某犯罪情节较轻，有悔罪表现，没有再犯罪危险，宣告缓刑对所居住社区没有重大不良影响，依法可以对其宣告缓刑。据此，S 县人民法院依照《刑法》第 236 条第 1 款、第 2 款，第 17 条第 3 款，第 67 条第 3 款，第 72 条第 1 款，第 73 条第 2 款、第 3 款之规定，以被告人刘某犯强奸罪，判处有期徒刑二年六个月，缓刑三年。

一审宣判后，被告人没有提出上诉，检察机关亦未提出抗诉，判决已发生法律效力。

二、主要问题

1. 对未成年人与幼女正常交往过程中自愿发生性关系的案件，如何把握罪与非罪的界限？

2. 对奸淫幼女案件适用缓刑应当考虑哪些因素？

---

① 赵俊甫、高明黎撰稿，冉容审编：《刘某强奸案——对未成年人与幼女正常交往过程中自愿发生性关系案件的政策把握与缓刑适用（第 981 号）》，载最高人民法院刑事审判第一、二、三、四、五庭主办：《刑事审判参考》（总第 98 集），法律出版社 2014 年版，第 19～24 页。

三、裁判理由

（一）对未成年人与幼女正常交往过程中自愿发生性关系的，在确定罪与非罪的界限时应当把握的原则和要素

《未成年人保护法》第3条规定："未成年人享有生存权、发展权、受保护权、参与权等权利，国家根据未成年人身心发展特点给予特殊、优先保护，保障未成年人的合法权益不受侵犯。"从《刑法》第236条关于性犯罪的规定分析，对儿童的特殊、优先保护体现在，构成强奸罪，一般要求以暴力、胁迫或者其他手段对妇女进行奸淫；而奸淫不满14周岁的幼女的，不论是否采取强制手段实施，即不论幼女是否自愿，均以强奸论，并从重处罚。由此可见，在我国，14周岁是法律认可的幼女可以作出同意发生性行为决定的法定年龄界限。行为人与不满14周岁的幼女发生性关系，即使幼女同意，也应当认定其同意无效，行为人的行为仍然构成强奸罪。由此带来的一个问题是，作为被害人的幼女与可能成为刑事被告人的未成年人，身心发育、认知能力均未成熟，均属于法律应予特殊保护的对象。对于已满14周岁的未成年人与幼女自愿发生性关系，是否均应按照《刑法》第236条第2款的规定以强奸论处，的确有深入探讨的必要。

最高人民法院在《1955年以来奸淫幼女案件检查总结》中曾明确指出："对奸淫幼女的未成年犯，应从轻或减轻处理，情节轻微的可以免予刑事处分：对年幼无知的男童，不应追究刑事责任，但应责令他的家长或者监护人加以管教。"该份文件在总结部分地区法院办理此类案件的经验时进一步指出："至于个别幼女虽未满14周岁，但身心发育早熟，确系自愿与人发生性行为的，法院对被告人酌情从轻或减轻处理，如果男方年龄也很轻，双方确系在恋爱中自愿发生性行为的，则不追究刑事责任。上述经验我们认为是适当的，各地法院可以根据具体情况参酌运用。"

《最高人民法院关于审理未成年人刑事案件具体应用法律若干问题的解释》（法释〔2006〕1号）第6条明确规定："已满十四周岁不满十六周岁的人偶尔与幼女发生性行为，情节轻微、未造成严重后果的，不认为是犯罪。"2013年《最高人民法院、最高人民检察院、公安部、司法部关于依法惩治性侵害未成年人犯罪的意见》（以下简称《惩治性侵犯罪意见》）第27条再次重申了上述原则。由此可见，司法机关在处理青少年之间自愿发生性关系问题上，一直坚持适度介入、慎重干预的刑事政策。

在适用《惩治性侵犯罪意见》第27条的相关规定，对未成年人与幼女在正常交往过程中自愿发生性关系，在确定罪与非罪的界限时，应当注意把握以下三点：

其一，行为人一般应当处于已满14周岁不满16周岁的年龄阶段。之所以限定行为人为已满14周岁不满16周岁，而不是已满16周岁不满18周岁，主要考虑的是，基于特别保护不满14周岁幼女身心健康的立场，对与之自愿发生性关系不以犯罪论处的范围应当严格把握，不能放得过宽。而已满14周岁不满16周岁系刑法确定的相对负刑事责任年龄界限，故对不以犯罪论处的主体范围掌握在此年龄段较为妥当。当然，考虑司法实际情况的复杂性，并非已满16周岁的未成年人与幼女发生性关系的，就一律以强奸罪论处。如行为人不满16周岁时与已满13周岁不满14周岁的幼女在恋爱交往中自愿发生性关系，至行为人刚满16周岁时，二人仍然保持两性关系，后因幼女父母报案而案发。如果综合全案考察，我们认为，不宜机械地以16周岁为界限，对16周岁前的行为不以犯罪论处，而对刚满16周岁以后实施的行为即以强奸罪论处。但对于已满16周岁的未成年人实施类似行为的案件认定不构成强奸罪，相对于不满16周岁的人，在把握上应当更为严格。

其二，行为人应当是与年龄相当的幼女在正常交往、恋爱过程中基于幼女自愿而与之发生性关系。对于行为人使用暴力、胁迫或者诱骗等手段奸淫幼女的，即使其不满16周岁，对其也不宜排除在刑事处罚范围之外。对于不满16周岁的未成年人与幼女之间的年龄究竟相差几岁才能认定为双方年龄相当，各国规定不一。有的国家明确规定为3周岁，而有的国家则规定为4周岁或者5周岁。我国相关司法文件对此没有明确规定，主要由司法机关根据具体案件情况把握。鉴于在我国对此种不以强奸论处的男方年龄限定为已满14周岁不满16周岁，而幼女的年龄界限是14周岁，10周岁以下在民法上属于无行为能力人，加上《惩治性侵犯罪意见》强调了对12周岁以下幼女更要特殊保护的精神，我们认为，此处适当的年龄差距限定在4周岁左右相对较为合理。举例而言，已满14周岁的男方与不满10周岁的幼女发生性关系，或者已满15周岁不满16周岁的男方与不满12周岁且双方年龄差距在4岁以上的幼女发生性关系，即使男方辩称系与幼女正常恋爱交往，一般也不宜适用《惩治性侵犯罪意见》第27条的规定，对男方不以犯罪论处。值得强调的是，《惩治性侵犯罪意见》规定对不满12周岁的幼女实施性侵害的，应当一律认定行为人明知被害人系幼女，主要是为了解决主观明知的认定问题，并不是指所有行为人与不满12周岁的幼女发生性关系都应当以强奸罪论处：对已满14周岁不满16周岁的行为人与不满12周岁的幼女在正常交往过程中自愿发生性关系，如果双方年龄差距不大，行为情节轻微的，也可以不以强奸论处。这一认定原则体现了对未成年人实行双向保护的政策精神。

其三，综合考察，未成年人与幼女发生性关系情节轻微、未造成严重后果。《惩治性侵犯罪意见》的相关表述虽是“偶尔”发生性关系，但主要是为了与此前司法解释的规定保持一致，实践中并不能简单以次数论。也就是说，发生性关系的次数是判断行为情节是否轻微的其中一项因素，但并非决定性因素，决定性因素是行为人是否是与年龄相当的幼女在正常交往、恋爱过程中基于幼女自愿而与之发生性关系，如果是，一般可以认定为情节轻微。

值得注意的是，对于不满16周岁的行为人在与幼女正常交往恋爱过程中基于幼女自愿与其发生性关系致幼女怀孕引产、流产，单就后果来看，不能说不严重，但是否一律认为行为人的行为不属于“情节轻微、不以犯罪论处”，不宜一概而论。类似案件，如果双方确实存在正常恋爱交往关系，年龄差距也不大，如差距小于1周岁或者2周岁，司法机关判断对行为人是否以强奸罪论处，要特别慎重。对于双方成年亲属自行协商，被害人及其法定代理人不要求追究行为人刑事责任的，司法机关没有必要主动干预，启动司法程序。

本案中，被告人刘某与被害人赖某均系初中同学，二人产生早恋，时年刘某已满16周岁，明知赖某不满14周岁，仍多次与其发生了性关系，后因赖某父母发现报案而案发。相较于强行奸淫幼女，刘某所实施的行为虽不属十分严重，但从维护对幼女特殊保护的更高原则立场考虑，其已不属《最高人民法院关于审理未成年人刑事案件具体应用法律若干问题的解释》和《惩治性侵犯罪意见》中对未成年行为人可不以强奸犯罪论处的情形。法院依法认定刘某构成强奸罪，对刑事政策的把握是准确的。

（二）对奸淫幼女案件适用缓刑应当考虑哪些因素

强奸、猥亵未成年人犯罪社会危害性大，《惩治性侵犯罪意见》第2条明确规定：“对于性侵害未成年人犯罪，应当依法从严惩治。”该条明确了办理此类案件应当坚持的总体政策基调。为了体现对强奸未成年人犯罪的依法严惩，并有效预防犯罪，《惩治性侵犯罪意见》第28条进一步规定：“对于强奸未成年人的成年犯罪分子判处刑罚时，一般

不适用缓刑。”因此，对于奸淫幼女案件是否适用缓刑，应当把握如下两点：

其一，成年犯罪分子强奸幼女，包括强行与幼女发生性关系和基于幼女自愿与幼女发生性关系，一般情况下不适用缓刑，特殊情形例外。如对于动中止强奸行为，地位、作用明显较小的从犯等具有法定从轻、减轻处罚情节，判处拘役、三年以下有期徒刑，同时符合《刑法》规定的“犯罪情节较轻；有悔罪表现；没有再犯罪的危险；宣告缓刑对所居住的社区没有重大不良影响”等缓刑适用条件的，在总体从严把握的前提下，也可以适用缓刑，以体现罪责刑相适应。

其二，关于未成年犯罪分子奸淫幼女案件是否适用缓刑。《最高人民法院关于审理未成年人刑事案件具体应用法律若干问题的解释》《最高人民法院关于贯彻宽严相济刑事政策的若干意见》等一系列文件均规定了对未成年犯罪要坚持“教育为主，惩罚为辅”的原则和“教育、感化、挽救”的方针。而奸淫幼女、猥亵儿童等性侵害儿童犯罪，属于《刑法》规定的法定从重处罚情形，甚至有的还需要加重处罚。因此，这里就存在从宽与从严情节并存时如何把握量刑尺度的问题。对未成年人奸淫幼女案件，鉴于未成年人身心发育不成熟、易冲动、好奇心强、易受外界不良影响，同时也相对易教育、改造等特点，从严的幅度要明显有别于成年被告人，能够从宽处罚的要依法从宽。因此，奸淫幼女情节较轻，符合缓刑适用条件的，可以依法适用缓刑。

在判断是否属于情节较轻时，要综合考虑是否使用暴力、胁迫等强制手段或者利诱、欺骗等不正当手段，对幼女身心健康是否造成严重伤害，案发后是否取得被害人及其亲属真诚谅解等因素。对于未成年人与年龄相当的幼女在正常交往恋爱过程中，因懵懂无知，一时冲动，自愿发生性关系，没有对幼女身心造成严重伤害的，如果构成强奸罪，确属情节较轻，有悔罪表现，没有再犯罪危险，宣告缓刑对所居住社区没有重大不良影响的，一般可以宣告缓刑。

本案中，被告人刘某与被害人赖某系同学，二人自 2010 年上半年即成为男女朋友，2011 年 2 月至 4 月间多次自愿发生性关系，刘某时年刚满 16 周岁（16 周岁 2 个月），赖某已满 13 周岁（差 3 个月满 14 周岁），二人均属懵懂少年。刘某所犯强奸罪情节较轻，且认罪态度好，有悔罪表现，没有再犯罪危险，宣告缓刑对所居住社区没有重大不良影响，故人民法院依法认定其构成强奸罪，同时宣告缓刑，较好把握了对未成年被告人和未成年被害人进行双向保护的刑事政策。

第七章
负有照护职责人员性侵罪

第一节　负有照护职责人员性侵罪概述

一、负有照护职责人员性侵罪概念及构成要件

负有照护职责人员性侵罪，是指对已满 14 周岁不满 16 周岁的未成年女性负有监护、收养、看护、教育、医疗等特殊职责的人员，与该未成年女性发生性关系的行为。

由于负有照护职责人员性侵罪是一项新的罪名，理论界和实务界对于该罪的构成要件还存在一定争论，总体来看，构成要件如下：（1）本罪侵犯的客体有多种观点，有观点认为本罪客体是低龄未成年女性的性自主权，亦有观点认为本罪的客体应当是青少年免受侵扰的性健全发展权或者未成年女性的性健康发展。犯罪对象是已满 14 周岁不满 16 周岁的未成年女性。（2）本罪在客观方面为“发生性关系”，这里所称的“发生性关系”不论行为人是否使用暴力、胁迫或者其他强迫发生性关系的行为手段，也可能是从形式上双方“自愿”发生性关系。“发生性关系”的具体方式认识尚未统一，一种观点认为仅指自然性交，另有一种观点则基于对未成年特殊保护的刑事政策，认为既包括自然性交，又包括与自然性交相当的猥亵行为，以及一般的猥亵行为。（3）本罪犯罪主体为特殊主体。即对已满 14 周岁不满 16 周岁未成年女性负有照护职责的人员，本罪是纯正身份犯，不具有特殊职责的人员不可能单独构成本罪。《刑法》第 236 条之一对负有照护职责的 5 类人员进行了明确列举，即监护、收养、看护、教育、医疗，并以“等”字兜底，按照同类解释，意味着行为人与被照护人之间的关系只要达到了与“监护、收养、看护、教育、医疗”相当的程度，则可能成为本罪主体。（4）本罪主观方面包括直接故意和间接故意，行为人须明知或可能明知与之发生性关系的对象是低龄未成年女性，过失不构成本罪。

二、负有照护职责人员性侵罪案件审理情况

由于本罪为新罪，目前尚无专门的司法统计数字。

三、负有照护职责人员性侵罪案件审理热点、难点问题

一是如何理解本罪与强奸罪之间的关系。本罪是作为第236条之一纳入《刑法》的，第236条之一第2款规定："有前款行为，同时又构成本法第二百三十六条规定之罪的，依照处罚较重的规定定罪处罚。"对于本罪与强奸罪的关系，虽然犯罪主体范围、客观表现、犯罪对象等方面均有不同，但事实上两罪仍然具有高度相似性，司法实践中予以区分仍然具有相当的难度。

二是关于条文中"情节恶劣"的认定。对于情节恶劣的具体情形，目前尚无司法解释作相应规定。一般在实践中可以结合性侵时间的长短、发生性关系的次数和人数、发生性关系导致的后果等因素综合予以判断。

四、负有照护职责人员性侵罪案件审理思路及原则

一是加强理论学习。该罪目前属于新增罪名，司法材料还不够丰富，要注意多阅读立法领域、司法领域和学术领域的相关论文、资料，构建起对于本罪犯罪构成、出入标准、轻重情节等内容的基本观点。

二是收集相关素材。本罪出台后，司法案例会相应增多，要注意对各地司法机关判决的同类案件进行收集整理，深入分析，在具体的案件中增进对于本罪的认识。

三是加强横向交流。主要是加强同公安机关、检察机关的业务交流，汇聚各家智慧，共同研讨本罪办理要点，力争形成一致意见。与民政、教育、医疗、街道社区等单位加强合作，建立推动打击本罪行为的制度性合作平台。

第二节　负有照护职责人员性侵罪审判依据

早在2013年最高人民法院、最高人民检察院、公安部、司法部印发的《关于依法惩治性侵害未成年人犯罪的意见》的通知中就对负有照护职责人员性侵行为有所规定，但是该规定仍按照14岁的性同意年龄为标准进行划分。

而2020年颁布的《刑法修正案（十一）》首次规定了本罪的实体内容，即在第236条之后新增一款"对已满十四周岁不满十六周岁的未成年女性负有监护、收养、看护、教育、医疗等特殊职责的人员，与该未成年女性发生性关系的"，而后在2021年《最高人民法院、最高人民检察院关于执行〈中华人民共和国刑法〉确定罪名的补充规定（七）》中正式确立了本罪的罪名为负有照护职责人员性侵罪。我国性同意年龄为14岁，为了进一步保护未成年少女的身心健康，由此规定本罪。

一、法律

《中华人民共和国刑法》（2020年12月26日修正）

第二百三十六条之一　对已满十四周岁不满十六周岁的未成年女性负有监护、收养、

看护、教育、医疗等特殊职责的人员，与该未成年女性发生性关系的，处三年以下有期徒刑；情节恶劣的，处三年以上十年以下有期徒刑。

有前款行为，同时又构成本法第二百三十六条规定之罪的，依照处罚较重的规定定罪处罚。

二、司法解释

《最高人民法院、最高人民检察院关于办理强奸、猥亵未成年人刑事案件适用法律若干问题的解释》（2023 年 5 月 24 日　法释〔2023〕3 号）

第五条　对已满十四周岁不满十六周岁的未成年女性负有特殊职责的人员，与该未成年女性发生性关系，具有下列情形之一的，应当认定为刑法第二百三十六条之一规定的“情节恶劣”：

（一）长期发生性关系的；

（二）与多名被害人发生性关系的；

（三）致使被害人感染艾滋病病毒或者患梅毒、淋病等严重性病的；

（四）对发生性关系的过程或者被害人身体隐私部位制作视频、照片等影像资料，致使影像资料向多人传播，暴露被害人身份的；

（五）其他情节恶劣的情形。

第十五条　本解释规定的“负有特殊职责的人员”，是指对未成年人负有监护、收养、看护、教育、医疗等职责的人员，包括与未成年人具有共同生活关系且事实上负有照顾、保护等职责的人员。

三、刑事政策文件

《最高人民法院、最高人民检察院、公安部、司法部关于印发〈关于办理性侵害未成年人刑事案件的意见〉的通知》（2023 年 5 月 24 日　高检发〔2023〕4 号）

第一条　本意见所称性侵害未成年人犯罪，包括《中华人民共和国刑法》第二百三十六条、第二百三十六条之一、第二百三十七条、第三百五十八条、第三百五十九条规定的针对未成年人实施的强奸罪，负有照护职责人员性侵罪，强制猥亵、侮辱罪，猥亵儿童罪，组织卖淫罪，强迫卖淫罪，协助组织卖淫罪，引诱、容留、介绍卖淫罪，引诱幼女卖淫罪等。

第八章
强制猥亵、侮辱罪和猥亵儿童罪

第一节　强制猥亵、侮辱罪和猥亵儿童罪概述

一、强制猥亵、侮辱罪和猥亵儿童罪概念及构成要件

（一）强制猥亵、侮辱罪概念及构成要件

强制猥亵、侮辱罪，是指以暴力、胁迫或者其他方法强制猥亵他人或者侮辱妇女的行为。

强制猥亵、侮辱罪的构成要件如下：（1）本罪侵害的客体是他人（男性或者妇女）的性自主权和性羞耻心。（2）本罪在客观方面表现为行为人以暴力、胁迫或者其他方法强制侮辱、猥亵他人的行为。（3）本罪的犯罪主体为一般主体，凡达到且具备的自然人均能构成本罪。行为人既可以对异性实施猥亵行为，也可以对同性实施猥亵行为。（4）本罪在主观方面表现为故意，行为人往往还可能具有刺激性欲、发泄情感、报复她人的目的，但主观目的不影响本罪的成立。

（二）猥亵儿童罪概念及构成要件

猥亵儿童罪，是指以刺激或满足实施者性欲为目的，用奸淫幼女之外的方法对孩童（包括男孩和女孩）实施性侵犯的行为。其中，“性侵犯行为”，是以普通成人性观念为标准认为的具有刺激、兴奋、满足性欲的行为。

猥亵儿童罪的构成要件如下：（1）本罪侵犯的客体是儿童的身心健康和人格尊严。本罪侵犯的对象是儿童，即不满 14 周岁的未成年人，包括男孩和女孩。（2）本罪在客观方面表现为以刺激或满足性欲为目的，用性交以外方法对儿童实施的淫秽行为。猥亵的手段如抠摸、舌舔、吸吮、亲吻、搂抱、手淫、鸡奸等行为。（3）本罪的主体为一般主体。凡达到刑事责任年龄且具备刑事责任能力的自然人均能构成本罪。（4）本罪在主观方面表现为直接故意，间接故意和过失不构成本罪。

二、强制猥亵、侮辱罪案件和猥亵儿童罪案件审理情况

（一）强制猥亵、侮辱罪案件审理情况

通过中国裁判文书网统计，2017 年至 2021 年间，全国法院审结强制猥亵、侮辱罪刑事案件 4107 件，其中，2017 年有 758 件，2018 年有 898 件，2019 年有 1210 件，2020 年有 986 件，2021 年有 255 件。从案件数量来看，属于较多的一类刑事犯罪案件。

司法实践中，强制猥亵、侮辱案件主要呈现以下特点及趋势：一是犯罪形式复杂化。本罪与社会风气存在极高的关联性，社会风气的逐步开放，强制猥亵、侮辱的形式、对象、场所等也将随之变得更加多样化，已经出现了不少新的强制猥亵、侮辱手段，罪名背后的价值观念受到挑战，需要司法及时作出评价。二是统一的价值观念导致了不同的裁判结果。罪名本身蕴含着高度的价值观，条文的具体表述具有相当程度的模糊性，带有浓厚的道德褒贬的色彩，但在具体的个案中，需要结合案情对于本罪的道德要求具体予以明确化，这就导致个案审理结果与主司审判的司法机关的观念认识具有极强的关联性，各地审理结果存在极大的不一致。三是本罪适用中经常面临“灰色地带”问题。“猥亵、侮辱”的内涵不够明确，除了一些典型的行为之外，还有大量的行为游走于“猥亵、侮辱”概念的边缘地带，需要进一步在审判中予以明确界定。

（二）猥亵儿童罪案件审理情况

通过中国裁判文书网统计，2017 年至 2021 年间，全国法院审结猥亵儿童罪刑事案件 4096 件，其中，2017 年有 751 件，2018 年有 894 件，2019 年有 1098 件，2020 年有 988 件，2021 年有 365 件。从案件数量来看，也属于较多的一类刑事犯罪案件。

司法实践中，猥亵儿童罪案件主要呈现以下特点及趋势：（1）从地域上看，传统的性侵犯罪多发生在农村或是城乡接合处。（2）从被害人的生活状况看，针对留守儿童的性侵案件较多一些，因为这些孩子缺乏家庭的保护，父母都在外打工，孩子都是跟着爷爷、奶奶、外公、外婆，他们的年纪也大了，心有余而力不足。（3）从犯罪人和受害人年龄看，老年男性针对 14 周岁以下女童的性侵较多。（4）从犯罪人与受害人的关系看，认识或熟识的人作案的较多，如同村同社的，互为朋友、邻居等等。还有就是利用与被害人的特殊关系作案的，如老师、医生、教练等，以及与被害人系家庭身份关系实施性侵害的案件也不断地发生。（5）从犯罪手段上看，犯罪分子一般在事前多采用钱物等小恩小惠的引诱方式，让被害人警觉性降低，被害的可能性加大。事后采取恐吓的手段。在诱骗不成功时，行为人就会对未成年人采取暴力威胁方式令受害者屈服，以未成年的能力不足以反抗，而且在实施犯罪后还会威胁被害人不得泄密，这也使得年幼的孩子会感觉心理压力很大，不敢跟家长、老师说，因此会持续遭受性侵害。还有的犯罪分子通过所谓的心理咨询、测试等一步步让未成年被害人对其产生兴趣和信任，然后再将被害人带至僻静无人之地进行性侵犯罪等。还有的犯罪分子诱使或组织未成年人到酒吧、KTV、洗浴中心等娱乐场所做所谓的“工作”，致使未成年人极易受到性侵害。（6）从发展趋势上看，通过社交软件等网络方式获取未成年人信任，继而实施性侵的案件逐年增多。

三、强制猥亵、侮辱罪案件和猥亵儿童罪案件审理热点、难点问题

（一）强制猥亵、侮辱罪案件审理热点、难点问题

一是丈夫是否可以构成本罪犯罪主体。性行为是夫妻之间的法定义务，但丈夫对妻子作出强制猥亵、侮辱行为是否构成本罪，条文并未明确规定。由于丈夫身份的特殊性，对于该问题认识不一，部分观点认为丈夫不构成本罪犯罪主体，部分观点认为丈夫仍然可以构成本罪犯罪主体，另有第三种观点，折中认为应当区分丈夫和妻子所处的婚姻状态，不能一概认定构成或不构成，应该区别对待。

二是特殊人员是否构成本罪犯罪对象。例如，婚前情人和婚外情人、卖淫人员等特殊群体施加强制猥亵、侮辱行为是否构成本罪的问题，由于此种群体身份存在特殊性，受到传统价值观念的影响，实践中，是否可以直接否定性自主权和性羞耻心，存在不同认识。

三是与强奸罪、侮辱罪、寻衅滋事罪等罪名之间的区别。本罪与强奸罪、侮辱罪、寻衅滋事罪在客观行为上存在一定的相似性，本罪的实行行为难以区分，需要根据案件中认定的事实和情节并结合刑法理论进行分析判断。

（二）猥亵儿童罪案件审理热点、难点问题

一是入罪标准把握。主要涉及刑事处罚与行政处罚的界线。从现有的法律法规来看，没有明确的规定，实践中导致法院对已起诉的此类案件是否定罪处罚、量刑幅度为何等方面存在困难，量刑过重，难以实现行政处罚和刑事处罚的合理区分，量刑过轻，则与本罪规定相背离，社会效果也不好。

二是“公共场所当众猥亵”情节的认定存在认识不一致。“公共场所当众猥亵”是本罪的加重处罚情节。但在实践中，对何谓“公共场所当众猥亵”的认识具有相当的分歧，主要在于“公共场所”“当众”等概念从语义层面看存在一定的模糊性，同时犯罪的手法类型较多，对于本情节的认识没有达成统一。

三是猥亵犯罪事实的证据把握问题。这类案件由于涉及个人隐私，被告人的犯罪又极其隐秘，且猥亵行为基本上不太可能留有客观证据，因此在实践中往往仅有被告人与被害人的言词证据证实，而这类案件的被告人的供述又常常出现反复和翻供。同时，还可能出现、案件的目击证人、被害人的法定代理人等身份相冲突的问题。受害未成年人的陈述也可能存在混乱、矛盾、条理不清等情况，如何采信也存在争议。

四是罪名适用不统一。该罪名在不同法律文书中存在“强制猥亵、侮辱罪”“强制猥亵罪”或“强制侮辱罪”，对此，有部分案件被告人、辩护人提出罪名异议，甚至成为上诉、抗诉、改判的主要事由。

四、强制猥亵、侮辱罪和猥亵儿童罪案件审理思路及原则

（一）强制猥亵、侮辱罪案件审理思路及原则

一是加强对证据的审查运用，排除合理怀疑，准确认定案件事实。办理此类案件过程中，法院可通过制定统一的性侵案件证据清单等方式，指导公安机关规范取证行为，

并加强与公安机关、检察机关的协作配合，在仅有被害人陈述的案件审理过程中，依靠严谨的证据体系和证明方法，合理排除案件矛盾，准确认定案件事实。

二是善于利用审查规则对法律规定尚不明确的问题进行前瞻性分析。认真总结实践中各种新情况、新问题，进一步把握罪与非罪、此罪与彼罪的界限，提高定罪量刑的准确度。

三是对新型猥亵、侮辱手段保持警惕性。应当密切关注猥亵、侮辱行为的新型表现形式，认真学习领会相关法律法规，对强制猥亵、侮辱罪的司法评价开展深入研究。确保对违法犯罪打击的精确性。

（二）猥亵儿童罪案件审理思路及原则

一是充分认识本罪行为的危害性，依法严厉打击该类违法犯罪。儿童是国家的希望和民族的未来，应当受到刑法的充分的保护。猥亵行为将对儿童身心带来极其严重的摧残，对于猥亵儿童的行为，目前司法机关已经出台相关司法文件，依法进行打击。各级人民法院应切实行动，依法加强对性侵害未成年人违法犯罪人员的打击力度。

二是进一步深化相关案件办理工作的认识。猥亵儿童犯罪案件的办理存在一定特殊性，例如，在案件证据的组织方面，往往最核心的证据仅有受害人陈述，但受害人对于受害过程的回忆和陈述可能缺乏准确性和稳定性，如何确定此类证据的证明效力是重要的司法实践问题。司法机关应当进一步加强对于证据、审理程序的研究，为做好相关案件审判提供智力支持。

三是保持对社会发展的敏感性。随着社会的发展，猥亵儿童犯罪也随之不断发生新变化，猥亵儿童的形式、内容、手段等都在持续的出现新形态。法官需要不断增强社会面知识，充分了解和把握审理此类案件规律，为案件审理打好基础。

第二节　强制猥亵、侮辱罪和猥亵儿童罪审判依据

《刑法修正案（九）》对强制猥亵、侮辱妇女罪作了修改，猥亵的对象从“妇女”扩大到“他人”，同时《最高人民法院、最高人民检察院关于执行〈中华人民共和国刑法〉确定罪名的补充规定（六）》将“强制猥亵、侮辱妇女罪”更名为“强制猥亵、侮辱罪”，自此本罪的犯罪对象从“十四周岁以上的女性”扩大至“十四周岁以上的男性、女性”。此外，《刑法修正案（九）》对强制猥亵、侮辱妇女罪的加重刑情节新增了“或者有其他恶劣情节的”，与“聚众或者在公共场所当众犯前款罪的”加重情形并列。

2020 年 12 月 26 日《刑法修正案（十一）》对猥亵儿童罪作了补充修改，对猥亵儿童行为从重处罚的情形作了明确列举，回应了实践中猥亵儿童犯罪中出现的新情况、新问题，统一并细化了本条此前规定的“其他恶劣情节”。《最高人民法院、最高人民检察院、公安部、司法部关于依法惩治性侵害未成年人犯罪的意见》（法发〔2013〕12 号）确定了在公共场所当众实施强奸、猥亵、侮辱加重处罚情节的认定标准。2023 年 5 月 24 日公布了《最高人民法院、最高人民检察院关于办理强奸、猥亵未成年人刑事案件适用法律

若干问题的司法解释》（法释〔2023〕3号）、《最高人民法院、最高人民检察院、公安部、司法部关于办理性侵害未成年人刑事案件的意见》（高检发〔2023〕4号）两个文件，其中《最高人民法院、最高人民检察院关于办理强奸、猥亵未成年人刑事案件适用法律若干问题的司法解释》明确了奸淫幼女适用较重从重处罚幅度的情形、强奸未成年女性和奸淫幼女"情节恶劣"的认定标准、猥亵儿童罪加重处罚情节等六方面重要内容，《最高人民法院、最高人民检察院、公安部、司法部关于办理性侵害未成年人刑事案件的意见》明确了性侵害未成年人案件办理的基本原则、程序方式等内容。两个重要的司法文件的出台，对以往办理性侵未成年人案件中的关键问题作出了权威性的规定。《最高人民法院、最高人民检察院、公安部、司法部关于依法惩治性侵害未成年人犯罪的意见》随之废止。此外，《国务院办公厅关于印发中国反对拐卖人口行动计划（2021—2030年）的通知》（国办发〔2021〕13号）规定对"利用网络对儿童实施'隔空猥亵'"严厉惩处，达到罪责刑相适应。坚持双向保护原则，在依法保护未成年被害人的合法权益时，也要依法保护未成年犯罪嫌疑人、未成年被告人的合法权益，在司法实践中实现对儿童身心权利的特殊保护，在立法上织密未成年人保护法网。

一、法律

《中华人民共和国刑法》（2020年12月26日修正）

第二百三十七条 以暴力、胁迫或者其他方法强制猥亵他人或者侮辱妇女的，处五年以下有期徒刑或者拘役。

聚众或者在公共场所当众犯前款罪的，或者有其他恶劣情节的，处五年以上有期徒刑。

猥亵儿童的，处五年以下有期徒刑；有下列情形之一的，处五年以上有期徒刑：

（一）猥亵儿童多人或者多次的；

（二）聚众猥亵儿童的，或者在公共场所当众猥亵儿童，情节恶劣的；

（三）造成儿童伤害或者其他严重后果的；

（四）猥亵手段恶劣或者有其他恶劣情节的。

二、司法解释

《最高人民法院、最高人民检察院关于办理强奸、猥亵未成年人刑事案件适用法律若干问题的解释》（2023年5月24日　法释〔2023〕3号）

第七条 猥亵儿童，具有下列情形之一的，应当认定为刑法第二百三十七条第三款第三项规定的"造成儿童伤害或者其他严重后果"：

（一）致使儿童轻伤以上的；

（二）致使儿童自残、自杀的；

（三）对儿童身心健康造成其他伤害或者严重后果的情形。

第八条 猥亵儿童，具有下列情形之一的，应当认定为刑法第二百三十七条第三款第四项规定的"猥亵手段恶劣或者有其他恶劣情节"：

（一）以生殖器侵入肛门、口腔或者以生殖器以外的身体部位、物品侵入被害人生殖器、肛门等方式实施猥亵的；

（二）有严重摧残、凌辱行为的；

（三）对猥亵过程或者被害人身体隐私部位制作视频、照片等影像资料，以此胁迫对被害人实施猥亵，或者致使影像资料向多人传播，暴露被害人身份的；

（四）采取其他恶劣手段实施猥亵或者有其他恶劣情节的情形。

第九条 胁迫、诱骗未成年人通过网络视频聊天或者发送视频、照片等方式，暴露身体隐私部位或者实施淫秽行为，符合刑法第二百三十七条规定的，以强制猥亵罪或者猥亵儿童罪定罪处罚。

第十条 实施猥亵未成年人犯罪，造成被害人轻伤以上后果，同时符合刑法第二百三十四条或者第二百三十二条的规定，构成故意伤害罪、故意杀人罪的，依照处罚较重的规定定罪处罚。

第十一条 强奸、猥亵未成年人的成年被告人认罪认罚的，是否从宽处罚及从宽幅度应当从严把握。

第十二条 对强奸未成年人的成年被告人判处刑罚时，一般不适用缓刑。

对于判处刑罚同时宣告缓刑的，可以根据犯罪情况，同时宣告禁止令，禁止犯罪分子在缓刑考验期限内从事与未成年人有关的工作、活动，禁止其进入中小学校、幼儿园及其他未成年人集中的场所。确因本人就学、居住等原因，经执行机关批准的除外。

第十三条 对于利用职业便利实施强奸、猥亵未成年人等犯罪的，人民法院应当依法适用从业禁止。

第十四条 对未成年人实施强奸、猥亵等犯罪造成人身损害的，应当赔偿医疗费、护理费、交通费、营养费、住院伙食补助费等为治疗和康复支付的合理费用，以及因误工减少的收入。

根据鉴定意见、医疗诊断书等证明需要对未成年人进行精神心理治疗和康复，所需的相关费用，应当认定为前款规定的合理费用。

三、刑事政策文件

（一）《最高人民法院、最高人民检察院、公安部、司法部关于印发〈关于办理性侵害未成年人刑事案件的意见〉的通知》（2023 年 5 月 24 日　高检发〔2023〕4 号）

第一条 本意见所称性侵害未成年人犯罪，包括《中华人民共和国刑法》第二百三十六条、第二百三十六条之一、第二百三十七条、第三百五十八条、第三百五十九条规定的针对未成年人实施的强奸罪，负有照护职责人员性侵罪，强制猥亵、侮辱罪，猥亵儿童罪，组织卖淫罪，强迫卖淫罪，协助组织卖淫罪，引诱、容留、介绍卖淫罪，引诱幼女卖淫罪等。

第二条 办理性侵害未成年人刑事案件，应当坚持以下原则：

（一）依法从严惩处性侵害未成年人犯罪；

（二）坚持最有利于未成年人原则，充分考虑未成年人身心发育尚未成熟、易受伤害等特点，切实保障未成年人的合法权益；

（三）坚持双向保护原则，对于未成年人实施性侵害未成年人犯罪的，在依法保护未成年被害人的合法权益时，也要依法保护未成年犯罪嫌疑人、未成年被告人的合法权益。

第三条 人民法院、人民检察院、公安机关应当确定专门机构或者指定熟悉未成年人身心特点的专门人员，负责办理性侵害未成年人刑事案件。未成年被害人系女性的，应当有女性工作人员参与。

法律援助机构应当指派熟悉未成年人身心特点的律师为未成年人提供法律援助。

第四条 人民法院、人民检察院在办理性侵害未成年人刑事案件中发现社会治理漏洞的，依法提出司法建议、检察建议。

人民检察院依法对涉及性侵害未成年人的诉讼活动等进行监督，发现违法情形的，应当及时提出监督意见。发现未成年人合法权益受到侵犯，涉及公共利益的，应当依法提起公益诉讼。

第十八条 在校园、游泳馆、儿童游乐场、学生集体宿舍等公共场所对未成年人实施强奸、猥亵犯罪，只要有其他多人在场，不论在场人员是否实际看到，均可以依照刑法第二百三十六条第三款、第二百三十七条的规定，认定为在公共场所“当众”强奸、猥亵。

第十九条 外国人在中华人民共和国领域内实施强奸、猥亵未成年人等犯罪的，在依法判处刑罚时，可以附加适用驱逐出境。对于尚不构成犯罪但构成违反治安管理行为的，或者有性侵害未成年人犯罪记录不适宜在境内继续停留居留的，公安机关可以依法适用限期出境或者驱逐出境。

（二）《国务院关于印发中国妇女发展纲要和中国儿童发展纲要的通知》（2021年9月8日 国发〔2021〕16号）

7. 有效控制和严厉惩处强奸、猥亵、侮辱妇女特别是女童和智力、精神残疾妇女的违法犯罪行为。加强防性侵教育，提高妇女尤其是女童的防性侵意识和能力。建立完善重点人群和家庭关爱服务机制、侵权案件发现报告机制、多部门联防联动机制和侵权案件推进工作督查制度。完善立案侦查制度，及时、全面、一次性收集固定证据，避免受害妇女遭受“二次伤害”。建立性侵害违法犯罪人员信息查询系统，完善和落实从业禁止制度。加强对受害妇女的隐私保护、心理疏导和干预。

9. 保障妇女免遭利用网络实施违法犯罪行为的侵害。加强网络信息内容生态治理，加强对网络淫秽色情信息的监管和查处，依法打击网络信息服务平台、生产者和使用者对妇女实施猥亵、侮辱、诽谤、性骚扰、散布谣言、侵犯隐私等违法犯罪行为。加强对网络平台的规范管理，保护妇女个人信息安全。依法惩治利用网络非法收集、使用、加工、传输、买卖、提供或者公开妇女个人信息的违法犯罪行为。提高妇女防范电信网络诈骗的意识和能力，严厉打击采取非法网络贷款、虚假投资、咨询服务等手段骗取妇女钱财的违法犯罪行为。

（三）《国务院办公厅关于印发中国反对拐卖人口行动计划（2021—2030年）的通知》（2021年4月9日 国办发〔2021〕13号）

对组织卖淫、强迫卖淫、引诱卖淫以及制作、贩卖、传播淫秽物品等犯罪，坚决依法惩处。依法严惩性侵害未成年人犯罪。加大对网络拐卖人口犯罪的打击力度。对利用网络对儿童实施“隔空猥亵”或者制作、贩卖、传播儿童淫秽物品等犯罪，坚决依法惩处。（最高人民法院、最高人民检察院、公安部负责，中央网信办、工业和信息化部、民政部配合。）

(四)《最高人民检察院、教育部、公安部关于印发〈关于建立教职员工准入查询性侵违法犯罪信息制度的意见〉的通知》(2020 年 8 月 20 日　高检发〔2020〕14 号)

第四条　本意见所称的性侵违法犯罪信息，是指符合下列条件的违法犯罪信息，公安部根据本条规定建立性侵违法犯罪人员信息库:

(一)因触犯刑法第二百三十六条、第二百三十七条规定的强奸，强制猥亵，猥亵儿童犯罪行为被人民法院依法作出有罪判决的人员信息;

(二)因触犯刑法第二百三十六条、第二百三十七条规定的强奸，强制猥亵，猥亵儿童犯罪行为被人民检察院根据刑事诉讼法第一百七十七条第二款之规定作出不起诉决定的人员信息;

(三)因触犯治安管理处罚法第四十四条规定的猥亵行为被行政处罚的人员信息。

符合刑事诉讼法第二百八十六条规定的未成年人犯罪记录封存条件的信息除外。

第五条　学校新招录教师、行政人员、勤杂人员、安保人员等在校园内工作的教职员工，在入职前应当进行性侵违法犯罪信息查询。

在认定教师资格前，教师资格认定机构应当对申请人员进行性侵违法犯罪信息查询。

第六条　教育行政部门应当做好在职教职员工性侵违法犯罪信息的筛查。

(五)《最高人民法院印发〈关于为实施乡村振兴战略提供司法服务和保障的意见〉的通知》(2018 年 10 月 23 日　法发〔2018〕19 号)

40. 依法惩治侵害农民权益犯罪，保护农村群众人身和财产安全。依法严惩针对农村留守老人、妇女、儿童实施的强奸、猥亵、拐卖、收买、诈骗等犯罪，积极探索老人、妇女、儿童司法保护与行政、家庭、学校、社会保护衔接机制，推进联动机制试点工作。依法妥善处理校园霸凌等案件，通过司法审判、法治宣传教育引导广大农村青少年健康成长，督促学校加强管理。积极参与打击治理电信网络新型违法犯罪专项工作，着力开展防电信诈骗宣传进农村、进基层活动，有效预防和减少电信诈骗案件发生。

(六)《最高人民法院关于政协十三届全国委员会第一次会议第 0614 号(政治法律类 036 号)提案的答复》(2018 年 6 月 28 日)

您提出的《关于修改猥亵儿童罪条款切实做好儿童保护的提案》收悉，现答复如下:

包括猥亵儿童在内的性侵儿童犯罪严重侵害儿童身心健康。一直以来，人民法院坚持依法从严惩治的立场，积极参与社会综合治理，探索预防减少性侵害犯罪发生的制度机制。建立信息公开网站并公开性侵儿童犯罪者的个人信息，对于加强震慑、防范性侵害犯罪发生，具有积极意义。我们注意到，域外部分国家已有类似网站平台，但又不限于建立网站，还包括要求罪犯在回归社会后有义务及时向社区登记、对重点前科劣迹人员在社区公开照片、佩戴电子脚铐、限制其进入特定场所等与公开罪犯信息相配套的一系列制度措施，上述制度综合运用，对震慑、预防性侵犯罪方有预期成效。因涉及对公民基本权利的限制，且关系到公开标准、范围、撤销程序、公众知情权与罪犯矫正融入社会的平衡等一系列问题，考察域外，通常由立法机关明定相关条款。故您所反映的问题客观存在，所提建议亦颇有价值，但因所涉事项重大，在目前尚缺少上位法依据的情况下，人民法院凭一己之力恐难有效推进，也难以实现预期目标。我们将会同有关部门对您反映的问题和建议认真研究，积极推动相关立法完善。

感谢您对人民法院工作的关心和支持。

2018 年 6 月 28 日

（七）《最高人民检察院关于依法惩治侵害幼儿园儿童犯罪全面维护儿童权益的通知》（2017 年 12 月 1 日　高检发未检字〔2017〕5 号）

二、坚持零容忍，依法严厉惩治侵害幼儿园儿童犯罪

对涉嫌强奸，猥亵儿童，虐待被监护、看护人，故意伤害，故意杀人等犯罪的侵害幼儿园儿童案件，一要依法从严从快批准逮捕、提起公诉，形成司法震慑。对于已经起诉的案件，要从严提出量刑建议。对具备老师等特殊职业身份的被告人，要建议法院判处禁止其从事与未成年人密切相关的职业。二要及时介入侦查，就侦查取证、法律适用等提出建议，确保案件顺利诉讼。三要加强立案监督、侦查活动监督和审判监督，坚决纠正有案不立、有罪不究、量刑畸轻等问题，确保侵害幼儿园儿童犯罪的犯罪分子受到应有惩罚，维护司法公正。四要坚持依法独立公正行使检察权，确保案件质量。既要重视相关舆情，倾听群众呼声，又要坚持以事实为依据，以法律为准绳。对于确实不符合法定条件的案件，要依法作出不捕、不诉决定，但同时要向涉案儿童的监护人以案释法，充分说明理由。必要时，要向社会公开说明。五要认真研究案件中存在的疑难问题，上级检察院要加强对办理这类案件的指导，对于重点案件要进行督办。

（八）《最高人民法院关于充分发挥审判职能作用切实维护公共安全的若干意见》（2015 年 9 月 16 日　法发〔2015〕12 号）

9. 妥善审理涉农案件。依法严惩针对农村留守老人、妇女、儿童实施的抢劫、盗窃、强奸、猥亵、拐卖等犯罪，确保农村社会秩序稳定和农民生命财产安全。依法严惩向农村地区贩卖毒品犯罪，坚决遏制毒品向农村地区蔓延的势头。依法严惩生产、销售伪劣农药、化肥、种子以及其他农用物资等坑农、害农犯罪，保证农业生产顺利进行。依法审理、执行好涉及“三农”的民事、行政案件，切实维护农民合法权益。

（九）《最高人民法院、最高人民检察院、公安部、司法部印发〈关于依法办理家庭暴力犯罪案件的意见〉的通知》（2015 年 3 月 2 日　法发〔2015〕4 号）

16. 依法准确定罪处罚。对故意杀人、故意伤害、强奸、猥亵儿童、非法拘禁、侮辱、暴力干涉婚姻自由、虐待、遗弃等侵害公民人身权利的家庭暴力犯罪，应当根据犯罪的事实、犯罪的性质、情节和对社会的危害程度，严格依照刑法的有关规定判处。对于同一行为同时触犯多个罪名的，依照处罚较重的规定定罪处罚。

（十）《最高人民法院、最高人民检察院、公安部、司法部印发〈关于依法惩治拐卖妇女儿童犯罪的意见〉的通知》（2010 年 3 月 15 日　法发〔2010〕7 号）

25. 拐卖妇女、儿童，又对被拐卖的妇女、儿童实施故意杀害、伤害、猥亵、侮辱等行为，构成其他犯罪的，依照数罪并罚的规定处罚。

28. 对于拐卖妇女、儿童犯罪集团的首要分子，情节严重的主犯，累犯，偷盗婴幼儿、强抢儿童情节严重，将妇女、儿童卖往境外情节严重，拐卖妇女、儿童多人多次、造成

伤亡后果，或者具有其他严重情节的，依法从重处罚；情节特别严重的，依法判处死刑。

拐卖妇女、儿童，并对被拐卖的妇女、儿童实施故意杀害、伤害、猥亵、侮辱等行为，数罪并罚决定执行的刑罚应当依法体现从严。

（十一）《公安部关于打击拐卖妇女儿童犯罪适用法律和政策有关问题的意见》（2000年3月24日　公通字〔2000〕25号）

4. 非法剥夺、限制被拐卖的妇女、儿童人身自由的，或者对其实施伤害、侮辱、猥亵等犯罪行为的，以非法拘禁罪，或者伤害罪、侮辱罪、强制猥亵妇女罪、猥亵儿童罪等犯罪立案侦查。

第三节　强制猥亵、侮辱罪和猥亵儿童罪审判实践中的疑难新型问题

问题1. 以满足性刺激为目的，利用网络对儿童实施猥亵行为的认定

【实务专论】①

一、问题的提出

被告人沈某通过QQ与被害人包某某（15周岁）聊天，获知其基本信息后，于2013年11月17日23时许，谎称包某某电脑中了病毒，已秘密拍摄包某某的裸照，以将包某某的裸照发布到互联网为由，胁迫包某某脱衣露出乳房、下体等隐私部位，裸体与其视频聊天，沈某边观看边自慰，同时将包某某裸体视频进行录像并保存在自己电脑中供以后自慰时观看。同月22日21时许，沈某与包某某聊天时，胁迫包某某与其同学被害人卢某某（不满14周岁）在视频中脱掉衣服，相互舔对方乳房，供其边观看边自慰，同时将裸体视频录制并保存在电脑中。沈某采取类似上述方式，分别于2013年8月、11月，胁迫被害人游某某（不满14周岁）、文某某（15周岁）裸体与其视频聊天，供其自慰时观看并录制了相关视频。

……

三、准确区分猥亵一般违法行为与猥亵犯罪的界限

强制网络裸聊虽属猥亵行为，但是否构成猥亵犯罪，亦离不开价值判断，需综合考虑事实、情节及对社会良好风尚的冒犯程度，对刑事处罚的必要性予以实质把握。考虑网络通信、聊天中双方非直接接触的虚拟性等特点，如果行为人言语胁迫被害人通过视频观看自己实施自慰等淫秽行为的，一般不宜以猥亵犯罪论处，必要时可予以治安管理处罚。对于强制被害人裸聊的时间短暂，被害人人数、裸聊次数较少，手段、情节及危害一般的，对行为人是否予以刑事处罚需慎重把握。而在聊天交友等过程中，以公开被

---

① 赵俊辅：《关于强制网络裸聊行为性质认定问题的探讨》，载最高人民法院刑事审判第一、二、三、四、五庭主办：《刑事审判参考》（总第105集），法律出版社2016年版，第245～249页。

害人隐私等相要挟，胁迫被害人自行拍摄裸照或影像视频后通过网络或手机彩信等传输给行为人的，属于对被害人的猥亵，但在入罪与否的把握上同样要遵循上述判断原则。

在本文所引上述案例中，被告人沈某借助网络通信手段，精心编织骗局，利用未成年少女社会阅历尚浅，施以哄骗、威胁，迫使多名被害人在视频中暴露身体隐私部位，或做出淫秽动作，以供其观看，满足淫欲，而且还对聊天视频刻录光盘留存，无论是客观上对被害人的身心伤害、对社会风化的影响，还是主观恶性，被告人沈某所实施的猥亵行为均具备刑事处罚的必要性。

【最高人民检察院指导性案例】骆某猥亵儿童案①

[基本案情]

2017年1月，被告人骆某使用化名，通过QQ软件将13岁女童小羽加为好友。聊天中得知小羽系初二学生后，骆某仍通过言语恐吓，向其索要裸照。在被害人拒绝并在QQ好友中将其删除后，骆某又通过小羽的校友周某对其施加压力，再次将小羽加为好友。同时骆某还虚构“李某”的身份，注册另一QQ号并添加小羽为好友。之后，骆某利用“李某”的身份在QQ聊天中对小羽进行威胁恐吓，同时利用周某继续施压。小羽被迫按照要求自拍裸照十张，通过QQ软件传送给骆某观看。后骆某又以在网络上公布小羽裸照相威胁，要求与其见面并在宾馆开房，企图实施猥亵行为。因小羽向公安机关报案，骆某在依约前往宾馆途中被抓获。

[要旨]

行为人以满足性刺激为目的，以诱骗、强迫或者其他方法要求儿童拍摄裸体、敏感部位照片、视频等供其观看，严重侵害儿童人格尊严和心理健康的，构成猥亵儿童罪。

[指控与证明犯罪]

（一）提起、支持公诉和一审判决情况

2017年6月5日，某市某区人民检察院以骆某犯猥亵儿童罪对其提起公诉。7月20日，该区人民法院依法不公开开庭审理本案。

法庭调查阶段，公诉人出示了指控犯罪的证据：被害人陈述、证人证言及被告人供述，证明骆某对小羽实施了威胁恐吓，强迫其自拍裸照的行为；QQ聊天记录截图、小羽自拍裸体照片、身份信息等，证明骆某明知小羽系儿童及强迫其拍摄裸照的事实等。

法庭辩论阶段，公诉人发表公诉意见：被告人骆某为满足性刺激，通过网络对不满14周岁的女童进行威胁恐吓，强迫被害人按照要求的动作、姿势拍摄裸照供其观看，并以公布裸照相威胁欲进一步实施猥亵，犯罪事实清楚，证据确实、充分，应当以猥亵儿童罪对其定罪处罚。

辩护人对指控的罪名无异议，但提出以下辩护意见：一是认定被告人明知被害人未满14周岁的证据不足。二是认定被告人利用小羽的校友周某对小羽施压、威胁并获取裸照的证据不足。三是被告人猥亵儿童的行为未得逞，系犯罪未遂。四是被告人归案后如实供述，认罪态度较好，可酌情从轻处罚。

针对辩护意见，公诉人答辩：一是被告人骆某供述在QQ聊天中已知小羽系初二学生，可能不满14周岁，看过其生活照、小视频，了解其身体发育状况，通过周某了解过

---

① 最高人民检察院2018年11月9日发布的第十一批指导性案例（检例第43号）。

小羽的基本信息，证明被告人骆某应当知道小羽系未满 14 周岁的幼女。二是证人周某二次证言均证实其被迫帮助骆某威胁小羽，能够与被害人陈述、被告人供述相互印证，同时有相关聊天记录等予以印证，足以认定被告人骆某通过周某对小羽施压、威胁的事实。三是被告人骆某前后实施两类猥亵儿童的行为，构成猥亵儿童罪。（1）骆某强迫小羽自拍裸照通过网络传输供其观看。该行为虽未直接接触被害人，但实质上已使儿童人格尊严和心理健康受到严重侵害。骆某已获得裸照并观看，应认定为犯罪既遂。（2）骆某利用公开裸照威胁小羽，要求与其见面在宾馆开房，并供述意欲实施猥亵行为。因小羽报案，该猥亵行为未及实施，应认定为犯罪未遂。

一审判决情况：法庭经审理，认定被告人骆某强迫被害女童拍摄裸照，并通过 QQ 软件获得裸照的行为不构成猥亵儿童罪。但被告人骆某以公开裸照相威胁，要求与被害女童见面，准备对其实施猥亵，因被害人报案未能得逞，该行为构成猥亵儿童罪，系犯罪未遂。2017 年 8 月 14 日，某区人民法院作出一审判决，认定被告人骆某犯猥亵儿童罪（未遂），判处有期徒刑一年。

（二）抗诉及终审判决情况

一审宣判后，某区人民检察院认为，一审判决在事实认定、法律适用上均存在错误，并导致量刑偏轻。被告人骆某利用网络强迫儿童拍摄裸照并观看的行为构成猥亵儿童罪，且犯罪形态为犯罪既遂。2017 年 8 月 18 日，该院向某市中级人民法院提出抗诉。某市人民检察院经依法审查，支持某区人民检察院的抗诉意见。

2017 年 11 月 15 日，某市中级人民法院开庭审理本案。某市人民检察院指派检察员出庭支持抗诉。检察员认为：（1）关于本案的定性。一审判决认定骆某强迫被害人拍摄裸照并传输观看的行为不是猥亵行为，系对猥亵儿童罪犯罪本质的错误理解。一审判决未从猥亵儿童罪侵害儿童人格尊严和心理健康的实质要件进行判断，导致法律适用错误。（2）关于本案的犯罪形态。骆某获得并观看了儿童裸照，猥亵行为已经实施终了，应认定为犯罪既遂。（3）关于本案量刑情节。根据《最高人民法院、最高人民检察院、公安部、司法部关于依法惩治性侵害未成年人犯罪的意见》第 25 条的规定，采取胁迫手段猥亵儿童的，依法从严惩处。一审判决除法律适用错误外，还遗漏了应当从重处罚的情节，导致量刑偏轻。

原审被告人骆某的辩护人认为，骆某与被害人没有身体接触，该行为不构成猥亵儿童罪。检察机关的抗诉意见不能成立，请求二审法院维持原判。

某市中级人民法院经审理，认为原审被告人骆某以寻求性刺激为目的，通过网络聊天对不满 14 周岁的女童进行言语威胁，强迫被害人按照要求自拍裸照供其观看，已构成猥亵儿童罪（既遂），依法应当从重处罚。对于市人民检察院的抗诉意见，予以采纳。2017 年 12 月 11 日，某市中级人民法院作出终审判决，认定原审被告人骆某犯猥亵儿童罪，判处有期徒刑二年。

［指导意义］

猥亵儿童罪是指以淫秽下流的手段猥亵不满 14 周岁儿童的行为。《刑法》没有对猥亵儿童的具体方式作出列举，需要根据实际情况进行判断和认定。实践中，只要行为人主观上以满足性刺激为目的，客观上实施了猥亵儿童的行为，侵害了特定儿童人格尊严和身心健康的，应当认定构成猥亵儿童罪。

网络环境下，以满足性刺激为目的，虽未直接与被害儿童进行身体接触，但是通过

QQ、微信等网络软件，以诱骗、强迫或者其他方法要求儿童拍摄、传送暴露身体的不雅照片、视频，行为人通过画面看到被害儿童裸体、敏感部位的，是对儿童人格尊严和心理健康的严重侵害，与实际接触儿童身体的猥亵行为具有相同的社会危害性，应当认定构成猥亵儿童罪。

检察机关办理利用网络对儿童实施猥亵行为的案件，要及时固定电子数据，证明行为人出于满足性刺激的目的，利用网络，采取诱骗、强迫或者其他方法要求被害人拍摄、传送暴露身体的不雅照片、视频供其观看的事实。要准确把握猥亵儿童罪的本质特征，全面收集客观证据，证明行为人通过网络不接触被害儿童身体的猥亵行为，具有与直接接触被害儿童身体的猥亵行为相同的性质和社会危害性。

问题2. 如何认定"猥亵"和界分猥亵犯罪行为与猥亵违法行为以及在教室讲台实施的猥亵是否属于"在公共场所当众猥亵"

【刑事审判参考案例】吴某猥亵儿童案①

一、基本案情

深圳市南山区人民法院经审理查明：被告人吴某系深圳市南山区某小学语文教师。自2012年11月至2013年5月23日期间，吴某利用周一至周五在班级教室内管理学生午休之机，多次将协助其管理午休纪律的被害人Z某、C某、H某（女，时年均7岁）等女学生叫到讲台上，采用哄、骗、吓等手段，以将手伸进被害人衣裤内抠摸敏感部位等方式进行猥亵；吴某还多次利用周五放学后无人之机，以亲吻脸部的方式对被害人L某（女，时年8岁）进行猥亵。吴某在实施上述猥亵行为后哄骗被害人不能将事情告诉家长。5月23日中午，吴某采用上述方式又一次猥亵被害人C某。5月26日，C某的父母发现被害人行为异常，在向其他被害人了解情况后于5月27日向公安机关报案。报案当日，Z某、C某、H某在其家长的陪同下就医，其中Z某经检验后诊断为细菌性阴道炎。经司法鉴定，Z某、C某、H某会阴、体表均未检见明显暴力损伤痕迹。

深圳市南山区人民法院认为，被告人吴某猥亵儿童，其行为构成猥亵儿童罪。公诉机关指控的犯罪事实清楚，证据确实、充分，指控的罪名成立。吴某对上述被害人实施猥亵行为的场所是教室内，实施猥亵行为的时间是中午，教室内仍有部分学生午休，且有部分学生曾发现其实施的猥亵行为，故该猥亵行为应当认定为《刑法》第237条第2款规定的"在公共场所当众"猥亵儿童，应当判处五年以上有期徒刑。吴某还多次利用放学后无人之机，亲吻被害人L某脸部，哄骗被害人不要让他人，尤其是被害人父母知晓，说明其主观上具有猥亵的故意，并非一般成年人对孩童喜爱之情的自然流露，应当认定为猥亵行为，故辩护人所提该行为不是猥亵行为的意见，不予采纳。吴某身为人民教师，本应是教书育人、遵纪守法的榜样，但却利用教师身份在较长时间内多次猥亵多名学生，不仅给被害人幼小的心灵及其家庭带来难以愈合的创伤，而且严重损害了人民教师的形象，行为性质恶劣，社会影响极坏，对其应当从重处罚。辩护人所提吴某犯罪

---

① 赵俊甫、王钰撰稿，薛淑兰审编：《吴某猥亵儿童案——如何认定"猥亵"和界分猥亵犯罪行为与猥亵违法行为以及在教室讲台实施的猥亵是否属于"在公共场所当众猥亵"（第989号）》，载最高人民法院刑事审判第一、二、三、四、五庭主办：《刑事审判参考》（总第98集），法律出版社2014年版，第66~71页。

情节较轻，请求对其从轻处罚的辩护意见，不予采纳。吴某归案后如实供述自己的罪行，并当庭认罪，依法可以从轻处罚。综合吴某的犯罪情节、社会危害程度，依照《刑法》第237条、第67条第3款之规定，南山区人民法院以被告人吴某犯猥亵儿童罪，判处有期徒刑八年。

一审宣判后，被告人吴某以原判量刑过重为由提出上诉。

深圳市中级人民法院经审理认为，一审认定的事实清楚，证据确实、充分，上诉人吴某关于原判量刑过重的理由不成立，遂依法裁定驳回上诉，维持原判。

二、主要问题

1. 如何认定“猥亵”以及如何界分猥亵犯罪行为与猥亵违法行为?

2. 在教室讲台实施的猥亵是否属于“在公共场所当众猥亵”?

三、裁判理由

（一）关于“猥亵”的认定以及猥亵儿童犯罪行为与猥亵违法行为的界分

我国《刑法》第237条规定了强制猥亵、侮辱妇女罪，猥亵儿童罪，在不具有“聚众或者在公共场所当众实施”的严重情节情况下，应当在五年以下有期徒刑或者拘役幅度内处罚。我国《治安管理处罚法》第44条规定：“猥亵他人的……处五日以上十日以下拘留；猥亵智力残疾人、精神病人、不满十四周岁的人或者有其他严重情节的，处十日以上十五日以下拘留。”因此，尽管《刑法》规定猥亵儿童的，应当从重处罚，但并非只要存在猥亵儿童行为，就必然构成猥亵儿童罪。首先必须准确认定是否属于“猥亵”，其次必须准确界分猥亵儿童是构成犯罪，还是属于一般违法行为。

对于何谓“猥亵”，刑法及相关司法解释、治安管理法均没有作出明确界定。通常理解，猥亵是指以刺激或者满足性欲为动机，用性交以外的方式对被害人实施的淫秽行为，客观上包括抠摸、舌舔、吮吸、亲吻、手淫、鸡奸等行为方式。但是，这种理解较为宽泛，实践中仍存在争议。例如，本案中，被告人吴某辩称其亲吻被害人L脸部不是猥亵行为。我们认为，认定“猥亵”行为，必须综合考虑主观和客观两个方面的因素：从主观方面看，行为人主观上通常具有刺激、满足性欲的动机。有些行为人出于使被害人出丑、羞辱被害人等卑劣动机，偷剪或者脱光被害人衣服，对被害人进行凌辱，根据《刑法》第237条第1款的规定，属于强制侮辱妇女犯罪行为，但如果上述行为是针对儿童实施的，因《刑法》未规定“侮辱儿童罪”，故也可以认定属于“猥亵儿童”。从客观方面来看，猥亵应当是足以刺激或者满足性欲，并冒犯普通公民性的羞耻心或者引起其厌恶感的行为。判断是否系“猥亵”，应当考虑行为所侵害的身体部位是否具有性象征意义。如男女下体隐私处、臀部及与臀部密接的大腿，以及女性之胸部等。行为侵害具有性象征意义以外的身体部位，比如脸部、背部、胳臂等，认定是否属于猥亵应当慎重，通常可以理解为“性骚扰”行为。值得注意的是，男性以生殖器侵入女性生殖器的行为，属于强奸罪规制的范围，故不属于“猥亵”的范围。

如果综合考虑行为人的主观动机、行为手段等因素，行为人的行为应当认定为“猥亵”，那么对该行为是否构成犯罪，还要从严把握。具体而言，在区分猥亵一般违法行为与猥亵犯罪行为时，需要着重考虑以下几个方面的因素：（1）猥亵行为侵害的身体部位所代表的性象征意义明显与否；（2）猥亵行为是否伴随暴力、胁迫等强制手段；（3）猥亵行为持续时间的长短；（4）其他能反映猥亵行为对被害人身心伤害大小，对普通公民性的羞耻心冒犯程度大小的情节；（5）行为人是否具有前科劣迹以及其他反映行为人主

观恶性、人身危险性大小的情节。考虑上述某一项或者某几项因素，如果猥亵行为情节轻微，危害不大，可以不以犯罪论处。为体现对儿童的特殊保护，对猥亵行为严重程度的判断，与针对妇女实施的强制猥亵行为，也可以有所不同，针对儿童实施的，入罪标准的门槛可适当降低一些。

一般而言，出于亲昵、戏谑，亲吻他人脸部，不属于“猥亵”；强行亲吻被害人脸部，结合其他情节，如果确有必要认定属于猥亵行为的，对行为人进行治安管理处罚即可做到“罚”当其“罪”。本案中，被告人吴某实施亲吻被害人L脸部这一行为，单从其侵害的身体部位而言，并不属于典型的猥亵方式，但吴某多次利用其他学生放学离开教室之际，亲吻被害人L脸部，并且在半年多时间内以将手伸进被害人衣裤内抠摸敏感部位等方式猥亵Z某、C某、H某等女学生，可见其亲吻L脸部，主观上具有强烈的刺激、满足性欲动机，因而增强了对其亲吻L脸部的行为进行刑事处罚的必要性。原审法院据此认为，吴某亲吻被害人L脸部的行为，非一般成年人对孩童喜爱之情的自然流露，将其认定为猥亵犯罪行为，是正确的。

（二）在教室讲台猥亵儿童应当认定为在“公共场所当众”实施猥亵

我国《刑法》第237条第2款规定了聚众或者在公共场所当众实施猥亵两种加重处罚情节。其中，对于认定是否属于在公共场所当众实施猥亵犯罪，实践中存在不同看法。例如，本案审理过程中，对于“教室”这一既供多数人使用但同时又相对封闭的特殊场所，能否认定为“公共场所”，以及是否要求其他在场人员实际看到猥亵行为，才能认定为“当众”猥亵，争议较大。

依据《刑法》第291条规定，聚众扰乱车站、码头、民用航空站、商场、公园、影剧院、展览会、运动场或者其他公共场所秩序，情节严重的，构成聚众扰乱公共场所秩序罪。该条以列举的方式明确了几种典型公共场所的范围。根据《辞海》的解释，公共场所是指公众可以去的地方或者对公众开放的地方；公众是指社会上大多数的人或者大众。因此，仅从文义解释的角度分析，公共场所就是指供社会上大多数的人从事工作、学习、文化、娱乐、体育、社交、参观、旅游和满足部分生活需求的一切公用建筑物、场所及其设施的总称。这一解释突出了公共场所系相对于私人场所而言及可由多数人进出、使用的功能特征。从对“公共场所”的最狭义理解来看，一般应当强调该场所“供非固定人员进出、使用”的功能特征，唯此方能体现公共场所的涉众性。学校教室是供学生学习的专门设施，一定时期内使用教室的学生范围相对固定，因此，仅从狭义解释的角度考察，似与一般意义上的公共场所有所不同。但学校教室并非私人场所，而且是供多数学生使用，具有相对的涉众性。考虑到这一点，将教室解释为“公共场所”并未超出“公共场所”概念所能包含的最广含义，也符合一般公民的理解和认知，属于合理的扩大解释。

关于“当众”实施猥亵的认定问题。一种观点认为，“当众”猥亵应当包含行为人公然实施猥亵，不惧怕其犯罪行为被公众发现的意思；另一种观点认为，“当众”猥亵就是当着众人的面实施猥亵。这两种观点或侧重于行为人的主观方面，或侧重于客观方面，都属于对“当众”的狭隘文义解释，脱离了对法条适用合目的性的考量，未必妥当。

就性侵害犯罪而言，刑法将在公共场所当众实施强奸、猥亵规定为强奸、猥亵犯罪的法定加重处罚情节，主要是因为性活动具有高度的私密性，而当众对被害人实施强奸、猥亵，既侵犯了普通公民最基本的性羞耻心和道德情感，更重要的是，此种情形对被害人身心造成的伤害更严重，社会影响更恶劣，需要对此类猥亵犯罪配置与其严重性相适应的更高法定刑。因此，最高人民法院、最高人民检察院、公安部、司法部联合下发的《关于依法惩治性侵害未成年人犯罪的意见》（以下简称《惩治性侵犯罪意见》）第23条规定，在校园、游泳馆、儿童游乐场等公共场所对未成年人实施强奸、猥亵犯罪，只要有其他多人在场，不论在场人员是否实际看到，均可以认定为在公共场所“当众”强制猥亵、侮辱妇女，猥亵儿童。由此可见，《惩治性侵犯罪意见》第23条基于从严惩治发生在校园等儿童集中的特殊场所的性侵害犯罪的政策考量，对“当众”概念并没有局限于最狭义的文义解释。也就是说，“当众”并不要求在场人员实际看到。在适用该条规定时有必要注意：认定为“当众”实施性侵害犯罪虽不要求其他在场的多人实际看到，但基于“当众”概念的一般语义及具有“当众”情节即升格法定刑幅度的严厉性，从空间上来讲，其他在场的多人一般要在行为人实施犯罪地点视力所及的范围之内。也就是说，性侵害行为处于其他在场人员随时可能发现、可以发现的状况。

本案中，被告人吴某趁中午学生在教室内午休，将被害人叫到讲台上对被害人进行猥亵，虽然利用了课桌等物体的遮挡，手段相对隐蔽，但此种猥亵行为处于教室内其他学生随时可能发现、可以发现的状况。而且根据法院审理查明的事实，实际上也有部分被害学生曾发现吴某将其他被害人叫到讲台上，并知道吴某在实施猥亵。因此，人民法院认定被告人吴某属于在公共场所当众实施猥亵是正确的。

问题3. 如何界分正常医疗检查与猥亵犯罪行为？强制猥亵对象中既包括已满14周岁女性又包括未满14周岁女童的，对所犯数罪是否并罚

【刑事审判参考案例】王某强制猥亵妇女、猥亵儿童案①

一、基本案情

肃北蒙古族自治县人民法院经审理查明：2012年5月28日至31日，甘肃省肃北县某中学组织学生在肃北县医院体检。被告人王某利用自己作为尿检项目检验医生的便利，超出尿检医生的职责范围，以“体检复查”为名，对14名已满14周岁的女学生和7名不满14周岁的女学生抚摸胸腋部和下腹部、腹股沟区，将裤子脱至大腿根部查看生殖器，用手在阴部进行按压抚摸，对个别女学生以棉签插入阴部擦拭的方式提取所谓“分泌物”，进行猥亵。

肃北蒙古族自治县人民法院认为，被告人王某利用职务上的便利，以“体检复查”为名对14名已满14周岁女学生和7名不满14周岁女学生，进行了不同程度的猥亵，其行为分别构成强制猥亵妇女罪和猥亵儿童罪，应当予以并罚。公诉机关指控的犯罪事实清楚，证据确实、充分，指控的罪名成立。王某及其辩护人的意见没有事实和法律依据，不予采纳。本案被害人人数多且使未成年女学生的人格、名誉及身心健康受到了极大伤害，社会影响恶劣。据此，依照《刑法》第237条第1款、第3款，第69条之规定，肃北蒙古族自治县人民法院判决如下：被告人王某犯强制猥亵妇女罪，判处有期徒刑三年；

① 崔祥莲撰稿，冉容审编：《王某强制猥亵妇女、猥亵儿童案——如何界分正常医疗检查与猥亵犯罪行为以及强制猥亵对象中既包括已满14周岁女性又包括未满14周岁女童的，对所犯数罪是否并罚（第987号）》，载最高人民法院刑事审判第一、二、三、四、五庭主办：《刑事审判参考》（总第98集），法律出版社2014年版，第53~58页。

犯猥亵儿童罪，判处有期徒刑四年；决定执行有期徒刑六年。

一审宣判后，被告人王某提出上诉，称没有猥亵的动机与目的，原判将违反医疗规程的医疗检查认定为犯罪行为，属于定性错误。

酒泉市中级人民法院经审理认为，被害人陈述、证人证言、医院尿检常规步骤说明、王某的供述等证据证实，王某利用给学生作尿检的职务之便，超越尿检医生职责范围，趁大多数被害女学生从未接受过体检的机会，实施了猥亵行为，且21名女学生均向公安机关陈述了其不知抗拒和无法抗拒而使自己的身体遭受不法侵害的事实，王某的行为违背了她们的意志，是变相的强制，王某的行为符合强制猥亵妇女罪和猥亵儿童罪的构成要件，其上诉理由不能成立。原判认定的犯罪事实清楚，证据确实、充分，定罪准确，量刑适当，审判程序合法。据此，酒泉市中级人民法院依法裁定驳回上诉，维持原判。

二、主要问题

1. 如何界分正常医疗检查与猥亵犯罪行为？

2. 强制猥亵对象中既包括已满14周岁女性又包括未满14周岁女童的，对所犯数罪是否并罚？

三、裁判理由

（一）关于正常医疗检查与猥亵犯罪行为的界分

由于医生职业的特殊性，需要对医疗对象的身体进行专业检查，故区分医疗检查与猥亵犯罪行为的确有一定难度。实践中，首先要厘清该行为是否具备犯罪的特征，即严重的社会危害性、刑事违法性和应受刑罚惩罚性，具体而言，主要从行为人的主观和客观两个方面进行甄别：

1. 关于犯罪主观方面。医疗检查应当是以治病救人为目的，在遵循相关医疗规范的前提下，对病人进行必要、科学的医务检查和诊治；而猥亵犯罪行为的主观方面需要具备猥亵的故意。强制猥亵妇女罪的故意，即行为人明知自己的行为违背妇女的意志，侵犯了妇女性的自主权和羞耻心，而希望或者放任这一危害结果的发生；猥亵儿童罪的故意，即行为人明知自己的行为侵犯了儿童不受性侵犯的权利，并希望此危害结果的发生。实践中，对于犯罪主观方面的证明，通常有赖于对客观行为的分析判断。因此，即使行为人辩解不具有猥亵故意，但可以通过对该“医疗检查”行为是否明显超越职责范围，是否系医疗诊治所必需的检查手段等因素，来分析行为人的主观故意。

2. 关于犯罪客观方面，又需要注意考察以下两个方面的因素：

（1）是否使用了强制或者欺骗等不正当手段。虽然猥亵儿童罪对行为手段没有限制，儿童是否出于自愿不影响犯罪的成立，但行为人是否使用强制或者欺骗等不正当手段，可以作为区分正常医疗行为与猥亵行为的一个重要参考因素。强制手段通常包括暴力、胁迫或者其他手段，医务人员直接使用有形暴力进行猥亵的，因为有被害人陈述可加以证明，部分情况下还会有活体检验意见等证据加以佐证，故在实践中比较容易认定。而由于医务工作的特殊性，是否使用了胁迫或者其他不正当手段在认定时确有一定困难。医务人员通常要对医疗对象的身体进行检查，而医疗对象一般对专业医学知识不知或者所知不多，出于对自己身体健康状况的关切、担忧，以及对医务人员专业性的信任、敬畏，在心理上处于一定弱势地位。医务人员如利用其特殊身份和优势地位，在医院检查治疗室这一特定场所，通过有针对性的语言或者行为暗示等方式，即可对妇女、儿童的身体或者精神形成强制力，使其不能、不敢或者不知反抗。实践中，也有部分医生欺骗被害人接受非诊疗所必需的身体检查，借机实施猥亵。因此，不能完全以被害人是否明显反抗作为认定其是否自愿接受身体检查的依据。在实践中，可参考被害人所陈述的内心感受，是否感觉受到侵犯或者猥亵加以辅助认定。

本案中，被告人王某利用未成年女学生对医生权威的信任，以及对体检流程不了解等认识能力的限制，在医院诊室这一特定的封闭场所，使女学生在精神上受到强制，不能或者不知反抗，进而实施猥亵；多名女学生亦证明，在接受身体检查过程中感觉受到了侵犯。故由此可以认定王某使用了强制手段。

（2）是否明显超越了职责范围、是否系诊疗所必需。医疗检查是一种专业技术活动，因其注重可操作性和实效性，故专业操作规范绝大多数并不为法律法规所规定，只是行业内的规程，有些只是本行业从业人员的共识。通常来讲，甄别正常医疗检查与猥亵行为需要具有一定的医学知识，作为未受过专业医学教育的司法工作人员，可从以下几个层面进行审查：首先，以一般人的认识为标准，分析诊疗行为是否明显超越职责范围，比如对骨折的病人进行妇科检查，显然非诊疗所必需。其次，结合医院关于岗位职责以及检验流程的规定加以判断。由于医生的专业性强、分工细致，医院对相关流程和规范均进行了细化规定，这些规定可用作判别检查是否明显超越了职责范围、是否系诊疗所必需的依据。最后，参考专业人士的意见。在一些简单的专科检查中，依据医院的相关规定即可判断是否超出职责范畴，但对于一些较为复杂的病症需要进行详细或者有针对性的全科检查时，机械地以医院的规范来衡量难免会有所疏漏，此时就需借助医院其他医务人员的证言甚至是相关医疗机构出具的意见，进行综合判断。

本案中，提取在案的医院尿检常规步骤材料证明，正常的尿检步骤系由受检者将尿液标本送检验室，检验工作人员进行常规检验，并出具报告单，对尿检结果异常需要镜检者，检验人员提取尿液标本做镜检，对分泌物的检验由患者到相关科室由专业技术人员提供分泌物标本送检。依据该规定进行分析，被告人王某抚摸女生胸腋部、查看女生生殖器、用手在女生阴部按压等行为明显超越了其职责范围，应当认定其不属于正常的医学检查手段。

综上，王某利用给学生作尿检的职务之便，超越尿检医生职责范围，对21名女学生进行变相强制，实施猥亵，人民法院认定其行为已构成猥亵犯罪，是正确的。

（二）强制猥亵对象中既包括已满14周岁的妇女又包括未满14周岁女童的，对所犯数罪应当并罚

刑事司法实践中，通常将妇女的年龄解释为已满14周岁，故当猥亵对象中既包括已满14周岁的妇女又包括未满14周岁的女童时，就涉及既构成强制猥亵妇女罪又构成猥亵儿童罪，两罪是否并罚的问题。有观点认为，强制猥亵妇女罪与猥亵儿童罪虽属不同罪名，但两罪属同一法条规定，两罪的主观方面相同，基本性质相同，侵犯的客体或者法益相似，可以参照同种数罪的处罚原则，不予并罚。我们认为，此种情形应当以强制猥亵妇女罪与猥亵儿童罪并罚。理由如下：

1. 根据罪刑法定原则应当并罚。罪刑法定原则要求刑法规范的内容必须清楚明确，也被称为“刑法规范的明确性原则”。法官虽然不可机械适用法律，但亦应同等地对待事实上相同的案件，使每个人都能够预先知道何种行为是被禁止的并应受到何种刑事处罚。我国《刑法》第237条明确将强制猥亵妇女罪与猥亵儿童罪规定为两个独立的罪名，表明侵犯的是不同客体，是两罪而非一罪。虽然理论上确实存在判决宣告前的同种数罪是

否并罚的争议，但强制猥亵妇女罪与猥亵儿童罪系同一法条下规定的不同罪名，并非同种数罪，予以并罚是有法律依据的。

2. 依据犯罪构成理论应当并罚。以犯罪构成作为罪数判断的标准是我国刑法学界的通说，在实践中也容易为多数司法工作人员所理解和接受。强制猥亵妇女罪与猥亵儿童罪在犯罪主体和主观方面的内容基本一致，从客观方面来看，区别主要体现在强制猥亵妇女罪要求行为具有强制性，而猥亵儿童罪则不要求必须使用强制手段。不论行为人采用暴力、胁迫手段猥亵儿童，还是征得儿童的同意对其进行猥亵，都构成猥亵儿童罪。强制猥亵妇女罪与猥亵儿童罪的主要区别还体现在犯罪对象方面：强制猥亵妇女罪的对象只能是年满14周岁的女性，猥亵儿童罪的对象为儿童，即不满14周岁的人，主要是女童，也包括男童。因此，如果仅认定为一罪从重处罚，就存在究竟认定为强制猥亵妇女罪，还是猥亵儿童罪的难题。

3. 数罪并罚更符合立法精神，也便于实践操作。从我国整个立法体系看，保护未成年人权益的法律体系日益健全，司法保护力度不断增强，将儿童的身心健康作为一个重大的法益加以特殊保护，符合刑事政策和立法精神。我国刑法将妇女的性权利与儿童的身心健康作为不同的法益加以保护，并将儿童的身心健康作为特殊的法益加以重点保护。实践中，在没有“聚众或者在公共场所当众实施”这两项加重情节的情况下，强制猥亵妇女的最高仅能判处五年有期徒刑，最低可能判处拘役；而以强制猥亵妇女罪与猥亵儿童罪并罚，则最高可判处十年以下有期徒刑，量刑幅度更宽，从某种意义上更能贯彻罪责刑相适应原则，并体现从严惩治性侵害儿童的刑事政策精神。

综上，被告人王某的猥亵行为既侵犯了妇女性的自主权，又侵犯了儿童不受性侵犯的权利，分别符合强制猥亵妇女罪和猥亵儿童罪的构成特征，人民法院认定其构成数罪，依法实行并罚，是正确的。值得强调的是，根据《最高人民法院、最高人民检察院、公安部、司法部关于依法惩治性侵害未成年人犯罪的意见》第25条的规定，医生作为对未成年人负有特殊职责的人员，对未成年人实施性侵害犯罪的，应当从严惩处，这一精神应当在今后的办案实践中加以体现。

问题4. 行为人因涉嫌强制猥亵妇女到案后如实供述司法机关尚未掌握的猥亵儿童事实的，是否构成自首

【刑事审判参考案例】杜某强奸、强制猥亵妇女、猥亵儿童案①

一、基本案情

宁波市中级人民法院经不公开审理查明：2009年至2013年期间，被告人杜某在宁波市鄞州区塘溪镇内，多次借故进入多名幼女或者妇女的家中，采用暴力、胁迫等手段对被害人实施奸淫或者强制猥亵。杜某被抓获后，除交代上述事实外，还主动供述其在2010年或者2011年的一天猥亵黎某某（女，1999年生）的事实。

宁波市中级人民法院认为，被告人杜某以暴力、胁迫等手段奸淫不满14周岁的幼女，

① 袁益波撰稿，马岩审编：《杜某强奸、强制猥亵妇女、猥亵儿童案——行为人因涉嫌强制猥亵妇女到案后如实供述司法机关尚未掌握的猥亵儿童事实的，不构成自首（第986号）》，载最高人民法院刑事审判第一、二、三、四、五庭主办：《刑事审判参考》（总第98集），法律出版社2014年版，第49～52页。

以暴力、胁迫等手段强制猥亵妇女和猥亵儿童，其行为分别构成强奸罪、强制猥亵妇女罪和猥亵儿童罪，应当数罪并罚。杜某奸淫幼女多人，并强制猥亵妇女、猥亵儿童，犯罪性质恶劣，社会危害大，依法应当严惩。杜某归案后如实供述主要犯罪事实，可以从轻处罚。杜某如实供述司法机关尚未掌握的猥亵儿童的犯罪事实，与司法机关已经掌握的强制猥亵妇女的犯罪事实属于同种罪行，可以酌情从轻处罚。据此，依照《刑法》第236条，第237条第1款、第3款，第67条第3款，第57条第1款，第69条之规定，宁波市中级人民法院判决如下：被告人杜某犯强奸罪，判处无期徒刑，剥夺政治权利终身；犯强制猥亵妇女罪，判处有期徒刑三年；犯猥亵儿童罪，判处有期徒刑一年；决定执行无期徒刑，剥夺政治权利终身。

一审宣判后，被告人杜某未提起上诉，公诉机关亦未抗诉，该判决已发生法律效力。

二、主要问题

因涉嫌强制猥亵妇女而被采取强制措施的犯罪嫌疑人，如实供述司法机关尚未掌握的猥亵儿童事实的，是否构成自首？

三、裁判理由

在认定自首问题上，强制猥亵妇女罪与猥亵儿童罪应当视为同种罪行。杜某到案后主动供述猥亵儿童事实，不以自首论，但可以酌情从轻处罚。

最高人民法院1998年出台的《关于处理自首和立功具体应用法律若干问题的解释》规定："被采取强制措施的犯罪嫌疑人、被告人和已宣判的罪犯，如实供述司法机关尚未掌握的罪行，与司法机关已掌握的或者判决确定的罪行属不同种罪行的，以自首论。被采取强制措施的犯罪嫌疑人、被告人和已宣判的罪犯，如实供述司法机关尚未掌握的罪行，与司法机关已掌握的或者判决确定的罪行属同种罪行的，可以酌情从轻处罚；如实供述的同种罪行较重的，一般应当从轻处罚。"实践中对哪些罪行属于同种罪行，存在不同认识。为解决这一问题，最高人民法院2010年下发的《关于处理自首和立功若干具体问题的意见》规定，犯罪嫌疑人、被告人在被采取强制措施期间如实供述本人其他罪行，该罪行与司法机关已经掌握的罪行属于同种罪行还是不同种罪行，一般应当以罪名区分。虽然如实供述的其他罪行的罪名与司法机关已掌握犯罪的罪名不同，但如实供述的其他犯罪与司法机关已掌握的犯罪属选择性罪名或者在法律、事实上密切关联，如因受贿被采取强制措施后，又交代因受贿为他人谋取利益行为，构成滥用职权罪的，应当认定为同种罪行。根据该意见的上述规定，"同种罪行"包括三种情况：罪名相同的罪行、属于同一选择性罪名的罪行以及法律或者事实上密切关联的罪行。

强制猥亵妇女罪与猥亵儿童罪罪名不同，也不属于选择性罪名，但是两种犯罪在法律上、事实上均具有密切关联，可以视为同种罪行。具体理由是：第一，强制猥亵妇女罪与猥亵儿童罪在法律上具有密切关联。认定数种罪行在法律上具有密切关联，一般应当以犯罪构成要件为依据，考察数种罪行在犯罪主体、客体、客观方面的行为、结果、对象要素等方面是否具有相近性、包容性。强制猥亵妇女罪与猥亵儿童罪在客观方面均包含违背被害人意志，采用抠摸、搂抱、手淫、鸡奸等淫秽下流手段进行猥亵等行为。构成猥亵儿童罪虽然不要求行为人采用暴力、胁迫手段，但实践中对陌生儿童进行猥亵时往往也会采取一定的暴力、胁迫手段。从主观方面看，两罪均有满足不正常性欲的动机，行为人受性欲驱动对女性被害人实施猥亵时，往往对被害人是否属于幼女不加以区分，只要能满足其性欲即可。第二，强制猥亵妇女罪与猥亵儿童罪在事实上具有密切关

联。认定数种罪行在事实上具有密切关联，一般应当依托司法实践，结合日常生活经验，考察数种行为在发生的概率、逻辑以及关系上是否具有关联性。在某些猥亵犯罪中行为人基于满足特殊性需求，犯罪易于得逞等考虑，随机选择某一年龄段的陌生被害人作案，其对被害人的年龄只有大致的判断。对于行为人而言，先后对两名十几岁的年幼女性实施猥亵，其犯罪手段以及犯罪目的是没有差别的，即使因被害人不满或者超过 14 周岁而分别构成强制猥亵妇女罪、猥亵儿童罪，仍然是两起性质基本相同的事实。

本案中，被告人杜某在近 5 年的时间里，在同一地区多次采取路边拦截、跟随被害人进入其住处等方式，使用暴力、胁迫手段对 3 名妇女、儿童强行抚摸胸部、阴部等部位实施猥亵。杜某选择的作案目标，基本都是年龄较小、反抗能力较弱的女性，至于被害人是否属于幼女，并不影响其实施犯罪计划。受到杜某强制猥亵的 3 名被害人分别为 14 岁、17 岁和 12 岁的女性。可见，杜某所犯强制猥亵妇女罪和猥亵儿童罪在实施的时间、地点、对象及手段上具有连贯性和一致性，属于在法律、事实上有密切关联的同种罪行。故人民法院认定杜某对猥亵儿童罪不构成自首是正确的。

第九章
非法拘禁罪

第一节　非法拘禁罪概述

一、非法拘禁罪概念及构成要件

非法拘禁罪，是指非法拘禁他人或者以其他方法非法剥夺他人人身自由的行为。

本罪的构成要件如下：（1）本罪侵犯的客体是公民的人身自由权利。人身自由指的是行动自由，即公民依法享有的按照自己的意思决定自己行动的自由。（2）本罪在客观方面表现为非法拘禁他人或者以其他方法非法剥夺他人人身自由的行为。这里的“拘禁”，是指将被害人关押于一定的场所，剥夺其行动自由。此处的场所，通常是指如房屋等被区划、包围的处所。拘禁也并不限于有形的、物理的强制方法，采取无形的、心理的方法，诸如胁迫被害人、利用其恐惧心理或者利用被害人的羞耻心理，使其不敢逃离、不便离开的，同样属于拘禁行为。从行为方式来看，拘禁行为大多表现为积极作为的方式，如捆绑、扣押等，但不作为的方式也可以实施本罪，如仓库保管员误将他人锁入仓库内，发现之后故意不打开锁具等。这里的“其他方法”，是指非法拘禁之外的方法，诸如绑架、办封闭式“学习班”“隔离审查”“监护审查”等。这里有两点需要注意：其一，行为人的行为必须是非法的。如果国家机关工作人员合法地将公民予以拘押，即使是后来证明羁押有误，也不构成非法拘禁罪；医生对病人实行隔离、监管以及监护人对无行为能力人实施的监护、疫情期间依法进行的封闭管理等封控措施，均不能视为非法拘禁。其二，只要行为人的行为对被害人的行动自由形成障碍就可以认为属于拘禁，至于被害人是否能够从该场所逃离，不影响本罪的成立。（3）本罪的犯罪主体为一般主体。即凡年满 16 周岁、具备刑事责任能力的人，均可为本罪主体。（4）本罪在主观方面只能由故意构成，过失不构成本罪。另外，本罪的犯罪动机可能是多种多样的，如挟嫌报复、要特权、逼取口供、索取债务等，动机如何不影响本罪的成立。

二、非法拘禁罪案件审理情况

2017 年至 2021 年全国各法院审结的非法拘禁罪一审案件分别为 9464 件、9189 件、8808 件、5997 件和 3714 件，在刑事案件总数中所占比例相对较小，并呈下降趋势。另外，非法拘禁罪作为常见、多发的犯罪类型，也是黑恶势力等有组织犯罪所经常实施的罪名之一。据统计，在调查的黑社会性质组织中，有 30.1% 的犯罪组织涉及非法拘禁罪。

司法实践中，非法拘禁案件在案件起因上主要可以分为以下几类：一是被害人误入传销等非法组织、团伙后被拘禁型；二是被害人因债务（含赌债、高利贷等非法债务）纠纷被拘禁型；三是被害人遭报复或因其他纠纷等原因被拘禁等类型。在大部分非法拘禁案件中，均伴有暴力殴打等情节，部分案件还因使用暴力造成了被害人伤亡的严重危害后果，进而认定为故意伤害罪、故意杀人罪。

三、非法拘禁罪案件审理热点、难点问题

本罪与其他罪名因存在牵连、竞合、并罚等关系，司法实践中存在认定难、区分难等问题。

1. 本罪与错拘、错捕的区分问题。错拘、错捕一般是指司法工作人员依照法定程序拘留或者逮捕了犯罪嫌疑人、被告人，后经查明被拘禁的嫌疑人、被告人无罪或因身份识别错误并非涉案的相关人员。错拘、错捕与非法拘禁在后果上均表现为不应该拘禁相关人员而拘禁了对方，容易被认定为非法拘禁罪。

2. 本罪与一般拘禁行为的区分问题。非法拘禁行为，只有达到一定的严重程度，才能构成犯罪。而尚未构成犯罪程度的非法拘禁行为，只能纳入治安管理处罚法的评价范畴。因目前尚无关于非法拘禁犯罪案件立案追诉标准的规定，也无如何认定非法拘禁罪的相关司法解释，导致在如何区分刑法范畴的非法拘禁罪和行政违法范畴的非法拘禁行为方面存在一定难度。

3. 本罪与具有剥夺人身自由行为的抢劫、绑架等犯罪的区分问题。本罪在客观方面表现为非法剥夺他人人身自由，而绑架等犯罪在客观方面同样表现为剥夺他人人身自由，部分抢劫、妨害公务等犯罪也涉及剥夺他人的人身自由，因此在区分和认定上存在一定的难度和争议。

4. 本罪与故意伤害、故意杀人犯罪的区分问题。本罪的危害后果涉及被害人重伤、死亡的情形，特别是本罪还规定了使用暴力致人伤残、死亡的要依照故意伤害罪、故意杀人罪定罪处罚，因此本罪与故意伤害、故意杀人犯罪也因竞合、牵连等关系存在认定上的难度和争议。

四、非法拘禁罪案件审理思路及原则

虽然非法拘禁罪在刑事犯罪数量中仅占较小的比重，但该罪系常见、多发犯罪，且刑法对非法拘禁罪因行为表现不同、后果不同设置了较多的量刑幅度，量刑幅度之间的差距较大。因此在审理此类案件时应审慎把握，准确认定。

1. 在遵循主客观一致等刑法基本原则的前提下，充分考虑非法拘禁行为的客观表现、侵犯的客体等方面，并根据拘禁人数的多少、时间的长短、犯罪动机如何、是否使用暴力、造成危害的大小等情节综合分析和总体把握，准确认定非法拘禁行为是否构成犯罪，

并在与其他犯罪存在竞合、牵连等情况时准确认定。

2. 从拘禁行为的实施是否具有合法性依据，以及拘禁行为的持续时间、人次、方式等案件事实方面审查、判断拘禁行为是否达到犯罪的程度。

（1）司法工作人员依照法定程序拘留或者逮捕了犯罪嫌疑人、被告人，后经查明相关行为人因身份识别错误或无罪，并立即予以释放的属于错拘、错捕。因相关拘留、逮捕系依法实施，具有合法性依据，因此不能认为是非法拘禁行为。但是，如果犯罪嫌疑人或被告人经检察机关或者人民法院依法决定解除强制措施或宣告无罪后，有关执法人员仍拒不释放或者拖延释放的，则应视为非法拘禁的行为。

（2）2006 年 7 月 26 日施行的《最高人民检察院关于渎职侵权犯罪案件立案标准的规定》对国家机关工作人员利用职权实施的非法拘禁案的立案标准进行了明确规定，但目前尚无关于一般行为主体实施非法拘禁行为的立案追诉标准，因此可参照前述规定，即具有“非法剥夺他人人身自由 24 小时以上的”“非法拘禁 3 人次以上的”“使用械具或者捆绑等恶劣手段”或者“实施殴打、侮辱、虐待行为的”等情节，应予追究刑事责任。

3. 从行为人与被害人的关系、拘禁的动机和目的、致被害人重伤、死亡的情形以及是否使用暴力等案件事实方面审查、判断非法拘禁行为是否构成本罪或其他罪名。

（1）非法拘禁罪与绑架罪的区分。在犯罪目的上，前者是出于逼索债务等为目的，以扣押“人质”作为讨还债务目的的手段；后者是以勒索财物为目的，或者是以达成某种不当诉求、逃避抓捕等非法目的。在犯罪对象上，前者被扣押的“人质”大多与行为人相识，自身亦存在过错，如欠债不还，甚至有诈骗等违法行为，也有的纯属无辜；后者被绑架的被害人一般与行为人不认识，自身也没有过错。另外，对于行为人出于其他特殊目的而拘禁被害人的，仍要审慎认定，要从行为人与被害人的关系、所提出的要求实现之难易、对被害人剥夺自由行为的恶劣程度、对第三人及解救方的对抗程度等，综合多方面的因素和情节来分析认定，不能将与索取债务无关的拘禁行为一律认定为绑架犯罪。

（2）非法拘禁罪与抢劫罪的区分。因抢劫罪与非法拘禁罪在侵犯的客体、犯罪目的方面存在明显的不同，因此，以拘禁、关押他人的方法当场劫取他人财物的行为虽然也非法剥夺了他人的人身自由，但应当认定为“以其他方法抢劫公私财物”的行为，构成抢劫罪。

（3）非法拘禁罪与故意杀人、故意伤害等犯罪的区分。非法拘禁罪与故意杀人罪、故意伤害罪原本不存在认定上的困难。因《刑法》第 238 条第 2 款对非法拘禁罪设置了结果加重条款，导致司法实践中对如何准确适用存在一定争议。在规定的加重条款中，非法拘禁致人重伤、死亡的，仍然以非法拘禁罪定罪处罚，只是该行为构成非法拘禁罪的结果加重犯。这里的“致人重伤”，是指在非法拘禁过程中，由于捆绑过紧、长期囚禁、进行虐待等致使被害人身体健康受到重大伤害的；以及被害人在被非法拘禁期间因不堪忍受，自伤自残，身体健康受到重大伤害的。“致人死亡”，是指在非法拘禁过程中，由于捆绑过紧、为防止呼救堵嘴导致窒息等，致使被害人死亡的；以及被害人在被非法拘禁期间自杀身亡的。并且这种“致人重伤”“致人死亡”仅仅指过失造成被害人重伤、死亡的情形。加重条款中规定的“使用暴力致人伤残、死亡”，是指故意使用超出控制、拘禁被害人必要限度或超出非法拘禁目的之外的暴力致被害人伤残、死亡的。需要注意的是，虽然《刑法》第 238 条第 2 款规定了转化为故意伤害罪、故意杀人罪的情形，但

这里不能直接、简单地唯结果论，即伤残后果与故意伤害罪、死亡后果与故意杀人罪并非一一对应的关系。在使用暴力致人死亡的情形下，仍应遵循主客观一致的基本立场，需要查明行为人的主观罪过内容，如果行为人对被害人的死亡结果并无追求或放任的故意，应认定为故意伤害罪（致人死亡）。另外，在实践中也应当注意，对出于非法剥夺他人生命的故意，以非法拘禁之名行故意杀人之实，如故意以拘禁的方法冻死、饿死他人的，不能认定为《刑法》第238条第2款规定的非法拘禁他人“致人死亡”，而应当以故意杀人罪定罪处罚。

（4）非法拘禁罪与催收非法债务罪的区分。催收非法债务罪是《刑法修正案（十一）》增设的罪名，是为巩固扫黑除恶专项斗争工作成果，进一步惩治金融乱象，将一部分尚未构成非法拘禁罪或无法用非法拘禁罪规制但又情节严重的催收非法债务行为，纳入刑法打击范围。因此，催收非法债务罪仅适用于向被害人催收非法债务，既不要求限制被害人人身自由达到一定的时间，也不要求具有殴打、侮辱等情节。同时该罪并不限于使用限制他人人身自由的方式催收非法债务，还包括侵入他人住宅或使用暴力、胁迫等方法。有观点认为，在增设催收非法债务罪后，《刑法》第238条第3款中的“债务”仅指合法债务，而不包括非法债务。本书不同意这种观点。一方面，《最高人民法院关于对为索取法律不予保护的债务非法拘禁他人行为如何定罪问题的解释》（法释〔2000〕19号）在《刑法修正案（十一）》施行后并未被废止，仍然有效。另一方面，根据该观点，催收合法债务致人重伤、死亡的可认定为非法拘禁罪。而催收非法债务致人重伤、死亡的情形因超出催收非法债务罪的构成要件，既不能认定催收非法债务罪，也不能认定非法拘禁罪。如果认定过失致人重伤罪、过失致人死亡罪，因二者的量刑幅度相差过大，将产生在造成同样危害后果的前提下，刑法对催收合法债务犯罪行为的负面评价反而明显大于催收非法债务的情况。这一结论显然是不合逻辑和情理的。据此，本书认为，为索取高利贷、赌债等法律不予保护的债务，非法扣押、拘禁他人，同时构成非法拘禁罪和催收非法债务罪的，择一重罪处罚。

第二节　非法拘禁罪审判依据

为了切实保护公民的人身自由，中华人民共和国第一部《刑法》即1979年《刑法》就对非法拘禁罪作出了规定，当时的条文仅有两款。1997年《刑法》在1979年《刑法》的基础上对非法拘禁罪的条款进行了完善和补充，除了对结果加重犯的刑期有所调整外，还增加了“使用暴力致人伤残、死亡”依照第234条故意伤害罪、第232条故意杀人罪的规定定罪处罚。另外，还增加了两款，将“为索取债务非法扣押、拘禁他人的”行为认定为非法拘禁罪，并规定国家机关工作人员利用职权犯本罪的从重处罚。此后，《刑法》经过多次修正，但该条并未再作修订。

一、法律

《中华人民共和国刑法》（2020 年 12 月 26 日修正）

第二百三十八条 非法拘禁他人或者以其他方法非法剥夺他人人身自由的，处三年以下有期徒刑、拘役、管制或者剥夺政治权利。具有殴打、侮辱情节的，从重处罚。

犯前款罪，致人重伤的，处三年以上十年以下有期徒刑；致人死亡的，处十年以上有期徒刑。使用暴力致人伤残、死亡的，依照本法第二百三十四条、第二百三十二条的规定定罪处罚。

为索取债务非法扣押、拘禁他人的，依照前两款的规定处罚。

国家机关工作人员利用职权犯前三款罪的，依照前三款的规定从重处罚。

第二百四十一条第三款 收买被拐卖的妇女、儿童，非法剥夺、限制其人身自由或有伤害、侮辱等犯罪行为的，依照本法的有关规定定罪处罚。

二、司法解释

（一）《最高人民检察院关于渎职侵权犯罪案件立案标准的规定》（2006 年 7 月 26 日 高检发释字〔2006〕2 号）

二、国家机关工作人员利用职权实施的侵犯公民人身权利、民主权利犯罪案件

（一）国家机关工作人员利用职权实施的非法拘禁案（第二百八十三条）

非法拘禁罪是指以拘禁或者其他方法非法剥夺他人人身自由的行为。

国家机关工作人员利用职权非法拘禁，涉嫌下列情形之一的，应予立案：

1. 非法剥夺他人人身自由 24 小时以上的；

2. 非法剥夺他人人身自由，并使用械具或者捆绑等恶劣手段，或者实施殴打、侮辱、虐待行为的；

3. 非法拘禁，造成被拘禁人轻伤、重伤、死亡的；

4. 非法拘禁，情节严重，导致被拘禁人自杀、自残造成重伤、死亡，或者精神失常的；

5. 非法拘禁 3 人次以上的；

6. 工作人员对明知是没有违法犯罪事实的人而非法拘禁的；

7. 其他非法拘禁应予追究刑事责任的情形。

（二）《最高人民法院关于对为索取法律不予保护的债务，非法拘禁他人行为如何定罪问题的解释》（2000 年 7 月 13 日　法释〔2000〕19 号）

为了正确适用刑法，现就为索取高利贷、赌债等法律不予保护的债务，非法拘禁他人行为如何定罪问题解释如下：

行为人为索取高利贷、赌债等法律不予保护的债务，非法扣押、拘禁他人的，依照刑法第二百三十八条的规定定罪处罚。

三、刑事政策文件

（一）《最高人民法院、最高人民检察院印发〈关于常见犯罪的量刑指导意见（试行）〉的通知》（2021 年 6 月 16 日　法发〔2021〕21 号）

四、常见犯罪的量刑

（九）非法拘禁罪

1. 构成非法拘禁罪的，根据下列情形在相应的幅度内确定量刑起点：

（1）犯罪情节一般的，在一年以下有期徒刑、拘役幅度内确定量刑起点。

（2）致一人重伤的，在三年至五年有期徒刑幅度内确定量刑起点。

（3）致一人死亡的，在十年至十三年有期徒刑幅度内确定量刑起点。

2. 在量刑起点的基础上，根据非法拘禁人数、拘禁时间、致人伤亡后果等其他影响犯罪构成的犯罪事实增加刑罚量，确定基准刑。

非法拘禁多人多次的，以非法拘禁人数作为增加刑罚量的事实，非法拘禁次数作为调节基准刑的量刑情节。

3. 有下列情节之一的，增加基准刑的 10% -20%：

（1）具有殴打、侮辱情节的；

（2）国家机关工作人员利用职权非法扣押、拘禁他人的。

4. 构成非法拘禁罪的，综合考虑非法拘禁的起因、时间、危害后果等犯罪事实、量刑情节，以及被告人的主观恶性、人身危险性、认罪悔罪表现等因素，决定缓刑的适用。

（二）《最高人民法院、最高人民检察院、公安部关于依法办理"碰瓷"违法犯罪案件的指导意见》（2020 年 9 月 22 日　公通字〔2020〕12 号）

八、实施"碰瓷"，为索取财物，采取非法拘禁等方法非法剥夺他人人身自由或者非法搜查他人身体，符合刑法第二百三十八条、第二百四十五条规定的，分别以非法拘禁罪、非法搜查罪定罪处罚。

（三）《最高人民法院、最高人民检察院、公安部、司法部关于办理实施"软暴力"的刑事案件若干问题的意见》（2019 年 4 月 9 日　公通字〔2019〕15 号）

六、有组织地多次短时间非法拘禁他人的，应当认定为《刑法》第二百三十八条规定的"以其他方法非法剥夺他人人身自由"。非法拘禁他人三次以上、每次持续时间在四小时以上，或者非法拘禁他人累计时间在十二小时以上的，应当以非法拘禁罪定罪处罚。

（四）《最高人民法院、最高人民检察院、公安部、司法部印发〈关于办理黑恶势力犯罪案件若干问题的指导意见〉的通知》（2018 年 1 月 16 日　法发〔2018〕1 号）

18. 黑恶势力有组织地多次短时间非法拘禁他人的，应当认定为《刑法》第二百三十八条规定的"以其他方法非法剥夺他人人身自由"。非法拘禁他人三次以上、每次持续时间在四小时以上，或者非法拘禁他人累计时间在十二小时以上的，应以非法拘禁罪定罪处罚。

（五）《最高人民法院、最高人民检察院、公安部、司法部、国家卫生和计划生育委员会等印发〈关于依法惩处涉医违法犯罪维护正常医疗秩序的意见〉的通知》（2014 年 4 月 22 日　法发〔2014〕5 号）

二、严格依法惩处涉医违法犯罪

（三）以不准离开工作场所等方式非法限制医务人员人身自由的，依照治安管理处罚法第四十条的规定处罚；构成非法拘禁罪的，依照刑法的有关规定定罪处罚。

第三节　非法拘禁罪审判实践中的疑难新型问题

问题 1. 给付定金方违约后为索回定金而非法扣押对方当事人子女的行为应如何定罪

【刑事审判参考案例】颜某某等绑架案[①]

一、基本案情

赣榆县人民法院经公开审理查明：1997 年 12 月 19 日，被告人颜某某和杨某 2（另案处理）与赣榆县柘汪乡东林村村民孙某 1 签订了购船合同。按合同约定，船价204 600元，定金35 000元，半个月内付清其余款项。颜某某、杨某 2 当即交付定金35 000元。到了 1998 年 1 月 4 日，颜某某、杨某 2 未能付清船款，杨某 2 又与孙某 1 另签协议，再交付现金40 000元，并口头保证，如在 1998 年 1 月 28 日前不能付清船款，情愿75 000元不要。颜某某只知杨某 2 付给孙某140 000元，但对杨某 2 的口头保证并不知情。到期后，颜某某和杨某 2 仍未付清船款，孙某 1 遂将船卖给了他人。此后颜某某、杨某 2 多次找孙某 1 协商退款之事，并找到中间人胡某出面说情，孙某 1 只同意退还50 000元，但颜某某、杨某 2 不同意。后孙某 1 付给中间人胡某30 000元，让其转交颜某某、杨某 2 两人，胡某得款后没有转交，颜某某、杨某 2 也不知情。颜某某与杨某 2 在多次索款无望的情况下，伙同被告人杨某 1，于 1998 年 9 月 10 日凌晨，租车到孙某 1 家，爬墙入院，踢门入室，捆住孙某 1 之妹孙某 2 的手脚，强行将孙某 1 之子孙某 3（1 周岁）抱走，并向孙某 1 索要75 000元。颜某某、杨某 2 此时方得知胡某将孙某 1 退还的30 000元截留。1998 年 10 月 23 日，孙某 1 在付给颜某某45 000元的情况下，才将孙某 3 赎回。

公诉机关认为，被告人颜某某和另案处理的杨某 2 在购买船只的过程中违约，无权要求返还定金，所付定金应归孙某 1 所有。颜某某伙同被告人杨某 1 等人绑架他人，索要此款，属于绑架勒索行为，应以绑架罪追究颜某某、杨某 1 的刑事责任。

被告人颜某某辩称，是为了索取债务才把小孩弄走，不是绑架。其辩护人提出，颜某某是为了索取债务而采取扣押他人的方法，应以非法拘禁罪定罪处罚。

被告人杨某 1 辩称，抢走小孩是为了索债，不是绑架。其辩护人认为，杨某 1 为索债

---

① 谢善娟、吴红键、洪冰撰稿，李燕明审编《颜某某等绑架案——给付定金方违约后为索回定金而非法扣押对方当事人子女的行为如何定罪（第 157 号）》，载最高人民法院刑事审判第一庭、第二庭主办：《刑事审判参考》（总第 24 集），法律出版社 2002 年版，第 49～56 页。

而非法拘禁、扣押他人，应定非法拘禁罪而非绑架罪，且是从犯，应减轻或免除处罚。

赣榆县人民法院认为，被告人颜某某、杨某1为索取债务而采用暴力手段非法扣押、拘禁他人，其行为均已构成非法拘禁罪。关于公诉机关指控被告人颜某某、杨某1犯绑架罪，经查，颜某某和杨某2与孙某1签订了购船合同，并交付定金35 000元，后杨某2又与孙某1签订协议，并交付购船款现金40 000元，还作了口头保证。此后颜某某和杨某2虽未按合同约定期限付清购船款，但也未能取得所购船只，买卖双方为返还定金及预付购船款发生民事纠纷。颜某某、杨某2在多次索款无望的情况下，才伙同杨某1等人，采取扣押的手段拘禁了两名被害人。本案被告人的犯罪目的仅是想索回已预付的购船款及定金，并没有提出其他额外的勒索要求；且被告人侵害的对象也是特定的，即与之有着买卖、中介关系人的子女。被告人虽然采取了绑架他人的手段，但因其主观上不是以勒索财物为目的，而是以索取债务为目的，故仍应以非法拘禁罪论处。本案案发前，该起船只买卖合同纠纷未经人民法院审理或有关机关调处，买卖双方当事人争议的权利义务关系尚未依法予以确认和实现，其纠纷仍然存在。被告人索要的75 000元中，既有购买船只的定金，又有预付的购船款。公诉机关以被告人违约，无权要求返还定金，其绑架他人索要此款，即属于勒索他人，其行为应定绑架罪，这一定性意见不当，不予支持。本案被告人及其辩护人提出的二被告人以索债为目的绑架他人，应以非法拘禁罪定罪量刑的辩护意见，符合本案实际情况，予以采纳。对杨某1的辩护人提出的杨某1系从犯，应减轻或免除处罚的辩护意见，经查，被告人杨某1积极参与了本案的从策划到实施的全过程，起到重要的作用，不能以从犯论处，故对此辩护意见不予采纳。据此，赣榆县人民法院依照《刑法》第238条第1款和第3款的规定，于1999年7月16日判决如下：(1) 被告人颜某某犯非法拘禁罪，判处有期徒刑三年。(2) 被告人杨某1犯非法拘禁罪，判处有期徒刑三年。

一审宣判后，在法定期限内，被告人颜某某、杨某1均未提出上诉，人民检察院也未提出抗诉，判决已发生法律效力。

二、主要问题

给付定金方违约后为索回定金而非法扣押对方当事人子女的行为应如何定罪？

三、裁判理由

根据《刑法》第238条第3款的规定，为索取债务非法扣押、拘禁他人的是索债型的非法拘禁罪。根据《刑法》第239条的规定，以勒索财物为目的绑架他人或者偷盗婴幼儿的是勒索型绑架罪。勒索型绑架罪与索债型非法拘禁罪在表现形式上存在相似之处，如两罪在客观方面都是采用非法剥夺他人人身自由的方法，且在非法剥夺他人人身自由时，往往也都可能使用暴力、胁迫等强制性手段，两者从表面上看又都是向对方索取财物，因此，比较容易混淆。根据《刑法》规定，不难看出，两罪的关键区别在于行为人的犯罪目的不同：勒索型绑架罪是以勒索财物为目的，而索债型非法拘禁罪则是以索还自己的债权为目的。正因为如此，在勒索型绑架罪中，绑架人与被害人方之间一般而言不存在任何债权债务关系，而在索债型非法拘禁罪中，行为人与被拘禁人方之间则存在真实的债权债务关系。[1] 同时，在索债型非法拘禁罪中，行为人向被拘禁人方索取财物的数额一般都是以实际存在的合法的或者虽不受法律保护但客观存在的赌债、高利贷等的债权债务数额为限。而在勒索型绑架罪中，勒索财物的数额则不可能有什么限制，勒索多少完全取决于绑架人的任意。所以说，即便行为人与被害人之间存在真实的合法的债权债务关系，如果行为人在扣押被害人之后索取了远远超出债权债务额的财物时，这就说明了行为人的犯罪目的已不再局限于索取债务了，同时又具备了勒索财物的目的，对此，应按照一行为触犯数罪名的想象竞合的法律适用原则来处理，即择一重罪论处，应以绑架罪定罪量刑。审判实践中，如果案件中双方对到底存不存在合法、真实的债权债务关系以及存在多大数额、何种类型的债权债务关系等，存有争议纠纷未决时，必须予以彻查清楚后，才能正确区分两罪。

实践中有种观点认为，勒索型绑架罪与索债型非法拘禁罪的应有的区别之一是：勒索型绑架罪的对象是不特定的，犯罪人在实施绑架前是可以任意选择要绑架的对象，被绑架人没有任何过错；而索债型非法拘禁罪的对象则应当是特定的，即犯罪人只能是扣押与之有债权债务关系的当事人本人，并向其本人或亲属索取债务，而不能任意扣押其他与之无关的人包括当事人亲属等，并借此向与之有债权债务关系的当事人本人索取债务，否则就侵犯了无过错的他人人身自由，应以勒索型绑架罪论处。我们认为，这种观点是缺乏依据的。应当说，勒索型绑架罪的对象，对绑架人来说，确是可任意选择和不特定的。而且，一般来说，被绑架人往往与绑架人之间没有利害冲突，被绑架人也没有过错可言。而在索债型非法拘禁罪中，犯罪人所选择的被拘禁人常常就是与之有债权债务关系的当事人本人。之所以会发生拘禁索债，通常也是由于被拘禁人赖债久拖不还甚至根本不想还才引发的，被拘禁人客观上存在一定程度的过错。这些分析都是对的。但这并不等于说，索债型非法拘禁罪的对象就只能是与行为人有债权债务关系的当事人本人。首先，法律没有明确限制“为索取债务，非法拘禁、扣押他人”中的“他人”就是与行为人有债权债务关系的当事人本人。其次，在现实生活中，行为人向拘禁当事人本人索债，有时较为困难，故常常选择拘禁当事人的亲属特别是其幼年子女等，并以此来向当事人本人索债。之所以如此，就在于当事人与其亲属、子女具有特定的关系，行为人可以其为要挟，实现其索债目的。因此，将索债型非法拘禁罪的对象仅限定于与行为人有债权债务关系的当事人本人，并将此作为与勒索型绑架罪的区别之一，既不合乎现实情况，也无法律根据。

具体到本案的情况，从本案两被告人主观目的上分析，其实质仍是为了索取债务而非勒索财物，这是因为从本案被告人颜某某等人与被害人方孙某1签订的船只买卖合同内容来看，双方首先签订了一个合同，约定被告方先交付定金35 000元，并在半个月内付清剩余购船款。在未能如期履约的情况下，杨某2又与孙某1签订补充协议，再交付预付款40 000元，并口头保证，如在1998年1月28日前不能付清船款，情愿75 000元不要。[2] 由于民事法律有关于给付定金的一方违约的，无权要求返还定金的明确规定，以及行为

① 根据《最高人民法院关于对为索取法律不予保护的债务非法拘禁他人行为如何定罪问题的解释》的规定，行为人为索取高利贷、赌债等法律不予保护的债务，而非法扣押、拘禁他人的，也应当以非法拘禁罪论处，而不能定性为绑架罪。

② 从合同法理论上说，后一个协议也是一个双方真实意思表示一致的有效的新的口头合同，且后一合同是对前一个合同的部分变更。

人承诺到期不能付款的情况下，连40 000元的预付款也不要的口头约定，因此，假如本案被告人不是采取扣押对方当事人幼子的犯罪方法，而是通过民事诉讼主张对方当事人返还该75 000元，可能会出现得不到法律支持的情形。但同时也应该看到：首先，本案被告人方实际上并没有得到与占有他们所想购买的标的物即对方的船只，且该船只在被告人方未放弃的情况下已被对方转卖他人。在这种情形下，被告人方坚持要求对方返还已给付的75 000元，也是正常的心理，相反要求被告人方准确预见这种要求可能不会被法律所支持，则是不适宜的。其次，在合同双方当事人之间，一方坚持要求对方返还已给付的75 000元，另一方拒绝返还。这里就存在一个合同纠纷的问题。在该纠纷未经人民法院审理或有关部门调处前，可以说双方当事人所争议的权利义务关系未依法确定。在要不要返还75 000元的纠纷未经确定之前，就判定被告人方不能主张索还，同样也是不适宜的。最后，民事行为总的来说是当事人的一种意思自治的行为，只要双方当事人的意思表示真实一致即可，民事法律一般不予干涉。例如，一方以极低价甚至无偿把财物转让或赠送他人，或者一方自愿放弃债权等，民事法律都是不会干涉的，只要当事人是基于自己真实的意思表示，不存在对方欺诈、胁迫等因素，是应当确认其有效的。基于民事行为的这种属性，确定本案被告方不能要求对方返还75 000元，也是不妥的。以上三点可以说明，本案被告人扣押孙某 1 幼子的行为，在主观方面，本质上的确是出于索取75 000元“债务”的目的，尽管这种“债务”可能不会得到法律的支持，但被告人在行为时确实认为这种“债务”是“客观、理所应当存在”的，且事实上也是一直认为并主张这75 000元应归其所有，并没有凭空非法占有他人财产的故意内容。这一点也可以从本案被告人先提出索还75 000元的要求，继而在得知对方已交给中间人30 000元的情况下，又仅向对方索还剩余的45 000元即放回被拘禁人的案情事实中得以明证。可见，本案被告人自始至终都没有任何超出75 000元以外的其他勒索犯意。综上，我们认为，本案被告人颜某某、杨某 1 虽以绑架、扣押他人的方式索取财物，但其绑架行为是在索取“债务”的目的支配之下实施的，除要求讨还债务之外并未勒索其他钱财，因此其行为不构成绑架罪而应定非法拘禁罪。人民法院的判决是正确的。

通过本案，我们也可以得到以下启示：索债型的非法拘禁罪，一般是以行为人和被害人方之间存在合法的真实的债权债务关系为前提的，是债权人为索债采用了法律所不允许的非法拘禁的方法触犯了刑法。合法的真实的债权债务是基于当事人之间既往的民事行为形成的。搞清形成当事人间债权债务关系存在的既往的民事行为的来龙去脉和前因后果，对办理这类案件非常重要。在此基础上，准确区分是索债型非法拘禁罪还是勒索型绑架罪，还应当结合行为人行为时对债权债务的认识和理解来综合分析。

问题 2. 采取剥夺他人的人身自由方式索回已支付的赌资行为如何定性

【实务专论】①

实践中有观点认为，勒索型绑架罪与索债型非法拘禁罪的应有区别之一是：勒索型绑架罪的对象是不特定的，犯罪人在实施绑架前是可以任意选择要绑架的对象，被绑架

① 高憬宏、杨万明主编：《基层人民法院法官培训教材（实务卷·刑事审判篇）》，人民法院出版社 2005 年版，第 250 ~ 251 页。

人没有任何过错。而索债型非法拘禁罪的对象则应当是特定的，即犯罪人只能是扣押与之有债权债务关系的当事人本人，并向其本人或亲属索取债务，而不能任意扣押其他与之无关的人包括当事人亲属等，并借此向与之有债权债务关系的当事人本人索取债务，否则就侵犯了无过错的他人人身自由，应以勒索型绑架罪论处。从2000年7月19日《最高人民法院关于对为索取法律不予保护的债务非法拘禁他人行为如何定罪问题的解释》（以下简称《非法拘禁行为解释》）来看，“行为人为索取高利贷、赌债等法律不予保护的债务非法扣押、拘禁他人的，依照《刑法》第238条的规定定罪处罚”，“他人”不限定于债务人本人。理由是在《非法拘禁行为解释》出台之前，司法实践中都对“为索取法律不予以保护的债务”的行为按照绑架罪论处，而《非法拘禁行为解释》则将此种情形按照非法拘禁罪定罪处罚，显然，《非法拘禁行为解释》更主要的是从主观要件的角度来考虑“为索取非法债务非法拘禁他人”的行为的。换言之，只要行为人实施非法拘禁他人在主观上是为索取债务，不论是合法债务还是法律不予以保护的债务，都只按照非法拘禁罪论处。在主观上，“为索取非法债务非法拘禁他人”既不等同于“为索取合法债务非法扣押、拘禁他人”（合法债务毕竟不同于法律不予以保护的债务），也不同于“以勒索财物为目的绑架他人”（索取非法债务毕竟是“事出有因”，即存在致使非法债务发生的先前行为，而勒索财物纯粹是“无事生非”，凭空要将他人财物非法占有己有）。因此，将“为索取债务非法扣押、拘禁他人”中的“他人”理解为不限定于债务人本人，更符合《非法拘禁行为解释》的精神。

【刑事审判参考案例】徐某某等非法拘禁案①

一、基本案情

福州市鼓楼区人民法院经公开审理查明：2010年7月底至8月初，被告人徐某某伙同汤某某、被害人张某某等人在福州市鼓楼区台湾大饭店、金源国际大饭店、银河花园大酒店等处赌博，因徐某某在赌博中输了钱，便怀疑汤某某、张某某等人诈赌。同年8月4日下午，徐某某得知张某某当晚会来银河花园大酒店赌博，便纠集钟某某（同案被告人，已判刑）等4人共谋后，于当日19时许，在福州市鼓楼区银河花园大酒店楼下停车场将张某某押上徐某某驾驶的汽车，劫持到福建省福安市一座山上。钟某某打电话还邀约了郑某某（同案被告人，已判刑）等4人对张某某殴打和威胁，逼迫张某某退还徐某某赌输的钱。在徐某某等人暴力逼迫下，张某某打电话给其亲属，要亲属筹集人民币40万元。8月5日凌晨，张某某亲属汇来人民币12万元。在对张某某非法关押过程中，徐某某等取走张某某随身携带的人民币（以下币种同）3万元及中国建设银行卡1张，并在当地银行将张某某银行卡内3.7万元转账到徐某某账户中。当日，张某某亲属又汇款3.1万元至徐某某账户上。次日，徐某某等人被抓获。案发后，张某某被解救，追回赃款20.17万元，尚有1.63万元未追回。

福州市鼓楼区人民法院认为，被告人徐某某等以勒索财物为目的，绑架他人，其行

---

① 贾伟、刘征鹏撰稿，管应时审编：《徐某某等非法拘禁案——以剥夺他人人身自由的方式索回赌资的行为如何定性、公诉机关指控轻罪名，法院是否可以改变为重罪名以及一审法院将公诉机关指控的轻罪名变更为重罪名的，二审对此如何处理（第948号）》，载最高人民法院刑事审判第一、二、三、四、五庭主办：《刑事审判参考》（总第96集），法律出版社2014年版，第66～73页。

为均构成绑架罪，犯罪情节较轻。公诉机关指控徐某某等犯非法拘禁罪，定性不当，应予纠正。徐某某在共同犯罪中组织策划、指挥协调，起主要作用，系主犯，应当按照其所组织、指挥的全部犯罪处罚。据此，依照《刑法》第239条第1款、第25条第1款、第26条第1款、第27条、第65条第1款、第52条、第53条、第64条之规定，福州市鼓楼区人民法院判决如下：（1）被告人徐某某犯绑架罪，判处有期徒刑九年，并处罚金人民币20 000元；（2）其余被告人分别被以绑架罪判处有期徒刑二年六个月至七年，并处罚金人民币5000～10 000元不等的刑罚。

一审宣判后，被告人徐某某等人均以应当定性为非法拘禁罪为由提出上诉。福州市鼓楼区人民检察院亦以原审判决适用法律错误，导致量刑畸重为由，提起抗诉。

福州市中级人民法院经公开审理认为，上诉人徐某某等人为索取赌博所输款项，以拘禁方式非法剥夺他人人身自由，其行为均构成非法拘禁罪。徐某某在共同犯罪中起主要作用，系主犯，应当按照其所组织、指挥的全部犯罪处罚。其余8名上诉人起次要、辅助作用，系从犯，可从轻处罚。一审判决认定的事实清楚，证据确实、充分，审判程序合法，但定罪不准确，依法应予纠正。据此，依照《刑法》第238条第1款，第25条第1款，第26条第1款、第4款，第27条，第65条第1款，第64条和《最高人民法院关于对为索取法律不予保护的债务非法拘禁他人行为如何定罪问题的解释》以及《刑事诉讼法》（修改前）第189条第2项之规定，福州市中级人民法院判决如下：（1）维持福建省福州市鼓楼区人民法院（2011）鼓刑初字第21号刑事判决第十项、第十一项。（2）撤销福建省福州市鼓楼区人民法院（2011）鼓刑初字第21号刑事判决第一项至第九项，即对各被告人的定罪量刑部分。（3）上诉人徐某某犯非法拘禁罪，判处有期徒刑三年。（4）上诉人钟某某等8人均犯非法拘禁罪，判处有期徒刑一年六个月至二年三个月不等的刑罚。

二、主要问题

1. 采取剥夺他人的人身自由方式索回已支付的赌资行为如何定性？

2. 公诉机关指控轻罪名的，法院是否可以改变为重罪名？

3. 一审法院将公诉机关指控的轻罪名变更为重罪名的，二审对此如何处理？

三、裁判理由

（一）采取剥夺他人人身自由的方式索回已支付的赌资行为应当认定为非法拘禁罪

徐某某等人非法扣押、拘禁张某某的目的只是索回已支付的赌资，且索要财物的数额未超出已支付的赌资，主观上不具有非法占有他人财物的故意，不具备索财型绑架罪的主观方面要件，不宜以绑架罪定罪处罚，宜认定为非法拘禁罪。

《刑法》第238条第2款规定，为索取债务非法扣押、拘禁他人的，以非法拘禁罪定罪处罚。《最高人民法院关于对为索取法律不予保护的债务非法拘禁他人行为如何定罪问题的解释》进一步规定，行为人为索取高利贷、赌债等法律不予保护的债务，非法扣押、拘禁他人的，依照《刑法》第238条的规定定罪处罚。根据上述规定，我们认为，区分非法拘禁罪与绑架罪，应当主要从以下两个方面进行审查认定：

一是要审查行为人与被害人之间是否存在债权债务关系。债权，是指得请求他人为一定行为的权利；债务，即相对于债权，必须为一定行为的义务。债权债务关系的发生原因主要有契约、无因管理、不当得利和侵权行为等。根据《最高人民法院关于审理抢劫、抢夺刑事案件适用法律若干问题的意见》《最高人民法院关于对为索取法律不予保护的债务非法拘禁他人行为如何定罪问题的解释》等司法解释的规定，这里的债权债务除了合法原因产生的以外，还包括因高利贷、赌博等非法行为产生的情形。行为人与被害人间是否存在债权债务关系，是区分非法拘禁罪和绑架罪的重要前提。只有行为人与被害人间存在债权债务关系，行为人拘禁被害人并向其亲友勒索财物的，才可能涉及非法拘禁罪的适用问题。如果行为人与被害人间不存在债权债务关系，行为人拘禁被害人并向其亲友勒索财物的行为则应当认定为绑架罪。同时，需要指出的是，这里的债权债务关系应当是确实存在的，必须有其产生的客观原因和先行条件，而不能是毫无原因和先行条件凭空捏造的。

二是要审查行为人的主观故意和目的。行为人是否具有非法占有他人财物的主观故意和目的，是区分非法拘禁罪和绑架罪的重要依据。如果行为人出于非法占有他人财物的故意和目的，拘禁被害人并向其亲友勒索财物的，应当认定为绑架罪，反之则应当认定为非法拘禁罪。根据《最高人民法院关于审理抢劫、抢夺刑事案件适用法律若干问题的意见》规定，行为人仅以所输赌资或者所赢赌债为抢劫对象，一般不以抢劫罪定罪处罚。这种考虑主要由于行为人主观上对所输赌资性质的认识毕竟不像抢劫罪中对他人财物性质的认识那样清晰明确，其主观故意的内容与抢劫他人财物有所不同，主要是挽回赌博损失。实践中，对行为人索要所输赌资或者所赢赌债是否具有非法占有他人财物主观故意和目的的认定，一般可以从索要的数额是否超出所输赌资或者所赢赌债的数额来判断，如果仅以所输赌资或者所赢赌债为索要财物对象，且索要财物的数额未超出所输赌资或者所赢赌债，一般不宜认定行为人具有非法占有他人财物的主观故意和目的。

具体到本案，被告人徐某某与同案被告人钟某某等均一致供述徐某某与被害人张某某等赌博并输给张某某巨额钱财，因张某某等人在赌博时用脚打暗号，遂怀疑张某某赌博作弊，才拘禁张某某逼其归还徐某某已支付的赌资；张某某亦陈述，徐某某等因怀疑其诈赌而将其拘禁；证人王某勇、钟某光及同案被告人连某滨等亦佐证起因是张某某诈赌骗钱。虽然根据现有证据，尚无法明确认定张某某有诈赌事实，但综合全案证据，徐某某的怀疑有一定道理和依据，并非毫无原因和先行条件的凭空捏造。因此，在犯罪构成要件存疑情况下，倾向于作出有利于被告人的认定，即徐某某与张某某之间存在因赌博作弊而产生的债权债务纠纷。徐某某认为有权索回已支付的赌资，主观上确实认为存在债务，属事出有因。同理，对于向张某某家属索要财物的行为，由于徐某某仅以所输赌资为索要财物对象而非法拘禁他人，主观目的是挽回赌博损失，且索要财物的数额未超出所输赌资，使用的也是自己真实姓名的银行卡，没有隐瞒身份，事后也未与同案人瓜分财物，可认定徐某某非法拘禁张某某的目的是索要所输赌资，主观上不具有非法占有他人财物的故意，故认定其假借诈赌为名勒索钱财的证据不足，不具备索财型绑架罪主观方面要件，不宜以绑架罪定罪。现有证据也足以认定其他被告人均是为帮徐某某讨债而拘禁张某某，证明徐某某主观意图是索取债务而非勒索财物，故应当以非法拘禁罪定罪处罚。

（二）法院经审理后认为指控罪名不当，判决时可以改变罪名，但须履行法定程序

根据 2012 年修改后《刑事诉讼法》第 195 条第 1 项的规定，“案件事实清楚，证据确实、充分，依据法律认定被告人有罪的，应当作出有罪判决”。《最高人民法院关于适用〈中华人民共和国刑事诉讼法〉的解释》（以下简称《解释》）第 241 条规定：“对第一审公诉案件，人民法院审理后，应当按照下列情形分别作出判决、裁定……（二）起

诉指控的事实清楚，证据确实、充分，指控的罪名与审理认定的罪名不一致的，应当按照审理认定的罪名作出有罪判决……具有前款第二项规定情形的，人民法院应当在判决前听取控辩双方的意见，保障被告人、辩护人充分行使辩护权。必要时，可以重新开庭，组织控辩双方围绕被告人的行为构成何罪进行辩论。”《人民检察院刑事诉讼规则（试行)》第450条规定：“在人民法院宣告判决前，人民检察院发现被告人的真实身份或者犯罪事实与起诉书中叙述的身份或者指控犯罪事实不符的，或者事实、证据没有变化，但罪名、适用法律与起诉书不一致的，可以变更起诉……”

由此可见，只要指控的案件事实清楚，证据确实、充分，被告人的行为符合刑法分则确定的某一犯罪构成，法院就有权力，也有义务依法作出有罪判决。如果公诉机关指控的罪名与法院审理认定的罪名不一致的，法院有权变更起诉指控的罪名，按照审理认定的罪名作出判决，但在判决前必须根据案情，或听取控辩双方的意见或重新开庭审理。同时，在人民法院宣告判决前，公诉机关发现被告人的罪名与起诉书指控不一致的，也可以变更起诉。

但是，在控方指控罪名不变，辩方也只针对指控罪名进行辩解、辩护的情况下，法院如果未听取控辩双方的意见而变更指控罪名，径行以审理认定的罪名作出有罪判决的，违反了《解释》的规定。理由如下：第一，实体上，会导致控辩双方无法有针对性地参与对事实的调查及提供相应证据，不利于案件事实的查清。第二，程序上，剥夺或者限制了控辩双方的诉讼权利，尤其是剥夺了被告人针对新罪名的辩护权，有违控审分离、依法保障被告人辩护权等诉讼原则。因此，只要法院拟变更起诉指控的罪名，在判决前都应当履行告知义务，听取控辩双方的意见，必要时，可以重新开庭。

哪些情形确有必要重新开庭，《解释》对此未作明确规定。我们认为，原则上应当以改变罪名是否涉及对原指控事实和指控证据的变更作为判断标准。实践中，可按以下两情形来判别：（1）如果拟认定的事实和证据没有变化，只是拟认定的罪名和适用法律有变化的，法院应当告知并听取控辩双方的意见。（2）如果拟认定的罪名，还涉及拟认定的事实和证据也有变化，或者需要查证新的事实、证据的，就应当重新开庭，组织控辩双方围绕拟变更罪名的构成要件来展开庭审调查，并就构成何罪进行法庭辩论。

本案一审庭审时，控辩双方均针对被告人徐某某等人是否触犯非法拘禁罪展开庭审调查和辩论，但法院基于庭审查明的事实和证据，认为徐某某等人的行为应当认定为绑架罪，故在判决前特别听取了控辩双方对拟变更为绑架罪的意见，双方对法院拟认定的事实和证据没有新意见，也没有新证据，只是在罪名的认识上与法院的意见不一致。而且当时《解释》尚未颁布施行，对拟变更罪名的案件在程序上如何处理并无明确规定。因此，一审法院将指控的非法拘禁罪改变为绑架罪，虽然认定罪名有误，但在程序上并无不当。

（三）一审法院将公诉机关指控的轻罪名变更为重罪名，二审法院认为不当的相关处理

《刑事诉讼法》（修改后）第225条规定：“第二审人民法院对不服第一审判决的上诉、抗诉案件，经过审理后，应当按照下列情形分别处理……（二）原判决认定事实没有错误，但适用法律有错误，或者量刑不当的，应当改判；（三）原判决事实不清楚或者证据不足的，可以在查清事实后改判；也可以裁定撤销原判，发回原审人民法院重新审判……”第227条规定：“第二审人民法院发现第一审人民法院的审理有下列违反法律规

定的诉讼程序的情形之一的，应当裁定撤销原判，发回原审人民法院重新审判……（三）剥夺或者限制了当事人的法定诉讼权利，可能影响公正审判的……”

根据上述规定，一审法院将公诉机关指控的轻罪名变更为重罪名，二审法院认为不当的，可以根据不同情况分别处理：（1）如果一审认定事实清楚，证据确实、充分，法院在判决前已告知拟变更罪名并听取控辩双方的意见，或者重新开庭审理，二审时没有新证据，控方或者辩方或者控辩双方只是认为一审定罪量刑不当的，二审可以改判而不必发回重审。（2）如果一审认定事实不清或者证据不足，或者虽然认定的事实清楚、证据确实、充分，但所认定的事实和证据不足以构成一审认定的罪名，二审可以在查清事实后改判，也可以撤销原判，发回重审。（3）如果一审法院变更罪名前未告知或者未听取控辩双方的意见，剥夺或者限制了当事人的法定诉讼权利特别是被告人的辩护权，属于刑事诉讼法（修改后）第227条第3项规定的“剥夺或者限制了当事人的法定诉讼权利，可能影响公正审判的”情形，二审法院应当撤销原判，发回重审。（4）如果一审法院变更罪名前已告知并听取了控辩双方的意见，但控辩任何一方基于拟变更罪名提交了新证据，且该证据可能涉及的事实认定发生变化，若一审未重新开庭审理，二审可以发回重审。

综上所述，本案一审法院在判决前已就拟认定的罪名听取了控辩双方的意见，控辩双方对拟认定的事实和证据没有异议且未提交新证据，因此，一审程序是合法的。二审中，控辩双方对一审认定的事实和证据无异议，也未提交新证据，故二审法院根据法律规定将一审认定的绑架罪改判为非法拘禁罪，无论在程序上还是实体上都是合法、正确的。

问题3. 索要数额超出原债务数额不大，或虽然较大但行为人的目的仍为索债，应认定为非法拘禁罪

【刑事审判参考案例】雷某某等非法拘禁案①

一、基本案情

北京市第一中级人民法院经审理查明：被告人雷某某与加拿大阿维马克思集团公司北京办事处亚太区航空主任戴某某因生意纠纷产生矛盾，后雷某某找到被告人吴某某帮忙，吴某某又纠集被告人尹某某等人预谋绑架戴某某。吴某某、吴某良为实施绑架行为承租了北京市大兴区某房屋一处。2002年3月10日17时许，被告人雷某某、吴某某、尹某某等人在北京市朝阳区某公寓4号楼下，将戴某某骗上吴某某驾驶的汽车后带至北京市大兴区某租房处，将戴某某扣押对其威胁，并强迫其打电话，让其公司经理取出戴某某办公室抽屉内的美金4000元及护照等物交给吴某某等人。后三被告人伙同他人强迫戴某某多次给其亲属打电话索要25万美元。2002年3月15日17时许，公安人员将被告人雷某某抓获，雷某某交代了关押戴某某的地点后，公安人员前往上述地点将吴某某、尹某某抓获，同时将被害人戴某某解救。

① 谭京生、高文斌撰稿，卢小楠推荐：《雷某某等非法拘禁案——“索债型”扣押、拘禁案件的定性（第263号）》，载最高人民法院刑事审判第一庭、第二庭主办：《刑事审判参考》（总第34集），法律出版社2004年版，第24～33页。

对于被告人雷某某的辩解及其辩护人的辩护意见，经查：被告人吴某某、尹某某均供述在绑架戴某某前多次找雷某某商量绑架戴某某的事宜，且在绑架戴某某的当天三被告人还在一起预谋如何将戴某某带至关押地点，被害人戴某某的陈述亦证实被绑架后雷某某对其威胁并索要赎金50万美元，且雷某某在预审期间亦供述其让吴某某等人绑架戴某某，并与吴某某等人合谋实施了绑架行为，故雷某某的辩解及辩护人的此项辩护意见不能成立，不予采纳。在案证据不足以证实雷某某向戴某某追索欠款行为的合理性，辩护人亦未提供雷某某所付债务的有效证明，且雷某某等人向戴某某的家属索要25万美元赎金亦超出雷某某所称要向戴某某追索欠款的数额，故辩护人的此项辩护意见不能成立，不予采纳。

对于被告人吴某某、尹某某的辩解，经查：雷某某称戴某某欠其人民币70余万元，后找到吴某某帮助追索债务，吴某某、尹某某等人将戴某某拘禁。尹某某在公安机关预审期间供述，吴某某让其帮助雷某某追回人民币40余万元，但雷某某等被告人拘禁被害人戴某某后向其家属勒索25万美元，此时吴某某、尹某某的犯罪故意已由索要债务转变为勒索钱财，故吴某某、尹某某的辩解及吴某某的辩护人的辩护意见不能成立，不予采纳。

北京市第一中级人民法院经审理认为，被告人雷某某、吴某某、尹某某以勒索财物为目的绑架他人，其行为均已构成绑架罪，均应依法惩处。鉴于被告人雷某某被抓获后能协助公安机关抓获同案犯吴某某、尹某某，有立功表现，故对雷某某依法应予从轻处罚。北京市人民检察院第一分院指控被告人雷某某、吴某某、尹某某犯绑架罪的事实清楚，证据确凿，指控罪名成立。对于被告人雷某某的辩护人所提雷某某在犯罪中是从犯，请求从轻或减轻处罚的辩护意见，经查，被告人雷某某指使吴某某等人绑架戴某某，并共同实施了绑架行为，后威胁被害人给其家属打电话索要赎金，其在共同犯罪中起主要作用，故雷某某辩护人的此项辩护意见不能成立，不予采纳。对于被告人吴某某的辩护人所提吴某某系从犯，请求对其从轻处罚的辩护意见，经查，吴某某纠集尹某某等人预谋绑架戴某某，为此吴某某等人还在北京市大兴区租房一处，在关押被害人期间，吴某某曾到被害人戴某某的公司取回戴某某的钱物，在整个犯罪过程中吴某某既是纠集者又是积极参与者，起主要作用，不能认定为从犯，故吴某某的辩护人的此项辩护意见不能成立，不予采纳。依照《刑法》第239条第1款，第56条第1款，第55条第1款，第25条第1款，第26条第1款、第4款，第68条第1款，第35条、第60条及《最高人民法院关于处理自首和立功具体应用法律若干问题的解释》第5条的规定，于2002年12月20日判决如下：（1）被告人雷某某犯绑架罪，判处有期徒刑十二年，并处罚金人民币24 000元，驱逐出境。（2）被告人吴某某犯绑架罪，判处有期徒刑十一年，剥夺政治权利二年，并处罚金人民币22 000千元。（3）被告人尹某某犯绑架罪，判处有期徒刑十年，剥夺政治权利二年，并处罚金人民币20 000元。（4）追缴被告人雷某某、吴某某、尹某某的违法所得美元4000元发还被害人戴某某。

一审宣判后，雷某某、吴某某不服，分别向北京市高级人民法院提起上诉。

雷某某上诉称：其没有事先预谋，其未向戴某某索要钱财；其与整个事件无关，没有证据证明其犯绑架罪，原审判决认定其犯绑架罪没有根据。二审辩护人提出：雷某某没有预谋绑架的主观故意，也未实施绑架勒赎的客观行为，原审判决其犯绑架罪，认定事实不清，定性不准；雷某某与戴某某之间存在合法的债权债务关系，雷某某索要的数额并未超过对方所欠的数额，雷某某的行为应认定为非法拘禁罪；雷某某无前科，其行为未造成严重后果，且雷某某有协助公安机关抓获其他同案犯的立功表现，建议二审法院对雷某某从轻或减轻处罚。

吴某某上诉称：原审判决认定事实不清，定性不准；其没有勒索钱财的目的，是雷某某让其找对方索要欠款。

出庭检察机关认为：原审判决认定雷某某、吴某某、尹某某犯罪的事实清楚，证据确实、充分，定罪及适用法律正确，量刑适当，审判程序合法，建议二审法院驳回雷某某、吴某某的上诉，维持原判。

北京市高级人民法院经审理查明：上诉人雷某某与加拿大阿维马克思集团公司北京办事处亚太区航空主任戴某某因生意纠纷产生矛盾后，雷某某找到上诉人吴某某，吴某某又纠集原审被告人尹某某等人预谋采用劫持戴某某的方法，向戴某某索要债务。为此，吴某某、尹某某承租了北京市大兴区某房屋一处。2002 年 3 月 10 日 17 时许，雷某某、吴某某、尹某某等人在北京市朝阳区某公寓 4 号楼下，将戴某某骗上吴某某驾驶的汽车劫持至北京市大兴区某承租房处，将戴某某扣押对其威胁并强迫其打电话，让其公司经理取出戴某某办公室抽屉内的 4000 美元及护照等物交给吴某某等人。雷某某、吴某某、尹某某还伙同他人胁迫戴某某多次给其亲属打电话索要 25 万美元，后又要求付给 15 万美元。2002 年 3 月 15 日 17 时许，公安人员将雷某某抓获。雷某某交代了关押戴某某的地点，后公安人员前往上述地点，将吴某某、尹某某抓获，并将戴某某解救。

对于雷某某上诉所提其没有事先预谋，未向戴某某索要钱财一节，经查：同案人吴某某、尹某某的供述均能证明，雷某某与戴某某因经济纠纷产生矛盾后，雷某某找到吴某某，吴某某又找尹某某等人多次预谋劫持戴某某；被害人戴某某的陈述亦证明，其被雷某某等人劫持、扣押后，雷某某强迫其打电话让公司经理交出 4000 美元及护照等物，又多次强迫其给家属联系索要钱财；戴某某的陈述与多名证人的证言相一致，且与同案人吴某某、尹某某的供述相吻合，事实清楚，足以认定。雷某某辩称其与整个事件无关，经查：吴某某、尹某某与雷某某及被害人戴某某均无夙怨，吴某某、尹某某的多次供述内容稳定，二人的供述能够相互印证系受雷某某指使，共同劫持并拘禁被害人戴某某，后又强迫被害人给其家属打电话索要钱财的事实，雷某某的辩解与已查明的事实不符，没有证据证明。

吴某某所提原审判决认定事实不清一节，经查：其受雷某某的指使，又纠集尹某某等人，共同劫持并拘禁被害人戴某某，后又强迫被害人给其家属打电话索要钱财，该事实有被害人戴某某的陈述，多名证人的证言及同案人尹某某的供述在案证明，吴某某的供述与上述证据亦能相互印证，事实清楚，足以认定。

北京市高级人民法院经审理认为，上诉人雷某某与他人因经济纠纷产生矛盾后，与上诉人吴某某、原审被告人尹某某采用非法扣押、拘禁他人的手段索取债务，根据《最高人民法院关于对为索取法律不予保护的债务非法拘禁他人行为如何定罪问题的解释》，应构成非法拘禁罪，依照我国法律均应予以惩处。鉴于雷某某被抓获后能协助公安机关抓获同案人吴某某、尹某某，有立功表现，故对雷某某依法可予从轻处罚。经查，雷某某所提上诉理由均与已查明的事实不符，不能成立，应予驳回。雷某某的辩护人所提原审判决认定雷某某犯绑架罪，定性不准，雷某某的行为应认定为非法拘禁罪以及雷某某有协助公安机关抓获其他同案犯的立功表现，建议对雷某某从轻处罚的意见成立，予以采纳；其他辩护意见没有事实及法律依据，不予采纳。吴某某上诉所提原审判决认定事

实不清，与已查明的事实不符，不能成立，应予驳回；其所提原审判决定性不准的上诉理由成立，予以采纳。检察机关建议维持原审判决的意见，不予采纳。原审法院根据雷某某、吴某某、尹某某犯罪的事实，犯罪的性质、情节和对于社会的危害程度所作的判决，认定的事实基本清楚，证据确实、充分，审判程序合法；但原审判决以绑架罪分别判处雷某某、吴某某、尹某某刑罚，定罪及适用法律有误，应予改判。据此，依照《刑事诉讼法》第189条第1~2项，《刑法》第238条第1款、第3款，第25条第1款，第26条第1款、第4款，第68条第1款，第64条，第61条及《最高人民法院关于对为索取法律不予保护的债务非法拘禁他人行为如何定罪问题的解释》《最高人民法院关于处理自首和立功具体应用法律若干问题的解释》第5条的规定，于2003年4月14日，判决如下：(1) 维持北京市第一中级人民法院（2002）一中刑初字第3395号刑事判决主文的第四项，即追缴雷某某、吴某某、尹某某的违法所得4000美元发还被害人戴某某。(2) 撤销北京市第一中级人民法院（2002）一中刑初字第3395号刑事判决主文的第一项、第二项、第三项，即雷某某犯绑架罪，判处有期徒刑十二年，并处罚金人民币24 000元，驱逐出境；吴某某犯绑架罪，判处有期徒刑十一年，剥夺政治权利二年，并处罚金人民币22 000元；尹某某犯绑架罪，判处有期徒刑十年，剥夺政治权利二年，并处罚金人民币20 000元的刑事判决。(3) 上诉人雷某某犯非法拘禁罪，判处有期徒刑二年。(4) 上诉人吴某某犯非法拘禁罪，判处有期徒刑二年。(5) 原审被告人尹某某犯非法拘禁罪，判处有期徒刑一年六个月。

二、主要问题

本案被告人的“索债型”扣押、拘禁他人行为，构成绑架罪还是非法拘禁罪？

三、裁判理由

绑架罪是指以勒索财物或者为实现其他非法利益为目的，使用暴力、胁迫、麻醉或者其他方法劫持他人的行为。非法拘禁罪是指以拘、押、禁闭或者其他强制方法，非法剥夺他人人身自由的行为。我国《刑法》第238条第4款规定为“索取债务非法扣押、拘禁他人的”，依照非法拘禁罪处罚。在审判实践中，上述两罪通常表现为以勒索财物为目的的“索财型”绑架罪和以索取债务为目的的“索债型”非法拘禁罪。

“索财型”绑架罪和“索债型”非法拘禁罪都实施了剥夺他人的人身自由，并向他人索要财物的行为，但两罪在犯罪构成上有较大区别。

1. 犯罪的主观故意不同。“索财型”绑架罪以勒索财物即非法占有他人财物为目的。“索债型”非法拘禁罪以追索债务（既包括合法债务，也包括赌债等法律不予保护的债务），即以索要自己的财物，实现自己的债权为目的，而不是想将他人的财产占为已有，不具有勒索财物的目的。

2. 犯罪起因不同。“索财型”绑架罪的行为人为实现勒索财物的目的，往往是无中生有地选择富有的、不特定的犯罪对象，被害人一般无过错。“索债型”非法拘禁罪的行为人与被害人之间存在特定的债权债务关系，属于“事出有因”，而被害人大多自身有一定的过错，即欠债不还或有客观存在的债务纠纷。债权债务关系的存在与否是区分“索债型”非法拘禁罪与“索财型”绑架罪的关键特征。

3. 侵犯的客体不同。“索财型”绑架罪侵犯的是复杂客体，即他人的人身权利和财产权利。“索债型”非法拘禁罪侵犯的客体是简单客体，即他人的人身权利。

4. 客观表现不同。“索财型”绑架罪以暴力、胁迫、麻醉等方法为必备条件。“索债型”非法拘禁罪在客观上则不要求采用暴力、胁迫、麻醉等方法，虽然在实施非法拘禁过程中，也可能会有捆绑、殴打等行为，但对他人的生命健康造成的损害一般比绑架罪小得多。

5. 社会危害不同。“索财型”绑架罪与“索债型”非法拘禁罪给被害人、被害人的亲属和社会造成的心理影响、不安全感和危害有很大不同，前者的不利影响和社会危害性比后者更为严重。

上述区别有助于区分“索财型”绑架罪和“索债型”非法拘禁罪的性质，特别是行为人的主观故意和犯罪起因方面的不同，是区分两个罪的关键。

但是并非所有的“索债型”扣押、拘禁行为，都以非法拘禁罪定罪处罚，有的还可能涉及绑架罪的适用。这类案件都以一定的债权债务关系为前提，由于在民事或经济纠纷中“债”的关系十分复杂，在定性时可能涉及绑架罪和非法拘禁罪的选择。绑架罪的法定最低刑为十年，其处罚大大重于非法拘禁罪，因此，在对“索债型”扣押、拘禁行为定性时，在把握好两罪区别的前提下，严格依照刑法主客观统一的原则，根据案件的具体情况作出慎重的判断。

情形一：原债务数额难以确定。在一些“索债型”扣押、拘禁案件中，行为人认为确实存在债务，而被害人予以否认，或者行为人与被害人虽然均承认存在债务关系，但是双方在具体数额上说法不一致，由于缺乏证据而难以查清原债权债务关系中涉及的具体数额。如果行为人主观上认为确实存在债务或者确认债务为某一数额，即使有证据证明行为人对债务或数额的认识是基于某种错误，行为人也是在“索要债务”的主观认识之下实施扣押、拘禁被害人的行为，而不存在“勒索他人财物的目的”，因此应以非法拘禁罪定罪处罚。如果以绑架罪定罪，则有客观归罪之嫌。做债务数额难以确定，行为人不存在“勒索他人财物的目的”，定非法拘禁罪。

情形二：索要数额高于原债务。在“索债型”扣押、拘禁案件中，行为人可能因为多种原因向被害人索要高于原债务数额的财物，有的是出于对被害人久拖不还债务的气愤，有的是为弥补讨债费用或商业损失，有的是借机勒索更多的财物等。不能仅因索要数额超过原债务，就简单认定上述行为均构成绑架罪，而要具体情况具体分析。如果索要的数额大大超过原债务数额，且与其他情节相结合，足以证明行为人的主观目的已经由索债转化为勒索财物，则该行为已触犯了绑架罪和非法拘禁罪两个罪名，按照想象竞合犯的处罚原则，应以绑架罪定罪处罚。如果索要的数额超过原债务的数额不大，或者虽然索要的数额超过原债务的数额较大，但超出的部分是用于弥补讨债费用或由此带来的其他损失，行为人认为这些费用和损失应由被害人承担，其主要目的仍是索债，而不是勒索财物。从主客观相一致以及有利于被告人的刑法原则上看，上述行为应当以相对较轻的非法拘禁罪定罪，而不宜定绑架罪。如果索要数额大大超过原债务，当被害人拿出与原债务数额相近的财物后，行为人主动停止索要其他财物，这在客观上可以证明行为人并不具备勒索他人财物的目的，也不宜定绑架罪，而应定非法拘禁罪。

本案双方当事人之间确实存在因经济纠纷产生的债权债务关系，但在具体数额上认识不一，而且被告人索要的钱财超出了其自己估算的债务的数额。被告人的行为应认定为绑架罪还是非法拘禁罪，要根据本案的实际情况，结合被告人的主观因素和其他具体情节作出判断。本案中被告人雷某某出资与被害人（未出资）合伙在北京经营公司，办理留学等各项业务，期间，雷某某还向被害人提供食宿费用和业务费用。而被害人却瞒着雷某某，以该公司的名义私自招揽客户到境外培训、留学，并将收取的费用全部据为己有。后该事被雷某某发觉，雷某某要求被害人赔偿其经济损失，二人为此产生纠纷。双方在造成经济损失数额的问题上认识不一：被害人认为雷某某向其支付了各种费用人民币2.8万余元，雷某某的损失仅限于此；而雷某某认为自己为经营公司投入了大量钱财，被害人的行为给公司对留学项目的投资经营造成了实际损失，各种经济损失数额约合人民币70余万元。雷某某为了"把钱追回来，弥补自己的损失"，而找到另两名被告人将被害人扣押、拘禁。被告人吴某某、尹某某亦供述其二人是为帮助雷某某索要欠款而实施犯罪。从上述情节可以看出，三被告人是在"索要债务"的主观认识下实施扣押、拘禁被害人的行为的。

三被告人开始向被害人索要25万美元，后承诺交付15万美元（约合人民币120余万元）即可放人，被害人一方对此均予以证明，对索要数额应认定为15万美元。雷某某承诺讨债成功后，给付吴某某、尹某某索要钱财的1/3作为"好处费"，该事实有各被告人的供述证明。被告人索要的数额虽高于被告人主观估算的债务数额人民币70万元，但雷某某认为超额部分系用于支付吴某某、尹某某帮助讨债的费用，因此"索要债务"仍为被告人犯罪的主要目的。

按照主客观相统一和有利于被告人的原则，本案应以非法拘禁罪定罪。根据上述事实和理由，二审法院对各被告人以非法拘禁罪定罪是正确的。

问题4. 无法查清被害人是否存在债务的情况下，为索取债务非法拘禁债务人应认定非法拘禁罪

【刑事审判参考案例】罗某某、蒋某某非法拘禁案①

一、基本案情

浙江省台州市黄岩区人民法院经公开审理查明：2014年1月3日19时许，被告人罗某某因怀疑王某某、陈某某、潘某某在管理其经营的石渣生意期间，在账目上造假侵吞款项，遂与被告人蒋某某、"阿三"等人将王某某、陈某某、潘某某三人从台州市路桥区螺洋街道园珠屿村带至黄岩区沙埠镇佛岭水库洋山庙边上，质询账目收支情况，并使用拳脚及持棍殴打王某某、陈某某等人，致王某某构成轻伤二级。后罗某某与王某某达成协议，将罗某某怀疑的账目上被侵吞的3万余元与其欠王某某的3万余元抵销。整个过程持续4个小时左右。案发后，在刑事诉讼过程中，被害人王某某提起刑事附带民事诉讼。后经和解，罗某某、蒋某某赔偿了王某某的医药费等各项经济损失并取得了被害人的谅解。王某某撤回了刑事附带民事诉讼。

浙江省台州市黄岩区人民法院认为，被告人罗某某、蒋某某为索取债务，非法限制他人人身自由并进行殴打，致人轻伤，其行为均构成非法拘禁罪。罗某某曾因吸毒被行政处罚、蒋某某曾因吸毒被行政处罚及强制戒毒，酌情均可以从重处罚。罗某某的辩护人所提对罗某某从轻处罚的相关辩护意见，与本案查明的事实及相关的法律规定相符，

---

① 胡尚慧撰稿：《罗某某、蒋某非法拘禁案——无法查清被害人是否存在债务的情况下，如何认定行为人为索取债务而非法拘禁他人的行为性质（第1008号）》，载最高人民法院刑事审判第一、二、三、四、五庭主办：《刑事审判参考》（总第99集），法律出版社2015年版，第47～52页。

应予采纳。蒋某某归案后如实供述犯罪事实，认罪态度较好，并赔偿了被害人的经济损失且取得了谅解，酌情可以从轻处罚。据此，依照《刑法》第238条第1款、第3款，第25条第1款，第67条第3款以及《刑事诉讼法》第279条之规定，台州市黄岩区人民法院以被告人罗某某犯非法拘禁罪，判处有期徒刑九个月；以被告人蒋某某犯非法拘禁罪，判处有期徒刑九个月。

一审宣判后，被告人罗某某、蒋某某均未提起上诉，检察机关亦未抗诉，该判决已发生法律效力。

二、主要问题

无法查清被害人是否存在债务的情况下，如何认定行为人为索取债务而非法拘禁他人的行为性质?

三、裁判理由

（一）无法查清被害人是否存在债务的情况下，应当从被告人的真实故意出发，认定行为人是否为索取债务而非法拘禁他人

本案审理过程中，对被告人罗某某、蒋某某的行为定性，最关键的争议点在于无法查清被害人是否存在侵吞账款的情况下，能否认定被告人系为索取债务而对被害人实施非法拘禁及殴打等行为。我们认为，无法查清被害人是否存在侵吞账款，要根据被告人真实的意思，审查是否存在认识错误。如果被告人确实认为被害人存在侵吞账款的，从有利于被告人和坚持主客观相统一原则出发，应当认定被告人是为索取债务而非法拘禁他人。

依据犯罪构成理论，认定行为人的行为性质，应当综合行为人的主观犯罪故意和客观犯罪行为两个方面进行判定。如果行为人主观上确实是为索取债务而扣押、拘禁他人的，即使债务关系难以查清或者根本不存在，只是行为人认识错误的，仍然应当认定行为人系为索取债务而实施非法拘禁行为。因为在此种情况下，无论债务是否真实存在，行为人主观上是出于"索债"的目的而实施对他人的扣押、拘禁行为的，其没有产生其他诸如勒索、抢劫犯罪中非法占有他人财物的故意。从另一角度考虑，这种认定是从有利于被告人的原则出发的，符合刑法谦抑性的要求。

值得强调的是，在无法查清被害人是否存在侵吞账款的情况下，从被告人的真实故意出发，认定被告人是为索取债务而非法拘禁他人，并不意味着认定债务真实存在。即认定行为人的主观故意内容，不等于认定债务客观上的存在。这一点务必要区分开来，否则被告人可能会基于这一认定反过来在附带民事诉讼中提出反诉或者另行以索债为内容提起诉讼。

在司法实践中，索债型非法拘禁行为涉及的债务，主要存在以下几种：

1. 合法债务。被告人与被害人存在合法的民事法律关系上的债权债务关系，被告人实施扣押、拘禁他人行为的目的是追讨自己的债务，但在进行私力救济、解决问题的过程中，采用了非法途径，具备了相应的犯罪构成，而转化为刑事案件。对于此类行为，应当认定行为人构成非法拘禁罪，同时确认其主观上的索债目的。

2. 非法债务。被告人与被害人间存在债务，但该债务系赌债、高利贷或者嫖资等法律不予保护的非法债务，行为人为索取此类非法债务而实施扣押、拘禁他人的行为，系"事出有因"。只要债务是客观存在的，应当以非法拘禁罪定罪处罚，同时也应确认行为人主观上的索债目的。对此，《最高人民法院关于对为索取法律不予保护的债务非法拘禁他人行为如何定罪问题的解释》已作了专门明确。

3. 数额超过实际债务。被告人与被害人间存在合法或者非法债务，行为人为索取债务对被害人实施了扣押、拘禁行为，但行为人在追索债务的过程中，索取的债务数额大于实际存在的债务。此种情况下，应当从被告人的真实主观犯意出发进行分析判断。如果被告人的主观目的是索取债务，而不是为了非法占有他人财物，其之所以超额索取，可能是在对债务范围、数目的理解、认定上存在误解、异议，其主观恶性并没有实质性的改变，那么仍然应当认定其行为构成非法拘禁罪，同时确认其主观上的索债目的。反之，如果被告人以索取“债务”为名，实施绑架、殴打、拘禁他人的行为，以实现其非法占有他人财物的目的的，则应按照其行为相应的后果，以绑架罪、抢劫罪等，予以定罪处罚。

4. 债权债务关系不明确的债务。被告人与被害人之间的债权债务关系缺乏足够的证据予以查清，从民事法律关系角度出发，债权债务关系因被告人举证不能而不存在；或者被告人的利益确实受到了损失，但该损失与被害人的言行并无明确的因果关系，双方之间并不存在实际的债权债务关系；或者被告人与被害人之间实际上没有债权债务关系，行为人误认为被害人与之有债权债务关系。

以上几种情形，行为人主观上均是为了索取“债务”对被害人实施扣押、拘禁等行为，因此仍然应当以非法拘禁罪定罪处罚，同时确认其主观上的索债目的。

本案中，被告人罗某某的行为性质就属于以上第四种情形。罗某某因为怀疑王某某、陈某某、潘某某在管理其经营的石渣生意期间，在账目上造假侵吞款项，认为王某某侵吞了其3万余元的货款。为了向王某某等人索取该笔债务，罗某某遂与蒋某某等人将王某某、陈某某、潘某某三人强行带上汽车，后在水库庙边对三人实施殴打等行为，非法限制王某某等人的人身自由4个小时左右。后来罗某某与王某某达成口头协议，将自己欠王某某的3万余元欠款与该3万余元货款相抵销。综合上述案情分析，罗某某主观上确实是为了索要其自认为的“债务”而实施了非法拘禁及殴打等行为。该债务能否查清并不影响其主观上的索债目的。蒋某某为帮助罗某某实现索债的目的，与罗某某一起共同实施非法扣押、拘禁他人的行为，亦应确认其主观上的索债目的。

（二）主观上为索取债务而非法拘禁他人，构成犯罪的，应当以非法拘禁罪论处

索债型非法拘禁行为的定性，应当从犯罪构成的角度出发，综合犯罪动机、情节轻重、危害大小、拘禁时间长短等因素进行分析判断。对于那些拘禁时间较短，没有使用暴力或者侮辱、殴打行为或者尚未造成严重后果的，可以不作犯罪处理。如果行为情节严重，达到构成犯罪标准的，则应当依法追究刑事责任。至于构成何种犯罪，应当根据行为人的主观故意及具体的犯罪行为、犯罪后果等综合判断。在司法实践中，索债型非法拘禁行为易与抢劫、绑架等行为发生混淆，只有准确认定各犯罪的构成要件，才能作出准确区分。

非法拘禁罪属于侵犯公民人身自由的犯罪，表现为持续性地故意非法剥夺他人身体自由。就索债型非法拘禁行为而言，行为人实施扣押、拘禁他人等限制人身自由的非法方法，目的是索取债务，可以当场取得也可以事后取得。抢劫罪是侵犯公民人身权利与财产权利的犯罪，行为人为了实现非法占有他人财产的目的，而使用暴力或以暴力相威胁的方法，当场劫取他人的财物。而绑架罪是侵害他人人身自由权利的犯罪，为了勒索财物或满足其他非法目的，使用暴力、胁迫或者其他方法劫持他人，而后以人质为筹码向被绑架人的亲属勒索财物或者向有关方面提出非法要求。

抢劫罪与绑架罪在犯罪手段、犯罪客体等方面都较为相似。主要区别在于：第一，

主观方面不尽相同。抢劫罪中，行为人一般出于非法占有他人财物的故意实施抢劫行为；绑架罪中，行为人既可能为勒索他人财物而实施绑架行为，也可能出于其他非经济目的（如基于政治等方面的原因）实施绑架行为。第二，行为手段不尽相同。抢劫罪表现为行为人劫取财物一般应当在同一时间、同一地点，具有“当场性”；绑架罪表现为行为人以杀害、伤害等方式向被绑架人的亲属或者其他人或者单位发出威胁，索取赎金或者提出其他非法要求，劫取财物一般不具有“当场性”。二者的关键区别在于是否“当场”，而且后者只能是向被绑架人的近亲属或者其他有关人员勒索财物；前者是直接迫使被绑架人交付财物，而不是向第三者勒索财物。

普通的非法拘禁罪与抢劫罪、绑架罪有明显的区别，认定上不存在争议。然而，索债型的非法拘禁行为因为中间混杂了限制人身自由、暴力殴打以及索取债务等行为，使其在表现形式上出现与抢劫、绑架行为交叉的要素，从而为认定带来困难。但索债型非法拘禁罪的行为人主观上不具有非法占有他人财物的故意，客观行为上不要求索取财物的当场性，也不要求给付对象的确定性，其形式可以多种多样，既可以要求债务人直接给付，也可以要求债务人由其亲戚朋友代为给付。在行为手段上，可能是单纯地非法限制他人人身自由，也可能在非法剥夺他人人身自由过程中实施殴打、侮辱、虐待或者捆绑等行为。

就本案而言，被告人罗某某、蒋某某的行为应当认定为非法拘禁罪。罗某某为了索取其内心确认的债务，与蒋某某等人一起限制王某某等人的人身自由 4 个小时左右。而在此过程中，罗某某等人对王某某进行了殴打，并与王某某达成口头协议，将其欠王某某的 3 万余元款项与其怀疑的数目相当的债务数额予以抵销。该抵销行为可视为罗某某索回了自己的债务，而非为勒索王某某的财物，其内心没有非法占有的故意。经由上述分析，罗某某、蒋某某的行为在犯罪主观、客观方面均符合索债型非法拘禁罪的特征，应当以非法拘禁罪论处。

问题 5. 为寻找他人等特定目的而挟持人质的，应认定为非法拘禁罪

【刑事审判参考案例】胡某某、邓某某非法拘禁案[①]

一、基本案情

重庆市江北区人民法院经公开审理查明：被告人胡某某与韩某某原系恋爱关系，2004 年 3 月韩某某开始疏远胡某某，与龚某关系较好。同年 4 月，胡某某以龚某与韩某某谈恋爱及自己曾被龚某等人殴打为由，邀约邓某某等人同往龚某的朋友万某某的暂住处寻找龚某欲殴打报复。胡某某、邓某某在万某某的暂住处没有找到龚某，即对万某某进行殴打并用随身携带的小剪刀刺伤万某某背部等处，逼问龚某在何处。万某某被迫与龚某的同事马某某电话取得联系，得知龚某、韩某某与马某某等人正在南山游玩。胡某某、邓某某即强行将万某某带出，逼迫万某某随同帮助寻找龚某（途中将万某某带至医院包扎伤口）。韩某某得知万某某被胡某某等人打伤并带走即与胡某某、邓某某约定了双

---

① 田野撰稿，罗国良审编：《胡某某、邓某某非法拘禁案——为寻找他人而挟持人质的行为构成何罪（第 435 号）》，载最高人民法院刑事审判第一、二、三、四、五庭主办：《刑事审判参考》（总第 55 集），法律出版社 2007 年版，第 27 ~ 32 页。

方见面地点，并劝胡某某不要伤害万某某，胡某某即以“等着收尸”相威胁，韩某某即报警。在约定见面地点万某某欲逃跑，胡某某、邓某某对其进行殴打，令万某某在原地等候。公安民警接警后将胡某某、邓某某二人抓获。经医院诊断，万某某身体多处软组织损伤。

重庆市江北区人民法院认为，被告人胡某某、邓某某以暴力、语言威胁等手段挟持被害人万某某寻找他人，限制被害人万某某的人身自由，其行为均已构成非法拘禁罪。二被告人及辩护人提出的应以非法拘禁罪定罪量刑的辩解、辩护意见，予以采纳。二被告人均系累犯，依法应从重处罚。据此，依照《刑法》第238条第1款、第25条第1款、第65条第1款、第64条之规定，作出如下判决：（1）被告人胡某某犯非法拘禁罪，判处有期徒刑二年六个月。（2）被告人邓某某犯非法拘禁罪，判处有期徒刑二年。（3）作案工具小剪刀，予以没收。

一审宣判后，二被告人在法定期限内均未提出上诉，检察院也未抗诉，判决发生法律效力。

二、主要问题

为寻找他人而挟持人质的行为构成绑架罪还是非法拘禁罪？

三、裁判理由

我们认为，根据本案案情，重庆市江北区人民法院认定被告人胡某某、邓某某构成非法拘禁罪是正确的，理由如下：

1. 应当严格限制对绑架罪客观行为的理解和认定，以准确体现罪刑相适应的刑法原则。

本案被告人胡某某、邓某某为了找到龚某，以暴力、语言威胁等手段挟持万某某，限制其人身自由的行为是否属于“绑架他人作为人质”的绑架行为，这涉及如何正确解释“绑架他人作为人质”这一条文的含义，以及它与非法拘禁行为的区别。

非法拘禁罪是以拘押、禁闭或者其他强制方法，非法剥夺他人人身自由的行为。绑架罪是利用被绑架人的近亲属或者其他人对被绑架人安危的忧虑，以勒索财物或满足其他不法要求为目的，使用暴力、威胁或者麻醉等方法劫持或以实力控制他人的行为。虽然两罪在行为方式上有着相似的构成要件，即以暴力、胁迫或者其他手段非法剥夺他人人身自由，被非法拘禁或者被绑架人的身体健康、生命安全随时会遭受到侵犯，其亲属或他人也会感到忧虑、担心，但绑架罪与非法拘禁罪的刑罚极为悬殊，因此两罪的正确区分应当特别予以注意。

我们认为，在理解具体犯罪构成要件的时候不仅要看罪状，而且要注意法定刑。因为法定刑的设置，往往与犯罪的本质（罪质）相联系。因此，对个罪构成要件的解释要立足于现有的立法模式，尤其要重视法定刑的制约，不能脱离法定刑孤立地解释罪状，因为法定刑明确地表达了立法者对某种罪行的评价和惩罚意图，这对于准确区分那些犯罪的外部形式特征比较接近的罪名是至关重要的，这就是法定刑对罪质解释的制约意义。解释法律的终极目的在于使案件得到公平合理的处理，从法律原则上讲，就是使罪行受到的处罚符合罪刑相适应的原则。既然我国《刑法》第239条对绑架罪规定了异常严厉的法定刑，那么在对绑架罪构成要件的解释上就应当予以考虑，作出与处罚相称的解释，也就是要对绑架罪的客观行为进行严格解释，将其缩小到与典型的可以判处十年有期徒刑到死刑那种行为的危害程度相匹配的范围。

立法对绑架罪的严厉处罚，显然是针对社会生活中发生的特定的绑架犯罪类型的。这种特定绑架犯罪往往是以勒索巨额赎金或者重大不法要求为目的。因为勒索的赎金或者其他不法要求很高，难以满足，往往被勒索的第三人处在两难的抉择之中：要么蒙受巨大损失、作出重大的让步；要么使人质遭受巨大的痛苦甚至牺牲。这种类型的绑架犯罪使用手段的极端性和索取不法要求的重要性是典型的绑架犯罪行为特征，也是对绑架犯罪设置重刑的根本原因。很难想象立法者对于绑架人质索要几千元钱或者其他微不足道条件的犯罪行为有必要规定最低处十年以上有期徒刑的刑罚。合理的解释是，在我国刑法中被科以重刑的绑架罪应当是那种勒索巨额赎金或者其他重大不法要求的绑架类型。在现实生活中，确有一些人因为一时冲动或者因为存在纠纷或者抓住被害人的某些弱点，绑架人质，索要少量钱财或者其他条件的，例如因为被害人拖欠工资、债务，而索要少量超出工资、债务范围的钱财的，或者由于冲动、无知、愚昧扣押人质索取少量钱财的，或者扣住岳母要求媳妇回家的，等等。这种情形的绑架，显然不具有与法律的严厉评价相当的不法程度，其实与非法拘禁、敲诈勒索、寻衅滋事的危害程度差别不大，完全可以按照非法拘禁罪或者敲诈勒索罪论处。如《刑法》第 238 条第 3 款及最高人民法院于 2000 年 6 月 30 日通过的《关于对为索取法律不予保护的债务非法拘禁他人行为如何定罪问题的解释》中均肯定了“人质型”非法拘禁罪，即行为人基于某种目的，非法将被害人扣押作为人质，剥夺其人身自由，并胁迫被害人实施一定行为以满足其要求的一种犯罪。其构成特征在于：主观目的是出于解决某种民事纠纷，如经济纠纷、婚姻家庭纠纷等；所谓“人质”应是民事纠纷的当事人或其亲友，与犯罪分子之间关系比较特定，大多有利害关系或经济往来甚至熟识；非法拘禁“人质”的目的是解决双方既存的民事纠纷，而不是重大的不法要求。

2. 本案定性为非法拘禁罪，符合罪刑相适应原则。非法拘禁罪与绑架他人作为人质的绑架罪在犯罪构成上近似。非法拘禁罪要求行为人具有非法剥夺他人人身自由的行为，其目的经常表现为泄愤报复、追讨债务、显示权势等；绑架罪也要求行为人具有非法剥夺他人人身自由的行为，其目的是勒索钱财或满足行为人的不法要求。在界定两罪的区别时，我们要相当谨慎地分析被告人与被害人的关系、被告人所提出的要求实现之难易、被告人对被害人剥夺自由行为的恶劣程度、对第三人及解救方的对抗程度等，综合多方面因素情节来分析认定。现实生活中，诸如因无知、愚昧、一时冲动扣留岳母要求媳妇回家、扣押女友的父母迫使女友同意继续谈恋爱等，一般情形下不具有与绑架罪严厉刑罚相当的否定评价程度，不能认定为绑架罪。

就本案而言，二被告人以暴力、语言威胁等手段挟持万某某陪同其去找龚某，限制了万某某的人身自由，同时客观上也使龚某、韩某某等人为万某某的安危担忧而前来与其见面，看似符合绑架罪的形式特征，但此案系因恋爱纠纷引发的案件，胡某某与万某某案前相识，万某某与龚某系同事，当事者之间关系比较特定；胡某某认为龚某夺其所爱与其女友韩某某谈恋爱，自己曾被龚某殴打，自认为龚某有过错，心生不满，可谓事出有因；胡某某挟持万某某陪同其去找龚某，目的是欲殴打龚某解气，泄愤报复；从本案的暴力程度及伤害后果看，是拳脚相加或用随身携带的小剪刀致被害人多处软组织损伤，途中送万某某就医，反映出被告人对其暴力行为有所节制，对被害人人身威胁不是很大；在整个作案过程中，二被告人始终没有明确告知龚某要求对方前来或找到龚某的目的以及如果对方不能满足自己提出的要求将面临的后果，没有足够理由将胡某某要求万某某陪同去找龚某归结为犯罪构成要件中的不法要求，更不宜归结为重大不法要求。综上，根据本案客观事实及民警到达现场时二被告人并未继续对抗等情节看，本案不具有与绑架罪相当的社会危害程度，故本案以非法拘禁罪定罪处罚是正确的，体现了罪刑相适应的定罪要求。

问题6. 因吸毒致幻实施的挟持他人的行为，不具有实施绑架犯罪的真实目的，应认定为非法拘禁罪

【刑事审判参考案例】郑某某非法拘禁案①

一、基本案情

越秀区人民法院经审理查明：2014年6月1日17时许，被告人郑某某吸食甲基苯丙胺（冰毒）后，出现被警察追捕的幻觉，便闯入广州市越秀区瑶池大街20巷7号首层10号白氏化妆品有限公司的仓库，手持一把西瓜刀劫持了仓库管理员被害人李某某，将仓库卷闸门锁上，企图“躲避警察追捕”，并恐吓李某某不要报警。群众发现上述情况后，将李某某被劫持的消息通知该公司负责人白某某。白某某到场后询问郑某某有无需求。郑某某提出让白某某开车护送其与李某某到广州市海珠区的要求，遭到了白某某的拒绝。当日22时，民警接到白某某报警后到达现场与郑某某谈判，一直用刀劫持、殴打李某某的郑某某与民警陷入对峙。次日1时30分许，白某某寻机将卷闸门打开，民警立即冲入仓库将郑某某制服并抓获归案，缴获其西瓜刀，解救出李某某。在上述过程中，郑某某造成李某某背部、左中指、右时部受伤，经鉴定属轻微伤。案发后经法医鉴定，郑某某案发时患“精神活性物质（甲基苯丙胺）所致精神障碍”。

越秀区人民法院认为，被告人郑某某非法拘禁他人，非法剥夺他人人身自由，其行为构成非法拘禁罪。公诉机关指控郑某某犯罪的事实清楚，证据确实、充分，法院予以支持。指控郑某某构成绑架罪不当，法院予以纠正。郑某某因吸毒患“精神活性物质（甲基苯丙胺）所致精神障碍”，作案时无辨认能力并产生幻觉，其持刀挟持李某某的绑架犯罪目的不具有客观真实性，故郑某某的行为不构成绑架罪，依法只构成非法拘禁罪。辩护人所提的郑某某只构成非法拘禁罪的辩护意见成立，法院予以采纳。郑某某非法拘禁他人，依法应当对其适用“三年以下有期徒刑、拘役、管制或者剥夺政治权利”的量刑幅度予以处罚。郑某某曾因故意犯罪被判处有期徒刑，刑罚执行完毕后五年内再犯罪，是累犯，依法应当从重处罚。郑某某在非法拘禁被害人李某某过程中，殴打李某某，依法应予从重处罚。综合考虑郑某某作案的具体事实、性质、情节、对社会的危害程度及认罪态度等因素，根据前述法定刑幅度、法定的量刑情节，依照《刑法》第238条第1款、第65条第1款之规定，判决如下：被告人郑某某犯非法拘禁罪，判处有期徒刑二年六个月。

一审宣判后，被告人郑某某没有提出上诉，检察院亦未抗诉，判决已发生法律效力。

二、主要问题

行为人吸毒致幻，产生精神障碍，在幻觉下挟持他人意图逃避“警察抓捕”，是否可

---

① 林旭群、林子淇撰稿，陆建红审编：《郑某某非法拘禁案——吸毒致幻挟持他人，不具有真实的绑架犯罪目的，不应认定构成绑架罪（第1172号）》，载最高人民法院刑事第一、二、三、四、五庭主办：《刑事审判参考》（总第108集），法律出版社2017年版，第54~58页。

以认定其“绑架他人作为人质”，从而构成绑架罪？

三、裁判理由

在本案中，被告人郑某某因吸毒患“精神活性物质（甲基苯丙胺）所致精神障碍”，在作案时郑某某并无辨认能力，且产生了与现实情况不相符的“被警察追捕”的幻觉。郑某某在幻觉的影响下，为“躲避警察追捕”而进入案发地仓库、持刀挟持李某某，并试图向他人“索车逃离现场”。我们认为，郑某某因吸毒致幻实施的挟持他人的行为，并不具有实施绑架犯罪的真实目的，不构成绑架罪而构成非法拘禁罪。上述的“绑架犯罪目的”并不具有客观真实性，故不能认定郑某某绑架他人作为人质是出于某种“绑架犯罪的目的”，其行为不构成绑架罪，依法应认定为非法拘禁罪。

（一）吸毒致幻实施犯罪的行为人应承担刑事责任

被告人郑某某在作案时处于丧失实质性辨认及控制能力的精神病性障碍状态，按照我国刑法规定的主客观相统一原则，责任能力必须存在于行为之时，不能追究行为人在无责任能力状态下所实施行为的刑事责任，那么追究被告人刑事责任的依据何在？此处需要引入刑法上的“原因自由行为”理论。原因自由行为，是指具有责任能力的行为人，故意或者过失使自己一时陷入丧失或者尚未完全丧失责任能力的状态，并在该状态下实施了符合犯罪构成要件的行为。该理论认为，如果是故意或者过失使自己处于无责任能力或限定责任能力状态，则行为人应承担刑事责任，且不能适用从轻或者减轻处罚的规定。其依据在于，“行为人在实施与结果的发生具有因果关系的行为时具有责任能力，而且具有故意或者过失，就具有非难可能性”。[①]

我国《刑法》虽然没有规定原因自由行为，但《刑法》第18条第4款规定“醉酒的人犯罪，应当负刑事责任”，可视为肯定原因自由行为理论的类似规定。司法部《精神障碍者刑事责任能力评定指南》第4.2.5条规定：“对毒品所致精神障碍者，如为非自愿摄入者按4.1条款评定其刑事责任能力；对自愿摄入者，暂不宜评定其刑事责任能力，可进行医学诊断并说明其案发时精神状态。”这也反映出从刑事责任能力评定角度讲，我国司法实务界是承认原因自由行为理论的，并没有将吸毒致幻者视为无刑事责任能力或限制刑事责任能力的病理性精神病人。

根据原因自由行为理论，对于自愿吸毒者，其有正常的辨认能力和控制能力，明知吸食毒品可以导致自身出现精神活动的变化，在吸食前本可以自由决定自己是否陷入丧失或不完全丧失辨认、控制能力状态，而仍然放纵自己的吸毒行为，其理应对吸毒后实施的犯罪行为承担刑事责任。被告人郑某某在犯罪时，由于吸毒导致精神障碍，作案时无辨认能力，但由于其出于自由选择吸食毒品，其吸毒时知道或应该知道可能会有其他不良后果发生，故其吸毒后产生的精神障碍状态不能阻却罪责，其应对自己随后实施的犯罪行为负刑事责任。

（二）依据主客观相一致的原则，被告人郑某某的行为不构成绑架罪

根据《刑法》第239条第1款的规定，绑架罪是指行为人以勒索财物或者满足其他不法要求为目的，使用暴力、胁迫或者其他方法，挟持或拘禁他人的行为。该罪的犯罪主体是一般主体；客体是他人的人身权利；主观方面是行为人主观上具有以勒索财物或者满足其他不法要求的目的而扣押他人为人质的故意；客观方面是行为人使用暴力、胁

---

① 参见张明楷：《刑法学》（第4版），法律出版社2011年版，第287页。

迫或者其他方法，绑架他人的行为。绑架罪要求行为人主观上不仅要有侵害他人人身安全与行动自由的犯罪故意，还需要特定的犯罪目的，即以“勒索财物”或“以人质安全为挟，谋取财物之外利益”之犯罪目的。“勒索财物”或“以人质安全为挟，谋取财物之外利益”是认定绑架罪不可或缺的构成要件要素。

从主观方面来看，被告人郑某某为了躲避警察追捕，进入案发仓库持刀挟持被害人李某某，意图通过绑架被害人作为人质来向他人索要车辆，从而驾驶车辆逃避追捕，其主观方面形式上似乎符合绑架罪所要求的“以人质安全为挟，谋取财物之外利益”的特定犯罪目的。但根据我国刑法主客观相一致原则，构成要件要素中的每一个要素都应该是客观存在的，故“绑架他人作为人质，谋取财物之外利益”应为真实明确之目的而非虚构之目的。郑某某因吸毒产生精神障碍，作案时产生了与现实情况不相符的幻觉，其被警察追捕的状态是不真实、非客观存在的，仅存在于其自己的幻觉中，故此引起的为了“躲避警察追捕”而进入案发仓库、持刀挟持李某某欲“逃避追捕”并向他人“索车逃离现场”的所谓犯罪目的并不具有客观真实性，即郑某某事实上并不具备绑架李某某作为人质以满足其不法要求的目的。

（三）被告人郑某某的行为符合非法拘禁罪的构成要件

绑架罪的主观方面要件是一个复合要件，行为人既有非法拘禁他人而限制人身自由的主观故意，又有通过控制人质而企图实现勒索钱财或者其他目的的主观故意。本案中，被告人郑某某的行为虽然在客观上符合绑架罪的特征，但因其不具有绑架罪所要求的特定犯罪目的，即其犯绑架罪的主观方面构成要件不存在，因而不构成绑架罪。但是对郑某某所实施的挟持他人并将他人囚禁控制在仓库中的行为仍然能够进行刑法意义上的评价，因为该行为符合《刑法》第 238 条“非法拘禁他人或者以其他方法非法剥夺他人人身自由”的规定。郑某某非法剥夺了他人的人身自由，客观上实施了非法拘禁他人的行为，其主观上虽然是为了“躲避警察追捕”而持刀挟持人质欲“索车逃离现场”，但该主观故意中包含非法拘禁罪的故意内容，即郑某某亦具备非法剥夺他人人身自由的故意，符合非法拘禁罪的构成要件，构成非法拘禁罪。

综上，法院认定被告人郑某某的行为不构成绑架罪而构成非法拘禁罪，结合郑某某系累犯，在非法拘禁被害人的过程中有殴打被害人的行为等情节，判处其有期徒刑二年六个月是适当的。

问题 7. 事出有因将他人非法拘禁，后向其家人索要赔偿金的行为，以及在此过程中使用暴力致被害人死亡的，应当如何认定

【刑事审判参考案例】宋某 1 等故意伤害、故意毁坏财物案①

一、基本案情

河北省某市人民检察院指控，2014 年 11 月，被害人王某某与宋某 6（女，未成年，另案处理）通过 QQ 聊天认识，并发生性关系，宋某 6 将此事告知其父被告人宋某 1。

① 赵雪莲、张胜利撰稿，韩维中审编：《宋某 1 等故意伤害、故意毁坏财物案——事出有因非法拘禁他人向其亲属索取赔偿金的行为性质如何认定（第 1276 号）》，载最高人民法院刑事审判第一、二、三、四、五庭主办：《刑事审判参考》（总第 115 集），法律出版社 2019 年版，第 64～68 页。

2015 年 1 月 23 日，被告人宋某 1 及妻子李某某决定对此事私了，宋某 1 让宋某 6 将王某某叫至本村，宋某 1 与其子宋某 7（在逃）、侄子宋某 5、宋某 4 在村口等候，当日 13 时 30 分许，王某某驾驶冀 F0××××长安面包车到达村口，被告人宋某 1、宋某 7、宋某 4 持羊角锤、木棍等工具殴打王某某，后将王某某带至宋某 1 家旧院内。其间，宋某 1、宋某 2、宋某 3、宋某 4、宋某 5、李某某、宋某 7 持棍棒等工具多次殴打王某某，并向其家人索要人民币 50 万元，后王某某死亡。经法医鉴定，王某某系创伤性休克死亡。当晚，被告人宋某 1、宋某 7、宋某 5 等人将王某某的面包车及尸体推入邻县道路边悬崖下，造成面包车损毁，经鉴定面包车价值人民币24 300元。

公诉机关认为，被告人宋某 1、宋某 5、宋某 4 绑架他人，故意毁坏他人财物，数额较大，其行为触犯了《刑法》第 239 条第 2 款、第 275 条之规定，应当以绑架罪、故意毁坏财物罪追究其刑事责任；被告人宋某 2、宋某 3、李某某绑架他人，其行为触犯了《刑法》第 239 条第 2 款之规定，应当以绑架罪追究其刑事责任。

河北省某市中级人民法院经过审理认定的事实与公诉机关指控的事实基本一致。

河北省某市中级人民法院认为，被害人王某某生前通过 QQ 聊天和宋某 6 相识并发生性关系后，又以公开宋某 6 裸照胁迫宋某 6 与其继续发生性关系。被告人宋某 1 得知后，纠集被告人宋某 2、宋某 3、宋某 4、宋某 5、李某某将王某某拘禁，使用暴力致被害人王某某死亡，六被告人的行为均构成故意伤害罪；被告人宋某 1、宋某 5、宋某 4 将王某某的面包车推下悬崖，故意毁坏他人财物，数额较大，三被告人的行为构成故意毁坏财物罪。公诉机关指控三被告人构成故意毁坏财物罪成立，指控各被告人构成绑架罪不当。被告人宋某 1 在非法拘禁、暴力伤害致人死亡的犯罪中，直接策划、指挥、参与拘禁、殴打、索赔行为，系主犯；被告人宋某 2、宋某 3、宋某 4、宋某 5、李某某起帮助作用，系从犯；被告人李某某协助侦查机关抓捕同案犯宋某 2、宋某 3、宋某 5，依法构成立功；对被告人宋某 2、宋某 3、宋某 4、宋某 5、李某某均减轻处罚。宋某 1 主动投案，如实供述所犯罪行，依法构成自首。依照《刑法》第 238 条第 2 款、第 234 条、第 275 条、第 69 条、第 57 条第 1 款、第 25 条第 1 款、第 26 条第 1 款、第 27 条、第 67 条第 1 款、第 68 条、第 36 条第 1 款，《民法通则》第 130 条及《最高人民法院关于适用〈中华人民共和国刑事诉讼法〉的解释》第 155 条第 1 款、第 2 款之规定，判决如下：（1）被告人宋某 1 犯故意伤害罪，判处无期徒刑，剥夺政治权利终身；犯故意毁坏财物罪，判处有期徒刑二年，决定执行无期徒刑，剥夺政治权利终身。（2）被告人宋某 2 犯故意伤害罪，判处有期徒刑十一年。（3）被告人宋某 3 犯故意伤害罪，判处有期徒刑十一年。（4）被告人宋某 4 犯故意伤害罪，判处有期徒刑六年；犯故意毁坏财物罪，判处有期徒刑二年；决定执行有期徒刑七年。（5）被告人宋某 5 犯故意伤害罪，判处有期徒刑四年；犯故意毁坏财物罪，判处有期徒刑二年，决定执行有期徒刑五年。（6）被告人李某某犯故意伤害罪，判处有期徒刑三年。

一审宣判后，被告人宋某 1 等五人不服，向河北省高级人民法院提出上诉。河北省高级人民法院经过阅卷，不开庭审理，认定原判决认定事实清楚，适用法律正确，量刑适当，审判程序合法。裁定驳回上诉，维持原判。

二、主要问题

1. 事出有因将他人非法拘禁，后向其家人索要赔偿金的行为性质如何认定？

2. 将被非法拘禁的被害人殴打致死的行为性质如何认定？

三、裁判理由

（一）事出有因将他人非法拘禁，后向其家人索要赔偿金的行为应定性为非法拘禁罪

公诉机关指控宋某1等人的行为构成绑架罪，一、二审判决均认为，被告人宋某1等人的行为构成非法拘禁罪，我们认同法院的裁判意见。理由如下：

《最高人民法院关于审理抢劫、抢夺刑事案件适用法律若干问题的意见》中明确规定，行为人仅以其所输赌资或所赢赌债为抢劫对象，一般不以抢劫罪定罪处罚。构成其他犯罪的，依照刑法的相关规定处罚。该理论也同样适用于为索取非法债务而拘禁他人的情形。最高人民法院在2000年7月13日公布的《关于对为索取法律不予保护的债务非法拘禁他人行为如何定罪问题的解释》规定，行为人为索取高利贷、赌债等法律不予保护的债务，非法扣押、拘禁他人的，依照《刑法》第238条定罪处罚，即以非法拘禁罪论处。

设立非法拘禁罪的目的主要在于保护他人的人身权利而非财产权利。依据相关法律规定，无论行为人索取的是合法债务还是非法债务，一般都定性为非法拘禁。以索取债务为目的的非法拘禁罪与绑架罪的区别在于：一是犯罪对象不同，为索取债务而非法拘禁的对象，与行为人都有某种债权债务关系，表现为“事出有因”，并且被害人通常都有一定过错或责任，犯罪对象比较固定；绑架罪中双方一般不具有债权债务关系，或是以无中生有的借口，或是无缘无故向他人索取财物，犯罪对象通常是不特定的具有一定经济实力的人，很多时候双方并不认识，没有矛盾纠纷。二是客观方面不同，非法拘禁行为对人身的伤害程度一般远远小于绑架，非法拘禁造成人身伤亡的危险性远低于绑架。三是主观目的、主观恶性不同，非法拘禁索取财物中，行为人的目的是要回认为是自己应得的财物，而非凭空索取；绑架行为多以无故勒索他人财物为目的。

基于上述分析，本案中被告人宋某1等人因被害人王某某与宋某6发生性关系，拘禁王某某并向王某某的家人索要所谓的赔偿款，其行为符合非法拘禁罪的构成要件，不符合绑架罪的构成要件。

（二）非法拘禁并实施伤害行为，致被害人死亡的，应定性为故意伤害罪

《刑法》第238条规定，犯非法拘禁罪，使用暴力致人伤残、死亡的，依照《刑法》第234条、第232条的规定定罪处罚，即转化为故意伤害罪或故意杀人罪，不实行数罪并罚。通常而言，非法拘禁罪必须同时符合以下两个条件才能转化为故意伤害罪或者故意杀人罪：一是在主观故意方面，由非法剥夺他人人身自由的故意转化为非法损害他人身体健康或者非法剥夺他人生命的故意；二是在客观行为方面，必须使用暴力，并因此造成被害人伤残或者死亡的危害结果。在审理过程中，有观点认为，依照该规定，非法拘禁使用暴力致人伤残的，对行为人定性为故意伤害罪；致人死亡的，对行为人应以故意杀人罪处罚。我们不同意此观点，对行为人使用暴力致人伤残、死亡的情形，不能单纯地以造成被害人伤残或者死亡的危害结果来确定行为人的罪名，否则容易陷入客观归罪的错误。正确的做法是要区分行为人主观故意的内容是非法剥夺他人生命还是要损害他人身体健康，综合犯罪构成的主客观要件认定罪名，只有这样才符合罪刑相适应原则。

本案中，被告人宋某1、李某某等人，在得知其未成年女儿与成年男子王某某发生性关系之后，基于气愤将被害人王某某长时间非法控制之后，对王某某进行殴打，向王某某及其家人索取赔偿款，虽然上述赔偿款是法律上所不保护的非法债务，但基于有关司法解释的规定，宋某1等人的行为应构成非法拘禁罪。后宋某1等人多次殴打王某某，致

王某某创伤性休克死亡，根据《刑法》的规定，应以故意杀人罪或故意伤害罪定罪处罚。根据本案事实，在王某某生命处于危险状态时，有被告人给王某某服药，并找来村医给王某某治疗。各被告人显然不希望王某某死亡，不具有非法剥夺他人生命的故意，各被告人的行为不符合故意杀人罪的构成要件，依法应当认定各被告人的行为由非法拘禁罪转化为故意伤害罪。一、二审法院对各被告人以故意伤害罪定罪处罚是正确的。

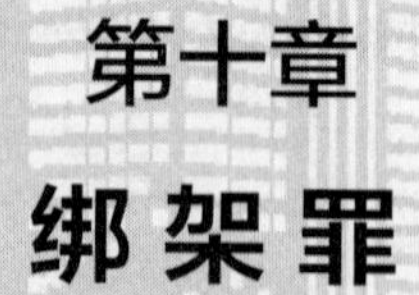

第十章
绑架罪

第一节　绑架罪概述

一、绑架罪概念及构成要件

绑架罪，是指以勒索财物或者扣押人质为目的，使用暴力、胁迫或者其他方法，绑架他人的行为。

绑架罪的构成要件如下：

1. 客体要件。本罪侵犯的客体是他人的人身权利。因为行为人以暴力、胁迫等手段对他人实施绑架，直接危害被绑架人的生命健康。在司法实践中，行为人常常以杀害被绑架者相威胁，迫使其家属交付赎金；在绑架过程中，被害人往往受虐待、重伤甚至惨遭杀害；还有的将被害人杀害后再勒索财物。立法者将绑架他人的行为放在侵犯公民人身权利、民主权利罪这一章之中，表明强调的也是对公民人身权利的保护。为了有力惩治这种犯罪，刑法将绑架行为单立为罪名。犯罪对象是"他人"。"他人"既包括妇女、儿童，也包括妇女、儿童以外的人。

2. 客观要件。本罪客观方面表现为使用暴力、胁迫或者其他方法，绑架他人的行为。"暴力"，是指行为人直接对被害人进行捆绑、堵嘴、蒙眼、装麻袋等人身强制或者对被害人进行伤害、殴打等人身攻击手段。"胁迫"，是指对被害人实行精神强制，或者对被害人及其家属以实施暴力相威胁。"其他方法"，是指除暴力、胁迫以外的方法，如利用药物、醉酒等方法使被害人处于昏睡、昏迷状态等。这三种犯罪手段的共同特征，是使被害人处于不能反抗或者不敢反抗的境地，将被害人非法绑架离开其住所或者所在地，并置于行为人的直接控制之下，使其失去行动自由的行为。法律只要求行为人具有绑架他人其中一种手段就构成本罪。

3. 主体要件。本罪主体为一般主体，凡年满16周岁并具有刑事责任能力的人，都能成为本罪主体。

4. 主观要件。本罪主观方面由直接故意构成，并且具有勒索财物或者扣押人质的目的。“以勒索财物为目的绑架他人”，是指采用暴力、胁迫或者麻醉的方法，强行将他人劫持，以杀害、杀伤或者不归还人质相要挟，勒令与人质有关的亲友，在一定期限内交出一定财物，“以钱赎人”。这里的“财物”应从广义上理解，不局限于钱财，也包括其他财产性利益。“绑架他人作为人质”，是指出于政治性目的、逃避追捕或者要求司法机关释放罪犯等其他目的，劫持他人作为人质。

二、绑架罪案件审理情况

通过中国裁判文书网统计，2017 年至 2020 年间，全国法院审结一审绑架刑事案件共计 2044 件。其中，2017 年有 507 件，2018 年有 450 件，2019 年有 471 件，2020 年有 370 件，2021 年有 246 件。相较于其他暴力犯罪，绑架刑事案件整体数量不多，总体呈逐年下降趋势。

司法实践中，绑架犯罪案件主要呈现出以下特点：（1）重大恶性案件时有发生。在绑架犯罪案件中，杀害被绑架人的案件时有发生。（2）重刑率高于其他刑事犯罪。（3）绑架案中以勒索财物为目的占绝大多数，且勒索的财物一般是现金而非其他实物，以其他目的只占少数。

三、绑架罪案件审理热点、难点问题

1. 绑架罪容易与其他犯罪相混淆。绑架罪与非法拘禁罪、抢劫罪、拐卖妇女、儿童罪中绑架妇女、儿童的犯罪之间具有共同点，往往容易相混淆。其中绑架罪与非法拘禁罪都是直接侵犯人身自由权利的犯罪，而且，客观上都表现为非法剥夺他人人身自由的行为，剥夺的方法都可以是暴力、胁迫或其他方法。对被害人绑架、劫持的空间特点也一样，既可以是就地不动，也可以是将被害人掳离原所在地。实践中，涉及绑架罪与非法拘禁罪界限区分问题的主要是为索债而绑架、扣押人质的案件；绑架罪与抢劫罪的共同点均有采取暴力、胁迫手段获取财物的行为方式和行为目的；绑架罪与拐卖妇女、儿童罪中绑架妇女、儿童的在犯罪手段上都使用了暴力、胁迫或者其他方法，客观行为上都限制了被害人的人身自由。

2. 一罪与数罪的界限。绑架行为直接剥夺他人的人身自由，目的是勒索财物。但绑架勒索往往是以杀害或伤害被绑架人作为威胁的内容，因此，这种犯罪也严重威胁着他人的生命和健康，因此而引起被绑架人重伤、死亡的，在司法实践中也屡见不鲜。同时司法实践中还存在绑架后又实施了强奸等犯罪情形。对于上述情形，在定罪处罚时需要注意是定一罪还是进行数罪并罚。

3. 关于“情节较轻”的理解与认定。《刑法修正案（七）》为适应实践中的复杂情况，增设了绑架罪的量刑层次，规定：“情节较轻的，处五年以上十年以下有期徒刑，并处罚金。”该规定使得本罪的罪刑阶梯逐步趋于合理。但对于何谓“情节较轻”，刑法理论界的认识并不相同；而在司法实践中，司法机关认定是否属于“情节较轻”的判断基础也存在不够统一的问题。因此，在尚无明确的司法解释情况下，“情节较轻”的理解与认定可能引发司法实践中法律适用不统一、量刑不均衡的问题。

4. 关于本罪第 2 款规定的理解。《刑法修正案（九）》将第 239 条第 2 款修改为“犯前款罪，杀害被绑架人的，或者故意伤害被绑架人，致人重伤、死亡的，处无期徒刑或者死刑，并处没收财产”。这一规定改变了原第 2 款规定的只要出现被绑架人死亡结果，

或者具有杀害被绑架人行为的，均适用死刑，在适用时缺少选择，有时难以体现罪刑相适应的状况。但对于如何理解“杀害被绑架人”，以及故意伤害被绑架人的行为与被绑架人重伤、死亡的加重结果之间是否只能具有直接因果关系才能适用第239条，均存在一定的争议。

5. 犯罪既遂的认定。关于绑架罪的既遂与未遂的认定，主要存在两种观点。第一种观点认为，本罪虽然是由两个行为构成，但是否既遂，应以人质是否丧失行动自由为标准。至于是否开始索取财物或要求其他利益，不影响本罪的既遂。第二种观点则认为，不能将绑架与勒索相分离，绑架人质是手段，勒索财物和取得其他利益才是目的，不能将其与勒索财物等行为割裂开来，所以，应以是否实际勒索到财物或其他利益为既遂标准。这两种观点产生的根源是将绑架罪的构成要件中的行为视为单一行为还是复合行为，成为绑架罪既遂认定的关键所在。

四、绑架罪案件审理思路及原则

绑架犯罪案件，严重侵害人民群众人身安全，社会危害性极大。审理该类案件应坚持依法严惩严重刑事犯罪的方针，深入贯彻宽严相济刑事政策，作出罪刑相当的判决，以实现法律效果和社会效果的统一。

1. 厘清个罪内部结构以准确区分各罪间的罪责界限。（1）本罪与拐卖妇女、儿童罪中绑架妇女、儿童的区分。一是犯罪目的不同。前者以勒索被绑架人的财物、扣押人质为目的，后者以出卖被绑架的妇女、儿童为目的。二是犯罪对象不同。前者绑架的对象是指包括妇女、儿童在内的一切人，后者则仅指妇女和儿童。（2）本罪与非法拘禁罪的区分。近几年来，社会上出现了因债权债务关系引起的“人质型”侵犯公民人身权利的案件，即以强行扣押“人质”的方式，胁迫他人履行一定行为为目的的违法犯罪行为。“一定行为为目的”，实践中大多是追索债款，要求“以钱换人”。这种行为从形式上看与《刑法》第239条第1款规定的以勒索财物为目的的绑架行为很相似，但实质上有很大区别：一是犯罪目的不同。前者以勒索财物为目的，后者以逼索债务为目的，以扣押“人质”作为讨还债务的手段。二是犯罪对象不同。前者被绑架的人自身完全无过错，而后者被绑架的“人质”大多自身有过错（如欠债不还），甚至有诈骗等违法犯罪行为，也有的纯属无辜。因此，《刑法》第238条第3款明确规定，“为索取债务非法扣押、拘禁他人的”，依照非法拘禁罪的规定处罚。（3）本罪与抢劫罪的区别。两者的不同点主要在于：一是法律保护的侧重点不同。绑架罪规定在侵犯公民人身权利、民主权利罪中，法律更多关注的是对被绑架人人身安全受到侵犯；抢劫罪规定在侵犯财产罪中，法律更多关注的是对财产权利的侵犯。二是主观方面不完全相同。绑架罪可能出于勒索他人财物，也可能出于其他非经济目的等重大不法要求；抢劫罪一般是出于非法占有他人财物的故意。三是行为手段不完全相同。绑架罪以杀害、伤害被绑架人等方式向被绑架人的亲属、单位或者其他组织，索要赎金或者实现不法要求，获取财物一般不具有“当场性”；抢劫罪通常是在同一时间、地点实施暴力等手段劫取财物，获取财物一般是“当场的”。当绑架行为与抢劫行为的实施过程存在重合时，根据《最高人民法院关于审理抢劫、抢夺刑事案件适用法律若干问题的意见》，绑架过程中又当场劫取被害人随身携带财物的，同时触犯绑架罪和抢劫罪两罪名，应择一重罪定罪处罚。（4）正确认定偷盗婴幼儿的犯罪性质。对于偷盗婴幼儿的案件，应当按偷盗婴幼儿的目的不同，分别定罪。根据《刑法》

第239条第3款的规定，以勒索财物为目的，偷盗婴幼儿的，应当以绑架罪定罪，并依照《刑法》第239条第1~2款的规定处罚；根据《刑法》第240条第1款第6项的规定，以出卖为目的，偷盗婴幼儿的，则应当以拐卖儿童罪定罪，并依照《刑法》第240条第1款的规定处罚；如果出于收养、抚养等目的偷盗婴幼儿的，则成立《刑法》第262条的拐骗儿童罪；如果出于索要债务的目的偷盗婴幼儿的，则成立《刑法》第238条的非法拘禁罪。

2. 划清一罪与数罪的界限。在绑架勒索过程中过失致人死亡、过失致人重伤的，以及故意杀害人质的，应作为绑架罪的加重处罚情节，不再另外定罪。但是，对于绑架后又实施了强奸等犯罪的，均应分别定罪，实行数罪并罚。对于绑架过程中又当场劫取被害人随身携带财物的，同时触犯绑架罪和抢劫罪两罪名，应择一重罪定罪处罚。

3. 准确认定绑架犯罪的犯罪形态。我国刑法理论通说认为，犯罪既遂是以行为符合刑法规定的具体犯罪构成要件为标准的。在绑架罪的客观要件中，并未规定本罪必须在客观上具备实施勒索财物或强取其他利益的行为，“以勒索财物为目的”的规定，表明的是实施绑架的主观要件，如果将此解释为必须有相对应的实行行为，就具有客观要件的意义，未实施则不能说完全符合犯罪构成。因此，本罪的客观行为是单一行为而不是双重行为。基于以上认识，本罪的既遂与未遂的区分，应当以绑架行为是否达到实际控制人质，将其置于自己实际支配之下为标准。已经实际控制人质的，是既遂。虽实施暴力、胁迫、麻醉等绑架行为，但未构成对人质人身实际控制的，是未遂，这当然包括实施勒索财物或强取其他利益行为而未能实现的情况。

4. 准确界定“情节较轻”。绑架行为是否属于情节较轻，应当结合实施绑架行为的动机、绑架方式的暴力程度、绑架行为发生的场所、被害人的年龄和身体状况、控制人质时间长短等综合判断。一般来说，符合下列条件之一的，可以认定为绑架情节较轻：(1) 绑架既遂后主动释放被绑架人的；(2) 因合法利益、要求长期得不到满足而实施绑架人质的过激行为的；(3) 因生活所迫，为取得医疗、上学等费用绑架他人的；(4) 被害人有严重过错，行为人出于气愤、报复等原因实施绑架犯罪的；(5) 发生于亲属、朋友或有其他密切关系者之间的绑架行为的；(6) 为索取客观存在的债务绑架债务人，索要财物数额过大的；(7) 在手段上较为克制，未对被绑架人使用暴力或未造成较大伤害的；(8) 控制被绑架人时间较短等。

5. 正确理解绑架罪第2款规定的含义。《刑法》第239条第2款是关于对绑架罪加重处罚的规定。本款的“杀害被绑架人”，是指以剥夺被绑架人生命为目的的实施的各种行为。“杀害”只需要行为人有故意杀人的故意及行为，并不要求出现“杀死”被绑架人的结果。“杀害”既可以是积极作为也可以是消极不作为。积极作为指以杀害为目的，将被绑架人抛入深潭或水库中让其溺毙等情形；消极不作为，指以杀害为目的，将被绑架人抛入人迹罕至的地方等待其冻饿死等情形。实践中，杀害被绑架人未遂的情况时有发生。对于被绑架人基于各种原因最终生还的，并不影响“杀害”行为的认定。本款经修改后，规定了“故意伤害被绑架人，致人重伤、死亡的”加重处罚情形。这里规定的“故意伤害”是指以伤害被绑架人的身体为目的实施各种行为。“致人重伤、死亡”，是指造成被绑架人重伤、死亡的结果。依照本款规定，故意伤害被绑架人，致人重伤、死亡的，处无期徒刑或者死刑。需要注意的是，这里的故意伤害被绑架人的行为应与被绑架人重伤、死亡的加重结果具有直接因果关系，两者仅具有间接关系的，如行为人实施故意伤害行

为，被绑架人自杀而造成重伤或死亡结果的，可依《刑法》第 239 条第 1 款的规定处罚。此外，对行为人过失造成被绑架人重伤、死亡后果的，可以依照第 1 款规定，最高处以无期徒刑。

6. 准确把握绑架罪的死刑适用。绑架属于严重暴力犯罪，它不仅直接侵犯被绑架人的人身自由甚至生命权利，还往往侵犯被绑架人近亲属的财产权利，严重影响人民群众的安全感，具有极大的社会危害性。参照故意杀人、故意伤害罪中死刑适用标准，根据绑架罪的有关规定，杀害被绑架人或者以特别残忍的手段致被绑架人重伤造成特别严重残疾的，可以依法考虑适用死刑。对于其他绑架行为是否适用死刑，要综合考虑案件性质、犯罪起因、动机、目的、手段等情节，以及犯罪后果，被告人的主观恶性和人身危险性等因素全面分析，综合判断。

第二节　绑架罪审判依据

1979 年《刑法》对绑架犯罪并无专条规定。1991 年，《全国人大常委会关于严惩拐卖、绑架妇女、儿童的犯罪分子的决定》第 2 条第 3 款规定："以勒索财物为目的绑架他人的，依照本条第一款的规定处罚。"该款是对绑架勒索罪的规定，是绑架罪的前身。在修订该款的基础上，形成了 1997 年《刑法》第 239 条。该条的起刑点为十年有期徒刑，明显过重。2009 年，《刑法修正案（七）》增设了"情节较轻的，处五年以上十年以下有期徒刑，并处罚金"的规定。2015 年，《刑法修正案（九）》将"犯前款罪，致使被绑架人死亡或者杀害被绑架人的，处死刑，并处没收财产"修改为"犯前款罪，杀害被绑架人的，或者故意伤害被绑架人，致人重伤、死亡的，处无期徒刑或者死刑，并处没收财产"，降低了致使被绑架人死亡与杀害被绑架人的法定刑。

绑架罪的法定刑不断趋轻，因而，应否继续维持《刑法》修正前绑架罪的相关学说与实务做法，值得研究。此外，实务中需要注意《刑法》第 239 条的时间效力。绑架案件发生后裁判生效前，《刑法》第 239 条被修正的，应当适用修正后的生效条文办理案件。

一、法律

《中华人民共和国刑法》（2020 年 12 月 26 日修正）

第二百三十九条　以勒索财物为目的绑架他人的，或者绑架他人作为人质的，处十年以上有期徒刑或者无期徒刑，并处罚金或者没收财产；情节较轻的，处五年以上十年以下有期徒刑，并处罚金。

犯前款罪，杀害被绑架人的，或者故意伤害被绑架人，致人重伤、死亡的，处无期徒刑或者死刑，并处没收财产。

以勒索财物为目的偷盗婴幼儿的，依照前两款的规定处罚。

二、司法解释

《最高人民法院关于审理未成年人刑事案件具体应用法律若干问题的解释》（2006年1月11日　法释〔2006〕1号）

第五条　已满十四周岁不满十六周岁的人实施刑法第十七条第二款规定以外的行为，如果同时触犯了刑法第十七条第二款规定的，应当依照刑法第十七条第二款的规定确定罪名，定罪处罚。

三、刑事政策文件

《最高人民法院关于对在绑架过程中以暴力、胁迫等手段当场劫取被害人财物的行为如何适用法律问题的答复》（2001年11月8日　法函〔2001〕68号）

福建省高级人民法院：

你院闽高法〔2001〕128号《关于在绑架过程中实施暴力或以暴力相威胁当场劫取被害人财物的行为如何适用法律问题的请示》收悉。经研究，答复如下：

行为人在绑架过程中，又以暴力、胁迫等手段当场劫取被害人财物，构成犯罪的，择一重罪处罚。

第三节　绑架罪审判实践中的疑难新型问题

问题1. 绑架并杀害他人的刑罚适用问题

【最高人民检察院指导性案例】忻某绑架案①

［要旨］

对于死刑案件的抗诉，要正确把握适用死刑的条件，严格证明标准，依法履行刑事审判法律监督职责。

［基本案情］

被告人忻某因经济拮据而产生绑架儿童并勒索家长财物的意图，并多次到浙江省慈溪市进行踩点和物色被绑架人。2005年8月18日上午，忻某驾驶自己的浙B3××51通宝牌面包车从宁波市至慈溪市浒山街道团圈支路老年大学附近伺机作案。当日13时许，忻某见女孩杨某某（浙江省慈溪市浒山东门小学三年级学生，因本案遇害，殁年9岁）背着书包独自一人经过，即以“陈老师找你”为由将杨某某骗上车，将其扣在一个塑料洗澡盆下，开车驶至宁波市东钱湖镇“钱湖人家”后山。当晚22时许，忻某从杨某某处骗得其父亲的手机号码和家中的电话号码后，又开车将杨某某带至宁波市北仑区新碶镇算山村防空洞附近，采用捂口、鼻的方式将杨某某杀害后掩埋。8月19日，忻某乘火车到安徽省广德县购买了一部波导1220型手机，于20日凌晨许拨打杨某某家电话，称自己

---

① 最高人民检察院2010年12月31日发布的第一批指导性案例（检例第2号）。

已经绑架杨某某并要求杨某某的父亲于当月 25 日傍晚 18 时前带 60 万元赎金到浙江省湖州市长兴县交换其女儿。尔后，忻某又乘火车到安徽省芜湖市打勒索电话，因其将记录电话的纸条丢失，将被害人家的电话号码后四位 2353 误记为 7353，电话接通后听到接电话的人操宁波口音，而杨某某的父亲讲普通话，由此忻某怀疑是公安人员已介入，遂停止了勒索。2005 年 9 月 15 日忻某被公安机关抓获，忻某供述了绑架杀人经过，并带领公安人员指认了埋尸现场，公安机关起获了一具尸骨，从其浙 B3××51 通宝牌面包车上提取了杨某某头发两根（经法医学 DNA 检验鉴定，是被害人杨某某的尸骨和头发）。公安机关从被告人忻某处扣押波导 1220 型手机一部。

[诉讼过程]

被告人忻某绑架一案，浙江省慈溪市公安局立案侦查，于 2005 年 11 月 21 日移送慈溪市人民检察院审查起诉。慈溪市人民检察院于同年 11 月 22 日告知了忻某有权委托辩护人等诉讼权利，也告知了被害人的近亲属有权委托诉讼代理人等诉讼权利。按照案件管辖的规定，同年 11 月 28 日，慈溪市人民检察院将案件报送宁波市人民检察院审查起诉。宁波市人民检察院依法讯问了被告人忻某，审查了全部案件材料。2006 年 1 月 4 日，宁波市人民检察院以忻某涉嫌绑架罪向宁波市中级人民法院提起公诉。

2006 年 1 月 17 日，浙江省宁波市中级人民法院依法组成合议庭，公开审理了此案。法庭审理认为：被告人忻某以勒索财物为目的，绑架并杀害他人，其行为已构成绑架罪。手段残忍、后果严重，依法应予严惩。检察机关指控的罪名成立。

2006 年 2 月 7 日，宁波市中级人民法院作出一审判决：（1）被告人忻某犯绑架罪，判处死刑，剥夺政治权利终身，并处没收个人全部财产。（2）被告人忻某赔偿附带民事诉讼原告人杨某 1、张某应得的被害人死亡赔偿金317 640元、丧葬费11 380元，合计人民币329 020元。（3）供被告人忻某犯罪使用的浙 B3××51 通宝牌面包车一辆及波导 1220 型手机一部，予以没收。

忻某对一审刑事部分的判决不服，向浙江省高级人民法院提出上诉。

2006 年 10 月 12 日，浙江省高级人民法院依法组成合议庭，公开审理了此案。法庭审理认为：被告人忻某以勒索财物为目的，绑架并杀害他人，其行为已构成绑架罪。犯罪情节特别严重，社会危害极大，依法应予严惩。但鉴于本案的具体情况，对忻某判处死刑，可不予立即执行。2007 年 4 月 28 日，浙江省高级人民法院作出二审判决：（1）撤销浙江省宁波市中级人民法院（2006）甬刑初字第 l6 号刑事附带民事判决中对忻某的量刑部分，维持判决的其余部分；（2）被告人忻某犯绑架罪，判处死刑，缓期二年执行，剥夺政治权利终身。

被害人杨某某的父亲不服，于 2007 年 6 月 25 日向浙江省人民检察院申诉，请求提出抗诉。

浙江省人民检察院经审查认为，浙江省高级人民法院二审判决改判忻某死刑缓期二年执行确有错误，于 2007 年 8 月 10 日提请最高人民检察院按照审判监督程序提出抗诉。最高人民检察院派员到浙江专门核查了案件相关情况。最高人民检察院检察委员会两次审议了该案，认为被告人忻某绑架犯罪事实清楚，证据确实、充分，依法应当判处死刑立即执行，浙江省高级人民法院以“鉴于本案具体情况”为由改判忻某死刑缓期二年执行确有错误，应予纠正。理由如下：

1. 忻某绑架犯罪事实清楚，证据确实、充分。本案定案的物证、书证、证人证言、被告人供述、鉴定结论、现场勘查笔录等证据能够形成完整的证据体系。公安机关根据忻某的供述找到被害人杨某某尸骨，忻某供述的诸多隐蔽细节，如埋尸地点、尸体在土中的姿势、尸体未穿鞋袜、埋尸坑中没有书包、打错勒索电话的原因、打勒索电话的通话次数、通话内容，接电话人的口音等，得到了其他证据的印证。

2. 浙江省高级人民法院二审判决确有错误。二审改判是认为本案证据存在两个疑点。一是卖给忻某波导 1220 型手机的证人傅某在证言中讲该手机的串号与公安人员扣押在案手机的串号不一致，手机的同一性存有疑问；二是证人宋某和艾某证实，在案发当天看见一中年妇女将一个与被害人特征相近的小女孩带走，不能排除有他人作案的可能。经审查，这两个疑点均能够排除。一是关于手机同一性问题。经审查，公安人员在询问傅某时，将波导 1220 型手机原机主洪某军的身份证号码误记为手机的串号。宁波市人民检察院移送给宁波市中级人民法院的《随案移送物品文件清单》中写明波导 1220 型手机的串号是 3509××××××9275，且洪某军将手机卖给傅某的《旧货交易凭证》等证据，清楚地证明了从忻某身上扣押的手机即是索要赎金时使用的手机，且手机就在宁波市中级人民法院，手机同一性的疑点能够排除。二是关于是否存在中年妇女作案问题。案卷原有证据能够证实宋某、艾某证言证明的“中年妇女带走小女孩”与本案无关。宋某、艾某证言证明的中年妇女带走小女孩的地点在绑架现场东侧 200 米左右，与忻某绑架杨某某并非同一地点。艾某证言证明的是迪欧咖啡厅南边的电脑培训学校门口，不是忻某实施绑架的地点；宋某证言证明的中年妇女带走小女孩的地点是迪欧咖啡厅南边的十字路口，而不是老年大学北围墙外的绑架现场，因为宋某所在位置被建筑物阻挡，看不到老年大学北围墙外的绑架现场，此疑问也已经排除。此外，二人提到的小女孩的外貌特征等细节也与杨某某不符。

3. 忻某所犯罪行极其严重，对其应当判处死刑立即执行。一是忻某精心预谋犯罪、主观恶性极深。忻某为实施绑架犯罪进行了精心预谋，多次到慈溪市“踩点”，并选择了相对僻静无人的地方作为行车路线。忻某以“陈老师找你”为由将杨某某骗上车实施绑架，与慈溪市老年大学剑桥英语培训班负责人陈老师的姓氏相符。忻某居住在宁波市的鄞州区，选择在宁波市的慈溪市实施绑架，选择在宁波市的北仑区杀害被害人，之后又精心实施勒索赎金行为，赴安徽省广德县购买波导 1220 型手机，使用异地购买的手机卡，赴安徽省宣城市、芜湖市打勒索电话并要求被害人父亲到浙江省长兴县交付赎金。二是忻某犯罪后果极其严重、社会危害性极大。忻某实施绑架犯罪后，为使自己的罪行不被发现，在得到被害人家庭信息后，当天就将年仅 9 岁的杨某某杀害，并烧掉了杨某某的书包，扔掉了杨某某挣扎时脱落的鞋子，实施了毁灭罪证的行为。忻某归案后认罪态度差。开始不供述犯罪，并隐瞒作案所用手机的来源，后来虽供述犯罪，但编造他人参与共同作案。忻某的犯罪行为不仅剥夺了被害人的生命、给被害人家属造成了无法弥补的巨大痛苦，也严重影响了当地群众的安全感。三是二审改判忻某死刑缓期二年执行不被被害人家属和当地群众接受。被害人家属强烈要求判处忻某死刑立即执行，当地群众对二审改判忻某死刑缓期二年执行亦难以接受，要求司法机关严惩忻某。

2008 年 10 月 22 日，最高人民检察院依照《刑事诉讼法》第 205 条第 3 款之规定，向最高人民法院提出抗诉。2009 年 3 月 18 日，最高人民法院指令浙江省高级人民法院另行组成合议庭，对忻某案件进行再审。

2009 年 5 月 14 日，浙江省高级人民法院另行组成合议庭公开开庭审理本案。法庭审

理认为：被告人忻某以勒索财物为目的，绑架并杀害他人，其行为已构成绑架罪，且犯罪手段残忍、情节恶劣，社会危害极大，无任何悔罪表现，依法应予严惩。检察机关要求纠正二审判决的意见能够成立。忻某及其辩护人要求维持二审判决的意见，理由不足，不予采纳。

2009 年 6 月 26 日，浙江省高级人民法院依照《刑事诉讼法》第 205 条第 2 款、第 206 条、第 189 条第 2 项，《刑法》第 239 条第 1 款、第 57 条第 1 款、第 64 条之规定，作出判决：（1）撤销浙江省高级人民法院（2006）浙刑一终字第 146 号刑事判决中对原审被告人忻某的量刑部分，维持该判决的其余部分和宁波市中级人民法院（2006）甬刑初字第 16 号刑事附带民事判决：（2）原审被告人忻某犯绑架罪，判处死刑，剥夺政治权利终身，并处没收个人全部财产，并依法报请最高人民法院核准。

最高人民法院复核认为：被告人忻某以勒索财物为目的，绑架并杀害他人的行为已构成绑架罪。其犯罪手段残忍，情节恶劣，后果严重，无法定从轻处罚情节。浙江省高级人民法院再审判决认定的事实清楚，证据确实、充分，定罪准确，量刑适当，审判程序合法。

2009 年 11 月 13 日，最高人民法院依照《刑事诉讼法》第 199 条和《最高人民法院关于复核死刑案件若干问题的规定》第 2 条第 1 款之规定，作出裁定：核准浙江省高级人民法院（2009）浙刑再字第 3 号以原审被告人忻某犯绑架罪，判处死刑，剥夺政治权利终身，并处没收个人全部财产的刑事判决。

2009 年 12 月 11 日，被告人忻某被依法执行死刑。

问题 2. 采用欺骗手段控制被绑架人的行为定性以及特殊情况下减轻处罚的适用

【刑事审判参考案例】程某绑架案①

一、基本案情

河南省焦作市博爱县人民法院经公开审理查明：2000 年春节后的一天，被告人程某到其舅舅程某生家偷走一部传呼机，受到程某生的指责。因程某生将此事告诉了村里人，程某便觉得无脸见人，产生了报复其舅的动机。同年 3 月 6 日 11 时许，程某租用“面的”车到阳邑学校，将放学的程某生之子程某聪骗上车拉走。行至金城乡东金城村时，程某给程某生打电话说：“聪聪在我这儿，你把我逼急了。限你在二小时内将 6000 元现金送到温博公路，由北向南走，我能看见你。不要报警，如报警，就往坏处想！”程某给聪聪买了一些小食品之后，开车到南里村附近等候。程某生向“110”报了警。被告人之父程某财获悉后立即骑摩托车赶往阳邑，与公安人员一起来到现场。当时程某与程某聪正在车上打扑克，程某财下车走到“面的”车边搂住程某的脖子。程某见有公安人员，就把碗片放在程某聪的脖子上说：“你们不要过来，过来我就杀了他！”在其父夺碗片时，程某划伤程某聪的脖子（表皮伤 0.05 ×3.0cm），公安人员随即将程某抓获。

河南省焦作市博爱县人民法院认为，被告人程某以勒索财物为目的，绑架他人，已

① 陈殿福撰稿，高憬宏审编：《程某绑架案——特殊情况下减轻处罚的适用（第 182 号）》，载最高人民法院刑事审判第一庭、第二庭主办：《刑事审判参考》（总第 26 集），法律出版社 2002 年版，第 45 ~ 50 页。

构成绑架罪。依照《刑法》第239条第1款的规定，于2000年6月23日判决：被告人程某犯绑架罪，判处有期徒刑十一年，并处罚金6000元。一审宣判后，被告人程某不服，提出上诉。其辩护人辩称，程某没有使用暴力、胁迫手段实施绑架，不构成绑架罪，且系初犯，勒索对象又是其亲属，犯罪后认罪态度好，应从轻处罚或改判无罪。

河南省焦作市中级人民法院认为，被告人程某出于报复动机，以勒索财物为目的，绑架他人，已构成绑架罪。其上诉理由及辩护人的辩解经查不能成立。鉴于本案不同于一般绑架犯罪，被绑架的对象系被告人的表弟，且事出有因，一审量刑过重，对被告人程某应在法定刑以下减轻处罚。依照《刑法》第63条、《刑事诉讼法》第189条第2项的规定，于2000年10月18日判决：维持河南省焦作市博爱县人民法院（2000）博刑初字第45号刑事判决对被告人程某的定罪及判处罚金部分；撤销量刑部分。被告人程某犯绑架罪，判处有期徒刑五年。

河南省焦作市中级人民法院依法将此案报送河南省高级人民法院复核。

河南省高级人民法院经复核认为，被告人程某为报复其舅舅，绑架其亲表弟，索要6000元钱，情节一般，犯罪手段一般，没有造成损害后果，判处法定最低刑仍显过重，可以在法定刑以下减轻处罚，同意焦作市中级人民法院的判决，并依法将此案报请最高人民法院核准。最高人民法院经复核认为，被告人程某以勒索财物为目的绑架他人，其行为已构成《刑法》第239条第1款规定的绑架罪。被告人程某虽不具有法定的减轻处罚情节，但鉴于本案发生于亲属之间，犯罪情节较轻，被告人有悔罪表现，对其依法可以减轻处罚，并可以适用缓刑。一、二审判决认定的事实清楚，证据确实、充分，定罪准确，审判程序合法。但一审量刑过重，二审判决依法对被告人程某减轻处罚，判处五年有期徒刑仍显过重，应予改判。依照《刑法》第239条第1款、第63条的规定，于2001年12月6日裁定：（1）撤销博爱县人民法院（2000）博刑初字第45号刑事判决、河南省焦作市中级人民法院（2000）焦刑终字第141号刑事判决；（2）被告人程某犯绑架罪，判处有期徒刑三年，缓刑五年。

二、主要问题

1. 如何理解《刑法》第63条第2款规定的对不具有法定减轻处罚情节的被告人适用减轻处罚的“特殊情况”？

2. 最高人民法院对报请核准的减轻处罚案件认为原判量刑仍然过重的，是否可以直接改判？

三、裁判理由

（一）如何理解《刑法》第63条第2款规定的对不具有法定减轻处罚情节的被告人适用减轻处罚的“特殊情况”

《刑法》第63条规定，“犯罪分子虽然不具有本法规定的减轻处罚情节，但是根据案件的特殊情况，经最高人民法院核准，也可以在法定刑以下判处刑罚”。这就是特殊情况减轻处罚的规定。那么，应如何理解和认定这里所谓的“案件的特殊情况”呢？司法实践中有不同认识。有的将这一条件理解得很宽，认为只要被告人犯罪手段一般，数额不大，后果不严重，判处法定最低刑偏重等就是“情况特殊”。而有的又将这一条件理解得过严，并根据最高人民法院1997年10月29日《关于办理减刑、假释案件具体应用法律若干问题的规定》对办理假释案件的“特殊情况”的解释，认为《刑法》第63条规定的“特殊情况”，是指涉及国家利益的情况，如涉及政治、外交、国防、宗教、民族、统战

等重大问题的情况。我们认为，从刑法规定的精神上来理解，《刑法》第 63 条规定的“特殊情况”，当然应是指政治、外交等特殊情况，但也不应绝对化。理解得过宽不行，有违刑法从严控制特殊情况减轻处罚的立法目的；理解得过严又不利于更好地贯彻刑法确立的罪刑相适应的原则。

1979 年《刑法》第 59 条第 2 款曾规定：“犯罪分子虽然不具有本法规定的减轻处罚情节，如果根据案件的具体情况，判处法定刑的最低刑还是过重的，经人民法院审判委员会决定，也可以在法定刑以下判处刑罚。”之所以这样规定，是充分考虑到刑事案件的复杂性，对于有些案件，判处法定刑不能做到罪刑相适应，因此，刑法赋予人民法院一定的自由裁量权，经审判委员会决定，在法定刑以下判处刑罚。实践证明，这一规定是符合实际的。1997 年《刑法》第 63 条第 2 款对减轻处罚作了重要修改，规定为“犯罪分子虽然不具有本法规定的减轻处罚情节，但根据案件的特殊情况，经最高人民法院核准，也可以在法定刑以下判处刑罚”。之所以这样修改，主要有两个原因：一是 1997 年《刑法》规定了罪刑法定原则，其基本要求就是对犯罪及其刑罚都必须由法律明文规定，法官在量刑上的自由裁量权应受到限制，因此，应防止不适当扩大法定刑以下判处刑罚的适用范围甚至是滥用；二是在坚持罪刑法定原则的前提下，也要从实际出发，对于某些具备特殊情况的案件，在法定刑以上判处刑罚时可能会存在一些问题，如案件具有某种特殊性，如涉及政治、外交等情况。但是从司法实践的实际情况来看，确有一些案件在法定刑以内判处明显过重，不能做到罪刑相适应。因此，我们认为，作为极“特殊情况”，对极个别在法定最低刑内判处确实明显的罪刑不相适应的案件，也可以适用《刑法》第 63 条的规定，但一定要从严掌握，绝不能滥用。

就本案而言，被告人程某的行为虽然构成了绑架罪，但其具有应当在法定刑以下判处刑罚的“特殊情况”。首先，程某刚满 18 岁，虽然不是未成年人，但稚气未脱，出于对其舅舅指责其偷拿传呼机行为的不满，才产生挟持其表弟以报复其舅舅的动机，主观恶性不大；其次，程某对被害人并未采取暴力、胁迫等手段，还给其表弟买了食品并陪其打牌，只是在发觉公安人员及其亲属来到后才持碗片相威胁，也未对被害人造成多大伤害，犯罪情节较轻；程某与被害人系亲戚关系，犯罪后有悔罪表现，即使判处法定最低刑十年有期徒刑仍显过重。为此，焦作市中级人民法院对被告人程某适用《刑法》第 63 条的规定，决定对其在法定刑以下判处刑罚，最高人民法院综合全案情节，决定对其改判有期徒刑三年，缓刑五年是正确的。

（二）关于最高人民法院对报请核准的减刑处罚案件认为原判量刑仍然过重的，是否可以直接改判的问题

《最高人民法院关于执行〈中华人民共和国刑事诉讼法〉若干问题的解释》第 270 条规定：“最高人民法院复核在法定刑以下判处刑罚的案件，予以核准的，作出核准裁定书；不予核准的，应当撤销原判决、裁定，发回原审人民法院重新审判或者指定其他下级人民法院重新审判。”这里所说的“不予核准”，是指原判决、裁定不应当在法定刑以下判处刑罚，因此不予核准，并不包括同意在法定刑以下判处刑罚，只是认为原判量刑仍然过重而不予核准原判决、裁定的情形。最高人民法院作为最高审判机关，对下级人民法院判处的案件，依法有权进行改判，包括在复核程序中的改判。比如在复核死刑案件时，最高人民法院认为不应当判处死刑的可以直接改判为其他刑罚。因此，无论从《刑事诉讼法》的相关规定来看，还是从司法解释本身的逻辑性来看，最高人民法院都有权直接改判。

问题3. 在绑架中对被绑架人实施伤害致人重伤的应如何定罪量刑

【刑事审判参考案例】吴某绑架案[①]

一、基本案情

江西省赣州地区中级人民法院经公开审理查明：被告人吴某因生活琐事经常与妻子谭某争吵、打架，谭某因此搬回娘家住并提出离婚。吴某不同意，多次到谭家要求谭某回家，均遭拒绝以及其岳父谭某森的驱逐。吴某认为是谭某森挑拨了其夫妻关系，遂意报复谭某森。1998年11月2日下午，吴某携带1只空酒瓶及1根长布带，在南康市坪市乡中学门口，将放学回家的谭某森的孙子谭某某绑架至自己家里关押。后吴某给谭某某的堂姑谭某兰打电话，让谭某兰转告谭某森与谭某，要谭某一人于当日19时之前带3000元来赎人，不许报警，否则杀死谭某某。谭某某的家属报案后与公安干警于当日19时许赶至吴某家，吴某见谭某未来，即用刀在谭某某的脖子上来回拉割，并提出要谭某森弄瞎自己的眼睛、自残手足等才肯放人。因其要求未得到满足，吴某便不断用刀在谭某某身上乱划致谭某某不断惨叫，后又用刀将谭某某的左手拇指割下一小截扔下楼。期间，谭某某因失血过多而多次昏迷。直至次日凌晨1时许，公安干警冲入室内将吴某抓获。经法医鉴定，谭某某的面部、颈部、肩部、膝部、小腿、脚、指等部位有20余处刀伤，伤情为重伤乙级。

江西省赣州地区中级人民法院认为，被告人吴某在绑架过程中伤害被绑架人致重伤乙级，其行为已构成绑架罪，应依法严惩，依照《刑法》第239条的规定，于1999年4月13日作出判决：吴某犯绑架罪，判处死刑，剥夺政治权利终身。

一审宣判后，被告人吴某不服，向江西省高级人民法院提出上诉，其上诉提出，本案是谭某森挑拨谭某与其离婚所致，谭某森父女在案件起因上有过错。其行为未造成被害人死亡的后果，请求从轻处罚。其辩护人辩称，本案没有造成被绑架人死亡的后果，原审法院判处吴某死刑不当。

江西省高级人民法院经审理认为，原判认定上诉人吴某绑架并故意伤害被害人谭某某至重伤乙级的犯罪事实清楚，证据确实充分。上诉人吴某为勒索钱财、泄愤报复而绑架无辜儿童，并将被绑架人伤害致重伤乙级，其行为构成绑架罪，且手段残忍，情节恶劣，应依法严惩。吴某上诉提出谭某森父女在案件起因上有过错的理由不能成立，但根据《刑法》的规定，犯绑架罪只有致被绑架人死亡或者杀害被绑架人的，才能判处死刑，吴某在绑架中并未造成被害人死亡的后果，故其辩护人提出原审法院以绑架罪判处吴某死刑不当的辩护意见成立。据此，依照《刑事诉讼法》第189条的规定及《刑法》第239条第1款的规定，于2001年3月1日作出判决：撤销赣州地区中级人民法院（1999）赣中刑初字第32号刑事附带民事判决中的刑事判决部分；吴某犯绑架罪，判处无期徒刑，剥夺政治权利终身。

---

① 程新生撰稿，李武清审编：《吴某绑架案——在绑架中对被绑架人实施伤害致人重伤的应如何定罪量刑（第183号）》，载最高人民法院刑事审判第一庭、第二庭主办：《刑事审判参考》（总第26集），法律出版社2002年版，第51～56页。

二、主要问题

1. 对犯绑架罪的被告人，在何种情况下才可判处死刑？

2. 对绑架过程中故意伤害被绑架人的行为是否实行数罪并罚？

三、裁判理由

（一）致被绑架人死亡或者杀害被绑架人的，是决定对绑架人适用死刑的必要条件

《刑法》第239条规定："致使被绑架人死亡或者杀害被绑架人的，处死刑，并处没收财产。"依此规定，致被绑架人死亡或者杀害被绑架人的，是决定对绑架人适用死刑的必要条件。本案涉及的问题是如何正确理解"致被绑架人死亡或者杀害被绑架人"？其中，致使被绑架人死亡可以包括哪些情形？杀害是否就是指杀死即是否必须具有死亡的后果？我们认为，"致被绑架人死亡"，应包括在绑架过程中，被绑架人被伤害致死、病饿致死以及其他各种因绑架而导致的死亡；"杀害被绑架人"，则是指故意杀死被绑架人，即通常所说的"撕票"。也就是说，这里所说的"杀害"，不仅要有故意杀人的行为，还要有死亡的后果。不宜将这里的"杀害"理解为仅有故意杀人的行为，更不能将这里的"杀害"理解为既可包括故意杀人的行为，又可包括故意伤害的行为。正因为如此，《刑法》在这里才规定了"致被绑架人死亡或者杀害被绑架人"的刑罚为绝对确定的法定刑死刑，这也是与故意杀人罪法律规定处相对确定的法定刑的主要区别所在。有一种观点认为，"致被绑架人死亡"，已包括了杀死被绑架人的情形，因此，"杀害被绑架人"就应当是指实施了杀害行为但尚未造成死亡的情形。易言之，"致被绑架人死亡"，是结果加重的规定，而"杀害被绑架人"则仅是情节加重的规定。我们认为，这种分析解释方法虽有一定的道理，但也存在不可忽视的缺陷。理由在于：第一，《刑法》规定杀害被绑架人为单一死刑刑种，并无其他刑种可以选择适用。因此，如果将"杀害被绑架人"理解为不仅包括杀害后果，还包括杀害行为，必然导致只要有杀害的行为，不管杀害的结果如何，是造成轻伤、重伤、严重残疾还是死亡，都只能无一例外、毫无选择地判处死刑，这显然不符合罪刑相适应原则，有违立法真实意图。立法将"致被绑架人死亡或杀害被绑架人"并列且配置以绝对确定的法定刑死刑，我们理解其基本精神在于强调必须具有被绑架人死亡的结果。第二，在法律未对条文用语含义作出特别规定时，解释"杀害"一词的含义不能随意脱离人们日常所能理解的范畴，滥作扩大或限制解释。这是法律解释所应遵循的一项基本原则。"杀害"一词作为日常用语的含义，既包括"杀"的行为，更主要是强调出现"害"即"死"的结果。第三，"杀害"一词在刑法分则中，不仅出现在《刑法》第239条，在《刑法》第318条第2款、第321条第3款、第341条第1款中也有使用。尤其从刑法第318条、第321条的规定来看，"杀害"是被排除在"造成被组织人、被运送人重伤、死亡"之外的，需要作另一罪单独评价，实行数罪并罚的。而绑架罪中"杀害"是与绝对确定的法定刑——死刑来配置的，因此，对其的解释不能不从严掌握。综上，我们倾向于认为，江西省高级人民法院以本案没有出现被绑架人死亡这一后果为由，改以吴某犯绑架罪判处无期徒刑，其对"杀害"的理解是符合刑法"故意杀害被绑架人"的立法本意的。需要指出的是，二审判决在以绑架罪定罪量刑时，未能对本案被告人依法附加适用财产刑，这不符合绑架罪的法定刑规定。

（二）绑架中故意伤害（不包括致死）或者杀害被绑架人未遂的应否数罪并罚

《刑法》第239条规定，犯绑架罪致被绑架人死亡或者杀害被绑架人的，处死刑，并处没收财产。刑法在这里采取的是绝对确定法定刑的立法模式，没有刑种选择的余地。

该规定同时也意味着行为人犯绑架罪时，只有在实施绑架行为过程中或是在绑架行为的持续状态中，造成被绑架人死亡或者杀死被绑架人的，才能适用死刑。如上所述，刑法规定行为人犯绑架罪时，只有在实施绑架行为过程中或是在绑架行为的持续状态中，造成被绑架人死亡或者杀死被绑架人的，才能而且只能适用死刑。但这只是意味着立法将绑架罪和在绑架过程中致被绑架人死亡和杀死被绑架人这种特定的结果结合在一起，单独规定为确定的法定刑死刑。《刑法》第 239 条的规定并不排斥对在绑架过程中故意伤害被绑架人未致死或者故意杀害被绑架人未遂的，可以绑架罪和故意伤害罪或故意杀人（未遂）罪，择一重罪定罪处罚或实行数罪并罚。事实上，在绑架过程中，绑架人对被绑架人又同时实施了伤害（仅指未致死）、杀害（仅指未遂）、奸淫等行为，是比较常见的。根据刑法的罪数理论，对上述情形可以区分情况，有条件地实行数罪并罚。具体地说，在绑架过程中或是在绑架状态持续过程中，如绑架人对被绑架人又实施了伤害（仅指未致死）、杀害（仅指未遂）行为，如果伤害或者杀害被绑架人尚未造成特别严重的后果，论罪应当判处无期徒刑以下刑罚的，可以绑架罪一罪论处。因为此时的杀、伤行为可以认为是已被包括在绑架罪“暴力手段”的构成要件之内。但如果行为人伤害手段特别残忍致人重伤且造成严重残疾，或者杀害未遂但手段特别恶劣、后果特别严重、论罪应当判处死刑的，我们倾向于认为此时的杀、伤行为就不宜被包括在绑架罪“暴力手段”的构成要件之内，有必要给予单独评价，以绑架罪和故意伤害罪或故意杀人罪实行数罪并罚。在这种情形下，虽然以绑架罪无法判处绑架人死刑，但依故意伤害罪、故意杀人罪又完全可以判处绑架人死刑，故不存在绑架罪与故意伤害或杀人罪相比所谓的配刑失衡问题。这一适用法律的思路，从《刑法》第 318 条、第 321 条的立法规定中也可以得到例证。就本案而言，被告人吴某在绑架行为完成之后绑架状态持续过程中，又故意伤害被绑架人谭某某的行为，虽手段特别残忍致人重伤，但毕竟未造成谭某某严重残疾，因此，依故意伤害罪论处，也不可能判处吴某死刑。由于本案以绑架罪和故意伤害罪对吴某定罪并罚，最后的宣告刑也只能是无期徒刑，因此，从量刑结果上看，二审判决对被告人并无轻纵之嫌。一、二审法院没有采纳公诉机关以绑架罪和故意伤害罪实行数罪并罚的起诉意见，而仅以绑架罪一罪论处，也是合宜的。

问题 4. 暴力劫持、拘禁他人之后迫使其本人交出现金行为的定性

【刑事审判参考案例】杨某等抢劫、绑架案[①]

一、基本案情

某市中级人民法院经公开审理查明：

1. 抢劫部分。2002 年 1 月 8 日 18 时许，被告人杨某、吴某、李某三人以租车为名，从淄博市周村区骗乘杨某驾驶的红色三厢夏利出租车，行至邹平县长山镇附近时，三被告人对杨某拳打脚踢后，将出租车抢走，该车价值17 500元。2002 年 1 月 16 日 19 时许，被告人杨某、吴某、李某三人以租车为名，从德州市华联商厦附近骗乘陈某驾驶的红色

---

① 马殿振撰稿，韩维中审编：《杨某等抢劫、绑架案——暴力劫持、拘禁他人之后迫使其本人交出现金行为的定性（第 272 号）》，载最高人民法院刑事审判第一庭、第二庭主办：《刑事审判参考》（总第 35 集），法律出版社 2003 年版，第 43 ~ 48 页。

三厢夏利出租车，行至商河县玉皇镇附近时，三被告人用绳子将陈某捆住，并对其殴打后，劫走现金 40 余元及出租车，该车价值27 500元。2002 年 1 月 27 日 17 时许，被告人杨某、吴某以租车为名，从河北省黄骅市骗乘张某驾驶的红色三厢夏利车，行至山东省庆云县河堤附近时，被告人吴某从后面搂住张某的脖子进行抢劫，张某脱身逃走，二被告人将其车劫走，该车价值15 225元。

2. 绑架部分。2002 年 1 月 11 日 23 时许，被告人杨某、吴某、李某驾车窜至张店海燕歌舞厅门前，将田某劫持至车上，用宽胶带将田某的眼睛、双手缠住，挟持至惠民县一旅馆内非法拘禁，向其索要钱物，持续至 13 日将田某挟持回其住处从其存折中支取现金 5000 元后，将其释放。

某市中级人民法院认为：被告人杨某、吴某、李某，以非法占有为目的，采用暴力手段多次劫取他人财物，数额巨大；以勒索财物为目的，采用暴力手段绑架他人，均构成抢劫罪、绑架罪。被告人杨某系累犯，应从重处罚。被告人杨某系自首，可对其从轻处罚。依照《刑法》第 263 条、第 239 条第 1 款、第 69 条、第 57 条、第 27 条、第 25 条、《最高人民法院关于处理自首和立功具体应用法律若干问题的解释》第 2 条之规定，判决如下：（1）被告人杨某犯抢劫罪，判处无期徒刑，剥夺政治权利终身，并处罚金20 000元；犯绑架罪，判处有期徒刑十二年，并处罚金10 000元；决定执行无期徒刑，剥夺政治权利终身，并处罚金30 000元。（2）被告人吴某犯抢劫罪，判处有期徒刑十三年，并处罚金10 000元；犯绑架罪，判处有期徒刑十一年，并处罚金 3000 元；决定执行有期徒刑二十年，并处罚金13 000元。（3）被告人李某犯抢劫罪，判处有期徒刑十一年，并处罚金10 000元；犯绑架罪，判处有期徒刑十年，并处罚金 3000 元；决定执行有期徒刑二十年，并处罚金13 000元。

宣判后，被告人杨某、吴某分别以属于从犯、量刑过重等为由，向山东省高级人民法院提出上诉。

山东省高级人民法院经审理认为：被告人杨某、吴某，李某，以非法占有为目的，采用暴力手段多次劫取他人财物，数额巨大，均已构成抢劫罪，依法应予处罚。被告人杨某关于“属于从犯”的上诉意见与事实不符，不予采纳；被告人杨某系累犯，依法应从重惩处，原审判决在法定幅度之内对其量刑，并无不妥。被告人杨某、吴某、李某在抢劫犯罪中共同预谋、分工合作、密切配合、不分主从，被告人吴某及其辩护人关于“属于从犯”的上诉理由及辩护意见，不予采纳。被告人杨某、吴某、李某对被害人田某实施捆绑及较长时间的非法拘禁行为，主观目的系劫取财物，而非勒索财物，该行为应定性为抢劫，而非绑架。依照《刑事诉讼法》第 189 条第 1 项、第 2 项，《刑法》第 263 条第 4 项、第 65 条、第 69 条、第 57 条第 1 款、第 25 条第 1 款之规定，判决如下：（1）撤销某市中级人民法院（2002）刑二初字第 25 号刑事判决对上诉人杨某、吴某、被告人李某犯绑架罪的定罪量刑，即被告人杨某犯绑架罪，判处有期徒刑十二年，并处罚金10 000元；被告人吴某犯绑架罪，判处有期徒刑十一年，并处罚金 3000 元；被告人李某犯绑架罪，判处有期徒刑十年，并处罚金 3000 元。（2）被告人杨某犯抢劫罪，判处无期徒刑，剥夺政治权利终身，并处罚金20 000元。（3）被告人吴某犯抢劫罪，判处有期徒刑十三年，并处罚金10 000元。（4）被告人李某犯抢劫罪，判处有期徒刑十一年，并处罚金10 000元。

二、主要问题

杨某等三被告人将被害人田某劫持至一旅馆内予以非法拘禁，在迫使其本人交付5000 元现金后予以释放的行为，应以绑架罪还是抢劫罪定罪处罚？

三、裁判理由

（一）被告人杨某、吴某、李某以索要财物为目的，实施暴力手段劫持被害人田某并对其非法拘禁的行为，不具备以被绑架人为人质，向被绑架人以外的第三方勒索财物这一绑架罪的基本特征，不应认定为绑架罪

根据《刑法》第 239 条规定，绑架罪在行为方式上表现为勒索绑架与人质绑架两种。同时，根据《刑法》第 239 条第 2 款规定，以勒索财物为目的偷盗婴幼儿行为，应视为勒索绑架，以绑架罪定罪处罚。其中，人质绑架指的是为达到政治性目的或者其他目的(不含索取财物)，劫持他人作为人质的行为。本案杨某等三被告人以非法取得他人财物为目的，对他人实行非法拘禁的行为，不属于人质绑架自不待言，那么能否将之认定为勒索绑架呢？在回答该问题之前，首先有必要对勒索绑架的内涵及特征作一分析。勒索绑架，亦即通常所说的掳人勒索，是指采用暴力、胁迫或者其他方法，强行将他人劫持，以杀害、伤害或者不归还人质等相要挟，勒令人质的亲属或者其他相关第三人，在一定期限内交出一定财物的行为。由此可见，勒索绑架的基本特征在于，使用暴力等手段劫持他人作为人质（在这一点上，勒索绑架与人质绑架是相同的），并以此要挟、迫使相关的第三人交付财物。在该特征的具体理解及认定方面，应注意把握以下几点：第一，人质是相对于第三人而言的一个概念，绑架中的勒索财物，只能向被绑架人以外的第三方提出，否则便无从谈起以被绑架人为人质的问题；第二，所勒索财物与人质存在直接的交换对应关系，即通常所谓的拿钱赌人；第三，勒索绑架具有行为复合性和时空间隔性特征，完整的勒索绑架行为，需由劫持绑架人质和向第三人勒索财物两个行为复合构成，且两个行为之间通常呈现出时间上的递延和空间上的转换。

在本案中，杨某等三被告人的行为虽然具备了勒索绑架的一些外在特征，比如，采用暴力手段将被害人劫持至外地，实行较长时间的非法拘禁，先劫持后索财、劫持与索财之间存在一定的时空间隔等，但是，本案三被告人实施这些行为的目的是向被绑架人本人索要财物，未曾向被绑架人以外的第三人索要财物，不具有以被绑架人为人质，向被绑架人以外的第三方索要财物的勒索绑架的基本特征，故不应将该行为认定为绑架罪。

（二）杨某等三被告人暴力挟持他人、非法索取他人财物的行为，具备抢劫罪的两个“当场”要件，构成抢劫罪，期间实施非法拘禁行为因与抢劫行为存在牵连关系，依照牵连犯的一般处理原则，不再单独定罪构成抢劫罪

抢劫罪需具备两个基本要件：一是当场使用暴力或者以当场使用暴力相胁迫等手段；二是当场取得财物，即通常所称的两个“当场”。如何理解这里的“当场”，明显是认定本案的一个关键。

对此，我们认为，“当场”不是一个纯粹的时空概念，必须结合行为人的暴力或者胁迫等手段、该手段对被害人的身体和精神强制方式、程度及与取得财物之间的内在联系，来加以具体分析认定。这就要求我们在“当场”的理解中，要有一个基本的度的权衡和把握。一方面，当场不仅仅限于一时一地、此时此地，在暴力、胁迫等手段的持续强制过程中，即使时间延续较长，空间也发生了一定转换，同样可以视为是“当场”，而不必拘泥于某一特定时问、地点；另一方面，“当场”又应以暴力、胁迫等手段行为的自然延

伸及取得他人财物所必要为限，避免“当场”解释的任意化。据此，我们认为，杨某等三被告人通过暴力威胁，迫使被害人拿出存折并支取现金，从而非法取得被害人财物的行为，符合抢劫罪的两个“当场”特征，构成抢劫罪。具体理由简单说明如下：首先，被害人回到住处取出存折、提取现金直至将现金交付给三被告人的整个过程，始终处于杨某等三被告人的持续暴力胁迫之下，符合当场使用暴力、胁迫等抢劫罪的手段要件。其次，被害人自取出存折、提取现金直至将现金交付给三被告人，的确存在一定的时间和空间跨度，但三被告人是在被害人身上、身边没有可供劫取的财物的情况下，实施这一系列行为的，目的在于劫取被害人的财物，故将该系列行为视作一个整体，从而认定取得被害人财物系当场取得，是妥当的。再次，暴力胁迫手段与取得他人财物之间存在客观因果关系。因果关系存在与否的判断，应以暴力胁迫手段是否对被害人形成了足够的强制、被害人交出财物是否基于该强制为基准。需要注意的是，对于强制，不应仅仅理解为身体上的强制，还应包括精神上的强制，而且，是否形成了强制，应从被害人的个人感受来判断，而不能从一般人的立场来判断。虽然在一般人看来，即使处于三被告人的挟持之下，被害人在银行提取现金时仍然有足够的反抗机会，但不能以此否定被害人受到强制的客观事实。

需要指出的是，在本案中，三被告人暴力劫持被害人并予以较长时间的非法拘禁，在构成抢劫罪的同时，还构成非法拘禁罪。但鉴于本案中非法拘禁与抢劫之间存在目的与手段上的牵连关系，根据牵连犯择一重罪从重处罚的一般处理原则，应以抢劫罪一罪从重处罚。

问题5. 杀害被绑架人未遂的，是否属于《刑法》第239条第1款规定的“杀害被绑架人的”情形

【刑事审判参考案例】王某绑架案[①]

一、基本案情

邢台市中级人民法院经审理查明：2001年1月6日上午，被告人王某到西良村学校附近，找到其表弟之子高某（10岁），以找高某的叔叔为由将高某骗走。王某挟持高某乘车先后到河南安阳、山西省长治市、榆社县和河北省武安县、涉县等地。此间，王某用事先准备好的手机亲自或胁迫高某多次向高家打电话索要现金5万元。在索要未果的情况下，王某将高某挟持到涉县境内一火车隧道内，乘高某不备，用石头砸击其头部，将高某击昏后将其放到下水道内，并用水泥板盖住后逃离现场。1月13日下午，高某被铁路工人发现，抢救后脱险。经法医鉴定，高某颅骨多发性骨折，属轻伤。

邢台市中级人民法院认为：被告人王某以勒索财物为目的，将被害人打昏后放在下水道内杀害被绑架人，手段恶劣，情节严重，其行为构成绑架罪。王某的行为虽未造成被害人死亡，但所犯罪行严重，不足以从轻处罚。对其辩护人提出的没有造成被害人死亡，可予从轻处罚的意见不予采纳。依照《刑法》第239条第1款、第57条第1款的规

① 武文和撰稿，南英审编：《王某绑架案——杀害被绑架人未遂的，是否属于刑法第二百三十九条第一款规定的“杀害被绑架人的”情形（第299号）》，载最高人民法院刑事审判第一庭、第二庭主办：《刑事审判参考》（总第38集），法律出版社2004年版，第111～115页。

定，以绑架罪判处被告人王某死刑，剥夺政治权利终身，并处没收个人全部财产。被告人王某赔偿附带民事诉讼原告人高某经济损失人民币3000元。

一审宣判后，被告人王某不服，以绑架未遂、量刑过重为由提出上诉。河北省高级人民法院经审理认为：被告人王某绑架儿童勒索钱财不逞，杀害被绑架人，其行为构成绑架罪。虽因被告人意志以外的原因未造成被绑架儿童死亡，但其犯罪手段极其恶劣，应当判处死刑。原审法院依据犯罪的事实和情节，依法对本案作出的判决事实清楚，证据充分，适用法律准确，量刑适当，审判程序合法。王某的上诉理由及其辩护人的辩护意见不予采纳。依照《刑事诉讼法》第189条第1项、第197条的规定，裁定驳回上诉，维持原判。

二、主要问题

杀害被绑架人未遂的，是否属于《刑法》第239条第1款规定的“杀害被绑架人的”情形？

三、裁判理由

《刑法》第239条第1款规定：“以勒索财物为目的绑架他人的，或者绑架他人作为人质的，处十年以上有期徒刑或者无期徒刑，并处罚金或者没收财产；致使被绑架人死亡或者杀害被绑架人的，处死刑，并处没收财产。”据此，刑法将绑架罪的死刑适用仅限定在致使被绑架人死亡和杀害被绑架人这两种情况。而本案的问题是杀害被绑架人未遂的，能否适用死刑。我们认为，《刑法》第239条规定的“杀害被绑架人”应当包括杀害被绑架人未遂的情况。

1. 比较其他涉及侵犯公民人身权利罪的法定刑，刑法对绑架罪规定了最为严厉的法定刑，其最低刑为十年有期徒刑，最高刑是死刑。从法定最低刑看，起刑点即为十年有期徒刑，其严厉性相当于具有加重情形的抢劫罪、强奸罪等，重于故意杀人罪；从法定最高刑看，由于刑法对“致使被绑架人死亡或者杀害被绑架人”这两种情形只设置了唯一的即绝对确定的法定刑死刑，明显重于故意杀人罪、具有加重情形的抢劫罪、强奸罪等。《刑法》作此规定反映了立法者对绑架罪的不同寻常的否定评价。《刑法》将“致使被绑架人死亡”和“杀害被绑架人”这两种情形归入绑架罪进行综合评价，对其处罚，理所当然地应当重于对这两种行为独立发生时的处罚。如果将杀害被绑架人未遂的情况排除在可判处死刑的情形之外，显然，与立法者对故意杀人罪和绑架罪的评价不相符。此外，如果将绑架罪与故意伤害罪相比较，亦有助于对这一问题的理解与把握。《刑法》第234条第2款规定：“以特别残忍手段致人重伤造成严重残疾的，处十年以上有期徒刑、无期徒刑或者死刑。”这表明，故意伤害他人身体，尽管没有造成被害人死亡，但具有法定严重情形的，仍可能适用死刑。与故意伤害罪相比较，绑架罪是一种更为严重的犯罪，因此，法定刑的设置比故意伤害罪更为严厉。如果认为“杀害被绑架人”仅指杀人既遂，势必可能出现故意杀害被绑架人未遂，但手段残忍造成被绑架人严重残疾的，量刑反而要比类似情形的故意杀害罪更轻。这显然不是立法者的意图，更不能视为是立法可能的疏忽。因此，对“杀害被绑架人”的合理解释，应当是将杀害被绑架人未遂的情况包括进去。

2. 从比较“致使被绑架人死亡”和“杀害被绑架人”这两类情形的罪过形式来看，致使被绑架人死亡可能包括行为人过失致使被绑架人死亡的情形，杀害被绑架人则指对被绑架人实施故意杀害的行为。显然，故意杀害被绑架人的主观恶性程度明显高于过失致被绑架人死亡的情形，对过失致使被绑架人死亡的情形尚需适用死刑，那么对故意杀害被绑架人未遂的，特别是手段残忍、后果严重的这类情形，就更没有理由不适用死刑了。我们认为，将“杀害被绑架人”扩张解释为包括杀害被绑架人未遂的情况在内，更符合立法本意。而仅按“杀害”的字面含义，贸然断论这里的“杀害”就是仅指“杀死”则未免偏颇。其偏颇之处就在于这种理解将导致对那些绑架并杀害被绑架人未遂，但手段特别残忍、后果特别严重论罪应当判处死刑的情形，则不能直接适用绑架罪的相关条款对其准确定罪量刑。

需要特别注意的是，我们主张，将“杀害被绑架人”理解为包括杀害被绑架人未遂这一情形在内，绝不等于说，对所有绑架并杀害被绑架人未遂的情形，都必须一律判处死刑。根据《刑法》第48条的规定，死刑只适用于罪行极其严重的犯罪分子。对于应当判处死刑的犯罪分子，如果不是必须立即执行的，可以判处死刑同时宣告缓期两年执行。虽然《刑法》第239条第1款中规定“杀害被绑架人的”，其法定刑为绝对确定的法定刑死刑，但在具体量定刑罚时，还要贯彻不同情况区别对待的原则。就杀害被绑架人未遂的情况而言，我们认为，对其中那些杀害被绑架人手段特别残忍且已造成特别严重后果的，应依法考虑判处死刑。但造成的后果并非特别严重，如没有造成特别严重残疾的，并非不能从轻判处，如有的可考虑判处死缓。需要说明的是，杀害被绑架人未遂这一情形本身能否作为一个法定的从轻或减轻的情节来考虑，目前尚有争议。有观点认为，杀害被绑架人未遂，并非绑架罪未遂，因此，不能作为一个的独立的法定从轻或减轻的情节。这种观点有一定的道理。我们认为，即便如此，把杀害被绑架人未遂的情形，视作为一个可以酌定从轻或减轻处罚的情节，应当是没有什么疑问的。在没有其他法定从轻或减轻处罚情节的条件下，如根据案件特殊情况，确需要在法定刑（死刑）以下量刑的，则应依照《刑法》第63条规定的特别程序来解决。

问题6. 利用被害人年幼将其哄骗至外地继而敲诈其家属钱财的能否构成绑架罪

【刑事审判参考案例】张某敲诈勒索案①

一、基本案情

江苏省淮安市淮阴区人民法院经公开审理查明：2006年10月2日13时许，被告人张某在淮安市淮阴区西宋集镇开往淮阴的专线车上偶遇中学生戴某（男，1993年生），戴某到淮阴区汽车北站下车后，张某主动上前搭讪。在了解到戴某的家庭情况后，张某遂产生将戴某带到南京，向戴某家人要钱的想法。随后，张某以戴某父亲与人抢劫分赃不均、现有人要将戴某父带到南京并以戴某做保障为借口，将戴某哄骗至南京并暂住在南京市鸿兴达酒店。当晚23时许，被告人张某外出打电话到戴某家，要求戴家第二天付8万元人民币并不许报警，否则戴某将有危险。次日上午，被告人张某又多次打电话到戴家威胁。其间，戴某乘被告人外出之机与家人电话联系，得知其父并无危险。后在家人

---

① 徐俊、孙江撰稿，罗国良审编：《张某敲诈勒索案——利用被害人年幼将其哄骗至外地继而敲诈其家属钱财的能否构成绑架罪（第443号）》，载最高人民法院刑事审判第一、二、三、四、五庭主办：《刑事审判参考》（总第56集），法律出版社2007年版。

的指点下离开酒店到当地公安机关求助，淮安警方在南京将被告人张某抓获。

江苏省淮安市淮阴区人民法院认为，被告人张某以非法占有为目的，采用威胁等方法强行索取公民财物，数额巨大，其行为已构成敲诈勒索罪。针对公诉机关指控的绑架罪名，经查，被告人张某实施的犯罪行为所侵犯的客体主要是公民的财产权利，绑架罪所应具备的“劫持人质”的特征在本案中亦不明显，事实上戴某的人身自由也未被剥夺，被告人张某在本案中的行为尚未达到绑架犯罪所应达到的严重程度，以敲诈勒索罪对其定罪处罚比绑架罪更为符合罪刑相适应的原则。被告人张某因意志以外原因犯罪未得逞，属犯罪未遂，依法可从轻处罚。其认罪态度较好，可以酌情从轻处罚。依照《刑法》第274条、第23条之规定，作出如下判决：被告人张某犯敲诈勒索罪，判处有期徒刑五年。

一审宣判后，被告人张某未提出上诉。江苏省淮安市淮阴区人民检察院以一审判决定性错误、量刑畸轻为由提出抗诉，后江苏省淮安市人民检察院在二审阶段撤回抗诉。判决已发生法律效力。

二、主要问题

本案被告人张某的行为能否构成绑架罪？

三、裁判理由

1. 勒索型绑架罪与诱拐型敲诈勒索罪的区别。勒索型绑架罪与诱拐型敲诈勒索罪在构成要件上有一些相似之处，主要表现为：都是以对被害人实施加害相要挟，向被害人的利害关系人提出索财要求，以达到其获取财物的目的。但是，两罪也存在明显差别：勒索型绑架罪是指行为人以勒索财物为目的，使用暴力、胁迫或者其他方法劫持他人的行为，其实质是行为人实际控制被害人作为人质，被害人处于行为人的实力控制之下，失却人身自由，其人身安全处于随时可能被侵犯的危险状态。因此，刑法将绑架罪归类于第四章侵犯公民的人身权利、民主权利罪中。可见，从犯罪客体方面来看，人身权利是绑架罪侵犯的主要客体，财产权利是绑架罪侵犯的次要客体。这应该说是两罪的本质区别，即绑架罪要求被告人既具有绑架劫持被害人的主观故意，同时又实施了对被害人已达到实际控制其人身自由的绑架行为。这是认定绑架罪的一个不可或缺的实质性要件。反过来说，如果被告人所实施的行为既不足以对被害人形成实际的控制，也没有对被害人实施进一步加害的故意，则不能认定被告人有控制或加害被害人的主观故意，也就不能认定为绑架罪。因为绑架罪作为重罪，在具体认定上必须考虑其行为对于保护客体的侵害达到与其刑罚设置相匹配的程度，这就要求该行为对于被害人人身自由的剥夺、对人身安全的威胁必须达到相当严重的程度才能以绑架罪定罪处罚，这是罪刑相适应原则对于严格解释法条准确定罪的基本要求。刑法将敲诈勒索罪归入侵犯财产罪一章，说明公私财产权是该罪侵犯的主要客体，显然没有要求其具有人身伤害性。因此，区别勒索型绑架罪还是诱拐型敲诈勒索罪，关键就是要确定被告人是否真正绑架了被害人，也即其行为对被害人人身自由的剥夺是否达到严重的程度、是否严重危及了被害人的人身安全。

就本案而言，被告人张某能够顺利将被害人戴某带到南京，主要是利用戴某年龄较小、社会经验不足的特点，对其进行哄骗所致。从现有证据看，被告人在实施犯罪过程中，除对被害人本人使用了一些威吓性语言外，主要采取的是对被害人欺骗的手段，使其自愿跟随她去南京，且被告人对被害人从未实施暴力或以暴力相威胁，其左右被害人对之实施控制的手段中期骗的成分大于威胁的成分，亦未对其人身实施任何实质性的限

制，只是把他唬到南京，花钱供他吃住，出门的时候也只是将戴某一个人丢在房间里，致使被害人可以“乘被告人外出之机与家人电话联系，得知其父并无危险。后在家人的指点下离开酒店到当地公安机关求助”。作为一个正常的成年人，被告人对于像被害人（12岁）那样大的学生能否实施打电话、离开房间等自主行动应当是有明确的判断的，其当时也完全有条件对被害人采取一些强制手段，限制或剥夺其人身自由，使他无法实施这些自救行为，但她并未采取任何有效的措施，可见被告人并不是真的要将被害人完全控制起来，并未真正剥夺被害人的人身自由。在这种情况下，被害人戴某的行动实际上是自由的，既没有被看押、捆绑、殴打，更没有被伤害，除了受到被告人谎言的吓唬而随其来到南京之外，其人身自由事实上并未受到什么影响。当然，如果被害人年龄过小，如三四岁的幼儿，尚不足以控制和支配自己的自主行动，无法自觉地摆脱被告人的实际控制，则另当别论。综上，本案现有证据不能认定被告人张某主观上具有要绑架戴某的故意，其也未真正对戴某的人身自由实行完全的控制并有危及其人身安全的意图和行为，不符合绑架罪的特征，不能构成绑架罪。同时，正因为被告人张某并未完全限制戴某的人身自由，其行为亦不构成非法拘禁罪。

2. 被告人的行为构成敲诈勒索罪。被告人张某主观上敲诈勒索财物的犯罪故意非常明显，客观上实施了用戴某的安全来对其父母进行恐吓，使其产生恐惧心理，试图敲诈戴某家里8万元的犯罪行为，没有对戴某进行人身强制，其行为侵害的客体主要应当为戴某家人的财产权利，因此，被告人张某的行为完全符合敲诈勒索罪的构成特征。只是本案被告人的行为比一般的敲诈勒索犯罪多了一个拐骗戴某的情节，但这一情节只是其实施敲诈行为的辅助手段，且并未达到完全限制被害人人身自由的实际控制程度，即尚未上升为绑架他人作为人质进行勒索的绑架行为，故对本案被告人的行为以敲诈勒索罪定罪处罚，更符合主客观相一致的原则。

问题7. 犯罪人绑架他人后自动放弃继续犯罪的如何处理

【刑事审判参考案例】俞某绑架案①

一、基本案情

浙江省桐乡市人民法院经公开审理查明：2007年3月29日7时30分许，被告人俞某驾驶面包车途经浙江省桐乡市梧桐街道世纪大道与茅盾路交叉口时，看到被害人魏某（女，8岁）背着书包独自站在路边，因其无法偿还所欠他人债务顿生绑架勒索财物之念。俞某以驾车送其上学为由，将魏某诱骗上车，后驾车途经桐乡市下属乡镇及相邻的海宁市等地。期间，俞某通过电话，以魏某在其处相要挟，向魏某的父亲以“借”为名索要人民币5万元，并要求将钱汇至自己用假身份证开设的农业银行金穗通宝卡上。当日10时许，俞某出于害怕，主动放弃继续犯罪，驾车将魏某送回桐乡市梧桐街道，并出资雇二三轮车将魏某安全送回所在学校。

浙江省桐乡市人民法院认为，被告人俞某以勒索财物为目的，采用拐骗等手段对人

---

① 陆建红、杨军撰稿，耿景仪审编：《俞某绑架案——犯罪人绑架他人后自动放弃继续犯罪的如何处理（第496号）》，载最高人民法院刑事审判第一、二、三、四、五庭主办：《刑事审判参考》（总第63集），法律出版社2008年版，第10～16页。

质进行控制，其行为已构成绑架罪。俞某以勒索财物为目的，在将被害人魏某以拐骗方式实际控制后，其犯罪行为即已既遂，其主动将被害人送回学校，放弃继续犯罪的行为不属于犯罪中止。俞某虽不具备法定减轻处罚情节，但其绑架犯罪属临时起意，绑架人质采用诱骗方式，控制人质期间未对被害人实施暴力或威胁，后能及时醒悟，主动将被害人送回，未对被害人造成身体、心理上的伤害，犯罪时间较短，犯罪手段、情节、危害后果较轻，对其在法定刑幅度内量刑明显过重，应予减轻处罚。依照《刑法》第 239 条和第 63 条第 2 款的规定，判决如下：被告人俞某犯绑架罪，判处有期徒刑四年，并处罚金人民币 3 万元。

宣判后，被告人俞某服判，未上诉，检察机关亦未抗诉。桐乡市人民法院依法逐级上报核准。

浙江省嘉兴市中级人民法院和浙江省高级人民法院复核认定的事实和证据与原审判决认定的事实和证据相同，并同意原审对被告人俞某犯绑架罪，在法定刑以下量刑的判决。

最高人民法院经复核后认为，被告人俞某以勒索财物为目的，采用拐骗等手段对儿童进行控制，并向其亲属勒索钱财，其行为已构成绑架罪。鉴于俞某拐骗控制儿童时间较短，在控制期间未实施暴力、威胁，且能及时醒悟，不再继续犯罪，作案后认罪态度较好，确有悔罪表现等具体情节，对其可以在法定刑以下判处刑罚。原审判决认定的事实清楚，证据确实、充分，定罪准确，量刑适当，审判程序合法。依照《刑法》第 63 条第 2 款和《最高人民法院关于执行〈中华人民共和国刑事诉讼法〉若干问题的解释》第 270 条的规定，裁定核准浙江省桐乡市人民法院以绑架罪，在法定刑以下判处被告人俞某有期徒刑四年，并处罚金人民币 3 万元的刑事判决。

二、主要问题

1. 如何认定绑架罪的犯罪既遂？

2. 绑架他人后自动放弃继续犯罪的行为如何量刑？

三、裁判理由

（一）犯罪分子绑架人质的行为一经完成，就构成犯罪既遂，之后主动放弃继续犯罪并释放人质的行为，属于犯罪既遂后的补救措施

我们认为，只要行为人以勒索财物或其他非法目的，实施了绑架并控制他人的行为，即属犯罪既遂。理由在于：首先，基于罪刑法定原则，我国刑法学界通说认为，犯罪行为具备分则条文法定的全部构成要件是认定犯罪既遂的标准。根据《刑法》第 239 条的规定，以勒索财物为目的绑架他人的，或者绑架他人作为人质的，构成绑架罪。据此，绑架罪的实行行为仅是绑架这一单一行为，而勒索目的则属于主观目的要件。目的要件在司法中能够充分证明即可，并不要求必须有相应的实际行为。提出勒索要求或者实施了勒索行为是勒索目的的具体体现，但也只是勒索目的的一种认明方式。因此，行为人着手实行并完成了绑架他人的行为，就充分了绑架罪的实行要件，应构成犯罪既遂。其次，确立这样的既遂标准，符合刑法严惩绑架这一严重刑事犯罪的立法意图。刑法将绑架罪规定为侵犯公民人身权利的犯罪，说明其首要保护的法益是公民人身权利。因为犯罪行为人一旦成功实施绑架他人的客观行为，便控制了他人的人身自由，对他人的人身安全造成重大威胁，严重侵害刑法所保护的法益，以之作为既遂标准，符合绑架罪的法益保护要求。至于勒索财物或者其他不法目的，仅是刑法分则所描述的实施绑架犯罪客观行为时的主观目的要件，不宜扩张引申为必须实现犯罪目的方能构成犯罪既遂，否则，

会出现对于绑架行为已严重侵害刑法所保护的公民人身权利，却因没有实施勒索行为或没有勒索到财物，便无法按照既遂犯予以处罚的情形，致使重罪轻判、罚不当罪，有违刑法严惩绑架犯罪的立法本意。

就本案而言，被告人俞某以勒索财物为目的，以诱骗的方式实际控制了被害人，已然完成了刑法所规定的绑架罪全部主客观构成要件，对被害人的人身权利构成了实质性侵害，而且实施了向被害人家属的勒索行为，足以认定构成绑架罪既遂。之后，其不再继续勒索财物，且将人质安全送回，均为犯罪既遂后的补救措施，系自动放弃继续犯罪，但不能认定为犯罪中止。故法院依照刑法关于绑架罪的规定，对俞某所犯罪行作出既遂的认定是正确的。

（二）被告人自动放弃获取赎金、将被害人安全送回，对其可经法定程序报最高人民法院核准在法定刑以下判处刑罚

《刑法》第 63 条第 2 款规定，犯罪分子虽然不具有本法规定的减轻处罚情节，但是根据案件的特殊情况，经最高人民法院核准，也可以在法定刑以下判处刑罚。这就是我国刑法规定的特别减轻处罚制度。适用特别减轻处罚须具备两个条件：一是实体要件，即个案中出现法定情节之外的特殊情况，需要减轻处罚；二是程序要件，即须逐级报最高人民法院核准。

就本案而言，被告人俞某的犯罪情节符合适用特别减轻处罚的实体要件，可以对其适用特别减轻处罚。具体理由如下：

首先，从罪责刑相均衡角度出发，应当对被告人俞某适用特别减轻处罚。绑架罪是严重危害社会治安和公民人身权利的罪行，刑法为了严厉打击绑架犯罪，规定完成绑架他人的行为即构成犯罪既遂且配置了较重的法定刑。这是因为常态下的绑架犯罪，犯罪既遂后，犯罪实害行为仍在继续，犯罪人还将继续控制被害人，以保证勒索财物的目的或者其他目的顺利实现。在此过程中，犯罪人不仅继续控制被害人的人身自由，而且严重威胁着被害人的人身安全，随时可能对被害人造成更加严重的侵害。但在本案中，被告人俞某实施绑架犯罪的情节、性质、危害及体现出来的人身危险性，均轻于一般的绑架犯罪，具体体现在以下几个方面：（1）犯罪既遂后，俞某主动放弃继续犯罪，并实施了一系列补救措施。如放弃继续勒索，在获取赎金之前，自动放弃对被害人的人身控制，并将被害人安全送回。也就是说，其犯罪目的和对被绑架人的人身侵害均已经自动终止。（2）其所实施的绑架手段对被绑架人的实际危害较小。俞某实施绑架的手段是拐骗而不是暴力，且控制被绑架人的时间较短，在控制期间既未对被绑架者实施威胁，也未实施暴力，仅以被绑架人在其处进行勒索，而未以“撕票”等人身侵害手段相威胁，对被害人及其亲属的身心伤害相对较轻。（3）人身危险性相对较小。俞某能及时醒悟，不再继续犯罪，且将人质安全送回，作案后认罪态度较好，确有悔罪表现等具体情节，均体现了其相对较小的人身危险性。综上，如果对俞某在法定刑范围内量刑，即使对其判处最轻的刑罚即有期徒刑十年，也仍显量刑过重。因此，根据其犯罪情节，应当对其适用特别减轻处罚，以实现罪刑均衡。

其次，对被告人俞某适用特别减轻处罚，符合宽严相济的刑事政策。对于常态的绑架犯罪，我国刑法在定罪、量刑、行刑三方面均表达了从严惩处的态度，不仅规定完成绑架他人的行为即构成绑架既遂，配置了极高的法定刑，而且规定在法定刑范围内处刑的绑架罪犯不得假释。这体现了刑法严惩严重危害社会治安犯罪的一贯刑事政策。该严

则严、当宽则宽。宽严相济，既凸显严厉打击的震慑力，又要发挥从宽政策的感化力。就绑架罪来说，刑法之所以在定罪、量刑、行刑诸方面作了较为严厉的规定，其最核心的宗旨是最大程度保护被绑架人的人身安全。被绑架人是否死亡是对犯罪人是否适用死刑的标准，体现了对人生命的特殊保护。也就是说，只要没有造成被绑架人死亡结果，法律就给犯罪人生的机会。

就此推论，在没有发生致被绑架人死亡结果的情况下，虽然法定刑范围是十年以上有期徒刑、无期徒刑，但是对被绑架人的人身侵害程度不同，量刑肯定不同。问题是只要实施了绑架犯罪，在没有法定从宽量刑情节的情况下，起刑就是十年有期徒刑。在实践中，绑架犯罪的个案情况很复杂。如在对被绑架人的人身侵害上，有致人重伤且造成严重残疾、一般重伤、轻伤、轻微伤和没有造成伤害的程度之分；在犯罪手段上有暴力、威胁，威胁但未使用暴力，既未威胁也未使用暴力之分；在其他犯罪情节上，有是否实施勒索行为，是否采取补救措施，是否主动终止继续犯罪的区分。对于上述不同情况下的绑架犯罪，显然不能简单、机械地一律在十年以上有期徒刑、无期徒刑的范围内量刑。有观点认为，只要罪犯实施了绑架行为，就应以严惩的高压态势，一律给予十年有期徒刑以上的刑罚，有利于有效地遏制此类犯罪的发生。我们认为，这种观点只看到问题的一个方面，另一个方面是，在绑架犯罪行为已经实施的情况下，如何给予犯罪分子一定的悔过出路，就能最大限度地保护被绑架人的人身安全。对那些绑架情节较轻，没有对被绑架人实施暴力、威胁行为的，应该给予从宽的刑事处罚，并且要宽得足以引导和鼓励已经实施了绑架犯罪的罪犯作出放弃犯罪、不伤害被绑架人的选择。而刑法对绑架罪规定起刑即十年有期徒刑，在发挥这方面作用上存在一定的局限性。因此，有必要对某些情况特殊的案件启动特别减轻处罚程序，本案就是一个典型。如前所述，被告人俞某绑架犯罪既遂后，具有主动放弃犯罪、将人质安全送回、悔罪表现较好等情节，应当在刑罚上得到一定鼓励，以有效地保护被害人的人身自由和安全，实现法律效果与社会效果的有机统一。如果对俞某在法定刑幅度内从轻处罚，即使给予最低刑罚有期徒刑十年，也仍然体现不出因其具有明显异于一般绑架犯罪的从宽情节而对其的处罚明显有别的从宽处遇。此时，根据刑法总则关于在特殊情况下可核准法定刑以下量刑的规定，大胆地用足、用好从宽政策，处以轻缓刑罚，以与通常状态的绑架罪的严厉处罚形成鲜明对比，来充分体现宽严相济的刑事政策。

综上，法院根据本案的特殊情况，在法定刑以下对被告人俞某判处有期徒刑四年，并处罚金人民币 3 万元，并逐级上报最高人民法院核准，符合罪责刑相适应原则的要求，准确贯彻了宽严相济的刑事政策。

问题 8. 绑架罪未完成形态的区分

【刑事审判参考案例】白某、肖某绑架案①

一、基本案情

北京市朝阳区人民法院经公开审理查明：被告人白某于 2004 年 9 月意图绑架陈某某

---

① 臧德胜撰稿：《白某、肖某绑架案——绑架罪未完成形态的区分（第 570 号）》，载最高人民法院刑事审判第一、二、三、四、五庭主办：《刑事审判参考》（总第 69 集）法律出版社 2009 年版，第 48 ~ 56 页。

勒索财物，并于当月自制爆炸装置3枚。同年10月间，白某与被告人肖某进行绑架预谋，购买了伪造的牌号为京O××××8的机动车号牌1副、警服1套、弹簧刀1把、仿真枪1把，窃取了牌号为京C××××8的机动车号牌1副作为犯罪工具，伪造了姓名为“金某力”“王某”的身份证2张用于犯罪后潜逃。二被告人又用肖某的照片伪造了姓名为“赵名来”的警官证1本。后根据白某制订的犯罪计划，二被告人于同年12月1日8时许，以租车为名从本市顺义区名都花园社区门前将白某某骗至大兴区亦庄附近，采用暴力手段强行劫走白某某驾驶的黑色帕萨特牌轿车1辆（车牌号京G××××4，价值人民币206 800元），告诉白某某借用该车一天，用后返还，让白某某留下了联系方式。12月2日早晨，二被告人用捡来的姓名为“李某婷”的身份证办理了手机卡1张。同日9时许，二被告人将帕萨特牌轿车的车牌号由京G××××4更换为京O××××8，并驾驶该车携带上述作案工具至本市朝阳区中国紫檀博物馆附近，冒充北京市公安局领导与陈某某电话联系，谎称其子涉嫌刑事案件需向其调查，欲将陈某某骗上车后予以绑架勒索财物，后因误认为陈某某已产生怀疑而于当日11时许逃离现场，并通知白某某在指定地点将帕萨特轿车取回。二被告人于同年12月10日被查获归案。

北京市朝阳区人民法院认为，被告人白某、肖某为绑架他人勒索财物而准备工具，制造条件，二被告人的行为均已构成绑架罪，依法均应予惩处。鉴于被告人白某、肖某为实施绑架犯罪而准备犯罪工具，并设骗局意图接近被害人的犯罪行为，系犯罪预备；二被告人归案后均能如实供述犯罪事实，有认罪悔罪表现，故对二被告人依法减轻处罚。关于被告人白某的辩护人认为被告人白某系犯罪中止的辩护意见，经查，二被告人为了达到绑架人质勒索财物的目的，实施了一系列的行为，因为误以为骗局被识破，而未敢接近被害人，没有将犯罪行为进行下去，属于意志以外的原因，不属于犯罪中止，故对此项辩护意见不予采纳。依照《刑法》第239条第1款、第25条第1款、第22条、第55条第1款、第56条第1款、第52条、第53条之规定，判决如下：（1）被告人白某犯绑架罪，判处有期徒刑八年，剥夺政治权利一年，罚金人民币1万元。（2）被告人肖某犯绑架罪，判处有期徒刑七年，剥夺政治权利一年，罚金人民币1万元。

一审宣判以后，被告人白某、肖某不服，向北京市第二中级人民法院提出上诉。北京市第二中级人民法院经审理认为，原判事实清楚，证据确实充分，量刑适当，审判程序合法，依法驳回上诉，维持原判。

二、主要问题

1. 绑架罪的未完成形态如何认定？

2. 为了实施绑架犯罪而抢劫了他人汽车的行为，如何定罪？

三、裁判理由

（一）是否“着手”实行犯罪是区分犯罪预备与犯罪未遂的标准

本案中，二被告人为了实施绑架犯罪，准备了犯罪工具，并且与被害人电话联系，试图骗出被害人，后因认识错误而停止犯罪，其行为是犯罪预备还是犯罪未遂，审理中存在较大的分歧，需要澄清。

正确区分犯罪预备和犯罪未遂，关键在于犯罪停止的阶段，即是停止在犯罪实行前阶段还是犯罪实行阶段。根据刑法规定，是否着手实施犯罪是区分犯罪实行前阶段和实行阶段的标准。尚未着手实施犯罪，只是为了犯罪而准备工具、制造条件，由于意志以外的原因而停止的，属于犯罪预备；已经着手实施犯罪，由于意志以外的原因而停止的，属于犯罪未遂。一般认为，已经着手实行犯罪，是指被告人已经开始实施刑法分则规定的具体犯罪构成要件中的犯罪行为，这种行为已经不再是为犯罪的实行创造便利条件的性质，已经使刑法所保护的具体法益初步受到危害或者面临实际的威胁。据此，准确认定犯罪行为的着手，必须结合具体个罪，根据刑法分则条文的规定，考察其犯罪构成要件的客观方面。凡是实施了分则规定的某一犯罪客观构成要件方面的行为的，属于已经着手；凡是尚未实施上述行为，只是为上述行为的实行和犯罪的完成创造便利条件的，属于未着手，符合条件的，可以认定为犯罪预备。

犯罪预备有两种情形：其一是准备犯罪工具；其二是为实施犯罪创造便利条件。其中，制造条件形式多样，往往容易与实行行为相混淆，尤其是接近犯罪对象的行为。这种行为是很多犯罪的共性行为，不属于某一具体犯罪的客观要件，对犯罪对象的威胁并不迫切，不应属于实行行为，而应属于预备行为。具体到本案而言，正确认定二被告人是否着手实施绑架行为，必须正确界定绑架罪的客观行为。根据《刑法》第238条的规定，绑架罪是指被告人以勒索财物为目的绑架他人，或者绑架他人作为人质的行为。根据该条规定，只要实施了劫持人质行为，就属于犯罪已经着手。劫持的方式一般表现为使用暴力、胁迫以及其他剥夺自由的手段。凡是为以暴力、胁迫等手段剥夺被害人人身自由服务、创造条件的行为，均属于绑架罪犯罪预备行为，而不应认定为实行行为。如行为人采用欺骗手段将被害人骗至或者骗离某一地点再进行挟持的，这种骗离行为尚不属于劫持行为，因为这种行为尚未真正侵害到被害人的人身自由，只有对被害人进行扣押或者关押，限制或剥夺其人身自由，才属于劫持行为。从劫持的时间角度看，只有被告人实施了暴力、胁迫等剥夺被害人人身自由的行为，才能认定为开始实施劫持行为。在此之前的行为，不论复杂简单、时间长短、内容多少、危害大小，均属于劫持开始前为劫持目的服务的行为，不应认定为劫持行为本身，也就不能认定为着手实施绑架犯罪。相应地，可以认定为绑架罪预备阶段的行为，按照犯罪预备处理。这是因为我国刑法对绑架罪设置了严厉的刑罚，法定最低刑为有期徒刑十年。纵观我国刑法分则的规定，“十年以上有期徒刑或者无期徒刑”这一法定刑幅度所对应的都是严重的罪行，如故意伤害致人死亡、抢劫致人重伤或者死亡等犯罪。因此，我们在解释、认定绑架罪的构成要件时，应考虑到其法定刑的严重程度作出相应合理的解释，以实现罪刑均衡。在确定绑架罪的“着手”时，一方面要符合“着手”的一般理论，另一方面要顾及绑架罪的特殊性。鉴于绑架罪的法定刑起点较高，确定其“着手”的时间就不宜过早，避免对较轻的行为科以过重的刑罚，从而做到罪刑相适应。具体地说，绑架罪的“着手”应该解释为实施了直接侵犯人质人身权利的行为，即劫持人质的行为。因为只有这种劫持行为才直接侵犯法益，才能与“十年以上有期徒刑或者无期徒刑”相匹配。相应地，在劫持人质之前的行为，只具有抽象的危险性，尚未对人质造成现实的危害，不足以解释为绑架的实行行为，否则会造成罪刑的不均衡。

本案中，二被告人经过预谋，准备绑架陈某某勒索财物。为了达到这一犯罪目的，进行了周密的计划与部署，包括准备犯罪工具，设骗局接近陈某某。其中准备用于扣押被害人的车辆和用于胁迫被害人的爆炸装置，均属于准备犯罪工具的范畴，系犯罪预备行为，不存争议。有争议的问题在于，被告人设骗局与被害人电话联系意图让被害人“自动地”来到其车辆上，这是否属于绑架的着手。从社会生活领域或者从被告人的主观意思中可能会认为，经过了数月的筹划，准备了所需要的全部工具，到了案发当天，时

机成熟了，便可以“着手”实施了，便打了电话与被害人联系，以至于认为这一行为属于绑架罪的着手。但是，根据上述有关绑架罪着手的认定标准，被告人只有实施了扣押被害人剥夺其人身自由的行为才能属于绑架的实行行为，才可以认定为绑架的着手。因此，被告人诱骗被害人的行为，是为实施扣押行为提供便利，创造条件，使绑架行为得以实施，应当属于犯罪预备。故本案中，二被告人的行为尚处于预备阶段，而不属于已经着手实施犯罪。

（二）是否具有停止犯罪的“主动性”是区分犯罪预备与犯罪中止的标准

在本案中，二被告人在与被害人联系过程中，误以为被察觉，遂停止了犯罪，这种情况是否属于犯罪中止，成了本案的另一个争议问题。

根据我国刑法总则规定，犯罪中止的成立，必须满足以下几个条件：第一，时间条件，即只能存在于犯罪过程中，犯罪中止不仅存在于犯罪实行阶段，也存在于犯罪预备阶段。第二，原因条件，即基于主观自动的原因，具有主动性。在犯罪中止的情况下，之所以没有完成犯罪，是由于行为人自动放弃犯罪或者防止犯罪结果的发生，被告人自认为在当时的情况下可以继续实施、完成犯罪，基于本人的意志而停止了犯罪，属于犯罪中止。反过来说，虽然在客观上不存在犯罪的障碍，但是被告人误认为存在犯罪的障碍，认为犯罪不可能继续进行的，这种情况下停止犯罪的，不具有停止犯罪的主动性。第三，效果条件，即被告人必须是彻底地放弃了犯罪，且没有发生犯罪结果。

在绑架犯罪的预备阶段，区分犯罪预备和犯罪中止，关键在于正确认定被告人停止犯罪是自愿的还是被迫的，没有着手实施绑架犯罪行为是否违背其主观意志。区分犯罪预备和犯罪中止，就需要考察被告人放弃继续实施预备行为及实施犯罪行为是否因为遇到了不利于着手的因素，该因素不利程度如何，是否足以阻止被告人着手实施犯罪。如果回答是肯定的，则可能成立犯罪预备；否则可能成立犯罪中止。

具体到本案，二被告人经过周密策划，犯罪意志坚定，试图将绑架犯罪进行到底，甚至准备好了犯罪后潜逃使用的犯罪工具。在进行犯罪预备活动即编造谎言联系被害人的过程中，误以为被被害人发现了真相，事情败露，遂停止了犯罪。被告人试图通过编造谎言的手段接近被害人，因为认识错误而认为存在继续进行犯罪的障碍，不但不能骗出被害人还有被当场抓获的现实危险。这种认识错误本身就是一个客观存在的障碍，且这种障碍是重大的，足以打破二被告人的犯罪计划，使犯罪无法继续。这正是“意志以外的原因”迫使被告人停止了犯罪，属于犯罪预备。而事实上，被害人恰恰被二被告人的行为欺骗了，信以为真，决定乘坐二被告人的车辆，并到门口等待车辆的到来，如果被告人没有发生认识上的错误，犯罪行为是可以继续进行下去的，但是这些并不影响被告人行为的定性。二被告人放弃犯罪，并非自己主动放弃实施犯罪，如果二被告人当时没有发生认识错误，势必会按部就班地实施自己的犯罪计划。缺乏主动性的停止犯罪，故不能成立犯罪中止。

（三）为了实施绑架犯罪而抢劫他人汽车的行为如何定罪

本案中，二被告人为了准备绑架工具强行劫走了白某某的汽车，允诺用后返还，且其事后确实返还了车辆，这一行为不构成抢劫罪。

抢劫罪，在主观方面要求行为人具有非法占有的目的。这种“非法占有”，不同于民法中作为所有权内容之一的“占有”，不是暂时的占有而是永久的占有，主观上不打算归还，即意图变他人所有为自己所有。如果行为人主观上只是想暂时使用，没有占为己有的目的，则不能认定为抢劫罪。当然，这种主观的想法不能仅凭行为人的供述和辩解，而应结合客观方面综合分析认定。《最高人民法院关于审理盗窃案件具体应用法律若干问题的解释》第12条第3项规定："为盗窃其他财物，盗窃机动车辆当犯罪工具使用的，被盗机动车辆的价值计入盗窃数额；为实施其他犯罪盗窃机动车辆的，以盗窃罪和所实施的其他犯罪实行数罪并罚。为实施其他犯罪，偷开机动车辆当犯罪工具使用后，将偷开的机动车辆送回原处或者停放到原处附近，车辆未丢失的，按照其所实施的犯罪从重处罚。"这是针对盗窃问题的规定，但是通过这一规定，可以看出盗窃罪中的"非法占有"排除了暂时使用这种情况。而抢劫罪和盗窃罪在非法占有目的这一主观方面是一致的，可以做相同的理解，即强行劫取他人车辆暂时使用，事后返还的，不宜认定为抢劫罪。当然，如果在劫取车辆过程中使用暴力行为，构成其他犯罪的，可以以其他犯罪惩处。

具体到本案，被害人白某某是一名"黑车"司机，二被告人以租车为名将白某某骗至偏僻的地方，然后采用暴力手段控制白某某，向其表明要借用该车，第二天办完事后会把车辆返还，如果白某某不同意，将对其施暴。白某某迫于无奈，交出了车钥匙，让二被告人将车开走。二被告人让白某某留下了联系方式，称次日中午前会通知白某某取车，然后将车开走。白某某车辆被劫走以后，随即报警。警方对此案立案侦查。二被告人在绑架行为未能实施后，将该车停在朝阳区酒仙桥一停车场，把车钥匙放在车旁隐蔽地方，然后打电话通知白某某取车，白某某按照电话指示的地方果然找到了自己的车辆，由此可以印证二被告人在主观上只是想强行借用被害人的车辆，而不是要非法占有被害人的车辆。二被告人对车辆没有非法占有的目的，故不应认定为抢劫罪。

如果二被告人劫取被害人的车辆作为绑架罪的犯罪工具，也没打算返还车辆的，则其主观上就具有非法占有的目的，这种行为构成抢劫罪。此时，其抢劫汽车的行为属于绑架罪的预备行为，但是二者不属于牵连犯，也不属于吸收犯，应予并罚惩处。对此，《最高人民法院关于审理抢劫、抢夺刑事案件适用法律若干问题的意见》规定："为抢劫其他财物，劫取机动车辆当作犯罪工具或者逃跑工具使用的，被劫取机动车辆的价值计入抢劫数额；为实施抢劫以外的其他犯罪劫取机动车辆的，以抢劫罪和实施的其他犯罪实行数罪并罚。"这一规定，为处理此类问题提供了依据，当然这是以其劫取机动车辆的行为构成抢劫罪为前提的。

问题9. 帮人"讨债"参与绑架，与人质谈好"报酬"后将其释放，事后索要"报酬"的如何定罪处罚

【刑事审判参考案例】李某、袁某、胡某等绑架、非法拘禁、敲诈勒索案[①]

一、基本案情

天津市第一中级人民法院经公开审理查明：2006年3月初，被告人李某、袁某、胡

---

① 郝红鹰撰稿，耿景仪审编：《李某、袁某、胡某等绑架、非法拘禁、敲诈勒索案——帮人"讨债"参与绑架，与人质谈好"报酬"后将其释放，事后索要"报酬"的如何定罪处罚（第571号）》，载最高人民法院刑事审判第一、二、三、四、五庭主办：《刑事审判参考》（总第69集）法律出版社2009年版，第57~65页。

某、东某预谋绑架石某勒索钱财。袁某以帮助他人“要账”为由纠集被告人燕某、刘某、刘某荣、刘某某参与。同年3月9日，李某、袁某、胡某、燕某、刘某、刘某荣、刘某某冒充公安人员驾车将石某绑架至山东省泰安市山区一处住房，期间胡某、袁某将石某身上的手链、项链、戒指等物抢走。李某、袁某指派燕某、刘某、刘某荣、刘某某看押被害人石某。尔后，李某、袁某、胡某两次向石某家属勒索人民币80万元，打入事先开立的信用卡账号中，并在秦皇岛、葫芦岛、唐山等地以划卡消费的方式，购买大量黄金后私分、挥霍。燕某、刘某、刘某荣、刘某某在看押石某期间，得知不存在欠款的事实，遂于3月11日将石某释放。案发后，各被告人被抓获归案。

天津市第一中级人民法院认为，被告人李某、袁某、胡某、东某以勒索财物为目的绑架他人，其行为构成绑架罪，应依法予以处罚。被告人燕某、刘某、刘某荣、刘某某出于索取债务的目的非法扣押、拘禁他人，其行为构成非法拘禁罪，亦应依法予以处罚。根据被告人李某、袁某等犯罪的事实、犯罪的性质、情节、对社会的危害程度及各被告人在共同犯罪中的作用、地位，依照《刑法》第239条第1款，第238条第1款、第3款，第25条第1款，第26条第1款、第4款，第27条，第17条第1款、第3款，第57条第1款，第64条之规定，判决如下：(1) 被告人李某犯绑架罪，判处无期徒刑，剥夺政治权利终身，并处没收个人全部财产；被告人袁某犯绑架罪，判处无期徒刑，剥夺政治权利终身，并处没收个人全部财产；被告人胡某犯绑架罪，判处有期徒刑十五年，并处罚金人民币10万元；被告人东某犯绑架罪，判处有期徒刑八年，并处罚金人民币5万元；被告人燕某犯非法拘禁罪，判处有期徒刑三年；被告人刘某荣犯非法拘禁罪，判处有期徒刑二年；被告人刘某犯非法拘禁罪，判处有期徒刑一年；被告人刘某某犯非法拘禁罪，判处有期徒刑八个月。(2) 犯罪工具桑塔纳汽车一辆（车牌照号：冀R××××7，车架号：LSVAF××××××××5549）依法没收。(3) 继续追缴各被告人所得赃款发还被害人。

一审宣判后，天津市人民检察院第一分院提出抗诉，认为燕某、刘某、刘某荣、刘某某的行为构成绑架罪，原审定性错误、量刑畸轻，应予纠正。被告人袁某不服，以没有参与预谋绑架，原审量刑重为由，提出上诉。其他被告人对一审判决无异议。天津市高级人民法院经审理认为，原判对燕某、刘某、刘某荣将被害人放走后，又勒索被害人6万元的行为，未予认定，属事实不清。依照《刑事诉讼法》第189条第3项之规定，裁定撤销天津市第一中级人民法院（2006）一中刑初字第91号刑事判决，发回天津市第一中级人民法院重新审判。

天津市第一中级人民法院经重审确认了原一审查明的事实，另查明：2006年3月11日，被告人燕某、刘某、刘某荣、刘某某得知被害人石某与李某等人不存在债务关系，并在石某承诺给付好处后，遂将石某放走。其后，燕某、刘某荣、刘某伙同刘某1（另案处理）多次打电话向石某催要钱款，石某害怕遭到他们的再次报复，便向燕某等指定的账户打入人民币6万元，该款大部由燕某、刘某荣、刘某和刘某1私分、挥霍。案发后，公安机关将上述被告人先后抓获归案。犯罪工具桑塔纳汽车一辆（车牌号：冀R××××7）予以扣押。部分赃款赃物已追缴并发还给被害人石某。天津市第一中级人民法院认为，被告人李某、袁某、胡某、东某以勒索财物为目的，结伙并纠集他人以暴力手段绑架他人，其行为已构成绑架罪，且勒索的财物数额特别巨大；被告人燕某、刘某、刘某荣、刘某某在他人纠集下，出于帮助同伙索取债务的目的而非法拘禁他人，其行为已构成非法拘禁罪；燕某、刘某、刘某荣在将被拘禁的被害人放回后，又伙同刘某1施以胁迫手段，向被释放了的被拘禁人索取巨额钱款，其行为已构成敲诈勒索罪。燕某、刘某、刘某荣均一人犯数罪，应当依法实行并罚。公诉机关指控被告人燕某、刘某、刘某荣、刘某某犯绑架罪不当。被告人刘某某在共同犯罪中起辅助作用，是从犯，且其犯罪时未年满18周岁，依法应免予处罚。根据被告人李某、袁某等犯罪的事实、犯罪的性质、情节、对社会的危害程度及各被告人在共同犯罪中的作用、地位，依照《刑法》第239条第1款，第238条第1款、第3款，第274条，第69条，第25条第1款，第26条第1款、第4款，第27条、第17条第1款、第3款、第57条第1款，第37条和第64条之规定，判决如下：（1）被告人李某犯绑架罪，判处无期徒刑，剥夺政治权利终身，并处没收个人全部财产；被告人袁某犯绑架罪，判处无期徒刑，剥夺政治权利终身，并处没收个人全部财产；被告人胡某犯绑架罪，判处有期徒刑十五年，并处罚金人民币10万元；被告人东某犯绑架罪，判处有期徒刑八年，并处罚金人民币5万元；被告人燕某犯敲诈勒索罪，判处有期徒刑四年；犯非法拘禁罪，判处有期徒刑二年，决定执行有期徒刑五年；被告人刘某荣犯敲诈勒索罪，判处有期徒刑三年；犯非法拘禁罪，判处有期徒刑一年，决定执行有期徒刑三年；被告人刘某犯敲诈勒索罪，判处有期徒刑三年；犯非法拘禁罪，判处有期徒刑一年，决定执行有期徒刑三年；被告人刘某某犯非法拘禁罪，免予刑事处罚。（2）犯罪工具桑塔纳汽车一辆（车牌照号：冀R××××7，车架号：LSVAF×××××××5549）依法没收

重审一审判决宣判后，被告人袁某、刘某不服，向天津市高级人民法院上诉。在二审审理过程中，上诉人袁某、刘某申请撤回上诉。

天津市高级人民法院经审理认为，一审法院对各上诉人及原审被告人定罪准确，量刑适当。审判程序合法。依照《最高人民法院关于执行〈中华人民共和国刑事诉讼法〉若干问题的解释》第239条、第244条之规定，裁定准许上诉人袁某、刘某撤回上诉。

二、主要问题

1. 误以为索要债务而帮助他人实施绑架行为，如何定性？

2. 与人质谈好“报酬”后将其释放，事后索要“报酬”的行为，如何定性？

3. 绑架过程中，抢劫人质财物的行为如何定性？

三、裁判理由

在本案的起诉和审理过程中，对被告人李某、袁某、胡某、东某的行为构成绑架罪没有异议，但对燕某、刘某、刘某荣、刘某某如何处理存有分歧。通过对本案事实的分析，根据我国刑法有关共同犯罪的规定，我们认为，燕某、刘某、刘某荣、刘某某与李某、袁某、胡某、东某之间没有共同的绑架故意，燕某、刘某、刘某荣的行为应构成非法拘禁罪、敲诈勒索罪，刘某某的行为构成非法拘禁罪。

（一）误以为索要债务而实施了帮助他人绑架人质的行为，主观上没有绑架的犯罪故意，应当以非法拘禁罪定罪处罚

根据我国《刑法》第25条第1款的规定，共同犯罪是指二人以上共同故意犯罪。共同的犯罪故意和共同的犯罪行为，是构成共同犯罪的两个必要条件。据此，二人以上共同故意实施的犯罪行为，如果行为人的主观故意内容不属于同一个犯罪构成，不成立共犯。本案中，被告人李某、袁某、胡某、东某、燕某、刘某、刘某荣、刘某某客观上共同实施了绑架被害人石某的行为，即每个人的行为都是绑架被害人石某这一整体行为的

组成部分，各人的行为作为一个整体与石某被绑架并被勒索巨额钱财之间具有因果关系。燕某、刘某、刘某荣、刘某某（以下简称燕某等人）的行为，客观上对李某、袁某、胡某、东某（以下简称李某等人）实施的绑架犯罪起到了帮助作用，即李某等人勒索财物的目的是在燕某等人看押被害人的协助下才实现的。但是，李某等人与燕某等人的主观故意内容明显不同，李某等人的故意内容是绑架，而燕某等人的故意内容则是帮人索要债务而实施非法拘禁，这体现在：（1）袁某纠集燕某等人时，是以帮助他人要账的名义，而没有告诉他们要绑架他人的真实目的，因此，无论是燕某等人答应帮助实施犯罪还是将被害人绑架时，燕某等人均无绑架的犯罪故意；（2）在看押被害人期间，燕某等人知道自己的行为可能是绑架后，均表示，“要知道是绑架就不干这事了，这要抓住得判死刑”，由此可以看出绑架是违背四人意志的；（3）燕某等人在看押被害人期间知道可能是绑架后，没有和李某等人联络进行意思沟通，相反，燕某等人却实施了释放人质的行为。虽然释放人质是与人质谈判后为实现所谓“报酬”协议，但这正说明燕某等人并没有绑架的共同故意。与人质达成“报酬”协议，不是绑架犯罪的构成特征，因为绑架中的勒索财物不是向人质索要财物，而是向人质家属或者其他与人质有利害关系的第三人勒索财物。当然，如果谈判不成，燕某等人在明知李某等人的绑架意图后仍然继续拘禁人质，那么，燕某等人犯罪的故意内容就转化为绑架的故意，应当成立绑架罪。根据《刑法》第238条第3款规定，为索取债务非法扣押、拘禁他人的，以非法拘禁罪定罪处罚。因此，对燕某等人客观上帮助李某等人实施了绑架，主观上只有帮助索要债务故意的行为应认定为非法拘禁罪。

（二）与人质谈好“报酬”后将人质释放，事后索要“报酬”的行为，应当以敲诈勒索罪定罪处罚

敲诈勒索罪，是指以非法占有为目的，对被害人使用威胁或者要挟的方法，强索财物的行为。本案中，燕某、刘某、刘某荣（刘某某在释放人质后未继续实施索要“报酬”的行为）在释放人质后，按照与人质约定的协议，向人质索要“报酬”的行为，符合敲诈勒索罪的构罪要件。理由在于：（1）“报酬”协议不合法因而无效。该协议是人质在失去人身自由的情况下被迫与燕某等人达成的，属于非法行为，其取得财物报酬无合法依据。（2）释放人质后，燕某、刘某、刘某荣索要“报酬”，其实质是敲诈勒索，其手段是人身安全威胁，威胁的内容就是再次让被害人石某失去人身自由。这一威胁的内容在燕某等人释放人质时就得到体现，即在释放被害人之前，燕某曾对被害人讲，“我们能绑你一次，也能绑你第二次”。3月18日下午，刘某、刘某荣与刘某1（在逃）给被害人石某打电话讲，“我们把你放了，你答应给我们的钱还不兑现吗？”还说，如果不汇钱的话，让被害人自己看着办。这是威胁内容的第二次体现。而威胁的目的，就是得到“报酬”。（3）从被害人石某的角度看，因为其先前被绑架过，担心不给予“报酬”会再次失去人身自由。为了免受伤害，才在被迫的情况下给了6万元。因此，石某将6万元汇到刘某等人指定的账号，是受威胁的结果。（4）燕某、刘某、刘某荣敲诈勒索石某的行为是独立的行为，应单独评价，因为非法拘禁罪以被害人被限制人身自由为主要特征，其非法拘禁行为自释放人质时即终止。

综上，对燕某、刘某、刘某荣事后向石某以威胁手段索要报酬的行为应认定为敲诈勒索罪，并与非法拘禁罪进行并罚。

（三）绑架过程中当场劫取人质财物的，同时触犯绑架罪、抢劫罪两罪名，应择一重罪处罚

本案中，在绑架期间，被告人胡某、袁某将被害人石某身上的手链、项链、戒指等物抢走。对此行为，应如何定性？有观点认为，行为人以勒索财物为目的，绑架他人的行为构成绑架罪，在绑架过程中实施劫财行为，就是在暴力、胁迫持续状态中当场劫取被绑架人随身携带的财物，属于以暴力或以暴力相威胁的方法劫取他人财物，同时符合抢劫罪的构成要件，应以绑架罪和抢劫罪两罪并罚。我们认为，这种情况应分别情况，以绑架罪或抢劫罪中的一个重罪定罪处罚。理由如下：

绑架罪是继续犯，行为人非法占有他人财物而以暴力、胁迫手段劫持被绑架人的行为是一个持续过程，暴力劫持或拘禁被绑架人构成绑架罪的客观要件。如果把实质上的一个暴力劫持或拘禁行为既评价为绑架罪的构成要件，又重复评价为抢劫罪当场劫取他人财物的客观要件，有违“禁止重复评价”原则。因此，在构成要件发生一定竞合的情况下，择一重罪处罚是适当的。对此，《最高人民法院关于审理抢劫、抢夺刑事案件适用法律若干问题的意见》明确指出，“绑架过程中又当场劫取被害人随身携带财物的，同时触犯绑架罪和抢劫罪两罪名，应择一重罪定罪处罚”。那么，如何具体判定绑架罪与抢劫罪的轻重呢？一般而言，应当根据两罪的法定刑，结合个案中被告人的具体犯罪行为和量刑情节考察其应适用的法定刑幅度，比较两罪的轻重从而决定具体适用哪一罪名定罪处罚。从刑法规定来看，刑法对绑架罪规定的起刑点是五年［《刑法修正案（七）》公布之前为十年］，致被绑架人死亡或者杀害被绑架人的是绝对死刑；抢劫罪的起点刑为三年，抢劫罪致人死亡，并不绝对判处死刑，仍然可以根据案件情况在十年有期徒刑至死刑的幅度内裁量。从法定刑看，绑架罪是重罪，抢劫罪是相对轻罪。但也有抢劫罪比绑架罪重的情形，如绑架过程中由于被绑架人的反抗或者其他原因未遂，但在绑架过程中劫取被绑架人财物，数额巨大的情形，由于犯罪未遂可以从轻或减轻处罚，绑架罪应在五年至十年有期徒刑幅度内从轻处罚甚至可以减轻为五年以下有期徒刑，但其抢劫数额巨大属于既遂则必须在十年有期徒刑以上量刑，在这种情形下，抢劫罪就明显重于绑架罪了。

具体到本案，被告人胡某、袁某在绑架过程中当场劫取被绑架人随身携带的价值3万余元的手链、项链、戒指等财物，属于抢劫数额巨大，依法应在十年以上有期徒刑、无期徒刑或者死刑的法定幅度内量刑；而其绑架勒索钱财达到80万元，依法也应在十年以上有期徒刑或者无期徒刑幅度内量刑。但对单纯抢劫3万余元没有造成人身伤害的这种抢劫情形显然一般难以达到判处无期徒刑甚至死刑的程度，且从侵害财产角度看，绑架勒索的钱财要远远高于抢劫所得，因此本案中被告人胡某、袁某所犯绑架罪要重于抢劫罪。因此，法院以绑架罪对相关被告人定罪处罚是正确的。

问题10. 在绑架案件中，能否仅依据行为人对被害人实施了人身控制行为就认定其具有“以勒索财物为目的”？绑架罪中的“情节较轻”是否包括未遂情节

【刑事审判参考案例】孙某洪、濮某等绑架、抢劫、故意杀人案①

一、基本案情

上海市第一中级人民法院经公开审理查明：

1. 绑架事实。被告人濮某、夏某同在上海某房屋中介工作。因经济拮据，濮某起意以熟人南非籍华人毕某之子为绑架目标，向毕某勒索钱财200万美元。濮纠集了老乡被告人孙某洪、吴某共同参与，并事先勘察毕某住处，准备了电击棍、塑料胶带等作案工具。2010年6月某天，濮某、夏某、孙某洪、吴某等人携带作案工具，由濮某驾车至毕家所住大楼地下车库接应，夏某、孙某望风，吴某等人冒充物业人员以检查热水器之名进入毕某家欲绑架毕某之子，适逢毕家有成年男子在场而未能得逞。同年9月8日，濮某等人再次实施绑架行为，但又因在毕家走廊遭他人盘问而未得逞。

2. 抢劫、故意杀人事实。因两次绑架毕某之子未果，濮某、夏某、孙某洪、吴某经预谋将作案目标改为驾驶高档轿车的人，意图将被害人带到浙江省平湖市乍浦镇一出租房，逼问出其随身携带的银行卡密码，再让被害人告知家人其去了外地，要求家人汇钱至银行卡，后去银行ATM机取款，并将作案地点定为上海市浦东新区高档社区停车场。2010年9月15日下午，吴某与孙某洪、夏某驾车至浦东新区金桥镇一停车场伺机作案。当晚10时许，适逢被害人燕某停车离开其驾驶的奥迪Q5越野车（价值人民币612 398元），孙某、夏某、吴某即采用捂嘴、用塑料胶带封口、眼及捆绑四肢等方法将燕某拖入奥迪车内，随即开车至浦星公路一偏僻处，与濮某会合。孙某洪、夏某、吴某等人把燕某拖移至濮某的轿车上，并搜走燕某随身携带的现金人民币1000余元及手机。吴某按照濮某指令将燕某奥迪车开往浦东机场方向丢弃。濮某驾车与孙某洪、夏某劫持燕某开往浙江省平湖市乍浦镇，途中向燕某索要钱款和银行卡，因发现燕某随身无银行卡，怕事情暴露，经与吴某电话商量后一致决定杀害燕某。濮某驾车开往浙江省钱塘江大桥途中数次催促孙某洪、夏某动手，孙某遂用塑料胶带封堵燕某的口鼻，并与夏某合力用毛巾将燕某勒死，最后将尸体装入编织袋抛入钱塘江中。

上海市第一中级人民法院认为，被告人孙某洪等人的作案动机是劫持有钱人后当场取其钱财并限制其人身自由，让其骗家人汇款至银行卡，后到银行ATM机上取款。犯罪对象为被害人的随身财物，四被告人并无向被害人家属发出威胁、索取赎金的意思表示。孙某洪等人在劫持燕某后仅从其身上劫取少量现金，却无银行卡，与期望目标相去甚远，因担心燕某报警，为灭口而故意杀害燕某。燕某所驾奥迪车系孙某洪等人在停车场劫持燕某后开至浦星公路转移至濮某轿车的作案工具，其价值依法应当计入抢劫数额。综上，孙某洪、濮某、夏某、吴某以暴力劫持燕某财物后杀害燕某的行为分别构成抢劫罪和故意杀人罪；孙某洪等人以勒索财物为目的，共同绑架毕某之子的行为构成绑架罪（未

---

① 张华松撰稿，王晓东审编：《孙某洪、濮某等绑架、抢劫、故意杀人案——在绑架案件中，能否仅依据行为人对被害人实施了人身控制行为就认定其具有“以勒索财物为目的”以及绑架罪中的“情节较轻”是否包括未遂情节（第947号）》，载最高人民法院刑事审判第一、二、三、四、五庭主办：《刑事审判参考》（总第96集），法律出版社2014年版，第56～65页。

遂)。孙某洪、濮某、夏某在故意杀人共同犯罪中起主要作用，系主犯；吴某起辅助作用，系从犯。孙某洪、濮某等人主观恶性极大，犯罪手段残忍，犯罪后果极其严重，依法应予严惩。据此，依照《刑法》有关规定，上海市第一中级人民法院判决如下：(1）被告人孙某洪犯绑架罪，判处有期徒刑七年，并处罚金人民币5000元；犯抢劫罪，判处有期徒刑十三年，剥夺政治权利三年，并处罚金人民币20 000元；犯故意杀人罪，判处死刑，剥夺政治权利终身，决定执行死刑，剥夺政治权利终身，并处罚金人民币25 000元。(2）被告人濮某犯绑架罪，判处有期徒刑八年，并处罚金人民币6000元；犯抢劫罪，判处有期徒刑十五年，剥夺政治权利四年，并处罚金人民币20 000元；犯故意杀人罪，判处死刑，剥夺政治权利终身，决定执行死刑，剥夺政治权利终身，并处罚金人民币26 000元。(3）被告人夏某犯绑架罪，判处有期徒刑五年，并处罚金人民币3000元；犯抢劫罪，判处有期徒刑十三年，剥夺政治权利三年，并处罚金人民币20 000元；犯故意杀人罪，判处死刑，缓期二年执行，剥夺政治权利终身，决定执行死刑，缓期二年执行，剥夺政治权利终身，并处罚金人民币23 000元。(4）被告人吴某犯绑架罪，判处有期徒刑五年，并处罚金人民币3000元；犯抢劫罪，判处有期徒刑十二年，剥夺政治权利三年，并处罚金人民币20 000元；犯故意杀人罪，判处有期徒刑十五年，剥夺政治权利四年，决定执行有期徒刑二十年，剥夺政治权利五年，并处罚金人民币23 000元。(5）被告人孙某洪、濮某、夏某、吴某赔偿附带民事诉讼原告人陈某荣、燕某梅、燕某丽、燕某、燕某会、李某英经济损失共计人民币729 158.5元。(6）作案工具予以没收。

一审判决后，被告人孙某洪、濮某、吴某不服，向上海市高级人民法院提起上诉。上海市高级人民法院经公开审理，认定一审判决认定的事实清楚，证据确实充分，定罪准确，量刑适当，程序合法，遂裁定驳回上诉，维持原判，并将复核孙某洪、濮某死刑的裁定依法报请最高人民法院核准。

最高人民法院经复核核准上海市高级人民法院维持第一审以绑架、抢劫、故意杀人罪判处孙某洪、濮某死刑的刑事裁定。

二、主要问题

1. 在绑架案件中，能否仅依据行为人对被害人实施了人身控制行为就认定其具有“以勒索财物为目的”？

2. 绑架罪中的“情节较轻”是否包括未遂情节？

三、裁判理由

（一）在绑架案件中，不能仅依据行为人对被害人实施了人身控制行为就认定其“以勒索财物为目的”，还相应要求行为人向被害人之外的第三人提出了勒索财物的意思表示或者具有证明行为人该目的存在的其他证据

本案中，公诉机关认为被告人孙某洪、濮某、夏某、吴某以勒索财物为目的绑架他人并杀害被绑架人燕某，其行为均构成绑架罪。一审法院认为，孙某洪、濮某等人意图绑架毕某之子向毕某勒索未果，但劫持燕某并将其杀害之行为是否构成绑架罪，应当从被告人主观上是否以勒索财物为目的，客观上是否向第三人勒索财物行为等分析：(1）孙某洪、濮某等人主观上没有利用第三人对燕某人身安危的担忧而勒索财物的故意。孙某洪、濮某等人之前绑架毕某之子未遂并不能推断出其劫持燕某的目的即为勒索财物。孙某洪、濮某等人供述将作案目标选择为驾驶高档轿车的人，劫持被害人后逼问出其随身携带的银行卡密码，让被害人告知家人汇钱至银行卡，后去银行ATM机取款。四被告

人供述稳定一致，相互印证，足以证明谋财对象为驾驶高档轿车的不特定被害人，且让被害人本人通知其家人汇款，并未侵犯第三人的自决权。（2）孙某洪、濮某等人客观上没有实施向第三人勒索财物的行为。[①] 孙某洪、濮某等人劫持燕某后仅从其身上搜取现金人民币1000余元和手机，与其期望劫得的财物相距甚远，仅因担心被害人报警，遂起杀人灭口的犯意。燕某曾陈述其家中银行卡上有20万元，孙某洪、濮某等人认为钱太少且有风险，不愿通过燕某的家属或者朋友间接取财。可见，孙某洪、濮某等人未实施以杀害、伤害燕某等方式向其亲友勒索财物的意思表示和行为。孙某洪、濮某等人劫取燕某钱财后为灭口杀害燕某的行为，符合抢劫后故意杀人的行为特征。[②] 因此，孙某洪、濮某等人劫持燕某并将其杀害行为不构成绑架罪，而构成抢劫罪、故意杀人罪，两罪应当并罚。

（二）刑法总则规定的犯罪未遂等量刑情节不应适用绑架罪中"情节较轻"情形

1997年《刑法》第239条仅规定了十年以上有期徒刑或者无期徒刑和死刑两个量刑幅度。鉴于实践中绑架的情形比较复杂，一律对绑架行为处以十年以上有期徒刑，刑罚明显畸重，故不少观点建议在绑架罪中增设情节较轻的规定。2009年通过的《刑法修正案（七）》采纳了这一意见，在第6条对绑架罪的法定刑增设了如下规定："情节较轻的，处五年以上十年以下有期徒刑，并处罚金。"[③] 由于对"情节较轻"的认定缺少明确的标准，故实践中存在一定争议。

在《刑法修正案（七）》施行之前，对确实需要在十年有期徒刑以下从轻处罚的绑架犯罪案件，一般是通过法定刑以下量刑报核程序层报最高人民法院核准。如被告人程某绑架案、俞某绑架案两则刊载在《刑事审判参考》的案例，均发生在《刑法修正案（七）》施行之前。按照当时绑架罪的规定应当判处十年以上有期徒刑，但最后都层报最高人民法院在法定刑以下进行判罚。上述案例具有如下特征：（1）行为人控制被绑架人的时间较短，没有实施殴打伤害行为，放弃勒索赎金并将被绑架人安全送回，没有造成严重后果；（2）发生在亲属之间的绑架，主观恶性较小，没有造成严重后果。上述案例的处理原则对于"情节较轻"的认定具有一定的参考意义。

"情节较轻"的衡量标准应当是司法者运用一定的价值标准对确定的事实基础进行综合判断所得出的结论。由于"情节较轻"具有高度的概括性、抽象性，只有在对影响绑架罪社会危害性程度的各种主客观事实进行综合评价的基础上，才能得出某一个案是否属于"情节较轻"的结论。[④] 我们认为，影响绑架罪社会危害性轻重的事实要素大致有以下几个方面：（1）犯罪手段。绑架罪采用暴力、胁迫、诱骗等方法控制被绑架人人身自

---

① 绑架罪与抢劫罪的一大区别在于犯罪对象的相异性和同一性。

② 2001年5月，《最高人民法院关于抢劫过程中故意杀人案件如何定罪问题的批复》认为，行为人实施抢劫后，为灭口而故意杀人的，以抢劫罪和故意杀人罪定罪，实行数罪并罚。

③ 近年来，绑架犯罪活动发生了很大变化，无论是犯罪形式还是犯罪危害程度都呈现多种形态。过去，绑架行为人一般都是些亡命之徒，现在有些案件是好逸恶劳之徒实施的恶性不大、勒索小额财务的行为。相对于变化了的客观环境，绑架罪过高的法定刑起点显得罪责不相适应。同时，绑架罪法定刑的层次性不足，对实践中多种常见的并有明显差异的情况没有体现出区别对待，刑罚档次设置难以适应犯罪复杂的情况。对绑架他人后没有对人质进行人身伤害，又主动释放的规定了较轻刑罚，体现了宽严相济的刑事政策。参见黄太云：《中华人民共和国刑法修正案（七）的理解与适用》，载最高人民法院刑事审判第一、二、三、四、五庭主办：《刑事审判参考》（总第68集），法律出版社2009年版，第95页。

④ 参见杨志国：《认定绑架罪"情节较轻"的几个理论问题》，载《中国刑事法杂志》2009年第11期。

由，拘禁时间有长短之分，暴力、胁迫、诱骗等手段各不相同亦直接影响到该罪的社会危害程度。(2) 犯罪后果。从人身损害方面看，是否造成了被绑架人重伤、轻伤、轻微伤或严重的精神伤害；从财产损害方面看，赎金数额有数额巨大、数额较大或未获取分文的区别，犯罪后果直接反映了行为的社会危害程度。(3) 犯罪动机。行为人的动机或出于满足个人私利，或迫于生活压力，或因合法权益不能保障，或出于特定政治目的等，动机不同体现出行为主观恶性程度的差异。(4) 犯罪情节。行为人是否放弃勒索赎金、是否主动释放人质；行为人与被害人是否系亲属或熟人关系；行为人是否选择以老人、妇女、儿童或者社会知名人士作为绑架对象等，上述情节对绑架罪的社会危害程度具有直接影响。在正确认定了影响绑架罪社会危害性轻重的事实要素后，还有必要探寻“情节较轻”与侵害法益的实质联系，对“情节较轻”作出价值判断。绑架罪侵害的法益在司法实践中通常表现为人身法益（人身自由与安全）、财产法益（他人财产所有权）、社会法益（社会秩序与公共安全）。人身法益是刑法保护的重点，绑架罪必然侵犯人身自由，但在人身安全方面却客观存在着侵害程度的差异，被绑架人的人身安全未受实质侵犯，人身自由限制程度较轻等因素，是认定“情节较轻”的首要判断。财产法益、社会法益虽然对判断绑架罪的罪质轻重而言不具有决定性意义，但仍会对绑架罪的社会危害性程度产生重要影响。如绑架行为虽然未给被绑架人的人身安全造成严重威胁，但勒索财物数额巨大，手段卑劣，社会影响恶劣，也不能认定为“情节较轻”。

刑法总则规定的犯罪预备、未遂、中止等从轻减轻情节基于刑事立法模式以及禁止重复评价的原则，不应适用绑架罪“情节较轻”条款。我国刑法分则罪状的立法模式以单独犯的完成形态为基准，任何罪质轻重的评价都是建立在对犯罪完成形态的考察基础上，犯罪的未完成形态对罪质的轻重不能产生实质影响。犯罪预备、未遂、中止等未完成形态是刑法总则规定的法定量刑情节，对犯罪的社会危害性程度会产生很大影响，但并不能成为影响罪质轻重的因素，如果将其作为“情节较轻”的判断基础，然后再作为量刑情节适用，显然属于对同一情节的重复评价，违反了禁止重复评价的原则。① 本案中，被告人濮某、夏某等人以毕某之子为绑架目标意图向毕某勒索200万美元，事先勘查住处并准备电击棍等作案工具，在实施作案过程中已进入毕某家中，但由于意志以外的原因而未得逞，系绑架未遂，不应适用“情节较轻”条款。

另外，如果某一事实因素不能反映绑架罪社会危害性程度，自然不能成为“情节较轻”的判断基础。如一些纯粹反映行为人人身危险性程度的事实因素就不能成为判断是否属于“情节较轻”的基础，主要包括行为人的一贯表现，是否属于初犯、偶犯以及前科情况，犯罪后的认罪、悔罪态度，是否具有自首、立功情节等。上述事实因素虽然最后会影响到行为人的刑罚裁量，但它们都不能反映和体现绑架罪社会危害性程度，对绑架罪的罪质轻重没有影响，因此不能成为“情节较轻”的判断基础。

---

① 参见朱艳萍、应金鑫:《对绑架罪“情节较轻”的理解》，载《法律适用》2010年第11期。

问题11. 受雇劫持他人后又向雇主勒索钱财的行为构成何罪

【地方参考案例】王某等故意杀人、绑架案①

一、裁判要旨

非法拘禁罪与绑架罪都有非法剥夺他人人身自由的行为表现，但前者仅以剥夺他人人身自由为已足，后者则以严重危及被害人人身安全为特质，通常表现为直接加害被害人人身，并以此勒索他人财物或提出非法要求。为非法取酬而暴力劫持他人交雇主处置的行为，不仅严重侵害被害人人身安全，而且以人质为筹码向第三人（即雇主）勒索钱财，其行为符合绑架罪的主客观事实特征，应当认定为绑架罪。

二、案情

2009年11月，被告人王某因与被害人陆某的丈夫发生感情纠葛，欲对陆某实施加害。王于2009年11月找到被告人曹某，并通过曹某的介绍找到被告人张某、李某。曹某、张某、李某与王某经预谋，约定由王支付张某、李某人民币1万元（以下币种均为人民币）报酬，张某、李某则负责将陆某绑出来交给王某。嗣后，李某纠集被告人李某某、费某等人伺机作案，王还带李某等人前往陆某的居住地上海市大渡河路某小区并指认了陆某。同年12月21日中午12时许，李某、费某等人通过跟踪及王某提供的信息至上海市桃浦路某小区，以谎称送建材的方法将正在装修新房的陆某骗出，强行将陆某推入由李某某驾驶的长安牌面包车内，用胶带纸封绑陆某的眼、嘴和手，用黑色塑料袋套住陆某的头部，驾车至上海市嘉定区金华路桥下，与在此等候的王某、张某等人会合。而后，陆某被从面包车上拖下，塞入由王某驾驶的三菱牌越野车后排座位。张某、李某等人除从王处获得1万元报酬外，还由费某等人出面，向王某又索得8000元。

当日17时许，王某驾驶上述载有陆某的三菱牌越野车至上海市金山石化地区，指使被其从学校叫来的女儿被告人沈某按住陆某的双脚等，采用用毛毯捂闷陆口鼻部及扼压颈部等方法，对陆某实施加害，致陆某因机械性窒息而死亡，并将尸体抛置于上海市金山区金二东路附近绿化带内。

三、审判

上海市第一中级人民法院经审理认为：被告人王某主观上具有杀害被害人的故意，客观上实施了雇佣他人劫持被害人，而后杀害被害人的行为，其行为构成故意杀人罪。被告人沈某明知其母亲王某意图杀害被害人，仍在王某唆使下实施了杀人的帮助行为，其行为亦构成故意杀人罪。被告人曹某、张某、李某、费某、李某某在王某的指使下，采用暴力手段劫持被害人交给王某处置，五人不仅以劫持他人作为获取非法利益的筹码，而且在交付被害人时强行向王某勒索钱财，其行为既严重侵害被害人的人身安全，并从第三人处获取非法利益，符合绑架罪的主客观事实特征，均构成绑架罪。被告人王某故意杀死1人，且系共同犯罪中的主犯，其作案动机卑劣，犯罪情节和危害后果严重，依法应予严惩。考虑到本案尚属民间纠纷引起，王某并无前科劣迹，且王某的亲属积极代其进行民事赔偿，故对其量刑时可以酌情从轻处罚。被告人沈某在王某的唆使下参与作案，且实施了杀人的帮助行为，应认定为共同犯罪的从犯；综合考虑到沈某刚满18周岁，又

---

① 参见上海市第一中级人民法院（2010）沪一中刑初字第180号刑事判决书、上海市高级人民法院（2011）沪高刑复字第14号刑事裁定书。

是在劝阻母亲无效的情况下，经其母亲唆使才被动地参与作案，且其亲属代其积极进行民事赔偿，取得被害人家属的谅解，故依法可对其减轻处罚，并根据其犯罪情节和悔罪表现，依法适用缓刑。被告人张某为获取非法利益而积极策划绑架被害人，并纠集李某等人作案，虽未具体实施绑架行为，但在共同犯罪中起到纠集和指挥等作用；被告人李某为获取非法利益而参与共谋，并纠集他人积极实行绑架行为，在共同犯罪中起纠集、具体指挥和积极实行等作用；被告人费某虽系被他人纠集参与作案，但其具体实施了使用暴力手段绑架被害人的行为，并起意和积极实施向王某强行索要钱款等行为，其在共同犯罪中起到积极实行的作用；3 名被告人均应认定为共同犯罪的主犯。被告人曹某积极帮王某联系张某等人，并参与共谋，但未具体参与实行绑架行为，也没有非法获取报酬，其虽系教唆犯，但在共同犯罪中所起的作用相对较小，可认定为共同犯罪的从犯，综合考虑到其民事赔偿情况等，依法可对其减轻处罚。被告人李某某系被他人纠集参与作案，且仅实施了驾驶车辆等帮助行为，依法亦应认定为共同犯罪的从犯，并综合考虑其刚满 18 周岁等，依法亦可对其减轻处罚。

综上，上海市第一中级人民法院依照《刑法》第 232 条，第 239 条，第 25 条第 1 款，第 26 条第 1 款、第 4 款，第 27 条，第 29 条第 1 款，第 56 条第 1 款，第 57 条第 1 款，第 64 条，第 72 条第 1 款，第 73 条第 2 款、第 3 款之规定，以故意杀人罪分别判处被告人王某死刑，缓期二年执行，剥夺政治权利终身；被告人沈某有期徒刑三年，缓刑三年；以绑架罪分别判处被告人曹某有期徒刑五年，剥夺政治权利一年，并处罚金人民币 5000 元；被告人张某有期徒刑十一年，剥夺政治权利三年，并处罚金人民币 9000 元；被告人李某有期徒刑十二年，剥夺政治权利三年，并处罚金人民币10 000元；被告人费某有期徒刑十一年，剥夺政治权利三年，并处罚金人民币 9000 元；被告人李某某有期徒刑六年，剥夺政治权利一年，并处罚金人民币 6000 元；被告人张某、李某、费某、李某某的违法所得予以追缴。

宣判后，本案 7 名被告人均未提出上诉，上海市高级人民法院经复核，依法裁定核准对被告人王某的死缓判决。

四、评析

本案的定罪量刑在法律上的主要争点在于：被告人曹某、张某、李某、费某、李某某为获取非法报酬而暴力劫持被害人，并在将被害人交给王某处置前又另行索要钱款，其行为应当如何定性?

曹某等 5 人受雇采用暴力手段劫持素不相识的被害人，行为性质恶劣并且社会危害性严重，应以绑架罪论处，理由如下。

一、绑架罪与非法拘禁罪的区分不限于主观方面特征

非法拘禁罪和绑架罪均属侵犯公民人身权利的犯罪，行为人均有非法剥夺他人人身自由的行为，但两者在刑罚配置上差异较大。一般认为，非法拘禁罪和绑架罪的区分主要是行为人主观目的不同。根据我国刑法的规定，绑架罪是指利用被绑人的近亲属或者其他人对被绑人安危的忧虑，以勒索财物为目的，使用暴力、胁迫或者麻醉等方法劫持他人，或为满足某种要求，使用暴力、胁迫或者麻醉等方法劫持他人作为人质的行为。非法拘禁罪则不要求行为人以勒索财物或将被害人作为人质的主观目的，其主观目的主要是针对行为人本人，既可以是催讨债务，也可以是其他目的。

笔者认为，绑架罪所体现的行为人的社会危害性和主观恶性远远大于非法拘禁罪，

在法定刑的配置上，我国刑法规定的非法拘禁罪的基本法定刑是三年以下有期徒刑、拘役、管制或者剥夺政治权利，而对于绑架罪，情节较轻的，应处五年以上十年以下有期徒刑，并处罚金，其基本法定刑则高达十年以上有期徒刑或者无期徒刑，并处罚金或者没收财产。刑法的基本原则之一是罪责刑相适应，两罪的刑罚配置有如此大的差异，其犯罪构成上的区别不应仅限于主观方面的特征，两罪在客观方面的行为特征上，也应当有所差别。具体而言，非法拘禁罪与绑架罪在客观方面虽都有非法剥夺他人人身自由的行为表现，但前者仅以剥夺他人人身自由为已足，后者则以严重危及被害人人身安全为特质，通常表现为使用暴力手段直接加害被害人人身，并以此勒索他人财物或提出非法要求。

综上，区分非法拘禁罪和绑架罪，不仅应当考量行为人的主观目的，还应当充分关注其客观方面的行为表现，以全面揭示行为的社会危害性，准确定罪量刑。对于类似本案中曹某等人为非法取酬而暴力劫持他人交雇主处置的行为，不仅严重侵害被害人人身安全，而且以人质为筹码向第三人（即雇主）勒索钱财，该行为的社会危害性与一般的非法拘禁行为具有较大差异，对行为人在三年以下有期徒刑、拘役或者管制的幅度内量刑，不足以有效遏制该种犯罪行为，也不利于对公民基本权利的保护。故对本案中曹某等人的行为，应以绑架罪定罪处罚。

二、本案曹某等5人的行为不能认定为非法拘禁致人死亡

根据我国刑法规定，非法拘禁致人死亡的，处十年以上有期徒刑。如果对曹某等人认定为非法拘禁致人死亡，并在十年以上有期徒刑幅度内量刑，则可以避免出现前述罪刑不相适应的情况。但从本案的情况来看，曹某等5人的行为不能认定为非法拘禁致人死亡。非法拘禁致人死亡是非法拘禁罪的结果加重犯。刑法中的结果加重犯是指故意实施基本的犯罪构成要件的行为，发生基本犯罪构成结果之外的重结果，刑法对重结果规定加重法定刑的犯罪。在非法拘禁致人死亡中，非法拘禁是基本的犯罪构成要件行为，被害人的人身自由遭到了非法剥夺是其基本的犯罪结果，致人死亡是这一基本结果之外的重结果，无法包含在非法拘禁的基本犯罪构成中。之所以非法拘禁行为人还要对致人死亡的结果承担刑事责任，是由于该死亡结果也是非法拘禁行为造成的，即加重结果与基本犯罪构成要件的行为之间具有刑法上的因果关系。

实践中，非法拘禁致人死亡的结果加重犯主要包含两种情形：一是非法拘禁行为本身导致被拘禁人死亡；二是非法拘禁人自杀身亡。本案中，被害人陆某的死亡结果显然不是自杀引起的，那么它是否属于第一种情形的加重结果呢？答案是否定的。曹某等5人的劫持、捆绑行为侵犯了被拘禁人的人身自由权利，严重限制了被害人的反抗能力，其行为持续下去亦有可能产生加重结果，导致被拘禁人的死亡。但在这一因果关系发展的过程中，介入了王某和沈某杀害被害人的行为，并由该介入行为合乎规律地引起了被害人死亡结果的发生，从而切断了原有的因果关系。曹某等5人只对之前的劫持、捆绑行为负责，由介入的杀害行为引起的被害人死亡的结果，与曹某等人的前因行为之间没有因果关系，曹某等人无须对该结果负责。换言之，曹某等5人的劫持、捆绑行为与陆某的死亡结果之间不存在刑法上的因果关系，不构成非法拘禁罪的结果加重犯。

三、本案曹某等5人的行为亦不宜认定为故意杀人罪

对曹某等5人受雇劫持他人交雇佣者处置的行为，能否作为雇佣者王某所实施的故意杀人犯罪的共同犯罪行为予以认定？有一种意见认为，对于此类受雇劫持他人交雇佣者

处置的行为，应当按照后续犯罪行为的性质来认定。其理由是受雇者与雇佣者虽然对于雇佣者的后续犯罪行为并未形成明确的共同故意，但受雇者主观上对雇佣者实施后续犯罪行为具有概括性的故意，对雇佣者实施的后续犯罪行为在主观上持放任的态度，即明知雇佣者对被劫持人可能实施人身伤害行为，为获取非法报酬而放任该种危害结果的发生，雇佣者对被劫持人实施杀害、伤害或强奸等严重危害行为均没有超出受雇者主观概括故意的范围，且受雇者客观上也实施了对雇佣者后续犯罪的帮助行为，为雇佣者实施后续犯罪行为创造了条件，故对受雇者应认定为雇佣者后续犯罪行为的共犯。

笔者认为，将受雇劫持他人交雇佣者处置的行为一律认定为雇佣者后续犯罪行为的从犯，有违我国刑法主客观相一致的定罪原则，对受雇者的概括故意在实践中也难以把握。受雇者如果与雇佣者在事先共谋的，则受雇者与雇佣者当然构成共同犯罪，应以雇佣者实施的后续犯罪行为论处，如果事先没有共谋，则受雇者只是为获取非法报酬，实施劫持他人交雇佣者处置的行为，其对雇佣者雇佣其劫持他人的目的和意图并不明知，虽然受雇者对雇佣者可能会对被劫持人实施非法行为应当有所预见，但这种预见只是一种可能性，而并非确定的认知，而共犯的共同故意，则要求其对他人实施的共同犯罪行为有明确的认知，即使主观上可能是放任的心理态度，但对于共同犯罪行为发生的预见应当是确定的，而不是一种可能发生可能不发生的不确定的预见。因此，对受雇者以雇佣者后续犯罪行为的共犯论处，实际上是在后续犯罪行为发生后，以雇佣者后续犯罪行为来推断受雇者的主观心理态度，有客观归责之嫌。而且，这种定罪方式，会产生受雇者的犯罪行为已全部完成，但对该犯罪行为应当如何评价却处于不确定性的状态。实施相同性质绑人行为的受雇者，仅因雇佣者实施了不同行为就被定以不同罪名并被处以迥异刑罚，有损刑法确定性。况且，如果雇佣者尚未来得及实施后续犯罪行为，则对受雇者暴力劫持他人非法取酬的行为性质无法做出评价，这显然是不合理的。再次，对受雇者的这种所谓的概括故意，在实践中也往往难以把握，很难运用证据证明。实践中往往受雇者都会强调自己曾明确要求雇佣者不对被劫持人实施犯罪行为，而雇佣者则可能对此不予认可，从而导致对雇佣者是否属于实行过限难以认定的情况。故对受雇者以雇佣者后续犯罪行为的共犯论处，是不妥当的。对受雇者暴力劫持他人交雇佣者处置的行为，仍应着眼于其行为本身的危害性，以绑架罪定罪处罚，以充分体现罪刑相适应原则，有效遏制该种犯罪行为。

问题 12. 索假债指使他人拘禁被害人构成绑架罪

【地方参考案例】陈某等绑架、非法拘禁案①

一、裁判要旨

指使他人非法拘禁、扣押被害人，是为了索取事实上并不存在的债务，指使者名为索债，实为勒索被害人财物，构成绑架罪；具体行为实施者受指使者所骗，虽然所索之债事实上并不存在，但其主观上仍为索取“债务”，构成非法拘禁罪。

---

① 参见广东省湛江市湛江经济技术开发区人民法院（2006）湛开法刑初字第22号刑事判决书、广东省湛江市中级人民法院（2006）湛中法刑一终字第92号刑事判决书。

二、案情

2005年10月，被告人陈某对被告人吴某谎称，湛江电信公司职员包某欠其40万元赌球债款，要求吴某绑走包某追索该债款，吴某表示同意。被告人陈某还纠集陈某荣和另一男青年（均另案处理）参与商量有关事宜，并两次带吴某、陈某荣到包某住宅小区对包某进行辨认。同年10月25日下午，被告人吴某、陈某荣以及另一男青年在包某住宅小区门口将被害人包某挟持上车，包某被铐住双手、蒙上双眼，往广州方向行使。途中，吴某电告陈某已经绑走包某，并在车上对包某进行恐吓，称包某欠别人的“波数”（赌球欠债），有人出40万元买包某双腿。被害人包某说没有欠他人债务，但被迫答应给他们人民币40万元，并被迫三次用吴某等人电话致电妻子赖某，称朋友急需40万元，叫赖某尽快筹款。尔后，被告人吴某等人将包某关押在一个弃置的竹屋内。期间，吴某、陈某荣多次用电话与陈某交流有关绑人勒索的情况。

被害人妻子赖某接电话后，意识到包某可能被绑架了，经查询得知陈某的手机与吴某等人的电话有联系，遂于25日晚上通过他人约见陈某，称有人绑走包某索要赎金40万元，请陈某帮忙联络绑匪，陈某答应同绑匪谈条件以便放人。随后，陈某害怕自己的罪行暴露，便用手机发信息给陈某荣，指令吴某等人赶快离开现场，并释放被害人包某。10月26日凌晨5时，吴某等人释放了被害人包某。陈某等人到关押地点接包某回湛江后，从不再提及包某是否拖欠其任何债款，亦没有证据证实包某与陈某之间存在债权债务关系。后陈某等人被抓获。

三、裁判

湛江经济技术开发区人民检察院以被告人陈某的行为构成绑架罪，被告人吴某的行为构成非法拘禁罪，向湛江经济技术开发区法院提起公诉。被告人陈某辩护律师辩护称：起诉书指控被告人陈某犯绑架罪的证据不足，被告人陈某的目的在于讨债，且其与吴某系共同犯罪，其行为亦应构成非法拘禁罪。

法院经审理认为，被告人陈某以勒索财物为目的，以追索赌债为借口，纠集被告人吴某等三人劫持他人，索要赎金人民币40万元，其行为已构成绑架罪。被告人吴某基于被告人陈某谎称他人欠其赌债而要绑走他人索债的目的，伙同他人使用暴力劫持他人并对他人实施非法拘禁，其主观上不具备以勒索财物为目的之绑架罪的构成要件，但其行为已构成非法拘禁罪。依据《刑法》第239条第1款、第238条第1款、第3款以及《最高人民法院关于对为索要法律不予保护的债务非法拘禁他人的行为如何定罪问题的解释》（法释〔2000〕19号）的规定，判决如下：被告人陈某犯绑架罪，被判处有期徒刑十年，并处罚金人民币5000元；被告人吴某犯非法拘禁罪，被判处有期徒刑二年。

一审法院判决后，被告人陈某不服提出上诉。湛江市中级人民法院二审裁定驳回上诉，维持原判。

四、评析

本案的关键就是如何区分以勒索财物为目的的绑架罪与以索债为目的的非法拘禁罪。笔者认为，犯罪人与被害人之间是否存在债权债务关系并不是区分以索债为目的的非法拘禁罪与以勒索财物为目的的绑架罪的关键，是否存在债权债务关系对于案件定性的影响必须视不同情况而定，有时事实上根本不存在任何的债权债务关系，同样可以适用《刑法》第238条第3款。而《刑法》第238条第3款所规定，“为索取债务非法拘禁、扣押他人……”，中的“他人”也不能仅仅理解为欠债人。正确理解并适用《刑法》第

238 条第 3 款，必须理清如下三个问题：

1. 适用《刑法》第 238 条第 3 款是否必须事实上存在债权债务关系，为索取事实上并不存在的债务是否适用该条款规定。笔者认为，应视情况而定。如果犯罪行为人明知债权债务并不存在，名为索取债务，实为勒索财物，实施非法拘禁、扣押他人，即不能适用第 238 条第 3 款之规定，应适用第 239 条认定为绑架罪。例如，犯罪行为人甲向朋友谎称被害人丙欠其赌债 40 万元，指使朋友乙绑架被害人，其朋友乙信以为真，本着帮甲追讨赌债之目的，伙同甲采用暴力将被害人劫持索取所谓的“债务”，这种情况下，甲名为索债，实为勒索财物，其行为就构成绑架罪；而乙认识错误，误以为（内心相信）债权债务实际存在，出自索取债务之目的而非法拘禁、扣押他人，则以非法拘禁罪对乙定罪处罚。当然，如果乙在非法拘禁、扣押他人行为之前或者过程中明知该债权债务事实上并不存在而继续实施犯罪行为，即应另当别论。所以，债权债务是否必须实际存在对案件定性的影响必须视情况而定。

2.《刑法》第 238 条第 3 款规定的“他人”应做如何理解。目前，法律、司法解释对此并没有作限制性或禁止性规定。“他人”是被非法扣押、拘禁的被害人。其范围如何？是指除犯罪行为人之外的一切自然人，还是仅限于与犯罪行为人存在债权债务关系的欠债人，或是应当包括与债务有密切联系的人？对此，笔者认为，既不应当理解为除犯罪行为人之外的一切自然人，亦不应当仅仅局限于与犯罪行为人存在债权债务关系的欠债人，而是应当包括与犯罪行为人存在债权债务的欠债人，以及与被索取的债务或者欠债人有密切联系的人。例如，为向法人单位索取债务而非法扣押、拘禁该法人单位的法定代表人、负责人或者高层管理人员；为向个人索取债务而非法扣押、拘禁为该笔债务进行担保、保证的他人；为向个人索取债务而非法扣押、拘禁该欠债人的亲属等等。总而言之，被非法扣押、拘禁的他人（即被害人）必须与债务或者与欠债者有密切联系，才能适用该条款进行定罪，否则，如果为索取自己个人债务的目的而非法扣押、拘禁完全与此债务无关联的无辜人，以此威胁索取债务，则应当依据《刑法》第 239 条，以绑架罪定罪处罚。

3. 关于索取债务数额超过实际债务数额时应如何处理的问题。司法实践中，经常会出现犯罪行为人索取的债务数额超过实际存在的债务数额的情形。这种情形下，是适用《刑法》第 238 条第 3 款定非法拘禁罪，还是适用第 239 条定绑架罪，或者数罪并罚，定非法拘禁罪，同时对其超出部分定绑架罪。目前，刑法或司法解释对此均未作任何规定。笔者认为，这种情形下应视情况而定：（1）犯罪行为人索取的债务数额明显超过实际债务数额的，说明其主观上除了索债之外，另有勒索他人财物之目的，行为性质已经发生改变或者说部分改变，应当适用《刑法》第 239 条之规定定性为绑架罪。但不能数罪并罚，根据刑法理论，犯罪行为人一个行为同时触犯数个罪名，属于想象竞合，应择一重罪处罚，即只定绑架罪。（2）犯罪行为人索取的债务数额没有明显超过实际债务数额的，基于犯罪行为人的主观目的主要还是索取债务，再考虑诸如利息等因素，仍然应当适用 238 条第 3 款之规定定性为非法拘禁罪。至于如何认定明显超过，超过多少才能认定为明显超过的问题，首先必须客观地将犯罪行为人最终索要的数额与实际债务数额进行比较；其次必须考虑超出部分所占实际债务的数额的比例值；再次必须比照犯罪地的一些侵犯公民财产型犯罪数额巨大的数额标准；最后计算实际债务数额的时候必须考虑诸如利息、计算方式等问题。

综上所述，正确区分以勒索财物为目的的绑架罪与为索取债务为目的的非法拘禁罪的关键，并不在于犯罪人与被害人之间是否存在债权债务关系。是否存在债权债务关系对案件定性的影响应视情况而定，而《刑法》第 238 条第 3 款规定的“他人”（即被害人）也不仅仅限于欠债人，而应包括欠债人、与债务或者与欠债者有密切联系的人。此外，只要犯罪行为人所索取的债务数额没有明显超过实际债务数额，都应当适用《刑法》第 238 条第 3 款之规定。

问题 13. 行为手段的当场性是否属于区分抢劫罪与绑架罪的标准

【人民司法案例】马某绑架案①

［裁判要旨］

行为手段是否具有当场性不是区分抢劫罪与绑架罪的科学标准，应以被告人胁迫的对象是被其控制而失去人身自由的人质还是人质之外的第三人来界定。如果是失去人身自由的人质，就构成抢劫罪；如果是人质之外的第三人，则构成绑架罪，财物是否当场交付在所不问。本案被告人将未成年人作为人质，逼迫人质的亲属当场交付财物，构成绑架罪而非抢劫罪。

［案情］

辽宁省大连市中级人民法院经审理查明：2012 年 11 月 23 日 7 时许，被告人马某在辽宁省瓦房店市大宽街某楼楼下的车库内，持壁纸刀挟持幼儿魏某某（5 周岁）为人质，当场向魏某某的母亲尹某勒索财物。在尹某交出 3 万元后，马某放下魏某某逃跑。2013 年 1 月 18 日 18 时许，被告人马某在瓦房店市长兴岛三堂街某小区停车位处，持尖刀挟持儿童张某某（11 周岁）为人质，进入车内当场向张某的母亲宋某勒索财物。在宋某交出 1.6 万元后，马某放下张某某逃跑。2013 年 2 月 6 日 17 时许，被告人马某在瓦房店市某小区车库内，持尖刀挟持幼儿单某某（7 周岁）为人质，进入车内当场向单某的母亲刘某勒索财物。在刘某交出 1500 元后，马某仍挟持单某某，并继续向刘某勒索财物，后又向单某某的父亲单某 1 电话勒索赎金 20 万元。当日 19 时许，在单某 1 交出赎金 20 万元后，马某放下单某某逃跑，随即被民警抓获归案。

［审判］

大连市中级人民法院审理认为，被告人马某以勒索财物为目的，将他人作为人质，共勒索财物 24.75 万元，其行为严重侵犯了公民的人身权利和财产权利，破坏了社会治安秩序，已构成绑架罪。公诉机关指控马某的犯罪事实清楚，证据确实、充分，指控的罪名成立，予以支持。被告人马某因第三节犯罪到案后，主动供述第一节和第二节犯罪，有坦白情节，可基于此情节对其从轻处罚。大连中院遂于 2013 年 10 月 21 日作出判决：被告人马某犯绑架罪，判处无期徒刑，剥夺政治权利终身，并处没收个人全部财产。

一审宣判后，被告人提出上诉，后撤回上诉，该判决已生效。

［评析］

本案审理过程中，对被告人实施的第三起犯罪，其以单某某为人质而向被害人单某

① 参见侯德强：《行为手段的当场性并非区分抢劫罪与绑架罪的标准——马某绑架案》，载《人民司法·案例》2016 年第 2 期。

某的父亲勒索赎金20万元定性为绑架罪无异议，而对公诉机关指控的第一节、第二节犯罪及第三节犯罪的前一部分即向刘某勒索财物1500元的定性问题，存在两种不同意见。第一种意见认为，被告人以暴力相威胁，当场迫使被害人交出财物，其行为构成抢劫罪；第二种意见认为，被告人以勒索财物为目的，将孩子作为人质，向孩子母亲勒索财物，其行为构成绑架罪。本案在侦查阶段和提起公诉阶段，对被告人的行为构成何种罪名，公安机关和检察机关的意见也不一致。在侦查阶段，公安机关确定的犯罪嫌疑人涉嫌罪名为抢劫罪，而公诉机关是以绑架罪向法院提起公诉的。在这两节犯罪中，被告人将未成年人作为人质，向人质以外的亲属索要财物。因被告人劫取财物系在同一时间、同一地点向人质的亲属索要财物，具有当场性，与抢劫罪有类似之处。

根据《最高人民法院关于审理抢劫、抢夺刑事案件适用法律若干问题的意见》第9条第3项规定，绑架罪是侵害他人人身自由权利的犯罪，其与抢劫罪的区别在于：第一，主观方面不尽相同。抢劫罪中，行为人一般出于非法占有他人财物的故意实施抢劫行为；绑架罪中，行为人既可能为勒索他人财物而实施绑架行为，也可能出于其他非经济目的实施绑架行为。第二，行为手段不尽相同。抢劫罪表现为行为人劫取财物一般应在同一时间、同一地点，具有当场性；绑架罪表现为行为人以杀害、伤害等方式向被绑架人的亲属或其他人或单位发出威胁，索取赎金或提出其他非法要求，劫取财物一般不具有当场性。根据抢劫罪与绑架罪因行为手段是否具有当场性的区分标准，本案是否应定性为抢劫罪呢？

本案的第一节、第二节犯罪事实，被告人马某作案前均经过精心预谋，确定作案对象，专门选择带小孩的开车女子作为犯罪目标，两次作案手段类似：均是在车库内以暴力将小孩作为人质，逼迫人质的亲属（第三人）交付财物，恰好人质的母亲均带有较大数额的现金，满足了马某的要求，当场交付财物。被告人以勒索财物为目的，将小孩作为人质，胁迫在场的人质的亲属交付财物，人质的亲属为避免被告人对人质造成伤害而给付被告人财物。孩子是人质，而孩子的母亲则是被勒索的第三人。被告人的行为貌似符合抢劫罪当场劫取财物的行为手段特征，但并不符合抢劫罪的构成要件，而符合绑架罪的构成要件，对被告人马某应以绑架罪定罪量刑。所以，一审法院以绑架罪来定性是准确的。

问题14. 对绑架后多人共同致死一人的严重暴力犯罪案件，如何准确把握宽严相济刑事政策和死刑政策

【刑事审判参考案例】牛某某、张某某、郭某某等人绑架案[①]

一、基本案情

河南省洛阳市中级人民法院经公开审理查明：2009年4月初，被告人牛某某提议并伙同被告人张某某、郭某某、宋某某准备了手铐、胶带等作案工具，预谋绑架河南省某中学初一学生李某某（被害人，男，殁年13岁），向其家人勒索钱财。4月16日，牛某

---

① 李晓光、邓克珠撰稿，马岩审编：《牛某某、张某某、郭某某等人绑架案——对多人共同致死一人的严重暴力犯罪案件，如何准确把握宽严相济刑事政策和死刑政策（第1275号）》，载最高人民法院刑事审判第一、二、三、四、五庭主办：《刑事审判参考》（总第115集），法律出版社2019年版，第55~63页。

某伙同张某某到汽车租赁公司租赁了一辆现代轿车，并购买假车牌换上。次日7时许，牛某某等四人驾车来到该中学门口，牛某某向张某某等三人指认了李某某，后张某某等人按预谋诱骗李某某上车，由于李某某警觉，未能得逞。后张某某又到汽车租赁公司租赁了一辆桑塔纳轿车，换上假车牌豫CR××××8，与郭某某、宋某某在牛某某的授意下多次驾车到学校门口附近守候，伺机绑架李某某，因人多一直未能得逞。4月24日7时许，张某某、郭某某、宋某某再次来到学校门口，发现李某某单独一人，便开车尾随其后，在学校门口东侧慢车道上强行将李某某绑至车内，迅速逃离现场。途中，张某某等三人用手铐铐住李某某手脚、用胶带封住李某某的嘴，将李某某塞进车后备厢内。李某某被绑架后，牛某某负责打探消息及时通报给张某某等人。由于李某某亲属报案，牛某某等人未敢打电话勒索钱财。当日傍晚，牛某某与张某某等约定见面，由于担心被李某某认出，牛某某与张某某商量后决定将李某某杀死。之后牛某某出资让宋某某购买了两把铁锹和一桶汽油，将车开至河南某村附近，由张某某按住李某某，郭某某将李某某掐死。后郭某某和宋某某将李某某的尸体抬到事先挖好的土坑内，浇上汽油焚烧后掩埋。经法医鉴定，李某某系被他人扼颈致机械性窒息死亡。

河南省洛阳市中级人民法院认为，被告人牛某某、张某某、郭某某的行为均已构成绑架罪。在共同绑架犯罪中，牛某某、张某某、郭某某起主要作用，均系主犯，且所犯罪行极其严重，牛某某又系累犯，对该三人依法应予严惩。依法判决：被告人牛某某、张某某、郭某某犯绑架罪，均判处死刑，剥夺政治权利终身，并处没收个人全部财产。

一审宣判后，被告人牛某某、张某某、郭某某分别提出上诉。被告人牛某某上诉提出，其不愿意杀死被害人，没有参与杀人过程，请求从轻处罚。其辩护人提出，牛某某刚开始指使绑架，但后来并未亲自参与杀人，并非绑架案主导者，主观恶性相对较小；牛某某认罪态度较好，有悔罪表现，希望从轻处罚。被告人张某某上诉提出，其在共同犯罪中起次要作用，原判量刑过重。其辩护人提出，张某某只实施了开车等辅助行为，原判认定张系主犯不当；张某某系初犯，认罪悔罪态度好，希望依法改判。被告人郭某某上诉提出，其在绑架中所起作用较小，不应认定为主犯；郭某某系初犯，判处死刑过重。其辩护人提出，郭某某在绑架案中居于从属地位，一贯表现较好，到案后真诚悔罪，依法可不判处死刑立即执行。

河南省高级人民法院经二审审理认为，上诉人牛某某、张某某、郭某某的行为均已构成绑架罪，且手段残忍，后果极其严重，应依法严惩。原判事实清楚，证据确实、充分，定罪准确，对被告人牛某某、张某某、郭某某的主刑量刑适当，审判程序合法，但对张某某判处的附加刑没收个人全部财产及罚金数罪并罚计算有误。上诉人牛某某、张某某、郭某某的上诉理由及其辩护人的辩护意见均不能成立，不予采纳。依法判决：（1）维持原审判决中对被告人牛某某、郭某某的定罪量刑部分及对被告人张某某的定罪部分。（2）撤销原审判决中对被告人张某某的刑罚部分。（3）上诉人张某某犯绑架罪，判处死刑，剥夺政治权利终身，并处没收个人全部财产；犯贩卖毒品罪，判处有期徒刑二年，并处罚金人民币5000元；决定执行死刑，剥夺政治权利终身，并处没收个人全部财产。对上诉人牛某某、张某某、郭某某的死刑判决，依法报请最高人民法院核准。

最高人民法院经复核认为，被告人牛某某、张某某、郭某某以勒索财物为目的绑架他人，其行为均已构成绑架罪。在共同绑架犯罪中，牛某某提议绑架，出资并与张某某共同租赁作案用车，与张某某一同购买假车牌，指认被害人李某某及其学校，策划绑架方案并幕后指挥，打探消息提供给张某某等人，与张某某商议决定杀死李某某灭口，对杀人、埋尸作出分工，出资并指使同案被告人宋某某购买手机卡和埋尸、焚尸工具，起主要作用，系主犯，应按照其所参与和组织、指挥的全部犯罪处罚。张某某积极参与绑架预谋，准备作案所用手铐，单独或伙同牛某某租赁作案用车，先后伙同牛某某和郭某某购买假车牌，多次驾车伺机作案并组织郭某某、宋某某到学校门口绑架李某某，参与控制李某某，与牛某某商议决定杀人灭口，协助郭某某杀死李某某，起主要作用，系主犯，应按照其所参与和组织的全部犯罪处罚。郭某某参与绑架预谋，与张某某一同购买假车牌，多次参与伺机绑架李某某，强行将李某某推上车并伙同张某某、宋某某控制李某某，根据牛某某授意购买手机卡和焚尸、埋尸工具，与宋某某挖掘埋尸土坑，扼掐李某某颈部致死，与宋某某焚烧并掩埋尸体，起主要作用，系主犯，应按照其所参与的全部犯罪处罚。牛某某、张某某、郭某某结伙精心策划绑架方案，在绑架中杀死未成年被害人，又焚烧、掩埋尸体以湮灭罪证，犯罪手段残忍，情节特别恶劣，社会危害大，罪行极其严重，应依法惩处。牛某某曾因抢劫、故意伤害犯罪被判处刑罚，在刑罚执行完毕后5年内又犯罪，系累犯，主观恶性深，人身危险性大，应依法从重处罚。鉴于郭某某系被纠集参与作案，在共同绑架犯罪中所起作用略次于牛某某和张某某，认罪态度较好，对其判处死刑，可不立即执行。根据郭某某的犯罪情节和主观恶性，应当对其限制减刑。一、二审判决认定牛某某、张某某、郭某某绑架的事实清楚，证据确实、充分，定罪准确，对牛某某量刑适当；第二审判决对张某某量刑适当，审判程序合法。2013年4月22日，最高人民法院判决如下：（1）核准被告人牛某某、张某某死刑。（2）撤销对被告人郭某某的死刑判决。（3）被告人郭某某犯绑架罪，判处死刑，缓期二年执行，剥夺政治权利终身，并处没收个人全部财产；对被告人郭某某限制减刑。

二、主要问题

审理多人共同致死一人的严重暴力犯罪案件，如何准确把握宽严相济刑事政策和死刑政策？

三、裁判理由

本案是一起以在校中学生为侵害对象的恶性绑架犯罪案件，曾在当地学生、家长中引发了一定程度的恐慌，社会影响恶劣，群众关注度高，被害人亲属强烈要求严惩凶手。案件裁判结果也备受瞩目。一、二审期间，省市两级法院对于被告人牛某某、张某某和郭某某均系共同绑架犯罪之主犯及对牛某某判处死刑没有争议，但对同时判处张某某和郭某某死刑还是仅判处张某某、郭某某之中一人死刑有一定分歧。我们认为，对于此类案件，应当充分考虑宽严相济和“严格控制、慎重适用死刑”的政策要求，在准确认定全案整体罪质和各被告人各自罪责大小的前提下，准确适用死刑，实现法律效果与社会效果的有机统一。下面对此从两个层面进行分析。

（一）对严重暴力犯罪案件的裁判，整体上要体现宽严相济刑事政策中依法“从严”的政策要求

2010年2月，最高人民法院印发了《关于贯彻宽严相济刑事政策的若干意见》（以下简称《意见》），对各级人民法院在刑事审判工作中贯彻落实宽严相济刑事政策提出了具体要求。这项政策的关键是根据犯罪的具体情况，做到该宽则宽、当严则严、宽严相济、罚当其罪。在“从严”方面，需要注意三点要求：一是毫不动摇地坚持依法严惩严重刑事犯罪的方针，始终将绑架、抢劫、故意杀人等严重暴力犯罪和严重影响人民群众安全

感的犯罪作为打击重点；二是对于罪行十分严重、社会危害性极大，依法应当判处重刑或死刑的，要坚决地判处重刑或死刑；三是对于社会危害大或者具有法定、酌定从重处罚情节，以及主观恶性深、人身危险性大的被告人，要依法从严惩处。绑架属于严重暴力犯罪，它不仅直接侵犯被绑架人的人身自由甚至生命权利，还往往侵犯被绑架人近亲属的财产权利，严重影响人民群众的安全感，具有极大的社会危害性，因此历来属于刑法严厉打击的对象，也是宽严相济刑事政策中“从严”惩处的重点。

本案裁判时，《刑法修正案（九）》尚未施行，当时《刑法》第239条第2款规定，犯绑架罪，致使被绑架人死亡或者杀害绑架人，处死刑，并处没收财产。《刑法修正案（九）》将此款改为，“犯绑架罪，杀害被绑架人的，或者故意伤害被绑架人，致人重伤、死亡的，处无期徒刑或者死刑，并处没收财产”。事实上，修订前后的法条都充分体现了刑法对侵犯被绑架人生命权的行为的否定性评价。通过对此类犯罪给予严厉惩罚，可以有效地震慑犯罪分子和社会不稳定分子，达到有效遏制犯罪、预防犯罪的目的。

就本案而言，以被告人牛某某为首的四名无业人员，结伙绑架并杀人灭口，还焚尸、埋尸灭迹，所犯罪行可谓令人发指。具体表现在：第一，牛某某等人选择年仅13岁的初中学生作为绑架对象，几人驾车在学校门前的公路上公然强行掳走被害人并将其杀害，在社会上尤其是当地学生、家长中引发了一定恐慌，给人民群众的安全感带来了重大影响，严重危害社会治安。第二，牛某某等人系有预谋、有准备地作案，精心策划绑架方案，商定绑架人质后向其家人勒索二三百万元的巨额赎金，在诱骗被害人未果后仍多次驾车到学校门口守候、尾随，伺机作案，充分说明几人犯罪意志坚决，主观恶性极深。第三，牛某某等人绑架被害人后长时间控制并伺机向其家人勒索钱财，因怀疑被认出，为掩盖罪行又残忍地将其杀害，还焚烧、掩埋尸体以湮灭罪证，犯罪情节特别恶劣。第四，本案共有四人参与绑架犯罪，分工明确，幕后谋划指挥和具体实施均有一名起组织、领导作用的主犯，其中，牛某某提起犯意并组织、策划犯罪，因其与被害人家人熟识，故在犯罪实施阶段主要负责通风报信并遥控指挥；张某某在绑架、控制人质过程中起组织作用。

一、二审法院考虑被告人牛某某、张某某、郭某某所犯罪行的严重程度，依照刑法的规定并根据宽严相济刑事政策的要求，同时判处三名被告人死刑。这表明两级法院充分注意到，审理严重暴力犯罪案件需要贯彻宽严相济刑事政策中依法“从严”的政策要求。这一指导思想和出发点是正确的。

（二）在共同犯罪案件中判处一名以上被告人死刑的，要充分考虑罪行的整体严重程度和各主犯的具体罪责

如上所述，对于绑架等严重暴力犯罪，在政策把握上应当体现“从严”的政策要求，该判处死刑的要坚决依法判处。同时，也需要充分注意到，由于死刑是最为严厉的刑罚，适用时应当贯彻执行“严格控制、慎重适用死刑”政策，防止不必要地过多适用死刑，从而背离宽严相济刑事政策的精神。根据《意见》第31条，对于多名被告人共同致死一名被害人的共同犯罪案件，应当充分考虑各被告人在共同犯罪中的地位和作用上的差别以及在主观恶性和人身危险性方面的差异，如果有多名主犯的，还要在主犯中进一步区分出罪行最为严重者。这是对共同犯罪案件各被告人决定刑罚时应当遵循的规则。即便按照“杀人偿命”“一命抵一命”的朴素正义观念，对两名以上被告人同时适用死刑也应当特别慎重，原则上不宜同时适用死刑。从近年来的司法实践来看，对于多人共同致死

一名被害人的暴力犯罪案件，原则上只判处一人死刑，但是，作为例外，如果某一案件的整体罪行十分严重，各被告人的罪责又确实十分接近，需要通过判处两人死刑来体现严惩并实现量刑平衡的，也可以考虑同时判处两人死刑。

具体到本案，被告人牛某某作为犯意提起者和组织、指挥者，是罪行最严重的主犯，且系累犯，一、二审法院一致认为应当依法判处其死刑。争议的焦点在于是否还应当再判处一人或者二人死刑。如前所述，本起绑架案件犯罪性质恶劣，社会影响极坏，属于应当从严惩处的案件类型；各被告人事先精心预谋、策划犯罪，实行中为防止罪行败露而杀死被害人灭口，后又焚尸、埋尸灭迹，再判处其中一人死刑，确有事实根据和政策依据，在满足被害人亲属强烈要求的同时，也符合社会公众的期望。但是，如果判处三人死刑，则缺乏充分依据，也违背政策精神，属于过多适用死刑。也就是说，对于本案，判处死刑立即执行的被告人数量不宜超过二人。

在这一前提下，需要细致区分各被告人在共同犯罪中的具体罪责，从而确定对哪些被告人可以适用死刑。显然，共同犯罪案件中组织、指挥他人实施犯罪的被告人，与被纠集和在他人指挥下具体实施犯罪的被告人，其主观恶性和人身危险性是有区别的。一般而言，应根据各被告人在案前、案中、案后阶段对犯罪行为发生、发展的控制程度和参与犯罪行为的主动性等因素，综合评判其主观恶性。具体来讲，主要看其是犯意提起者还是被纠集参与者，是预谋犯罪还是临时起意犯罪，预谋时是否已经决意杀人，是否精心策划犯罪方案，犯罪手段是否特别残忍，是否具有抛尸、分尸、焚尸、埋尸灭迹等恶劣情节，等等。而对各被告人人身危险性的评判，一般主要看其是初犯、偶犯还是惯犯、职业犯，是否同时犯有其他罪行，是否曾因故意犯罪受过刑事处罚，是否在缓刑或者假释考验期内再次犯罪，是主动投案还是被动归案，归案后是否如实认罪、真诚悔罪，等等。

具体到本案，除被告人牛某某外，是应当另判处被告人张某某死刑，还是另判处被告人郭某某死刑，需要对该二人主观恶性和人身危险性方面的差异进行细致分析，从而得出准确判断。通过以下分析，能够认定张某某较郭某某的主观恶性更深，人身危险性更大：

第一，被告人张某某既是积极参与的实行犯，又是与被告人牛某某密切配合的组织犯，对于犯罪的实施、完成具有决定性作用。从在案证据分析，被告人宋某某参与作案系受张某某邀约的可能性极大；张某某不仅伙同牛某某租赁作案所用现代汽车并购买假车牌，还单独租赁作案当天所用桑塔纳汽车并准备了控制被害人时所用的两副手铐，而被告人郭某某只是参与购买了假车牌；张某某驾车搭载郭某某和宋某某多次伺机绑架被害人并在作案当天负责与牛某某保持电话联系，而郭某某是按照事先分工行事。

第二，被告人郭某某的杀人、埋尸行为系在被告人牛某某和张某某的授意下实施的。虽然是郭某某扼掐被害人颈部致其死亡，但却是牛某某与张某某商议杀死被害人灭口并确定由该二人共同实施，后因牛某某不愿意亲自动手才授意郭某某实施，郭某某遂与被告人张某某共同将被害人杀害；虽然张某某未参与处理被害人尸体，但郭某某是按照牛某某和张某某确定的分工与宋某某焚尸、埋尸的。

第三，被告人张某某的供述缺乏稳定性，存在避重就轻嫌疑，认罪、悔罪态度差，而被告人郭某某归案后对共同绑架及杀害被害人的犯罪事实供认不讳且供述稳定，在几名被告人中认罪态度最好，还带领公安人员指认了掩埋被害人尸体的具体地点，公安人员据此挖掘出被害人尸体，及时提取、固定了关键性证据，对定案起到至关重要的作用。

第四，被告人张某某除了绑架作案外，还伙同他人多次贩卖“零包”毒品，且系共同贩卖毒品犯罪中起组织、指挥作用的主犯，主观恶性深，人身危险性大，而被告人郭某某并无前科劣迹，本次系初次犯罪。

通过上述比较，被告人张某某应该被确定为罪责仅次于被告人牛某某而相对大于郭某某的罪行严重者，对其适用死刑的理由比对被告人郭某某适用死刑的理由更为充分。同时，考虑到郭某某的犯罪情节和主观恶性，最高人民法院对其判处死缓的同时决定限制减刑，以更好地实现与牛某某、张某某的量刑平衡。

第十一章
拐卖妇女、儿童罪

第一节　拐卖妇女、儿童罪概述

一、拐卖妇女、儿童罪概念及构成要件

拐卖妇女、儿童罪，是指以出卖为目的，拐骗、绑架、收买、贩卖、接送或者中转妇女、儿童的行为。本罪是选择性罪名，可分解为拐卖妇女罪和拐卖儿童罪。1979 年《刑法》第 141 条只有拐卖人口罪的规定。1997 年修订《刑法》时，将《全国人民代表大会常务委员会关于严惩拐卖、绑架妇女、儿童的犯罪分子的决定》第 1 条拐卖妇女、儿童罪和第 2 条绑架妇女、儿童罪的规定，吸收改为拐卖妇女、儿童罪。

拐卖妇女、儿童罪的构成要件如下：（1）本罪侵犯的客体是他人的人身自由权利。犯罪对象是妇女、儿童。妇女，既包括具有中国国籍的妇女，也包括具有外国国籍和无国籍的妇女。儿童，是指不满 14 周岁的人。拐卖已满 14 周岁男性的行为不成立本罪，符合其他犯罪构成的，可按照其他犯罪论处。（2）本罪在客观方面表现为拐骗、绑架、收买、贩卖、接送或者中转妇女、儿童的行为。拐骗，是指以出卖为目的，采用欺骗、利诱等手段，将妇女、儿童置于行为人支配之下的行为。绑架，是指以暴力、胁迫或者麻醉的方法，劫持妇女、儿童的行为。收买，是指为了再转手出卖而从拐卖、绑架妇女、儿童的犯罪分子手中买来被害妇女、儿童的行为。贩卖，是指将被拐卖的妇女、儿童卖给他人的行为。接送和中转，是指以出卖为目的，为被拐卖的妇女、儿童迎来送往、中转接待的行为。行为人具有上述六种行为中的一种行为，就构成本罪；具有两种或者两种以上行为的，仍定一罪，不实行数罪并罚，量刑时可作参考。（3）本罪犯罪主体为一般主体。凡年满 16 周岁并具有刑事责任能力的自然人，都可以成为本罪的主体。（4）本罪主观方面由直接故意构成，并且具有出卖被拐卖的妇女、儿童的目的。只要是基于出卖的目的而拐卖妇女、儿童，即使没有卖成，或者实际上没有得到钱财就被查获，也不影响本罪的成立。出卖的动机为何不影响本罪的成立。

二、拐卖妇女、儿童罪案件审理情况

通过中国裁判文书网统计，2017 年至 2020 年间，全国法院审结一审利用未公开信息交易刑事案件共计 67 件，其中，2017 年有 676 件，2018 年有 634 件，2019 年有 638 件，2020 年有 546 件，2021 年有 541 件。整体上保持平稳略有下滑的趋势。

司法实践中，拐卖妇女、儿童的犯罪案件主要呈现以下特点和趋势：一是团体作案多。多表现为共同犯罪，他们在拐骗地和卖出地建有“联络点”和“销售点”，在拐骗、绑架、接送、中转、出卖等环节都有具体分工。有的犯罪集团设有中转站、窝藏点，拐卖过程中有“二道贩子”“三道贩子”。二是犯罪主体明显扩大。司法实践来看，参与拐卖妇女、儿童的人员已经扩大到亲生父母等近亲属、部分特殊职业如医务人员等，还出现了低龄人员拐卖妇女儿童的现象。三是智能化网络化犯罪现象明显。除了传统上依靠哄骗、盗抢、强抢等方式实施拐卖的行为，实践中已经出现了“网络贩卖”等黑色产业，人贩子、网站管理员、中介人员通过设立网站、即时通信群组、网点等方式搭建非法交易平台。四是拐卖妇女儿童逐渐国际化。国内国外犯罪集团联手，以到国外就业、挣高薪等由头，跨越国境实施拐卖行为。同时还具有国内向国外拐卖，国外向国内拐卖的“双向拐卖”的特点。五是出现配套灰色产业链。例如，通过制造、贩售假婴儿出生医学证明等方式，帮助买家为拐卖而来的儿童落户，此类产业构成了拐卖链条的最后一端。

三、拐卖妇女、儿童罪案件审理热点、难点问题

一是关于拐卖妇女犯罪与介绍婚姻索取钱财的区分。实践中，有些不法分子以介绍婚姻的名义将妇女拐带至异地，采取扣押身份证件、限制人身自由等方式迫使妇女同意与他人结婚（包括共同生活但未办理法定婚姻登记手续的情形），向他人索要或者收取钱财；也有些人为向他人索取所谓“婚姻介绍费”，利用妇女特别是外籍妇女人地生疏、语言不通，对行为人有经济、人身依赖关系，或者因没有合法出入境、居留签证担心被遣返等脆弱境况，仅以轻微言语威胁或者欺骗等方式，即可达到使妇女同意与他人结婚的目的。对类似行为，因与采取暴力等强迫手段明显的拐卖犯罪有所不同，是认定为介绍婚姻过程中发生的民事纠纷，还是认定为拐卖妇女犯罪，存在争议。尽管《最高人民法院关于审理拐卖妇女儿童犯罪案件具体应用法律若干问题的解释》规定，以介绍婚姻为名，采取非法扣押身份证件、限制人身自由等方式，或者利用妇女人地生疏、语言不通、孤立无援等境况，违背妇女意志，将其出卖给他人的，应当以拐卖妇女罪追究刑事责任。但该解释仅能举出部分典型的情形，实践中行为方式各异，情形复杂，在案件办理过程中可能出现不同理解，导致入罪标准模糊，裁判尺度不一。

二是区分妇女自愿外流与拐卖妇女罪。有的妇女因自然灾害等原因，外流到他乡，与他人结婚。征得妇女同意，即使收受了对方的财物，也不能认定拐卖妇女罪。查明行为是否违背妇女意志、有无诱骗手段，是区分拐卖妇女、儿童罪与非罪的客观标志。

三是借送养之名出卖亲生子女与民间送养行为的区分。区分两者的关键在于行为人是否具有非法获利的目的。具有下列情形之一的，可以认定属于出卖亲生子女，应当以拐卖妇女、儿童罪论处：（1）将生育作为非法获利手段，生育后即出卖子女的；（2）明知对方不具有抚养目的，或者根本不考虑对方是否具有抚养目的，为收取钱财将子女“送”给他人的；（3）为收取明显不属于“营养费”“感谢费”的巨额钱财将子女“送”

给他人的；（4）其他足以反映行为人具有非法获利目的的“送养”行为的。不是出于非法获利目的，而是迫于生活困难，或者受重男轻女思想影响，私自将没有独立生活能力的子女送给他人抚养，包括收取少量“营养费”“感谢费”的，属于民间送养行为，不能以拐卖妇女、儿童罪论处。对私自送养导致子女身心健康受到严重伤害，或者具有其他恶劣情节，符合遗弃罪特征的，可以遗弃罪论处；情节显著轻微危害不大的，可由公安机关依法予以行政处罚。其难点主要在于司法实践中的案件事实相对复杂，审查将子女“送”人的背景和原因、有无收取钱财及收取钱财的多少、对方是否具有抚养目的及有无抚养能力等事实，综合判断行为人是否具有非法获利的目的，可能导致不同的理解，进而出现不同判决的问题。

四、拐卖妇女、儿童罪案件审理思路及原则

一是充分认识拐卖妇女、儿童行为对社会主义核心价值观的危害，依法惩处犯罪。我国重视家庭伦理的传统极为深厚，拐卖妇女、儿童行为对法律底线和社会道德底线形成了巨大冲击，对一个家庭造成的损害将持续多年，对社会稳定和价值观也会形成极大负面影响。司法机关要充分认识此类犯罪的严重社会危害性，要善于将社会主义核心价值观的要求融入审判过程，充分查明案件事实，公正适用法律，发挥刑事司法工作对社会主义核心价值观的保护倡导和对社会行为的规范引领作用。

二是不断加强法律法规和司法解释再学习，充分领会精神实质。一方面，拐卖妇女、儿童罪的构成要件内涵丰富，必须充分掌握；另一方面，拐卖妇女儿童的表现手法多种多样，不断翻新，法律规则难以穷尽其所有犯罪外在表现，因此在办案过程中，必须从规定的精神实质出发，在吃透各项规定本质的基础上，针对具体问题灵活适用法律规定裁判。

三是增强人文社科基本知识储备。拐卖妇女、儿童罪的产生有其社会土壤，打击拐卖妇女、儿童行为也需要建立在对该行为的深刻理解之上。除法学专业知识外，法官应当努力加强历史学、社会学、人文学、伦理学等知识储备，优化自身知识结构，提升参与治理拐卖妇女、儿童行为的水平和效果。

四是要加强不同部门间的协同配合。打击拐卖妇女、儿童的行为非法院一家能独力完成，需要体制内各部门密切配合、体制外各力量共同支持。要努力同其他职能部门和社会力量建立广泛联系，发挥各自职能优势，共同打击拐卖妇女、儿童行为，铲除犯罪土壤，构建打击拐卖妇女、儿童的天罗地网。

第二节　拐卖妇女、儿童罪审判依据

1979 年《刑法》第 141 条规定了拐卖人口罪，该罪对象并未限定于妇女、儿童。因实践中拐卖妇女、儿童愈演愈烈，而拐卖其他对象的案件少有，1991 年 9 月 4 日全国人大常委会通过了《关于严惩拐卖、绑架妇女、儿童的犯罪分子的决定》，该决定增设了拐卖妇女、儿童罪、绑架妇女、儿童罪以及偷盗婴幼儿罪。1997 年《刑法》回应司法实践，将拐卖妇女、儿童罪、绑架妇女、儿童罪以及偷盗婴幼儿罪三罪合并为拐卖妇女、儿童

罪，同时，拐卖人口罪被取消。《最高人民法院关于审理拐卖妇女儿童犯罪案件具体应用法律若干问题的解释》（法释〔2016〕28号）对“偷盗婴幼儿”的内涵进行界定；明确了医疗机构、社会福利机构等单位的工作人员可为拐卖儿童罪的犯罪主体；对“介绍婚姻”与“拐卖妇女”两种性质不同的行为作出界定。《最高人民法院关于审理拐卖妇女案件适用法律有关问题的解释》（法释〔2000〕1号）规定了外国或无国籍妇女属于拐卖妇女儿童罪的犯罪对象。

一、法律

《中华人民共和国刑法》（2020年12月26日修正）

第二百四十条 拐卖妇女、儿童的，处五年以上十年以下有期徒刑，并处罚金；有下列情形之一的，处十年以上有期徒刑或者无期徒刑，并处罚金或者没收财产；情节特别严重的，处死刑，并处没收财产：

（一）拐卖妇女、儿童集团的首要分子；

（二）拐卖妇女、儿童三人以上的；

（三）奸淫被拐卖的妇女的；

（四）诱骗、强迫被拐卖的妇女卖淫或者将被拐卖的妇女卖给他人迫使其卖淫的；

（五）以出卖为目的，使用暴力、胁迫或者麻醉方法绑架妇女、儿童的；

（六）以出卖为目的，偷盗婴幼儿的；

（七）造成被拐卖的妇女、儿童或者其亲属重伤、死亡或者其他严重后果的；

（八）将妇女、儿童卖往境外的。

拐卖妇女、儿童是指以出卖为目的，有拐骗、绑架、收买、贩卖、接送、中转妇女、儿童的行为之一的。

第二百四十一条第五款 收买被拐卖的妇女、儿童又出卖的，依照本法第二百四十条的规定定罪处罚。

二、司法解释

（一）《最高人民法院关于审理拐卖妇女儿童犯罪案件具体应用法律若干问题的解释》（2016年12月21日 法释〔2016〕28号）

第一条 对婴幼儿采取欺骗、利诱等手段使其脱离监护人或者看护人的，视为刑法第二百四十条第一款第（六）项规定的“偷盗婴幼儿”。

第二条 医疗机构、社会福利机构等单位的工作人员以非法获利为目的，将所诊疗、护理、抚养的儿童出卖给他人的，以拐卖儿童罪论处。

第三条 以介绍婚姻为名，采取非法扣押身份证件、限制人身自由等方式，或者利用妇女人地生疏、语言不通、孤立无援等境况，违背妇女意志，将其出卖给他人的，应当以拐卖妇女罪追究刑事责任。

以介绍婚姻为名，与被介绍妇女串通骗取他人钱财，数额较大的，应当以诈骗罪追究刑事责任。

第九条 刑法第二百四十条、第二百四十一条规定的儿童，是指不满十四周岁的人。其中，不满一周岁的为婴儿，一周岁以上不满六周岁的为幼儿。

（二）《最高人民法院关于审理拐卖妇女案件适用法律有关问题的解释》（2000年1月3日 法释〔2000〕1号）

第一条 刑法第二百四十条规定的拐卖妇女罪中的“妇女”，既包括具有中国国籍的妇女，也包括具有外国国籍和无国籍的妇女。被拐卖的外国妇女没有身份证明的，不影响对犯罪分子的定罪处罚。

第二条 外国人或者无国籍人拐卖外国妇女到我国境内被查获的，应当根据刑法第六条的规定，适用我国刑法定罪处罚。

三、刑事政策文件

（一）《最高人民法院、最高人民检察院、公安部、司法部印发〈关于依法惩治拐卖妇女儿童犯罪的意见〉的通知》（2010年3月15日 法发［2010］7号）

五、定性

15. 以出卖为目的强抢儿童，或者捡拾儿童后予以出卖，符合刑法第二百四十条第二款规定的，应当以拐卖儿童罪论处。

以抚养为目的偷盗婴幼儿或者拐骗儿童，之后予以出卖的，以拐卖儿童罪论处。

16. 以非法获利为目的，出卖亲生子女的，应当以拐卖妇女、儿童罪论处。

17. 要严格区分借送养之名出卖亲生子女与民间送养行为的界限。区分的关键在于行为人是否具有非法获利的目的。应当通过审查将子女“送”人的背景和原因、有无收取钱财及收取钱财的多少、对方是否具有抚养目的及有无抚养能力等事实，综合判断行为人是否具有非法获利的目的。

具有下列情形之一的，可以认定属于出卖亲生子女，应当以拐卖妇女、儿童罪论处：

（1）将生育作为非法获利手段，生育后即出卖子女的；

（2）明知对方不具有抚养目的，或者根本不考虑对方是否具有抚养目的，为收取钱财将子女“送”给他人的；

（3）为收取明显不属于“营养费”“感谢费”的巨额钱财将子女“送”给他人的；

（4）其他足以反映行为人具有非法获利目的的“送养”行为的。

不是出于非法获利目的，而是迫于生活困难，或者受重男轻女思想影响，私自将没有独立生活能力的子女送给他人抚养，包括收取少量“营养费”“感谢费”的，属于民间送养行为，不能以拐卖妇女、儿童罪论处。对私自送养导致子女身心健康受到严重损害，或者具有其他恶劣情节，符合遗弃罪特征的，可以遗弃罪论处；情节显著轻微危害不大的，可由公安机关依法予以行政处罚。

18. 将妇女拐卖给有关场所，致使被拐卖的妇女被迫卖淫或者从事其他色情服务的，以拐卖妇女罪论处。

有关场所的经营管理人员事前与拐卖妇女的犯罪人通谋的，对该经营管理人员以拐卖妇女罪的共犯论处；同时构成拐卖妇女罪和组织卖淫罪的，择一重罪论处。

19. 医疗机构、社会福利机构等单位的工作人员以非法获利为目的，将所诊疗、护理、抚养的儿童贩卖给他人的，以拐卖儿童罪论处。

七、一罪与数罪

24. 拐卖妇女、儿童，又奸淫被拐卖的妇女、儿童，或者诱骗、强迫被拐卖的妇女、儿童卖淫的，以拐卖妇女、儿童罪处罚。

25. 拐卖妇女、儿童，又对被拐卖的妇女、儿童实施故意杀害、伤害、猥亵、侮辱等行为，构成其他犯罪的，依照数罪并罚的规定处罚。

26. 拐卖妇女、儿童或者收买被拐卖的妇女、儿童，又组织、教唆被拐卖、收买的妇女、儿童进行犯罪的，以拐卖妇女、儿童罪或者收买被拐卖的妇女、儿童罪与其所组织、教唆的罪数罪并罚。

27. 拐卖妇女、儿童或者收买被拐卖的妇女、儿童，又组织、教唆被拐卖、收买的未成年妇女、儿童进行盗窃、诈骗、抢夺、敲诈勒索等违反治安管理活动的，以拐卖妇女、儿童罪或者收买被拐卖的妇女、儿童罪与组织未成年人进行违反治安管理活动罪数罪并罚。

八、刑罚适用

28. 对于拐卖妇女、儿童犯罪集团的首要分子，情节严重的主犯，累犯，偷盗婴幼儿、强抢儿童情节严重，将妇女、儿童卖往境外情节严重，拐卖妇女、儿童多人多次、造成伤亡后果，或者具有其他严重情节的，依法从重处罚；情节特别严重的，依法判处死刑。

拐卖妇女、儿童，并对被拐卖的妇女、儿童实施故意杀害、伤害、猥亵、侮辱等行为，数罪并罚决定执行的刑罚应当依法体现从严。

29. 对于拐卖妇女、儿童的犯罪分子，应当注重依法适用财产刑，并切实加大执行力度，以强化刑罚的特殊预防与一般预防效果。

30. 犯收买被拐卖的妇女、儿童罪，对被收买妇女、儿童实施违法犯罪活动或者将其作为牟利工具的，处罚时应当依法体现从严。

收买被拐卖的妇女、儿童，对被收买妇女、儿童没有实施摧残、虐待行为或者与其已形成稳定的婚姻家庭关系，但仍应依法追究刑事责任的，一般应当从轻处罚；符合缓刑条件的，可以依法适用缓刑。

收买被拐卖的妇女、儿童，犯罪情节轻微的，可以依法免予刑事处罚。

31. 多名家庭成员或者亲友共同参与出卖亲生子女，或者“买人为妻”“买人为子”构成收买被拐卖的妇女、儿童罪的，一般应当在综合考察犯意提起、各行为人在犯罪中所起作用等情节的基础上，依法追究其中罪责较重者的刑事责任。对于其他情节显著轻微危害不大，不认为是犯罪的，依法不追究刑事责任；必要时可以由公安机关予以行政处罚。

32. 具有从犯、自首、立功等法定从宽处罚情节的，依法从轻、减轻或者免除处罚。

对被拐卖的妇女、儿童没有实施摧残、虐待等违法犯罪行为，或者能够协助解救被拐卖的妇女、儿童，或者具有其他酌定从宽处罚情节的，可以依法酌情从轻处罚。

33. 同时具有从严和从宽处罚情节的，要在综合考察拐卖妇女、儿童的手段、拐卖妇女、儿童或者收买被拐卖妇女、儿童的人次、危害后果以及被告人主观恶性、人身危险性等因素的基础上，结合当地此类犯罪发案情况和社会治安状况，决定对被告人总体从严或者从宽处罚。

（二）《最高人民法院、最高人民检察院、公安部、民政部、司法部、全国妇联关于打击拐卖妇女儿童犯罪有关问题的通知》（2000年3月20日　公通字〔2000〕26号）

四、正确适用法律，依法严厉打击拐卖妇女、儿童的犯罪活动。这次“打拐”专项斗争的重点是打击拐卖妇女、儿童的人贩子。凡是拐卖妇女、儿童的，不论是哪个环节，只要是以出卖为目的，有拐骗、绑架、收买、贩卖、接送、中转、窝藏妇女、儿童的行为之一的，不论拐卖人数多少，是否获利，均应以拐卖妇女、儿童罪追究刑事责任。对收买被拐卖的妇女、儿童的，以及阻碍解救被拐卖妇女、儿童构成犯罪的，也要依法惩处。出卖亲生子女的，由公安机关依法没收非法所得，并处以罚款；以营利为目的，出卖不满十四周岁子女，情节恶劣的，借收养名义拐卖儿童的，以及出卖捡拾的儿童的，均应以拐卖儿童罪追究刑事责任。出卖十四周岁以上女性亲属或者其他不满十四周岁亲属的，以拐卖妇女、儿童罪追究刑事责任。

办案中，要正确区分罪与非罪、罪与罪的界限，特别是拐卖妇女罪与介绍婚姻收取钱物行为、拐卖儿童罪与收养中介行为、拐卖儿童罪与拐骗儿童罪，以及绑架儿童罪与拐卖儿童罪的界限，防止扩大打击面或者放纵犯罪。

（三）《最高人民法院印发〈全国法院维护农村稳定刑事审判工作座谈会纪要〉的通知》（1999年10月27日　法〔1999〕217号）

（六）关于拐卖妇女、儿童犯罪案件

要从严惩处拐卖妇女、儿童犯罪团伙的首要分子和以拐卖妇女、儿童为常业的“人贩子”。

要严格把握此类案件罪与非罪的界限。对于买卖至亲的案件，要区别对待：以贩卖牟利为目的“收养”子女的，应以拐卖儿童罪处理；对那些迫于生活困难、受重男轻女思想影响而出卖亲生子女或收养子女的，可不作为犯罪处理；对于出卖子女确属情节恶劣的，可按遗弃罪处罚；对于那些确属介绍婚姻，且被介绍的男女双方相互了解对方的基本情况，或者确属介绍收养，并经被收养人父母同意的，尽管介绍的人数较多，从中收取财物较多，也不应作犯罪处理。

（四）《最高人民检察院法律政策研究室关于以出卖为目的的倒卖外国妇女的行为是否构成拐卖妇女罪的答复》（1998年12月24日　〔1998〕高检研发第21号）

吉林省人民检察院研究室：

你院吉检发研字［1998］4号《关于以出卖为目的倒卖外国妇女的行为是否构成拐卖妇女罪的请示》收悉。经研究，现答复如下：

刑法第二百四十条明确规定：“拐卖妇女、儿童是以出卖为目的，有拐骗、绑架、收买、贩卖、接送、中转妇女、儿童的行为之一的。”其中作为“收买”对象的妇女、儿童并不要求必须是“被拐骗、绑架的妇女、儿童”。因此，以出卖为目的，收买、贩卖外国妇女，从中牟取非法利益的，应以拐卖妇女罪追究刑事责任。但确属为他人介绍婚姻收取介绍费，而非以出卖为目的的，不能追究刑事责任。

第三节 拐卖妇女、儿童罪审判实践中的疑难新型问题

问题1. 拐卖两性人的能否构成拐卖妇女罪

【刑事审判参考案例】张某拐卖妇女案①

一、基本案情

芦山县人民法院经不公开审理查明：1990年5月12日，被告人张某伙同芦山县仁加乡村民竹某（已判刑），以外出旅游为名，邀约被告人张某的女友李某，并通过李某邀约芦山县双石镇西川四组“女青年”王某一同外出。四人从芦山县出发，乘汽车、火车到达安徽省利辛县后，张某、竹某对王某谎称外出的钱已用完，叫王某到竹某一朋友家暂住几天，他们去其他地方找到钱后再来接王某，并由竹某通过其姐夫张某贤（安徽省利辛县人）介绍，将王某卖与利辛县赵桥乡谭阁村村民谭某为妻，获赃款1900元，除去路费，张某分得赃款380元。谭某将王某带回家，当晚同居时发现王某有生理缺陷，遂将王某退回竹某姐夫家，后王某被送回芦山县。

经芦山县人民医院检查诊断，王某系“以男性为主之两性人”。芦山县人民法院认为：被告人张某无视国法，以出卖为目的，采用欺骗的手段，将王某卖与他人为妻，张某的行为已触犯刑律，构成拐卖妇女罪，虽事后经检查王某系两性人，但被告人拐卖时并不知情，仍视作妇女被拐卖，属对犯罪对象的认识错误，本案中并不影响其刑事责任。依照1997年《刑法》第12条第1款、1979年《刑法》第141条之规定，于1999年10月28日判决如下：被告人张某犯拐卖妇女罪，判处有期徒刑一年零六个月。宣判后，张某没有上诉，检察机关亦未抗诉，判决发生法律效力。

二、主要问题

1. 拐卖以男性为主的两性人的行为能否构成拐卖妇女罪？

2.《全国人民代表大会常务委员会关于严惩拐卖、绑架妇女、儿童的犯罪分子的决定》施行之前，拐卖妇女行为如何适用法律？

三、裁判理由

本案是一起1991年9月4日《全国人民代表大会常务委员会关于严惩拐卖、绑架妇女、儿童的犯罪分子的决定》（以下简称《严惩拐卖犯罪决定》）公布施行前发生、1997年《刑法》施行后审理的一例特殊的拐卖两性人的刑事案件。由于被告人的行为是在修订《刑法》实施后进行审理，因此，解决本案被告人的行为性质和法律适用问题的关键，是根据《刑法》第12条第1款所确定的“从旧兼从轻”原则，应当如何具体适用法律。

（一）以拐卖妇女为目的的拐卖两性人行为构成拐卖妇女罪

从犯罪构成上分析，刑法中拐卖妇女罪的犯罪对象必须是妇女。而两性人，根据

① 郭彦东、牛克乾撰稿，高憬宏审编：《张某拐卖妇女案——拐卖两性人能否构成拐卖妇女罪（第77号）》，载最高人民法院刑事审判第一庭主办：《刑事审判参考》（总第11集），法律出版社2000年版，第10~15页。

《现代汉语词典》的解释，是指“由于胚胎的畸形发育而形成的具有男性和女性两种生殖器官的人”。对于行为人明知是年满 14 周岁的两性人而以出卖为目的实施拐骗、绑架、收买、贩卖、接送、中转行为的，根据罪刑法定原则，不能以拐卖妇女罪定罪处罚。但对于行为人因对犯罪对象的认识错误，误将两性人视为妇女而予以拐卖的，属于刑法理论上的对象不能犯未遂。这种对象不能犯未遂，因行为人的行为已具备刑法规定的拐卖妇女罪的全部构成要件，只是因为行为人的疏忽或者是相关知识的欠缺，致使意欲实施的行为与其实际实施的行为形似而质异，才未能发生行为所希望的犯罪后果，但仍具有社会危害性，不影响拐卖妇女罪的成立，只对犯罪形态产生影响，应以拐卖妇女（未遂）罪追究行为人的刑事责任。本案被告人张某错误地认为王某是妇女而将其拐卖，并已将被害人王某卖给他人为妻，收了买主的钱，其犯罪行为已实行终了，但是由于王某是以男性为主的两性人而被买主退回，没有出现被告人张某所追求的犯罪后果。故根据《刑法》第 240 条的规定，被告人张某的行为已构成拐卖妇女（未遂）罪。

（二）被告人张某的行为，应以拐卖人口罪定罪处刑

首先，被告人张某的行为发生在 1979 年《刑法》施行期间，根据适用行为时法追究行为人刑事责任的刑法适用原则，1979 年《刑法》是本案首先应考虑适用的法律。同时，从犯罪构成上看，被告人张某的行为完全具备了 1979 年《刑法》第 141 条规定的犯罪构成的主客观要件。在主观上，张某具有拐卖人口的故意，两性人虽然特殊，但仍然属于刑法意义上的“人口”，误认两性人为妇女的认识错误包容在拐卖“人口”的概括故意中，不影响行为定性。客观上，张某拐卖人口的犯罪行为已经实施终了，虽然由于对象认识错误而没有达到张某拐卖人口的目的，但 1979 年《刑法》规定的拐卖人口罪并没有对犯罪对象“人口”作特殊限制，因此，被告人张某的行为已构成拐卖人口罪，依法应在五年以下有期徒刑的量刑幅度内处刑。其次，由于被告人张某在被人民检察院批准逮捕后逃跑，直到 1997 年《刑法》已生效实施后被抓获，致使《严惩拐卖犯罪决定》失去了适用基础。即使适用《严惩拐卖犯罪决定》对张某有利，也因其本人的行为而使司法机关未能在《严惩拐卖犯罪决定》适用期间将其抓获，是其自己的行为导致了对其有利的法律规定在生效期间不能对其适用。因此，根据 1997 年《刑法》第 12 条第 1 款确定的从旧兼从轻原则，本案适用法律的可选范围，只能是 1979 年《刑法》和 1997 年《刑法》。在此需要特别指出的是，如果司法机关在《严惩拐卖犯罪决定》施行期间将行为人抓获，却一直拖到 1997 年《刑法》生效施行以后才进行审理，则必须将《严惩拐卖犯罪决定》作为可选择适用的法律，与修订前后刑法一并考虑，按照《刑法》第 12 条第 1 款的规定，确定适用的法律。最后，通过以上分析得知，对于被告人的行为，无论 1979 年《刑法》还是 1997 年《刑法》，都认为是犯罪，但较之 1997 年《刑法》，1979 年《刑法》规定的处刑较轻。根据 1997 年《刑法》第 12 条第 1 款确定的从旧兼从轻原则，1997 年《刑法》对被告人的行为没有溯及力，对其行为应适用 1979 年《刑法》第 141 条的规定，在五年以下有期徒刑的幅度内量刑。本案审判机关对被告人的行为适用法律是正确的，量刑也是适当的，但在定罪上出现了不应有的错误。即应根据 1979 年《刑法》第 141 条的规定，对被告人只能定拐卖人口罪，而不能定拐卖妇女罪。

问题2. 如何理解偷盗型拐卖儿童罪中的"以出卖为目的"和"偷盗婴幼儿"中的"偷盗"

【实务专论1】①

关于偷盗婴幼儿的界定不满一周岁的人为婴儿，一周岁以上不满六周岁的为幼儿。我国刑法中使用"偷盗婴幼儿"概念的法条共有两处：其一，刑法第二百三十九条第三款规定，以勒索财物为目的偷盗婴幼儿的，依照绑架罪的规定处罚。其二，第二百四十条规定，拐卖妇女、儿童的，处五年以上十年以下有期徒刑，并处罚金；具有"以出卖目的，偷盗婴幼儿"等情节的，处十年以上有期徒刑或无期徒刑，并处罚金或者没收财产；情节特别严重的，处死刑，并处没收财产。两者的区别是主观目的不同。就拐卖儿童罪而言，如何准确理解"偷盗婴幼儿"，关系到法定加重处罚情节的适用，有必要予以明确。实践中，趁婴幼儿熟睡无人察觉，将婴幼儿抱走，属于典型的偷盗婴幼儿。但对行为人以出卖为目的，采取给付玩具、外出游玩等哄骗、利诱手段拐走婴幼儿的行为，是认定为一般情节的拐卖儿童，还是认定为加重情节的偷盗婴幼儿拐卖，则存在较大争议。否定的观点认为，刑法中偷盗的本质特征是秘密性，偷盗婴幼儿指趁婴幼儿熟睡以及监护人、看护人不注意，秘密窃取婴幼儿，以欺骗、利诱等手段拐走婴幼儿的行为属于拐骗。肯定的观点认为，偷盗一般是在财产犯罪意义上使用，指以暴力、胁迫或者麻醉以外的平和方法取得对财物的控制；以欺骗、利诱等手段拐走婴幼儿，与秘密窃取婴幼儿无本质区别，应将欺骗、利诱等手段理解为偷盗的表现形式。《最高人民法院关于审理拐卖妇女儿童犯罪案件具体应用法律若干问题的解释》第1条采纳了肯定的观点，明确规定："对婴幼儿采取欺骗、利诱等手段使其脱离监护人或者看护人的，视为刑法第二百四十条第一款第（六）项规定的'偷盗婴幼儿'"。之所以作出该解释，主要是考虑，作为不满六周岁的婴幼儿，其缺少应有的辨别是非和自我防护能力，可以将其视为监护人、看护人绝对支配、保护下的无独立意志的个体，应予特殊保护。从规范的意义上讲，采取欺骗、利诱等手段使婴幼儿脱离监护、看护，可视为针对监护人、看护人的偷盗，该情形与利用监护人、看护人疏于防范抱走熟睡的婴幼儿相比，两种行为类型具有共同特质，对婴幼儿及其家庭的社会危害也相当，应予同等法律评价，以体现对婴幼儿的特殊保护。《最高人民法院关于审理拐卖妇女儿童犯罪案件具体应用法律若干问题的解释》第1条系就针对婴幼儿采取欺骗、利诱手段使其脱离监护、看护所作的规定。《最高人民法院关于审理拐卖妇女儿童犯罪案件具体应用法律若干问题的解释》起草过程中，一种意见认为，无须限定欺骗、利诱手段是否针对婴幼儿实施。例如，对婴幼儿的父母或者其他看护人虚构事实、隐瞒真相加以欺骗，将婴幼儿带走后加以出卖的，也应认定为偷盗婴幼儿出卖。经反复研究，《最高人民法院关于审理拐卖妇女儿童犯罪案件具体应用法律若干问题的解释》最终未采纳该意见，主要考虑：刑法对偷盗婴幼儿出卖加重刑罚，一个重要原因是，在监护人或者看护人不知情的情况下，秘密将婴幼儿拐走，与欺骗监护人或者看护人使其自愿让行为人带走婴幼儿相比，前者查找解救婴幼儿的难度更大，社会危害性通常也大于后者。

---

① 杜国强、冉容、赵俊甫：《〈关于审理拐卖妇女儿童犯罪案件具体应用法律若干问题的解释〉的理解与适用》，载《人民司法·应用》2017年第13期。

【实务专论2】①

强抢或捡拾儿童予以出卖行为的认定。近年来，强抢或捡拾儿童予以出卖的案件屡有发生，对于该类行为如何定性，认识上存在分歧。从《刑法》第240条的立法原意分析，只要行为人具有出卖目的，至于其采取何种方式取得儿童，均不影响其行为性质的认定。因此，《最高人民法院、最高人民检察院、公安部、司法部关于依法惩治拐卖妇女儿童犯罪的意见》第15条规定，以出卖为目的强抢儿童或者捡拾儿童后予以出卖的，应当以拐卖儿童罪定罪处罚。

【刑事审判参考案例】郑某拐卖儿童案②

一、基本案情

浦城县人民法院经审理查明：被告人郑某系福建省浦城县石陂镇碓下村村民。2008年7月24日左右，郑某产生将同村吴某代为照料的尚未满月的男婴予以拐卖的念头。同月26日下午，郑某到吴某家谈及男婴在闽南可卖到人民币（以下币种同）一两万元。27日20时许，郑某趁吴某外出，把躺在婴儿车上的男婴抱走并逃离当地。28日1时许，公安人员抓获郑某，将男婴解救。

浦城县人民法院认为，被告人郑某以出卖为目的，偷盗婴幼儿的行为构成拐卖儿童罪。公诉机关指控的罪名成立。郑某所提没有出卖婴儿的目的的辩解理由，与其作案前告知他人男婴可卖得一两万元及其趁无人之机抱走男婴后沿小路外逃的主客观表现不符，不予采信。据此，依照《刑法》第240条第6项、第52条、第53条之规定，浦城县人民法院以被告人郑某犯拐卖儿童罪，判处有期徒刑十年，并处罚金人民币1000元。

一审宣判后，被告人郑某未提起上诉，检察机关亦未抗诉，该判决已发生法律效力。

二、主要问题

1. 如何理解偷盗型拐卖儿童罪中的“以出卖为目的”？

2. 如何理解“偷盗婴幼儿”中的“偷盗”？

三、裁判理由

根据我国《刑法》第240条的规定，拐卖妇女、儿童的，处五年以上十年以下有期徒刑，并处罚金；具有“以出卖为目的，偷盗婴幼儿”等加重情节的，处十年以上有期徒刑或者无期徒刑，并处罚金或没收财产；情节特别严重的，处死刑，并处没收财产。从上述规定可知，如何准确理解“以出卖为目的，偷盗婴幼儿”，关系到法定加重处罚情节的适用，因此有必要明确。

（一）关于“以出卖为目的”的理解

有观点认为，“以出卖为目的”，是指在出卖目的的支配下实施出卖行为。我们认为，这种理解值得商榷。理由是：第一，犯罪目的是犯罪的主观要件，把“以出卖为目的”理解成出卖行为，混淆了主客观要件的关系。第二，这种观点增加了本罪客观要件的内

---

① 周峰、薛淑竺、赵俊甫：《〈关于依法惩治拐卖妇女儿童犯罪的意见〉的理解与适用》，载《人民司法》2010年第9期。

② 耿磊撰稿，冉容审编：《郑某拐卖儿童案——如何理解偷盗型拐卖儿童罪中的“以出卖为目的”和“偷盗婴幼儿”中的“偷盗”（第998号）》，载最高人民法院刑事审判第一、二、三、四、五庭主办：《刑事审判参考》（总第98集），法律出版社2014年版，第137～140页。

容，按此观点，如果行为人未实施出卖行为，就只能认定为未遂，显然不符合立法原意，也不利于保护被拐妇女、儿童。第三，在没有实施出卖行为的情况下，仍然可以通过查证，仔细分析案件情况来认定是否具有出卖目的，不会扩大打击面。因此“以出卖为目的”仅指行为人的主观方面，不要求有实际的出卖行为。

本案中，虽然被告人郑某未来得及实施出卖行为即被抓获，但郑某到被拐男婴家中与看护人吴某曾谈及男婴在闽南可卖到一两万元，反映出其具有出卖男婴的目的，其在出卖目的支配下实施了将婴幼儿从家中偷走的行为，已构成拐卖儿童罪，且属犯罪既遂。

（二）关于“偷盗婴幼儿”的理解

1. 关于“婴幼儿”的界定。根据《最高人民法院、最高人民检察院关于执行〈全国人民代表大会常务委员会关于严惩拐卖、绑架妇女、儿童的犯罪分子的决定〉的若干问题的解答》（已失效，可作为参考）第8条的规定，儿童是指不满14岁的人，其中不满1岁的为婴儿，1岁以上不满6岁的为幼儿。对此有两点需要注意：第一，儿童包括婴幼儿，即婴幼儿必然属于儿童，儿童属于上位概念，婴幼儿属于下位概念。第二，这里的“岁”是指“周岁”，鉴于实践中有些地方户籍年龄较为混乱的情况，在具体案件中，对周岁要结合其他证据，加以准确认定。

2. 关于“偷盗”的界定。实践中，趁婴幼儿熟睡或者无法察觉，将婴幼儿抱走，属于典型的“偷盗”婴幼儿。但对行为人以出卖为目的，以给付玩具、外出游玩等欺骗、利诱手段拐走婴幼儿（实践中主要是针对有一定自主活动能力的幼儿）的行为，我们认为，以欺骗、利诱等手段拐走婴幼儿，与秘密窃取婴幼儿无本质区别，应当将欺骗、利诱等手段理解为“偷盗”的表现形式。“偷盗婴幼儿”是指以暴力、胁迫或者麻醉以外的平和方法控制婴幼儿的行为，即“偷盗”的外延不仅包括秘密窃取，还包括欺骗、利诱等其他手段。具体理由如下：

第一，根据《刑法》第240条的规定，一般的采取拐骗方式拐卖儿童，基本法定刑幅度是五至十年有期徒刑，而采取暴力、胁迫或者麻醉方法绑架儿童予以拐卖，或者“偷盗婴幼儿”拐卖的，则加重法定刑至十年有期徒刑以上刑罚，体现出刑法对采取后两种方式拐卖儿童的严惩立场。因此，首先有必要准确区分“拐骗”儿童与“偷盗”婴幼儿。我们认为，一般的采取拐骗方式拐卖儿童，其中的“儿童”应当理解为6岁以上，换言之，采取欺骗、利诱等方式拐走不满6岁的婴幼儿的（通过欺骗、利诱婴幼儿家长或者其他监护人进而拐走婴幼儿的不在此范围），应当认定为“偷盗婴幼儿”。主要理由是不满6岁的婴幼儿根本没有或者缺少基本的辨别是非和自保、自救能力，极易成为拐卖对象，且较之6岁以上儿童和成年人，被拐卖后解救难度更大。因此，对不满6岁的婴幼儿应当给予更为严格的特殊保护。例如，行为人以小恩小惠为诱饵，将正在玩耍的两三岁幼儿哄骗离开看护人视线，进而加以控制，意欲出卖，此种行为与利用看护人疏于防范，抱走熟睡的幼儿相比，行为方式的共同特征是趁看护人或者监护人不备将幼儿拐走，且两者的社会危害性没有什么本质区别，体现在刑罚裁量上，亦均应加重法定刑至十年以上有期徒刑。而6岁以上的儿童，自我防护意识和能力有所提高，一般而言，脱离看护人独立活动的范围也有所扩大，可能基于行为人蒙骗产生错误判断，进而被行为人拐走出卖，对该种行为，根据《刑法》规定在五年以上十年以下有期徒刑幅度内判处刑罚，可以做到罪责刑相适应。

第二，把本罪中的“偷盗”理解为“暴力、胁迫或者麻醉以外的平和方法”，有利于与《刑法》第240条第1款第5项相区分。该项规定了“使用暴力、胁迫或者麻醉方法绑架儿童”，这里的“儿童”包括婴幼儿。实践中，行为人的暴力、胁迫或针对婴幼儿实施，或针对婴幼儿的看护人实施以排除其反抗将婴幼儿抢走均时有发生。同时，具备该种情节应当加重法定刑，与“偷盗婴幼儿”出卖法定刑幅度相同，故将“偷盗”理解为“暴力、胁迫或者麻醉”以外的方法，可以实现对婴幼儿和6岁以上儿童的全面保护，避免出现量刑失衡。综上，“偷盗婴幼儿”是指以暴力、胁迫或者麻醉以外的平和方法直接控制婴幼儿的行为（通过欺骗、利诱婴幼儿家长或者其他监护人进而拐走婴幼儿的不在此范围），这既是特殊保护婴幼儿，从严打击拐卖婴幼儿犯罪分子的需要，也是确保罪责刑相适应，避免出现罪刑失衡的需要。就本案而言，被告人郑某趁男婴的看护人吴某离家外出，潜入家中将男婴偷走，属于典型的“偷盗婴幼儿”。法院综合考虑婴儿被拐走不久即得到解救、未受到其他人身伤害等情节，在第二档加重法定刑幅度内对其判处有期徒刑十年，并处罚金，是正确的。

问题3. 关于拐卖妇女犯罪与介绍婚姻索取钱财的区分

【实务专论】①

关于拐卖妇女犯罪与介绍婚姻索取钱财的区分。拐卖妇女一般表现为将被拐妇女卖给他人迫使结婚，或者将被拐妇女卖给他人迫使卖淫。通常认为，介绍婚姻索取钱财，虽然行为人也有获利行为，但其是在明知男女双方自愿及地位平等的基础上，为促成婚姻的缔结而居间介绍、联系。而在将被拐妇女卖与他人为妻的犯罪中，行为人出于牟利动机，通常违背妇女意志或者至少是不考虑妇女真实意愿，将妇女卖给他人，并常伴有暴力、胁迫等行为。对行为人将妇女卖与他人为妻过程中，没有实施明显的暴力、胁迫等行为的，与确属介绍婚姻并索取（或者收受）钱财的行为，如何区分，涉及罪与非罪，在性质认定问题上易发生混淆，有必要予以明确。实践中，有些不法分子以介绍婚姻的名义将妇女拐带至异地，采取扣押身份证件、限制人身自由等方式迫使妇女同意与他人结婚（包括共同生活但未办理法定婚姻登记手续的情形），向他人索要或者收取钱财；也有些人为向他人索取所谓“婚姻介绍费”，利用妇女特别是外籍妇女人地生疏、语言不通，对行为人有经济、人身依赖关系，或者因没有合法出入境、居留签证担心被遣返等脆弱境况，仅以轻微言语威胁或者欺骗等方式，即可达到使妇女同意与他人结婚的目的。对类似行为，因与采取暴力等强迫手段明显的拐卖犯罪有所不同，是认定为介绍婚姻过程中发生的民事纠纷，还是认定为拐卖妇女犯罪，存在争议。《解释》第3条第1款规定：“以介绍婚姻为名，采取非法扣押身份证件、限制人身自由等方式，或者利用妇女人地生疏、语言不通、孤立无援等境况，违背妇女意志，将其出卖给他人的，应当以拐卖妇女罪追究刑事责任”。该条款旨在明确，只要是违背妇女意志（如果妇女属无责任能力人，不能正确理解介绍婚姻行为性质，也属违背妇女意志），将妇女出卖给他人的，就构成拐卖妇女罪。在适用该条款时应注意准确判断是否违背妇女意志。实践中行为方式各异，情形复杂，特别是对于妇女处于孤立无援等脆弱境况，行为人实施介绍婚姻行为并

---

① 杜国强、冉容、赵俊甫：《〈关于审理拐卖妇女儿童犯罪案件具体应用法律若干问题的解释〉的理解与适用》，载《人民司法》2017年第13期。

索要他人（通常是男方）数额较大钱财的，被害妇女可能会作出表面同意的意思表示。对类似案件，要综合考察被害妇女的陈述、证人证言等证据，结合常理常情，分析行为人是否有意利用被害人的脆弱境况，使被害人不得不屈从行为人的要求，而同意与他人结婚；对行为人而言，是基于男女双方自愿及地位平等，为促成婚姻的缔结而居间介绍、联系，还是明知妇女非自愿但仍将妇女作为非法获利的筹码，也影响对其行为性质罪与非罪的认定。对妇女本有结婚意愿，在中介人员介绍、撮合下与男方见面、相识后，因对男方条件不满，而不愿与男方结婚或者生活，行为人以已经支付了女方及近亲属彩礼、支出了办理签证手续费用等为由，威胁妇女被迫同意，行为人在事前或事后索取、收受钱财的，也属违背妇女意志将其卖给他人，构成拐卖妇女罪。总之，在办理相关案件时，要注意认真甄别因介绍婚姻引发的民事纠纷与拐卖妇女犯罪的界限，做到不枉不纵。《解释》起草过程中，有意见认为，对介绍婚姻行为判断构成拐卖妇女罪不要求必须违背妇女意志，妇女自愿被卖给他人为妻的，出卖人也构成拐卖妇女罪。根据《刑法》第240条第2款的规定，拐卖妇女是指以出卖为目的，有拐骗、绑架、收买、贩卖、接送、中转妇女、儿童的行为之一的行为。刑法从主观目的与客观行为类型相结合的角度，对拐卖妇女犯罪进行了界定，条文本身似未要求违背妇女意志。但究其实质，刑法所列上述六种行为方式中，拐骗、绑架、收买、贩卖系拐卖的核心行为，接送、中转服务、受制于前述四种行为。前述四种行为方式中，对妇女实施拐骗、绑架显然违背了妇女意志；实施收买、贩卖，被买卖的妇女处于任人摆布、没有自主性的境地，例如，收买通常是向对妇女有控制权的人进行收买，而贩卖也是将自己购买从而拥有形式上控制权的妇女转卖出去，该两种行为方式本质上也属违背妇女意志。我国已加入的《联合国打击跨国有组织犯罪公约关于预防禁止和惩治贩运人口特别是妇女和儿童行为的补充议定书》对人口贩运罪行（注：人口贩运罪行范围更宽，包括我国的拐卖妇女、儿童罪，强迫劳动罪，强迫卖淫罪等）所作界定，亦体现了将违背妇女意志作为构成犯罪必备要素的立场。该公约第3条规定：（a）人口贩运系指为剥削目的而通过暴力威胁或使用暴力手段，或通过其他形式的胁迫，通过诱拐、欺诈、欺骗、滥用权力或滥用脆弱境况，或通过授受酬金或利益取得对另一人有控制权的某人的同意等手段招募、运送、转移、窝藏或接收人员。剥削应至少包括利用他人卖淫进行剥削或其他形式的性剥削、强迫劳动或服务、奴役或类似奴役的做法、劳役或切除器官。（b）如果已使用本条（a）项所述任何手段，则人口贩运活动被害人对（a）项所述的预谋进行的剥削所表示的同意并不相干。公约（a）（b）两款分别从正反两方面揭示，如果对被害人使用了暴力、胁迫、诱拐、欺诈、滥用权力或者滥用脆弱境况等手段（对不满18周岁的被害人进行贩运不要求涉及上述手段），则即使被害人同意，也不影响犯罪认定。概因上述手段本身即属违背被害人意志，被害人所作同意属无效同意，不阻却犯罪成立。换言之，如果未采取上述手段，则被害人同意可以阻却犯罪成立。在涉及介绍婚姻索取或收受钱财的案件中，因介绍人显然均有获利行为，如果不考察是否违背妇女意志，对介绍人均以拐卖妇女犯罪论处，就会混淆罪与非罪的界限，导致不当扩大刑事处罚范围。当然，在判断是否违背妇女意志问题上，也要注意对那些暴力、胁迫程度不明显但同样属于违背妇女意志的拐卖行为的审查。《解释》第3条第2款规定："以介绍婚姻为名，与被介绍妇女串通骗取他人钱财，数额较大的，应当以诈骗罪追究刑事责任。"该款所涉情形，法律适用方面本无争议，但鉴于实践中介绍人伙同被介绍的妇女以结婚为名骗取他人彩礼、介绍费的案件也时有发生，为提醒司法人员准确甄别此罪与彼罪，故《解释》特作提示性规定。

问题4. 为无民事行为能力的妇女“介绍对象”收取费用行为的定性

【刑事审判参考案例】刘某拐卖妇女案①

一、基本案情

湖南省邵阳市邵东县人民法院经审理查明：2010 年农历十一月某天，湖南省邵东县廉桥镇白马铺村村民王某在其家附近发现一名流浪妇女（真实身份不明，经鉴定重度精神发育迟滞，无民事行为能力，以下简称无名妇女），遂予以收留，并想为该妇女介绍对象。王某将该想法告知邻村村民周某1（另案处理），周某1随即找到被告人刘某。刘某告知周某1邵东县流泽镇大龙村村民肖某（另案处理）有个不太聪明的儿子尚未结婚，并与肖某约好去白马铺村看人。肖某看了该无名妇女后同意买下给他儿子做媳妇，并分别给刘某等三人人民币（以下币种同）2000 元、1000 元、1600 元不等的好处费。因无名妇女不能做家务，肖某于 2011 年 7 月 3 日将无名妇女送回刘某家中，并要刘某退钱：刘某想再次将无名妇女介绍给他人，以便返还肖某的钱。2011 年 7 月 7 日，刘某委托周某1为无名妇女做媒。次日，周某1得知邵东县廉桥镇东塘村村民周某2智力有点问题的儿子尚未结婚，便带着周某2赶到刘某家，周某2看了无名妇女后，经讨价还价以10 628元将其买下。刘某分得10 028元，周某1分得 600 元。周某2家人得知此事后，怀疑该无名妇女系被拐卖，遂要求周某2将该无名妇女送回。7 月 18 日，周某2等人将无名妇女送回刘某家，并要求刘某退钱，遭刘某拒绝，周某2的家人随即报案。公安人员前往刘某家中将其抓获。

湖南省邵阳市邵东县人民法院经审理认为，被告人刘某明知无名妇女精神发育迟滞，无民事行为能力，先后两次将该无名妇女出卖，从中获取非法利益，其行为构成拐卖妇女罪。依照《刑法》第 240 条、第 52 条、第 53 条及《最高人民法院关于审理拐卖妇女案件适用法律有关问题的解释》第 1 条之规定，邵东县人民法院以被告人刘某犯拐卖妇女罪，判处有期徒刑五年，并处罚金10 000万元。被告人刘某不服一审判决，向邵阳市中级人民法院提出上诉。理由如下：原判查明的部分事实与客观事实不符，其具有借介绍婚姻索取财物的目的，但无出卖目的，且客观上没有实施拐卖妇女的行为，不符合拐卖妇女罪的构成特征，依法不应认定为拐卖妇女罪。

湖南省邵阳市中级人民法院经审理认为，上诉人刘某明知无名妇女精神发育迟滞，无民事行为能力，而以介绍婚姻为名先后两次将无名妇女的人身作为商品进行出卖，从中获取不正当的利益，其行为已超出所谓介绍婚姻的主观想法，符合拐卖妇女罪的构成特征，构成拐卖妇女罪。刘某提出的上诉理由不能成立，不予采纳。原判认定事实清楚，证据确实、充分，定性准确，量刑适当，审判程序合法。据此，依照 1996 年《刑事诉讼法》第 189 条第 1 项之规定，邵阳市中级人民法院裁定驳回上诉，维持原判。

---

① 刘静坤、陈建军撰稿，罗国良审编：《刘某拐卖妇女案——为无民事行为能力的妇女“介绍对象”收取费用的行为，如何定性（第 791 号）》，载最高人民法院刑事审判第一、二、三、四、五庭主办：《刑事审判参考》（总第 87 集），法律出版社 2012 年版，第 21 ~26 页。

二、主要问题

1. 如何区分以牟利为目的实施的拐卖妇女犯罪与普通的介绍婚姻收取财物行为？

2. 为精神发育迟滞、无民事行为能力的妇女“介绍对象”获取利益的行为，如何定性？

三、裁判理由

（一）以牟利为目的实施的拐卖妇女犯罪与普通的介绍婚姻收取财物行为具有本质的差异，应当结合拐卖妇女罪的犯罪构成要件予以区分

拐卖妇女犯罪是严重侵犯妇女人身权利的恶性犯罪，严重危害社会的和谐稳定，一直是司法机关惩治的重点。拐卖妇女行为在很多时候表现为将被拐卖妇女卖给他人为妻，因此与介绍婚姻收取财物行为具有一些相似之处，许多拐卖妇女案件的被告人往往辩称自己是介绍婚姻而非拐卖妇女，故司法实践中应当注意区分这两类行为。

以“介绍婚姻”为名出卖妇女并谋取非法利益的拐卖妇女犯罪，与普通的介绍婚姻并收取财物的行为，尽管在形式上具有一定的相似性，但在实质上具有本质的差异。介绍婚姻收取财物通常是指为男女双方居间联系，促成合法婚姻，并收取一方或者双方财物的行为。而拐卖妇女犯罪则是将妇女作为商品出卖谋取非法利益，并非促成合法婚姻，其本质上是否定被拐卖妇女人格的人口贩卖行为。

一般情况下，拐卖妇女犯罪与普通的介绍婚姻行为比较容易区分。拐卖妇女犯罪主观上以出卖被拐卖的妇女谋取非法利益为目的，犯罪行为人之所以拐卖妇女，其目的就是通过出卖妇女谋取非法利益，至于被拐卖的妇女是否同意婚姻，并非犯罪行为人考虑的因素。从客观方面分析，拐卖妇女犯罪客观上是将妇女作为商品进行买卖，被拐卖妇女完全处于被非法处置的地位，丧失了自主决定婚姻的意志自由和行为自由。为了在客观上顺利实施拐卖妇女的行为，行为人一般需要对被拐卖妇女实施非法的人身控制。通常情况下，拐卖妇女犯罪的行为人都是通过欺骗或者强制等方式事先控制妇女的人身自由，然后将被拐妇女出卖给他人。

相比之下，通常的介绍婚姻行为并不具有出卖妇女的目的，而仅仅是居间联系促成男女双方结成婚姻。婚姻介绍者必须考虑男女双方是否同意该桩婚姻。婚姻介绍者通常需要接受男女一方或者双方的委托，或者取得男女双方的同意。如果男女一方不同意就无法促成婚姻，故不存在对妇女的人身控制问题，更不存在出卖妇女的问题。

实践中，需要注意把握以下几个方面的问题：

首先，犯罪行为人以拐卖妇女为目的，实施拐卖妇女的行为即构成拐卖妇女罪，被拐卖妇女的意志并不影响该罪的成立、通常情况下，犯罪行为人对被拐卖的妇女一般都会实施一定的人身控制，但个别案件中，一些被拐卖的妇女可能出于生计或者其他方面的考虑，配合甚至同意犯罪行为人的拐卖行为，但这并不影响对拐卖妇女罪的定性。因为从法益保护的角度看，国家强调对人身自由和人格尊严的法律保护，禁止将任何人当作商品买卖，即使被拐卖的妇女配合、同意犯罪行为人的拐卖行为，也不影响本罪的成立。

其次，明知系被拐卖的妇女仍然为其介绍婚姻收取费用的行为，构成拐卖妇女罪的共犯。实践中，许多婚介人员可能长期从事婚姻介绍工作，并从中收取中介费用（或者好处费），但日常生活中的婚介行为由于尊重当事人的合意，仅是居中介绍婚姻，因此并不违反法律的规定。不过，如果明知系被拐卖的妇女（包括无民事行为能力的妇女），仍

然为被拐卖的妇女介绍婚姻并收取中介费用的，应当构成拐卖妇女罪的共犯。不论婚介人员自身是否认识到行为的社会危害性，都不影响拐卖妇女罪的成立。

再次，获取财物价值的大小并不影响拐卖妇女罪的成立。从性质上分析，拐卖妇女犯罪的行为人所获得的财物是以被拐卖妇女的人身为“对价”，通常是向非法收买被拐卖妇女一方收取，在性质上届于非法谋取的利益，数额往往明显超出合理的居间介绍费用。相比之下，婚姻介绍者所获得的财物是“婚介费”“感谢费”，属于居间介绍婚姻的酬劳，该费用可由男女一方或者双方承担，数额一般都会小于出卖妇女的价格。实践中，由于各地经济发展水平的差异，一些地区的婚介费用较高，可能达到数千乃至上万元，一些经济条件较好的婚姻双方基于感谢的目的可能支付大额的好处费；而在一些经济水平较低的地区，被拐卖的妇女往往只能卖得数千元甚至更低的价钱。因此，实践中应当根据拐卖妇女罪的构成要件来区分罪与非罪的成立，不能仅凭收取的费用高低来判断是否构成该罪。

最后，我们应当对拐卖妇女犯罪的社会危害性有充分的认识。从对原有家庭及社会关系的影响分析，许多时候被拐卖妇女的亲属对被害人被拐卖的行为并不知情，拐卖妇女犯罪通常会造成被拐卖妇女与其原有家庭及社会关系的被动脱离，严重破坏了被拐卖妇女原有的家庭关系和社会关系。相比之下，介绍婚姻行为是在男女双方知情且同意的情况下进行的，如果婚姻介绍成功，就会促成新的家庭关系的成立，并不会破坏原有的家庭及社会关系。

（二）为精神发育迟滞、无民事行为能力的妇女“介绍对象”获取利益的行为，应当认定为拐卖妇女罪

司法实践中，如果拐卖对象是具备完全民事行为能力的妇女，一般比较容易掌握拐卖妇女犯罪与普通介绍婚姻行为之间的界限。但如果被拐卖妇女是无民事行为能力的妇女，就容易引发争议。本案审理过程中，有观点认为，被告人刘某只是应王某的要求将重度精神发育迟滞、无民事行为能力的无名妇女介绍给他人做妻子，主观上是为了让无名妇女以后的生活更有保障，其所获得的钱款也是作为介绍婚姻的好处费，因此不符合拐卖妇女罪的构成特征。我们认为，上述观点值得商榷。具体理由如下：

精神发育迟滞、无民事行为能力的妇女，因缺乏民事行为能力和自我保护意识，无须使用强制人身自由的手段进行拐卖，故更应注重对该类弱势群体合法权益的维护。本案被害人就是一名精神发育迟滞、无民事行为能力的妇女，因其流落在外，被告人刘某等人为谋取非法利益，将其非法出卖给他人。尽管刘某等人辩称是给被害人介绍对象，但被害人自身并无民事行为能力，刘某等人又并非其监护人，因此其行为实质是拐卖妇女犯罪行为。

首先，被告人刘某是为了谋取非法利益而积极联系买家出卖被害人，并非像其辩称的仅是应王某的要求为被害人介绍对象从中收取好处费。换言之，刘某的行为并非单纯应他人要求介绍婚姻的行为，而是积极非法出卖妇女的行为。刘某连续两次寻找买主并将被害人卖出：第一次是将被害人介绍给他人做儿媳妇，刘某从中索取2000元，而王某收留被害人多日，仅从中得款1600元，可见刘某行为积极，并非仅是应王某的要求出卖被害人。同时，在被害人因无法做事情被退回后，刘某为了退还此前收取买家的2000元钱，又单独将被害人出卖给另一买家，经讨价还价后从中索取10 028元。因此，从上述经过可以看出，刘某并非受人之托介绍婚姻，而是积极通过出卖行为谋取非法利益。

其次，本案被害人经鉴定患有重度精神发育迟滞、无民事行为能力，无法对他人介绍婚姻的行为作出判断，缺乏自由表达意志的能力。被告人刘某并非被害人的监护人，其出卖被害人获取利益的行为亦非单纯使被害人受益。从该案实际情况分析，刘某出卖被害人的行为就是为了谋取非法利益，其为被害人寻找的买家并不能让以后的生活更有保障。一是刘某为该妇女寻找的对象均系生活无法自理者，他们自身并不具备完全的民事行为能力，更无法照顾被害人日常生活，由此可以推断，刘某出卖被害人的行为是为了谋取非法利益，而不是为了保障被害人的生活。二是刘某的行为在客观上并未使被害人的生活更有保障。由于被害人重度精神发育迟滞、无民事行为能力，无法承担一个正常妻子可以承担的责任，因此买家的家庭并未收留被害人，而是将其退回。因此，刘某单方面以介绍婚姻的形式将被害人出卖的行为，非但未能更好地保障被害人的生活，反而严重侵犯了被害人的人身权利。如果刘某主观上是为了被害人以后的生活更有保障，其应当通过公安机关寻找被害人的亲属，使其恢复原有的家庭社会关系，从而切实保障其正常的生活。

最后，刘某具有出卖妇女非法牟利的目的，并且通过出卖妇女的行为实际获利。刘某先后两次将无民事行为能力的妇女出卖，索取大额非法利益，其所获得的钱款是出卖该妇女的非法所得，并非介绍婚姻的好处费。

综上，本案被告人刘某主观上具有出卖妇女谋取非法利益的故意，客观上实施了非法出卖妇女牟利的行为，其行为显然不是普通的介绍婚姻行为，而是拐卖妇女的犯罪行为，根据主客观相统一的原则，应当认定被告人刘某构成拐卖妇女罪。

问题5. 如何把握出卖亲生子女行为罪与非罪的界限，以及如何区分居间介绍收养儿童和以非法获利为目的拐卖儿童

【实务专论】①

近年来，在部分地区，人贩子从贪图钱财的部分父母手中收买其亲生婴幼儿予以贩卖的情况屡有发生，甚至有一些父母将生育作为非法获利的手段，生育子女后即出卖，不仅严重侵犯婴幼儿的人身权益，而且败坏社会道德，进一步助长了拐卖儿童犯罪的泛滥。对出卖亲生子女的行为如何定性，此前出台的规范性司法文件已有涉及，但是实践中仍存在较大争议，既有以无罪论处的，也有以遗弃罪或拐卖妇女、儿童罪定罪处罚的，因此亟待规范。

从《刑法》第240条的规定来看，拐卖妇女、儿童罪，究其本质，惩治的是那些将人作为商品买卖，严重侵犯他人人身自由和独立人格尊严的社会危害行为。任何人的人身自由和人格尊严都不容侵犯，虽然父母对亲生子女（未成年子女）享有监护权，但是，子女与父母在法律上同为独立的个体，即使是父母也不能侵犯子女的人身自由和人格尊严。父母为非法获利，将子女作为商品出卖收取钱财，与其他人将其子女拐走出卖，对被拐子女的人身权利侵害并无本质不同，完全符合拐卖妇女、儿童罪的构成要件。至于对出卖亲生子女的父母应以遗弃罪论处的观点，考虑到遗弃罪是不作为，侵犯的是被害

① 周峰、薛淑竺、赵俊甫：《〈关于依法惩治拐卖妇女儿童犯罪的意见〉的理解与适用》，载《人民司法》2010年第9期。

人受抚养的权利，将亲生子女出卖固然使父母得以逃避抚养义务，但其危害性却不仅仅是子女得不到亲生父母的抚养，而是子女沦落为任人买卖的商品。因此，《最高人民法院、最高人民检察院、公安部、司法部关于依法惩治拐卖妇女儿童犯罪的意见》第16条规定，对该类行为应当以拐卖妇女、儿童罪论处。但是，父母出卖亲生子女的行为同其他拐卖犯罪相比，具有一定的特殊性，《最高人民法院、最高人民检察院、公安部、司法部关于依法惩治拐卖妇女儿童犯罪的意见》要求处理此类案件必须慎重。既要依法惩治那些借送养之名出卖亲生子女的拐卖犯罪行为，又要防止不分性质差异，将只要送子女给他人并收取钱财的行为都认定为拐卖犯罪予以打击。

《最高人民法院、最高人民检察院、公安部、司法部关于依法惩治拐卖妇女儿童犯罪的意见》提出，是否具有非法获利的目的是区分罪与非罪的关键。所谓非法获利，就是把子女当作商品，把收取的钱财作为出卖子女的对价。实践中，可以通过审查将子女送人的背景和原因、有无收取钱财及收取钱财的多少、对方是否具有抚养目的及有无抚养能力等事实，综合判断行为人是否具有非法获利的目的。根据司法实践，《最高人民法院、最高人民检察院、公安部、司法部关于依法惩治拐卖妇女儿童犯罪的意见》中具体列举了以下4种情形，作为认定行为人是否具有非法获利目的的参考：

（1）为出卖而生育，其非法获利目的最为明显。

（2）明知对方不具有抚养目的，或者根本不考虑对方是否具有抚养目的，为收取钱财将子女“送”给他人的明知包括知道和应当知道。实践中，如果是送养的，一般情况下，家庭可能因遭遇重大变故等原因导致经济异常困难，或者存在其他特殊困难，如未婚先育等，在这种背景下，父母首先考虑的是子女以后的生活、教育成长等因素，往往会对收养方是否有抚养目的和抚养能力进行斟酌考量，对方给不给抚养费、给多少抚养费，父母不会特别在意。反之，如果行为人明知对方不具有抚养目的，例如，知道或应当知道对方是人贩子，还将子女“送”给对方，并收取钱财；或者出于偿还赌债追求挥霍享乐生活等卑劣动机，根本不考虑对方是否具有抚养目的，而将子女“送”人并收取钱财的，可以认定行为人具有非法获利目的，以拐卖犯罪论处。

（3）为收取明显不属于营养费、感谢费的巨额钱财将子女“送”给他人，对该种情形适用时应注意：一方面要考虑收取钱财的数额是否明显超出了抚养、养育成本或感谢费的范围。另一方面，不能唯数额论，数额大的，未必都能认定行为人具有非法获利目的，例如，收养人经济状况较好，主动支付了数额较大的感谢费。而收取钱财数额小的，也未必不能认定非法获利目的，例如，父母为了偿还赌债，以极低价格将子女“送”人，或者父母为卖子女积极讨价还价，但最终只收取到少量钱财，也能反映行为人具有非法获利目的。

（4）其他情形反映行为人具有非法获利目的的，由司法人员根据案件实际情况综合判断。例如，行为人将2名以上亲生子女都以所谓送养的名义出卖，也能在一定程度上反映其具有非法获利目的。

总之，实践中一定要结合各种因素综合判断行为人是否具有非法获利目的。如果认定非法获利目的的证据存疑的，就应当本着存疑有利于被告人的原则，根据案件的具体情况，或者认定为遗弃罪，或者作无罪处理。收买被拐卖的妇女、儿童行为的定罪与处罚。

近年来，收买被拐卖的妇女、儿童活动猖獗，但实际被追究刑事责任的不多，在部分群众中造成拐卖有罪、收买无罪的错觉，一定程度上助长了拐卖妇女、儿童犯罪的蔓延，甚至还有一些犯罪分子为组织、强迫妇女、儿童乞讨、偷盗、从事色情服务等违法

犯罪活动而收买被拐卖的妇女、儿童，严重危害妇女、儿童的身心健康，人民群众强烈要求加大对该类犯罪行为的惩处。

考虑到在我国，出于非法结婚、非法收养动机收买妇女、儿童的占较高比例，同时，为了减少解救阻力，保护被拐卖妇女、儿童的合法权益，《刑法》第 241 条第 6 款规定了两种不追究刑事责任的情形。实践中，对该规定的理解与适用存在一定误解，导致对收买行为打击不力。探寻立法原意，《刑法》第 241 条第 6 款属于授权性条款，并非所有不阻碍返回原住地、不虐待和不阻碍解救的，都不能追究刑事责任，根据案件的具体情况，对于收买行为人具有相关恶劣情节，社会危害性较大的，追究其刑事责任并不违背立法精神和规定。因此，为了有效惩治收买犯罪，并合理确定惩治范围，《最高人民法院、最高人民检察院、公安部、司法部关于依法惩治拐卖妇女儿童犯罪的意见》第 20 条根据《刑法》第 241 条的规定，借鉴司法实践经验，列举了 7 种情形，作为是否追究行为人收买犯罪刑事责任的参考，其中部分情形如果还构成其他犯罪的，对收买人应当数罪并罚。

本条第（1）（2）项之情形，属于对《刑法》第 241 条第 6 款规定的不追究刑事责任情形从正面所作的解释。具有第（1）（2）项规定之情形的，完全符合追究刑事责任的条件。

本条第（3）项是，非法剥夺、限制被收买妇女、儿童的人身自由，情节严重，或者对被收买妇女、儿童有强奸伤害侮辱虐待等行为；第（5）项是，组织、诱骗、强迫被收买的妇女、儿童从事乞讨、苦役，或者盗窃、传销、卖淫等违法犯罪活动。在上述两项情形中，因为行为人严重侵犯被害人的合法权益，即使其事后不阻碍解救，也应该追究其收买行为的刑事责任。同时，因上述情形构成数罪的，还应当依法数罪并罚。其中，第（3）项规定，非法剥夺、限制被收买人的人身自由，情节严重的，才追究其收买行为的刑事责任。之所以如此规定，主要是考虑到收买妇女儿童的，难免都会有限制其人身自由的行为，若不问情节轻重一律追究，势必导致对收买行为处罚过宽。

本条第（4）项之情形中，所收买的妇女、儿童被解救后又再次收买的，或者收买多名被拐卖的妇女、儿童，反映收买人严重藐视法律，主观恶性较深，社会危害性较大，均应依法追究其刑事责任。

本条第（6）项之情形中，导致被收买的妇女、儿童或其亲属自杀的，或者因未尽足够注意义务等原因致被买妇女、儿童受重伤或死亡的，该严重后果与收买者的收买行为有一定关系，对收买者应当追究刑事责任。

本条第（7）项规定的其他恶劣情节，属于兜底条款，在情节恶劣程度上应相当千本条所列举的其他 6 项情形。例如，知道或应当知道儿童是被人贩子偷盗、强抢、拐骗来的，仍然向人贩子收买该儿童，这种情形与那些向人贩子收买被亲生父母自愿出卖的儿童相比，前者的主观恶性和社会危害性显然大得多，应当依法追究收买行为人的刑事责任。

……

同时，《最高人民法院、最高人民检察院、公安部、司法部关于依法惩治拐卖妇女儿童犯罪的意见》坚持区别对待原则，对具有法定或酌定从宽处罚情节的被告人，规定可以从轻、减轻或者免除处罚。

多名家庭成员或亲友共同参与出卖亲生子女或收买被拐卖妇女、儿童的刑罚适用。

出卖亲生子女的，或者收买妇女、儿童为妻、为子需要追究刑事责任的，与其他拐卖、收买犯罪相比，危害后果相对小一些。因此，《最高人民法院、最高人民检察院、公安部、司法部关于依法惩治拐卖妇女儿童犯罪的意见》第 31 条规定，对该类案件，如果涉及家庭成员或亲友较多的，要注意区别对待，切实防止打击面过大，以维护社会的和谐稳定。一般应当在综合考察犯意提起、各行为人在犯罪中所起的作用等情节的基础上，依法追究其中罪责较重者的刑事责任。对于其他情节显著轻微危害不大，不认为是犯罪的，依法不追究刑事责任；必要时可以由公安机关予以行政处罚，通过行政处罚措施对违法分子进行惩戒教育。

实践中，人贩子通过医院等单位收买遗弃婴幼儿的情况亦时有发生。对于一些人利用从事诊疗、福利救助等工作的便利或者了解情况的条件，在人贩子和准备遗弃婴幼儿的父母之间居间介绍，促成买卖婴幼儿的，应当以拐卖儿童罪的共犯论处。但如果只是在收养人和准备遗弃婴幼儿的父母之间居间介绍，没有非法获利目的，未收取钱财或仅收取一定感谢费，情节显著轻微的，一般不作为犯罪处理。

【刑事审判参考案例】孙某、卢某拐卖儿童案①

一、基本案情

郑州市中原区人民法院经审理查明：张某、赵某夫妇欲抱养一女孩，并托亲友帮助联系。2011 年年初，被告人孙某从郑某处得知此事。同年 12 月，朱某的妻子朱某 1 来到孙某所在的河南省桐柏县安棚乡卫生院妇产科做产前检查。朱某 1 夫妇因已生育 3 个女儿，得知胎儿系女孩后，欲放弃胎儿。孙某当即表示孩子出生后其可帮助联系收养人。2012 年 3 月 29 日，朱某 1 生下一女婴，朱某遂与孙某联系，约定朱某夫妇委托孙某送养女婴，并收取送养费人民币（以下币种同）2 万元。孙某通过郑某等人与张某夫妇取得联系，双方约定由张某夫妇抱养女婴，并支付抱养费 3 万元。同月 31 日，孙某与丈夫被告人卢某经商议后来到朱某家，交给朱某夫妇2 万元，将女婴抱走。后二被告人与张某夫妇一起到舞阳县人民医院为婴儿检查身体。婴儿被检查后，张某夫妇表示满意，便交给自称系婴儿舅舅的卢某 3 万元，另给了孙某 700 元介绍费，将女婴抱走。

郑州市中原区人民法院认为，被告人孙某、卢某以共同出卖为目的，拐卖一名女婴，其行为均构成拐卖儿童罪，依法应当惩处。经查，二被告人先给付朱某2 万元，后收取张某夫妇30 700元，明显具有通过倒卖儿童非法获利的目的，不属于居间介绍，故辩护人所提孙某、卢某的行为属于为送养子女居间介绍的意见，不予采纳。在共同犯罪中，孙某单独与张某夫妇、朱某分别联系并商谈“抱养费”，卢某未参与上述关键犯罪环节，故孙某系主犯，卢某系从犯。综合考虑二被告人到案后如实供述所犯罪行以及积极退赃等情节，对孙某可以从轻处罚，对卢某可以减轻处罚并适用缓刑。据此，依照《刑法》第 240 条，第 25 条第 1 款，第 26 条第 1 款、第 4 款，第 27 条，第 67 条第 3 款，第 72 条第 1 款、第 3 款，第 73 条第 2 款、第 3 款，第 52 条，第 53 条，第 61 条之规定，郑州市中原区人民法院判决如下：（1）被告人孙某犯拐卖儿童罪，判处有期徒刑五年，并处罚金人民币 5000 元。（2）被告人卢某犯拐卖儿童罪，判处有期徒刑三年，缓刑四年，并处罚金人民币 3000 元。

宣判后，被告人孙某、卢某未提出上诉，公诉机关亦未提出抗诉，一审判决已发生法律效力。

---

① 翟红斌撰稿，马岩审编：《孙某、卢某拐卖儿童案——如何把握出卖亲生子女行为罪与非罪的界限，以及如何区分居间介绍收养儿童和以非法获利为目的的拐卖儿童（第 930 号）》，载最高人民法院刑事审判第一、二、三、四、五庭主办：《刑事审判参考》（总第 95 集），法律出版社 2014 年版，第 86 ~ 90 页。

二、主要问题

1. 如何把握出卖亲生子女行为罪与非罪的界限？

2. 如何区分居间介绍收养儿童和以非法获利为目的拐卖儿童？

三、裁判理由

（一）因生活困难、重男轻女等原因，私自送养亲生子女并收取一定数额钱财的，一般不以拐卖儿童罪论处

父母私自送养亲生子女并收取一定数额钱财的，何种情况下构成拐卖儿童罪，在具体把握上有一定难度。2010 年最高人民法院、最高人民检察院、公安部、司法部联合制定的《关于依法惩治拐卖妇女儿童犯罪的意见》（以下简称《意见》）明确规定："要严格区分借送养之名出卖亲生子女与民间送养行为的界限。区分的关键在于行为人是否具有非法获利的目的。应当通过审查将子女'送'人的背景和原因、有无收取钱财及收取钱财的多少、对方是否具有抚养目的及有无抚养能力等事实，综合判断行为人是否具有非法获利的目的。"《意见》在列举了属于出卖亲生子女，应当以拐卖儿童罪论处的四种情形的同时，又明确强调："不是出于非法获利目的，而是迫于生活困难，或者受重男轻女思想影响，私自将没有独立生活能力的子女送给他人抚养，包括收取少量'营养费''感谢费'的，属于民间送养行为，不能以拐卖妇女、儿童罪论处。"根据上述规定的精神，在送养亲生子女是否构成拐卖儿童罪的问题上应当从严把握犯罪构成条件，对不具有明显非法获利目的，送养子女事出有因的，一般不宜认定为拐卖儿童罪。

本案中，朱某夫妇已经生育了 3 个女孩，生活十分困难，其生育第四个孩子的目的是想得到一个男孩，在得知仍是女孩后欲中止妊娠，可见其生育孩子的初衷系自己抚养，并未将生育作为非法获利的手段。经被告人孙某的劝说，朱某夫妇才决定将女婴生出，并在女孩出生后由孙某联系送养，收取的 2 万元钱也并未明显高于抚育成本。综合全案看，朱某夫妇家庭生活困难，重男轻女思想严重，其私自送养亲生子女时虽然收取了一定数额的钱财，但不具有明显非法获利目的，根据《意见》的相关规定，不以拐卖儿童罪论处。此外，处理此类案件亦应考虑刑法适用的社会效果。朱某夫妇已养育 3 个孩子，生活本身就非常困难，如果再以拐卖儿童罪追究二被告人的刑事责任，势必造成其家庭生活解体，加剧社会矛盾。这一点也是《意见》强调准确区分罪与非罪，严格控制对此类行为打击范围的重要原因。

（二）出卖亲生子女不构成犯罪的，居间介绍并转手倒卖的行为人可单独构成拐卖儿童罪

本案的送养方、收养方均不构成拐卖儿童罪，但作为与双方多次联系并促成"收养"的人，其行为是否构成拐卖儿童罪，应当单独评价，不受送养方、收养方行为定性的影响。

司法实践中，对于在私自收养儿童的过程中居间介绍并收取少量介绍费的，一般不以犯罪论处。但如果明知他人系拐卖儿童的"人贩子"，仍然利用从事诊疗、福利救助等工作的便利或者了解被拐卖方情况的条件，从事居间介绍活动的，则应当以拐卖儿童罪的共犯论处。对其中起辅助或者次要作用、没有获利或者获利较少的，可以认定为从犯。如果居间介绍者在介绍过程中直接参与交易并从中获利，其实施的拐卖儿童行为具有相对独立性，即使送养方与收养方都不构成犯罪，介绍者也可能构成拐卖儿童罪。

本案中，被告人孙某得知有人欲收养女婴后，劝说朱某夫妇生下本欲放弃的女婴，

又在送养方与收养方之间积极运作，促成此事，表面上看，孙某系为送养、收养行为从事居间介绍服务，属于一般民事行为。但综合全案，从行为本质分析，孙某的行为已超出了一般意义上的居间服务性质，属于倒卖儿童行为，可以单独构成拐卖儿童罪。具体理由如下：

1. 从隐瞒真实身份分析，被告人的行为不属于居间介绍。孙某利用送养方、收养方不想见面的心理从中运作，与收养方交易时刻意隐瞒真实身份，由其丈夫卢某冒充女婴的舅舅并收取 3 万元送养费，使对方相信孙某只是居间介绍者，该交易有女婴亲属参与。这一情节也说明孙某夫妇实际上是独立的交易主体，二人在交易中所起的作用明显不同于一般的居间介绍者。孙某由此成为送养方与收养方的实际交易对象，而不仅仅起到牵线搭桥的作用，不属于单纯的居间介绍者。送养方、收养方对孙某从中赚取巨额差价的情况也毫不知情。

2. 从交易过程分析，孙某的行为实为转手倒卖女婴，其非法获利目的非常明显。孙某在了解到收养需求后劝说朱某夫妇生下女婴，商定送养费用为 2 万元，却向收养方索要 4 万元，后降至 3 万元。收养方同意后其自行支付 2 万元将女婴抱走，后与丈夫卢某一起将女婴交给收养方，赚取差价 1 万元。可见，孙某与双方商定交易细节，确认有利可图后，才实施交易并先行支付送养费，其目的并不仅是赚取少量介绍费，主要是通过交易女婴赚取巨额差价。

（三）办理拐卖儿童案件，应当注意对客观性证据的收集，同时在量刑时要考虑被告人的实际情况，注重实现案件的审判效果

司法实践中，出卖、倒卖儿童及居间介绍的行为人往往辩称自己没有非法获利目的，实施的是民间私自送养行为，并未获得巨额收益，且对婴幼儿仅凭辨认外貌也难以确认其身份，因此办案过程中对相关客观性证据的收集非常重要。《意见》对此作了专门规定，强调要特别重视收集、固定买卖妇女、儿童犯罪行为交易环节中钱款的存取证明、犯罪嫌疑人的通话清单、乘坐交通工具往来有关地方的票证、被拐儿童的 DNA 鉴定意见、有关监控录像、电子信息等客观性证据。本案中，公安机关较好地调集了相关客观性证据，从信用社调取了二被告人交给朱某夫妇2 万元的取款记录，又从银行调取了收养方交给二被告人 3 万元的取款记录，印证了相关供述、证言中提及的交易金额。同时，公安机关委托鉴定机构出具了生物物证、遗传关系鉴定书，鉴定意见证实被解救的女婴与朱某夫妇符合生物学双亲遗传关系，避免了被告人、证人因难以辨认刚出生的女婴而造成的证据问题。在量刑方面，对夫妻共同实施拐卖儿童犯罪案件的审理，要特别注重贯彻落实宽严相济的刑事政策，尽可能防止案件审判带来负面社会效应。本案中，孙某、卢某夫妇尚有年幼的孩子需要抚养，又有年迈的父母需要赡养，家庭生活比较困难。法院查明，与送养方、收养方分别联系并商谈“抱养费”等关键犯罪行为均系孙某一人实施，卢某并没有参与，故法院认定孙某在共同犯罪中起主要作用，系主犯，卢某起次要作用，系从犯。结合卢某归案后认罪、悔罪，家属积极退赃等情节，法院决定对卢某判处缓刑。这样的判罚既依法追究了被告人的刑事责任，又维系了被告人的家庭稳定，较好地体现了法律效果与社会效果的有机统一。

问题6. 应收买的被拐卖妇女要求将其再转卖他人的如何定罪处罚

【刑事审判参考案例】李某拐卖妇女案①

一、基本案情

广西壮族自治区玉林市中级人民法院经审理查明：1994年4月间，“黄某”（在逃，真实姓名身份不详）在广西壮族自治区柳州市汽车站以介绍工作为名，将从某县农村出来找工作的妇女刘某1、黄某某妯娌二人拐骗到刘某2（同案被告人，已判刑）家。刘某2伙同他人将黄某某卖给了王某某为妻，在欲将刘某1卖给一名年龄较大的男人为妻时，由于刘某1哭闹不愿而未得逞。此后，刘某2找到被告人李某，商定以人民币1700元的价格将刘某1卖给李某做小妾，并可随后付款。

李某将刘某1带回家中后，遭到了其妻子的强烈反对，同时又得知刘某1已结婚，且已生育，遂表示要么将刘某1送回家，要么将其退回给刘某2。刘某1因黄某某随其一道出来也被拐卖掉，既怕一人回家无法交代，又怕被送回刘某2处被他殴打，故要求李某将其再转卖他人。李遂将刘某1以人民币1800元转卖给刘某3为妻。所得款1800元除付刘某2 1700元外，剩余的100元自得。

广西壮族自治区玉林市中级人民法院经审理后认为：被告人李某明知刘某1系被拐卖的妇女，收买后又将其转卖给他人为妻的行为，已构成拐卖妇女罪。依照《刑法》第12条第1款和《全国人民代表大会关于严惩拐卖、绑架妇女、儿童的犯罪分子的决定》的规定，于2002年5月21日判决：被告人李某犯拐卖妇女罪，判处有期徒刑五年，并处罚金人民币1000元。一审宣判后，被告人李某以是应刘某1的要求才将其转卖的，故其行为不构成犯罪为由，向广西壮族自治区高级人民法院提出上诉。

广西壮族自治区高级人民法院经审理后认为：上诉人李某将收买的被拐卖的妇女刘某1转卖给他人为妻的行为，已构成拐卖妇女罪。鉴于其在收买刘某1之后，曾表示愿意将刘某1送返回家，只是应刘某1要求才将其转卖他人，主观恶性不大，犯罪情节轻微。

依照《刑法》第12条第1款、第24条和《全国人民代表大会关于严惩拐卖、绑架妇女、儿童的犯罪分子的决定》以及《刑事诉讼法》第189条第2项的规定，于2002年9月17日判决：撤销原审对李某的量刑部分，改判上诉人李某犯拐卖妇女罪，免予刑事处罚。

二、主要问题

应收买的被拐卖妇女的要求将其再转卖给他人的行为应如何定罪处罚？

三、裁判理由

从本案案情看，被告人李某的行为事实上包括两个部分：一是先收买被拐卖的妇女；二是再出卖自己收买的被拐卖的妇女。根据《刑法》第241条第5款的规定，收买被拐卖的妇女又出卖的，应以拐卖妇女罪一罪论处，而不实行数罪并罚。也就是说，行为人先行收买被拐卖妇女的行为，应当为其再出卖自己收买的被拐卖妇女的行为所吸收。因此，对本案被告人李某以拐卖妇女罪定罪应是恰当的。但本案的特殊性在于，被告人李某收买被拐卖的妇女刘某1之后，确曾表示愿意将刘某1送返回家，只是应刘某1的要求才将其转卖给他人。这就涉及应被害人承诺或要求的行为（基于权利人自愿的损害行为）

---

① 罗建勇、银霞撰稿，洪冰审编：《李某拐卖妇女案（第229号）》，载最高人民法院刑事审判第一庭、第二庭主办：《刑事审判参考》（总第30集），法律出版社2003年版，第69~72页。

是否能够像正当防卫、紧急避险那样，具有排除社会危害性的属性，从而成为实质上不构成犯罪的正当事由。关于排除社会危害性的行为，我国《刑法》仅明文规定了正当防卫、紧急避险两种情形，其他诸如执行上级命令的行为、自力救济的行为、基于权利人自愿的损害行为等是否属于排除社会危害性的行为，以及成立排除社会危害性的行为所应具备的要件等问题，则仅见于理论上的探讨。基于权利人自愿的损害行为，是指经过有权处分某种合法权益的人的自愿同意而对其实施的损害权益的行为。通说认为，基于权利人自愿的损害行为而成立的排除社会危害性的行为，必须具备以下要件：一是被害人必须对行为人损害的权益具有处分权；二是被害人的自愿同意必须是其真实意图的反映；三是经被害人同意的损害行为必须合乎法律规定和社会公序良俗。一般而言，属于公民个人所享有的合法权益如财产权、劳动权、隐私权等皆属于个人可自由处分的权益。因此，经权益人同意毁坏其财产，披露其隐私等均不构成毁坏财产、侮辱等罪。但公民个人的人身自由权、生命健康权尤其是生命权，他人能否在权益人的自愿同意下，给予损害或剥夺，却不无争议。我国立法和司法实践对其基本持否定态度。如他人不能在被害人的自愿同意下剥夺其生命权利、实施“安乐死”等。就本案而言，尽管被害妇女刘某1自愿同意被告人李某将其转卖，在某种程度上可视为是其真实意图的反映，但是我们也应看到，刘某1的自主选择权有受到主客观的限制，且李某对刘某1的再卖行为有违社会公序良俗，具有社会危害性，同样为法律所禁止。因此，对被告人李某以拐卖妇女罪定罪是正确的。

应收买的被拐卖妇女的要求将其再转卖给他人的行为，虽然应当定罪处罚，但在具体量刑上也应当考虑到被害人自愿等因素，对被告人从宽处罚。本案二审考虑到被告人李某收买被拐卖的妇女刘某1后，曾表示愿意将刘某1送返回家，根据《刑法》第241条第6款“收买被拐卖的妇女，按照被买妇女的意愿，不阻碍其返回原居住地的，可以不追究刑事责任”的规定，以及应刘某1的要求才将其转卖给他人的具体情节，决定对其改判为免予刑事处罚，我们认为，符合罪责刑相一致原则，是较为妥当的。

问题7. 拐卖妇女、儿童罪的罪数问题及刑罚适用

【实务专论】①

为加大对拐卖妇女、儿童犯罪分子的刑事处罚力度，《最高人民法院、最高人民检察院、公安部、司法部关于依法惩治拐卖妇女儿童犯罪的意见》第28条根据《刑法》第240条规定的8种法定加重处罚情节，结合当前拐卖妇女、儿童犯罪的形势，强调对首要分子，情节严重的主犯，累犯，偷盗婴幼儿、强抢儿童情节严重的，将妇女、儿童卖往境外情节严重的，拐卖妇女、儿童多人多次、造成伤亡后果的，或者具有其他严重情节的，依法从重处罚；情节特别严重的，依法判处死刑。《最高人民法院、最高人民检察院、公安部、司法部关于依法惩治拐卖妇女儿童犯罪的意见》第28条还规定，在拐卖妇女儿童的过程中，对被拐卖的妇女儿童实施故意杀害伤害猥亵侮辱等行为的，在数罪并罚决定执行的刑罚时应当依法体现从严，以加大对严重拐卖犯罪的惩治力度。

---

① 周峰、薛淑竺、赵俊甫：《〈关于依法惩治拐卖妇女儿童犯罪的意见〉的理解与适用》，载《人民司法》2010年第9期。

第十二章
收买被拐卖的妇女、儿童罪

第一节 收买被拐卖的妇女、儿童罪概述

一、收买被拐卖的妇女、儿童罪概念及构成要件

收买被拐卖的妇女、儿童罪，是指不以出卖为目的，收买被拐卖的妇女、儿童的行为。1991年9月4日《全国人民代表大会常务委员会关于严惩拐卖、绑架妇女、儿童的犯罪分子的决定》第3条首次将收买被拐卖的妇女、儿童的行为规定为犯罪。1997年修订《刑法》时，将上述规定吸收，改为《刑法》第241条的具体规定。2015年8月29日《刑法修正案（九）》对该条文第6款作了修正，删除了原条文中“可以不追究刑事责任”的表述，相应地规定了“可以从轻或者减轻处罚”的情形，体现了对收买被拐卖的妇女、儿童罪从严打击的力度。

收买被拐卖的妇女、儿童罪的构成要件如下：

1. 本罪侵犯的客体是被害妇女、儿童的人身自由权利和人格尊严。本罪的犯罪对象是被拐卖的妇女和儿童，本罪中的妇女，既包括具有中国国籍的妇女，也包括具有外国国籍和无国籍的妇女。儿童，是指不满14周岁的人。被拐卖的妇女、儿童没有身份证明文件的，不影响对行为人的定罪处罚。收买已满14周岁男性的，不成立本罪。收买被拐卖的妇女、儿童的行为不仅严重侵犯了妇女、儿童的人身权利和身心健康，而且直接助长了拐卖妇女、儿童的犯罪活动。刑法将这种行为明确规定为犯罪，有利于铲除“买方市场”，从源头上遏制拐卖妇女、儿童犯罪。

2. 本罪在客观方面表现为以钱物收买被拐卖的妇女、儿童的行为。此处收买是指行为人用金钱或其他财物作为被拐卖的妇女、儿童的代价，将妇女、儿童买归自己非法支配的行为，但这种支配并不要求剥夺或限制被拐卖妇女、儿童的人身自由。不论被收买人是否同意，只要实施了收买行为就符合本罪客观要件。同时本罪的“收买”不以出卖为目的，应与《刑法》240条拐卖妇女、儿童罪中的“收买”相区分。有观点认为，本罪在客观方面不仅表现为以钱物收买被拐卖的妇女、儿童，并要对被害人实施人身控制

行为。我们认为，行为人收买被拐卖的妇女、儿童之后，虽然往往伴随有对被害人实施人身控制等行为，但不以此作为构成要件，否则将会使那些实施了收买被拐卖的妇女、儿童的行为，但未对被害人实施人身控制行为的行为人出罪，不利于打击犯罪。结合《刑法修正案（九）》对该条文第6款修订的立法精神来看，对收买被拐卖的妇女、儿童，按照被买妇女的意愿，不阻碍其返回原居住地的，也只是可以从轻或者减轻处罚，但仍然属于犯罪。

3. 本罪主观方面由直接故意构成，即明知是被拐卖的妇女、儿童而予以收买。实践中只要行为人有充分条件应当知道或者可能知道收买的妇女、儿童是被拐卖的，就应认定主观上“明知”。过失不构成犯罪。收买的目的是结婚、赠予他人还是收养等，并不影响本罪的成立。

4. 本罪的犯罪主体为一般主体，即犯罪时年满16周岁，并且具有刑事责任能力的自然人。根据《最高人民法院关于审理拐卖妇女儿童犯罪案件具体应用法律若干问题的解释》有关规定，若收买行为有多名家庭成员、亲友参与的，对其中起主要作用的人员追究刑事责任。

二、收买被拐卖的妇女、儿童罪案件审理情况

根据统计，近五年来一审审结收买被拐卖的妇女、儿童罪案件398起，其中2018年121起，2019年有98起，2020年有92起，2021年有16起。在《刑法修正案（九）》加大对收买被拐卖的妇女、儿童犯罪的打击力度之后，此类犯罪近年来呈逐年减少的趋势。2022年2月，江苏丰县“铁链女”事件的不断发酵，严厉打击拐卖妇女儿童犯罪，再度成为社会关注的焦点。

司法实践中，收买被拐卖的妇女、儿童罪主要呈现出以下几点特点和趋势：一是犯罪行为多发生在偏远农村地区。行为人普遍受教育程度低，有的封建思想较重，为传宗接代等目的不惜违法犯罪。由于地处偏远，甚至有的对方宗亲宗族思想较重，存在相互掩饰、隐瞒等情形，犯罪往往难以被公安机关发现。二是不少案件往往时隔多年才案发，且有的案件当事人案发时患有精神疾病等，为核对当事人身份、查处犯罪行为等调查取证工作增加困难。三是本罪往往伴随其他犯罪行为，收买者对于被收买的妇女、儿童，往往具有限制人身自由、伤害、强奸、威胁等行为。四是本罪往往存在家庭成员共同犯罪，多名家庭成员或者亲友共同参与出卖亲生子女，或者“买人为妻”“买人为子”。五是本罪往往与拐卖妇女、儿童罪伴随发生，此类犯罪“买方市场”与“卖方市场”关系密切，实施有效打击必须坚持两头抓，既要打击拐卖妇女、儿童的行为，也要注重铲除“买方市场”，从源头上遏制拐卖妇女、儿童犯罪。

三、收买被拐卖的妇女、儿童罪案件审理热点、难点问题

一是相关概念、罪与非罪的把握。（1）对“妇女”“儿童”概念的理解。收买被拐卖的妇女、儿童罪的犯罪对象为被拐卖的妇女、儿童，“妇女”“儿童”的概念本身容易理解，但司法实践中已经出现拐卖“两性人”的案件。对于这种在生理上同时具有男女两性特征的“两性人”，是否属于本罪中的“妇女”，以及行为人误将“两性人”当成妇女加以收买的，如何定性，实践中存在争议。（2）收买“骗婚”妇女的行为认定。对以骗取财物为目的，假借登记结婚等实施“骗婚”的妇女而予以收买的，行为人是否构成

收买被拐卖的妇女罪，尚未统一认识。（3）对因自然灾害等原因外流他乡的妇女给予一定财物并与之结婚的，或者被拐卖的妇女被收买后又自愿嫁给收买人的，收买人是否构成拐卖妇女罪，实践中仍存在分歧。（4）“两高两部”相关指导意见明确了借送养之名出卖亲生子女与民间送养行为的区分，明确了罪与非罪的界限，但对于收养一方，如何区分民间收养行为与借收养之名，收买他人出卖亲生子女的行为，未予以明确。（5）本罪客观方面表现为以钱物收买被拐卖的妇女、儿童的行为，拐卖妇女、儿童罪中，亦存在以出卖为目的收买妇女、儿童的行为。如何加以区分，准确定性需要认真区别把握。

二是罪数形态的把握。实践中，收买者对被收买的妇女、儿童，往往实施其他犯罪，如对被收买的妇女、儿童实施限制人身自由，进行伤害、强奸、侮辱、猥亵等行为；有的将被收买的妇女绑架以勒索其家人钱财；有的组织、教唆、强迫被收买的妇女、儿童进行犯罪活动；有的组织、教唆被收买的未成年妇女、儿童进行盗窃、诈骗、抢夺、敲诈勒索等违反治安管理活动；有的收买被拐卖的妇女、儿童，又以暴力、威胁方法，或者聚众阻碍国家机关工作人员解救被收买的妇女、儿童等等。相关行为如何定性，是按照一罪还是数罪处理，需要准确把握。

三是共同犯罪的把握。实践中，不少收买被拐卖的妇女、儿童犯罪涉及共同犯罪。例如，向收买者提供被收买妇女、儿童的户籍证明、出生证明等帮助行为，或者收买人全体家庭成员或者亲友共同商量决定实施收买行为。相关行为如何定性，如何认定相关行为人主观上明知他人实施收买被拐卖的妇女、儿童犯罪，如何准确把握共同参与人员中需要追究刑事责任的人员范围，以及如何准确量刑，在实践中不易把握。

四是量刑时宽严相济的把握。《刑法修正案（九）》将收买被拐卖的妇女、儿童“可以不追究刑事责任”的规定，修改为“可以从轻处罚”或者“可以从轻或者减轻处罚”，对收买被拐卖的妇女、儿童的行为一律作出犯罪评价，体现了对此类行为从严打击的力度。实践中，如何准确理解和把握修法精神，准确理解“没有虐待行为”和“不阻碍其返回原居住地的”的内容，准确适用对妇女、儿童两个不同犯罪对象体现不同的从宽处罚条件，以及在立法对此类犯罪从严打击的背景下，如何把握宽严相济的刑事政策，需要进一步明确，便于掌握。

四、收买被拐卖的妇女、儿童罪案件审理思路及原则

一是正确把握相关概念，准确区分罪与非罪。（1）“两性人”是否属于本罪中的“妇女”。关于“两性人”是否属于收买被拐卖的妇女罪中的妇女。有观点认为，虽然对两性人的性别判断是医学要回答的问题，但既然涉及如何定罪，则应当从法学的立场加以考虑。在刑法领域，判断“两性人”性别的标准应与医学标准有所不同，对“两性人”在刑法中的定位不能单纯地依据其体内的染色体类型来判定，还要考虑行为人的行为特征。虽然“两性人”不是纯粹意义上的妇女，但既然行为人是将其作为妇女加以拐卖的，而且他（她）还具有妇女的某些特征，因此，将拐卖“两性人”的行为作为本罪并不违反罪刑法定原则。我们认为，收买被拐卖妇女罪的犯罪对象是妇女，对于其概念应作通常理解，不应当包括由于胚胎的畸形发育而形成的具有男性和女性两种生殖器官的人。行为人明知被拐卖的对象是已满 14 周岁的“两性人”而收买的，不能认定为收买被拐卖的妇女罪，这是罪刑法定原则的基本要求。行为人误以为在生理上同时具有男女两性特征的被拐卖的“两性人”是妇女而予以收买的，系对犯罪对象产生认识错误，属于对象

不能犯，由于意志以外的原因其犯罪不能达到既遂状态，应当认定为收买被拐卖的妇女罪（未遂）。(2) 注意审查收买行为是否违背妇女意志。收买被拐卖的妇女、儿童罪，犯罪对象系“被拐卖的”妇女、儿童，即收买行为违反了妇女、儿童的意志。实践中，有的受妇女本人或者他人之托，把妇女带到外地为其介绍婚姻，行为人给付财物予以收买的，不成立犯罪，这种行为与收买被拐卖的妇女罪有本质区别。这种假借婚姻登记“介绍婚姻”或“骗婚”的行为，妇女并非被拐卖的，而是自愿的，行为人也没有采取欺骗或者胁迫手段，并未违背妇女的意志。对于妇女因自然灾害等原因外流到他乡，出于为了追求更好的生活等目的，自愿嫁给收买人的，即使收买人给予了该妇女或其亲属财物，也不能认定为收买被拐卖的妇女罪，因为该行为并未违背妇女意志。(3) 区分本罪与民间收养行为的界限。对于收买他人亲生子女的行为，是属于民间收养行为，还是构成收买被拐卖的妇女、儿童罪。在区分时，不能简单地以行为人给付了财物就认定属于收买行为，要注意审查收取财物并将亲生子女“送”人的一方，究竟是借送养之名出卖亲生子女的拐卖妇女儿童犯罪行为，还是民间送养行为。如果不是出于非法获利目的，而是迫于生活困难，或者受重男轻女思想影响，私自将没有独立生活能力的子女送给他人抚养，包括收取少量“营养费”“感谢费”的，属于民间送养行为，不能以拐卖妇女、儿童罪论处。此种情形下，妇女、儿童并非被拐卖的，因此，行为人给付“营养费”“感谢费”的行为，也不能认定为收买被拐卖的妇女、儿童罪，而是属于民间收养行为。(4) 本罪与拐卖妇女、儿童罪“收买”行为的区分。拐卖妇女、儿童罪的行为方式中有收买行为，该种收买行为与本罪的收买行为不同之处在于：一是主观目的不同。前者的目的是出卖，后者不具有出卖目的。如果以出卖为目的收买的，则成立拐卖妇女、儿童罪。二是犯罪对象不同。前者的对象是妇女、儿童，不限定必须是被贩卖的妇女、儿童，而后者的对象仅是被贩卖的妇女、儿童，且行为人明知收买的是被贩卖的妇女、儿童。收买他人亲生子女的，不成立本罪；如果收买者尽到一切注意义务仍无法得知收买的是被贩卖的妇女、儿童的，同样不成立本罪。根据《刑法》第 241 条第 5 款规定，行为人不是以出卖为目的，收买被拐卖的妇女、儿童后，出于其他原因又将妇女、儿童出卖的，则应以拐卖妇女、儿童罪论处。

二是正确把握相关行为和犯罪构成，区分一罪与数罪。实践中，收买者对被收买的妇女、儿童，往往实施其他犯罪，如对被收买的妇女、儿童限制人身自由，进行伤害、强奸、威胁等行为。(1) 根据《刑法》第 241 条第 2 ~ 4 款的规定，收买被拐卖的妇女、儿童，并有强行与被害妇女发生性关系，或者非法剥夺、限制人身自由，或者有伤害、侮辱等犯罪行为的，则应当定收买被拐卖的妇女、儿童罪和强奸罪，或者非法拘禁罪、故意伤害罪、侮辱罪，实行数罪并罚。(2) 收买被拐卖的妇女，又将其绑架勒索其家人钱财的，应当以收买被拐卖的妇女罪和绑架罪，实行并罚。(3) 按照《最高人民法院、最高人民检察院、公安部、司法部关于依法惩治拐卖妇女儿童犯罪的意见》规定，收买被拐卖的妇女、儿童，又组织、教唆被拐卖、收买的妇女、儿童进行犯罪的，以收买被拐卖的妇女、儿童罪与其所组织、教唆的罪数罪并罚。收买被拐卖的妇女、儿童，又组织、教唆被拐卖、收买的未成年妇女、儿童进行盗窃、诈骗、抢夺、敲诈勒索等违反治安管理活动的，以收买被拐卖的妇女、儿童罪与组织未成年人进行违反治安管理活动罪数罪并罚。(4) 根据《最高人民法院关于审理拐卖妇女儿童犯罪案件具体应用法律若干问题的解释》第 6 条和第 7 条的规定，收买被拐卖的妇女、儿童后又组织、强迫卖淫或

者组织乞讨、进行违反治安管理活动等构成其他犯罪的，依照数罪并罚的规定处罚。收买被拐卖的妇女、儿童，又以暴力、威胁方法阻碍国家机关工作人员解救被收买的妇女、儿童，或者聚众阻碍国家机关工作人员解救被收买的妇女、儿童，构成妨害公务罪和聚众阻碍解救被收买的妇女、儿童罪的，依照数罪并罚的规定处罚。（5）按照《全国人民代表大会常务委员会法制工作委员会关于已满十四周岁不满十六周岁的人承担刑事责任范围问题的答复意见》相关规定，已满14周岁不满16周岁的人不成立本罪主体，但是强奸被拐卖的妇女、儿童或者故意造成被拐卖的妇女、儿童重伤、死亡的，则构成强奸罪，故意伤害罪和故意杀人罪。

三是正确区分行为性质和责任，把握共同犯罪责任人员范围。对于收买被拐卖的妇女、儿童犯罪涉及共同犯罪的，根据共同犯罪理论，结合案件具体情况，按照《最高人民法院、最高人民检察院、公安部、司法部关于依法惩治拐卖妇女儿童犯罪的意见》规定，正确加以认定。（1）明知他人收买被拐卖的妇女、儿童，仍然向其提供被收买妇女、儿童的户籍证明、出生证明或者其他帮助的，以收买被拐买的妇女、儿童罪的共犯论处；但是，收买人未被追究刑事责任的除外。认定是否“明知”，应当根据证人证言、犯罪嫌疑人、被告人及其同案人供述和辩解，结合提供帮助的人次，以及是否明显违反相关规章制度、工作流程等，予以综合判断。（2）共同参与了收买被拐卖的妇女、儿童犯罪行为的（例如，有些收买行为是全体家庭成员或者亲友共同商量决定的），一般应当在综合考察犯意提起、各行为人在犯罪中所起作用等情节的基础上，依法追究其中罪责较重者的刑事责任。对于其他情节显著轻微危害不大，不认为是犯罪的，依法不追究刑事责任，必要时可以由公安机关予以行政处罚。对此，《最高人民法院关于审理拐卖妇女儿童犯罪案件具体应用法律若干问题的解释》第8条也明确规定：出于结婚目的收买被拐卖的妇女，或者出于抚养目的收买被拐卖的儿童，涉及多名家庭成员、亲友参与的，对其中起主要作用的人员应当依法追究刑事责任。

四是正确领会修法精神，切实把握宽严相济刑事政策。实践中，拐卖犯罪对被拐卖的妇女、儿童的家庭、人生造成的影响和损害程度往往较大，难以弥补和挽回。由于1997年《刑法》条文中存在对收买者“可以不追究刑事责任”的规定，收买者往往存在侥幸心理，实践中也通常容易得到“网开一面”不予追究刑事责任的机会，对收买者的处罚成为打击拐卖犯罪的盲区，形成买卖妇女、儿童的非法市场，造成拐卖犯罪违法成本过低，拐卖妇女、儿童犯罪屡打不止。2015年《刑法修正案（九）》删除了1997年《刑法》条文中“可以不追究刑事责任”的表述，对收买被拐卖的妇女、儿童的行为，一律作犯罪处理，并针对妇女、儿童不同的犯罪对象，提出了不同的从宽处罚条件，体现了对收买被拐卖的妇女、儿童罪从严打击的力度，这是铲除“买方市场”，从源头上遏制拐卖妇女、儿童犯罪的迫切需要。司法机关在具体适用时，需要注意区分不同的被收买对象，适用不同的从轻处罚或者减轻处罚的条件，同时要结合修法精神准确理解，对这类案件应当严格把关，切实做到宽严相济。

第二节 收买被拐卖的妇女、儿童罪审判依据

1997 年修订《刑法》时，将 1991 年 9 月 4 日《全国人民代表大会常务委员会关于严惩拐卖、绑架妇女、儿童的犯罪分子的决定》第 3 条吸收，将收买被拐卖的妇女、儿童的行为规定为犯罪。2015 年 8 月 29 日《刑法修正案（九）》对该条文第 6 款作了修正，删除了原条文中“可以不追究刑事责任”的表述，相应地规定了“可以从轻或者减轻处罚”的情形。《最高人民法院关于审理拐卖妇女儿童犯罪案件具体应用法律若干问题的解释》（法释〔2016〕28 号）对“按照被买妇女的意愿，不阻碍其返回原居住地”的情形进行界定；对该罪的罪数认定进行了说明；对该罪犯罪主体刑事责任的承担进行了说明。《最高人民法院、最高人民检察院、公安部、司法部印发〈关于依法惩治拐卖妇女儿童犯罪的意见〉的通知》（法发〔2010〕7 号）对收买被拐卖的妇女、儿童罪的罪与非罪、刑罚轻重、共同犯罪、主观明知等问题进行了界定。

一、法律

《中华人民共和国刑法》（2020 年 12 月 26 日修正）

第二百四十一条 收买被拐卖的妇女、儿童的，处三年以下有期徒刑、拘役或者管制。

收买被拐卖的妇女，强行与其发生性关系的，依照本法第二百三十六条的规定定罪处罚。

收买被拐卖的妇女、儿童，非法剥夺、限制其人身自由或者有伤害、侮辱等犯罪行为的，依照本法的有关规定定罪处罚。

收买被拐卖的妇女、儿童，并有第二款、第三款规定的犯罪行为的，依照数罪并罚的规定处罚。

收买被拐卖的妇女、儿童又出卖的，依照本法第二百四十条的规定定罪处罚。

收买被拐卖的妇女、儿童，对被买儿童没有虐待行为，不阻碍对其进行解救的，可以从轻处罚；按照被买妇女的意愿，不阻碍其返回原居住地的，可以从轻或者减轻处罚。

二、司法解释

《最高人民法院关于审理拐卖妇女儿童犯罪案件具体应用法律若干问题的解释》（2016 年 12 月 21 日 法释〔2016〕28 号）

第四条 在国家机关工作人员排查来历不明儿童或者进行解救时，将所收买的儿童藏匿、转移或者实施其他妨碍解救行为，经说服教育仍不配合的，属于刑法第二百四十一条第六款规定的“阻碍对其进行解救”。

第五条 收买被拐卖的妇女，业已形成稳定的婚姻家庭关系，解救时被买妇女自愿继续留在当地共同生活的，可以视为“按照被买妇女的意愿，不阻碍其返回原居住地”。

第六条 收买被拐卖的妇女、儿童后又组织、强迫卖淫或者组织乞讨、进行违反治

安管理活动等构成其他犯罪的，依照数罪并罚的规定处罚。

第七条 收买被拐卖的妇女、儿童，又以暴力、威胁方法阻碍国家机关工作人员解救被收买的妇女、儿童，或者聚众阻碍国家机关工作人员解救被收买的妇女、儿童，构成妨害公务罪、聚众阻碍解救被收买的妇女、儿童罪的，依照数罪并罚的规定处罚。

第八条 出于结婚目的收买被拐卖的妇女，或者出于抚养目的收买被拐卖的儿童，涉及多名家庭成员、亲友参与的，对其中起主要作用的人员应当依法追究刑事责任。

三、刑事政策文件

《最高人民法院、最高人民检察院、公安部、司法部印发〈关于依法惩治拐卖妇女儿童犯罪的意见〉的通知》（2010 年 3 月 15 日 法发〔2010〕7 号）

20. 明知是被拐卖的妇女、儿童而收买，具有下列情形之一的，以收买被拐卖的妇女、儿童罪论处；同时构成其他犯罪的，依照数罪并罚的规定处罚：

（1）收买被拐卖的妇女后，违背被收买妇女的意愿，阻碍其返回原居住地的；

（2）阻碍对被收买妇女、儿童进行解救的；

（3）非法剥夺、限制被收买妇女、儿童的人身自由，情节严重，或者对被收买妇女、儿童有强奸、伤害、侮辱、虐待等行为的；

（4）所收买的妇女、儿童被解救后又再次收买，或者收买多名被拐卖的妇女、儿童的；

（5）组织、诱骗、强迫被收买的妇女、儿童从事乞讨、苦役，或者盗窃、传销、卖淫等违法犯罪活动的；

（6）造成被收买妇女、儿童或者其亲属重伤、死亡以及其他严重后果的；

（7）具有其他严重情节的。

被追诉前主动向公安机关报案或者向有关单位反映，愿意让被收买妇女返回原居住地，或者将被收买儿童送回其家庭，或者将被收买妇女、儿童交给公安、民政、妇联等机关、组织，没有其他严重情节的，可以不追究刑事责任。

21. 明知他人拐卖妇女、儿童，仍然向其提供被拐卖妇女、儿童的健康证明、出生证明或者其他帮助的，以拐卖妇女、儿童罪的共犯论处。

明知他人收买被拐卖的妇女、儿童，仍然向其提供被收买妇女、儿童的户籍证明、出生证明或者其他帮助的，以收买被拐卖的妇女、儿童罪的共犯论处，但是，收买人未被追究刑事责任的除外。

认定是否“明知”，应当根据证人证言、犯罪嫌疑人、被告人及其同案人供述和辩解，结合提供帮助的人次，以及是否明显违反相关规章制度、工作流程等，予以综合判断。

30. 犯收买被拐卖的妇女、儿童罪，对被收买妇女、儿童实施违法犯罪活动或者将其作为牟利工具的，处罚时应当依法体现从严。

收买被拐卖的妇女、儿童，对被收买妇女、儿童没有实施摧残、虐待行为或者与其已形成稳定的婚姻家庭关系，但仍应依法追究刑事责任的，一般应当从轻处罚；符合缓刑条件的，可以依法适用缓刑。

收买被拐卖的妇女、儿童，犯罪情节轻微的，可以依法免予刑事处罚。

31. 多名家庭成员或者亲友共同参与出卖亲生子女，或者“买人为妻”、“买人为子”构成收买被拐卖的妇女、儿童罪的，一般应当在综合考察犯意提起、各行为人在犯罪中所起作用等情节的基础上，依法追究其中罪责较重者的刑事责任。对于其他情节显著轻微危害不大，不认为是犯罪的，依法不追究刑事责任；必要时可以由公安机关予以行政处罚。

第三节　收买被拐卖妇女、儿童罪审判实践中的疑难新型问题

问题1. 收买被拐卖的儿童进行“抚养”行为的认定

【典型案例】李某拐卖儿童、孙某收买被拐卖的儿童案①

一、基本案情

2013年5月21日20时许，被告人李某发现左某某带领孙子陈某某（不满2周岁）和孙女在河南省开封市祥符区世纪广场玩耍，遂趁左某某不注意时将陈某某盗走。后李某冒充陈某某的母亲，在网上发帖欲收取5万元将陈某某“送养”。被告人孙某看到消息后与李某联系，于5月23日见面交易。在未对李某及陈某某的身份关系进行核实的情况下，经讨价还价，孙某付给李某4万元，将陈某某带至山东省菏泽市曹县家中。公安机关破案后，已将陈某某解救送还亲属。

二、裁判结果

河南省开封市祥符区人民法院经审理认为，李某以出卖为目的偷盗幼儿，其行为已构成拐卖儿童罪。孙某收买被拐卖的儿童，其行为已构成收买被拐卖的儿童罪。依照《刑法》有关规定，以拐卖儿童罪判处被告人李某有期徒刑十年，并处罚金人民币2万元；以收买被拐卖的儿童罪判处被告人孙某有期徒刑七个月。

三、典型意义

拐卖儿童造成许多家庭骨肉分离，社会危害巨大。收买被拐卖的儿童行为，客观上诱发、助长“人贩子”铤而走险实施拐卖犯罪，造成被拐儿童与家庭长期天各一方，社会危害同样不容忽视。本案中，被告人李某偷盗幼儿出卖，法院以拐卖儿童罪对其判处有期徒刑十年，体现了依法从严惩处。作为具有正常社会阅历、经验的成年人，被告人孙某应当知道李某携带的幼童可能系被拐卖，但未对双方关系进行任何核实即对幼童陈某某予以收买，其行为已构成收买被拐卖的儿童罪。人民法院对本案“买主”依法定罪判刑，再次向社会昭示：我国法律绝不容忍任何买卖儿童行为，抱着侥幸心理收买被拐卖的儿童“抚养”，最终不仅会“人财两空”，还要受到法律制裁。

---

① 最高人民法院2015年2月27日发布的惩治拐卖妇女儿童犯罪典型案例。

问题2. 为帮助他人收养而收买被拐卖的儿童的行为定性

【典型案例】被告人余某、高某拐卖儿童、被告人黄某收买被拐卖的儿童案①

一、基本案情

2015年9月，被告人余某的妻子周某怀孕，2015年年底，余某让被告人高某寻找需要婴儿并能支付6万元“营养费”的人。经高某联系，被告人黄某因儿媳结婚多年未生育，愿意收养。经协商，余某同意以5.6万元的价格将婴儿“送”给黄某。2016年6月21日，余某以假名为周某办理住院手续，次日周某生育一男婴。6月23日，余某以给孩子洗澡为由私自将男婴从家中抱走送给黄某，得款5.6万元。黄某将男婴带至安徽省淮北市相山区家中抚养。男婴母亲周某获悉后到公安机关报案，公安人员至黄某住处将被拐卖的男婴解救。

二、裁判结果

安徽省淮北市相山区人民法院经审理认为，被告人余某以非法获利为目的出卖亲生子，被告人高某居间介绍，二被告人的行为均已构成拐卖儿童罪。被告人黄某对被拐卖的儿童予以收买，其行为构成收买被拐卖的儿童罪。高某在共同犯罪中起次要作用，系从犯，可依法减轻处罚。黄某收买被拐卖的儿童抚养，对被拐卖的儿童没有虐待，未阻碍解救，可依法从轻处罚。依照《刑法》有关规定，以拐卖儿童罪判处被告人余某有期徒刑五年，并处罚金人民币3万元；以拐卖儿童罪判处被告人高某有期徒刑三年，缓刑三年，并处罚金人民币1万元；以收买被拐卖的儿童罪判处被告人黄某有期徒刑六个月，缓刑一年。宣判后，余某提出上诉。安徽省淮北市中级人民法院经依法审理，裁定驳回上诉，维持原判。判决已发生法律效力。

三、典型意义

本案是一起出卖亲生子女构成犯罪的典型案例。当前，在司法机关严厉打击下，采取绑架、抢夺、偷盗、拐骗等手段控制儿童后进行贩卖的案件明显下降，但仍存在父母出卖亲生子女的案件。子女不是父母的私有财产，孩子应该享有独立人格尊严，绝不允许买卖。根据2010年《最高人民法院、最高人民检察院、公安部、司法部关于依法惩治拐卖妇女儿童犯罪的意见》有关规定，以非法获利为目的，出卖亲生子女的，应当以拐卖妇女、儿童罪论处。本案中，被告人余某在妻子怀孕期间即联系被告人高某物色买家，商定价格，妻子生育后采取欺骗方式将婴儿抱走卖给他人，故法院依法以拐卖儿童罪对其定罪判刑。没有买就没有卖，收买与拐卖相伴而生，《刑法修正案（九）》对收买被拐卖的妇女、儿童罪作了重大修改，删除了原规定具备特定情节可以不追究刑事责任的条款，体现了对买方加大惩治力度的精神。本案被告人黄某主观上虽然是为帮助他人收养而收买被拐卖的儿童，但其行为同样构成犯罪，法院对其依法定罪判刑，具有重要警示教育意义。

---

① 最高人民法院2017年6月1日发布的依法惩治侵害未成年人犯罪典型案例。

问题3. 收买被拐卖的妇女、儿童后，又强迫其卖淫的，如何定罪处罚

【刑事审判参考案例】龚某1收买被拐卖的妇女、儿童，强迫卖淫案①

一、基本案情

天津市静海县人民法院经审理查明：2009年4月初，被告人龚某1在浙江省温州市通过一个叫“阿飞”（另案处理）的人以人民币（以下币种同）7000元的价格，收买了被拐骗的河南籍被害人苏某（女，时年18岁），将苏某带到汪某、龚某2夫妇（同案被告人，均已判刑）在天津市东丽区的暂住处予以控制。之后，龚某1又回到温州市通过他人以6500元的价格，从李某（已判刑）手中收买了广东籍幼女刘某（时年13岁），亦将刘某带到汪某、龚某2的暂住处予以控制。其间，龚某1多次将苏某带到天津市河北区五马路东段与其妻子谷某（同案被告人，已判刑）经营的洗头房内，强迫苏某卖淫。为防止苏某逃跑，龚某1与谷某强行给苏某拍摄了裸体照片，威胁其如果逃跑就将照片放到网上或者寄到苏某家中。为防止刘某逃跑，龚某1让刘某观看了存放在汪某家电脑里的苏某的裸体照片，并对刘某进行威胁，强迫刘某进行卖淫。2009年5月，龚某1与汪某来到天津市静海县，租用静海镇南纬二路的门市房，强迫苏某、刘某二人在该门市房多次卖淫。天津市静海县人民法院认为，被告人龚某1的行为分别构成收买被拐卖的妇女、儿童罪和强迫卖淫罪，依法应予并罚。公诉机关指控的犯罪事实清楚，证据确实、充分，指控的罪名成立。依照《刑法》第241条，第358条第1款第2项、第3项，第25条，第26条，第55条，第56条，第69条之规定，天津市静海县人民法院判决如下：

被告人龚某1犯收买被拐卖的妇女、儿童罪，判处有期徒刑二年；犯强迫卖淫罪，判处有期徒刑十五年，并处罚金人民币10 000元，剥夺政治权利四年：决定执行有期徒刑十六年，并处罚金人民币10 000元，剥夺政治权利四年。

一审宣判后，被告人龚某1以量刑过重为由提出上诉。天津市第一中级人民法院经审理认为，原审判决认定的事实清楚，证据确实、充分，定罪准确，量刑适当，遂裁定驳回上诉，维持原判。

二、主要问题

收买被拐卖的妇女、儿童后，又强迫其卖淫的，如何定罪处罚？

三、裁判理由

本案审理过程中，对于被告人龚某1在收买被拐卖的妇女、儿童后又强迫其卖淫的，如何定罪处罚？我们认为，被告人收买被拐卖的妇女、儿童的行为和强迫卖淫的行为之间虽然存在一定的牵连关系，但依照有关法律和司法解释，应当予以并罚。

（一）收买被拐卖的妇女、儿童后，强迫其卖淫的，分别构成收买被拐卖的妇女、儿童罪和强迫卖淫罪

1. 被告人龚某1收买被害人苏某、刘某的行为构成收买被拐卖的妇女、儿童罪，拐卖妇女、儿童犯罪严重侵犯被拐卖妇女、儿童的人身权利，致使许多家庭骨肉分离，甚至家破人亡，严重危害社会和谐稳定，一向是我国刑法重点打击的对象。与拐卖犯罪相对应，收买被拐妇女、儿童行为的危害性亦不容忽视，拐卖犯罪屡禁不绝，一个很重要

---

① 包长拯撰稿，冉容审编：《龚某1收买被拐卖的妇女、儿童，强迫卖淫案（第989号）》，载最高人民法院刑事审判第一、二、三、四、五庭主办：《刑事审判参考》（总第98集），法律出版社2014年版，第80~84页。

的原因就是存在买方市场。如果不对收买行为加以遏制，就无法从根源上预防、减少拐卖犯罪的发生。为此，《刑法》第241条规定，收买被拐卖的妇女、儿童的，处三年以下有期徒刑、拘役或者管制。同时，鉴于收买被拐卖的妇女、儿童犯罪的特殊性，有相当一部分人收买妇女、儿童的原因是想将被拐卖的妇女作为妻子或者将被拐卖的儿童作为儿女等家庭成员共同生活。为了减少解救阻力，避免对被拐妇女、儿童造成其他伤害，《刑法》第241条第6款规定，收买被拐卖的妇女、儿童，按照被买妇女的意愿，不阻碍其返回原居住地的，对被买儿童没有虐待行为，不阻碍对其进行解救的，可以不追究刑事责任。由此可见，不追究收买人刑事责任是有条件的，主要是出于我国人口性别出生比例和刑事政策的考虑。对于出于迫使妇女、儿童卖淫、乞讨等卑劣动机实施的收买行为，相比上述情形情节显然更为恶劣，即使收买人不阻碍解救或者没有实施虐待行为，也应当依法追究其刑事责任。《最高人民法院、最高人民检察院、公安部、司法部关于依法惩治拐卖妇女儿童犯罪的意见》第20条明确列举了应当追究收买人刑事责任的七种情形，其中第5项即规定了组织、强迫被收买的妇女、儿童从事乞讨或卖淫活动。

本案中，被告人龚某1明知被害人苏某、刘某是被人拐卖的妇女、儿童而予以收买，龚某1是出于控制被害人从事卖淫活动以牟利的目的而收买被拐卖的苏某、刘某，且刘某当时还是未满14周岁的幼女，表明龚某1的犯罪动机极为恶劣，所带来的后果也更加严重。可见，无论是从刑法规定还是刑事政策角度考虑，被告人龚某1的行为都属于应当从严打击的对象，构成收买被拐卖的妇女、儿童罪不容争议。

2. 被告人龚某1强迫两名被害人卖淫的行为构成强迫卖淫罪。《刑法》第358条并列规定了组织卖淫罪和强迫卖淫罪。通常认为，组织卖淫，是指采取招募、雇佣、强迫、引诱、容留等手段，控制他人从事卖淫活动的行为；强迫卖淫，是指采取暴力、胁迫或者其他方式等迫使被害人违背意愿从事卖淫活动的行为。由于在组织卖淫的过程中也可能会采取强迫的手段实施，因此，如何区分组织卖淫罪和强迫卖淫罪，实践中存在一定争议。我们认为，组织卖淫罪与强迫卖淫罪的犯罪客体和客观方面有所不同，具体表现在：

（1）在犯罪客体方面，组织卖淫犯罪侵犯的是社会良好风尚，强迫卖淫犯罪不仅侵犯了社会良好风尚，而且还严重侵害他人性自主权和身心健康。组织卖淫罪以组织多人从事卖淫活动为构成犯罪的条件，强迫卖淫罪则没有人数的限制，强迫一名被害人卖淫也构成此罪。

（2）在犯罪客观方面，组织卖淫罪主要是组织、策划、指挥多人进行卖淫的行为，其中组织行为主要是指利用招募、雇佣、引诱、容留、介绍等非强迫手段，发起、建立卖淫集团或卖淫窝点，将分散的卖淫人员集中、控制：通常被组织者出于自愿，即使对少部分被组织卖淫者有强迫行为，但整体上仍应以被组织者自愿卖淫为主。强迫卖淫罪客观方面也可能表现为控制多人从事卖淫活动，并实施一定的经营卖淫场所、管理“卖淫人员”、统一收取嫖资等“组织”行为，但其本质上是违背被害人意愿迫使被害人卖淫，主要以强迫手段为主，该类行为比单纯的组织人员自愿卖淫的行为的社会危害性更严重，将该类行为整体评价为强迫卖淫罪更为准确。

本案中，被告人龚某1收买二被害人之后，分别将二被害人从温州带至天津交给共同犯罪人进行控制，采取给被害人苏某拍裸照、给被害人刘某看裸照等威胁的方式，限制二被害人的人身自由，后又违背二被害人的意愿，强迫二被害人多次从事卖淫活动，其协调共同犯罪人、安排二被害人从事卖淫活动的行为具有一定的组织性，但考虑到被告人强迫卖淫的行为特征更突出，认定其构成强迫卖淫罪更能反映其主观恶性和社会危害性。值得注意的是，龚某1在收买二被害人后，为防止二被害人逃跑，采取给被害人拍裸照、看裸照等威胁的方式限制被害人的人身自由，使二被害人陷入隐私泄露的恐惧而不敢逃跑，这种心理强制的行为从客观上看属于非法拘禁的一种手段，但同时也是强迫卖淫罪实行行为的一部分，故无须再单独评价。

（二）收买被拐卖的妇女、儿童后，又强迫其卖淫的，对所犯二罪应当并罚

本案中，被告人龚某1采取收买被拐卖的妇女、儿童的方式，获取、控制两名被害人，继而强迫其卖淫，以谋取非法利益。龚某1收买被拐妇女、儿童，与强迫其卖淫之间，存在手段与目的的牵连关系。关于牵连犯的处罚，我国刑法没有明确规定。理论界对于牵连犯的处罚也存在不同认识。有观点认为，牵连犯分别侵犯了不同的法益，属于实质的数罪，应当取消牵连犯的概念，一概实行数罪并罚。但通说仍主张，对于牵连犯的处理原则，如果法律有明确规定的，依照法律的规定数罪并罚，如果法律没有明确规定的，应择一重罪从重处罚。我国《刑法》对收买被拐卖的妇女、儿童罪规定的法定刑是三年以下有期徒刑、拘役或者管制，相对于拐卖妇女、儿童罪的法定刑，明显要轻。刑法将收买被拐卖妇女、儿童本身规定为独立的犯罪，配置的法定刑较低，但对被收买的妇女、儿童实施其他犯罪的，应当予以并罚。《刑法》第241条第2款至第4款规定："收买被拐卖的妇女，强行与其发生性关系的，依照本法第二百三十六条的规定定罪处罚。收买被拐卖的妇女、儿童，非法剥夺、限制其人身自由或者有伤害、侮辱等犯罪行为的，依照本法的有关规定定罪处罚。收买被拐卖的妇女、儿童，并有第二款、第三款规定的犯罪行为的，依照数罪并罚的规定处罚。"《最高人民法院、最高人民检察院、公安部、司法部关于依法惩治拐卖妇女儿童犯罪意见》第20条第5项规定，强迫被收买的妇女、儿童从事卖淫等违法犯罪活动同时构成其他犯罪的，依照数罪并罚的规定处罚。

就本案而言，虽然被告人龚某1收买被拐妇女、儿童与强迫其卖淫之间，存在手段与目的的牵连关系，但其行为分别侵犯了妇女、儿童独立人格尊严和不受非法买卖的权利，以及被害人的性自主权和社会良好风尚，已经构成数罪，在相关法律及司法解释性文件对此有相应规定的情况下，应当对龚某1所犯数罪予以并罚。一、二审法院依法对被告人龚某1以收买被拐卖的妇女、儿童罪，强迫卖淫罪实行并罚，并综合龚某1收买被拐卖的妇女、儿童后，伙同他人强迫二被害人多次卖淫、强迫幼女卖淫等多个从重处罚情节，决定执行有期徒刑十六年，定罪正确，量刑适当。

问题4. 多次帮助他人收买被拐儿童应当如何量刑

【人民法院报案例】永定宣判一起收买被拐卖儿童案[①]

法院审理查明，2012年正月，被告人吴某开欲抱一男孩来抚养，向被告人黄某亮提及，被告人黄某亮通过嫁到江西的一女子介绍，电话联系到一专门帮人介绍小孩的江西

① 陈志龙：《重永定宣判一起收买被拐卖儿童案——被告人多次帮助他人收买被拐儿童获刑》，载《人民法院报》2014年11月21日，第3版。

男子陈某恒（在逃），并答应帮助被告人吴某开联系。后被告人吴某城、吴某本分别找到被告人黄某亮要求其帮助联系男孩。被告人黄某亮先后于2012年农历二三四月三次联系陈某恒，并驾驶汽车载被告人吴某开夫妇、吴某城夫妇及吴某本等人一起到江西省宁都县某地，他们分别以人民币4.5万元、6.39万元、5.3万元的价格收买了三名男婴。而被告人黄某亮分别收取被告人吴某开夫妇、吴某城夫妇及吴某本的红包1000元、1500元、1500元。

2013年12月3日、5日、6日，被告人黄某亮、吴某开夫妇、吴某城夫妇及吴某本相继到公安机关投案。另查明，被收买的三名男婴分别被吴某开夫妇、吴某城夫妇及吴某本领回照顾，公安机关已将三名被收买男婴的信息录入全国公安机关查找被拐卖—失踪儿童信息系统中，公安机关正在寻找被拐卖儿童的父母。

法院认为，被告人吴某开夫妇、吴某城夫妇及吴某本5人以自己抚养为目的，明知是被拐卖的儿童而予以收买，被告人黄某亮明知他人收买拐卖儿童仍向其提供帮助，六被告人的行为均已构成收买被拐卖的妇女、儿童罪。其中被告人黄某亮能够主动到公安机关投案，如实供述自己的犯罪事实，属于自首，依法可以从轻处罚，但多次帮助他人收买被拐卖儿童，应当从重处罚；其余5名被告人能主动到公安机关投案，能如实供述自己的犯罪事实，属于自首，且对被拐卖儿童没有虐待行为，不阻碍公安机关对其进行解救，依法可以免除刑事处罚。据此，法院依法作出以上判决。

第十三章 聚众阻碍解救被收买的妇女、儿童罪

第一节　聚众阻碍解救被收买的妇女、儿童罪概述

一、聚众阻碍解救被收买的妇女、儿童罪概念及构成要件

聚众阻碍解救被收买的妇女、儿童罪，是指首要分子纠集多人，阻碍国家机关工作人员解救被收买的妇女、儿童的行为。[①] 该罪的犯罪构成要件如下：

本罪侵害的客体是被收买的妇女、儿童的人身自由权利和人格尊严，以及国家机关工作人员的正常公务活动。本罪的犯罪对象是正在执行解救被收买的妇女（包括具有外国国籍和无国籍的妇女）、儿童公务的国家机关工作人员。

本罪在客观上表现为聚众阻碍国家机关工作人员执行解救公务的行为。聚众，是指组织、纠集、策划、指挥三人以上聚集在一起。阻碍，是指阻止、妨碍，既可以采取直接打击、暴力威胁等方法，也可以采取设置障碍、纠缠谩骂等非暴力方法。

本罪的犯罪主体为特殊主体，只限于聚众阻碍国家机关工作人员解救被收买的妇女、儿童的首要分子；其他参与者不构成犯罪主体。

本罪在主观方面只能由故意构成。间接故意和过失不构成本罪。

二、聚众阻碍解救被收买的妇女、儿童罪案件审理情况

通过中国裁判文书网统计，2017 年至 2021 年间，全国法院审结一审聚众阻碍解救被收买的妇女、儿童案件有 2 件。该案件极少，属于偶发案件。

三、聚众阻碍解救被收买的妇女、儿童罪案件审理热点、难点问题

一是本罪与妨害公务罪的区分。聚众阻碍解决救被收买的妇女、儿童罪与妨害公务

---

① 1979 年《刑法》没有聚众阻碍解救被收买的妇女、儿童罪的规定。本罪是将《全国人民代表大会常务委员会关于严惩拐卖、绑架妇女、儿童的犯罪分子的决定》第 4 条第 3 款的规定吸收为刑法的具体规定。

罪在犯罪对象和行为方式上存在一定重合，但两者在行为方式和处罚对象上则有所区别。

二是该罪极易与阻碍解救被拐卖、绑架妇女、儿童罪（《刑法》第416条第2款）混淆。前者是侵犯公民人身权利犯罪，后者是渎职犯罪。

三是从打击层面上看，本罪的犯罪主体只能是首要分子，其他参与者不能成立本罪。

四是一罪与数罪。聚众阻碍解救被收买的妇女、儿童，又构成收买被拐卖的妇女、儿童罪、妨害公务罪的，依照数罪并罚的规定处罚。

四、聚众阻碍解救被收买的妇女、儿童罪案件审理思路及原则

一是本罪与妨害公务罪的区分。聚众阻碍解救被收买的妇女、儿童罪与妨害公务罪在犯罪对象和行为方式上存在一定重合。两者的关键区别主要在于：第一，行为方式不完全相同。本罪表现为聚众阻碍，至于是否使用暴力在所不问；妨害公务罪一般是使用暴力、胁迫等手段，如果阻碍国家安全机关、公安机关依法执行国家安全工作任务，造成严重后果的，未使用暴力、胁迫方法的，也成立妨害公务罪。第二，处罚的对象不同。本罪处罚的是聚众的首要分子，非首要分子不成立本罪，但是使用暴力、威胁方法阻碍的，成立妨害公务罪，妨害公务罪则未进行限制。

二是本罪与阻碍解救被拐卖、绑架妇女、儿童罪的区分。第一，聚众阻碍解救被收买的妇女、儿童罪侵犯的客体是被收买的妇女、儿童的人身自由权利和人格尊严，以及国家机关工作人员的正常公务活动，没有侵犯国家机关声誉，而阻碍解救被拐卖、绑架妇女、儿童罪除侵犯国家工作人员解救妇女、儿童的公务活动外，还侵犯国家机关声誉。第二，客观方面不同。本罪的行为形式只限定为以“聚众”的形式，且阻碍的仅限于解救被收买的妇女、儿童的公务行为。而阻碍解救被拐卖、绑架妇女、儿童罪的客观行为多种多样，且限定为利用职务实施，阻碍的解救活动可以是公务也可以是非公务。第三，主体不同。本罪的犯罪主体只能是首要分子，可以是国家机关工作人员，也可以不是国家机关工作人员，而阻碍解救被拐卖、绑架妇女、儿童罪的主体仅限于负有解救职责的国家机关工作人员。

三是本罪的犯罪主体只能是首要分子。首要分子可能是一个人，也可能是几个人。对于首要分子，不论其是否使用了暴力或威胁方法，都构成聚众阻碍解决救被收买的妇女、儿童罪；对于其他参与者，则在适用了暴力、胁迫方法时，才能依照妨碍公务罪定罪处罚。

四是要从严惩处。全面贯彻落实全国法院打击拐卖妇女儿童犯罪刑事审判工作电视电话会议要求，深入推进打击拐卖妇女儿童犯罪专项行动。充分发挥刑事审判职能作用，坚持依法严惩拐卖犯罪的总方针，确保在总体保持高压态势的前提下，突出打击重点，严惩关联犯罪，贯彻宽严相济，准确适用法律，切实维护妇女儿童合法权益，从严惩处首要分子和其他参与者。

五是要注重社会综合治理。在“打拐”专项行动中，与公安、民政、妇联等有关部门和组织形成合力，做好解救妇女、儿童工作。要充分依靠当地党委、政府的支持，做好对基层干部和群众的说服教育工作，注意方式、方法，避免激化矛盾，防止出现围攻执法人员、聚众阻碍解救等突发事件，做到“三个效果”的有机统一。

第二节 聚众阻碍解救被收买的妇女、儿童罪审判依据

1991年9月4日全国人大常委会通过的《关于严惩拐卖、绑架妇女、儿童的犯罪分子的决定》增设了聚众阻碍解救被收买的妇女、儿童罪；1997年《刑法》聚众阻碍解救被收买的妇女、儿童罪的罪状基本沿袭上述《决定》。《最高人民法院关于审理拐卖妇女儿童犯罪案件具体应用法律若干问题的解释》（法释〔2016〕28号）对该罪的罪数问题作出规定。

一、法律

《中华人民共和国刑法》（2020年12月26日修正）

第二百四十二条 以暴力、威胁方法阻碍国家机关工作人员解救被收买的妇女、儿童的，依照本法第二百七十七条的规定定罪处罚。

聚众阻碍国家机关工作人员解救被收买的妇女、儿童的首要分子，处五年以下有期徒刑或者拘役；其他参与者使用暴力、威胁方法的，依照前款的规定处罚。

二、司法解释

《最高人民法院关于审理拐卖妇女儿童犯罪案件具体应用法律若干问题的解释》（2016年12月21日 法释〔2016〕28号）

第七条 收买被拐卖的妇女、儿童，又以暴力、威胁方法阻碍国家机关工作人员解救被收买的妇女、儿童，或者聚众阻碍国家机关工作人员解救被收买的妇女、儿童，构成妨害公务罪、聚众阻碍解救被收买的妇女、儿童罪的，依照数罪并罚的规定处罚。

第十四章
诬告陷害罪

第一节　诬告陷害罪概述

一、诬告陷害罪概念及构成要件

诬告陷害罪，是指捏造犯罪事实，向国家机关或者有关单位作虚假告发，意图使他人受刑事追究的行为。

诬告陷害罪的构成要件如下：（1）本罪侵犯的客体是他人的人身权利和司法机关的正常活动。（2）本罪在客观方面表现为捏造他人犯罪事实，向国家机关或者有关单位作虚假告发行为。诬告陷害罪是行为犯，行为人实施了诬告陷害的行为就既遂，但根据《刑法》规定，须达到情节严重的程度，才追究刑事责任。（3）本罪的主体为一般主体，年满 16 周岁、具有刑事责任能力的自然人均可构成诬告陷害罪的主体。国家机关工作人员犯本罪的，从重处罚。（4）本罪在主观方面是直接故意，并具有使他人受到刑事追究的目的。被诬陷人是否实际受到刑事处分，不影响本罪的成立。本罪犯罪动机呈多样化，如发泄私愤、嫉贤妒能等，动机不同不影响本罪的成立。行为人系错告或者检举失实的，不构成本罪。

二、诬告陷害罪案件审理情况

通过中国裁判文书网统计，2017 年至 2021 年间，全国法院审结诬告陷害刑事案件共计 1480 件。其中，2017 年有 282 件，2018 年有 290 件，2019 年有 311 件，2020 年有 280 件，2021 年有 317 件。相对于侵犯公民人身权利、民主权利罪的其他犯罪，诬告陷害刑事案件数量较少，仅次于侮辱、诽谤罪，且自诉案件比例较大。

三、诬告陷害罪案件审理热点、难点问题

1. 关于罪与非罪的认定问题。一要确定诬告陷害罪名概念的内涵和外延，尤其注意诬告陷害不以犯罪处理的情形；二要把握诬告与错告的界限，区分行为人对于控告事实

的认识、意图，以及对控告事实是否真实的明知程度；三要把握诬告陷害罪与一般诬告陷害行为的性质，区分行为的目的。

2. 关于“情节严重”和“造成严重后果”的认定。诬告陷害入罪标准须达到“情节严重”，“造成严重后果”系结果加重犯。因此，在审理诬告陷害案件时，须考虑情节的严重程度，把握入罪标准与结果加重的标准。

3. 关于诬告陷害罪与其他罪名想象竞合的情形，该如何分析及定罪。比如诬告陷害罪与诽谤罪在客观方面都有捏造事实的行为；诬告陷害罪与伪证罪均有提供虚假事实陷害他人使其遭受刑事追究的意图，该如何准确把握标准。

四、诬告陷害罪案件审理思路及原则

充分认识诬告陷害行为对被害人人身自由、名誉以及司法机关正常活动的影响。切实提高对严格办理诬告陷害案件重要意义的认识，正确理解立法目的准确定性，更深层次的认识新形势下人民内部矛盾。厘清诬告陷害罪中捏造的事实，入罪的标准，严重的后果，行为人的身份等法定量刑情节，切实做到严格、公正审判。重视对客观证据的审查运用。准确判断告发内容与捏造的事实的异同，以及是否达到足以使被诬告之人被追究刑事责任。

1. 诬告陷害罪的本质特征是捏造他人犯罪事实，向国家机关或者单位作虚假告发行为，但入刑须达到“情节严重”的程度。厘清诬告陷害罪审理思路，需要把握以下几点：

首先，“捏造”内容须是犯罪事实，如果是一般事实，不构成本罪。捏造的犯罪事实有几种情形：一是完全凭空捏造；二是将违规行为捏造升级为犯罪事实；三是在客观存在的犯罪事实中捏造犯罪行为人；四是将轻罪捏造升级为重罪事实。以上几种情形的特点均违背了真实、客观事实。

其次，必须向国家机关或者有关单位作了虚假告发，若没有进行告发，其诬陷的目的无法实现，则不构成诬告陷害罪。告发的形式不限，可书面，可口头；有署名的，也有匿名的；可投信告发，也可当面告发；可向司法机关告发，也可向有关单位告发。不论采用哪种形式告发，只要是实施了告发的，就可能构成诬告陷害罪。但需注意行为人对虚假事实的主观认识，若由于情况不明，或者认识片面而在控告、检举中发生差错，致使举报结果失实，属错告或者检举失实，不应认定为犯罪。另外，还需注意行为人的主观目的是使他人受到刑事追究，如果其目的只是使他人受到某种行政纪律处分，属于一般诬告陷害行为，也不应认定为犯罪。

再次，告发必须有特定的对象，一般有名有姓，若通过告发的事实明显能确定是诬陷对象的，当然不须再指名道姓；若捏造了犯罪事实，但无法确定具体何人，或者未对任何人进行指控，不能引起刑事追诉，也就不可能对公民的人身权利造成侵害，达不到构罪标准。告发的对象还必须是“他人”，是自然人，且不要求具有刑事责任能力。被诬陷者可以是国家工作人员，也可以是一般群众，还可以是犯罪嫌疑人、被告人和正在服刑的罪犯。捏造、诬告未达到法定年龄或者不具有刑事责任能力的人犯罪，可能引发刑侦活动，损害被捏造者的名誉，行为人可构成本罪；捏造、诬告的对象是单位，但可能导致自然人被刑事追诉，行为人也可构成本罪。

最后，把握“情节严重”和“造成严重后果”的关系。诬告陷害达到情节严重，是本罪入刑的基本条件。虽然具体立法和司法解释没有说明何谓情节严重，但可以理解为

行为人所捏造的犯罪事实足以使司法工作人员认为他人涉嫌某种犯罪而存在被追究刑事责任的可能，影响到了司法机关的正常活动。“造成严重后果”是本罪的加重情节，可以从如下几个方面考虑：（1）诬告陷害的手段恶劣，严重影响了司法机关的正常活动或者在社会上造成了恶劣影响的情形，例如，在网络、媒体、报纸及公共场合公开诬告陷害他人，造成恶劣社会影响的。（2）造成被诬陷人被司法机关错误取保候审、错误拘留、错误逮捕等，严重影响公安、司法机关工作秩序的。（3）行为人对被诬告人进行告发以后，引起了被诬告人精神失常，甚至自杀等情形。值得思考的是，网络和自媒体飞速发展，诬告手段不仅限于向国家机关和有关单位告发，如果通过自媒体向外发布捏造的犯罪事实，引起司法机关对该捏造的犯罪事实进行调查，并对虚假犯罪事实的行为人采取强制措施的，发布虚假犯罪事实的人是否构成诬告陷害罪？

2. 在实际审理过程中，诬告陷害罪的构成要件与诽谤罪、伪证罪都存在着竞合。审查案件事实后，如果发现存在竞合的部分，可能存在此罪与彼罪的分歧时，如何更精准的定罪量刑，则需比照、分析各罪名的构成要件。

（1）诬告陷害罪与诽谤罪的甄别。《刑法》第246条规定，捏造事实诽谤他人，情节严重的，构成诽谤罪。诬告陷害罪与诽谤罪的客观方面都有捏造事实的行为，主要区别在于：第一，主观目的。诬告陷害罪的目的是使他人受到刑事处罚；诽谤罪的目的是贬低他人人格，破坏他人名誉。第二，捏造的事实性质。诬告陷害罪捏造的必须是他人的犯罪事实；诽谤罪捏造的事实不限于犯罪事实，只要是损害他人人格、名誉即可。第三，行为方式。诬告陷害罪要有向如司法机关等有关国家机关和有关部门的告发行为；诽谤罪必须有散播行为，但要注意前面提出的一点思考，诬告陷害采用了诽谤中的散播行为该如何处理。

（2）诬告陷害罪与伪证罪的甄别。《刑法》第305条规定，在刑事诉讼中，证人、鉴定人、记录人、翻译人对与案件有重要关系的情节，故意作虚假证明、鉴定、记录、翻译、意图陷害他人或者隐匿罪证的，构成伪证罪。

诬告陷害罪与伪证罪均有提供虚假事实陷害他人使其遭受刑事追究的意图，二者的区别：第一，犯罪主体。诬告陷害罪是一般主体，伪证罪的主体只限于刑事诉讼活动中的证人、鉴定人、记录人和翻译人等特殊主体。第二，存在的时空范围。诬告陷害罪通常发生在刑事诉讼活动之前，其目的是引发刑事诉讼活动，使他人遭受追究刑事责任。伪证罪发生在刑事诉讼活动中，证人、鉴定人、记录人和翻译人参与的刑事诉讼环节。第三，接收告发的机关。诬告陷害罪的告发单位只要足以引起刑事追究即可；伪证罪则是正在参加刑事诉讼的主体机关。第四，主观目的存在差别。诬告陷害罪的目的是使他人受到刑事追究，伪证罪的目的是陷害他人，使他人受到刑事追究，或者隐匿罪证包庇罪犯。第五，行为方式。诬告陷害罪是捏造事实予以告发，伪证罪是证人、鉴定人、记录人和翻译人在其参与刑事诉讼的环节，对案件重要情节作虚假证明、鉴定、记录、翻译的行为。

第二节　诬告陷害罪审判依据

1997 年《刑法》较之 1979 年《刑法》对诬告陷害罪在法定刑以及罪状表述上进行了修改，用语更加科学。2013 年 7 月 19 日公安部关于印发新修订《〈关于公安机关处置信访活动中违法犯罪行为适用法律的指导意见〉的通知》，准确区分信访活动中的一般诬告行为与犯罪行为。

一、法律

《中华人民共和国刑法》（2020 年 12 月 26 日修正）

第二百四十三条　捏造事实诬告陷害他人，意图使他人受刑事追究，情节严重的，处三年以下有期徒刑、拘役或者管制；造成严重后果的，处三年以上十年以下有期徒刑。

国家机关工作人员犯前款罪的，从重处罚。

不是有意诬陷，而是错告，或者检举失实的，不适用前两款的规定。

二、刑事政策文件

《公安部关于印发新修订〈关于公安机关处置信访活动中违法犯罪行为适用法律的指导意见〉的通知》（2013 年 7 月 19 日　公通字〔2013〕25 号）

三、对侵犯人身权利、财产权利违法犯罪行为的处理

……

5. 捏造、歪曲事实诬告陷害他人，企图使他人受到刑事追究或者受到治安管理处罚，符合《治安管理处罚法》第四十二条第三项规定的，以诬告陷害依法予以治安管理处罚；符合《刑法》第二百四十三条规定的，以诬告陷害罪追究刑事责任。

第三节　诬告陷害罪审判实践中的疑难新型问题

问题 1. 诬告陷害罪是否以被害人实际受到刑事处罚为构成要件

【人民法院案例选案例】张某诬告陷害案[①]

［基本案情］

1994 年 11 月 17 日，被告人张某在本公司电工操作间上班时，私自为他人焊东西，

① 杨善明编写：《张某捏造犯罪事实诬告陷害他人案》，载最高人民法院中国应用法学研究所编：《人民法院案例选（分类重排版）·刑事卷》，人民法院出版社 2017 年版，第 2130 ~ 2132 页。

当班电工王某讲明上班时间不准干私活，对张某进行劝阻。张某不听，王某即拉掉电焊机的电源开关，两人发生争执。张某朝王某的左眼部猛击一拳，王某也随手操起一节槽钢打张某，张某用右手抵挡被打中。在场的人将他们两人拉开。当天，张某到本公司职工医院求诊。在此之前，1991 年 1 月 19 日，张某在公路上骑摩托车与一辆迎面驶来的汽车相撞，被他人送到医院抢救，经医生拍片检查确诊其右胳膊骨折。此次张某去职工医院治疗外伤时，医生进行拍片检查，问张是否曾经受过外伤。张某故意隐瞒其 1991 年 1 月 19 日因车祸致使右胳膊骨折的事实，并虚构王某殴打他的情节，诱使医生误将其旧伤诊断为新伤，给他开具了写有“右胳膊骨折”内容的 X 线检查报告，并将其右胳膊用石膏加以固定。随后，张某把 1991 年 1 月 19 日受伤时在医院拍片检查的 X 光片剪去片头上的字号及年、月、日部分，冒充新拍的 X 光片，连同职工医院出具的 X 线检查报告单，一起提供给当地公安机关的法医，要求对其伤情进行鉴定。该法医看到 X 光片显示的伤情与 X 线检查报告单上记载的伤情均是“右胳膊骨折”，便作出张某的伤为轻伤的鉴定意见。1995 年 2 月 6 日，张某以该鉴定结论为证据，向新疆维吾尔自治区石河子市人民法院提起自诉，要求法院追究王某犯伤害罪的刑事责任，并要王赔偿其经济损失。该院经开庭审理，认为张某提供的鉴定结论是虚假的，不能证明王某将其殴打致伤。张某不得不撤回自诉。

［法院认为］

新疆维吾尔自治区石河子市人民检察院以被告人张某犯诬告陷害罪向石河子市人民法院提起公诉。在诉讼过程中，被害人王某提起附带民事诉讼，要求被告人张某赔偿其医疗费 150.7 元，误工工资 457.5 元，工种劳保费 16 元，为给张某复查伤情支付的法医鉴定费 100 元，律师辩护费 350 元，营养补助费 300 元，护理人员误工工资 189 元，精神损失费 2500 元，名誉损失费 2500 元。

被告人张某对起诉书指控其犯诬告陷害罪的基本事实无异议，但辩称当时没有向医生隐瞒曾有外伤史的事实，对附带民事诉讼原告人请求赔偿的合理部分愿意承担责任。其辩护人辩称，将旧伤诊断为新伤是医生的误诊造成的，本案事出有因，并非被告人完全捏造事实；被害人也没有受到刑事追究，后果不严重；被告人在犯罪后能够交代犯罪事实，认罪态度好，建议对被告人从轻处罚并适用缓刑或者免予刑事处分。

新疆维吾尔自治区石河子市人民法院经公开审理后认为，被告人张某为诬告陷害他人，编造事实，提供假证，向司法机关进行虚假告发，意图使他人受到刑事追究，情节严重，其行为已构成诬告陷害罪，应依法惩处。公诉机关指控被告人张某犯诬告陷害罪，事实清楚，证据确凿，罪名成立。被告人犯罪后认罪态度尚好，可酌情从轻处罚。辩护人关于对被告人从轻处罚的意见成立，可以采纳。附带民事诉讼原告人王某被诬告后为应诉委托辩护人所支付的费用、法医复鉴费以及参加诉讼的误工损失费经查属实，要求由被告人张某承担赔偿责任合理，应予支持。但王某要求赔偿其受伤造成的其他经济损失因与本案无关，不予支持。其要求赔偿精神损失和名誉损失于法无据，亦不予支持。

［裁判结果］

据此，该院依照《刑法》第 138 条第 1 款、第 31 条的规定，于 1996 年 2 月 9 日作出刑事附带民事判决如下：（1）被告人张某犯诬告陷害罪，判处拘役三个月。（2）被告人张某赔偿附带民事诉讼原告人王某经济损失 475.2 元（包括委托律师费 350 元、法医复鉴费 100 元、误工工资 25.2 元），于判决生效后 10 日内一次付清。

宣判后，被告人张某不服，以原审判决认定事实有误，本人不构成诬告陷害罪为理由，向新疆生产建设兵团农八师中级人民法院提出上诉。

新疆建设兵团农八师中级人民法院经过二审审理认为，上诉人张某为诬告陷害王某，编造事实，提供假证，向司法机关作虚假告发，意图使王某受到刑事处罚，其行为构成了诬告陷害罪，应依法惩处，张某的上诉理由不能成立。但是，张某在假证败露后能中止犯罪，应予从轻处罚。其犯罪行为给被害人王某造成的经济损失，应予赔偿。原判认定的事实清楚，证据充分，适用法律正确，但量刑不当。该院依照《刑事诉讼法》第 136 条第 2 项和《刑法》第 138 条第 1 款、第 31 条、第 67 条第 1 款、第 68 条第 1 款与第 3 款的规定，于 1996 年 5 月 6 日作出刑事附带民事审判如下：（1）维持石河子市人民法院对本案刑事附带民事判决的第二项，撤销该判决第一项的处刑部分；（2）张某犯诬告陷害罪，判处拘役三个月，缓刑三个月。

［简要分析］

本案被告人张某，出于报复陷害的目的，捏造王某将他打成轻伤的犯罪事实，向人民法院作虚假告发，意图使王某受到刑事追究，其行为符合诬告陷害罪的特征，一、二审法院认定其犯诬告陷害罪是正确的。

有一种意见认为，张某受到轻伤害，这是法医作出的鉴定结论，不能认为是张某捏造事实。我们认为，张某与王某厮打后，去公司职工医院拍片检查时，隐瞒了其 1991 年因车祸致使右胳膊骨折的事实，误导医生将旧伤诊断为新伤；继而又将 1991 年骨折时拍的 X 光片剪去片头上的字号及日期，提交给公安机关的法医作人体损伤的鉴定，从而取得轻伤的鉴定结论。这些事实表明，张某是故意捏造犯罪事实。如果说法医的鉴定结论有误，那也是张某精心捏造事实造成的。

还有一种意见认为，张某虽然捏造了犯罪事实，并且向法院作了虚假的告发，但最终被害人并没有受到刑事处罚，不应认定张某的行为构成诬告陷害罪。这种意见值得商榷。诬告陷害罪是一种行为犯。行为犯，是指行为人只要实施刑法分则所规定的某种犯罪行为，不问犯罪结果是否发生，即构成该种犯罪的既遂。就诬告陷害罪而言，只要行为人在主观上意图使他人受到刑事追究，在客观上实施了捏造犯罪事实，向司法机关作了虚假告发的行为，即使被告发的人没有受到刑事处罚，其行为即构成诬告陷害罪的既遂。本案被害人王某虽然没有受到刑事处罚，但不影响张某的行为构成诬告陷害罪。

再有一种意见认为，张某在控告王某犯伤害罪的诉讼过程中，自动撤回了起诉，使王某没有被错误地追究刑事责任，防止了犯罪结果的发生，其行为应属于犯罪中止。这种意见是不能成立的。犯罪的中止只能发生在犯罪的预备阶段或者犯罪行为实行以后、既遂之前，不可能发生在犯罪既遂之后。如前所述，诬告陷害罪是一种行为犯，只要行为人实施了诬告陷害行为，不论被诬陷的人是否受到刑事处罚，均构成诬告陷害罪的既遂。本案被告人张某捏造犯罪事实并作了虚假告发，使被害人王某成了刑事诉讼的被告人，应认为其犯罪行为已经既遂，不可能再发生犯罪中止的问题。更何况张某撤回起诉，是因为法院认为其提供的鉴定结论是虚假的，不具有证明效力，张某感到胜诉无望才撤回起诉的，从这个角度看也不能认为张某是“自动停止犯罪”。二审法院在判决中虽然没有引用刑法关于中止犯罪的条文，但判案理由中认为“张某在假证败露后能中止犯罪”，是不正确的。

问题 2. 被告人在交易中被他人骗走钱财，在寻找诈骗者的过程中因心理紧张而错认人，将记有交易数额的纸条塞进被害人的行李袋中并向公安机关报案是否成立诬告陷害罪

【人民法院案例选案例】黄某诬告陷害案①

［裁判要旨］

错告与诬告的主观方面有着本质的不同，前者是由于情况不明或者认识片面而在控告、检举中发生差错，属于错误行为；后者是故意捏造事实作虚假告发以诬陷他人，属于犯罪行为。区分错告与诬告的最基本的标志在于行为人是否具有诬陷的故意。

［基本案情］

1998 年 9 月 14 日上午 9 时许，被告人黄某在经营黄金首饰交易过程中，被一名外省人骗走交易款 3400 元。黄某随即骑车到德化县城关的公共场所寻找作案者。当日上午 10 时许，黄某在德化县客车站的候车室看到乘客水某（男，55 岁，上海市人，德化县总工会海马歌舞厅的电子琴手）像作案者，即坐在该人旁边与之攀谈。谈话中，黄某认定此人就是骗走交易款的人，欲向公安派出所报案，又觉得没有证据可以证明，便拿出自己带在身上的一张自书的记有黄金重量、价格的纸条，趁水某不备之机，塞进水某的行李袋中，而后叫人帮助监视，自己赶到城关公安派出所报案。民警接到报案后，随同黄某到车站将水某带回派出所审查，并从水的行李袋中搜出黄某塞进的纸条。水某在被审查中，一直说明自己当天上午 9 时 30 分以前没有外出，更没有向黄某购买首饰。此时在场的黄某也发现自己认错了人，此人并非骗财者。但黄某为了掩盖自己的过错，将错就错，仍然指认水某就是诈骗者，导致水某被收容审查三个多月，违心地承认有诈骗行为，交出人民币 3400 元。经公安机关调查核实，水某当天上午 9 时 30 分以前没有离开住宿地，不具有作案时间。最后黄某如实交代了事情的经过，主动向水某赔礼道歉，退回非法所得 3400 元，并赔偿水某的经济损失 1000 元。

［法院认为］

德化县人民检察院以被告人黄某犯诬告陷害罪向德化县人民法院提起公诉。被告人黄某对指控的事实予以供认；其辩护人认为，本案被告人犯罪有前因，案发后认罪态度较好，主动退回赃款，赔偿被害人的损失，确有悔罪表现，建议对他从轻处罚，适用缓刑，给他以重新做人的机会。

德化县人民法院经公开审理后认为，被告人黄某在发现自己认错了人的情况下，不但没有纠正错误，反而将错就错，捏造事实，诬告他人，意图使他人受到刑事追究，致使无辜者遭受关押，其行为已构成诬告陷害罪，公诉机关指控的罪名成立。鉴于被告人在案发后能如实交代犯罪事实，主动赔礼道歉，退出非法所得，赔偿被害人的损失，有悔罪表现，可以依法从轻处罚并适用缓刑。

［裁判结果］

德化县人民检察院以被告人黄某犯诬告陷害罪向德化县人民法院提起公诉。德化县人民法院经公开审理后于 1999 年 2 月 2 日作出刑事判决如下：被告人黄某犯诬告陷害罪，

① 梁云基编写：《黄某将错就错诬告陷害他人案》，载最高人民法院中国应用法学研究所编：《人民法院案例选（分类重排版）·刑事卷》，人民法院出版社 2017 年版，第 2127～2129 页。

判处有期徒刑三年，缓刑三年。

［简要分析］

第一种观点认为，被告人在交易中被他人骗走钱财属实，在寻找诈骗者的过程中因心理紧张而认错了人。他虽然把记有交易数额的纸条塞进被害人的行李袋中并向公安机关报案，但其主观意图是取得公安机关的相信，引起重视，从而通过正当渠道把被骗的财物追回，没有使他人受到刑事处罚的想法。被告人在觉察到被害人不是诈骗者以后，没有提出纠正，将错就错，其目的是逃避因错认人而承担错告的责任，也不是为了使被害人受到刑事处罚。因此，被告人的行为属于严重错误，不宜以诬告陷害罪追究其刑事责任。

第二种观点认为，诬告陷害罪是指行为人捏造他人犯罪事实，向国家机关或者有关单位作虚假告发，意图使他人受到刑事处罚的行为。本案被告人错认被害人是骗财者，将纸条塞进其行李袋内作为犯罪证据并向公安机关告发，这是一种故意栽赃陷害的诬告行为，这种行为可以导致被害人受到刑事追究。所以，被告人的行为一开始就构成诬告陷害罪，至于被告人认错了人，属于事实上的认识错误，不影响本罪的成立。当被告人发现认错人而将错就错，继续指认被害人就是骗财者，这属于情节问题，不是矛盾的转化。

第三种观点认为，从被告人实施行为的全过程分析，可以看出被告人是由错告转化为诬告的。其分界点是在公安机关对被害人审查中，被告人已经发现自己确实认错了人，但他不提出纠正，反而继续咬定被害人就是骗财者，这时才明显表现被告人具有诬陷的目的。在此之前，被告人实施行为的动机、目的，都是为了借助公安机关的职权为自己追回被骗取的财物。因此，在追究被告人的刑事责任时，应当对其前后的行为加以区分，不要把错告作为诬告。

错告与诬告的主观方面有着本质的不同，前者是由于情况不明或者认识片面而在控告、检举中发生差错，属于错误行为；后者是故意捏造事实作虚假告发以诬陷他人，属于犯罪行为。区分错告与诬告的最基本的标志在于行为人是否具有诬陷的故意。就本案而言，被告人在黄金首饰交易过程中，被一外省人骗去交易款 3400 元，这是事实。他在寻找此人时错将被害人当作骗财者，是认错了人。他把自己记有黄金重量和价格的纸条偷偷塞入被害人的行李袋中虽然是错误的，似乎带有栽赃的性质，但其主观上只是为了取得证据，追回被骗取的钱款，没有诬陷他人的故意，因为此时他确实误认为被害人就是骗财者，所以向公安机关报案。被告人在这一阶段的行为应认定为错告而不是诬告。当公安机关在审查被害人时，被告人已经发现自己认错了人，明知此人并非骗财者，但他没有向公安机关提出纠正，反而将错就错，一口咬定被害人就是诈骗犯，从这时起被告人就显然具有诬陷他人的故意，其行为也由错告转化为诬告，导致被害人无辜被收容审查达三个多月之久。正因为如此，法院以诬告陷害罪对被告人定罪判刑是正确的。

问题3. 作为构成要件的情节严重与作为法定刑升格条件的造成严重后果应当如何区分

【人民司法案例】崔某诬告陷害案①

[基本案情]

2006年10月7日18时许，被告人崔某在扬州市盐阜路准提寺附近，因琐事与被害人葛某发生争执，葛某将崔某推倒在地，致使崔某右手手腕受伤。后崔某向扬州市公安局广陵分局报案。2006年10月9日，被告人崔某在苏北医院利用一名右手骨折的女病人，代替自己拍摄了右手舟状骨骨折的X光片，并向扬州市公安局法医提供。扬州市公安局法医门诊室根据该X光片出具了法医鉴定书，结论是崔某的右手舟状骨骨折，属轻伤。扬州市公安局广陵分局遂于2006年10月12日对葛某涉嫌故意伤害案进行立案侦查。2006年10月19日，葛某因涉嫌犯故意伤害罪被刑事拘留，同年10月28日被逮捕，11月1日被取保候审。2006年11月27日，扬州市广陵区人民检察院以葛某犯故意伤害罪向广陵区人民法院提起公诉。在法院审理过程中，被告人崔某于2007年3月6日主动向广陵区人民法院交代了自己请他人代为拍片、诬告陷害葛某的犯罪事实。2007年3月19日，扬州市公安局法医门诊室对被告人崔某的右手腕重新拍片进行鉴定，结论是其右手腕舟状骨未见骨折现象。广陵区人民检察院遂撤回对葛某犯故意伤害罪的指控。2007年4月13日，被告人崔某的家属与被害人葛某达成了和解协议，由崔某的家属一次性补偿葛某人民币60 000元，并取得了葛某的谅解。

[法院认为]

法院经审理后认为，被告人崔某捏造事实，诬告陷害他人，意图使他人受到刑事追究，并已造成严重后果，其行为已构成诬告陷害罪，依法应当追究刑事责任。被告人崔某犯罪后主动向司法机关交代司法机关尚未掌握的诬告陷害的犯罪事实，属自首，依法可以减轻处罚。其在归案后自愿认罪，并积极赔偿被害人的损失，取得被害人的谅解，依法可酌情从轻处罚。被告人崔某的辩护人提出“崔某具有自首情节，可以减轻处罚；其属于初犯，认罪态度较好，并积极补偿被害人的损失，取得了被害人的谅解，可酌情从轻处罚，建议对其判处缓刑”的辩护意见具有事实和法律依据，予以采纳。

[裁判结果]

依照《刑法》第243条第1款，第67条第1款，第72条第1款，第73条第2款、第3款之规定，以被告人崔某犯诬告陷害罪，判处有期徒刑二年，缓刑二年。一审宣判后，被告人未提出上诉，公诉机关亦未提出抗诉，判决发生法律效力。

[简要分析]

本案存在的争议焦点是被告人崔某为使被害人受到刑事追究，伪造了自己右手舟状骨骨折的X光片这一关键证据，并向司法机关提供，从而使被害人受到了错拘、错捕、错诉，该行为应当如何定性处罚?

第一种意见认为，被告人崔某主观上为了使他人受到刑事追究，客观上实施了伪造自己右手舟状骨骨折的X光片这一关键证据并向司法机关提供的行为，该行为属于捏造事实诬告陷害他人。被告人的行为应当构成诬告陷害罪。但是该意见对被告人崔某应如

---

① 袁江华:《从个案看诬告陷害罪的认定与处理》，载《人民司法·案例》2007年第24期。

何判处刑罚则存在两种观点。一种观点认为，被告人崔某捏造事实诬告陷害被害人并使被害人受到了错拘、错捕、错诉，属于情节严重，构成诬告陷害罪的基本犯，应处三年以下有期徒刑、拘役或者管制；另一种观点则认为，被告人崔某伪造自己右手舟状骨骨折的 X 光片这一关键证据并向司法机关提供的行为，已经属于情节严重，已经构成诬告陷害罪的基本犯。其诬告陷害行为还使被害人受到了错拘、错捕、错诉，已经造成了严重后果，属于诬告陷害罪的结果加重犯，应处三年以上十年以下有期徒刑。

第二种意见认为，被告人崔某的行为不构成犯罪。主要理由是：（1）被告人崔某的行为不构成诬告陷害罪。诬告陷害罪构成要件中的捏造事实是凭空虚构整个犯罪事实，仅指无中生有，任意虚构编造根本不存在的犯罪事实的情形。本案中葛某将崔某推倒在地，致使崔某右手手腕受伤的事实存在，只是崔某的伤情未达到轻伤程度。被告人崔某为了使葛某受到刑事追究，伪造了自己右手舟状骨骨折的 X 光片，其仅仅是虚构编造了部分虚假的犯罪事实，并不是凭空编造整个犯罪事实，因而不构成诬告陷害罪。（2）在葛某伤害崔某一案中，崔某是被害人，我国刑法对被害人伪造有罪证据的行为未规定为犯罪。

不难看出，上述两种意见的分歧焦点在于，诬告陷害罪构成要件中的捏造事实应当如何理解，作为构成要件的情节严重与作为法定刑升格条件的造成严重后果应当如何区分。

一、捏造事实应当包括虚构编造部分虚假事实的情形

我国《刑法》规定的诬告陷害罪，是指捏造事实，向国家机关或者有关单位作虚假告发，意图使他人受刑事追究，情节严重的行为。从犯罪构成要件看，该罪侵犯的客体是复杂客体，诬告陷害行为不仅侵犯了被害人的人身权利，使被害人的名誉受到损害，而且可能导致错拘、错捕、错诉、错判，甚至错杀的严重后果，造成冤假错案，干扰司法机关的正常活动，破坏司法机关的威信。该罪在主观方面是直接故意，行为人不管动机如何，其目的都是使他人受到刑事追究。该罪在客观方面表现为捏造特定人员的犯罪事实，向国家机关或者有关单位告发，或者采取其他方法足以引起司法机关的追究活动。显然，捏造事实是诬告陷害罪客观方面的构成要件。但对于捏造事实的具体含义，无论是刑法理论界还是司法实务界，均存在较大的争议。有观点认为，捏造必须是虚构、杜撰，凭空编造，其事实本身是不存在的，也即无中生有、凭空编造虚假事实的行为。捏造事实仅指无中生有，任意虚构编造根本不存在的犯罪事实的情形。该观点指出，诬告陷害罪中的捏造事实应当限定为仅指凭空虚构整个犯罪事实的行为，只有无中生有、凭空编造整个犯罪事实的行为才能构成诬告陷害罪。本案分歧意见中的第二种意见即是如此。但另有观点认为，诬告陷害罪中的捏造犯罪事实是无中生有、栽赃陷害、借题发挥，把杜撰的或他人的犯罪事实强加于被害人。如果行为人借题发挥，捏造部分虚假犯罪事实，并足以引起司法机关的刑事追究活动的，亦构成诬告陷害罪。这也是本案分歧意见中的第一种意见。

我们认为，分歧意见中的第二种意见认为诬告陷害罪中的捏造事实仅指凭空虚构整个犯罪事实的行为是缺乏依据的。理由是：（1）从词典所表述的捏造的含义来看，捏造是故意把非事实说成是事实，假造事实。从一般人的理解来看，该含义既包括无中生有、凭空编造全部虚假事实的情形，也包括对事实进行恶意歪曲、夸大，虚构编造部分虚假事实的情形。（2）从捏造的事实内容来看，为使被害人受到刑事追究，行为人所捏造的

犯罪事实往往是具体犯罪构成要件的事实。在某种犯罪构成要件事实上不成立的情况下，行为人通过无中生有、借题发挥成就某种犯罪的构成要件，是捏造犯罪事实的核心所在，也是司法实践中诬告陷害罪客观方面的集中体现。而且行为人借题发挥，编造部分虚假事实从而成就某一犯罪构成要件的行为，更具有可信性，更能达到使被害人受到刑事追究的目的。（3）从捏造犯罪事实的后果来看，即使是虚构编造部分虚假犯罪事实，同样也可以引起司法机关对被诬告者的刑事追究，从而侵犯公民的人身权利，干扰司法机关的正常活动。为使被害人受到刑事追究，虚构编造部分虚假事实行为的社会危害性与凭空编造整个犯罪事实行为的社会危害性并无多大区别。例如，在本案中，葛某将被告人崔某推倒在地，崔某右手手腕并未达到轻伤的程度，葛某的伤害行为本是一般违法行为，但被告人崔某为使葛某受到刑事追究，通过伪造自己右手舟状骨骨折的X光片这一关键证据并向司法机关提供，从而使葛某受到了错拘、错捕、错诉，被告人崔某的这种行为所造成的危害后果并不小于其凭空编造整个故意伤害犯罪事实的行为。综上理由，将编造部分虚假事实的情形排除在诬告陷害罪构成要件之外是没有依据的，诬告陷害罪构成要件中的捏造事实应当包括虚构编造部分虚假事实的情形。

二、捏造事实的行为包含了被害人伪造有罪证据的行为

本案分歧意见中的第二种意见认为被告人崔某的行为不构成犯罪的理由之一是，在葛某伤害崔某一案中，崔某是被害人，我国刑法对被害人伪造有罪证据的行为并未规定为犯罪。其实不然。伪造有罪证据的行为严重干扰了司法机关的正常活动，并可能导致冤错案件的发生，侵犯公民的人身权利，为此我国刑法分则第六章妨害社会管理秩序罪第二节专门规定了妨害司法罪。该节对刑事诉讼中证人、鉴定人、记录人、翻译人员、辩护人、诉讼代理人等诉讼参与人实施的伪造有罪证据等妨害司法活动的行为规定了犯罪，但确实没有对被害人伪造有罪证据行为的刑事责任进行规定。应当说，被害人与案件的处理具有利害关系，被害人伪造有罪证据的社会危害性更大，但刑法分则规定的妨害司法罪却没有将被害人伪造有罪证据的行为规定为犯罪，这并不是立法的疏漏，而是因为被害人伪造有罪证据的行为已被纳入诬告陷害罪之中。

上面论述中提到，诬告陷害罪的客观要件是行为人捏造犯罪事实，而犯罪事实是通过相关证据予以反映和证实的，因此捏造犯罪事实的行为应当包含了伪造有罪证据的行为，并且捏造犯罪事实也往往是以伪造有罪证据为核心内容的。因此，我国刑法规定的捏造犯罪事实并予以告发的诬告陷害罪已经涵盖了被害人伪造证据的行为，故妨害司法罪没有必要重复立法规定被害人伪造证据的责任。为此，并不是我国刑法对被害人伪造有罪证据的行为未规定为犯罪，被害人伪造有罪证据向国家机关或者有关单位告发，意图使他人受刑事追究的，应当以诬告陷害罪追究其刑事责任。

三、诬告陷害罪情节严重的构成要件与造成严重后果的法定刑升格条件的区别

我国《刑法》第243条第1款规定，捏造事实诬告陷害他人，意图使他人受刑事追究，情节严重的，处三年以下有期徒刑、拘役或者管制；造成严重后果的，处三年以上十年以下有期徒刑。从这一规定可以看出，并非捏造他人犯罪事实予以告发的行为都构成犯罪，而只有情节严重者才构成犯罪，也就是说，情节严重是诬告陷害罪的构成要件。如果捏造犯罪事实进行告发但情节不严重的，则属于诬告陷害一般违法行为。此处情节严重中的情节，不是指特定的某一方面的情节，而是包括任何一个方面的情节，只要某一方面情节严重，其行为的社会危害性就达到了应受刑罚处罚的程度。至于情节是否严

重，应通过分析案件的全部情况进行综合判断。就诬告陷害罪而言，应看捏造的犯罪事实的内容、诬告陷害的手段方式、捏造的犯罪事实所触犯的罪名以及是否足以引起司法机关的追究活动等方面进行考察，以确定诬告陷害行为是否达到情节严重。如果行为人诬告陷害的手段方式恶劣，或者故意捏造的犯罪事实、告发的方式足以引起司法机关的追究活动的，就应认为是情节严重，而不论司法机关是否对被害人进行了刑事追究。刑事追究则是指公安机关、检察院、人民法院依照刑法、刑事诉讼法的有关规定对所告发的犯罪事实进行立案查处。而造成严重后果则是诬告陷害罪的结果加重处罚要件，是对诬告陷害罪的法定刑升格处罚的条件。从字面含义看，造成严重后果显然考察的是诬告陷害行为实际造成的危害后果，主要是指诬告陷害行为已经引起了司法机关对被诬陷他人的刑事追究活动。如果被诬陷人被拘禁、错捕、错诉、错判或者导致国家赔偿的，应当属于造成严重后果的情形。

就本案而言，被告人崔某为使被害人受到刑事追究，利用一名右手骨折的女病人，代替自己拍摄了右手舟状骨骨折的 X 光片，从而伪造了能使自己右手被鉴定为轻伤的关键性证据并向司法机关提供，该捏造犯罪事实的手段恶劣，并足以引起司法机关的追究活动，因此这一诬告陷害行为已经属于情节严重，已经构成了诬告陷害罪的基本犯。同时其诬告陷害行为引起了司法机关对被害人的刑事追究活动，并使被害人受到了错拘、错捕、错诉，显然已经造成了严重后果，又构成了诬告陷害罪的结果加重犯。因此，分歧意见中第一种意见的第二种观点是有道理的，生效判决认定被告人崔某的行为构成诬告陷害罪，并属于造成了严重后果，以三年以上十年以下有期徒刑作为基本量刑幅度是正确的。同时考虑被告人具有自首情节对其适用减轻处罚，又鉴于其在归案后自愿认罪，并积极赔偿被害人的损失，取得被害人的谅解，又对其酌情从轻处罚，最终所判刑罚也是恰当的。

第十五章
强迫劳动罪

第一节　强迫劳动罪概述

一、强迫劳动罪概念及犯罪构成

强迫劳动罪，是指行为人以暴力、威胁或者限制人身自由的方法，强迫他人劳动，或者明知他人实施强迫劳动行为而为其招募、运送人员或者有其他协助强迫他人劳动的行为。1979年《刑法》和单行刑法均没有规定此罪名，本罪是1997年《刑法》增设的罪名，原罪名为“强迫职工劳动罪”。1997年《刑法》第244条的规定：“用人单位违反劳动管理法规，以限制人身自由方法强迫职工劳动，情节严重的，对直接责任人员，处三年以下有期徒刑或者拘役，并处或者单处罚金。”后经2011年2月25日《刑法修正案(八)》第38条修改，将强迫劳动的对象由“职工”改为“他人”，因而罪名也相应进行了修改。同时，将犯罪主体由用人单位扩大到包括个人和单位在内的一般主体；完善了犯罪行为的规定，加重了法定刑；将为强迫劳动的单位和个人招募、运送人员或者以其他手段协助强迫劳动的行为也规定为犯罪。

强迫劳动罪的犯罪构成要件：

1. 主体要件。本罪的犯罪主体为一般主体，即凡年满16周岁并具有刑事责任能力的自然人以及单位，甚至没有办理合法手续的用人单位或个人，都可以构成强迫劳动罪的主体。

2. 客体要件。本罪侵犯的客体从现实层面看公民自由选择职业和正当休息的权利，实质上侵犯的是公民的人身权利和我国的劳动管理制度。

3. 主观要件。本罪主观方面只能由故意构成，过失不构成本罪。

4. 客观要件。本罪分为两种类型，直接强迫他人劳动或明知他人有强迫他人劳动的行为而予以协助。强迫他人劳动的客观方面表现为以暴力、威胁或者限制人身自由的方法，强迫他人劳动的行为。协助强迫劳动的客观方面表现为明知他人以暴力、威胁或者限制人身自由的方法强迫他人劳动，而为其招募、运送人员或者有其他协助强迫他人劳动的行为。

二、强迫劳动罪案件审理情况

通过中国裁判文书网统计，2017 年至 2021 年间，全国法院审结一审强迫劳动刑事案件共计 157 件，其中，2017 年有 30 件，2018 年有 31 件，2019 年有 38 件，2020 年有 38 件，2021 年有 20 件。强迫劳动罪刑事案件整体数量不多。属于小概率犯罪类型。

强迫劳动罪呈现几个方面的特点：（1）被害人以智力障碍、未成年人、女性为主，且被告人所从事等行业以低端产品加工、服装、KTV 等服务行业为主。（2）强迫劳动的暴力程度往往造成被害人轻伤以上，也一定程度上给被害人精神造成损害。（3）被告人行为造成的后果和社会影响较为严重，但量刑普遍偏轻。

三、强迫劳动罪案件审理热点、难点问题

1. 入罪标准的认定中，对于暴力、威胁等手段的认定难。1997 年《刑法》罪第 244 条的规定，强迫职工劳动的行为，只有达到“情节严重”的程度才构成犯罪。《刑法修正案（八)》降低了入罪门槛，删除了“情节严重”的规定，因而本罪在犯罪形态上属于“行为犯”，只要实施了以暴力、威胁或限制人身自由的方法强迫他人劳动，或者明知他人实施前述行为，为其招募、运送人员或者其他协助强迫他人劳动的行为，就应该以强迫劳动罪追究刑事责任。从法律条文规定的内容看，强迫劳动罪主要分为两种类型：一类是直接强迫他人劳动，另一类是协助他人强迫劳动；但并非只要具有强迫劳动的行为就构成犯罪。

2. 对强迫劳动罪“情节严重”的认定标准未作明显区分。法条对本罪规定了两个量刑档，构成强迫劳动罪的，处三年以下有期徒刑或者拘役；情节严重的，处三年以上十年以下有期徒刑，并处罚金。但对于什么情形下属于情节严重，现行法律条文和司法解释没有明确，司法实践中往往只重点考虑是否能够构罪，极易导致罪责刑不相适应。

3. 罪数的认定及处理。由于强迫他人劳动构成犯罪的过程中，往往伴随着非法拘禁、故意伤害等行为，在极少数情况下，强迫他人劳动甚至还可能是组织他人偷越国（边）境，更为极端的还会造成被害人死亡，若前述行为构成犯罪，应该实行数罪并罚，不存在转化的问题。

四、强迫劳动罪案件审理思路及原则

1. 准确认定犯罪主体。强迫劳动罪的主体，既有自然人，也有用人单位，故在区分犯罪主体时，应根据案件的具体情况，准确加以区分。《刑法》第 244 条第 3 款规定“单位犯前两款罪的，对单位判处罚金，并对直接负责的主管人员和其他直接责任人员，依照第一款的规定处罚。”而根据《刑法》第 30 条对负刑事责任的单位范围的认定，公司、企业、事业单位、机关、团体，但结合本罪犯罪在司法实践中所反应的情况看，仅仅以第 30 条规定的范围，难以涵盖所有的单位主体，应该将所有的经济组织包含在内，才能避免漏放可能犯罪之主体。

2. 对暴力、威胁手段程度的认定。在本罪中，暴力，是指对劳动者实施殴打、捆绑、伤害等危及人身安全的行为。威胁，是指对劳动者以加害人身甚至家属，没收押金、集资款，揭露隐私等相要挟，进行精神强制的行为。限制人身自由，是指以限制离厂、回

家、监视出入或者其他人身自由受到限制的行为。他人，是指自然人，包括成年人和未成年人；依据劳动法和劳动合同法建立劳动合同关系的劳动者和未建立劳动合同关系的家庭雇工、非法用工等劳动者。需要说明的是，监狱强迫犯人劳动，属于执行刑罚的合法行为，一般不构成本罪；企事业单位不违反劳动管理制度规定的前提下，严格执行劳动纪律的行为，也不构成本罪。但是如果违反相关法律规定，强迫他人从事超强度、超体力、超时间的劳动，则可以构成本罪（单位犯罪）。招募，是指通过合法或者非法途径，招聘、募集人员的行为，通常是以合法就业岗位、优越工资待遇等为手段诱骗被害人。运送，是指利用各种交通工具运输人员。其他协助行为，是指除招募、运送以外的，转移、接收、藏匿等行为。协助强迫劳动的行为人必须明知他人实施强迫劳动的行为，这里的明知包括"明知必然"和"明知可能"。

强迫劳动罪中的暴力、威胁，是指的广义上的暴力、威胁，即一般民众能普遍认识到的该行为系暴力强制、威胁行为，如对劳动者实施殴打、捆绑、伤害等危及人身安全的行为，对劳动者以加害人身甚至家属，没收押金、集资款，揭露隐私等相要挟，进行精神强制的行为。且该行为不需要达到完全压制被害人反抗的程度，只要该暴力、威胁导致被害人违背意愿，被迫进行劳动即可。认定暴力、威胁的手段还应与造成危害的大小、时间的长短、动机如何等进行综合分析，准确认定。

3. 准确区分犯罪形态。通说认为，强迫劳动罪，属于行为犯，只要实施了法律规定的暴力、威胁或限制人身自由等手段强迫他人开始从事其不愿意从事的劳动的，即认定为既遂。司法实践中，有辩护人对于被害人虽然受到暴力、威胁或限制人身自由的方式对待，但并未从事其不愿意从事的劳动行为，以及大部分协助强迫劳动类的犯罪，行为人虽然明知他人以暴力、威胁或者限制人身自由的方式强迫他人劳动，而为其招募、运送人员或者以其他方式协助，但最终被害人并未实施违背其意愿的劳动，应该认定为未遂。故审理时应明确，成立强迫劳动罪的前提应以被害人实际上被他人强迫而劳动，如果被害人未实施劳动行为，则不构成强迫劳动罪，而应该根据行为人的行为状态，符合其他罪名的，按照其他罪名定罪，不构成犯罪应被行政处罚的，予以行政处罚即可。①

4. 对限制人身自由的方式进行的强迫劳动应与非法拘禁罪进行严格区分。　对于采取限制人身自由的方式强迫他人劳动的，极易与非法拘禁罪想象竞合，对于强迫劳动罪而言，采用限制人身自由的方式主要是将被害人的人身自由限定在一定的范围、一定限度内，如不准外出，不准参加其他的社交活动等，尤其以限制离厂、回家、监视出入为主要形式。而非法拘禁则在人身控制上要更为严苛，且伴随有殴打、威胁等其他方式

5. 体现罪责刑相适应，严格把握入罪和情节严重的标准。可以从强迫他人劳动的时间、人次、行为方式等案件事实，认定行为人是否构成犯罪。对于具有以下情形之一的强迫劳动行为，一般应予以刑事处罚：（1）强迫三人以上劳动的，或者虽未达到三人，但强迫劳动时间长的；（2）强迫未成年人、严重残疾人、精神智力障碍达到限制民事责任能力人；（3）采取殴打、多次体罚虐待、严重威胁、非法限制人身自由等正常人通常无法抗拒、难以抗拒的方式强迫劳动的；（4）从强迫他人劳动中获利数额较大的，数额较大的标准可参考盗窃罪数额较大的标准确定。对于那些偶尔强迫他人劳动、持续时间短、被强迫的人数较少、强迫程度较轻、被强迫者虽然不情愿但尚有选择自由的行为，

---

① 张明楷：《刑法学》（第5版），法律出版社2016年版，第904页。

可以不予刑事追究，而通过民事或者行政手段予以处理。

另外，对于正常单位日常管理工作中，因管理方式简单粗暴，偶尔发生的以克扣津贴、奖金、扣发、延发工资甚至开除等方式威胁职工加班，从事高强度、长时间劳动的，是否认定为强迫劳动罪应当严格把握。

对于情节严重的认定，我们认为，可以综合案件事实的基础上，只要长时间无偿强迫他人劳动；强迫多人劳动；因强迫他人劳动发生重大劳动安全事故；采用暴力、胁迫侮辱等手段非法限制他人人身自由强迫劳动，情节恶劣的等等都算情节严重。具体细化为各个因素的话，考虑从以下方面进行审查：（1）被强迫劳动人数在 10 人以上的；（2）被强迫劳动者属于未成年人、严重残疾人、精神智力障碍达到限制民事行为能力程度的人或者其他处于特别脆弱状况的人，且人数在 3 人以上的；（3）以非人道的恶劣手段对他人进行摧残、精神折磨，强迫劳动的；（4）强迫他人在爆炸性、易燃性、放射性、毒害性等危险环境下从事劳动或从事常人难以忍受的超强度体力劳动的；（5）因强迫劳动造成被害人自杀、自残、精神失常等严重后果，但尚不构成故意杀人罪、故意伤害罪等其他严重犯罪的；（6）强迫劳动持续时间较长的；（7）因强迫劳动被劳动行政部门、公安机关处理、处罚过，又实施强迫劳动构成犯罪的；（8）强迫他人无偿劳动，或所支付的报酬比他人劳动付出明显不成比例，行为人从中获利金额巨大的，数额巨大的标准可参照盗窃罪数额巨大的标准确定；（9）其他能够反映行为人主观恶性深、动机卑劣以及强迫程度高、对被害人身心伤害大的情节。①

第二节　强迫劳动罪审判依据

该罪于 2011 年《刑法修正案（八）》第 38 条修订，罪名也由强迫职工劳动罪变更为强迫劳动罪。2002 年国务院发布的《禁用童工规定》明确禁止强迫童工劳动，构成犯罪的依法追究刑事责任。2017 年 4 月 27 日《最高人民检察院、公安部关于公安机关管辖的刑事案件立案追诉标准的规定（一）的补充规定》明确了该罪的立案追诉标准。

法律、法规

（一）《中华人民共和国刑法》（2020 年 12 月 26 日修正）

第二百四十四条以暴力、威胁或者限制人身自由的方法强迫他人劳动的，处三年以下有期徒刑或者拘役，并处罚金；情节严重的，处三年以上十年以下有期徒刑，并处罚金。

明知他人实施前款行为，为其招募、运送人员或者有其他协助强迫他人劳动行为的，依照前款的规定处罚。

单位犯前两款罪的，对单位判处罚金，并对其直接负责的主管人员和其他直接责任人员，依照第一款的规定处罚。

① 参见何帆编著：《刑法注释书》（第 2 版），中国民主法制出版社 2021 年版，第 613 ~ 614 页。

（二）《禁止使用童工规定》（2002年10月1日）

第十一条　拐骗童工，强迫童工劳动，使用童工从事高空、井下、放射性、高毒、易燃易爆以及国家规定的第四级体力劳动强度的劳动，使用不满14周岁的童工，或者造成童工死亡或者严重伤残的，依照刑法关于拐卖儿童罪、强迫劳动罪或者其他罪的规定，依法追究刑事责任。

第三节　强迫劳动罪审判实践中的疑难新型问题

问题1. 强迫劳动犯罪行为与一般行政违法行为的区分标准及强迫劳动罪中的"情节严重"的认定

【刑事审判参考案例】朱某等强迫劳动案①

一、基本案情

元谋县人民法院经审理查明：2011年10月初，被告人朱某与元谋县闽福新型墙体材料有限公司（以下简称闽福机砖厂）签订劳动合同，承包砖厂砖块的进出窑和装车工作。朱某先找到刘某、杜某、杨某1、范某、叶某，被告人余某找到李某1，同被告人何某把所找到的人一起拉到闽福机砖厂，从事砖块进窑、出窑、装车的重体力劳动。之后，朱某又到云南省各地找到付某、冯某、谢某、简某、彭某、樊某、杨某2、罗某、杨某3、王某等精神不正常和拾荒的流浪、乞讨人员及李某2，将他们带到闽福机砖厂干活，由余某和何某负责看管。余某、何某每天早上六七点钟叫上述人员起床后干活，到中午12时左右供应午饭，13时左右接着干活，到晚上19时左右供应晚饭，有时晚饭后加班到23时。晚上，为防止工人逃跑，余某和何某把工人集中到三间房间里睡觉，把外门锁起来，工人就在住处大小便。干活期间，干不好、干得慢的人被朱某、余某和何某辱骂、殴打。2011年10月26日，元谋县人力资源和社会保障局对闽福机砖厂用工情况进行检查，并发出整改指令书，要求按时发放工资、清退当时违规使用的12名工人。朱某、余某、何某不但没有停止用工，反而将用工人数增加至17人。元谋县人力资源和社会保障局于2011年11月8日督促闽福机砖厂发放了共计人民币（以下币种同）8160元的工人工资。但当晚，工人工资即被朱某收回。经司法精神病鉴定：除李某、樊某、付某3人精神状态正常，为完全民事行为能力人外，其余14名工人中，杨某3等7人患精神分裂症，为限制民事行为能力人，李某1等5人患轻度精神发育迟缓，为限制民事行为能力，杨某2、王某患重度精神发育迟缓，为无民事行为能力人。

元谋县人民法院认为，被告人朱某、余某、何某以殴打、威胁、辱骂、限制人身自由等方法强迫他人劳动，情节严重，三被告人的行为均构成强迫劳动罪，且属于共同犯

---

①　赵俊普、李德萍撰稿，汪鸿滨审编：《朱某等强迫劳动案——强迫劳动罪与非罪的认定（第867号）》，载最高人民法院刑事审判第一、二、三、四、五庭主办：《刑事审判参考》（总第92集），法律出版社2014年版，第75～80页。

罪。其中，朱某在与他人签订劳动合同后，为牟取暴利，刻意四处寻找精神病患者以及智力障碍人员，利用其法律意识薄弱、维权能力较差的实际情况，强迫其长时间无偿劳动，并找人专门对其进行管理，限制其人身自由，系本案主犯；余某、何某听从朱某的工作安排，对劳动者进行看守、辱骂、殴打，协助朱某实施强迫劳动行为，系从犯，应当从轻、减轻或者免除处罚。

根据《刑法》第244条第1款、第25条、第26条、第27条之规定，元谋县人民法院判决如下：（1）被告人朱某犯强迫劳动罪，判处有期徒刑五年，并处罚金人民币10 000元。（2）被告人余某犯强迫劳动罪，判处有期徒刑三年零六个月，并处罚金人民币6000元。（3）被告人何某犯强迫劳动罪，判处有期徒刑三年零六个月，并处罚金人民币6000元。

一审宣判后，三被告人未提出上诉，检察机关亦未提起抗诉，该判决已发生法律效力。

二、主要问题

1. 如何区分强迫劳动犯罪行为与一般行政违法行为？

2. 如何理解强迫劳动罪中的“情节严重”？

三、裁判理由

（一）关于强迫劳动犯罪行为与一般行政违法行为的区分

劳动权是公民的宪法权利，受到诸多部门法的调整。严重地强迫劳动，不仅严重侵犯了劳动者的人身权利，而且损害了公共秩序和善良风俗，应当纳入刑法的调整对象，同时民法也为被强迫的劳动者提供救济保障。

根据《刑法》第244条的规定，强迫劳动罪，是指以暴力、威胁或者限制人身自由的方法强迫他人劳动的犯罪行为。对于强迫劳动的规制，除了《刑法》第244条有明确规定外，《劳动合同法》第38条第2款规定：“用人单位以暴力、威胁或者非法限制人身自由的手段强迫劳动者劳动的……劳动者可以立即解除劳动合同，不需事先告知用人单位。”为保护劳动者的人格尊严和人身自由权，《劳动法》第96条规定：用人单位以暴力、威胁或者非法限制人身自由的手段强迫劳动的，由公安机关对责任人员处以15日以下拘留、罚款或者警告。《治安管理处罚法》第40条对强迫他人劳动的行为作了类似处罚规定。值得注意的是，《劳动合同法》《劳动法》《治安管理处罚法》的相关规定均早于《刑法》对强迫劳动罪的规定，而且1997年《刑法》规定的强迫劳动罪要求强迫劳动情节严重的才构成犯罪，而《刑法修正案（八）》规定的强迫劳动罪在罪状上取消了“情节严重”的规定。因此，实践中有一种观点认为，只要实施了强迫劳动的行为，就应当对行为人定罪处罚，而无须围绕情节是否严重进行审查。

我们认为，这种观点值得商榷。犯罪是违反法律规定应受刑罚处罚的严重危害社会的行为，根据《刑法》第13条“但书”条款的规定，情节显著轻微危害不大的，不认为是犯罪。鉴于“强迫劳动”是个很宽泛的概念，其法律后果又有民事责任、行政责任和刑事责任三种不同形态。刑法具有谦抑性，只有其他法律不能发挥应有的作用时才能适用刑法。《劳动法》对强迫劳动的行为规定了拘留、罚款、警告的制裁措施，而且在《刑法修正案（八）》施行后亦未进行修改，这一立法情况在一个侧面反映了并非对所有的强迫劳动行为都需要动用刑法进行规制。因此，强迫劳动的严重程度影响到强迫劳动行为罪与非罪的认定。对刑法分则规定的强迫劳动罪，不能脱离罪量的考察，以刑法在罪状中没有明文规定“情节严重”为由，主张对强迫劳动无须考察罪量的观点，无疑忽视了“但书”的规定精神，割裂了刑法总则与刑法分则的内在联系。

区分强迫劳动犯罪行为与一般行政违法行为的关键在于，从社会一般观念、伦理道德角度考察，行为人实施的强迫行为是否足以使他人陷入无法或者难以抗拒和自由选择，而不得不进行劳动的境地。具体而言，可以从“强迫手段与社会一般观念相背离的程度”和“劳动者非自愿性的程度”两个角度，判断强迫行为是否足以使劳动者陷入不能自由选择的境地而需要刑法介入和干预的程度。对于强迫劳动情节显著轻微，刑法干预的必要性不强的，则宜采用非刑罚制裁方式处理。实践中，强迫劳动入罪门槛设置的高与低，打击范围掌握的宽与严，处于动态变化之中，不可脱离特定阶段此类违法犯罪行为以及劳动者权益保障的实际状况。

我们认为，对于具有以下情形之一的强迫劳动行为，一般应当予以刑罚处罚：（1）强迫3人以上劳动的，或者虽未达到3人，但强迫劳动持续时间长的；（2）强迫未成年人、严重残疾人、精神智力障碍达到限制民事行为能力程度的人或者其他处于特别脆弱状况的人劳动的；（3）采取殴打、多次体罚虐待、严重威胁、非法限制人身自由等正常人通常无法抗拒、难以抗拒的方式强迫劳动的；（4）从强迫他人劳动中获利数额较大的，数额较大的标准似可参考盗窃罪数额较大的标准确定。

对于那些偶尔强迫他人劳动、持续时间短、被强迫的人数较少、强迫程度较轻、被强迫者虽然不情愿但尚有选择自由的行为，可以不予刑事追究，而通过民事或者行政手段予以处理。另外，对于在正常用工单位日常管理工作中，因管理方式简单粗暴，偶尔发生的以克扣津贴、奖金，扣发、延发工资甚至开除等方式威胁职工加班，从事长时间、高强度劳动的，是否认定构成强迫劳动罪应当严格把握。

本案中，被告人朱某承包机砖厂砖块的进出窑和装车工作，为牟取暴利，四处寻找、诱骗14名精神不正常和拾荒的流浪、乞讨人员到砖厂，利用其无自我保护能力或者保护能力较低的弱势地位，连同控制另外3名被害人，指定专人看守管理，以锁闭房门的方法限制人身自由，防止其逃跑，并在工作中对被害人进行殴打、威胁、辱骂，强迫上述人员长时间无偿劳动。从这些情况看，朱某的行为应当予以刑法处罚，属于应受刑法处罚行为，其行为构成强迫劳动罪。

（二）关于强迫劳动“情节严重”（即加重处罚情形）的认定

根据《刑法》第244条的规定，强迫劳动情节严重的，处三年以上十年以下有期徒刑，并处罚金。但是，对于何谓强迫劳动“情节严重”，立法和司法解释均未明确规定，因此，该情节的认定有赖于司法实践进一步总结积累经验。我们认为，根据强迫劳动罪的罪状及实践中此类案件审理情况，目前可以结合如下一项或者几项情形，对强迫劳动罪的情节严重进行认定：（1）被强迫劳动者人数在10人以上的；（2）被强迫劳动者属于未成年人、严重残疾人、精神智力障碍达到限制民事行为能力程度的人或者其他处于特别脆弱状况的人，且人数在3人以上的；（3）以非人道的恶劣手段对他人进行摧残、精神折磨，强迫其劳动的；（4）强迫他人在爆炸性、易燃性、放射性、毒害性等危险环境下从事劳动或从事常人难以忍受的超强度体力劳动的；（5）因强迫劳动造成被害人自残、自杀、精神失常等严重后果，但尚不构成故意杀人罪、故意伤害罪等其他严重犯罪的；（6）强迫劳动持续时间较长的；（7）因强迫劳动被劳动行政部门、公安机关处理、处罚过，又实施强迫劳动构成犯罪的；（8）强迫他人无偿劳动，或所支付的报酬与他人劳动付出明显不成比例，行为人从中获利数额巨大的，数额巨大的标准似可参考盗窃罪数额巨大的标准确定；（9）其他能够反映行为人主观恶性深、动机卑劣以及强迫程度高、对被害人身心伤害大的情节。

需要注意的是，强迫劳动使用的暴力、威胁或者限制人身自由手段往往容易侵害公民其他人身权利构成其他犯罪，因此，在强迫劳动案件中，应当准确区分一罪与数罪。行为人以限制人身自由的方法强迫他人劳动的，限制人身自由属于强迫劳动的手段行为，对行为人仍应以强迫劳动罪一罪定罪处罚；行为人强迫劳动本身已构成强迫劳动罪，又在日常工作中，实施暴力导致被害人人身严重伤害、死亡的，则分别构成强迫劳动罪和故意伤害罪、故意杀人罪，应当实行数罪并罚。

本案中，被告人朱某采取限制人身自由的方式控制、强迫 17 名被害人劳动，除 3 人精神状态正常外，其余 14 名工人或患精神分裂症，或患精神发育迟缓，为限制民事行为能力和无民事行为能力人，属于特别易受侵害、需要特殊保护的人员；强迫劳动工作强度大、生活条件恶劣，被害人每天被迫从事至少 11 个小时搬运砖块的重体力劳动，而只供应两顿饭菜，晚上则被集中关押，没有人身自由；在有关执法部门进行检查，要求清退非法用工人员后，仍然增加用工人数，继续强迫劳动，并在第二次检查后，将经执法部门责令补发给工人的工资又强行收回，足见其对劳动者权益和法律权威之肆意践踏和藐视程度。元谋县人民法院依法认定被告人朱某等人构成强迫劳动罪，且属于情节严重，较好地把握了对严重强迫劳动犯罪从严惩处的刑事政策。

问题 2. 强迫未成年人劳动是否属于该罪中的“情节严重”

【典型案例】范某等强迫劳动案①

一、基本案情

被告人范某、李某是夫妻关系，租用广州市越秀区王圣堂大街十一巷 16 号 201 房做手表加工及住宿场所。2013 年 4 月至 10 月间，被告人范某与李某以招工为名，先后从中介处招来钟某（案发时 16 岁）、苏某（案发时 13 岁）、周某（案发时 15 岁）三名被害人，使用锁门禁止外出的方法强迫三名被害人在该处从事手表组装工作。期间，被告人范某对被害人钟某、周某有殴打行为，被告人李某对三名被害人有语言威胁的行为，被告人罗某于 2013 年 5 月入职后协助被告人范某看管三名被害人。2013 年 10 月 20 日，经被害人报警，公安人员到场解救了三名被害人，并将被告人范某、李某、罗某抓获归案。经法医鉴定，被害人钟某和周某的头部、颈部、臂部受伤，损伤程度属轻微伤。

二、裁判结果

广东省广州市越秀区人民法院经审理认为，被告人范某、李某、罗某以暴力、胁迫和限制人身自由的方法强迫未成年人劳动，其行为均侵犯了他人的人身权利，共同构成强迫劳动罪，情节严重。被告人范某在共同犯罪中起主要作用，应认定为主犯；被告人李某、罗某在共同犯罪中起次要或辅助作用，应认定为从犯，依法应当从轻处罚。被告人范某、李某自愿认罪，能如实供述自己的罪行，依法可以从轻处罚。依照《刑法》有关规定，认定被告人范某犯强迫劳动罪，判处有期徒刑三年，并处罚金10 000元；被告人

---

① 最高人民法院 2015 年 8 月 31 日发布的八起侵害未成年人合法权益典型案例。

李某犯强迫劳动罪，判处有期徒刑十个月，并处罚金5000元；被告人罗某犯强迫劳动罪，判处有期徒刑七个月，并处罚金1000元。宣判后，没有上诉、抗诉。判决已发生法律效力。

三、典型意义

本案是一起典型的以限制人身自由的方法强迫未成年人劳动的案件。三名被害人在案发时均未成年，最大的16周岁、最小的年仅13周岁。未成年人由于其心智发育尚未成熟，自我保护的能力较弱。被告人范某等人专门招收未成年人进行强迫劳动，更凸显了其行为的强迫性和违法性。在目前侵犯未成年人权益案件频频发生的现状下，国家对未成年人的保护给予了高度重视。最高人民法院《〈刑法修正案（八）〉条文及配套司法解释理解与适用》一书中写道，强迫劳动罪的“情节严重”包括强迫未成年人劳动的情形，不论人数多少。故本案符合“情节严重”的情形，对主犯应在三年以上量刑。本案的三名未成年被害人是因外出贪玩或外出打工而遇险，本案警示家长们一定要特别注意未成年子女在外的人身安全，最好不要让未成年子女独自外出打工。

第十六章
雇用童工从事危重劳动罪

第一节　雇用童工从事危重劳动罪概述

一、雇用童工从事危重劳动罪概念及构成要件

雇用童工从事危重劳动罪，指的是违反劳动管理法规，雇用未满16周岁的未成年人从事超强度体力劳动的，或者从事高空、井下作业的，或者在爆炸性、易燃性、放射性、毒害性等危险环境下从事劳动，情节严重的行为。本罪名于2002年12月28日第九届全国人大常委会公布的《刑法修正案（四）》的第4条增设，为保护未成年人的身心健康、打击雇用童工犯罪提供了法律依据。

雇用童工从事危重劳动罪的构成要件如下：（1）本罪侵犯的客体是未成年人的身心健康和国家的劳动管理秩序。犯罪对象是童工。童工，是指未满16周岁，与单位或者个人发生劳动关系，从事有经济收入的劳动或者从事个体劳动的少年儿童。（2）本罪客观方面表现为违反劳动管理法规，雇用未满16周岁的未成年人从事超强度体力劳动，或者高空、井下作业，或者在爆炸性、易燃性、放射性、毒害性等危险环境下从事劳动，情节严重的行为。（3）本罪主体为一般主体。既可以由单位构成，也可以由自然人构成。但这里讲的单位犯罪是指实行“单罚制”的单位犯罪，实践中大多为企业，所以法律规定，只追究“直接责任人员”的刑事责任，包括直接负责的主管人员和其他直接责任人员。自然人包括个体户、农户、城镇居民等。（4）本罪主观方面由故意构成，包括直接故意和间接故意。过失不构成本罪。主观方面必须明知雇用的是不满16周岁的未成年人。按照法律规定，雇用童工从事危重劳动的行为，必须达到“情节严重”的程度才能构成犯罪。情节严重，在司法实践中一般是指多人、多次非法雇用童工从事法律禁止性的劳动；长时间非法雇用童工从事法律禁止性的劳动；造成危害后果，影响未满16周岁未成年人的身心健康和正常发育等。

二、雇用童工从事危重劳动罪案件审理情况

通过中国裁判文书网统计，2017 年至 2021 年间，全国法院审结一审雇用童工从事危重劳动案件共计 2 件，案件数量极少。实践中，雇用童工从事危重劳动罪的被害人往往来自经济不发达的农村地区，由于家庭经济困难、父母教育观念落后，未完成义务教育便开始外出工作，且容易发生于熟人之间。

三、雇用童工从事危重劳动罪案件审理难点、思路及原则

（一）相关概念的理解

1. 违反劳动管理法规是构成本罪的前提条件。违反劳动管理法规，是指违反具有法典意义的劳动法、劳动行政法规。劳动法是国家制定的调整劳动关系以及与劳动关系密切联系的一些关系的法律规范，还包括为调整劳动关系以及与劳动关系密切联系的一些关系而制定的单行劳动法规等。

2. 雇用，一般是指行为人和童工之间形成一定的劳动关系，不仅包括支付货币作为报酬，也可以使用其他物质利益作为报酬（如包吃包住）。雇用关系的形成并不要求双方有明确的书面合同，只要形成事实上的劳动关系即可。

（二）该罪客观方面三种表现形式的把握

1. 从事“超强度体力劳动的”。这是指劳动强度超过劳动者正常体能承受程度的体力劳动。国家劳动保护部门关于劳动强度有专门的规定和测算依据，具体参照“强迫劳动罪”中附录的“体力劳动强度分级”标准。在具体的司法实践中，由于童工的年龄跨度很大，雇用童工从事劳动的情况也很复杂，因此要结合具体案情，考虑童工的年龄、身体发育状况、承受能力、从事劳动的性质等作出综合评判。

2. 从事“高空、井下作业”。高空作业，是指在距离地面有一定高度的空间进行的作业，如修建高楼大厦、搭建电线电信网络、高空玻璃墙体美容师等职业均存在高空作业。参照国家标准局 1984 年 5 月 1 日起实施的《高处作业分级》规定，雇用不满 16 周岁的未成年人从事《高处作业分级》中第 2 级以上的高处作业；雇用不满 16 周岁且患有某种疾病或具有某种生理缺陷（非残疾型）的未成年人从事《高处作业分级》中第 1 级以上的高处作业，就可以认定为从事高空作业。井下作业，是指在矿井、油水井下作业，通常劳动强度大，环境艰苦，具有较大的危险。原劳动部发布的《未成年工特殊保护规定》第 3 条明确规定，用人单位不得安排已满 16 周岁的未成年工从事矿山井下的作业。对于未满 16 周岁的未成年人来说，更不应该让其从事井下作业。

3. “在爆炸性、易燃性、放射性、毒害性等危险环境下”从事劳动。行为人只要具有三种行为中的一种行为就构成本罪。在“爆炸性”危险环境下劳动，是指从事具有爆炸性能、能够引起爆炸的各种用于爆破、杀伤的物质的劳动，如炸弹、手榴弹、地雷、雷管、导火索、炸药，以及各种固体、液体、气体易爆物品等。在“易燃性”危险环境下劳动，是指从事各种很容易引起燃烧的化学物品、液剂等劳动，如汽油、液化石油、酒精、丙酮、橡胶水等。在“放射性”危险环境下劳动，是指从事含有能自发放射出穿透力很强的放射性化学元素和其他各种具有放射性能，并对人体或者牲畜能够造成严重

损害的物质的劳动，如铀、钴、镭等。在“毒害性”危险环境下劳动，是指从事含有能致人死亡的毒质的有机物或者无机物的劳动，如砒霜、敌敌畏、氰化钾、西梅脱、1059剧毒农药、毒气等。此外，雇用不满16周岁的未成年人在类似的危险环境下从事劳动的，比如严重的粉尘环境、极端低温或高温环境下从事劳动，也可以成立本罪。

（三）罪与非罪的把握

非法雇用童工与合法招用童工的区分。我国法律规定，文艺、体育单位经未成年人的监护人同意，可以招用不满16周岁的专业文艺工作者、运动员，学校、其他教育机构以及职业培训机关按照国家规定组织未满16周岁的未成年人进行不影响其人身安全的身心健康的教育实践活动、职业技能培训劳动的，不属于非法使用童工。用人单位应当保障被招用的不满16周岁的未成年人的身心健康，保障其接受义务教育的权利。另外，雇用童工是一种严重违法行为，但同时又要看到童工的情况比较复杂，有的属于家庭困难，出于养家糊口的需要，经本人或者家长自愿而从事劳动。在立法过程中，全国人大常委会根据有关部门的建议，对本罪增加了“违反劳动管理法规”和“情节严重”的限制性条件，并对本罪罪状的表述采取了列举的方式，体现了慎重的立法精神。因此，在司法实践中，处理这类案件同样应当采取慎重的态度，根据案件具体情况，严格区分罪与非罪、违法与犯罪的界限。参照《最高人民检察院、公安部关于公安机关管辖的刑事案件立案追诉标准的规定（一）》第32条，违反劳动管理法规，雇用未满16周岁的未成年人从事国家规定的第四级体力劳动强度的劳动，或者从事高空、井下劳动，或者在爆炸性、易燃性、放射性、毒害性等危险环境下从事劳动，涉嫌下列情形之一的，应予立案追诉：（1）造成未满16周岁的未成年人伤亡或者对其身体健康造成严重危害的；（2）雇用未满16周岁的未成年人3人以上的；（3）以强迫、欺骗等手段雇用未满16周岁的未成年人从事危重劳动的；（4）其他情节严重的情形。对情节不严重、不构成犯罪的违法行为，可由劳动行政部门给予行政处理或者行政处罚。

（四）雇用童工从事危重劳动罪与强迫劳动罪的区分

两罪均违反了劳动管理法规，区别主要在于：一是犯罪对象不同。前者的犯罪对象是童工，即不满16周岁的未成年人；后者的对象没有特殊限制。二是犯罪手段不同。前者是与童工形成雇用关系，通常以支付报酬的方式让童工从事一定劳动；后者采取的是暴力、胁迫或者限制人身自由的方式，以及明知他人强迫劳动，而为其招募、运送人员或有其他协助行为。三是从事的劳动不完全相同。前者从事的劳动具有特殊性，具体是超强度体力劳动、高空井下作业、易燃性、爆炸性、放射性、毒害性等危险环境下作业；后者对从事的劳动没有特别限制。四是入罪情节不同。前者要求情节严重的构成犯罪，后者在入罪条件上没有情节要求。五是犯罪主体不同。前者是自然人，单位实施相关行为的仅处罚直接负责的主管人员和其他直接责任人员；后者是自然人和单位，单位犯罪的对单位判处罚金，并对直接负责的主管人员和其他直接责任人员进行处罚。

第二节　雇用童工从事危重劳动罪审判依据

该条于2002年《刑法修正案（四）》增设。2017年4月27日《最高人民检察院、公安部关于公安机关管辖的刑事案件立案追诉标准的规定（一）的补充规定》第32条明确了四种立案追诉标准。2021年11月9日浙江高级人民法院印发《〈关于部分罪名定罪量刑情节及数额标准的意见〉的通知》列举了“情节严重”的几种情形。

一、法律、法规

（一）《中华人民共和国刑法》（2020年12月26日修正）

第二百四十四条之一　违反劳动管理法规，雇用未满十六周岁的未成年人从事超强度体力劳动的，或者从事高空、井下作业的，或者在爆炸性、易燃性、放射性、毒害性等危险环境下从事劳动，情节严重的，对直接责任人员，处三年以下有期徒刑或者拘役，并处罚金；情节特别严重的，处三年以上七年以下有期徒刑，并处罚金。

有前款行为，造成事故，又构成其他犯罪的，依照数罪并罚的规定处罚。

（二）《禁止使用童工规定》（2002年10月1日）

第十一条　拐骗童工，强迫童工劳动，使用童工从事高空、井下、放射性、高毒、易燃易爆以及国家规定的第四级体力劳动强度的劳动，使用不满14周岁的童工，或者造成童工死亡或者严重伤残的，依照刑法关于拐卖儿童罪、强迫劳动罪或者其他罪的规定，依法追究刑事责任。

二、刑事政策文件

《最高人民检察院、公安部关于公安机关管辖的刑事案件立案追诉标准的规定（一）》（2008年6月25日　公通字〔2008〕36号）

第三十二条　违反劳动管理法规，雇用未满十六周岁的未成年人从事国家规定的第四级体力劳动强度的劳动，或者从事高空、井下劳动，或者在爆炸性、易燃性、放射性、毒害性等危险环境下从事劳动，涉嫌下列情形之一的，应予立案追诉：

（一）造成未满十六周岁的未成年人伤亡或者对其身体健康造成严重危害的；

（二）雇用未满十六周岁的未成年人三人以上的；

（三）以强迫、欺骗等手段雇用未满十六周岁的未成年人从事危重劳动的；

（四）其他情节严重的情形。

第十七章
非法搜查罪

第一节　非法搜查罪概述

一、非法搜查罪概念及构成要件

非法搜查罪，是指非法地对他人的身体或者住宅进行搜查的行为。该罪有特殊主体构成的从重情节，即司法工作人员滥用职权，犯前款罪的，从重处罚。

根据《刑法》第 245 条之规定，犯非法搜查罪的，处三年以下有期徒刑或者拘役。司法工作人员滥用职权，犯前款罪的，从重处罚。

非法搜查罪的构成要件如下：

1. 主体要件。本罪主体既可以由一般主体构成，也可以由特殊主体“司法工作人员”构成。《刑法》第 245 条第 2 款规定了特殊主体“司法工作人员滥用职权”作为从重情节，根据《刑法》第 94 条的规定，司法工作人员，是指有侦查、检查、审判、监管职责的工作人员；滥用职权，是指司法工作人员超越职权或者违背职责规定行使职权，非法搜查他人身体、住宅的行为，这种行为的社会危害性比一般公民要大，所以法律规定要依法予以从重处罚。

2. 客体要件。非法搜查罪侵犯的客体是他人的人身权利和住宅不受侵犯的权利。公民的人身和住宅安全受宪法保护。《宪法》第 37 条规定，公民的人身自由不受侵犯，禁止非法搜查公民的身体；第 39 条规定，公民的住宅不受侵犯，禁止非法搜查公民的住宅。

3. 主观要件。主观上具有直接故意，间接故意和过失不构成本罪。

4. 客观要件。客观上实施了非法搜查他人身体、住宅的行为。《刑事诉讼法》第 136 条至第 140 条专门对“搜查”作了规定，（1）搜查目的是收集犯罪证据、查获犯罪嫌疑人；（2）实施搜查的主体是侦查人员；（3）搜查范围是犯罪嫌疑人以及可能隐藏罪犯或者犯罪证据的人的身体、物品、住处和其他有关的地方；（4）搜查必须严格依照法定程序，包括必须向被搜查人出示搜查证；搜查时应当有被搜查人或者他的家属，邻居或者其他见证人在场；搜查妇女的身体，应当由女工作人员进行等。

因此，“非法搜查”包括两种类型：一是无权实施搜查的机关、单位、团体的工作人员或个人，非法对他人身体、住宅进行搜查；二是有搜查权的国家机关工作人员，滥用职权，擅自非法对他人身体、住宅进行搜查或者未按照法定程序和手续实施搜查。

二、非法搜查罪案件审理情况

据中国裁判文书网统计，2017 年至 2020 年间，全国法院审结非法搜查类一审案件共计 22 件，其中 2017 年、2018 年均只有 4 件，2019 年、2020 年也未超过 10 件。相较于其他常见犯罪，数量非常少。

三、非法搜查罪案件审理热点、难点问题

正确界定“住宅”的范围。参照《最高人民法院关于审理抢劫案件具体应用法律若干问题的解释》《最高人民法院关于审理抢劫、抢夺刑事案件适用法律若干问题的意见》中关于“入户抢劫”的认定，非法侵入他人的“住宅”，是指非法进入他人生活的与外界相对隔离的住所，包括封闭的院落、牧民的帐篷、渔民作为家庭生活场所的渔船、歌厅业主的住处、为生活租用的房屋等。这里的“住宅”是指住所，特征表现为供他人家庭生活和与外界相对隔离两方面，前者为功能特征，后者为场所特征。根据法律规定，这里的“住宅”既可以是有人居住的“住宅”，也应当包括无人居住的“住宅”。非法侵入商场柜台、机关办公场所等地，不能构成非法侵入住宅罪，非法侵入这些地方如果构成其他犯罪，可按其他犯罪定罪处罚，如寻衅滋事罪、聚众扰乱公共场所秩序罪。一般情况下，集体宿舍、临时搭建工棚不应认定为“住宅”，但在特定情况下，如果确实具有上述两个特征的，也可以认定为“住宅”。

四、非法搜查罪案件审理思路及原则

1. 罪与非罪的界限。《刑法》第 245 条虽然没有规定“情节恶劣”“情节严重”的限制性条件，但是参照《最高人民检察院关于渎职侵权犯罪案件立案标准的规定》（高检发释字〔2006〕2 号）的规定，国家机关工作人员利用职权非法搜查立案标准为：（1）非法搜查他人身体、住宅，并实施殴打、侮辱等行为的；（2）非法搜查，情节严重，导致被搜查人或者其近亲属自杀、自残造成重伤、死亡，或者精神失常的；（3）非法搜查，造成财物严重损坏的；（4）非法搜查 3 人（户）次以上的；（5）司法工作人员对明知是与涉嫌犯罪无关的人身、住宅非法搜查的；（6）其他非法搜查应予追究刑事责任的。按照立法精神，对于一般主体，其所实施的行为更应当达到“情节恶劣”“情节严重”才能构成犯罪，对于“情节恶劣”“情节严重”的界定标准，可参照前述渎职侵权案件的立案标准。

根据司法实践经验，对于一般非法搜查他人的身体或者住宅的行为，属侵犯人身权利的违法行为，应当给予治安处罚。依照《治安管理处罚法》第 40 条的规定，非法限制他人人身自由、非法侵入他人住宅或者非法搜查他人身体的，处十日以上十五日以下拘留，并处 500 元以上 1000 元以下罚款；情节较轻的，处五日以上十日以下拘留，并处 200 元以上 500 元以下罚款。

2. 与其他罪名的竞合及解决方式。实施非法搜查行为，往往伴随其他违法犯罪行为；或者非法搜查不是目的，而是实施其他犯罪的手段行为，这两类情况都会导致罪名的竞

合，包括牵连犯、吸收犯或者想象竞合犯，按照法律规定的相关处罚原则处理。一般的处理原则是以目的行为吸收手段行为，从一重罪定罪处罚，如非法搜查后窃取少量财物，尚未达到盗窃罪的定罪标准的，可依非法搜查罪定罪处罚，而把盗窃行为作为一个量刑情节予以考虑；再如入户抢劫、入户盗窃、入户强奸等行为，通常是按照目的行为定罪，认定抢劫罪、盗窃罪、强奸罪。如果基于多种犯意实施多种犯罪行为的，如非法搜查又实施强奸、猥亵，非法搜查又实施盗窃等，则应当对行为人认定数罪，予以并罚。

第二节 非法搜查罪审判依据

2006 年 7 月 26 日《最高人民检察院关于渎职侵权犯罪案件立案标准的规定》列举了国家机关工作人员应予立案追诉的 6 种情形。2018 年 11 月 24 日发布的《最高人民检察院关于人民检察院立案侦查司法工作人员相关职务犯罪案件若干问题的规定》明确了非法搜查罪属于检察院立案侦查的范围。2020 年 9 月 22 日《最高人民法院、最高人民检察院、公安部关于依法办理“碰瓷”违法犯罪案件的指导意见》中明确“碰瓷案件”符合非法搜查罪的构成要件依法应追究刑事责任。

一、法律

《中华人民共和国刑法》（2020 年 12 月 26 日修正）

第二百四十五条 非法搜查他人身体、住宅，或者非法侵入他人住宅的，处三年以下有期徒刑或者拘役。

司法工作人员滥用职权，犯前款罪的，从重处罚。

二、刑事政策文件

（一）最高人民法院、最高人民检察院、公安部关于依法办理“碰瓷”违法犯罪案件的指导意见（2020 年 9 月 22 日 公通字〔2020〕12 号）

八、实施“碰瓷”，为索取财物，采取非法拘禁等方法非法剥夺他人人身自由或者非法搜查他人身体，符合刑法第二百三十八条、第二百四十五条规定的，分别以非法拘禁罪、非法搜查罪定罪处罚。

（二）《最高人民检察院关于渎职侵权犯罪案件立案标准的规定》（2006 年 7 月 26 日 高检发释字〔2006〕2 号）

（二）国家机关工作人员利用职权实施的非法搜查案（第二百四十五条）

非法搜查罪是指非法搜查他人身体、住宅的行为。

国家机关工作人员利用职权非法搜查，涉嫌下列情形之一的，应予立案：

1. 非法搜查他人身体、住宅，并实施殴打、侮辱等行为的；

2. 非法搜查，情节严重，导致被搜查人或者其近亲属自杀、自残造成重伤、死亡，或者精神失常的；

3. 非法搜查，造成财物严重损坏的；

4. 非法搜查3人（户）次以上的；
5. 司法工作人员对明知是与涉嫌犯罪无关的人身、住宅非法搜查的；
6. 其他非法搜查应予追究刑事责任的情形。

第三节 非法搜查罪审判实践中的疑难新型问题

问题 为要威风冒充武警搜查他人身体，取得财物后随即返还行为的定性

【人民法院案例选案例】吴某、蓝某冒充武警非法搜查他人身体案①

［基本案情］

2003年1月22日凌晨3时许，被告人吴某身着武警制服，佩戴武警肩章、领花，携带向他人借来的警备纠察证，伙同被告人蓝某经过本市东南亚大酒店前一小卖部外时，在吴某的提议下，以被害人万某系“票贩子”为由，由吴某动手对被害人搜身，搜出火车票及现金人民币372元等物。又在被害人万某的要求下，将搜得的现金、火车票等物归还万某。随后，被告人吴某、蓝某被巡警查获归案。

［法院认为］

福建省厦门市原开元区人民法院认为：被告人吴某、蓝某为要威风而冒充武警非法拦截、搜查他人的身体，其行为已侵犯他人的人身权利，构成非法搜查罪。由于二被告人对涉案款、物的非法占有目的未能被充分证明，故公诉机关指控被告人犯抢劫罪，罪名不成立，本院不予支持，与此相关，公诉机关关于二被告人犯罪中止的认定也不能成立。被告人吴某关于其拦查被害人的动机是为将票贩子扭送公安机关的辩解，与被告人蓝某的供述和被害人的陈述明显矛盾，不能采纳；被告人蓝某关于其在被害人提出要求前即主动将款返还被害人的说法已为吴某的当庭供述和被害人的陈述所排除，不予采信。二被告人基于相同的犯罪故意、相互配合实施犯罪，系共同犯罪；在共同犯罪中，被告人吴某提起犯意、动手搜查，系主犯，结合考虑该被告人冒充武警、庭审中避重就轻、缺乏应有的认罪态度等具体情节，决定对其酌情从重处罚；被告人蓝某则起配合、辅助的作用，地位次要，系从犯，应当从轻处罚。

［裁判结果］

福建省厦门市原开元区人民法院依照《刑法》第245条第1款、第25条第1款、第26条第1款和第4款、第27条的规定，于2003年9月24日判决：（1）被告人吴某犯非法搜查罪，判处有期徒刑一年。（2）被告人蓝某犯非法搜查罪，判处有期徒刑六个月。

宣判后，被告人吴某、蓝某未提出上诉，人民检察院亦未提出抗诉，判决已发生法律效力。

---

① 曾莠瑾编写：《吴某、蓝某冒充武警非法搜查他人身体案》，载最高人民法院中国应用法学研究所编：《人民法院案例选（分类重排本）·刑事卷》，人民法院出版社2017年版，第2142~2144页。

［简要分析］

本案在审理时，对冒充武警搜查他人身体，取得财物后随即返还的行为应如何定性的问题，存在两种不同意见。

一种意见认为，被告人吴某、蓝某以非法占有为目的，冒充军警人员并采用暴力手段，共同强行劫取他人钱财，其行为已触犯《刑法》第263条的规定，构成抢劫罪。

另一种意见认为，被告人吴某、蓝某为要威风而冒充武警非法拦截、搜查他人的身体，其行为已触犯了《刑法》第245条第1款的规定，构成非法搜查罪。本案在定性问题上之所以产生分歧，主要是对被告人的主观目的判断不同所致。刑法规定的抢劫罪和非法搜查罪均属于行为犯，在主观方面均表现为直接故意，不同的是，抢劫罪还必须具有非法将公私财物强行占有的目的。就本案而言，如果二被告人非法占有他人财物的目的能够认定，那么，应以抢劫罪追究二被告人刑事责任，但经庭审质证后，从现有证据和已查明的事实上不足以充分证明二被告人对其搜查所得的现金和火车票具有非法占有的目的，故笔者认为应以非法搜查罪对二被告人定罪处罚。具体理由如下：

1. 被告人蓝某证明，被告人吴某提议上前拦阻被害人时表示“要去吓吓他”，该说法得到吴某此前供述以及本案的事实一定程度地佐证。这就表明，二被告人之所以拦查被害人并非为占有财物，而是为要威风。

2. 被告人从被害人处搜的现金、火车票等钱、物后，随即在被害人的要求下返还被害人。虽然，被告人吴某在搜得以上款、物后即将款项交给蓝某，蓝某也未一次性地将款项返还被害人，但不能据此证明二被告人意欲非法占有；相反，结合之后二被告人随即返还款、物的事实，可以表明被告人对此款、物的占有决意尚未最终形成。

3. 蓝某在此前的供述中提及，吴某在将款项交给蓝某时，曾要求蓝某将钱还给被害人。该内容与吴某的部分供述内容一致，可以进一步佐证二被告人对相应款、物的占有故意尚不具备。

综上所述，由于二被告人对涉案款、物的非法占有目的未能被充分证明，故公诉机关指控被告人犯抢劫罪，罪名不成立。福建省厦门市原开元区人民法院以被告人吴某、蓝某的行为构成非法搜查罪，并结合考虑到二被告人在共同犯罪所起的作用及认罪态度等具体情节，判处被告人吴某有期徒刑一年，判处被告人蓝某有期徒刑六个月，定性准确，量刑适当。

同时，本案的审理也向我们提示了法官在解读法律、适用法律过程中所应秉持的司法理念。审判的过程实际上是法官通过证据重构事实、再经由事实的确认将法律运用到具体场合的过程。这一过程自然应当贯彻以事实为依据、罪刑法定等基本原则，但当法官面临采集证据的犹疑或法律文本语义的模糊时，不妨采取变更谦抑的方法，以实现判决结果的公正为出发点去判断证据、选择适用的法律。只有这样，才能真正实现司法公正。

第十八章
非法侵入住宅罪

第一节　非法侵入住宅罪概述

一、非法侵入住宅罪概念及构成要件

非法侵入住宅罪，是指未非法侵入他人住宅的行为。该罪有特殊主体构成的从重情节，即司法工作人员滥用职权，犯前款罪的，从重处罚。

根据《刑法》第245条之规定，犯非法侵入住宅罪的，处三年以下有期徒刑或者拘役。司法工作人员滥用职权，犯前款罪的，从重处罚。

非法侵入住宅罪的构成要件如下：

1. 主体要件。本罪主体既可以由一般主体构成，也可以由特殊主体“司法工作人员”构成。本条第2款规定了特殊主体“司法工作人员滥用职权”作为从重情节，根据《刑法》第94条的规定，司法工作人员，是指有侦查、检查、审判、监管职责的工作人员；滥用职权，是指司法工作人员超越职权或者违背职责规定行使职权，非法搜查他人身体、住宅的行为，这种行为的社会危害性比一般公民要大，所以法律规定要依法予以从重处罚。

2. 客体要件。非法侵入住宅罪侵犯的客体是他人的住宅不受侵犯的权利。公民的人身和住宅安全受宪法保护。《宪法》第39条规定，公民的住宅不受侵犯。

3. 主观要件。主观上具有直接故意，间接故意和过失不构成本罪。

4. 客观要件。客观上实施了非法侵入他人住宅的行为。“非法侵入住宅”包括两种类型：一是作为形态，即无权或无理进入他人住宅而强行闯入；二是不作为形态，即虽然有权进入住宅，但此后经住宅主人要求退出却无权或无理而拒不退出。

例外情况：如果事先征得住宅主人同意的，或司法工作人员为依法执行搜查、逮捕、拘留等任务而进入他人住宅的，不属于非法侵入他人住宅。

二、非法侵入住宅罪案件审理情况

通过中国裁判文书网统计，2017 年至 2020 年间，全国法院审结一审案件共计 4980 件，其中，2017 年为 958 件，2018 年后上升至 1000 件以上，之后一直维持在 1300 件至 1500 件之间。

三、非法侵入住宅罪案件审理热点、难点问题

正确界定“住宅”的范围。参照《最高人民法院关于审理抢劫案件具体应用法律若干问题的解释》《最高人民法院关于审理抢劫、抢夺刑事案件适用法律若干问题的意见》中关于“入户抢劫”的认定，非法侵入他人的“住宅”，是指非法进入他人生活的与外界相对隔离的住所，包括封闭的院落、牧民的帐篷、渔民作为家庭生活场所的渔船、歌厅业主的住处、为生活租用的房屋等。这里的“住宅”是指住所，特征表现为供他人家庭生活和与外界相对隔离两方面，前者为功能特征，后者为场所特征。根据法律规定，这里的“住宅”既可以是有人居住的“住宅”，也应当包括无人居住的“住宅”。非法侵入商场柜台、机关办公场所等地，不能构成非法侵入住宅罪，非法侵入这些地方如果构成其他犯罪，可按其他犯罪定罪处罚，如寻衅滋事罪、聚众扰乱公共场所秩序罪。一般情况下，集体宿舍、临时搭建工棚不应认定为“住宅”，但在特定情况下，如果确实具有上述两个特征的，也可以认定为“住宅”。

四、非法侵入住宅案件审理思路及原则

（一）罪与非罪的界限

《刑法》第 245 条虽然没有规定“情节恶劣”“情节严重”的限制性条件，但参照《最高人民检察院关于渎职侵权犯罪案件立案标准的规定》（高检发释字〔2006〕2 号）的规定，国家机关工作人员利用职权非法搜查立案标准为：（1）非法搜查他人身体、住宅，并实施殴打、侮辱等行为的；（2）非法搜查，情节严重，导致被搜查人或者其近亲属自杀、自残造成重伤、死亡，或者精神失常的；（3）非法搜查，造成财物严重损坏的；（4）非法搜查 3 人（户）次以上的；（5）司法工作人员对明知是与涉嫌犯罪无关的人身、住宅非法搜查的；（6）其他非法搜查应予追究刑事责任的。按照立法精神，对于一般主体，其所实施的行为更应当达到“情节恶劣”“情节严重”才能构成犯罪，对于“情节恶劣”“情节严重”的界定标准，可参照前述渎职侵权案件的立案标准。

根据司法实践经验，对于一般非法侵入他人住宅的行为，属侵犯人身权利的违法行为，应当给予治安处罚。依照《治安管理处罚法》第 40 条的规定，非法限制他人人身自由、非法侵入他人住宅或者非法搜查他人身体的，处十日以上十五日以下拘留，并处 500 元以上 1000 元以下罚款；情节较轻的，处五日以上十日以下拘留，并处 200 元以上 500 元以下罚款。

（二）与其他罪名的竞合及解决方式

实施非法侵入住宅行为，往往伴随其他违法犯罪行为；或者非法侵入住宅不是目的，而是实施其他犯罪的手段行为，这两类情况都会导致罪名的竞合，包括牵连犯、吸收犯

或者想象竞合犯，按照法律规定的相关处罚原则处理。一般的处理原则是以目的行为吸收手段行为，从一重罪定罪处罚，如侵入住宅后窃取少量财物，尚未达到盗窃罪的定罪标准的，可以非法侵入住宅罪定罪处罚，而把盗窃行为作为一个量刑情节予以考虑；再如入户抢劫、入户盗窃、入户强奸等行为，通常是按照目的行为定罪，认定抢劫罪、盗窃罪、强奸罪。如果基于多种犯意实施多种犯罪行为的，如非法侵入住宅又实施强奸、猥亵，非法侵入住宅又实施盗窃等，则应当对行为人认定数罪，予以并罚。

第二节 非法侵入住宅罪审判依据

2017年2月7日《最高人民法院关于印发人民法院落实〈保护司法人员依法履行法定职责规定〉的实施办法》明确干扰司法工作人员及其近亲属，侵入其住宅的成立非法侵入住宅罪；2019年4月9日《最高人民法院、最高人民检察院、公安部、司法部关于办理实施“软暴力”的刑事案件若干问题的意见》明确以软暴力手段侵入他人住宅应当认定为非法侵入住宅。2018年7月4日《重庆市高级人民法院关于办理“套路贷”犯罪案件法律适用问题的会议纪要》明确对于在套路贷犯罪过程中实施的非法侵入住宅行为构成犯罪的依法予以追究刑事责任。

一、法律

《中华人民共和国刑法》（2020年12月26日修正）

第二百四十五条 非法搜查他人身体、住宅，或者非法侵入他人住宅的，处三年以下有期徒刑或者拘役。

司法工作人员滥用职权，犯前款罪的，从重处罚。

二、刑事政策文件

（一）《最高人民法院、最高人民检察院、公安部、司法部关于办理实施“软暴力”的刑事案件若干问题的意见》（2019年4月9日 法发〔2018〕1号）

七、以“软暴力”手段非法进入或者滞留他人住宅的，应当认定为《刑法》第二百四十五条规定的“非法侵入他人住宅”，同时符合其他犯罪构成要件的，应当以非法侵入住宅罪定罪处罚。

（二）《人民法院落实〈保护司法人员依法履行法定职责规定〉的实施办法》（2017年2月7日 法发〔2017〕4号）

第十四条 人民法院对于干扰阻碍司法活动，恐吓威胁、报复陷害、侮辱诽谤、暴力侵害法官及其近亲属的违法犯罪行为，应当依法从严惩处。

法官因依法履行法定职责，本人或其近亲属遭遇恐吓威胁、滋事骚扰、跟踪尾随，或者人身、财产、住所受到侵害、毁损的，其所在人民法院应当及时采取保护措施，并商请公安机关依法处理；对构成故意杀人罪、故意伤害罪、寻衅滋事罪、故意毁坏财物罪、非法侵入住宅罪等犯罪的，依法追究刑事责任；行为人是精神病人的，依法决定强制医疗。

第三节 非法侵入住宅罪审判实践中的疑难新型问题

问题 1. 未经允许将尸体抬入他人住宅摆放的行为定性

【人民法院案例选案例】顾某 1 非法侵入住宅案①

［基本案情］

2002 年 1 月 25 日，河南省郸城县吴台镇大顾寨行政村村民顾某 2、顾某 3 两兄弟与本村村民顾某 4 因生活中的琐事发生争执，引起厮打。顾某 4 打不过两兄弟，使用刀将二人扎伤，然后畏罪潜逃。两兄弟被送往镇医院抢救，因失血过多抢救无效于当日死亡。其兄顾某 1 见状，异常悲痛，便伙同其弟顾某 5、其子顾某 6 将两兄弟的尸体运至顾某 4 家中。次日，在公安机关对两尸体进行解剖后，顾某 1 又同其弟顾某 7（外逃）、顾某 5（外逃）、其子顾某 6（外逃）将顾某 2 的尸体抬至顾某 4 父亲顾某 5 家堂屋内。以致二尸体被存在两家时间长达 107 天。后由司法机关出面做工作，才抬出埋葬。5 月 12 日，顾某 1 因涉嫌非法侵入住宅罪被公安机关依法逮捕，7 月 26 日被检察机关提起公诉。顾某 1 对指控无任何异议。

［法院认为］

郸城县人民法院认为，被告人顾某 1 未经他人同意，非法强行侵入他人住宅，将死者尸体摆放在侵害人父亲的家中，致使其无法生活，扰乱居住安宁，其行为已构成非法侵入住宅罪。被告人顾某 1 的两个兄弟被人伤害致死，值得同情与理解。纵然顾某 4 畏罪潜逃，但法网恢恢，自应绳之以法，而不能采取法律不允许的举动。公诉机关指控其非法侵入住宅罪罪名成立。

［裁判结果］

郸城县人民法院依照《刑法》第 245 条第 1 款之规定，判决：顾某 1 犯非法侵入住宅罪，判处其拘役一个月零七日。

［简要分析］

在现实生活中，非法侵入住宅罪的案件较多，但是本案较为特殊。从本案案件事实和本罪构成要件上来看，顾某 1 非法侵入住宅罪的罪名已经成立。非法侵入住宅罪，是指未经法定机关批准或者未经住宅人同意，非法强行侵入他人住宅的行为。本罪侵犯的客体是他人的住宅不受侵犯的权利；客观方面表现为未经法定机关批准或者未经住宅主人同意，非法侵入他人住宅，或者经要求退出而拒不退出的行为；主观方面由直接故意构成。

1.“住宅”的法律含义。住宅，只能是供人们居住、生活的场所。一般来讲。至于居住者对住宅有无所有权，是借住还是租住，均不影响住宅的性质，只要是公民合法居住的场所，都应视为住宅。另外。从所有权的划分上，可分为公有住宅和私有住宅。该

① 周玉国编写，梁健审稿：《顾某 1 非法侵入住宅案》，载最高人民法院中国应用法学研究所编：《人民法院案例选案例》（总第 52 辑），人民法院出版社 2006 年版，第 71 ~ 74 页。

案中，顾某4 和其父的住宅则属于私有住宅范畴，对宅基皆具有使用权，对房屋则具有所有权。

2. 非法侵入住宅行为的性质。关于非法侵入住宅罪的性质，国外刑法理论一直存有争议。居住权说认为，刑法规定本罪是为了保护居住权（居住者对是否允许进入住宅的许诺权），故只要进入住宅没有经过居住者的同意，就构成本罪。安宁说认为，刑法规定本罪是为了保护住宅成员的安宁，故只有以危险的方法或怀有恶意进入住宅时，才构成本罪。我国刑法没有对非法侵入住宅罪的行为性质作出明确的规定，但刑法理论界一般都认为本罪侵犯的是他人（公民）的居住安全权利和生活的安宁。本案中，顾某1 将尸体强行停放在他人家中，致使他人生活不得安宁，安全权利受到严重侵害，具备非法侵入住宅的性质。在农村，走户串门，未经同意入宅是司空见惯、习以为常的现象，则不能将此与非法侵入住宅相提并论。

3. 司法实践中如何正确认定非法侵入住宅的行为。非法侵入住宅罪在客观方面表现为实施了非法侵入他人住宅的行为。这就要求侵入他人住宅的行为首先应当是非法的。非法，是指不经住宅主人同意而又没有法律根据，或者不依法定程序的强行侵入。一般表现为两种情况：一是没有正当理由不经主人允许，甚至不顾主人的阻止，非法闯入他人住宅，影响他人生活安宁。这是以作为的方式实施的非法侵入住宅犯罪。二是行为人进入住宅是经过主人同意的，但在住宅主人要求其退出时，无理取闹，拒不退出。这是以不作为的方式实施的非法侵入。

4. 在认定非法侵入他人住宅罪时，应注意的问题。在认定非法侵入他人住宅时，还应当注意如下几个问题：一是在住宅居住者对行为人的进入行为存在不同意见时，即有人同意有人反对时，进入者的行为能否以非法侵入住宅罪惩处？有学者指出，在这种情况下，应综合各种因素考察行为人进入住宅的行为是否侵害了住宅的安宁。二是进入什么范围才能视为侵入住宅？笔者认为，对这一问题不可一概而论，应区别住宅的情况，具体对待。一般来讲，在住宅有限定墙，自成院落的情况下，进入院墙以内就应视为进入了住宅范围。没有院墙的，一般可以住室为范围。而在住宅为公寓式高层楼房时，应以各户的居室为住宅范围。三是非法侵入住宅构成犯罪，是否在时间长短上有所要求。对于这一问题，刑法条文没作要求。但是，这并不意味着一旦进入他人住宅，即可构成犯罪。对于侵入他人住宅时间较短即自动退出，或者住宅主人要求其退出后立即退出的，一般不构成犯罪。

在司法实践中，有些法院将抬尸侵入他人住宅摆放的行为认定为侮辱罪。其实，这样的定性是错误的。侮辱罪是公然贬低他人人格、名誉的行为，而将尸体抬入他人住宅对他人的名誉和人格没有造成损害，而对他人的住宅安宁造成了侵害，在住宅主人的心理上造成阴影。抬尸侵入他人住宅是比较常见的恶意侵入他人住宅的行为方式，如果情节严重，就应该以非法侵入他人住宅罪进行定罪处罚。

问题2. 行为人非法侵入被害人家中，以自杀方式威胁被害人行为定性

【人民法院案例选案例】宋某非法侵入住宅行凶自杀案①

［基本案情］

被告人宋某经人介绍与吴某相识并订下婚约，后吴某以宋某有“羊角风”病为由，提出解除婚约，为此宋某心中不满。2004年7月9日11时许，宋某闯入吴某屋内，吴某以婚约已解除为由赶宋某离开其家。宋某即将携带的农药“敌敌畏”喝下，又用一把尖刀刺扎吴某，吴某极力挣脱跑出院外昏倒，宋某也因药效发作而倒在院内。后二人均被送往医院救治。吴某手、胳膊、胸、腿等多处被扎伤，法医鉴定为轻微伤（重型）。

睢县人民检察院指控被害人宋某犯故意杀人罪，向睢县人民法院起诉。

［裁判结果］

睢县人民法院审理后认为，被告人宋某因女友吴某提出解除婚约，在女友住宅内喝药自杀，并动刀行凶杀人，其行为构成故意杀人罪。鉴于被告人宋某犯罪未遂，事后其家人又与被害人达成了民事赔偿协议，故可以对其减轻处罚。依照《刑法》第232条、第23条之规定，判决：被告人宋某犯故意杀人罪，判处有期徒刑四年。

一审宣判后，被告人宋某以原判认定其故意杀人罪的证据不足，自己不是故意杀人等为由上诉至商丘市中级人民法院。

商丘市中级人民法院认为：上诉人宋某因婚恋纠纷，擅自闯入他人家中喝药自尽并持刀行凶的事实清楚，但原审认定宋某持刀行凶的行为是故意杀人的证据不足。理由是：(1）上诉人宋某归案后仅有一次供述称其到被害人家中的目的是与被害人“同归于尽”，但未对“同归于尽”的含义作正确的理解和解释；（2）如果宋某是蓄意杀人，应事先准备刀具，但宋某辩称吴某见其喝药从床下拿把尖刀赶他走。关于该刀的来源，宋某、吴某各执一词，没有证据证明该刀就是宋某事先准备的；（3）伤情检验被害人所受损伤多抢刀划伤，所伤部位也不是致命部位，受伤程度仅为轻微伤，而宋某所持的凶器系锋利的锐器，如果宋某有杀人的故意，作案时足以伤及要害部位致对方死亡。综上，原判认定上诉人宋某犯故意杀人罪缺乏事实和法律依据。但上诉人宋某在未得到被害人及其家人许可的情况下，擅自携带农药闯入被害人家中，被害人令其退出而拒不退出，又以喝药自尽的方式威胁被害人与其恢复恋爱关系，且持刀伤及被害人身体，其行为严重侵害了他人的住宅安全，已构成非法侵入他人住宅罪。上诉人及其辩护人关于宋某不构成故意杀人罪的理由虽然成立，但认为无罪的理由不能成立。原判认定事实清楚，审判程序合法，但定罪和量刑不当，应予纠正。依照《刑事诉讼法》第189条第2项、《刑法》第245条第1款之规定，判决：撤销一审判决，上诉人宋某犯非法侵入他人住宅罪，判处有期徒刑一年六个月。

［简要分析］

本案在审理过程中，对被告人宋某的行为如何定性存在不同意见。

第一种意见认为，被告人宋某的行为构成故意杀人罪。理由是宋某在侦查阶段曾供述过到被害人吴某家的目的是跟吴某同归于尽，从宋某本人的年龄、学历、生活经历及

① 张杰编写，廖万里审稿：《宋某非法侵入住宅行凶自杀案》，载最高人民法院中国应用法学研究所编：《人民法院案例选（分类重排版）·刑事卷》，人民法院出版社2017年版，第2151～2152页。

作案时的精神状态来看，宋某完全理解“同归于尽”的含义，且客观上也实施了自己先喝下农药，而后又持尖刀多次刺扎吴某的行为，其客观行为也反映了“同归于尽”的心态，因此应认定宋某主观上具有杀人的目的，客观上实施了杀人行为，应以故意杀人罪定罪处罚。

第二种意见认为，被告人宋某的行为构成非法侵入他人住宅罪。笔者同意此意见。理由如下：（1）不能仅凭被告人在侦查阶段的第一次供述即认定宋某主观上具有杀人的目的。（2）被害人所受损伤多为刀划伤，受伤部位没有致命部位，且损伤程度仅为轻微伤（重型）。而被告人宋某所持凶器系锋利锐器，如果宋某有杀人的故意，其在作案时足以伤及要害部位致被害人死亡。宋某虽已喝下农药，但药效并未马上发作。因此，从危害后果上看，宋某的伤害行为具有一定节制，且其在事前、事中均无杀人的语言表示，其积极追求被害人死亡或放任被害人死亡的主观心态不明确。（3）被告人宋某在未得到被害人及其家人许可的情况下，擅自携带农药闯入被害人家中，被害人令其退出而拒不退出，又以喝药自尽的方式威胁被害人，持刀伤及被害人身体，其行为严重侵害了他人的住宅安全，完全符合非法侵入他人住宅罪的构成要件，因此对被告人宋某以非法侵入他人住宅罪定罪量刑是正确的。

第十九章 侮辱罪

第一节 侮辱罪概述

一、侮辱罪概念及构成要件

侮辱罪，是指使用暴力或者其他方法，公然败坏他人名誉，情节严重的行为。

本罪的构成要件如下：

1. 本罪的犯罪主体为一般主体。凡年满16周岁、具备刑事责任能力的人，均可为本罪主体。

2. 本罪侵犯的客体是公民的名誉，是面向具体的人而非法人。名誉有三种含义：一是外部的或社会的名誉，是社会大众对人的评价；二是内部评价，是客观存在的人的内部价值；三是主观的名誉，是一种情感的载体，是本人所具有的价值意识、感情。侮辱罪所侵犯的名誉应该是外部名誉，这种外部的名誉又可以区分为本来应有的评价（规范的名誉）与现实通用的评价。①

3. 本罪的主观方面由故意构成，指行为人明知自己的行为会造成败坏他人名誉的后果，仍希望或者放任这种危害结果的发生，所以过失不构成本罪。另外，本罪的犯罪动机可能是多种多样的，如挟嫌报复或者泄愤等，但动机如何不影响本罪的成立。

4. 本罪的客观方面表现为使用暴力或者其他方法公然进行侮辱，且情节严重。暴力，则要求带有一定强制性，以强制方法来损害他人人格和名誉，比如当众强迫他人游街、撕剥他人衣服；其他方法，则是暴力之外如当众辱骂，贴传单或者在互联网上散布他人不雅照或者视频等。公然，是指采用不特定或者多数人可能知悉的方式对他人进行侮辱。比如在公共场所对他人进行谩骂。对“多数人”并无特定数量要求，需结合行为的时间、空间、场所以及行为人与被害人的关系进行综合判断。比如在与外界相对隔离的住宅内对一家三口人侮辱，并不必然就应认定为公然侮辱。但在被害人单位对被害人进行侮辱，

---

① 张明楷：《刑法学》（第6版），法律出版社2021年版。

则一般认为具有公然性。此外，在公共场所进行侮辱的，也并不必然要求被害人在场。同样，即使在公共场所侮辱，但并没有第三人在场，侮辱的行为和内容也并不会被外人所知晓，行为人仅仅面对被害人进行侮辱，则一般不认为构成公然侮辱。但是，目前随着互联网技术的发展，行为人直接面对特定少数人实施侮辱行为，而该行为可能会通过网络进行传播，进而能让不特定多数人知晓侮辱内容时，侮辱结果具有公然性，就有可能是公然侮辱。情节严重，则一般应该考虑手段、后果、行为人动机等。如在网络平台上发布被害人的私密生活视频、照片，受到大量粉丝关注及播放，或者制作大量附有被害人私密图片和个人信息的传单，散布到被害人上班地和居住地，贬低他人人格，破坏他人名誉等。

二、侮辱罪案件审理情况

根据中国裁判文书网已公布的案件数量，以“案件类型”为“刑事案件”，案由为“侮辱罪”，“法院层级为基层法院”，文书类型为“判决书”，截至2022年7月22日，检索判决书总共450篇。其中2010年有2件，2013年有4件，2014年有13件，2015年有17件，2016年有48件，2017年有77件，2018年有97件，2019年有119件，2020年有59件，2021年有13件。可以看出侮辱罪的案件数量在刑事案件总数中所占比例较小（根据检索，其中包含许多强制猥亵、侮辱罪案件，故侮辱罪案件数量应远少于检索案件）。

三、侮辱罪案件审理热点、难点问题

司法实践中，要注意侮辱与其他罪名的区别。

侮辱罪与强制猥亵、侮辱罪的关系。一般认为，侮辱罪侵犯的是他人名誉，强制猥亵、侮辱罪侵犯的是他人的性行为的自己决定权。但公然强制猥亵、侮辱他人的行为也可能同时侵犯他人的名誉。因此两者并不一定就是对应关系。因此，当行为人公然对被害人实施强制猥亵、侮辱行为时，虽然损害了他人名誉，触犯侮辱罪，同时也构成强制猥亵、侮辱罪，应按照处罚更重的强制猥亵、侮辱罪处罚。

四、侮辱罪案件审理思路及原则

根据《刑法》第246第2款、第3款的规定，本案依法属于“告诉的才处理”，因此只有被侮辱人亲自向人民法院控告的，人民法院才能受理。但也有两种例外情形：（1）根据《刑法》第98条的规定，如果被害人受强制或威吓而无法告诉的，人民检察院和被害人的近亲属也可以告诉；（2）依照《刑法》第246条第2款的规定，对于严重危害社会秩序和国家利益的，可由人民检察院提起公诉。

第二节　侮辱罪审判依据

我国《刑法》关于侮辱罪的明确规定，最早出现在我国1979年《刑法》第145条中，即“以暴力或者其他方法，包括用‘大字报’、‘小字报’，公然侮辱他人或者捏造事实诽谤他人，情节严重的，处三年以下有期徒刑、拘役或者剥夺政治权利”。在1997年修改《刑法》时，对侮辱罪的罪状进行了修改，删除了“包括用‘大字报’、‘小字报’”字样，增加了管制这一刑种。在2015年8月29日通过的《刑法修正案（九）》第16条对侮辱罪增加了一款，进行了补充规定，即“通过信息网络实施第一款规定的行为，被害人向人民法院告诉，但提供证据确有困难的，人民法院可以要求公安机关提供协助”。

一、法律

（一）《中华人民共和国刑法》（2020年12月26日修正）

第二百四十六条　以暴力或者其他方法公然侮辱他人或者捏造事实诽谤他人，情节严重的，处三年以下有期徒刑、拘役、管制或者剥夺政治权利。

前款罪，告诉的才处理，但是严重危害社会秩序和国家利益的除外。

通过信息网络实施第一款规定的行为，被害人向人民法院告诉，但提供证据确有困难的，人民法院可以要求公安机关提供协助。

（二）《中华人民共和国监狱法》（2012年10月26日修正）

第十四条　监狱的人民警察不得有下列行为：

（一）索要、收受、侵占罪犯及其亲属的财物；

（二）私放罪犯或者玩忽职守造成罪犯脱逃；

（三）刑讯逼供或者体罚、虐待罪犯；

（四）侮辱罪犯的人格；

（五）殴打或者纵容他人殴打罪犯；

（六）为谋取私利，利用罪犯提供劳务；

（七）违反规定，私自为罪犯传递信件或者物品；

（八）非法将监管罪犯的职权交予他人行使；

（九）其他违法行为。

监狱的人民警察有前款所列行为，构成犯罪的，依法追究刑事责任；尚未构成犯罪的，应当予以行政处分。

二、司法解释

（一）《最高人民法院关于〈中华人民共和国刑法修正案（九）〉时间效力问题的解释》（2015年10月29日　法释〔2015〕19号）

第四条　对于2015年10月31日以前通过信息网络实施的刑法第二百四十六条第一款规定的侮辱、诽谤行为，被害人向人民法院告诉，但提供证据确有困难的，适用修正后刑法第二百四十六条第三款的规定。

（二）《最高人民法院关于审理非法出版物刑事案件具体应用法律若干问题的解释》（1998年12月17日　法释〔1998〕30号）

第六条　在出版物中公然侮辱他人或者捏造事实诽谤他人，情节严重的，依照刑法第二百四十六条的规定，分别以侮辱罪或者诽谤罪定罪处罚。

三、刑事政策文件

（一）《最高人民法院、最高人民检察院、公安部、司法部印发〈关于依法惩治妨害新型冠状病毒感染肺炎疫情防控违法犯罪的意见〉的通知》（2020年2月6日　法发〔2020〕7号）

二、准确适用法律，依法严惩妨害疫情防控的各类违法犯罪

（二）依法严惩暴力伤医犯罪。在疫情防控期间，故意伤害医务人员造成轻伤以上的严重后果，或者对医务人员实施撕扯防护装备、吐口水等行为，致使医务人员感染新型冠状病毒的，依照刑法第二百三十四条的规定，以故意伤害罪定罪处罚。

随意殴打医务人员，情节恶劣的，依照刑法第二百九十三条的规定，以寻衅滋事罪定罪处罚。

采取暴力或者其他方法公然侮辱、恐吓医务人员，符合刑法第二百四十六条、第二百九十三条规定的，以侮辱罪或者寻衅滋事罪定罪处罚。

以不准离开工作场所等方式非法限制医务人员人身自由，符合刑法第二百三十八条规定的，以非法拘禁罪定罪处罚。

（二）《最高人民法院、最高人民检察院、公安部、司法部、国家卫生和计划生育委员会等印发〈关于依法惩处涉医违法犯罪维护正常医疗秩序的意见〉的通知》（2014年4月22日　法发〔2014〕5号）

二、严格依法惩处涉医违法犯罪

（四）公然侮辱、恐吓医务人员的，依照治安管理处罚法第四十二条的规定处罚；采取暴力或者其他方法公然侮辱、恐吓医务人员情节严重（恶劣），构成侮辱罪、寻衅滋事罪的，依照刑法的有关规定定罪处罚。

（三）《公安部关于打击拐卖妇女儿童犯罪适用法律和政策有关问题的意见》（2000年3月24日　公通字〔2000〕25号）

三、关于收买被拐卖的妇女、儿童

（二）收买被拐卖的妇女、儿童，并有下列犯罪行为的，同时以收买被拐卖的妇女、儿童罪和下列罪名立案侦查：

4. 非法剥夺、限制被拐卖的妇女、儿童人身自由的，或者对其实施伤害、侮辱、猥亵等犯罪行为的，以非法拘禁罪，或者伤害罪、侮辱罪、强制猥亵妇女罪、猥亵儿童罪等犯罪立案侦查。

（四）《公安部关于严格依法办理侮辱诽谤案件的通知》（2009 年 4 月 3 日　公通字〔2009〕16 号）

各省、自治区、直辖市公安厅、局，新疆生产建设兵团公安局：

多年来，各级公安机关依照《刑法》《治安管理处罚法》的有关规定，查处了一批侮辱、诽谤案件，为保护公民的人格尊严和名誉，维护社会治安秩序作出了贡献。但是，少数地方公安机关在办理侮辱、诽谤案件过程中，不能严格、准确依法办案，引起了新闻媒体和社会各界的广泛关注，产生了不良的社会影响，损害了公安机关形象和执法公信力。为严格依法办理侮辱、诽谤案件，规范执法行为，提高办案质量，保护公民合法权益，现就有关问题通知如下：

一、切实提高对严格依法办理侮辱、诽谤案件重要意义的认识。一些地方公安机关不能正确办理侮辱、诽谤案件，直接原因是对有关法律理解不当、定性不准，深层次的原因是对新形势下人民内部矛盾缺乏清醒的认识。各级公安机关要清醒地认识到，随着国家民主法制建设的不断推进，人民群众的法制意识和政治参与意识不断增强，一些群众从不同角度提出批评、建议，是行使民主权利的表现。部分群众对一些社会消极现象发牢骚、吐怨气，甚至发表一些偏激言论，在所难免。如果将群众的批评、牢骚以及一些偏激言论视作侮辱、诽谤，使用刑罚或治安处罚的方式解决，不仅于法无据，而且可能激化矛盾，甚至被别有用心的人利用，借机攻击我国的社会制度和司法制度，影响党和政府的形象。各级公安机关要从维护社会和谐稳定的大局出发，深刻认识严格准确、依法办理好侮辱、诽谤案件的重要意义，始终坚持党的事业至上、人民利益至上、宪法法律至上，按照“最大限度地增加和谐因素，最大限度地减少不和谐因素”的要求，切实做到严格、公正、文明执法，努力化解矛盾，避免因执法不当而引发新的不安定因素。

二、准确把握侮辱、诽谤公诉案件的管辖范围及基本要件。根据《刑法》第二百四十六条的规定，侮辱、诽谤案件一般属于自诉案件，应当由公民个人自行向人民法院提起诉讼，只有在侮辱、诽谤行为“严重危害社会秩序和国家利益”时，公安机关才能按照公诉程序立案侦查。公安机关在依照公诉程序办理侮辱、诽谤刑事案件时，必须准确把握犯罪构成要件。对于不具备“严重危害社会秩序和国家利益”这一基本要件的，公安机关不得作为公诉案件管辖。对于具有下列情形之一的侮辱、诽谤行为，应当认定为“严重危害社会秩序和国家利益”，以侮辱罪、诽谤罪立案侦查，作为公诉案件办理：（一）因侮辱、诽谤行为导致群体性事件，严重影响社会秩序的；（二）因侮辱、诽谤外交使节、来访的外国国家元首、政府首脑等人员，造成恶劣国际影响的；（三）因侮辱、诽谤行为给国家利益造成严重危害的其他情形。公安机关在接到公民对侮辱、诽谤行为的报案、控告或者举报后，首先要认真审查，判明是否属于公安机关管辖。对于符合上述情形，但通过公诉可能对国家利益和国家形象造成更大损害的，可以通过其他方式予以处理。对于经过审查认为不属于上述情形但涉嫌犯罪的侮辱、诽谤案件，公安机关应当问明情况，制作笔录，并将案件材料移交有管辖权的人民法院，同时向当事人说明此

类案件依照法律规定属于自诉案件，不属公安机关管辖，告知其到人民法院自行提起诉讼。公安机关在立案前的审查过程中，不得对有关人员和财产采取强制性措施。对于不构成犯罪但违反《治安管理处罚法》的，要通过治安调解，最大限度地化解矛盾和纠纷；对于调解不成的，应依法给予治安管理处罚。公安机关在办理侮辱、诽谤案件时，要深入细致，辨法析理，努力争取让违法犯罪行为人和被侵害人心悦诚服地接受处理结果，化消极因素为积极因素，取得法律效果和社会效果的统一。

三、切实加强对办理侮辱、诽谤案件的执法监督。对于侮辱、诽谤案件，公安机关经过审查，认为具有严重危害社会秩序和国家利益的情形，需要追究刑事责任的，应当报经上一级公安机关同意后立案侦查；立案后需要采取强制措施的，应当在采取强制措施前报经上一级公安机关同意。对于可能引起较大社会影响的侮辱、诽谤治安案件，在作出行政拘留处罚决定前，应当报经上一级公安机关同意。对于不按照规定报告上级公安机关，或者不服从上级公安机关命令，违反规定对应当自诉的和不构成犯罪的侮辱、诽谤案件立案侦查的，要严肃追究有关责任人员和主管人员的相应责任。

四、高度重视办理侮辱、诽谤案件的舆论引导。公安机关办理侮辱、诽谤案件，在准确把握法律界限，严格依法办案的同时，要保持高度的政治敏锐性。对可能引起社会炒作的，要提前做好应对准备。舆论引导要注意把握好时机，信息发布要做到准确、权威，避免引发不安定因素，影响案件正确处理。

各地接到本通知后，要认真贯彻落实，并立即向党委、政府汇报，争取党委、政府的理解和支持。执行中遇到的问题，请及时报部。

第三节　侮辱罪审判实践中的疑难新型问题

问题1. 如何认定“人肉搜索”致人自杀死亡的行为性质以及如何认定侮辱罪中“严重危害社会秩序和国家利益”提起公诉的情形

【刑事审判参考案例】蔡某侮辱案①

一、基本案情

陆丰市人民法院经公开审理查明：被告人蔡某因怀疑徐某在陆丰市东海镇金碣路32号其“格仔店”服装店试衣服时偷了一件衣服，于2013年12月2日18时许将徐某在该店的视频截图配上“穿花花衣服的是小偷”等字幕后，上传到其新浪微博上，并以求“人肉搜索”等方式对徐某进行侮辱。同月4日，徐某因不堪受辱在陆丰市东海镇茫洋河跳水自杀。案发后，蔡某的父母与徐某父母达成和解协议，蔡某父母一次性赔偿徐某父母人民币（以下币种同）12万元，徐某父母出具谅解书，请求司法机关对蔡某从轻处罚。

① 黄海钦、曾向虹撰稿，陆建红审编：《蔡某侮辱案——如何认定“人肉搜索”致人自杀死亡的行为性质以及如何认定侮辱罪中“严重危害社会秩序和国家利益”提起公诉的情形（第1046号）》，载最高人民法院刑事审判第一、二、三、四、五庭主办：《刑事审判参考》（总第101集），法律出版社2014年版，第84~89页。

陆丰市人民法院认为，被告人蔡某因怀疑徐某在其经营的服装店试衣服时偷了一件衣服，在该店的视频截图配上“穿花花衣服的是小偷”等字幕后，上传到其新浪微博上，公然对他人进行侮辱，致徐某因不堪受辱跳水自杀，情节严重，其行为构成侮辱罪。案发后被告人亲属与被害人亲属达成调解协议，被告人亲属对被害人亲属的经济损失进行赔偿，取得被害人家属的谅解。被告人当庭认罪，确有悔罪表现，依法可以从轻处罚。根据被告人的犯罪事实、情节及对社会的危害程度，依照《刑法》第246条之规定，陆丰市人民法院以侮辱罪判处被告人蔡某有期徒刑一年。

一审宣判后，被告人蔡某不服，向汕尾市中级人民法院提起上诉。蔡某上诉提出，其发微博的行为属于正常寻人，不构成犯罪：没有足够证据证明其行为与徐某的自杀行为之间存在因果关系；一审法院量刑过重。其辩护人提出，一审法院认定本案可以提起公诉，属于程序不当，适用法律错误。一审认定上诉人犯侮辱罪的证据不足。

汕尾市中级人民法院经审理认为，上诉人蔡某无视国家法律，因怀疑被害人徐某在其经营的服装店试衣服时偷衣服，遂在该店的视频截图配上“穿花花衣服的是小偷”等字幕后，上传到其新浪微博上，公然对他人进行侮辱，致徐某因不堪受辱跳水自杀身亡，情节严重，其行为构成侮辱罪，依法应当惩处。上诉人利用网络侮辱他人，造成的影响大，范围广，并造成了被害人死亡的严重后果，属于严重危害社会秩序，陆丰市人民检察院提起公诉并无不当。一审法院鉴于案发后上诉人亲属与被害人亲属达成调解协议，上诉人亲属对被害人亲属进行经济赔偿并取得被害人亲属的谅解，已依法予以从轻处罚。上诉人及其辩护人所提上诉意见，经查不能成立，不予采纳。一审判决认定的事实清楚，证据确实、充分，适用法律正确，审判程序合法，量刑适当，应予维持。据此，依照《刑事诉讼法》第225条第1款第1项之规定，汕尾市中级人民法院裁定：驳回上诉，维持原判。

二、主要问题

1. 如何认定“人肉搜索”致人自杀死亡的行为性质？

2. 如何认定侮辱罪中“严重危害社会秩序和国家利益”提起公诉的情形？

三、裁判理由

（一）如何认定“人肉搜索”致人自杀死亡的行为性质。

本案在审理过程中，被害人徐某的家属提出，被告人蔡某的行为构成诽谤罪。

我们认为，蔡某的行为构成侮辱罪。理由如下：

1. 因被害人死亡无法查清被告人是否实施捏造、虚构事实行为的，不能构成诽谤罪。根据《刑法》第246条的规定，侮辱罪是指使用暴力或者以其他方法，公然贬损他人人格，破坏他人名誉，情节严重的行为：诽谤罪是指故意捏造并散布虚构的事实，足以贬损他人人格，破坏他人名誉，情节严重的行为。侮辱罪和诽谤罪最重要的区别在于诽谤是捏造并散布有损于他人名誉权的虚假事实来对他人的人格进行侵犯；而侮辱是利用当事人的某种情况，公然地对他人人格进行损害，并未限定必须是真实的情况。本案中，虽然徐某的父亲认为蔡某发微博进行“人肉搜索”指责其女儿是偷衣服的小偷属于无中生有，但由于徐某已逝，无法查清其是否有盗窃行为，不能认定蔡某有捏造、虚构事实的行为，故不构成诽谤罪。

2. 发微博要求“人肉搜索”的行为侵犯他人名誉权，属于侮辱行为。侮辱罪侵犯的客体为公民的名誉权，名誉权是指公民或者法人对自己在社会生活中所获得的社会评价即自己的名誉，依法所享有的不可侵犯的权利。侮辱的方法有使用暴力、言词、图像文

字等。就本案来看，被告人蔡某把被害人徐某购物的视频监控截图发到微博上，且明确指明徐某是小偷并要求“人肉搜索”，这种方式利用了互联网这一新兴媒体，虽然与传统方式不同，但本质上仍属于公然侮辱他人人格的行为。众所周知，在网络发达的当今社会，“人肉搜索”具有非常强烈的放大功能，可以把模糊、分散的线索迅速清晰、集中起来，在趋向集中的过程中可能失控。当被搜索的人是和某个具有消极影响的事件联系在一起时，社会舆论的内容往往是消极为主的，负面影响远大于正面影响，被搜索人的品德、才干、信誉等在社会中所获得的评价明显降低，致使当事人无法在现实社会中正常的工作、学习和生活，名誉权受到严重损害。因此，蔡某发微博要求“人肉搜索”的行为属于侮辱行为。

3. 本案被告人的侮辱行为与被害人的死亡结果具有刑法上的因果关系。刑法上的因果关系，是指危害行为与危害结果之间的因果关系，是一种引起与被引起的关系。一般表现为原因在先，结果在后，当没有前行为就没有后结果时，前者就是后者的原因，但如果有介入因素，则要考虑介入因素异常性的大小和介入情况对结果发生作用的大小，来判断是否阻断行为与结果的因果关系。本案中，被告人蔡某认为其发微博的行为是正常的网络寻人行为，现有证据只能说明其行为和被害人徐某的自杀结果在时间上有先后关系，无法直接证明二者存在刑法上的因果关系。但从蔡某的行为来看，其不仅发布微博称“穿花花衣服的是小偷。求人肉，经常带只博美小狗逛街。麻烦帮忙转发”，还附上徐某购物时的多张监控视频截图。该微博发出仅一个多小时，网友迅即展开的“人肉搜索”就将徐某的个人信息，包括姓名、所在学校、家庭住址和个人照片全部曝光，蔡某又把这些信息在微博上曝光。一时间，在网络上对徐某的各种批评甚至辱骂开始蔓延。从蔡某要求“人肉搜索”的第一条微博发布，到第二天晚上徐某在河边发出最后一条微博后自杀，仅持续了20多个小时。多名证人证言证实，这次微博事件对被害人伤害很大，明显感觉徐某情绪低落。徐某作为一个尚未步入社会、生活在经济不发达小镇的在校未成年少女，面对“人肉搜索”的网络放大效应及众多网民先入为主的道德审判，对未来生活产生极端恐惧，最终导致了自杀身亡的严重后果，故蔡某发微博的行为与徐某的自杀具有刑法上的因果关系。

4. 被告人侮辱他人的行为达到“情节严重”的程度。根据《刑法》规定，只有情节严重的侮辱行为才构成侮辱罪。情节严重，通说一般认为主要是指手段恶劣，后果严重等情形，如强令被害人当众爬过自己的胯下；当众撕光被害人衣服；给被害人抹黑脸、挂破鞋、戴绿帽强拉游街示众；当众胁迫被害人吞食或者向其身上泼洒粪便等污秽之物；当众胁迫被害人与尸体进行接吻、手淫等猥亵行为；当众胁迫被害人向致死的宠物下跪磕头；因公然侮辱他人致其精神失常或者自杀身亡；多次侮辱他人，使其人格、名誉受到极大损害；对执行公务的人员、妇女甚至外宾进行侮辱，造成恶劣的影响；等等。本案中，被害人徐某不堪“人肉搜索”受辱而跳河自杀身亡，明显属于“情节严重”的情形。

（二）如何认定侮辱罪中“严重危害社会秩序和国家利益”可以提起公诉的情形

1. 如何理解侮辱罪中“严重危害社会秩序和国家利益”所指的严重程度。依照《刑法》第246条的规定，犯侮辱罪“告诉的才处理，但是严重危害社会秩序和国家利益的除外”。之所以规定侮辱罪要告诉才处理，主要是考虑到侮辱行为大都发生在家庭成员、邻居、同事之间或者日常生活之中，属于人民内部矛盾，且社会危害性不是很大，多数场合下可以通过调解等缓和方式来解决。此外，被害人可能不愿意让更多的人知道自己受到侮辱的事实，如果采用刑事制裁的方法解决反而会产生不好的效果。但如果属于严重危害社会秩序和国家利益的情形，则应当由检察机关提起公诉。

《刑法》所规定的“严重危害社会秩序和国家利益”主要是指侮辱、诽谤行为造成被害人精神失常或者自杀的；侮辱、诽谤党和国家领导人、外国元首、外交代表，严重损害国家形象或者造成恶劣国际影响的等情形。“严重危害社会秩序和国家利益”中的社会秩序和国家利益，不是特指危害结果或者特定对象，而应当将其视为一个综合性的标准，扩展到从侮辱的手段、方法、内容和主观目的等角度来进行全面考量。结合全案的案情、危害后果和情节等，进行整体分析，综合判断是否达到了“严重危害社会秩序和国家利益”的程度。

2. “严重危害社会秩序”和“国家利益”两者是否必须同时具备。一般来说，刑法分则条文在两个要素之间使用“和”字时，并不一定表明同时具备的关系，而是需要从实质上进行考察，综合作出判断。如《刑法》第251条规定：“国家机关工作人员非法剥夺公民的宗教信仰自由和侵犯少数民族风俗习惯，情节严重的，处二年以下有期徒刑或者拘役。”该条中的“和”字表示的就是一种选择关系而非并列关系。不论国家机关工作人员非法剥夺公民的宗教信仰自由抑或是侵犯少数民族风俗习惯，只要具备其中之一，情节严重，都构成犯罪。同理，《刑法》第246条第2款中的“严重危害社会秩序和国家利益”，两者不必要同时具备，只要具备其一即可。

众所周知，互联网作为信息时代的新兴媒体，其传播之快、影响之大、受众主动性和参与程度之高，远非传统媒体所能够比拟。不少“人肉搜索”等网络暴力不仅给当事人造成了恶劣的负面影响，还严重危害互联网的安全与管理秩序。本案中，被告人蔡某在新浪微博这一主流网络媒体上发布微博对被害人徐某进行侮辱，引发网友对徐某的谩骂，使得徐某的社会评价明显降低，最终导致徐某不堪受辱自杀身亡的严重后果，而该后果又引发社会广泛关注和讨论，严重危害了互联网的安全与管理秩序，属于严重危害社会秩序的情形，应当由检察机关提起公诉。

综上，在信息时代，利用网络搜索功能是一把“双刃剑”。如果使用得当，可以为生活提供便利，也为人民群众的言论自由提供广阔的平台，为监督政府行为提供更多途径。但如果使用不当，网络搜索则容易变成网络暴力，网络监督则容易成为“私刑”的化身。因此，为最大限度地发扬“人肉搜索”的优点，应当为其划好警戒线，才能够更好地保障公民的权益。“人肉搜索”致人自杀获刑具有标本意义，有了本案作为前鉴，相信大多数网络使用者在准备作出类似行为时，会顾忌到由此造成的后果，从而更加理性地使用“人肉搜索”。

问题2. 将被捉奸的妇女赤裸捆绑示众的行为如何定罪处罚

【刑事审判参考案例】周某1等非法拘禁案①

一、基本案情

兴化市人民法院经审理查明：2001年8月1日23时许，被告人周某1邀约其父母被

---

① 倪干强、洪冰撰稿，高憬宏审编：《周某1等非法拘禁案——将被捉奸的妇女赤裸捆绑示众的行为如何定罪处罚（第179号）》，载最高人民法院刑事审判第一庭、第二庭主办：《刑事审判参考》（总第26集），法律出版社2002年版，第27～32页。

告人倪某、周某2等人到兴化市大邹镇简家村家中，捉其丈夫钱某某与别人通奸。周某1等人冲进房后，见钱某某与妇女林某某正睡在一起，即上前掀开被单，抓住林某某的头发往客厅拖，边拖边用手抽打林某某的脸部，用脚踢林某某的身体。倪某在帮忙拖拉林某某的过程中，剥光了林某某身上的睡衣，致林某某全身赤裸。钱某某欲上前制止时，遭到周某2的殴打，从二楼跳窗逃走。嗣后，周某2让周某1母女用塑料绳和包装带将赤裸的林某某捆绑起来，置于客厅。

周某1又在客厅里装上灯泡并点亮。在此期间，虽有邻居规劝周某1、倪某、周某2让林某某穿上衣服，但三人执意不肯，并扬言该女与钱某某通奸，要出出该女的洋相，让她现现丑，待天亮后再将其扔到户外公路上给大家看。直至次日凌晨3时许，经众邻居的再三劝说周某1等人才让林某某穿上衣服。林某某被全身赤裸捆绑的时间长达2个小时左右，围观村民10余人。后经他人干预，周某2才将捆绑林某某的绳子解开。

兴化市人民法院认为：被告人周某1、倪某、周某2在捉奸过程中，以暴力殴打手段，用塑料绳和包装带强行将全身赤裸的林某某捆绑于客厅里，让10余名群众围观。其主观方面具有贬低、损害他人人格，破坏他人名誉的目的，客观方面公然使用暴力和言语进行侮辱，侵犯了公民的人格和名誉权利，情节严重，其行为均已构成侮辱罪，且属共同犯罪。被告人周某1、倪某、周某2在实施侮辱犯罪过程中所使用的方法又构成了非法拘禁罪，属牵连犯罪。侮辱罪和非法拘禁罪的法定刑同等轻重，考虑到被告人的犯罪目的在于侮辱他人，故对各被告人应以侮辱罪定罪论处。公诉机关指控被告人周某1、倪某、周某2犯罪的事实清楚，证据充分，但指控犯非法拘禁罪的罪名不当，应予变更。鉴于被害人林某某亦有一定过错，三名被告人归案后认罪态度较好，有一定的悔罪表现，结合三名被告人在共同犯罪中的作用和情节，依照《刑法》第246条第1款、第25条第1款、第72条第1款和第73条第3款的规定，于2001年12月27日判决：被告人周某1犯侮辱罪，判处拘役六个月；被告人倪某、周某2犯侮辱罪，分别判处拘役六个月，缓刑一年。

一审宣判后，三名被告人没有上诉，检察机关亦未抗诉，判决发生法律效力。

二、主要问题

1. 将被捉奸的妇女赤裸捆绑、拘禁、示众的行为如何定罪处罚？

2. 如何正确区分侮辱罪和侮辱妇女罪？

三、裁判理由

（一）将被捉奸的妇女赤裸捆绑、拘禁、示众的行为应以侮辱罪定罪处罚

在本案审理过程中，对三名被告人的行为如何定罪处罚，我们认为，被告人周某1、倪某、周某2以贬低、损害他人人格，破坏他人名誉为目的，在捉奸中使用暴力殴打被害人林某某，用塑料绳和包装带强行将全身赤裸的林某某捆绑于客厅里，点亮灯泡，让10余名村民围观，侵犯了公民的人格和名誉权，情节严重，已构成侮辱罪，三名被告人在侮辱犯罪过程中使用的方法（手段）又牵连《刑法》第238条第1款规定的非法拘禁罪，属牵连犯，其手段行为和目的行为所触犯罪名的法定刑相同，应以目的行为定罪处罚，即应当变更公诉机关非法拘禁罪的指控罪名，改以侮辱罪对三名被告人定罪处罚。

侮辱罪和非法拘禁罪同属侵犯公民人身权利罪。侮辱罪是指以暴力或者其他方法，公然贬低、损害他人人格，破坏他人名誉，情节严重的行为。非法拘禁罪，是指以非法拘留、禁闭或其他方法，非法剥夺他人人身自由的行为。上述两罪的区别是明显的，一

般情况下不容易发生混淆。但在本案中，三名被告人的犯罪行为具有两重性：即被告人捉奸后使用暴力将全身赤裸的被害人林某某捆绑于客厅里，让10余名村民围观，既有侮辱性质，同时又剥夺了被害人的人身自由。正是这种犯罪目的与手段牵连不同犯罪的双重性，导致在本案定性问题上产生了分歧。

对于牵连犯，一般应择一重罪处罚。但如果相互牵连的两个罪名法定刑相同，则应根据被告人的目的行为定罪量刑为宜。首先，就本案而言，被告人的主观目的主要是捉奸后侮辱他人，这一点可以从本案案情的始终得到验证。本案中，三名被告人捉奸后，剥光被害人身上的睡衣，致其全身赤裸，并将其拖往且捆绑于客厅，又在客厅里装上灯泡点亮，让陆续前来的10余名村民观看，并告知村民该女与其丈夫通奸被捉。在邻居劝说让被害人穿上衣服的情况下，被告人仍然不肯，并扬言要让被害人出洋相，让她现现丑，待天亮后扔到公路上给大家看。被告人对被害人实施捆绑的行为，是为达到侮辱被害人的目的，是实现侮辱的暴力手段，是从属于侮辱目的的；也就是说，相对捆绑行为而言，本案被告人的侮辱行为情节严重，已构成一种独立的犯罪，这与《刑法》第238条第1款规定的"具有殴打、侮辱情节的，从重处罚"中的"侮辱情节"是不相同的。该款是针对行为人以非法剥夺他人人身自由为目的，在实施非法拘禁行为或者在非法拘禁状态持续的过程中，同时又对被拘禁人实施侮辱行为的定罪量刑的规定。这里所讲的"侮辱情节"，只是非法拘禁中的伴随情节。亦言之，即是非法拘禁中所伴随的"侮辱"行为；同时，这里所讲的"侮辱情节"，并不要求达到严重程度。只要拘禁人在实施非法拘禁行为或者是在非法拘禁状态持续过程中对被拘禁人同时又实施了侮辱行为的，就应当以非法拘禁罪从重处罚。另外，参照《最高人民检察院关于人民检察院直接受理立案侦查案件立案标准的规定（试行）》中有关国家机关工作人员利用职权非法拘禁他人持续时间超过24小时的才予立案的标准，本案中，被告人作为侮辱手段的捆绑行为能否单独构成非法拘禁罪，还是有疑问的。综上，我们认为，就本案而言，根据被告人的主要故意内容以侮辱罪来定罪量刑是比较适宜的。另外，根据《刑法》第246条第2款的规定，侮辱罪虽然一般是告诉才处理的案件，但严重危害社会秩序和国家利益的，也可以由检察机关提起公诉。就本案而言，检察机关已就被告人的侮辱犯罪事实提起公诉，只是其指控的罪名不妥，因此，法院直接以侮辱罪改判并不违反《刑法》第246条第2款的规定。

（二）侮辱罪与侮辱妇女罪的根本区别在于后罪的行为人具有特殊的行为动机。侮辱罪与侮辱妇女罪的法定刑幅度是不同的，后者重于前者

因此，准确区分二者十分重要。《刑法》第237条规定的侮辱妇女罪，是从1979年《刑法》流氓罪中分离出来的。从立法精神来看，侮辱妇女罪中的"侮辱"的含义不同于《刑法》第246条侮辱罪中的"侮辱"。它主要是指为获得性刺激，以淫秽举止或言语调戏妇女的行为。因此，侮辱妇女罪和侮辱罪的关键区别就在于，前者行为人是基于精神空虚等变态心理，以寻求性刺激或变态的性满足为主要动机，而后者的行为人则主要是基于泄愤、报复等动机，以贬损他人名誉为目的。除此之外，二罪的区别还表现为：(1) 行为对象不同。侮辱妇女罪的对象只能是14周岁以上的少女和成年妇女，而侮辱罪的对象则没有性别及年龄上的限制。侮辱罪虽然也可以妇女为对象，但由于其主观目的是贬损他人名誉，因此，其侵犯的对象只能是特定的妇女或特定的人；而侮辱妇女罪的动机是基于精神空虚等变态心理，寻求性刺激或变态的性满足，因此，其侵犯的对象有

可能是不特定的妇女。（2）行为方式不同。根据《刑法》规定，构成侮辱罪必须以公然实施侮辱行为为要件，而侮辱妇女罪的构成则没有此要求，也可以是以非公然的方式进行。聚众或在公共场所当众侮辱妇女的，则适用更重的法定刑幅度。侮辱妇女罪主观上出于寻求性刺激的动机，决定了其侮辱行为必须是当场对被侮辱的妇女实施，而侮辱罪对被害人所实施的侮辱行为，则既可以是当场，也可以是非当场的。就本案而言，尽管被侵犯的对象也是妇女，但本案被告人主要是基于泄愤、报复等动机，以贬损他人名誉为目的，并非出于精神空虚等变态心理，以寻求性刺激或变态的性满足为主要动机。因此，本案只能以侮辱罪定罪论处。

问题3. 侮辱罪中"情节严重"的判断

【最高人民检察院指导性案例】岳某侮辱案①

一、基本案情

被告人岳某，男，1982年出生，农民。被害人张某，女，殁年34岁。二人系同村村民，自2014年开始交往。交往期间，岳某多次拍摄张某裸露身体的照片和视频。2020年2月，张某与岳某断绝交往。岳某为报复张某及其家人，在自己的微信朋友圈、快手App散布二人交往期间拍摄的张某的裸体照片、视频，并发送给张某的家人。后岳某的该快手账号因张某举报被封号。5月，岳某再次申请快手账号，继续散布张某的上述视频及写有侮辱性文字的张某照片，该快手App散布的视频、照片的浏览量达到600余次。

上述侮辱信息在当地迅速扩散、发酵，造成恶劣社会影响。同时，岳某还多次通过电话、微信骚扰、挑衅张某的丈夫。张某倍受舆论压力，最终不堪受辱服毒身亡。

二、检察履职情况

1. 审查逮捕。2020年7月6日，张某的丈夫以张某被岳某强奸为由到公安机关报案。7月7日，河北省肃宁县公安局立案侦查。7月13日，肃宁县公安局以岳某涉嫌强奸罪向河北省肃宁县人民检察院提请批准逮捕。

肃宁县人民检察院审查认为，因张某死亡，且无其他证据，无法证实岳某实施了强奸行为，但岳某为报复张某，将张某的裸体视频及带有侮辱性文字的照片发送到微信朋友圈和快手等网络平台，公然贬损张某人格、破坏其名誉，致张某自杀，情节严重，应当以侮辱罪追究其刑事责任。岳某侮辱他人，在当地造成恶劣影响，范围较广，严重危害社会秩序，应当适用公诉程序追诉。7月20日，肃宁县人民检察院以岳某涉嫌侮辱罪对其批准逮捕。

2. 审查起诉。2020年9月18日，肃宁县公安局以岳某涉嫌侮辱罪移送审查起诉。肃宁县人民检察院受理后，根据审查情况，要求公安机关向腾讯、快手公司补充调取岳某的账号信息及发布内容，确定发布内容的浏览量，以及在当地造成的社会影响。审查后，肃宁县人民检察院于10月9日以岳某涉嫌侮辱罪提起公诉，并结合认罪认罚情况，对岳某提出有期徒刑二年八个月的量刑建议。

3. 指控与证明犯罪。2020年11月25日，河北省肃宁县人民法院依法不公开开庭审理本案。被告人岳某表示认罪认罚。岳某的辩护人提出，岳某的行为不构成犯罪。一是

① 最高人民检察院2022年2月21日发布的第三十四批指导性案例（检例第138号）。

岳某的行为属于民事侵权行为，散布隐私尚未达到“情节严重”；二是岳某出于专门散布张某隐私视频和照片的目的而开设快手账号，两个账号粉丝共4人，不会有粉丝以外的人浏览，不符合侮辱罪“公然性”要求。公诉人答辩指出，岳某的行为已构成侮辱罪。一是张某因岳某的侮辱行为而自杀，该侮辱行为与死亡结果存在因果关系，属于“情节严重”；二是侮辱行为具有“公然性”。岳某将被害人的裸照、视频发送到网络上，使不特定多数人均可以看到，符合侮辱罪“公然性”的规定。而且，快手 App 并非只有成为粉丝才能浏览，粉丝人数少不代表浏览人数少，在案证据证实视频和照片的浏览量分别为222次、429次，且证人岳某坤等证实曾接收到快手同城推送的带有侮辱性文字的张某照片。

4. 处理结果。2020年12月3日，肃宁县人民法院作出判决，采纳检察机关指控的犯罪事实和量刑建议，以侮辱罪判处岳某有期徒刑二年八个月。判决宣告后，岳某未提出上诉，判决已生效。

三、指导意义

1. 侮辱他人行为恶劣或者造成被害人精神失常、自残、自杀等严重后果的，可以认定为“情节严重”。行为人以破坏他人名誉、贬低他人人格为目的，故意在网络上对他人实施侮辱行为，如散布被害人的个人隐私、生理缺陷等，情节严重的，应当认定为侮辱罪。侮辱罪“情节严重”，包括行为恶劣、后果严重等情形，如当众撕光妇女衣服的，当众向被害人泼洒粪便、污物的，造成被害人或者其近亲属精神失常、自残、自杀的，二年内曾因侮辱受过行政处罚又侮辱他人的，在网络上散布被害人隐私导致被广泛传播的，以及其他情节严重情形。

2. 侮辱罪“严重危害社会秩序”可以结合行为方式、社会影响等综合认定。侮辱罪属于告诉才处理的犯罪，但严重危害社会秩序和国家利益的除外。行为人利用信息网络侮辱他人犯罪案件中，是否属于“严重危害社会秩序”的情形，可以根据《最高人民法院、最高人民检察院关于办理利用信息网络实施诽谤等刑事案件适用法律若干问题的解释》的相关规定予以认定。行为人在网络上散布被害人裸照、视频等严重侵犯他人隐私的信息，造成恶劣社会影响的，或者在网络上散布侮辱他人的信息，导致对被害人产生大量负面评价，造成恶劣社会影响的，不仅侵害被害人人格权，而且严重扰乱社会秩序的，可以认定为“其他严重危害社会秩序的情形”，按照公诉程序依法追诉。

3. 准确认定利用网络散布他人裸照、视频等隐私的行为性质。行为人在与被害人交往期间，获得了被害人的裸照、视频等，无论其获取行为是否合法，是否得到被害人授权，只要恶意对外散布，均应当承担相应法律责任，情节严重的，要依法追究刑事责任。对上述行为认定为侮辱罪还是强制侮辱罪，要结合行为人的主客观方面综合判断。如果行为人以破坏特定人名誉、贬低特定人人格为目的，故意在网络上对特定对象实施侮辱行为，情节严重的，应当认定为侮辱罪。如果行为人出于寻求精神刺激等动机，以暴力、胁迫或者其他方式，对妇女进行身体或者精神强制，使之不能反抗或者不敢反抗，进而实施侮辱的行为，应当认定为强制侮辱罪。

问题4. 利用互联网侮辱他人的行为性质认定

【地方参考案例】常某1、常某2、孙某某犯侮辱罪案①

一、案情

2018年8月20日，被告人常某1之子在德阳某游泳馆游泳时，与同泳道相向而游的安某某发生身体碰撞，常某1之子随即朝安某某游走方向作出吐口水的动作。在岸边的乔某某（系安某某丈夫）看见后，扑向常某1之子，将其头部按入水中，后打了一耳光，并对其予以训斥，双方发生口角。闻讯赶来的常某1与安某某、乔某某在游泳池旁发生争吵，后常某1到大厅前台查看游泳池监控视频，冲进游泳馆女更衣室，与安某某发生肢体冲突。公安民警接警后进行调解，因常某1认为乔某某道歉态度不诚恳，不接受赔礼道歉，调解未果。8月21日上午，常某1等人前往乔某某所在单位反映游泳池冲突情况，要求立即对乔某某进行处理，乔某某所在单位表示待公安机关调查后再行处理。常某1在乔某某所在单位公示栏拍摄乔某某的姓名、单位职务、免冠照片等公示内容。8月21日下午，常某1和被告人常某2（系常某1堂妹）等人前往安某某所在单位反映游泳池冲突情况，要求立即对安某某进行处理，安某某所在单位表示待公安机关调查后再行处理。常某1、常某2在安某某所在单位吵闹并针对安某某发表侮辱性语言，引发群众围观。常某1通过安某某所在单位微信公众号获取安某某的姓名、单位、职务、免冠照片截图。8月21日至23日，常某1、常某2和被告人孙某某（系常某1表妹）将获取的乔某某、安某某的职业等个人信息与游泳池视频关联，配注带有明显负面贬损、侮辱色彩的标题，分别通过微信、微博等方式推送给他人及媒体记者进行爆料，并通过网络发布情绪性、侮辱性标题帖文和评论，引发网民对乔某某、安某某作出负面评价。8月22日至25日，涉及乔某某、安某某的游泳池事件被多家媒体大量报道、转载，引发广大网民对乔某某、安某某诋毁、谩骂。在此期间，乔某某、安某某通过他人与常某1联系协商解决未果。8月25日，安某某服药自杀，经抢救无效死亡。

四川省绵竹市人民法院经审理认为，被告人常某1因其子在游泳池中被打之事对被害人乔某某、安某某产生不满，在公安机关已经介入处理的情况下，先后找被害人单位领导要求处理，并在被害人安某某所在单位进行辱骂、诋毁，引发群众围观。在获取乔某某、安某某的照片及相关身份信息后，直接与游泳池视频结合在一起，配注带有明显负面贬损、侮辱色彩的标题，并故意放大被害人夫妇的职业信息，又通过被告人常某2、孙某某等人参与协助，通过微信、微博等方式推送给他人及媒体记者进行爆料，并参与评论，引导大量网民连续在网络上对被害人进行指责、谩骂、诋毁，公然贬损他人人格、毁损他人名誉，形成网络暴力，并造成被害人安某某不堪负面舆论的精神压力而自杀身亡，情节严重，三被告人的行为均构成侮辱罪。根据各被告人犯罪的事实、性质、情节和对社会的危害程度，对被告人常某1以侮辱罪判处有期徒刑一年六个月；对被告人常某2以侮辱罪判处有期徒刑一年，缓刑二年；对被告人孙某某以侮辱罪判处有期徒刑六个月，缓刑一年。宣判后，被告人常某1提起上诉。四川省德阳市中级人民法院经审理后，裁定驳回上诉，维持原判。判决已发生法律效力。

---

① 四川省高级人民法院发布的2021年度四川省法院十大典型案例。

二、分析

随着互联网的飞速发展，公共表达更加自由便捷，因网络言论引发的网络暴力屡见不鲜，肆意的诋毁、谩骂、人身攻击及人肉搜索，严重侵害了他人的名誉权、隐私权甚至生命健康权等合法权益。网络空间并非法外之地，网络言行必须受到法律的约束与规制。本案中，被告人采取利用真实事件煽动网络暴力的方式，公然对他人进行侮辱，贬损他人人格、毁损他人名誉，导致他人不堪网络暴力自杀死亡，严重侵害了他人的合法权益，并造成了极其恶劣的社会影响和不良行为导向。本案以侮辱罪对被告人判处刑罚，明确了网络暴力与网络言论自由的法律边界，彰显了人民法院依法打击网络暴力犯罪，维护人民群众合法利益的决心和立场，有助于引导网民加强自我监督、自我约束，提高自身的道德自律意识及分辨能力，同时倡导网络、媒体宣传报道文明、负责的网络言行，推进网络空间法治化，合力营造清朗的网络空间。

网络暴力事件已经成为广为关注的社会问题，受害群体从演艺明星等公众人物，逐渐扩展到普通人群，具有严重的社会危害性，亟须从法律角度进行引导和规制。本案是一起因网络暴力致人死亡而引发的典型刑事案件。事件本身具有较高的社会关注度，并引发了诸多的热议，包括在法律上行为人是否构成犯罪、构成何种犯罪、如何定罪量刑等。本案判决在认定被告人构成侮辱罪时，结合了被告人实施的具体行为以及所产生的严重后果，证据充分，说理透彻。不仅有效回应了社会普遍关注的网络暴力行为罪与非罪、此罪与彼罪等法律问题，也是一次覆盖面极广的“以案释法”普法课，对网络暴力行为与网络言论自由树立了清晰的法律边界，对规范网络行为具有导向意义。

问题5. 在网络上侮辱、诽谤死者及其母亲的行为性质认定

【地方参考案例】谭某侮辱、诽谤案[①]

一、案情

江某某诉称，2016 年 11 月 3 日，其女儿江某在日本留学期间，为保护其室友刘某，被刘某前男友陈某残忍杀害。该事件在网上引起中日两国民众的极大关注和广泛评论。被告人谭某为博网民关注，不顾事实和法律，发表与江某案有关的系列文章及漫画，侮辱、诽谤自诉人及死者江某，意图吸引公众眼球，同时在发布大量违法博文时，还开通打赏渠道获取打赏，企图从中谋利。

2018 年 2 月 25 日，被告人谭某在新浪微博账号“Posh – Bin”上发布标题为《甜心宝贝 miss 奖@ b！ tch》的系列漫画，将自诉人描画得面目狰狞、形象丑陋、衣着暴露（甚至裸露下半身），公然丑化自诉人形象，侮辱自诉人人格。经北京市东方公证处公证，该漫画浏览次数达24 690次。

2018 年 9 月 25 日，被告人谭某在新浪微博账号“Posh – Bin”上发布博文《江某某克死自己女儿，不能怨任何人》（经新浪微博公司调查回函证实：截至 2019 年 7 月 10 日，该文扣除自诉人的阅读数为 8734 次）；于 2018 年 10 月 18 日发布的博文《江某某七百多天了还不安生，你想念你家鸽子就去买瓶敌敌畏就 ok 啦》（经新浪微博公司调查回函证实：截至 2019 年 7 月 10 日，该文扣除自诉人的阅读数为 4113 次），在上述两篇文章

① 参见上海市第二中级人民法院（2020）沪 02 刑终 672 号刑事判决书。

的首部附上江某遗照，在遗照上辱骂江某，以极具侮辱性的语言严重侵害江某及自诉人的名誉和人格权。被告人谭某以在遗照上添加辱骂性语言的方式对自诉人及江某进行人身攻击，并在文中对自诉人进行侮辱、谩骂，语言恶毒。2018 年 9 月 24 日至 10 月 30 日，以及 2019 年 3 月 12 日至 3 月 17 日，被告人谭某在微博账号“Posh - Bin”上先后发布微博短文多达 18 篇（已由山东省青岛市城阳公证处、北京市东方公证处公证），连续辱骂自诉人。

2018 年 2 月 12 日，被告人谭某在新浪微博账号“Posh - Bin”上发布文章，捏造江某破坏陈某与刘某感情、江某是陈某情敌而遭其杀害的“事实”，对死去的江某进行肆意诽谤，并捏造自诉人“以为女讨公道为名大肆敛财”的事实，肆意对自诉人进行诽谤，严重损害自诉人品格和名誉。经北京市东方公证处第一次公证，其阅读量达 32 万多次，2018 年 9 月 24 日至 10 月 10 日，被告人谭某发表 9 篇短微博，多次捏造自诉人借女儿之死敛财、骗钱的事实（由山东省青岛市城阳公证处公证）。经新浪微博运营公司调查证明，该 9 篇微博浏览数总计为15 889次。事实上，日本东京地方裁判所作出的陈某故意杀害江某案的判决书（已由中国驻日使馆认证），可以证明陈某杀人的目标是刘某，而非江某，江某在现场系无辜被杀害，不存在江某破坏陈某与刘某感情、江某是陈某情敌而被杀害的事实。同时，自诉人虽有通过网络发起筹款行为，但自诉人家境确实困难，且所筹集的款项全部用于维权所支出的差旅、翻译、公证、聘请律师等费用，并不存在借女儿之死大肆主动敛财、骗取捐款的事实。被告人谭某文章中所称的“事实”严重偏离客观事实，系捏造。2019 年 3 月 15 日，被告人谭某再次转发某博文，经北京市东方公证处公证，该文阅读数较之前增加了10 000多次，截至 2019 年 7 月 24 日又增加了10 000多次，达 34 万多次。被告人发布大量违法博文时，还同时开通打赏渠道，企图从中谋利。

被告人谭某的上述行为给自诉人造成了极大的心理创伤，使自诉人患上了重度抑郁症，有高度自杀倾向。

综上，自诉人及其诉讼代理人认为，谭某以微博大范围传播文章及漫画的方式公然贬损自诉人及江某人格，破坏自诉人及江某名誉，情节严重，其行为已构成侮辱罪；谭某通过微博账号发布博文，捏造江某是陈某情敌而遭陈某杀害，公然损害自诉人及江某人格，还捏造自诉人借女儿之死敛财、骗取捐款，对自诉人进行诽谤，情节严重，谭某的行为已构成诽谤罪，对谭某应予数罪并罚，建议判处有期徒刑并实际执行。

被告人谭某辩称，其从网上获悉陈某杀害江某案后关注该案，并以网民身份通过其新浪微博账号“Posh - Bin”发布系列与江某案有关的文章及漫画，漫画并非其原创，文章、评论多数是复制他人后粘贴再转发；称江某同性恋是受某教授、刘某言论的影响，自己并非传播的源头；“戏精”等是自诉人给公众的形象，其发布的对自诉人进行各种谴责的文章及评论是根据网民对自诉人的评价以及自诉人微博言论和现实行为作出的客观评论，自诉人各种违背道德常理的表现才是被“网暴”的原因，其行为不具有侮辱性、诽谤性，仅是行为失当，不构成侮辱罪、诽谤罪。

辩护人认为，死者没有名誉权，江某不能成为侮辱罪、诽谤罪的侵害对象；自诉人通过轻松筹接受社会爱心人士捐款的同时，在微博上发起了自筹，自筹的钱款数额及支出情况自诉人未提供证据，希望自诉人撤回该节事实的起诉；被告人谭某称江某是陈某情敌而遭陈杀害，是受某教授、刘某言论的误导。因此，被告人谭某的行为确有过错，但是尚未达到定罪程度，不构成侮辱罪、诽谤罪。

二、审判

上海市普陀区人民法院经审理认为，被告人谭某通过微博，以漫画、文字的方式，公然贬损他人人格，破坏他人名誉，情节严重，其行为已构成侮辱罪；又故意利用信息网络捏造事实诽谤他人，公然贬损他人人格，破坏他人名誉，网民浏览数达 34 万余次，情节严重，其行为已构成诽谤罪，依法应予数罪并罚。但是，江某某指控谭某捏造自诉人敛财、骗取捐款，对自诉人进行诽谤的事实，证据不足，不予认定。据此，依照《刑法》第 246 条、第 69 条第 1 款，以及《最高人民法院、最高人民检察院关于办理利用信息网络实施诽谤等刑事案件适用法律若干问题的解释》第 1 条第 1 款第 1 项、第 2 条第 1 项、第 4 条之规定，对被告人谭某以侮辱罪判处有期徒刑一年，以诽谤罪判处有期徒刑九个月，决定执行有期徒刑一年六个月。

一审判决后，江某某、谭某均提出上诉。江某某及其诉讼代理人认为谭某捏造了江某某借女儿之死敛财、骗取捐款的事实，对江某某进行诽谤，一审法院未予认定不当；江某某无法谅解谭某对其女儿江某的侮辱和诽谤，江某善良助人却惨遭杀害，还要被谭某毁坏声誉，其无法接受，不愿意和解、调解。但是考虑到谭某有残疾的母亲，生活不易，其不再请求加重对谭某的量刑。谭某认为，2018 年其通过微博了解江某案，后受舆论影响对江某某产生偏见，跟风参与了网络骂战。2018 年发布的“甜心宝贝”漫画系列及带有侮辱性的文章系其在阅览网民微博中零碎收集到的，并非原创；诽谤江某情杀系其在看了某教授对江某案的分析及刘某公开爆料的言论及其他网民对此的看法分析后误认为江某为情杀，跟风参与发表了看法。其现在认罪悔罪，对江某某表示歉意，希望对江某某进行经济赔偿，与江某某进行和解、调解，请求二审法院对其从轻处罚。其辩护人认为，江某某起诉指控谭某捏造江某某借女儿之死敛财、骗取捐款，对江某某进行诽谤的事实，证据不足，一审法院未认定此节事实是正确的。谭某现在自愿认罪，希望给其认错的机会，量刑上对其从轻处罚，对其适用缓刑。

上海市第二中级人民法院经审理查明的主要事实和证据与原判决相同。上海市第二中级人民法院认为，上诉人谭某的行为已构成侮辱罪、诽谤罪，一审法院对谭某的量刑适当。上诉人江某某起诉指控谭某捏造其借女儿之死敛财、骗取捐款对其进行诽谤的事实，证据不足，不予认定。原判认定谭某犯侮辱罪、诽谤罪的事实清楚，证据确实、充分，量刑适当，且审判程序合法。依照《刑事诉讼法》的规定，裁定驳回江某某、谭某的上诉，维持原判。

第二十章 诽谤罪

第一节 诽谤罪概述

一、诽谤罪概念及构成要件

诽谤罪，是指散布捏造的事实，足以败坏他人名誉，情节严重的行为。

本罪的构成要件如下：

1. 本罪的犯罪主体为一般主体。凡年满16周岁、具备刑事责任能力的人，均可为本罪主体。

2. 本罪侵犯的客体是公民的名誉。

3. 本罪的主观方面由故意构成，指行为人明知自己的行为会造成败坏他人名誉的后果，仍希望或者放任这种危害结果的发生，所以过失不构成本罪。另外，本罪的犯罪动机可能是多种多样的，但动机如何不影响本罪的成立。

4. 本罪的客观方面是散布捏造的事实，败坏他人名誉。一般认为，捏造就是无中生有，凭空制造虚假事实。断章取义改变事实真相，以及将事实剪裁后任意拼凑改变事实真相，使一般人产生重大误解。也属于捏造。捏造的事实，是对他人的社会评价不利，由于捏造，容易使得他人误信，因此对他人的名誉损害程度更严重。如果行为人没有捏造事实，那么其散布真实事实也不构成诽谤罪。捏造了事实只是与个别亲友私下议论，没有散播，或者散播的不是捏造的虚假事实而是客观事实，都不构成本罪。这里的散播既包括在现实生活空间中散播，也包括在信息网络空间中传播。对于利用信息网络侮辱、诽谤他人的行为，同样适用告诉的才处理，但其取证可以由人民法院（而不是当事人）要求公安机关协助。这里的信息网络包括以计算机、电视机、固定电话机、移动电话等电子设备为终端的计算机互联网、广播电视网、固定通信网、移动通信网等信息网络，以及向公众开放的局域网络。他人，在这里是指特定的人，即诽谤他人的行为必须是明确地针对某特定的人实施，如果不是针对特定的人，而是一般的谩骂等，不构成本罪。

二、诽谤罪案件审理情况

根据中国裁判文书网已公布的案件数量，如果以案由为“诽谤罪”，则仅检索到2个案例。

三、诽谤罪案件审理热点、难点问题

司法实践中，要注意诽谤罪与其他罪名的区别。

诽谤罪与诬告陷害罪的关系。诽谤罪与诬告陷害罪的共同点都是捏造事实，诽谤罪也可能捏造犯罪事实。但诽谤罪是对名誉的犯罪，诬告陷害罪是针对人身自由的犯罪，诽谤罪是向没有限定的他人散布虚假事实败坏他人名誉，后者是向公安、监委、检察院等机关告发虚假犯罪事实。因此，向一般人散布所捏造的犯罪事实，一般只成立诽谤罪。但如果行为人旨在利用不知情的一般人向有关机关告发，则可能构成诬告陷害罪。

四、诽谤罪案件审理思路及原则

根据《刑法》第246第2款、第3款的规定，本案依法属于“告诉的才处理”，因此只有被诽谤人亲自向人民法院控告的，人民法院才能受理。但也有两种例外情形：（1）根据《刑法》第98条的规定，如果被害人受强制或威吓而无法告诉的，人民检察院和被害人的近亲属也可以告诉；（2）对于严重危害社会秩序和国家利益的，可由人民检察院提起公诉。

第二节　诽谤罪审判依据

我国刑法关于诽谤罪的明确规定，最早出现在我国1979年《刑法》第145条中，即“以暴力或者其他方法，包括用‘大字报’‘小字报’，公然侮辱他人或者捏造事实诽谤他人，情节严重的，处三年以下有期徒刑、拘役或者剥夺政治权利……”。在1997年修改《刑法》时，对诽谤罪的罪状进行了修改，删除了“包括用‘大字报’‘小字报’”字样，增加了管制这一刑种。公安部于2009年发布《关于严格依法办理侮辱诽谤案件的通知》，规定了诽谤罪中因“严重危害国家秩序和社会利益”由公诉机关提起公诉的情形。2013年最高人民法院和最高人民检察院联合出台《关于办理利用信息网络实施诽谤等刑事案件适用法律若干问题的解释》对日益频繁的网络诽谤犯罪行为的行为方式、情节严重等方面进行了规范。2015年，我国的《刑法修正案（九）》对关于网络诽谤行为的内容作出了补充性的规定，对利用信息网络实施《刑法》第246条第1～2款规定的诽谤行为，如果被害人向法院提起自诉，但在证据提供方面有困难，公安机关可以协助调取证据。补充规定内容为深受日益猖獗的网络诽谤行为侵害的被害人提供了更为便捷的取证渠道。

一、法律

《中华人民共和国刑法》（2020年12月26日修正）

第二百四十六条 以暴力或者其他方法公然侮辱他人或者捏造事实诽谤他人，情节严重的，处三年以下有期徒刑、拘役、管制或者剥夺政治权利。

前款罪，告诉的才处理，但是严重危害社会秩序和国家利益的除外。

通过信息网络实施第一款规定的行为，被害人向人民法院告诉，但提供证据确有困难的，人民法院可以要求公安机关提供协助。

二、司法解释

（一）《最高人民法院关于〈中华人民共和国刑法修正案（九）〉时间效力问题的解释》（2015年11月1日　法释〔2015〕19号）

第四条 对于2015年10月31日以前通过信息网络实施的刑法第二百四十六条第一款规定的侮辱、诽谤行为，被害人向人民法院告诉，但提供证据确有困难的，适用修正后刑法第二百四十六条第三款的规定。

（二）《最高人民法院关于审理非法出版物刑事案件具体应用法律若干问题的解释》（1998年12月17日　法释〔1998〕30号）

第六条 在出版物中公然侮辱他人或者捏造事实诽谤他人，情节严重的，依照刑法第二百四十六条的规定，分别以侮辱罪或者诽谤罪定罪处罚。

（三）《最高人民法院、最高人民检察院关于办理利用信息网络实施诽谤等刑事案件适用法律若干问题的解释》（2013年9月6日　法释〔2013〕21号）

为保护公民、法人和其他组织的合法权益，维护社会秩序，根据《中华人民共和国刑法》《全国人民代表大会常务委员会关于维护互联网安全的决定》等规定，对办理利用信息网络实施诽谤、寻衅滋事、敲诈勒索、非法经营等刑事案件适用法律的若干问题解释如下：

第一条 具有下列情形之一的，应当认定为刑法第二百四十六条第一款规定的“捏造事实诽谤他人”：

（一）捏造损害他人名誉的事实，在信息网络上散布，或者组织、指使人员在信息网络上散布的；

（二）将信息网络上涉及他人的原始信息内容篡改为损害他人名誉的事实，在信息网络上散布，或者组织、指使人员在信息网络上散布的；

明知是捏造的损害他人名誉的事实，在信息网络上散布，情节恶劣的，以“捏造事实诽谤他人”论。

第二条 利用信息网络诽谤他人，具有下列情形之一的，应当认定为刑法第二百四十六条第一款规定的“情节严重”：

（一）同一诽谤信息实际被点击、浏览次数达到五千次以上，或者被转发次数达到五百次以上的；

（二）造成被害人或者其近亲属精神失常、自残、自杀等严重后果的；

（三）二年内曾因诽谤受过行政处罚，又诽谤他人的；

（四）其他情节严重的情形。

第三条 利用信息网络诽谤他人，具有下列情形之一的，应当认定为刑法第二百四十六条第二款规定的“严重危害社会秩序和国家利益”：

（一）引发群体性事件的；

（二）引发公共秩序混乱的；

（三）引发民族、宗教冲突的；

（四）诽谤多人，造成恶劣社会影响的；

（五）损害国家形象，严重危害国家利益的；

（六）造成恶劣国际影响的；

（七）其他严重危害社会秩序和国家利益的情形。

第四条 一年内多次实施利用信息网络诽谤他人行为未经处理，诽谤信息实际被点击、浏览、转发次数累计计算构成犯罪的，应当依法定罪处罚。

第五条 利用信息网络辱骂、恐吓他人，情节恶劣，破坏社会秩序的，依照刑法第二百九十三条第一款第（二）项的规定，以寻衅滋事罪定罪处罚。

编造虚假信息，或者明知是编造的虚假信息，在信息网络上散布，或者组织、指使人员在信息网络上散布，起哄闹事，造成公共秩序严重混乱的，依照刑法第二百九十三条第一款第（四）项的规定，以寻衅滋事罪定罪处罚。

第六条 以在信息网络上发布、删除等方式处理网络信息为由，威胁、要挟他人，索取公私财物，数额较大，或者多次实施上述行为的，依照刑法第二百七十四条的规定，以敲诈勒索罪定罪处罚。

第七条 违反国家规定，以营利为目的，通过信息网络有偿提供删除信息服务，或者明知是虚假信息，通过信息网络有偿提供发布信息等服务，扰乱市场秩序，具有下列情形之一的，属于非法经营行为“情节严重”，依照刑法第二百二十五条第（四）项的规定，以非法经营罪定罪处罚：

（一）个人非法经营数额在五万元以上，或者违法所得数额在二万元以上的；

（二）单位非法经营数额在十五万元以上，或者违法所得数额在五万元以上的。

实施前款规定的行为，数额达到前款规定的数额五倍以上的，应当认定为刑法第二百二十五条规定的“情节特别严重”。

第八条 明知他人利用信息网络实施诽谤、寻衅滋事、敲诈勒索、非法经营等犯罪，为其提供资金、场所、技术支持等帮助的，以共同犯罪论处。

第九条 利用信息网络实施诽谤、寻衅滋事、敲诈勒索、非法经营犯罪，同时又构成刑法第二百二十一条规定的损害商业信誉、商品声誉罪，第二百七十八条规定的煽动暴力抗拒法律实施罪，第二百九十一条之一规定的编造、故意传播虚假恐怖信息罪等犯罪的，依照处罚较重的规定定罪处罚。

第十条 本解释所称信息网络，包括以计算机、电视机、固定电话机、移动电话机等电子设备为终端的计算机互联网、广播电视网、固定通信网、移动通信网等信息网络，以及向公众开放的局域网络。

三、刑事政策文件

（一）《最高人民法院、最高人民检察院、公安部关于依法惩治侵害英雄烈士名誉、荣誉违法犯罪的意见》（2022年1月11日　公通字〔2022〕5号）

一、关于英雄烈士的概念和范围

根据英雄烈士保护法第二条的规定，刑法第二百九十九条之一规定的“英雄烈士”，主要是指近代以来，为了争取民族独立和人民解放，实现国家富强和人民幸福，促进世界和平和人类进步而毕生奋斗、英勇献身的英雄烈士。

司法适用中，对英雄烈士的认定，应当重点注意把握以下几点：

（一）英雄烈士的时代范围主要为“近代以来”，重点是中国共产党、人民军队和中华人民共和国历史上的英雄烈士。英雄烈士既包括个人，也包括群体；既包括有名英雄烈士，也包括无名英雄烈士。

（二）对经依法评定为烈士的，应当认定为刑法第二百九十九条之一规定的“英雄烈士”；已牺牲、去世，尚未评定为烈士，但其事迹和精神为我国社会普遍公认的英雄模范人物或者群体，可以认定为“英雄烈士”。

（三）英雄烈士是指已经牺牲、去世的英雄烈士。对侮辱、诽谤或者以其他方式侵害健在的英雄模范人物或者群体名誉、荣誉，构成犯罪的，适用刑法有关侮辱、诽谤罪等规定追究刑事责任，符合适用公诉程序条件的，由公安机关依法立案侦查，人民检察院依法提起公诉。但是，被侵害英雄烈士群体中既有已经牺牲的烈士，也有健在的英雄模范人物的，可以统一适用侵害英雄烈士名誉、荣誉罪。

（二）《公安部关于严格依法办理侮辱诽谤案件的通知》（2009年4月3日　公通字〔2009〕16号）

各省、自治区、直辖市公安厅、局，新疆生产建设兵团公安局：

多年来，各级公安机关依照《刑法》《治安管理处罚法》的有关规定，查处了一批侮辱、诽谤案件，为保护公民的人格尊严和名誉，维护社会治安秩序作出了贡献。但是，少数地方公安机关在办理侮辱、诽谤案件过程中，不能严格、准确依法办案，引起了新闻媒体和社会各界的广泛关注，产生了不良的社会影响，损害了公安机关形象和执法公信力。为严格依法办理侮辱、诽谤案件，规范执法行为，提高办案质量，保护公民合法权益，现就有关问题通知如下：

一、切实提高对严格依法办理侮辱、诽谤案件重要意义的认识。一些地方公安机关不能正确办理侮辱、诽谤案件，直接原因是对有关法律理解不当、定性不准，深层次的原因是对新形势下人民内部矛盾缺乏清醒的认识。各级公安机关要清醒地认识到，随着国家民主法制建设的不断推进，人民群众的法制意识和政治参与意识不断增强，一些群众从不同角度提出批评、建议，是行使民主权利的表现。部分群众对一些社会消极现象发牢骚、吐怨气，甚至发表一些偏激言论，在所难免。如果将群众的批评、牢骚以及一些偏激言论视作侮辱、诽谤，使用刑罚或治安处罚的方式解决，不仅于法无据，而且可能激化矛盾，甚至被别有用心的人利用，借机攻击我国的社会制度和司法制度，影响党和政府的形象。各级公安机关要从维护社会和谐稳定的大局出发，深刻认识严格准确、依法办理好侮辱、诽谤案件的重要意义，始终坚持党的事业至上、人民利益至上、宪法法律至上，按照“最大限度地增加和谐因素，最大限度地减少不和谐因素”的要求，切实做到严格、公正、文明执法，努力化解矛盾，避免因执法不当而引发新的不安定因素。

二、准确把握侮辱、诽谤公诉案件的管辖范围及基本要件。根据《刑法》第二百四十六条的规定，侮辱、诽谤案件一般属于自诉案件，应当由公民个人自行向人民法院提起诉讼，只有在侮辱、诽谤行为“严重危害社会秩序和国家利益”时，公安机关才能按照公诉程序立案侦查。公安机关在依照公诉程序办理侮辱、诽谤刑事案件时，必须准确把握犯罪构成要件。对于不具备“严重危害社会秩序和国家利益”这一基本要件的，公安机关不得作为公诉案件管辖。对于具有下列情形之一的侮辱、诽谤行为，应当认定为“严重危害社会秩序和国家利益”，以侮辱罪、诽谤罪立案侦查，作为公诉案件办理：（一）因侮辱、诽谤行为导致群体性事件，严重影响社会秩序的；（二）因侮辱、诽谤外交使节、来访的外国国家元首、政府首脑等人员，造成恶劣国际影响的；（三）因侮辱、诽谤行为给国家利益造成严重危害的其他情形。公安机关在接到公民对侮辱、诽谤行为的报案、控告或者举报后，首先要认真审查，判明是否属于公安机关管辖。对于符合上述情形，但通过公诉可能对国家利益和国家形象造成更大损害的，可以通过其他方式予以处理。对于经过审查认为不属于上述情形但涉嫌犯罪的侮辱、诽谤案件，公安机关应当问明情况，制作笔录，并将案件材料移交有管辖权的人民法院，同时向当事人说明此类案件依照法律规定属于自诉案件，不属公安机关管辖，告知其到人民法院自行提起诉讼。公安机关在立案前的审查过程中，不得对有关人员和财产采取强制性措施。对于不构成犯罪但违反《治安管理处罚法》的，要通过治安调解，最大限度地化解矛盾和纠纷；对于调解不成的，应依法给予治安管理处罚。公安机关在办理侮辱、诽谤案件时，要深入细致，辨法析理，努力争取让违法犯罪行为人和被侵害人心悦诚服地接受处理结果，化消极因素为积极因素，取得法律效果和社会效果的统一。

三、切实加强对办理侮辱、诽谤案件的执法监督。对于侮辱、诽谤案件，公安机关经过审查，认为具有严重危害社会秩序和国家利益的情形，需要追究刑事责任的，应当报经上一级公安机关同意后立案侦查；立案后需要采取强制措施的，应当在采取强制措施前报经上一级公安机关同意。对于可能引起较大社会影响的侮辱、诽谤治安案件，在作出行政拘留处罚决定前，应当报经上一级公安机关同意。对于不按照规定报告上级公安机关，或者不服从上级公安机关命令，违反规定对应当自诉的和不构成犯罪的侮辱、诽谤案件立案侦查的，要严肃追究有关责任人员和主管人员的相应责任。

四、高度重视办理侮辱、诽谤案件的舆论引导。公安机关办理侮辱、诽谤案件，在准确把握法律界限，严格依法办案的同时，要保持高度的政治敏感性。对可能引起社会炒作的，要提前做好应对准备。舆论引导要注意把握好时机，信息发布要做到准确、权威，避免引发不安定因素，影响案件正确处理。

各地接到本通知后，要认真贯彻落实，并立即向党委、政府汇报，争取党委、政府的理解和支持。执行中遇到的问题，请及时报部。

第三节 诽谤罪审判实践中的疑难新型问题

问题1. 利用信息网络实施诽谤的行为认定

【刑事审判指导案例】秦某诽谤、寻衅滋事案①

一、基本案情

北京市朝阳区人民法院经公开审理查明以下事实。

（一）诽谤的事实

1. 被告人秦某明知罗某（男，中国战略文化促进会常务副会长兼秘书长）系军人，于2013年2月25日使用昵称为“东土×××”的新浪微博账户（UID号：3198×××857），捏造“罗某之兄罗某1在德国西门子公司任职”的事实，无端质疑罗某及其家人搞“利益交换关系”，并在信息网络上散布。该信息被转发2500余次，引发大量网民对罗某的负面评价。

2. 被告人秦某明知“杨某（女，阳光媒体集团控股有限公司董事局主席）向希望工程虚假捐赠”系捏造的事实，于2013年7月15日使用昵称为“淮上×××”的新浪微博账户（UID号：3621×××850）在信息网络上散布。该信息被转发700余次，引发大量网民对杨某的负面评价。

3. 被告人秦某在信息网络上看到了“兰某（男，35岁）被老女人包养”的不实信息后，将上述信息篡改为“兰某被老女人周某某包养”，并于2013年7月至8月间使用昵称为“366×××××××307”的新浪微博账户（UID号：366×××8323，昵称又曾为“江淮×××”）多次在信息网络上散布。该信息累计被转发900余次，引发大量网民对兰某的负面评价。

4. 被告人秦某于2012年11月27日，使用昵称为“炎黄×××”的新浪微博账户（UID号：293×××2765），捏造“张某（女，中国残疾人联合会主席）具有德国国籍”的事实并散布。后经网友举报，新浪公司判定上述信息为不实信息。张某亦于2012年11月28日通过微博发布澄清声明。秦某又于2012年12月31日使用“炎黄×××”的新浪微博账户再次发布有关上述信息的博文，在短时间内被转发20余次，引发网民对张某的负面评价。

（二）寻衅滋事的事实

2011年7月23日，甬温铁路浙江省温州市相关路段发生特别重大铁路交通事故（“7·23”甬温线动车事故）。在事故善后处理期间，被告人秦某为了利用热点事件进行自我炒作，提高网络关注度，于2011年8月20日使用昵称为“中国××f92”的新浪微

---

① 林涛、李晓、吴小军撰稿，韩维中审编：《秦某诽谤、寻衅滋事案——利用信息网络实施诽谤、寻衅滋事犯罪的司法认定（第964号）》，载最高人民法院刑事审判第一、二、三、四、五庭主办：《刑事审判参考》（总第97集），法律出版社2014年版，第57~65页。

博账户（UID 号：1746 × × ×413）编造并散布虚假信息，称原铁道部向“7・23”甬温线动车事故中的外籍遇难旅客支付 3000 万欧元高额赔偿金。该微博被转发11 000次，评论 3300 余次，引发大量网民对国家机关公信力的质疑，原铁道部被迫于当夜辟谣。秦某的行为对事故善后工作的开展造成了不良影响。

北京市朝阳区人民法院认为，被告人秦某无视法律规定，在信息网络上捏造事实诽谤他人，情节严重，且系诽谤多人，造成恶劣的社会影响，其行为构成诽谤罪；秦某在重大突发事件期间，在信息网络上编造、散布对国家机关产生不良影响的虚假信息，起哄闹事，造成公共秩序严重混乱，其行为还构成寻衅滋事罪，依法应予数罪并罚。北京市朝阳区人民检察院指控秦某犯诽谤罪、寻衅滋事罪的事实清楚，证据确实、充分，指控的罪名成立。秦某在较长时间段内在信息网络上多次肆意实施违法犯罪行为，根据其所犯诽谤罪、寻衅滋事罪的事实、性质、情节和社会危害程度，本应对其酌情从重处罚，但鉴于秦某归案后能够如实供述所犯罪行，认罪悔罪态度较好，可以对其从轻处罚。据此，依照《刑法》第 246 条、第 293 条第 1 款第 4 项、第 67 条第 3 款、第 61 条、第 69 条第 1 款以及《最高人民法院、最高人民检察院关于办理利用信息网络实施诽谤等刑事案件适用法律若干问题的解释》第 1 条、第 2 条、第 3 条、第 4 条、第 5 条第 2 款之规定，北京市朝阳区人民法院以被告人秦某犯诽谤罪，判处有期徒刑二年；犯寻衅滋事罪，判处有期徒刑一年六个月；决定执行有期徒刑三年。

一审宣判后，被告人秦某未提起上诉，公诉机关亦未抗诉，该判决已发生法律效力。

二、主要问题

1. 利用信息网络实施的诽谤罪与寻衅滋事罪如何区别?

2. 对利用信息网络实施的诽谤罪适用公诉程序需要具备哪些条件?

3. 利用信息网络实施的诽谤罪有哪些行为方式，行为人的主观“明知”如何认定?

三、裁判理由

2013 年 9 月，最高人民法院、最高人民检察院联合出台了《关于办理利用信息网络实施诽谤等刑事案件适用法律若干问题的解释》（以下简称《解释》），对利用信息网络实施诽谤、寻衅滋事等犯罪适用法律问题进行了规定。本案是《解释》施行以来全国首例网络诽谤、寻衅滋事案件，该案的审理对于如何适用《解释》有关条款，如何认定利用信息网络实施的诽谤罪和寻衅滋事罪具有重要指导意义。

（一）对利用信息网络实施的诽谤罪和寻衅滋事罪，要准确区分二者的犯罪构成条件

本案发生后，对于如何定性存在不同意见。有意见认为，应当全案定寻衅滋事罪一罪。主要理由如下：(1) 秦某编造、捏造虚假信息在网络上散布，目的是自我炒作，其通过随意攻击名人和有关单位的手段，扰乱民心，谋取关注，主观心态、行为方式具有内在一致性。秦某具有诽谤杨某等公民的事实，但诽谤的目的不明显。(2) 秦某攻击的对象是不特定的社会名人、单位并涉及有关国家机关、公共单位的公信，如秦某编造虚假信息，在“7・23”动车事件中造成了网民对原铁道部的质疑；诽谤张某，张某代表残联；诽谤罗某，罗某代表军队机关；诽谤杨某，同时攻击了希望工程等。《解释》实际上已将网络空间解释为公共场所，对网络秩序的损害也可以视为现实社会危害。秦某的上述行为扰乱了社会公共秩序，构成寻衅滋事罪。秦某利用网络谣言攻击、诽谤杨某等人，同时构成寻衅滋事罪、诽谤罪，属于想象竞合，应当择一重罪认定为寻衅滋事罪。

经研究，公诉机关、审判机关均认为应当认定诽谤罪、寻衅滋事罪，并将两罪并罚。

主要理由如下：

第一，秦某的行为分别符合诽谤罪与寻衅滋事罪的构成条件。准确把握《刑法》规定的诽谤罪、寻衅滋事罪的犯罪构成，是正确理解利用信息网络实施的诽谤罪、寻衅滋事罪的前提条件。根据《刑法》第246条和第293条的规定，捏造事实诽谤他人，情节严重的，构成诽谤罪；实施在公共场所起哄闹事，造成公共场所秩序严重混乱等寻衅滋事行为，破坏社会秩序的，构成寻衅滋事罪。从犯罪客体来看，诽谤罪侵犯的客体是公民的人格和名誉，寻衅滋事罪侵犯的客体是社会秩序。从罪状及行为特征来看，寻衅滋事罪规定的"在公共场所起哄闹事，造成公共场所秩序严重混乱"，通常是指行为人的起哄闹事行为扰乱了某一具体公共场所秩序，或者使该公共场所的相关活动不能顺利进行。在信息网络普及之前，"在公共场所起哄闹事"行为的实施地与危害后果发生地一般都在该公共场所。但随着信息网络的迅速发展，互联网、通信网、广播电视传输覆盖网呈现出"三网合一"的趋势，信息网络与人们的现实生活融为一体，其"工具属性""公共属性"凸显，利用信息网络实施寻衅滋事的行为方式及危害后果与传统的寻衅滋事呈现出不同特征。基于现实情况，《解释》第5条第2款将刑法条文中"在公共场所起哄闹事"解释为"编造虚假信息，或者明知是编造的虚假信息，在信息网络上散布，或者组织、指使人员在信息网络上散布，起哄闹事"，将"造成公共场所秩序严重混乱"解释为"造成公共秩序严重混乱"。对于第一处解释，我们认为，是合理的。例如，行为人虽然不在公共场所，但其利用信息网络散布虚假信息，造成了公共秩序严重混乱，当然可以解释为"在公共场所起哄闹事"。对于第二处解释，我们认为，根据信息网络社会的发展程度，该解释具有现实必要性。例如，行为人利用信息网络散布地震谣言，导致多地大量群众外出"避难"；散布核泄漏谣言，导致大范围的"抢盐"。上述危害后果明显严重扰乱了生产、生活、工作、营业等社会公共秩序，与寻衅滋事罪有关危害后果的立法本意相符，但又不宜概括为造成某一具体公共场所秩序混乱，而用"公共秩序混乱"则能较好解释该问题。但是，对于上述解释，一定要注意保持《解释》与刑法条文规定内涵的一致性，要根据刑法立法本意对《解释》的规定作限制性理解。《解释》第5条第2款规定的利用信息网络实施的寻衅滋事罪要求造成"公共秩序严重混乱"，不仅指虚假信息被大量转发、评论等造成的网络秩序混乱，同时也要求造成生产、生活、工作、营业、教学等现实社会公共秩序的严重混乱。对于虚假信息被及时、有效删除，未被大量转发、评论等，尚未造成广泛影响的，或者仅仅是对网络秩序造成了影响，不宜认定为"造成公共秩序严重混乱"。本案中，被告人秦某捏造损害杨某等公民人格、名誉的事实，在信息网络上被广泛散布，其行为构成诽谤罪；在"7·23"动车事故发生后，编造政府机关天价赔偿外籍乘客的虚假信息，在信息网络上散布，起哄闹事，该虚假信息被转发11 000次，评论3300余次，造成网络空间的混乱；同时在现实社会引发不明真相群众的不满，扰乱了政府机关善后工作，造成社会公共秩序严重混乱，其行为构成寻衅滋事罪。

第二，将秦某的行为认定为诽谤罪、寻衅滋事罪两罪，符合《解释》的原意。《解释》最初起草时是为了规范适用利用信息网络实施的诽谤罪的认定问题，后来增加了利用信息网络实施的寻衅滋事、敲诈勒索、非法经营犯罪的相关条款。由于寻衅滋事罪是从1979年《刑法》规定的流氓罪这一"口袋罪"中分解出来的罪名，《解释》在制定有关利用信息网络实施的寻衅滋事罪条款时特别审慎。根据《解释》在制定时的原意，利用信息网络实施的诽谤罪的对象是特定的自然人，而寻衅滋事罪一般针对的是单位、不特定的多人或者公共事件。如果将利用信息网络诽谤特定自然人的事实，也以破坏网络秩序等为由纳入寻衅滋事罪，则易使寻衅滋事罪演变为“口袋罪”，与罪刑法定基本原则相悖。故要区别对待，不宜一概认定为寻衅滋事罪。

第三，对诽谤杨某等公民的事实以诽谤罪起诉、审理，可以依法保障被害人的附带民事诉讼权利。同时，通过审判，也可以有效恢复被害人的人格、名誉。综上，将本案不同性质的犯罪事实，分别认定为诽谤罪、寻衅滋事罪，定性准确，符合《刑法》规定的犯罪构成和《解释》的制定原意。

（二）利用信息网络实施的诽谤罪符合《刑法》与《解释》规定的公诉案件情形的，应当依法适用公诉程序

根据《刑法》第246条的规定，捏造事实诽谤他人，情节严重的，构成诽谤罪；诽谤罪，告诉的才处理，但是严重危害社会秩序和国家利益的除外。《解释》第2条采用列举的方式，从“数量”“危害后果”“主观恶性”三方面的标准对“情节严重”加以具体化。根据该条规定的数量标准，“同一诽谤信息实际被点击、浏览次数达到5000次以上，或者被转发次数达到500次以上的”，应当认定为“情节严重”。同时，根据《解释》第4条的规定，“一年内多次实施利用信息网络诽谤他人行为未经处理，诽谤信息实际被点击、浏览转发次数累计计算构成犯罪的，应当依法定罪处罚”。关于适用公诉程序的条件，《解释》第3条第1～7项列举了七种“严重危害社会秩序和国家利益”的情形，其中第4项为“诽谤多人，造成恶劣社会影响”。

本案案发后，对部分诽谤事实能否适用公诉程序和《解释》第3条、第4条相关条款的含义存在不同意见。

一种意见认为，诽谤罪属于告诉才处理的自诉案件，公权力介入提起公诉要符合刑法的谦抑原理，只有在每一起诽谤事实都构成诽谤罪的情况下才能适用《解释》第3条诽谤多人的条款提起公诉。本案诽谤张某的信息只被转发25次，不属“情节严重”，社会危害程度较轻，缺乏自诉转公诉的必要性。此外，诽谤信息针对的是个人人格和名誉，有个人属性，不宜类比盗窃等犯罪，将诽谤不同人的信息转发等次数进行累加。《解释》第4条累计计算转发等次数情形中的“诽谤他人”，应当是指诽谤同一人、同一诽谤信息的情形。《解释》第2条规定的入罪情形，针对的是同一人、同一诽谤信息的情形；到了第4条，却针对不同的人和不同的诽谤事实，逻辑上也有些不通。故不能对诽谤张某的事实提起公诉。

另一种意见认为，秦某利用信息网络，分别诽谤罗某、杨某、兰某、张某四名公民，其中关于罗某、杨某、兰某等三人的诽谤信息被转发次数均达到500次以上，应当认定为“情节严重”；关于张某的诽谤信息被转发次数虽然未达到500次，但根据《解释》第4条的规定，秦某系在1年内分别诽谤罗某等四人，应当对上述诽谤信息的被转发次数累计计算。据此秦某诽谤罗某、杨某、兰某、张某的行为构成诽谤罪，且系诽谤多人并造成了恶劣的社会影响，应当适用公诉程序追究秦某所犯诽谤罪的刑事责任。

经研究，本案公诉机关、审判机关均同意后一种意见。主要理由如下：

第一，关于诽谤多人、多次的理解，《解释》最初起草时在第2条中规定了相关情形，认为只要诽谤多人、多次就可以认定为“情节严重”。考虑到该情形与第3条适用诉条件的情形有重复，因体例、法理等原因，后来《解释》第2条未规定诽谤多人、多次的情形，另外增加规定了第4条，即1年内多次利用信息网络诽谤他人行为未经处理，诽

谤信息被实际转发等次数累计计算构成犯罪的，应当依法定罪处罚。根据《解释》制定原意，第4条中的“诽谤他人”针对的主要就是诽谤不同的人、不同诽谤信息，当然也包括诽谤同一人、同一诽谤信息的情形。具体到本案中，秦某在1年内诽谤杨某等四名公民，应当累计计算上述诽谤信息的转发次数，依法认定构成诽谤罪。

第二，被害人对网络诽谤事实往往难以取证，提起自诉较为困难。对于类似秦某等不间断诽谤他人的情况，让多个受害人分别提起自诉，不切合实际。适用公诉程序则能有效打击此类犯罪，保护公民的人格、名誉权。那种认为只有在实施了多次诽谤且每一起诽谤事实都构成诽谤罪的情况下，才能提起公诉的观点，与《解释》原意不符，也使网络诽谤公诉程序失去了应有的意义。例如，行为人利用信息网络连续诽谤多人，造成了恶劣的社会影响，其中2起事实的诽谤信息达到转发500次的“情节严重”标准，其余事实未达到该标准，据此便认为不属于诽谤多人，不能适用公诉程序，显然是忽视了此类网络诽谤行为的社会危害性和行为人的主观恶性。

（三）在网络诽谤案件中，认定行为人主观明知是诽谤事实时，应当根据证据材料，结合被告人的身份、职业、生活经历、一贯表现等因素进行综合判断

《解释》第1条对《刑法》第246条中“捏造事实诽谤他人”的规定进行了类型化，具体包括三种行为方式：一是“捏造并散布”，这是最典型的诽谤行为方式。二是“篡改并散布”，指将信息网络上涉及他人的原始信息内容篡改为损害他人名誉的事实，在信息网络上散布，或者组织、指使人员在信息网络上散布。所谓“篡改”是指实质性的修改，而且篡改后的内容达到了损害他人名誉的程度。三是“明知虚假事实而散布”，指明知是捏造的损害他人名誉的事实，在信息网络上散布，情节恶劣的行为。与前两类行为方式针对造谣者、信息源头不同，第三类行为方式针对的是利用信息来达到个人诽谤目的的恶意传谣者。实践中，对此类行为方式，要准确把握行为人的主观明知。明知包括“知道”和“应当知道”两种情形。“知道”意味着诽谤信息的散布者对于其他人捏造的诽谤被害人名誉的事实是确切知道的，双方甚至可能存在事先或者事中通谋的情况。“应当知道”即根据证据推定行为人知道。推定“应当知道”必须依据各方面的证据材料，综合行为人的身份、职业、生活经历、一贯表现等因素，进行综合分析判断。当前，广大网民转发网络信息的情况非常普遍，其中可能就有不实信息或者诽谤信息。在认定“明知”时应当特别慎重，必须严格把握，不能过高要求普通网民对所转发信息真实性的审查义务。但对于行为人有特定身份，根据法律法规延伸出特定义务的情况，比如新闻从业人员对所发消息真实性没有尽审查义务，短期内大量发布诽谤不同自然人的信息，就可以认定其具有诽谤的主观“明知”。

具体到本案，通过微博账户注册IP地址或者涉案微博文发布IP地址查询及UID号码比对，并综合秦某的供述及微博账户所发布的微博文内容，可以确定涉案微博文均系秦某所发布。秦某在信息网络上看到罗某之兄罗某1在西门公司任职的信息后，捏造罗某之兄在德国西门子公司任职的事实，无端质疑罗某及其家人搞“利益交换关系”，并在信息网络上散布；秦某在信息网络上看到张某在德国小住的文章后，捏造张某具有德国国籍的事实并在信息网络上散布，并于该信息被新浪公司判定为不实信息以及张某作出澄清声明后，仍予以散布。此二者均系无中生有，属于“捏造并散布”。秦某在信息网络上看到了“兰某被老女人包养”的不实信息后，在此类信息中加入了周某某的姓名并在信息网络上散布，使得原始信息更具有针对性和欺骗性，已构成对原始信息的实质性修改，

属于“篡改并散布”。秦某作为网络从业人员，对所发信息的真实性应有基本的核实义务。“杨某向希望工程虚假捐款”的不实信息虽然在互联网上曾有流传，但在杨某及中国青少年发展基金会作出澄清的情况下，秦某不仅没有尽到基本的核实义务，仍然增添内容在信息网络上予以散布，结合其一贯捏造、编造虚假事实并散布的情况，足以认定其具有诽谤的“明知”，属于“明知虚假事实而散布”。

最后，需要说明的是，诽谤罪是告诉才处理的犯罪，该罪可能涉及个人隐私。即使是诽谤公诉案件，也要依法充分研判是否可以公开审理，必要时应当征求被害人本人的意见。如果有关诽谤事实的审理涉及个人隐私，应当进行不公开审理或者局部不公开审理。决定进行公开审理的，也要做好根据庭审实际情况转为不公开审理和局部不公开审理的预案。具体到本案，根据公诉机关指控的诽谤案情和被害人、被告人的态度等情况，合议庭认为，本案公开审理不会侵犯个人隐私，也不会因公开审理对被害人造成再次侵害，反而通过公开审理，可以为被害人恢复名誉，故依法进行了公开开庭审理。为充分保护个人隐私和被害人的名誉等权利，合议庭在开庭前，特别告知旁听的媒体在报道本案时要注意保护公民的人格、名誉权利：在判决书相关部分，隐去了有关诽谤对象的姓名及信息。

问题2. 诽谤罪中“情节严重”的判断

【最高人民检察院指导性案例】郎某、何某诽谤案①

一、基本案情

2020年7月7日18时许，郎某在杭州市余杭区某小区东门快递驿站内，使用手机偷拍正在等待取快递的被害人谷某，并将视频发布在某微信群。后郎某、何某分别假扮快递员和谷某，捏造谷某结识快递员并多次发生不正当性关系的微信聊天记录。为增强聊天记录的可信度，郎某、何某还捏造“赴约途中”“约会现场”等视频、图片。7月7日至7月16日期间，郎某将上述捏造的微信聊天记录截图39张及视频、图片陆续发布在该微信群，引发群内大量低俗、侮辱性评论。

8月5日，上述偷拍的视频以及捏造的微信聊天记录截图27张被他人合并转发，并相继扩散到110余个微信群（群成员约2.6万）、7个微信公众号（阅读数2万余次）及1个网站（浏览量1000次）等网络平台，引发大量低俗、侮辱性评论，严重影响了谷某的正常工作生活。

8月至12月，此事经多家媒体报道引发网络热议，其中，仅微博话题“被造谣出轨女子至今找不到工作”阅读量就达4.7亿次、话题讨论5.8万人次。该事件在网络上广泛传播，给广大公众造成不安全感，严重扰乱了网络社会公共秩序。

二、检察履职情况

（一）推动案件转为公诉程序办理

2020年8月7日，谷某就郎某、何某涉嫌诽谤向浙江省杭州市公安局余杭分局报案。8月13日，余杭分局作出对郎某、何某行政拘留9日的决定。10月26日，谷某委托诉讼代理人向浙江省杭州市余杭区人民法院提起刑事自诉，并根据法院通知补充提交了相关

---

① 最高人民检察院2022年2月21日发布第三十四批的指导性案例（检例第137号）。

材料。12 月 14 日，法院立案受理并对郎某、何某采取取保候审强制措施。

因相关事件及视频在网络上进一步传播、蔓延，案件情势发生重大变化。检察机关认为，郎某、何某的行为不仅侵害被害人的人格权，而且经网络迅速传播，已经严重扰乱网络社会公共秩序。由于本案被侵害对象系随意选取，具有不特定性，任何人都可能成为被侵害对象，严重破坏了广大公众安全感。对此类案件，由自诉人收集证据并达到事实清楚，证据确实、充分的证明标准难度很大，只有通过公诉程序追诉才能及时、有效收集、固定证据，依法惩罚犯罪、维护社会公共秩序。12 月 22 日，浙江省杭州市余杭区人民检察院建议公安机关立案侦查。12 月 25 日，余杭分局对郎某、何某涉嫌诽谤罪立案侦查。12 月 26 日，谷某向余杭区人民法院撤回起诉。

（二）引导侦查取证

余杭区人民检察院围绕诽谤罪“情节严重”的标准以及“严重危害社会秩序”的公诉情形，向公安机关提出对诽谤信息传播侵害被害人人格权与社会秩序、公众安全感遭受破坏的相关证据一并收集固定的意见。公安机关经侦查，及时收集、固定了诽谤信息传播扩散情况、引发的低俗评论以及该案给广大公众造成的不安全感等关键证据。

（三）审查起诉

2021 年 1 月 20 日，余杭分局将该案移送审查起诉。余杭区人民检察院审查认为，郎某、何某为寻求刺激、博取关注，捏造损害他人名誉的事实，在网络上散布，造成该信息被大量阅读、转发，严重侵害谷某的人格权，导致谷某被公司劝退，随后多次求职被拒，使谷某遭受一定经济损失，社会评价也遭受严重贬损，且二被告人侵害对象选择随意，造成不特定公众恐慌和社会安全感、秩序感下降；诽谤信息在网络上大范围流传，引发大量低俗评论，对网络公共秩序造成严重冲击，严重危害社会秩序，符合《刑法》第 246 条第 2 款“严重危害社会秩序”的规定。

2021 年 2 月 26 日，余杭区人民检察院依法对郎某、何某以涉嫌诽谤罪提起公诉。鉴于二被告人认罪认罚，对被害人进行赔偿并取得谅解，余杭区人民检察院对二被告人提出有期徒刑一年，缓刑二年的量刑建议。

（四）指控与证明犯罪

2021 年 4 月 30 日，余杭区人民法院依法公开开庭审理本案。庭审中，二被告人再次表示认罪认罚。

辩护人对检察机关指控事实、定性均无异议。郎某的辩护人提出，诽谤信息的传播介入了他人的编辑、转发，属于多因一果。公诉人答辩指出，郎某作为成年人应当知道网络具有开放性、不可控性，诽谤信息会被他人转发或者评论，因此，他人的扩散行为应当由其承担责任。而且，被他人转发，恰恰说明该诽谤信息对社会秩序的破坏。

（五）处理结果

余杭区人民法院审理后当庭宣判，采纳检察机关指控的犯罪事实和量刑建议，判决二被告人有期徒刑一年，缓刑二年。宣判后，二被告人未提出上诉，判决已生效。

三、指导意义

（一）准确把握网络诽谤犯罪“严重危害社会秩序”的认定条件

网络涉及面广、浏览量大，一旦扩散，往往造成较大社会影响，与传统的发生在熟人之间、社区传播形式的诽谤案件不同，通过网络诽谤他人，诽谤信息经由网络广泛传播，严重损害被害人人格权，如果破坏了公序良俗和公众安全感，严重扰乱网络社会公共秩序的，应当认定为《最高人民法院、最高人民检察院关于办理利用信息网络实施诽谤等刑事案件适用法律若干问题的解释》第3条规定的“其他严重危害社会秩序的情形”。对此，可以根据犯罪方式、对象、内容、主观目的、传播范围和造成后果等，综合全案事实、性质、情节和危害程度等予以评价。

（二）坚持能动司法，依法惩治网络诽谤犯罪

网络诽谤传播广、危害大、影响难消除，被害人往往面临举证难、维权难，通过自诉很难实现权利救济，更无法通过自诉有效追究犯罪嫌疑人刑事责任。如果网络诽谤犯罪侵害了社会公共利益，就应当适用公诉程序处理。检察机关要适应新时代人民群众对人格尊严保护的更高需求，针对网络诽谤犯罪的特点，积极主动履职，加强与其他执法司法机关沟通协调，依法启动公诉程序，及时有效打击犯罪，加强对公民人格权的刑法保护，维护网络社会秩序，营造清朗网络空间。

（三）被害人已提起自诉的网络诽谤犯罪案件，因同时侵害公共利益需要适用公诉程序办理的，应当依法处理好程序转换

对自诉人已经提起自诉的网络诽谤犯罪案件，检察机关审查认为属于“严重危害社会秩序”，应当适用公诉程序的，应当履行法律监督职责，建议公安机关立案侦查。在公安机关立案后，对自诉人提起的自诉案件，人民法院尚未受理的，检察机关可以征求自诉人意见，由其撤回起诉。人民法院对自诉人的自诉案件受理以后，公安机关又立案的，检察机关可以征求自诉人意见，由其撤回起诉，或者建议人民法院依法裁定终止自诉案件的审理，以公诉案件审理。

问题3. 在文学作品中，捏造事实，对他人进行公然侮辱和诽谤的行为是否构成犯罪

【公报案例】唐某诽谤案①

一、案件事实

自诉人：朱某1，女，43岁，福建省福鼎县潘溪乡计划生育专管员。

自诉人：朱某2，男，50岁，福建省福鼎县建委副主任，朱某1之兄。

自诉人：沈某，女，47岁，福建省福鼎县水产渔需站职工，朱某2之妻。

被告人：唐某，女，34岁，原系福建省厦门市文联作家。1989年12月26日被逮捕。

自诉人朱某1、朱某2、沈某向福建省厦门市思明区人民法院起诉，指控被告人唐某利用写小说对死去的王某和自诉人进行诽谤，要求追究刑事责任，并要求赔偿因唐某的诽谤行为使自诉人遭受的经济损失。思明区人民法院依法组成合议庭，经公开审理查明：

被告人唐某撰写的中篇纪实小说《太姥山妖氛》，于1986年2月发表在南京《青春》文学月刊第2期。小说使用自诉人朱某1丈夫王某（1979年因工伤事故死亡）的真名实姓、真实地址和王某与三名自诉人的真实亲属关系称谓，以社会上的谣传和捏造的事实，描写王某生前担任民兵营长期间，横行乡里，肆意抓人关人，吊打村民，抢人钱财，扫荡他人婚宴，逼死新郎，逼疯新娘的情节；王某之所以这样干，就是倚仗着妻舅——自诉人朱某2担任公社党委副书记的权势；朱某2丧失原则，说服大队吸收王某入了党；王

① 载《最高人民法院公报》1990年第2期。

某死后变成牛犊，朱某1对牛犊产生“恋情”，忘却了人间羞辱；沈某同他人通奸等。该小说发表后，使三名自诉人的名誉受到严重损害。朱某1由于遭受非议，几欲自杀，其子出走。朱某2工作受到严重影响。沈某深感无颜见人。三名自诉人由于诉讼，经济上也受到一定损失。

二、法院判决

思明区人民法院认为：被告人唐某在自诉人所在地生活过多年，熟悉死者王某，也清楚三名自诉人与王某的亲属关系，却故意捏造虚假事实进行诽谤，手段恶劣，情节严重，其行为已构成《刑法》第145条规定的诽谤罪。三名自诉人要求赔偿因唐某的诽谤行为使其遭受的经济损失，符合《刑法》第31条的规定，应予认定。鉴于此案是自诉案件，根据《刑事诉讼法》第172条的规定，法院首先进行了调解。由于唐某拒不认罪，致使调解无效。据此，思明区人民法院于1990年1月10日判决：（1）被告人唐某犯诽谤罪，判处有期徒刑一年。（2）被告人唐某赔偿自诉人朱某1、朱某2、沈某经济损失2000元。

被告人唐某不服第一审判决，向厦门市中级人民法院提出上诉。

厦门市中级人民法院第二审认为：上诉人唐某在自己写的小说中以谣传和捏造的事实，公然侮辱和诽谤他人，对死去的王某和三名自诉人的名誉造成严重损害，是故意犯罪。原判定性准确、量刑适当，程序合法，经济赔偿合理，应予维持。唐某的上诉理由不能成立。于1990年3月3日，依照《刑事诉讼法》第136条第1项的规定裁定：驳回上诉人唐某的上诉，维持原审判决。

第二十一章 刑讯逼供罪

第一节　刑讯逼供罪概述

一、刑讯逼供罪概念及构成要件

刑讯逼供罪，是指司法工作人员对犯罪嫌疑人、被告人使用肉刑或者变相肉刑，逼取口供的行为。1979 年《刑法》第 136 条对本罪作了规定，1997 年《刑法》第 247 条对罪状进行了部分修改。

刑讯逼供罪的构成要件如下：（1）本罪侵犯的客体是公民的人身权利和司法机关的正常活动。犯罪对象是犯罪嫌疑人和被告人，需要注意的是本罪的犯罪对象是否实际实施犯罪行为，并不影响犯罪成立，只要司法工作人员将相关人员作为犯罪嫌疑人、被告人对待并加以刑讯逼供的，就可以成为本罪犯罪对象。（2）本罪在客观上表现为对犯罪嫌疑人、被告人使用肉刑或者变相肉刑逼取口供的行为。使用肉刑，是指采取捆绑、吊打、非法使用刑具等恶劣手段；变相肉刑，是指采取长时间的晒、冻、饿、烤等手段或者不让休息的“车轮战”“疲劳战”等审讯方法，使犯罪嫌疑人、被告人遭受肉体痛苦和精神折磨。(3）本罪的犯罪主体为特殊主体，即司法工作人员。根据《刑法》第 94 条的规定，我国刑法中的司法工作人员，是指有侦查、检察、审判、监管职责的工作人员。根据《全国人大常委会法工委、最高人民法院、最高人民检察院、司法部关于劳教工作干警适用刑法关于司法工作人员规定的通知》规定，“劳教工作干警担负着对劳教人员的管理、教育、改造工作，可适用刑法关于司法工作人员的规定”。(4）本罪在主观方面只能由故意构成，并且具有逼取口供的目的，是否实际逼取到口供，不影响本罪的成立。根据《刑法》第 247 条之规定，犯刑讯逼供罪的，处三年以下有期徒刑或者拘役。致人伤残、死亡的，依照《刑法》第 234 条、第 232 条的规定定罪从重处罚。

二、刑讯逼供罪案件审理情况

通过中国裁判文书网统计，2017 年至 2021 年间，全国法院审结一审刑讯逼供刑事案

件共计76件，其中，2017年17件，2018年11件，2019年12件，2020年14件，2021年22件。相较于其他常见犯罪，刑讯逼供刑事案件整体数量不多。但在我国司法工作人员侵犯公民人身权利、民主权利案件中，仍属于相对多发的案件。

司法实践中，刑讯逼供犯罪案件主要呈现出以下特点及趋势：一是刑讯逼供案件多发生于基层办案单位。这一方面是因为基层办案单位办案任务较为繁重；另一方面也说明有待加强依法办案意识。二是刑讯逼供行为往往发生在将犯罪嫌疑人送往看守所羁押之前的临时羁押场所内，多发于初次讯问犯罪嫌疑人的阶段。三是刑讯逼供行为多发于杀人、抢劫等重大刑事案件侦办过程中，这类案件往往造成被害人死亡的严重后果，缺乏能够锁定犯罪嫌疑人的直接证据，且存在命案必破的办案压力，导致办案人员试图通过高压手段获取破案证据。四是刑讯逼供的方法更为隐蔽。直接使用暴力肉刑较少，往往采取变相肉刑和精神折磨等手段，避免留下明显伤痕。

三、刑讯逼供罪案件审理热点、难点问题

一是罪与非罪的区分。《刑法》第247条虽然没有对构成刑讯逼供罪的具体情节予以描述，但并非只要具有刑讯逼供行为就一定构成犯罪。如果司法工作人员刑讯逼供的行为属于“情节显著轻微危害不大”，则可能不构成犯罪。根据2006年7月26日《最高人民检察院关于渎职侵权犯罪案件立案标准的规定》，涉嫌下列情形之一的，应予立案：（1）以殴打、捆绑、违法使用戒具等恶劣手段逼取口供的；（2）以较长时间冻、饿、晒、烤等手段逼取口供，严重损害犯罪嫌疑人、被告人身体健康的；（3）刑讯逼供造成犯罪嫌疑人、被告人轻伤、重伤、死亡的；（4）刑讯逼供，情节严重，导致犯罪嫌疑人、被告人自杀、自残造成重伤、死亡或者精神失常的；（5）刑讯逼供，造成错案的；（6）刑讯逼供三人次以上的；（7）纵容、授意、指使、强迫他人刑讯逼供，具有上述情形之一的；（8）其他刑讯逼供应予追究刑事责任的情形。

二是刑讯逼供致人伤残、死亡时的法律适用。根据《刑法》第247条之规定，刑讯逼供罪致人伤残、死亡的，依照《刑法》第234条、第232条的规定定罪从重处罚。因为故意伤害罪致人轻伤的，依法应当判处三年以下有期徒刑、拘役或者管制；刑讯逼供罪依法应判处三年以下有期徒刑或者拘役，二者量刑幅度大致相当。如果刑讯逼供造成被害人伤残、死亡的严重后果，仍按照刑讯逼供罪定罪处罚，显然失之过轻，所以《刑法》规定此种情况应分别按照故意伤害罪、故意杀人罪的规定从重处罚。此外，本罪中的“伤残”比《刑法》第234条第2款中的“严重残疾”范围要宽，如果刑讯逼供致人伤残的行为适用《刑法》第234条第2款处罚，必须同时具备“手段特别残忍”和“致人重伤造成严重残疾”两个条件。如果情节特别严重的，也可以适用死刑。刑讯逼供致人死亡的情形，应具体分析犯罪嫌疑人对于被害人死亡的结果持何种心态，如果是过失心态，应当按照《刑法》第234条第2款规定的故意伤害（致人死亡）罪定罪处罚；如果是希望或者放任心态，应按照《刑法》第232条规定的故意杀人罪定罪处罚。

三是注意规范化量刑。由于刑讯逼供犯罪数量在刑事案件总数中所占比例较小，2021年7月1日最高人民法院、最高人民检察院实施的《关于常见犯罪的量刑指导意见（试行）》对刑讯逼供罪的量刑并未作出具体规定，有待最高司法机关对该罪总结出一套成熟的量刑规范化标准。为避免各地司法机关对相似的犯罪情节量刑时差距过大，在有关规定出台前，司法人员在对刑讯逼供罪具体量刑时，应当根据犯罪事实、犯罪性质、

情节和社会危害程度，依照刑法和有关司法解释的规定确定恰当的刑罚幅度。

四、刑讯逼供罪案件审理思路及原则

一是充分认识刑讯逼供行为的危害。刑讯逼供行为具有极大的社会危害性，它不仅严重破坏法治，侵犯公民的人身权利，而且容易造成枉纵错案，降低司法机关威信。随着诉讼文明的日渐发达、法治建设逐步推进，刑讯逼供这种严重侵害公民人身权利的审讯方式越来越为现代法治所不容。因此，科学防范、有效惩治刑讯逼供犯罪行为，对充分保障犯罪嫌疑人、被告人的合法权益，建立中国特色社会主义法治，具有重大的意义。保证犯罪嫌疑人、被告人在刑事诉讼中受到公正、人道的对待，防止司法机关不法侵犯当事人、被告人的诉讼权利，也是国家人权保障制度的重要内容。

二是重视对客观证据的审查，准确认定案件事实。刑讯逼供行为并非一定构成刑讯逼供罪，从相关司法解释的规定来看，构成刑讯逼供罪要求行为人具备特定的犯罪手段或者造成特定的危害后果，办理此类案件过程中，法院不仅要关注证人证言、受害人陈述、被告人供述等言辞证据，更应当加强对物证、书证、伤情鉴定意见、视听资料等客观证据的审查，综合全案证据判断有无刑讯逼供行为，伤害后果是否刑讯逼供行为所导致的，尤其是在司法工作人员抓获犯罪嫌疑人时犯罪嫌疑人具有拘捕或者自伤、自残行为的案件中，要通过客观证据正确判断刑讯逼供行为与伤害后果之间是否具有因果关系，从而准确认定司法工作人员是否构成刑讯逼供罪。

三是坚持独立审判、疑罪从无原则。疑罪从无原则是审理刑事案件的基本原则，在一般犯罪案件的审理过程中应当适用，在审理刑讯逼供、暴力取证案件中同样应当适用。不能因为司法工作人员存在刑讯逼供行为，在认定其是否构成刑讯逼供罪的时候，就摒弃疑罪从无原则，进行有罪推定。否则，容易造成新的错案。当然，对于案件事实清楚、证据确实充分的案件，应当准确认定，依法公正判决。

第二节　刑讯逼供罪审判依据

1979 年《刑法》第 136 条规定：“严禁刑讯逼供。国家工作人员对人犯实行刑讯逼供的，处三年以下有期徒刑或者拘役。以肉刑致人伤残的，以伤害罪从重论处。”1997 年《刑法》对 1979 年《刑法》进行了修订，第 247 条规定：“司法工作人员对犯罪嫌疑人、被告人实行刑讯逼供或者使用暴力逼取证人证言的，处三年以下有期徒刑或拘役。致人伤残、死亡的，依照本法第二百三十四条、第二百三十二条的规定定罪从重处罚。”2006 年最高人民检察院出台《关于渎职侵权犯罪案件立案标准的规定》确定了刑讯逼供罪的立案标准。

一、法律、法规

（一）《中华人民共和国刑法》（2020 年 12 月 26 日修正）

第二百四十七条　司法工作人员对犯罪嫌疑人、被告人实行刑讯逼供或者使用暴力

逼取证人证言的，处三年以下有期徒刑或者拘役。致人伤残、死亡的，依照本法第二百三十四条、第二百三十二条的规定定罪从重处罚。

(二)《中华人民共和国检察官法》(2019 年 4 月 23 日修订)

第四十七条 检察官有下列行为之一的，应当给予处分；构成犯罪的，依法追究刑事责任：

(一) 贪污受贿、徇私枉法、刑讯逼供的；

(二) 隐瞒、伪造、变造、故意损毁证据、案件材料的；

(三) 泄露国家秘密、检察工作秘密、商业秘密或者个人隐私的；

(四) 故意违反法律法规办理案件的；

(五) 因重大过失导致案件错误并造成严重后果的；

(六) 拖延办案，贻误工作的；

(七) 利用职权为自己或者他人谋取私利的；

(八) 接受当事人及其代理人利益输送，或者违反有关规定会见当事人及其代理人的；

(九) 违反有关规定从事或者参与营利性活动，在企业或者其他营利性组织中兼任职务的；

(十) 有其他违纪违法行为的。

检察官的处分按照有关规定办理。

(三)《中华人民共和国刑事诉讼法》(2018 年 10 月 26 日修正)

第十九条 刑事案件的侦查由公安机关进行，法律另有规定的除外。

人民检察院在对诉讼活动实行法律监督中发现的司法工作人员利用职权实施的非法拘禁、刑讯逼供、非法搜查等侵犯公民权利、损害司法公正的犯罪，可以由人民检察院立案侦查。对于公安机关管辖的国家机关工作人员利用职权实施的重大犯罪案件，需要由人民检察院直接受理的时候，经省级以上人民检察院决定，可以由人民检察院立案侦查。

自诉案件，由人民法院直接受理。

第五十二条 审判人员、检察人员、侦查人员必须依照法定程序，收集能够证实犯罪嫌疑人、被告人有罪或者无罪、犯罪情节轻重的各种证据。严禁刑讯逼供和以威胁、引诱、欺骗以及其他非法方法收集证据，不得强迫任何人证实自己有罪。必须保证一切与案件有关或者了解案情的公民，有客观地充分地提供证据的条件，除特殊情况外，可以吸收他们协助调查。

第五十六条 采用刑讯逼供等非法方法收集的犯罪嫌疑人、被告人供述和采用暴力、威胁等非法方法收集的证人证言、被害人陈述，应当予以排除。收集物证、书证不符合法定程序，可能严重影响司法公正的，应当予以补正或者作出合理解释；不能补正或者作出合理解释的，对该证据应当予以排除。

在侦查、审查起诉、审判时发现有应当排除的证据的，应当依法予以排除，不得作为起诉意见、起诉决定和判决的依据。

（四）《中华人民共和国海警法》（2021 年 1 月 22 日）

第七十四条　海警机构工作人员在执行职务中，有下列行为之一，按照中央军事委员会的有关规定给予处分：

（一）泄露国家秘密、商业秘密和个人隐私的；

（二）弄虚作假，隐瞒案情，包庇、纵容违法犯罪活动的；

（三）刑讯逼供或者体罚、虐待违法犯罪嫌疑人的；

（四）违反规定使用警械、武器的；

（五）非法剥夺、限制人身自由，非法检查或者搜查人身、货物、物品、交通工具、住所或者场所的；

（六）敲诈勒索，索取、收受贿赂或者接受当事人及其代理人请客送礼的；

（七）违法实施行政处罚、行政强制，采取刑事强制措施或者收取费用的；

（八）玩忽职守，不履行法定义务的；

（九）其他违法违纪行为。

（五）《中华人民共和国国家赔偿法》（2012 年 10 月 26 日修正）

第十七条　行使侦查、检察、审判职权的机关以及看守所、监狱管理机关及其工作人员在行使职权时有下列侵犯人身权情形之一的，受害人有取得赔偿的权利：

（一）违反刑事诉讼法的规定对公民采取拘留措施的，或者依照刑事诉讼法规定的条件和程序对公民采取拘留措施，但是拘留时间超过刑事诉讼法规定的时限，其后决定撤销案件、不起诉或者判决宣告无罪终止追究刑事责任的；

（二）对公民采取逮捕措施后，决定撤销案件、不起诉或者判决宣告无罪终止追究刑事责任的；

（三）依照审判监督程序再审改判无罪，原判刑罚已经执行的；

（四）刑讯逼供或者以殴打、虐待等行为或者唆使、放纵他人以殴打、虐待等行为造成公民身体伤害或者死亡的；

（五）违法使用武器、警械造成公民身体伤害或者死亡的。

二、司法解释

（一）《最高人民法院关于适用〈中华人民共和国刑事诉讼法〉的解释》（2021 年 1 月 26 日　法释〔2021〕1 号）

第九十三条　对被告人供述和辩解应当着重审查以下内容：

（一）讯问的时间、地点，讯问人的身份、人数以及讯问方式等是否符合法律、有关规定；

（二）讯问笔录的制作、修改是否符合法律、有关规定，是否注明讯问的具体起止时间和地点，首次讯问时是否告知被告人有关权利和法律规定，被告人是否核对确认；

（三）讯问未成年被告人时，是否通知其法定代理人或者合适成年人到场，有关人员是否到场；

（四）讯问女性未成年被告人时，是否有女性工作人员在场；

（五）有无以刑讯逼供等非法方法收集被告人供述的情形；

（六）被告人的供述是否前后一致，有无反复以及出现反复的原因；

（七）被告人的供述和辩解是否全部随案移送；

（八）被告人的辩解内容是否符合案情和常理，有无矛盾；

（九）被告人的供述和辩解与同案被告人的供述和辩解以及其他证据能否相互印证，有无矛盾；存在矛盾的，能否得到合理解释。

必要时，可以结合现场执法音视频记录、讯问录音录像、被告人进出看守所的健康检查记录、笔录等，对被告人的供述和辩解进行审查。

第一百二十四条 采用刑讯逼供方法使被告人作出供述，之后被告人受该刑讯逼供行为影响而作出的与该供述相同的重复性供述，应当一并排除，但下列情形除外：

（一）调查、侦查期间，监察机关、侦查机关根据控告、举报或者自己发现等，确认或者不能排除以非法方法收集证据而更换调查、侦查人员，其他调查、侦查人员再次讯问时告知有关权利和认罪的法律后果，被告人自愿供述的；

（二）审查逮捕、审查起诉和审判期间，检察人员、审判人员讯问时告知诉讼权利和认罪的法律后果，被告人自愿供述的。

（二）《人民检察院刑事诉讼规则》（2019年12月30日 高检发释字〔2019〕4号）

第六十六条 对采用刑讯逼供等非法方法收集的犯罪嫌疑人供述和采用暴力、威胁等非法方法收集的证人证言、被害人陈述，应当依法排除，不得作为移送审查逮捕、批准或者决定逮捕、移送起诉以及提起公诉的依据。

第六十八条 对采用刑讯逼供方法使犯罪嫌疑人作出供述，之后犯罪嫌疑人受该刑讯逼供行为影响而作出的与该供述相同的重复性供述，应当一并排除，但下列情形除外：

（一）侦查期间，根据控告、举报或者自己发现等，公安机关确认或者不能排除以非法方法收集证据而更换侦查人员，其他侦查人员再次讯问时告知诉讼权利和认罪认罚的法律规定，犯罪嫌疑人自愿供述的；

（二）审查逮捕、审查起诉期间，检察人员讯问时告知诉讼权利和认罪认罚的法律规定，犯罪嫌疑人自愿供述的。

第七十一条 对重大案件，人民检察院驻看守所检察人员在侦查终结前应当对讯问合法性进行核查并全程同步录音、录像，核查情况应当及时通知本院负责捕诉的部门。

负责捕诉的部门认为确有刑讯逼供等非法取证情形的，应当要求公安机关依法排除非法证据，不得作为提请批准逮捕、移送起诉的依据。

第七十二条 人民检察院发现侦查人员以非法方法收集证据的，应当及时进行调查核实。

当事人及其辩护人或者值班律师、诉讼代理人报案、控告、举报侦查人员采用刑讯逼供等非法方法收集证据，并提供涉嫌非法取证的人员、时间、地点、方式和内容等材料或者线索的，人民检察院应当受理并进行审查。根据现有材料无法证明证据收集合法性的，应当及时进行调查核实。

上一级人民检察院接到对侦查人员采用刑讯逼供等非法方法收集证据的报案、控告、举报，可以直接进行调查核实，也可以交由下级人民检察院调查核实。交由下级人民检察院调查核实的，下级人民检察院应当及时将调查结果报告上一级人民检察院。

人民检察院决定调查核实的，应当及时通知公安机关。

第七十四条 人民检察院认为可能存在以刑讯逼供等非法方法收集证据情形的，可以书面要求监察机关或者公安机关对证据收集的合法性作出说明。说明应当加盖单位公章，并由调查人员或者侦查人员签名。

第七十五条 对于公安机关立案侦查的案件，存在下列情形之一的，人民检察院在审查逮捕、审查起诉和审判阶段，可以调取公安机关讯问犯罪嫌疑人的录音、录像，对证据收集的合法性以及犯罪嫌疑人、被告人供述的真实性进行审查：

（一）认为讯问活动可能存在刑讯逼供等非法取证行为的；

（二）犯罪嫌疑人、被告人或者辩护人提出犯罪嫌疑人、被告人供述系非法取得，并提供相关线索或者材料的；

（三）犯罪嫌疑人、被告人提出讯问活动违反法定程序或者翻供，并提供相关线索或者材料的；

（四）犯罪嫌疑人、被告人或者辩护人提出讯问笔录内容不真实，并提供相关线索或者材料的；

（五）案情重大、疑难、复杂的。

人民检察院调取公安机关讯问犯罪嫌疑人的录音、录像，公安机关未提供，人民检察院经审查认为不能排除有刑讯逼供等非法取证行为的，相关供述不得作为批准逮捕、提起公诉的依据。

人民检察院直接受理侦查的案件，负责侦查的部门移送审查逮捕、移送起诉时，应当将讯问录音、录像连同案卷材料一并移送审查。

第一百二十条 对于公安机关、人民法院决定指定居所监视居住的案件，由人民检察院负责刑事执行检察的部门对指定居所监视居住的执行活动是否合法实行监督。发现存在下列违法情形之一的，应当及时提出纠正意见：

（一）执行机关收到指定居所监视居住决定书、执行通知书等法律文书后不派员执行或者不及时派员执行的；

（二）在执行指定居所监视居住后二十四小时以内没有通知被监视居住人的家属的；

（三）在羁押场所、专门的办案场所执行监视居住的；

（四）为被监视居住人通风报信、私自传递信件、物品的；

（五）违反规定安排辩护人同被监视居住人会见、通信，或者违法限制被监视居住人与辩护人会见、通信的；

（六）对被监视居住人刑讯逼供、体罚、虐待或者变相体罚、虐待的；

（七）有其他侵犯被监视居住人合法权利行为或者其他违法行为的。

被监视居住人及其法定代理人、近亲属或者辩护人认为执行机关或者执行人员存在上述违法情形，提出控告或者举报的，人民检察院应当受理。

人民检察院决定指定居所监视居住的案件，由负责控告申诉检察的部门对指定居所监视居住的执行活动是否合法实行监督。

第一百七十六条 人民检察院办理直接受理侦查的案件，应当全面、客观地收集、调取犯罪嫌疑人有罪或者无罪、罪轻或者罪重的证据材料，并依法进行审查、核实。办案过程中必须重证据，重调查研究，不轻信口供。严禁刑讯逼供和以威胁、引诱、欺骗以及其他非法方法收集证据，不得强迫任何人证实自己有罪。

第二百六十五条 犯罪嫌疑人及其辩护人申请排除非法证据，并提供相关线索或者

材料的，人民检察院应当调查核实。发现侦查人员以刑讯逼供等非法方法收集证据的，应当依法排除相关证据并提出纠正意见。

审查逮捕期限届满前，经审查无法确定存在非法取证的行为，但也不能排除非法取证可能的，该证据不作为批准逮捕的依据。检察官应当根据在案的其他证据认定案件事实和决定是否逮捕，并在作出批准或者不批准逮捕的决定后，继续对可能存在的非法取证行为进行调查核实。经调查核实确认存在以刑讯逼供等非法方法收集证据情形的，应当向公安机关提出纠正意见。以非法方法收集的证据，不得作为提起公诉的依据。

第二百六十六条 审查逮捕期间，犯罪嫌疑人申请排除非法证据，但未提交相关线索或者材料，人民检察院经全面审查案件事实、证据，未发现侦查人员存在以非法方法收集证据的情形，认为符合逮捕条件的，可以批准逮捕。

审查起诉期间，犯罪嫌疑人及其辩护人又提出新的线索或者证据，或者人民检察院发现新的证据，经调查核实认为侦查人员存在以刑讯逼供等非法方法收集证据情形的，应当依法排除非法证据，不得作为提起公诉的依据。

排除非法证据后，犯罪嫌疑人不再符合逮捕条件但案件需要继续审查起诉的，应当及时变更强制措施。案件不符合起诉条件的，应当作出不起诉决定。

（三）《最高人民法院关于国家赔偿案件立案工作的规定》（2012 年 1 月 13 日　法释〔2012〕1 号）

第一条 本规定所称国家赔偿案件，是指国家赔偿法第十七条、第十八条、第二十一条、第三十八条规定的下列案件：

（一）违反刑事诉讼法的规定对公民采取拘留措施的，或者依照刑事诉讼法规定的条件和程序对公民采取拘留措施，但是拘留时间超过刑事诉讼法规定的时限，其后决定撤销案件、不起诉或者判决宣告无罪终止追究刑事责任的；

……

（五）刑讯逼供或者以殴打、虐待等行为或者唆使、放纵他人以殴打、虐待等行为造成公民身体伤害或者死亡的；

……

（九）在民事诉讼、行政诉讼过程中，违法采取对妨害诉讼的强制措施、保全措施或者对判决、裁定及其他生效法律文书执行错误，造成损害的。

（四）《最高人民检察院关于渎职侵权犯罪案件立案标准的规定》（2006 年 7 月 26 日　高检发释字〔2006〕2 号）

二、国家机关工作人员利用职权实施的侵犯公民人身权利、民主权利犯罪案件

（三）刑讯逼供案（第二百四十七条）

刑讯逼供罪是指司法工作人员对犯罪嫌疑人、被告人使用肉刑或者变相肉刑逼取口供的行为。

涉嫌下列情形之一的，应予立案：

1. 以殴打、捆绑、违法使用械具等恶劣手段逼取口供的；

2. 以较长时间冻、饿、晒、烤等手段逼取口供，严重损害犯罪嫌疑人、被告人身体健康的；

3. 刑讯逼供造成犯罪嫌疑人、被告人轻伤、重伤、死亡的；

4. 刑讯逼供，情节严重，导致犯罪嫌疑人、被告人自杀、自残造成重伤、死亡，或者精神失常的；

5. 刑讯逼供，造成错案的；

6. 刑讯逼供3人次以上的；

7. 纵容、授意、指使、强迫他人刑讯逼供，具有上述情形之一的；

8. 其他刑讯逼供应予追究刑事责任的情形。

三、刑事政策文件

（一）《最高人民法院、司法部印发〈关于监狱作为赔偿义务机关的刑事赔偿有关问题的调研会议纪要〉的通知》（法〔2019〕290号　2019年12月13日）

三、各级监狱、监狱管理机关、人民法院赔偿委员会在审查处理监狱作为赔偿义务机关的国家赔偿案件时，应当以合法性作为实体判断标准，结合赔偿案件的具体情况，并参考以下情形综合考量后依法作出决定。

（三）监狱及其工作人员在罪犯之间殴打、虐待等行为发生时，存在人员脱岗、工具失管等怠于履行职责情形，或者监狱及其工作人员在日常监管过程中存在其他怠于履行监管职责的情形，且以上情形与损害结果的发生或者加重具有一定关联的，应当综合考虑该情形在损害发生过程和结果中所起的作用等因素，适当确定国家赔偿的比例和数额。

（二）《最高人民检察院关于印发〈关于人民检察院立案侦查司法工作人员相关职务犯罪案件若干问题的规定〉的通知》（2018年11月24日　高检发〔2018〕28号）

一、案件管辖范围

人民检察院在对诉讼活动实行法律监督中，发现司法工作人员涉嫌利用职权实施的下列侵犯公民权利、损害司法公正的犯罪案件，可以立案侦查：

1. 非法拘禁罪（刑法第二百三十八条）（非司法工作人员除外）；

2. 非法搜查罪（刑法第二百四十五条）（非司法工作人员除外）；

3. 刑讯逼供罪（刑法第二百四十七条）；

4. 暴力取证罪（刑法第二百四十七条）；

5. 虐待被监管人罪（刑法第二百四十八条）；

6. 滥用职权罪（刑法第三百九十七条）（非司法工作人员滥用职权侵犯公民权利、损害司法公正的情形除外）；

7. 玩忽职守罪（刑法第三百九十七条）（非司法工作人员玩忽职守侵犯公民权利、损害司法公正的情形除外）；

8. 徇私枉法罪（刑法第三百九十九条第一款）；

9. 民事、行政枉法裁判罪（刑法第三百九十九条第二款）；

10. 执行判决、裁定失职罪（刑法第三百九十九条第三款）；

11. 执行判决、裁定滥用职权罪（刑法第三百九十九条第三款）；

12. 私放在押人员罪（刑法第四百条第一款）；

13. 失职致使在押人员脱逃罪（刑法第四百条第二款）；

14. 徇私舞弊减刑、假释、暂予监外执行罪（刑法第四百零一条）。

第三节 刑讯逼供罪审判实践中的疑难新型问题

问题1. 司法工作人员在审讯过程中对犯罪嫌疑人、被告人实行刑讯逼供致人死亡的应如何定罪处罚

【公报案例】陈某、李某、熊某、徐某、何某故意伤害、刑讯逼供案①

2007年1月28日22时至次日凌晨2时，因涉嫌抢夺、抢劫犯罪的嫌疑人邵某、别某、王某被固原市公安局原州区分局巡警队抓获后，送交中山街派出所接受讯问。被告人陈某、李某在审讯邵某过程中，对其采取绳绑、脚踢胸部、警棍击打胸背部等暴力手段逼取口供，历时四小时之久。期间，被告人熊某、徐某亦分别参与了对邵某实施的绳绑、脚踢、警棍击打等刑讯逼供行为。被告人何某在审讯别某过程中，用警棍击打其腿部以逼取口供。邵某、别某于1月29日下午被送往固原市看守所羁押。2007年2月1日，邵某出现腿疼、浑身疼等症状，看守所狱医进行了诊治，2月2日18时15分，邵某病情加重，经送往医院抢救无效死亡。经法医鉴定：邵某系胸、背部遭受钝性外力作用致肺挫伤继发肺脓肿及全身多器官感染，终致呼吸、循环功能衰竭死亡。

2008年5月12日，吴忠市中级人民法院依法组成合议庭，公开审理了此案。法庭审理认为：被告人陈某、李某、熊某、徐某、何某身为公安人员，对抢夺犯罪嫌疑人实行刑讯逼供，导致被害人邵某因呼吸、循环功能衰竭而死亡。其中被告人陈某、李某、熊某、徐某共同实行刑讯逼供致人死亡，其行为已构成故意伤害（致人死亡）罪，并应依法从重处罚。被告人何某的行为已构成刑讯逼供罪。公诉机关指控各被告人的犯罪事实清楚，证据确实充分，罪名成立，应予支持。在共同犯罪中，被告人陈某、李某二人起主要作用，系主犯；被告人熊某、徐某起次要作用，系从犯，依法可对二被告人减轻处罚。被告人徐某认罪态度好，具有悔罪表现，被告人何某犯罪情节较轻，可酌定从轻处罚。

2008年5月27日，吴忠市中级人民法院依照《刑法》第247条，第234条，第25条第1款，第26条第1款、第4款，第27条，第72条，第73条第2款、第3款之规定，作出如下判决：（1）被告人陈某犯故意伤害罪，判处有期徒刑十五年。（2）被告人李某犯故意伤害罪，判处有期徒刑十三年。（3）被告人熊某犯故意伤害罪，判处有期徒刑八年。（4）被告人徐某犯故意伤害罪，判处有期徒刑三年，缓刑五年。（5）被告人何某犯刑讯逼供罪，判处有期徒刑二年，缓刑三年。

被告人陈某、李某、熊某、徐某、何某等人均不服一审判决，向宁夏回族自治区高级人民法院提出上诉。

宁夏回族自治区高级人民法院依法组成合议庭审理了此案。法庭审理认为：上诉人陈某、李某、熊某、徐某身为公安执法人员，在执行公务活动中执法犯法，采用捆绑、

---

① 载《最高人民检察院公报》2009年第3期。

踢打、非法使用警棍等手段，对被害人邵某实行刑讯逼供并导致邵某呼吸、循环功能衰竭死亡。其行为均已构成故意伤害（致人死亡）罪；上诉人何某身为执法人员，在讯问犯罪嫌疑人别某时，非法使用警用器械殴打别某逼取口供，其行为构成刑讯逼供罪。一审法院所作判决，事实清楚，证据确实，定罪准确，量刑适当，审判程序合法，适用法律正确。

2008 年 7 月 31 日，宁夏回族自治区高级人民法院依照《刑事诉讼法》第 189 条第 1 项之规定，作出如下裁定：驳回陈某、李某、熊某、徐某、何某的上诉，维持原判。

问题 2. 刑讯逼供造成轻伤应如何认定

【实务专论】①

李某系公安人员，为获取口供，对一犯罪嫌疑人使用暴力致其轻伤乙级。为此，公诉机关认定李某的行为触犯了《刑法》第 247 条和第 234 条第 1 款的规定，应当以故意伤害罪追究其刑事责任。法院在审理该案时，对被告人如何定罪有两种意见：一种意见认为，应以故意伤害罪定罪；另一种意见认为，刑讯逼供致人伤残，应理解为致人重伤、残废，不包括轻伤。因为，刑讯逼供罪的量刑幅度与一般故意伤害罪（即轻伤）基本一样，所以对被告人的行为应以刑讯逼供罪定罪处罚。请问以上哪种意见正确?

根据《刑法》第 247 条的规定，司法工作人员对犯罪嫌疑人、被告人实行刑讯逼供或者使用暴力逼取证人证言的，处三年以下有期徒刑或者拘役。致人伤残、死亡的，依照本法第 234 条、第 232 条的规定定罪从重处罚。刑法规定的刑讯逼供罪最高刑是三年有期徒刑，条文中“致人伤残、死亡”的处罚规定是针对造成犯罪嫌疑人、被告人严重伤害或者死亡的情形，此种情形应按照故意杀人罪、故意伤害罪定罪处罚。而对于仅造成轻伤的刑讯逼供行为，构成犯罪的，应认定为刑讯逼供罪。

【地方参考案例】管某等刑讯逼供案②

一、基本案情

2011 年 5 月 25 日，被害人杨某丙因涉及盗窃与同案犯李某被台州市公安局路桥分局巡特警大队抓获后移送路南派出所接受调查。因杨某丙拒不供述其盗窃的犯罪事实，当天晚上，时任台州市公安局路桥分局路南派出所分管刑侦工作副所长的被告人管某组织人员，安排对杨某丙进行夜间审讯。

当天晚上 20 时许，被告人管某通知被告人陈某乙、徐某、冯某、梁某甲、陈某甲等人到其位于路南派出所二楼的办公室开会。会上，被告人管某具体安排分工当晚对杨某丙进行夜间审讯的地点、班次、时间及人员：审查杨某丙的地点设在路南派出所办案区内辨认室隔壁的一个小房间内，通过一道暗门进入，房间内有一铁架，并有用于捆绑的绳子，房间内未安装同步录音录像；第一班从会后到 24 时许，由被告人管某负责，被告人梁某甲、冯某二人配合审讯；第二班从 24 时到第二天凌晨 4 时，由被告人徐某负责，

---

① 《人民司法》研究组：《刑讯逼供造成轻伤应认定故意伤害罪还是刑讯逼供罪?》，载《人民司法・应用》2010 年第 5 期。

② 参见浙江省台州市中级人民法院（2014）浙台刑一终字第 494 号刑事判决书。

其他协警配合审讯；第三班从第二天凌晨4时到早上8时许，由被告人陈某乙负责，被告人陈某甲等协警配合审讯。会上，被告人管某还强调杨某丙拒不供认，要对其吊起来进行审讯。被告人管某、梁某甲和冯某审查杨某丙期间，被告人管某示意并与被告人冯某一起将杨某丙的手用皮具套住，再用绳子穿过皮具，再穿过铁架左右两边的圆环绑在铁架两边，之后，被告人冯某与被告人梁某甲一起在旁边拉着绳子，使杨某丙脚尖着地、脚跟离地，基本悬空吊挂。被告人管某还用扇耳光、用橡皮警棍戳的方式对杨某丙进行刑讯逼供。当夜被告人徐某等人一班、被告人陈某乙与被告人陈某甲等人一班也按照被告人管某的事先安排、布置，继续对杨某丙采用双手吊挂、双脚脚尖着地、脚跟离地的方式进行刑讯逼供。在审讯过程中，被告人陈某甲曾在被告人陈某乙出警期间用橡皮警棍对杨某丙身上及脚上进行过殴打，后被出警回来的被告人陈某乙予以制止。第二天下午，被害人杨某丙因伤势过重，先后在台州市博爱医院、台州医院路桥院区等医院住院抢救、治疗。经鉴定，杨某丙右腕关节功能障碍损伤程度为轻伤一级；急性肾功能障碍损伤程度为轻伤二级。2014年6月，被害人杨某丙又因盗窃被临海市公安局抓获，遂向检察机关举报被告人管某等人对其刑讯逼供的情况。被告人管某获悉检察机关开展调查的信息后，于2014年7月12日、13日联系被告人陈某乙、徐某等人先后在路桥区路南街道综治办、路桥蓝雅咖啡美食会所商量如何应对，约定若检察机关调查时，拒绝承认曾对杨某丙审讯或者对杨某丙刑讯逼供。

原审法院根据上述事实和相关法律规定，以刑讯逼供罪分别判处被告人管某有期徒刑九个月，缓刑一年，判处被告人陈某甲拘役六个月，缓刑九个月，均判处被告人陈某乙、徐某、冯某、梁某甲免予刑事处罚。

另查明，在二审审理期间，上诉人管某从朋友黄某乙处得知有两名涉嫌开设赌场的犯罪嫌疑人在逃及该两名犯罪嫌疑人的落脚点，后带领公安机关抓获该两名犯罪嫌疑人；管某赔偿给被害人杨某丙人民币20 000元，并获杨某丙的谅解，请求对管某从轻处罚。上述事实有辩护人在二审庭审中出示的相关证据证实。

关于上诉理由，经查，（1）被告人管某、同案被告人陈某乙、徐某、陈某甲的供述及证人吴某、黄某甲的证言，均证实被告人管某召集了徐某、陈某乙等人开会，在会上对夜间审讯的地点、班次、时间及人员进行了安排，可以认定被告人管某在对杨某丙的审讯过程中起到组织、领导作用，同时同案被告人梁某甲、冯某的供述均证实被告人管某对被害人杨某丙实施过殴打。故被告人管某及其辩护人关于被告人管某没有起到组织、领导作用及未对杨某丙实施过殴打的上诉理由和辩护意见不能成立，不予采纳。（2）根据被告人管某的供述，其是在跟朋友黄某乙聊天的过程中得知有两名涉嫌开设赌场的犯罪嫌疑人在逃，其供述得到了证人黄某乙的印证，故管某立功的线索来源清楚，非通过非法手段获取，亦与其职务无关，应该认定被告人管某协助公安机关抓获两名犯罪嫌疑人的行为构成立功。

二审法院认为，上诉人（原审被告人）管某、原审被告人陈某甲、陈某乙、徐某、冯某、梁某甲作为司法工作人员，结伙对犯罪嫌疑人实行刑讯逼供，致使犯罪嫌疑人轻伤，其行为均已构成刑讯逼供罪。在共同犯罪中，被告人管某系主犯，被告人陈某甲、陈某乙、徐某、冯某、梁某甲系从犯。被告人管某主动投案，同时考虑其采取非法手段审讯的目的是早破案以及本案被害人即犯罪嫌疑人杨某丙因盗窃罪已被判处刑罚的实际情况，可依法对其从轻处罚并适用缓刑。被告人陈某甲对被害人有殴打行为，但鉴于其系从犯且有自首情节，依法可予以从轻处罚并适用缓刑。被告人陈某乙、徐某、冯某、梁某甲均系从犯且有自首情节，其中被告人梁某甲犯罪时未满 18 周岁，依法可免予刑事处罚。原判定罪正确，审判程序合法。鉴于二审期间上诉人管某有立功表现且获被害人杨某丙谅解，可在原判基础上再予以从轻处罚。但被告人管某在共同犯罪中行为积极主动，地位作用突出，又造成他人轻伤后果，依法不能免予刑事处罚。故上诉人管某及其辩护人请求免予刑事处罚的上诉理由和辩护意见不能成立，不予采纳。

二、裁判结果

依照《刑事诉讼法》第 225 条第 2 项和《刑法》第 247 条，第 25 条第 1 款，第 26 条第 1 款、第 4 款，第 27 条，第 67 条第 1 款，第 17 条第 3 款，第 72 条之规定，判决如下：(1) 撤销台州市路桥区人民法院（2014）台路刑初字第 949 号刑事判决对上诉人（原审被告人）管某的量刑部分，维持其余部分。(2) 上诉人（原审被告人）管某犯刑讯逼供罪，判处有期徒刑六个月，缓刑一年。

第二十二章
暴力取证罪

第一节　暴力取证罪概述

一、暴力取证罪概念及构成要件

暴力取证罪，是指司法工作人员使用暴力逼取证人证言的行为。1979 年《刑法》和单行刑法中均没有规定本罪，1997 年《刑法》第 247 条增设了本罪。虽然 1979 年《刑法》没有规定暴力取证罪，但从司法实践看，在侦查过程中，确实存在极少数司法工作人员采用暴力手段逼取证人证言的行为，此类行为不仅严重侵犯了公民的人身权利，而且扰乱了司法机关的正常活动，严重损害司法威信。为此，新的《刑法》增设了本罪名，以有效维护证人的合法权益。同时，新的《刑事诉讼法》也将“不得强迫任何人证实自己有罪”的原则纳入其中，并且明确规定“采用暴力、威胁等非法方法收集的证人证言、被害人陈述，应当予以排除”。

暴力取证罪的构成要件如下：（1）本罪侵犯的客体是公民的人身权利和司法机关的正常活动。本罪的犯罪对象是“证人”，即在刑事诉讼中向司法机关提供自己所知道的案件情况的人。需要注意的是，本罪中的犯罪对象与《刑事诉讼法》中“证人”范围的区别，《刑事诉讼法》第 62 条第 2 款规定，生理上、精神上有缺陷或者年幼，不能辨别是非、不能正确表达的人，不能作证人。但本罪中的“证人”，其是否实际知道案件情况，是否具有作证能力，逼取的证言是否符合事实，不影响成为本罪的犯罪对象，只要司法工作人员将其作为获取证言的对象而暴力逼取证言即可。（2）本罪在客观上表现为对证人使用暴力手段逼取证言的行为。本罪中的“暴力”，是指采取殴打、捆绑、违法使用械具等针对被害人的人身实施的不法手段和方法。如果不是针对被害人的人身，而是对其进行精神上的强制、胁迫、恫吓等方式逼取证言的，不是本罪中的“暴力”。纵容、授意、指使、强迫他人暴力取证的，同样构成暴力取证罪。（3）本罪的犯罪主体为特殊主体，即司法工作人员。按照《刑法》第 94 条的规定，司法工作人员，是指负有侦查、检察、审判和监管职责的工作人员。非司法工作人员不能构成本罪的主体，但与司法工作人员共同实施暴力取证的，可以成为本罪共犯。（4）本罪在主观方面只能由故意构成，且有逼取证人证言的目的。逼取证人证言的动机可能是各种各样的，但动机如何，不影响本罪的成立。

二、暴力取证罪案件审理情况

通过中国裁判文书网统计，2017 年至 2021 年间，全国法院审结一审暴力取证刑事案件共计 2 件，其中，2017 年有 1 件，2020 年有 1 件。相较于其他常见犯罪，暴力取证刑事案件整体数量极少，属于低发案件，对于暴力取证刑事案件在司法实践中的发展趋势，从目前有限的案件数量来看，无法形成有效的分析样本，有待于进一步搜集整理。

三、暴力取证罪案件审理热点、难点问题

一是罪与非罪的区分。《刑法》第 247 条虽然没有对构成暴力取证罪的具体情节加以描述，但并非只要具有暴力取证行为就一定构成犯罪，还要看该行为的社会危害程度及危害后果大小。如果司法工作人员暴力取证的行为属于“情节显著轻微危害不大”，则可能不构成犯罪。根据 2006 年 7 月 26 日《最高人民检察院关于渎职侵权犯罪案件立案标准的规定》，涉嫌下列情形之一的，应予立案：（1）以殴打、捆绑、违法使用械具等恶劣手段逼取证人证言的；（2）暴力取证造成证人轻伤、重伤、死亡的；（3）暴力取证，情节严重，导致证人自杀、自残造成重伤、死亡或者精神失常的；（4）暴力取证，造成错案的；（5）暴力取证三人次以上的；（6）纵容、授意、指使、强迫他人暴力取证，具有上述情形之一的；（7）其他暴力取证应予追究刑事责任的情形。同时需要注意的是，对于没有使用暴力，例如，采取引诱证人作证的方式不正当获取证人证言的行为，不构成本罪，一般是由于司法工作人员法治意识、司法水平不足造成的，对于轻微不法行为，危害不大的，酌情给予行政处分、纪律处分即可。

二是暴力取证罪与妨害作证罪的区分。《刑法》第 307 条规定了妨害作证罪，即以暴力、胁迫、贿买等方法阻止证人作证或者指使他人作伪证的行为。暴力取证罪与妨害作证罪的犯罪对象都是证人，行为方式都有暴力手段，二者的区别在于：第一，侵犯的法益不同。暴力取证罪侵犯公民的人身权利和司法机关的正常活动；妨害作证罪侵犯的是司法活动的客观公正性。第二，行为方式不同。暴力取证罪的行为手段仅限于暴力方式；妨害作证罪可以是暴力、胁迫、贿买等多种方法。第三，犯罪主体不同。暴力取证罪的犯罪主体是司法工作人员；妨害作证罪是一般犯罪主体。第四，主观方面不完全相同。暴力取证罪有逼取证人作证的目的；妨害作证罪的目的可以是阻止他人作证或者指使他人作伪证。

三是暴力取证罪中罪数形态的认定。根据《刑法》第 247 条之规定，暴力取证致人伤残、死亡的，分别依照《刑法》第 234 条和第 232 条的故意伤害罪与故意杀人罪定罪并从重处罚。因为故意伤害罪致人轻伤的，依法应当判处三年以下有期徒刑、拘役或者管制；暴力取证罪依法应判处三年以下有期徒刑或者拘役，二者量刑幅度大致相当。如果暴力取证造成被害人伤残、死亡的严重后果，仍按照暴力取证罪定罪处罚，显然失之过轻，所以刑法规定此种情况只需要故意伤害罪、故意杀人罪的规定从重处罚即可，无须数罪并罚。

四、暴力取证罪案件审理思路及原则

暴力取证刑事案件在司法实践中发案率极低，在此类案件的审理过程中，要坚持证据裁判原则，准确认定案件事实，做到不枉不纵。同时需要注意的是，由于此类案件不仅严重侵犯公民人身权利，并且有损司法机关的司法权威和司法公信，容易引发社会关注和不良媒体炒作，因此，司法机关在案件审理过程中要及时关注社会舆情动向，既要发挥好舆论监督的积极作用，制定好审理预案，做好舆情引导；又要坚持客观公正的立场，防止出现“未审先判”或“舆论审判”。

第二节 暴力取证罪审判依据

1997 年《刑法》第 247 条规定：“司法工作人员对犯罪嫌疑人、被告人实行刑讯逼供或者使用暴力逼取证人证言的，处三年以下有期徒刑或者拘役。致人伤残、死亡的，依照本法第二百三十四条、第二百三十二条的规定定罪从重处罚。”2006 年最高人民检察院出台《关于渎职侵权犯罪案件立案标准的规定》确定了暴力取证罪的立案标准。

一、法律

《中华人民共和国刑法》（2020 年 12 月 26 日修正）

第二百四十七条 司法工作人员对犯罪嫌疑人、被告人实行刑讯逼供或者使用暴力逼取证人证言的，处三年以下有期徒刑或者拘役。致人伤残、死亡的，依照本法第二百三十四条、第二百三十二条的规定定罪从重处罚。

二、司法解释

（一）《最高人民检察院关于渎职侵权犯罪案件立案标准的规定》（2006 年 7 月 26 日高检发释字〔2006〕2 号）

二、国家机关工作人员利用职权实施的侵犯公民人知权利、民主权利罪案件

（四）暴力取证案（第二百四十七条）

暴力取证罪是指司法工作人员以暴力逼取证人证言的行为。

涉嫌下列情形之一的，应予立案：

1. 以殴打、捆绑、违法使用械具等恶劣手段逼取证人证言的；
2. 暴力取证造成证人轻伤、重伤、死亡的；
3. 暴力取证，情节严重，导致证人自杀、自残造成重伤、死亡，或者精神失常的；
4. 暴力取证，造成错案的；
5. 暴力取证 3 人次以上的；
6. 纵容、授意、指使、强迫他人暴力取证，具有上述情形之一的；
7. 其他暴力取证应予追究刑事责任的情形。

（二）《最高人民检察院关于人民检察院直接受理立案侦查案件立案标准的规定（试行）》（1999 年 9 月 16 日 高检发释字〔1999〕2 号）

三、国家机关工作人员利用职权实施的侵犯公民人身权利、民主权利犯罪案件

（四）暴力取证案（第 247 条）

暴力取证罪是指司法工作人员以暴力逼取证人证言、被害人陈述的行为。

涉嫌下列情形之一的，应予立案：

1. 手段残忍、影响恶劣的；

2. 致人自杀或者精神失常的；

3. 造成冤、假、错案的；

4. 3 次以上或者对 3 人以上进行暴力取证的；

5. 授意、指使、强迫他人暴力取证的。

三、刑事政策文件

《最高人民检察院关于印发〈关于人民检察院立案侦查司法工作人员相关职务犯罪案件若干问题的规定〉的通知》（2018 年 11 月 24 日 高检发研字〔2018〕28 号）

2018 年 10 月 26 日，第十三届全国人民代表大会常务委员会第六次会议审议通过了《关于修改〈中华人民共和国刑事诉讼法〉的决定》。修改后的《刑事诉讼法》第十九条第二款规定："人民检察院在对诉讼活动实行法律监督中发现的司法工作人员利用职权实施的非法拘禁、刑讯逼供、非法搜查等侵犯公民权利、损害司法公正的犯罪，可以由人民检察院立案侦查。"为做好人民检察院与监察委员会案件管辖范围的衔接，对在诉讼监督中发现的司法工作人员利用职权实施的侵犯公民权利、损害司法公正的犯罪依法履行侦查职责，作出如下规定：

一、案件管辖范围

人民检察院在对诉讼活动实行法律监督中，发现司法工作人员涉嫌利用职权实施的下列侵犯公民权利、损害司法公正的犯罪案件，可以立案侦查：

1. 非法拘禁罪（刑法第二百三十八条）（非司法工作人员除外）；

2. 非法搜查罪（刑法第二百四十五条）（非司法工作人员除外）；

3. 刑讯逼供罪（刑法第二百四十七条）；

4. 暴力取证罪（刑法第二百四十七条）；

5. 虐待被监管人罪（刑法第二百四十八条）；

6. 滥用职权罪（刑法第三百九十七条）（非司法工作人员滥用职权侵犯公民权利、损害司法公正的情形除外）；

7. 玩忽职守罪（刑法第三百九十七条）（非司法工作人员玩忽职守侵犯公民权利、损害司法公正的情形除外）；

8. 徇私枉法罪（刑法第三百九十九条第一款）；

9. 民事、行政枉法裁判罪（刑法第三百九十九条第二款）；

10. 执行判决、裁定失职罪（刑法第三百九十九条第三款）；

11. 执行判决、裁定滥用职权罪（刑法第三百九十九条第三款）；

12. 私放在押人员罪（刑法第四百条第一款）；

13. 失职致使在押人员脱逃罪（刑法第四百条第二款）；

14. 徇私舞弊减刑、假释、暂予监外执行罪（刑法第四百零一条）。

第三节　暴力取证罪审判实践中的疑难新型问题

问题　暴力迫使证人在询问笔录上签名按手印并致人轻伤的行为如何定性

【刑事审判参考案例】周某暴力取证案①

一、基本案情

淅川县人民法院经公开审理查明：1998 年 12 月 11 日 22 时许，被告人周某等人在淅川县公安局滔河镇派出所副所长贾某的带领下，前往滔河乡孔家峪村传讯抢劫嫌疑人许某。许某不在家，周某等人即传唤许某的妻子鲁某到滔河镇派出所进行询问。在询问结束时，鲁某以制作的询问笔录中有句话与其所述内容不一致为由，要求更正，否则拒绝签字按指印。周某经解释无效后，即恼怒地朝鲁某的腹部踢了一脚，并辱骂鲁某，迫使鲁某在询问笔录上签名按手印。当时鲁某已怀孕近两个月，被踢后称下腹疼痛，周某即让同所的工作人员将鲁某带到其他房间。次日上午 8 时许，鲁某被允许回家，出派出所大门后遇到其婆母范某，鲁某向她诉说自己被踢后引起腹疼。当日下午，鲁某因腹部疼痛不止，即请邻居帮忙雇车将其拉到滔河镇派出所，又转到滔河乡卫生院治疗。后鲁某经保胎治疗无效，引起难免流产，于 1998 年 12 月 23 日做了清宫手术。经南阳市中心医院鉴定，鲁某系早孕期，外伤后致先兆流产，治疗无效发展为难免流产。又经淅川县人民检察院检察技术鉴定，鲁某的伤构成轻伤。

淅川县人民法院认为：被告人周某身为司法工作人员，在执行职务中，使用暴力逼取证人证言，其行为已构成暴力取证罪。淅川县人民检察院指控的罪名成立，应予支持。依照《刑法》第 247 条、第 72 条第 1 款的规定，于 1999 年 7 月 21 日作出判决：被告人周某犯暴力取证罪，判处有期徒刑二年，缓刑二年。

一审宣判后，被告人周某不服，以其行为不构成犯罪为由提出上诉。

南阳市中级人民法院经审理后认为：原审判决认定事实清楚，证据确实、充分，适用法律正确，审判程序合法。被告人周某身为司法工作人员，在调查取证过程中，当场使用暴力逼取证人证言，致使证人流产，构成轻伤，其行为符合暴力取证罪的构成要件，周某辩称其行为不构成犯罪的上诉理由不能成立。依照《刑事诉讼法》第 189 条第 1 项的规定，于 1999 年 9 月 10 日裁定：驳回上诉，维持原判。

二、主要问题

暴力迫使证人在询问笔录上签名按手印并致人轻伤的行为如何定性？

---

① 洪冰撰稿，李燕明审编：《周某暴力取证案——暴力迫使证人在询问笔录上签名按手印并致人轻伤的行为如何定性（第 158 号）》，载最高人民法院刑事审判第一庭、第二庭主办：《刑事审判参考》（总第 24 集），法律出版社 2002 年版，第 57 ~61 页。

三、裁判理由

（一）暴力迫使证人在询问笔录上签名按手印是暴力取证的一种表现形式

暴力取证罪是1997年《刑法》增设的新罪名，旨在保护证人的人身权利免遭司法人员滥用职权的不法侵犯。根据《刑法》第247条的规定，暴力取证罪，是指司法工作人员使用暴力手段逼取证人证言的行为。其构成要件是：（1）犯罪主体只能是司法工作人员，根据《刑法》第94条规定，即是指有侦查、检察、审判、监管职责的工作人员；（2）犯罪对象只能是证人；（3）主观方面只能是直接故意，且具有逼取证人证言的目的；（4）客观方面表现为对证人实施了殴打、捆绑等暴力行为，仅有威胁等非暴力的行为不足以构成本罪。由此可见，暴力逼迫证人证言，是暴力取证罪本质特征之一。那么，何谓“逼取证人证言”呢？我们认为，暴力逼取证人证言，其含义通常或者主要是指暴力逼迫证人就其所知的案情作出陈述的情形。至于被暴力逼迫的证人最终是否作出陈述，所作的陈述是否符合客观事实，皆不影响本罪的成立，亦即逼取证人证言的目的实现与否，与本罪成立无关。如本案中，行为人在证人已作出陈述，但又以询问笔录与其所作的陈述有一句话不一致为由而拒绝签名认可的情况下，逼迫证人在询问笔录上签字按手印，亦应视为逼取证人证言。因为，从理论上说，一份完整的证人证言材料，必然要有相应的证人签名或按手印的确认方为有效。司法工作人员在依职权调查取证活动中，其取证程序始于证人陈述而终于证人在询问笔录上签名认可。逼迫证人在询问笔录上签名认可，本质上无异于逼迫证人作出与询问笔录内容等同的陈述。因此，暴力迫使证人在询问笔录上签名按手印应当是暴力逼取证人证言的一种表现形式。

（二）暴力取证致人轻伤的，仍应以暴力取证罪定罪处罚，不应按故意伤害罪论处

根据《刑法》第247条的规定，暴力逼取证人证言致人伤残、死亡的，依照《刑法》第234条、第232条规定定罪从重处罚。这一规定表明，当暴力取证导致证人伤残或死亡的，对行为人应当依法按故意伤害罪或故意杀人罪定罪并从重处罚。本案中，暴力取证仅致人轻伤的，是以暴力取证罪定罪处罚，还是按故意伤害罪（轻伤）论处呢？有种观点认为，暴力取证罪中的所谓“致人伤残”，应包括致人轻伤、致人重伤以及致人残疾三种形态。因此，本案应转化按故意伤害罪（轻伤）罪论处。

我们认为，这种理解是不准确的。理由如下：（1）暴力取证行为，通常会导致被害人某种程度的身体伤害。其中，对暴力取证导致轻伤的处罚，已涵盖在暴力取证罪的刑罚中，这从比较故意伤害致人轻伤与暴力取证罪的法定刑即可得知，二者的最高法定刑都是三年有期徒刑，且前者的法定最低刑是管制，而后者的法定最低刑是拘役。可见，在暴力取证仅致人轻伤的情况下，如转化按故意伤害罪论处，不能体现转化犯立法技术是由轻罪（刑）转向重罪（刑）的本质特征，在量刑上没有实际意义。（2）《刑法》之所以规定暴力逼取证人证言“致人伤残、死亡的，依照本法第二百三十四条、第二百三十二条规定定罪从重处罚”，其目的主要在于当暴力取证行为出现致人重伤以上等严重后果时，提高对行为人的量刑幅度。否则，仅依据暴力取证罪的刑罚不足以体现罪刑相一致的原则。也就是说，只有将“致人伤残”，理解为是致人重伤、残疾，转化适用才有意义。（3）参照《刑法》其他条款规定。如《刑法》第292条规定“聚众斗殴致人重伤、死亡的，依照本法第二百三十四条、第二百三十二条的规定定罪处罚”等，也是基于类似的情形而作出的类似规定。根据立法精神的一致性，对暴力取证罪的转化条件，也应作上述理解。因此，凡构成暴力取证罪的，对“暴力”的后果必须要有一定程度的限制。

这表现为两个方面：一是暴力取证中的“暴力”必须尚未达到致使证人重伤、残疾、死亡的程度，否则，就应当转化定性并从重处罚；二是如果暴力取证仅致证人轻伤以下程度的，仍应以暴力取证罪定罪处罚。

需要指出的是，暴力取证致人伤害与一般的故意伤害行为还是有所区别的。二者区别的关键，除犯罪主体、犯罪对象外，主要在于：前者是发生在司法人员依职权取证活动中，且具有逼取证人证言的特殊目的。行为人之所以对证人实施暴力，并致证人伤害或死亡都是在其逼取证人证言的目的支配下实施的。正因如此，通常情况下，行为人对证人施暴虽是故意的，有目的的，但对致证人伤害，一般都不是持积极希望或追求态度的，而多是放任，甚至可能是过失的。实践中所发生的暴力取证致人伤害案件，其成因多在于司法工作人员急于办案、执法粗暴、特权心理作祟等缘故，即所谓“因公施暴”。《刑法》第 247 条虽没有规定暴力取证行为，情节严重的才构成犯罪，但根据《刑法》第 13 条的规定，如暴力取证行为显著轻微危害不大的，仍无须以犯罪论处。本案被告人为逼迫已怀孕近两月的证人在询问笔录上签名按手印，而对证人腹部踢了一脚，致使证人难免流产，造成轻伤的后果，且在证人被踢后自述疼痛的情况下，不予理睬，其行为显然不能说是“显著轻微危害不大”。因此，法院对本案被告人以暴力取证罪定罪是正确的。鉴于本案被告人对证人实施暴力是基于急于办案、执法粗暴等缘故，且被告人事先并不知道，也难以看出和预见证人已怀孕两个月，证人流产并非被告人积极希望或有意追求。因此，法院结合被告人的犯罪情节和悔罪表现对被告人判处有期徒刑二年缓刑二年尚属适当。

第二十三章
虐待被监管人罪

第一节　虐待被监管人罪概述

一、虐待被监管人罪概念及构成要件

虐待被监管人罪，是指监狱、拘留所、看守所等监管机构的监管人员违反国家监管法规，对被监管人进行殴打或者体罚虐待，或者指使被监管人员殴打或体罚虐待其他被监管人，情节严重的行为。本罪是新刑法的罪名，是从 1979 年刑法分则第八章渎职罪中第 189 条转移过来的。

根据我国《刑法》第 248 条的规定，监狱、拘留所、看守所等监管机构的监管人员对被监管人进行殴打或者体罚虐待，情节严重的，处三年以下有期徒刑或者拘役；情节特别严重的，处三年以上十年以下有期徒刑。致人伤残、死亡的，依照《刑法》第 234 条、第 232 条的规定定罪从重处罚。监管人员指使被监管人殴打或者体罚虐待其他被监管人的，依照前款的规定处罚。

虐待被监管人罪的构成要件如下：（1）本罪的犯罪主体是特殊主体，即行使监管职责的工作人员，包括监狱、拘留所、看守所、未成年人管教所、戒毒所、拘役所等监管机构的监管人员。其他不负有监管职责的司法工作人员不能构成本罪的主体。（2）本罪在主观方面表现为故意，即监管人员对其实施的体罚虐待及违反监管法规的行为是主观故意的，过失不能构成本罪。犯罪目的一般是压服被监管人。（3）本罪侵犯的客体是复杂客体，即被监管人的人身权利和监管机关的正常活动。对被监管的人进行体罚虐待，往往施用肉刑，捆绑打骂，侮辱人格，进行精神折磨，侵犯公民的人身权利。（4）本罪在客观方面表现为违反国家监管法规，对被监管人进行殴打或者体罚虐待，或者指使被监管人殴打、体罚虐待其他被监管人的行为。

二、虐待被监管人罪案件审理情况

相较于其他常见犯罪，虐待被监管人刑事案件数量较低。

三、虐待被监管人罪案件审理热点、难点问题

（一）对于“情节严重”“情节特别严重”的认定

情节严重，是指经常殴打或者体罚虐待被监管人屡教不改的，或者酷刑摧残、手段恶劣或者造成恶劣影响、严重后果等。情节特别严重，是指手段特别残忍、影响特别恶劣或者造成特别严重的后果等。

确定情节是否严重，首先，一般应从行为人实施体罚虐待行为的主观意图、手段、对象及其造成的后果来认定。如果情节一般，后果不太严重的，不以犯罪论处，可由主管部门酌情予以批评教育或行政处分。需注意的是，同一行为，由于被监管人的条件不同，也会有不同的认定。如强迫过度劳动，对于身强力壮的年轻人和年老体弱的老年犯的后果则不一样，后一种人可能因过度的体力劳动造成身体伤残。

其次，要将正当的管教措施与虐待被监管人的行为区分开来。根据《监狱法》等监管法规，为保证监管活动的正常开展和维护良好的监管秩序，监管人员在紧急情况或必要时，有权对被监管人采取使用械具、予以禁闭、使用警棍乃至武器等强制措施。这些加强监管所必要的惩罚和警戒措施是合法的，与体罚、虐待行为有着本质的区别，不能混为一谈。若因错误地使用武器而构成犯罪的，应当负刑事责任。

（二）本罪的立案标准

根据《最高人民检察院关于渎职侵权犯罪案件立案标准的规定》的规定，监狱、拘留所、看守所、拘役所、劳教所等监管机构的监管人员对被监管人进行殴打或者体罚虐待，涉嫌下列情形之一的，属于“情节严重”，应予立案：（1）以殴打、捆绑、违法使用械具等恶劣手段虐待被监管人的；（2）以较长时间冻、饿、晒、烤等手段虐待被监管人，严重损害其身体健康的；（3）虐待造成被监管人轻伤、重伤、死亡的；（4）虐待被监管人，情节严重，导致被监管人自杀、自残造成重伤、死亡，或者精神失常的；（5）殴打或者体罚虐待3人次以上的；（6）指使被监管人殴打、体罚虐待其他被监管人，具有上述情形之一的；（7）其他情节严重的情形。根据《人民检察院直接受理立案侦查的渎职侵权重大案件标准（试行）》第38条“虐待被监管人案”规定重大案件：（1）致使被监管人重伤或者精神失常的；（2）对被监管人五人以上或五次以上实施虐待的。特大案件：（1）致使被监管人死亡的；（2）对被监管人七人以上或七次以上实施虐待的。

（三）此罪明确规定与故意伤害罪、故意杀人罪的竞合适用问题

依据《刑法》第248条规定，监管人员殴打、体罚被监管人“致人伤残、死亡的”，以故意伤害罪、故意杀人罪定罪从重处罚。但应当注意，对殴打、体罚虐待被监管人造成被监管人伤害死亡的，应具体分析，分别处理：（1）行为人在殴打、体罚虐待中有轻伤的故意但过失地引起被监管人伤残或死亡的，应以故意伤害罪（引起死亡的为故意伤害致死）定罪从重处罚。（2）行为人在殴打、体罚虐待中有重伤故意，过失地造成被监

管人死亡的，仍应以故意伤害罪定罪处罚。(3) 行为人殴打、体罚虐待被监管人造成轻伤结果的，定虐待被监管人罪。(4) 行为人在殴打、体罚虐待过程中，明知殴打、体罚虐待行为可能造成被监管人死亡，却有意放任的，应对行为人以故意杀人罪定罪处罚。(5) 行为人在殴打、体罚虐待过程中，出于挟愤报复、显示淫威等动机故意杀害被监管人的，对行为人应以虐待被监管人罪和故意杀人罪实行数罪并罚。

四、虐待被监管人罪案件审理思路及原则

(一) 加深理解本罪用词，对案件准确定性

1. 监管，是根据《监狱法》《拘留所条例》《看守所条例》等法律法规和其他条例中有关监管的规定。

2. 被监管人，是指依法被限制人身自由的人，包括一切已决或未决的在押犯罪嫌疑人和被告人以及其他依法拘留、监管的人。这些人包括在监狱、戒毒所、未成年人管教所中服刑的已决犯，在看守所、拘留所关押的犯罪嫌疑人和被告人，以及因违反治安管理处罚条例等被拘留或者其他依法被监管的人。

3. 殴打，是指造成被监管人肉体上的暂时痛苦的行为。

4. 体罚虐待，是指殴打以外的，能够对被监管人肉体或精神进行摧残或折磨的一切方法和手段。需指出的是，本罪中的殴打、体罚虐待，不要求具有一贯性，一次性殴打、体罚虐待情节严重的，就足以构成犯罪。

(二) 对于本罪的第 2 款，即监管人员指使被监管人殴打或者体罚虐待其他被监管人的，也可构成虐待被监管人罪

这项规定将司法实践中客观存在的现象加以明确，弥补了一些监管人员逃避法律制裁的漏洞。虐待被监管人罪的行为表现可以是多种多样的，既包括对被监管人的人身进行直接摧残的行为，也包括对被监管人进行精神折磨和人格侮辱的行为；既包括作为，也包括不作为。指使，是指监管人员指挥、唆使、命令被监管人殴打或者体罚虐待其他被监管人。这种情况在实践中时有发生，多数时候是为了规避法律，实际上是监管人员殴打或者体罚虐待被监管人的一种方式。这种行为不仅影响恶劣，而且还会因此使一些经常殴打或者体罚虐待其他被监管人者成为牢头狱霸，妨害正常的监管秩序。因此此项规定是非常必要的。指使的监管人员与实施体罚、虐待的被监管人员成立共同犯罪，均应以本罪定罪处罚。

(三) 被监管人是一个特殊的群体，对被监管人依法实施监管是我国司法制度的一项重要内容

现代法律保障人权，保护被监管人的人格不受侮辱，其人身安全、合法财产和辩护、申诉、控告、检举及其他未被依法剥夺或者限制的权利不受侵犯。依法规范监管人的日常行为，打击职务犯罪，对于维护正常的监管秩序，保护被监管人的合法权益，促进监管工作法制化、人道化、文明化具有重要的意义。审判实践中要以事实为基础，以客观证据对监管人的主体身份和主观故意进行判断，综合认定案件。

第二节 虐待被监管人罪审判依据

1997 年《刑法》第 247 条规定了虐待被监管人罪，监狱、拘留所、看守所等监管机构的监管人员对被监管人进行殴打或者体罚虐待，情节严重的，处三年以下有期徒刑或者拘役；情节特别严重的，处三年以上十年以下有期徒刑。2006 年最高人民检察院出台《关于渎职侵权犯罪案件立案标准的规定》确定了虐待被监管人罪的立案标准。

一、法律

《中华人民共和国刑法》（2020 年 12 月 26 日修正）

第二百四十八条 监狱、拘留所、看守所等监管机构的监管人员对被监管人进行殴打或者体罚虐待，情节严重的，处三年以下有期徒刑或者拘役；情节特别严重的，处三年以上十年以下有期徒刑。致人伤残、死亡的，依照本法第二百三十四条、第二百三十二条的规定定罪从重处罚。

监管人员指使被监管人殴打或者体罚虐待其他被监管人的，依照前款的规定处罚。

二、司法解释

（一）《最高人民检察院关于强制隔离戒毒所工作人员能否成为虐待被监管人罪主体问题的批复》（2015 年 2 月 15 日 高检发释字〔2015〕2 号）

河北省人民检察院：

你院冀检呈字〔2014〕46 号《关于强制隔离戒毒所工作人员能否成为刑法第二百四十八条虐待被监管人罪主体的请示》收悉。经研究，批复如下：

根据有关法律规定，强制隔离戒毒所是对符合特定条件的吸毒成瘾人员限制人身自由，进行强制隔离戒毒的监管机构，其履行监管职责的工作人员属于刑法第二百四十八条规定的监管人员。

对于强制隔离戒毒所监管人员殴打或者体罚虐待戒毒人员，或者指使戒毒人员殴打、体罚虐待其他戒毒人员，情节严重的，应当适用刑法第二百四十八条的规定，以虐待被监管人罪追究刑事责任；造成戒毒人员伤残、死亡后果的，应当依照刑法第二百三十四条、第二百三十二条的规定，以故意伤害罪、故意杀人罪从重处罚。

此复。

最高人民检察院

2015 年 2 月 15 日

（二）《最高人民检察院关于渎职侵权犯罪案件立案标准的规定》（2006 年 7 月 26 日 高检发释字〔2006〕2 号）

二、国家机关工作人员利用职权实施的侵犯公民人身权利、民主权利犯罪案件

（五）虐待被监管人案（第二百四十八条）

虐待被监管人罪是指监狱、拘留所、看守所、拘役所、劳教所等监管机构的监管人员对被监管人进行殴打或者体罚虐待，情节严重的行为。

涉嫌下列情形之一的，应予立案：

1. 以殴打、捆绑、违法使用械具等恶劣手段虐待被监管人的；

2. 以较长时间冻、饿、晒、烤等手段虐待被监管人，严重损害其身体健康的；

3. 虐待造成被监管人轻伤、重伤、死亡的；

4. 虐待被监管人，情节严重，导致被监管人自杀、自残造成重伤、死亡，或者精神失常的；

5. 殴打或者体罚虐待 3 人次以上的；

6. 指使被监管人殴打、体罚虐待其他被监管人，具有上述情形之一的；

7. 其他情节严重的情形。

三、刑事政策文件

《最高人民检察院关于印发〈关于人民检察院立案侦查司法工作人员相关职务犯罪案件若干问题的规定〉的通知》（2018 年 11 月 24 日 高检发研字〔2018〕28 号）

2018 年 10 月 26 日，第十三届全国人民代表大会常务委员会第六次会议审议通过了《关于修改〈中华人民共和国刑事诉讼法〉的决定》。修改后的《刑事诉讼法》第十九条第二款规定："人民检察院在对诉讼活动实行法律监督中发现的司法工作人员利用职权实施的非法拘禁、刑讯逼供、非法搜查等侵犯公民权利、损害司法公正的犯罪，可以由人民检察院立案侦查。"为做好人民检察院与监察委员会案件管辖范围的衔接，对在诉讼监督中发现的司法工作人员利用职权实施的侵犯公民权利、损害司法公正的犯罪依法履行侦查职责，作出如下规定：

一、案件管辖范围

人民检察院在对诉讼活动实行法律监督中，发现司法工作人员涉嫌利用职权实施的下列侵犯公民权利、损害司法公正的犯罪案件，可以立案侦查：

1. 非法拘禁罪（刑法第二百三十八条）（非司法工作人员除外）；

2. 非法搜查罪（刑法第二百四十五条）（非司法工作人员除外）；

3. 刑讯逼供罪（刑法第二百四十七条）；

4. 暴力取证罪（刑法第二百四十七条）；

5. 虐待被监管人罪（刑法第二百四十八条）；

6. 滥用职权罪（刑法第三百九十七条）（非司法工作人员滥用职权侵犯公民权利、损害司法公正的情形除外）；

7. 玩忽职守罪（刑法第三百九十七条）（非司法工作人员玩忽职守侵犯公民权利、损害司法公正的情形除外）；

8. 徇私枉法罪（刑法第三百九十九条第一款）；

9. 民事、行政枉法裁判罪（刑法第三百九十九条第二款）；
10. 执行判决、裁定失职罪（刑法第三百九十九条第三款）；
11. 执行判决、裁定滥用职权罪（刑法第三百九十九条第三款）；
12. 私放在押人员罪（刑法第四百条第一款）；
13. 失职致使在押人员脱逃罪（刑法第四百条第二款）；
14. 徇私舞弊减刑、假释、暂予监外执行罪（刑法第四百零一条）。

第三节　虐待被监管人罪审判实践中的疑难新型问题

问题　强制隔离戒毒所工作人员能否成为虐待被监管人罪主体

【地方参考案例】李某虐待被监管人、故意伤害案①

一、案情

2015 年 11 月 13 日 9 时许，强戒所某大队某中队戒毒学员熊某、张某某在劳动工位发生争吵，当天值班过程中的警察李某便安排学员将熊某、张某某带至其执勤点，在询问中因张某某情绪激动，李某便用警棍打了张某某背部两下，后用脚踢了熊某左肩部一脚，左侧腹部一脚。随后，让两人返回工位继续生产，当熊某走到中途的时候，便睡倒在地。当日 11 时 30 分许，熊某被送往强戒所卫生所治疗，经 B 超检查，为腹腔积液（多考虑实质脏器破裂），12 时 30 分许，熊某被送往昆明市第三人民医院治疗，当日 16 时许，熊某因脾脏破裂被采取切除手术。经鉴定，熊某的伤情为重伤，伤残等级为七级。另查明，昆明市强制隔离戒毒所与被害人熊某达成赔偿协议，熊某对李某的行为表示谅解。

二、分析

上诉人李某身为强制隔离戒毒所监管警察，殴打戒毒人员，造成一人重伤且达七级伤残，其行为应按故意伤害罪定罪并从重处罚。关于上诉人李某及辩护人所提上诉理由和辩护意见，本院认为：（1）被害人熊某的陈述、多名证人的证言、李某的供述能够相互印证，证实在熊某没有顶撞上诉人的情况下，李某为了平衡其与另一学员的惩罚，违反昆明市强制隔离戒毒所管理制度，殴打被害人并致其重伤，其主观上对被害人的伤情持有放任以上的故意；上诉人称与被害人无私怨、系履行职责过程中造成被害人重伤的情况，不是阻却犯罪成立的事由，仅能作为考量其主观恶性程度的因素，在量刑时予以适当评价。（2）被害人的特殊体质不是免责事由，且上诉人作为被害人的监管民警，明知被害人具有易某伤的特殊体质，在履行职责过程中本应履行更高的注意义务；现在没有确实的证据证实被害人的重伤形成有其他足以影响定罪量刑的重要原因。（3）上诉人的行为与被害人身体损伤及具体伤残后果之间具有明确、直接的因果关系，不具有进行相关鉴定的必要性，上诉人申请进行鉴定的意见本院不予采纳。（4）一审判决在量刑时已充分考虑上诉人具有自首情节，取得被害人谅解、认罪悔罪态度较好等各项法定、酌

① 参见云南省昆明市中级人民法院（2016）云 01 刑终 512 号刑事判决书。

定量刑情节，并依法从宽判处缓刑，量刑并无不当。因此，上诉人的上诉理由和辩护人的辩护意见不能成立，本院不予采纳。

综上，原审判决认定事实清楚，定罪准确，量刑适当，审判程序合法。据此，本院依照《刑事诉讼法》第 225 条第 1 款第 1 项之规定，裁定如下：

驳回上诉，维持原判。

本裁定为终审裁定。

第二十四章
煽动民族仇恨、民族歧视罪

第一节　煽动民族仇恨、民族歧视罪概述

一、煽动民族仇恨、民族歧视罪概念及构成要件

煽动民族仇恨、民族歧视罪，是指以各种蛊惑人心的方法，公开煽动民族仇恨、民族歧视，情节严重的行为。本罪是1997年《刑法》增设的罪名，1979年《刑法》和单行刑法均没有规定此罪名。

本罪的构成要件如下：（1）本罪侵犯的客体是党的民族、宗教政策和中华民族的团结。中华人民共和国是全国各族人民共同缔造的统一的多民族的国家，有56个民族。中国共产党一贯坚持各民族一律平等，反对民族压迫和民族歧视。中华人民共和国成立后，废除了几千年来的民族压迫、民族歧视制度，开辟了各民族平等团结的新纪元。我国《宪法》第4条第1款规定："中华人民共和国各民族一律平等。国家保障各少数民族的合法的权利和利益，维护和发展各民族的平等团结互助和谐关系。禁止对任何民族的歧视和压迫，禁止破坏民族团结和制造民族分裂的行为。"民族平等是民族团结的基础，而民族团结是实现民族平等的保证。煽动民族仇恨、民族分裂，正是对民族平等和民族团结关系的破坏。（2）本罪在客观上表现为以各种蛊惑人心的方法，公开煽动民族仇恨、民族歧视的行为。煽动民族仇恨，是指以激起民族之间的仇恨为目的，利用各民族的来源、历史和风俗习惯的不同，煽起民族之间的相互敌对、仇恨，损害民族平等地位的行为。煽动民族歧视，是指以激起民族之间的歧视为目的，利用各民族的来源、历史和风俗习惯的不同，煽动民族之间的相互排斥、限制，损害民族平等地位的行为。公开煽动的方法可以是各种各样的，如书写、张贴、散发标语、传单，印刷、出版、散发非法刊物，录制、播放录音、录像，发表演讲、呼喊口号等等。本罪属于行为犯。行为人只要实施了煽动民族仇恨、民族歧视的行为，情节严重的，就构成本罪，至于被煽动者是否进行了破坏民族团结的行为，不影响本罪的成立。按照法律规定，煽动民族仇恨、民族歧视的行为，必须达到"情节严重"的程度，才构成犯罪。情节严重，司法实践中一般

是指使用侮辱、造谣等手段进行煽动的；多次进行煽动，屡教不改的；造成严重后果或者影响恶劣等等。(3) 本罪的犯罪主体为一般主体。凡年满 16 周岁并具有刑事责任能力的人，均可构成本罪的主体。(4) 本罪主观方面由直接故意构成，行为人具有煽动民族仇恨、民族歧视的主观故意，并具有破坏民族团结的目的。间接故意和过失不构成本罪。

二、煽动民族仇恨、民族歧视罪案件审理情况

通过中国裁判文书网统计，2017 年至 2021 年，全国法院一审共审结本罪案件26 784 件，其中 2017 年有 7088 件，2018 年有 7128 件，2019 年有 7246 件，2020 年有 2879 件，2021 年有 2443 件。2017 年至 2019 年逐年呈现小幅增长态势。2020 年起审结案件数量同比大幅下降 60. 27%，相较于其他常见犯罪，本罪案件整体数量不多。但在我国侵犯公民人身权利、民主权利犯罪中，仍属于相对多发的案件。

司法实践中，本罪呈现以下特点，即发案地域相对集中。目前在该网能够查询到的判决书、裁定书仅 41 份，均在新疆维吾尔自治区。

三、煽动民族仇恨、民族歧视罪案件审理热点、难点问题

本罪暂无。

四、煽动民族仇恨、民族歧视罪案件审理思路及原则

一是法官及审判辅助人员要充分认识本罪犯罪分子对民族团结造成的重大损害，必须提高政治站位，坚守民族团结大局、坚持党的民族政策、坚定政治立场。二是严格把握入罪情节，宽严相济，实现罪责刑相适应。

第二节　煽动民族仇恨、民族歧视罪审判依据

为了保障各少数民族合法权益，维护各民族民族团结，1997 年《刑法》增设煽动民族仇恨、民族歧视罪，将煽动民族仇恨、民族歧视，情节严重的行为纳入刑法规制范围。

法律

《中华人民共和国刑法》（2020 年 12 月 26 日修正）

第二百四十九条　煽动民族仇恨、民族歧视，情节严重的，处三年以下有期徒刑、拘役、管制或者剥夺政治权利；情节特别严重的，处三年以上十年以下有期徒刑。

第二十五章 出版歧视、侮辱少数民族作品罪

第一节　出版歧视、侮辱少数民族作品罪概述

一、出版歧视、侮辱少数民族作品罪概念及构成要件

出版歧视、侮辱少数民族作品罪，是指在出版物中刊载歧视、侮辱少数民族的内容，情节恶劣，造成严重后果的行为。

根据《刑法》第250条之规定，在出版物中刊载歧视、侮辱少数民族的内容，情节恶劣，造成严重后果的，对直接责任人员，处三年以下有期徒刑、拘役或者管制。《宪法》明确规定，国家保障各少数民族的合法权利和利益，维护和发展各民族的平等、团结、互助关系，禁止对任何民族的歧视和压迫。为了惩治在出版的书籍、刊物、音像或者影视作品中刊载歧视、侮辱少数民族的内容，损害民族关系和民族感情的行为，1997年《刑法》增设本罪名。

出版歧视、侮辱少数民族作品罪的构成要件如下：（1）本罪侵犯的客体是我国各民族平等、团结、互助的关系和少数民族的权利。（2）本罪客观方面表现为在出版物中刊载歧视、侮辱少数民族的内容的行为。（3）本罪主体为特殊主体，即在出版物中刊载歧视、侮辱少数民族的内容的直接责任人员，包括作者、责任编辑、录制、摄制人员和其他对刊载上述内容负有直接责任的人员。（4）本罪主观方面由故意构成，包括直接故意和间接故意。

二、出版歧视、侮辱少数民族作品罪案件审理情况

通过中国裁判文书网统计，2017年至2020年间，全国法院没有出版歧视、侮辱少数民族作品刑事案件，相较于其他常见犯罪，出版歧视、侮辱少数民族作品刑事案件数量极低。

三、出版歧视、侮辱少数民族作品罪案件审理热点、难点问题

一是该罪构成要件中的相关问题。首先，出版物，是指编印的报纸、杂志、图书、画册和制作的音像制品、影视作品和电子出版物等。刊载，是指在出版物中登载、转载。其次，歧视、侮辱少数民族，是指针对少数民族的来源、历史、风俗习惯等，对少数民族进行贬低、讥讽、蔑视、羞辱等。最后，情节恶劣，一般是指刊载的内容严重歪曲历史，甚至制造谣言的；或者十分污秽、卑鄙、恶毒，严重伤害少数民族群众的感情和自尊心的；发行数量大，影响范围广的；多次刊载，屡教不改等情形。造成严重后果，主要是指造成恶劣的政治影响，引起民族纠纷、民族骚乱等。

二是正确把握出版歧视、侮辱少数民族作品罪与侮辱罪的区别问题。从侵犯客体来讲，出版歧视、侮辱少数民族作品罪侵犯的是我国各民族平等、团结、互助的关系和少数民族的权利；侮辱罪侵犯的是他人的人身权利。从客观方面来讲，出版歧视、侮辱少数民族作品罪是在出版物中刊载歧视、侮辱少数民族的内容，情节恶劣，造成严重后果的行为；侮辱罪是使用暴力或者其他方法，公然贬低他人人格、破坏他人名誉，情节严重的行为。从犯罪对象来讲，出版歧视、侮辱少数民族作品罪的犯罪对象为不特定的少数民族；侮辱罪的犯罪对象是特定的公民个人。从犯罪主体来讲，出版歧视、侮辱少数民族作品罪的主体可以是个人，也可以是单位，单位犯罪的对直接责任人员进行定罪处罚；侮辱罪的主体是自然人。从主观方面来讲，出版歧视、侮辱少数民族作品由故意构成，包括直接故意和间接故意；侮辱罪只能由直接故意构成，其主观上具有贬低他人人格、破坏他人名誉的目的。

三是正确把握出版歧视、侮辱少数民族作品罪与煽动民族仇恨、民族歧视罪的区别问题。从犯罪客观方面来讲，煽动民族仇恨、民族歧视罪可以通过多种方式实施，包括出版歧视、侮辱少数民族作品。从犯罪主体来讲，出版歧视、侮辱少数民族作品罪的主体可以是单位也可以是自然人，煽动民族仇恨、民族歧视罪的主体只能是自然人。从犯罪目的来讲，出版歧视、侮辱少数民族作品一般是出于民族偏见、取笑或者猎奇的目的，煽动民族仇恨、民族歧视罪则是出于激起民族之间的仇恨、歧视的目的，政治性更强。

四、出版歧视、侮辱少数民族作品罪案件审理思路及原则

一是法官要充分认识出版歧视、侮辱少数民族作品对我国民族团结造成的重大影响，必须坚定民族、政治立场，提高政治站位。二是严格把握入罪情节，对于出版歧视、侮辱少数民族作品行为，情节一般的，没有造成严重后果的，不作为犯罪处理；对出版歧视、侮辱少数民族作品，情节恶劣，造成严重后果的直接责任人员以外的其他参与者不以犯罪处理。三是鉴于《最高人民法院关于常见犯罪的量刑指导意见（二）（试行)》对出版歧视、侮辱少数民族作品罪的量刑并未作出规定，在有关规定出台前，法官应当根据犯罪事实、性质、情节和社会危害程度，依照刑法和有关司法解释的规定判处刑罚。

第二节 出版歧视、侮辱少数民族作品罪审判依据

为了保障各少数民族合法权益，维护各民族民族团结，1997 年《刑法》增设出版歧视、侮辱少数民族作品罪，将在出版物中刊载歧视、侮辱少数民族的内容，情节恶劣，造成严重后果的行为纳入刑法规制范围。《最高人民法院关于审理非法出版物刑事案件具体应用法律若干问题的解释》对该罪罪状作了提示性规定。

一、法律

《中华人民共和国刑法》（2020 年 12 月 26 日修正）

第二百五十条 在出版物中刊载歧视、侮辱少数民族的内容，情节恶劣，造成严重后果的，对直接责任人员，处三年以下有期徒刑、拘役或者管制。

二、司法解释

《最高人民法院关于审理非法出版物刑事案件具体应用法律若干问题的解释》（1998 年 12 月 17 日　法释〔1998〕30 号）

第七条 出版刊载歧视、侮辱少数民族内容的作品，情节恶劣，造成严重后果的，依照刑法第二百五十条的规定，以出版歧视、侮辱少数民族作品罪定罪处罚。

第二十六章
非法剥夺公民宗教信仰自由罪

第一节　非法剥夺公民宗教信仰自由罪概述

一、非法剥夺公民宗教信仰自由罪概念及构成要件

非法剥夺公民宗教信仰自由罪，是指国家机关工作人员非法剥夺公民的宗教信仰自由，情节严重的情况。

《刑法》第 251 条非法剥夺公民宗教信仰自由罪、侵犯少数民族风俗习惯罪作为侵犯民主权利的犯罪中的第一个法条，显示了我国将宗教信仰自由、民族风俗习惯作为公民重要的民主权利予以保护。1979 年《刑法》第 147 条对该罪作了规定，1997 年《刑法》第 251 条对罪状进行了部分修改。

本罪的构成要件如下：（1）本罪侵犯的客体是宪法规定公民民主权利中的宗教信仰自由，该自由包括信仰与不信仰宗教的自由、信仰此种或彼种宗教的自由、进行正当宗教活动的自由等。（2）本罪在客观方面表现为非法剥夺公民宗教信仰自由，是指采用强制等方法剥夺他人的宗教信仰自由，如非法干涉他人的合法宗教活动，强迫教徒退教或者改变信仰，强迫公民信教或者信某一教派，以及非法封闭或者捣毁合法宗教场所、设施等。本罪的"情节严重"，主要是指行为造成严重的社会后果，或者造成恶劣政治影响等情形。（3）本罪的犯罪主体为特殊主体，只能是国家机关工作人员，即是国家立法机关、行政机关、司法机关、军事机关等国家机关的工作人员。（4）本罪在主观方面是故意，行为人明知自己的行为会产生非法剥夺他人宗教信仰自由的结果，并且希望或者放任这种结果发生。

二、非法剥夺公民宗教信仰自由罪案件审理情况

通过中国裁判文书网统计，2017 年至 2021 年间，全国法院未审结一审非法剥夺公民宗教信仰自由案件。

三、非法剥夺公民宗教信仰自由罪案件审理热点、难点问题

因该类案件较少，热点、难点问题待统计。

四、非法剥夺公民宗教信仰自由罪案件审理思路及原则

一是对宗教自由及非法剥夺行为的认定。宗教信仰自由必须是在不违反国家的法律，不危害国家利益和各民族团结的前提下进行宗教信仰活动。对于利用宗教信仰从事违法犯罪活动的行为，不属于宗教信仰自由的范围。如南京吴某在宗教场所供奉侵华日军战犯牌位的行为，严重冲击社会道德底线，严重伤害民族感情，不属于公民宗教自由的范畴。

二是国家机关工作人员依法制止封建迷信活动，取缔反动会道门，打击邪教活动的，不成立犯罪。

三是如果非国家机关工作人员实施了《刑法》第 251 条规定的行为，不能构成非法剥夺公民宗教信仰自由罪，如果其行为触犯了刑法其他条文，可以按照刑法相关规定定罪处罚。

第二节　非法剥夺公民宗教信仰自由罪审判依据

1979 年《刑法》第 147 条规定："国家机关工作人员非法剥夺公民的正当的宗教信仰自由和侵犯少数民族风俗习惯，情节严重的，处二年以下有期徒刑或者拘役。"本条规定了非法剥夺公民宗教信仰自由罪，这是公民宗教信仰自由的宪法权利在刑法中的落实。1997 年《刑法》基本沿袭 1979 年《刑法》，仅删减了 1979 年《刑法》规定非法剥夺公民宗教信仰自由罪的罪状中"正当"两字。

法律

《中华人民共和国刑法》（2020 年 12 月 26 日修正）

第二百五十一条　国家机关工作人员非法剥夺公民的宗教信仰自由和侵犯少数民族风俗习惯，情节严重的，处二年以下有期徒刑或者拘役。

第二十七章 侵犯少数民族风俗习惯罪

第一节　侵犯少数民族风俗习惯罪概述

一、侵犯少数民族风俗习惯罪概念及构成要件

侵犯少数民族风俗习惯罪，是指国家机关工作人员侵犯少数民族风俗习惯，情节严重的情况。

本罪的构成要件如下：（1）本罪侵犯的客体是宪法规定的各民族都有保持或者改革自己的风俗习惯的自由，本罪特指除汉族外的少数民族。（2）本罪在客观方面表现为以强制性的手段非法干涉、破坏少数民族风俗习惯，主要表现为强迫少数民族改变自己的风俗习惯，干涉或破坏少数民族根据自己的风俗习惯所进行的正当活动。本罪的“情节严重”，主要是指手段恶劣，引发民族纠纷、发生械斗等严重后果。（3）本罪的犯罪主体为特殊主体，只能是国家机关工作人员，即国家立法机关、行政机关、司法机关、军事机关等国家机关的工作人员。（4）本罪在主观方面是故意，行为人明知自己的行为会发生侵犯少数民族保持与改革本民族风俗习惯的结果，并且希望或者放任这种结果发生。

二、侵犯少数民族风俗习惯罪案件审理情况

通过中国裁判文书网统计，2017 年至 2021 年间，全国法院未审结一审侵犯少数民族风俗习惯案件。

三、侵犯少数民族风俗习惯罪案件审理热点、难点问题

因该类案件较少，热点、难点问题待统计。

四、侵犯少数民族风俗习惯罪案件审理思路及原则

一是对少数民族风俗习惯及侵犯行为的认定。少数民族风俗习惯，是指我国各少数民族在长期生产、生活过程中形成的、具有广泛群众基础、鲜明民族特色的风俗民情、

伦理道德等。除了那些与社会主义公共道德相违背和与我国法律相抵触的陈规陋习要摒弃外，根据宪法等法律规定，各少数民族有保持或改革本民族风俗习惯的自由。

二是国家机关工作人员由于工作水平不高、对少数民族风俗习惯缺乏了解，导致问题处理不当引发少数民族不满，未造成严重后果的，一般不能以本罪论处。

三是如果非国家机关工作人员实施了《刑法》第 251 条规定的行为，不能构成侵犯少数民族风俗习惯罪，如果其行为触犯了刑法其他条文，可以按照《刑法》相关规定定罪处罚。

第二节　侵犯少数民族风俗习惯罪审判依据

1979 年《刑法》第 147 条规定："国家机关工作人员非法剥夺公民的正当的宗教信仰自由和侵犯少数民族风俗习惯，情节严重的，处两年以下有期徒刑或者拘役。"本条规定了非法剥夺公民宗教信仰自由罪，是《宪法》第 4 条中"国家保障各少数民族的合法的权利和利益，维护和发展各民族的平等团结互助和谐关系"的规定在刑法中的落实。

法律

《中华人民共和国刑法》（2020 年 12 月 26 日修正）

第二百五十一条　国家机关工作人员非法剥夺公民的宗教信仰自由和侵犯少数民族风俗习惯，情节严重的，处二年以下有期徒刑或者拘役。

第二十八章 侵犯通信自由罪

第一节　侵犯通信自由罪概述

一、侵犯通信自由罪概念及构成要件

根据《刑法》第252条规定，侵犯通信自由罪，是指隐匿、毁弃或者非法开拆他人信件，侵犯公民通信自由权利，情节严重的，处一年以下有期徒刑或者拘役。

本罪的构成要件如下：(1) 行为对象为他人信件。信件是特定人向特定人转达意思、表达感情、记载事实的文书（包括电子邮件）。信件不要求通过邮政局投递。明信片是隐匿、毁弃的对象，但不能成为非法开拆的对象。行为人已经给他人的信件（他人已经收悉），也可能成为本罪的对象。(2) 行为内容为隐匿、毁弃或者非法开拆。隐匿，是指妨害权利人发现信件的一切行为；毁弃，是指妨害信件本来效用的一切行为；非法开拆，是指擅自使他人信件内容处于第三者（指发件人与收件人以外的人，包括行为人）可能知悉的状态的一切行为，但不要求第三者已经知悉信件的内容。根据《刑事诉讼法》的规定，侦查人员经公安机关或检察院的批准而扣押被告人的邮件、电报的，阻却违法性，不能认定为本罪。(3) 成立本罪还要求情节严重。情节严重，主要是指隐匿、毁弃、非法开拆他人信件，次数较多，数量较大的；致使他人工作、生活受到严重妨害，或者身体、精神受到严重损害以及造成家庭不睦、夫妻离异等严重后果的；非法开拆他人信件，涂改信中的内容，侮辱他人人格的，等等。(4) 责任形式为故意，过失毁损或者遗失、误拆他人信件的，不成立本罪。

二、侵犯通信自由罪案件审理情况

通过在中国裁判文书网和北大法宝上以“侵犯通信自由罪”为搜索关键词进行检索，并未见到以侵犯通信自由罪进行定罪量刑的案件。

三、侵犯通信自由罪案件审理热点、难点问题

将盗窃网络虚拟财产的行为认定为侵犯通信自由罪主要针对的是盗窃QQ号的行为，持该观点者认为QQ号申请时是免费的，现行的法律法规及司法解释并未将QQ号纳入刑法保护的财产范围，QQ号不具有法律上财产的属性。盗窃QQ号的行为切断了QQ号所有者与他人的联系，侵犯了他人通信自由，构成侵犯通信自由罪。

四、侵犯通信自由罪案件审理思路及原则

侵犯通信自由罪的审理过程中，首先，应注意行为对象为他人信件。他人信件，是指他人所有的信件（只要发件人与收件人中有一方为公民即可），不包括单位之间的公函。其次，本罪主观为故意才可构成。此外，实施隐匿、毁弃、非法开拆他人信件三种行为之一的，即可构成侵犯通信自由罪；同时实施上述几种行为的，也只成立一罪，不实行并罚。另外，本罪侵犯公民通信自由权利只有在情节严重的情况下才能立案，追究刑事责任。根据《刑法》第252条的规定，犯侵犯通信自由罪的，处一年以下有期徒刑或者拘役。非法开拆他人信件，侵犯公民通信自由权利，情节严重，并从中窃取少量财物，或者窃取汇票、汇款支票，骗取汇兑款数额不大的，以侵犯通信自由罪论处；非法开拆他人信件，侵犯公民通信自由权利，并从中窃取数额较大财物的，以盗窃罪论处。非法开拆他人信件，侵犯公民通信自由权利，情节严重，并从中窃取汇票或汇款支票，冒名骗取汇兑款数额较大的，应以侵犯通信自由罪和（票据）诈骗罪实行并罚。最后，在量刑原则上需尤其注意对罪责刑相适应原则的把握。由于可供参考的案例极少，因而对侵犯通信自由罪的审理需严格遵循罪责刑相适应原则，方能在司法实践中正确运用该法条，保障公民人身权利和民主权利。

第二节　侵犯通信自由罪审判依据

1997年修订的《刑法》第252条作出了关于侵犯通信罪及其处罚的规定，该条规定至今暂未被修改。

法律等

（一）《中华人民共和国刑法》（2020年12月26日修正）

第二百五十二条　隐匿、毁弃或者非法开拆他人信件，侵犯公民通信自由权利，情节严重的，处一年以下有期徒刑或者拘役。

（二）《中华人民共和国邮政法》（2015年4月24日修正）

第三条　公民的通信自由和通信秘密受法律保护。除因国家安全或者追查刑事犯罪的需要，由公安机关、国家安全机关或者检察机关依照法律规定的程序对通信进行检查外，任何组织或者个人不得以任何理由侵犯公民的通信自由和通信秘密。

除法律另有规定外，任何组织或者个人不得检查、扣留邮件、汇款。

第八十二条 违反本法规定，构成犯罪的，依法追究刑事责任。

（三）《全国人民代表大会常务委员会关于维护互联网安全的决定》（2009年8月27日修正）

四、为了保护个人、法人和其他组织的人身、财产等合法权利，对有下列行为之一，构成犯罪的，依照刑法有关规定追究刑事责任：

（一）利用互联网侮辱他人或者捏造事实诽谤他人；

（二）非法截获、篡改、删除他人电子邮件或者其他数据资料，侵犯公民通信自由和通信秘密；

（三）利用互联网进行盗窃、诈骗、敲诈勒索。

第三节 侵犯通信自由罪审判实践中的疑难新型问题

问题1. 非法下载、复制他人的电子邮件行为的认定

【地方参考案例】丁某侵犯通信自由案①

一、案情

2005年7月2日、7月4日、7月5日和7月6日，时任平安大厦管理公司的会计被告人丁某多次在家中使用电脑，通过因特网进入中国平安保险（集团）股份有限公司的内网，然后使用其所猜中的用户密码，非法进入中国平安保险（集团）股份有限公司总经理助理任某某的公司内网邮箱，先后将该邮箱内包含任某某本人及所在公司内部秘密文件、个人隐私等内容的共3189封电子邮件，通过将软件下载到自己的电脑上，因该下载软件被设置为“使用缓存Exchange模式”，造成被下载的邮件同时被删除的后果。2005年7月21日，被告人丁某被抓获。

公诉机关指控，被告人丁某利用在中国平安保险（集团）股份有限公司任会计之便，多次通过其家中电脑，盗用该公司总经理助理任某某的公司内网账户密码非法进入任某某的内网电子邮箱，先后将该邮箱内包含任某某本人及所在公司内部秘密文件、隐私等内容的电子邮件私自拷贝到自己的电脑上，造成被拷贝的邮件同时被删除。被告人丁某的行为已构成侵犯通信自由罪，应依法追究其刑事责任。

被告人丁某辩称：（1）他不是平安保险（集团）股份有限公司的会计，而是平安大厦管理公司的会计；（2）他没有盗用任某某的密码，自己是在偶然的机会猜测到他的密码的；（3）起诉书上称由于自己拷贝了被害人的邮件，致使被拷贝的邮件同时被删除，这与事实不符，那些邮件不是他删除的，他的行为不构成犯罪。辩护人的辩护意见：（1）从法律上讲，被告人丁某的行为不构成侵犯通信自由罪，因为被告人丁某拷贝电子邮件的行为不属于“截获”行为，也不能类推为“开拆信件”行为；（2）没有证据证明

---

① 参见广东省深圳市福田区人民法院（2006）深福法刑初字第135号刑事判决。

被告人丁某的行为构成侵犯通信自由罪，因为被告人丁某没有删除被害人电子邮件的故意，本案证据不能证明丁某故意删除了电子邮件，即使丁某在拷贝时无意中删除了邮件，也不应承担刑事责任；（3）本案鉴定人出具的鉴定书无法律效力，不能作为证据定案；（4）被告人丁某的行为显著轻微，依法不构成犯罪，请求判决被告人无罪。

另经审理查明，被告人丁某的行为对中国平安保险（集团）股份有限公司和任某某本人未造成财产损失。

二、分析

本案是一起随着互联网的迅速发展而出现的新类型刑事案件。侵犯通信自由罪在《刑法》第四章“侵犯公民人身权利、民主权利罪”第252条中作了具体规定：“隐匿、毁弃或者非法开拆他人信件，侵犯公民通信自由权利，情节严重的，处一年以下有期徒刑或者拘役。”这里所指的信件，在当时立法还只是指传统意义上的纸质信件，不包括电子邮件、数据资料在内。为保护公民在互联网新领域的合法民主权利，全国人大常委会于2000年12月28日发布了《全国人民代表大会常务委员会关于维护互联网安全的决定》（以下简称《决定》），该《决定》第4条第2项明确规定：“非法截获、篡改、删除他人电子邮件或者其他数据资料，侵犯公民通信自由和通信秘密的，依照刑法有关规定追究刑事责任。”而“相关规定”指的就是《刑法》第252条侵犯通信自由罪。

法院认定丁某的行为构成侵犯通信自由罪的理由如下：

1. 本案被告人丁某的主观故意是显而易见的，其在明知是他人邮箱的情况下，仍然通过猜密码的方式进入邮箱，并下载了大量他人的电子邮件，造成被下载的电子邮件被删除的后果，这种侵犯他人通信自由和通信秘密的行为应该认定为具有侵犯的主观故意，符合犯罪构成中的主观方面要件。

2. 本案具有相当大的社会危害性，严重侵犯了公民的通信秘密和通信自由，应依法予以刑事处罚。随着计算机的普及应用，现在我们的通信方式呈现多样化的特征，并在相当大程度上通过计算机的互联网进行信息联系，即由纸质通信向电子通信迈进，但通常电子通信由于其自身的不稳定性，容易给他人造成更多通信的安全隐患，因此，在信息化时代，保护电子信息的安全显得尤为重要。本案的发生，虽然没有造成信息的外泄与传播，但仍造成被害人的邮件大量丢失，尤其是被害人处在公司高级管理层，许多商业秘密和个人秘密信息被存放于电脑中，而这些信息的删除是无法弥补的，后果相当严重，给公民的通信权利带来相当大的社会危害性。

3. 通信行为应包括发、收及中途传输的全过程，是静态和动态通信的结合，而不能仅仅局限于中途传输这一动态过程，否则不能有效保护公民的通信民主权利，不符合立法的原义。我国《刑法》第252条没有限制在通信的动态过程中，应根据目的解释方法理解为全部涉及通信的行为。“截获”一词如果仅仅理解为在中途通信传输过程中获取信息，显然过于狭窄。既然截获可以在信件、电子邮件或数据资料发出之前的存放的静止状态出现，那么显然“截获”一词也不应局限于词典的词义解释，毕竟目的性司法解释方法与词义性解释方法之间还是存在较大的差别的。本案中的“截获”行为，不能仅仅理解为一般意义上的截获毒品、截获违禁物品，使接受人无法得到的情况，还应包含“下载、获取”之意，也即下载、获取被害人的电子邮件也是一种截获行为，这种情形与截获无线电波、截获破译密电是相同的，这也符合《决定》中“侵犯公民通信自由和通信秘密的，依照刑法有关规定追究刑事责任”的目的。本案被告人非法下载、复制被害人的电子邮件，数量达到3189封，严重侵犯了公民的通信自由和通信秘密，即使被告人不是故意非法删除被害人的电子邮件，但该行为应受刑事处罚的正当性和必要性显然不存在问题，丁某的行为构成了侵犯通信自由罪。

问题2. 侵犯通信自由罪中“情节严重”如何认定

【人民法院案例选案例】刘某侵犯通信自由案①

［案情］

1997年10月份的一天上午，被告人刘某来到全南县二轻汽车大修厂上班。在厂办公室的办公桌上，刘某发现一封因未贴邮票而被邮政部门退回的信封上写着“中共中央办公厅收”的信件。刘某认出该信系本厂职工黄某（患有轻度间歇性精神分裂症）所写，便私自将信拆开，看后又将该信传给在场的出纳、会计蔡某、王某等人看。之后，被告人刘某在办公室门边用打火机将信点燃烧毁。同年11月份的一天，刘某在厂办公室又发现一封黄某写的寄往同一地点因未贴邮票而被邮政部门退回的信件，刘某又私自拆开，看后又在厂办公室门边用打火机点燃烧毁。1998年5月10日左右的一天晚上，刘某在厂值班室桌上又看到一封赣州某厂寄给黄某的信件，刘某再次私自将信拆开，发现信封内装的并不是某厂给黄某的信，而是全南县人民检察院寄给黄某的举报回执信。信的主要内容是告知黄某，其举报全南县二轻汽车大修厂厂长刘某1有经济问题的信该院已收到，为进一步了解案情，请黄某到某地点详谈。刘某看信后即把信烧毁，过后刘某把黄某举报刘某1的事透露给了蔡某、王某等厂财会人员。

全南县人民检察院的侦查人员因在约定地点未见到黄某，便到全南县二轻汽车大修厂暗查，刘某私拆、烧毁他人信件的行为案发。被告人刘某归案后如实交代了其多次私拆、毁弃他人信件的犯罪事实。

［审判］

全南县人民检察院以被告人刘某犯侵犯通信自由罪，向全南县人民法院提起公诉。被告人刘某对公诉机关的指控无异议。其辩护人提出，黄某寄给中央领导的信含有反动内容，公安机关曾对其投寄的信件进行布控。被告人刘某私自拆开、毁弃黄某前两封信的行为没有社会危害性；刘某私拆、毁弃第三封信的行为虽然侵犯了黄某的通信自由权，但情节显著轻微，故被告人刘某的行为不构成犯罪。

全南县人民法院经公开审理认为，被告人刘某违反国家法律规定，未经投寄人或收信人同意，多次私自开拆、烧毁他人信件，并将信件内容泄露给第三人，其行为侵犯了公民的通信自由和通信秘密，情节严重，构成了侵犯通信自由罪。被告人刘某归案后能如实交代自己的犯罪事实，可以酌情从轻处罚。辩护人所提“被告人刘某的部分行为没有社会危害性，部分行为情节显著轻微，不构成犯罪”的辩护意见与事实和法律不符，本院不予采纳。据此，该院依照《刑法》第252条、第61条的规定，于1998年8月20日作出判决如下：被告人刘某犯侵犯通信自由罪，判处拘役一个月。

宣判后，被告人刘某没有提出上诉，人民检察院也未提出抗诉。

---

① 李桂昌撰稿：《刘某侵犯通信自由案》，载最高人民法院中国应用法学研究所编：《人民法院案例选》（2000年第4辑·总第34辑），人民法院出版社2001年版，第26～29页。

［评析］

本案在审理过程中，对被告人刘某非法开拆、毁弃他人信件的行为是否构成犯罪存在两种意见。

一种意见认为，黄某患有间歇性精神分裂症，其投寄给中央有关领导的信件含有对党和国家领导人不满的内容，公安部门曾对其投寄的信件采取过控制措施。被告人刘某私自开拆、毁弃黄某信件的行为虽然违反了法律规定，但该行为给社会造成的危害性不大，属于情节显著轻微。故应采纳辩护人的意见，宣告被告人刘某无罪。

另一种意见认为，我国《宪法》第 40 条明确规定："中华人民共和国公民的通信自由和通信秘密受法律保护。"在我国，除公安机关、检察机关和国家安全机关出于追查犯罪和维护国家安全需要，严格按法定程序可以对公民和有关单位的信函进行检查处，其他任何单位和公民未经投寄人和收件人同意、隐匿、毁弃或非法开拆他人信件的行为，均被视为是对该投寄人和收件人通信自由和通信秘密权的侵犯。被告人刘某明知自己的行为违反法律的规定，仍多次非法开拆、毁弃他人信件，甚至将信件的内容透露给第三人，其行为严重侵犯了公民的通信自由权。因此，应认定被告人刘某的行为构成侵犯通信自由罪。同时鉴于被告人刘某具有认罪态度较好及未造成特别严重后果等情节，可对其从轻处罚。

我们认为，全南法院对被告人刘某多次非法开拆、毁弃他人信件的行为定侵犯通信自由罪并从轻判处拘役一个月的刑罚是正确的。

第二十九章
私自开拆、隐匿、毁弃邮件、电报罪

第一节　私自开拆、隐匿、毁弃邮件、电报罪概述

一、私自开拆、隐匿、毁弃邮件、电报罪概念及构成要件

私自开拆、隐匿、毁弃邮件、电报罪，是指邮政工作人员利用职务上的便利，私自开拆或者隐匿、毁弃邮件、电报的行为。

本罪的构成要件如下：

1. 本罪侵犯的客体是复杂客体，既侵犯了公民的通信自由和通信秘密权，也侵害了国家邮电部门的正常活动及信誉。本罪的侵犯对象是他人投递的邮件、电报。这里的“他人”，包括按照邮政规定将邮件、电报交给邮政部门投寄的自然人、法人或其他民事主体。邮件，根据《邮政法》的规定，是指邮电部门传递过程中的函件（包括信函、明信片、印刷品、盲人读物四种）和包裹，传递中的报纸杂志和汇票也视为“邮件”。电报，是指用电报装置传递的文字、图表等，包括明码、密码电报。邮件、电报必须是已经投寄，即已进入邮政网络运递。未交邮政寄递的邮件、电报不是本罪的侵犯对象，已经递交完毕，为收件人所接收，但收件人本人未及拆封的，虽为邮政工作人员侵犯，也不构成本罪。

2. 本罪的客观方面表现为邮政工作人员利用从事邮政工作的便利条件，非法地私自开拆或者隐匿、毁弃他人的邮件、电报的行为。私自开拆，是指未经收受邮件、电报的人许可，并且也没有合法的批准，擅自开拆他人邮件、电报的行为。隐匿，是指邮政工作人员擅自扣留或者隐藏他人投寄的邮件、电报而不送交收件人的行为。毁弃，是指邮政工作人员擅自将他人投寄的邮件、电报予以撕毁、湮灭或者抛弃，致使他人无法收到的行为。隐匿和毁弃行为虽有不同，但两者造成的结果都是使收件人无法收到有关的邮件、电报，都导致邮件、电报在投递网络上无故丢失。在私自开拆、隐匿、毁弃这三种行为方式中，私自开拆属于积极的作为行为，而隐匿和毁弃既可以是积极实施的作为行为，也可以是消极的不作为行为。私自开拆、隐匿、毁弃邮件、电报，是《刑法》第253

条规定的私自开拆、隐匿、毁弃邮件、电报罪的三种行为方式。邮政工作人员只要实施了上述三种行为之一的，即可构成本罪，并不要求行为人同时实施了三种行为。如果行为人实施了上述两种或三种行为，仍以私自开拆、隐匿、毁弃邮件、电报罪一罪论处，不作数罪并罚。需要注意的是，邮政工作人员私自开拆、隐匿、毁弃邮件、电报，必须是利用了职务上的方便，才能构成本罪。利用职务上的方便，是指邮政工作人员利用营业、分拣、押运、接发、投递等职务所赋予的权利、条件或影响等工作方便，接触邮件、电报从而实施上述行为。如果邮政工作人员没有利用职务上的方便，虽有私拆、隐匿、毁弃邮件、电报的行为，情节严重需作为犯罪来处罚的，也不应认定为本罪，而应以侵犯通信自由罪论处。

3. 本罪的犯罪主体是邮政工作人员。邮政工作人员，具体是指邮电部门中直接从事邮递业务的人员，包括营业员、分拣员、发行员、投递员、接发员、押运员、乡邮员和有关的主管干部，以及包括通常所说的受委托从事邮政业务。一般认为，行为人通过与邮政企业签订代理协议或者承包协议，添置邮政企业规定的设备，使用邮政标识，在一定地域内从事部分邮政业务，以及邮政企业临时招聘，直接从事邮件业务的人员。

4. 本罪在主观方面表现为故意，既可以是直接故意，也可以是间接故意。根据《刑法》第253条第1款的规定，犯本罪的，处二年以下有期徒刑或拘役。此外，根据该条第2款的规定，犯本罪而窃取财物的，依照《刑法》第264条的规定定罪并从重处罚。

二、私自开拆、隐匿、毁弃邮件、电报罪案件审理情况

通过中国裁判文书网统计，2014年至2020年间，全国法院审结一审私自开拆、隐匿、毁弃邮件、电报刑事案件共计3件，其中，2014年有1件，2020年有2件。相较于其他常见犯罪，私自开拆、隐匿、毁弃邮件、电报刑事案件整体数量较少。

三、私自开拆、隐匿、毁弃邮件、电报罪案件热点、难点问题

（一）本罪的罪与非罪的界限

根据《刑事诉讼法》第143条的规定，如果邮政工作人员按照公安机关或者检察机关的通知，将犯罪嫌疑人的邮件、电报予以检交扣押，属于执行职务的合法行为。这同利用职务上的便利，非法开拆他人邮件、电报的行为，在性质上是完全不同的。私自开拆、隐匿、毁弃邮件、电报的行为，如果情节显著轻微、危害不大，没有造成严重后果的，属于一般违法行为，可由有关主管部门酌情给予行政纪律处分，不宜作为犯罪处理。但是，对于私拆或者隐匿、毁弃邮件、电报次数较多、数量较大的；私拆或者隐匿、毁弃邮件、电报，并从中窃取财物的；私拆或者隐匿、毁弃邮件、电报虽然次数不多、数量不大，但给国家利益和公民的合法权益造成严重损害的，则构成私自开拆、隐匿、毁弃邮件、电报罪，应当依法追究行为人的刑事责任。

（二）本罪与侵犯通信自由罪的界限

这两种犯罪在犯罪手段、犯罪主观方面有相同之处，但有重要区别：一是犯罪对象不完全相同。前者为邮件、电报。邮件是指通过邮政企业寄递的信件、印刷品、邮包、汇款通知、报刊等，范围比信件要广；后者仅限于公民的信件。二是犯罪的客观方面不

完全相同。后者则与行为人的职务无关。三是犯罪主体不同。前者为特殊主体，即邮政工作人员；后者为一般主体，近年由于邮政通信业务发展迅速，各邮政企业普遍招聘了一大批临时工人，直接从事邮件分发、投递、押运等工作，他们实际是受邮政企业委托从事邮政业务的人员，也属于邮政工作人员。四是构成犯罪的要求不同。前者不以情节严重为构成要件；后者则必须是情节严重的才构成犯罪。

（三）本罪与盗窃罪的界限

行为人实施《刑法》第253条规定的行为而窃取财物的，依照《刑法》第264条的规定以“盗窃罪”定罪并从重处罚。但行为人窃取少量财物，没有达到盗窃罪追诉标准的，仍以本罪定处。

（四）共同犯罪中，在普通公民教唆、帮助邮政工作人员或者参与邮政工作人员实施私自开拆、隐匿、毁弃他人邮件、电报的认定

对于邮政工作人员而言，构成私自开拆、隐匿、毁弃邮件、电报罪，自无疑义。对于普通公民而言，由于我们认为邮政工作人员只是责任身份，因此，对于普通公民应以《刑法》第252条侵犯通讯自由罪定罪处罚。那么，在邮政工作人员教唆、帮助普通公民隐匿、毁弃或者非法开拆他人信件的，对于邮政工作人员又该如何处理呢？同样因为，我们认为邮政工作人员属于责任身份，因此，对于邮政工作人员应以《刑法》第253条的私自开拆、隐匿、毁弃邮件、电报罪的教唆犯、帮助犯定罪处罚。

四、私自开拆、隐匿、毁弃邮件、电报罪案件审理思路及原则

准确认定本罪的犯罪主体。现行《邮政法》未对邮政工作人员的范围作出明确界定，学理解释及习惯上认为，邮政工作人员应是各级邮政管理部门中的工作人员，中国邮政集团及下属各级企业中从事分发、投递等与邮件直接有联系职责的邮政业务的人员，包括营业员、发行员、分拣员、投递员、押运员，及受邮政机构委托从事邮政业务的人员均属于邮政工作人员。而通常所说的受委托从事邮政业务，一般认为，行为人通过与邮政企业签订代理协议或者承包协议，添置邮政企业规定的设备，使用邮政标识，在一定地域内从事部分邮政业务，也包括邮政企业临时招聘，直接从事邮件业务的人员。而快递公司仅是市场经济实体的一般性企业法人。我国《邮政法》明确规定各级邮政部门对其辖区的邮政市场负责监督管理，邮政普遍服务和竞争性业务实行分业经营。《邮政法》对快递业务有相对于邮政服务的专章规定。《邮政法》及《快递业务经营许可管理办法》还规定，经营快递业务，应当依法取得快递业务经营许可，必须先取得邮政管理部门的行政许可，后凭邮政管理部门颁发的经营许可证，到工商部门登记注册，取得企业法人经营执照。《快递市场管理办法》也明确了经营快递业务的具体服务质量标准和法律责任。因此，除EMS以外的快递企业均不是邮政企业，仅是经营经过邮政管理部门许可经营的快件的市场经济实体，接受当地邮政管理部门的行业监管。快递公司的快递从业人员不能成为本罪的犯罪主体。

第二节 私自开拆、隐匿、毁弃邮件、电报罪审判依据

1997年修订的《刑法》第253条作出了关于私自开拆或者隐匿、毁弃邮件、电报罪及其处罚的规定，该条规定至今暂未被修改。

一、法律

《中华人民共和国刑法》（2020年12月26日修正）

第二百五十三条 邮政工作人员私自开拆或者隐匿、毁弃邮件、电报的，处二年以下有期徒刑或者拘役。

犯前款罪而窃取财物的，依照本法第二百六十四条的规定定罪从重处罚。

二、刑事政策文件

《最高人民法院、最高人民检察院、公安部、邮电部关于加强查处破坏邮政通信案件工作的通知》（1983年11月17日 〔1983〕邮政联字934号）

一、关于案件的报告和处理问题

凡邮电工作人员利用职务之便有下列违法犯罪行为的，均应及时报告上级邮电保卫部门；其中已构成犯罪，依法应当追究刑事责任的，同时报告当地人民检察机关：

1. 私拆、隐匿、毁弃邮件、电报，或者从邮件中窃取现金、外币、票证、物品、各种业务合同，以及隐匿、毁弃用户报刊数量较多的。

2. 贪污、冒领用户汇兑款、报刊款和贪污汇兑资金、邮电营收款的。

凡邮电局、所被盗窃，邮件、现金被抢劫，收寄或利用邮运工具夹运走私品、易燃易爆等禁寄物品因而造成严重后果的案件，应及时报告上级邮电保卫部门，并同时报告当地公安机关。

对于破坏邮政通信的案件应当抓紧破案。一般案件，邮电保卫部门应在公安或检察机关的指导下及时追查破案。没有保卫组织的单位，由本单位领导负责组织力量追查，必要时上级邮电部门参加指导。属于公安或检察机关立案侦查的案件，邮电部门要积极配合。跨省（市、区）的案件，以发案所在地为主，由有关省（市、区）邮电部门协同公安或检察机关破案。

邮电工作人员破坏邮政通信的案件，情节恶劣、后果严重、已经构成犯罪的，由司法机关依法追究刑事责任，从严惩处；情节显著轻微、危害不大，不需要追究刑事责任的，由邮电主管部门予以行政处分，或者由公安机关依照《治安管理处罚条例》有关条款予以处罚。对于包庇纵容犯罪的有关人员，必须严肃处理；属于触犯《刑法》的，要依法追究刑事责任。

二、关于查处破坏邮政通信案件工作中需要注意的几个问题

1. 私拆、隐匿、毁弃邮件、电报等破坏邮政通信的案件，是违法犯罪行为。因此，对这种案件的定性、处理或量刑，必须重视对邮政通信的破坏所造成的社会危害后果，不能仅以数量多少处理。

2. 邮电工作人员利用职务上的便利，从邮件中窃取财物，情节恶劣、后果严重的，应依照《刑法》第一百九十一条第二款的规定从重处罚。

3. 邮电工作人员由于玩忽职守，致使公共财产、国家和人民利益遭受重大损失的，应依照《刑法》第一百八十七条的规定予以处罚。

4. 应由犯罪分子退赔的财物，必须限期退赔。其中属于用户的，由邮电部门负责归还用户，并将归还的收据作为证据入卷存档；除此之外，按照有关规定上缴国库。

第三十章
侵犯公民个人信息罪

第一节　侵犯公民个人信息罪概述

一、侵犯公民个人信息罪概念及构成要件

侵犯公民个人信息罪，是指违反国家有关规定，向他人出售或者提供公民个人信息，情节严重的；窃取或者以其他方法非法获取公民个人信息的行为。

本罪的构成要件如下：

1. 本罪的犯罪客体是公民个人的信息自由和安全。

2. 本罪在客观方面表现为违反国家有关规定，向他人出售或者提供公民个人信息，窃取或以其他方法非法获取公民个人信息的行为。其中，违反国家有关规定，向他人出售或者提供公民个人信息，必须是情节严重，才能构成本罪。如果是将在履行职责或提供服务过程中获得的公民个人信息，出售或提供给他人，或者窃取或以其他方法非法获取公民个人信息的，则无此要求。具体表现为两种行为：其一，行为人违反国家有关规定，向他人出售或者提供给他人；其二，行为人窃取或者以其他方法非法获取公民个人信息。向他人出售或者提供的公民个人信息来源包括国家机关、企业、事业单位及服务过程中获取的公民信息，也包括捡拾等偶然取得的公民个人信息及盗窃或者非法获取的公民个人信息。非法获取，包括使用诈骗、抢夺、购买以及其他手段如利用网络、黑客、病毒软件等手段，获取公民个人的信息。司法机关工作人员没有履行相关的法定手续，利用职权强行取得公民个人信息的，也构成本罪。因此，社会上的私人侦探，往往就是采取不正当的手段获取公民的个人信息的。依照我国的相关法律规定，公民个人信息受法律保护，任何人不得非法获取或者泄露。本罪所称的公民个人信息，是指依法应当受到保护而不应当向社会公众公开的公民个人的所有隐私内容。如姓名、职业、职务、年龄、婚姻状况、学历、专业资格、工作经历、家庭住址、电话号码、信用卡号码、指纹、网上登录账号和密码等能够识别公民个人身份的信息。如果是公众人物必须向社会公开的个人信息，则不包括在内，如国家机关工作人员的财产状况、领导干部的家庭关系等。

3. 本罪的犯罪主体是一般主体。

4. 本罪的主观方面是故意，包括直接故意和间接故意，行为人明知自己出售、提供、窃取或者非法获取公民个人信息的行为会对公民个人信息安全造成危害，而希望或者放任这种危害后果的发生。行为人的动机一般为获利。如果是相关单位和个人基于过失将公民个人的信息泄露的，不能构成本罪。

二、侵犯公民个人信息罪案件审理情况

通过中国裁判文书网统计，2015 年至 2021 年间，全国法院审结一审侵犯公民个人信息刑事案件共计 8445 件，其中，2015 年有 10 件，2016 年有 242 件，2017 年有 1076 件，2018 年有 1875 件，2019 年有 2128 件，2020 年有 1930 件，2021 年有 1184 件。

实践中，在政府行政管理以及金融、电信、交通、医疗、物业管理、宾馆住宿服务、快递等社会公共服务领域，收集和储存了大量的公民个人信息。这些信息为提高行政管理和各项公共服务的质量和效率提供了便利。但是，一些组织或个人，违反职业道德和保密义务，将公民个人的信息资料出售或泄露给他人，获取非法利益。这些侵害公民合法权益的现象时有发生，甚至个人信息被一些犯罪分子用于诈骗犯罪活动，对公民的人身、财产安全、个人隐私以及正常的工作、生活构成严重威胁。与普通向他人出售或者提供公民个人信息犯罪行为相比，出售或提供履职、提供服务过程中获得的公民个人信息的行为容易引发大范围的信息泄露，具有更大的社会危害性，而且违反了职业的操守，应当从严打击，从重惩处。此类案件审理主要集中在江苏、广东、浙江、河南等省份。

三、侵犯公民个人信息罪案件审理热点、难点问题

对于权利主体自愿公开、甚至主动公开的个人信息，或者可以合理推断出权利主体并不排斥公开的个人信息，行为人获取后提供、传播、出售给他人的行为的认定

在没有违背权利主体意愿的情况下，个人信息的获取、提供、传播行为不存在法益侵害。刑法的根本任务在于保护法益，法益并非仅指特定行为对象或者客体在客观上的完整和存续的状态，而是也包含了权利人依其自身意愿，自主地对其所享有的法益客体进行支配和使用的自由。当权利人通过有效的同意（或者承诺）允许行为人对相应的法益客体进行“损害”时，行为人的行为就只是权利人对于自身法益进行支配和使用的外在表现，其并不违反权利人的自主意志，从而欠缺法益侵害性。

侵犯公民个人信息罪虽然也涉及国家对个人信息的管理秩序，但这只是本罪的次要保护法益。本罪的成立关键在于“是否未经权利主体的同意，或者违背了权利主体的意愿”。如果是经过被收集者同意的信息获取行为，就可以认为至少存在被害人同意（或者承诺），即便一定程度上违反了相关管理规定，也不能构成本罪。至于非法获取的手段行为另行构成其他犯罪的，直接以其他犯罪论处。如有向国家工作人员行贿的行为，则国家工作人员一方基于收受贿赂而超越或者滥用了职权，其职务行为的不可收买性受到了玷污和侵犯，应该构成受贿罪，同时还有可能构成相关的渎职犯罪，按照相关的规定依法处罚。而行贿方作为贿赂犯罪的对向犯，依其主体性质分别可能构成行贿罪或者单位行贿罪。

另外，将收集到的他人已公开信息予以出售、提供，是否构成本罪？对这一问题，司法解释确定了对此种行为原则上的否定态度，但是在司法实践中，鉴于“公民个人信

息”的丰富性和多面性，建议作入罪考虑时必须结合出售、提供行为是否侵犯信息权人对于信息的决定权和控制权这一本质属性来谨慎斟酌。《民法典》第111条规定了自然人的个人信息受法律保护，将个人信息权作为一项具体人格权进行保护。相关解读指出，该项权利具有不同于其他人格权的丰富内涵，主要包括控制权或者占有权、自决权、保护权、查询权、更正权、冻结权以及遗忘权等内容，其中特别强调了自决的权利，即信息权人享有按照自己意愿的决定权。

四、侵犯公民个人信息罪案件审理思路及原则

（一）对“公民个人信息”的审查认定

公民个人信息，是指以电子或者其他方式记录的能够单独或者与其他信息结合识别特定自然人身份或者反映特定自然人活动情况的各种信息，包括姓名、身份证件号码、通信通讯联系方式、住址、账号密码、财产状况、行踪轨迹等。经过处理无法识别特定自然人且不能复原的信息，虽然也可能反映自然人活动情况，但与特定自然人无直接关联，不属于公民个人信息的范畴。

对于企业工商登记等信息中所包含的手机、电话号码等信息，应当明确该号码的用途。对由公司购买、使用的手机、电话号码等信息，不属于个人信息的范畴，从而严格区分“手机、电话号码等由公司购买，归公司使用”与“公司经办人在工商登记等活动中登记个人电话、手机号码”两种不同情形。

（二）对“违反国家有关规定”的审查认定

《刑法修正案（九）》将原第253条之一的“违反国家规定”修改为“违反国家有关规定”，后者的范围明显更广。根据《刑法》第96条的规定，“国家规定”仅限于全国人大及其常委会制定的法律和决定，国务院制定的行政法规、规定的行政措施、发布的决定和命令。而“国家有关规定”还包括部门规章，这些规定散见于金融、电信、交通、教育、医疗、统计、邮政等领域的法律、行政法规或部门规章中。

（三）对“非法获取”的审查认定

在窃取或者以其他方法非法获取公民个人信息的行为中，需要着重把握“其他方法”的范围问题。其他方法，是指“窃取”以外，与窃取行为具有同等危害性的方法，其中，购买是最常见的非法获取手段。侵犯公民个人信息犯罪作为电信网络诈骗的上游犯罪，诈骗分子往往先通过网络向他人购买公民个人信息，然后自己直接用于诈骗或转发给其他同伙用于诈骗，诈骗分子购买公民个人信息的行为属于非法获取行为，其同伙接收公民个人信息的行为明显也属于非法获取行为。同时，一些房产中介、物业管理公司、保险公司、担保公司的业务员往往与同行通过QQ、微信群互相交换各自掌握的客户信息，这种交换行为也属于非法获取行为。此外，行为人在履行职责、提供服务过程中，违反国家有关规定，未经他人同意收集公民个人信息，或者收集与提供的服务无关的公民个人信息的，也属于非法获取公民个人信息的行为。

（四）对“情节严重”和“情节特别严重”的审查认定

1. 关于“情节严重”的具体认定标准，根据《最高人民法院、最高人民检察院关于办理侵犯公民个人信息刑事案件适用法律若干问题的解释》（以下简称《解释》）第5条第1款的规定，主要涉及五个方面。

（1）信息类型和数量。①行踪轨迹信息、通信内容、征信信息、财产信息，此类信息与公民人身、财产安全直接相关，数量标准为50条以上，且仅限于上述四类信息，不允许扩大范围。对于财产信息，既包括银行、第三方支付平台、证券期货等金融服务账户的身份认证信息（一组确认用户操作权限的数据，包括账号、口令、密码、数字证书等），也包括存款、房产、车辆等财产状况信息。②住宿信息、通信记录、健康生理信息、交易信息等可能影响公民人身、财产安全的信息，数量标准为500条以上，此类信息也与人身、财产安全直接相关，但重要程度要弱于行踪轨迹信息、通信内容、征信信息、财产信息。对“其他可能影响人身、财产安全的公民个人信息”的把握，应当确保所适用的公民个人信息涉及人身、财产安全，且与“住宿信息、通信记录、健康生理信息、交易信息”在重要程度上具有相当性。③除上述两类信息以外的其他公民个人信息，数量标准为5000条以上。

（2）违法所得数额。对于违法所得，可直接以犯罪嫌疑人出售公民个人信息的收入予以认定，不必扣减其购买信息的犯罪成本。同时，在审查认定违法所得数额过程中，应当以查获的银行交易记录、第三方支付平台交易记录、聊天记录、犯罪嫌疑人供述、证人证言综合予以认定，对于犯罪嫌疑人无法说明合法来源的用于专门实施侵犯公民个人信息犯罪的银行账户或第三方支付平台账户内资金收入，可综合全案证据认定为违法所得。

（3）信息用途。公民个人信息被他人用于违法犯罪活动的，不要求他人的行为必须构成犯罪，只要行为人明知他人非法获取公民个人信息用于违法犯罪活动即可。

（4）主体身份。如果行为人系将在履行职责或者提供服务过程中获得的公民个人信息出售或者提供给他人的，涉案信息数量、违法所得数额只要达到一般主体的一半，即可认为“情节严重”。

（5）主观恶性。曾因侵犯公民个人信息受过刑事处罚或者二年内受过行政处罚，又非法获取、出售或者提供公民个人信息的，即可认为“情节严重”。

2. 关于“情节特别严重”的认定标准，根据《解释》，主要分为两类：一是信息数量、违法所得数额标准。二是信息用途引发的严重后果，其中造成人身伤亡、经济损失、恶劣社会影响等后果，需要审查认定侵犯公民个人信息的行为与严重后果间存在因果关系。

对于涉案公民个人信息数量的认定，根据《解释》第11条，非法获取公民个人信息后又出售或者提供的，公民个人信息的条数不重复计算；向不同单位或者个人分别出售、提供同一公民个人信息的，公民个人信息的条数累计计算；对批量出售、提供公民个人信息的条数，根据查获的数量直接认定，但是有证据证明信息不真实或者重复的除外。在实践中，如犯罪嫌疑人多次获取同一条公民个人信息，一般认定为一条，不重复累计；但获取的该公民个人信息内容发生了变化的除外。

对于涉案公民个人信息的数量、社会危害性等因素的审查，应当结合《刑法》第253

条和《解释》的规定进行综合审查。涉案公民个人信息数量极少，但造成被害人死亡等严重后果的，应审查犯罪嫌疑人行为与该后果之间的因果关系，符合条件的，可以认定为实施《解释》第5条第1款第10项“其他情节严重的情形”的行为，造成被害人死亡等严重后果，从而认定为“情节特别严重”。如涉案公民个人信息数量较多，但犯罪嫌疑人仅仅获取而未向他人出售或提供，则可以在认定相关犯罪事实的基础上，审查该行为是否符合《解释》第5条第1款第3~6项。第9项、第2款第3项的情形，符合条件的，可以分别认定为“情节严重”“情节特别严重”。

此外，针对为合法经营活动而购买、收受公民个人信息的行为，在适用《解释》第6条的定罪量刑标准时须满足三个条件：一是为了合法经营活动，对此可以综合全案证据认定，但主要应当由犯罪嫌疑人一方提供相关证据；二是限于普通公民个人信息，即不包括可能影响人身、财产安全的敏感信息；三是信息没有再流出扩散，即行为方式限于购买、收受。如果将购买、收受的公民个人信息非法出售或者提供的，定罪量刑标准应当适用《解释》第5条的规定。

第二节　侵犯公民个人信息罪审判依据

2009年2月28日，《刑法修正案（七）》第7条新增《刑法》第253条之一，该条是关于出售、非法提供公民个人信息罪和非法获取公民个人信息罪及其处罚的规定。2015年8月29日，《刑法修正案（九）》第17条将“出售、非法提供公民个人信息罪”“非法获取公民个人信息罪”调整为“侵犯公民个人信息罪”，并对其规定进行系统的完善，将犯罪主体扩大至一般主体，修改了犯罪的特定条件，对于特殊主体予以加重处罚，并提高了刑罚处罚区间。2017年5月8日，《最高人民法院、最高人民检察院关于办理侵犯公民个人信息刑事案件适用法律若干问题的解释》对该条规定的“公民个人信息”“违反国家有关规定”“提供公民个人信息”“以其他方法非法获取公民个人信息”“情节严重”等作了进一步细化。

一、法律

《中华人民共和国刑法》（2020年12月26日修正）

第二百五十三条之一　违反国家有关规定，向他人出售或者提供公民个人信息，情节严重的，处三年以下有期徒刑或者拘役，并处或者单处罚金；情节特别严重的，处三年以上七年以下有期徒刑，并处罚金。

违反国家有关规定，将在履行职责或者提供服务过程中获得的公民个人信息，出售或者提供给他人的，依照前款的规定从重处罚。

窃取或者以其他方法非法获取公民个人信息的，依照第一款的规定处罚。

单位犯前三款罪的，对单位判处罚金，并对其直接负责的主管人员和其他直接责任人员，依照各该款的规定处罚。

二、司法解释

《最高人民法院、最高人民检察院关于办理侵犯公民个人信息刑事案件适用法律若干问题的解释》（2017年5月8日　法释〔2017〕10号）

第一条　刑法第二百五十三条之一规定的“公民个人信息”，是指以电子或者其他方式记录的能够单独或者与其他信息结合识别特定自然人身份或者反映特定自然人活动情况的各种信息，包括姓名、身份证件号码、通信通讯联系方式、住址、账号密码、财产状况、行踪轨迹等。

第二条　违反法律、行政法规、部门规章有关公民个人信息保护的规定的，应当认定为刑法第二百五十三条之一规定的“违反国家有关规定”。

第三条　向特定人提供公民个人信息，以及通过信息网络或者其他途径发布公民个人信息的，应当认定为刑法第二百五十三条之一规定的“提供公民个人信息”。

未经被收集者同意，将合法收集的公民个人信息向他人提供的，属于刑法第二百五十三条之一规定的“提供公民个人信息”，但是经过处理无法识别特定个人且不能复原的除外。

第四条　违反国家有关规定，通过购买、收受、交换等方式获取公民个人信息，或者在履行职责、提供服务过程中收集公民个人信息的，属于刑法第二百五十三条之一第三款规定的“以其他方法非法获取公民个人信息”。

第五条　非法获取、出售或者提供公民个人信息，具有下列情形之一的，应当认定为刑法第二百五十三条之一规定的“情节严重”：

（一）出售或者提供行踪轨迹信息，被他人用于犯罪的；

（二）知道或者应当知道他人利用公民个人信息实施犯罪，向其出售或者提供的；

（三）非法获取、出售或者提供行踪轨迹信息、通信内容、征信信息、财产信息五十条以上的；

（四）非法获取、出售或者提供住宿信息、通信记录、健康生理信息、交易信息等其他可能影响人身、财产安全的公民个人信息五百条以上的；

（五）非法获取、出售或者提供第三项、第四项规定以外的公民个人信息五千条以上的；

（六）数量未达到第三项至第五项规定标准，但是按相应比例合计达到有关数量标准的；

（七）违法所得五千元以上的；

（八）将在履行职责或者提供服务过程中获得的公民个人信息出售或者提供给他人，数量或者数额达到第三项至第七项规定标准一半以上的；

（九）曾因侵犯公民个人信息受过刑事处罚或者二年内受过行政处罚，又非法获取、出售或者提供公民个人信息的；

（十）其他情节严重的情形。

实施前款规定的行为，具有下列情形之一的，应当认定为刑法第二百五十三条之一第一款规定的“情节特别严重”：

（一）造成被害人死亡、重伤、精神失常或者被绑架等严重后果的；

（二）造成重大经济损失或者恶劣社会影响的；

（三）数量或者数额达到前款第三项至第八项规定标准十倍以上的；

（四）其他情节特别严重的情形。

第六条 为合法经营活动而非法购买、收受本解释第五条第一款第三项、第四项规定以外的公民个人信息，具有下列情形之一的，应当认定为刑法第二百五十三条之一规定的“情节严重”：

（一）利用非法购买、收受的公民个人信息获利五万元以上的；

（二）曾因侵犯公民个人信息受过刑事处罚或者二年内受过行政处罚，又非法购买、收受公民个人信息的；

（三）其他情节严重的情形。

实施前款规定的行为，将购买、收受的公民个人信息非法出售或者提供的，定罪量刑标准适用本解释第五条的规定。

第七条 单位犯刑法第二百五十三条之一规定之罪的，依照本解释规定的相应自然人犯罪的定罪量刑标准，对直接负责的主管人员和其他直接责任人员定罪处罚，并对单位判处罚金。

第八条 设立用于实施非法获取、出售或者提供公民个人信息违法犯罪活动的网站、通讯群组，情节严重的，应当依照刑法第二百八十七条之一的规定，以非法利用信息网络罪定罪处罚；同时构成侵犯公民个人信息罪的，依照侵犯公民个人信息罪定罪处罚。

第九条 网络服务提供者拒不履行法律、行政法规规定的信息网络安全管理义务，经监管部门责令采取改正措施而拒不改正，致使用户的公民个人信息泄露，造成严重后果的，应当依照刑法第二百八十六条之一的规定，以拒不履行信息网络安全管理义务罪定罪处罚。

第十条 实施侵犯公民个人信息犯罪，不属于“情节特别严重”，行为人系初犯，全部退赃，并确有悔罪表现的，可以认定为情节轻微，不起诉或者免予刑事处罚；确有必要判处刑罚的，应当从宽处罚。

第十一条 非法获取公民个人信息后又出售或者提供的，公民个人信息的条数不重复计算。

向不同单位或者个人分别出售、提供同一公民个人信息的，公民个人信息的条数累计计算。

对批量公民个人信息的条数，根据查获的数量直接认定，但是有证据证明信息不真实或者重复的除外。

第十二条 对于侵犯公民个人信息犯罪，应当综合考虑犯罪的危害程度、犯罪的违法所得数额以及被告人的前科情况、认罪悔罪态度等，依法判处罚金。罚金数额一般在违法所得的一倍以上五倍以下。

三、刑事政策文件

（一）《最高人民法院、最高人民检察院、公安部关于印发〈办理跨境赌博犯罪案件若干问题的意见〉的通知》（2020年10月16日　公通字〔2020〕14号）

四、关于跨境赌博关联犯罪的认定

（五）……

为实施赌博犯罪，非法获取公民个人信息，或者向实施赌博犯罪者出售、提供公民个人信息，构成赌博犯罪共犯，同时构成侵犯公民个人信息罪的，依照处罚较重的规定定罪处罚。

（二）《最高人民检察院关于印发〈检察机关办理侵犯公民个人信息案件指引〉的通知》（2018年11月9日　高检发侦监字〔2018〕13号）

二、需要特别注意的问题

在侵犯公民个人信息案件审查逮捕、审查起诉中，要根据相关法律、司法解释等规定，结合在案证据，重点注意以下问题：

（五）对关联犯罪的审查认定

对于侵犯公民个人信息犯罪与电信网络诈骗犯罪相交织的案件，应严格按照《最高人民法院、最高人民检察院、公安部关于办理电信网络诈骗等刑事案件适用法律若干问题的意见》（法发〔2016〕32号）的规定进行审查认定，即通过认真审查非法获取、出售、提供公民个人信息的犯罪嫌疑人对电信网络诈骗犯罪的参与程度，结合能够证实其认知能力的学历文化、聊天记录、通话频率、获取固定报酬还是参与电信网络诈骗犯罪分成等证据，分析判断其是否属于诈骗共同犯罪、是否应该数罪并罚。

根据《解释》第八条的规定，设立用于实施出售、提供或者非法获取公民个人信息违法犯罪活动的网站、通讯群组，情节严重的，应当依照刑法第二百八十七条之一的规定，以非法利用信息网络罪定罪；同时构成侵犯公民个人信息罪的，应当认定为侵犯公民个人信息罪。

对于违反国家有关规定，采用技术手段非法侵入合法存储公民个人信息的单位数据库窃取公民个人信息的行为，也符合刑法第二百八十五条第二款非法获取计算机信息系统数据罪的客观特征，同时触犯侵犯公民个人信息罪和非法获取计算机信息系统数据罪的，应择一重罪论处。

此外，针对公安民警在履行职责过程中，违反国家有关规定，查询、提供公民个人信息的情形，应当认定为"违反国家有关规定，将在履行职责或者提供服务过程中以其他方法非法获取或提供公民个人信息"。但同时，应当审查犯罪嫌疑人除该行为之外有无其他行为侵害其他法益，从而对可能存在的其他犯罪予以准确认定。

（三）《最高人民法院关于印发〈人民法院落实《保护司法人员依法履行法定职责规定》的实施办法〉的通知》（2017年2月7日　法发〔2017〕4号）

第十二条第一款　对于泄露、传播依法不应当公开的法官或其近亲属信息，以及偷窥、偷拍、窃听、散布法官或其近亲属隐私的行为人，人民法院应当商请公安机关依法处理；构成侵犯公民个人信息罪等犯罪的，依法追究刑事责任。

（四）《最高人民法院、最高人民检察院、公安部关于办理电信网络诈骗等刑事案件适用法律若干问题的意见》（2016 年 12 月 19 日　法发〔2016〕32 号）

三、全面惩处关联犯罪

（二）违反国家有关规定，向他人出售或者提供公民个人信息，窃取或者以其他方法非法获取公民个人信息，符合刑法第二百五十三条之一规定的，以侵犯公民个人信息罪追究刑事责任。

（五）《公安部关于印发新修订〈关于公安机关处置信访活动中违法犯罪行为适用法律的指导意见〉的通知》（2013 年 7 月 19 日　公通字〔2013〕25 号）

三、对侵犯人身权利、财产权利违法犯罪行为的处理

4. 偷窥、偷拍、窃听、散布他人隐私，符合《治安管理处罚法》第四十二条第六项规定的，以侵犯隐私依法予以治安管理处罚；情节严重，符合《刑法》第二百五十三条之一第二款规定的，以非法获取公民个人信息罪追究刑事责任。

（六）《最高人民法院、最高人民检察院、公安部关于依法惩处侵害公民个人信息犯罪活动的通知》（2013 年 4 月 23 日　公通字〔2013〕12 号）

二、正确适用法律，实现法律效果与社会效果的有机统一。侵害公民个人信息犯罪是新型犯罪，各级公安机关、人民检察院、人民法院要从切实保护公民个人信息安全和维护社会和谐稳定的高度，借鉴以往的成功案例，综合考虑出售、非法提供或非法获取个人信息的次数、数量、手段和牟利数额、造成的损害后果等因素，依法加大打击力度，确保取得良好的法律效果和社会效果。出售、非法提供公民个人信息罪的犯罪主体，除国家机关或金融、电信、交通、医疗单位的工作人员之外，还包括在履行职责或者提供服务过程中获得公民个人信息的商业、房地产业等服务业中其他企事业单位的工作人员。公民个人信息包括公民的姓名、年龄、有效证件号码、婚姻状况、工作单位、学历、履历、家庭住址、电话号码等能够识别公民个人身份或者涉及公民个人隐私的信息、数据资料。对于在履行职责或者提供服务过程中，将获得的公民个人信息出售或者非法提供给他人，被他人用以实施犯罪，造成受害人人身伤害或者死亡，或者造成重大经济损失、恶劣社会影响的，或者出售、非法提供公民个人信息数量较大，或者违法所得数额较大的，均应当依法以非法出售、非法提供公民个人信息罪追究刑事责任。对于窃取或者以购买等方法非法获取公民个人信息数量较大，或者违法所得数额较大，或者造成其他严重后果的，应当依法以非法获取公民个人信息罪追究刑事责任。对使用非法获取的个人信息，实施其他犯罪行为，构成数罪的，应当依法予以并罚。单位实施侵害公民个人信息罪的，应当追究直接负责的主管人员和其他直接责任人员的刑事责任。要依法加大对财产刑的适用力度，剥夺犯罪分子非法获利和再次犯罪的资本。

第三节　侵犯公民个人信息罪审判实践中的疑难新型问题

问题 1. 公民个人信息的范围

【实务专论】[①]

公民个人信息的范围。目前，我国关于个人信息的界定，最为权威的当属《网络安全法》的规定。《网络安全法》第 76 条规定："个人信息，是指以电子或者其他方式记录的能够单独或者与其他信息结合识别自然人个人身份的各种信息，包括但不限于自然人的姓名、出生日期、身份证件号码、个人生物识别信息、住址、电话号码等。"经研究认为，《网络安全法》将个人信息界定为"能够识别自然人个人身份的各种信息"，显然使用的是广义的身份识别信息的概念，即既包括狭义的身份识别信息（能够识别出特定自然人身份的信息），又包括体现特定自然人活动情况的信息。例如，从实践来看，行踪轨迹信息系事关人身安全的高度敏感信息，无疑应纳入法律保护范围，且应当重点保护。但是，行踪轨迹信息明显难以纳入狭义的身份识别信息的范畴。如果认为网络安全法将此类信息排除在个人信息的范围外，恐难以为一般人所认同，也不符合保护公民个人信息的立法精神。合理的解释应当是，网络安全法是广义上使用"身份识别信息"这一概念，亦即也包括个人活动情况信息在内。基于此，《最高人民法院、最高人民检察院关于办理侵犯公民个人信息刑事案件适用法律若干问题的解释》第 1 条在上述规定的基础上，进一步明确公民个人信息包括身份识别信息和活动情况信息，规定："刑法第二百五十三条之一规定的'公民个人信息'，是指以电子或者其他方式记录的能够单独或者与其他信息结合识别特定自然人身份或者反映特定自然人活动情况的各种信息，包括姓名、身份证件号码、通信通讯联系方式、住址、账号密码、财产状况、行踪轨迹等。"

此外，根据《最高人民法院、最高人民检察院关于办理侵犯公民个人信息刑事案件适用法律若干问题的解释》第 1 条的规定，关于公民个人信息的外延，有以下几个具体问题值得注意：（1）公民个人信息，既包括中国公民的个人信息，也包括外国公民和其他无国籍人的个人信息。（2）公民个人信息须与特定自然人关联。这是公民个人信息所具有的关键属性。因此，经过处理无法识别特定个人且不能复原的信息，虽然也可能反映自然人活动情况，但与特定自然人无直接关联，不能成为公民个人信息的范畴。对于与特定自然人关联，可以是识别特定自然人身份，也可以是反映特定自然人活动情况。需要注意的是，无论是识别特定自然人身份，还是反映特定自然人活动情况，都应当是能够单独或者与其他信息结合所具有的功能。例如，身份证号与公民个人身份一一对应，可以单独识别公民个人身份；而工作单位、家庭住址等无法单独识别公民个人身份，需要同其他信息结合才能识别公民个人身份。但是，上述两类信息无疑都属于公民个人信

---

① 周加海、邹涛、喻海松：《〈关于办理侵犯公民个人信息刑事案件适用法律若干问题的解释〉的理解与适用》，载《人民司法》2017 年第 19 期。

息的范畴。（3）与特定自然人关联的账号密码属于公民个人信息。对于账号密码能否纳入公民个人信息的范围，存在不同认识。经研究认为，当前账号密码往往绑定身份证号、手机号码等特定信息，即使未绑定，非法获取账号密码后往往也会引发侵犯财产甚至人身的违法犯罪。因此，《最高人民法院、最高人民检察院关于办理侵犯公民个人信息刑事案件适用法律若干问题的解释》第1条明确将账号密码列为公民个人信息的范围。

【刑事政策文件】

《最高人民检察院关于印发〈检察机关办理侵犯公民个人信息案件指引〉的通知》
（2018年11月9日　高检发侦监字〔2018〕13号）

二、需要特别注意的问题

在侵犯公民个人信息案件审查逮捕、审查起诉中，要根据相关法律、司法解释等规定，结合在案证据，重点注意以下问题：

（一）对“公民个人信息”的审查认定

根据《解释》的规定，公民个人信息是指以电子或者其他方式记录的能够单独或者与其他信息结合识别特定自然人身份或者反映特定自然人活动情况的各种信息，包括姓名、身份证件号码、通信通讯联系方式、住址、账号密码、财产状况、行踪轨迹等。经过处理无法识别特定自然人且不能复原的信息，虽然也可能反映自然人活动情况，但与特定自然人无直接关联，不属于公民个人信息的范畴。

对于企业工商登记等信息中所包含的手机、电话号码等信息，应当明确该号码的用途。对由公司购买、使用的手机、电话号码等信息，不属于个人信息的范畴，从而严格区分“手机、电话号码等由公司购买，归公司使用”与“公司经办人在工商登记等活动中登记个人电话、手机号码”两种不同情形。

问题2. 侵犯公民个人信息“违反国家有关规定”的认定

【实务专论】①

违反国家有关规定的认定。《刑法修正案（九）》将侵犯公民个人信息罪的前提要件由“违反国家规定”修改为“违反国家有关规定”。根据修法精神，《最高人民法院、最高人民检察院关于办理侵犯公民个人信息刑事案件适用法律若干问题的解释》第2条规定：“违反法律、行政法规、部门规章有关公民个人信息保护的规定的，应当认定为刑法第二百五十三条之一规定的‘违反国家有关规定’。”具体而言，该条将“国家有关规定”明确限于法律、行政法规、部门规章等国家层面的规定，不包括地方性法规等非国家层面的规定。

---

① 周加海、邹涛、喻海松：《〈关于办理侵犯公民个人信息刑事案件适用法律若干问题的解释〉的理解与适用》，载《人民司法》2017年第19期。

【刑事政策文件】

《最高人民检察院关于印发〈检察机关办理侵犯公民个人信息案件指引〉的通知》
（2018年11月9日　高检发侦监字〔2018〕13号）

二、需要特别注意的问题

在侵犯公民个人信息案件审查逮捕、审查起诉中，要根据相关法律、司法解释等规定，结合在案证据，重点注意以下问题：

（二）对“违反国家有关规定”的审查认定

《中华人民共和国刑法修正案（九）》将原第二百五十三条之一的“违反国家规定”修改为“违反国家有关规定”，后者的范围明显更广。根据刑法第九十六条的规定，“国家规定”仅限于全国人大及其常委会制定的法律和决定，国务院制定的行政法规、规定的行政措施、发布的决定和命令。而“国家有关规定”还包括部门规章，这些规定散见于金融、电信、交通、教育、医疗、统计、邮政等领域的法律、行政法规或部门规章中。

问题3. 业主房源信息是否属于侵犯公民个人信息罪的犯罪对象

【最高人民检察院指导性案例】柯某侵犯公民个人信息案①

［要旨］

业主房源信息是房产交易信息和身份识别信息的组合，包含姓名、通信通讯联系方式、住址、交易价格等内容，属于法律保护的公民个人信息。未经信息主体另行授权，非法获取、出售限定使用范围的业主房源信息，系侵犯公民个人信息的行为，情节严重、构成犯罪的，应当依法追究刑事责任。检察机关办理案件时应当对涉案公民个人信息具体甄别，筛除模糊、无效及重复信息，准确认定侵犯公民个人信息数量。

［基本案情］

被告人柯某，男，1980年生，系安徽某信息技术有限公司经营者，开发了“房利帮”网站。

2016年1月起，柯某开始运营“房利帮”网站并开发同名手机App，以对外售卖上海市二手房租售房源信息为主营业务。运营期间，柯某对网站会员上传真实业主房源信息进行现金激励，吸引掌握该类信息的房产中介人员（另案处理）注册会员并向网站提供信息，有偿获取了大量包含房屋门牌号码及业主姓名、电话等非公开内容的业主房源信息。

柯某在获取上述业主房源信息后，安排员工冒充房产中介人员逐一电话联系业主进行核实，将有效的信息以会员套餐形式提供给网站会员付费查询使用。上述员工在联系核实信息过程中亦未如实告知业主获取、使用业主房源信息的情况。

自2016年1月至案发，柯某通过运营“房利帮”网站共非法获取业主房源信息30余万条，以会员套餐方式出售获利达人民币150余万元。

上海市公安局金山分局在侦办一起侵犯公民个人信息案时，发现该案犯罪嫌疑人非

---

① 最高人民检察院2022年2月21日发布的第三十四批指导性案例（检例第140号）。

法出售的部分信息购自“房利帮”网站，根据《最高人民法院、最高人民检察院、公安部关于办理网络犯罪案件适用刑事诉讼法若干问题的意见》的规定，柯某获取的均为上海地区的业主信息，遂对柯某立案侦查。

[起诉与审判]

2017 年 7 月 27 日，金山区人民检察院以柯某涉嫌侵犯公民个人信息罪提起公诉。

辩护人提出，第一，房源信息是用于房产交易的商用信息，部分信息没有业主实名，不属于刑法保护的公民个人信息；第二，网站的房源信息多由房产中介人员上传，房产中介人员获取该信息时已得到业主许可，系公开信息，网站属合理使用，无须另行授权；第三，网站对信息核实后，将真实房源信息整合，主要向房产中介人员出售，促进房产交易，符合业主意愿和利益。

公诉人答辩指出，柯某的行为依法构成犯罪。第一，业主房源信息中的门牌号码、业主电话，组合后足以识别特定自然人，且部分信息有业主姓名，符合刑法对公民个人信息的界定；第二，业主委托房产中介时提供姓名、电话等，目的是供相对的房产中介提供服务时联系使用，不能以此视为业主同意或者授权中介对社会公开；第三，柯某安排员工冒充房产中介向业主核实时，仍未如实告知信息获取的途径及用途。而且，该网站并不从事中介业务帮助业主寻找交易对象，只是将公民个人信息用于倒卖牟利。

2019 年 12 月 31 日，金山区人民法院作出判决，采纳金山区人民检察院指控的犯罪事实和意见，以侵犯公民个人信息罪判处柯某有期徒刑三年，缓刑四年，并处罚金人民币 160 万元。宣判后，柯某未提出上诉，判决已生效。

[指导意义]

1. 包含房产信息和身份识别信息的业主房源信息属于公民个人信息。公民个人信息，是指以电子或者其他方式记录的能够单独或者与其他信息结合识别特定自然人身份或者反映特定自然人活动情况的各种信息，包括姓名、身份证件号码、通信通讯联络方式、住址、账号密码、财产状况、行踪轨迹等。业主房源信息包括房产坐落区域、面积、售租价格等描述房产特征的信息，也包含门牌号码、业主电话、姓名等具有身份识别性的信息，上述信息组合，使业主房源信息符合公民个人信息“识别特定自然人”的规定。上述信息非法流入公共领域存在较大风险。现实生活中，被害人因信息泄露被频繁滋扰，更有大量信息进入黑灰产业链，被用于电信网络诈骗、敲诈勒索等犯罪活动，严重威胁公民人身财产安全、社会公共利益，甚至危及国家信息安全，应当依法惩处。

2. 获取限定使用范围的信息需信息主体同意、授权。对生物识别、宗教信仰、特定身份、医疗健康、金融账户、行踪轨迹等敏感个人信息，进行信息处理须得到信息主体明确同意、授权。对非敏感个人信息，如上述业主电话、姓名等，应当根据具体情况作出不同处理。信息主体自愿、主动向社会完全公开的信息，可以认定同意他人获取，在不侵犯其合法利益的情况下可以合法、合理利用。但限定用途、范围的信息，如仅提供给中介供服务使用的，他人在未经另行授权的情况下，非法获取、出售，情节严重的，应当以侵犯公民个人信息罪追究刑事责任。

3. 认定公民个人信息数量，应当在全面固定数据基础上有效甄别。侵犯公民个人信息案件中，信息一般以电子数据形式存储，往往数据庞杂、真伪交织、形式多样。检察机关应当把握公民个人信息“可识别特定自然人身份或者反映特定自然人活动情况”的标准，准确提炼出关键性的识别要素，如家庭住址、电话号码、姓名等，对信息数据有效甄别。对包含上述信息的认定为有效的公民个人信息，以准确认定信息数量。

问题4. 户籍信息、手机定位、住宿记录等是否属于侵犯公民个人信息罪的犯罪对象

【典型案例】邵某某等侵犯公民个人信息案①

一、基本案情

2016年年初，被告人邵某某、康某、王某、陆某某分别以“大叔调查公司”的名义向他人出售公民个人信息，被告人倪某某不久后参与。五被告人通过在微信朋友圈发布出售个人户籍、车辆档案、手机定位、个人征信、旅馆住宿等各类公民个人信息的广告的方式寻找客户，接单后通过微信向上家购买信息或让其他被告人帮忙向上家购买信息后加价出售，每单收取10元至1000余元不等的费用。经查，被告人邵某某获利人民币26 000元，被告人康旭获利人民币8000元，被告人倪某某、王某、陆某某各获利人民币5000元。

二、裁判结果

浙江省东阳市人民法院判决认为：被告人邵某某、康某、倪某某、王某、陆某某单独或伙同他人，违反国家有关规定，向他人出售公民个人信息，情节严重，其行为均已构成侵犯公民个人信息罪。综合考虑被告人的坦白、退赃等情节，以侵犯公民个人信息罪判处被告人邵某某有期徒刑一年三个月，并处罚金人民币8000元；被告人康某有期徒刑一年，并处罚金人民币4000元；被告人倪某某、王某、陆某某各有期徒刑十个月，并处罚金人民币2000元。该判决已发生法律效力。

问题5. 征信信息是否属于侵犯公民个人信息罪的犯罪对象

【典型案例】韩某某、旷某某、韩某1等侵犯公民个人信息案②

一、基本案情

2015年9月3日至4日，被告人韩某某、旷某某、韩某1利用连某某（湖北省巴东县农村商业银行沿渡河支行征信查询员）的征信查询ID号、密码及被告人李某、耿某某（洛阳银行郑州东风路支行客户经理）提供的洛阳银行郑州东风路支行的银行专用网络，在该行附近使用电脑非法查询公民个人银行征信信息3万余条。

2015年9月5日至6日，被告人韩某某、旷某某、韩某1利用连某某的征信查询ID号、密码及被告人李某、卢某某（德州银行滨州金廷支行行长）提供的德州银行滨州分行的银行专用网络，在该行南面的停车场内，使用电脑分两次非法查询公民个人银行征信信息2万余条。

2015年9月8日，被告人韩某某、旷某某、韩某1利用李某（江苏省淮安市农村商业银行徐溜支行职工）的银行征信查询ID号及密码及被告人李某、卢某某提供的德州银行滨州分行专用网络，在该行南面的停车场内，使用电脑非法查询公民个人银行征信信

---

① 最高人民法院、最高人民检察院2017年5月9日发布的7起侵犯公民个人信息犯罪典型案例。

② 最高人民法院、最高人民检察院2017年5月9日发布的7起侵犯公民个人信息犯罪典型案例。

息近3万条。

被告人韩某、邓某某获得征信查询ID号、密码并非法提供给被告人韩某某等人使用，双方通过被告人陈某某中转租金、传递密码。被告人韩某某、旷某某、韩某1将查询获得的上述公民个人银行征信信息出售给他人，向被告人韩某、李某、李1某支付了相关费用。

二、裁判结果

湖北省巴东县人民法院判决认为：被告人韩某某、旷某某、韩某1、韩某、邓某某、李某1、陈某某、卢某某、李某、耿某某违反国家有关规定，非法获取公民个人信息出售牟利，情节严重，其行为已构成侵犯公民个人信息罪。综合考虑被告人自首、坦白、积极退赃等情节，以侵犯公民个人信息罪判处被告人韩某某有期徒刑一年六个月，并处罚金人民币20 000元；被告人旷某1有期徒刑一年三个月，并处罚金人民币20 000元；被告人韩某1处有期徒刑一年二个月，并处罚金人民币10 000元；被告人韩某有期徒刑一年，并处罚金人民币10 000元；以及其他各被告人相应有期徒刑、拘役和罚金。该判决已发生法律效力。

问题6. 学生信息是否属于侵犯公民个人信息罪的犯罪对象

【典型案例】周某某等侵犯公民个人信息案①

一、基本案情

2016年4月，被告人周某某向他人购买浙江省学生信息193万余条。后被告人周某某将其中100万余条嘉兴、绍兴地区的学生信息以6万余元的价格出售给被告人陈某某，将45 655条嘉兴地区的学生信息以3500元的价格出售给被告人刘某、陈某、周某1，将7214条平湖地区的学生信息以1400元的价格出售，将2320条平湖地区的学生信息以500元的价格出售，共计非法获利65 400元。此外，2016年4月，被告人刘某、陈某、周某1以3000元的价格向他人购买嘉兴地区学生信息25 068条。

二、裁判结果

浙江省平湖市人民法院判决认为：被告人周某某、陈某某、刘某、陈某、周某1违反国家有关规定，向他人出售或者以购买的方法非法获取公民个人信息，数量分别为193万余条、100万余条、7万余条、7万余条、7万余条，其行为均已构成侵犯公民个人信息罪。综合考虑被告人自首、坦白等情节，以侵犯公民个人信息罪判处被告人周某某有期徒刑一年十一个月，并处罚金人民币40 000元；被告人陈某某有期徒刑十一个月，并处罚金人民币10 000元；被告人刘某、陈某、周某1有期徒刑九个月至七个月不等、缓刑一年，并处罚金人民币5000元至4000元不等。该判决已发生法律效力。

问题7. 境外外国公民的个人信息是否属于侵犯公民个人信息罪的犯罪对象

【实务专论】②

“公民个人信息”的范围。“公民个人信息”的范围把握，直接影响侵犯公民个人信

① 最高人民法院、最高人民检察院2017年5月9日发布的7起侵犯公民个人信息犯罪典型案例。
② 喻海松：《网络犯罪的立法扩张与司法适用》，载《法律适用》2016年第9期。

息罪在司法实践中的正确适用。然而，《刑法》未对“公民个人信息”的范围作出明确，其他法律规定也缺乏对“公民个人信息”的统一规定。

“公民个人信息”的“公民”如何把握？“公民”是一个严格的法律概念，也有着固定的内涵和外延。然而，对于《刑法》中“公民个人信息”的“公民”如何把握，特别是是否局限于中国公民（具有中华人民共和国国籍的人），还是包括外国公民、无国籍人在内，存在着认识分歧。①

本文认为，公民个人信息犯罪中的“公民个人信息”，既包括中国公民的个人信息，也包括外国公民和其他无国籍人的个人信息。主要考虑如下。（1）从刑法规范用语的角度看，《刑法》第253条之一的用语是“公民个人信息”，但并未限定为“中华人民共和国公民的个人信息”，因此，从刑法用语的角度而言，不应将此处的“公民个人信息”限制为中国公民的个人信息。（2）外国人、无国籍人的信息应当同中国公民的信息一样受到刑法的平等保护，否则，会出现对外籍人、无国籍人个人信息保护的缺失，这显然不符合立法精神和主旨。基于平等适用刑法原则，无论是侵犯我国境内的外国人、无国籍人个人信息的刑事案件，还是我国境内危害行为侵犯境外的外国人、无国籍人个人信息的刑事案件，我国均享有当然的刑事管辖权，对于这类刑事案件没有理由不适用我国刑法。（3）从司法实践的具体情况看，将大量外籍人、无国籍人个人信息排除在刑法保护之外，无疑放纵了犯罪。特别是对于一起侵犯公民个人信息犯罪案件所涉及的个人信息既有我国公民的个人信息，也有外国公民、无国籍人的个人信息的，只处罚涉及我国公民个人信息的部分，既不合理，也难操作。

【人民法院案例选案例】张某某、赵某某侵犯公民个人信息案②

［裁判要旨］

侵犯公民个人信息的犯罪地在中华人民共和国领域内的，无论侵犯的是中国公民或外国公民的个人信息，均构成侵犯公民个人信息罪。

［基本案情］

江西省萍乡市安济源区人民检察院指控：2016年5月，被告人张某某在萍乡市安源区通过“暗网”等非法网站及网名叫“数据大牛”（侦查机关称真实身份不详）的人处非法购买大量他人的邮箱账号密码和日本公民的信用卡信息（又称“cvv”信息）。之后，通过“财神”软件筛选出可以登录苹果手机ID的邮箱账号密码，用iphone 4手机绑定非法获取的信用卡信息实现支付功能，为游戏玩家充值并收取低于市场价格的费用以非法获利。

2016年11月左右，被告人赵某某通过QQ联系到张某某。张某某将非法获取的日本公民信用卡信息以每条120元的价格出售给赵某某。之后，赵某某通过非法网站、QQ群下载或者购买信用卡信息及邮箱账号密码，筛选出可以登录安卓手机的邮箱账号，用安卓智能手机绑定非法获取的信用卡信息实现支付功能，为游戏玩家充值并收取低于市场

---

① 参见刘涛：《关于刑法第二百五十三条之一第二款有关内容理解问题的研究意见》，载《司法研究与指导》（第1辑），人民法院出版社2012年版。

② 钟琰编写，李云萍审稿：《张某某、赵某某侵犯公民个人信息案》，载最高人民法院中国应用法学研究所编：《人民法院案例选》（2020年第12辑·总第154辑），人民法院出版社2021年版，第41～44页。

价格的费用以非法获利。赵某某还将非法获取的一部分信用卡信息出售给王某某（另案处理）。

案发后，公安机关从被告人张某某、赵某某的住处依法扣押了作案用的电脑和手机。经鉴定，张某某的相关电子设备中检出的邮箱账号密码信息数据量约74.9GB，信用卡信息共4301条；赵某某的相关电子设备中检出邮箱账号密码信息2 067 295条，信用卡信息3132条。

公诉机关认为，被告人张某某、赵某某非法获取、违反国家有关规定向他人出售公民个人信息，情节特别严重，二人的行为均触犯《刑法》第253条之一第1款、第3款的规定，犯罪事实清楚，证据确实、充分，应当以侵犯公民个人信息罪追究刑事责任，且系情节特别严重。二被告人系共同犯罪，不宜区分主从犯，但是张某某在信用卡信息提供、非法获取的公民信息的数量等情节上造成的不法后果更严重，作用更大。

被告人张某某、赵某某对指控的事实及罪名均无异议。

被告人张某某的辩护人辩护提出：（1）本案邮箱信息及信用卡信息的所有权人是日本人或者其他外国人，不属于侵犯公民个人信息罪调整的对象。（2）本案邮箱信息并没有实名制，不能反映某人特定的身份，且本案中仅是辅助信息，必须和信用卡信息相结合才能发挥其价值。侦查机关没有对邮箱数量进行统计，只能结合绑定的信用卡信息来认定数量。

被告人赵某某的辩护人辩护提出：邮箱账号密码需要检测确定有用后绑定信用卡才能被利用，不能以从赵某某电子设备中检测出的邮箱账号密码信息2 067 295条和信用卡信息3132条作为定案数量，而应以其向张某某购买的29条信用卡信息作为定案数量。

法院经审理查明：2016年5月，被告人张某某在萍乡市安源区通过“暗网”等非法网站及网名叫“数据大牛”的人处非法购买大量日本公民的信用卡信息和他人的邮箱账号密码。之后，通过“财神”软件筛选出可以登录苹果手机ID的邮箱账号密码，用iphone 4手机绑定非法获取的信用卡信息实现支付功能，为游戏玩家充值并收取低于市场价格的费用以非法获利。

2016年11月左右，被告人赵某某通过QQ联系到张某某。张某某将非法获取的日本公民信用卡信息以每条120元的价格出售给赵某某。之后，赵某某通过非法网站、QQ群下载或者购买信用卡信息及邮箱账号密码，筛选出可以登录安卓手机的邮箱账号，用安卓智能手机绑定非法获取的信用卡信息实现支付功能，为游戏玩家充值并收取低于市场价格的费用以非法获利。赵某某还将非法获取的一部分信用卡信息出售给王某某（另案处理）。

案发后，公安机关从被告人张某某、赵某某的住处依法扣押了作案用的电脑和手机。经鉴定，张某某的相关电子设备中检出的邮箱账号密码信息数据量约74.9GB，信用卡信息共4301条；赵某某的相关电子设备中检出邮箱账号密码信息2 067 295条，信用卡信息3132条。

［裁判结果］

江西省萍乡市安源区人民法院于2018年9月14日作出（2018）赣0302刑初203号刑事判决：（1）被告人张某某犯侵犯公民个人信息罪，判处有期徒刑四年，并处罚金人民币40万元；（2）被告人赵某某犯侵犯公民个人信息罪，判处有期徒刑三年六个月，并处罚金人民币30万元；（3）公安机关从被告人张某某住处扣押的笔记本电脑5台、

iphone 4 手机 86 台、iphone 6 plus 手机 1 台以及从被告人赵某某住处扣押的电脑主机 4 台、安卓智能手机 14 台、iphone 7 plus 手机 1 台，予以没收，由公安机关依法处理。

宣判后，被告人张某某、赵某某不服判决，提出上诉。江西省萍乡市中级人民法院于 2018 年 11 月 19 日作出（2018）赣 03 刑终 158 号刑事判决：（1）维持江西省萍乡市安源区人民法院（2018）赣 0302 刑初 203 号刑事判决中的第三项；（2）撤销江西省萍乡市安源区人民法院（2018）赣 0302 刑初 203 号刑事判决中的第一项、第二项；（3）张某某犯侵犯公民个人信息罪，判处有期徒刑三年，缓刑四年，并处罚金人民币 40 万元；（4）赵某某以犯侵犯公民个人信息罪，判处有期徒刑三年，缓刑三年，并处罚金人民币 40 万元。

［裁判理由］

法院生效裁判认为：依照《刑法》第 253 条之一的规定，违反国家有关规定，向他人出售或者提供公民个人信息，情节严重的，构成侵犯公民个人信息罪。按照我国《刑法》属地管辖的原则，中国公民在中国领域内针对领域外的外国公民实施犯罪的，适用《刑法》的相关规定。我国《刑法》并未将公民个人信息限定为中华人民共和国公民的个人信息，外国公民的个人信息受到中国公民的侵害时，应当一样受到《刑法》的保护，故被告人张某某、赵某某在中国领域内非法获取、出售领域外的外国公民信用卡信息及相关邮箱账号密码的行为已构成侵犯公民个人信息罪。除了信用卡信息，鉴定机构还从张某某、赵某某被扣押的电子产品中分别检测出他人邮箱账号密码数据 74.9GB 和 2 067 295条，虽未全部逐条核实，但从计算机数据角度足以推定其数量已经远远超过《最高人民法院、最高人民检察院关于办理侵犯公民个人信息刑事案件适用法律若干问题的解释》第 5 条中规定的 5 万条以上，故可以认定二被告人属于侵犯公民个人信息情节特别严重。

问题 8. 公开的公民个人信息是否属于《刑法》第 253 条之一规定的“公民个人信息”的范畴

【人民法院案例选案例】聂某某、董某等侵犯公民个人信息案①

［裁判要旨］

侵犯公民个人信息罪的犯罪构成要件中包含一个不成文的构成要件要素，即“违背权利主体个人意愿”。经过填充这一要素，本罪的成立范围实现了合理的限缩，即对于权利主体自愿公开、甚至主动公开的个人信息，或者可以合理推断出权利主体并不排斥公开的个人信息，行为人获取后提供、传播、出售给他人的，不宜以侵犯公民个人信息罪论处。其获取行为构成其他犯罪的，以其他犯罪论处。

［基本案情］

法院经审理查明：睿思科顾问公司于 2014 年成立，系中外合资企业，后转为外商独资企业，变更后法定代表人为被告人董某，并由其负责在中国境内开展业务。睿思科顾

① 刘砺兵编写，李玉萍审稿；《聂某某、董某等侵犯公民个人信息案——认定刑法上的“公民个人信息”需要结合犯罪构成进行限缩解释》，载最高人民法院中国应用法学研究所编：《人民法院案例选》（2020 年第 12 辑 · 总第 154 辑），人民法院出版社 2020 年版，第 67 ~ 74 页。

问公司主营业务是接受客户委托对应聘人员进行背景调查，内容主要包括身份证信息是否真实、学历学位是否属实、有无犯罪记录等。被告人董某为开展调查犯罪记录的业务，于2014年通过朋友介绍，同北京市公安局西城分局某派出所民警聂某某结识，双方达成合意，由被告人聂某某通过公安系统内部网络查询犯罪记录，睿思科顾问公司向其支付相应费用。

2014年起，睿思科顾问公司接受多家用人单位委托，为之核实申请入职人员的个人信息以及查询相关犯罪记录。被告人聂某某使用自己的密钥通过公安内部系统查询，并将结果通过电子邮件回复给睿思科顾问公司。后期聂某某指派辅警郭某使用聂某某的密钥进行查询并汇总回复。同时，聂某某还指派其他同事为自己查询过部分信息。经统计，睿思科顾问公司通过聂某某这一渠道先后共查询个人犯罪记录54 618条，聂某某因此获利人民币328 160. 45元，先后支付郭某人民币95 537元。

[裁判结果]

北京市朝阳区人民法院于2018年11月30日作出（2018）京0105刑初79号刑事判决：（1）被告人聂某某犯受贿罪，判处有期徒刑四年，罚金人民币30万元；（2）被告人郭某犯受贿罪，判处有期徒刑一年六个月，罚金人民币10万元；（3）被告人董某犯单位行贿罪，判处有期徒刑二年，罚金人民币50万元；（4）公安机关扣押之物品由扣押机关分别发还北京市公安局西城分局某派出所及睿思科顾问公司；（5）扣押及在案之赃款依法没收。

一审宣判后，被告人董某上诉。北京市第三中级人民法院于2019年2月15日作出（2019）京03刑终47号刑事裁定：驳回上诉，维持原判。

[裁判理由]

法院生效裁判认为：本案不宜认定为侵犯公民个人信息罪，整体上属于职务犯罪。被告人聂某某身为国家工作人员，利用职务便利非法收受他人财物，为他人谋利，数额巨大，其行为构成受贿罪，被告人郭某协助聂某某从事上述行为，获取违法所得数额较大，其行为构成受贿罪的共犯。

被告人董某作为睿思科顾问公司的法定代表人，在中国境内行使单位最高管理者的职责，其作出的通过行贿手段来开展业务的决定符合单位的决策程序，并且由其直接实施，其目的在于为单位谋取经济利益，故应认定为单位犯罪。睿思科顾问公司是依法成立的法人组织，为谋取不正当利益而向国家工作人员行贿，数额超过追诉标准，构成单位行贿罪。在公诉机关未按照单位犯罪起诉的情况下，法院按照相关司法解释的规定，对被告人董某以单位行贿罪追究刑事责任。

问题9. 利用黑客手段窃取公民个人信息出售牟利的刑法认定

【典型案例】肖某、周某等侵犯公民个人信息案①

一、基本案情

被告人肖某、周某预谋窃取邮局内部的公民个人信息进行出售牟利，共同出资购买了黑客软件。2016年5月至2016年6月，二人通过黑客软件侵入邮局内网，在邮局内网

① 最高人民法院、最高人民检察院2017年5月9日发布的7起侵犯公民个人信息犯罪典型案例。

窃取邮局内部的公民个人信息103 257条，并将窃取的公民个人信息全部出售给被告人李某某。后李某某将购买的公民个人信息出售给被告人王某某40 000条，王某某又将购买到的公民个人信息出售给被告人宋某某30 000条。

二、裁判结果

内蒙古自治区赤峰市红山区人民法院判决认为：被告人肖某、周某通过黑客手段窃取公民个人信息并非法出售，李某某、王某某、宋某某通过购买方式非法获取公民个人信息，其行为均已构成侵犯公民个人信息罪。据此，以侵犯公民个人信息罪判处被告人肖某、周某、李某某各有期徒刑二年，并处罚金人民币50 000元；被告人王某某有期徒刑一年，并处罚金人民币30 000元；被告人宋某某有期徒刑六个月，并处罚金人民币30 000元。该判决已发生法律效力。

问题10. 通过互联网非法购买、交换、出售公民个人信息是否构成侵犯公民个人信息罪

【实务专论】①

购买公民个人信息的处理。从实践来看，非法获取公民个人信息的方式主要表现为购买、收受、交换和侵入计算机信息系统或者采用其他技术手段。对于购买公民个人信息是否属于以其他方法非法获取公民个人信息，存在不同认识。有意见认为，“其他方法”应当限于与窃取危害性相当的方式（如抢夺），不宜将购买包括在内。经研究认为，其一，《刑法》第253条之一第3款并未明确排除购买方法，且非法购买公民个人信息当然属于非法获取公民个人信息的情形。其二，从实践来看，当前非法获取公民个人信息的方式主要表现为非法购买，如排除此种方式，则会大幅限缩侵犯公民个人信息罪的适用范围。其三，不少侵犯公民个人信息犯罪案件，购买往往是后续出售、提供的前端环节，没有购买就没有后续的出售、提供。基于上述考虑，《最高人民法院、最高人民检察院关于办理侵犯公民个人信息刑事案件适用法律若干问题的解释》第4条明确规定：“违反国家有关规定，通过购买、收受、交换等方式获取公民个人信息，或者在履行职责、提供服务过程中收集公民个人信息的，属于刑法第二百五十三条之一第三款规定的‘以其他方法非法获取公民个人信息’。”

【典型案例】杜某1、杜某2侵犯公民个人信息案②

一、基本案情

被告人杜某1、杜某2加入涉及个人信息交换买卖的QQ群，通过购买、交换等方式获取大量公民个人信息，再在群里发布广告招揽买家。2015年11月至2016年3月，杜某1向他人购买或者交换车主信息等公民个人信息28万余条，向他人出售关于期货、基金、车主、信用卡等公民个人信息42万余条；杜某2向他人购买杭州地区新生儿及其父母信息等公民个人信息3万余条，向他人出售车主信息、小区业主信息等公民个人信息近

---

① 周加海、邹涛、喻海松：《〈关于办理侵犯公民个人信息刑事案件适用法律若干问题的解〉的理解与适用》，载《人民司法》2017年第19期。

② 最高人民法院、最高人民检察院2017年5月9日的发布的7起侵犯公民个人信息犯罪典型案例。

40 万条。

二、裁判结果

江苏省南京市鼓楼区人民法院判决认为：被告人杜某 1、杜某 2 违反国家有关规定，向他人出售或者以非法方法获取公民个人信息，情节严重，其行为已构成侵犯公民个人信息罪。综合考虑被告人坦白、退赃等情节，以侵犯公民个人信息罪判处被告人杜某 1、杜某 2 各有期徒刑一年四个月，罚金人民币10 000元；被告人有期徒刑一年二个月，罚金人民币10 000元。该判决已发生法律效力。

问题 11. 非法提供公民个人信息的认定

【实务专论】①

非法提供公民个人信息的认定。根据《刑法》第 253 条之一第 1 款、第 2 款的规定，违反国家有关规定，向他人非法出售或者提供公民个人信息，是侵犯公民个人信息罪的客观行为方式之一。从司法适用的角度，以下两个问题值得关注：

1. “提供”的认定。向特定人提供公民个人信息，属于提供公民个人信息，对此不存在疑义。但是，对于通过信息网络或者其他途径发布公民个人信息，是否属于提供公民个人信息，存在不同认识。经研究认为，通过信息网络或者其他途径发布公民个人信息，实际是向不特定多数人提供公民个人信息，既然向特定人提供公民个人信息的行为属于“提供”，基于“举轻明重”的法理，前者更应当认定为“提供”。基于此，《最高人民法院、最高人民检察院关于办理侵犯公民个人信息刑事案件适用法律若干问题的解释》第 3 条第 1 款规定：“向特定人提供公民个人信息，以及通过信息网络或者其他途径发布公民个人信息的，应当认定为刑法第二百五十三条之一规定的‘提供公民个人信息’。”

2. 合法收集公民个人信息后非法提供的认定。基于大数据发展的现实需要，《网络安全法》在法律层面为个人信息交易和流动留有一定空间，该法第 44 条规定任何个人和组织“不得非法出售或者非法向他人提供个人信息”，即不仅允许合法提供公民个人信息，而且为合法出售公民个人信息留有空间。而且，《网络安全法》第 42 条第 1 款进一步明确了合法提供公民个人信息的情形，规定：“网络运营者不得泄露、篡改、毁损其收集的个人信息；未经被收集者同意，不得向他人提供个人信息。但是，经过处理无法识别特定个人且不能复原的除外。”据此，经被收集者同意，以及匿名化处理（剔除个人关联），是合法提供公民个人信息的两种情形，不能纳入刑事规制范围。基于此，《最高人民法院、最高人民检察院关于办理侵犯公民个人信息刑事案件适用法律若干问题的解释》第 3 条第 2 款规定：“未经被收集者同意，将合法收集的公民个人信息向他人提供的，属于刑法第二百五十三条之一规定的‘提供公民个人信息’，但是经过处理无法识别特定个人且不能复原的除外。”当然，这里只是明确此种情形属于提供公民个人信息，是否构成侵犯公民个人信息罪，还需要根据“违反国家有关规定”等要件作进一步判断。

---

① 周加海、邹涛、喻海松：《〈关于办理侵犯公民个人信息刑事案件适用法律若干问题的解释〉的理解与适用》，载《人民司法》2017 年第 19 期。

【刑事政策文件】

《最高人民法院、最高人民检察院、公安部关于办理电信网络诈骗等刑事案件适用法律若干问题的意见（二）》（2021 年 6 月 17 日　法发〔2021〕22 号）

五、非法获取、出售、提供具有信息发布、即时通讯、支付结算等功能的互联网账号密码、个人生物识别信息，符合刑法第二百五十三条之一规定的，以侵犯公民个人信息罪追究刑事责任。

对批量前述互联网账号密码、个人生物识别信息的条数，根据查获的数量直接认定，但有证据证明信息不真实或者重复的除外。

问题 12. “非法获取”的认定及定罪标准和量刑情节的把握

【刑事审判参考案例】周某等非法获取公民个人信息案[①]

一、基本案情

上海市浦东新区人民检察院以十名被告人犯非法获取公民个人信息罪，向上海市浦东新区人民法院提起公诉。

上海市浦东新区人民法院经审理查明：2005 年 2 月，被告人周某注册成立上海泰梦信息技术有限公司，在上海市上南五村 56 号某室、浦东南路 4950 弄 5 号某室设立办公地点。随后，周某雇用被告人李某 1、张某 1、胡某某、李某 2、张某 2、王某某等人，通过互联网非法获取（网上交易或以信息换信息的方式）并出售公民个人信息。2009 年 3 月至 9 月，周某将通过互联网非法获取的公民个人信息以刻制成光盘或发送电子邮件等方式出售，并指使被告人胡某某、李某 2、张某 2、王某某送信息和收取货款。周某对非法所得予以支配，各被告人均从中牟利。案发后，从被告人处扣缴的电脑及硬盘中的资料显示，2009 年 3 月至案发前，周某获取的股民资料、车主名单、银行卡会员名单等公民个人信息共计 98 万余条。

2008 年 6 月，被告人李某 1 离开上海泰梦信息技术有限公司后，先后在上海市原南汇区瑞和路 168 弄 42 号某室、湖北省武汉市江夏区等地设立办公地点。随后，李某 1 以“上海 OK 信息”“上海易通信息”为名，在互联网上非法获取并出售公民个人信息。2009 年 6 月至 9 月，李某 1 雇用并指使被告人张某 2 送信息和收取货款；2009 年 8 月至 9 月，李某 1 雇用并指使被告人张某 1 在互联网上发帖联系买家出售信息。

李某 1 对非法所得予以支配，张某 2、张某 1 等被告人均从中牟利。

案发后，从被告人处扣缴的电脑和优盘中的资料显示，2009 年 3 月至案发前，李某 1 所获取的股民资料、长沙及北京车主、银行客户、保险客户、高收入人群名单等公民个人信息共计 3000 余万条。

2009 年 5 月至 8 月，被告人张某某先后多次通过互联网从“上海易通信息”陆某某（另行处理）等人处非法获取公民个人信息，然后在互联网发帖出售上述信息，从中牟

① 苏琼、余丹撰稿，罗国良审编：《周某等非法获取公民个人信息案——非法获取大量公民个人信息的行为，如何定罪量刑（第 719 号）》，载最高人民法院刑事审判第一、二、三、四、五庭主办：《刑事审判参考》（总第 81 集），法律出版社 2012 年版，第 26 ~ 32 页。

利。案发后，从被告人处扣缴的电脑、硬盘中显示，张某某所获取的银行存款客户名单，车主名单、小孩出生资料、联通全库、股民名录、高收入人群、楼盘业主资料等公民个人信息共计1000余万条（其他事实略）。

浦东新区法院认为，被告人周某、李某1、张某1、胡某某、李某2、张某2、王某某、张某某、余某某、陈某某非法获取公民个人信息，数量大，情节严重，其行为已构成非法获取公民个人信息罪。在被告人周某、胡某某、李某2、王某某、张某2共同犯罪中，周某起主要作用，系主犯；胡某某、李某2、王某某、张某2起辅助作用，系从犯。在被告人李某1、张某2、张某1共同犯罪中，李某1起主要作用，系主犯；张某2起辅助作用，张某1起次要作用，均系从犯。对被告人胡某某、李某2、张某2、王某某、张某1均依法从轻处罚。被告人余某某到案后有检举他人犯罪的立功表现，且犯罪情节轻微，危害不大，可免予处罚。

上述被告人均自愿认罪，可酌情从轻处罚。依照《刑法》第253条之一第2款、第25条、第26条、第27条、第68条第1款、第37条、第72条、第73条、第53条之规定，判决如下：被告人周某犯非法获取公民个人信息罪，判处有期徒刑一年，罚金人民币20 000元（其他被告人判决情况略）。

宣判后，被告人张某某向上海市第一中级人民法院提出上诉，后在二审审理期间申请撤回上诉。二审法院认为，一审法院认定的事实清楚，证据确实、充分，定罪准确，量刑适当，审判程序合法，裁定准许撤回上诉。

二、主要问题

1. 如何认定非法获取公民个人信息罪中的“非法获取”？

2. 如何把握非法获取公民个人信息罪的定罪标准和量刑情节？

三、裁判理由

（一）对于非法获取公民个人信息犯罪，未经授权的不当获取应构成“非法获取”

根据《刑法修正案（七）》第7条的规定，窃取或者以其他方法非法获取公民个人信息，情节严重的，构成非法获取公民个人信息罪。采用“窃取”手段获取公民个人信息的行为比较容易认定，关键是如何认定第7条中的“以其他方法非法获取”。根据浦东新区法院审理该类案件的情况和媒体报道的其他法院审理该类案件的情况，目前在非法获取公民个人信息犯罪案件中，“以其他方法非法获取”主要包括冒充相关部门工作人员至电信部门调取通话清单，向掌握大量公民个人信息的人员如房地产公司、电讯公司工作人员购买等，获取的信息内容不仅包括公民的电话号码等联系方式，还包括职业、简历、住址等信息。总体而言，这些行为具有一个共同的特征，即被告人均未经授权擅自获取公民个人信息。例如，房产业主购房时登记自己的电话号码，只是为了便于与开发商或卖家联系，其信息被多次转卖显然超出其同意的范围。再如，求职者向某职位发送个人简历，只是为了应聘该职位，其信息被转卖至其他公司也显然违背其意愿。

（二）非法获取公民个人信息罪的定罪标准和量刑情节应结合案件具体情况予以认定

在定罪方面，我们认为，不能唯数量论，即使涉案信息数量不大，但有其他严重情节的，也能够构成本罪。例如，非法获取的手段行为具有较大的破坏性（破坏他人计算机系统以获取信息）；非法获取他人隐私类信息，严重影响他人工作、学习和生活；非法获取他人信息用于违法犯罪活动；非法获取并出售他人信息，导致他人人身和财产安全遭到严重威胁或危害等，都应属于情节严重的表现。

在量刑方面，我们认为，除了将涉案个人信息的数量作为主要的量刑情节之外，还应当结合以下几个方面综合把握：

1. 犯罪动机。根据各被告人的供述，被告人周某、李某1、张某1、胡某某、李某2、张某2、王某某、张某某、陈某某的犯罪动机主要是为了牟利，而被告人余某某称自己最初获取信息只是为了从事人力资源行业的工作方便。我们认为，出于牟利目的而非法获取信息的行为与因日常生活和工作需要而非法获取信息的行为相比，前者主观恶性明显要大，且信息的传播范围要更广，因此，情节更为严重。

2. 犯罪手段。从获取信息的手段分析，被告人周某、李某1、张某1、胡某某、李某2、张某2、王某某和张某某都是通过互易、购买的方式获取公民个人信息，被告人陈某某是购买以及通过在网站发布虚假招聘广告的方式骗取，被告人余某某主要是利用职务便利在公司私自复制、购买以及发布虚假招聘广告骗取，其中2009年3月以后余某某主要是通过购买的方式获取。一般而言，如果手段行为本身具有违法性或者破坏性，如骗取、窃取他人信息，采取破坏性手段侵入他人计算机系统等方式获取信息，相比一般的购买、互易信息行为具有更大的危害性。同时，骗取、窃取行为一般获取的是“第一手”信息，可能导致更多本身不在信息“流通”市场的公民个人信息被转卖或传播，所以其量刑应当相对较重。

3. 信息类型。对于公民个人信息范围的界定一直存有争议，我们认为，本罪中的公民个人信息是指与公民个人密切相关的、其不愿该信息被特定人群以外的其他人群所知悉的信息。一方面，公民个人信息的保护是公民人格权的重要组成部分，对公民不愿意公开的信息进行保护是现代法治的应有之义；另一方面，公民个人信息的泄露可能为不法分子所利用，进而为公民带来负面的影响。因此，非法获取的公民个人信息如果属于公民隐私类信息或者泄露后可能会产生极其不良后果的信息，相对于非法获取公民一般信息，情节更为严重。本案中，被告人非法获取的个人信息包括两类：一类是股民资料、车主和房产业主资料、高收入人群名单、银行存款客户名单、保险客户、小孩出生资料等，主要是一些电话号码，一般是被用于商业推销等用途；另一类是求职者信息，主要是求职者的简历之类的内容，一般为“猎头”所用。以上两类信息都属于一般公民信息。

4. 犯罪后果。被告人非法获取信息后主要有三种处理结果：一是自己存留；二是转卖给他人；三是自行使用。

第一，对于自己存有的情形，行为的危害性较小，量刑时可以比照其他情况适当从轻。第二，对于转卖给他人的，如果他人将信息用于实施犯罪行为，且被告人对此是明知的，则可能构成共犯。第三，被告人不知他人欲将信息用于犯罪活动，但间接地造成了严重后果，也应当认为其非法获取公民个人信息的行为危害性较大，并将之作为从重处罚的情节。第四，如果被告人利用自己获得的信息实施了犯罪行为，应当对其数罪并罚。第五，若被告人利用获得的信息实施了犯罪以外的其他行为，应当将其使用后果作为量刑情节予以考虑。

本案中，被告人及其辩护人提出，被告人获取并出卖的信息可能会让信息所有者获得有用的信息或者合适的工作机会，社会危害不大。公诉人则指出，此种行为更大程度上是对信息所有者造成了骚扰。法院在量刑时应当充分考虑控辩双方的意见。本案中，考虑到各被告人获取信息的数量、动机、手段、类型和后果，法院对被告人周某、李某1、张某1、胡某某、李某2、张某2、王某某、张某某、陈某某九名被告人分别判处拘役

六个月至有期徒刑二年不等的刑罚，且根据具体情况对被告人胡某某、李某2、张某2、王某某适用缓刑；被告人余某某在2009年3月至9月间，通过购买的方式获取公民个人信息2000余条，数量较小，且有立功表现，认罪悔罪态度较好，故免予刑事处罚。

【刑事政策文件】

《最高人民检察院关于印发〈检察机关办理侵犯公民个人信息案件指引〉的通知》（2018年11月9日　高检发侦监字〔2018〕13号）

（三）对“非法获取”的审查认定

在窃取或者以其他方法非法获取公民个人信息的行为中，需要着重把握“其他方法”的范围问题。“其他方法”，是指“窃取”以外，与窃取行为具有同等危害性的方法，其中，购买是最常见的非法获取手段。侵犯公民个人信息犯罪作为电信网络诈骗的上游犯罪，诈骗分子往往先通过网络向他人购买公民个人信息，然后自己直接用于诈骗或转发给其他同伙用于诈骗，诈骗分子购买公民个人信息的行为属于非法获取行为，其同伙接收公民个人信息的行为明显也属于非法获取行为。同时，一些房产中介、物业管理公司、保险公司、担保公司的业务员往往与同行通过QQ、微信群互相交换各自掌握的客户信息，这种交换行为也属于非法获取行为。此外，行为人在履行职责、提供服务过程中，违反国家有关规定，未经他人同意收集公民个人信息，或者收集与提供的服务无关的公民个人信息的，也属于非法获取公民个人信息的行为。

问题13. 侵犯公民个人信息罪中“情节严重”“情节特别严重”的认定

【实务专论】①

侵犯公民个人信息罪的定罪量刑标准。根据《刑法》第253条之一的规定，非法获取、出售或者提供公民个人信息，情节严重的，处三年以下有期徒刑或者拘役，并处或者单处罚金；情节特别严重的，处三年以上七年以下有期徒刑，并处罚金。可见，侵犯公民个人信息罪系情节犯，定罪量刑标准为情节严重、情节特别严重。对于这一概括性的定罪量刑情节，宜根据司法实践的情况，从犯罪的客体、客观方面、主体、主观方面等多个角度加以考察。经充分调研，《最高人民法院、最高人民检察院关于办理侵犯公民个人信息刑事案件适用法律若干问题的解释》第5条规定了情节严重、情节特别严重的认定标准。

1. 情节严重的认定标准。《最高人民法院、最高人民检察院关于办理侵犯公民个人信息刑事案件适用法律若干问题的解释》第5条第1款从以下几个方面对侵犯公民个人信息罪的入罪标准“情节严重”作了明确：

一是信息类型和数量。公民个人信息的类型繁多，行踪轨迹信息、通信内容、征信信息、财产信息、住宿信息、交易信息等公民个人敏感信息涉及人身安全和财产安全，被非法获取、出售或者提供后极易引发绑架、诈骗、敲诈勒索等关联犯罪，具有更大的社会危害性。因此，基于不同类型公民个人信息的重要程度，《最高人民法院、最高人民

① 周加海、邹涛、喻海松：《〈关于办理侵犯公民个人信息刑事案件适用法律若干问题的解释〉的理解与适用》，载《人民司法》2017年第19期。

检察院关于办理侵犯公民个人信息刑事案件适用法律若干问题的解释》分别设置了 50 条以上、500 条以上、5000 条以上的入罪标准，以实现罪责刑相适应。具体而言：

（1）非法获取、出售或者提供行踪轨迹信息、通信内容、征信信息、财产信息 50 条以上的。行踪轨迹信息、通信内容、征信信息、财产信息与人身安全、财产安全直接相关，系高度敏感信息，《最高人民法院、最高人民检察院关于办理侵犯公民个人信息刑事案件适用法律若干问题的解释》第 5 条第 1 款第 3 项将入罪标准设置为 50 条以上。需要注意的是，鉴于本项规定的入罪标准门槛较低，故此处严格限缩所涉公民个人信息的类型，仅限于行踪轨迹信息、通信内容、征信信息、财产信息四类信息，不允许司法适用中再通过等外解释予以扩大。对于行踪轨迹信息、通信内容、征信信息，司法实践中在认定上不存在争议。对于财产信息，可以根据案件具体情况把握：既包括银行账户、第三方支付结算账户、证券期货等金融服务账户的身份认证信息（一组确认用户操作权限的数据，包括账号、口令、密码、数字证书等），也包括存款、房产等财产状况信息。

（2）非法获取、出售或者提供住宿信息、通信记录、健康生理信息、交易信息等其他可能影响人身、财产安全的公民个人信息 500 条以上的。上述公民个人信息虽然在重要程度上弱于行踪轨迹信息、通信内容、征信信息、财产信息，但也与人身安全、财产安全直接相关，往往被用于“精准”诈骗等违法犯罪活动。基于此，《最高人民法院、最高人民检察院关于办理侵犯公民个人信息刑事案件适用法律若干问题的解释》第 5 条第 1 款第 4 项将入罪标准设置为 500 条以上。需要注意的是，本项规定有“等其他可能影响人身、财产安全的公民个人信息”的表述，司法实践中可以根据具体情况作等外解释，但应当确保所适用的公民个人信息涉及人身、财产安全，且与住宿信息、通信记录、健康生理信息、交易信息在重要程度上具有相当性。

（3）非法获取、出售或者提供一般公民个人信息 5000 条以上的。从实践来看，除前述公民个人敏感信息外，出售、提供公民个人信息往往数量较大，动辄数万条甚至数十万条，在不少案件中甚至将公民个人信息编辑为电子文档后按兆出售。因此，不少地方对出售、提供公民个人信息的入罪掌握在数量 5000 条以上，基本上可以满足严厉打击此类犯罪的需要，且给行政处罚留有一定空间。基于此，《最高人民法院、最高人民检察院关于办理侵犯公民个人信息刑事案件适用法律若干问题的解释》第 5 条第 1 款第 5 项将非法获取、出售或者提供公民个人信息 5000 条以上的规定为情节严重。

此外，鉴于实践中存在混杂公民个人信息的情形，《最高人民法院、最高人民检察院关于办理侵犯公民个人信息刑事案件适用法律若干问题的解释》第 5 条第 1 款第 6 项将“数量未达到第 3 项至第 5 项规定标准，但是按相应比例合计达到有关数量标准的”情形规定为情节严重。

二是违法所得数额。出售或者非法提供公民个人信息往往是为了牟利，故应当以违法所得作为认定情节严重的情形之一。从司法实践来看，一般公民个人信息的价格相对较低，甚至不会按条计价；而公民个人敏感信息价格通常较高，通常按条计价，特别是行踪轨迹信息可以谓之为最为昂贵的信息类型。考虑到各项规定之间的均衡，《最高人民法院、最高人民检察院关于办理侵犯公民个人信息刑事案件适用法律若干问题的解释》第 5 条第 1 款第 7 项将违法所得 5000 元以上的规定为情节严重。

三是信息用途。通常而言，非法获取公民个人信息，绝不仅是为了占有，而是有特定用途，甚至用于违法犯罪。可以说，非法获取、出售或者提供公民个人信息，不仅严

重危害公民的信息安全，而且可能引发进一步犯罪。因此，此类行为引发后果的严重程度，是认定情节严重与否的重要标准。被非法获取、出售或者提供的公民个人信息，用途不同，对权利人的侵害程度也会存在差异。如果涉案的公民个人信息被用于实施其他犯罪活动，使权利人的人身、财产安全陷入高风险状态或者造成实质危害的，对此应当直接认定为情节严重或者情节特别严重，以刑事手段加以规制；而如果涉案公民个人信息未被用于犯罪活动，则社会危害性相对较小，不宜直接以此作为刑事规制的依据。基于此，《最高人民法院、最高人民检察院关于办理侵犯公民个人信息刑事案件适用法律若干问题的解释》第5条第1款第2项将“知道或者应当知道他人利用公民个人信息实施犯罪，向其出售或者提供的”规定为情节严重。从司法实践来看，行踪轨迹信息是最为敏感的公民个人信息，非法获取、出售或者提供该类信息，行为人主观上对可能被用于犯罪存在概括认识，《最高人民法院、最高人民检察院关于办理侵犯公民个人信息刑事案件适用法律若干问题的解释》第5条第1款第1项直接将“非法获取、出售或者提供行踪轨迹信息，被他人用于犯罪的”规定为情节严重，无须再具体判断主观上是否知道或者应当知道涉案信息被用于犯罪。

四是主体身份。公民个人信息泄露案件不少系内部人员作案，诸多公民个人信息买卖案件也可以见到“内鬼”参与的影子。这是侵犯公民个人信息违法犯罪泛滥的重要原因所在。由于上述情形往往发生在公民个人信息交易的最初阶段，涉案信息的数量往往较少、价格相对低廉。此种情形下，如果不设置特殊标准，往往难以对此类源头行为予以刑事惩治。基于此，为贯彻落实《刑法》第253条之一第2款“违反国家有关规定，将在履行职责或者提供服务过程中获得的公民个人信息，出售或者提供给他人的，依照前款的规定从重处罚”的规定，《最高人民法院、最高人民检察院关于办理侵犯公民个人信息刑事案件适用法律若干问题的解释》第5条第1款第8项对将在履行职责或者提供服务过程中获得的公民个人信息出售或者提供给他人的情形认定为情节严重设置了特殊标准，规定此种情形下出售或者提供公民个人信息，认定情节严重的数量、数额标准减半计算。当然，对于此种情形，不宜再根据《刑法》第253条之一第2款的规定从重处罚，以免重复评价。

五是主观恶性。曾因侵犯公民个人信息受过刑事处罚或者二年内受过行政处罚，又非法获取、出售或者提供公民个人信息的，行为人屡罚屡犯，主观恶性大。故而，《最高人民法院、最高人民检察院关于办理侵犯公民个人信息刑事案件适用法律若干问题的解释》第5条第1款第9项将此种情形规定为情节严重。

2. 情节特别严重的认定标准。《最高人民法院、最高人民检察院关于办理侵犯公民个人信息刑事案件适用法律若干问题的解释》第5条第2款主要从两个角度规定了情节特别严重的情形。一是数量数额标准。基于司法实践中侵犯公民个人信息犯罪涉案的公民个人信息数量相差悬殊，跨度从几千条到几十万条（甚至更大数量）不等，将情节特别严重和情节严重之间的数量数额标准设置为十倍而非五倍的倍数关系。二是严重后果。从实践来看，非法获取、出售或者提供公民个人信息，对于个人而言，可能造成人身伤亡、经济损失等后果；对于社会而言，可能引发社会恐慌，造成恶劣社会影响。基于此，将“造成被害人死亡、重伤、精神失常或者被绑架等严重后果的”“造成重大经济损失或者恶劣社会影响的”规定为情节特别严重。

【典型案例】丁某某侵犯公民个人信息案①

一、基本案情

2013年年底，一家为全国4500多家酒店提供网络服务的公司因系统存在安全漏洞，致使全国高达2000万条宾馆住宿记录泄露。2015年年初至2016年6月，被告人丁某某通过在不法网站下载的方式，非法获取宾馆住宿记录等公民个人信息，并上传至自己开办的“嗅密码”网站。该网站除了能够查询住宿记录外，还提供用户QQ、部分论坛账号及密码找回功能。其中住宿记录共有将近2000万条，用户经注册成为会员后，可以在网页“开房查询”栏目项下，以输入关键字姓名或身份证号的方式查询网站数据库中宾馆住宿记录（显示姓名、身份证号、手机号码、地址、住宿时间等信息）。丁某某自2015年5月份左右开始对该网站采取注册会员方式收取费用60元/人，到2016年1月份上调到120元/人。2015年11月1日至2016年6月23日，“嗅密码”网站共有查询记录49 698条，收取会员费191 440.92元。

二、裁判结果

浙江省乐清市人民法院判决认为：被告人丁某某非法获取住宿记录等公民个人信息后通过网站提供查询服务牟利，供查询的公民个人信息近2000万条，其行为已经构成侵犯公民个人信息罪，且属于“情节特别严重”。综合考虑退赃等情节，以侵犯公民个人信息罪判处被告人丁某某有期徒刑三年，并处罚金人民币20 000元。该判决已发生法律效力。

【刑事政策文件】

《最高人民检察院关于印发〈检察机关办理侵犯公民个人信息案件指引〉的通知》

（2018年11月9日　高检发侦监字〔2018〕13号）

（四）对“情节严重”和“情节特别严重”的审查认定

1. 关于“情节严重”的具体认定标准，根据《解释》第五条第一款的规定，主要涉及五个方面：

（1）信息类型和数量。①行踪轨迹信息、通信内容、征信信息、财产信息，此类信息与公民人身、财产安全直接相关，数量标准为五十条以上，且仅限于上述四类信息，不允许扩大范围。对于财产信息，既包括银行、第三方支付平台、证券期货等金融服务账户的身份认证信息（一组确认用户操作权限的数据，包括账号、口令、密码、数字证书等），也包括存款、房产、车辆等财产状况信息。②住宿信息、通信记录、健康生理信息、交易信息等可能影响公民人身、财产安全的信息，数量标准为五百条以上，此类信息也与人身、财产安全直接相关，但重要程度要弱于行踪轨迹信息、通信内容、征信信息、财产信息。对“其他可能影响人身、财产安全的公民个人信息”的把握，应当确保所适用的公民个人信息涉及人身、财产安全，且与“住宿信息、通信记录、健康生理信息、交易信息”在重要程度上具有相当性。③除上述两类信息以外的其他公民个人信息，数量标准为五千条以上。

---

① 最高人民法院、最高人民检察院2017年5月9日发布的7起侵犯公民个人信息犯罪典型案例。

（2）违法所得数额。对于违法所得，可直接以犯罪嫌疑人出售公民个人信息的收入予以认定，不必扣减其购买信息的犯罪成本。同时，在审查认定违法所得数额过程中，应当以查获的银行交易记录、第三方支付平台交易记录、聊天记录、犯罪嫌疑人供述、证人证言综合予以认定，对于犯罪嫌疑人无法说明合法来源的用于专门实施侵犯公民个人信息犯罪的银行账户或第三方支付平台账户内资金收入，可综合全案证据认定为违法所得。

（3）信息用途。公民个人信息被他人用于违法犯罪活动的，不要求他人的行为必须构成犯罪，只要行为人明知他人非法获取公民个人信息用于违法犯罪活动即可。

（4）主体身份。如果行为人系将在履行职责或者提供服务过程中获得的公民个人信息出售或者提供给他人的，涉案信息数量、违法所得数额只要达到一般主体的一半，即可认为"情节严重"。

（5）主观恶性。曾因侵犯公民个人信息受过刑事处罚或者二年内受过行政处罚，又非法获取、出售或者提供公民个人信息的，即可认为"情节严重"。

2. 关于"情节特别严重"的认定标准，根据《解释》，主要分为两类：一是信息数量、违法所得数额标准。二是信息用途引发的严重后果，其中造成人身伤亡、经济损失、恶劣社会影响等后果，需要审查认定侵犯公民个人信息的行为与严重后果间存在因果关系。

对于涉案公民个人信息数量的认定，根据《解释》第十一条，非法获取公民个人信息后又出售或者提供的，公民个人信息的条数不重复计算；向不同单位或者个人分别出售、提供同一公民个人信息的，公民个人信息的条数累计计算；对批量出售、提供公民个人信息的条数，根据查获的数量直接认定，但是有证据证明信息不真实或者重复的除外。在实践中，如犯罪嫌疑人多次获取同一条公民个人信息，一般认定为一条，不重复累计；但获取的该公民个人信息内容发生了变化的除外。

对于涉案公民个人信息的数量、社会危害性等因素的审查，应当结合刑法第二百五十三条和《解释》的规定进行综合审查。涉案公民个人信息数量极少，但造成被害人死亡等严重后果的，应审查犯罪嫌疑人行为与该后果之间的因果关系，符合条件的，可以认定为实施《解释》第五条第一款第十项"其他情节严重的情形"的行为，造成被害人死亡等严重后果，从而认定为"情节特别严重"。如涉案公民个人信息数量较多，但犯罪嫌疑人仅仅获取而未向他人出售或提供，则可以在认定相关犯罪事实的基础上，审查该行为是否符合《解释》第五条第一款第三、四、五、六、九项及第二款第三项的情形，符合条件的，可以分别认定为"情节严重""情节特别严重"。

此外，针对为合法经营活动而购买、收受公民个人信息的行为，在适用《解释》第六条的定罪量刑标准时须满足三个条件：一是为了合法经营活动，对此可以综合全案证据认定，但主要应当由犯罪嫌疑人一方提供相关证据；二是限于普通公民个人信息，即不包括可能影响人身、财产安全的敏感信息；三是信息没有再流出扩散，即行为方式限于购买、收受。如果将购买、收受的公民个人信息非法出售或者提供的，定罪量刑标准应当适用《解释》第五条的规定。

问题 14. 侵犯公民个人信息单位犯罪的定罪量刑标准

【实务专论】①

（五）侵犯公民个人信息罪的定罪量刑标准

……

4. 侵犯公民个人信息单位犯罪的定罪量刑标准。根据刑法第 253 条之一第 4 款的规定，单位可以成为侵犯公民个人信息罪的主体。为切实加大对单位侵犯公民个人信息犯罪的惩治力度，《最高人民法院、最高人民检察院关于办理公民个人信息刑事案件适用法律若干问题的解释》第 7 条明确了单位实施侵犯公民个人信息犯罪的，适用自然人犯罪的定罪量刑标准，规定："单位犯刑法第二百五十三条之一规定之罪的，依照本解释规定的相应自然人犯罪的定罪量刑标准，对直接负责的主管人员和其他直接责任人员定罪处罚，并对单位判处罚金。"

问题 15. 设立网站、通讯群组侵犯公民个人信息行为的定性

【实务专论】②

（七）设立网站、通讯群组侵犯公民个人信息行为的定性

实践中，一些行为人通过建立网站供他人进行公民个人信息交换、买卖等活动，以非法牟利。此类网站存储、流转公民个人信息量巨大，但网站建立者、直接负责的管理者未直接接触公民个人信息，不少情形下难以按照侵犯公民个人信息罪定罪处罚。根据《刑法》第 278 条之一的规定，设立用于实施违法犯罪活动的网站、通讯群组，情节严重的，构成非法利用信息网络罪。经研究认为，供他人实施非法获取、出售或者提供公民个人信息违法犯罪活动的网站、通讯群组实际上属于用于实施违法犯罪活动的网站、通讯群组，因此，《最高人民法院、最高人民检察院关于办理侵犯公民个人信息刑事案件适用法律若干问题的解释》第 8 条规定："设立用于实施非法获取、出售或者提供公民个人信息违法犯罪活动的网站、通讯群组，情节严重的，应当依照刑法第二百八十七条之一的规定，以非法利用信息网络罪定罪处罚；同时构成侵犯公民个人信息罪的，依照侵犯公民个人信息罪定罪处罚。"

问题 16. 拒不履行公民个人信息安全管理义务行为的处理

【实务专论】③

（八）拒不履行公民个人信息安全管理义务行为的处理

当前，一些单位因为履行职责或者提供服务的需要，掌握着海量公民个人信息，这

---

① 周加海、邹涛、喻海松：《〈关于办理侵犯公民个人信息刑事案件适用法律若干问题的解释〉的理解与适用》，载《人民司法》2017 年第 19 期。

② 周加海、邹涛、喻海松：《〈关于办理侵犯公民个人信息刑事案件适用法律若干问题的解释〉的理解与适用》，载《人民司法》2017 年第 19 期。

③ 周加海、邹涛、喻海松：《〈关于办理侵犯公民个人信息刑事案件适用法律若干问题的解释〉的理解与适用》，载《人民司法》2017 年第 19 期。

些信息一旦泄露，将造成恶劣社会影响和严重危害后果。实际上，侵犯公民个人信息违法犯罪的猖獗，与有关单位保护公民个人信息工作存在疏漏有一定关联，相关管理机制有进一步完善的空间。这一问题在互联网时代更为突出。为了促进网络运营者采取切实有效的措施加强对公民个人信息的保护，《网络安全法》明确了网络信息安全的责任主体，确立了"谁收集，谁负责"的原则，将收集和使用个人信息的网络运营者设定为个人信息保护的责任主体。其中，第40条明确规定："网络运营者应当对其收集的用户信息严格保密，并建立健全用户信息保护制度。"与之相衔接，《刑法修正案（九）》设立了拒不履行信息网络安全管理义务罪，规定网络服务提供者不履行法律、行政法规规定的信息网络安全管理义务，经监管部门责令采取改正措施而拒不改正，致使用户信息泄露，造成严重后果的，处三年以下有期徒刑、拘役或者管制，并处或者单处罚金。因此，网络服务提供者未切实落实个人信息保护措施，符合《刑法》第286条之一规定的，可能构成拒不履行信息网络安全管理义务罪。据此，《最高人民法院、最高人民检察院关于办理侵犯公民个人信息刑事案件适用法律若干问题的解释》第9条规定："网络服务提供者拒不履行法律、行政法规规定的信息网络安全管理义务，经监管部门责令采取改正措施而拒不改正，致使用户的公民个人信息泄露，造成严重后果的，应当依照刑法第二百八十六条之一的规定，以拒不履行信息网络安全管理义务罪定罪处罚。"

问题17. 涉案公民个人信息的数量计算规则

【实务专论】①

（九）涉案公民个人信息的数量计算规则

针对公民个人信息数量"计算难"的实际问题，《最高人民法院、最高人民检察院关于办理侵犯公民个人信息刑事案件适用法律若干问题的解释》第11条专门规定了数量计算规则。具体而言：

1. 公民个人信息的条数计算。关于公民个人信息的条数计算，如同一条信息中涉及多个个人信息的，如家庭住址、银行卡信息、电话号码，实践中往往认定为一条公民个人信息。对此问题，实践中并无太大争议，故未作专门规定。对于实践中存在的针对同一对象非法获取公民信息后又出售或者提供的情形，则明显不宜先计算非法获取的公民个人信息数量，再计算出售或者提供的公民个人信息数量，故《最高人民法院、最高人民检察院关于办理侵犯公民个人信息刑事案件适用法律若干问题的解释》第11条第1款规定："非法获取公民个人信息后又出售或者提供的，公民个人信息的条数不重复计算。"此外，考虑到公民个人信息可能被重复出售或者提供，其社会危害性明显不同于向他人出售或者提供一次的情形，故而，《最高人民法院、最高人民检察院关于办理侵犯公民个人信息刑事案件适用法律若干问题的解释》第11条第2款规定："向不同单位或者个人分别出售、提供同一公民个人信息的，公民个人信息的条数累计计算。"

2. 批量公民个人信息的数量认定规则。从实践来看，除公民个人敏感信息外，涉案的公民个人信息动辄上万条甚至数十万条。此类案件中，不排除少数情况下存在信息重

---

① 周加海、邹涛、喻海松：《〈关于办理侵犯公民个人信息刑事案件适用法律若干问题的解释〉的理解与适用》，载《人民司法》2017年第19期。

复，如针对同一对象并存“姓名 + 住址”“姓名 + 电话号码”“姓名 + 身份证号”等数条信息，但要求做到完全去重较为困难。此外，对于信息的真实性也难以一一核实。个别案件中，要求办案机关电话联系权利人核实公民个人信息的做法，明显不合适。基于此，《最高人民法院、最高人民检察院关于办理侵犯公民个人信息刑事案件适用法律若干问题的解释》第 11 条第 3 款规定：“对批量公民个人信息的条数，根据查获的数量直接认定，但是有证据证明信息不真实或者重复的除外。”

问题 18. 侵犯公民个人信息犯罪的罚金刑适用规则

【实务专论】①

（十）侵犯公民个人信息犯罪的罚金刑适用规则

侵犯公民个人信息犯罪具有明显的牟利性，行为人实施该类犯罪主要是为了牟取非法利益，因此，有必要加大财产刑的适用力度，让行为人在经济上得不偿失，进而剥夺其再次实施此类犯罪的经济能力。基于此，《最高人民法院、最高人民检察院关于办理侵犯公民个人信息刑事案件适用法律若干问题的解释》第 12 条规定：“对于侵犯公民个人信息犯罪，应当综合考虑犯罪的危害程度、犯罪的违法所得数额以及被告人的前科情况、认罪悔罪态度等，依法判处罚金。罚金数额一般在违法所得的一倍以上五倍以下。”

---

① 周加海、邹涛、喻海松：《〈关于办理侵犯公民个人信息刑事案件适用法律若干问题的解释〉的理解与适用》，载《人民司法》2017 年第 19 期。

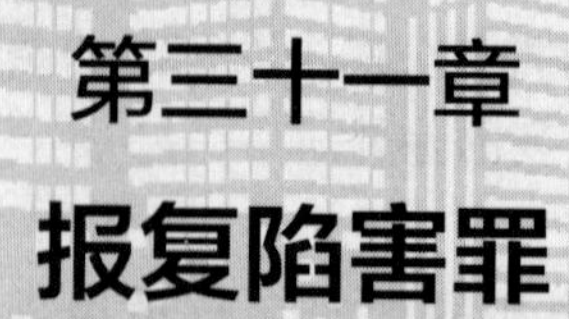

第三十一章 报复陷害罪

第一节 报复陷害罪概述

一、报复陷害罪概念及构成要件

根据《刑法》第254条规定，报复陷害罪，是指国家机关工作人员滥用职权、假公济私，对控告人、申诉人、批评人、举报人实行报复陷害的行为。犯报复陷害罪的，处2年以下有期徒刑或者拘役；情节严重的，处2年以上7年以下有期徒刑。所谓情节严重，通常是指对多人进行报复陷害，报复陷害的手段恶劣，报复陷害造成严重后果等。

本罪的同类客体是公民的人身权利和民主权利，直接客体一方面表现为公民的控告权、申诉权、批评监督权、举报权以及公民的劳动就业权、平等待遇权、控告申诉权、按劳取酬权等；另一方面也表现为对国家机关的各项规章制度的严重破坏。

本罪在客观方面的表现是多种多样的，如假借职权制造种种“理由”或“借口”非法克扣工资、奖金，或开除公职、党籍，或降职、降级、降薪或以其他手段压制民主权利等。

本罪侵犯的对象包括：（1）控告人，即向国家机关或其他党政机关告发国家机关工作人员违法失职行为的人。（2）申诉人，即对于自己或他人的处分不服而向原处分部门或其上级部门提出申诉意见，请求改变原处分的人；不服人民法院、人民检察院、公安机关已经生效的判决、裁定或决定，而向有关部门提出申诉，请求再审或复查的人。（3）批评人，即对国家机关工作人员的缺点、错误或思想作风提出批评的人。（4）举报人，即对违法犯罪行为进行检举汇报的人。

本罪的主体要件是国家机关工作人员，非国家机关工作人员对控告人、申诉人、批评人、举报人实施报复陷害的，不构成本罪。

其主观方面是直接故意，即具有报复陷害的目的，间接故意和过失不构成本罪。

二、报复陷害罪案件审理情况

通过在中国裁判文书网上以“报复陷害”“报复陷害罪”为搜索关键词进行检索，发现实际以报复陷害罪进行定罪的案件极少。

三、报复陷害罪案件审理热点、难点问题

报复陷害罪的审理，应当注意与相关行为、罪名的区别，明确其中界限，清晰把握报复陷害罪的犯罪要件特征。

（一）本罪与一般打击报复行为的界限

国家工作人员滥用职权，实行打击报复，但情节显著轻微，危害不大的，一般不以犯罪论处，可予批评教育，或者给予相应的行政纪律处分。但报复陷害，致使被害人的人身权利、民主权利或者其他权利受到严重损害的；手段恶劣的；致人精神失常或自杀的；以及造成其他严重后果的，应当以报复陷害罪论处。

（二）本罪与诬告陷害罪的界限

这两种犯罪都侵犯了公民的人身权利、民主权利和国家机关的正常活动，都有陷害他人的故意。其主要区别在于：

1. 主体要件不同。报复陷害罪的主体只能是国家机关工作人员，而诬告陷害罪的主体则可以是任何公民。

2. 犯罪目的不同。报复陷害罪的目的是打击报复陷害他人而诬告陷害罪的目的则是意图使他人枉受刑事追究。

3. 犯罪手段不同。报复陷害罪必须是基于职务，滥用职权或假公济私，诬告陷害罪则不要求必须利用职权。

4. 陷害的对象不同。报复陷害罪只限于控告人、申诉人、批评人、举报人这四种人，而诬告陷害罪可以是任何干部和群众。

（三）本罪和打击报复证人罪的界限

1. 犯罪的客观方面不同。打击报复证人罪的客观表现为对证人进行打击报复的行为。既可以是行为人利用手中职权，假公济私，对证人进行打击报复，也可以是行为人没有利用职权而对证人采用恐吓、行凶、伤害等手段进行报复。打击报复证人罪侵害的对象只能是依法作证的证人。这里的证人是指知道的案件事实情况并向司法机关提供证词的人。报复陷害罪的客观方面则表现为行为人利用手中的职权，假公济私，对他人进行报复陷害的行为。其侵害的对象只限于控告人、申诉人、批评人、举报人。

2. 主观方面不同。两罪的主观特征都表现为直接故意，但行为人具体的故意内容不同。打击报复证人罪的行为人出于报复证人的目的，明知自己的行为必然会妨害国家司法机关的正常活动和侵害证人的合法权益，却希望这种结果的发生；报复陷害罪的行为人则出于报复陷害控告人、申诉人、批评人、举报人的目的，明知自己的行为会侵害上述人等的民主权利，妨害国家机关的管理活动，却希望其结果的发生。

3. 两者的主体要件不同。打击报复证人罪的主体为一般主体，凡年满 16 周岁具有刑

事责任能力的人都可构成本罪，行为人既可以是国家工作人员，也可以是一般的公民；而报复陷害罪的主体则为特殊主体，即只有国家机关工作人员才能构成本罪。

（四）本罪与滥用职权罪的界限

滥用职权罪，是指国家机关工作人员超越职权，擅自决定，处理其无权决定处理的事务，或者故意违法、违纪处理公务，致使公共财产、国家和人民的利益遭受重大损失的行为。滥用职权罪与报复陷害罪的主要区别表现在以下几个方面：

1. 侵犯的客体不同。滥用职权罪侵害的客体是国家机关的正常管理活动。报复陷害罪侵害的客体则主要是我国公民依法享有的控告权、申诉权、批评权、检举权等民主权利，同时也妨害了国家机关的正常管理活动。

2. 客观方面不同。滥用职权罪的客观方面表现为行为人滥用职权，并导致了公共财产、国家和人民的利益遭受重大损失的行为。两个方面缺一不可。报复陷害罪的客观方面要求行为人必须滥用职权，假公济私，对他人进行报复陷害。其滥用职权的表现形式可能与滥用职权罪相同，但并不以造成重大损失为要件。报复陷害罪侵害的对象仅限于控告人、申诉人、批评人、举报人，滥用职权罪侵害的对象则既可是物，也可是人，被侵害的人没有身份限制。

3. 主观方面不同。滥用职权罪的主观方面是故意，既可以是直接故意，也可以是直接故意。其故意的具体内容是行为人明知自己滥用职权的行为会造成公共财产、国家和人民的利益遭受重大损失的结果，而希望或放任该结果的发生。报复陷害罪的行为人，则主观上具有报复陷害控告人、申诉人、批评人、举报人的目的，明知自己的行为会侵犯上述人等的民主权利和妨害国家机关的正常管理活动，却希望这种结果的发生，只有直接故意才能构成此罪。

四、报复陷害罪案件审理思路及原则

报复陷害罪的审理过程中，首先应注意犯罪主体是否为国家机关工作人员，非国家机关工作人员对控告人、申诉人、批评人、举报人实施报复陷害的，不构成本罪而可能构成诬告陷害罪。其次，本罪侵害客体包括公民的人身权利与民主权利。本罪在客观方面为假借职权制造种种“理由”或“借口”非法克扣工资、奖金，或开除公职、党籍，或降职、降级、降薪或以其他手段压制民主权利等。再次，本罪中公民的人身权利与民主权利只有在情节严重的情况下才能立案，追究刑事责任。《最高人民检察院关于渎职侵权犯罪案件立案标准的规定》对严重情形进行了列举，包括但不限于导致控告人、申诉人、批评人、举报人或者其近亲属自杀、自残造成重伤、死亡或者精神失常的，致使控告人、申诉人、批评人、举报人或者其近亲属的其他合法权利受到严重损害的。最后，在量刑原则上需尤其注意对罪责刑相适应原则的把握。例如，在“张某某、汪某受贿、报复陷害案”中，由于情节极为严重，针对报复陷害罪处以了七年有期徒刑的顶格刑罚。在“戎某某报复陷害、贪污案”中，由于情节并没有达到《最高人民检察院关于渎职侵权犯罪案件立案标准的规定》规定的那么严重，但因在该司法解释出台之前发生，因此也对该罪予以立案，最终处于有期徒刑一年的刑罚。由于可供参考的案例极少，因而对报复陷害罪的审理需严格遵循罪责刑相适应原则，方能在司法实践中正确运用该法条，保障公民人身权利和民主权利。

第二节 报复陷害罪审判依据

1979 年《刑法》第 146 条首次规定了报复陷害罪。1999 年 9 月 16 日，《最高人民检察院关于人民检察院直接受理立案侦查案件立案标准的规定（试行）》对本罪的立案标准作出规定。2000 年 5 月 29 日，《最高人民检察院关于加强渎职侵权检察工作的决定》将报复陷害等侵犯公民人身权利、民主权利的犯罪案件摆在检察工作的重要位置。2002 年 1 月 1 日，《最高人民检察院关于人民检察院直接受理立案侦查的渎职侵权重特大案件标准（试行）》对报复陷害案件的“重大案件”“特大案件”作出具体的规定。2006 年 7 月 26 日，《最高人民检察院关于渎职侵权犯罪案件立案标准的规定》对本罪的立案标准作了进一步细化。具体而言，该解释一是扩大了犯罪对象的范围，二是细化了“情节严重”的具体情形，三是增加了具有兜底作用的规定。2016 年 3 月 30 日，《最高人民检察院、公安部、财政部关于保护、奖励职务犯罪举报人的若干规定》对“打击报复行为”的具体内容作出进一步细化。

一、法律

《中华人民共和国刑法》（2020 年 12 月 26 日修正）

第二百五十四条 国家机关工作人员滥用职权、假公济私，对控告人、申诉人、批评人、举报人实行报复陷害的，处二年以下有期徒刑或者拘役；情节严重的，处二年以上七年以下有期徒刑。

二、司法解释

《最高人民检察院关于渎职侵权犯罪案件立案标准的规定》（2006 年 7 月 26 日 高检发释字〔2006〕2 号）

二、国家机关工作人员利用职权实施的侵犯公民人身权利、民主权利犯罪案件

（六）报复陷害案（第二百五十四条）

报复陷害罪是指国家机关工作人员滥用职权、假公济私，对控告人、申诉人、批评人、举报人实行报复陷害的行为。

涉嫌下列情形之一的，应予立案：

1. 报复陷害，情节严重，导致控告人、申诉人、批评人、举报人或者其近亲属自杀、自残造成重伤、死亡，或者精神失常的；

2. 致使控告人、申诉人、批评人、举报人或者其近亲属的其他合法权利受到严重损害的；

3. 其他报复陷害应予追究刑事责任的情形。

三、刑事政策文件

(一)《最高人民检察院、公安部、财政部关于印发〈最高人民检察院、公安部、财政部〈关于保护、奖励职务犯罪举报人的若干规定〉的通知》(2016年3月30日 高检会〔2016〕6号)

第七条 有下列情形之一的，属于对举报人实施打击报复行为：

(一)以暴力、威胁或者非法限制人身自由等方法侵犯举报人及其近亲属的人身安全的；

(二)非法占有或者损毁举报人及其近亲属财产的；

(三)栽赃陷害举报人及其近亲属的；

(四)侮辱、诽谤举报人及其近亲属的；

(五)违反规定解聘、辞退或者开除举报人及其近亲属的；

(六)克扣或者变相克扣举报人及其近亲属的工资、奖金或者其他福利待遇的；

(七)对举报人及其近亲属无故给予党纪、政纪处分或者故意违反规定加重处分的；

(八)在职务晋升、岗位安排、评级考核等方面对举报人及其近亲属进行刁难、压制的；

(九)对举报人及其近亲属提出的合理申请应当批准而不予批准或者拖延的；

(十)其他侵害举报人及其近亲属合法权益的行为。

第十二条 打击报复或者指使他人打击报复举报人及其近亲属的，依纪依法给予处分；构成违反治安管理行为的，依法给予治安管理处罚；构成犯罪的，依法追究刑事责任。

被取保候审、监视居住的犯罪嫌疑人打击报复或者指使他人打击报复举报人及其近亲属的，人民检察院应当对犯罪嫌疑人依法予以逮捕。决定逮捕前，可以先行拘留。

第二十六条 具有下列情形之一，对直接负责的主管人员和其他直接责任人员，依纪依法给予处分；构成犯罪的，由司法机关依法追究刑事责任：

(一)故意或者过失泄露举报人姓名、地址、电话、举报内容等，或者将举报材料转给被举报人的；

(二)应当制作举报人保护预案、采取保护措施而未制定或采取，导致举报人及其近亲属受到严重人身伤害或者重大财产损失的；

(三)截留、侵占、私分、挪用举报奖励资金，或者违反规定发放举报奖励资金的。

第二十七条 本规定所称职务犯罪，是指国家工作人员实施的刑法分则第八章规定的贪污贿赂犯罪及其他章中明确规定依照第八章相关条文定罪处罚的犯罪，刑法分则第九章规定的渎职犯罪，国家机关工作人员利用职权实施的非法拘禁、刑讯逼供、报复陷害、非法搜查的侵犯公民人身权利的犯罪以及侵犯公民民主权利的犯罪。

(二)《最高人民检察院关于印发〈人民检察院直接受理立案侦查的渎职侵权重特大案件标准(试行)〉的通知》(2001年8月27日 高检发〔2001〕13号)

三十九、报复陷害案

(一)重大案件

1. 致人精神失常的；

2. 致人其他合法权益受到损害，后果严重的。

（二）特大案件

1. 致人自杀死亡的；

2. 后果特别严重，影响特别恶劣的。

（三）《最高人民检察院关于加强渎职侵权检察工作的决定》（2000 年 5 月 29 日　高检发〔2000〕17 号）

一、把加强渎职侵权检察工作摆在检察工作的重要位置来抓

4. 把依法积极查办案件作为加强渎职侵权检察工作的中心任务。切实做到：把查办渎职侵权犯罪工作摆在突出位置，决不动摇；办案力度必须进一步加大，决不放松；依法从重从严的方针必须长期坚持，决不手软。要突出重点，集中精力查办大案要案。根据党的十五大确定的反腐败总体部署，重点查办党政机关工作人员特别是县处级以上领导干部玩忽职守、滥用职权犯罪案件；司法人员枉法追诉、枉法裁判、刑讯逼供犯罪案件；负有管理市场、维护社会主义市场经济秩序、保护经济安全职责的行政执法人员滥用职权、徇私舞弊不移交刑事案件等犯罪案件；国家机关工作人员利用职权实施的非法拘禁、报复陷害、破坏选举等侵犯公民人身权利和民主权利的犯罪案件。要围绕国企改革和发展、西部大开发等重大战略部署的实施，根据本地实际，突出工作重点，结合办案，积极采取有效措施保护国有资产，在服务大局中发挥职能作用。

第三节　报复陷害罪审判实践中的疑难新型问题

问题　国家机关工作人员以刑事追究方法对举报人及其亲属进行报复陷害的行为定性

【公报案例】张某 1、汪某受贿、报复陷害案①

被告人张某 1，男，1963 年生，汉族，大专文化，原系中共安徽省阜阳市颍泉区委书记、区人大常委会主任，兼任阜阳市泉北贸易区管理委员会主任。2008 年 7 月 17 日，因涉嫌报复陷害犯罪被刑事拘留，2008 年 7 月 31 日被逮捕，2009 年 3 月 13 日被取保候审，2009 年 5 月 27 日又因涉嫌受贿犯罪被逮捕。

被告人汪某，男，1962 年生，汉族，大学文化，原系安徽省阜阳市颍泉区人民检察院检察长。2008 年 7 月 17 日，因涉嫌报复陷害犯罪被刑事拘留，2008 年 7 月 31 日被逮捕。

被告人张某 1、汪某涉嫌报复陷害一案，经安徽省人民检察院指定，由安徽省芜湖市人民检察院于 2008 年 7 月 14 日立案侦查，2008 年 10 月 31 日侦查终结，2008 年 11 月 3 日案件移送审查。2008 年 12 月 15 日，安徽省人民检察院指定芜湖市弋江区人民检察院对案件审查起诉。其间，芜湖市人民检察院延长审查起诉期限一次；芜湖市弋江区人民

① 载《最高人民检察院公报》2010 年第 5 期。

检察院退回补充侦查二次，延长审查起诉期限二次。2009 年 3 月 2 日，芜湖市人民检察院发现张某 1 还有涉嫌受贿犯罪的事实，遂对其受贿犯罪继续侦查。2009 年 5 月 26 日，安徽省人民检察院再次指定芜湖市人民检察院对该案审查起诉。芜湖市人民检察院受理案件后，在法定期限内告知了张某 1、汪某有权委托辩护人，告知了被害人有权委托诉讼代理人等诉讼权利，依法讯问了张某 1、汪某，听取了被害人诉讼代理人和被告人委托的辩护人意见，审查了全部案件材料。2009 年 6 月 25 日，芜湖市人民检察院依法向芜湖市中级人民法院提起公诉。被告人张某 1、汪某犯罪事实如下。

一、受贿罪（略）

二、报复陷害罪

（一）张某 1、汪某报复陷害举报人李某 3

被害人李某 3，曾任阜阳市颍泉区老寨村支部书记，伍明镇镇长、书记，阜阳市泉北贸易区管委会经贸发展局局长，阜阳市安曙房地产开发公司董事长。

2005 年 8 月及 2007 年 4 月，因有人反映李某 3 长期不上班等问题，为了“敲打”李某 3，让其害怕，时任中共阜阳市颍泉区委书记的被告人张某 1，安排时任颍泉区人民检察院检察长的被告人汪某，对李某 3 的经济问题进行调查，但因找不到有关案件当事人，没有查处结果。

2007 年 8 月，被告人张某 1 收到阜阳市人民政府秘书肖某截留的一封关于检举其受贿、卖官、违法乱纪的举报信，张某 1 根据举报信内容，分析判定举报人就是李某 3，遂产生报复李某 3 的念头。其后，张某 1 要求被告人汪某加大查处李某 3 案件的力度。8 月 20 日，张某 1 得知李某 3 案件进展不大时，严厉斥责汪某并以撤免其检察长职务、卡其单位经费相威胁，要求汪某每天向其汇报李案查处情况。次日，汪某向张某 1 汇报李案查处情况时，张某 1 向汪某出示一封举报信并告诉汪某，李某 3 就是举报自己的人。

8 月 22 日，被告人张某 1 搜集、摘抄了举报李某 3 的人民来信，编造成名为《特大举报!!!》的举报信，并安排区委工作人员将该举报信邮寄给阜阳市及颍泉区的司法、党政机关负责人。为了确保自己能对该举报信签批查处，还安排给自己邮寄一份。8 月 23 日，张某 1 安排曾与李某 3 共事过的颍泉区农委主任王某 3、区文化局局长宫某某编造李某 3 经济问题的材料。8 月 24 日，张某 1 将《特大举报!!!》信中有关李某 3 所谓“雇凶杀人”的材料交由阜阳市公安局颍泉分局局长万某某查处；安排颍泉区纪委书记赵某某调查李某 3 在伍明镇机构改革中有无受贿问题；安排颍泉区人事局副局长徐某等人调查李某 3 子女违规就业问题。

8 月 23 日晚至 8 月 24 日上午，被告人汪某数次召集颍泉区人民检察院副检察长徐某、反贪局局长郑某等人开会，讨论李某 3 的立案问题，与会人员均认为李某 3 的问题不符合立案条件。汪某为了达到对李某 3 立案的目的，在召开检察委员会前，授意案件承办人员提出立案意见。在检察委员会上，汪某又作了颍泉区委领导十分重视该案的引导性发言，致使检察委员会形成对李某 3 立案并采取强制措施的一致意见。8 月 26 日，颍泉区人民检察院抓获李某 3，汪某即安排公诉科科长王某 4 审查逮捕李某某。王某 4 屈于汪某旨意，违心提出逮捕李某 3 的审查意见。11 月下旬，张某 1 将颍泉区人事局调查的李某 3 子女违规就业的有关材料交给汪某，指令汪某单独提讯李某 3，向其施加压力，要李某 3 说出幕后举报人，并要求李某 3 不再举报张某 1，否则将清退李某 3 子女的工作。据此，汪某违法单独提讯李某 3，将张某 1 交给他的材料出示给李某 3，转述了张某 1 的上述威胁，向李某3施加压力。汪某还建议张某1责令公安机关查处李某3所谓伪造公文、印章问题，以实现张某1对李某3重判的要求。张某1遂安排颍泉区公安分局查处此案。颍泉区公安分局迫于张某1的压力，于2008年1月7日对李某某以伪造国家机关公文、印章罪立案侦查；1月18日，颍泉区公安分局侦查终结，移送颍泉区人民检察院审查起诉。1月25日，李某3案移送审查起诉后，汪某要求公诉科科长王某4尽快结案起诉。在检察委员会上，汪某不顾承办人和其他检察委员会委员对定性、犯罪数额有异议的意见，最终以移送《起诉意见书》认定的罪名和数额，决定对李某3提起公诉。3月4日，颍泉区人民检察院以李某3构成贪污罪，受贿罪，伪造国家机关公文、印章罪，伪造公司印章罪为由，向阜阳市颍泉区人民法院提起公诉。3月6日，李某3在收到颍泉区人民法院送达的起诉书后，于3月13日在阜阳监狱医院自缢死亡。经安徽省人民检察院刑事科学技术鉴定，李某3为机械性窒息死亡（缢死）。2008年4月8日，阜阳市颍泉区人民法院依法裁定对李某3案件终止审理。李某3涉嫌贪污罪，受贿罪，伪造国家机关公文、印章罪，伪造公司印章罪一案，经阜阳市人民检察院和安徽省人民检察院调卷审查认为，阜阳市颍泉区人民检察院指控李某3涉嫌贪污94.3万元、受贿11.15万元以及涉嫌伪造国家机关公文、印章罪，伪造公司印章罪，除了受贿5.9万元可以认定外，其他罪均不能认定。

（二）张某1、汪某报复陷害举报人李某3近亲属

2007年8月26日，颍泉区人民检察院在抓获李某3时，还控制了李某3的妻子袁某某、女婿张某6。被告人张某1、汪某商定不能放走袁、张二人，于是，张某1安排区纪委调查袁、张二人的问题，并要求区纪委对袁、张二人报批“双规”，市纪委未予批准。张某1得知此消息非常恼火，指责纪委书记赵某某办事不力。张某1又安排汪某给颍泉区公安分局发《检察建议》，建议对袁、张二人以所谓帮助毁灭证据和窝藏罪进行查处。后公安分局对袁某某、张某6立案侦查并采取监视居住措施。

2008年1月30日，颍泉区人民检察院以张某6涉嫌贪污罪、帮助毁灭证据罪、窝藏罪，以袁某某涉嫌帮助毁灭证据罪向阜阳市颍泉区人民法院提起公诉。

李某3自杀死亡后，被告人张某1因担心报复陷害罪行败露，遂安排被告人汪某将张某6、袁某某帮助毁灭证据案从法院撤诉。后张某1又召集汪某等人协调对张某6贪污、窝藏案作缓刑处理的事宜。同年8月15日，颍泉区公安分局撤销袁某某、张某6帮助毁灭证据案。2009年4月1日，临泉县人民检察院对张某6贪污案作出不起诉处理。

2009年11月19日，安徽省芜湖市中级人民法院依法组成合议庭，公开审理了此案。法庭审理认为：被告人张某1身为国家工作人员，利用职务之便为他人谋取利益，并利用职权和地位形成的便利条件为他人谋取不正当利益，索取和收受他人贿赂，其行为构成受贿罪。张某1身为阜阳市颍泉区委书记，滥用职权，假公济私，通过编造举报信捏告罪名，指使被告人汪某借用这些信件指令下属人员对举报人员李某3及其亲属立案查处，并强令其他各有关部门对举报人李某3及其亲属进行查处，以刑事追究方法对举报人打击报复；被告人汪某身为阜阳市颍泉区人民检察院检察长，明知张某1报复陷害举报人李某某，与张某1共谋，滥用检察权、假公济私，违背事实和法律违法办案，对李某3及其亲属进行刑事追究，张某1、汪某的行为致使举报人及其亲属合法权利受到严重损害，并导致举报人李某3自缢死亡，其行为均已构成报复陷害罪，且系共同犯罪，犯罪情节严重。被告人张某1一人犯数罪，应予并罚。公诉机关指控被告人张某1犯受贿罪、报复陷害

罪，被告人汪某犯报复陷害罪的事实和罪名成立。张某1受贿数额巨大，犯罪情节特别严重，且拒不认罪，毫无悔罪表现，论罪应当判处死刑。综合张某1受贿数额、情节及其亲属代为退缴大部分赃款的情况，对其判处死刑，可不立即执行。张某1、汪某犯报复陷害罪情节严重、社会影响极其恶劣，依法应予严惩。

2010年2月8日，安徽省芜湖市中级人民法院依照《刑法》第385条第1款，第388条，第386条，第383条第1款第1项、第2款，第48条，第57条第1款，第59条，第65条，第254条，第25条第1款，第69条之规定，作出如下判决：

一、被告人张某1犯受贿罪，判处死刑，缓期二年执行，剥夺政治权利终身，并处没收个人全部财产，犯报复陷害罪，判处有期徒刑七年，决定执行死刑，缓期二年执行，剥夺政治权利终身，并处没收个人全部财产。

二、被告人汪某犯报复陷害罪，判处有期徒刑六年。

三、对被告人张某1受贿犯罪所得予以追缴，上缴国库。

被告人张某1、汪某不服一审判决，向安徽省高级人民法院提出上诉。

安徽省高级人民法院依法组成合议庭审理了该案。法庭审理认为：上诉人张某1身为国家工作人员，利用职务之便为他人谋取利益，或利用职权和地位形成的便利条件，通过其他国家工作人员为他人谋取不正当利益，索取和收受贿赂，共计人民币359.9772万元，其行为构成受贿罪且受贿数额巨大，犯罪情节特别严重。上诉人张某1、汪某身为国家工作人员，滥用职权、假公济私，以刑事追究方法对举报人及其亲属进行报复陷害，致使举报人李某3及其亲属合法权利遭受严重损害，并导致李某3自缢死亡，其行为均构成报3陷害罪，犯罪情节严重，依法应予严惩。张某1一人犯数罪，应予并罚，其在被审判期间始终拒不供认犯罪事实，毫无悔罪表现，论罪应当判处死刑。综合张某1的受贿数额、情节及其亲属代为退缴大部分赃款的情况对其判处死刑、可不立即执行。张某1、汪某在共同报复陷害犯罪中均起重要作用，不分主从，应当按照各自在共同犯罪中所起的作用予以处罚。张某1关于没有犯受贿罪、报复陷害罪的上诉理由不能成立，其辩护人关于此案事实、证据及犯罪情节方面的辩护意见不予采纳。汪某及其辩护人关于量刑方面的上诉理由及辩护意见均不能成立，不予采纳。一审法院所作的判决认定事实和适用法律准确，量刑适当，审判程序合法。

2010年3月31日，安徽省高级人民法院依照《刑事诉讼法》第189条第1项之规定，作出如下裁定：驳回张某1、汪某的上诉，维持原判。

根据《刑事诉讼法》第201条的规定，此裁定即为核准以被告人张某1犯受贿罪判处死刑，缓期二年执行，剥夺政治权利终身，并处没收个人全部财产；犯报复陷害罪，判处有期徒刑七年，决定执行死刑，缓期二年执行，剥夺政治权利终身，并处没收个人全部财产的刑事裁定。

第三十二章
打击报复会计、统计人员罪

第一节　打击报复会计、统计人员罪概述

一、打击报复会计、统计人员罪概念及构成要件

依据《刑法》第255条的规定，打击报复会计、统计人员罪，是指公司、企业、事业单位、机关、团体的领导人，对依法履行职责、抵制违反会计法、统计法行为的会计、统计人员实行打击报复，情节恶劣的行为。

本罪的犯罪主体是特殊主体，即公司、企业、事业单位、机关、团体的领导人，上述人员以外的其他人对会计、统计人员实施报复行为的，不构成本罪，应按其报复的行为及后果等作其他处理。

本罪的主观方面为直接故意且具有打击报复的目的。这里所说的“打击报复”，主要是通过调动其工作、撤换其职务、进行处罚以及其他方法进行打击报复的行为。根据本条规定，打击报复会计、统计人员的行为必须是情节恶劣的，才构成犯罪。这里所说的“情节恶劣”主要是指多次或者对多人进行打击报复、打击报复手段恶劣、打击报复造成严重后果、打击报复影响恶劣等。

本罪侵犯的客体是会计、统计人员的人身权利和国家的会计、统计制度，属于复杂客体。其中主要客体是会计、统计人员的人身权利和民主权利。

本罪的犯罪对象是依法履行职责、抵制违反会计法、统计法行为的会计、统计人员。根据我国会计法的有关规定，各单位根据会计业务的需要设置会计机构，或者在有关机构中设置会计人员并指定会计主管人员。会计机构、会计人员的主要职责是进行会计核算、会计监督等会计事务。这里所规定的“违反会计法”的行为，主要是指伪造、变造、隐匿、故意毁灭会计凭证、会计账簿、会计报表和其他会计资料的，利用虚假的会计凭证、会计账簿、会计报表和其他会计资料偷税或者损害国家利益、社会公众利益的，对不真实、不合法的原始凭证予以受理的，对违法的收支不提出书面意见或者不报告的等。根据我国统计法的有关规定，各级人民政府设立独立的统计机构或者统计员；各级人民

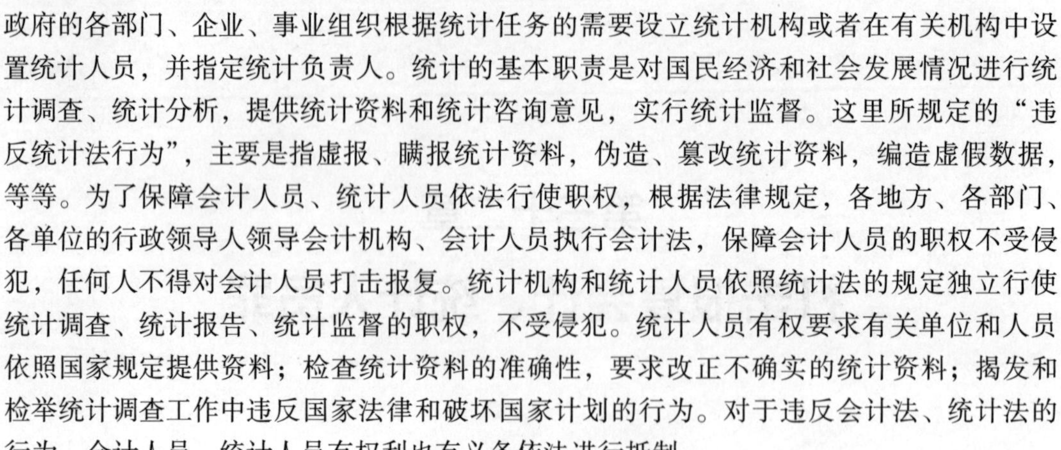

政府的各部门、企业、事业组织根据统计任务的需要设立统计机构或者在有关机构中设置统计人员，并指定统计负责人。统计的基本职责是对国民经济和社会发展情况进行统计调查、统计分析，提供统计资料和统计咨询意见，实行统计监督。这里所规定的“违反统计法行为”，主要是指虚报、瞒报统计资料，伪造、篡改统计资料，编造虚假数据，等等。为了保障会计人员、统计人员依法行使职权，根据法律规定，各地方、各部门、各单位的行政领导人领导会计机构、会计人员执行会计法，保障会计人员的职权不受侵犯，任何人不得对会计人员打击报复。统计机构和统计人员依照统计法的规定独立行使统计调查、统计报告、统计监督的职权，不受侵犯。统计人员有权要求有关单位和人员依照国家规定提供资料；检查统计资料的准确性，要求改正不确实的统计资料；揭发和检举统计调查工作中违反国家法律和破坏国家计划的行为。对于违反会计法、统计法的行为，会计人员、统计人员有权利也有义务依法进行抵制。

根据本条规定，打击报复会计、统计人员的行为必须是情节恶劣的，才构成犯罪。根据本条规定，公司、企业、事业单位、机关、团体的领导人，对依法履行职责、抵制违反会计法、统计法行为的会计、统计人员实行打击报复，情节恶劣的，处三年以下有期徒刑或者拘役。

二、打击报复会计、统计人员罪案件审理情况

通过中国裁判文书网检索，未查到打击报复会计、统计人员罪的生效裁判文书。

三、打击报复会计、统计人员罪案件审理热点、难点问题

（一）罪与非罪界限认定难

打击报复会计、统计人员的行为没有达到情节恶劣的程度，则不应当追究行为人的刑事责任，不能认定为犯罪。打击报复会计、统计人员罪没有具体的追诉标准，但可参考《最高人民检察院关于渎职侵权犯罪案件立案标准的规定》的立案标准。只要行为人打击报复会计、统计人员的行为导致控告人、申诉人、批评人、举报人或者其近亲属自杀、自残造成重伤、死亡，或者精神失常的；致使控告人、申诉人、批评人、举报人或者其近亲属的其他合法权利受到严重损害的；其他报复陷害应予追究刑事责任的情形的，都应该依据《刑法》第255条的规定，追究行为人的刑事责任。

（二）本罪与报复陷害罪的界限

打击报复会计、统计人员罪与报复陷害罪的相同点表现在行为人实施打击报复行为都是故意犯罪，都侵犯了公民的合法权益，损害了国家机关工作人员或者领导与群众的血肉联系。两罪的区别主要表现在：（1）犯罪的对象不同。打击报复会计、统计人员罪的对象仅限于会计、统计人员。而报复陷害罪的对象则是控告人、申诉人、批评人、举报人。（2）犯罪的主体不同。打击报复会计、统计人员罪的主体是公司、企业、事业单位、机关、团体的领导人，而报复陷害罪的犯罪主体仅限于国家机关工作人员。后者的犯罪主体范围要比前者小。（3）犯罪构成要件的要求不同。报复陷害罪的行为人必须直接滥用自己的职权，假公济私，进行打击报复，而打击报复会计、统计人员罪则不以此

为构成犯罪的必要条件。另外，构成打击报复会计、统计人员罪必须是“情节恶劣”的，才构成犯罪，而报复陷害罪则无此限制。

（三）本罪与故意伤害罪、故意杀人罪等的竞合

想象竞合犯是基于一个罪过，实施了一个犯罪行为，同时侵犯数个犯罪客体，触犯数个罪名的情况。实践中，行为人打击、报复会计、统计人员的方式多种多样，也不乏采取故意杀人与故意伤害方式实施打击报复行为的，因此，就出现了适用打击报复会计、统计人员罪的规定还是适用故意伤害罪（故意杀人罪）的规定。此种情况下属于想象竞合犯，应择一重罪处罚，即以故意伤害罪（故意杀人罪）定罪处罚。

四、打击报复会计、统计人员罪案件审理思路及原则

（一）准确认定犯罪主体

本罪犯罪主体只能由公司、企业、事业单位、机关、团体的领导人构成。这里的“公司”是指依据公司法而设立的各种公司。企业既包括国有企业，也包括非国有企业。这里的“领导人”，是指公司、企业、事业单位、机关团体的法定代表人和主要负责人员。上述人员以外的其他人对会计、统计人员实施报复行为的，不构成本罪，应按其报复的行为及后果等作其他处理。

（二）准确认定直接故意打击报复目的的主观特征

这里所说的“打击报复”，主要是通过调动其工作、撤换其职务、进行处罚以及其他方法进行打击报复的行为。根据本条规定，打击报复会计、统计人员的行为必须是情节恶劣的，才构成犯罪。这里所说的“情节恶劣”主要是指多次或者对多人进行打击报复、打击报复手段恶劣、打击报复造成严重后果、打击报复影响恶劣等。

如果只是由于主观上认识片面、工作作风粗暴、方法简单、政策观念不强，或者由于过失而给会计人员、统计人员造成一定损害的，不构成本罪。行为人的犯罪动机不影响本罪的成立，但可作为量刑的酌定情节。

（三）对会计人员和统计人员提起的附带民事赔偿请求的处理

打击报复会计、统计人员罪，无疑对会计制度和统计制度具有很好的保护作用，并且，进一步保护了会计人员和统计人员。司法实践中应注意对于受打击的会计、统计人员，如果被害人提起刑事附带民事诉讼，应当依法明确恢复其名誉和原有职务、级别等，造成经济损失和精神损害的，应当依法予以赔偿。

第二节　打击报复会计、统计人员罪审判依据

1997 年《刑法》第 255 条首次规定了打击、报复会计、统计人员罪，并且对于本罪的具体规定一直沿用至今。

法律

《中华人民共和国刑法》（2020 年 12 月 26 日修正）

第二百五十五条 公司、企业、事业单位、机关、团体的领导人，对依法履行职责、抵制违反会计法、统计法行为的会计、统计人员实行打击报复，情节恶劣的，处三年以下有期徒刑或者拘役。

第三十三章
破坏选举罪

第一节　破坏选举罪概述

一、破坏选举罪概念及构成要件

破坏选举罪是指在选举各级人民代表大会代表和国家机关领导人员时，以暴力、威胁、欺骗、贿赂、伪造选举文件、虚报选举票数或者编造选举结果等手段破坏选举或者妨害选民和代表自由行使选举权和被选举权，情节严重的行为。破坏选举罪必须具备以下条件：(1) 犯罪主体只能是自然人（单位不能构成本罪）。(2) 破坏选举罪客观方面要求破坏选举必须是以暴力、威胁、欺骗、贿赂、伪造选举文件、虚报选举票数等手段进行的。这里所说的“暴力”，是指对选民、各级人民代表大会代表、候选人、选举工作人员等进行人身打击或者实行强制，如殴打、捆绑等，也包括以暴力故意捣乱选举场所，使选举工作无法进行等情况。“威胁”，是指以杀害、伤害、毁坏财产、破坏名誉等手段进行要挟，迫使选民、各级人民代表大会代表、候选人、选举工作人员等不能自由行使选举权和被选举权或者在选举工作中不能正常履行组织和管理的职责。“欺骗”，是指捏造事实、颠倒是非，并加以散播、宣传，以虚假的事实扰乱正常的选举活动，影响选民、各级人民代表大会代表、候选人自由地行使选举权和被选举权。应当注意的是，这里所说的“欺骗”，必须是编造严重不符合事实的情况，或者捏造对选举有重大影响的情况等。对于在选举活动中介绍候选人或者候选人在介绍自己情况时对一些不是很重要的事实有所夸大或者隐瞒，不致影响正常选举的行为，不能认定为以欺骗手段破坏选举。“贿赂”，是指用金钱或者其他物质利益收买选民、各级人民代表大会代表、候选人、选举工作人员违反自己的真实意愿参加选举或者在选举工作中进行舞弊的活动。“伪造选举文件”，是指采用伪造选民证、选票等选举文件的方法破坏选举。“虚报选举票数”，是指选举工作人员对于统计出来的选票数、赞成票数、反对票数等选举票数进行虚报、假报的行为，既包括多报，也包括少报。对于上述列举的破坏选举的手段，行为人具体采用哪种，不影响本罪的构成。只要行为人在选举各级人民代表大会代表和国家机关领导人员

时，采用了上述手段之一，破坏了选举或者妨害了选民和代表自由行使选举权和被选举权，情节严重的，就构成了本条所规定的犯罪。(3) 必须是足以破坏选举或者妨害选民和代表自由行使选举权和被选举权。(4) 情节严重。

根据《刑法》第256条之规定，犯破坏选举罪的，处三年以下有期徒刑、拘役或者剥夺政治权利。

二、破坏选举罪案件审理情况

通过中国裁判文书网统计，2017年至2020年间，全国法院审结一审破坏选举罪案件共计20件，相较于其他常见犯罪，破坏选举罪案件整体数量非常少。

三、破坏选举罪案件审理热点、难点问题

（一）本罪与一般破坏选举行为的界限

《全国人民代表大会和地方各级人民代表大会选举法》第11章“对破坏选举的制裁”的第58条规定，为保障选民和代表自由行使选举权和被选举权，对有下列违法行为的，应当依法给予行政处分或者刑事处分：(1) 用暴力、威胁、欺骗、贿赂等非法手段破坏选举或者妨害选民和代表自由行使选举权和被选举权的；(2) 伪造选举文件、虚报选举票数或者有其他违法行为的；(3) 对于控告、检举选举中违法行为的人，或者对于提出要求罢免代表的人进行压制、报复的。上述违法行为，每一种都可以是犯罪行为。因此，应当根据事实、情节、后果、危害及行为人的主观恶性程度，区分罪与非罪的界限。对情节恶劣、严重的，以破坏选举罪论处。情节较轻的，可作为一般违法行为，给予行政处分。

（二）违反选举法的错误行为与破坏选举罪的界限

如有些地方在选举过程中为节省时间等不进行差额选举，或者不按时公布选民和候选人名单的，都不构成本罪。

（三）本罪和寻衅滋事罪的界限

1. 主观方面不同。两罪都为故意犯罪，但行为人认知的内容不同。寻衅滋事罪的行为人明知自己的行为会发生破坏社会秩序的危害后果，而希望或者放任这种结果的发生。其目的往往是满足耍威风、取乐等不正常的精神刺激或其他不健康的心理需要。破坏选举罪则要求行为人明知自己的行为会妨害选举活动的正常进行及妨害选民和代表自由行使选举权和被选举权，而希望或放任这种结果的发生。其目的往往是出于个人政治上的野心或者是发泄个人的不满等。

2. 客观方面不同。根据本法的规定，寻衅滋事罪的客观方面有四种表现：(1) 随意殴打他人，情节恶劣的；(2) 追逐、拦截、辱骂他人，情节恶劣的；(3) 强拿硬要或者任意毁损、占用公私财物，情节恶劣的；(4) 在公共场所起哄闹事，造成公共场所秩序严重混乱的。其行为没有明确的时间要求。破坏选举罪则要求行为人的行为必须发生在选举各级人民代表大会代表和国家机关领导人员时。其客观方面的具体表现为行为人以暴力、威胁、欺骗、贿赂、伪造选举文件、虚报选举票数等手段破坏选举或者妨害选民

和代表自由行使选举权和被选举权。可见，寻衅滋事罪的犯罪手段相比而言，较为单一，主要表现为暴力。破坏选举罪的犯罪手段则较为多样化。从犯罪对象上看，破坏选举罪侵犯的对象主要是选民和代表，寻衅滋事罪的侵犯对象则通常为不特定的人或者财物。

3. 侵犯的客体不同。寻衅滋事罪侵犯的客体是社会公共秩序，即人们遵守共同生产规则而形成的正常秩序。破坏选举罪侵犯的客体为公民的选举权和被选举权以及国家的选举制度。

（四）本罪与伪造国家机关公文、证件、印章罪的界限

1. 主观方面不同。伪造国家机关公文、证件、印章罪的行为人主观方面表现为故意，但其犯罪的动机通常是为取得某种利益，或者是为了赢利，或者是为实施其他犯罪活动做准备等。以伪造选举文件手段实施破坏选举罪的行为人则往往具有明确的破坏选举的目的。

2. 客观方面不同。伪造国家机关公文、证件、印章罪侵犯的对象为国家机关的公文、证件、印章。国家机关包括国家的权力机关、行政机关、司法机关、军事机关等。而以伪造选举文件手段破坏选举的行为人伪造的只限于选举文件，这些选举文件是属于国家权力机关的公文，如各级人民代表大会主持选举工作机关制定、发布的关于选举工作的文件，不包括其他国家机关以及国家权力机关制定、发布的与选举工作无关的公文、证件等。

3. 侵犯的客体不同。伪造国家机关公文、证件、印章罪侵犯的客体是国家机关的公文、证件、印章的信誉以及国家机关对公文、证件、印章的管理活动。以伪造选举文件的手段破坏选举的犯罪行为侵害的客体则是国家的选举制度及选民和代表的选举权和被选举权。

（五）破坏选举罪和妨害公务罪的界限

1. 客观方面不同。以暴力、威胁的方法阻碍代表依法执行职务构成妨害公务罪，其中的代表职务，是指《全国人民代表大会和地方各级人民代表大会组织法》规定的人民代表在其所在各级人民代表大会中的职务。只要行为人以暴力、威胁方法阻碍人民代表行使其上述代表职务的，就构成妨害公务罪，并且没有“情节严重的”要件限制。以暴力、威胁的手段妨害代表自由行使选举权和被选举权构成破坏选举罪的，仅限于在选举各级人民代表大会代表和国家机关领导人员时，侵害代表依法享有的选举权的情形，不包括对代表依法享有的其他职权的侵害。当然，从广义上看，侵害代表的选举权是妨害其公务行为的一种，这里存在着法条竞合的关系，相对于妨害代表执行公务的犯罪来说，妨害代表自由行使选举权和被选举权的破坏选举罪则属于特别法。

2. 侵犯的客体不同。从犯罪客体上看，妨害代表执行公务的犯罪侵犯的是各级人大代表依法享有的各种职权，同时也侵害了人民代表大会的根本制度。破坏选举罪中妨害代表自由行使选举权和被选举权的侵害客体仅限于代表的选举权和国家的选举制度。

四、破坏选举罪案件审理思路及原则

审理破坏选举罪案件要准确把握《刑法》第256条中的以下概念：

1. “选举各级人民代表大会代表和国家机关领导人员”，是指依照《全国人民代表大

会和地方各级人民代表大会选举法》《全国人民代表大会和地方各级人民代表大会代表法》《全国人民代表大会组织法》《地方各级人民代表大会和地方各级人民政府组织法》等有关法律选举各级人民代表大会代表和国家机关领导人员的选举活动，包括选民登记、提出候选人、投票选举、补选、罢免等整个选举活动。

2. “破坏选举”，是指破坏选举工作正常进行的行为。

3. “妨害选民行使选举权和被选举权”，是指非法阻止选民参加登记或投票，或者迫使、诱骗选民违背自己的意志进行投票，以及使选民放弃自己的被选举权等。

4. “暴力”，既包括对选举人或被选举人施以暴力，也包括以暴力手段破坏选举场所或选举设备，或者聚众冲击选举场所或故意扰乱选举场所秩序，致使选举无法正常进行。

5. “欺骗”，是指捏造事实、颠倒是非，并加以散播、宣传，以虚假的事实扰乱正常的选举活动，影响选民、各级人民代表大会代表、候选人自由地行使选举权和被选举权。必须是编造严重不符合事实的情况，或者捏造对选举有重大影响的情况等，对于在选举活动中介绍候选人或者候选人在介绍自己情况时对一些不是很重要的事实有所夸大或隐瞒，不致影响正常选举的行为，不能认定为以欺骗手段破坏选举。

6. “情节严重”，主要是指致使选举无法正常进行，或者选举无效，或者选举结果不真实，或者破坏选举手段恶劣、后果严重，或者造成恶劣影响等。

国家机关工作人员利用职权强行宣布合法选举无效或者非法选举有效的，也构成破坏选举罪。

第二节　破坏选举罪审判依据

1979 年《刑法》第 142 条首次规定了破坏选举罪。1999 年 9 月 16 日，《最高人民检察院关于人民检察院直接受理立案侦查案件立案标准的规定（试行）》对本罪的立案标准作出规定。2000 年 5 月 29 日，《最高人民检察院关于加强渎职侵权检察工作的决定》将破坏选举等侵犯公民人身权利、民主权利的犯罪案件摆在检察工作的重要位置。2001 年 8 月 24 日，《最高人民检察院关于印发〈人民检察院直接受理立案侦查的渎职侵权重特大案件标准（试行）〉的通知》对破坏选举案的“重大案件”“特大案件”作出具体规定。2006 年 7 月 26 日，《最高人民检察院关于渎职侵权犯罪案件立案标准的规定》对本罪的立案标准作了进一步细化。特别是该解释增加了具有兜底作用的规定，即“其他情节严重的情形”。

一、法律

《中华人民共和国刑法》（2020 年 12 月 26 日修正）

第二百五十六条　在选举各级人民代表大会代表和国家机关领导人员时，以暴力、威胁、欺骗、贿赂、伪造选举文件、虚报选举票数等手段破坏选举或者妨害选民和代表自由行使选举权和被选举权，情节严重的，处三年以下有期徒刑、拘役或者剥夺政治权利。

二、司法解释

（一）《最高人民检察院关于渎职侵权犯罪案件立案标准的规定》（2006 年 7 月 26 日 高检发释字〔2006〕2 号）

二、国家机关工作人员利用职权实施的侵犯公民人身权利、民主权利犯罪案件

（七）国家机关工作人员利用职权实施的破坏选举案（第二百五十六条）

破坏选举罪是指在选举各级人民代表大会代表和国家机关领导人员时，以暴力、威胁、欺骗、贿赂、伪造选举文件、虚报选举票数或者编造选举结果等手段破坏选举或者妨害选民和代表自由行使选举权和被选举权，情节严重的行为。

国家机关工作人员利用职权破坏选举，涉嫌下列情形之一的，应予立案：

1. 以暴力、威胁、欺骗、贿赂等手段，妨害选民、各级人民代表大会代表自由行使选举权和被选举权，致使选举无法正常进行，或者选举无效，或者选举结果不真实的；

2. 以暴力破坏选举场所或者选举设备，致使选举无法正常进行的；

3. 伪造选民证、选票等选举文件，虚报选举票数，产生不真实的选举结果或者强行宣布合法选举无效、非法选举有效的；

4. 聚众冲击选举场所或者故意扰乱选举场所秩序，使选举工作无法进行的；

5. 其他情节严重的情形。

（二）《最高人民检察院关于人民检察院直接受理立案侦查案件立案标准的规定（试行）》（1999 年 9 月 16 日 高检发释字〔1999〕2 号）

三、国家机关工作人员利用职权实施的侵犯公民人身权利、民主权利犯罪案件

（七）国家机关工作人员利用职权实施的破坏选举案（第 256 条）

破坏选举罪是指在选举各级人民代表大会代表和国家机关领导人员时，以暴力、威胁、欺骗、贿赂、伪造选举文件、虚报选举票数或者编造选举结果等手段破坏选举或者妨害选民和代表自由行使选举权和被选举权，情节严重的行为。

国家机关工作人员涉嫌利用职权破坏选举，具有下列情形之一的，应予立案：

1. 以暴力、威胁、欺骗、贿赂等手段，妨害选民、各级人民代表大会代表自由行使选举权和被选举权，致使选举无法正常进行或者选举结果不真实的；

2. 以暴力破坏选举场所或者选举设备，致使选举无法正常进行的；

3. 伪造选举文件，虚报选举票数，产生不真实的选举结果或者强行宣布合法选举无效、非法选举有效的；

4. 聚众冲击选举场所或者故意扰乱选举会场秩序，使选举工作无法进行的。

三、刑事政策文件

（一）《最高人民检察院关于印发〈人民检察院直接受理立案侦查的渎职侵权重特大案件标准（试行）〉的通知》（2001 年 8 月 24 日 高检发〔2001〕13 号）

四十、国家机关工作人员利用职权实施的破坏选举案

（一）重大案件

1. 导致乡镇级选举无法进行或者选举无效的；

2. 实施破坏选举行为，取得县级领导职务或者人大代表资格的。

（二）特大案件

1. 导致县级以上选举无法进行或者选举无效的；

2. 实施破坏选举行为，取得市级以上领导职务或者人大代表资格的

（二）《最高人民检察院关于加强渎职侵权检察工作的决定》（2000 年 5 月 29 日　高检发〔2000〕17 号）

一、把加强渎职侵权检察工作摆在检察工作的重要位置来抓

4. 把依法积极查办案件作为加强渎职侵权检察工作的中心任务。切实做到：把查办渎职侵权犯罪工作摆在突出位置，决不动摇；办案力度必须进一步加大，决不放松；依法从重从严的方针必须长期坚持，决不手软。要突出重点，集中精力查办大案要案。根据党的十五大确定的反腐败总体部署，重点查办党政机关工作人员特别是县处级以上领导干部玩忽职守、滥用职权犯罪案件；司法人员枉法追诉、枉法裁判、刑讯逼供犯罪案件；负有管理市场、维护社会主义市场经济秩序、保护经济安全职责的行政执法人员滥用职权、徇私舞弊不移交刑事案件等犯罪案件；国家机关工作人员利用职权实施的非法拘禁、报复陷害、破坏选举等侵犯公民人身权利和民主权利的犯罪案件。要围绕国企改革和发展、西部大开发等重大战略部署的实施，根据本地实际，突出工作重点，结合办案，积极采取有效措施保护国有资产，在服务大局中发挥职能作用。

第三节　破坏选举罪审判实践中的疑难新型问题

问题　贿选行为的定性

【公报案例】岑某 1、岑某 2 破坏选举案①

被告人：岑某 1，男，49 岁，汉族，广东省恩平市人，个体工商户。1994 年 12 月 3 日被逮捕。

被告人：岑某 2，男，48 岁，汉族，广东省恩平市人，原系恩平市某镇粤洲金属制品有限公司副经理。1994 年 12 月 3 日被逮捕。

被告人岑某 1、岑某 2 因破坏选举一案，由广东省恩平市人民检察院向恩平市人民法院提起公诉。恩平市人民法院受理该案后，依法组成合议庭，经审理查明：

1994 年 8 月中旬，被告人岑某 1 得知恩平市某镇将于同年 9 月 13 日被选镇长，即产生用贿赂镇人大代表的方法当选某镇镇长的念头。尔后，被告人岑某 1 串通被告人岑某 2 先后多次纠集岑某 3、岑某 4、岑某 5、岑某 6、张某某等 5 人（均作其他处理）到某镇海景舫酒家和岑某 1 家中，密谋策划贿赂某镇第 11 届人大代表，让代表选举岑某 1 当某镇镇长一事。岑某 1 表示愿意出钱贿赂镇人大代表，岑某 2 表示愿意积极帮助岑某 1 分别贿赂东北雁管区、永华管区、中安管区、锦江糖厂等单位的镇人大代表，并商定某镇 47 名人大代表中必须贿赂半数以上，以确保岑某 1 当上镇长。同年 9 月 10 日，两被告人通知

① 载《最高人民法院公报》1995 年第 4 期。

岑某3等5人到岑某1家中，将岑某1预先准备好的各内装有人民币1000元的22个信封袋交给岑某3等5人。随后，岑某3等5人分头贿赂各自联系的镇人大代表，并要求代表选举岑某1当镇长。岑某1还亲自贿赂6人。合计行贿金额34 500元。9月13日某镇召开第11届人大第3次会议补选镇长，选举结果是：47名代表投票，镇长候选人岑某7得23票，岑某1得15票，无效票6票也写上“岑某1”姓名，弃权2票。由于岑某1、岑某2的贿选行为，致使镇长选举无法依法进行。破案后，追缴回贿赂赃款24 700元。

上述事实，有同案人和受贿人的供述、证人证言、物证照片及追缴回的赃款证实；二被告人亦供认不讳。

恩平市人民法院认为，被告人岑某1、岑某2无视国家法律，违反选举法的规定，为了使岑某1能当选镇长，采取用金钱贿赂镇人大代表的非法手段破坏选举，妨害选民自由行使选举权和被选举权，造成某镇第11届人大第3次会议无法选举产生该镇镇长的严重后果，社会危害性大，其行为已构成《刑法》第142条规定的破坏选举罪。依照《刑法》第22条的规定，岑某1、岑某2的行为构成共同故意犯罪。在共同犯罪中，岑某1起组织策划作用，出资贿赂人大代表，依照《刑法》第23条的规定，是本案的主犯，应从重处罚；岑某2参与策划，并积极帮助岑某1实施犯罪，依照《刑法》第24条的规定，是本案的从犯，应比照主犯从轻处罚。依照《刑法》第60条的规定，对其用于犯罪并被追缴回的赃款，应当予以没收。据此，恩平市人民法院于1995年1月9日，以破坏选举罪，分别判处岑某1有期徒刑二年，岑某2有期徒刑一年。随案移送的赃款人民币24 700元，予以没收，上缴国库。

第一审宣判后，被告人均未上诉。

第三十四章 暴力干涉婚姻自由罪

第一节 暴力干涉婚姻自由罪概述

一、暴力干涉婚姻自由罪概念及构成要件

暴力干涉婚姻自由罪，是指以暴力手段干涉他人结婚和离婚自由的行为。1997 年《刑法》第 257 条对本罪的构成要件和刑罚适用作了规定，为惩治暴力干涉婚姻自由行为提供了法律依据。

暴力干涉婚姻自由罪的构成要件如下：（1）本罪侵害的客体是他人的婚姻自由权利。婚姻自由是我国《宪法》赋予公民的一项基本民主权利，是我国《民法典》婚姻家庭篇的一项基本原则，是社会主义婚姻制度的一个重要特征。所谓婚姻自由，是指男女双方缔结或者解除婚姻关系，在不违背国家法律的前提下，有权按照本人的意愿，自主地决定自己的婚姻问题，不受任何人的强制和干涉。婚姻自由包括结婚自由和离婚自由。结婚自由，就是结婚必须出于男女双方完全自愿，不许一方对他方加以强迫或者任何第三者包括父母在内加以干涉，也不受家庭出身、社会地位、个人资历、职业、财产状况等差别的限制。离婚自由，就是夫妻感情确已破裂，不能继续维持夫妻关系，男女双方或者任何一方可以向婚姻登记机关或者人民法院提出解除婚姻关系的请求，这种请求应当受到法律保护。（2）本罪在客观方面表现为暴力干涉他人婚姻自由的行为。所谓“暴力”，是指用捆绑、殴打、禁闭、强抢等对人身实施打击和强制的行为。暴力干涉他人婚姻自由的主要表现形式：强迫对方与自己结婚（离婚）；强迫被干涉者与他人结婚（离婚）或者不准被干涉者与他人结婚（离婚）。上述暴力行为对被干涉人行使婚姻自由的权利造成实际危害。(3）本罪的犯罪主体为一般主体。年满 16 周岁且具有刑事责任能力的自然人都可以成为本罪的主体。司法实践中，本罪的犯罪主体主要为父母、子女、兄弟姊妹、族人以及情夫、情妇等，其中以父母干涉子女婚姻自由，子女干涉丧偶或者离异父母再婚为多数。(4）本罪在主观方面只能是直接故意。司法实践中，暴力干涉他人婚姻自由的犯罪动机各种各样。但动机不影响本罪罪名成立，仅是量刑时考虑的一个情节。根据《刑法》第

257 条的规定，犯暴力干涉他人婚姻自由罪的，处二年以下有期徒刑或者拘役；犯前款罪，致使被害人死亡的，处二年以上七年以下有期徒刑；第一款罪，告诉的才处理。

二、暴力干涉婚姻自由罪案件审理情况

通过中国裁判文书网统计，2017 年至 2021 年间，全国法院审结暴力干涉婚姻自由罪刑事案件共计 29 件，其中 2017 年有 6 件，2018 年有 7 件，2019 年有 5 件，2020 年有 2 件，2021 年有 9 件。相较于其他常见犯罪，暴力干涉婚姻自由罪刑事案件整体数量不多。

司法实践中，暴力干涉婚姻自由罪案件主要呈现以下特点及趋势：一是此类犯罪主要集中在地理位置偏远、经济不发达的贫困地区以及少数民族地区。二是此类犯罪多发生在家庭内部，犯罪动机多与家庭内部关系有关。例如，父母干涉的子女婚姻自由大多是为了“门当户对”或者多得彩礼；子女干涉父母婚姻自由大多是为了父母再婚财产的分配和继承；等等。三是此类犯罪较为隐蔽，追究刑事责任的较少。暴力干涉婚姻自由的行为多发生在家庭内部，加之系告诉才处理的案件，只有暴力干涉他人婚姻自由致使被害人死亡的，才由司法机关直接介入，故一般不易发现。

三、暴力干涉婚姻自由罪案件审理热点、难点问题

1. “暴力干涉”的暴力程度如何掌握问题。以暴力手段干涉他人婚姻自由是构成本罪的前提，是按照只要具有暴力干涉即构成犯罪，还是根据具体情况区分“暴力干涉”的程度以及产生的后果，作为界定此罪的关键。

2. 在暴力手段干涉婚姻自由中，暴力手段又触犯其他犯罪的，是分别定罪还是择一罪从重处罚；又如暴力干涉婚姻自由过失致人死亡，或者导致被害人自杀身亡的，又如何处理都是需要进一步厘清。

3. 少数民族的抢婚民俗与刑事法律的冲突，此类案件是否一律以暴力干涉婚姻自由罪追究刑事责任，还是根据刑法的基本原则区分是否具有社会危害性来区别处理，值得思考。

四、暴力干涉婚姻自由罪案件审理思路及原则

一是严格划清暴力干涉与非暴力干涉的界限。对于以非暴力手段，如赶出家门、中断供给、断绝关系或者以自杀相威胁等干涉他人的婚姻自由的行为，不构成暴力干涉婚姻自由罪。

二是准确把握暴力干涉严重程度，正确区分暴力严重干涉与暴力轻微干涉婚姻自由以及罪与非罪的界限。干涉他人婚姻自由，并非使用暴力即构成犯罪。只有使用暴力严重，阻碍他人行使婚姻自由的权利，才构成犯罪。如果暴力行为对被干涉者的人身侵害程度显著轻微，或者暴力手段不足以使被干涉者争取婚姻自由的斗争受到严重挫折，或者是对被干涉者的结婚、离婚自由威胁不大的，一般不宜作为犯罪处理。由于干涉婚姻自由的案件情况比较复杂，司法机关在处理具体案件时，应当根据立法的基本精神，深入调查研究，对暴力干涉作全面的理解，不能只从形式上看有了暴力行为就认定是犯罪，而应当把暴力手段的具体性质和危害程度，以及其他情况结合起来考虑。特别是要查明暴力行为与危害结果之间是否存在着刑法上的因果关系，以便实事求是地作出正确的结论。

三是本罪的罪数问题。第一，以暴力手段干涉婚姻自由，暴力手段又构成其他犯罪的，如非法拘禁罪、故意伤害罪、强奸罪等，应当按照牵连犯的处断原则从一重处罚。第二，在暴力干涉婚姻自由的过程中，基于其他目的实施的暴力行为，触犯其他罪名的，则应当数罪并罚。第三，本条第2款规定的“暴力干涉婚姻自由致人死亡的”，是指暴力干涉婚姻自由过失致人死亡，或者导致被害人自杀身亡的，由于行为人的主观故意是干涉他人的婚姻自由，所以，这种情况仍属于暴力干涉婚姻自由罪。但是，对于因暴力干涉婚姻自由引起被害人自杀的，须仔细查明暴力干涉与自杀之间是否具有刑法上的因果关系。如暴力不严重，由于被害人心胸狭隘，一时想不开，感情脆弱，悲观失望，而轻生自杀的，则不构成本罪。如果以故意杀人的手段来干涉婚姻自由，故意杀人的暴力程度已经超出本罪的“暴力”程度，剥夺了他人的生命，构成独立的犯罪，应当以故意杀人罪定罪处罚。如果行为人除故意杀人行为之外，还实施了其他暴力干涉婚姻自由行为的，则应当实行数罪并罚。

具体审理中要准确认定案件性质，正确区分此罪与彼罪。首先，要区分该罪与故意杀人、故意伤害罪的界限，本罪侵害的客体是复杂客体，但主要是公民的婚姻自由权利，而故意杀人罪、故意伤害罪侵害的客体是他人的健康权和生命权；在客观方面，使用暴力程度不同，本罪虽然也会使被害人遭受身体上的伤害和精神上的痛苦，但伤害程度一般不会很严重，而对于那种因干涉婚姻自由的目的不能实现，公然故意伤害或杀害被害人的，由于犯罪故意的内容和行为的性质都已发生了变化，应按故意伤害罪或故意杀人罪论处；在主观方面虽然都是直接故意，但故意的内容不同，本罪出于干涉他人婚姻自由的目的，不具有损害他人身体健康的直接故意，而故意伤害罪、故意杀人罪则具有损害他人身体健康或剥夺他人生命的意图。这种转化从法理上来说属于牵连犯的范畴。其次，要区分该罪与非法拘禁罪的界限，如果以非法拘禁干涉他人婚姻自由，尚未造成严重后果，且被害人未向司法机关告发的，不宜追究被告人的刑事责任；如果以非法拘禁方法干涉他人婚姻自由，引起被害人死亡的，应以想象竞合犯的原则追究被告人的刑事责任。

四是按照本条第3款的规定，对于以暴力干涉他人婚姻自由，没有引起被害人死亡的，“告诉的才处理”。根据《刑法》第98条的规定，如果被害人因受强制、威吓无法告诉的，人民检察院和被害人的近亲属也可以告诉。即使被干涉者提出了控告，但随后又要求撤销案件的，也应当准予撤销。

五是对于少数民族抢婚案件，应具体分析，区别处理：某些少数民族有抢婚的风俗，这是结婚的一种方式，因不具有社会危害性，不能成立本罪；如果因对方拒绝求婚，而纠集众人强行将对方劫持到家中，强迫对方结婚的，则应当认定本罪，如果暴力手段构成非法拘禁罪的，则从一重处罚；如果因女方拒绝求婚，而将对方劫持到自己家中，强行与之发生性关系的，欲造成既成事实的，则构成强奸罪。

六是情节与量刑问题。依照《刑法》第257条第1款规定，犯暴力干涉婚姻自由罪，处2年以下有期徒刑或者拘役。依照第2款规定，犯暴力干涉婚姻自由罪，致被害人死亡的，处2年以上七年以下有期徒刑。依照第3款规定，犯第1款罪，告诉才处理。司法机关在适用时，应当注意以下问题：第一，行为人使用暴力手段干涉婚姻自由的，才能成立本罪。如果没有使用暴力手段，或者以使用暴力手段相威胁，或者使用极其轻微暴力手段的，不能构成本罪。第二，暴力干涉婚姻自由，未致被害人死亡的是自诉案件；暴力干涉婚姻自由致被害人死亡的，系公诉案件。第三，规范化量刑。《最高人民法院、最高人民检察院关于常见犯罪的量刑指导意见（试行）》对暴力干涉婚姻自由罪的量刑并未作出规定，这主要是由于本罪在司法实践中多为自诉案件，进入司法程序的并不常见，尚未总结出一套成熟的量刑标准。在有关规定出台前，司法人员应当根据犯罪事实、性质、情节和社会危害程度，依照刑法和有关司法解释的规定判处刑罚。

第二节　暴力干涉婚姻自由罪审判依据

我国刑法关于暴力干涉婚姻自由行为的明确规定，最早出现在1979年《刑法》第179条中。1997年修订的《刑法》正式将其确定为“暴力干涉婚姻自由罪”，规定在第257条，修改了部分文字表述，将“引起被害人死亡的”改为“致使被害人死亡的”，一直沿用至今。

一、法律

《中华人民共和国刑法》（2020年12月26日修正）

第二百五十七条　以暴力干涉他人婚姻自由的，处二年以下有期徒刑或者拘役。

犯前款罪，致使被害人死亡的，处二年以上七年以下有期徒刑。

第一款罪，告诉的才处理。

二、司法解释

《最高人民法院关于适用〈中华人民共和国刑事诉讼法〉的解释》（2021年1月26日 法释〔2021〕1号）

第一条　人民法院直接受理的自诉案件包括：

（一）告诉才处理的案件：

1. 侮辱、诽谤案（刑法第二百四十六条规定的，但严重危害社会秩序和国家利益的除外）；

2. 暴力干涉婚姻自由案（刑法第二百五十七条第一款规定的）；

3. 虐待案（刑法第二百六十条第一款规定的，但被害人没有能力告诉或者因受到强制、威吓无法告诉的除外）；

4. 侵占案（刑法第二百七十条规定的）。

（二）人民检察院没有提起公诉，被害人有证据证明的轻微刑事案件：

1. 故意伤害案（刑法第二百三十四条第一款规定的）；

2. 非法侵入住宅案（刑法第二百四十五条规定的）；

3. 侵犯通信自由案（刑法第二百五十二条规定的）；

4. 重婚案（刑法第二百五十八条规定的）；

5. 遗弃案（刑法第二百六十一条规定的）；

6. 生产、销售伪劣商品案（刑法分则第三章第一节规定的，但严重危害社会秩序和

国家利益的除外）；

7. 侵犯知识产权案（刑法分则第三章第七节规定的，但严重危害社会秩序和国家利益的除外）；

8. 刑法分则第四章、第五章规定的，可能判处三年有期徒刑以下刑罚的案件。

本项规定的案件，被害人直接向人民法院起诉的，人民法院应当依法受理。对其中证据不足，可以由公安机关受理的，或者认为对被告人可能判处三年有期徒刑以上刑罚的，应当告知被害人向公安机关报案，或者移送公安机关立案侦查。

（三）被害人有证据证明对被告人侵犯自己人身、财产权利的行为应当依法追究刑事责任，且有证据证明曾经提出控告，而公安机关或者人民检察院不予追究被告人刑事责任的案件。

三、刑事政策文件

《最高人民法院、最高人民检察院、公安部、司法部印发〈关于依法办理家庭暴力犯罪案件的意见〉的通知》（2015 年 3 月 2 日　法发〔2015〕4 号）

9. 通过代为告诉充分保障被害人自诉权。对于家庭暴力犯罪自诉案件，被害人无法告诉或者不能亲自告诉的，其法定代理人、近亲属可以告诉或者代为告诉；被害人是无行为能力人、限制行为能力人，其法定代理人、近亲属没有告诉或者代为告诉的，人民检察院可以告诉；侮辱、暴力干涉婚姻自由等告诉才处理的案件，被害人因受强制、威吓无法告诉的，人民检察院也可以告诉。人民法院对告诉或者代为告诉的，应当依法受理。

16. 依法准确定罪处罚。对故意杀人、故意伤害、强奸、猥亵儿童、非法拘禁、侮辱、暴力干涉婚姻自由、虐待、遗弃等侵害公民人身权利的家庭暴力犯罪，应当根据犯罪的事实、犯罪的性质、情节和对社会的危害程度，严格依照刑法的有关规定判处。对于同一行为同时触犯多个罪名的，依照处罚较重的规定定罪处罚。

第三节　暴力干涉婚姻自由罪审判实践中的疑难新型问题

问题 1. 有抢婚这种习俗的少数民族，采用抢婚手段强迫他人结婚的，是否构成暴力干涉婚姻自由罪

【人民法院案例选案例】肉某暴力干涉婚姻自由案①

［要点提示］

采用抢婚手段强迫他人结婚，构成犯罪的，应按暴力干涉婚姻自由罪定罪处罚。

---

① 杨善明编写：《肉某暴力干涉婚姻自由案》，载最高人民法院中国应用法学研究所编：《人民法院案例选》（2006 年第 3 辑 · 总第 57 辑），人民法院出版社 2007 年版，第 42 ~ 48 页。

［案情］

自诉人（附带民事诉讼原告人）阿某。

被告人肉某。因本案于2005年10月28日被逮捕。

被告人肉某的父母和自诉人阿某的父母商定让自诉人阿某与被告人肉某成亲，为此肉某的父母给自诉人家送去了礼品。因自诉人阿某不同意与被告人肉某结婚，退回了礼品。2005年8月23日晚，自诉人阿某和姐姐坐畜力车从姑姑家回家时。被告人肉某及其朋友吾某1、喀某、吾某2（在逃）等在中途阻止，不顾自诉人阿某的极力反抗，用摩托车、汽车强行把自诉人阿某带到伽师县卧力脱格拉克乡、巴楚具等地，强迫自诉人阿某同意与被告人肉某结婚。在实施强抢过程中，阿某右腿被摩托车排气管烫伤。自诉人的父母闻讯后向公安机关报案。当月25日凌晨，公安人员解救了自诉人阿某，并将被告人肉某抓获。自诉人阿某右腿被烫伤，花去治疗费为557元、检查费280元、交通费100元、鉴定费280元、误工费105元、护理费105元。经法医鉴定，自诉人阿某的损伤为轻微伤。

自诉人阿某诉称，2005年8月23日晚，其和姐姐坐畜力车回家时，被告人肉某及其同伙吾某1、喀某、吾某2等在中途阻止，并用摩托车、汽车强行把其带到伽师县卧力脱格拉克乡、巴楚县等地，强迫其同意与被告人肉某结婚，为此非法限制了阿某的人身自由，并将其致伤。被告人的犯罪行为，致使阿某身心遭受痛苦，并造成经济损失。请求法院对被告人肉某的犯罪行为依法给予刑事处罚，并判令被告人肉某赔偿医疗费、误工费、护理费及交通费、鉴定费共计1427元。

被告人肉某辩称：其与自诉人于2004年3月相识，两人约定结婚后，肉某的父母给自诉人家送去了彩礼。过了一段时间，自诉人的父母给肉某退回了彩礼并说阿某不同意与肉某结婚。又过了10天，肉某的朋友吾某1、喀某、吾某2等对其说：听说阿某要与其他人结婚。肉某想因为以前她同意与其结婚，就准备抢婚。阿某与其姐姐回家路过时，肉某等人用摩托车把她带到伽师县卧力脱格拉克乡，之后用汽车带到巴楚县。在此过程中，肉某没有实施不正当的行为，只是劝她与其结婚。肉某认为已经具备结婚的条件，肉某想办理结婚证与阿某结婚。肉某同意赔偿自诉人的经济损失。对肉某的行为不应给予刑事处罚。其辩护人提出：被告人实施行为的时间很短，情节轻微，因此不构成犯罪。

［审判］

伽师县人民法院经审理认为，公民享有婚姻自主权，禁止买卖、包办婚姻和其他干涉婚姻自由的行为。被告人肉某明知其父母给自诉人家送去礼品后，自诉人阿某不同意与被告人结婚，退回了礼品，仍伙同他人强行将自诉人带到伽师县卧力脱格拉克乡、巴楚县等地，强迫自诉人同意与其结婚，其行为构成暴力干涉婚姻自由罪。自诉人的控诉有事实根据和法律依据，本院予以支持。被告人的辩解和辩护人的辩护理由不成立，本院不予采纳。考虑被告人认罪态度、愿意赔偿自诉人经济损失等情节，酌情从轻处罚。该院依照《刑法》第257条第1款、第61条、第36条第1款和《民法通则》第119条的规定，判决如下：

一、被告人肉某犯暴力干涉婚姻自由罪，判处有期徒刑六个月。

二、被告人肉某赔偿自诉人阿某医疗费、误工费、护理费、交通费、鉴定费损失1427元，于本判决生效之日起十日内支付。

在法定期限内，自诉人和被告人均未提出上诉。

[评析]

本案暴力干涉婚姻自由的行为发生在少数民族当事人之间，且暴力干涉表现为“抢婚”，颇具典型性。

我国婚姻法规定了婚姻自由原则，明确规定禁止干涉婚姻自由的行为。与之相应，我国刑法规定了暴力干涉婚姻自由罪，对婚姻自由予以刑法的保护。

依据《刑法》第257条的规定，暴力干涉婚姻自由罪，是指以暴力手段干涉他人恋爱、结婚和离婚自由的行为。本罪的构成要件，犯罪主体为一般主体；主观上出于直接故意；侵犯的客体是他人的婚姻自由权利和身体权利；客观方面表现为使用暴力干涉他人婚姻的行为。就本案来说，被告人肉某符合暴力干涉婚姻自由罪主体要求和其实施暴力干涉婚姻自由行为出于直接故意是显而易见的，对此无须分析。需要分析的是，认定被告人的行为构成本罪是否也具备了后两个要件。

暴力干涉婚姻自由罪，侵犯的客体是婚姻自由权利和身体自由权，具体到侵犯对象而言，就是侵犯当事人的婚姻自由权利和身体自由权利。所谓婚姻自由权，是指符合法律规定的结婚条件的男女，对于是否结婚、与谁结婚的自主决定权，包括恋爱、结婚、离婚的决定权；所谓身体自由权，是指当事人自由支配自己身体的权利。行为人使用暴力干涉他人婚姻自由，往往同时要以暴力手段限制他人身体的自由，所以本罪既侵犯了他人的婚姻自由权，也侵犯了他人的身体自由权。从本案事实看，自诉人阿某的父母未征得阿某本人的同意，即答应被告人肉某父母的要求，要自己女儿即自诉人阿某与被告人肉某结婚，并且接受了肉某家的彩礼，这显然是“父母包办婚姻”，违反了婚姻自由原则。基于婚姻自由原则，在婚姻法理论上，“父母包办婚姻”和送彩礼是受到排斥的，从来不以此表明当事人对该婚姻的同意；相反，有时会将父母包办和接受彩礼认定为干涉当事人婚姻自由的事实根据。本案自诉人的父母包办其婚姻，并接受了肉某家送的彩礼，说明此时他们在干涉女儿的婚姻自由；阿某为表明其拒绝与肉某结婚，将肉某家所送的彩礼予以退回。在这种情况下，肉某采用了抢婚的手段，限制阿某的身体自由，强迫阿某与其结婚，不仅侵犯了阿某婚姻自由的权利，也侵犯了阿某身体自由的权利，在侵犯的客体上，符合暴力干涉婚姻罪的特征。

目前在部分偏远的乡村和少数民族地区，干涉婚姻自由的现象虽然仍然存在，但其中构成犯罪的只是个别现象。因为行为人只有直接以暴力干涉他人的婚姻自由，才构成本罪。如果行为人干涉他人婚姻自由，仅仅停留在言语和态度上，并未使用暴力，则不构成本罪。所以，使用暴力干涉，是构成本罪在客观方面所必须具备的要件。本案中，肉某使用暴力，表现为“抢婚”。据有关资料反映，我国有的少数民族有抢婚这种习俗，而且视这种习俗为结婚的一种方式。对这种抢婚方式，不应作犯罪处理。但是，在实际生活中，有的向女方求婚遭到拒绝后，便纠集一些人，用暴力手段把女方抢到自己家中，其情节严重的，则应当认定这种抢婚行为构成了暴力干涉婚姻自由罪，依法处以刑罚。被告人肉某在自诉人明确表明拒绝与其结婚的情况下，纠集多人，用汽车和摩托车强行将自诉人抢到别处，迫使自诉人同意与其成婚，这显然是使用暴力干涉自诉人的婚姻自由，且情节相当严重，其行为在客观方面符合暴力干涉婚姻自由罪的特征。

综上分析，伽师县人民法院认定被告人肉某的行为构成暴力干涉婚自由罪是正确的。

问题 2. “暴力干涉婚姻自由，致使被害人死亡”的情形如何认定

【地方参考案例】董某暴力干涉婚姻自由案①

一、案情

原判决认定，被告人董某在与被害人孙某 1 谈恋爱期间，曾数次殴打孙某 1。2014 年 5 月 27 日凌晨 2 时许，被告人董某在临洮县玉井镇苟家坪村王南社 34 号其家中，要求被害人孙某 1 与其尽快结婚，未果后对孙某 1 进行殴打。同日早上，孙某 1 喝下农药“百草枯”，后由董某等人送往临洮县人民医院急诊治疗，花医疗费 445. 60 元，同日被送往兰州大学第二医院住院治疗 8 天，经抢救无效于 2014 年 6 月 4 日死亡，诊断为：（1）农药意外中毒（“百草枯”中毒）；（2）多脏器功能障碍综合征；（3）右侧第四肋骨骨折；（4）纵隔气肿；（5）皮肤挫伤。支付医疗费62 922. 87元、病历复印费 26. 40 元。经法医鉴定，被害人孙某 1 因生前自服农药“百草枯”中毒，致多器官功能障碍综合征死亡，及孙某 1 左肩部、右小腿前侧有皮下瘀血，系外力作用形成。案发后被告人董某赔偿被害人家属的经济损失15 016. 94元。

二、裁判结果

原审法院认为，被告人董某使用暴力干涉他人婚姻自由，致使被害人孙某 1 服毒死亡，其行为已构成暴力干涉婚姻自由罪。公诉机关指控的罪名成立。被告人董某系累犯，应当从重处罚。由于被告人董某的犯罪行为致使被害人家属遭受一定的经济损失，应承担相应的民事赔偿责任。被害人孙某 1 因住院及伤亡产生的直接经济损失为医疗费63 394. 87元（含病历复印费），误工费 564 元，护理费 564 元，交通费依据实际情况、酌情支持 500 元，住院伙食补助费 320 元，营养费 80 元，丧葬费21 721. 50元（含火化费），以上合计87 144. 37元，应由被告人董某承担赔偿责任。关于附带民事诉讼原告人孙某 2、赵某请求的死亡赔偿金、精神损害赔偿金，不属刑事附带民事诉讼的范畴，不予支持。鉴于被告人董某在庭审中能如实供述其犯罪事实，且自愿赔偿附带民事诉讼原告人的经济损失15 016. 94元，可酌情从轻处罚。综上，根据本案的犯罪事实、犯罪的性质及情节、社会危害程度，依照《刑法》第 257 条 2 款、第 65 条 1 款、第 67 条 3 款、第 36 条 1 款，《民法通则》第 119 条及《最高人民法院关于审理人身损害赔偿案件适用法律若干问题的解释》第 17 条 3 款、第 19 条、第 20 条、第 21 条 1 ~3 款、第 23 条、第 23 条、第 24 条、第 27 条之规定，判决：一、被告人董某犯暴力干涉婚姻自由罪，判处有期徒刑四年；二、被告人董某赔偿附带民事诉讼原告人孙某 2、赵某的直接经济损失医疗费63 394. 87元、误工费 564 元、护理费 564 元、交通费 500 元、住院伙食补助费 320 元、营养费 80 元、丧葬费21 721. 50元，合计87 144. 37元（已付15 016. 94元，再付72 127元）。

上诉人孙某 2、赵某的上诉理由：（1）判决被告人董某犯暴力干涉婚姻自由罪，判处有期徒刑七年；（2）判决被告人董某赔偿上诉人的经济损失合计569 775. 43元。

二审经审理查明的事实与原审认定的事实一致。关于上诉人孙某 2、赵某的上诉理由，经查，原判附带民事部分已按实际支出的费用及法律规定的标准进行判决，死亡赔偿金、精神损害赔偿金不属刑事附带民事诉讼的赔偿范围；上诉人对刑事部分无权

---

① 参见甘肃省定西市中级人民法院（2015）定中刑一终字第 45 号刑事附带民事裁定书。

提出上诉，故上诉人的理由不能成立，不予支持。二审法院认为，原判认定事实清楚，证据确实、充分，刑事部分被告人未上诉，检察机关未抗诉，已发生法律效力。民事部分判处合理，适用法律正确，审判程序合法。上诉人的上诉理由不能成立，不予支持。

第三十五章
重婚罪

第一节　重婚罪概述

一、重婚罪概念及构成要件

重婚罪是指自己有配偶而与他人结婚，或者明知他人有配偶而与之结婚的行为。本罪在 1997 年《刑法》第 258 条作了规定。

重婚罪的构成要件如下：（1）本罪侵犯的客体是社会主义婚姻家庭制度中的一夫一妻制。《民法典》第 1041 条第 2 款规定："实行婚姻自由、一夫一妻、男女平等的婚姻制度。"为了保证这一基本原则的贯彻执行，《民法典》第 1042 条第 2 款规定，禁止重婚，禁止有配偶者与他人同居。重婚行为直接破坏我国婚姻家庭制度的一夫一妻制的原则。它不仅使合法的婚姻关系的一方或者双方权益遭到破坏，而且败坏社会道德风尚。因此，我国刑法把重婚规定为犯罪，予以法律制裁。（2）本罪客观方面表现为有配偶而重婚，或者明知他人有配偶而与之结婚的行为。所谓有配偶而重婚，是指自己已结婚，在双方的婚姻关系没有依法解除或者在对方没有死亡的时候，又与他人登记结婚的行为。所谓明知他人有配偶而与之结婚，是指自己虽然没有结婚，但是明知对方已经结婚而与其登记结婚的行为。或者一方有配偶仍与他人以夫妻名义共同生活的行为。这三种行为都构成重婚罪。（3）本罪的犯罪主体为一般主体。司法实践中主要是两种人：一种是已有配偶的人；一种是自己虽然没有配偶，但明知对方已有配偶又与之结婚的人。如果双方均无配偶，则不构成重婚罪。（4）本罪在主观方面由直接故意构成。如果有配偶的一方隐瞒了事实真相，使无配偶的一方受骗上当而与之结婚的，这种婚姻也是重婚，但对无配偶而上当受骗的一方不能以重婚罪论处，有配偶一方则构成重婚罪。根据《刑法》第 258 条规定，犯重婚罪的，处二年以下有期徒刑或者拘役。

二、重婚罪案件审理情况

通过中国裁判文书网统计，2017 年至 2021 年间，全国法院审结重婚罪刑事案件共计

8204 件，其中 2017 年有 1705 件，2018 年有 1394 件，2019 年有 1707 件，2020 年有 1544 件，2021 年有 1854 件。相较于其他常见犯罪，重婚罪刑事案件整体数量偏多。

三、重婚罪案件审理热点、难点问题

在重婚案件的审理中存在以下热点、难点问题：

1. 明知他人有配偶而与之结婚的或者明知一方有配偶仍与他人以夫妻名义共同生活的，此情形下“明知”的把握问题。

2. 事实上的重婚行为的认定，即关于如何认定“以夫妻名义共同生活”在司法实践中存在一定的困难，主要是因为它的认定标准存在不明确性，且调查取证难度大的问题。

3. 重婚与通奸、重婚与同居、临时姘居（姝居）关系的区分认定问题。

4. 重婚行为的情节与危害后果之间的把握。

5. 有配偶的妇女被拐卖而与他人重婚的是否定罪问题。

四、重婚罪案件审理思路及原则

1. 这里的“重婚”既包括登记婚、事实婚以及一方有配偶仍与他人以夫妻名义共同生活的行为。明知他人有配偶而与之结婚的或者明知一方有配偶仍与他人以夫妻名义共同生活的，此情形下“明知”是罪与非罪的界限。只有“明知”对方有配偶而与之结婚或者以夫妻名义共同生活，才能构成重婚罪；如果其是被欺骗，确实不知道对方有配偶的，不能成立本罪。

2. 关于重婚行为认定的争议。根据《刑法》第 258 条的规定，重婚罪包括两种行为方式：一是有配偶者重婚的；二是明知他人有配偶而与之结婚的。就第一种行为方式而言，可能存在四种具体的组合情形：（1）前后婚姻均为法律婚姻；（2）前一婚姻为法律婚姻，后一婚姻为事实婚姻；（3）前一婚姻为事实婚姻，后一婚姻为法律婚姻；（4）前后婚姻均为事实婚姻。

在这四种组合中，第一种情形是典型的重婚行为，行为人在法律婚姻关系存续期间又和他人登记结婚的，构成重婚罪没有任何疑义，这也是规定重婚罪的立法之初意欲调整的行为。第二种情形即前一婚姻为法律婚姻，后一婚姻为事实婚姻的情形。司法实践中，有配偶的人与他人以夫妻名义同居生活的，或者明知他人有配偶而与之以夫妻名义同居生活的，仍应按重婚罪定罪处罚。

实际上，重婚行为争议的焦点主要集中于第三种和第四种情形，即前一婚姻为事实婚姻，后一婚姻为法律婚姻或事实婚姻的，是否能够成立重婚罪。由于我国对事实婚采取限制承认主义，即有条件地承认事实婚姻的法律效力，所以只有事实婚具有法律效力时，才能成立事实重婚……最高人民法院的司法解释以时间为界限对事实婚姻的法律效力采取了限制承认主义。因此，事实婚只有被承认有法律效力时，才被确认为一种婚姻关系，也才谈得上与其他婚姻关系的重合，从而构成重婚罪。若事实婚不具有法律效力而被认定为非法同居关系，则当事人所谓的“夫妻关系”不但得不到法律的确认，还会得到法律的制裁，因而所谓的“重婚”也就无从谈起。刑法设立重婚罪的目的在于保护前一婚姻承载的一夫一妻制度，根据《最高人民法院关于适用〈中华人民共和国民法典〉婚姻家庭编的解释（一）》第 7 条的规定，1994 年 2 月 1 日以前成立的事实婚姻具有法律效力，说明国家对其还是持保护态度的，相应的，该事实婚姻承载的一夫一妻制度也就不容侵犯。相反，由于1994年2月1日以后的事实婚姻只能认定为同居关系，说明国家不再保护这类事实婚姻，行为人此后无论再成立法律婚还是事实婚，都不会侵犯到一夫一妻制度。

因此，1994年2月1日之前成立事实婚姻的，无论其后再成立法律婚还是事实婚，都应依照重婚罪定罪处罚；1994年2月1日之后成立事实婚姻的，无论其后再成立法律婚还是事实婚，都不构成重婚罪。

3. 关于“以夫妻名义共同生活”的认定问题。《最高人民法院关于适用〈中华人民共和国民法典〉婚姻家庭编的解释（一）》第2条也对“与他人同居”作出了相关解释：“民法典第一千零四十三条、第一千零七十九条、第一千零九十一条规定的‘与他人同居’的情形，是指有配偶者与婚外异性，不以夫妻名义，持续、稳定地共同居住。”由此可以得出“有配偶者与婚外异性，以夫妻名义，持续、稳定地共同居住”属于“重婚”的结论。

“以夫妻名义共同生活”，首先必须具备“共同生活”，可以从以下几方面判断：一是婚姻的成立具有性别的差异性；二是永久共同生活的目的性；三是夫妻的身份性；四是同居生活的公开性。同时符合这四个基本特征的同居生活即成立婚姻。

其一，同性同居不能视为婚姻，异性公开以夫妻名义同居才能视为婚姻，这既是由男女的生理差别所决定的，同时也是人类社会婚姻形态的基本共性。

其二，不以永久共同生活为目的的同居生活不成立婚姻，结婚虽然并不要求双方永久地生活在一起，但是至少双方在主观上有永久共同生活的目的。共同生活包括居所的共同、性生活的共同和经济生活的共同。这三个方面的生活的共同是婚姻存在的基础。共同生活的共同性既可以是整体共同也可以是部分共同。所谓整体共同是指共同生活的男女双方只有一个居所，相互只以对方为性生活的伴侣，双方的经济收入只供双方及其子女等的共同生活。所谓部分共同，则是指共同生活的男女双方或者一方除了在一个居所生活外还有其他居所，除了与对方互为性生活的伴侣外还与其他人互为性生活的伴侣，经济收入除了用于双方及其子女等的共同生活外还用于与其他人的共同生活。整体共同表明双方的同居对象是唯一的，而部分共同则表明双方或者一方的同居对象具有复数性。

如果双方没有永久共同生活的目的，或者双方未就这一问题达成共识，或者约定随时或者某个时间解散的，则双方的同居不成立婚姻。不是出于永久共同生活的目的而暂时共同生活，只成立同居或者姘居。

其三，夫妻名义是指不以夫妻相称，但表现为双方以夫妻的身份相互对待，使双方在社会上被看作是夫妻。因此夫妻的身份关系并不一定以夫妻相称为必要。只要双方依照社会普遍的观念相互履行了夫妻的权利义务，就应当认为双方具有夫妻的身份。

其四，公开性不要求为周围的多数人知晓婚姻是两性自然结合的社会形式，结婚的同居生活应当是公开的而不是隐蔽的。如果双方的同居生活是秘密的，则不能视为结婚。只要有不会为其保密的第三人知道男女双方的同居生活，就有向外界传播的可能，因此只要被不会为其保密的第三人所知晓，同居生活就具有公开性，公开并不要求从一开始就得到周围多数人的承认。而且，生育子女是婚姻的基本功能，加之子女的生活和成长不可能加以隐藏，因此共同生育子女是同居生活具有公开性的重要标志。

4. 重婚罪审理中应注意以下问题：

一是注意重婚与通奸的区分。通奸是指男女双方或者一方已有配偶的人之间暗中发

生不正当两性关系的行为。这种行为是违反社会主义道德的，但根据刑法规定不构成犯罪，可视具体情况由所在单位组织予以批评教育，或者给予党纪、政纪律处分。

二是注意事实上的重婚与同居、临时姘居关系的区分。由于重婚罪的主要特征是男女一方或者双方已有配偶的人之间非法建立夫妻关系的行为，对于一方结婚后与他人在未经登记的情况下以夫妻名义共同生活的情形，根据《最高人民法院关于适用〈中华人民共和国民法典〉婚姻家庭编的理解（一）》第2条的规定，可以推定“有配偶者与婚外异性，以夫妻名义，持续、稳定地共同居住”属于“重婚”的结论。

三是重婚行为的情节与危害后果区分轻重大小是构成本罪的界限。根据《刑法》第13条的规定，“情节显著轻微危害不大的，不认为是犯罪”。所以，有重婚行为，并不一定就构成重婚罪。只有情节严重，危害较大的重婚行为，才构成犯罪。根据立法精神和实践经验，下面两种重婚行为不构成重婚罪：

（1）夫妻一方因不堪虐待外逃而重婚的。实践中，由于封建思想或者家庭矛盾等因素等影响，夫妻间虐待的现象时有发生。如果一方，尤其是妇女，因不堪虐待而外逃后，在外地又与他人结婚，由于这种重婚行为的动机是为了摆脱虐待，社会危害性明显较小，所以不宜以重婚罪论处。

（2）因遭受灾害在原籍无法生活而外流谋生后，又与他人重婚的。一方知道对方还健在，有的甚至是双方一同外流谋生，但迫于生计，而不得不在原夫妻关系存在的情况下又与他人结婚。这种重婚行为尽管有重婚故意，但其社会危害性不大，也不宜以重婚罪论处。

在实践中，有的男人本来就有妻子，但却利用某种关系，采用暴力、胁迫等手段，长期与其他女性过性生活，对外也毫不顾忌，以夫妻关系自居，而女方却由于各种原因不得不屈从。对于这类案件，应按强奸罪论处，不应定重婚罪。

四是宣告死亡所涉及的婚姻关系问题。《民法典》第51条规定；“被宣告死亡的人的婚姻关系，自死亡宣告之日起消除。死亡宣告被撤销的，婚姻关系自撤销死亡宣告之日起自行恢复。但是，其配偶再婚或者向婚姻登记机关书面声明不愿意恢复的除外。”这里涉及几个问题：（1）其实并未死亡的人，如果在被宣告死亡期间与第三人结婚，因为其前一婚姻关系已经依法失效，所以不再产生刑法上的重婚责任（即使行为人并不知道自己“被宣告死亡”）。（2）被宣告死亡的人重新出现后，如果其本人或利害关系人未向人民法院申请撤销死亡宣告，那么原婚姻关系将一直处于失效状态，不会自行恢复。此时，如果一方另行与他人结婚，不产生刑法上的重婚责任。（3）死亡宣告被依法撤销后，如果其配偶不愿意恢复原婚姻关系，应当在多长期间之内向婚姻登记机关书面声明，目前法律没有明确，应当由司法解释作出合理规定。否则，如果“其配偶”在死亡宣告被依法撤销一年多或多年后，径行向婚姻登记机关书面声明不愿意恢复原婚姻关系并另行与他人结婚，将遭遇民事和刑事法律适用的尴尬。

五是要区分重婚罪与有配偶的妇女被拐卖而重婚的界限。有的妇女已经结婚，被犯罪分子拐骗贩卖后，被迫与他人结婚，在此情况下，被拐卖的妇女在客观上尽管有重婚行为，但其主观上并无重婚的故意，与他人重婚是违背其意愿的、是他人强迫或者欺骗的结果，故对被拐卖妇女的重婚一般可不以重婚罪论处。

六是司法实践中对历史遗留问题的政策掌握。人民法院处理重婚案件总的政策精神是：1950年原《婚姻法》颁布以前的重婚，一般不再追究；1950年原《婚姻法》实施以后的重婚，必须坚持一夫一妻制的原则，区别不同情况，严肃处理。在处理具体案件时，既要维护法律的严肃性，又要从实际出发，根据婚姻基础、婚后感情好坏、重婚的原因、重婚时间长短、有无子女和子女利益等情况全面加以考虑，依法处理：（1）对于那些因喜新厌旧、玩弄异性、好逸恶劳、贪图享受、骗取财物或者“传宗接代”想法而重婚的，除解除其非法婚姻关系外，还应依法追究其刑事责任。（2）对于有些农村妇女因严重自然灾害、生活困难等原因，外出与他人重婚或者同居的，应向其严肃指出，重婚是违法犯罪行为，但一般可不以重婚罪论处。（3）对有的妇女由于反抗包办、买卖婚姻；或者一贯受虐待，没有建立夫妻感情，坚决要求离婚，不但得不到支持，反而遭受迫害，而与他人重婚的，也不应以重婚罪论处。

七是确定重婚罪的同时要解除非法婚姻关系。人民法院对构成重婚罪的被告人，在依法追究其刑事责任的同时，对犯重婚罪而形成的非法婚姻关系，应当宣告予以解除。

八是重婚罪属于公诉与自诉交叉的案件。根据《最高人民法院关于适用〈中华人民共和国刑事诉讼法〉的解释》第1条的规定，被害人有证据证明的重婚案件，人民检察院没有提起公诉的，被害人可以直接向法院提起诉讼，法院应当受理。

九是规范化量刑问题。《最高人民法院、最高人民检察院关于常见犯罪的量刑指导意见（试行）》对重婚罪的量刑并未作出规定，这主要是由于本罪在司法实践中并不常见，尚未总结出一套成熟的量刑标准。在有关规定出台前，司法人员应当根据犯罪事实、性质、情节和社会危害程度，依照刑法和有关司法解释的规定判处刑罚。

第二节　重婚罪审判依据

重婚罪是对一夫一妻婚姻制度的严重破坏，践踏了法律基本制度，破坏了善良的风俗习惯和伦理道德，严重影响了社会主义精神文明建设。1979年《刑法》第180条规定：“有配偶而重婚的，或者明知他人有配偶而与之结婚的，处二年以下有期徒刑或者拘役。”1997年修订《刑法》时，沿袭了1979年《刑法》对于重婚罪的规定，没有作任何改动，该规定一直沿用至今。

一、法律

《中华人民共和国刑法》（2020年12月26日修正）

第二百五十八条　有配偶而重婚的，或者明知他人有配偶而与之结婚的，处二年以下有期徒刑或者拘役。

二、司法解释

《最高人民法院关于适用〈中华人民共和国刑事诉讼法〉的解释》（2021年1月26日法释〔2021〕1号）

第一条　人民法院直接受理的自诉案件包括：

（一）告诉才处理的案件：

1. 侮辱、诽谤案（刑法第二百四十六条规定的，但严重危害社会秩序和国家利益的除外）；

2. 暴力干涉婚姻自由案（刑法第二百五十七条第一款规定的）；

3. 虐待案（刑法第二百六十条第一款规定的，但被害人没有能力告诉或者因受到强制、威吓无法告诉的除外）；

4. 侵占案（刑法第二百七十条规定的）。

（二）人民检察院没有提起公诉，被害人有证据证明的轻微刑事案件：

1. 故意伤害案（刑法第二百三十四条第一款规定的）；

2. 非法侵入住宅案（刑法第二百四十五条规定的）；

3. 侵犯通信自由案（刑法第二百五十二条规定的）；

4. 重婚案（刑法第二百五十八条规定的）；

5. 遗弃案（刑法第二百六十一条规定的）；

6. 生产、销售伪劣商品案（刑法分则第三章第一节规定的，但严重危害社会秩序和国家利益的除外）；

7. 侵犯知识产权案（刑法分则第三章第七节规定的，但严重危害社会秩序和国家利益的除外）；

8. 刑法分则第四章、第五章规定的，可能判处三年有期徒刑以下刑罚的案件。

本项规定的案件，被害人直接向人民法院起诉的，人民法院应当依法受理。对其中证据不足，可以由公安机关受理的，或者认为对被告人可能判处三年有期徒刑以上刑罚的，应当告知被害人向公安机关报案，或者移送公安机关立案侦查。

（三）被害人有证据证明对被告人侵犯自己人身、财产权利的行为应当依法追究刑事责任，且有证据证明曾经提出控告，而公安机关或者人民检察院不予追究被告人刑事责任的案件。

第三节　重婚罪审判实践中的疑难新型问题

问题1. 外籍被告人与外籍配偶在境外结婚后在我国境内与他人以夫妻名义同居的，是否构成重婚罪

【刑事审判参考案例】法某等重婚案①

一、基本案情

广东省广州市越秀区人民法院经审理查明：被告人法某于1991年8月24日在英国与

① 林旭群、潘文杰撰稿，尚晓阳审编：《法某等重婚案——外籍被告人与外籍配偶在境外结婚后在我国境内与他人以夫妻名义同居的是否构成重婚罪（第965号）》，载最高人民法院刑事审判第一、二、三、四、五庭主办：《刑事审判参考》（总第97集），法律出版社2014年版，第66～71页。

被害人J某注册结婚且婚姻关系一直延续至今。2005 年，法某到广东省广州市做生意期间，认识被告人罗某并产生感情。罗某在明知法某已经注册结婚的情况下，双方仍以夫妻名义同居于广州市越秀区淘金东路×号×房。2006 年下半年，法某、罗某举办婚宴，宴请双方亲朋好友，公开他们之间的夫妻关系。后法某和罗某在广州市生育 2 名儿女。2013 年 2 月 26 日，法某、罗某向公安机关投案。

法某归案后，被害人J某于 2013 年 3 月向公安机关表示谅解法某，请求司法机关对其从轻处理。

广东省广州市越秀区人民法院认为，被告人法某，有配偶仍与他人以夫妻名义共同生活，被告人罗某明知他人有配偶而与他人以夫妻名义共同生活，其行为均构成重婚罪。公诉机关指控法某、罗某犯重婚罪的事实清楚，证据确实、充分，罪名成立。法某、罗某犯罪后能自动投案，如实供述自己的罪行，构成自首，依法可以从轻处罚。辩护人关于法某及罗某的认罪态度、悔罪表现较好以及以法某已得到被害人谅解等为由，建议对法某、罗某从轻处罚的辩护意见，予以采纳。据此，依照《刑法》第 6 条，第 258 条，第 67 条第 1 款，第 72 条第 1 款、第 3 款，第 73 条第 1 款、第 3 款的规定，广州市越秀区人民法院判决如下：

1. 被告人法某犯重婚罪，判处拘役六个月，缓刑六个月。

2. 被告人罗某犯重婚罪，判处拘役六个月，缓刑六个月。

二、主要问题

外籍被告人与外籍配偶在境外结婚后，在我国境内与他人以夫妻名义同居的，是否构成重婚罪？

三、裁判理由

本案在审理过程中，对于被告人法某与被告人罗某在我国境内以夫妻名义同居的行为是否构成重婚罪，形成两种意见：一种意见认为，法某与罗某的行为不构成重婚罪。法某与罗某在我国境内的同居行为仅侵犯了英国的婚姻制度，没有侵犯我国刑法保护的犯罪客体，不具有刑事可罚性。另一种意见认为，法某与罗某的行为构成重婚罪。法某有配偶仍与他人以夫妻名义共同生活，罗某明知他人有配偶而与之以夫妻名义共同生活，符合重婚罪的构成特征，应当构成重婚罪。

我们赞同后一种意见。具体理由如下。

（一）外国人在我国境内与他人以夫妻名义同居的行为构成重婚罪应当适用我国的法律规定

本案事实清楚，被告人法某在英国有一个合法的登记婚姻，有合法的妻子和儿女。在该婚姻关系存续期内，法某在我国境内又和被告人罗某同居。二被告人虽然未在我国民政部门正式登记结婚，但他们通过摆婚宴等方式对外宣布并以夫妻名义共同生活，后共同生育 2 名儿女。首先，二被告人的行为是否构成犯罪，应当适用我国刑法的规定。我国《刑法》第 6 条第 1 款规定："凡在中华人民共和国领域内犯罪的，除法律有特别规定的以外，都适用本法。"该条第 3 款规定："犯罪的行为或者结果有一项发生在中华人民共和国领域内的，就认为是在中华人民共和国领域内犯罪。"本案中，法某与罗某的重婚行为发生在我国境内，应当认定为在我国领域内实施的行为，依法应当适用我国刑法的规定。

（二）外籍被告人在我国境内与他人以夫妻名义同居的行为符合重婚罪的构成特征

法某在英国的婚姻关系，被我国法律所承认，其在我国境内的重婚行为，客观上已导致其同时拥有“两个妻子”，其行为明显侵犯了我国的“一夫一妻”制度，依法应当纳入我国刑法的规制范围。罗某明知对方有被我国法律所承认的合法婚姻关系，仍与之以夫妻名义公开同居生活，造成对方“一夫两妻”的客观事实，其行为亦侵犯了我国刑法所保护的“一夫一妻”制度，依法亦应纳入我国刑法的规制范围。

我国《刑法》第258条规定：“有配偶而重婚的，或者明知他人有配偶而与之结婚的，处二年以下有期徒刑或者拘役。”重婚，是指有配偶的人又与他人结婚的违法行为。有配偶的人，未办理离婚手续又与他人登记结婚，即重婚；虽未登记结婚，但事实上与他人以夫妻名义而公开同居生活的，亦构成重婚。明知他人有配偶而与之登记结婚，或者虽未登记结婚，但事实上与他人以夫妻名义同居生活，也构成重婚。最高人民法院于2001年出台的《关于适用〈中华人民共和国婚姻法〉若干问题的解释（一）》[以下简称《婚姻法解释（一）》]第2条规定，《婚姻法》第3条规定的“有配偶者与他人同居”的情形，是指有配偶者与婚外异性，不以夫妻名义，持续、稳定地共同居住。故《婚姻法》第3条第2款规定的“重婚”，包含了中所称的“虽未登记结婚，但事实上与他人以夫妻名义而公开同居生活”。综上分析，即重婚行为有两种：一种是“有配偶而重婚”，即指已经结婚的人，在婚姻关系存续期间，又与他人结婚；另一种是“明知他人有配偶而与之结婚”，是指本人明知他人有配偶而仍然与他人结婚。这里规定的“结婚”，既包括骗取合法手续登记结婚，又包括虽未登记结婚，但以夫妻名义共同生活的。只要是有配偶而又结婚，或者是明知他人有配偶而与之结婚的，无论是骗取合法手续登记结婚，还是未登记结婚，但以夫妻名义共同生活的，都属于重婚。

基于上述分析，本案中，被告人法某有配偶仍与他人以夫妻名义共同生活，被告人罗某明知他人有配偶而与他人以夫妻名义共同生活，均符合《刑法》第258条规定中的重婚罪构成特征。

（三）相关批复的废止不影响重婚罪的认定

对于一方结婚后与他人在未经登记的情况下以夫妻名义共同生活的情形，被告人往往会提出如下抗辩，《最高人民法院关于〈婚姻登记管理条例〉施行后发生的以夫妻名义非法同居的重婚案件是否以重婚罪定罪处罚的批复》（法复〔1994〕10号，以下简称《1994年重婚定罪批复》）已于2013年1月14日由最高人民法院以法释〔2013〕2号所废止，故根据该批复认定一方结婚后与他人在未经登记的情况下以夫妻名义共同生活的构成重婚罪，无法律依据。

如前所述，《婚姻法》区分了“重婚”与“有配偶者与他人同居”。根据《婚姻法解释（一）》第2条的规定，“有配偶者与他人同居”是指有配偶者与婚外异性，不以夫妻名义，持续、稳定地共同居住。由此可以得出“有配偶者与婚外异性，以夫妻名义，持续、稳定地共同居住”属于“重婚”的结论。而根据我国《刑法》第258条的规定，“有配偶而重婚的，或者明知他人有配偶而与之结婚的”，构成重婚罪。可见，综合婚姻法及相关司法解释、刑法关于重婚行为的规定来看，我国法律对“以夫妻名义非法同居的重婚案件”已经作出了明确规定，《1994年重婚定罪批复》是否被废止，不影响对“以夫妻名义非法同居的重婚案件”的认定。事实上，《1994年重婚定罪批复》被废止的主要理由即《婚姻登记管理条例》已废止，刑法已有明确规定。因此，我们认为，《1994

年重婚定罪批复》的废止，并不意味着对重婚罪的认定发生根本变化，不影响对本案二被告人的行为构成重婚罪的定性。

问题2. 恶意申请宣告配偶死亡后与他人结婚的行为是否构成重婚罪

【刑事审判参考案例】王某重婚案①

一、基本案情

自诉人杨某以被告人王某犯重婚罪向北京市石景山区人民法院提起控诉。

北京市石景山区人民法院经审理查明：1993年11月1日，自诉人杨某与被告人王某登记结婚。1994年2月，杨某所在公司派杨某到日本从事劳务工作2年。1996年期满后，杨某在日本非法滞留至2002年12月20日。其间，与被告人王某通信至1997年3月，自1996年7月至2000年9月间，多次汇款给王某。

2001年11月20日，王某以杨某于1996年5月后一直下落不明为由，向北京市丰台区人民法院申请宣告杨某死亡。北京市丰台区人民法院经公告一年后，于2002年12月10日依法判决宣告杨某死亡。同月20日，杨某被遣返回国，多处寻找王某，王某明知其回国却避而不见。

2003年3月3日，杨某向丰台区人民法院起诉与王某离婚。

在一审过程中，王某于同月10日与胡某登记结婚，并一直向法庭隐瞒杨某已被宣告死亡以及自己与他人结婚的事实。同月27日，北京市丰台区人民法院判决杨某与王某离婚，并分割了夫妻共同财产。王某不服，提起上诉，披露了杨某已被宣告死亡和自己与他人已结婚的事实。经杨某申请，北京市丰台区人民法院于2003年7月7日撤销了宣告杨某死亡的判决。同年8月13日，北京市第二中级人民法院裁定撤销了北京市丰台区人民法院作出的杨某与王某的离婚判决。2004年4月7日，杨某以王某犯重婚罪，向北京市石景山区人民法院提起自诉。

北京市石景山区人民法院认为，被告人王某编造虚假事实和理由，恶意申请致杨某被宣告死亡。在得知杨某回国后并寻找自己的情况下，不顾其与杨某的婚姻关系依然存在的客观事实，在离婚应诉期间又与他人结婚，其行为已构成重婚罪。杨某指控王某犯重婚罪的罪名成立。根据王某的犯罪事实、性质、情节和对社会的危害程度，并考虑其尚在哺乳期内，决定对其适用缓刑。依照《刑法》第258条，第42条，第44条，第72条第1款，第73条第1款、第3款及《婚姻法》第10条第1项之规定，判决如下：

1. 被告人王某犯重婚罪，判处拘役六个月，缓刑一年。
2. 被告人王某与胡某的婚姻无效。

一审宣判后，王某以其行为不构成重婚罪为由提起上诉。

北京市第一中级人民法院经审理认为，上诉人王某在与原审自诉人杨某婚姻存续期间，为达到解除其与杨某的婚姻和占有共同财产的目的，隐瞒其至2000年9月仍收取到杨某汇款的事实，编造杨某于1996年起下落不明满4年的虚假事实和理由，恶意申请宣

① 刘京华撰稿，周峰审编：《王某重婚案——恶意申请宣告配偶死亡后与他人结婚的行为构成重婚罪（第419号）》，载最高人民法院刑事审判第一、二、三、四、五庭主办：《刑事审判参考》（总第53集），法律出版社2007年版，第36～41页。

告杨某死亡。尤其是王某在得知杨某回国并寻找其下落时，又与他人结婚，其行为已构成重婚罪，依法应予严惩。王某的上诉理由不能成立，其上诉意见不予采纳。原审判决定罪正确，量刑适当，审判程序合法，应予维持。依照《刑事诉讼法》第189条第1项的规定，裁定如下：

驳回王某的上诉，维持原判。

二、主要问题

王某的行为是否构成重婚罪？

一种意见认为，根据《最高人民法院关于贯彻执行〈中华人民共和国民法通则〉若干问题的意见（试行）》第37条的规定，被宣告死亡的人与配偶的婚姻关系，自死亡宣告之日起消灭。死亡宣告被人民法院撤销，如果其配偶尚未再婚的，夫妻关系从撤销死亡宣告之日起自行恢复；如果其配偶再婚后又离婚或者再婚后配偶死亡的，则不得认定夫妻关系自行恢复。王某与杨某的婚姻关系自杨某被宣告死亡起即消灭。在死亡宣告判决被撤销以前，王某有权与他人登记结婚。故其行为不构成重婚罪。

另一种意见认为，王某故意隐瞒真相，恶意向法院申请宣告杨某死亡的行为，系民法上的欺诈行为，根据民法通则的规定，恶意欺诈行为属无效民事行为，通过欺诈行为获得确认的法律关系无效，且无效效力溯及行为开始起。因此，王某通过欺诈行为而获得法院确认其与杨某婚姻消灭的法律关系无效，其与杨某的婚姻关系依然存在，因此，王某又与他人结婚的行为构成重婚罪。

三、裁判理由

（一）恶意申请致配偶被宣告死亡的，申请人与被申请人的婚姻关系实质上并未消灭

1988年《最高人民法院关于贯彻执行〈中华人民共和国民法通则〉若干问题的意见（试行）》（以下简称《意见》）第37条规定："被宣告死亡的人与配偶的婚姻关系，自死亡宣告之日起消灭。死亡宣告被人民法院撤销，如果其配偶尚未再婚的，夫妻关系从撤销死亡宣告之日起自行恢复；如果其配偶再婚后又离婚或者再婚后配偶又死亡的，则不得认定夫妻关系自行恢复。"如果仅从字面意义上机械理解上述规定，王某与杨某的婚姻关系则自杨某被宣告死亡之日起即消灭。但是，对法律条文的理解不能仅仅孤立地进行大小前提是否相符的简单三段论式逻辑推理，必须将之放在整个法律体系中结合立法的原意和法律的基本准则进行系统理解才可能准确把握。

民事法律只保护合法的民事法律关系和善意的民事行为，要求行为人在实施行为时不得侵犯他人合法权益和社会公共利益。对于恶意实施侵犯他人或公共利益情节较轻、社会危害性不大的行为，民事法律不予保护而且一般会规定相应的制裁或救济措施，并要求侵权行为人承担相应的民事责任。根据我国民法通则的规定，恶意欺诈行为应当属于无效行为，因欺诈行为而获得确认的法律关系无效，且无效的效力溯及行为开始起。因此，《意见》第37条的规定仅针对合法的民事行为也即申请属于善意行为才具有法律效力，对于恶意实施的欺诈申请行为则不适用本条规定。据此，对上述《意见》规定的正确理解应当是，法律对善意的申请宣告死亡，且经法定程序依法作出的宣告死亡的效力予以保护，对于宣告死亡后被宣告人出现的，依法撤销死亡宣告后，其配偶的婚姻关系以维护现存状态为原则，即尚未再婚的，夫妻关系自行恢复；如果再婚后又离婚或者再婚后配偶又死亡的，则不得认定夫妻关系自行恢复。应当说，上述司法解释的这种规定符合基本的人伦性理，有利于保护婚姻自由，维护社会家庭关系的相对稳定。本案中，

被告人王某故意隐瞒其至2000年9月仍收取到杨某汇款的事实，编造杨某于1996年起下落不明满4年的虚假事实和理由，恶意申请致杨某被宣告死亡，严重违法，当属无效民事行为，因杨某被宣告死亡而导致其与杨某婚姻关系消灭的法律关系也自始无效。因此，从民事法律关系看，王某与杨某的婚姻关系因为杨某被宣告死亡行为的无效而实质上并未消灭。

（二）被告人王某的行为应受刑事追究

在我国，公民的婚姻家庭关系在宪法之外还受到民法和刑法两大实体法的双重保障。实践中，婚姻家庭纠纷的案件同时又涉及重婚犯罪或其他婚姻家庭犯罪的现象较为常见，这就意味着同一案件事实的性质存在刑事犯罪和民事纠纷两种可能性。要正确界定该事实的性质到底是刑事案件还是民事案件，主要取决于对该行为社会危害性的判断。对于恶意实施侵犯他人或公共利益情节较轻、社会危害性不大，未触犯刑法的行为，属于民法调整的对象，行为人只承担相应的民事责任；如果该行为社会危害性严重，触犯了刑法，根据“先刑后民”的审理原则，则应先追究行为人的刑事责任，然后再追究其民事责任。本案被告人王某先是隐瞒真相、欺骗法庭、恶意申请宣告他人死亡，在接到离婚应诉通知书后，继续欺骗法庭，隐瞒自诉人杨某已被法院宣告死亡的事实，并在离婚诉讼期间与他人结婚，其再婚行为已经严重侵犯了杨某的合法权益和我国法律所保护的一夫一妻的婚姻制度，还严重扰乱了司法秩序，性质恶劣，情节严重，显然不再是一般的民事违法行为，而是已经构成刑事犯罪，应当依法追究王某的刑事责任。

（三）被告人王某的行为符合重婚罪的构成要件

本案的证据充分表明，王某在申请宣告杨某死亡时，其主观上明知多年来杨某一直与其保持联系、并非下落不明这一事实，却故意编造杨某下落不明已满4年的虚假事实，导致法院作出宣告杨某死亡的判决，从而取得虚假“拟制丧偶”身份；当杨某起诉离婚后，又以杨的配偶身份参与离婚诉讼，充分证明王某对其并非“丧偶”而是“已婚”身份这一点是明确的。应当说，被告人王某以欺诈手段骗取法院宣告杨某死亡，取得法律规定的“拟制丧偶”身份后与他人结婚的行为性质，与已有配偶者采取欺骗手段制作虚假手续，冒充未婚或离异的身份又与他人结婚的性质是同样的，均是重婚行为。只不过本案行为人骗取的虚假手续是人民法院作出的宣告死亡的判决，是重婚行为的一种特殊表现手段而已。

综上，王某明知自己是已婚身份，却隐瞒事实真相与他人又结婚的行为，符合重婚罪的构成要件，法院以重婚罪对其定罪处罚是正确的。

问题3. “事实婚姻”如何认定，能否成为重婚罪的构成要件

【刑事审判参考案例】方某重婚案[①]

一、基本案情

解放军南疆军事法院经公开审理查明：1989年11月，被告人方某参军入伍后与原籍同村女青年王某恋爱。1993年7月27日，方某与王某在原籍按当地风俗举行了结婚典礼。当时，因被告人方某未到结婚年龄（距婚姻法规定的结婚年龄差四个半月），故未到

① 张军审编：《方某重婚案——“事实婚姻”能否成为重婚罪的构成要件（第10号）》，载最高人民法院刑事审判第一、二、三、四、五庭主办：《刑事审判参考》（总第2辑），法律出版社1999年版，第14～18页。

结婚登记机关办理结婚登记手续。此后，二人以夫妻名义同居生活，次年，王某生一女孩。1995 年 8 月，被告人方某结识了部队驻地附近的小学教师李某。1996 年 2 月 10 日，被告人方某与李某登记结婚，并于 1996 年年底生一女孩。后王某向部队告发方某重婚。

解放军南疆军事法院认为：被告人方某与王某之间构成事实婚姻关系，其在与王某的事实婚姻关系存续期间，又与李某登记结婚，其行为已构成重婚罪。

解放军南疆军事法院依照《刑法》第 180 条的规定，于 1997 年 6 月 23 日判决如下：被告人方某犯重婚罪，判处有期徒刑一年。

一审宣判后，被告人方某不服，以其与王某之间不是事实婚姻，而是非法同居为由，向解放军兰州军区军事法院提出上诉。

中国人民解放军兰州军区军事法院经审理认为：上诉人方某与王某同居时，因方某未到结婚年龄，不符合法定结婚条件，因此，方某与王某属于非法同居，不能认定为事实婚姻，对方某不能以重婚罪论处。

中国人民解放军兰州军区军事法院依照《刑事诉讼法》第 189 条第 2 项的规定，于 1998 年 1 月 15 日判决如下：

1. 撤销南疆军事法院以重婚罪对上诉人方某判处有期徒刑一年的刑事判决；

2. 被告人方某无罪。

二、主要问题

1. 被告人方某与王某之间是否构成事实婚姻关系？

2. 事实婚姻能否作为重婚罪的构成要件？

三、裁判理由

1986 年 3 月 15 日，民政部颁布了新的《婚姻登记办法》。其中第 2 条规定“男女双方自愿结婚、离婚或复婚，必须依照本办法进行婚姻登记”，“依法履行登记的婚姻当事人的合法权益受法律保护”。此后，对事实婚姻是否承认，出现了争议。1994 年 2 月 1 日，民政部又颁布了《婚姻登记管理条例》，其中第 24 条规定：“符合结婚条件的当事人未经结婚登记以夫妻名义同居的，其婚姻关系无效，不受法律保护。”从而彻底否定了事实婚姻。但对于未经结婚登记以夫妻名义同居的，是否承认是事实婚姻问题，处理民事案件和刑事案件有着不同的原则。

在民事方面，1989 年 12 月 13 日，《最高人民法院关于人民法院审理未办理结婚登记而以夫妻名义同居生活案件的若干意见》规定，基于这类“婚姻”关系形成的原因和案件的具体情况复杂，为保护妇女和儿童的合法权益，有利于婚姻家庭关系的稳定，维护安定团结，在一定时期内，有条件的承认其事实婚姻关系，是符合实际的。该意见从时间上划了几个阶段：

一是 1986 年 3 月 15 日《婚姻登记办法》施行之前，未办结婚登记手续即以夫妻名义同居生活，群众也认为是夫妻关系的，如果双方在起诉时均符合结婚的法定条件，可认定为事实婚姻关系；

二是 1986 年 3 月 15 日《婚姻登记办法》施行之后未办结婚登记手续即以夫妻名义同居生活，群众也认为是夫妻关系的，如果同居时双方均符合结婚的法定条件，可以认定为事实婚姻关系；

三是 1994 年 2 月 1 日民政部新的《婚姻登记管理条例》施行之日起，未办结婚登记即以夫妻名义同居生活的，则一律按非法同居对待。

在刑事方面，1994 年 12 月 14 日，最高人民法院在给四川省高级人民法院的批复中指出："新的《婚姻登记管理条例》发布施行后，有配偶的人与他人以夫妻名义同居生活的，或者明知他人有配偶而与之以夫妻名义同居生活的，仍应按重婚罪定罪处罚。"

被告人方某的行为发生在 1993 年 7 月至 1996 年，对其应适用《最高人民法院关于人民法院审理未办理结婚登记而以夫妻名义同居生活案件的若干意见》第 2 条的规定，即：1986 年 3 月 15 日《婚姻登记办法》施行之后，未办结婚登记手续即以夫妻名义同居生活，群众也认为是夫妻关系的，如果同居时，双方均符合结婚的法定条件，可认定为事实婚姻关系。但是，对"同居时"的含义，在理解时应当注意，《最高人民法院关于人民法院审理未办结婚登记而以夫妻名义同居生活案件的若干意见》中，严格使用了"起诉时""同居时""同居期间""同居生活期间"等概念。对 1986 年 3 月 15 日《婚姻登记办法》施行之前的行为，规定为"起诉时"，而对于 1986 年 3 月 15 日《婚姻登记办法》施行之后的行为，则规定为"同居时"。因此，这里的"同居时"，应理解为同居开始时。据此，中国人民解放军兰州军区军事法院认定方某与王某之间在同居开始时，其中一方不符合结婚的法定条件，不构成事实婚姻关系，对方某不能以重婚罪论处，故宣告方某无罪。兰州军区军事法院的这一裁决是正确的。

那么，1994 年 2 月 1 日以后，在重婚罪中，是否排除了事实婚姻的存在呢？根据最高人民法院的前述批复，事实婚姻仍可作为重婚罪的构成要件。对最高人民法院批复中的所谓"有配偶的人"，应理解为是指已经依法登记结婚的人。对未经依法登记而以夫妻名义共同生活的人，不能称之为"有配偶的人"。因此，已经登记结婚的人，又与他人以夫妻名义同居生活，或者明知他人已经登记结婚，还与之以夫妻名义同居生活，今后同样构成重婚罪。对于先有事实婚姻，又与他人登记结婚和两次及两次以上均是事实婚姻的，则依法不构成重婚罪。

对于有配偶的人又与他人以夫妻名义同居而形成事实婚姻的，之所以应当以重婚罪追究刑事责任，是因为不能允许行为人以事实婚姻去肆意破坏依法登记的合法婚姻。法律不保护事实婚姻，但必须保护合法的婚姻关系不受非法侵犯。民事案件中对事实婚姻不再承认，是因为事实婚姻双方应当知道结婚应依法登记而故意不予登记，由此引起的不利于己的后果，当事人双方应当分别承担。同理，前后两个事实婚姻，均不受法律保护，当然也不构成重婚罪。前一个事实婚姻的一方因对方又与他人形成事实婚姻，不受追究而受到侵害，是源于当初未依法履行结婚登记手续，因此理应承担这一不利于己的后果。就本案来说，被告人方某事实婚姻在前，合法登记结婚在后，不构成重婚罪。但是，如果被告人登记结婚后，仍然保持原来与王某的事实婚姻，则属重婚行为，应当依法追究刑事责任。

问题4. 重婚罪中的“以夫妻名义共同生活”如何认定

【人民法院案例选案例】叶某1、王某、李某重婚案①

［裁判要旨］

有配偶者在外与他人生育子女，一起生活，无其他证据证明被告人是以夫妻名义共同生活的，依法应不予认定为重婚行为。

［基本案情］

经审理查明：自诉人吴某与被告人叶某1于2004年1月8日登记结婚。双方婚姻关系存续期间，叶某1与李某于2006年2月3日生育一子。后被告人李某将其子带至叶某1老家拜访及披麻戴孝为叶某1之父送葬。2015年间，被告人李某到叶某1出租的店面收取租金。被告人叶某1还与王某于2012年1月14日生育一女，于2015年2月10日生育一子。

［裁判结果］

福建省厦门市同安区人民法院于2017年7月19日作出（2017）闽0212刑初64号刑事裁定：一、准予自诉人吴某撤回对被告人王某的起诉；二、驳回自诉人吴某对被告人叶某1、李某的起诉。

宣判后，自诉人吴某提出上诉，福建省厦门市中级人民法院于2017年9月29日作出（2017）闽02刑终555号刑事裁定：驳回上诉，维持原判。

［裁判理由］

一审法院裁判认为：自诉人吴某要求对被告人王某撤回起诉，符合有关法律规定，应予准许。

依照《最高人民法院关于适用〈中华人民共和国婚姻法〉若干问题的解释（一）》第2条之规定：“婚姻法第三条、第三十二条、第四十六条规定的‘有配偶者与他人同居’的情形，是指有配偶者与婚外异性，不以夫妻名义，持续、稳定地共同居住。”

自诉人吴某控诉被告人叶某1、李某的行为构成重婚罪，其所提供的证据不能确定被告人叶某1与王某、李某“持续、稳定地共同居住”，不能确定被告人叶某1与王某、李某对外以夫妻名义共同生活，不能确定被告人李某明知叶某1有配偶而与之对外以夫妻名义共同生活。因此，自诉人吴某控诉被告人叶某1、李某犯重婚罪，缺乏罪证。

二审法院裁判认为：原审认定上诉人吴某对原审被告人叶某1、李某提起重婚罪的控诉缺乏罪证的事实清楚，予以确认。关于上诉人吴某及其诉讼代理人提出的原审认定事实错误及程序违法的上诉及代理意见。经查，首先，本案为自诉案件，自诉人应当自行收集被控诉人的相关罪证。对自诉人申请人民法院调取相关证据的申请，人民法院有权审查，认为有必要的应予以调取。故原审人民法院对上诉人向法院提交的调查证据申请经审查后认为没有必要，未予调取并未违反程序。其次，因上诉人提供的王某的联系方式客观上无法将诉讼材料送达王某，影响案件的进一步审理，上诉人先撤回对王某的起诉符合法律规定，也不会影响上诉人之后的诉权，原判决准许撤回起诉并无不当。最后，上诉人吴某提交的证据只能证明叶某1、李某有非婚生子的事实，而吴某本人承认在2011

---

① 杨明洁、彭婷婷编写，李玉萍审稿：《叶某1、王某、李某重婚案——重婚罪中“以夫妻名义共同生活”的认定》，载最高人民法院中国应用法学研究所编：《人民法院案例选》（2019年第12辑·总第142辑），人民法院出版社2020年版。

年前其与叶某1一直共同生活，经营公司，叶某1一般都是回家的，又未能提交证实叶某1、李某以夫妻名义共同生活的证据，原判认定上诉人指控叶某1、李某犯重婚罪缺乏罪证并无不当。二审期间，诉讼代理人申请调取的证据内容并不能证实叶某1、李某以夫妻名义共同生活这一待证事实，无调取之必要，决定不予调取。综上，原审认定吴某对原审被告人叶某1、李某提起重婚罪的控诉缺乏罪证事实清楚，上诉人吴某及其诉讼代理人提出的上诉、代理意见缺乏事实和法律依据，不予采纳。原审裁定适用法律正确，审判程序合法。上诉人吴某及其诉讼代理人提出的上诉及代理意见缺乏事实和法律依据，不予采纳。

［案例注解］

在审判实践中遇到的重婚罪案件，主要存在三种情形：（1）被告人在婚姻关系存续期间，与他人又进行结婚登记或办理其他足以证实其另行建立婚姻关系的手续。对于上述行为，一般有结婚证、相关计生、婚姻查询登记等书证材料证实。（2）被告人（有配偶者）自认与他人建立事实婚姻关系。（3）被告人与他人可能存在事实婚姻关系，但被告人否认。前两种情况中，由于书证的调查取证相对容易或被告人自认犯罪事实，易于认定。对于第三种情况应当如何把握证据的证明力和印证程度，在实践中存在困难。

首先，《婚姻法》第2条第1款“实行婚姻自由，一夫一妻、男女平等的婚姻制度”、第3条“禁止重婚。禁止有配偶者与他人同居”、第4条“夫妻应当互相忠实，互相尊重”等条文均明文对夫妻之间忠实义务进行规定，通过法律来保障一夫一妻的婚姻制度。重婚和有配偶者与他人同居的行为是我国现行《婚姻法》明文禁止的。《最高人民法院关于适用〈中华人民共和国婚姻法〉若干问题的解释（一）》第2条也对“有配偶者与他人同居”作出了相关解释：“婚姻法第三条、第三十二条、第四十六条规定的‘有配偶者与他人同居’的情形，是指有配偶者与婚外异性，不以夫妻名义，持续、稳定地共同居住。”

依照我国《刑法》第258条的规定，重婚罪是指有配偶而与其他人结婚或者明知他人有配偶而与之结婚的行为。主要表现为禁止两种行为：法律上重婚，即有配偶者又与他人登记结婚，相婚者（本人无配偶，但明知他人有配偶而与之结婚的人）明知他人有配偶而与之登记结婚，这种重婚行为当事人调查取证相对比较容易；事实上重婚，有配偶者又与他人建立事实婚姻关系，即以夫妻名义共同生活的关系。事实上重婚行为的认定，即关于如何认定“以夫妻名义共同生活”在实践中存在一定的疑惑，主要是因为它的认定标准存在不明确性，且调查取证难度大。

“以夫妻名义共同生活”，首先必须具备“共同生活”，我们认为可以从以下几方面判断：（1）共同的居所；（2）共同的精神生活，主要指双方的互相理解和慰藉；（3）共同承担生活的费用。以夫妻名义共同生活的表现形式是多样的，如举行婚礼、公开自称或介绍为夫妻、以夫妻名义对外处理事务、生养小孩、申报户口、购置住房等。在司法实务中，有配偶者在外与他人生育子女一起生活，无其他证据证明被告人是以夫妻名义共同生活的，依法应不予认定为重婚行为。认定重婚，关键要看是否构成另一夫妻关系。如果双方对外没有以夫妻名义共同居住，通俗地说就是邻居、同事等均不认为双方系夫妻关系，也就是说公众对男女双方系夫妻关系的认知并不是普遍的，那么即使生了孩子，也不能认定为重婚；如果双方有持续稳定的同居关系，而且周边人均把男女双方看作是夫妻，那么男方构成重婚罪，如果这种情况下女方是明知男方结婚，而自愿与其以夫妻

名义保持这种持续稳定的同居关系，那么女方也构成重婚罪，反之，女方不构成犯罪，不承担刑事责任。

回归到本案中，本案的争议焦点在于：一是叶某1是否构成重婚罪。这部分需要看叶某1分别和王某、李某是否构成重婚。二是李某是否构成重婚罪。自诉人提交的证据以及法院自行调取的证据材料虽然可以证实叶某1在婚内与王某生育两子，但无法证实叶某1和王某对外以夫妻名义共同生活。首先，被告人叶某1否认与王某同居；其次，王某居住的社区的房东的证言仅证称租房给王某，只见过一名男子两次，未见王某一家人出入小区，该证人系自诉人自己找到的，所做的笔录也是在社区工作人员和法院工作人员见证下进行的，可信度还是比较高的。另外王某所居住的社区居委出具的证明也仅能证实王某租住在该社区，对于叶某1和王某共同居住的证明力是很薄弱的。

关于叶某1对李某是否构成重婚罪、李某是否构成重婚罪。在案的户籍信息、证人证言也仅能证明李某和叶某1生育一子的事实，还是不能认定叶某1与李某共同生活。关于吴某之后补充提交的店面租赁合同、通话录音，只能证明李某收取叶某1店面的租金，但是并不能证明李某对外有表示她和叶某1是夫妻关系。自诉人指控叶某1和李某犯重婚罪这部分的证据更薄弱，缺乏罪证。自诉人的证据其实集中在叶某1分别与王某、李某生育子女，但是都没有证据证实叶某1与王某或者李某共同生活。证实叶某1与王某、李某共同生活的罪证不足。自诉人吴某控诉被告人叶某1、王某、李某的行为构成重婚罪，其所提供的证据不能证实被告人叶某1与王某、李某“持续、稳定地共同居住”，不能证实被告人叶某1与王某、李某以夫妻名义共同生活，不能证实被告人李某明知叶某1有配偶而与之以夫妻名义共同生活。据此，本案自诉人起诉叶某1、李某犯重婚罪，缺乏罪证。

问题5. 婚姻登记程序存在瑕疵是否影响重婚罪的认定

【人民法院案例选案例】刘某重婚案①

［裁判要旨］

要求结婚的男女双方未亲自到婚姻登记机关进行结婚登记的，或者结婚登记时身份信息填报错误的，属婚姻登记程序瑕疵，不影响婚姻登记的法律效力。未离婚、婚姻未被依法宣告无效或婚姻登记未被撤销前，一方又与他人结婚的，构成重婚罪。

［基本案情］

法院经审理查明：1992年10月，被告人刘某与张某在重庆市开县登记结婚，1995年9月二人经原四川省开县人民法院调解离婚。2000年，为给小孩办理户籍，张某和刘某商议复婚，刘某表示同意。因刘某在外地，遂由张某一方独自办理了登记复婚相关手续；在复婚登记时将男方即刘某的身份信息填报错误（身份证号码错误，男方姓名使用了一个同音字）。2006年，刘某因犯职务侵占罪被北京市海淀区人民法院判处有期徒刑七年。2010年4月10日刘某刑满释放后，与张某及二人之子共同生活。因为结婚证损毁，2013年刘某与张某在重庆市渝北区民政局申请补领结婚证，补领的结婚证上载明男方信息与刘某现在使用的姓名及居民身份证号码不一致。

---

① 肖学富编写，沈亮审稿：《刘某重婚案——婚姻登记程序瑕疵不影响重婚的认定》，载最高人民法院中国应用法学研究所编：《人民法院案例选》（2017年第3辑·总第109辑），人民法院出版社2017年版，第102～108页。

在与张某婚姻关系存续期间，刘某与罗某相识。后刘某隐瞒婚姻状况，与罗某于2014年4月10日在重庆市江北区婚姻登记机关登记并领取了结婚证。罗某发现刘某涉嫌重婚后报案，公安机关于2015年4月8日将刘某电话通知到案。刘某到案后如实供述了本案事实。

［裁判结果］

重庆市江北区人民法院于2015年8月26日作出（2015）江法刑初字第00514号刑事判决：被告人刘某犯重婚罪，判处拘役六个月。宣判后，刘某不服提出上诉。重庆市第一中级人民法院于2015年12月3日作出（2015）渝一中法刑终字第00675号刑事裁定：驳回上诉，维持原判。裁定现已发生法律效力。

［裁判理由］

法院生效裁判认为：刘某与张某的复婚登记存在瑕疵：一是婚姻登记时当事人未亲自到场；二是婚姻登记男方信息错误，但该瑕疵不影响复婚登记的法律效力。复婚是刘某与张某的真实意思表示，刘某对自己系已婚身份是明知的；且该复婚登记不属于婚姻无效或被撤销的情形。被告人刘某有配偶又与他人登记结婚，其行为已构成重婚罪，依法应予处罚。刘某的供述与证人张某、罗某等的证言、结婚登记申请书、补发婚姻登记证审查处理表、结婚证等证据互相印证，证实2000年刘某与张某复婚登记由张某单方办理并得到刘某同意、2010年刘某刑满释放后与张某以夫妻名义共同生活及2013年刘某与张某补办结婚证的事实。刘某与张某的复婚登记虽然存有瑕疵，但不属于法定婚姻无效或可撤销情形，且该复婚登记系二人真实意思表示，二人通过补办结婚证的形式对婚姻关系予以认定。故刘某与张某的婚姻合法、有效。鉴于刘某在尚未受到讯问、未被采取强制措施时，经公安机关电话联系即主动、直接向公安机关投案，到案后如实供述了基本犯罪事实，系自首，依法予以从轻处罚，其对自己行为性质的辩解不影响自首的成立。

［案例注解］

婚姻关系是重要的民事法律关系，2001年《婚姻法》修正后，最高人民法院就相关法律适用问题已先后出台了3个司法解释。重婚不仅在《婚姻法》中属婚姻无效的情形，同样也可能构成刑事犯罪，要受到刑罚制裁。重婚罪属于故意犯罪，认定犯罪时不仅要求被告人有重婚行为，也要证明其有重婚的故意，婚姻登记的法律效力对案件性质认定有重大影响。

一、程序瑕疵不影响婚姻登记的法律效力

《婚姻法》第8条规定："要求结婚的男女双方必须亲自到婚姻登记机关进行结婚登记……"由此，当事人未亲自到场的婚姻登记无疑是存在瑕疵的。然而，存在程序瑕疵的婚姻登记不等同于婚姻无效或者可被撤销。根据2005年10月8日《最高人民法院行政审判庭关于婚姻登记行政案件原告资格及判决方式有关问题的答复》（法〔2005〕行他字第13号）第2条的规定，婚姻关系双方当事人或一方当事人未亲自到婚姻登记机关进行婚姻登记，且不能证明婚姻登记系男女双方的真实意思表示，当事人对该婚姻登记不服提起诉讼的，人民法院应当依法予以撤销。按照对此答复的理解，人民法院应当撤销的婚姻登记必须符合"不能证明婚姻登记系男女双方的真实意思表示"这一条件，如果根据查明的事实可以认定婚姻登记（包括复婚登记）系男女双方的真实意思表示，则一方当事人未亲自到婚姻登记机关办理相关手续，不影响婚姻（复婚）登记的法律效力。

事实上，在审判实践中，当事人以结婚登记中的瑕疵问题申请宣告婚姻无效或者起

诉离婚的案件时有发生，如一方当事人未亲自到场办理结婚登记、借用或冒用他人身份证或户口本进行结婚登记、婚姻登记机关越权管辖、当事人提交的婚姻登记资料存在瑕疵等。这些并非《婚姻法》第10条所列举的结婚要件的瑕疵，可以统一称之为结婚登记的程序瑕疵。由于历史原因，结婚登记时身份信息填报错误并非个案。结婚登记程序存在瑕疵时，如果同时欠缺结婚的实质要件，在法律规定的情形内，可以被人民法院宣告无效。在不存在婚姻无效或被撤销的情况下，结婚登记信息错误可以通过其他合法的途径予以更正。

如果对符合结婚实质要件但有程序瑕疵的婚姻宣告无效，不仅随意扩大了无效婚姻的范围，也不利于对已建立民事关系的保护，不符合婚姻登记制度的立法本意。处理时应依照《最高人民法院关于适用〈中华人民共和国婚姻法〉若干问题的解释（三）》第1条第1款关于“当事人以婚姻法第十条规定以外的情形申请宣告婚姻无效的，人民法院应当判决驳回当事人的申请”的规定，判决驳回当事人的申请。

二、婚姻无效或被撤销对重婚罪认定的影响

《婚姻法》第10条规定了四种婚姻无效的情形：（1）重婚的；（2）有禁止结婚的亲属关系的；（3）婚前患有医学上认为不应当结婚的疾病，婚后尚未治愈的；（4）未到法定婚龄的。上述四个条件是人民法院宣告婚姻无效的唯一标准，并且没有其他兜底条款。《婚姻法》第11条规定了婚姻可以被撤销的情形，即因胁迫结婚的，受胁迫的一方可以向婚姻登记机关或人民法院请求撤销该婚姻。如果婚姻登记不属于上述可宣告无效的四种情形之一，且婚姻登记未被婚姻登记机关、人民法院依法宣告无效或者予以撤销，则依法登记的婚姻关系应受到法律保护。

司法实践中出现得较多的重婚案件是存在一个合法婚姻关系，一方当事人又与他人建立事实婚姻关系，直接两次登记结婚的重婚行为出现较少。那么，如果在法院审理刘某重婚案件时，其与罗某或张某的婚姻关系被依法宣告无效，是否会影响重婚罪的认定呢？结论是否定的。首先，《婚姻法》第12条规定：“无效或被撤销的婚姻，自始无效……”以重婚行为的无效性来对重婚罪成立与否进行抗辩不能成立，因为重婚行为的特殊之处就在于其中至少有一个婚姻关系是无效的，这样的抗辩理由属循环论证，有自相矛盾之嫌。即使刘某与张某在前的复婚登记在本案审理过程中被宣告无效，也不影响对刘某重婚行为的认定。依照《最高人民法院关于适用〈中华人民共和国婚姻法〉若干问题的解释（一）》第13条关于“婚姻法第十二条所规定的自始无效，是指无效或者可撤销婚姻在依法被宣告无效或被撤销时，才确定该婚姻自始不受法律保护”的规定，法律保护依法进行的婚姻登记行为，婚姻是否有效、是否应被撤销应当由国家有权机关依照法定程序进行认定，不应由当事人自行判断。在婚姻未被撤销或宣告无效之前被告人又与他人结婚的，即使先前的婚姻关系并不合法，同样可能构成重婚罪。

三、婚姻登记程序瑕疵的法律救济途径

无可否认，婚姻登记信息错误，特别是姓名或者居民身份证号码错误将会给婚姻关系当事人的生活带来不利影响，典型的就是难以直接在婚姻登记机关登记离婚，从而再与他人结婚。

直接以结婚证遗失申请补办的方式难以纠正原结婚证中错误的登记信息。《婚姻登记条例》第17条规定：“结婚证、离婚证遗失或者损毁的，当事人可以持户口簿、身份证向原办理婚姻登记的机关或者一方当事人常住户口所在地的婚姻登记机关申请补领。婚姻登记机关对当事人的婚姻登记档案进行查证，确认属实的，应当为当事人补发结婚证、离婚证。”如本案中，刘某也在2013年申请补发了结婚登记证，但是正因为婚姻登记机关要通过查询历史档案的方式，根据自己留存的资料补发证件，最终导致补领的结婚证中刘某的信息同样是错误的。

“单身证明”难以证明单身。有当事人试图通过开具单身证明的方式在其他地区重新结婚。目前婚姻登记信息全国联网相对滞后，婚姻登记机关事实上难以在源头上阻止同一人两次登记结婚。存在已婚当事人进行信息查询时显示为未婚的情况，不法分子以此为依据很容易再次登记结婚。一个地方的婚姻登记机关出具的结婚证明、单身证明等文书事实上难以证明当事人的真实婚姻状况，故现在很多地方已不再出具单身证明文件。即使出具，相关文书上一般也都会注明仅证明在某一时间段内在该婚姻登记机关辖区内当事人的婚姻状况。如果当事人以婚姻登记信息中姓名、身份证号显示不是自己就置之不理，直接与他人结婚，则存在重婚的风险。

婚姻登记在我国现行法律制度的框架下，属于行政确认行为。根据《最高人民法院关于适用〈中华人民共和国婚姻法〉若干问题的解释（三）》第1条第2款的规定，当事人以婚姻登记程序存在瑕疵为由提起民事诉讼，主张撤销结婚登记的，告知其可以依法申请行政复议或者提起行政诉讼。如果当事人认为婚姻登记存在程序瑕疵的，可以通过行政复议或者行政诉讼的方式予以变更。当事人对领取结婚证效力提出异议的，不属于法院民事案件的审查范围，而应当向民政部门申请结婚或向法院提起行政诉讼，请求撤销婚姻登记。

重婚行为暴露后，被告人为了逃避法律制裁，可能提起民事或行政诉讼，请求撤销其中一次婚姻登记或者请求宣告无效；不知情的建立婚姻关系者为了保护自己的权益，也可能提起相关诉讼请求确认婚姻无效。这种情况下审理重婚案件应多与当事人沟通，及时掌握相关案件的情况，特别是相关民事、行政诉讼不在同一法院审理时更应如此。

在有法院对重婚罪进行审理时，宣告婚姻无效的民事案件一般应等待刑事案件判决生效后再作出判决。第一，遵循“先刑后民”的处理原则，刑事判决生效后相关民事审判中证据认定更简单，可以直接将相关刑事判决作为认定的依据。也有利于保持对同一事实认定的一致性。第二，刑事案件中公安机关侦查手段更有效，对相关证据的收集更加全面，更有利于查清案件事实。第三，宣告婚姻无效的民事诉讼系一审终审，当事人没有上诉的权利，而重婚罪的被告人可以提起上诉，更有利于保护当事人的权利。同时，相关行政诉讼则与重婚罪的审理无涉。即使当事人通过行政诉讼更正了错误的婚姻登记信息或者撤销了婚姻登记，也不影响重婚罪的认定，相关行政诉讼、刑事诉讼可以一并进行。

问题6. 重婚罪的主观故意如何认定

【人民法院案例选案例】王某诉杨某重婚案①

［提示］

被告人向法院起诉要求与自诉人离婚，一审法院判决准予离婚并对财产分割问题作

① 杨善明编写：《王某诉杨某重婚案》，载最高人民法院中国应用法学研究所编：《人民法院案例选》（2004年第1辑·总第47辑），人民法院出版社2005年版，第265～271页。

出判决。判决书送达后，自诉人不服，直接向二审法院提出上诉，被告人对此并不知情，一、二审法院也未告知被告人。上诉期满后，被告人向一审法院申请强制执行，法院也予受理。就在二审法院对离婚诉讼尚未作出判决之时，被告人与他人登记结婚。被告人的再婚行为是否构成重婚罪？

［案情］

被告人杨某于2000年8月21日向新疆生产建设兵团哈密垦区人民法院（以下简称哈密垦区人民法院）起诉，要求与自诉人王某离婚。该院于2000年9月7日向双方送达了判决准予离婚的（2000）哈垦法民初字第326号判决书。王某不服判决，于2000年9月11日直接上诉于新疆维吾尔自治区高级人民法院生产建设兵团分院（以下简称兵团分院）。杨某于2000年10月17日向哈密垦区人民法院递交申请执行书要求强制执行。该院立案庭立案后，移交执行庭执行。同年10月19日，杨某申请与刘某（化名）登记结婚，并于2000年11月20日领取了结婚证。后杨某收到兵团分院定于2000年12月29日开庭审理其与王某离婚案的开庭传票。2001年2月20日，王某以杨某犯重婚罪向哈密垦区人民法院提起自诉。

［审判］

哈密垦区人民法院经不公开开庭审理认为：自诉人王某不服一审法院判决于2000年9月11日直接向兵团分院提起上诉，被告人杨某并不知晓该案已进入第二审程序，在一审判决上诉期届满以后于2000年10月17日向一审法院申请强制执行，后于2000年10月19日申请与他人登记结婚，并于2000年11月20日领取了结婚证，其主观上并无隐瞒事实真相的故意。造成杨某在一审判决尚未生效的情况下与他人登记结婚，是因其并不知道一审自诉人已上诉，一审判决尚未生效，因此杨某的行为不符合重婚罪的构成要件，不构成重婚罪。王某与杨某离婚案件尚在二审审理中，杨某与王某尚未解除婚姻关系，故杨某与刘某的婚姻关系违背我国《婚姻法》有关规定，应由发证机关依法解除。自诉人王某在诉讼中提出的误工费、路费、邮寄费与被告杨某的行为无直接因果关系，故其要求赔偿不予支持。王某要求赔偿精神损失费于法无据，本院也不予支持。该院依据《刑事诉讼法》第162条第2项的规定，于2001年6月19日判决如下：

一、被告人杨某无罪；

二、驳回自诉人王某要求被告杨某赔偿经济损失的诉讼请求。

新疆维吾尔自治区高级人民法院生产建设兵团分院经二审审理认为：重婚罪是指有配偶而又与他人结婚的行为。在本案中，被上诉人杨某与上诉人王某的离婚诉讼经哈密垦区人民法院一审判决准予离婚后，杨某并不知道因王某上诉而该判决尚未生效，在此情况下杨某与刘某再婚，主观上没有重婚犯罪的故意，不符合重婚罪的构成要件，一审法院认定其无罪，判决驳回王某的自诉是正确的，应予以维持。王某上诉称哈密垦区人民法院判决杨某无罪是偏袒被告人，并无事实根据。故上诉人王某的上诉理由不能成立，本院不予支持。关于上诉人王某与被告人杨某的离婚诉讼，本院尚在进行第二审审理。关于上诉人王某要求原审被告人杨某赔偿经济损失的诉讼请求，因缺乏法律依据，哈密垦区人民法院予以驳回是正确的，本院予以维持。据此，该院根据《刑事诉讼法》第189条第1项的规定，于2002年1月30日裁定如下：

驳回上诉，维持原判。

［评析］

本案被告人杨某在其与自诉人王某的离婚诉讼经一审判决准许离婚后，二审法院尚在审理的期间，同刘某登记结婚，其行为是否构成了重婚罪，或者说是否应按重婚对待，这是一个颇具法理、实践意义的问题，值得加以解析。

在审级制度上，我国实行的是两审终审制。当一审判决作出后，当事人在法定期间内提起上诉时，该一审判决尚未生效，其效力处于一种不确定的状态。只有二审法院经过对该案的审理作出的二审判决，才为生效的判决。就离婚案件来说，一审判决准许离婚，当事人提起了上诉，在二审判决作出之前，双方当事人的夫妻关系仍在存续之中，双方均还是有配偶的人。本案中的被告人杨某与自诉人王某此前的离婚诉讼案件就属于这种情况。

按照我国的婚姻制度，禁止有配偶者与他人结婚。否则，就触犯了我国《刑法》第258条关于重婚罪的规定。本案被告人杨某与自诉人王某的离婚案件尚在二审期间，双方还系有配偶者，在这种情况下杨某与刘某登记结婚，属于有配偶者与他人结婚。对杨某的这一行为，如果不从重婚罪构成的主观要件方面加以分析，不考虑本案中的其他具体情况，无疑应认定其构成了重婚罪。但是，本案恰恰在这两点上需要加以分析、考虑。而通过对这两点的分析、考虑，我们便可以对杨某与刘某登记结婚是否构成重婚作出否定的回答。

一、要分析、考虑杨某与刘某结婚在主观上是否符合重婚罪构成的要件

依照《刑法》第258条的规定，重婚罪是指自己有配偶而与他人结婚或者明知他人有配偶而与之结婚的行为。本罪构成要件有四个，其中主观要件必须是直接故意。这里的直接故意，在理论上应理解为明知自己有配偶而与他人结婚和明知他人有配偶而仍与之结婚两种情形。在实际生活中，表现为后者直接故意的“明知”情形常有出现，而表现为前者直接故意的“明知”实为鲜见，因为在通常情况下谁都知道自己有无配偶。但是在某种特殊情况下，有的当事人未必就“明知”自己还是有配偶者而不能与他人结婚。本案中就存在这种特殊的情况。被告人杨某与自诉人王某的离婚诉讼案件，原审法院判决准予离婚，并对夫妻共同财产的分割也作出了判决。王某对原审判决不服而径直向兵团分院提起上诉，杨某对此全然不知。在他的意识里，以为原审判决已经生效，所以他向原审法院提出了强制执行，而原审法院也受理了他的请求，这就使杨某更以为原审判决已经生效，他与王某的婚姻关系已经终止，他已经是无偶配之人，可以与他人再婚了。在这种情况下，在原审判决已过了两个多月之后，杨某与刘某登记结婚，显然不能认定杨某明知自己还是有配偶之人而仍与刘某登记结婚，从而不能认定其行为符合重婚罪的主观构成要件而应追究其重婚罪的刑事责任。如果法院作出这样的认定和判决，显然违背了重婚罪构成的理论，有悖于我国《刑法》关于重婚罪规定的精神。

二、要分析、考虑本案的特殊情况

杨某在其与王某的离婚诉讼案件尚在二审审理期间与刘某登记结婚，形成了前后两个婚姻关系同时存在，在形式上构成了“重婚”。王某要求追究其刑事责任，于法于理都是无可指责的。但是，当我们通过具体的分析、考虑，就会发现本案中存在的特殊情况，不能将杨某与刘某登记结婚按重婚对待，对王某的指控不能支持。从法院确认的事实看，本案中的特殊情况表现在：一是被告人杨某是在农场从事农业劳动的职工，文化程度不高，他不可能懂得在法律上一审判决离婚后，如果王某提起上诉，他与王某的婚姻关系

仍然在存续之中，不能再结婚。由于杨某不懂这一点，当然也就不会主动去原审法院及其上一级法院了解王某是否已经上诉，向他们咨询其现在能否登记结婚。二是离婚案件的原审法院和二审法院在程序的“操作”上存在问题。最高人民法院曾经明确提出过这样的要求：对于准予离婚的判决书的送达，要先给被告送达，并要向后接到判决书的原告说明在上诉期间不得结婚。鉴于实践中仍无法完全避免离婚当事人在上诉期间结婚情况的发生，最高人民法院 1979 年 9 月 2 日《关于贯彻执行民事政策法律问题的意见》明确规定：对“在上诉期间一方与第三者结婚的纠纷，应当查明原因，分清责任，根据具体情况处理，不要一律按重婚对待”。本案原审法院是否先向被告王某送达判决书，从法院所确认的事实中看不出来，但有一点可以肯定，该法院没有向杨某告知王某已经上诉，他不得在上诉期间结婚，这在送达的“操作”上存在问题是不言而喻的。再者，王某是未经原审法院而直接向其上一级法院提出上诉的，在这种情况下，二审法院应当将王某的上诉情况及时通知原审法院，并应要求原审法院尽快告知杨某在接到二审判决书之前不得结婚。但二审法院疏忽了这一点，以致原审法院不知王某已经提起上诉，竟在原审判决尚未生效的情况下受理了杨某关于强制执行的申请，从而也使杨某误以为他与王某已经离婚，符合法律规定的再婚条件，与刘某登记结了婚。由此可见，造成杨某有配偶而与刘某结婚的后果，除了是由于杨某不懂得法律外，法院在程序的“操作”上也存在问题。而这两方面的原因，正是本案中存在的“特殊情况”，按照上述最高人民法院的要求和司法文件的规定，对杨某与刘某登记结婚不应按重婚对待。

综上分析，一审法院判决宣告被告人杨某无罪，二审法院裁定予以维持，是正确的。

第三十六章
破坏军婚罪

第一节　破坏军婚罪概述

一、破坏军婚罪概念及构成要件

破坏军婚罪是指明知他人是现役军人的配偶而与之同居或者结婚的行为。本罪在1997年《刑法》第259条作了规定。

破坏军婚罪的构成要件如下：（1）本罪侵犯的客体是现役军人的婚姻家庭关系。所谓现役军人，根据《刑法》第450条所作的解释，是指正在中国人民解放军服役的现役军官、文职干部、士兵及具有军籍的学员和中国人民武装警察部队服役的现役警官、文职干部、士兵及具有军籍的学员。凡属复员退伍军人、转业军人和在军事机关或者武警部队工作而没有军籍的工作人员，以及因犯罪被判刑在执行刑罚期间仍保留军籍的罪犯，都不是现役军人。人民解放军是人民民主专政的柱石，担负着保卫祖国安全和社会主义现代化建设的重任。为了解除军人的后顾之忧，保持和发扬我军的坚强战斗意志，对军人的婚姻予以特殊保护，是非常必要的。（2）本罪客观方面表现为与现役军人的配偶同居或者结婚的行为。所谓现役军人的"配偶"，是指与现役军人已经结婚，包括已在政府登记结婚尚未同居的人，而不包括与军人仅有"婚约"关系的"未婚妻"或者"未婚夫"以及有恋爱关系的人。所谓与现役军人的配偶"同居"，是指"有配偶者与婚外异性不以夫妻名义，持续、稳定地共同生活"。这种关系以不正当的两性关系为基础，还往往有经济上和其他生活方面的特殊关系，因而不同于一般的通奸关系。所谓与现役军人的配偶"结婚"是指与军人配偶采取欺骗手段正式向政府登记结婚，或者虽然没有履行结婚登记，但以夫妻关系共同生活的事实婚姻行为。（3）本罪主体为一般主体，既可以是男子，也可以是女子。（4）本罪主观方面由直接故意构成，即明知对方是现役军人的配偶而与之同居或者结婚。如果由于军人的配偶隐瞒了事实真相，致使他人受骗而与之同居或者结婚的，则不构成破坏军婚罪。

二、破坏军婚罪案件审理情况

通过中国裁判文书网统计，2017 年至 2021 年间，全国法院审结破坏军婚罪刑事案件共计 123 件，其中 2017 年有 17 件，2018 年有 29 件，2019 年有 27 件，2020 年有 18 件，2021 年有 32 件。相较于其他常见犯罪，破坏军婚罪刑事案件整体数量不多。

司法实践中，破坏军婚罪案件主要呈现以下特点及趋势：

一是对于军婚，只要与军人配偶同居，即使没有结婚也可被认定为破坏军婚罪。二是破坏军婚罪的处罚比一般的重婚罪重。

三、破坏军婚罪案件审理热点、难点问题

破坏军婚罪案件在审理中的难点、热点问题有三点：（1）破坏军婚罪的犯罪主体问题。（2）破坏军婚罪应注意通奸与同居的区分。（3）本罪与重婚罪的区分。

四、破坏军婚罪案件审理思路及原则

在审判实践中，应当注意以下问题：

1. 破坏军婚罪的犯罪主体只能是明知是现役军人的配偶而与之同居或者结婚的人，如果不知道对方是现役军人的配偶或者受欺骗不知道对方结婚的，不能认定为本罪。

2. 破坏军婚罪应注意通奸与同居的区别。通奸不同于同居，通奸一般是指一方或双方有配偶的男女自愿发生的性行为。通奸一般是秘密的，有长期的，也有短期的，但只是偶尔为之。与现役军人的配偶通奸的行为，一般属于思想教育的范围，不构成破坏军婚罪。同居以不正当的两性关系为基础，还往往伴有经济上和其他生活方面的特殊关系，较长时间内公开或者秘密地在一起生活的情形。因而不同于一般的通奸关系。通奸以临时性为特征，而“同居”则具有连续性、延续性。

3. 从情节是否严重来区分罪与非罪的界限，破坏军婚罪在于保护现役军人的婚姻关系，对于破坏军人婚姻的行为，情节一般，军人本人又不愿声张追究的，为避免扩大不良影响，可不作处理，但必须制止其违法行为。对于与现役军人的配偶同居或结婚情节严重，造成军人家庭破裂或其他后果的，则应依法追究刑事责任。

4. 本罪与重婚罪的区别：（1）行为方式不尽相同。本罪具有与现役军人的配偶同居或者结婚两种方式；重婚罪则仅表现为与他人结婚一种方式。（2）主观认识内容不同。本罪行为人不仅知道对方是他人的配偶，而且知道对方是现役军人的配偶，否则不构成本罪；而后罪在主观上则分为两种情况：其一，对有配偶的人，只要其意识到与有配偶的婚姻关系还未解除或消失；其二，对没有配偶的人，只要其知道对方是他人的配偶即可，并不要求对方是某种具有特定身份人的配偶。（3）行为指向的对象不同。本罪同居或者结婚指向于现役军人的配偶；而后罪的对象是指向于非现役军人的配偶，即包括已结婚的人，有包括未结婚的人。（4）侵犯的客体不同。本罪侵害的是现役军人的婚姻关系；而后罪则是一夫一妻制的婚姻制度。（5）对方构成否则的性质不同。本罪的对方即现役军人的配偶，除非行为人亦是现役军人的配偶，构成犯罪的，也不是本罪，而是重婚罪；但后罪的对方，构成犯罪的则与行为人的犯罪属于同一种性质的犯罪，即都是重婚罪。

5. 根据《刑法》第 259 条第 2 款的规定，行为人利用职权、从属关系，以胁迫手段奸淫现役军人的妻子的，则应当依照《刑法》第 236 条规定的强奸罪定罪处罚。这是 1997 年刑法对破坏军婚罪所作的重要补充规定，体现了国家对现役军人婚姻关系的特殊法律保护，对于稳定军心、巩固国防、树立良好的社会风气，具有十分重要的意义。构成本款规定的强奸罪，必须具备以下三个条件：（1）行为人必须是利用职权、从属关系。如企事业单位领导利用其负责人事调动、工资分配的权力，利用上下级领导与被领导之间的关系等。（2）必须使用了胁迫手段。所谓胁迫是指行为人对现役军人的妻子进行威胁、恫吓，迫使其同意与自己发生两性关系。如以辞退、开除、揭发现役军人妻子的隐私相威胁，利用现役军人的妻子孤立无援的环境相胁迫等。（3）奸淫的对象只能是现役军人的妻子。

6. 人民法院处理破坏军人婚姻案件时，对于不构成犯罪的一般违法行为，可以建议其所在单位予以批评教育或者给予党团、行政纪律处分。对于这种违法行为，如果军人或者军人所在部队领导机关向人民法院起诉、控告时，也不要简单地以“不构成犯罪”为理由，推出了之，而应当注意做好各方面的工作，再转交有关单位妥善处理。

7. 规范化量刑。《最高人民法院、最高人民检察院关于常见犯罪的量刑指导意见（试行）》对破坏军婚罪的量刑并未作出规定，这主要是由于本罪在司法实践中并不常见，尚未总结出一套成熟的量刑标准。在有关规定出台前，司法人员应当根据犯罪事实、犯罪性质、情节和社会危害程度，依照刑法和有关司法解释的规定判处刑罚。

第二节　破坏军婚罪审判依据

1979 年《刑法》第 181 条规定：“明知是现役军人的配偶而与之同居或者结婚的，处三年以下有期徒刑。”1997 年修订《刑法》时，立法机关对本条作了修改：一是在刑罚中增加拘役刑；二是增加第二款，规定“利用职权、从属关系，以胁迫手段奸淫现役军人的妻子的，依照本法第二百三十六条的规定定罪处罚”，即按照强奸罪处罚。这样修改，主要是为了更好地保护军人的婚姻，针对实践中存在的问题，特别是利用职权、从属关系，以胁迫手段奸淫现役军人的妻子的情形，对破坏军婚的犯罪进行修改补充。在 1997 年修订《刑法》过程中，有的建议增加规定“明知是现役军人的配偶而与之通奸，造成严重后果的”，构成犯罪，以体现对现役军人婚姻的特殊保护。立法机关经研究，考虑到通奸属于双方自愿行为，而且“严重后果”的标准也不易把握，因此没有采纳这一建议。因此，1997 年关于破坏军婚罪的条文规定一直沿用至今。

一、法律

《中华人民共和国刑法》（2020 年 12 月 26 日修正）

第二百五十九条　明知是现役军人的配偶而与之同居或者结婚的，处三年以下有期

徒刑或者拘役。

利用职权、从属关系，以胁迫手段奸淫现役军人的妻子的，依照本法第二百三十六条的规定定罪处罚。

二、司法解释

《最高人民法院关于适用〈中华人民共和国刑事诉讼法〉的解释》（2021 年 1 月 26 日 法释〔2021〕1 号）

第一条 人民法院直接受理的自诉案件包括：

（一）告诉才处理的案件：

1. 侮辱、诽谤案（刑法第二百四十六条规定的，但严重危害社会秩序和国家利益的除外）；

2. 暴力干涉婚姻自由案（刑法第二百五十七条第一款规定的）；

3. 虐待案（刑法第二百六十条第一款规定的，但被害人没有能力告诉或者因受到强制、威吓无法告诉的除外）；

4. 侵占案（刑法第二百七十条规定的）。

（二）人民检察院没有提起公诉，被害人有证据证明的轻微刑事案件：

1. 故意伤害案（刑法第二百三十四条第一款规定的）；

2. 非法侵入住宅案（刑法第二百四十五条规定的）；

3. 侵犯通信自由案（刑法第二百五十二条规定的）；

4. 重婚案（刑法第二百五十八条规定的）；

5. 遗弃案（刑法第二百六十一条规定的）；

6. 生产、销售伪劣商品案（刑法分则第三章第一节规定的，但严重危害社会秩序和国家利益的除外）；

7. 侵犯知识产权案（刑法分则第三章第七节规定的，但严重危害社会秩序和国家利益的除外）；

8. 刑法分则第四章、第五章规定的，可能判处三年有期徒刑以下刑罚的案件。

本项规定的案件，被害人直接向人民法院起诉的，人民法院应当依法受理。对其中证据不足，可以由公安机关受理的，或者认为对被告人可能判处三年有期徒刑以上刑罚的，应当告知被害人向公安机关报案，或者移送公安机关立案侦查。

（三）被害人有证据证明对被告人侵犯自己人身、财产权利的行为应当依法追究刑事责任，且有证据证明曾经提出控告，而公安机关或者人民检察院不予追究被告人刑事责任的案件。

三、刑事政策文件

《公安部关于打击拐卖妇女儿童犯罪适用法律和政策有关问题的意见》（2000 年 3 月 24 日 公通字〔2000〕25 号）

三、关于收买被拐卖的妇女、儿童犯罪

（一）收买被拐卖的妇女、儿童的，以收买被拐卖的妇女、儿童罪立案侦查。

（二）收买被拐卖的妇女、儿童，并有下列犯罪行为的，同时以收买被拐卖的妇女、儿童罪和下列罪名立案侦查：

1. 违背被拐卖妇女的意志，强行与其发生性关系的，以强奸罪立案侦查。

2. 明知收买的妇女是精神病患者（间歇性精神病患者在发病期间）或者痴呆者（程度严重的）而与其发生性关系的，以强奸罪立案侦查。

3. 与收买的不满十四周岁的幼女发生性关系的，不论被害人是否同意，均以奸淫幼女罪立案侦查。

4. 非法剥夺、限制被拐卖的妇女、儿童人身自由的，或者对其实施伤害、侮辱、猥亵等犯罪行为的，以非法拘禁罪，或者伤害罪、侮辱罪、强制猥亵妇女罪、猥亵儿童罪等犯罪立案侦查。

5. 明知被拐卖的妇女是现役军人的妻子而与之同居或者结婚的，以破坏军婚罪立案侦查。

（三）收买被拐卖的妇女、儿童后又出卖的，以拐卖妇女、儿童罪立案侦查。

（四）凡是帮助买主实施强奸、伤害、非法拘禁被拐卖的妇女、儿童等犯罪行为的，应当分别以强奸罪、伤害罪、非法拘禁罪等犯罪的共犯立案侦查。

（五）收买被拐卖的妇女、儿童，按照被买妇女的意愿，不阻碍其返回原居住地的，对被买儿童没有虐待行为，不阻碍对其进行解救的，可以不追究刑事责任。

第三节　破坏军婚罪审判实践中的疑难新型问题

问题　如何认定破坏军婚罪中的“同居”

【刑事审判参考案例】李某破坏军婚案[①]

一、基本案情

蚌埠市禹会区人民法院经审理查明：被害人彭某于2004年12月入伍，系现役军人。2015年10月份，彭某与侯某登记结婚，并于次年生育一子。被告人李某与侯某是同事关系，且知悉侯某的丈夫是现役军人。2018年8月份，李某与侯某在合肥宾馆发生两性关系。此后，双方多次在蚌埠市、合肥市、南京市、亳州市等地宾馆开房并共同居住，直至2020年6月份。其间，侯某于2019年6月生育一子侯某某。2020年7月份，彭某怀疑侯某与他人有不正当两性关系，遂委托深圳市核子生物科技有限公司进行亲子鉴定。同年7月8日，该公司认定彭某与侯某某之间非生物学父亲关系。此后，彭某向公安机关报案。2020年8月24日，李某到公安机关接受调查。2020年8月27日，经蚌埠市公安司法鉴定中心鉴定，李某是侯某某所属男性个体生物学父亲，亲权指数为5.10×10^{10}。现彭某与侯某之间的婚姻关系破裂。

---

① 朱军、汪润洲撰稿，于同志审编：《李某破坏军婚案——破坏军婚罪中“同居”的认定（第1457号）》，载最高人民法院刑事审判第一、二、三、四、五庭编：《刑事审判参考》（总第130辑），人民法院出版社2022年版，第75～79页。

蚌埠市禹会区人民法院认为，被告人李某明知侯某是现役军人的配偶，仍与侯某在多地宾馆发生两性关系，长期通奸并同居，并且生育一子，导致被害人彭某与侯某婚姻关系破裂，其行为已构成破坏军婚罪。公诉机关指控的犯罪事实和罪名成立，予以支持。综上，依照《刑法》第259条第1款之规定，判决如下：

被告人李某犯破坏军婚罪，判处有期徒刑一年。

一审宣判后，被告人李某不服，提出上诉。

安徽省蚌埠市中级人民法院经审理，依法驳回被告人李某上诉，维持原判。

二、主要问题

如何认定破坏军婚罪中的“同居”？

三、裁判理由

（一）我国现行法律对“军婚”的保护

《民法典》第181条规定：“现役军人的配偶要求离婚，应当征得军人同意，但是军人一方有重大过错的除外。”《刑法》第259条第1款规定：“明知是现役军人的配偶而与之同居或者结婚的，处三年以下有期徒刑或者拘役。”《国防法》第62条第3款规定：“国家采取有效措施保护军人的荣誉、人格尊严，依照法律规定对军人的婚姻实行特别保护。”可见，对军人婚姻实行特别保护是我国婚姻制度的一个重要特色，对现役军人婚姻作出特殊规定是立法保护军婚的重要举措，是党和国家的一贯政策，也是有关军人婚姻立法遵循的重要原则，这项政策和原则至今没有改变。无论是革命战争年代还是和平时期，军人对国家和平与发展都作出了巨大贡献，军队是国家安定和人民政权稳定的基础。军人生活的特点往往是无法和配偶经常生活在一起，对军人婚姻实行特别保护有利于维护部队广大官兵的切身利益，有利于消除军人的后顾之忧，有利于维护军队的稳定，符合我国的国情和军情，这也是拥军优属工作的一项重要内容。

（二）我国现行法律对“同居”的界定

《民法典》第1042条规定，禁止有配偶者与他人同居。该条规定属于婚姻家庭的禁止性规定。《最高人民法院关于适用〈中华人民共和国婚姻法〉若干问题的解释（一）》①第2条规定：“‘有配偶者与他人同居’的情形，是指有配偶者与婚外异性，不以夫妻名义，持续、稳定地共同居住。”《中华人民共和国民法典婚姻家庭编继承编理解与适用》②一书中载明：“有配偶者与他人婚外同居，主要是指有配偶者在与他人同居时，既不办理结婚登记，对外也不以夫妻名义相称的行为，其直接构成离婚的法定理由，同时无过错的配偶一方有权提起离婚损害赔偿请求。”目前《刑法》及相关刑事司法解释并未就“同居”作出明确规定。据此，本案中李某与侯某的行为是否构成法律意义上的“同居”，还需进一步分析。

（三）对“同居”的刑事认定

《刑法》第259条破坏军婚罪侵犯的是军人婚姻关系这一特殊的客体，保障的是现役

---

① 编者注：《婚姻法》为《民法典》所吸收后，该条规定依然适用。参考最高人民法院民法典贯彻实施工作领导小组主编：《中华人民共和国民法典婚姻家庭编继承编理解与适用》，人民法院出版社2021年版，第29页。

② 参见最高人民法院民法典贯彻实施工作领导小组主编：《中华人民共和国民法典婚姻家庭编继承编理解与适用》，人民法院出版社2021年版，第31页。

军人的婚姻权益。对破坏军婚罪中“同居”的认定在遵循刑法形式解释的同时，更应遵循对本罪实质意义上的解释，强调对军人婚姻产生实质性破坏的否定评价。

在司法实践中认定破坏军婚罪，关键是要划清“同居”与通奸的界限。所谓与现役军人的配偶“同居”，应当包括在较长时间内公开或者秘密地在一起生活的情形。这种关系以不正当的两性关系为基础，往往还伴有经济上和其他生活方面的特殊关系，显然不同于一般的通奸关系。通奸以临时性为特征，而“同居”则具有连续性、延续性。如果只是偶尔或断续地与现役军人的配偶通奸，不能认为是“同居”，也就不能以犯罪论处。《〈最高人民法院关于适用《中华人民共和国婚姻法》若干问题的解释（一）〉的理解与适用》[1] 一文中提及：在讨论过程中，有建议就同居问题规定出一个明确的期限，双方共同生活达到规定期限的，即可认定为同居。我国目前有些地方的法院已就本地区审理此类问题时作了时间上的界定。考虑到我国各地区实际情况不同，如果采取一刀切的做法，反而不利于具体案件的审理，不完全符合实际。现在的规定，相应地给办案法官以一定的裁量权，对法官的公正执法能力及法律素质都要求较高。可见，在司法实践中，需要根据具体案件的实际情况，结合时代的情感要求、通行的道德标准以及地区的文化风俗、宗教信仰等具体因素进行综合判断。同时应当考虑裁判的社会接受度、体制宽容度和可执行度等因素，不能刻板、僵化地执行法律，要确保裁判取得政治、法律、社会效果的有机统一。

有配偶者与他人同居应是持续、稳定的共同居住行为。如果双方仅偶尔或间隔地共同居住，如一夜情、嫖娼、通奸等，则该行为并不构成有配偶者与他人同居。此外，在判断共同居住行为是否具有持续性和稳定性时，也不应仅将同居的时间长短作为唯一的认定标准，而应结合案件具体情况，对双方同居时间的长短、同居关系稳定程度，以及同居频率等诸多因素进行综合考量，从而得出符合客观实际的结论。

通奸与同居并不是截然可分、一成不变的。通奸也可以转化为同居。从单独一次通奸来看，时间上有间断、地点亦不固定，但长期通奸关系保持一年以上，时间相对持续、地点相对固定，尤其是在经济上、生活上有着密切联系的，已具备同居的实质内容，对于婚姻尤其是军婚的破坏程度亦无异于同居，其实质已属于同居。破坏军婚罪保护的法益是现役军人的婚姻家庭关系，突出了现役军人配偶对婚姻的忠实义务。长期通奸造成军人婚姻关系破裂的，应当以破坏军婚罪追究刑事责任。《最高人民法院印发〈关于破坏军人婚姻罪的四个案例〉的通知》（法［研］发〔1985〕16 号）发布的案例明确，在办理破坏军人婚姻案件中遇到被告人与现役军人的配偶长期通奸造成军人夫妻关系破裂的严重后果类似情况的，应当适用《刑法》第 181 条[2]的规定予以判处，即明确将长期通奸造成军婚破坏的情形等同于同居行为。修订后的刑法关于破坏军婚罪的罪状并无变化。在关于破坏军婚罪中对“同居”的理解和适用应当保持一定的连续性和一致性，这对军婚的特别保护具有现实必要性和特殊重要性。

本案中，被告人李某在明知侯某丈夫是现役军人的情况下，仍然在将近两年的时间内多次多地与侯某在宾馆开房间发生性关系，共同居住，而且造成了生育一子的严重后果。彭某在得知侯某有婚外情以及侯某某并非亲生后，双方婚姻关系已达到实质破裂的

---

① 参见最高人民法院研究室编：《司法解释与审判指导》，中国法制出版社 2002 年版，第 3 页。

② 编者注：此处指 1979 年《刑法》。1979《刑法》与 1997《刑法》关于破坏军婚罪的罪状内容一致。

程度。李某的行为严重损害了现役军人的婚姻权益，已经对现役军人的婚姻关系产生了实质性的破坏，并造成不可逆转的影响。

综上，被告人李某的行为符合破坏军婚罪的构成要件，法院以破坏军婚罪追究其刑事责任是正确的。

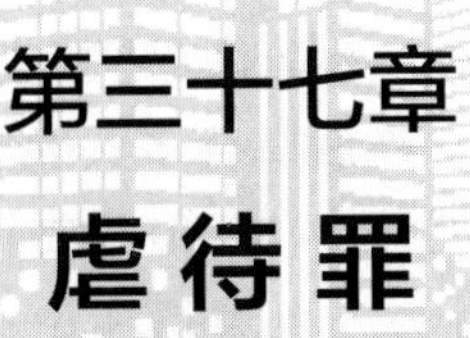

第三十七章 虐待罪

第一节 虐待罪概述

一、虐待罪概念及构成要件

虐待罪是指对共同生活的家庭成员，经常以打骂、冻饿、禁闭、有病不给治疗、强迫从事过度劳动等各种方法，从肉体上和精神上肆意进行摧残迫害，情节恶劣的行为。1997年《刑法》第260条对本罪作了规定，2015年《刑法修正案（九）》对本条第3款作了修改。

虐待罪的构成要件如下：（1）本罪侵犯的客体是家庭成员间的平等权利，同时也侵犯了受害人的人身权利。男女平等是我国《宪法》和《民法典》确定的一项基本原则，是我国婚姻家庭制度的根本标志。《宪法》第48条第1款和第49条第4款分别规定："中华人民共和国妇女在政治的、经济的、文化的、社会的和家庭的生活等各方面享有同男子平等的权利"；"禁止破坏婚姻自由，禁止虐待老人、妇女和儿童"。《民法典》第1041条第3款和第1042条分别规定："保护妇女、未成年人、老年人、残疾人的合法权益"；"禁止家庭暴力。禁止家庭成员间的虐待和遗弃"。虐待家庭成员的犯罪行为，是封建残余思想和利己主义思想在家庭关系中的反映。这种犯罪行为不仅破坏了家庭成员间的民主平等的关系，而且直接侵犯了被害人的人身权利，摧残了其身心健康，甚至威胁到被害人的生命安全，对其他家庭成员特别是青少年子女也会产生十分不利的影响。（2）本罪客观方面表现为各种虐待的行为。虐待的方式是多样的：有的是肉体折磨，如捆绑、殴打、冻饿等；有的是精神摧残，如侮辱、讽刺、限制行动自由等。2001年修正后的《婚姻法》设专章（第五章）对实施家庭暴力或者虐待家庭成员的救助措施和法律责任作了专门规定。《反家庭暴力法》第2条对"家庭暴力"进行了规定，即家庭暴力是指家庭成员之间以殴打、捆绑、残害、限制人身自由以及经常性谩骂、恐吓等方式实施的身体、精神等侵害行为。《最高人民法院关于适用〈中华人民共和国民法典〉婚姻家庭编的解释（一）》第1条对《民法典》中的"虐待"进行了规定，即持续性、经常性的

家庭暴力，可以认定为《民法典》第1042条、第1079条、第1091条所称的"虐待"。故家庭暴力与虐待并不完全等同，持续性、经常性的家庭暴力构成虐待，不能把家庭成员之间偶尔发生打架、吵骂的行为，视为虐待行为。根据法律规定，构成虐待罪除需具备以上要件外，还必须达到"情节恶劣"的程度。所谓情节恶劣，司法实践中一般是指虐待手段凶狠残忍的；对年老、年幼、患重病或者残废而不能独立生活的人实行虐待的；虐待动机卑鄙的；长期进行虐待的；先后虐待多人的等情形。实践中，有的父母教育子女的方法简单、粗暴，有时甚至打骂、体罚，但只要行为人不是有意对被害人肉体和精神上进行摧残和折磨，就不应对行为人以虐待罪论处，而应对该错误行为批评教育。(3) 本罪主体必须是与被害人之间具有一定的血亲关系、婚姻关系、收养关系，而且必须是共同生活在一个家庭内的成员。例如，夫妻、父母、子女（包括继父母、养子女）、祖父母、兄弟、姐妹等。非家庭成员的虐待行为，不能构成虐待罪。(4) 本罪主观方面由直接故意构成，即行为人有意识地对被害人进行肉体上、精神上的折磨和摧残。行为人实施虐待的动机是各种各样的。例如，夫妻一方为了达到离婚目的而故意虐待另一方；因妻子无法生育而受到公婆或者丈夫虐待等等。

《刑法》第260条规定，虐待家庭成员，情节恶劣的，处二年以下有期徒刑、拘役或者管制；犯前款罪，致使被害人重伤、死亡的，处二年以上七年以下有期徒刑；第一款罪，告诉才处理，但被害人没有能力告诉，或者因受到强制、威吓无法告诉的除外。

二、虐待罪案件审理情况

通过中国裁判文书网统计，2017年至2021年间，全国法院审结虐待罪刑事案件共计534件，其中2017年有89件，2018年有92件，2019年有124件，2020年有110件，2021年有119件。相较于其他常见犯罪，虐待罪刑事案件整体数量不多。

司法实践中，虐待罪主要是以自诉为主、公诉为辅，且虐待行为发生在共同生活的家庭成员之间，被害人出于不敢、不愿等各种原因未进行告发，故此类犯罪较为隐蔽，一般不易发现。

三、虐待罪案件审理热点、难点问题

1. 发生在家庭成员之间且情节恶劣的虐待行为才构成犯罪。实践中，一般家庭纠纷和一般的虐待行为与虐待罪的区别，如家庭成员之间发生打架、吵骂的行为；家庭成员之间一般的虐待行为是否按照虐待罪处理；何种虐待程度才构成虐待罪，在审判中又该如何把握。

2. 虐待家庭成员致人重伤、死亡的情形与故意伤害、故意杀人罪，又该如何区分定罪。

3. 关于家庭成员关系的认定问题。

4. 如何正确适用虐待罪第3款"告诉才处理"的原则，这些都是审判实践中的难点。

四、虐待罪案件审理思路及原则

（一）本罪的罪与非罪

1. 一般家庭纠纷与虐待罪。虐待行为是指经常给共同生活的家庭成员造成肉体上或者精神上痛苦的行为，必须是经常的、一贯的，并且情节恶劣，才能构成犯罪。持续性、经常性的家庭暴力，构成虐待。家庭成员之间偶尔发生打架、吵骂的行为，是一般的家庭纠纷，不能作为虐待处理。

2. 一般的虐待行为与虐待罪的区分。虐待行为情节恶劣的，才构成虐待罪。司法实践中，判断情节恶劣，主要可以从几个方面来考虑：一是虐待对象。对年老、年幼、患重病或者残废而不能独立生活的人实施虐待的，可以认定为情节恶劣。二是虐待动机。如夫妻一方为了离婚而故意虐待另一方；为了减少个人经济负担而虐待父母、子女；因妻子无法生育或未生男孩而受到婆家虐待的，可以认定为情节恶劣。三是虐待手段。虐待手段凶狠残忍，如采用针扎、开水烫、电击、皮带抽等手段的，可以认定为情节恶劣。四是虐待行为持续时间。长期进行虐待的，可以认定为情节恶劣。五是虐待频率。虽然虐待时间不长，但频繁多次虐待的，也可以认定为情节恶劣。六是行为后果。因虐待造成严重后果的，如致使被害人身体残疾、虐待致死、精神分裂、自杀身亡的，可以认定为情节恶劣。

对于虐待行为情节不恶劣、后果不严重的，应当采用批评教育的方式解决。尤其是父母对子女教育方法不当，简单粗暴，甚至打骂，但其主观上并不是有意识地对子女进行摧残、折磨，所以不能视为虐待而追究其刑事责任。但如果被虐待人要求处理的，可以依照《治安管理处罚法》第 45 条的规定，给予治安处罚，即处 5 日以下拘留或者警告。

（二）虐待致人重伤、死亡与故意伤害、故意杀人罪的区分

《刑法》第 260 条第 2 款规定了虐待致人重伤、死亡的情节及法律后果。虐待行为对被害人的肉体和精神造成折磨摧残，该手段行为和行为后果与故意伤害罪、故意杀人罪存在重合，区别主要在于：第一，主观故意的内容不同。虐待罪的故意内容，是使被虐待者肉体上、精神上受摧残和折磨，行为人并不想直接造成被害人伤害或者死亡的结果，而故意杀人罪、故意伤害罪则是故意以伤害或剥夺他人生命为目的，或者对自己的行为可能造成他人受伤或死亡的后果采取放任、不作为的态度。第二，手段行为的特点不同。从犯罪形态看，虐待行为属连续犯罪，具有经常性、一贯性，这是引起被害人致伤、致死的原因，一次虐待行为不足以构成虐待罪，更不足以造成被害人伤害、死亡结果的发生；而故意伤害罪、故意杀人罪一次行为即可构成。但是，如果在虐待的过程中，行为超过了虐待的限度，明显具有伤害、杀人的恶意且实施了严重的暴力行为，直接将被害人殴打成重伤，甚至直接杀害被害人的，应该认定为故意伤害罪或者故意杀人罪。第三，行为人与被害人之间的关系不同。虐待罪的行为人与被害人之间要限定为共同生活的家庭成员之间，而故意伤害罪、故意杀人罪则没有该限定。

（三）关于家庭成员关系的认定问题

主要由以下四种情形：一是由婚姻关系形成的家庭成员关系，如丈夫和妻子。二是有血缘关系形成的家庭成员关系，包括直系血亲关系而联系起来的父母、子女、孙子女、曾孙子女以及祖父母、曾祖父母、外祖父母等，也包括由旁系血亲而联系起来的兄、弟、姐、妹、叔、伯、姑、姨、舅等。三是由收养关系而形成的家庭成员关系，即养父母和养子女之间的关系。四是由其他关系所产生的家庭成员，现实生活中还存在区别于前三

种情形而形成的非法定义务的扶养关系，如同居关系、对孤寡老人的自愿赡养关系等。

（四）正确适用“告诉才处理”的原则

由于虐待罪是在家庭成员间发生的，虐待者与被虐待者之间有亲属关系，又是生活在同一个家庭中，被虐待者在经济上一般需要依靠虐待者；或者家庭其他成员中还有老幼需要虐待者扶养或抚养。在这种情况下，被虐待者往往只要求虐待者改正错误，使自己的处境得到适当改善，并不希望对被虐待者判刑。因此，《刑法》第 260 条第 3 款规定，构成虐待罪而没有致人重伤、死亡的，告诉的才处理，即只有被害人向司法机关控告的，才予以处理；控告后要求撤诉的，也应予准许。虐待致被害人重伤、死亡的，属公诉案件不在此限。

但是，对于被害人没有能力告诉，或者因受到强制、威吓无法告诉的，自诉案件则转为公诉案件，由检察机关提起公诉。《刑法修正案（九）》规定了“告诉才处理”的例外情形，旨在对有告诉意愿，但没有能力或条件告诉的人，予以特殊保护。需要指出的是，本款规定的例外情形，与《刑法》第 98 条规定的“代为告诉”不同。本款规定的例外情形下，虐待案件由自诉案件转为公诉案件；《刑法》第 98 条规定的仍然是自诉案件，只是在被害人无法告诉的，由人民检察院或近亲属代为告诉，被害人仍然可以撤诉。

（五）规范化量刑

《最高人民法院、最高人民检察院关于常见犯罪的量刑指导意见（试行）》对虐待罪的量刑并未作出规定，这是由于虐待罪主要是告诉才处理，司法实践中并不常见，尚未总结出一套成熟的量刑标准。在有关规定出台前，司法人员应当根据犯罪事实、犯罪性质、情节和社会危害程度，依照刑法和有关司法解释的规定判处刑罚。

第二节　虐待罪审判依据

我国一直倡导人人平等的家庭关系，然而在实际生活中，存在虐待家庭成员的行为，有的手段恶劣，造成严重后果，受害人也多为妇女、儿童、老人等弱势群体。为惩治这类行为，保护公民权利，维护家庭关系，1979 年《刑法》明确规定了虐待罪。1979 年《刑法》第 182 条规定：“虐待家庭成员，情节恶劣的，处二年以下有期徒刑、拘役或者管制。犯前款罪，引起被害人重伤、死亡的，处二年以上七年以下有期徒刑。第一款罪，告诉的才处理。”1979 年《刑法》考虑到虐待行为多发生在家庭内部，虐待行为的发生有其复杂的因素，刑法将一般的虐待行为规定为告诉才处理的犯罪，将启动刑事追诉的权利赋予受害家庭成员。这样有利于通过积极的调解予以解决，也有利于化解家庭矛盾，维系正常的家庭关系。

1997 年修订《刑法》时对本条作了修改，将“引起被害人死亡”的表述修改为“致使被害人死亡”。2015 年《刑法修正案（九）》对本条作了修改。在第 3 款中增加了“但被害人没有能力告诉，或者因受到强制、威吓无法告诉的除外”的规定。这样修改，主要是在《刑法修正案（九）》起草过程中，针对实践中发生的重病老人、儿童等被虐待者没有能力告诉或因受到强制、威吓无法告诉的情况，经广泛征求意见达成共识，为加强对弱势群体的保护，规定被害人没有能力告诉，或者因受到强制、威吓无法告诉的也按照公诉案件处理，即由国家主动介入追究虐待者的刑事责任。2020 年《刑法修正案（十一）》未对本条作出修改。

一、法律

《中华人民共和国刑法》（2020 年 12 月 26 日修正）

第二百六十条 虐待家庭成员，情节恶劣的，处二年以下有期徒刑、拘役或者管制。

犯前款罪，致使被害人重伤、死亡的，处二年以上七年以下有期徒刑。

第一款罪，告诉的才处理，但被害人没有能力告诉，或者因受到强制、威吓无法告诉的除外。

二、司法解释

《最高人民法院关于〈中华人民共和国刑法修正案（九）〉时间效力问题的解释》（2015 年 10 月 29 日 法释〔2015〕19 号）

第五条 对于 2015 年 10 月 31 日以前实施的刑法第二百六十条第一款规定的虐待行为，被害人没有能力告诉，或者因受到强制、威吓无法告诉的，适用修正后刑法第二百六十条第三款的规定。

三、刑事政策文件

《最高人民法院、最高人民检察院、公安部、民政部关于依法处理监护人侵害未成年人权益行为若干问题的意见》（2014 年 12 月 18 日 法发〔2014〕24 号）

一、一般规定

1. 本意见所称监护侵害行为，是指父母或者其他监护人（以下简称监护人）性侵害、出卖、遗弃、虐待、暴力伤害未成年人，教唆、利用未成年人实施违法犯罪行为，胁迫、诱骗、利用未成年人乞讨，以及不履行监护职责严重危害未成年人身心健康等行为。

二、报告和处置

14. 监护侵害行为可能构成虐待罪的，公安机关应当告知未成年人及其近亲属有权告诉或者代为告诉，并通报所在地同级人民检察院。

未成年人及其近亲属没有告诉的，由人民检察院起诉。

第三节 虐待罪审判实践中的疑难新型问题

问题1. 因虐待致使被害人不堪忍受而自残、自杀案件的定性

【典型案例】张某某虐待案①

一、基本案情

被告人张某某，男，1979年1月生。

被害人李某1，女，殁年41岁。

二人2004年年底结婚。张某某酗酒后经常因李某1婚前感情问题对其殴打，曾致李某1受伤住院、跳入水塘意图自杀。

2020年2月24日凌晨3时左右，张某某酗酒后在家中再次殴打李某1，用手抓住李某1头发，多次打其耳光，用拳头击打其胸部、背部。李某1被打后带着儿子前往其父亲李某2家躲避，将儿子放在父亲家后，在村西侧河道内投河自杀。后村民发现李某1的尸体报警。经鉴定，李某1系溺水致死。

山东省平原县公安局于2020年2月24日立案侦查，3月9日移送检察机关审查起诉。

2020年3月11日，山东省平原县人民检察院以涉嫌虐待罪对张某某决定逮捕，4月9日，对其提起公诉。

2020年8月28日，山东省平原县人民法院以虐待罪判处张某某有期徒刑六年。一审宣判后，张某某未上诉。

二、检察机关履职情况

1. 介入侦查，引导取证。因张某某在村外居住，村民对李某某是否被殴打不知情，张某某的父母也有包庇思想，被害人尸体无明显外伤，侦查初期证据收集较困难。检察机关介入侦查后，提出以殴打持续时间较长、次数较多作为取证方向。侦查机关根据李某某曾被殴打住院的线索，调取李某某就诊的书证，李某某的父亲、母亲、儿子、医生的证言等证据，证实张某某多次殴打李某某的事实。

2. 自行侦查，完善证据。审查起诉阶段，张某某辩解虽殴打过李某某，但李某某系迷信寻死，其殴打行为不是李某某自杀原因。检察机关开展自行侦查：一是询问李某某父亲，证实李某某案发当日口唇破裂、面部青肿；二是讯问张某某、询问李某某的儿子，证实李某某自杀前流露出悲观厌世的想法，被殴打后精神恍惚；三是询问张某某父母，因张某某被取保候审后殴打其父母，其父母不再包庇如实作证，证实张某某酗酒后经常殴打李某某。

3. 开展救助，解决当事人未成年子女生活问题。案发后，父亲被羁押，母亲离世，被害人未成年儿子生活无着。检察机关派员多次看望，为其申请司法救助，并向民政部门申请社会救助，使其基本生活得到保障。同时，依托省检察院与省妇联保护妇女儿童权益工作合作机制，经多方共同努力，使其进入职业技术学校学习劳动技能。

---

① 最高人民检察院2021年4月28日发布的6起依法惩治家庭暴力犯罪典型案例。

三、典型意义

1. 介入侦查、自行侦查，提升办案质效。发生在家庭成员间的犯罪，往往存在取证难、定性难等问题。检察机关通过介入侦查、自行侦查，围绕虐待持续时间、虐待次数、虐待手段、造成的后果以及因果关系等取证，从源头提高办案质量。

2. 准确适用虐待罪“致使被害人重伤、死亡”情节。“两高两部”《关于依法办理家庭暴力犯罪案件的意见》规定，因虐待致使被害人不堪忍受而自残、自杀，导致重伤或者死亡的，属于《刑法》第260条第2款规定的虐待“致使被害人重伤、死亡”。

3. 延伸检察职能，关爱家暴案件未成年子女。夫妻间发生的虐待案件，一方因虐待致死，一方被定罪服刑，往往造成未成年子女精神创伤、失管失教、生活困难。检察机关办案过程中，注重协同相关部门和社会力量，对未成年人提供心理辅导、家庭教育指导、经济帮扶等，助力未成年人健康成长。

问题2. 虐待过程中过失导致被害人重伤或者死亡案件的定性

【典型案例】胡某某虐待案①

一、基本案情

被告人胡某某，女，1989年11月生。

被害人曹某某，女，殁年6岁，系胡某某次女。

曹某某生前主要跟爷爷奶奶生活，后因上学搬来与母亲同住。2019年2月至4月间，胡某某照顾曹某某日常生活、学习中，经常因曹某某“尿裤子”“不听话”“不好好写作业”等以罚跪、“蹲马步”等方式体罚曹某某，并多次使用苍蝇拍把手、衣撑、塑料拖鞋等殴打曹某某。

2019年4月2日早7时许，胡某某又因曹某某尿裤子对其责骂，并使用塑料拖鞋对其殴打，后胡某某伸手去拉曹某某，曹某某后退躲避，从二楼楼梯口处摔下，经抢救无效当日死亡。经检验，曹某某头部、面部、背臀部、胸腹部及四肢等多处表皮剥脱、伴皮下出血。其中，右大腿中段前侧两处皮肤缺损，达到轻伤二级程度。

河南省淮滨县公安局于2019年4月3日立案侦查，6月17日移送检察机关审查起诉。

2019年9月6日，淮滨县人民检察院以胡某某涉嫌虐待罪提起公诉。

2020年1月6日，淮滨县人民法院以虐待罪判处胡某某有期徒刑四年六个月。一审宣判后，胡某某未上诉。

二、检察机关履职情况

1. 提前介入，引导侦查。检察机关第一时间介入侦查提出建议：一是全面提取案发现场的客观性证据，如拖鞋、苍蝇拍等，以印证胡某某的供述；二是围绕死者生活、学习轨迹，走访学校、亲属等，查明死者案发前生活、学习及平时被虐待的情况；三是通过尸检报告、伤情鉴定、理化检验报告等，查明死者损伤原因及死因。经侦查查明胡某某虐待致曹某某周身多处损伤、死亡的犯罪事实。

2. 准确适用法律，充分释法说理。被害人的父亲曹某飞及其他近亲属提出，曹某某是被伤害致死，为此多次上访。检察机关就定性、法律适用问题开展听证，邀请曹某某

---

① 最高人民检察院2021年4月28日发布的6起依法惩治家庭暴力犯罪典型案例。

的近亲属、人大代表、政协委员、人民监督员、律师代表等参与。检察机关对胡某某的行为性质及可能受到的处罚进行了论证说理。通过听证，曹某某的近亲属对检察机关的意见表示理解、认同。

3. 推动制度落实，形成保护合力。检察机关以本案为契机，结合近五年辖区内发生的侵害未成年人刑事案件调研分析，针对相关部门在落实强制报告制度过程中的薄弱环节，向相关部门发出检察建议。在检察机关推动下，由政法委牵头，检察机关联合公安、教育、民政等部门建立预防侵害未成年人权益联席会议制度，有效筑牢未成年人权益保护的"防护墙"。

三、典型意义

1. 通过引导取证，查清事实准确定性。未成年人的监护人在较长一段时期内持续殴打、体罚子女，情节恶劣的，应当依法以虐待罪定罪处罚。检察机关通过介入侦查，引导侦查机关在案发初期及时固定证据，为案件性质认定筑牢事实、证据基础。

2. 准确区分故意伤害致人死亡、虐待致人死亡、意外事件的界限。根据"两高两部"《关于依法办理家庭暴力犯罪案件的意见》规定，被告人主观上不具有侵害被害人健康或者剥夺被害人生命的故意，而是出于追求被害人肉体和精神上的痛苦，长期或者多次实施虐待行为，逐渐造成被害人身体损害，过失导致被害人重伤或者死亡的，属于虐待"致使被害人重伤、死亡"，应以虐待罪定罪处罚。本案被害人的死亡结果虽然不是虐待行为本身所导致，但被害人的后退躲避行为是基于被告人的虐待行为产生的合理反应，死亡结果仍应归责于被告人，属于虐待"致使被害人重伤、死亡"，不属于意外事件。

3. 注重发挥各方作用，构建联动保护机制。检察机关推动家暴案事件报告制度落实落细，堵塞管理漏洞。加强与相关部门联动，促进完善制度机制，形成司法保护、家庭保护、学校保护、政府保护、社会保护的有效衔接。

问题3. 长期虐待过程中部分虐待行为构成故意伤害罪的案件定性

【典型案例】王某某故意伤害、虐待案①

一、基本案情

被告人王某某系被害人张某1（女，出生于2001年4月）的继母。2009年5月19日晚，王某某在家中用筷子将张某1咽部捅伤，致张某1轻伤。

另查明，被告人王某某自2005年开始与张某1共同生活，其间经常趁张某1生父张某2不在家时，多次对张某1实施打骂、用铅笔扎等虐待行为。2005年春季的一天，王某某用吹风机将张某1的头皮和耳朵烫伤。2008年12月的一天，王某某在家中将张某1的嘴唇撕裂，次日上午张某1至医院缝了三针并留下疤痕。

二、裁判结果

河北省盐山县人民检察院以被告人王某某犯故意伤害罪，向盐山县人民法院提起公诉。在审理过程中，自诉人张某1及其法定代理人、张某1的生母、张某2以被告人王某某犯虐待罪，向盐山县人民法院提起告诉。盐山县人民法院经审理认为，被告人王某某故意用筷子戳刺继女张某1的咽喉，造成张某1轻伤，其行为已构成故意伤害罪；王某某

---

① 最高人民法院2014年5月28日发布的5起依法惩治侵犯儿童权益犯罪典型案例。

在与张某1共同生活期间，对张某1实施殴打、用铅笔尖扎、用吹风机烫头皮、撕嘴唇等虐待行为，情节恶劣，其行为已构成虐待罪。应依法惩处。依照刑法规定，判决被告人王某某犯故意伤害罪，判处其有期徒刑二年；犯虐待罪，判处其有期徒刑一年，决定执行有期徒刑三年。

宣判后，被告人王某某提出上诉。河北省沧州市中级人民法院经依法审理，裁定驳回上诉，维持原判。

三、典型意义

本案是一起典型的继母对未成年子女实施家庭暴力构成犯罪的案件，其中反映出两点尤其具有参考意义：一是施暴人实施家庭暴力，往往是一个长期、反复的过程。在这一过程中，大部分家庭暴力行为，依照刑法的规定构成虐待罪，但其中又有一次或几次家庭暴力行为，已经符合了刑法规定的故意伤害罪的构成要件，依法构成故意伤害罪。依照刑事诉讼法的规定，故意伤害罪属于公诉案件，虐待罪没有致被害人重伤、死亡的属于自诉案件。人民检察院只能对被告人犯故意伤害罪提起公诉，自诉人可以对被告人犯虐待罪另行提起告诉（即自诉）。人民法院可以将相关公诉案件和自诉案件合并审理。这样处理，既便于在事实、证据的认定方面保持一致，也有利于全面反映被告人实施家庭暴力犯罪的多种情节，综合衡量应当判处的刑罚，还有利于节省司法资源。本案的审判程序即反映出涉及家庭暴力犯罪案件“公诉、自诉合并审理”的特点。二是未成年子女的亲生父母离婚后，对该子女的监护权都是法定的，没有权利放弃、转让，不论是否和该子女共同居住，仍然属于该子女的法定代理人。在未成年子女遭受侵害的时候，未与该子女共同生活的一方，仍然可以以法定代理人的身份，代为提起告诉。本案被害人张某1的生母张某3，在与张某1的生父张某2离婚后，虽然没有与张某1共同生活，但其作为张某1的法定代理人，代张某1向人民法院提起虐待罪告诉，是合乎法律规定的。

【刑事政策文件】

《最高人民法院、最高人民检察院、公安部、司法部印发〈关于办理家庭暴力犯罪案件的意见〉的通知》（2015年3月2日　法发〔2015〕4号）

三、定罪处罚

17. ……

准确区分虐待犯罪致人重伤、死亡与故意伤害、故意杀人犯罪致人重伤、死亡的界限，要根据被告人的主观故意、所实施的暴力手段与方式、是否立即或者直接造成被害人伤亡后果等进行综合判断。对于被告人主观上不具有侵害被害人健康或者剥夺被害人生命的故意，而是出于追求被害人肉体和精神上的痛苦，长期或者多次实施虐待行为，逐渐造成被害人身体损害，过失导致被害人重伤或者死亡的；或者因虐待致使被害人不堪忍受而自残、自杀，导致重伤或者死亡的，属于刑法第二百六十条第二款规定的虐待“致使被害人重伤、死亡”，应当以虐待罪定罪处罚。对于被告人虽然实施家庭暴力呈现出经常性、持续性、反复性的特点，但其主观上具有希望或者放任被害人重伤或者死亡的故意，持凶器实施暴力，暴力手段残忍，暴力程度较强，直接或者立即造成被害人重伤或者死亡的，应当以故意伤害罪或者故意杀人罪定罪处罚。

……

问题4. 虐待罪主体构成要件中“家庭成员”的认定

【刑事审判参考案例】朱某1虐待案①

一、基本案情

武汉市汉阳区人民法院经公开审理查明：1998年9月，被告人朱某1与被害人刘某1（女，殁年31岁）结婚。2007年11月，二人协议离婚，但仍以夫妻名义共同生活。2006年至2011年期间，朱某1多次因感情问题以及家庭琐事对刘某1进行殴打，致使刘某1多次受伤。2011年7月11日，朱某1又因女儿教育问题和怀疑女儿非自己亲生等事项再次与刘某1发生争执。朱某1拿皮带对刘某1进行殴打，致使刘某1持匕首自杀。朱某1随即将刘某1送医院抢救。经鉴定，刘某1体表多处挫伤，因被锐器刺中左胸部致心脏破裂大失血，抢救无效死亡。

另查明，朱某1在将刘某1送往医院后，主动打电话报警，后公安人员将朱某1带回审查，朱某1如实供述了殴打刘某1的犯罪事实。

武汉市汉阳区人民法院认为，被告人朱某1经常性、持续性地采取殴打等手段损害家庭成员身心健康，致使被害人刘某1不堪忍受身体上和精神上的摧残而自杀身亡，朱某1的行为构成虐待罪。关于朱某1及其辩护人所提朱某1不构成虐待罪的相关辩解、辩护意见，经查：（1）刘某1手写的1998年至2005年期间被朱某1多次殴打及精神虐待的记录；证人朱某2、许某某、刘某2、周某某等的证言，均证明朱某1长期殴打刘某1致使其身体和精神受到侵害；2001年1月、2006年1月、2011年3月和6月朱某1实施的几次比较严重的殴打行为，有刘某1的伤情照片以及刘某1受伤后至医院治疗的数份门诊病历、出院记录、出院诊断证明等证据予以证实，故朱某1对刘某1的虐待具有经常性、持续性。（2）朱某1与刘某1于2007年10月协议离婚后，仍以夫妻名义共同生活，共同抚养子女，相互之间存在扶养关系，双方亲属和周围群众也认为二人是夫妻，故刘某1与朱某1应当认定为同一家庭成员。（3）由于朱某1长期、多次对刘某1进行虐待，致使刘某1无法忍受而自杀死亡，朱某1的虐待行为与刘某1的死亡结果之间具有刑法上的因果关系。综上，对上述辩解、辩护意见不予采纳。关于朱某1及其辩护人所提请求从轻处罚的意见，情况属实，理由成立，予以采纳。据此，依照《刑法》第260条第2款、第67条第1款以及《最高人民法院关于处理自首和立功具体应用法律若干问题的解释》第1条之规定，武汉市汉阳区人民法院以被告人朱某1犯虐待罪，判处有期徒刑五年。

一审宣判后，被告人朱某1不服，以“没有实施虐待行为，一审判决定罪不准，量刑过重等”为由向武汉市中级人民法院提起上诉。

武汉市中级人民法院经审理认为，被告人朱某1虐待共同生活的家庭成员刘某1，致使刘某1自杀身亡，其行为构成虐待罪。作案后朱某1具有自首情节，一审已对其依法从轻处罚，故朱某1所提上诉理由不能成立。一审判决认定的事实清楚，证据确实、充分，定罪准确，量刑适当，审判程序合法。依照《刑事诉讼法》（1996年）第189条第1项之规武汉市中级人民法院裁定驳回上诉，维持原判。

---

① 孔磊、唐俊杰撰稿，冉容审编：《朱某某虐待案——夫妻离婚后仍然共同生活的，属于虐待罪犯罪主体构成要件中的“家庭成员”（第998号）》，载最高人民法院刑事审判第一、二、三、四、五庭主办：《刑事审判参考》（总第98集），法律出版社2014年版，第125～130页。

二、主要问题

夫妻离婚后仍然共同生活的，是否属于虐待罪主体构成要件中的“家庭成员”？

三、裁判理由

根据《刑法》第260条的规定，虐待家庭成员情节恶劣的，构成虐待罪。犯虐待罪，致使被害人重伤、死亡的，属于加重情节。虐待罪对犯罪主体和犯罪对象的身份有特别要求，只能发生在家庭成员之间。本案被告人朱某1长期、多次对被害人刘某1实施身体上和精神上的摧残与折磨，致使刘某1不堪忍受而自杀身亡。由于朱某1与刘某1在案发三年前就已离婚，此后虽然仍在一起共同生活，但是否能够认定为家庭成员，合议庭存在不同看法，主要形成两种意见：一种意见认为，朱某1、刘某1不属于同一家庭成员，理由是二人已经离婚，即使仍在一起共同生活，也只能认定二人系同居关系，而不属于家庭成员；另一种意见认为，朱某1、刘某1属于同一家庭成员，理由是二人虽已离婚，但仍以夫妻名义在同一家庭中共同生活、共同扶养子女、购置房产、履行夫妻间的权利义务，无论是朱某1还是刘某1，以及双方的亲属和周围群众，都认为二人仍然是夫妻，故应当将刘某1认定为朱某1的家庭成员。

我们赞同后一种意见，理由如下。

（一）关于“家庭成员”的法律规定及其理解

关于“家庭成员”的具体含义，刑法及相关司法解释均未明确作出规定。从立法沿革分析，1979年《刑法》将虐待罪设立在妨碍婚姻家庭罪一章，主要的考虑在于该罪属于与婚姻家庭有关的犯罪，处罚的是严重破坏婚姻家庭关系的行为。1997年《刑法》将该罪建立在侵犯公民人身权利民主权利罪一章，但该罪的犯罪主体和犯罪对象仍然限定为家庭成员，调整的仍然是发生在家庭内部的、侵害家庭关系的行为。

我国民法关于家庭成员的规定也不明确、完整。如《婚姻法》没有对家庭成员的具体含义作出明确规定。《婚姻法》第三章“家庭关系”中列举了夫与妻，父母与子女（包括婚生或非婚生子女，合法的养子女和继子女），祖父母、外祖父母与孙子女、外孙子女以及兄姐弟妹四类家庭关系，但除了这四类家庭关系外，是否还有其他主体之间的关系也属于家庭关系，婚姻法没有作出规定。从大众的通常观念来看，婚姻法没有将儿媳与公婆、女婿与岳父母等关系作为家庭成员关系予以规定，似有不足。再如，根据《收养法》第17条的规定，孤儿或者生父母无力抚养的子女，可以由生父母的亲属、朋友抚养，且这种关系不适用收养关系。如果具有这种事实抚养关系的主体之间，一方对另一方实施虐待行为，对侵害人不以虐待罪处罚，难以被社会所接受，也不符合公平正义理念。因此，我们认为，这种具有事实抚养关系的主体之间，也应当认定为家庭成员。

由此可见，对于家庭成员的认定，不能仅限于具有婚姻法规定的基于婚姻和血亲基础形成的四类家庭关系的主体，对于具有同居、扶养、寄养等“类家庭”关系的主体，也应纳入家庭成员的范畴。事实上，联合国文件以及很多国家、地区的立法规定，都已经把具有“类家庭”关系的主体规定为家庭成员。如联合国《反对针对妇女暴力的立法框架》规定，反对家庭暴力的立法应该至少适用于：目前正处于或曾经有过亲密关系的个人，包括婚姻、非婚、同居关系；与他人有家庭关系的个人；同一住户的成员。上述规定关于家庭成员的定义，不只是为了与公众的通常观念保持一致，而是为了更好地解决传统意义上的家庭成员以及“类家庭”成员之间出现的法律问题，保护儿童、老人和妇女等弱势群体的权利，促进家庭和谐，维护社会稳定。这种立法规定既是社会文明进

步的标志，也是维护和保障人权的一项措施。因此，我们认为，在司法实践中，对家庭成员的界定宜作宽泛理解，除了婚姻法规定的具有四类家庭关系的主体外，具有恋爱、同居、扶养等关系的主体，也应当视为“家庭成员”。

（二）夫妻离婚后仍然在一起共同生活的，应当认定为家庭成员

夫妻离婚后仍然在一起共同生活的，二人之间的关系与婚姻法规定的夫妻关系相比，除了没有履行婚姻登记手续以及其在民事法律关系上有别于夫妻之外，其余方面差别不大。双方具有夫妻之间特有的亲密关系，无论是从大众的通常观念来看，还是出于司法实践的需要，都应当将之认定为家庭成员：

1. 从通常观念来看，夫妻离婚后仍然在一起共同生活的，二人之间的情感关系和社会关系都体现出家庭成员的特征，夫妻关系也得到社会明示或者默许的认同，离婚前形成的家庭关系仍然在延续。本案被告人朱某1和被害人刘某1，虽然二人已协议离婚，但此后一直以夫妻名义在同一家庭中共同生活、共同抚养子女、共同购置房产，相互履行夫妻之间的权利和义务。无论是当事人自己，还是双方亲属及周围群众，都认为二人仍然是夫妻，故朱某1和刘某1应当认定为同一家庭成员。

2. 从司法实践需要来看，夫妻离婚后仍然在一起共同生活的，如果一方对另一方实施虐待行为，采取各种手段对被害人进行身体和精神上的摧残，这种虐待行为与法定夫妻之间的虐待行为并无差异。如果不将侵害人和被害人认定为家庭成员，势必出现同样严重的虐待行为，若是发生在法定夫妻之间，则被害人可以虐待罪追究侵害人的刑事责任；但若二人离婚，则被害人无权就虐待行为提起告诉，无法追究侵害人的刑事责任。同样的侵害行为，同样的侵害主体，仅因一张离婚证书之故，就可能出现罪与非罪的迥然不同的结果，这严重违背了任何人犯罪都应平等适用法律的基本原则。因此，为了保护被害人的合法权益，夫妻离婚后仍然在一起共同生活的，如果一方对另一方实施虐待，只要达到了情节恶劣的程度，就应当以虐待罪对侵害人进行惩处，而不能因一张离婚证书就免受刑事责任追究。本案中，无论是在被告人朱某1和被害人刘某1婚姻关系存续期间还是在二人协议离婚之后，朱某1均对刘某1实施过多次殴打，对刘某1造成了严重的身体和精神侵害。案发当日，朱某1再次对刘某1进行殴打，致使刘某1因无法继续忍受而自杀身亡。朱某1对刘某1的死亡后果承担刑事责任符合法理常情。

综上，一、二审法院将被害人刘某1认定为被告人朱某1的家庭成员，对朱某1以虐待罪判处有期徒刑五年是正确的。

问题5. 父母虐待亲生子女致其重伤的量刑问题

【典型案例】王某某虐待案[①]

一、基本案情

2010年6月，被告人王某某与丈夫廖某1离异并获得女儿廖某2（被害人，2007年1月出生）的抚养权，后王某某将廖某2带至上海生活。2014年6月至2015年4月，王某某在家全职照顾女儿廖某2学习、生活。其间，王某某以廖某2撒谎、学习不用功等为由，多次采用用手打、拧，用牙咬，用脚踩，用拖鞋、绳子、电线抽，让其冬天赤裸躺

① 最高人民法院2017年6月1日发布的6起依法惩治侵害未成年犯罪典型案例。

在厨房地板上，将其头塞进马桶，让其长时间练劈叉等方式进行殴打、体罚，致廖某2躯干和四肢软组织大面积挫伤。虽经学校老师、邻居多次劝说，王某某仍置若罔闻。经鉴定，廖某2的伤情已经构成重伤二级。

二、裁判结果

上海市长宁区人民法院经审理认为，被告人王某某以教育女儿廖某2为由，长期对尚未成年的廖某2实施家庭暴力，致廖某2重伤，其行为已构成虐待罪。鉴于王某某案发后确有悔改表现，并表示愿意接受心理干预、不再以任何形式伤害孩子，对其适用缓刑不致再危害其孩子及社会，法院依法判决：被告人王某某犯虐待罪，判处有期徒刑二年，缓刑二年；被告人王某某于缓刑考验期起六个月内，未经法定代理人廖某1同意，禁止接触未成年被害人廖某2及其法定代理人廖某1。宣判后，王某某未提出上诉，检察机关未抗诉，判决已发生法律效力。

三、典型意义

本案是一起母亲虐待亲生女儿致重伤被判刑的典型案例。被告人王某某身为单亲母亲，独自抚养孩子，承受较大的家庭和社会压力，其爱子之心可鉴，望女成才之愿迫切，但采取暴力手段教育孩子，并造成重伤的严重后果，其行为已经远远超越正常家庭教育的界限，属于家庭暴力。这不仅不能使孩子健康成长，反而给孩子造成了严重的身心伤害，自己也受到了法律的制裁。

实践中，监护人侵害其所监护的未成年人的现象时有发生，但由于未成年人不敢或无法报警，难以被发现。有的即使被发现，因认为这是父母管教子女，属于家务事，一般也很少有人过问，以致此类案件有时难以得到妥善处理。长此以往，导致一些家庭暴力持续发生并不断升级。2016年3月1日施行的《反家庭暴力法》，正式确立了学校、医院、村（居）民委员会、社会服务机构等单位发现儿童遭受家庭暴力后有强制报告的义务。本案即是被害人的老师发现被害人身上多处伤痕后，学校报警，公安机关及时立案，得以使本案进入司法程序。未成年人的健康成长，不仅需要家长关爱，也需要全社会的共同关爱和法律的强有力保障。本案中，公安、民政、教育等部门及时向被害人伸出了援助之手，使得被害人的合法权益得到了及时有效的保护。

问题6. 虐待罪的定罪量刑标准

【实务专论】①

2. 明确虐待罪入罪与认定标准。采取殴打、冻饿、强迫过度劳动、限制人身自由、恐吓、侮辱、谩骂等手段，对家庭成员的身体和精神进行摧残、折磨，是实践中较为多发的虐待性质的家庭暴力。依照刑法规定，虐待罪以虐待行为情节恶劣为入罪要件，但因为情节恶劣的具体标准不够明确，导致司法实践中对虐待罪的立案、定罪存在一定困难。《最高人民法院、最高人民检察院、公安部、司法部关于依法办理家庭暴力犯罪案件的意见》第17条结合司法实践经验，对虐待行为情节恶劣的情形进行了细化，规定以下四种情形可以认定为情节恶劣，以虐待罪定罪处罚：第一，虐待持续时间较长、次数较

---

① 杨万明、薛淑兰、唐俊杰：《〈关于依法办理家庭暴力犯罪案件的意见〉的理解与适用》，载《人民司法·应用》2015年第9期。

多的。起草过程中有意见提出，应当对虐待持续时间和次数进一步明确，但考虑到生活中的虐待情形多种多样，有的持续时间长但次数并不多，有的持续时间短但次数却很频繁，不宜对时间和次数作绝对化规定，故最终没有采纳该种意见，只是将虐待时间和次数明确提出来作为入罪考量因素之一。但是应当指出，虐待时间和次数是反映虐待严重程度的重要体现，对于长达半年的隔三差五的虐待行为，显然应当认定为情节恶劣。第二，虐待手段残忍的。调研发现，生活中将被害人吊起来毒打，或者是采取针扎、烟头烫、开水浇等残忍手段实施虐待的并不少见。这类虐待行为严重背离亲情伦理，往往造成极其恶劣的社会影响，应当依法惩处。第三，虐待造成被害人轻微伤或者患较严重疾病的。调研发现，一些虐待行为造成了被害人轻微伤，因未达到轻伤程度，无法以故意伤害罪论处，也没有以虐待罪处罚。事实上，依照《人体损伤程度鉴定标准》，虐待即使是造成轻微伤程度的损害后果，如外伤后听力减退、眼球损伤影响视力、肋软骨骨折、外伤性先兆流产等，危害也并非不严重，具有犯罪化处理的必要。同时，考虑到虐待罪的法定刑比故意伤害罪要低，以轻微伤作为入罪标准，与故意伤害罪以轻伤作为入罪标准，两罪的危害后果与法定刑设置能够大致匹配，合理衔接。至于虐待造成被害人患较严重的疾病的规定，同样是基于从严处理该类虐待行为的需要。如长期逼迫被害人住在潮湿场所，造成被害人患严重风湿疾病、行走困难的。“较严重疾病”属于开放性用语，外延比较广泛，难以一一列举，具体认定时，一般可以从是否对被害人身体外观或器官功能造成较大影响、是否反复发作难以治愈、是否对生命健康具有较大危险、是否需要立即住院治疗等方面进行把握。第四，对未成年人、老年人、残疾人、孕妇、哺乳期妇女、重病患者实施较为严重的虐待行为的。认定较为严重的虐待行为，仍然需要从虐待的情节、手段、后果等方面综合判断，适当低于对其他家庭成员实施虐待构成犯罪的程度要求，这也是对未成年人等群体进行特殊保护原则的体现。

实践中，虐待犯罪致人重伤、死亡与故意伤害、故意杀人犯罪致人重伤、死亡容易产生混淆。为了实现准确定罪、罪刑相适应，《最高人民法院、最高人民检察院、公安部、司法部关于依法办理家庭暴力犯罪案件的意见》第 17 条还对相关犯罪的主、客观方面进行了细致辨析，明确对于主观上追求被害人肉体和精神上的痛苦，长期、多次实施虐待逐渐造成被害人身体损害导致重伤、死亡，或者致使被害人因不堪忍受虐待而自残、自杀导致重伤、死亡的，应当以虐待罪定罪处罚；对于希望或者放任被害人重伤、死亡，持凶器实施暴力，暴力手段残忍，暴力程度较强，直接或者立即造成被害人重伤或者死亡的，应当以故意伤害罪或者故意杀人罪定罪处罚。

根据《最高人民法院、最高人民检察院、公安部、司法部关于依法办理家庭暴力犯罪案件的意见》第 17 条规定，在具体适用虐待罪时还需要注意以下两点：第一，多数情形下的虐待表现出经常性、一贯性的特征，《最高人民法院关于适用〈中华人民共和国婚姻法〉若干问题的解释（一）》第 1 条也规定“持续性、经常性的家庭暴力，构成虐待”，但虐待并不限于经常性、一贯性的行为。如虐待手段残忍，或者虐待造成被害人轻微伤的，即使只实施了一次虐待，也有可能构成虐待罪。换言之，虐待罪不以虐待行为的经常性、一贯性为入罪要件。第二，应当准确区分虐待犯罪与因教育方法简单粗暴而打骂、体罚子女行为的界限。一般可以从起因上是否为了教育子女，主观上是出于虐待还是体罚的故意，手段上是否明显超过正常管教、约束的限度，后果上是否造成较为严重的身体损害等方面进行判断。

【刑事政策文件】

《最高人民法院、最高人民检察院、公安部、司法部印发〈关于办理家庭暴力犯罪案件的意见〉的通知》（2015 年 3 月 2 日 法发〔2015〕4 号）

三、定罪处罚

16. 依法准确定罪处罚。对故意杀人、故意伤害、强奸、猥亵儿童、非法拘禁、侮辱、暴力干涉婚姻自由、虐待、遗弃等侵害公民人身权利的家庭暴力犯罪，应当根据犯罪的事实、犯罪的性质、情节和对社会的危害程度，严格依照刑法的有关规定判处。对于同一行为同时触犯多个罪名的，依照处罚较重的规定定罪处罚。

17. 依法惩处虐待犯罪。采取殴打、冻饿、强迫过度劳动、限制人身自由、恐吓、侮辱、谩骂等手段，对家庭成员的身体和精神进行摧残、折磨，是实践中较为多发的虐待性质的家庭暴力。根据司法实践，具有虐待持续时间较长、次数较多；虐待手段残忍；虐待造成被害人轻微伤或者患较严重疾病；对未成年人、老年人、残疾人、孕妇、哺乳期妇女、重病患者实施较为严重的虐待行为等情形，属于刑法第二百六十条第一款规定的虐待"情节恶劣"，应当依法以虐待罪定罪处罚。

准确区分虐待犯罪致人重伤、死亡与故意伤害、故意杀人犯罪致人重伤、死亡的界限，要根据被告人的主观故意、所实施的暴力手段与方式、是否立即或者直接造成被害人伤亡后果等进行综合判断。对于被告人主观上不具有侵害被害人健康或者剥夺被害人生命的故意，而是出于追求被害人肉体和精神上的痛苦，长期或者多次实施虐待行为，逐渐造成被害人身体损害，过失导致被害人重伤或者死亡的；或者因虐待致使被害人不堪忍受而自残、自杀，导致重伤或者死亡的，属于刑法第二百六十条第二款规定的虐待"致使被害人重伤、死亡"，应当以虐待罪定罪处罚。对于被告人虽然实施家庭暴力呈现出经常性、持续性、反复性的特点，但其主观上具有希望或者放任被害人重伤或者死亡的故意，持凶器实施暴力，暴力手段残忍，暴力程度较强，直接或者立即造成被害人重伤或者死亡的，应当以故意伤害罪或者故意杀人罪定罪处罚。

依法惩处遗弃犯罪。负有扶养义务且有扶养能力的人，拒绝扶养年幼、年老、患病或者其他没有独立生活能力的家庭成员，是危害严重的遗弃性质的家庭暴力。根据司法实践，具有对被害人长期不予照顾、不提供生活来源；驱赶、逼迫被害人离家，致使被害人流离失所或者生存困难；遗弃患严重疾病或者生活不能自理的被害人；遗弃致使被害人身体严重损害或者造成其他严重后果等情形，属于刑法第二百六十一条规定的遗弃"情节恶劣"，应当依法以遗弃罪定罪处罚。

准确区分遗弃罪与故意杀人罪的界限，要根据被告人的主观故意、所实施行为的时间与地点、是否立即造成被害人死亡，以及被害人对被告人的依赖程度等进行综合判断。对于只是为了逃避扶养义务，并不希望或者放任被害人死亡，将生活不能自理的被害人弃置在福利院、医院、派出所等单位或者广场、车站等行人较多的场所，希望被害人得到他人救助的，一般以遗弃罪定罪处罚。对于希望或者放任被害人死亡，不履行必要的扶养义务，致使被害人因缺乏生活照料而死亡，或者将生活不能自理的被害人带至荒山野岭等人迹罕至的场所扔弃，使被害人难以得到他人救助的，应当以故意杀人罪定罪处罚。

18. 切实贯彻宽严相济刑事政策。对于实施家庭暴力构成犯罪的，应当根据罪刑法定、罪刑相适应原则，兼顾维护家庭稳定、尊重被害人意愿等因素综合考虑，宽严并用，区别对待。根据司法实践，对于实施家庭暴力手段残忍或者造成严重后果；出于恶意侵占财产等卑劣动机实施家庭暴力；因酗酒、吸毒、赌博等恶习而长期或者多次实施家庭暴力；曾因实施家庭暴力受到刑事处罚、行政处罚；或者具有其他恶劣情形的，可以酌情从重处罚。对于实施家庭暴力犯罪情节较轻，或者被告人真诚悔罪，获得被害人谅解，从轻处罚有利于被扶养人的，可以酌情从轻处罚；对于情节轻微不需要判处刑罚的，人民检察院可以不起诉，人民法院可以判处免予刑事处罚。

对于实施家庭暴力情节显著轻微危害不大不构成犯罪的，应当撤销案件、不起诉，或者宣告无罪。

人民法院、人民检察院、公安机关应当充分运用训诫，责令施暴人保证不再实施家庭暴力，或者向被害人赔礼道歉、赔偿损失等非刑罚处罚措施，加强对施暴人的教育与惩戒。

第三十八章
虐待被监护、看护人罪

第一节　虐待被监护、看护人罪概述

一、虐待被监护、看护人罪概念及构成要件

虐待被监护、看护人罪是指对未成年人、老年人、患病的人、残疾人等负有监护、看护职责的人虐待对被监护、看护的人，经常以打骂、冻饿、禁闭、有病不给治疗、强迫从事过度劳动等各种方法，从肉体上和精神上肆意进行摧残迫害，情节恶劣的行为。本罪经2015年《刑法修正案（九）》第19条增加，作为《刑法》第260条之一。

虐待被监护、看护人罪的构成要件：（1）本罪侵犯的客体是被监护、看护人的人身权利和监护、看护职责。我国1997年《刑法》仅规定了家庭成员之间的虐待犯罪，以及虐待被监管的人犯、虐待部属、虐待俘虏等特殊的虐待犯罪，但是对其他的虐待行为却没有进行规范。司法实践中，对于尚未造成轻伤以上结果的此类行为如何处理，做法不一。有的以寻衅滋事、侮辱罪等定罪处理，有的则以不作为犯罪处理，如此不仅不利于有效打击此类行为，更不利于对未成年人、老年人、患病的人、残疾人等特殊群体的合法权益切实进行保护。针对近年来媒体多次报道的幼儿园教师虐待幼儿、养老院员工虐待老人等恶性事件，《刑法修正案（九）》在广泛征求各方面意见的基础上，增加了本罪。（2）本罪客观方面表现为各种虐待的行为。虐待的方式是很多的：有的是肉体折磨，如捆绑、殴打、冻饿等；有的是精神摧残，如侮辱、讽刺、限制行动自由等。虐待行为必须是经常的、一贯的，并且情节恶劣，才能构成犯罪。偶尔一次的打骂、冻饿，不能作为犯罪处理。犯罪对象是需要看护、监护的人，如未成年人、老年人、残疾人、患病的人等。根据法律规定，虐待被监护、看护人行为除需具备以上构成要件外，还必须达到“情节恶劣”的程度才构成犯罪。所谓情节恶劣，司法实践中一般是指虐待手段凶狠残忍的；虐待动机卑鄙的；长期进行虐待的；先后虐待多人的等情形。（3）本罪主体必须是对被害人负有看护、监护职责的人，如幼儿园教师对在园幼儿，养老院的工作人员对在院老人，医生、护士及医院护工对看护的病人等都负有看护、监护职责。这种职责通常

是基于合同、雇佣关系等产生，也可以是口头约定或者基于志愿服务产生。不具有看护、监护职责的人的虐待行为，不能成立本罪。单位和自然人均可成立本罪主体。单位犯罪的实行双罚制，对单位判处罚金，并对其直接负责的主管人员和其他直接责任人员进行定罪处罚。（4）本罪主观方面由直接故意构成，即行为人有意识地对被监护、看护的被害人进行肉体上、精神上的折磨和摧残。行为人实施虐待的动机是各种各样的，但动机不影响定罪。《刑法》第260条之一对未成年人、老年人、患病的人、残疾人等负有监护、看护职责的人虐待被监护、看护的人，情节恶劣的，处三年以下有期徒刑或者拘役；单位犯前款罪的，对单位判处罚金，并对其直接负责的主管人员和其他直接责任人员，依照前款的规定处罚；有第一款行为，同时构成其他犯罪的，依照处罚较重的规定定罪处罚。

二、虐待被监护、看护人罪案件审理情况

通过中国裁判文书网统计，2017年至2021年间，全国法院审结虐待被监护、看护人罪刑事案件共计1043件，其中2017年有216件，2018年有203件，2019年有236件，2020年有190件，2021年有198件。相较于其他常见犯罪，虐待被监护、看护人罪刑事案件整体数量亦不多。司法实践中，本罪主要发生在幼儿园、养老院，犯罪主体一般为护工、幼教、保姆等其他负有看护责任的人员。

三、虐待被监护、看护人罪案件审理热点、难点问题

1. 一般的批评、抱怨和一般的虐待行为，如负有监护、看护职责的人在照看过程中发泄不满情绪或者一般的虐待被监护、看护人的行为是否构成本罪；本罪情节恶劣的认定标准问题。

2. 本罪与虐待被监管人罪都是对被监护看管的人实施虐待行为，如何区分。

3. 如何理解本条第3款“有第一款行为，同时构成其他犯罪的，依照处罚较重的规定定罪处罚”的规定，有虐待行为又构成其他犯罪的，到底该如何定罪都是审判实践中的难点。

四、虐待被监护、看护人罪案件审理思路及原则

1. 是本罪的罪与非罪。（1）一般的批评、抱怨与本罪负有监护、看护职责的人看护、监护的都是行动不便或身心尚未健全的人，看护、监护人在照看过程中难免会有一些不满情绪的流露，对于监护、看护人的轻微批评或者抱怨，不能作为本罪处理。（2）一般的虐待行为与本罪区分，只有虐待行为情节恶劣的，才能构成虐待被监护、看护人罪。司法实践中，判断情节恶劣，主要可以从虐待对象、虐待动机、虐待手段、虐待时间、虐待次数、虐待后果等方面进行考察。对于虐待行为情节不恶劣、后果不严重的，应当采用批评教育的方式解决，违反治安管理处罚法的，可以依照治安管理处罚法进行处罚。

2. 本罪与虐待被监管人罪的区分。（1）主体不同，本罪的主体是负有监护、看护职责的人；虐待被监管人罪的主体是监狱、拘留所、看守所等监管机构的监管人员。（2）客体不同，本罪的客体是被监护、看护人的人身权利；虐待被监管人罪的客体是被监管人的人身权利。（3）主观方面都是故意犯罪。（4）客观方面都是表现为各种虐待的行为，且情节恶劣的构成犯罪。

3. 正确理解本条第 3 款的规定。本条第 3 款规定："有第一款行为，同时构成其他犯罪的，依照处罚较重的规定定罪处罚。"行为人实施虐待行为，往往导致被害人重伤、死亡的后果，按照本款的规定，应当按照过失致人重伤罪、过失致人死亡罪定罪处罚。如果行为人在实施虐待行为过程中，有意图的实施故意伤害、故意杀人行为的，应当根据情况以故意伤害罪、故意杀人罪定罪处罚，或与本罪数罪并罚。

4. 情节与量刑。按照《刑法》第 260 条之一规定，司法机关在适用时，应当注意以下问题：（1）根据本条第 1 款规定，情节恶劣的才构成犯罪，情节一般的不作为犯罪处理。（2）根据本条第 2 款规定，单位犯本罪的也要达到情节恶劣的程度，单位犯罪的实行双罚制，对单位判处罚金，并对其直接负责的主管人员和其他直接责任人员依照第 1 款的规定处罚。（3）规范化量刑。《最高人民法院、最高人民检察院关于常见犯罪的量刑指导意见（试行）》对虐待被监护、看护人罪的量刑并未作出规定，这主要是由于本罪经《刑法修正案（九）》增加，司法实践中并不常见，尚未总结出一套成熟的量刑标准。在有关规定出台前，司法人员应当根据犯罪事实、犯罪性质、情节和社会危害程度，依照刑法和有关司法解释的规定判处刑罚。

第二节　虐待被监护、看护人罪审判依据

我国 1997 年《刑法》第 260 条规定了家庭成员之间的虐待犯罪，此外还规定了虐待被监管人罪、虐待部属罪、虐待俘虏罪等特殊虐待情形的犯罪，对于其他虐待行为没有规定具体的罪名。司法实践中对于虐待家庭成员以外的人如何处理，做法与认识不一，对于造成被害人伤害、死亡等结果的，一般以故意伤害、故意杀人或者过失致人重伤、过失致人死亡等罪名处理；对于情节较轻的，有的以寻衅滋事、侮辱等罪名处理，有的则不作为犯罪处理。近些年来，负有监护、看护职责的人虐待被监护、看护的幼儿、老人的案件多发，引起社会广泛关注。如媒体报道的养老院工作人员虐待老人事件、幼儿园老师虐待幼儿事件等。一些全国人大代表和有关方面多次强烈呼吁对这类行为运用刑法进行规制，以切实加强对弱势群体人身权利的保护。在广泛征求各方面意见的基础上，《刑法修正案（九）》增加了关于负有监护、看护职责的人虐待被监护、看护人的犯罪。

一、法律

《中华人民共和国刑法》（2020 年 12 月 26 日修正）

第二百六十条之一　对未成年人、老年人、患病的人、残疾人等负有监护、看护职责的人虐待被监护、看护的人，情节恶劣的，处三年以下有期徒刑或者拘役。

单位犯前款罪的，对单位判处罚金，并对其直接负责的主管人员和其他直接责任人员，依照前款的规定处罚。

有第一款行为，同时构成其他犯罪的，依照处罚较重的规定定罪处罚。

二、司法解释

《最高人民法院关于审理走私、非法经营、非法使用兴奋剂刑事案件适用法律若干问题的解释》（2019 年 11 月 18 日　法释〔2019〕16 号）

第三条　对未成年人、残疾人负有监护、看护职责的人组织未成年人、残疾人在体育运动中非法使用兴奋剂，具有下列情形之一的，应当认定为刑法第二百六十条之一规定的“情节恶劣”，以虐待被监护、看护人罪定罪处罚：

（一）强迫未成年人、残疾人使用的；

（二）引诱、欺骗未成年人、残疾人长期使用的；

（三）其他严重损害未成年人、残疾人身心健康的情形。

第三节　虐待被监护、看护人罪审判实践中的疑难新型问题

问题 1. 虐待被监护、看护人罪中犯罪主体范围的认定

【典型案例】王某、孙某某虐待被看护人案①

一、基本案情

被告人王某、孙某某原系吉林省四平市铁西区某幼儿园教师。2015 年 11 月至 12 月间，王某、孙某某因幼儿穿衣慢或不听话等原因，在幼儿园教室内、卫生间等地点，多次恐吓所看护的幼儿，并用针状物等尖锐工具将肖某某等 10 余名幼儿的头部、面部、四肢、臀部、背部等处刺、扎致伤。

二、裁判结果

吉林省四平市铁西区人民院经审理认为，被告人王某、孙某某身为幼儿教师，多次采用针刺、恐吓等手段虐待被看护幼儿，情节恶劣，其行为均已构成虐待被看护人罪。依照刑法有关规定，以虐待被看护人罪分别判处被告人王某、孙某某有期徒刑二年六个月。宣判后，王某、孙某某提出上诉。吉林省四平市中级人民法院经依法审理，裁定驳回上诉，维持原判，判决已发生法律效力。

三、典型意义

本案是一起虐待被看护幼儿构成犯罪的典型案例。近年来，保姆、幼儿园教师、养老院工作人员等具有监护或者看护职责的人员虐待被监护、看护人的现象时有发生，严重侵害了此类弱势群体的合法权益，引起社会普遍关注。为此，《刑法修正案（九）》增设了虐待被监护、看护人罪，作为《刑法》第 260 条之一：“对未成年人、老年人、患病的人、残疾人等负有监护、看护职责的人虐待被监护、看护的人，情节恶劣的，处三年

---

① 最高人民法院 2017 年 6 月 1 日发布的 6 起依法惩治侵害未成年犯罪典型案例。

以下有期徒刑或者拘役。单位犯前款罪的，对单位判处罚金，并对其直接负责的主管人员和其他直接责任人员，依照前款的规定处罚。有第一款行为，同时构成其他犯罪的，依照处罚较重的规定定罪处罚。”该罪名的增设，改变了刑法之前的虐待罪主体只能由家庭成员构成的状况，将保姆、幼儿园、托儿所、中小学校、养老院、社会福利院等场所内具有监护、看护职责的人也纳入本罪主体。凡是上述主体对其所监护、看护的对象实施虐待行为，情节恶劣的，均可以本罪追究刑事责任。如果虐待行为造成被害人轻伤以上伤害后果或者死亡的，则应以故意伤害罪或者故意杀人罪等处罚较重的罪名定罪处罚。

对待弱势群体的态度，体现了一个国家的文明程度。我国刑法新增设的虐待被监护、看护人罪，彰显了我国法律对老年人、未成年人、患病的人、残疾人等弱势群体的合法权益加大保护力度的精神。本案的判决，警示那些具有监护、看护职责的单位和人员，应当依法履职，一切针对被监护、被看护人的不法侵害行为，都将受到法律的惩处；本案的发生，也警示幼儿园等具有监护、看护职责的单位应严格加强管理，切实保障被监护、看护人的合法权益免受不法侵害。

问题2. 虐待被监护、看护人案中负责人罪责的认定

【人民法院案例选案例】郑某、梁某等虐待被看护人案[①]

［裁判要旨］

《刑法修正案（九）》增设虐待被看护人罪，该罪主体主要是指除“监护人”外对未成年人、老年人、患病的人、残疾人等负有看管、照顾义务的人。对看护人员负有监督管理职责的负责人员，明知看护人员实施虐待行为而不加以制止，放任危害结果的发生，且情节恶劣的，亦可成为该罪犯罪主体，其行为亦应以虐待被看护人罪定罪处罚，以警示具有看护职责的单位和人员依法履职。

幼童是一个需要特殊保护和照料的群体，对于违背特定职业要求和义务的被告人，应从预防再犯、维护社会秩序以及促进犯罪分子教育矫正的需求出发，根据禁止令和从业禁止适用条件和范围准确适用。顶格适用从业禁止，充分彰显法律对虐童行为的零容忍态度和加大保护弱势群体合法权益力度的精神。

对诉讼代理人人数众多的刑事案件，应兼顾诉权保障、诉讼秩序、诉讼效率等，借鉴涉众型非法集资案件集资参与人代表制度的内涵，由诉讼代理人选派代表参与相关诉讼活动。

［基本案情］

法院经审理查明：携程公司与读者服务部于2016年2月签署携程亲子园服务合作协议，以解决公司员工幼儿托育等问题。同年3月，读者服务部与锦霞公司签署携程亲子园运营服务购买协议，由锦霞公司实际运营携程亲子园项目。后锦霞公司聘用被告人郑某负责携程亲子园的日常管理，聘用被告人梁某、吴某、廖某、唐某、周某、嵇某、沈某为携程亲子园工作人员，并由被告人郑某安排其他被告人分别负责云朵班、彩虹班看护

---

① 朱铁军、周伟敏、徐明敏编写，李云萍审稿：《郑某、梁某等虐待被看护人案——看护人员负责人罪责的认定、禁止令和从业禁止的适用、诉讼代理人人数众多情形的处理》，载最高人民法院中国应用法学研究所编：《人民法院案例选分类重排本（2016—2020）·刑事卷》，人民法院出版社2022年版，第915～920页。

幼儿工作。

2017年8月间，被告人梁某、唐某购买芥末，后与被告人吴某、廖某、周某、沈某、嵇某等人在看护云朵班、彩虹班幼儿过程中，采取用芥末涂抹幼儿口部、手部或让幼儿闻嗅、持芥末恐吓等方式对数名幼儿进行虐待，并且有对幼儿拉扯、推搡、拍打或喷液体等行为。2017年8月月底至案发，被告人郑某在日常工作中明知云朵班、彩虹班存在对幼儿使用芥末进行管教的情况不仅未制止，反而在日常管理中要求其他被告人对幼儿"做规矩"时注意回避监控等。2017年11月上旬，幼儿家长查看视频后案发。被告人唐某、周某、沈某、郑某、吴某、梁某先后被公安人员抓获。被告人嵇某、廖某主动投案。

[裁判结果]

上海市长宁区人民法院于2018年11月27日作出（2018）沪0105刑初239号刑事判决：被告人郑某犯虐待被看护人罪，判处有期徒刑一年六个月；被告人梁某犯虐待被看护人罪，判处有期徒刑一年二个月；被告人吴某犯虐待被看护人罪，判处有期徒刑一年二个月，缓刑一年六个月；被告人廖某犯虐待被看护人罪，判处有期徒刑一年一个月，缓刑一年六个月；被告人唐某犯虐待被看护人罪，判处有期徒刑一年二个月；被告人周某犯虐待被看护人罪，判处有期徒刑一年二个月，缓刑一年六个月；被告人沈某犯虐待被看护人罪，判处有期徒刑一年一个月，缓刑一年六个月；被告人嵇某犯虐待被看护人罪，判处有期徒刑一年，缓刑一年；禁止被告人郑某、梁某、唐某自刑罚执行完毕之日或者假释之日起五年内从事看护工作；禁止被告人吴某、廖某、周某、沈某、嵇某在缓刑考验期内从事看护工作。

宣判后，上述八名被告人未提出上诉，检察机关亦未抗诉，判决已发生法律效力。

[裁判理由]

法院生效判决认为：幼儿是一个需要特殊保护和照料的群体，被告人梁某、吴某、廖某、唐某、周某、沈某、嵇某作为携程亲子园工作人员，理应遵循托育服务从业人员的职业道德，为幼儿的人身安全、健康成长尽到看护职责，但在日常工作中为达到管教的目的，违背职业道德和看护职责要求，多次对多名幼儿采取用芥末涂抹幼儿、让幼儿闻嗅芥末、持芥末恐吓等方式进行虐待，情节恶劣；被告人郑某作为携程亲子园负责管理的人员，明知存在虐待幼儿的行为，不履行监督、管理职责加以制止，放任幼儿被持续虐待后果的发生，各被告人的行为均构成虐待被看护人罪，依法应予惩处。公诉机关指控被告人郑某、梁某、吴某、廖某、唐某、周某、沈某、嵇某犯虐待被看护人罪罪名成立。本案各被告人均是为了管教幼儿而实施相应的行为，各被告人对本案后果的发生持希望或放任的态度，具有共同的犯罪故意。被告人梁某辩护人关于本案不属共同犯罪的辩护意见，本院不予采纳。被告人吴某在本案的共同犯罪中，直接参与实施犯罪行为，被告人吴某辩护人关于吴某系从犯的辩护意见，本院不予采纳。被告人唐某、周某、沈某不具有到案的主动性，其辩护人关于三名被告人系自首的辩护意见，本院不予采纳。被告人周某到案后的供述情况，不符合立功的条件，其辩护人关于周某有立功情节的辩护意见，本院不予采纳。被告人廖某、嵇某具有自首情节，被告人郑某、梁某、吴某、唐某、周某、沈某到案后先后如实供述自己的罪行，各辩护人据此建议对被告人从轻处罚的辩护意见，本院予以采纳。

本案各被告人违背职业要求的特定义务，在看护工作中实施虐待幼儿的行为，根据犯罪情节和预防再犯罪的需要，应禁止被告人郑某、梁某、唐某在刑罚执行完毕或假释之日起一定期限内从事看护工作；禁止被告人吴某、廖某、周某、沈某、嵇某在缓刑考验期限内从事看护工作。

［案例注解］

一、如何认定看护人员负责人的罪责

《刑法修正案（九）》增设了虐待被看护人罪，该罪的主体主要是指除“监护人”外对未成年人、老年人、患病的人、残疾人等负有看管、照顾义务的人。看护人员的负责人是指对上述人员具有聘用、岗位安排、日常管理和监督、考核等职责的人员，一般包括在医院、中小学校、幼儿园、托儿所、福利院、养老院等机构担负监督管理职责的人员。实践中，负责人往往无须直接履行看护行为，故对于未直接实施虐待被看护人行为的负责人如何认定罪责存有争议。结合本案，应从以下三个方面把握：

一是考量是否与被看护人有看护责任关系。本罪主体是特殊主体，即负有看管、呵护职责的自然人和单位。看护人员负责人的看护职责主要体现为通过招聘任用符合条件的看护人员，并在日常工作中监督管理、教育培训看护人员，确保看护人员正确履行看护行为，看护人员的职责亦可视为负责人看护职责的延伸。本案中郑某作为亲子园的负责人，全权管理亲子园日常事务，负责看护人员的招聘、岗位及工作安排，与亲子园全体幼儿具有看护责任关系。

二是考量是否明知看护人员实施情节恶劣的虐待行为。看护人员负责人主观上认识到有的违法犯罪事实发生，亦即明知看护人员实施情节恶劣的虐待行为，而非应当知道看护人员实施了犯罪行为。负责人员在主观上应达到明知的程度，才能构成本罪。具体到本案中，郑某在审理阶段供述其知道虐待行为的发生并提醒看护人员注意回避监控，且有同案被告人的供述以及相关监控视频等证据证实，可以认定其具有明知的认识要素。

三是考量是否具有阻止和避免虐待行为发生的可能性。看护人员负责人负有管理监督看护人员正确履职的义务，也应具备阻止和看护人员实施虐待行为的可能性，即“法律不强人所难”。同时，负责人的阻止行为应具有避免看护人员实施虐待行为的可能性，即客观上有结果回避的可能性。具体到本案中，郑某作为亲子园负责人，有着长期的幼儿管理教学经验，其在巡视班级教学时并未及时制止虐待行为的发生，甚至要求其他被告人对幼儿“做规矩”时注意回避监控，使得幼儿被持续虐待后果的发生。

综上，本案中看护人员负责人郑某对亲子园幼儿有看护的责任，明知存在虐待幼儿的行为，不履行监督、管理职责予以制止，反而放任危害后果的持续发生，情节恶劣，以虐待被看护人罪定罪处罚，充分彰显了法律对虐童行为的零容忍态度。同时，对亲子园负责人的定罪处罚，也为可能发生的虐待被看护人行为设置了一条红线，警示看护人员负责人切实履行监管职责和看护职责，为被看护人提供良好的看管和呵护环境。

二、如何准确适用从业禁止和禁止令

《刑法修正案（八）》增设了“禁止令”的规定，《刑法修正案（九）》增设了“从业禁止”的规定。“禁止令”和“从业禁止”都是基于预防再犯、维护社会公共安全的需要，对被判处刑罚的罪犯权利的一种限制，且禁止令中禁止罪犯从事特定活动等规定，也包含了一定时间内禁止其从事相关职业的内涵。司法实践中，应从以下几个方面准确把握两者的区别，以正确适用：

一是区分适用对象。“禁止令”适用于被判处管制和宣告缓刑的罪犯，法院根据犯罪分子的犯罪原因、犯罪性质、犯罪手段以及犯罪后的悔罪表现、个人一贯表现等情况，

考虑其于所犯罪行的关联程度，有针对性地禁止其在管制和缓刑考验期限内从事特定活动等。“从业禁止”适用于因利用职业便利实施犯罪，或者实施违背职业要求的特定义务的犯罪被判处刑罚的犯罪分子。

二是区分适用期限。“禁止令”的期限既可以与管制执行、缓刑考验期限相同，也可以短于管制执行、缓刑考验期限，但判处管制的禁止令期限不得少于三个月，宣告缓刑的禁止令期限不得少于二个月。判处管制的犯罪分子在判决执行以前先行羁押以致管制执行期限少于三个月的，禁止令期限不受最短期限的限制。“从业禁止”的期限为三年到五年。

三是区分适用起点。“禁止令”的执行期限从管制、缓刑执行之日起计算。“从业禁止”的执行期限自犯罪分子刑罚执行完毕之日或者假释之日起计算。

四是区分执行机关和法律后果。“禁止令”由司法行政机关指导的社区矫正机构负责执行。违反禁止令尚不属于情节严重的，由社区矫正机构所在地公安机关予以治安处罚；情节严重的应当撤销缓刑，执行原判刑罚。“从业禁止”的执行机关无明文规定，但被禁止从事相关职业的人违反规定的，由公安机关依法处罚，情节严重的按照拒不执行判决、裁定罪处罚。

本案中，被告人在日常看护工作中，对多名幼儿实施了用芥末涂抹幼儿、让幼儿闻嗅芥末、持芥末恐吓等方式的虐待行为，负责人明知上述行为而放任虐待行为的发生，其犯罪行为均违背了看护职业的基本职责和道德。鉴于各被告人在犯罪中的地位、作用、情节、悔罪表现等情况，分别对其适用实刑和缓刑。为预防上述被告人再犯以及保护幼儿安全，对宣告缓刑的犯罪分子依法适用“禁止令”，禁止各被告人在缓刑考验期限内从事看护工作。对判处实刑的依法适用“从业禁止”，且顶格适用，彰显了依法准确严惩犯罪、预防犯罪的法律精神。

第三十九章
遗 弃 罪

第一节　遗弃罪概述

一、遗弃罪概念及构成要件

遗弃罪，是指对于年老、年幼、患病或者其他没有独立生活能力的人，负有扶养义务而拒绝扶养，情节恶劣的行为。

遗弃罪的构成要件如下：（1）本罪侵犯的客体是被害人在家庭成员中的平等权利。对象仅限于年老、年幼、患病或者其他没有独立生活能力的家庭成员。我国《民法典》第1042条第3款规定："禁止家庭暴力。禁止家庭成员间的虐待和遗弃。"家庭成员之间应履行的扶养义务均有明确规定。有扶养能力而拒不履行扶养义务，就侵犯了年老、年幼、患病或者没有独立生活能力的人在家庭中的平等权利。遗弃行为往往给被害人的生命、健康造成威胁，为舆论所不齿，也影响社会的安定团结。因此，同遗弃的犯罪行为作斗争，有助于营造一个幼有所养、老有所依的良好的社会环境，有助于保护妇女、儿童、老人、残疾人的合法权益。（2）本罪客观方面表现为对没有独立生活能力或者不能独立生活的家庭成员，有扶养义务而拒绝扶养的行为。这种行为的表现形式是不作为。被遗弃的必须是年老、年幼、患病或者其他没有独立生活能力或者不能独立生活的人。这些人的情况虽然各不相同，但共同的特点是没有独立生活的能力，如果没有其他人的扶养，就无法生活下去。因此，对于具有独立生活能力的人不予扶养的，不能以遗弃罪论处；否则，就会养成一些人的寄生依赖思想，对社会没有好处。（3）本罪的犯罪主体为特殊主体，必须是法律上对被遗弃者负有扶养义务的人。如果在法律上不负有扶养义务而拒绝扶养的，不能认为是遗弃。（4）本罪主观方面由故意构成，即行为人明知自己负有扶养义务，却为了达到某种卑鄙目的而拒不履行扶养义务。例如，为了自己生活过得更加富裕、舒适而拒不扶养父母，借口已离婚而对所生育子女不予抚养，为了逼迫配偶离婚而将其遗弃，等等。如果是出于过失或者扶养人自己也处于生活困境，则不构成遗弃罪。

根据法律规定，遗弃行为除需具备以上构成要件外，还必须达到“情节恶劣”的程度，才构成犯罪。所谓情节恶劣，司法实践中一般是指由于遗弃而使被害人走投无路，被迫自杀的；被害人因生活无着流离失所的；在遗弃中又有打骂、虐待行为的；遗弃的动机极其卑鄙的；被告人屡教不改的等情形。

根据《刑法》第261条之规定，犯遗弃罪的，处5年以下有期徒刑、拘役或者管制。

二、遗弃罪案件审理情况

通过中国裁判文书统计，2017年至2021年间，全国法院审结一审遗弃刑事案件共计673件，其中，2017年有151件，2018年有145件，2019年有186件，2020年有139件，2021年有52件。

司法实践中，遗弃犯罪案件主要呈现出以下特点及趋势：一是遗弃婴幼儿较为突出。在所有遗弃案件中，遗弃子女的情形占多数，而被遗弃子女系不满2岁婴幼儿的情形更是占据八成。被告人或因为未婚生子，或子女患有唇腭裂、先天性心脏病等重疾，为逃避抚养义务将其子女遗弃。二是撤回自诉的情况较多。因被告人与受害人存在抚养、扶养、赡养等关系，出于家庭亲情的考虑，受害人在提出自诉后仍会自愿选择予以撤回。三是自诉人举证能力受限。在自诉案件中被告人有罪的举证责任由自诉人承担。但自诉人多为年老、年幼的人员，文化水平不高，搜集、获取证据的能力也不足，故往往存在因举证不力而被人民法院裁定驳回起诉的情形。

三、遗弃罪案件审理热点、难点问题

（一）一般遗弃行为与本罪

一般遗弃行为是指情节并不恶劣，后果也不严重的行为，虽不构成犯罪，不能追究行为人的刑事责任，但也是违法的、不道德的，应给予批评教育或者党团、行政纪律处分。遗弃没有独立生活能力的被扶养人的，可以依照《治安管理处罚法》第45条的规定，给予治安处罚，即处5日以下拘留或者警告。

（二）出卖亲生子女的处理

对于买卖至亲的案件，要区别对待：以贩卖牟利为目的“收养”子女的，应以拐卖儿童罪处理；对那些迫于生活困难、受重男轻女思想影响而出卖亲生子女或收养子女的，可不作为犯罪处理；对于出卖子女确属情节恶劣的，可按遗弃罪处罚；对于那些确属介绍婚姻，且被介绍的男女双方相互了解对方的基本情况，或者确属介绍收养，并经被收养人父母同意的，尽管介绍的人数较多，从中收取财物较多，也不应作犯罪处理。

（三）本罪与虐待罪的区分

两者主观方面都是故意，通常都发生在家庭成员之间，区别主要在于：第一，犯罪主体不同。前者是法律上负有扶养义务的人，后者可以是任何家庭成员。第二，犯罪对象不完全相同。前者只限于年老、年幼、患病或者不能独立生活的人，后者可以是任何家庭成员。第三，客观方面的表现不同。前者主要是不作为，即有扶养义务而拒绝扶养；后者则主要表现是作为，即以打骂、冻饿、禁闭、强迫从事过度劳动等各种方法，从肉体上和精神上进行摧残迫害的行为。第四，主观内容不同。前者是拒绝履行法律规定的扶养义务，后者则是对被害人进行肉体摧残和精神折磨。

（四）本罪与故意杀人罪的区分

遗弃罪与故意杀人罪通常不易混淆，但是当遗弃行为导致被害人死亡时，就需要对二者进行区分。根据 2015 年 3 月 15 日印发的《最高人民法院、最高人民检察院、公安部、司法部关于依法办理家庭暴力犯罪案件的意见》规定，准确区分二者，要根据被告人的主观故意、所实施行为的时间与地点、是否立即造成被害人死亡，以及被害人对被告人的依赖程度等进行综合判断。对于只是为了逃避扶养义务，并不希望或者放任被害人死亡，将生活不能自理的被害人弃置在福利院、医院、派出所等单位或者广场、车站等行人较多的场所，希望被害人得到他人救助的，一般以遗弃罪定罪处罚。对于希望或者放任被害人死亡，不履行必要的扶养义务，致使被害人因缺乏生活照料而死亡，或者将生活不能自理的被害人带至荒山野岭等人迹罕至的场所扔弃，使被害人难以得到他人救助的，应当以故意杀人罪定罪处罚。

（五）本罪与故意伤害罪的区分

在主体要件上，遗弃罪的主体必须是对被害人负有法律上扶养义务而且具有履行义务能力的人，而故意伤害罪的主体为一般主体。在客体要件上，遗弃罪侵犯的客体是家庭成员之间相互扶养的权利义务关系，而故意伤害罪侵犯的客体是他人的身体健康权利。在主观要件上，遗弃罪的故意，是行为人明知自己应当履行抚养义务，也有实际履行扶养义务能力而拒绝扶养，而故意伤害罪的故意，则是行为人具有损害他人身体的故意。

四、遗弃罪案件审理思路及原则

一是充分认识遗弃行为的危害。遗弃罪的作为义务来源限定为“扶养义务”，只能发生于家庭成员之间。然而，司法实践中经常发生非家庭成员之间的遗弃行为，如地方各级人民政府与社会举办福利院和其他安置收养机构，对按照规定安置收养的残疾人实施了遗弃行为，又如幼儿园、中小学校、医院等机构的工作人员，对被监护、看护的人实施遗弃行为。这些行为亦需要以遗弃罪予以制裁。

二是坚持自诉案件辅助举证原则。自诉人受其能力不足所限，难以在自诉案件中对遗弃犯罪进行成功追诉。这需要职权部门、社会机构在收集证据、律师代理等方面给予辅助。当然，这种辅助要受到自诉人的个人意愿以及必要限度所约束，以此避免公权力对自诉案件的不当介入。

第二节　遗弃罪审判依据

对于年老、年幼、患病或者其他没有独立生活能力的人，应当在经济、生活等方面予以供给、照顾、帮助，以维持其正常的生活，这是具有法定扶养义务的人的责任，也是中华民族的优良传统。对于有能力扶养而拒绝扶养的人，情节恶劣的，必须给予相应的法律惩处。为此，1979 年《刑法》第 183 条规定了遗弃罪，本条内容至今未被修改。

一、法律

《中华人民共和国刑法》（2020 年 12 月 26 日修正）

第二百六十一条 对于年老、年幼、患病或者其他没有独立生活能力的人，负有扶养义务而拒绝扶养，情节恶劣的，处五年以下有期徒刑、拘役或者管制。

二、刑事政策文件

《最高人民法院、最高人民检察院、公安部、民政部、司法部、中华全国妇女联合会关于打击拐卖妇女儿童犯罪有关问题的通知》（2000 年 3 月 20 日 公通字〔2000〕26 号）

六、切实做好解救和善后安置工作，保护被拐卖妇女、儿童的合法权益。解救被拐卖的妇女、儿童，是人民政府和政法机关的重要职责。公安、司法行政、民政、妇联等有关部门和组织要明确责任，各司其职，相互配合，通力合作。解救工作要充分依靠当地党委、政府的支持，做好对基层干部和群众的说服教育工作，注意方式、方法，慎用警械、武器，避免激化矛盾，防止出现围攻执法人员、聚众阻碍解救等突发事件。

对于被拐卖的未成年女性、现役军人配偶、遭受摧残虐待、被强迫卖淫或者从事其他色情服务的妇女，以及本人要求解救的妇女，要立即解救。对于自愿继续留在现住地生活的成年女性，应尊重本人意愿，愿在现住地结婚且符合法定结婚条件的，应当依法办理结婚登记手续。被拐卖妇女与买主所生子女的抚养问题，可由双方协商解决或由人民法院裁决。对于遭受摧残虐待的、被强迫乞讨或从事违法犯罪活动的，以及本人要求解救的被拐卖儿童，应当立即解救。对于解救的被拐卖儿童，由其父母或者其他监护人户口所在地公安机关负责接回。

公安、民政、妇联等有关部门和组织应当密切配合，做好被解救妇女、儿童的善后安置工作。任何单位和个人不得歧视被拐卖的妇女、儿童。对被解救回的未成年人，其父母及其他监护人应当接收并认真履行抚养义务。拒绝接收，拒不履行抚养义务，构成犯罪的，以遗弃罪追究刑事责任。

第三节 遗弃罪审判实践中的疑难新型问题

问题 1. 遗弃罪的入罪与认定标准

【实务专论】①

3. 明确遗弃罪入罪与认定标准。负有扶养义务且有扶养能力的人，拒绝扶养年幼、年老、患病或者其他没有独立生活能力的家庭成员，是危害严重的遗弃性质的家庭暴力。

---

① 杨万明、薛淑兰、唐俊杰：《〈关于依法办理家庭暴力犯罪案件的意见〉的理解与适用》，载《人民司法》2015 年第 9 期。

基于与虐待罪相同的考虑，《最高人民法院、最高人民检察院、公安部、司法部关于办理家庭暴力犯罪案件的意见》第 17 条对遗弃罪所要求的情节恶劣也进行了细化，规定以下四种情形可以认定为情节恶劣，以遗弃罪定罪处罚：第一，对被害人长期不予照顾、不提供生活来源的，表现为采取不作为方式遗弃家庭成员。如一些单亲父母不愿意抚养子女，便将子女推给其他亲属，自己长期不管不问，对子女不进行任何的生活照料。第二，驱赶、逼迫被害人离家，致使被害人流离失所或者生存困难的，表现为采取作为方式遗弃家庭成员。如一些子女将年迈体弱的父母赶出家门，致使父母露宿街头，靠捡拾垃圾和他人救济为生。第三，遗弃患严重疾病或者生活不能自理的被害人。这类情形是针对遗弃对象作出的规定。患严重疾病或者生活不能自理的被害人，对扶养人的依赖程度更高，一旦被遗弃，将面临生命健康的重大危险，故对这类情形有必要定罪处罚。第四，遗弃致使被害人身体遭受严重损害或者造成其他严重后果。这类情形是针对遗弃后果作出的规定，其中“身体遭受严重损害或者造成其他严重后果”，一般指造成被害人轻伤以上，患严重疾病，或者被饿死、冻伤等情形。

实践中，遗弃罪与故意杀人罪容易产生混淆。《最高人民法院、最高人民检察院、公安部、司法部关于办理家庭暴力犯罪案件的意见》第 17 条对这两类犯罪的主、客观方面也进行了细致辨析，明确对于只是为了逃避扶养义务，但并不希望或者放任被害人死亡，将生活不能自理的被害人弃置在福利院、医院、派出所等单位或者广场、车站等行人较多的场所，希望被害人被他人发现并获得救助的，一般以遗弃罪定罪处罚；对于主观上希望或者放任被害人死亡，不履行必要的扶养义务，造成被害人因缺乏生活照料而死亡，或者是将生活不能自理的被害人带至人迹罕至、难以获得救助的场所扔弃的，如将年幼的子女长时间锁在家中致使孩子被饿死，或者将行动艰难的老人带至荒山野岭致使被饿死、冻死的，应当以故意杀人罪定罪处罚。

根据《最高人民法院、最高人民检察院、公安部、司法部关于办理家庭暴力犯罪案件的意见》第 17 条规定，在具体适用遗弃罪时应当特别注意，本罪只适用于负有扶养义务、具有扶养能力却拒不扶养的人。对于负有扶养义务，但客观上确实不具有扶养能力的人，不能以本罪论处。

【刑事政策文件】

《最高人民法院、最高人民检察院、公安部、司法部印发〈关于办理家庭暴力犯罪案件的意见〉的通知》（2015 年 3 月 2 日　法发〔2015〕4 号）

17. 依法惩处虐待犯罪。采取殴打、冻饿、强迫过度劳动、限制人身自由、恐吓、侮辱、谩骂等手段，对家庭成员的身体和精神进行摧残、折磨，是实践中较为多发的虐待性质的家庭暴力。根据司法实践，具有虐待持续时间较长、次数较多；虐待手段残忍；虐待造成被害人轻微伤或者患较严重疾病；对未成年人、老年人、残疾人、孕妇、哺乳期妇女、重病患者实施较为严重的虐待行为等情形，属于刑法第二百六十条第一款规定的虐待“情节恶劣”，应当依法以虐待罪定罪处罚。

准确区分虐待犯罪致人重伤、死亡与故意伤害、故意杀人犯罪致人重伤、死亡的界限，要根据被告人的主观故意、所实施的暴力手段与方式、是否立即或者直接造成被害人伤亡后果等进行综合判断。对于被告人主观上不具有侵害被害人健康或者剥夺被害人

生命的故意，而是出于追求被害人肉体和精神上的痛苦，长期或者多次实施虐待行为，逐渐造成被害人身体损害，过失导致被害人重伤或者死亡的；或者因虐待致使被害人不堪忍受而自残、自杀，导致重伤或者死亡的，属于刑法第二百六十条第二款规定的虐待"致使被害人重伤、死亡"，应当以虐待罪定罪处罚。对于被告人虽然实施家庭暴力呈现出经常性、持续性、反复性的特点，但其主观上具有希望或者放任被害人重伤或者死亡的故意，持凶器实施暴力，暴力手段残忍，暴力程度较强，直接或者立即造成被害人重伤或者死亡的，应当以故意伤害罪或者故意杀人罪定罪处罚。

依法惩处遗弃犯罪。负有扶养义务且有扶养能力的人，拒绝扶养年幼、年老、患病或者其他没有独立生活能力的家庭成员，是危害严重的遗弃性质的家庭暴力。根据司法实践，具有对被害人长期不予照顾、不提供生活来源；驱赶、逼迫被害人离家，致使被害人流离失所或者生存困难；遗弃患严重疾病或者生活不能自理的被害人；遗弃致使被害人身体严重损害或者造成其他严重后果等情形，属于刑法第二百六十一条规定的遗弃"情节恶劣"，应当依法以遗弃罪定罪处罚。

准确区分遗弃罪与故意杀人罪的界限，要根据被告人的主观故意、所实施行为的时间与地点、是否立即造成被害人死亡，以及被害人对被告人的依赖程度等进行综合判断。对于只是为了逃避扶养义务，并不希望或者放任被害人死亡，将生活不能自理的被害人弃置在福利院、医院、派出所等单位或者广场、车站等行人较多的场所，希望被害人得到他人救助的，一般以遗弃罪定罪处罚。对于希望或者放任被害人死亡，不履行必要的扶养义务，致使被害人因缺乏生活照料而死亡，或者将生活不能自理的被害人带至荒山野岭等人迹罕至的场所扔弃，使被害人难以得到他人救助的，应当以故意杀人罪定罪处罚。

问题2. 放弃或者拒绝承担抚养义务而出卖亲生子女案件的行为性质认定

【实务专论】①

（五）关于出卖亲生子女行为的性质认定

近年来，在部分地区，"人贩子"从贪图钱财的部分父母手中收买其亲生婴幼儿予以贩卖的情况屡有发生，甚至有一些父母将生育作为非法获利手段，生育子女后即出卖，不仅严重侵犯婴幼儿的人身权益，而且败坏社会道德，进一步助长拐卖儿童犯罪的泛滥。对出卖亲生子女的行为如何定性，此前出台的规范性司法文件对该问题已有涉及，但是实践中仍存在较大争议，既有以无罪论处的，也有以遗弃罪或拐卖妇女、儿童罪定罪处罚的，因此，亟待规范。

从《刑法》第240条的规定来看，拐卖妇女、儿童罪究其本质，惩治的是那些将人作为商品买卖、严重侵犯他人人身自由和独立人格尊严的社会危害行为。任何人的人身自由和人格尊严都不容侵犯，虽然父母对亲生子女（未成年子女）享有监护权，但是，子女与父母在法律上同为独立的个体，即使是父母也不能侵犯子女的人身自由和人格尊严。父母为非法获利，将子女作为商品出卖收取钱财，与其他人将其子女拐走出卖，对

① 周峰、薛淑兰、赵俊甫：《〈关于依法惩治拐卖妇女儿童犯罪的意见〉的理解与适用》，载《人民司法》2010年第9期。

被拐子女的人身权利侵害并无本质不同，完全符合拐卖妇女、儿童罪的构成要件特征。至于对出卖亲生子女的父母应以遗弃罪论处的观点，考虑到遗弃罪是不作为，侵犯的是被害人受抚养的权利，将亲生子女出卖固然使父母得以逃避抚养义务，但其危害性却不仅仅是子女得不到亲生父母的抚养，而是子女沦落为任人买卖的商品。因此，《最高人民法院、最高人民检察院、公安部、司法部关于依法惩治拐卖妇女儿童犯罪的意见》第16条规定，对该类行为应当以拐卖妇女、儿童罪论处。但是，父母出卖亲生子女的行为同其他拐卖犯罪相比，具有一定的特殊性，《最高人民法院、最高人民检察院、公安部、司法部关于依法惩治拐卖妇女儿童犯罪的意见》要求处理此类案件必须慎重。既要依法惩治那些借送养之名出卖亲生子女的拐卖犯罪行为，又要防止不分性质差异，将只要送子女给他人并收取钱财的行为都认定为拐卖犯罪予以打击。

《最高人民法院、最高人民检察院、公安部、司法部关于依法惩治拐卖妇女儿童犯罪的意见》提出，是否具有非法获利目的是区分罪与非罪的关键。所谓非法获利，就是把子女当作商品，把收取的钱财作为出卖子女的对价。实践中，可以通过审查将子女“送”人的背景和原因、有无收取钱财及收取钱财的多少、对方是否具有抚养目的及有无抚养能力等事实，综合判断行为人是否具有非法获利的目的。根据司法实践经验，《最高人民法院、最高人民检察院、公安部、司法部关于依法惩治拐卖妇女儿童犯罪的意见》中具体列举了四种情形，作为认定行为人是否具有非法获利目的的参考：

1. 第一种情形是，为出卖而生育，其非法获利目的最为明显。

2. 第二种情形是，明知对方不具有抚养目的，或者根本不考虑对方是否具有抚养目的，为收取钱财将子女“送”给他人的。“明知”包括“知道”和“应当知道”。实践中，如果是送养的，一般情况下，家庭可能因遭遇重大变故等原因导致经济异常困难，或者存在其他特殊困难，如未婚先育等。在这种背景下，父母首先考虑的是子女以后的生活、教育成长等因素，往往会对收养方是否有抚养目的和抚养能力进行斟酌考量，对方给不给抚养费、给多少抚养费，父母不会特别在意。反之，如果行为人明知对方不具有抚养目的，例如，知道或应当知道对方是人贩子，还将子女“送给”对方，并收取钱财；或者出于偿还赌债、追求挥霍享乐生活等卑劣动机，根本不考虑对方是否具有抚养目的，而将子女“送”人并收取钱财的，可以认定行为人具有非法获利目的，以拐卖犯罪论处。

3. 第三种情形是，为收取明显不属于“营养费”“感谢费”的巨额钱财将子女“送”给他人，对该种情形适用时应注意：一方面，要考虑收取钱财的数额是否明显超出了抚养养育成本或“感谢费”的范围。另一方面，不能唯数额论，数额大的，未必都能认定行为人具有非法获利的目的，例如，收养人经济状况较好，主动支付了数额较大的“感谢费”。而收取钱财数额小的，也未必不能认定非法获利目的，例如，父母为了偿还赌债，以极低“价格”将子女“送人”，或者父母为卖子女积极讨价还价，但最终只收取到少量钱财，也能反映行为人具有非法获利目的。

4. 其他情形反映行为人具有非法获利目的的，由司法人员根据案件实际情况综合判断。例如，行为人将两名以上亲生子女都以所谓“送养”的名义出卖，也能在一定程度上反映其具有非法获利目的。

总之，实践中一定要结合各种因素综合判断行为人是否具有非法获利目的。如果认定非法获利目的的证据存疑的，就应当本着存疑有利于被告人的原则，根据案件具体情况，或者认定为遗弃罪，或者作无罪处理。

【典型案例】王某1、杨某某遗弃案[①]

一、基本案情

被告人王某1、杨某某夫妇已生育二子一女，2010年9月16日，又生下一男婴。2011年2月，被告人王某1、杨某某与王某2经协商达成协议，将亲生男孩过继给王某2扶养。王某2支付王某1、杨某某哺乳费人民币4万元。协议签订后，王某2支付给被告人王某1、杨某某人民币1万元，将该男婴带回家中。

2011年10月20日，杨某某被公安人员抓获。王某1于2011年10月26日主动到公安机关投案自首。

二、裁判结果

福建省三明市三元区人民法院审理认为，被告人王某1、杨某某其将出生不满一周岁的子女交给他人抚养，该行为系拒绝抚养行为，并非单纯为非法获利出卖儿童，因此不宜以拐卖儿童罪论处。该行为符合遗弃罪的构成要件，构成遗弃罪，应以遗弃罪定罪处罚。依照刑法的规定，判决被告人杨某某犯遗弃罪，判处管制二年；被告人王某1犯遗弃罪，判处管制一年十个月。

三、案例评析

本案是典型的出卖亲生子女的行为，对该种行为是构成拐卖儿童罪还是遗弃罪，司法实践中一直以来都存在争议。在现实生活中，将亲生子女出卖的情况是纷繁复杂的，需要具体分析。就本案而言，被告人王某1、杨某某抚养3个小孩确实很困难，所以才产生了将小儿子送给他人抚养以减轻负担的想法。被告人王某1、杨某某是在了解到王某2确实想收养孩子后，才将孩子送出，协议中也约定可以到家探访，故从中可以看出被告人王某1、杨某某将自己的孩子送出，是希望其可以得到更好的抚养。因此可以判断被告人王某1、杨某某出卖亲生子女的行为，其主观目的在于放弃或拒绝承担抚养义务，而非将亲生子女当作商品予以出卖，认定其行为构成遗弃罪而非拐卖儿童罪是正确的，更符合罪刑相适应原则。

【刑事政策文件】

（一）《最高人民法院、最高人民检察院、公安部、司法部印发〈关于依法惩治拐卖妇女儿童犯罪的意见〉的通知》（2010年3月15日　法发〔2010〕7号）

17. 要严格区分借送养之名出卖亲生子女与民间送养行为的界限。区分的关键在于行为人是否具有非法获利的目的。应当通过审查将子女“送”人的背景和原因、有无收取钱财及收取钱财的多少、对方是否具有抚养目的及有无抚养能力等事实，综合判断行为人是否具有非法获利的目的。

具有下列情形之一的，可以认定属于出卖亲生子女，应当以拐卖妇女、儿童罪论处：

（1）将生育作为非法获利手段，生育后即出卖子女的；

（2）明知对方不具有抚养目的，或者根本不考虑对方是否具有抚养目的，为收取钱财将子女“送”给他人的；

① 最高人民法院2014年11月24日发布的98例未成年审判工作典型案例。

（3）为收取明显不属于“营养费”“感谢费”的巨额钱财将子女“送”给他人的；

（4）其他足以反映行为人具有非法获利目的的“送养”行为的。

不是出于非法获利目的，而是迫于生活困难，或者受重男轻女思想影响，私自将没有独立生活能力的子女送给他人抚养，包括收取少量“营养费”“感谢费”的，属于民间送养行为，不能以拐卖妇女、儿童罪论处。对私自送养导致子女身心健康受到严重损害，或者具有其他恶劣情节，符合遗弃罪特征的，可以遗弃罪论处；情节显著轻微危害不大的，可由公安机关依法予以行政处罚。

（二）《最高人民法院关于印发〈全国法院维护农村稳定刑事审判工作座谈会纪要〉的通知》（1999 年 10 月 30 日，法〔1999〕217 号）

（六）关于拐卖妇女、儿童犯罪案件

要从严惩处拐卖妇女、儿童犯罪团伙的首要分子和以拐卖妇女、儿童为常业的“人贩子”。

要严格把握此类案件罪与非罪的界限。对于买卖至亲的案件，要区别对待：以贩卖牟利为目的“收养”子女的，应以拐卖儿童罪处理；对那些迫于生活困难、受重男轻女思想影响而出卖亲生子女或收养子女的，可不作为犯罪处理；对于出卖子女确属情节恶劣的，可按遗弃罪处罚……

问题 3. 继父母遗弃成年残障子女是否构成遗弃罪

【典型案例】韩某 1 控告张某某遗弃案[①]

一、基本案情

韩某 1 系韩某 2 与刘某婚生子，智障残疾人，生活不能自理。2009 年 10 月，韩某 2 与刘某离婚，韩某 1 由刘某抚养。2013 年 8 月刘某与张某某结婚，韩某 1 随二人共同生活。2014 年 2 月 26 日，张某某私自将韩某 1 送上北京的客车，韩某 1 在北京流浪，直至 2014 年 3 月 13 日被家人找回。2014 年 4 月，刘某与张某某离婚。2015 年 1 月 5 日韩某 1 以张某某犯遗弃罪提出控告，并要求赔偿经济损失。

二、裁判结果

河南省滑县人民法院在审理过程中认为，韩某 1 虽已成年，但因系智障残疾人，系不完全民事行为能力人，需要监护。张某某作为其继父，与其共同生活，形成事实上的抚养关系，具有法定的扶养监护义务，张某某不履行法定监护义务，私自将韩某 1 送走，让其脱离监护人监护流离失所，其行为已构成遗弃罪。针对自诉案件的特殊性，法院针对该案事实进行了调解，张某某认识到自己的犯罪行为，最终双方和解，自诉人撤回自诉。

三、典型意义

本案是涉及成年智障人的监护问题及继父母子女的监护关系。本案中，韩某 1 虽已成年，但有证据证明其系智障人，应视为不完全民事行为能力人，需要被监护与扶养。继父母子女共同生活，形成事实上的扶养关系，继父母对子女不进行扶养，或继子女对父母不进行扶养均应承担相应的法律责任。本案中，作为继父的张某某逃避对继子应尽的

① 最高人民法院 2015 年 12 月 4 日发布的 49 起婚姻家庭纠纷案典型案例。

扶养义务，将其遗弃，虽之后其与刘某离婚，与韩某1亦自动解除扶养关系，但并不因此否定其在扶养关系存续期间的特定义务。其行为已构成遗弃罪，应受到法律的追究。事后韩某1有幸被找回，得到了较好的扶养。该案在审理过程中，张某某认识到自己的犯罪行为，主动要求调解，赔偿被害人的经济损失，韩某1的法定监护人考虑到案件的特殊性，接受调解，最终以调解结案，案结事了。这一起案件让我们意识到对特殊人员除了家庭的保护与监护外，社会亦有所保障。

第四十章
拐骗儿童罪

第一节　拐骗儿童罪概述

一、拐骗儿童罪概念及构成要件

拐骗儿童罪，是指用蒙骗、利诱或者其他方法，使不满 14 周岁的未成年人脱离家庭或者监护人的行为。

拐骗儿童罪的构成要件如下：（1）本罪侵犯的客体是他人的家庭关系和儿童的身心健康。拐骗的对象是不满 14 周岁的未成年人。拐骗已满 14 周岁的人不构成本罪，符合拐卖妇女罪的可以拐卖妇女罪定罪。（2）本罪客观方面表现为采用蒙骗、利诱或者其他方法，使儿童脱离自己的家庭或者监护人的行为。“家庭”，是指儿童与其父母（包括生父母、养父母、继父母）或者其他亲属共同生活的处所。“监护人”，是指依法对儿童的人身、财产和其他合法权益负有监督和保护责任的人。按照《民法典》第 27 条规定，父母是未成年子女的监护人。未成年人的父母已经死亡或者没有监护能力的，由下列有监护能力的人按顺序担任监护人：①祖父母、外祖父母；②兄、姐；③其他愿意担任监护人的个人或者组织，但是须经未成年人住所地的居民委员会、村民委员会或者民政部门同意。司法实践中，使儿童脱离家庭或者监护人的方式有三种：一是以食品、玩具、娱乐等为诱饵，进行哄骗、诱惑，直接将儿童拐走。二是对家长或者监护人进行蒙骗而将儿童拐走。三是以偷盗手段，将婴幼儿抱走。但不论采用哪种拐骗手段，只要使儿童脱离了家庭或者监护人，就构成本罪。（3）本罪的犯罪主体为一般主体。凡年满 16 周岁并具有刑事责任能力的自然人，均能构成本罪。（4）本罪在主观方面表现为故意。其目的大多是将拐骗的儿童收养为自己的子女；但也不排除有的是为了供其使唤、奴役；也有的是因为非常喜欢儿童而实施拐骗的。对于拐骗儿童的犯罪行为，不论其动机、目的如何，都不应忽视其社会危害性，必须给以应得的惩罚。

根据《刑法》第 262 条之规定，犯拐骗儿童罪的，处 5 年以下有期徒刑或者拘役。

二、拐骗儿童罪案件审理情况

通过中国裁判文书统计，2017 年至 2021 年间，全国法院审结一审拐骗儿童刑事案件共计 266 件，其中，2017 年有 65 件，2018 年有 75 件，2019 年有 54 件，2020 年有 49 件，2021 年有 23 件。

司法实践中，拐骗儿童犯罪主要呈现出以下特点及趋势：一是从医院拐骗儿童情形较多。据初步统计，被告人利用医院、保健院、卫生所管理不善或家长疏忽大意等因素，拐盗新出生婴儿的案件占到六成。二是女性被告人占大多数。由于儿童对女性防范意识更低，且女性身形较小，容易装扮，且不易引人注意，故女性实施拐骗儿童行为的情形乃是通常情况。

三、拐骗儿童罪案件审理热点、难点问题

（一）本罪与拐卖儿童罪的区分

拐卖儿童罪，是指以出卖为目的，拐骗、绑架、收买、贩卖、接送或者中转儿童的行为。拐骗儿童罪与拐卖儿童罪的犯罪对象都是不满 14 周岁的儿童，客观上都使用了欺骗的手段。两者的区别主要在于：第一，侵犯的客体不同。前者侵犯的主要是他人的家庭关系，后者侵犯的则是公民的人身自由权利。第二，主观目的不同。前者大多是为了收养，后者则是为了贩卖。拐骗儿童后产生出卖意图的，应当以拐骗儿童罪和拐卖儿童罪，实行数罪并罚。

（二）本罪与绑架罪的区分

绑架罪，是指以勒索财物为目的绑架他人，或者绑架他人作为人质的行为。《刑法》第 239 条第 3 款规定，以勒索财物为目的偷盗婴幼儿的，以绑架罪定罪处罚。拐骗儿童罪与绑架罪的区别主要在于：第一，侵犯的客体不同。前者侵犯的主要是他人的家庭关系，后者侵犯的是公民的人身自由权利和财产权利。第二，犯罪目的不同。前者大多是为了收养，后者则是为了勒索财物。第三，犯罪手段不同。前者是拐骗，后者则对婴幼儿使用了偷盗的方法，实质是一种绑架行为。拐骗儿童后产生绑架勒索意图的，应当以拐骗儿童罪和绑架罪，实行数罪并罚。

四、拐骗儿童罪案件审理思路及原则

一是明确界分罪与非罪、本罪与他罪。如前所述，拐骗儿童罪与拐卖儿童罪、绑架罪等犯罪有一定相似性，但本罪刑罚明显低于后两罪，故区分此罪与彼罪十分重要。拐骗儿童行为人，往往是出于收养，也可以是出于奴役等目的，但如果有出卖牟利或者勒索财物的目的，则不构成拐骗儿童罪。二是注意区分一罪与数罪。这一点，在前一部分即审理热点、难点问题已作阐述，在此不再赘述。

第二节 拐骗儿童审判依据

该条于1979年《刑法》第184条作出初次规定，后1997年《刑法》将本罪犯罪对象作出修改，最终形成《刑法》第262条："拐骗不满十四周岁的未成年人，脱离家庭或者监护人的，处五年以下有期徒刑或者拘役。"

一、法律

《中华人民共和国刑法》（2020年12月26日修正）

第二百六十二条 拐骗不满十四周岁的未成年人，脱离家庭或者监护人的，处五年以下有期徒刑或者拘役。

二、刑事政策文件

（一）《民政部、公安部、财政部等关于进一步加强城市街头流浪乞讨人员救助管理和流浪未成年人解救保护工作的通知》（2009年7月16日 民发〔2009〕102号）

二、认真履行部门职责，协调配合做好落实工作

……

（二）公安机关要强化管理和打击解救工作力度，协助民政、卫生部门做好街头救助和站内管理工作。

……

五是加大打击力度。要依法从重从快打击虐待和故意伤害流浪未成年人，以及拐卖、拐骗、组织、胁迫、诱骗、利用未成年人乞讨牟利或组织其进行违法犯罪活动的犯罪分子和团伙。认定是被拐卖、拐骗的未成年人，要立即解救，尽快送返其监护人身边。对暂时找不到其监护人的，护送到救助管理站接受救助，并继续查找其监护人。对亲生父母或其他监护人利用未成年人乞讨的，要予以批评教育，情节严重的，依照《治安管理处罚法》第四十一条，予以治安管理处罚；构成犯罪的，依法追究刑事责任。

……

（二）《最高人民法院、最高人民检察院、公安部、民政部、司法部、中华全国妇女联合会于打击拐卖妇女儿童犯罪有关问题的通知》（2000年3月20日 公通字〔2000〕26号）

四、正确适用法律，依法严厉打击拐卖妇女、儿童的犯罪活动。这次"打拐"专项斗争的重点是打击拐卖妇女、儿童的人贩子。凡是拐卖妇女、儿童的，不论是哪个环节，只要是以出卖为目的，有拐骗、绑架、收买、贩卖、接送、中转、窝藏妇女、儿童的行为之一的，不论拐卖人数多少，是否获利，均应以拐卖妇女、儿童罪追究刑事责任。对收买被拐卖的妇女、儿童的，以及阻碍解救被拐卖妇女、儿童构成犯罪的，也要依法惩处。出卖亲生子女的，由公安机关依法没收非法所得，并处以罚款；以营利为目的，出卖不满十四周岁子女，情节恶劣的，借收养名义拐卖儿童的，以及出卖捡拾的儿童的，均应以拐卖儿童罪追究刑事责任。出卖十四周岁以上女性亲属或者其他不满十四周岁亲属的，以拐卖妇女、儿童罪追究刑事责任。

办案中，要正确区分罪与非罪、罪与罪的界限，特别是拐卖妇女罪与介绍婚姻收取钱物行为、拐卖儿童罪与收养中介行为、拐卖儿童罪与拐骗儿童罪，以及绑架儿童罪与拐卖儿童罪的界限，防止扩大打击面或者放纵犯罪。

第三节　拐骗儿童罪审判实践中的疑难新型问题

问题 1. 采取欺骗方式使儿童脱离家庭以供役使的行为如何定性

【刑事审判参考案例】任某某拐骗儿童案①

一、基本案情

雷波县人民法院经审理查明：被告人任某某通过互联网结识四川省昭觉县人勒某（另案处理），以救助孤儿为名让勒某为其在昭觉县招收 20 名孤儿带往山东省某地寄养，称孤儿可学习挖野菜，包包子、在餐馆帮忙，并由大学生或者志愿者为孤儿补习文化课。勒某找到四川省雷波县咪姑乡人熊某某（在校大学生、另案处理），让熊某某放假回，乡时宣传此事，并将任某某的 QQ 号告诉熊某某，方便二人联系。三人商议，任某某负责将招来的儿童带回山东省某地，承担衣、食、住、行等开支，勒某、熊某某负责在当地宣传，勒某还负责翻译和管理儿童，熊某某负责联系。任某某承诺，勒某每介绍一名儿童每年给其人民币（以下币种同）1000 元及一定工资，熊某某每介绍一名儿童给其 500 元。勒某、熊某某按照任某某的要求向儿童监护人进行宣传，任某某向儿童监护人许诺，其将为儿童提供教育、代为抚养、送儿童学习技术，每年春节送儿童回家过年时给予 2500 元补助，并赠送电视机、手机或者摩托车作年货，共骗取 8 名未满 14 周岁儿童的监护人签订了“家庭寄养协议”。同月 15 日，任某某租车将 8 名儿童带至雷波县汽车站，准备乘车前往山东，因形迹可疑被抓获，8 名儿童均被解救回家。

雷波县人民法院认为，被告人任某某以家庭寄养为名，采取蒙骗、利诱的方法，使 8 名不满 14 周岁的儿童脱离家庭和监护人，其行为构成拐骗儿童罪。雷波县人民检察院指控罪名成立。关于任某某的辩解，经查，其属无业人员，无固定收入和较好的经济来源，根据《家庭寄养管理暂行办法》规定，其根本不具备家庭寄养条件，无能力供养多名儿童，其与儿童监护人签订的家庭寄养协议是采用利诱和蒙骗方法取得，并非监护人真实意思表示，具有社会危害性，构成犯罪。任某某提供真实的身份证、住址、手机号等给儿童监护人，对外宣传为贫困儿童提供各种优厚条件，是为了获取监护人的信任并自愿

① 曲晶晶、徐立才、余忠洪撰稿，冉容审编：《任某某拐骗儿童案——采取欺骗方式使儿童脱离家庭以供役使的行为如何定性（第 999 号）》，载最高人民法院刑事审判第一、二、三、四、五庭主办：《刑事审判参考》（总第 98 集），法律出版社 2014 年版，第 131 页。

将儿童交给其带走所采取的必要手段，目的是拐骗儿童供其使唤。故任某某的辩解和其辩护人的意见均不能成立，不予采纳。据此，依照《刑法》第262条，雷波县人民法院以被告人任某某犯拐骗儿童罪，判处有期徒刑三年。

一审宣判后，被告人任某某不服，以其行为不构成犯罪为由向四川省凉山彝族自治州中级人民法院提出上诉。

凉山彝族自治州中级人民法院经审理认为，被告人任某某并无相关资质，以家庭寄养为名，采取欺骗、利诱的方法，骗取被拐骗儿童监护人的信任，使8名不满14周岁的未成年人脱离家庭和监护人：其行为构成拐骗儿童罪。任某某的上诉理由不能成立，不予采纳。据此四川省凉山彝族自治州中级人民法院裁定驳回上诉，维持原判。

二、主要问题

采取欺骗方式使儿童脱离家庭以供役使的行为如何定性？

三、裁判理由

拐骗儿童罪，是指采取蒙骗、利诱或者其他方法，使不满14周岁的未成年人脱离家庭或者监护人的行为。对于如何认定行为人的主观目的和客观上的拐骗行为，实践中存在一定争议。以下结合本案进行具体分析。

（一）拐骗儿童罪的犯罪目的

犯罪目的在一定程度上反映了行为人的主观恶性，并且通常是区分罪与非罪、此罪与彼罪的一个重要因素。拐骗儿童罪是侵犯公民人身权利的犯罪，刑法没有明文规定构成该罪需要具备特别目的要件，但理论界通说认为，行为人实施拐骗行为主观上一般具有收养或者役使等目的，以此区别于以勒索财物为目的的绑架罪和以出卖为目的的拐卖儿童罪。本案中，被告人任某某在山东省某地承租房屋准备经营包子店后，千里迢迢前往四川省凉山彝族自治州招募儿童，利用当地交通不便、信息相对闭塞、民众思想单纯等客观条件，欺骗儿童家长或者监护人，以寄养为名，实为使儿童脱离家庭到其包子店打工，主观上具有拐骗儿童供其役使的犯罪目的。故符合拐骗儿童罪的主观特征。

（二）"拐骗"概念的界定与行为表现

拐骗儿童，一般是指用欺骗、利诱等手段，使不满14周岁的未成年人脱离家庭或者监护人。关于拐骗是否包含偷盗、强抢等手段，实践中存在一定争议。我们认为，"拐骗"有"偷偷摸摸""欺骗"的含义，从文义解释角度看，"拐骗"不包含暴力等强制性手段。然而，从司法实际出发，基于对儿童权益的全面保护，应当对拐骗儿童罪中的"拐骗"概念予以扩张解释。如以收养为目的，偷盗、抢夺他人婴幼儿的，并不符合"拐骗"的文义解释特征，也无法以拐卖儿童罪或者绑架罪处理，严格遵从文义解释，则势必造成刑法惩治的漏洞。因此，拐骗儿童罪中的"拐骗"，即泛指一切违背儿童监护人意愿使儿童脱离家庭或者监护的行为，既包括欺骗性手段，也包括偷盗、强抢等手段。

欺骗是拐骗儿童的常用手段，行为人通过虚构事实、隐瞒真相，达到欺骗的目的。所谓"虚构事实"，就是行为人凭空捏造根本不存在的事实或者夸大事实，故意使对方产生与事实不符的错误判断。所谓"隐瞒真相"，就是行为人有意掩盖客观事物的本来面目，将本应告诉对方的真实情况有意不告诉对方，使对方在不知底细的情况下陷入行为人设置的圈套。上述两种欺骗方法的不同点是，前者是凭空虚构某种根本不存在的事实，后者是以某种已经存在的事实来掩盖另一种根本不存在的事实。行为人无论使用虚构事实还是隐瞒真相的欺骗方法，或者二者同时或者交叉使用，其本质都是制造假象，蒙骗

被害人，结果都是让被害人陷入一种错误认识，进而作出违背本人真实意愿的行为。鉴于不满 14 周岁的儿童中，既包括不具有独立、自主意识思维能力的婴幼儿，也包括具有一定独立判断能力的儿童。因此，拐骗行为既可能针对儿童实施，也可能针对儿童的监护人或者看护人实施。

本案中，被告人任某某正是交叉使用了虚构事实和隐瞒真相两种欺骗方法来实施拐骗儿童的行为：

一方面，任某某虚构了其具有儿童家庭寄养的资质和条件。根据民政部于 2003 年 10 月 27 日印发的《家庭寄养管理暂行办法》［本案发生时该文件未失效，现已被《家庭寄养管理办法（2014 年）》替代并废止］的规定，儿童家庭寄养，是指经过规定程序，将民政部门监护的儿童委托在家庭中养育的照料模式。被寄养儿童，是指监护权在县级以上地方人民政府民政部门，被民政部门或者民政部门批准的家庭寄养服务机构委托在符合条件的家庭中养育的、不满 18 周岁的孤儿、查找不到生父母的弃婴和儿童。寄养家庭应当有寄养服务机构所在地的常住户口和固定住所，有稳定的经济收入，家庭成员人均收入水平在当地人均收入中处于中等水平以上。

本案中，任某某既未经当地民政部门批准，也未接受民政部门批准的家庭寄养服务机构委托，不具备法定家庭寄养资质。故其与儿童监护人签订的“家庭寄养协议”不合法。同时，任某某并无固定工作；没有稳定的收入来源和可供寄养儿童正常生活居住的场所，任某某家庭的经济状况在烟台当地处于中下水平，其本人不务正业，也不具备法定家庭寄养条件。相反，从任某某本人及其家庭的经济条件看，其关于为每名儿童承担衣、食、住、行以及回家时给儿童家庭金钱和物质上的资助等承诺，根本无法实现。因此，任某某在本案，中采用了虚构事实的欺骗手段。

另一方面，任某某隐瞒了招募儿童供其役使的真实目的。根据国务院 2002 年 10 月 1 日印发的《禁止使用童工规定》第 2 条、第 11 条的规定，国家机关、社会团体、企业事业单位、民办非企业单位或者个体工商户均不得招用不满 16 周岁的未成年人（招用不满 16 周岁的未成年人，以下统称使用童工）；拐骗童工、强迫童工劳动……使用不满 14 周岁的童工……依照刑法规定追究刑事责任。

虽然任某某提供了身份证、住址、手机、银行卡、寄养场所等真实信息，获得了不满 14 周岁未成年人的监护人的信任，与之签订“家庭寄养协议”，同意将未成年人交由任某某带往山东省某地。但是，任某某并没有透露欲将招募的儿童带到山东其经营的包子店内从事体力劳动，即其行为实质上是拐骗并使这些不满 14 周岁的儿童做童工供其驱使，侵犯了他人的家庭关系和儿童的合法权益。因此，任某某采用了隐瞒事实真相的欺骗手段。

（三）对“脱离家庭或者监护人”的理解

构成拐骗儿童罪，要求客观上使儿童脱离家庭或者监护人。脱离家庭或者监护人，是指使儿童脱离家庭或者离开父母或者其他监护人，致使儿童的父母或者监护人不能继续对该未成年人行使监护权。监护权是监护人对未成年人等无民事行为能力人或者限制民事行为能力人的人身权益、财产权益所享有的监督、保护的身份权。拐骗儿童罪所保护的客体是儿童的人身、财产等合法权益及儿童所在家庭以对儿童教养保护为目的的监护关系，一旦拐骗儿童行为造成监护人不能继续行使监护权，就构成拐骗儿童罪。如果行为人主观上并无使儿童长时间与其监护人或者家庭脱离的故意或者其他卑劣动机，客观上将儿童带离时间较短即将儿童送还，社会危害不大，是否认定构成拐骗儿童罪，应当慎重处理。

本案中，被告人任某某通过与儿童家长或者监护人签订所谓“家庭寄养协议”，将儿童带离家庭并前往雷波县车站，准备乘车离开四川省前往山东省，造成儿童离开各自的父母或者其他监护人，脱离了家庭或者监护人教养保护的范围，致使其父母或者监护人不能继续对该儿童行使监护权，无论从其主观目的还是客观行为来看，其拐骗儿童的行为都具有较大社会危害性，已构成拐骗儿童罪。

此外，值得注意的是，《刑法》第 244 条之一［《刑法修正案（四）》第 4 条增加］规定了雇用童工从事危重劳动罪。该罪名体现的禁止性规定是不能雇用不满 16 周岁的未成年人从事超强度的体力劳动，或者从事高空、井下作业，或者在爆炸性、易燃性、放射性、毒害性等危险环境下从事劳动。其中，超强度体力劳动是指超过劳动者正常体能所能合理承受的强度。故虽然雇用童工从事体力劳动本身属于非法行为，但其违法程度与童工所具体从事的劳动的强度大小、从事的岗位对技能的要求和工作环境是密切相关的。在此基础上，情节严重的，构成雇用童工从事危重劳动罪。本案中，被告人任某某招募不满 14 周岁的儿童到其经营的包子店做工，既不属于从事超强度的体力劳动，也不属于从事高空、井下作业或者在爆炸性、易燃性、放射性、毒害性等危险环境下从事劳动，故不构成雇用童工从事危重劳动罪。

不过，现实中存在拐骗儿童脱离家庭或者监护人从事危重劳动的情形，该行为同时触犯拐骗儿童罪和雇用童工从事危重劳动罪，其中拐骗是手段行为，雇用童工从事危重劳动是目的行为，构成牵连犯，应当从一重罪处断。

问题 2. 不以出卖为目的使儿童脱离家庭监护的行为认定

【地方参考案例】王某某拐骗儿童案[①]

一、基本案情

2021 年 7 月 15 日 18 时 40 分许，被告人王某某在吉林省敦化市额穆镇广场附近，未经被害儿童刘某某（时年 5 周岁）监护人的同意，私自将刘某某带至自己家中，并将刘某某及其本人反锁在屋内。在民警及消防队员对刘某某实施解救期间，被告人王某某手捂刘某某嘴部，制止刘某某发出声音。后公安机关破门进入被告人王某某家中，将刘某某解救。吉林省敦化市人民法院作出（2021）吉 2403 刑初 410 号刑事判决，以拐骗儿童罪判处被告人王某某有期徒刑三年。

二、裁判结果

吉林省敦化市人民法院判决认为，被告人王某某未经不满 14 周岁未成年人监护人同意，将幼童私自带至家中，使其脱离家庭和监护人的监护，并拒不配合民警解救，其行为已构成拐骗儿童罪，应依法惩处。

三、典型意义

家庭监护是保护未成年人安全的最重要方式。家长对儿童的监护权以及儿童受家长的保护权均受法律保护，他人未经监护人同意或授权，不得以任何形式私自将儿童带走，

---

① 吉林省高级人民法院 2022 年 5 月 31 日发布的 4 起 2021 年涉未成年典型案例。

使之脱离家庭或监护人。根据我国《刑法》第262条规定，拐骗不满14周岁的未成年人脱离家庭或者监护人的行为，构成拐骗儿童罪。本案被告人王某某不以出卖为目的拐骗儿童，且在拐骗过程中也没有实施其他加害行为，但在路遇被害人脱离家长监护时，将其带回自己家中，使之长时间脱离家长的监护，侵犯了家长对儿童的监护权及儿童受家长保护权，也严重威胁到儿童的人身安全，已构成犯罪。我国法律旨在维护未成年人的健康成长。拐骗儿童犯罪行为，使受骗儿童远离熟悉环境与人员陪伴，丧失安全感，安全感的重塑绝非易事。年幼时的心灵创伤将直接影响成年后的心理健康。法院对本案被告人的依法惩处，彰显了对家庭关系和儿童合法权益的保护力度，同时也昭告大众，在未经家长同意和授权的情况下，不论以何种形式私自将儿童带走，使之脱离家庭和监护人的行为都是违法行为，都将受到法律的惩处。本案的另一意义在于告诫家长要严格履行监管义务。一时不慎，使未成年人脱离自己的监管，可能造成巨大的悲剧，破坏和谐稳定的家庭关系。

【刑事政策文件】

《公安部关于打击拐卖妇女儿童犯罪适用法律和政策有关问题的意见》（2000年3月24日　公通字〔2000〕25号）

二、关于拐卖妇女、儿童犯罪

……

（十一）非以出卖为目的，拐骗不满十四周岁的未成年人脱离家庭或者监护人的，以拐骗儿童罪立案侦查。

……

问题3. 拐骗儿童后又将其遗弃的行为认定

【典型案例】卢某某拐骗儿童案①

一、基本案情

2015年9月20日16时许，被告人卢某某（女）以收取卫生费为名，在天津市河西区上门行骗时，见被害人夏某（女，13岁）独自在家，意欲让夏某跟随其一起行骗，遂谎称与夏某父亲相识，骗取夏某信任后将夏某从家中带离，致使夏某脱离监护人监管。后因发现夏某不具备与其共同行骗的可能性，卢某某于同年9月23日晚带夏某搭乘出租车，后借故离开，将夏某独自留在车内。出租车司机了解情况后，将夏某送回家中。同月24日，公安人员将卢某某抓获。

二、裁判结果

天津市河西区人民法院经审理认为，被告人卢某某以欺骗的方法拐骗儿童脱离家庭和监护人监管，其行为已构成拐骗儿童罪。卢某某到案后如实供述自己的罪行，依法可从轻处罚。依照刑法有关规定，以拐骗儿童罪判处被告人卢某某有期徒刑二年六个月。宣判后，卢某某未提出上诉，检察机关未抗诉，判决已发生法律效力。

---

① 最高人民法院2017年6月1日发布的6起依法惩治侵害未成年人犯罪典型案例。

三、典型意义

家庭监护是保护儿童安全的最重要方式。家长对儿童的监护权以及儿童受家长的保护权均受法律保护，他人未经监护人同意或授权，不得以任何形式私自将儿童带走，使之脱离家庭和监护人。根据我国《刑法》第262条规定，拐骗不满14周岁的未成年人脱离家庭或者监护人的行为，构成拐骗儿童罪。本案被告人卢某某拐骗儿童的目的虽然不是为了出卖，在拐骗过程中也没有实施其他加害行为，但其编造谎言，将未满14周岁的儿童从家中骗出，使之长时间脱离家长的监护，侵犯了家长对儿童的监护权及儿童受家长保护权，也严重威胁到儿童的人身安全，已构成犯罪。法院对本案被告人的依法惩处，彰显了对家庭关系和儿童合法权益的保护力度，同时也昭告大众，在未经家长同意和授权的情况下，不论以何种形式私自将儿童带走，使之脱离家庭和监护人的行为都是违法行为，都将受到法律的惩处。拐骗儿童的犯罪行为，使受骗儿童的心灵遭受严重创伤，给儿童的父母和其他亲人造成极大的痛苦，也给群众的正常生活秩序带来威胁。因此，不论其动机、目的如何，都不应轻视其社会危害性，必须给予应有的惩处。

第四十一章
组织残疾人、儿童乞讨罪

第一节　组织残疾人、儿童乞讨罪概述

一、组织残疾人、儿童乞讨罪概念及构成要件

组织残疾人、儿童乞讨罪，是指以暴力、胁迫手段，组织残疾人或者未满 14 周岁的未成年人在公共场所进行乞讨，侵害残疾人、儿童的身心健康和合法权益，危害社会治安秩序的行为。

组织残疾人、儿童乞讨罪的构成要件如下：（1）本罪侵犯的客体是残疾人、儿童的身心健康及其合法权益和社会治安管理秩序。本罪侵犯的是复杂客体，但主要侵犯的是残疾人、儿童的人身权利和其他合法权利。犯罪对象是残疾人、儿童。“残疾人”，是指在心理、生理、人体结构上，某种组织、功能丧失或者不正常，全部或者部分丧失以正常方式从事某种活动能力的人。残疾人包括视力残疾、听力残疾、言语残疾、肢体残疾、智力残疾、精神残疾、多重残疾和其他残疾的人。残疾标准由国务院规定。“儿童”，是指不满 14 周岁的未成年人。（2）本罪在客观方面表现为采用暴力、胁迫手段组织残疾人或者不满 14 周岁的未成年人进行乞讨的行为。“暴力”，是指对被组织的乞讨人员进行殴打、捆绑、拘禁等危害人身安全和限制人身自由的行为。“胁迫”，是指对被组织的乞讨人员进行威胁、恫吓的行为。威胁可以是口头的，也可以是举动。如扬言进行报复、揭发隐私、毁坏财产、破坏名誉、手持凶器威吓等进行要挟，以达到精神上强制的目的。“组织”，是指通过招募、雇用、强迫、引诱、拐骗、容留等方法，将流浪在社会上的残疾人、儿童组织起来，在公共场所进行乞讨。应当强调指出的是，采用暴力、胁迫手段违背残疾人、儿童的意志，组织残疾人、儿童进行乞讨，是构成本罪在客观方面两个必备的条件，必须同时具备，缺一不可。如果行为人对残疾人或者儿童没有采用暴力、胁迫的手段，而是采用诱骗等其他方法，组织残疾人、儿童乞讨，则不构成本罪；如果行为人虽对残疾人、儿童采用了暴力、胁迫的手段，迫使其乞讨，但针对的是特定的个人，而不是组织多人，也不构成本罪。（3）本罪的犯罪主体为一般主体。凡年满 16 周岁并具

有刑事责任能力的自然人，均能构成本罪。（4）本罪在主观上只能由故意构成，即行为人往往出于牟利的目的。

根据《刑法》第 262 条之一的规定，犯组织残疾人、儿童乞讨罪的，处三年以下有期徒刑或者拘役，并处罚金；情节严重的，处三年以上七年以下有期徒刑，并处罚金。

二、组织残疾人、儿童乞讨罪案件审理情况

通过中国裁判文书统计，2017 年至 2021 年间，全国法院审结一审组织残疾人、儿童乞讨刑事案件共计 8 件，其中，2017 年有 1 件，2019 年有 1 件，2020 年有 6 件。

司法实践中，组织残疾人、儿童乞讨犯罪主要呈现出以下特点及趋势：一是被告人系残疾人的情况较多。虽然本罪所针对的对象包括残疾人，但实施犯罪的行为人也多为又聋又哑的残疾人。这与同类群体的活动范围重叠且容易抱团有一定关系。在被告人系残疾人时，人民法院综合该情节及案件事实，大多酌情从轻处罚。二是被告人实施暴力、胁迫等行为。被告人为控制、操纵被害人，多采用殴打、辱骂、甚至于拍摄裸照等手段进行威胁。三是被告人大多认罪认罚。在公诉过程中，被告人往往对公诉机关所指控的犯罪事实无意义且自愿认罪认罚。

三、组织残疾人、儿童乞讨罪案件审理热点、难点问题

（一）本罪的罪与非罪

根据刑法规定，是否构成组织残疾人、儿童乞讨罪，关键在于行为人对残疾人、儿童是否采取了暴力、胁迫的手段，对进行乞讨的残疾人、儿童是否有“组织”的行为。如果没有，则属于一般违法行为，应当按照《治安管理处罚法》第 41 条的规定，给予治安处罚。

（二）本罪的罪数问题

如果行为人在以暴力、胁迫手段组织残疾人、儿童乞讨过程中，实施了非法拘禁、故意伤害、拐骗、拐卖、猥亵儿童的行为，构成犯罪的，则应当实行数罪并罚。

（三）本罪属选择性罪名（对象选择）

只要实施任一行为，就构成本罪；既组织残疾人，又组织儿童乞讨的，仍为一罪，不实行并罚，量刑时可作参考。

（四）本罪在犯罪形态上属行为犯

行为人只要实施了以暴力、胁迫手段组织残疾人或者儿童进行乞讨的行为，就构成本罪；法律没有对本罪提出“情节”“数额”“后果”等方面的要求。

四、组织残疾人、儿童乞讨罪案件审理思路及原则

一是准确把握本罪犯罪主体的范围。本罪的处罚对象仅限于以暴力、胁迫手段组织残疾人、儿童进行乞讨的组织者，包括幕后操纵者、指挥者和具体执行者。对于一般参与乞讨的人员不能以犯罪论处，他们实际上也是受害者。二是准确把握本罪的情节要求。“情节严重”，是本罪的加重处罚情节。司法实践中，一般是指多次（三次以上）组织残

疾人、儿童进行乞讨的；组织众多残疾人、儿童进行乞讨，严重扰乱社会治安的；屡教不改，长时间组织残疾人、儿童进行乞讨，在社会上造成恶劣影响的等情形。

第二节 组织残疾人、儿童乞讨罪审判依据

最高人民法院该条于2006年《刑法修正案（六）》增设。2016年12月21日《关于审理拐卖妇女儿童犯罪案件具体应用法律若干问题的解释》第6条明确了收买被拐买的儿童后又组织乞讨构成犯罪的，依照数罪并罚的规定处罚。

一、法律

《中华人民共和国刑法》（2020年12月26日修正）

第二百六十二条之一 以暴力、胁迫手段组织残疾人或者不满十四周岁的未成年人乞讨的，处三年以下有期徒刑或者拘役，并处罚金；情节严重的，处三年以上七年以下有期徒刑，并处罚金。

二、司法解释

《最高人民法院关于审理拐卖妇女儿童犯罪案件具体应用法律若干问题的解释》（2016年12月1日 法释〔2016〕28号）

第六条 收买被拐卖的妇女、儿童后又组织、强迫卖淫或者组织乞讨、进行违反治安管理活动等构成其他犯罪的，依照数罪并罚的规定处罚。

第三节 组织残疾人、儿童乞讨罪审判实践中的疑难新型问题

问题 如何认定组织儿童乞讨罪中的“暴力、胁迫”手段、“组织”行为、乞讨形式以及“情节严重”

【刑事审判参考案例】崔某某、魏某某组织儿童乞讨案①

一、基本案情

河南省周口市太康县人民法院经审理查明：2005年至2009年期间，被告人崔某某伙

① 赵俊甫撰稿，冉容审编：《崔某某、魏某某组织儿童乞讨案——如何认定组织儿童乞讨罪中的“暴力、胁迫”手段、“组织”行为、乞讨形式以及“情节严重”（第1001号）》，载最高人民法院刑事审判第一、二、三、四、五庭主办：《刑事审判参考》（总第98集），法律出版社2014年版，第141页。

同其妻魏某某先后组织被害人冯某某、朱某某、任某某等多名五六岁的儿童，分别到河南、湖南、广西等地，以演杂技为名，利用暴力、胁迫手段让其沿街乞讨。崔某某将儿童分组，其中，让翟某1协助管理被害人冯某某等儿童。翟某1在带冯某某外出乞讨时，因冯某某对其言语顶撞，遂将冯某某伤害致死。被害人朱某某被带出乞讨时丢失，下落不明。同时，造成任某某身体多处受伤的严重后果。

河南省周口市太康县人民法院认为，被告人崔某某、魏某某以演杂技为名，利用暴力、胁迫等手段组织多名儿童乞讨，其行为构成组织儿童乞讨罪，且系共同犯罪。其间，乞讨儿童冯某某被他人伤害致死，朱某某失踪，任某某身体多处受损伤，崔某某及其妻子魏某某负有不可推卸的责任。二被告人组织儿童乞讨情节严重，社会影响恶劣，依法应当惩处。魏某某在共同犯罪中所起作用相对较小，依法可以对其酌情从轻处罚。据此，依照《刑法》第262条之一、第25条第1款、第52条、第53条之规定，河南省周口市太康县人民法院判决如下：

1. 被告人崔某某犯组织儿童乞讨罪，判处有期徒刑六年，并处罚金人民币5000元；

2. 被告人魏某某犯组织儿童乞讨罪，判处有期徒刑四年，并处罚金人民币5000元。

宣判后，被告人崔某某、魏某某以其行为不构成组织儿童乞讨罪、原判量刑过重为由向周口市中级人民法院提出上诉。

河南省周口市中级人民法院经审理认为，上诉人崔某某、魏某某利用暴力、胁迫手段组织多名儿童沿街乞讨的事实清楚，证据确实、充分，其行为构成组织儿童乞讨罪。二上诉人关于其行为不构成组织儿童乞讨罪的意见，不予支持。关于上二诉人魏某某提出原判量刑过重的意见，经查，证明魏某某参与殴打被害人的证据中，只有夏某某、李某二人的证言，且后者证言只提到“魏某某有时也骂他们”，二审中提交的有关证据也证实魏某某只是农闲时间跟着丈夫崔某某外出，大部分时间在家务农，因此，魏某某在共同犯罪中所起作用较小，系从犯，依法应当从轻处罚。据此，依照《刑事诉讼法》（1996年）第189条第2项之规定，周口市中级人民法院判决如下：

1. 维持河南省周口市太康县人民法院（2011）太少刑初字第20号刑事判决第一项关于被告人崔某某的定罪、量刑部分以及第二项关于被告人魏某某的定罪；

2. 撤销河南省周口市太康县人民法院（2011）太少刑初字第20号刑事判决第二项关于被告人魏某某的量刑部分；

3. 被告人魏某某犯组织儿童乞讨罪，判处有期徒刑三年，并处罚金人民币5000元。

二、主要问题

1. 如何认定组织儿童乞讨罪中的“暴力、胁迫”手段？

2. 如何认定组织儿童乞讨罪中的“组织”行为？

3. 如何认定组织乞讨罪中的“乞讨”形式？

4. 如何认定组织儿童乞讨罪中的“情节严重”？

三、裁判理由

乞讨是长期存在的社会历史现象，乞讨是否属于公民的权利、自由，历来存在不同的观点，但对于非法控制、利用他人乞讨的行为进行法律规制，却是社会共识。据调查，当前社会中儿童被乞讨集团控制、成为乞讨工具的现象较为严重，被控儿童受到虐待、伤害，甚至被直接致残以便博取同情、骗取施舍的事件时有发生。针对此现象，2006年颁布的《刑法修正案（六）》第17条增设了组织残疾人、儿童乞讨罪的规定：“以暴力、

胁迫手段组织残疾人或者不满十四周岁的未成年人乞讨的，处三年以下有期徒刑或者拘役，并处罚金；情节严重的，处三年以上七年以下有期徒刑，并处罚金。”以下结合本案，对相关问题进行具体分析。

（一）组织儿童乞讨罪中的“暴力、胁迫”不需以压制儿童反抗为必要，只要足以让儿童产生恐惧心理即可

《治安管理处罚法》第41条第1款规定：“胁迫、诱骗或者利用他人乞讨的，处十日以上十五日以下拘留……”；《刑法》第262条之一的规定：“以暴力、胁迫手段组织残疾人或者不满十四周岁的未成年人乞讨的处……”从上述规定可知，在现行法律框架下，组织儿童乞讨罪的行为方式仅限于暴力、胁迫手段，诱骗或者利用儿童乞讨的，只能处以治安管理处罚。从司法实践来看，过于严格的入罪条件制约了对组织残疾人、儿童乞讨行为的打击，已不能充分保护残疾人、儿童的合法权益。教唆、组织、利用儿童和残疾人乞讨行为的犯罪化规定，在许多国家的刑法典中都有体现，如法国、意大利、西班牙均存在“利用儿童或者严重残疾人乞讨”构成犯罪的类似规定。因此，在现行法律框架下，对“暴力、胁迫”手段不宜作过于严格的理解。

我国刑法分则多处使用“暴力”的表述，“暴力”一般是指造成被害人生理或者心理上的强制状态的有形强制力或者武力，“胁迫”（有时称为“威胁”）常与“暴力”同时使用，一般是指以将要实施暴力或者其他恶害为内容使被害人受到精神强制的行为。从程度上来讲，“暴力”的上限最高可达到故意杀人的程度，其下限通常必须达到足以妨碍被害人的意志自由；而“胁迫”通常使被害人产生恐惧心理，并在一定程度上影响其意志自由。

当前，被不法分子操纵的乞讨儿童特别是病残乞儿，大多来自五个渠道，即租借、拐骗、购买、收留、捡拾。一些儿童被不法分子带到陌生地区，脱离了家庭或者监护人的保护，加之生活难以独立自理，不知该如何求助，行为人往往不需要实施明显的暴力、胁迫手段，或者只要实施轻微的暴力、胁迫行为，就可以轻而易举地控制这些儿童。因此，我们认为，在认定是否构成组织儿童乞讨罪中的“暴力、胁迫”时，应当充分考虑儿童身心脆弱、易受伤害等特点，程度标准不宜要求过高，无须达到足以压制儿童反抗的程度，只要在常人看来，足以使儿童产生恐惧心理即满足客观入罪条件。一般而言，对儿童实施抽耳光、踢打等轻微暴力，或者采取冻饿、凌辱、言语恐吓、精神折磨、有病不给治疗、限制人身自由、灌服精神镇定麻醉类药物等方式，组织儿童乞讨的，均符合组织儿童乞讨罪的入罪条件。

受控乞讨的儿童多是孤儿、弃儿、病残儿，他们远离主流社会，处于一个相对封闭的“丐帮”亚社会圈子，与主流社会的“交流”仅仅是街面上的乞讨行为。因此，如何从证据审查角度准确认定“暴力、胁迫”手段，是困扰司法实践的另一个突出问题。我们认为，既然刑法规定“暴力、胁迫”是组织儿童乞讨罪的行为方式，那么，在立法未修改前，司法实务部门仍要注意全面收集、认真审查此方面的证据。但是，对“暴力、胁迫”这一客观要素的证明标准，不宜僵化理解。特别是在乞讨儿童有一定辨别和表述能力的情况下，不能因为儿童年幼，对受到暴力、胁迫的陈述可能不够全面，或者被告人断然否认，形成证据“一对一”的局面，就一概认为证明“暴力、胁迫”的证据没有达到排除合理怀疑的刑事案件证明标准，而对相关事实不予认定。审理中，我们认为，应当以对儿童进行特殊保护的政策为导向，注意通过被害儿童陈述、证人证言等有限的

证据材料，充分结合常识、常理、常情，对案件事实作出合理认定。其中，对于乞讨儿童被发现、解救时，经身体检查存在外伤，被灌服精神类、麻醉类药物，或者身体畸形状况经鉴定系人为外力、灌服药物等导致，而组织、操纵者拒不或者不能作出合理解释、提供相应依据的，可以结合具体案情认定系组织、操纵者“暴力、胁迫”所致，以实现对儿童最大利益保护的政策目标。

本案中，被告人崔某某辩称其带儿童外出时都一一与儿童家长签订了合同，交了定金，儿童是自愿跟随其卖艺，在卖艺过程中没有对儿童使用过暴力、胁迫，也没有殴打过被害人任某某，其对任某某耳朵、舌头、鼻子等部位的伤不知情。但从法院审理查明的事实来看，被害人任某某、夏某某证实，在外出表演杂技期间，崔某某、魏某某经常对小孩包括任某某进行殴打，组织他们乞讨；协助崔某某管理乞讨儿童的证人李某某证实，跟随崔某某演杂技期间，小孩们乞讨来的钱都交给崔某某，如果乞讨的钱少，崔某某就用三角皮带打人，朝身上、腿上、屁股上抽，用巴掌朝头上、脸上打；曾被组织乞讨的证人李秀、协助崔某某管理乞讨儿童的翟某1也有类似的证言。故本案现有证据足以认定二被告人采取暴力、胁迫手段组织儿童乞讨的事实。

（二）组织儿童乞讨罪中的“组织”不以被组织乞讨的人员达3人为入罪条件

组织儿童乞讨罪中的组织对象是否必须达3人以上才能认定为“组织”，司法实务部门和理论界一直存在争议：一种观点认为不应将“组织”概念解释为被组织的对象达到3人以上；而另一种观点则认为，被组织乞讨的人员必须是多人，即3人以上。

我们认为，组织儿童乞讨罪的“组织”不以被组织乞讨的人员达3人为入罪条件，具体理由如下：

《现代汉语词典》（商务印书馆出版）对“组织”概念的界定，主要有动词和名词两种用法：作为动词，是指“安排分散的人或事物使具有一定的系统性或整体性”，如组织一场比赛，这篇文章组织得很好；作为名词，组织是指“由诸多要素按照一定方式相互联系起来的系统”，比如党团组织、工会组织、企业组织等。经梳理，我国刑法规定的罪名中，罪状和罪名明文使用“组织”概念的罪名主要有14个，根据对“组织”词性搭配方式不同，大体可分为三类：一是动词“组织”+名词“组织”式，如组织、领导、参加恐怖组织罪，组织、领导、参加黑社会性质组织罪，组织、利用会道门、邪教组织、利用迷信破坏法律实施罪。二是其他动词+名词“组织”式，如入境发展黑社会组织罪，包庇、纵容黑社会性质组织罪。三是动词“组织”+“活动”式，如组织、领导传销活动罪，组织残疾人、儿童乞讨罪，组织未成年人进行违反治安管理活动罪，组织淫秽表演罪，组织卖淫罪，组织越狱罪，组织他人偷越国（边）境罪，非法组织卖血罪（强迫卖血罪），组织卖淫罪（强迫卖淫罪），组织播放淫秽音像制品罪，组织淫秽表演罪。在该类罪名中，“组织”强调的是发起、策划、指导、安排等组织性的行为方式，对组织对象的人数并不必然有限制性要求。

我们认为，在第一类和第二类的罪状中包含的名词意义上的“组织”，就是“由诸多要素按照一定方式相互联系起来的系统”，应当遵循对“组织”概念的一般文义解释，即组织对象或者成员应当达到3人以上，否则，难以称其为“黑社会性质组织”或者“恐怖组织”。

第三类情况相对复杂。其中，有些罪状本身暗含了对组织对象的最低人数要求，例如组织、领导传销活动罪，如果成员少于3人，显然不符合传销活动的本质。有些罪状虽

未对组织对象的人数提出明确要求，但是基于法益侵害的严重程度差别较大，为了限制刑事处罚范围，故在不具备其他严重情节的情况下，可以对人数作出限制性解释，即通常被组织者达3人以上，才构成犯罪。这些罪名主要规定在妨害社会管理秩序罪一章中，如组织他人偷越国（边）境罪、组织越狱罪、非法组织卖血罪、组织卖淫罪等，由于这些组织犯罪的共同特点是侵犯的客体为社会管理秩序，因此，组织对象的人数是反映社会危害性程度的重要因素。一般情况下，只有被组织的人数达3人以上，才能说明组织行为的社会危害性已达到危害社会管理秩序的程度，才符合该罪的认定标准。例如，最高人民法院、最高人民检察院1992年联合下发的《关于执行〈全国人民代表大会常务委员会关于严禁卖淫嫖娼的决定〉的若干问题的解答》（该解答目前已失效，仅作参考）即将"组织卖淫"解释为组织多人从事卖淫活动。正因如此，有观点认为组织残疾人、儿童乞讨也必须要求被组织者达到3人以上才构成犯罪。我们认为，这种认识有失偏颇，不当地抬高了组织残疾人、儿童乞讨罪的人罪门槛。

组织残疾人、儿童乞讨罪与上述妨害社会管理秩序的组织犯罪不同，该罪的行为对象是特定的"弱者"，即使通过暴力、胁迫，发起、策划、指导、安排1名残疾人、儿童乞讨，也会贬损其人格尊严，助长儿童形成好逸恶劳或反社会性格，对残疾人、儿童身心健康造成严重伤害，同时还易诱发被组织者实施其他违法犯罪，妨害社会管理秩序，社会危害性大，因此，即使组织1名残疾人、儿童乞讨也构成犯罪，有必要予以刑事制裁。那种要求被组织乞讨者达3人以上才构成犯罪的观点，显然忽视了该类犯罪社会危害的严重性：与对组织卖淫等犯罪中的"组织"概念进行限制解释不同，对组织残疾人、儿童乞讨罪的"组织"作适度的扩大解释，避免因该罪门槛过高而放纵部分犯罪分子，合乎该罪最大限度保护社会弱势群体权益的立法宗旨，亦未超出"组织"概念文义的涵摄范围和正常公民的预测可能性。

本案中，判决书列举认定了被告人崔某某、魏某某将被害人冯某某、朱某某、任某某等3名儿童带至外地乞讨的事实，除此以外，被害人夏某某、证人李某（时年均不满14周岁）证实二人亦曾被崔某某、魏某某带至外地强迫乞讨，夏某某还证实崔某某的3个儿子、徐某某、翟某2、马某某、翟某3等多名儿童也被二被告人组织乞讨？崔某某将儿童分组，交予翟某1等人协助管理，负责指挥儿童卖艺、乞求施舍，对不顺从的儿童进行殴打、胁迫，并将所收取的钱财统一交给崔某某，魏某某协助提供儿童食宿。因此，无论从何种意义上解释"组织"概念，本案被告人的行为均符合组织儿童乞讨罪的"组织"要件特征。

（三）对组织儿童乞讨罪中"乞讨"形式的认定

乞讨是指"某一社会成员远离社会主流生活以苦难遭遇的叙述或者表演等为手段而换取施舍的行为"。实践中，乞讨的方式形形色色。例如，以哀求哭讨为主行乞；依靠本身的一点专长或者力所能及的技艺为资本，用以招徕或者博人欢心而换取施舍；依靠老弱病残等自身状况唤起他人同情怜悯而乞求施舍；靠各种歪门邪道如编造惨况、丢失车票等事由骗讨、诈讨，或者拦路、拉扯行人强行讨要等。根据乞讨是否以牟利为目的，可以分为生存性乞讨和职业性乞讨，前者系为解决生活困境而乞讨，后者则是将乞讨作为主要生活来源乃至发财致富的手段。

本案中，被告人崔某某辩称其系组织儿童外出卖艺，不是沿街乞讨：被害人任某某、夏某某、李某的陈述证实其在崔某某组织下沿街表演杂技，并向观看者乞求施舍，事实证明，崔某某组织儿童卖艺是手段，换取他人施舍是目的，且常年组织诸多儿童外出乞讨，将此作为发财致富的手段，属于职业性乞讨，崔某某关于其行为不属于组织乞讨的辩解理由不能成立。

（四）对组织儿童乞讨罪中的“情节严重”应当如何把握

对组织儿童乞讨情节严重的，《刑法》第 262 条之一规定了法定加重刑，但何谓“情节严重”，尚没有司法解释作出过规定或者指引。实践中，法院审理此类案件数量极其有限，根据数量有限的生效案例和近年来组织儿童乞讨违法犯罪情况，我们认为，组织儿童乞讨构成犯罪，具有下列情形之一的，可以认定为情节严重，处三年以上七年以下有期徒刑：（1）组织不满 6 周岁的儿童 1 人以上或者已满 6 周岁的儿童 3 人以上乞讨的；（2）组织儿童采取有伤风化、严重损害儿童身心健康的方式进行乞讨的；（3）采取药物麻醉等严重损害儿童身心健康的方式迫使其乞讨的；（4）暴力迫使儿童乞讨致使乞讨儿童受轻微伤的；（5）组织儿童乞讨达 1 个月以上的，（6）被组织乞讨的儿童经查证系被偷盗、拐卖、拐骗的；（7）遗弃所组织的儿童或者致使被组织乞讨的儿童下落不明的；（8）组织儿童乞讨期间，因疏于照料看护，致儿童营养不良达中度以上，罹患严重疾病，伤残或者死亡的；（9）具有其他严重情节的。组织儿童乞讨中，对儿童实施暴力造成儿童轻伤以上后果的，应当以故意伤害罪或故意杀人罪，与组织儿童乞讨罪予以并罚。此外，为组织儿童乞讨，故意致儿童残疾、畸形，符合《刑法》第 234 条规定的，对行为人应当以故意伤害罪从重处罚，其组织儿童乞讨行为另构成组织儿童乞讨罪的，依照数罪并罚的规定处罚。

本案中，被告人崔某某、魏某某在 2005 年至 2009 年期间，先后组织多名年幼儿童乞讨，根据已查明的事实，虽然判决书只明确罗列认定了 3 名，但根据被害人陈述和相关证人证言，二人实际组织乞讨的儿童多达 6 名以上，只是因客观原因，部分被组织乞讨的儿童未到案提供证言。崔某某将儿童分组，其中，让翟某 1 协助管理被害人冯某某等儿童。翟某 1 在带冯某某外出乞讨时，因冯某某对其言语顶撞，遂将冯某某伤害致死。崔某某虽然与冯某某不构成共同故意伤害罪，其组织乞讨行为不必然导致冯某某的死亡，即不具有刑法上的因果关系，故不承担故意伤害罪的刑事责任，但毕竟冯某某被故意伤害致死的事实发生在其组织乞讨期间，与其组织乞讨行为具有一定的关联，故其对冯某某的死亡负有不可推卸的责任。被害人朱某某被带出乞讨时丢失，下落不明。证人李某证实其 2003 年十二三岁时跟随崔某某外出到湖南乞讨期间，崔某某丢下自己不管了，后来在当地公安机关的帮助下才回到河南老家。综上，法院依法认定崔某某组织儿童乞讨属“情节严重”，对其加重处罚，判处有期徒刑六年，并处罚金，是正确的。

值得注意的是，实践中，监护人出于非法获利目的，将儿童“出租”“出借”给组织乞讨者的现象时有发生。但因组织儿童乞讨罪要求行为人以“暴力、胁迫”手段组织儿童乞讨，而要证明监护人知道组织者“暴力、胁迫”儿童乞讨，通常较为困难，因此，监护人几乎从未被追究过刑事责任。我们认为，如果有证据证明监护人明知自己的年幼子女是被带出行乞仍“出租”“出借”给乞讨的组织者，其主观上对于组织者是否使用“暴力”“胁迫”手段往往持放任心态，可以组织儿童乞讨罪追究监护人的刑事责任。对于为获利而将儿童“出租”“出借”给他人，监护人对子女系被带出行乞确实不知情的，如果该儿童被组织乞讨期间致伤、致残，下落不明，或者身心受到其他严重伤害的，可以以遗弃罪追究监护人的刑事责任，以有效保护儿童权益不受侵犯。

第四十二章
组织未成年人进行违反治安管理活动罪

第一节　组织未成年人进行违反治安管理活动罪概述

一、组织未成年人进行违反治安管理活动罪概念及构成要件

组织未成年人进行违反治安管理活动罪，是指组织未成年人进行盗窃、诈骗、抢夺、敲诈勒索等违反治安管理活动的行为。

组织未成年人进行违反治安管理活动罪的构成要件如下：（1）本罪侵犯的客体是未成年人的身心健康和社会治安管理秩序，属双重客体，但前者属于本罪侵犯的主要客体。近年来，一些不法分子组织未成年人从事扒窃、抢夺等违反治安管理活动的情况，在一些地方比较突出，严重危害社会治安秩序，损害未成年人的身心健康，对此刑法作出专门规定以进行惩治。（2）本罪在客观方面表现为组织未成年人进行盗窃、诈骗、抢夺、敲诈勒索等违反治安管理活动的行为。首先，必须实施了"组织行为"。司法实践中，通常表现为行为人实施了组织、策划和指挥未成年人进行违反治安管理活动的行为。其次，被组织的对象必须是未成年人，包括身体残疾和智力发育不正常的未成年人。再次，必须是组织未成年人进行了违反治安管理活动。按照《治安管理处罚法》的规定，所谓违反治安管理活动，是指进行了扰乱公共秩序，妨害公共安全，侵犯人身权利、财产权利，妨害社会管理等活动，依照刑法尚不够刑事处罚的行为。《刑法修正案（七）》列举了盗窃、诈骗、抢夺、敲诈勒索四种常见的典型的违反治安管理的行为，但并未穷尽，因而加了一个"等"字，说明在适用范围上并不限于以上四种行为。（3）本罪的犯罪主体为一般主体。凡年满 16 周岁、具有刑事责任能力的人，均可构成本罪。司法实践中多为成年人；本罪的主体可以是一人，也可以是多人，但必须是组织未成年人进行违反治安管理活动的"组织者"，防止扩大打击面。单位不构成本罪。（4）本罪在主观方面表现为组织者明知自己组织未成年人实施违反治安管理活动的行为必然或可能危及未成年人身心健康和社会治安秩序，但希望或放任这种结果发生的心理态度。鉴于本罪侵犯的客体是未成年人的身心健康和社会治安管理秩序，不明确规定"以牟利为目的"，更有利于认定

犯罪，及时惩处这类犯罪活动，保护未成年人的合法权益。

根据《刑法》第 262 条之二的规定，犯组织未成年人进行违反治安管理活动罪的，处三年以下有期徒刑或者拘役，并处罚金；情节严重的，处三年以上七年以下有期徒刑，并处罚金。

二、组织未成年人进行违反治安管理活动罪案件审理情况

通过中国裁判文书统计，2017 年至 2021 年间，全国法院审结一审组织未成年人进行违反治安管理活动刑事案件共计 114 件，其中，2017 年 3 件，2018 年 6 件，2019 年 20 件，2020 年 70 件，2021 年 15 件。

司法实践中，组织未成年人进行违反治安管理活动犯罪主要呈现出以下特点及趋势：一是案件数量大为攀升。相较于组织残疾人、儿童乞讨，组织未成年人进行违反治安管理活动犯罪不仅收案总量更高，其每年增幅也更大。二是组织未成年人提供有偿陪侍较为典型。在司法实践中，被告人组织未成年人在酒吧、KTV、茶楼等娱乐场所从事有偿陪侍活动并从中抽取利益分成的行为十分常见，可占到所有此类案件的六成。三是被告人大多认罪认罚。在公诉过程中，被告人往往对公诉机关所指控的犯罪事实无意义且自愿认罪认罚。

三、组织未成年人进行违反治安管理活动罪案件审理热点、难点问题

（一）本罪的罪与非罪

根据法律规定，本罪属于行为犯，只要行为人实施了组织未成年人进行盗窃、诈骗、抢夺、敲诈勒索等违反治安管理活动的行为，就构成犯罪，不需要其他情节和要件。但是，根据《刑法》第 13 条的规定，如果认定行为人“情节显著轻微危害不大的”，则不构成犯罪。司法实践中，通常考察组织的手段、对象人数、进行违法活动的次数、数额及其他情节等，来判断情节是否显著轻微。此外，本罪在客观方面要求行为人具有组织未成年人进行违反治安管理活动的“组织行为”。不具备这种组织行为的不构成犯罪。一般只要组织三名以上未成年人进行违反治安管理活动，就构成本罪。

（二）本罪的罪数问题

对于行为人组织未成年人进行乞讨，又组织未成年人进行盗窃等违反治安管理活动的，是否构成数罪问题。如果是同一个组织行为，属于想象竞合犯，应当按照处罚较重的一个罪处罚，不实行数罪并罚，否则违反了不得对同一行为进行重复评价的原则。如果行为人先后分别组织不同未成年人进行乞讨或者进行违反治安管理活动，事实上存在两个独立的组织行为的，则构成数罪，应当实行并罚。

（三）本罪与非法拘禁、故意伤害、拐骗儿童等相关犯罪的认定问题

行为人通过暴力、胁迫、诱骗、教唆等手段，在组织未成年人实施违反治安管理活动过程中，对这些未成年人进行非法拘禁、故意伤害等行为，应当如何处理的问题。这些行为属“同一组织行为”，如果尚不构成犯罪，可按组织未成年人进行违反治安管理活动罪处理；如果已构成犯罪，则属想象的数罪，不是实际的数罪，不适用数罪并罚原则，

而应当按照想象竞合犯，从一重罪处断，即按其中法定刑最重的一个罪处罚。

（四）本罪与盗窃、诈骗、抢夺、敲诈勒索等罪的区分

本罪的适用应排除间接正犯与教唆犯的情形，即组织未成年人实施的盗窃、诈骗、抢夺、敲诈勒索等活动本身并不符合盗窃罪、诈骗罪、抢夺罪、敲诈勒索罪的犯罪构成，仅为“违反治安管理活动的行为”。如果所组织实施的盗窃等行为已经符合盗窃等犯罪构成，则对组织者不能以本罪论处，而应以间接正犯或者教唆犯原理来处理。具体而言：若所利用的未成年人未满16周岁，则所利用的未成年人实为其盗窃、诈骗、抢夺、敲诈勒索等犯罪行为的工具，依间接正犯原理，对组织者直接认定为具体的盗窃罪、抢夺罪等；若所利用的未成年人已满16周岁，则所利用的未成年人本人也应对盗窃、抢夺等承担刑事责任，此时组织者实属教唆犯，且为教唆未成年人犯罪，应从重处罚。

四、组织未成年人进行违反治安管理活动罪案件审理思路及原则

一是准确把握本罪犯罪主体的范围。本罪的处罚对象，仅限于对未成年人进行盗窃、诈骗、抢夺、敲诈勒索等违反治安管理活动进行组织的组织者。对于实施违反治安管理活动的未成年人，不能以本罪论处，其行为违反《治安管理处罚法》的，依照《治安管理处罚法》处罚；其行为违反刑法构成盗窃罪、诈骗罪、抢夺罪、敲诈勒索罪等，则依照刑法进行处罚。二是准确把握本罪的情节要求。本罪在刑法中所规定的“情节严重”是加重处罚情节，司法实践中，一般是指多次、大量组织未成年人进行违反治安管理活动，给社会造成恶劣影响的；长期以暴力、胁迫等手段组织未成年人进行违反治安管理活动，给未成年人的身心健康造成严重危害的；因组织未成年人进行违反治安管理活动给当地社会治安秩序造成严重后果的等情形。

第二节　组织未成年人进行违反治安管理活动罪审判依据

该条于2009年《刑法修正案（七）》增设。2016年12月21日《最高人民法院关于审理拐卖妇女儿童犯罪案件具体应用法律若干问题的解释》第6条明确了收买被拐买的儿童后又组织其进行违反治安管理活动构成犯罪的，依照数罪并罚的规定处罚。

一、法律

《中华人民共和国刑法》（2020年12月26日修正）

第二百六十二条之二　组织未成年人进行盗窃、诈骗、抢夺、敲诈勒索等违反治安管理活动的，处三年以下有期徒刑或者拘役，并处罚金；情节严重的，处三年以上七年以下有期徒刑，并处罚金。

二、司法解释

《最高人民法院关于审理拐卖妇女儿童犯罪案件具体应用法律若干问题的解释》（2016 年 12 月 1 日　法释〔2016〕28 号）

第六条收买被拐卖的妇女、儿童后又组织、强迫卖淫或者组织乞讨、进行违反治安管理活动等构成其他犯罪的，依照数罪并罚的规定处罚。

第三节　组织未成年人进行违反治安管理活动罪审判实践中的疑难新型问题

问题 1. 行为人组织未成年人进行盗窃的行为认定

【典型案例】邓某某组织未成年人进行违反治安管理活动案[①]

一、基本案情

1. 关于组织未成年人进行违反治安管理活动事实。2010 年 8 月至 2011 年 2 月，被告人邓某某先后在广东省翁源县城多家宾馆开房给未成年人杨某某、林某某、张某某、刘某 1、李某某、刘某 2、朱某某（其中杨某某、张某某、刘某 1 均 14 岁，刘某 2、朱某某均 15 岁，林某某 13 岁，李某某 12 岁）住宿，并提供吃、玩等条件，多次组织、指使他们采取爬墙、踢门、撬门、撬锁等方式入室盗窃财物：

2010 年 8 月 8 日 19 时许，在被告人邓某某的组织、指使下，杨某某、林某某采取威吓的方式迫使黄某某（12 岁）带杨某某到翁源县前进路东七巷 × 号自己家中，杨某某盗得黄某某爷爷房间抽屉里的现金 200 元及其四婶的金鹏牌手机一部（未估价）。后杨某某将现金和手机交给邓某某。

2010 年 9 月 29 日 10 时许，在被告人邓某某的组织、指使下，杨某某、林某某去到翁源县朝阳路县某单位院内刘某家，爬墙入室盗得黑色尼康牌相机一部（价值 1200 元）和手镯一只（未估价）。后两人到某酒店 205 房将赃物交给邓某某。

2011 年 1 月 6 日 16 时许，在被告人邓某某的组织、指使下，张某某、刘某 1、朱某、刘某 2 到县城教育路龙仙粮所内何某某的住处，踢开木门入室盗得现金 200 多元及松下相机一部，诺基亚、三星、海尔牌手机各一部和香烟等物，赃物共计价值 1900 元。后何某某回到家中，张某某持菜刀对何某某进行威吓，并与同伙逃离现场，将上述物品交给邓某某。

2011 年 1 月 12 日 10 时许，在被告人邓某某的组织、指使下，张某某、刘某 1 等人到翁源县甘某某家，撬门入室盗得现金 2900 多元和组装电脑（价值 2500 元）等物，后将上述款物交给邓某某。

---

① 最高人民法院 2013 年 5 月 29 日发布的 3 起侵犯未成年人权益犯罪典型案例。

2011年1月22日15时许，在被告人邓某某的组织、指使下，张某某、刘某1、朱某某、李某某到翁源县黄某某家，撬门入室盗得佳能、索尼牌数码相机各一部，飞利浦、诺基亚牌手机各一部，劳力士手表一块及酒、茶叶等物一批，赃物共计价值4950元。后将茶叶、手表交给邓某某，酒、相机、手机被朱某某、张某另外处理。

2. 关于敲诈勒索事实。2011年2月的一天下午，被告人邓某某伙同邓某1、邓某2（均在逃）在翁源县龙仙镇田心小学门口，以刘某3、赖某某等人盗窃所得大额款物未分赃款给邓某某为由，采取威胁、要挟的方法，强行索取刘某3使用的黑色大众捷达小轿车一部（价值2万元）、现金2300元及赖某某的戒指一枚（未估价）。

二、裁判结果

被告人邓某某组织未成年人进行盗窃，其行为已构成组织未成年人进行违反治安管理活动罪；以非法占有为目的，伙同他人采取威胁的方法强行索取他人财物，其行为又构成敲诈勒索罪，应依法予以并罚。邓某某多次组织多名未成年人进行入户盗窃，情节严重，所犯敲诈勒索罪，数额巨大，均应依法惩处。邓某某在组织杨某某等人在黄某某家盗窃财物时未满18周岁，依法可以对其此次犯罪从轻处罚。据此，依法认定被告人邓某某犯组织未成年人进行违反治安管理活动罪，判处有期徒刑四年，并处罚金人民币2000元；犯敲诈勒索罪，判处有期徒刑三年零九个月，并处罚金人民币2000元，决定执行有期徒刑七年零六个月，并处罚金人民币4000元。

问题2. 组织未成年人进行有偿陪侍的行为认定

【地方参考案例】赵某1等组织未成年人进行违反治安管理活动案①

一、案情

乐清市人民法院经审理查明：2014年2、3月份以来，被告人赵某1、赵某2、杜某某为获取非法利益，组织、控制多名未成年人到娱乐场所提供营利性陪侍。为了更好地管理、控制未成年人为他们赚取坐台小费，赵某1、赵某2、杜某某等人通过统一接送上下班、锁门禁止私自外出、没收手机等方式限制他人人身、通讯自由，并以暴力相威胁，逼迫李某某、王某、旭某、申某等十多名未成年人从事上述营利性陪侍服务。其间，赵某1负责总管理，为了赚取更多的非法利益，赵某1还亲自或通过他人引诱、骗取更多的女孩子到KTV上班，并在日常管理中负责看守被害人以防逃跑；赵某2负责买菜做饭，开车接送上下班，有时也帮忙看守被害人；杜某某负责上班时管理被害人，记录陪侍情况，收取并保管赚取的小费等。2014年6、7月份，被告人乔某1、乔某2等人到雁荡镇后，明知赵某1以限制人身自由的方式强迫未成年人到KTV上班，仍帮助赵某1接送、看守被害人。2014年8月的一天，被害人王某、旭某、申某等人逃跑，后被赵某1发现，乔某1、乔某2等人帮助赵某1抓住上述三人，并强行押到车上带至百乐KTV后门对面的山脚，赵某1殴打了王某等人，并再次控制王某、申某等的人身自由。2014年8月30日凌晨，因李某某的家属向公安机关报警，李某某、王某等被公安机关解救。经查，赵某1、赵某2、杜某某等通过上述方式非法获利达20万元以上。

---

① 参见浙江省温州市中级人民法院（2015）浙温刑终字第889号刑事判决书。

二、分析

本案五被告人的行为构成组织未成年人进行违反治安管理活动罪。分析如下：

1. 对“组织未成年人进行违反治安管理活动罪”中“组织”的理解。现行刑法有多个组织型犯罪，如“组织、领导、参加恐怖活动组织罪”“组织、领导传销活动罪”“组织出卖人体器官罪”“组织残疾人、儿童乞讨罪”“组织、领导、参加黑社会性质组织罪”“组织、利用会道门、邪教组织、利用迷信破坏法律实施罪”“组织、利用会道门、邪教组织、利用迷信致人重伤、死亡罪”“组织越狱罪”“组织他人偷越国边境罪”“非法组织卖血罪”“组织卖淫罪”“组织播放淫秽音像制品罪”“组织淫秽表演罪”和“组织未成年人进行违反治安管理活动罪”等。从司法解释的规定来看，既有将“组织”行为解释为领导、策划、指挥和在首要分子指挥下实施的拉拢、引诱、介绍的行为，如组织他人偷越国边境罪；也有将“组织”行为解释为发起、组建的行为，如组织、利用邪教组织破坏法律实施罪；还有将“组织”行为解释为以招募、雇佣、强迫、引诱、容留等手段控制多人的行为，如组织卖淫罪。从前述司法解释规定的具体内容可以看出，相关组织型犯罪中“组织行为”的内涵既有相似性，也存在一定的差异。对于组织未成年人进行违反治安管理活动罪中“组织”含义的理解，我们认为，应该从犯罪行为是否具有一定的控制性特征以及犯罪对象是否为众入手。从本案看，五被告人通过诱骗等手段将多名未成年女性骗至乐清后，统一接送“上下班”，在 KTV 提供有偿陪侍过程中利用 KTV 监控进行监视，平时又将被害人限制在出租房内，禁止私自外出，还没收手机，限制通讯自由，并有殴打、威胁等行为，显然具有明显的控制性特征，同时，五被告人控制多名未成年女性提供营利性陪侍服务，犯罪对象为众，故应当认定为“组织”行为。

2. “组织未成年人进行违反治安管理活动罪”中“违反治安管理活动”的范围。首先，《刑法》第 266 条之二将本罪的“违反治安管理活动”规定为盗窃、诈骗、抢夺、敲诈勒索等违反治安管理的活动。从行为定性来看，虽然盗窃、诈骗、抢夺、敲诈勒索既可以是一般的违反治安管理活动的行为，也可以是应予追究刑事责任的犯罪行为，但就组织未成年人进行违反治安管理活动罪而言，主要评价的是被组织者所从事行为的行政违法性。而且，从刑法条文的表述看，明显不排斥将其他种类的违反治安管理活动行为纳入《刑法》第 266 条之二规定的违反治安管理活动行为的范围。其次，如何确定“违反治安管理活动”的范围。除了《治安管理处罚法》第三章规定的四类行政违法行为（分别为扰乱公共秩序，妨害公共安全，侵犯人身权利、财产权利，妨害社会管理）外，《治安管理处罚法》未规定的，但与《治安管理处罚法》中规定的违法行为同质的违反治安管理的活动也应属于“违反治安管理活动”的行为。就本案所涉的在娱乐场所从事营利性陪侍而言，《娱乐场所管理条例》第 14 条将其与吸贩毒品、卖淫嫖娼、赌博等行为并列，一并予以禁止，并规定了相应的罚则，可见在娱乐场所从事营利性陪侍属于违反治安管理活动的行为，将此类行为纳入《刑法》第 266 条之二规定的违反治安管理活动行为的范围，并无不当。

3. 对“情节严重”的理解。本案中，被告人正是利用被害人系未成年人，缺乏社会阅历，身心发育不全，反应反抗能力差等特点，以限制人身自由、通讯自由、暴力威胁、殴打以及控制报酬等手段，先后控制 10 名以上未成年女性，长时间在娱乐场所从事营利性陪侍，非法获利数额巨大，严重损害未成年人身心健康，显然属于犯罪“情节严重”。

综上，本案各被告人的行为同时符合组织未成年人进行违反治安管理活动罪和非法拘禁罪的犯罪构成要件，按照择一重罪处断的原则，应按组织未成年人进行违反治安管理活动罪论处，应为恰当。而一审中认定为强迫劳动罪则为不当，为定性错误，二审予以纠正。

编后记

刑事审判要兼顾天理国法人情，以严谨的法理彰显司法的理性，以公认的情理展示司法的良知，做到既恪守法律，把案件的是非曲直、来龙去脉讲清楚，又通达情理，让公众理解和认同裁判结果，让人民群众感受到刑事司法有力量、有是非、有温度。为准确适用刑事法律规范，提高刑事法律工作者的办案水平，《刑事法律适用与案例指导丛书》应时而生。

丛书付梓在即，回顾成书之路，感慨万千。丛书自策划至今历时三年有余，其间虽有疫情的阻断，也有服务于最高人民法院的出版工作穿插，但编辑团队未曾懈怠，持续推进丛书的编辑工作，收集、筛选了刑事方面近十年的权威、典型、有指导意义的案例，刑事法律法规、司法解释、刑事审判政策，最高人民法院的权威观点等，线上线下召开丛书编撰推进会十七次，统一丛书编写内容要求、编写规范与体例，并先后赴天津高院、重庆高院、黑龙江高院、云南高院、上海一中院、重庆五中院等地方法院开展走访、座谈调研。为保证丛书内容权威、准确，不断充实作者团队，邀请最高人民法院咨询委员会副主任、中国法学会案例法学研究会会长胡云腾作为丛书总主编全程指导，吸纳最高人民法院对口领域的专家型法官作为审稿专家，对丛书内容观点进行审定。2023 年 8 月底，在云南省高级人民法院的大力指导协助下，出版社组织丛书各卷作者在云南召开编写统稿会，研讨争议观点，梳理类案裁判规则，对丛书的内容进行最后把关敲定。

丛书汇聚了诸多领导、专家及法官的思想、经验与智慧。最高人民法院刑二庭庭长王晓东、最高人民法院研究室主任周加海、上海市高级人民法院副院长黄祥青、最高人民法院刑三庭副庭长陈学勇、最高人民法院刑五庭副庭长欧阳南平、国家法官学院教授袁登明、最高人民法院研究室刑事处处长喻海松等领导专家在百忙之中抽出宝贵时间参与指导并审定具体内容，提供具体详细的修改建议，给予了大力支持与帮助，在此表示衷心的感谢！特别指出的是，陈学勇副庭长、欧阳南平副庭长克服巨大的工作压力，利用休息时间，认

真审读书稿，为我们提供了长达十几页的意见建议，让我们十分感动！北京高院、天津高院、黑龙江高院、上海高院、江苏高院、浙江高院、山东高院、云南高院、重庆高院、天津一中院、上海一中院、重庆五中院等各卷作者积极组织、参与线下座谈调研及线上统稿会，提供地方法院典型案例，充实丛书内容，感谢各法院的鼎力支持，感谢各位作者在繁忙的工作之余为撰写丛书付出的辛勤劳动和智慧！

同时，编辑团队也为丛书的出版做了大量工作，付出了大量心血。丛书策划方案形成后，出版社教普编辑部和实务编辑部随即组成丛书编辑团队落地推进。从前期资料收集与汇总整理、问题提炼、目录编制、内容填充修改、对接地方法院、形成初始素材，到后期提交专家审定、再次打磨等，在编辑团队的合理分工和成员间的高效配合下，丛书最终得以顺利出版。在此，也要感谢我们曾经的伙伴杨钦云、邓灿、卢乐宁在丛书编创初期所做的大量工作和辛苦付出！

最后，特别感谢，最高人民法院咨询委员会副主任、中国法学会案例法学研究会会长胡云腾对整套丛书给予的指导与大力支持，感谢上海市高级人民法院副院长黄祥青在云南丛书编写统稿会期间的全程主持评议、研讨指导与帮助！

《刑事法律适用与案例指导丛书》的付梓凝聚了作者团队与编辑团队的辛勤付出与汗水，但面对刑事审判实践中层出不穷的问题，仍然显得汲深绠短，诚望广大读者提出宝贵意见，使本书不断完善，真正成为广大参与刑事诉讼工作的法律工作者把握刑事法律规范政策精神实质、解决刑事审判实务问题的良朋益友！

编者

2023 年 10 月 20 日